한원진은 마음과 본성을 논하며 기(氣)를 지나치게 강조하여,
편전(偏全)을 본연(本然)으로 보고,
기질(氣質)을 심체(心體)에 해당한다고 했다.

그러나 이재의 논의를 보면, 사람의 본성이 선하여
금수와는 다름을 알지 못하고, 성인의 마음이 일반인의 마음과
같지 않음을 이해하지 못했다. 또한 유교와 불교의 차이가
오직 마음과 본성의 구별에 있음을 깨닫지 못했다.

이재, 「도암집」과 한원진, 「남당집」 중

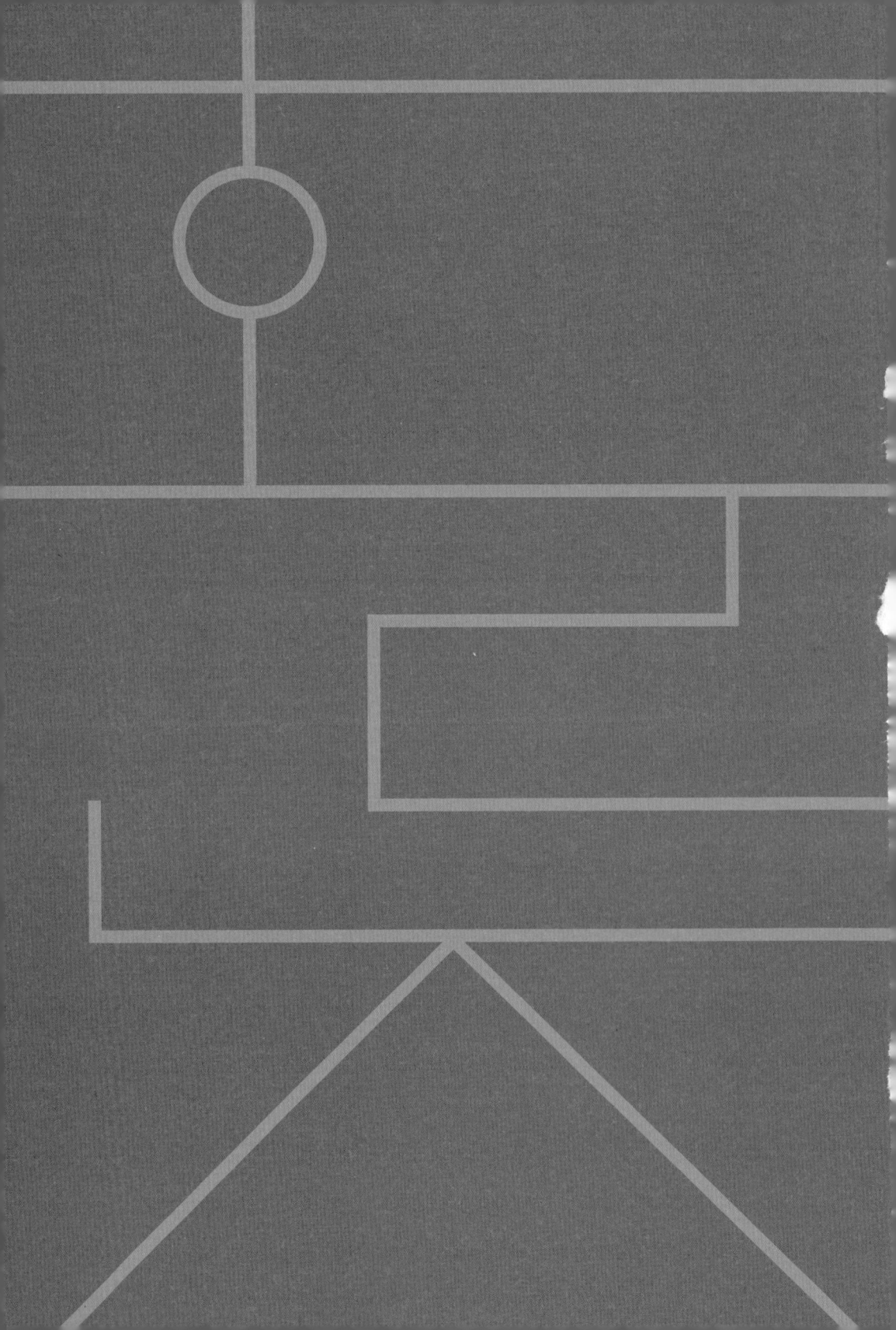

호 락 논 쟁

▲사유의
한국사

호락논쟁

문석윤 지음

한국학중앙연구원출판부

책머리에

전 지구인이 코로나로 고통을 받고 있던 2020년 봄, 개인적으로도 바로 전해 겨울 협심증으로 스텐트를 삽입하는 시술을 받은 여파에서였는지, 오한과 쇠약, 불면을 동반한 체중 감소로 힘겨운 상황에 있었다. 온라인상에서 진행되는 최소한의 강의 외에 가능한 한 모든 활동을 중지한 가운데 건강 회복을 위해 기도하며 나름대로의 노력을 하고 있었다. 그러한 생활이 이어지는 가운데 한국학중앙연구원으로부터 한국사상사대계 '호락논쟁' 집필 의뢰가 온 것은 한편으로 기쁘고 감사한 일이었지만, 제대로 집필에 임할 수 있을지 염려가 앞섰다.

필자는 2006년, 주위의 도움을 받아 연세대학교 출판부를 통해, 1995년에 제출했던 박사논문을 조금 다듬어 『湖洛論爭: 형성과 전개』로 출간한 바 있다. 당시 논문의 내용을 대폭 보강하고 싶었지만 여러 가지 사정과 게으름으로 그렇게 하지 못한 아쉬움이 있었다. 그간 퇴계 정본 편성 사업에 관여하고, 또 실시학사와의 인연으로 실학 관련 몇 편의 논문을 쓰는 등 후속 연구에 집중하지 못했지만, 애초에 아쉬웠던 부분을 보완하고 학계에서 새롭게 축적된 연구 성과들을 반영하여 언젠가는 개정본을 내고 싶은 마음이 있었다. 그런 가운데 받은 귀한 제안이었기에, 그리고 3년의 집필 기한과 적지 않은 연구비 지원은 그러한 염려를 무릅쓰고 염치없지만 제안을 받아들이게 했다.

본격적인 집필에 들어서면서 크게 두 가지 방면에서 애초의 연구를 보완하고자 했다. 그 하나는 호락논쟁의 역사적 기술에 대한 부분이다. 이전의 연구에서 호락논쟁이 이미 논쟁의 당사자들에 의해 그 관념이 형성되었으며 역사적으로 기술되기 시작했음을 어느 정도 파악했지만 그와 관련된 문헌들을 본격적으로 살펴보지는 못했다. 이번 연구에서는 선행 연구들에 힘입어 『천문사백록』, 『불역언』, 『호락문답』 등의 문헌들을 새롭게 검토했고, 그를 통해 그간 호락논쟁에 대한 두 가지 시각과 기술이 있게 된 사정에 대해서도 좀 더 깊이 해명해 볼 수 있었다.

다른 하나는 호락논쟁의 제3기에 대한 서술을 보완하는 것이었다. 2006년 출간한 책에서는 호락논쟁을 3기로 구분하고 본격적인 호락논쟁의 성립과 전개를 제3기로 지정했지만 대체로 논쟁의 태동과 각 학파의 형성기라고 할 수 있는 제1기와 제2기에 서술이 집중되었고 정작 호학과 낙학 사이의 논쟁이 본격적으로 전개된 제3기에 대한 서술은 매우 빈약한 상태였다. 따라서 이 부분에 대해 좀 더 보완할 필요가 있었다. 이번 연구 기간에 그와 관련하여 특히 낙학 측에서 도암 이재의 「한천시」와 그에 대한 남당 한원진의 비판, 그리고 그에 대한 이재 문하의 대응을 중심으로 두 편의 논문(「南塘 韓元震의 「題寒泉詩後」에 대한 泉門의 대응」 1·2)을 썼고 해당 내용을 책에 대부분 반영했으며, 또한 그에 이어지는 호학 측에서의 정좌와 심조, 병계 윤봉구 및 그 후학들의 대응까지를 서술했다.

그 외에, 연구사와 논쟁의 배경에 관한 서술을 일부 보완했으며, 이전 책에서는 간략하게 서술했던 성리학의 기본 개념들에 대한 설명을 보완하여 서술했다. 그것은 논쟁의 이해를 돕기 위해 마련한 것이지만 또한 그 자체로 성리학의 기본 개념에 대해 기초적인 설명으로 읽어도 좋을 것 같다.

제1기와 제2기 부분에 대한 서술에서, 일부 내용을 생략하거나 보충하고 오류를 수정하고 편성 순서를 바꾼 것 등 외에 대체로 2006년 나온 책의 내용을 그대로 수록하게 된 것은 미안하고 아쉬운 점이다. 책의 내용을 제3기 위주로 구성할 수도 있었지만 그렇게 하는 경우 호락논쟁에 대한 전면적인 서술로는 부족함이 있을 수밖에 없었다. 따라서 이 책은 애초에 집필 의뢰를 한 입장에서 그러한 것을 기대한 것은 아니었겠지만, 2006년 책의 수정 증보판의 성격을 지니게 되었다. 또한 전적으로 필자의 게으름과 능력 부족으로 여전히 자기 이야기를 풀어내는 데 급급하여 애초에 계획했던 동료 연구자들의 귀중한 연구 성과를 많이 반영하지 못하여 미안하고 또 부끄럽다.

서술이 진행되면서 자연스럽게 논쟁의 정리기에 해당하는 제4기를 추가로 설정하고 그와 관련해서 일부 서술을 했지만 역시 이전 책에서 제3기가 그러했듯이 미완의 상태라고 말할 수밖에 없을 듯하다. 그 부분의 확장된 서술은 당연히 호락논쟁의 범위를 넘어서서 19세기에서 20세기에 걸치는 우리 지성사의 새로운 전개의 시각에서 서술되어야 할 것이다. 아직 필자의 연구가 그에 미치지 못한 점 양해 부탁드린다.

또 한 가지, 애초에 원전 인용문의 원문이 각주에 달려 있었으나, 약속된 원고의 분량을 상당히 초과한 관계로 그리고 아마도 정해진 편집 방침에 따라 고증적 성격을 지닌 원문 이외에는 모두 삭제하게 되었다. 따라서 독자가 일일이 인용문의 원 소재를 찾아 원문을 확인하는 불편함이 있게 되었고 필자로서도 원문의 지원 없이 번역문만 제시하게 되어 벌거벗고 나선 것처럼 다소 불안함이 있다. 이는 아쉬운 부분이지만, 원문이 없으면 또한 독자가 번역문에 집중하는 효과는 있을 듯하다.

애초에 집필을 잘 감당할 수 있을까 염려했지만, 하나님의 은혜로 집필 기간 중 건강도 어느 정도 회복되었고, 부족하나마 이렇게 집필을 마치게 되었다. 감사와 영광을 하나님께 돌린다. 박사논문 준비로부터 시작하여 호락논쟁에 관심을 가지고 들여다본 지 어느덧 30여 년이 흘렀다. 적지 않은 세월의 무게에 비추어 내놓은 결과는 빈약한 것 같아 부끄럽다. 비록 기대에 그리 부응했다고 자신하지는 못하지만, 이런 귀한 기회를 주신 한국학중앙연구원 한국사상사대계 편찬위원회의 여러 교수님께, 특별히 당시 연구원 원장으로서 이 기획에 깊은 관심을 보여주셨던 안병욱 전임 원장님께 감사를 드린다. 이 책이 나올 수 있도록 한국사상대계 편찬위원회 운영부터 원고 교정까지 담당해준 한국학중앙연구원 출판부에도 감사드린다. 바쁜 중에도 원고 전체를 꼼꼼하게 읽고 교정 의견을 보내준 윤민향 박사에게 감사와 미안한 마음을 전한다. 연약한 몸으로 아내로서 어머니로서 며느리로서 그리고 학자로서 그야말로 초인적 힘을 발휘하고 있는 사랑하는 아내 경남에게 감사드린다. 무거운 짐을 다 맡겨놓고 자기 건강 관리도 제대로 하지 못해 이중으로 어렵게만 만드는 못난 남편을 늘 알뜰한 사랑으로 보살펴주어 감사하고 또 평소에 말로 잘 표현하지 못하지만 늘 사랑한다는 말을 전하고 싶다.

2024년 12월
문 석 윤

차 례

책머리에 · 4

1장 서론: 호락논쟁의 정의와 연구사 검토

1. 호락논쟁의 정의 · 12
2. 호락논쟁 연구사 검토 · 16

2장 호락논쟁의 시기 구분과 주요 쟁점

1. 호락논쟁의 시기 구분 · 72
2. 호락논쟁의 쟁점에 대해 · 77

3장 호락논쟁의 배경

1. 정치 사회적 배경 · 88
2. 조선 성리학의 전개와 호락논쟁 · 101

4장 기본 개념과 명제들

1. 리와 기 · 126
2. 본성과 마음 · 145
3. 성인 · 176

5장 호락논쟁의 태동: 호학과 낙학 종지의 형성

1. 호락논쟁의 서곡: 태극 논변 • 197
2. 충막무짐 논변 • 211
3. 김창협의 본성[性]에 대한 초기의 두 견해 • 222
4. 김창협의 낙학적 사유 형성 • 230
5. 호학과 낙학의 정신과 지향의 차이 • 240

6장 호학과 낙학의 성립: 주요 논점의 형성

1. 지각 논변 • 249
2. 인물성동이 논변 • 291
3. 미발 논변 • 333
4. 성범심동이 논변 • 394

7장 호락논쟁의 성립

1. 심조의 김창흡 비판과 그에 대한 한원진의 평 • 452
2. 심조와 한원진 사이의 허령·명덕에 대한 논란 • 472
3. 심조와 이재 사이의 심순선 논변 • 479
4. 이재와 윤봉구 사이의 심설 논변 • 490
5. 이재의 「한천시」와 한원진의 「제한천시후」 • 507
6. 한원진의 「제한천시후」에 대한 이재 문하의 대응 • 515
7. 낙학의 동향에 대한 호학 측의 대응 • 586

8장 호락논쟁의 종장

1. 김원행의 낙론 이해 · 640
2. 황윤석의 호락논쟁에 대한 역사적 기술 · 658
3. 강정환의 한원진 비판 · 670
4. 녹문 임성주 · 676
5. 노주 오희상 · 691
6. 매산 홍직필 · 702
7. 노사 기정진 · 711

9장 결론: 논쟁의 정리와 의의

1. 주자학: 위기의 시대, 희망의 철학 · 738
2. 사대부의 철학 · 740
3. 도덕적 우주론 · 742
4. 이상과 현실: 리와 기 · 745
5. 호락논쟁의 주제: 인간, 그 마음과 본성 · 747
6. 호학과 낙학의 정신 · 755
7. 호락논쟁의 의의: 18세기의 지평에서 · 761
8. 동아시아 전통 주자학의 최종적 성취 · 764

참고문헌 · 767

찾아보기 · 783

1장

서론

호락논쟁의 정의와 연구사 검토

1
호락논쟁의 정의

'호락논쟁(湖洛論爭)'[1]은 18세기에서 19세기에 걸쳐 본연지성(本然之性), 미발(未發), 지각(知覺), 명덕(明德) 등 주자학의 기본 개념들, 즉 마음[心]과 본성[性] 관련 개념 및 이론에 대한 이해를 둘러싸고 우암(尤菴) 송시열(宋時烈, 1607~1689)의 후학들 사이에서 펼쳐진 일련의 학술 논쟁을 가리키는 명칭이다.[2] 그것은 문자 그대로는 호학(湖學)과 낙학(洛學) 두 학파 사이의 논쟁을 의미하는 것으로, 이때 호(湖)는 호서(湖西) 곧 충청도 지역을, 낙(洛)은 서울 지역을 가리킨다. 호학은 황강(黃江: 충북 제천)의 수암(遂菴) 권상하(權尙夏, 1641~1721)를, 낙학은 서울의 농암(農巖) 김창협(金昌協, 1651~1708)을 각각 종주(宗主)로 삼는다. 따라서 호락논쟁은 더 구체적으로는 권상하 문하와 김창협 문하 사이의 대립과 논쟁을 의미한다.

송시열의 후학은 율곡(栗谷) 이이(李珥, 1536~1584)에서 사계(沙溪) 김장생(金長生, 1548~1631)을 거쳐 송시열에 이르는 율곡학파로서 학파적 정체성을 가졌을 뿐만 아니라, 중앙 정계에서 남인(南人)이나 소론(少論)과 경쟁하는 노론(老論)이라는 정치적 당파를 형성하고 있었다. 그들은 18세기에 접어들면서 점차 정국의 주도권을 장악했는데 호락논쟁은 이러한 국면에서 전개된 것으로서, 한편으로는 그들 내부의 정치적-학술적 주도권을 둘러싼 경쟁을 배경으로 한다.

그런데, 학계에서는 그간 호락논쟁의 실체에 대해서, 특히 그 발생과 전개 과정과 관련하여 그것을 권상하 문하의 외암(巍巖) 이간(李柬, 1677~1727)과 남당(南塘) 한원진(韓元震, 1682~1751) 사이의 논쟁을 중심으로 이해하는 흐름이 있었고 여전히 그렇게 기술하는 경우가 많다. 즉, 원래 인성(人性)과 물성(物性)의 동이(同異) 혹은 오상(五常)의 유무, 그리고 미발(未發)에서의 기질(氣質)의 유무 문제를 둘러싸고 권상하 문하에서 이간과 한원진 사이에 치열한 논변이 있었다. 그것이 권상하를 비롯하여 이른바 강문팔학사(江門八學士)로 지목되는 권상하 문하의 다른 제자들 사이에서의 이견과 대립으로 확전되었고, 나중에 그것이 서울 지역의 김창협과 그 후학들에게도 알려졌는데 그들이 대체로 이간의 견해에 동조했다. 이로써 애초에 권상하 문하의 논쟁이었던 것이 호락 간의 대립으로 전개되어간 것이라고 보는 것이다.[3]

이러한 견해는 호락논쟁에 대한 첫 번째 서술을 보완한 것으로 이해한다면 양립 가능하다고 할 수도 있지만, 논쟁의 실체에 관해 중대한 이해의 차이를 내포하고 있다. 호락논쟁의 주요 논점들이 이간과 한원진 사이에 가장 세밀하고 치열하게 논란되었다는 점에서, 그리고 본격적인 호락논쟁에서 낙학 측에서 문제로 삼은 것이 결국 그 둘 사이의 논변에서 논의된 것이었다는 점에서, 호락논쟁을 둘 사이의 논쟁으로 보는 것, 혹은 적어도 그것을 논쟁의 시발점으로 보는 것은 나름의 타당성이 있다. 하지만 이러한 이해는 논쟁을 더 넓은 시야에서 이해하는 데 심대한 제약을 가져오는 문제가 있다.[4]

사실, 호락논쟁의 주제들에 대해서는 이미 송시열과 그의 문하에서 논의가 상당히 깊이 있게 이루어지고 있었으며,[5] 논쟁의 주요 관점과 정신적 지향성은 권상하의 문하에서만이 아니라 김창협과 그의 주변 인물들에 의해서 어느 정도 상대 진영의 동향과 지향을 파악하고 판단하는 가운데 나름대로 형성되어가고 있었다. 권상하 문하의 이간은 분명히 그의 학문의 형성 단계에서 김창협 측의 영향을 받은 것으로 보이며, 논쟁의 쟁점과 관련한 기본적인 이해는 낙학 측에 가까웠지만 그렇다고 완전히 동일한 것은 아니었다. 낙학 측에서는 논쟁의 전개 과정에서 이간의 그러한 입장에 대해 나름의 이해를 하고 있었고, 호학 측 내부에서 논쟁의 승패가 한원진 쪽으로 기울어가는 상황을 우려하는 가운데 도암(陶庵) 이재(李縡, 1680~1746)의 시대에 이르러 대립이 표면화된 정황이 포착된다. 따라서 논쟁의 성격과 형성 과정에 대한 이해에서 본다면 두 번째 서술은 논쟁의 실제에 대해 너무 편협한 이해를 초래할 위험성이 있다고 하겠다.

그것은 송시열 혹은 좀 더 소급하여 이이 이래의 성리학 이해가 역사적으로 전개되는 과정에서 크게 두 방향으로 나뉘어 가는 모습을 보여주는 것이라고 할 수 있다. 호락논쟁을 이루는 주요 논변들은 각 지역에서 호학과 낙학이라는 두 학파가 정립하는 과정에서 일정한 역할을 했으며, 동시에 각각의 학파적 지향성, 그 정신적 지향의 차이를 반영하는 것으로 해석될 수 있다.

호락논쟁을 그 연원에서나 그 전개에서 정당하게 호학과 낙학 사이의 대립으로 이해할 때 우리는 호락논쟁의 실제, 그리고 그 의미와 의의에 대해서도 좀 더 명확하게 이해할 수 있을 것이다. 그런 이해 위에서 학파의 명칭으로서의 호학(湖學) 및 낙학(洛學)과 각 학파의 핵심 이론으로서의 호론(湖論)과 낙론(洛論)을 구별하여 사용하는 것이 가능하고 또 필요하다.[6] 그렇게 할 때 호락논쟁을 호론과 낙론의 대립이라는 측면에서 그리고 호학과 낙학 사이의 대립이라는 측면에서 각각 살펴보는 것이 가능해진다. 그것은 논쟁의 이론적 내용의 규명뿐 아니라 논쟁의 역사적 실체와 성격, 의의 등의 구명을 위해서 꼭 필요한 것이다.

바로 그러한 용어상의 구별을 통해, 우리는 한원진과 이간은 모두 호학에 속하지만, 한원진은 호론을 그리고 이간은 낙론을 취했다고 기술할 수 있게 된다. 실로 호학 내부 곧 권상하의 문하에 낙론적 입장에 선 것은 이간뿐만 아니라 관봉(冠峯) 현상벽(玄尙璧, 1673~1731) 등도 있으며, 또한 역으로 낙학 내부 곧 김창협에 연원을 둔 유학자 중에도 정암(正菴) 이현익(李顯益, 1678~1716) 등은 호론적 입장에 섰다고 할 수 있다.

사실 양자 사이에 나타나는 이러한 교차는 둘 사이의 거리가 그다지 멀지 않았음을 보여주는 것이기도 하다. 호학이든 낙학이든 그들은 기본적으로 주자(朱子)-이이-송시열을 계승한다고 하는 기본적 동일성 위에 서 있었다. 그들이 '주자로 주자를 공격하는 것'이라고 자탄한 것은 바로 그러한 의미에서였다.[7] 하지만 그들은 서로 간에 결코 가볍게 무시할 수는 없는 차이를 노정하고 있었다. 그것은 그들이 계승한 전통이 그 속에 대립적 해석을 가능하게 하는 내적 긴장을 함축하고 있었기 때문이기도 하다. 그만큼 전통 자체 못지않게 해석이, 그리고 그 해석의 맥락 혹은 주체가 중요한 것이었다. 그것은 곧 그들을 지배한 주자학 전통의 교조성 혹은 정통성이 그렇게 완고한 것은 아니었다는 것을 보여준다.[8]

2
호락논쟁 연구사 검토

'호락논쟁'은 종종 '사단칠정논쟁(四端七情論爭 혹은 四端七情論辨)'과 더불어 조선 성리학의 2대 논쟁이라 불린다.[9] 잘 알려진 바와 같이 사단칠정논쟁은 퇴계학파와 율곡학파를 가르는 학술상의 논쟁이며, 중국 성리학과 구별되는 조선 성리학의 상징적 대표성을 지닌 논쟁이라는 점에서 그에 걸맞은 수많은 연구 성과가 산출되었다. 반면 호락논쟁에 관한 본격적인 연구는 비교적 최근에 와서 신진 연구자들을 중심으로 전개되었다.[10]

그것은 호락논쟁이 율곡학파 내부에서의 논쟁으로서—물론 그 유사한 논제가 퇴계학파 내에서도 논란이 되고 있었음이 일찍부터 지적되기는 했지만[11]— 그 사상사적 의의가 사단칠정논쟁에 비해 다소 부족하기 때문일 수도 있고, 호락논쟁이 포괄하는 논의 범위가 사단칠정논쟁에 비해 훨씬 복잡하고 다채롭다는 점, 그리고 연구자들에게 그것이 이른바 조선 후기 실학의 형성기에 전개된 상당히 시대착오적인 번쇄한 학술 논쟁으로 보였다는 점 등에 기인한 것일 수 있다.

따라서 최근 30여 년간의 호락논쟁에 대한 관심과 연구는 이례적인 것으로, 최근 우리 학계의 관심이 근대성 담론과 밀접히 관련을 지닌 실학뿐만 아니라, 전통 성리학으로 모아지고 그에 대한 연구가 깊어진 것과 관련이 있는 것으로 보인다. 곧 근대화라고 하는 시대적 과제가 경제와 정치 방면에서 어느 정도 성취되었다고 하는 자신감을 바탕으로, 이제 사상이나 문화의 방면에서 근대적 가치를 확장하고 실현하는 것과 함께 그에 대해 반성하고 성찰하는 것에 대한 요구가 제기되었고, 그와 더불어 전통적 가치에 관한 관심이 높아진 데 따른 것이라고 할 수 있다는 것이다.

한편, 이들 두 논쟁은 그 주제상에서, 사단칠정논쟁이 본성과 정서의 관계 문제를 중심으로 전개된 것이라면 호락논쟁은 본성과 마음의 관계 문제에 집중된 것이라고 볼 수 있다는 점에서 서로 연속적인 면모를 가지는 한편으로, 그 전개 양상에서는 확연한 차이가 있다. 사단칠정논쟁이 논쟁의 시작점과 논쟁의 주체를 명확히 지적할 수 있는 방식으로 전개되었다면, 호락논쟁은 그 시작점과 주체를 명확히 지적하기 어려운 점이 있는 것이다.

사단칠정논쟁은 물론 그 전사(前史)를 논할 수 없는 것은 아니지만,[12] 1559년 1월 5일 이황이 기대승에게 편지를 보내는 것으로부터 시작되었다고 분명하게 말할 수 있다. 그리고 그것이 이후 이이와 성혼 사이에서 재론되었고, 이이와 이황의 후학들이 그러한 유산을 이어받아 각각의 노선을 형성하면서 상호 대립함으로써 조선 성리학 전체의 논쟁으로 확산해갔다는 것은 일반의 상식이며 실제라고 할 수 있을 것이다. 반면 호락논쟁은 앞의 서술에서도 어느 정도 파악될 수 있는 바와 같이 그 시작점과 논쟁의 주체는 물론이고 논쟁의 주제 혹은 쟁점 또한 단일하지 않으며, 핵심 논쟁이 무엇이냐에 대해서도 다양한 의견이 존재한다. 호락논쟁은 사단칠정논쟁에 비한다면 그 역사적 혹은 객관적 실재성이 그다지 명료하지 않은 것이라고 할 수 있다.

사실 호락논쟁이라는 명칭 자체가, 앞으로 그에 대해 좀 더 자세히 살펴보겠지만, 논쟁이 상당히 진행되어 정리되는 시점에 이르러 비로소 명명되고 기술되었다. 바로 그런 점에서 호락논쟁은 어쩌면 더욱 역사적으로 '구성된' 실재로서의 성격을 지닌다. 사단칠정논쟁 역시 그것을 기술하는 사람의 관심과 개입을 완전히 배제할 수 없다고 하겠지만 그 역사적 서술은 대체로 분명히 역사적 실재에 대한 기술의 성격을 가진다면, 호락논쟁은 그것을 명명하고 기술하는 사람의 관심과 개입이 더욱 현저한 중요성을 가진다고 할 수 있다. 따라서 현재 시점에서의 '호락논쟁'에 대한 역사적 서술은 먼저 그러한 명명과 기술이 어떻게 이루어졌는가 하는 것을 살피는 것으로부터 시작할 필요가 있다고 하겠다.

호락논쟁에 대한 명명과 역사적 정리 및 기술은 호락논쟁 제3기 후반부와 제4기에 이르러 이루어지기 시작했다.[13] 그것은 곧 호락논쟁 연구사의 시작이라고 할 수도 있다. 따라서 근대적 연구사를 정리하기에 앞서 먼저 그 시기에 작성된 몇몇 관련 문헌들을 중심으로 호락논쟁에 대한 역사적 서술이 초기에 어떻게 이루어졌는가를 간단히 살펴보고 그다음 최근까지의 연구사를 정리하고자 한다.

1) 근대 이전 시기의 호락논쟁 서술 문헌 검토

(1) 최석의 『천문사백록』(1747년경 추정)

최석(崔祏, 1714~?)[14]이 편성한 『천문사백록(泉門俟百錄)』[15]은 호락논쟁에 대한 최초의 명명과 기술이라고 할 수 있다.[16] 최석은 낙학 측 이재의 젊은 제자로서, 1746년(영조 22) 8월, 한원진의 성리설에 대한 낙학 측의 우려와 의심을 가슴에 안고 양자 간의 차이를 해결 혹은 해소[歸一]한다는 목표를 가지고 한 차례 편지를 보낸 후[17] 한원진을 직접 방문했다. 이 책은 그 방문 사실을 중심으로, 최석 자신이 오고 간 이력과 최석의 방문 보고를 듣고 이재가 쓴 「한천시(寒泉詩)」, 그것을 보고 한원진이 쓴 「제한천시후(題寒泉詩後)」 등 관련 자료들을 자세하게 기록하고, 그에 대한 자신의 소회, 스승의 학설에 대한 변명과 한원진의 비판에 대한 축조적 재비판 등을 기록해두었다.[18] 최석의 『천문사백록』을 통해, 호락논쟁의 주체가 한원진과 이재로 명확히 규정되었으며, 호학과 낙학의 대립이 역사적 사실로 확정되어, '호락논쟁'이 분명하게 명명되고 기록되기 시작한 것이라고 할 수 있다.[19]

(2) 황윤석의 「기호락이학시말」(1778)

『천문사백록』에서 한 걸음 더 나아가, 호락논쟁에 대한 본격적인 역사적 서술은 도암 이재를 이어 낙학의 중심적인 역할을 한 미호(渼湖) 김원행(金元行, 1702~1772)의 제자인 이재(頤齋) 황윤석(黃胤錫, 1729~1791)에 이르러서 이루어졌다. 그는 「기호락이학시말(記湖洛二學始末)」이라는 글을 써서 호학과 낙학의 연원과 정립 과정, 주요한 쟁점 등에 대해 비교적 상세하게 서술했다.[20] 호락논쟁을 송시열 이후 심성설 관련 쟁점을 중심으로 권상하를 종주로 하는 호학과 김창협을 종주로 하는 낙학 사이의 심성설상의 대립으로 보는 관점을 명확하게 정립한 의의가 있다.

(3) 『십이변』과 김정묵의 「남당집차변」(1789)

현재 서울대학교 규장각한국학연구원에는 호학 측의 대표 주자인 한원진의 성리설(性理說)과 예설(禮說)에 대한 광범위하고 세세한 비판을 주 내용으로 하는 『십이변(十二辨)』이라는 책이 남아 있다.[21] 편자 및 작성 연도가 미상이나 그 내용을 살펴보면 과재(過齋) 김정묵(金正默, 1739~1799)의 「남당집차변(南塘集箚辨)」[22]을 기본으로 하고 있음을 알 수 있다. 본문에 소주(小註)로, "보충한다. 선생이 이르기를, … 라고 했다. 당시에 내가 들은 것은 이와 같으나, 「차변(箚辨)」(「남당집차변」)은 약술한 듯하기에 여기에 붙여두어 참고할 수 있도록 한다[補: 先生曰, … 當時所聞如此, 而「箚辨」似略, 故附{此}而備參考]"라는 말이 있는 것으로 보아, 「남당집차변」이 나온 후, 김정묵의 제자 중 한 사람이 그 내용상 부분적으로 미비한 점을 보완하여 새로 편성한 것으로 보인다.

현재 김정묵의 문집인 『과재유고(過齋遺稿)』에 수록된 「남당집차변」은 9개의 변(辨)으로 되어 있는 데 반해, 『십이변』에는 12개의 변과 부록으로 1개의 변이 있어 총 13개의 변이 수록되어 있다. 부록을 제외하고 본문에 수록된 변들은 모두 김정묵의 작품일 가능성이 있다. 김정묵은 사계 김장생의 후손으로서, 학맥상 호학 측에 속한 인물로 볼 수 있지만 낙론의 입장을 취한 것으로 볼 수 있다.23 「남당집차변」의 첫머리에 수록된 「한수재선생행장변(寒水齋先生行狀辨)」에서는 여러 비판 이외에 도통의 전승에서 김장생을 제외했음을 지적는데, 이것은 그 자신의 부인에도 불구하고 그가 이러한 작업을 하게 된 주된 동기 중의 하나였을 것으로 추정하게 한다.24

『과재유고』에 실린 「남당집차변」을 그 수록 순서대로 제목을 열거해보면, 「한수재선생행장변(寒水齋先生行狀辨)」, 「인심도심설변(人心道心說辨)」, 「심설변(心說辨)」, 「서기질오상변후(書氣質五常辨後)」, 「성설변(性說辨)」, 「미발곤복변(未發坤復辨)」, 「정조본말변(精粗本末辨)」, 「귀신설변(鬼神說辨)」, 「예설변(禮說辨)」의 9개 변이다. 한편 『십이변』에 수록된 것들을 그 수록 순서대로 열거해보면 「심설변」, 「인심도심설변」, 「명덕설변(明德說辨)」, 「원해(原解)」(「성설변」과 동일한 내용), 「미발곤복변」(여기까지 상권), 「정조본말변」, 「귀신설변」, 「태극도주설변(太極圖註說辨)」, 「황면재성정설변(黃勉齋性情說辨)」, 「호연장질의변(浩然章質疑辨)」, 「예설변」, 「한수재선생행장변」이며, 끝에 「부한남당소작한천시발변(附韓南塘所作寒泉詩跋辨)」이 있다.

그 세목을 비교해 보면, 「남당집차변」에 수록된 「서기질오상변후」는 『십이변』에는 수록되어 있지 않았고,25 대신 「명덕설변」, 「태극도주설변」, 「황면재성정설변」, 「호연장질의변」이 추가로 수록되어 있음을 알 수 있다. 편제상으로 「남당집차변」에는 「한수재선생행장변」이 제일 먼저 수록되어 있으나, 『십이변』에는 마지막에 수록되어 있다는 차이가 있다. 전체적으로 한원진의 여러 글 혹은 학설을 비판하는 것으로 구성되어 있지만, 그 자체가 호락논쟁의 맥락에서 집필된 것은 아닌 것으로 보인다. 다만 부록의 「부한남당소작한천시발변」은 겸재(謙齋) 박성원(朴聖源, 1697~1757)이 찬(撰)한 「한남당시발변설(韓南塘詩跋辨說)」을 그대로 수록한 것으로서, 김정묵의 한원진 비판을 보완하고자 하는 의도로 편성한 것일 수 있겠지만 그것이 호락논쟁의 맥락과 무관하지 않음을 보여준다고 할 수 있다.26

송치규(宋穉圭, 1759~1838)가 쓴 김정묵의 행장에서는 「남당집차변」의 집필 동기에 대해 다음과 같이 전하고 있다.

> 기유년(己酉年, 1789)에 「남당집차변」이 완성되었다. 선생은 남당의 심성 이기론과 예설이 율곡과 우암의 취지에서 위배된 것이 많은데도 선비들이 추종하고 풍미하여 반세(半世) 동안 존귀하게 여김을 받자 드디어 조용히 요양하는 가운데 그 동이(同異)를 고거(考據)하고 변증(辨證)하여 이름을 '도규수록(刀圭隨錄)'이라 했다. 그 내용으로 「한수재행장」, 「인심도심설」, 「심설」, 「원해」, 「미발곤복」, 「정조본말」, 「귀신설」, 「예설」, 「별록(別祿)」 등 9조(條)의 변설이 있다. 그것을 문인들에게 보여주면서 말하기를, "이 노인이 만약 선현의 취지를 이해하지도 못했고 또한 후배들의 존신(尊信)을 받지도 못했다면, 내가 반드시 이런 일을 할 필요는 없고 다만 그것을 아는 것으로 족한 줄 알았을 것이다. 그러나 그가 입설(立說)한 것은 신기(新奇)한 것을 힘쓰고 그로써 선배들을 돌파하여 가고자 하니 자신의 병통일 뿐 아니라 장차 후생들에게 폐를 끼칠 것이다. 지금 그를 존귀하게 여기는 자는 율곡과 우암 이후의 일인자(一人者)라고 생각하고 있으니 그를 변석하기를 상세하게 하지 않을 수 없고 그를 배척하기를 엄하게 하지 않을 수 없다"라고 했다.27

즉, 한원진의 심성 이기설과 예설이 이이와 송시열에게서 어긋나는 점이 많은데도 후배 학자들에게 많은 영향을 끼치면서 그들의 정통한 계승자로 인정받고 있는 점에 대해 문제의식을 느끼고 그의 학설들에 대한 세밀한 검증과 비판에 나섰다는 것이다. 이러한 저술 목적은 결국 낙학 측의 입장을 대변해 주는 것이라고 할 수 있다.

(4) 『불역언』(1810년경)

낙학 측에서 한원진을 중심으로 한 호학 측에 대해 본격적으로 비판한 글을 모아놓은 것으로 『불역언(不易言)』이라는 책이 있다.[28] 특히 그 권1 「존문록(尊聞錄)」은 한원진의 「제한천시발(題寒泉詩跋)」에 대한 이재 후학들의 변설들을 모아놓은 것이다. 먼저 이재의 고제(高弟)인 겸재(謙齋) 박성원(朴聖源, 1697~1757)이 찬(撰)한 「한남당시발변설(韓南塘詩跋辨說)」[29]을 실어두었는데, 그것은 최석의 『천문사백록』과 마찬가지로, 이재의 「한천시」와 한원진의 「제한천시발」을 싣고 그에 대한 해명과 비판을 서술했다. 박성원은 그 두 작품 각각에 대해 발(跋)과 변설을 썼고, 또한 「제한천시발」에 대해서는 12개 조목으로 나누어 하나하나 비판적으로 검토했으며(「心性說十二條」),[30] 최석에 대해서도 그가 경솔하게 행동한 점, 그리고 스승의 취지를 제대로 파악하지 못한 점 등을 비판했다(「又辨說」).[31] 이어서 그가 역시 이재의 문인인 신이의(愼爾儀, 1685~1756, 자는 可象)의 「의변록문목(疑辨錄問目)」에 대해 답한 「답신가상의변문록문목(答愼可象疑辨錄問目)」을 수록해두었다.

그다음에 김원행(金元行)의 문인인 전암(典庵) 강정환(姜鼎煥, 1741~1816)이 한원진을 비판한 글(「書南塘題寒泉先生詩跋後【癸亥南至日, 晉山姜鼎煥】」)이 실려 있고, 무제(無題)의 「변설급성리설육조(辨說及性理說六條)」가 실려 있다.[32] 박필주(朴弼周)가 윤봉구(尹鳳九)에게 답한 글(「朴判書【弼周】黎湖答尹屛溪【鳳九】書」)과 역시 이재의 문인들인 유언집(俞彦鏶, 1714~1783)의 「심설(心說)」, 백수(白水) 양응수(楊應秀, 1700~1767)의 「도암선생명덕강설해(陶菴先生明德講說解)」 등이 실려 있다.[33]

결국 『불역언』 권1에 수록된 자료들은 이재의 「한천시」의 한원진 비판을 시작으로, 한원진의 「제한천시후」에 대한 이재 문인들의 비판적 대응을 집성한 것으로서, 앞의 『천문사백록』의 의도와 내용을 좀 더 확장하여 편성한 것이라고 할 수 있다. 그를 통해 낙학의 입장이 좀 더 분명하게 정리된 모습을 취한 것이라고 할 수 있다.

호락논쟁이 처음으로 포착되고 기술되는 데에는 1746년(영조 22)에 있었던 최석의 한원진 방문이 중요한 계기가 되었다. 하지만 최석이 다소 과격하게 한원진을 비판하면서 호학과 낙학의 대립을 명확히 표출시켰다면, 이재 문하의 노성한 제자 그룹에서는 한원진에 대한 비판적 입장을 취하는 것과 동시에 한편으로는 문제를 과격한 방식으로 노출시킨 최석에 대해서도 경계의 입장을 취하면서 같은 당파 내에 학술적인 문제로 다툼이 확산되어 분열되는 것을 염려하는 경향이 있었다.

그들이 한원진에 비판의 초점을 집중하고, 호학의 연원이 되는 그의 스승 권상하에 대해서는 한원진과 이간 사이, 곧 호론과 낙론 사이에서 다소 불분명한 입장을 취한 것으로 이해하는 것은 바로 호락 간의 분란의 책임을 한원진에 돌리고 그와 호학 전체와의 연결 고리를 약화시킴으로써 분열의 확대를 미봉하려는 의도가 있었던 것으로 볼 수 있다.[34] 물론 그것이 낙학의 입장을 더욱 분명히 정당화하는 것이기도 했다는 점을 간과할 수는 없다.

어쨌든 『천문사백록』에서 『불역언』에 이르기까지 낙학 측의 문헌에서 호학과 낙학의 대립은 분명히 되었으며, 낙학의 독자적 정체성이 확립되는 모습을 확인할 수 있다. 호학과 낙학의 대립이 박성원을 중심으로 한 이재의 문인들, 그리고 김원행의 제자들을 통해 명확하게 포착되고 표현된 것이다.

호락논쟁의 포착과 기술을 촉진한 또 하나의 계기는 1799년(정조 23, 기미년) 김운주(金雲柱) 이하 653인에 달하는 호서의 유학자들이 한원진의 작호(爵號)와 시호(諡號)의 추증을 청원하는 통문을 돌리고 또 소(疏)를 올린 사건이다. 『불역언』의 권2에 편성되어 있는 「기미포락사(己未浦洛事)」에는 바로 그때의 통문(通文)과 소문(疏文) 그리고 김운주 이하 653인에 달하는 참여 유자(儒者) 명단이 수록되어 있으며, 그에 대한 정조(正祖)의 비답과 치제문(「贈判書韓元震致祭文【己未十二月日, 知製教閔昌爀】」)이 수록되어 있다. 그에 대한 낙학 측의 반응이라 할 수 있는, 대산(臺山) 김매순(金邁淳,

1776~1840)이 지은 「호유소발(湖儒疏跋)」과 김이영(金履永, 1755~1845)의 「호유소발변(湖儒疏跋辨)」, 김인순(金麟淳, 1764~1811)이 화천공[華泉公, 이재의 아들 이채(李采)]에게 보낸 편지(「金扶安【麟淳】抵華泉公書【十一月十四日】」)를 비롯하여 17통의 서간[조익(趙瀷)과 김이실(金履實) 사이에 오고 간 편지 2통 등], 김매순의 「호유소발변후재발(湖儒疏跋辨後再跋)」, 끝으로 「정종어제하김매순서(正宗御製下金邁淳書)」 등이 수록되어 있다.

논란이 된 문제는 호서학자들의 그러한 청원 자체에 있었던 것은 아니고, 통문과 소문의 내용에서 한원진의 호론적 심성설을 추증의 근거가 되는 주요한 공적(功績)으로 열거했다는 데 있었다. 그 통문의 내용에 다음과 같은 내용이 있다.

> 듣건대 중국이 텅 비니 이적이 횡행하고 진유(眞儒)로부터 멀어지니 이단(異端)이 멋대로 행한다고 한다. 진유가 높여진 연후에야 정학(正學)이 밝아지고 정학이 밝아진 연후에야 사설(邪說)이 종식될 것이다. … 오직 우리 호향(湖鄉)은 집마다 나라의 큰 나무와 같고, 세세토록 교화에 순복했다. 큰 유학자들이 크게 일어나 북두성과 같이 찬연하게 빛나며 시(詩)와 예(禮)를 서로 계승하여 울창한 수풀을 이루었으니, 한 나라의 모범이요 당대의 표준이며, 뛰어난 인재들이 무성히 자라나는 곳이요 연원이 모이는 곳이니, 공맹(孔孟)과 정주(程朱)의 본향과 방불한데, 저 공자와 주자의 미언(微言)을 드러내고, 율곡과 우암의 적통을 이어서, 체(體)를 온전히 하고 용(用)을 크게 하며, 모아서 완성한 자는 오직 우리 한남당 선생 한 분이다. … ① 이기(理氣)의 원(源)과 유(流)에 대해 말하면서, "일물(一物)이 아닌 가운데 일물이 되고, 선후(先後)가 없는 곳에 선후가 있다"라고 했다. ② 본성[性]과 리(理) 두 개념의 의미에 대해서는, "하늘에 있으면 리라고 해야지 본성이라고 말할 수 없으며, 사람에 있으면 본성이라고 해야지 리라고 말할 수 없다. 그러나 본성과 리는 본래 일물이므로 또한 호환하여 말하는 경우가 있다"라고 했다. ③ 본연지성과 기질지성에 대해서

는, "그 가운데 나아가 리를 단지(單指)하면 본연지성이고, 기를 겸지(兼指)하면 기질지성이다"라고 했다. ④ 태극(太極)과 오상(五常)에 대해서는, "태극은 형기(形氣)를 초월하여 말한 것이고, 오상은 기질을 인(因)하여 이름을 이룬 것이다"라고 했다. ⑤ 인물지성(人物之性)에 대해서는, "인간과 동물이 모두 같은 본성이 있으니, 태극이 그것으로 만물의 일원(一原)이다. 인간과 인간이 같고 동물과 동물이 같은 본성이 있으니, 오상이 그것으로 일원의 분수(分殊)이다. 인간마다 다르고 동물마다 다른 본성이 있으니, 기질이 그것으로 분수의 분수이다"라고 했다. ⑥ 마음[心]과 기질에 대해서는, "마음은 기질을 떠날 수 없다. 미발의 마음을 본선(本善)이라고 하는 것은 그때는 기가 용사(用事)하지 않기 때문이다. 만약 기질을 겸하여 말한다면 마음에는 선악이 있으니, 담연허명(淡然虛明)은 미발의 기상(氣像)이고, 청탁수박(淸濁粹駁)은 기품의 본색(本色)이다"라고 했다. ⑦ 지각설(知覺說)에 대해서는, "(오행의) 수(水)에는 만물을 시종하는 상(象)이 있으며, (오상의) 지(智)에는 사덕(四德)을 겸하여 포함하는 체(體)가 있다. 그러므로 지각은 비록 일심(一心)의 묘(妙)를 오로지 하지만 지(智)의 용(用)이 됨을 방해하지 않는다"라고 했다. ⑧ 사단(四端)과 칠정(七情)의 구별에 대해서는, "마음과 본성은 다른 갈래가 아니며, 리와 기는 따로 발하지 않는다. 황면재[黃勉齋, 황간(黃幹)] 이후로부터 『주자어류』에 실려 있는 '(사단은) 리의 발(發)이고, (칠정은) 기의 발이다'라는 구절에 매여 있기를 면하지 못했으나, 선생은 곧바로 감정(勘定)하여 "기록자의 오기(誤記)가 아니라면 반드시 초년(初年) 미정(未定)의 설이다"라고 했다. 이것들은 모두 용감하게 나아가 직진하여 도체(道體)를 환히 본 것이니, 주자가 이미 완성한 교훈으로 인하여 그 미온(微蘊)한 것을 더욱 천명했고, 제가(諸家)의 오래된 오류를 변별하여 모두 지극한 이치에 표준을 둔 것이다. 깊이 근심하고 멀리 염려하여, 그 마음으로 얻은 것을 글로써 표현했다. … 지금 사설이 종식되지 않은 것은 정학이 밝지 않음에 말미암고, 정학이 밝지 못한 것은 진유를 높이지 않은 데 말미암는다. 만약 진유를 높이고 정학을 밝히려 한다면 선생을 버려두고 그 누구이겠는가?[35]

이것은 호서학자, 곧 호학 측에서 이번 기회에 한원진의 학설을 중앙 정부에서 정통설로 공인받겠다는 의도를 가진 것으로 볼 수 있다. 그를 통해 한원진을 중심으로 한 호학 측의 심성설이 일목요연하게 정리되었다.

호학 측의 이러한 움직임에 대해 낙학 측에서 대응을 주도한 것은 대산 김매순이었다. 그가 그에 대응하여 쓴 「호유소발(湖儒疏跋)」은 다음과 같이 말한다.

> 강학하면서 다투는 마음이 없는 것은 그 마음이 공의롭고 견해가 밝지 않다면 불가능하다. 비록 한 시대의 종장(宗匠)이라 일컬어지는 선배 명유(名儒)라 할지라도 그런 문제를 모면한 이들이 드무니 하물며 그보다 못한 자에서겠는가? 내가 호유(湖儒)의 이 소(疏)에 대해 심히 개탄하는 것은 다음과 같은 이유에서다. 무릇 호락 심성의 논쟁은 그 유래가 오래다. 피차의 문헌이 바다와 같이 많으니, 당년에 다 탐구하지 못하는 안타까움이 있다. 다만 각자 들은 바를 존귀하게 여겨 그로써 백세를 기다리는 것이 마땅하다. 그렇다면 호유가 남당을 존귀하게 여기는 것은 본래 그럴 수 있고 이미 존귀하게 여긴다면 그 작시(爵諡)를 청하는 소를 올리는 것도 본래 그럴 수 있다. 이미 청했다면 그 덕(德)과 학(學)을 융성하게 포장하는 것을 극도로 하지 않을 수 없음도 본래 그럴 수 있으니 무릇 논의하는 것이 여기에서 벗어나는 것은 어찌 공격하여 배척하기를 사양하겠는가? 그러나 공격하고 배척하는 것은 하나의 길만 있는 것은 아니다. 낙중(洛中)의 제가(諸家)들이 혹 마음에 들지 않는다고 하여 일체를 이단 사설로 몰아붙이고, 노불(老佛)과 서양(西洋)과 더불어 같은 것으로 함께 꿰었으니 지나치게 빨리 판단하여 깊이 살피는 점에 부족함이 있지 않은가?[36]

특별히 소문(疏文) 중에서 한원진의 주요 업적으로 정학을 밝히고 이단 사설을 배척한 사실을 들면서, 은연중에 낙학 쪽을 이단 사설로 지목한 데 대해 불만을 표한 것이다.37 그것은 곧 소문 중에 호락논쟁 중 한원진이 주장한 견해들을 정학의 내용으로 일일이 제시하는 것에 대한 지적으로 이어졌는데, 김인순(金麟淳, 1764~1811)이 이재의 아들 이채(李采)에게 보낸 편지에서도 낙학 측의 그러한 문제의식을 확인할 수 있다.

> 최근 호유(湖儒)의 상소를 임금께서 이미 열람하셨을 것으로 생각된다. 남당의 덕망과 경술은 진실로 호해(湖海) 간에 호걸이니 작(爵)과 시(諡)를 청하는 것을 누가 옳지 않다고 하겠는가? 그러나 예부터 이러한 소장은 매우 많았으나 덕업의 융성함과 언행의 진실함을 칭술하여 그것으로 포양(褒揚)의 도모를 삼는 데 지나지 않았다. 어찌 일찍이 심성이기의 설을 장황하고 현란하게 기술했던가? 대저 이 설은 본래 선배들이 결론을 내리지 못한 이론들이다. 이미 각각 근거하는 바를 가지며, 또한 각각 글을 완성한 바가 있어서, 상호 간에 변론하는 것이 끝내 아직 귀일하지 못했으니, 누가 옳고 누가 그른가 하는 것은 후생 말학이 감히 확정하여 판결할 수 없다. 다만 마땅히 그 스승에게 들은 바를 존귀히 여기고 각각 그 설을 고수하여 후세의 주자(朱子)를 기다리는 것이 옳다. 기억하건대 전에 화양서원묘정비에 대한 논란이 있었을 때 나의 선왕고(先王考: 김원행)께서는 당년에 결론을 내리지 못한 사안을 갑자기 선생의 묘비에 등재함으로써 다소의 분란을 불러일으킨다면 오히려 존경할 자리에 상처를 입힐 것이라고 생각하여, 일을 주관하는 자에게 서신을 보내어 새겨서 세우지 못하게 했다.38

김인순은 그 소장의 내용에 심성설에 대한 내용이 장황하게 서술된 것이 호락논쟁의 주요 쟁점들로서 아직 결론이 나지 않은 논란의 여지가 있는 것이므로, 그것을 소장의 내용에 포함시키는 것은 적절하지 않다는 지적을 한 것이며, 그것이 화양 비문(곧 화양서원묘정비)에 대한 논란과 마찬가지의 예임을 또한 지적한 것이다.[39] 이들 자료는 정조 시기에 호학과 낙학 사이에 정치적 헤게모니 장악을 위한 다툼이 치열해지고 있음을 보여주고 있다.[40] 일종의 심판자로서 정조가 다음과 같은 서간을 김매순에게 보낸 것은 논란의 중심이 바로 거기에 있었기 때문일 것이다.

> 근세의 소위 호락(湖洛)의 원류와 천·당(泉塘: 이재와 한원진)의 우열에 대해서는 나는 진실로 각각에 합당한 것을 돌려 공평하게 듣고 아울러 보며 고집스럽게 옳고 그름을 분별하지 않으며 피차의 구별도 하지 않는다. … 어찌 반드시 힘을 다 쓰고 정신을 피곤하게 하여 인물동이(人物同異)의 본성[性]을 분분하게 게시하여 나타내면서 마치 소송을 하여 다툰 다음에야 마음에 흡족함이 있는 것같이 하겠는가?[41]

『불역언』 권3은 「동리문답(東里問答)」으로서, 이재의 죽음을 둘러싼 논란에 대해 문답한 것이다. 이재는 1746년 10월 28일 용인(龍仁) 도상(道上)에서 돌연 별세했다. 그것을 두고 "병환에 삼가지 않은 것으로, 명(命)을 아는 것이 아니다[非愼疾, 非知命]"라는 비난이 일자 그에 대해 대응한 것이다. 끝에 부록으로 「한정당상역천서(閒靜堂上櫟泉書)」를 붙였다. 역천(櫟泉)은 송준길(宋浚吉)의 후손 송명흠(宋明欽)으로, 이재의 문인이다. 한정당(閒靜堂)은 송문흠(宋文欽)으로 역시 이재의 문인이다. 「예의왕복(禮疑往復)」은 이재 문하의 예설(禮說)에 대한 논란을 수록한 것으로 이재의 문인들인 양응수(楊應秀), 유언집(俞彦鏶), 박성원(朴聖源) 사이에게 오고 간 편지들을 모아놓은 것이다. 「어모설(禦侮說)」은 이재 가에 논란이 있는 사실에 대해 변명한 글들로 보인다. 이들은 모두 이재의 문하에서 자신들의 정체성을 확고히 해감을 확인할 수 있게 하는 문헌들이며, 우리는 그것들을 통해 시간이 흐르면서 호락 간의 대립이 점차 정치적 헤게모니를 둘러싼 다툼으로 심화되어감을 확인할 수 있다. 그것은 곧 호락논쟁에 대한 포착과 정리의 배경 혹은 동기가 어디에 있었는가 하는 것을 보여주는 것이기도 하다.

이들 문헌에서 우리는 호락논쟁에 대한 최초의 기술이 주로 이재의 문하에서 한원진에 대한 비판과 스승에 대한 옹호를 중심으로 형성되어간 것을 확인할 수 있다. 호락논쟁을 한원진과 이재 사이의 대립으로 이해하는 이러한 인식은 노론 내부에서만이 아니라 남인(南人) 측에 속하는 윤기(尹愭) 등의 학자들에게도 영향을 미쳤다.

(5) 윤기의 「서호락심성변후」(1806~1807)

성호 이익 계열의 윤기(尹愭, 1741~1826, 자는 敬夫, 호는 無名子)는 「서호락심성변후(書湖洛心性辨後)」라는 글을 남겼다. 총 27조로 구성되어 있는데, 1806~1807년에 지은 것으로 추정된다.[42] 그 제1조는 서문 혹은 총론에 해당하고, 나머지 26조는 경전의 경문(經文), 주자의 집주(集註)와 장구(章句), 경전 대전본(大全本)의 세주(細注) 등에서 관련 문구를 모아놓은 것이다.

그는 제1조에서 다음과 같이 말한다.

> 나는 일찍이 세간에 '호락쟁변(湖洛爭辨)'이 있다는 말을 들은 적이 있으나, 집안에만 틀어박혀 사람들과 교유하지 않다 보니 그에 관한 글을 보지 못했다. 그러다가 우연히 벗의 집에 있는 책을 보게 되었는데, 바로 이 일을 기록한 것이었다. 도암의 문인 최석(崔祏)이 남당을 찾아가 강론하고 돌아와 도암에게 고하자, 도암이 시를 지어 남당을 비난했다. 남당이 발문(跋文)을 지어 반박하자, 최석이 또 발문 뒤에 글을 써서 조목조목 논파하고 병계(屛溪)에게 보낸 편지를 함께 실어 『호학변대요(湖學辨大要)』라고 했다.[43]

윤기는 글의 제목에서는 '호락심성변(湖洛心性辨)'이라는 용어를 썼고, 본문에서는 '호락쟁변(湖洛爭辨)'이라는 용어를 사용했다. 본문에서 『호학변대요(湖學辨大要)』라고 한 것은 내용상 최석의 『천문사백록』을 가리킨 것으로 추정할 수 있다. 그는 『호학변대요』의 내용, 논쟁의 핵심적인 쟁점을 간략하게 소개하고 이어서 다음과 같이 정리했다.

> 최석은 또 단락마다 분석하여 많은 말을 했는데, 쌍방이 각자 점점 격렬해져서 서로 맹렬히 비난하며 장문의 글로 근거를 널리 인용하고 자세히 논증했다. 지금까지도 양측의 문인들이 각자 스승의 설을 전수하여 서로 다투고 있다. 세상에서는 이를 '호당(湖黨)'·'낙당(洛黨)'이라고 부르는데, 남당은 호서에 살고 도암은 서울에 살았기 때문이다.

윤기는 호락논쟁을 기본적으로 한원진과 이재의 대립으로 보고 있으며 세간에서 이들을 정치적 당파의 성격을 지닌 호당과 낙당이라고 하는 명칭으로 부르고 있음을 지적하고 있다. 호락논쟁에 대한 당대의 일반적 인식을 보여주는 것이라 할 수 있다. 그는 이어서 이황의 글을 인용하면서 그러한 논쟁의 무용성에 대해 힐난한 글 「우총론우후(又總論于後)」를 썼다.

(6) 이승연의 『호락문답』[44] (1794)

호락 간의 대립이 격화되면서 당연히 노론 내부에서는 이러한 대립에 대해 우려를 표하고, 양자 사이의 견해 차이를 정리하고 소통하여 통합하고자 하는 흐름이 나타났다. 그것은 호락논쟁을 기술하는 또 하나의 유력한 동기가 되었음에 분명하다.[45] 이승연(李承淵)의 『호락문답(湖洛問答)』은 그러한 의도로 작성된 것으로 보인다. 『호락문답』은 가상의 두 인물인 동락자(東洛子)와 서호빈(西湖賓)이 또 하나의 가상 인물로서 아마도 이 책의 저자를 가리키는 원교주인(圓嶠主人)의 입회하에서, 조선에서 붕당이 형성된 기원으로부터 시작해서, 이황과 기대승, 이이와 성혼 사이의 사칠 논변, 예송, 호락 간의 인물성동이 논변, 심설 논변 등의 내용에 대해 대화체로 서술했다. 대체로 동락자는 동인(東人)과 낙학 쪽의 입장을, 서호빈은 서인

(西人)과 호학 쪽의 입장을 각각 대변하는 것으로 배치한 것으로 보인다.

상편(上篇) 앞머리 서(序)에 해당하는 글에서 저자는 "인종조의 전례(典禮)와 효종조의 복제(服制)는 국가의 큰 의론(議論)이요, 사단칠정론과 인물성동이론은 사문(斯文)의 큰 시비(是非)이다" 운운했다. 본문은 원교주인을 모시고 있는 동락자에게 서호빈이 찾아와 대화하는 형식으로 되어 있다. 먼저 서호빈이 동락자에게 한원진과 이간 사이의 인물성동이 논변에 대한 견해를 묻는다. 동락자는 답변 대신 학술적 토론이 붕당을 짓는 빌미가 되어 각 당파로 나뉘어 서로 막무가내로 적대시함으로써, 뜻있는 선비들이 공정한 마음으로 자신의 포부를 펴지 못하게 되는 풍조를 개탄한다. 이에 서호빈은 도학이 힘을 잃고 당론이 득세하여 붕당을 형성해간 유래를 조선과 중국을 걸쳐 자세히 설명한다. 이는 이 저술의 동기가 어디에 있었는지를 짐작하게 하는 부분이다.

저자는 호락논쟁을 다루는 부분에서, 먼저 낙론의 인물성론과 심설을 호론의 그것과 대립적으로 병치시키고, 거기에 한원진과 이간의 성리설을 인용하여 그 논지를 보강하는 형식을 취하고 있다. 이것은 호학과 낙학 사이의 대립을 전제한 가운데에 한원진과 이간의 대립을 각각에 배치하여 보강한 것으로서, 한편으로 낙학 측의 호락논쟁에 대한 이해를 계승하면서 동시에 그것이 같은 권상하 문하에서 발생한 학술적 이견이라는 점을 부각하고자 하는 의도가 있었던 것으로 볼 수 있다.[46] 그러한 학술적 이견과 대립은 동문(同門) 내에서도 얼마든지 있을 수 있는 것이요, 결국 정치적 대립을 초래할 수 있는 문제인 도통의 전수를 가늠할 만한 그러한 것은 아니라는 것이다.

두 사람 사이의 대화가 끝난 후 원교주인이 두 사람의 대화를 평하여, "두 분이 본성을 논하고 마음을 말한 것은, 그 반복하여 설명한 것이 매우 정밀하고 상세하며, 그 쪼개어 분석한 것이 미세하고 심오하여, 도(道)에 각각의 지귀(旨歸)를 가지고 있다"라고 한다. 또한 그 논점이 매우 핵심적인 만큼 둘 사이에 최종적인 판단을 내리기가 어렵다고 지적하고, 다만 후학들이 편당을 지어 사설(師說)을 고수하면서 스스로 생각하지 않고 문의훈고(文義訓詁)에 빠져 대본(大本) 지정(至正)한 경지는 궁구하지 않는 병폐가 있을까 염려스럽다 하여, 두 사람이 깊이 사유하고 공정하게 판단한다면 진리에 이를 수 있을 것이라 권면한다. 이에 두 사람이 공감하며 물러나는 것으로 마치고 있다.

이어 후어(後語)가 실려 있다. 그에 따르면 "지금 학자들이 입만 열면 곧 이기(理氣) 두 글자를 말하지만 스스로 말하는 것이 아니요, 다만 남의 말을 전하는 것일 뿐이다. 내가 지금 원교(圓嶠)에서 시묘살이를 하는 중에 병들고 정신도 혼미하여, 평소의 말도 혹 잊어버리고 두서가 없어 열에 하나도 기억하지 못한다. 하물며 이 도의 큰 것에 대해서이겠는가? 앞에서 서술한 여러 문제들에 대해서 각각 그 자료에 따라 하나로 통합하여 정리하여 강학명도(講學明道)의 바탕으로 삼고자 한다. 때는 갑인년 단양일(端陽日) 완산(完山) 이승연 사순(士順) 쓴다"라고 했다.

이승연(李承淵, 1758~1838, 자는 士順, 본관은 전주)은 김창협의 제자이자 낙학 학맥 속에서 호론적 입장을 취함으로써 낙학이 자신의 정체성을 형성하여가는 데 중요한 공헌을 한 정암(正菴) 이현익(李顯益, 1678~1717)의 증손자로 추정된다. 그렇다면 여기에서 갑인년은 아마도 1794년(정조 18)일 것이다. 역시 낙학 측에서 호락논쟁을 정리하면서 조선 유학사의 주요 논쟁들로 범위를 넓혀 서술한 것으로 볼 수 있다.

뒤이어 부록으로 고염무(顧炎武)의 『일지록(日知錄)』 중 「진유논성(眞劉論性)」과 『중용』 소주(小註)의 진덕수(眞德秀) 설을 필사해두었고, 이어서 그 필사의 취지를 설명한 발문이 붙어 있다.[47] 『일지록』의 기록은 유보(劉黼)와 진덕수의 성론(性論)상의 대립을 기술한 것으로, 두 사람은 모두 주자의 문인이었지만 유보가 『중용장구』의 '천명지위성'에 대한 주자의 주석에 대해 반대하여 인물성이론(人物性異論)의 입장을 취했다면 진덕수는 주자의 주석을 존신하여 동론의 입장을 취했다는 것이다. 필사자의 발문에는, 둘 사이의 대립이 있었지만 그것은 각자 자득한 견해를 따른 것이었고, 같은 구도의 입장에서는 서로에 대한 화목과 존중을 잃지 않았다고 하고, "호락의 제현들이 같은 스승 아래 설을 달리하여 그 여론(餘論)이 시간이 갈수록 분잡해져 귀일할 줄을 모르니 매우 개탄할 만하다. 이에 『호락문답』 아래에 이것을 붙여두어 참고로 삼으려 한다"라고 했다.

저자는 율곡학파에 소속해 있기는 하지만 조선 중기 이후 지식인들 내부의 주요한 정치적 학술적 논쟁점들에 대해 종합적으로 정리하고 있다는 점에서 일종의 학술사적 저작으로 평가할 수 있다. 또한 동일한 도학적 지향 위에서, 사대부들이 단지 당파적으로 처신하지 말고 주체적으로 사유하며 그러한 대립을 넘어 대화와 조화를 추구할 것을 촉구하고 있다는 점도 독특하다.

(7) 『호락사실』[48] (1849)

『호락문답』이 호락논쟁의 학술적 내용에 대한 설명에 초점을 둔다면, 『호락사실(湖洛事實)』은 호학과 낙학이 정치적 당파로 대립하게 된 사정을 설명하는 데 저술의 초점이 있다. 표제는 '호락사실'인데 표지 이면에는 '기미호락사실(己未湖洛事實)'이라 되어 있고, 하단에 '기유삼월초(己酉三月抄)'라는 표기가 있다. 기유(己酉)는 1849년(헌종 15)이다. 기미(己未)는 1799년(정조 23)으로, 이해는 호서의 유학자들이 한원진의 증작(贈爵)과 증시(贈諡)를 청원하던 해이고, 이에 대한 낙학 측의 논란이 있었음은 앞의 『불역언』의 「기미포락사」에서 이미 살펴본 바 있다.

이 책의 주 내용은 『불역언』의 「기미포락사」와 동일하다. 그런데 이 책에는 먼저 기축년(己丑年) 곧 1829년(순조 29) 윤6월 4일에 작성된 「호서유생통문(湖西儒生通文)」이 실려 있다. 그 내용은 조정에 이간(李柬)의 작시(爵諡)를 청하는 것이다. 또한 충주 운곡서원(雲谷書院) 유생 명의의 통문, 재임(齋任) 정상성(鄭相成) 명의의 통문, 그리고 유한준(兪漢俊)의 같은 취지의 상소문 등이 실려 있다.

이어서 「호락사실」을 내제(內題)로 하여, 「한남당(韓南塘)【元震】청증시유통(請贈諡儒通)」, 「포유김운주등상소(浦儒金雲柱等上疏)【기미십월십삼일(己未十月十三日)】」 등이 실려 있고, 이어 김매순의 「호유소발(湖儒疏跋)」과 김이영(金履永)의 「소발변(疏跋辨)」 등이 실려 있다. 이들 내용은 곧 앞의 『불역언』, 「기미포락사」의 내용과 중복된다. 역시 낙학 측에서 작성된 문건으로 보인다.

특이한 것은 먼저 이간의 증작을 청하는 통문과 상소문을 실음으로써, 한원진의 그것과 의도적으로 대비하도록 했다는 점이다. 그와 관련해서는 관련 자료만 실었고, 그에 관한 논평은 하지 않았다.

(8) 박성양의 「호락원류총목서」와 「강문팔사변」 (1867년경)

박성양(朴性陽, 1809~1890, 자는 季善)은 1867년(고종 4)경 『호락원류(湖洛源流)』라는 책을 썼다. 그는 중산재(重山齋) 이지수(李趾秀, 1779~1842)의 문인으로서, 『호학원류』가 실제로 완성되어 현재 전하는지는 확실하지 않으나, 그의 문집에 「호락원류총목서(湖洛源流總目序)【정묘(丁卯)】」(『운창선생문집(芸窓先生文集)』 권10)라는 글이 실려 있다. 서(序)의 내용은 다음과 같다.

> 기억하건대 지난 신축년(辛丑年, 1841, 헌종 7) 겨울, 나는 중산재(重山齋) 이공(李公: 이지수)을 모시고, "근세 호론과 낙론이 각각 스승의 학설을 존귀하게 여기기를 확고하고 그침이 없이 하는데, 그들이 과연 주자학(朱子學)과 상산학(象山學) 사이에 바름과 삿됨이 있는 것과 같아서 서로 용납할 수 없는 것입니까?"라고 물었다. 공은 답하여 말했다. "호락(湖洛)의 제현들은 비록 심성이 기의 설에서 의견이 서로 어긋났지만, 그 평소의 대체를 살펴보면 모두 정주학(程朱學)을 종주로 삼고, 율곡과 우암의 법문을 따르는 자들이다. 이정(二程)

의 문하에 양시(楊時), 사량좌(謝良佐), 유작(游酢) 등 여러 공이 대략 그 논설하는 바에서는 다름이 있으나 정문(程門)의 고제(高弟)임을 해칠 정도는 아닌 것과 마찬가지이다. 후학으로서는 호락의 선배들에 대해 치우치게 자기의 견해를 고집하여 망령되게 서로 공격하는 것은 마땅하지 않다." 중산의 이 말씀은 진실로 식견이 있는 말이라 하겠다. 본성[性]과 천도(天道)는 자공(子貢)도 공자로부터 거의 듣지 못한 바라 했으며, 순자나 양웅, 한유 등도 명확하게 깨닫지 못한 바였다. 퇴계와 율곡 두 분 선생도 사단칠정의 논변에서 견해가 각각 달랐으니, 천하의 의리에서 이처럼 어려운 것은 없다. 나는 일찍이 우리 당의 선비들에게 만약 학문에 종사하고자 하면 인간과 동물, 성인과 일반인의 같고 다름의 문제는 잠시 옆으로 밀쳐놓고 다만 호락 제현의 격언과 바른 행실을 이어받아 힘써 실천하기를 부지런히 하여 차근차근 진보하여 간다면 거의 위로 정암(靜菴), 퇴계, 율곡, 우암의 문정(門庭)에 거슬러 올라갈 수 있어서 정주학의 마음을 전한 오묘한 가르침을 비로소 엿볼 수 있게 될 것이라고 하였다. 성의(誠意)와 정심(正心)을 오로지 입으로 읊어대면서 헛되이 말하고 듣는 노력을 허비하기보다는 자기 몸에 돌이켜 스스로를 닦아서, 천근(淺近)한 아래에서 배워 고명(高明)한 위로 도달하여 간다고 하는 전철(前哲)이 전해 준 법도를 따라 밟아가는 것이 더 나은 길이다. 이에 감히 남당과 도암, 그리고 그들 문하 제현의 졸기(卒記), 행장(行狀), 유사(遺事) 등의 글들을 상세하게 수집하기를 힘써 '호락원류'라 이름했으며, 또한 그 심성이기에 관한 논변들에서 조금의 사의(私意)도 섞지 않고 관건이 되는 요어(要語)들을 절취(節取)하여 각자에 편입해두었다. 이제 그것을 취하고 버림, 따르고 어김은 오직 읽는 자들의 의사에 달려 있다. 산골 외진 곳에 거처하여 서적을 구하기 어려운 상황이라 오랜 세월 애를 썼지만, 아직 마치지 못했다. 이에 우선 총목(總目) 한 통을 아래와 같이 열록(列錄)했다. 누가 과연 이 책을 완성시켜줄지 알지 못하겠다. 정황돈(程篁墩: 程敏政)의 『도일편(道一編)』은 주자학을 끌어들여 상산학에 갖다 붙임으로써 학술을 어지럽혔으니 진실로 사문에 죄를 지은 것이다. 그러나 이 책의 체제는 실제에 근거하여 곧게 쓴 것으로서 치우치거나 이지러진 것이 없다. 보는 사람에 따라 각각 달리 볼 것이지만 문호를 원래 각각 세운 것이 아니니 진실로 "함께 실행해도 어긋남이 없고, 잘 어울려 동일한 한 곳으로 돌아간다[幷行不悖, 爛漫同歸]"고 할 만하다. 세상의 안목을 갖춘 자들은 부디 세 번 생각을 더하여 부디 자기 편을 주인으로 삼고 상대 편을 노예로 삼으며, 한쪽은 높이고 한쪽은 억누르는 일이 없도록 하기 바란다.[49]

박성양은 호학과 낙학의 분립은 자연스럽게 있을 수 있는 것이며 양자의 차이는 모두 서로 용인할 수 있는 범위의 것이라 하여, 절충적 태도를 보였다. 이는 결국 정조 시기 격렬한 정치 대립을 겪고 나서, 공동의 정치적 기반을 기초로 한 동료의식이 다시 발동되어야 한다는 주장이라고 볼 수 있다.

'호락원류'라는 책 제목은 호학과 낙학과 근원과 흐름이라는 의미로서, 호학과 낙학의 발생 및 전개에 대한 기술을 그 내용으로 하고 있는 것으로 짐작된다. 한원진과 이재 및 그들의 제자들의 생애 사실과 주요 논설을 인물별로 모아놓은 것으로 일종의 '호락학안(湖洛學案)'을 만든 것이라 할 수 있을 듯하다. 어느 정도 완성했는지는 알 수 없지만 다 완성하지는 못했다고 하고, 다만 후대의 완성을 기약하며 그 총목을 제시하고 있다. 그것은 아래와 같다.

① 한남당(韓南塘): 이름은 원진(元震), 자(字)는 덕소(德昭). 청주인(清州人). 한수재(寒水齋) 문인. 숙종 임술(1682)년생, 영조 신미(1751)년 졸(卒), 향년 70세. 일(逸), 집의(執義). 시호(諡號)는 문순(文純). 병계(屛溪)가 행장을 찬술(撰述)함.

② 윤병계(尹屛溪): 이름은 봉구(鳳九), 자는 서응(瑞膺). 파평인(坡平人). 한수재 문인. 숙종 계해(1683)년생, 영조 정해(1767)년 졸. 향년 85세. 일(逸), 공

판(工判). 시호는 문헌(文獻).

③ 채봉암(蔡鳳巖): 이름은 지홍(之洪), 자는 군범(君範). 인천인(仁川人). 한수재 문인. 숙종 계해(1683)년생, 영조 신유(1741)년 졸, 향년 59세. 일(逸), 자의(諮議). 미호(渼湖)가 행장을 찬술함.

④ 최매봉(崔梅峯): 이름은 징후(徵厚), 자는 성중(成仲). 삭녕인(朔寧人). 한수재 문인. 숙종 을묘(1675)년생, 을미(1715)년 졸. 향년 41세. 남당(南塘)이 유사(遺事)를 찬술함.

⑤ 이외암(李巍巖): 이름은 간(柬), 자는 공거(公擧). 예안인(禮安人). 한수재 문인. 숙종 정사(1677)년생, 영조 정미(1727)년 졸, 향년 51세. 일(逸), 자의(諮議). 시호는 문정(文正). 매산(梅山) 홍직필(洪直弼)이 비명(碑銘)을 찬술함.

⑥ 현관봉(玄冠峰): 이름은 상벽(尙璧), 자는 언명(彥明). 팔거인(八莒人). 한수재 문인. 현종 임자(1672)년생, 영조 신해(1731)년 졸. 향년 60세. 관(官), 세마(洗馬).

⑦ 윤천서(尹泉西): 이름은 혼(焜), 자는 회보(晦甫). 파평인(坡平人). 한수재 문인. 숙종 병진(1676)년생, 영조 을사(1725)년 졸, 향년 50세. 문과(文科), 지평(持平). 남당이 행장을 찬술함.

⑧ 한암촌(韓巖村): 이름은 홍조(弘祚), 자는 영숙(永叔). 청주인(淸州人). 한수재 문인. 숙종 임술(1682)년생, 임진(1712)년 졸, 향년 31세.

이상은 호학에 속한 이들을 열거한 것이라 할 수 있다. 모두 한수재(寒水齋 곧 遂菴) 권상하의 문인으로서, 소위 강문팔학사(江門八學士)에 해당하는 인물들이다. 한원진을 으뜸으로 들어 호학의 중심이 그에 있음을 보였다고 하겠다. 이들 중 이간과 현상벽은 학설상으로는 낙론에 가까운 입장이었다. 하지만 그러한 내용이 이 총목(과 그 설명)상에서는 나타나지 않는다.

그다음으로 박성양은 낙학에 속한 이들의 명단을 제시하는데 다음과 같다.

⑨ 이도암(李陶菴): 이름은 재(縡), 자는 희경(熙卿). 우봉인(牛峰人). 숙종 경신(1680)년생, 영조 병인(1746)년 졸, 향년 67세. 문과(文科), 판서(判書). 시호는 문정(文正). 유선(諭善) 박성원(朴聖源)이 행장을 찬술함.

⑩ 박여호(朴黎湖): 이름은 필주(弼周), 자는 상보(尙甫). 반남인(潘南人). 숙종 경신(1680)년생, 영조 무진(1748)년 졸, 향년 69세. 일(逸), 이판(吏判). 시호는 문경(文敬). 이민곤(李敏坤)이 묘지(墓誌)를 찬술하고, 매산 홍직필이 행장을 찬술함.

⑪ 민정암(閔貞庵): 이름은 우수(遇洙), 자는 사원(士元). 여흥인(驪興人). 도암(陶菴)을 종유(從遊)함. 숙종 갑술(1694)년생, 영조 병자(1756)년 졸, 향년 63세. 일(逸), 대헌(大憲). 시호는 문원(文元).

⑫ 김미호(金渼湖): 이름은 원행(元行), 자는 백춘(伯春). 안동인(安東人). 농암(農巖)의 손(孫). 숙종 임오(1702)년생, 영조 임진(1772)년 졸, 향년 71세. 일(逸), 좨주(逸祭). 시호는 문경(文敬). 아들 삼산재(三山齋)가 행장을 찬술함. 부(附) 삼산재: 이름은 이안(履安), 자는 정례(正禮). 미호(渼湖)의 장자(長子)이다. 경종(景宗) 임인(1722)년 생.

⑬ 송역천(宋櫟泉): 이름은 명흠(明欽), 자는 회가(晦可). 은진인(恩津人). 동춘(同春)의 현손(玄孫). 숙종 을유(1705)년생, 영조 무자(1768)년 졸, 향년 64세. 일(逸), 찬선(贊善). 녹문(鹿門)이 행장을 찬술함.

호학에서 한원진을 첫 번째에 배치했다면 낙학에서는 이재를 첫 번째로 배치하여 호락논쟁에서 한원진과 이재가 차지하는 중심적 위치를 분명히 했다. 호학 쪽 명단에서는 모두 권상하의 문인임을 표시했지만 이재와 박필주의 경우는 사승 관계에 대한 언급이 없다. 하지만 이재는 김창협의 문인이며, 박필주는 사승 관계가 분명하지 않지만 낙학 측의 주요 인물이었다. 그다음에 이어지는 이가 섬촌(蟾村) 민우수(閔遇洙, 1694~1756)인데, 이재를 종유했다. 그다음은 김원행으로, 김창협의 사손(嗣孫)이며 그의 아들 김이안(金履安)이 부록으로 수록되었다. 송명흠은 동춘당 송준길의 현손이다. 이재와 박필주가 김창협과 김창흡을 이어 낙학 2세대라고 한다면 민우수, 김원행 등은 그들을 이은 낙학 3세대라고 할 수 있다. 박성양은 이들에 이어 한원진 후학으로서 송능상과 권진응 두 사람을 드는데, 이들은 호학 3세대에 해당한다고 하겠다.

⑭ 송운평(宋雲坪): 이름은 능상(能相), 자는 사능(士能). 은진인(恩津人). 우암(尤菴)의 현손(玄孫), 남당의 문인. 숙종 경인(1710)년생, 영조 무인(1758)년졸. 향년 49세. 일(逸), 장령(掌令). 성담(性潭)이 행장을 찬술함.

⑮ 권산수헌(權山水軒): 이름은 진응(震應), 자 형숙(亨叔). 안동인(安東人). 한수재의 증손(曾孫), 남당의 문인. 숙종 신묘(1711)년생, 영조 을미(1775)년졸, 향년 65세. 일(逸), 자의(諮議). 성담(性潭)이 행장을 찬술함.

송능상은 송시열의 현손이며, 권진응은 권상하의 증손으로서 모두 가학의 전통을 이은 자들로 호학에 속한다.[50] 두 사람 모두 성담(性潭) 송환기(宋煥箕)가 행장을 지었다. 박성양은 이어서 낙학 3세대와 4세대에 속하는 인물들을 소개한다.

⑯ 임녹문(任鹿門): 이름은 성주(聖周), 자는 중사(仲思). 풍천인(豊川人). 도암(陶菴)의 문인. 숙종 신묘(1711)년생, 정조(正祖) 무신(1788)년 졸, 향년 78세. 음(蔭), 부사(府使). 동생 정주(靖周)가 행장을 찬술함.

⑰ 김지암(金止庵): 이름은 양행(亮行), 자는 자정(子靜). 농암(農巖)의 종손(從孫), 정암(貞菴)의 문인. 숙종 을미(1715)년생, 정조 기해(1779)년 졸, 향년 65세. 일(逸), 참판(參判). 시호는 문간(文簡).

⑱ 송성담(宋性潭): 이름은 환기(煥箕), 자는 자동(子東). 운평(雲坪)의 종질(從姪)로서 그에게 수업(受業). 영조 무신(1728)년생, 순조 정묘(1807)년 졸, 향

년 80세. 일(逸), 좌찬성(左贊成). 시호는 문경(文敬).
⑲ 김과재(金過齋): 이름은 정묵(正默), 자는 이운(而運). 사계(沙溪) 7대손. 영조 기미(1739)년생, 정조 기미(1799)년 졸, 향년 61세. 일(逸), 지평(持平). 강재(剛齋) 송치규(宋穉圭)가 행장을 찬술함.
⑳ 박근재(朴近齋): 이름은 윤원(胤源), 자는 영숙(永叔). 반남인(潘南人). 미호(渼湖)를 종유함. 영조 갑인(1734)년생, 정조 기미(1799)년 졸, 향년 66세. 음(蔭), 감역(監役). 시호는 문헌(文獻). 매산 홍직필이 행장을 찬술함.

녹문(鹿門) 임성주(任聖周)는 이재의 문인이며, 김양행(金亮行)은 김창협의 현손이자, 민우수의 문인이다. 송환기는 송능상의 종질로서 그에 수업했다고 표시되어 있으니 호학에 속하는 것으로 분류할 수 있다. 그다음은 과재 김정묵인데 김장생의 7대손으로 역시 호학 3세대에 속하는 인물이지만 앞에서 언급한 것처럼 한원진의 유력한 비판자로서 낙론에 접근하여 간 인물이라고 할 수 있다. 그다음은 박윤원인데, 김원행에게 종유한 사실이 밝혀져 있다.

결국 호학에 속한 인물이 12인이고, 낙학에 속한 인물이 8인으로 호학에 속한 인물이 다소 많다.[51] 호학은 권상하의 문인인 강문팔학사를 2세대로 하고, 한원진의 문인인 송능상, 권진응이 3세대, 송능상의 종질인 송환기와 김장생의 후손인 김정묵이 4세대라고 할 수 있겠다. 그에 대해 낙학은 이재와 박필주를 2세대로 하고, 3세대로 이재의 문인인 민우수, 김원행, 송명흠, 임성주가 있고 4세대가 김양행, 박윤원이라고 할 수 있을 것이다. 이러한 정리는 약간의 차이는 있지만 대체로 앞에서 언급한 황윤석의 호락 양학(兩學)에 대한 기술과 일치하는 관점을 보여주고 있다.

박성양은 「강문팔사변(江門八士辨)」을 통해 강문팔학사의 구성원을 둘러싼 이설을 검토하기도 했다. 그에 의하면 강문팔학사에 대해서 이원순(李源順)이 편찬한 『화해휘편(華海彙編)』에서는 이간·한원진·윤봉구·이이근(李

頤根)·현상벽·채지홍·한홍조·성만징(成晩徵)을 들었고, 송산림(宋山林)은 한원진·이간·윤봉구·채지홍·이이근·한홍조·최징후·윤혼을 들어서 서로 차이가 있다고 한다. 그는 결론적으로 송명흠의 시와 김이양(金履陽)의 「호유소발변(湖儒疏跋辨)」의 서술을 근거로 해서 성만징과 이이근을 제외한 한원진·윤봉구·채지홍·최징후·이간·현상벽·윤혼·한홍조를 들었다.52 이것은 그가 앞의 『호락원류』에서 열거한 것과 동일하며, 근대 이후의 연구와도 대체로 일치하는 것이라고 할 수 있다.53

(9) 정리

이상 문헌들의 검토에 의하면, 호락논쟁에 관한 기술은 호학 측보다는 낙학 측에서 적극적으로 이루어졌으며, 적어도 두 가지 사건을 계기로 해서 촉진되었던 것으로 볼 수 있다. 그 하나는 1746년(영조 22) 이재의 제자인 최석의 한원진 방문과 그의 중재를 통한 이재와 한원진의 간접적 만남과 충돌, 그리고 그에 이어지는 이재 제자 측의 한원진에 대한 비판 및 스승 이재에 대한 변명이었고, 또 다른 하나는 1799년(정조 23) 호서 유학자들이 조정에 한원진의 작위와 시호를 내리기를 청원한 사실과 그 상소문의 내용을 둘러싼 낙학 측 학자들의 비판이었다.

전자가 주로 영조 대를 배경으로 하여, 그간 각각 서울 지역과 충청 지역에서 성숙해가던 낙학과 호학이 정면으로 충돌하면서 호락논쟁이 분명한 모습을 형성했던 것을 보여준다면, 후자는 양자의 대립이 정조 대에 이르러 정치-당파적 대립으로 격화되어간 모습을 보여준다. 그러한 가운데, 호락논쟁의 세부 기술에서 호학 내부의 한원진과 이간 사이의 대립이 새삼 주목되고 강조되는 양상을 확인할 수 있다.

즉, 논쟁의 주체로서 전자에서는 한원진과 이재 사이의 대립, 그리고 이재와 한원진의 문인 사이의 대립, 한원진 사후에 윤봉구의 문인과 이재, 그리고 김원행 사이의 대립이 강조되었다면, 후자에서는 한원진과 이간 사이의 대립을 중심으로 논쟁의 내용을 설명하는 모습을 발견할 수 있다. 이것은 낙학 측에서 논쟁점을 호학 내부로 옮기면서 한편으로 낙학의 정당성을 강조하는 동시에 호락 간의 정치적-당파적 대립을 완화하고자 하는 노력의 일환이었던 것으로 볼 수 있다.

  결론적으로 말해서, 호락논쟁은 영조 대에는 학술적 대립의 성격이 강했으나, 정조 대에 이르러 정치적 대립으로 격화되는 양상을 띠었다고 할 수 있다. 호락논쟁에 대한 역사적 기술은 초기에는 양자 사이의 학술적 차이를 분명히 하여 시비를 가리고자 하는 의도를 가지고 진행되었다. 그러나 점차 양자 간의 대립이 정치적 당파의 대립으로 격화되어 가면서, 한편으로는 자파의 정당성을 역사적으로 명확히 확보하려 하였고, 동시에 다른 한편으로는 그러한 대립의 격화를 우려하면서 둘 사이의 기본적인 동일성을 강조함으로써 대립을 해소하거나 완화하고자 하는 의도에서 시행되었다. 그것은 호락논쟁을 기술하게 되는 또 하나의 중요한 동기였으며, 19세기 후반 쟁쟁한 노론계 성리학자들이 호락논쟁을 학술적으로 절충하고자 한 노력의 배경이 되기도 했다. 그것은 사실 애초에 최석이 한원진을 방문했던 주요한 동기 혹은 명분이기도 했으며, 19세기 유학자들의 절충 노력은 거기에 이르기까지 불가피했던 대립의 노정을 거쳐 그 바람이 최종적으로 실현된 것이었다고 하겠다.

2) 1990년대 이전의 호락논쟁에 관한 기술

(1) 장지연의 『조선유교연원』(1922)

  근대 시기에 접어든 이후 호락논쟁에 대한 학술적 연구와 기술이 본격적으로 시작되었다. 근대 이후 한국유학사 혹은 한국철학사의 기술에서 최초로 '호락논쟁'이 거명된 것은 위암(韋庵) 장지연(張志淵, 1864~1921)의 『조선유교연원(朝鮮儒敎淵源)』에서이다.[54] 장지연은 '호락학파(湖洛學派)의 분열

(分裂)'이라는 제목으로 호락논쟁을 다루면서 얼핏 보기에 충돌되는 두 가지 서술을 했다. 구체적인 내용은 다음과 같다.

(A) 호학은 권수암(權遂菴)에서 시작되어 한남당(韓南塘)이 계승했고, 낙학은 김농암(金農巖)에 원유(原由)되어 이도암(李陶菴)이 지켰다. 김삼연(金三淵) 창흡(昌翕), 이도암(李陶菴) 재(縡), 박여호(朴黎湖) 필주(弼周) 등은 낙하(洛下)에 거주했으므로 낙론(洛論)이라고 하고 한남당(韓南塘) 원진(元震), 윤병계(尹屛溪) 봉구(鳳九)는 호서(湖西)에 거주했으므로 호론(湖論)이라고 일컬었다. 문호(門戶)가 분열되어 거의 당론(黨論)을 이루었다. 그리고 이외암(李巍巖) 간(柬)과 현관봉(玄冠峯) 상벽(尙璧)은 호서 사람으로서 그 논설이 낙하와 더불어 동일했다. (312쪽)

(B) 그 당시 남당 한원진이 태극도(太極圖), 미발선악(未發善惡), 인물오상(人物五常)의 말을 가지고 외암(巍巖) 이간(李柬)과 강론하여 의견의 차이가 생기더니 간(柬)을 도운 자는 모두 낙하(洛下)의 제공들이요, 원진은 호서(湖西)에 살았는데 그 논의를 주장한 자가 모두 호중(湖中)에 있었으므로 호학(湖學)이라고 했으니, 이것이 호락(湖洛) 두 근원이 분파된 시초이어서 … (325쪽)

장지연의 이 두 진술은 호락논쟁의 연원에 대해 서로 일치하지 않는 내용을 서술하고 있다. (A)에서 그는 호학과 낙학이 각각 권상하와 김창협에서 시작하여, 한원진과 이재에게로 전수되어간 것이라 하고, 그 대표적인 인물로서 낙학에서는 김창흡, 이재, 박필주를 들었고, 호학에서는 한원진과 윤봉구를 들었다. 또한 낙학/호학이라는 명칭과 함께 낙론/호론이라는 명칭을 병행하여 사용했다. 그것은 아마도 노론(老論), 소론(少論) 등의 예(例)를 염두에 둔 것으로서, 실제로 "문호(門戶)가 분열되어 거의 당론을 이루었다"고 서술하고 있다. 노론 내에서 충청 지역의 권상하계와 서울 지역의 김창협계 사이에 발생한 정치적 대립의 측면에서—물론 그것은 단순한 정치적 대립이 아니라 학술적 대립이 일단의 학자들 사이의 정체성을 띤 집단(학파)을 확립하게 하고 그것이 그들 집단 사이의 정치적 대립으로 진전해가면서 또한 그 정치적 대립을 정당화하고 강화하는 역할을 하고 있다는 의미에서이다—호락논쟁을 서술한 것이라고 할 수 있다. 이런 시각에서 한원진과 대립한 이간, 현상벽 등은 지역적으로는 호학에 속하지만 그 주장이 낙론 쪽에 가까운 별파(別派)로 취급되었다.

반면에 (B)에서는 호락논쟁의 발단과 중심을 한원진과 이간 사이의 학술적 대립에 두고 있다는 점에서 (A)의 서술과 결정적으로 구별된다. 또한 (A)에서는 구체적인 논쟁점이 언급되지 않았지만, (B)에서는 태극도, 미발선악, 인물오상의 문제를 둘러싼 쟁점이 구체적으로 지적된다. 아무래도 후자에서 장지연은 호락논쟁에서 학술적 대립의 성격을 좀 더 강하게 포착하고 있는 것이라고 할 수 있다. 후자에서 그는 낙학은 이간의 편에 선 서울 지역의 유학자들을 가리키는 것이고, 호학은 한원진 편에 선 충청 지역의 유학자 그룹을 가리키는 명칭이라고 하여 호락논쟁의 중심을 한원진과 이간 사이의 대립에 두었다.

장지연이 이렇게 같은 책 내에서 호락논쟁의 발단과 전개에 대해 얼핏 보기에 서로 양립할 수 없는 두 가지 견해를 동시에 제출한 것은 곧 앞에서 지적한 호락논쟁의 연원과 전개에 대한 두 시각을 각각 반영한 것이라 할 수 있다. 두 시각은 모두 호락논쟁의 진실에서 어떤 측면을 표현한다고 하겠다. 앞으로 살펴보겠지만 분명 호락논쟁의 주요 쟁점들이 호락논쟁의 형성기에 호학 내부에서 한원진과 이간 사이에 매우 심도 있게 논의되었고 그에 대해 낙학 측 학자들이 주목한 것은 분명한 사실이었다. 하지만, 호락 간의 대립이 단지 한원진과 이간의 대립에 편승하여 형성되었던 것은 아니었다. 낙학은 낙학 나름대로 그러한 대립에 준하는 논란이 그 내부에서 이미 존재했으며 굳이 이간의 설을 빌리지 않아도 호학 측과 구별되는 개성과 정신을 형성하고 있었다. 오히려 이간이 낙학의 정신을 표현 혹은 계승했던 것이라고 보는 것이 더 사실에 가까운 이해일 것이다. 결국 호락논쟁에 대한 장지연의 서술은 호락논쟁에 관한 전통적인 견해 모두를 수용한 결과였으며, 그가 외견상 충돌되는 두 가지 견해를 모두 수용하여 남겨둔 것은 곧 호락논쟁에 대한 두 가지 기술 각각이 역사적 진실의 어떤 측면을 반영한다고 생각했기 때문일 것이다.

장지연은 이렇게 호락 양파의 연원에 대해 설명한 후, 대산 김매순의 「궐여산필(闕餘散筆)」을 인용하여 한원진의 논설이 "다만 리(理)를 본 것이 자세하지 못할 뿐 아니라 기(氣)를 이해하는 것도 또한 정밀하지 못하다"라고 하고, "호중(湖中)은 편전(偏全)과 본연(本然)을 혼잡하게 말한 것이니 리와 기를 혼합한 것이요, 낙중(洛中)은 한쪽으로 편벽된 이론으로서 편전(偏全)과 미악(美惡)을 혼합하여 말한 것이니 기와 기를 혼합한 것이다. 기와 기를 혼합한 것은 작은 착오요 리와 기를 혼합한 것은 큰 착오이다"(314쪽)라고 하여서 호학 측에 비판적인 평론을 소개했다. 장지연의 낙학 쪽에 기운 이러한 시각은 "처음에 송우암이 주자가 서원빙(徐元聘)에게 답한 글로 정론을 삼아서 농암에게 준 것을 농암이 또한 도암에게 준 것이니 바로 낙론의 종지(宗旨)이다"라고 하여 주자-우암-농암-도암에 이르는 도통의 전수를 언급한 데서도 확인된다.

장지연은 이어서 이간을 소개하면서 한원진과의 논변을 간략하게 소개했고, 이재를 소개하면서 윤봉구와의 논변을 간략하게 소개했다. 윤봉구를 소개하면서 그가 동문들과 나눈 편지들을 중심으로 그의 논설들을 소개했다.

(2) 현상윤의 『조선유학사』(1948)

현상윤(玄相允, 1893~?)은 자신의 『조선유학사(朝鮮儒學史)』에서 호락논쟁에 대해 장지연이 제시한 두 갈래의 이해를 계승하면서 동시에 그것들을 좀 더 통합된 형태로 제시하고자 노력했다.55 그는 '호락학파(湖洛學派)의 분열(分裂)'이라는 장 제목 아래 '호락분파(湖洛分派)의 원인(原因)', '호락양론(湖洛兩論)의 대표자(代表者)', '호락양론(湖洛兩論)의 개평(槪評)'의 3절로 나누어 서술하여 상당히 비중 있게 다루었다.

그는 호락분파의 원인에 대하여, 먼저 권상하 문하에서 인물성동이 문제를 중심으로 한 이간과 한원진 사이의 대립을 소개하고, 이어서 다음과 같이 말했다.

> 이때 이도암(李陶菴) 재(縡)와 박여호(朴黎湖) 필주(弼周)는 외암(巍巖)의 설을 지지하고 윤병계(尹屛溪) 봉구(鳳九)와 최매봉(崔梅峯) 징후(徵厚)는 남당(南塘)의 설(說)을 가(可)하다고 했는데, 도암과 여호는 낙하(洛下)에 사는 고(故)로 외암의 설을 찬성하는 사람들은 낙론(洛論)이 되고, 병계와 매봉과 남당은 호서(湖西)에 사는 고(故)로 남당의 설을 찬성하는 사람들은 호론이 되었다. 그런데 이외암(李巍巖)과 현관봉(玄冠峯) 상벽(尙壁)은 비록 집이 호서(湖西)에 있으나, 그 주장(主張)이 낙하(洛下)와 더불어 상동(尙同)한 고로 역시 낙론이 되었다. (276쪽)

이는 앞의 장지연의 (B)의 입장에 가까운 서술이다. 하지만 그는 곧이어서 다음과 같이 말한다.

> 그런데 이 호락(湖洛) 양론(兩論)은 비록 외암(巍巖), 남당(南塘) 양인(兩人)의 논변(論辨)에 의(依)하여 현저(顯著)하게 세상(世上)에 드러났으나, 그것이 시작(始作)된 것은 그보다도 좀 더 이전에 소상(溯上)할 수 있다. 즉, 호학(湖學)은 권수암(權遂庵)에서 시작된 것을 한남당(韓南塘)이 계속(繼續)한 것이요. 낙학(洛學)은 김농암(金農巖)에게서 본원(本原)한 것을 이도암(李陶菴)이 계승(繼承)한 것이다. 하여간(何如間) 이 모양(貌樣)으로 주장(主張)을 달리하는 양

론이 널리 세간(世間)에 선전(喧傳)되어, 이로부터 학자(學者)들은 일시(一時)의 학자들이 사칠이기설(四七理氣說)을 다투어 논(論)하던 것과 마찬가지로 또한 심성(心性)의 변(辨)을 말하지 않는 자 없고, 또 심성(心性)의 변(辨)을 말하는 자 반드시 양론(兩論) 중(中)의 일방(一方)에 가담(加擔)치 않는 자 없었다. 그리하여 양파(兩派)는 서로 문호(門戶)를 각립(各立)하여 가지고 학자간(學者間)에 파당(派黨)을 지어, 오래도록 논변(論辨)을 계속하여 조금도 그 견해(見解)를 서로 굽히지 아니하니, 일시(一時)는 양론이 일종(一種) 당색(黨色)의 감(感)이 있었다. (277쪽)

즉, 앞의 장지연의 (A)의 견해를 소개하고 있는 것이다. 결국 그에 의하면 호락논쟁은 호학과 낙학의 대립으로서 김창협과 권상하 사이의 학설상의 대립에 연원을 가지는 것으로 그 대립이 권상하 문하의 한원진과 이간의 논변을 계기로, 그 문하 학자들이 각각의 입장에 가담함으로써 현저하게 쟁점화되었다는 것이다. 현상윤은 이어서 호락 양론의 대표자로서 이간, 한원진, 이재, 윤봉구, 현상벽, 박필주를 차례로 소개하고, 호락 양론의 논설 전체를 개관하며 그 학술적 의의에 대하여 다음과 같이 말한다.

그 대체(大體)의 주장(主張)을 보면 낙론은 성즉리(性卽理)를 주장함에 반(反)하여 호론은 성(性)과 리(理)를 분리(分離)하여 리(理)를 형기(形氣) 이전(以前)에 속(屬)한 물건이라 하고 성(性)을 형기 이후(以後)의 물건으로 생각하여 성즉기(性卽氣)를 주장하며, 낙론은 인(人)과 물(物)의 '성(性)'을 주(主)로 리적(理的) 견지(見地)에서 설명(說明)하려 하고 호론은 그것을 주로 기적(氣的) 견지(見地)에서 설명(說明)하려 한 것이다. 그러나 이것은 오인(吾人)의 소견(所見)으로 보면 양론(兩論)이 다 일방(一方)에 편(偏)하여 전체(全體)를 무시(毋視)한 감(感)이 불무(不無)하다. … 또 이 양론을 영남학파(嶺南學派)의 주리론자(主理論者)와 대조하여 보면 호론은 주리론자(主理論者)와 현격(懸隔)하게 떨어져서 서로 정반대(正反對)의 처지(處地)에 서게 되고, 낙론은 비교적 가까운 거리에 있어서 절충론자(折衷論者)의 자리에 서 있다고 볼 수 있다. (308쪽)

현상윤은 호락논쟁에 대한 비교적 종합적이고 균형 잡힌 서술과 평가를 시도했다는 점에서 장지연의 서술에서 한 걸음 더 나아갔지만, 논쟁의 쟁점을 주로 인물성동이론에 초점을 두어 소개함으로써 논쟁의 쟁점에 대한 전체적이고 깊은 이해를 하는 데서는 한계를 드러내기도 했다. 그가 낙론을 주리 혹은 절충파로, 호론은 주기론으로 분류하여 이해한 것은 학계에서 일반적인 통설로 받아들여져온 것이기도 하지만 오늘날의 진전된 이해 수준에서 본다면 피상성을 넘어서지 못한 것이라고 할 수 있다.

장지연에서 현상윤에 이르는 이러한 정리는 이후 호락논쟁 연구에서 표준적 지침을 제공한 것이었다고 할 수 있다.[56] 하지만 그들의 연구는 아직 초보적인 단계에 있었던 것으로 호학과 낙학의 정립 과정, 그리고 그 둘 사이의 대립으로서의 호락논쟁이 어떻게 시작되었고 전개되어 갔는지에 대한 자세한 역사적 규명에서는 한계가 있었으며, 논쟁의 철학적, 사상사적 의의에 대해서도 초보적인 수준의 서술을 했을 뿐이었다.

(3) 이병도의 『한국유학사』 (1959)

초기 서술의 한계를 적어도 그 형식에서 어느 정도 극복하여, 호락논쟁의 발생에서 전개에 이르는 전 과정에 대한 비교적 상세한 규명이 이병도(李丙燾, 1896~1989)에 의해 이루어졌다. 그는 자신의 『한국유학사(韓國儒學史)』(1987, 1959년 초판)에서 '호락논쟁'이라는 제목의 한 장을 두어 서술했다.[57] 그는 논쟁의 기원에 대해, "호락논쟁은 수암(遂菴) 권상하(權尙夏)의 문하에서 발단하여 낙하(洛下)의 학자들에게 파급되었다"라고 하여 기본적으로 장지연의 (B)의 입장을 취했다. 이어서 그는 호락논쟁의 쟁점에 대해 인물성편전(人物性偏全)의 문제 곧 인성(人性)과 물성(物性)의 동이(同異) 문제에 관한 것과 미발유기질선악(未發有氣質善惡)의 문제에 관한 것 두 가지로 나누고, 그런 논란의 연원으로서 김창협과 권상하 단계에서의 인물성편전 문제에 대한 논란을 소개하고, "이로써 볼 때 인물성의 논변은 사실상 수암의 형제에게서 비롯되어 남당과 외암에게서 본격화된 것이라고 하겠다"라고 하여 (A)의 관점을 수용할 여지를 남겨두었다. 그러나 그는 이 문제에 대해, 낙학과 호학의 정립과 관련하여 더 이상의 자세한 분석을 하지는 않았다.

그는 이어서 '강문(江門)의 논쟁(論爭)'이라는 절에서, 한원진과 이간 사이의 논변을 비교적 자세하게 소개했다. '호락논쟁(湖洛論爭)의 발전(發展)'이라는 절에서는, 호중(湖中) 학자들의 시비(是非)가 김창흡과 어유봉, 박필주, 이현익, 김원행 등에게, 그리고 이재와 그의 문인들인 박성원, 송명흠, 임성주 등 낙하의 선비들에게로 전파되어가는 양상을 다루었다.

그는 "호중 학자들의 시비가 낙하의 논쟁으로 옮겨진 이유는 당시 낙하의 선비들이 호서 학자들의 영향을 많이 받았었기 때문이다. 이제 인물성동이론과 미발 기질의 문제는 당시의 대논제가 되어 어떤 이는 주리(主理)의 입장에서 성동(性同)을 주장했고 또 다른 이는 주기(主氣)의 입장에서 성이(性異)를 주장하여 시말이 한결같았다. … 결국 성동설(性同說)은 낙론의 종지가 되었고, 성이설(性異說)은 호론의 기본 학설이 되었다. 수암과 남당이 호론의 종주라면 삼연과 도암은 함께 낙론의 종장이라고 말할 수 있겠다"(397-399쪽)라고 하여, 호락논쟁의 핵심적인 쟁점을 인물성론에 두었고, 호론과 낙론을 각각 주기(主氣)와 주리(主理)로 파악했다. 이것은 기본적으로 현상윤의 이해를 계승한 것이라고 할 수 있다. 또한 그에 따라 낙론의 종장으로 김창협이 아니라 김창흡을 들었다. 이것은 김창협이 인물성론에 있어서 이론(異論)에 가까웠던 반면 김창흡은 분명히 성동의 입장을 취했다는 점에 근거한 것이다.

그는 마지막으로 오희상(吳熙常, 1763~1833)과 홍직필(洪直弼, 1776~1852)

의 낙론 계승과 이항로(李恒老)와 기정진(奇正鎭)의 절충적 입장을 소개한다. 이로써 그 내용상의 적실성 여부와 관계없이, 호락논쟁에 관한 그의 기술은 근대 시기 이후 처음으로 호락논쟁의 전 시기에 대한 개괄적 서술을 시도한 것으로 평가할 수 있다.

(4) 배종호의 『한국유학사』(1974)와 유명종의 『조선후기성리학』(1985)

장지연에서 이병도에 이르기까지는 조선 유학사의 역사적 정리라는 관점에서 호락논쟁을 다룬 것으로서, 그 철학적 분석 면에서 대체로 소략했다. 이상은(李相殷, 1905~1976)이 1955년에 발표한 「박문호(朴文鎬)의 「인물성고(人物性考)」」[58]는 호산(壺山) 박문호(朴文鎬, 1846~1918)의 「고정인물성고(考亭人物性考)」를 분석한 것으로서, 호락논쟁에 대한 철학 방면에서의 깊이 있는 학술적 연구의 시작으로 기록될 만하다. 다만 호락논쟁에 관한 학계의 연구가 성숙하지 않은 상황에서 돌출한 연구로서 그와 관련된 후속 연구가 학계에서 이루어지지 못한 것은 아쉬운 점이다.

'호락논쟁'에 대한 철학적 분석이 본격적으로 이루어지기 시작한 것은 배종호(裵宗鎬, 1919~1990)에 이르러서라고 할 수 있다. 배종호는 자신의 『한국유학사(韓國儒學史)』(1974)에서 별도의 장을 두어 '호락논쟁'에 관해 서술하면서 논쟁의 기원, 주요 주제 및 그 전개, 그리고 논쟁의 발전에 대해 포괄적으로 서술했다.[59]

그에 의하면 조선시대의 유학은 정주(程朱) 성리학의 범위 내에 있고, 성리학은 결국 인간과 자연의 존재 근거 혹은 존재 근원에 대한 형이상학적 규명으로서 이기론(理氣論)으로 귀착되며, 각각의 입장에 따라 주리(主理)·주기(主氣)·절충(折衷)의 삼파(三派)로 대립하여 서로 논쟁을 전개하게 된다고 한다. 그는 그런 틀을 조선 유학의 사단칠정론과 인심도심론 논쟁의 전개에 실제로 적용하여 서술했다. 그는 호락논쟁의 경우는 이이의 주기적 입장에 같이 서면서도 각각 주리와 주기 양 경향으로 나뉘어 시비를 전개했으며, 임성주와 기정진의 시기에 이르러서 그 시비를 일원론적으로 종합 지양하여, 유기론(唯氣論)과 유리론(唯理論)으로 결실했다고 하며, 그것이 한국 성리학의 일대 진전 성과라고 평가했다. 그는 더 나아가 오희상과 홍직필, 이항로에 이르러서 비(非)일원론적 절충론이 제시되었음을 보여줌으로써 호락논쟁의 전 시기에 걸친 전개에 대해 일관적인 철학적 해석을 시도했다.

그는 호락논쟁의 역사적 실재에 대해서는 시비하지 않으며 대체로 앞선 선행 연구의 성과를 그대로 수용하되, 그에 대한 철학적 분석에 치중하고 있는 특징이 있다고 하겠다. 하지만 호학을 주기로, 낙학을 주리 혹은 절충파로 파악하는 것은 논란의 여지가 있으며, 그러한 입장은 1990년대 이후의 보다 세밀한 연구에 의해 반박되었다.[60]

한편, 유명종(劉明鍾)의 『조선후기성리학(朝鮮後期性理學)』(1985)은 조선 후기 성리학에 대해 보다 다채로운 서술을 하는 가운데, '인물성동이론(人物性同異論)과 호락시비(湖洛是非)'라는 장을 두어 호락논쟁에 대해서도 서술했다. 그는 퇴계학파 내에서의 인물성동이론에 대해서도 소개했으며. 호론과 낙론의 인물성동이론을 권상하와 그의 문하에 초점을 두어 설명하고, 이어서 '인물성동이논쟁(人物性同異論爭)의 확산(擴散)'이라는 절에서 김창흡을 위시하여 서울 지역의 낙론 학자들의 견해들을 소개했다. 또한 조선 후기 유학자들의 이기설을 기철학(氣哲學), 주리설(主理說), 이기절충파(理氣折衷派), 이존설(理尊說), 유리설(唯理說) 등으로 분류하여 소개했다. 이것은 다소 혼란스러운 면이 있지만 앞의 배종호의 철학적 해석과 함께 호락논쟁에 대한 본격적인 철학적 해석의 한 예를 제시한 것으로 평가할 수 있다.

3) 1990년대 이후의 호락논쟁에 관한 연구

호락논쟁에 관한 본격적인 연구는 1990년대에 접어들면서 비로소 시작되었다. 이전의 연구가 대체로 한국(조선) 유학을 기술하는 통사(通史) 중의 한 장으로 편성되는 수준에 그친 것이었다면, 1990년대에 접어들면서 호락논쟁을 주제로 한 석·박사 논문이 다수 나오기 시작했다. 또한 다양한 개별적인 주제들에 대한 연구 논문들이 축적되었다. 1990년 이후 30여 년간 양적으로나 질적으로 괄목할 만한 연구의 진전이 있었다.

먼저 철학계에서 그 포문을 연 것은 이애희였다.[61] 그는 자신의 박사논문과 나중에 그것을 보완하여 출간한 책에서 미발심체본선·유선악론, 성범심동이론(聖凡心同異論)에 대해서도 어느 정도 포괄했지만 주로 한원진과 이간의 인물성동이 논변을 중심으로 하여 그 철학적, 유학사상적 의미를 본격적으로 규명하고자 했다. 또한 한원진과 이간 외에 권상하의 제자들인 강문팔학사 특히 윤봉구, 채지홍, 현상벽, 최징후 등의 견해까지 포괄하여 검토했고, 간략하게나마 18세기 중엽 이후 낙학 쪽에서 전개된 논쟁의 추이, 그리고 박지원이나 정약용 같은 실학자들의 인물성론까지를 언급하고 있다.

하지만 그의 연구는 한원진과 이간 사이의 인물성동이 논변에 관해 유학사(儒學史)상에서의 철학적 규명을 하는 데 중점을 두었기 때문에 논쟁의 실제 형성 과정과 실체에 대한 분석에는 아무래도 소홀한 문제가 있으며, 결국 '호락논쟁'이라는 틀 자체에 대해 부정하는 데로 나아갔다.[62] 그의 이러한 견해는 이후 '호락논쟁(湖洛論爭)'이라는 명칭 대신 '인성물성론(人性物性論)', '인물성동이론(人物性同異論)', '인물성동이논쟁(人物性同異論爭)' 등의 명칭을 사용하는 한 흐름을 형성하는 데 영향을 주었다.[63]

이러한 문제는 문석윤과 전인식 등의 연구를 통해 어느 정도 극복된 것으로 보인다.[64] 문석윤은 자신의 박사논문에서 호락논쟁의 성립 과정에 관한 통시적 연구를 수행하여, 호락논쟁이 호학 내부의 한원진과 이간 사이의 대립보다는 노론 내부에서 김창흡과 권상하의 단계에서 형성된 낙학과 호학의 분기를 배경으로 하여 형성된 것으로 보아야 한다고 주장했다.[65]

그 논제에서도 인물성과 미발 문제뿐 아니라 태극론, 지각론 등에 이르기까지 확장하여 다루었고, 그를 통해 호학과 낙학 각각의 실체를 분명히 형상화하고자 했다. 하지만 상대적으로 소홀히 다루어 졌던 미발 논변의 중요성을 강조하면서 정작 한원진과 이간 사이의 인물성 논변은 직접 다루지 못했고 성범심동이, 혹은 명덕(明德) 문제에 대한 서술을 빠뜨린 문제가 있었다. 이것은 그가 호학과 낙학의 형성 과정인 호락논쟁 제2기까지의 서술에 집중하고, 본격적인 호락논쟁의 전개기라고 할 수 있는 제3기 이후의 서술에까지는 미치지 못한 데 그 주요한 원인이 있다.

문석윤은 2006년 자신의 박사논문을 일부 수정 보완하여 단행본66을 출간했다. 거기에서 그는 한원진과 이간 사이의 인물성동이 논변을 직접 다루는 부분을 추가했고, 논쟁의 전개를 3기로 나누어 보는 관점을 제시했으며, 그에 따라 박사논문에는 빠져 있던, 윤봉구, 이재, 한원진 사이의 논변이 본격화한 호락논쟁 제3기의 서술을 일부 보완했다. 하지만 애초의 문제가 크게 해소된 것은 아니라고 할 수 있다.

전인식은 자신의 박사논문67에서, 한편으로 그러한 관점의 확대에 신중한 태도를 취하면서, 다른 한편으로 이전의 연구를 종합해서 검토하고 논쟁의 주체를 일단 한원진과 이간 사이에 한정하되 인물성동이 문제—그는 오상(五常) 논변으로 좀 더 분명히 표현한다—만이 아니라 미발 문제를 포함하여 양자 간 논변의 성립 과정에서 의의에 이르기까지 자세하게 다룸으로써 호락논쟁의 성립에 대한 이해에서 진전된 성과를 거두었다.68 하지만 역시 '호락논쟁'의 전체적인 실체의 규명에서는 한계를 가지고 있었다.

한편, 김형찬은 호락논쟁에 관한 직접적인 연구는 아니지만, 자신의 박사논문에서 호락논쟁에서의 낙론과 호론이 각각 임성주와 기정진의 일원론적 이론이 형성되는 데 중요한 배경으로 작용했음을 보여줌으로써 호락논쟁의 학술사적 의의를 조명했다.69 조남호는 역시 나흠순 철학이 조선 성리학에 미친 영향 관계를 규명하면서 김창협과 한원진의 지각론(知覺論)

그리고 임성주와 오희상의 이일분수론(理一分殊論)을 다루어 호락논쟁에 관한 이해의 시각을 넓혀주었다.[70]

한편 이 시기 철학계에서 호락논쟁의 철학적 의미와 내용에 대한 내적 분석에 치중했었다면 역사학계에서는 호락논쟁의 정치 사회적 배경과 의의에 대한 의미 있는 연구 성과들이 나왔다. 유봉학은 담헌(湛軒)과 연암일파(燕巖一派), 곧 북학파(北學派)의 사상적 연원을 추적하면서, 윤봉구·한원진의 호론과 구별되는, 김창협과 김창흡을 종장으로 하는 낙론의 실체를 적극적으로 인정했다.[71] 그는 논쟁 자체는 권상하 문하에서 한원진과 이간 사이에 벌어진 논쟁이 이후 호서 지방의 권상하계 학자들과 경락간(京洛間)의 김창협·김창흡계 학자들 사이에 논쟁이 확대된 것으로 보았고, 또 호론이 이이 이래의 주기적(主氣的) 경향에 더 충실한 반면 낙론은 주리적(主理的) 경향을 가미(결국 절충)했다고 하는 전래의 인식을 답습했다.

하지만, 그는 특히 인물성동이 문제의 실천적, 정치적 중요성을 강조하여 낙론의 '인물성동론'이 그 뒤 이어지는 물성(物性)에 대한 인식의 근거를 제공했고, 더 나아가 특히 담헌(湛軒) 홍대용(洪大容, 1731~1783)에 이르러 '인물균(人物均)'의 논리로 전개되는 가운데 상대적으로 물(物)의 지위에 중요성을 부여함으로써 새로운 물론(物論)이 제기되었다고 보았다. 또한 이러한 진전은 한편으로는 경세제민학(經世濟民學)과 관련하여 실학적 사유로 나아가는 논리적 토대의 역할을 했으며, 또 한편으로 전통적인 화이론(華夷論)을 극복한 새로운 현실주의적 정치이론을 구성할 수 있게 한 것으로 보았다. 곧 낙론의 인물성동론이 북학 사상과 연결될 수 있는 내재적 발전의 한 고리 역할을 해줄 것으로, 혹은 그 연결의 논리를 해명해줄 수 있을 것으로 본 것이다.[72]

그러나 그의 관심은 어디까지나 낙론과 북학 사상과의 관련에 있었기 때문에 낙학—그는 낙론과 낙학을 분리해서 보지 않았지만— 자체의 정립 과정에 대해서는 상세한 분석을 하지 않았다. 당연히 낙학 자체의 특징에 대해서도 주로 '인물성동이' 문제와 관련하여 한정적으로만 다룬다는 한계를 지니고 있다. 그는 다른 곳에서는 조선 후기 경(京)·향(鄉) 사이의 학계의 분기 현상을 포착하고 호락논쟁을 그러한 흐름 가운데 설명함으로써 호락논쟁에 대한 해석의 지평을 넓혔다.[73]

한편 김준석은 "호락논쟁은 문자 그대로 우암학파의 유자들이 호서 지방 세력과 낙하(洛下: 京都) 세력으로 분열하는 과정에서 제기된 학리논쟁이었다"[74]고 규정했다. 그는 논쟁의 발단은 권상하와 김창협 사이에 오고간 인물성편전의 논란에서 비롯되었지만 그것이 곧 권상하 문하의 한원진과 이간에 의해 쟁변으로 이어지면서 노론계 전체로 확산되어 한원진을 중심으로 호서 유자들이 결집하고, 낙론에서는 김창흡, 박필주, 어유봉, 이재, 김원행 등 낙하의 유자들이 그에 가담했다고 했으며, 호론과 낙론 각각의 사상적 내용을 분석했고, 그 사회적·정치적 의의에 대해 진단했다.[75]

유봉학이 주로 낙론에 관심을 집중했다면 그는 호론, 특히 한원진의 학설 분석에 집중하여 그것이 "18세기 전반기 노론·우암학파의 대(對)소론·남인 견제를 위한 정치이념의 재정비였을 뿐만 아니라 학파 내부에서는 수암-남당 중심의 이념 노선의 통일 작업이라는 의미를 지니는 것이었다"[76]고 지적했다. 한원진(호론)이 질서 법칙의 일원화, 절대화를 지향하는 의도가 있었다면, 이간(낙론)은 세계의 보편화, 다원화를 추구하는 지향을 가진 것으로, 전자가 노론유일당론(老論唯一黨論)을 관철해갔다면, 후자의 계열에서 북학이라는 새로운 사상 학문 경향이 태동되었음은 결코 우연이 아니라고 분석했다.[77]

이경구는 자신의 석사논문에서, 권상하 문하의 인물성동이 논변에 서울의 학자들이 참가하면서 비로소 '호락논쟁'이 성립되었다고 하여 한편으로 인물성동이 논변과 호락논쟁을 구분하고, 또 한편으로는 호락논쟁의 실제를 분명히 포착했다.[78] 그는 18세기 전반을 걸쳐 호학과 낙학이 정파를 형성해갔다고 파악하고, 이간이 김창흡에 영향을 주었던 조성기와 임영을 비판한 점을 지적하면서 이간 역시 낙학을 견제한 호학의 일원임을 분명히 했다. 김창흡과 이재가 낙학의 형성에 미친 기여를 각각 분석했으며, 호학의 경우 이미 한원진에게서 도통 의식이 출현했다면 낙학의 경우 황윤석의 단계에 이르러서야 송시열-김창협-이재-김원행으로 이어지는 도통 의식이 정립되었으며, 이는 낙학의 학풍이 개방적인 데 원인이 있다고 해석했다. 그는 그 후속 연구를 진행하여, 초기 논쟁의 성립기를 지나 19세기 전반기에 이르기까지 호학과 낙학 각각이 어떻게 분화하고 확산해 갔으며, 정국의 변화에 따라 어떻게 변질했는가 하는 것을 자세하게 규명했다.[79]

조성산은 호락논쟁의 배경에 18세기의 새로운 내외 질서의 변화에 대한 대응 논리의 차이가 있다고 이해했다.[80] 호론이 향촌 사회 사족들을 대표하여 분별주의의 입장에 서서 기존 봉건 질서의 강화를 통해 18세기 봉건제의 위기를 타개하고자 한 것이라면, 낙론은 당시 서울이 도시적 양상을 농후하게 띠어가던 시점의 분위기를 반영하여 낙관주의의 입장에 서서 도덕적 본성의 보편성을 확인하고 선(善)을 보편적으로 확대함으로써 봉건 질서의 위기를 극복할 수 있다고 보았다는 것이다. 그는 거기에서 더 나아가 낙론의 수양론이 결국 중인층과 일반 서민까지를 포용할 수 있는 잠재성을 가진 것으로 파악하고 그러한 잠재성이 그들의 경세론에서 현실화하는 양상을 실증하고자 시도했다.[81]

권오영은 기호학계 내에서 호락논쟁이 차지하는 위상과 의미에 대해, 그리고 그 논쟁의 형성과 전개, 특히 18세기 후반에서 19세기 초에 걸치는 호락논쟁의 정치적-당파적 전개 양상에 대해 상세하게 실증함으로써, 호락논쟁의 전체적인 역사적 실체에 대해 진일보한 규명을 했다.[82] 또한 최근에 전체 조선 성리학의 형성과 전개라는 맥락 속에서 그러한 연구를 더욱 진전시킨 연구 성과를 제출했다.[83] 거기에서 그는 호학과 낙학 각각의 학풍과 사상이 어떻게 계승되어갔는가를 상세하게 설명했다.

이들 제 연구에 힘입어 호락논쟁의 전체적 실체 규명에서, 그리고 그 사상사적 의의 및 철학적 의의에 대한 논의 등에 있어서 상당한 연구 성과를 거두었다고 할 수 있을 것이다. 이후 학계에서는 이러한 성과에 힘입어 좀 더 세밀한 세부적 연구들이 진행되었다. 특히 철학계에서는 호락논쟁에 대한 심층적 연구가 계속 진행되어 연구자들을 꾸준히 배출하고 있다. 홍정근은 자신의 박사논문「호락논쟁에 관한 임성주의 비판적 지향연구」를 제출했다.[84] 이 연구는 손흥철(孫興徹)이 출간한『鹿門 任聖周의 삶과 철학』과 함께 김현의 초기 연구[85]를 발전시켜 호락논쟁 제4기 연구의 공백을 메꾸는 연구 성과를 낸 것으로 평가할 수 있다.

이천승은 낙학의 종주 김창협의 심성론을 호락논쟁과 관련하여 본격적으로 규명했다.[86] 그는 이 논문에서 이간과 김창협 및 낙학 사상과의 비교를 통해 그 차이를 논하기도 했다. 또한 최천식은 특히 김창협 지각론의 세밀한 분석을 통해 김창협 철학의 독자성을 규명하는 연구를 제출했다.[87] 한편 김지은은 김창협의 심성론 전반에서 정통 주자학자로서의 면모를 좀 더 세밀하게 읽어내려는 시도를 했다.[88] 이선열은 그간 학계에서 상대적으로 덜 조명되었던 17세기 송시열 시기 송시열 문하에서 펼쳐진 마음에 관한 여러 논변을 상세히 검토하고 그것이 호락논쟁으로 이어져갔음을 규명했다.[89]

그 외에 한원진과 이간을 주제로 한 박사논문 역시 꾸준히 제출되었다. 이향준,[90] 김태년,[91] 이해임,[92] 배제성[93]의 연구가 있다. 또한 신상후는 미발 문제를 중심으로 주자 철학의 문맥에서 송시열, 김창협의 미발설을 거쳐 19세기 오희상과 홍직필의 미발심에 대한 이해에 이르기까지를 정리했다.[94]

최근 문학 쪽에서도 주목할 만한 연구 성과가 제출되었다. 이송희는 특히 김창협을 중심으로 한 낙론계 도덕 담론의 성격과 의의를 분석했으며 심론(心論)에서 송시열과 김창협 사이의 친연성을 규명했다.[95] 사학 쪽에서는 나종현이 호학과 낙학의 정치적 지향에 대해 각각 보수와 진보의 틀로

이해하는 기존의 경향에 대한 반론을 제시하는 연구를 제출했다.[96]

한편, 철학계에서는 호락논쟁 관련 연구사적 검토도 이루어졌다. 최영진·홍정근·이천승의 공동연구,[97] 그리고 홍정근의 연구[98]가 그것이다.

4) 호락논쟁 관련 자료의 번역

호락논쟁 관련 자료의 번역 및 자료집의 발간 등도 이루어졌다. 이러한 노력은 호락논쟁에 대한 연구를 촉진시켰고, 연구자들이 좀 더 세밀한 연구를 수행하는 데 도움을 주었다. 1990년에서 1991년에 걸쳐 한국고전번역원에서 권상하의 『한수재집(寒水齋集)』이 번역 출간되었다.[99] 2001년에서 2008년에 걸쳐 역시 한국고전번역원에서 김창협의 『농암집(農巖集)』이 번역 출간되었다.[100] 2008년에는 고려대학교 한자한문연구소 역주로 이간의 『외암유고(巍巖遺稿)』 역주본이 출간되었다.[101] 2012년에는, '호락논쟁의 통합론'이라는 부제를 달고 성암(醒菴) 이철영(李喆榮, 1867~1919)의 『사상강설(泗上講說)』이 번역되었다.[102] 2013년에는 김원행의 『미호집(渼湖集)』,[103] 2015년에서 2016년까지 송치규의 『강재집(剛齋集)』,[104] 2015년에서 2020년에 걸쳐 임성주의 『녹문집(鹿門集)』 번역이 이루어졌다.[105] 2015년부터는 기정진의 『노사집(蘆沙集)』[106] 번역이 진행되고 있고, 홍직필의 『매산집(梅山集)』 번역이 완료되었다.[107] 2018년 민우수(閔遇洙)의 『정암집(貞菴集)』 번역이 이루어졌다.[108] 2021년 임성주의 『녹려잡지(鹿廬雜識)』가 번역 출간되었다.[109]

자료집으로서 황준연 외 역주로 『역주 호락논쟁』 1·2(學古房, 2009)이 발간되었다. 하지만 그 수록 범위는 이간과 한원진의 논쟁에 제한하여, 제1책은 『외암유고』와 『남당집』에서 관련 자료들을 발췌하여 역주했으며 제2책은 한원진의 『경의기문록(經義記聞錄)』을 역주한 것이다. 번역 원문 외에 제1책 수록 내용에 대해서는 영문 번역도 일부 시도했다.

1장 주석

1 '湖洛論辨'이라고 부르기도 한다. 이는 '四七論辨'이 그런 것처럼 학파적 대립보다는 論辨의 실제를 중시한 명칭이다. 그러한 관점의 연장선상에서 어떤 이들은 '人物性同異論辨' 혹은 '人物性同異論爭'을 호락논쟁의 동의어로 사용하기도 한다. 하지만 호락논쟁은 인물성동이 문제를 포함하여 다양한 쟁점을 두고 전개되었고, 그 논변들은 각 학파의 정체성을 반영하는 동시에 그 정체성을 형성하는 역할을 했다. 여기에서는 학파적 대립에 초점을 두어 '호락논쟁'이라 부르고, 그 내부에 '인물성동이 논변'을 포함해 여러 논변을 배치하는 방식으로 용어를 정리했다.

2 이런 정의는 대체로 논쟁에 대한 낙학 측의 인식을 반영한 것이다. 黃胤錫의 「記湖洛二學始末」이 그 대표적인 예이다. 황윤석의 글에 대해서는 8장에서 상세히 다룰 것이다.

3 이런 정의는 기본적으로 湖學 측의 인식을 반영한다고 할 수 있다. 특히 한원진은 洛學의 心性說이 기본적으로 자신과 장대한 논변을 펼쳤던 같은 권상하 문하의 이간에 뿌리를 둔 것으로 이해했다. 낙학에 속한 李喆榮의 「泗上講說」에서도 이러한 관점을 채용했다.

4 호락논쟁에 대한 이러한 두 가지 서술의 차이와 그에 따른 연구사적 문제에 대해서는 다음 참조. 문석윤, 『湖洛論爭 성립과 전개』(동과서, 2006), 서론.

5 이선열, 『17세기 조선, 마음의 철학』(글항아리, 2015).

6 하지만 낙학과 호학은 굳이 구분할 필요가 없을 때는 낙론과 호론과 같은 의미로 사용하기도 했다.

7 姜鼎煥, 『전암집(典庵集)』 권4:40a, 「與南漢朝」, "近來湖洛之論, 又從以紛起, 甲曰吾從朱子, 乙曰吾從朱子, 便同以朱子攻朱子."; 洪直弼, 『매산집(梅山集)』 권5:21b 「與老洲吳丈【丁丑六月少晦】」, "巍塘兩賢, 各援朱子, 以斥異己, 愚嘗謂以朱子攻朱子."

8 통상 17세기 이래 조선에서의 '주자학의 교조화'를 이야기하지만, 그 시대는 또한 해석의 시대이기도 했다. 강지은은 17세기 조선 유학에 대해 '주자학 대 반주자학'의 도식으로 연구하고 기술해온 시각을 비판적으로 성찰하고 당시가 주자학에 대한 懷疑가 아니라 심화된 이해의 시대였음을 실증했다. 강지은 저, 이혜인 역, 『새로 쓰는 조선 유학사』(푸른역사, 2017).

9 혹은 禮說論爭과 더불어 3대 논쟁이라 부르기도 한다. 2002년부터 전북대학교 황준연 교수 등이 한국연구재단의 지원을 받아 '한국 유학 3대 논쟁 자료 수집·정리 및 역주'라는 연구프로젝트를 진행한 바 있다.

10 李相殷, 「朴文鎬의 「人物性考」」(1955)를 필두로 선구적 연구가 없지 않았으나 박사

논문의 주제로 호락논쟁이 다루어진 것은 1990년대에 들어서이다. 李愛熙,『조선후기 人性과 物性에 대한 논쟁의 연구』(고려대학교, 1990); 李相坤,『남당 한원진의 氣質性理學 연구』(원광대학교, 1990); 任元彬,『南塘 韓元震 哲學의 理에 관한 硏究』(연세대학교, 1994); 文錫胤,『朝鮮後期 湖洛論辨의 成立史硏究』(서울대학교, 1995); 全仁植,『李柬과 韓元震의 未發·五常論辨 硏究』(한국정신문화연구원, 1999); 趙成山,『朝鮮後期 洛論系 學風의 形成과 經世論 硏究』(고려대학교, 2003); 李相益,「湖洛論辨의 根本問題 硏究」(성균관대학교 석사학위논문, 1986); 安永翔,「巍巖 李柬의 철학사상 연구」(고려대학교 석사학위논문, 1991); 金太年,「洛論系의 知覺論 硏究」(고려대학교 석사학위논문, 1993); 이경구,「金昌翕의 學風과 湖洛論爭」(『한국사론』 36, 서울대학교 국사학과, 1996).

11 劉明鍾,『朝鮮後期性理學』(以文出版社, 1985), '退溪學派의 人物性同異論' 절에서 李徽逸, 李玄逸, 李崇逸 형제 사이의, 그리고 丁時翰과 李栻 사이의 人物性同異論辨을 소개했다. 그에 관해서는 다음 참조. 문석윤,「조선 후기의 주요 논쟁과 쟁점」,『韓國儒學思想大系』III(한국국학진흥원, 2005), 363-369쪽.

12 논쟁의 계기가 된 鄭之雲의『天命圖說』과, 그를 둘러싸고 기대승을 중심으로 金麟厚, 李恒 등 전라도 지역의 유학자들 사이에 오고 갔던 논의들이 그 前史의 주요한 부분이 될 것이다.

13 호락논쟁의 시기 구분에 대해서는 2장 1절 서술 참조.

14 『十二辨』말미의「附韓南塘所作寒泉詩跋辨」에는 崔祏이 丙寅年(1746) 8월 3일 한원진에게 보낸 편지「請見韓南塘書」가 실려 있다. 그 첫머리에서 자신을 '完山崔祏'이라 하고, '小生年今三十有三矣'라고 했다. 그를 통해 崔祏의 본관이 完山이고, 1714년생임을 알 수 있다.

15 『泉門俟百錄』은 현재 한국학중앙연구원 디지털 장서각의 디지털아카이브에 등록되어 이미지가 제공되고 있다. 필사본 1책, 51장이다. 고려대학교 도서관에도 이재와 한원진 공저의『천문사백록』1책이 소장되어 있는데, 동일한 책으로 추정된다. 한국학중앙연구원 소장본의 경우 표제 및 版心題가 '湖洛辨'으로 되어 있고, 內題가 '泉門俟百錄'이다. 內題 바로 아래에 '寒泉門人崔祏叔固撰'이라 小註로 기록되어 있다. 叔固는 崔祏의 字이다. '泉'은 寒泉을 가리키는 것으로서 곧 寒泉精舍에서 제자들을 길렀던 도암 이재를 가리킨다. 따라서 '泉門'이란 도암 이재의 문하라는 의미이다. '俟百'이란『중용』에 "故君子之道: 本諸身, 徵諸庶民, 考諸三王而不繆, 建諸天地而不悖, 質諸鬼神而無疑, 百世以俟聖人而不惑."이라는 데서 온 말로 백세 후 성인의 판단을 기다린다는 의미로 역사 기록의 취지를 표현한 말이라고 할 수 있다. 즉, 이재의 心性說의 진리성을 확신하며 후대의 판단을 기다려 기록한다는 의미를 지닌다고 하겠다. 황윤석은 이러한 책 제목이 다소 과도하다는 지적이 있다고 했다. 黃胤錫,『이재유고(頤齋遺藁)』卷12,「題崔叔固【祏】俟百錄後」, "嘐嘐公亦不以其言可, 顧以後生而

自稱俟百不遜, 乃改號是錄曰泉門辨說. 此亦後輩不可不知者, 幷及之." 여기에서 '嗲嗲公'은 嗲嗲齋 金用謙(1702~1789)을 가리킨다.

16 이경구, 『조선, 철학의 왕국: 호락논쟁 이야기』(푸른역사, 2018), 321쪽. 최석의 『천문사백록』의 최종적인 편성 시점은 정확하게 알 수 없으나, 한원진의 「題寒泉詩後」에 대한 辨說인 「書南塘跋文後」는 「제한천시후」가 작성된 1747년 2월에서 멀지 않은 시점에 작성된 것으로 추정된다.

17 이 편지는 『十二辨』의 부록에 실려 있다.

18 『천문사백록』의 내용에 대해서는 다음 참조. 문석윤, 「南塘 韓元震의 「題寒泉詩後」에 대한 泉門의 대응 (1): 崔祏의 『泉門俟百錄』을 중심으로」, 『한국문화』 96(서울대학교 규장각한국학연구원, 2021).

19 당시의 명칭을 굳이 말한다면 『천문사백록』의 표제가 보여주는 바와 같이 '湖洛論爭'이 아니라 '湖洛辨'이었다. '호락변' 혹은 '湖洛相辨'(고려대학교 소장본)이라는 표제는 나중에 붙여진 것일 가능성이 있지만, 그 명칭은 이후 해당 논쟁을 가리키는 말로 일반적으로 사용되었으며, 이재를 계승하는 낙학 측에서 해당 논란을 호학과 낙학의 대립으로 분명히 인식했음을 보여준다.

20 黃胤錫의 「記湖洛二學始末」은 『頤齋亂藁』 권26, 1778년 7월 27일자에 실려 있다. 『頤齋全書』(景仁文化社)에 포함되어 있는 『頤齋續稿』 권7:2b에도 실려 있다. 둘 사이에는 약간의 출입이 있다. 이 글의 내용에 대해서는 8장 황윤석 관련 서술 참조.

21 서울대학교 규장각 소장(古1360-10-v.1-2)의 필사본으로서 2권 2책으로 되어 있다.

22 金正默, 『과재유고(過齋遺稿)』 권6~권8에 실려 있다.

23 유봉학은 김정묵과 그의 제자 송치규를 권상하 문하 정호의 학맥을 이은 것으로 보았다. 유봉학, 『조선후기 학계와 지식인』(신구문화사, 1998), 48쪽. 하지만 권오영은 그들이 충청도에 기반을 두면서도 낙론의 학설을 지지했음을 지적했다. 권오영, 『조선 성리학의 형성과 심화』(문헌, 2018), 391쪽.

24 宋穉圭, 『과재선생유고(過齋先生遺稿)』 권11:5b-6a 附錄, 「行狀【門人宋穉圭】」, "門人問: '遂菴行狀'中栗·尤最著之云, 自來有說. 門下則以爲如何?' 先生曰: '沙溪固見拔於道統矣. 「行狀」旣拔之, 與雲坪書, 又實其言, 此不足疑也. 君無乃以吾之未安於南塘者爲以此之故耶? 若然則天厭之天厭之."

25 氣質과 五常은 한원진과 이간 사이의 논변의 두 가지 핵심 쟁점인 미발에서의 기질 문제와 인물성동이론에 각각 해당하는 것으로서 그것을 빠뜨린 의도가 무엇인지 궁금하다. 물론 그 내용은 수록된 다른 편에서 다루어지므로 내용상 빠진 것이라고 할 수는 없다. 송치규가 지은 行狀에서도 「南塘集箚辨」의 내용을 언급하면서 9조 중 기질오상을 빼고 대신 別錄을 넣은 것이 눈에 띈다. 별록은 아마도 『十二辨』의 부록에 해당하는 것으로 추정된다.

26 『十二辨』에는 그에 이어서 최석이 한원진에게 보낸 「請見韓南塘書」, 한원진과 만

난 전후에 스승과 나눈 대화를 기록한 「寒泉語錄」, 한원진과 만나 나눈 대화의 기록인 「南塘問答錄」 등이 더 수록되어 있다. 박성원의 「韓南塘詩跋辨說」은 뒤에 소개할 『不易言』「尊聞錄」에도 수록되어 있다.

27 宋穉圭,『過齋先生遺稿』 권11:5a-b 附錄,「行狀【門人宋穉圭】」.
28 서울대학교 규장각한국학연구원 소장(古1360-53, v.1-3)의 필사본으로, 3권 3책(天·地·人)이다. 책 제목은 '바뀔 수 없는 말'이라는 뜻으로 보인다. 그것은 곧 이재의 「寒泉詩」와 그가 제시한 洛論이 바뀔 수 없는 진리임을 표명한 것이다.
29 朴聖源의 「韓南塘詩跋辨說」은 『不易言』 권1,「尊聞錄」에 수록되어 있으며, 『十二辨』 坤冊의 부록에 「韓南塘所作寒泉詩跋辨」이라는 제목으로 실려 있다. 『謙齋先生集』 제5책, 雜著에도 「疑辨錄」이라는 이름으로 수록되어 있다. 하지만 이 자료는 출간을 위해 내용의 일부를 산절한 것이고, 『廣巖稿』 제17책, 雜著에 같은 이름으로 전체가 수록되어 있다. 『광암고』에 수록된 것은 『불역언』의 것과 거의 같으며, 『십이변』에 실려 있는 것과는 약간의 글자 출입만 있다. 따라서 여기서는 『불역언』과 『광암고』에 수록된 것을 기준본으로 삼고, 『십이변』에 실려 있는 것을 함께 참조하는 것으로 한다. 『광암고』에 수록된 해당 자료 말미에 "戊辰臘月下澣, 書于石灘新舍."라고 하여 저작 연월이 기록되어 있다. 戊辰年은 1748년이므로 1748년 12월 하순에 저작한 것임을 알 수 있다.
30 여기까지의 내용은 『십이변』의 부록으로 수록된 「한남당소작한천시발변」의 내용과 일치한다.
31 박성원의 「한남당시발변설」과 「우변설」의 내용을 소개한 것으로 다음 참조. 문석윤,「南塘 韓元震의 「題寒泉詩後」에 대한 泉門의 대응 (2): 朴聖源의 「韓南塘詩跋辨說」을 중심으로」, 『한국문화』 100(서울대학교 규장각한국학연구원, 2022). 이 논문의 내용은 이 책 7장에 반영되어 있다.
32 그 上欄에 "此辨說, 不知出自何門. 今始謄書而題目不書之, 以俟後日. 庚午六月."이라는 추기가 있다. 이때 庚午年은 1810년(순조 10)으로 추정되며, 이해가 이 책 『불역언』의 편성 연도일 가능성이 높다.
33 부록으로 宋 周密의 「紹熙行禮記」와 閔百順이 李縡에게 보낸 편지, 그리고 그 각각에 대한 이재의 발문이 실려 있다.
34 『불역언』 권1,「尊聞錄」의 「答愼可象疑辨錄問目」 말미에, 愼爾儀가 玄尙璧과 權尙夏 사이의 대화 내용을 인용하면서, 권상하가 처음에 한원진의 견해를 따랐다가 최종적으로 고쳤음을 주장하는 問目이 나오며, 그에 대해 박성원이 동조하는 답변이 수록되어 있다.
35 金雲柱 外,『不易言』(地),「己未浦洛事」「韓南塘【元震】請贈爵諡通文」.
通文 중의 일부 내용은 疏에 좀 더 정리된 형태로 수록되어 있다. 김운주 외,『불역언』(地)「己未浦洛事」「韓南塘請贈爵諡儒疏【十月十三日, 金雲柱等上疏】」. 번역문

의 번호는 편의상 임의로 붙인 것이다.

36　金邁淳,『대산집(臺山集)』권8:2a-b,「與金雲柱疏後」. 이 글은『不易言』(地),「己未浦洛事」에도 수록되어 있다.

37　通文의 끝부분에 "至於泰西之學公肆於閭巷之間而極矣"라고 하여 西學에 대한 언급이 있으나 疏文에는 보이지 않는다. 당시 서학이 문제가 되고 있던 상황에서 正學 수호의 의의를 부각하려는 의도가 있었던 것으로 보인다.

38　金麟淳,『不易言』(地),「己未浦洛事」,「金扶安【麟淳】抵華泉公書【十一月十四日】」.

39　華陽書院廟庭碑를 둘러싼 논란에 대해서는 다음 참조. 권오영,『조선후기 유림의 사상과 활동』(돌베개, 2003), 27-94쪽.

40　「己未浦洛事」에 거의 동일한 성격의 필사 자료로서 慕德祠 소장의『湖洛錄』1책이 있다. 또한 하버드대학 옌칭도서관 소장(TK1422-4512)의『策題』(표제는『湖洛分類』) 1책은, 초두의 心性에 대한 策題에 이어「湖西儒生金雲柱等上疏」가 수록되어 있고, 이어 金邁淳의「疏跋」, 金履永의「跋辨」, 金麟淳의「與李采書」등을 필사하여 두었다. 이 자료들은 한국고전적종합목록시스템(국립중앙도서관)에서 원문 이미지를 이용할 수 있다. 아래에 소개되는 장서각 소장의『湖洛事實』의 일부분도 그러하다. 이 자료들을 통해 정조 시대 한원진의 爵諡 문제를 둘러싼 자료들은 다양하게 필사되어 유통되었음을 알 수 있다.

41　정조,『불역언』(地),「己未浦洛事」,「正宗御製下金邁淳書」. 정조는 다음과 같이 말하기도 했다. 正祖,『홍재전서(弘齋全書)』권165:9b,「日得錄」,「文學」, "근년에 湖洛의 諸儒들이 人物 五常과 心 氣質의 문제를 두고서 서로 辨難하여 하나의 큰 송사[一大案]를 이루었다. 이것은 실로 理氣心性의 모든 문제가 걸려 있는 핵심적인 쟁점이지만 나는 일찍이 그에 대해 언급한 적이 없으니, 그 이치를 말하기 어려울 뿐 아니라 진실로 어느 쪽을 편들고 어느 쪽을 억누르는 사이에 다툼의 실마리를 키울까 염려해서였다."

42　이는 한국고전번역원의 국역본의 주석에 의거한다. 주석자는 글의 편차에 근거하여 이렇게 추정했다.

43　한국고전번역원의 국역본『무명자집』의 번역을 가져오되 일부 수정했다.

44　필사본 2책(乾·坤)으로, 서울대학교 규장각한국학연구원에 소장되어 있다(古1360-12, v.1-2). 규장각한국학연구원 홈페이지에서 원본 이미지를 이용할 수 있다. 여기에서의 서술은 대체로 필자가 기왕에 작성한 본서에 대한 해제 원고(『한국학대백과사전』, 한국학중앙연구원)를 기초로 하되 원내용은 일부 생략하고 새로 알게 된 사실을 덧붙여 서술했다.

45　앞에서 언급한 湖儒들의 疏에 대한 金邁淳의 비판 역시 호락논쟁은 처음에는 논쟁의 양 당사자 각각의 장점과 단점 모두를 정당하게 고려할 수 있는 학술 논쟁으로서 그 의의를 인정할 수 있다는 것이고, 그것이 정치적 당파의 명분을 정당화하는 논리로 동

46 이 책의 작자가 낙학 내의 호론자라고 할 수 있는 正菴 李顯益의 후손이라고 하는 점은 또한 그러한 맥락에서 음미할 만하다.
47 그 말미에 "屠維赤舊若孟秋, 愚齋書于校洞."이라고 했다. '屠維赤舊若'은 '屠維赤奮若'을 잘못 쓴 것으로 古甲子로 '己丑'에 해당한다. 愚齋는 李承淵의 호일 가능성이 있지만 별도의 필사자일 수도 있다. 이승연 자신이라면 필사년은 1829년(순조 29)일 것이다.
48 한국학중앙연구원 장서각 도서로서 필사본 1책이다. 웹상에서 이미지 이용이 가능하다.
49 朴性陽, 『운창선생문집(芸窓先生文集)』 권10:10b, 「湖洛源流總目序【丁卯】」.
50 그러나 유봉학에 의하면 권진응은 낙론에 접근하여 갔고, 송능상은 낙론을 받아들였다는 김원행의 주장이 있다. 유봉학, 『조선후기 학계와 지식인』(신구문화사, 1998), 51쪽.
51 하지만 유봉학의 지적에 따라 권진응과 송능상을 낙론으로 분류하고, 또 김정묵을 낙론으로 분류한다면, 낙론을 따르는 이가 11인이고, 호론을 따르는 이가 9인으로 그 숫자가 역전된다.
52 朴性陽, 『운창선생문집(芸窓先生文集)』 卷10:8a-9b, 「江門八士辨」.
53 이애희는 강문팔학사가 누구를 지칭하는지에 대해 비교적 자세한 논구를 했다. 李愛熙, 『朝鮮後期 人性·物性 論爭의 硏究』(고려대학교 민족문화연구원, 2004, 원래 1990), 172-178쪽. 후에 전인식은 그에 대해 비판적 검토를 했다. 全仁植, 『李柬과 韓元震의 未發·五常論辨 硏究』(한국정신문화연구원 박사학위논문, 1999), 19-22쪽. 강문팔학사에 대해서는 다음도 참조. 韓啓傳, 「湖學의 형성과 江門八學士」, 『진단학보』 83(진단학회, 1997).
54 張志淵 저, 柳正東 역, 『朝鮮儒敎淵源』 中篇(三星美術文化財團, 1979). 원저는 순한문으로서 1922년 京城(서울) 匯東書館에서 3권 1책으로 출판되었다. 원래 章節의 구분이 없었으나 번역본에서는 장절을 구분하고 적절하게 제목을 붙였다. 다만 '湖洛學派分裂'이라는 절의 명칭은 원저에 의한 것이다. 원저는 국립중앙도서관에서 온라인으로 열람할 수 있다. 괄호 속의 쪽수는 번역본의 쪽수이다.
55 玄相允, 『朝鮮儒學史』(玄音社, 1982). 원저는 서울 民衆書館에서 1949년에 출간되었다. 역시 국립중앙도서관에서 온라인으로 이용할 수 있다. 최근 이형성에 의해 교주본이 나왔다. 이형성 교주, 『(현상윤의) 조선유학사』(심산출판사, 2010).
56 철학계에서 2003년과 2011년 두 차례에 걸쳐 호락논쟁에 대한 연구사 정리 작업이 있었다. 곧 최영진 외, 「호락논쟁에 대한 연구성과 분석 및 전망」(『儒敎思想硏究』 19, 한국유교학회, 2003); 홍정근, 「호락논변의 연구 성과와 전망」(『儒敎思想硏究』 44, 한국유교학회, 2011)이 그것들이다. 이들 연구에서는 호락논쟁의 기본적 성격에 대해 각각 "호락논쟁은 기호학파 학자인 외암 이간과 남당 한원진 사이에서 발생한 논변이, 주위의 학자들에게 파급되면서 이루어진 것으로서, 조선조 3대 핵심 논쟁 가운데 하

나이다"(15쪽), "호락논변은 조선 시대에 李柬과 韓元震 사이의 논변이 계기가 되어 확대된 학술 논쟁이다"(76쪽)라고 서술하고 있다. 양자 사이의 서술에는 미묘한 뉘앙스의 차이가 있지만, 모두 기본적으로 장지연의 (B)의 입장을 바탕으로 (A)의 견해를 수렴하여 이해하고 있다.

57 李丙燾는 1959년(원래 1937년 저술) 등사본으로『(資料)韓國儒學史草稿』를 펴냈으며, 수정 증보 과정을 거쳐 1986년『韓國儒學史略』(亞細亞文化社)을 출판했다. 1987년에 출간된『韓國儒學史』(亞細亞文化社)는 바로 이 책을 국문으로 옮긴 것이다.

58 한국사상사연구회 편,『인성물성론』(한길사, 1994)에「호산 박문호의「인물성고」라는 제목으로 재수록되어 있다.

59 裵宗鎬,『韓國儒學史』(延世大學校 出版部, 1974). 배종호는『韓國哲學研究』中卷(東明社, 1978)의 한 절로서「湖洛學派의 人物性 同異論」을 집필했고,『韓國儒學의 哲學的 展開』下(연세대학교 출판부, 1985)의 제1장「湖洛論爭에 있어서의 人物性 同異論」, 제2장「李巍巖과 韓南塘의 心性論」을 집필했다.

60 조선 성리학의 역사를 主理派와 主氣派의 대립으로 본 것은 다카하시 도오루로부터 시작한 것이라고 할 수 있다. 다카하시 도오루(高橋亨) 저, 조남호 역,『조선의 유학』(소나무, 1999). 조남호는 책 앞의 '역주자 해설'에서 다카하시의 견해를 자세하게 비판했다. 主氣/主理의 틀로 호락논쟁의 성격을 규명하고자 하는 시도는 앞에서 살펴본 바와 같이 이미 현상윤과 이병도에게서도 발견되지만, 배종호의 논리는 좀 더 깊은 철학적 성찰에 바탕을 두고 있다. 어쨌든 배종호의 이러한 분석과 서술은 호락논쟁의 철학적 성격을 규명하는 데 있어 많은 영향을 미쳤다. 예를 들어 윤사순의 논문「人性 物性의 同異논변에 대한 연구」(『철학』 18, 한국철학회, 1982) 역시 그러한 틀을 채용했다. 이애희는 자신의 책『朝鮮後期 人性·物性 論爭의 硏究』(高麗大學校民族文化硏究院, 2004)에서 비록 세밀한 논의를 거치기는 했지만 기본적으로 그 틀을 수용했다. 반면 이들에 앞서 이남영은 그러한 틀의 적용에 대해 신중한 유보의 입장을 취한 바 있다. 李楠永,「湖洛論爭의 哲學史的 意義」,『第2會 東洋文化國制學術會議論文集』(成均館大學校大同文化研究院, 1980). 임원빈은 한원진 철학이 理學的 특성을 가진다고 주장했고, 이상익은 洛學 또한 主氣의 입장을 가진다고 주장했다. 任元彬,『南塘 韓元震 哲學의 理에 관한 硏究』(연세대학교 박사학위논문, 1994), 64-66쪽; 李相益,「湖洛論辨의 根本問題 研究」(성균관대학교 석사학위논문, 1986), 76-81쪽.

61 李愛熙,『朝鮮後期 人性과 物性에 대한 論爭의 硏究』(고려대학교 박사학위논문, 1990). 이애희는 후에 출간한『朝鮮後期 人性·物性 論爭의 硏究』(고려대학교 민족문화연구원, 2004)에 이 논문을 轉載해 두었다. 여기에서의 인용은 이 책에 수록된 것을 이용했다.

62 李愛熙,『朝鮮後期 人性·物性 論爭의 硏究』(고려대학교 민족문화연구원, 2004), 172쪽.

63 한국사상사연구회 편,『인성물성론』(한길사, 1994)은 이황과 이이로부터 시작해서 성

호학파와 북학파에 이르기까지의 인성물성론을 20인의 필자가 나누어 집필했다. 한국철학사상연구회 편, 『강좌 한국철학』(예문서원, 1995), 205쪽 이하와 『논쟁으로 보는 한국철학』(예문서원, 1995), 388쪽 이하에서는 '호락논쟁' 대신 '인물성동이 논쟁'을 표제로 삼았고, 고려대학교 민족문화연구원 한국사상연구소 편, 『자료와 해설 한국의 철학사상』(예문서원, 2001), 559쪽 이하에서도 해당 논쟁의 표제로 '인성물성 논쟁'을 사용했다. 이애희는 2004년에 출간한 『朝鮮後期 人性·物性 論爭의 硏究』(고려대학교 민족문화연구원)에서는 논쟁의 주체와 주제에 대해 좀 더 폭넓은 관점을 채택하여 원 논지를 일부 수정 보완했다. 다만 '호락논쟁'이라는 개념에 대해서는 여전히 부정적인 견해를 유지했다. 그는 지역적인 학파로서 호학/낙학이라는 명칭을 이론적 주장을 나타내는 호론/낙론이라는 명칭과 구분하여, 각 학파 내부에서 다양한 이론적 다툼이 있었으므로 호론/낙론을 각 학파의 고유 이론에 대한 명칭으로 사용하는 것에 반대했다. 같은 책, 47-58쪽 참고. 그의 부정적 견해만 잠시 보류한다면, 학파의 명칭으로서 호학/낙학과 그 이론적 주장으로서 호론/낙론을 구별하여 사용하는 것은 매우 유용한 것으로 보이므로 여기에서는 적극적으로 차용하고자 한다.

64 그에 앞서 석사논문의 수준에서 진전된 연구들이 있었다. 安永翔, 「巍巖 李柬의 철학사상 연구」(고려대학교 석사학위논문, 1991); 金太年, 「洛論系의 知覺論 硏究」(고려대학교 석사학위논문, 1993). 특히 김태년은 낙론계의 독자성을 인정하면서 金昌協과 閔以升 사이의 知覺論辨을 洛論界의 知覺論이라는 포괄적인 관점 아래 다루었다.

65 文錫胤, 『朝鮮後期 湖洛論辨의 成立史硏究』(서울대학교 박사학위논문, 1995).

66 文錫胤, 『湖洛論爭 형성과 전개』(동과서, 2006).

67 全仁植, 『李柬과 韓元震의 未發·五常論辨 硏究』(한국정신문화연구원 박사학위논문, 1999).

68 이 시기 한원진과 이간, 어느 한쪽에 관해 집중 연구를 한 성과물도 발표되었다. 李相坤, 『南塘 韓元震의 氣質性理學 연구』(원광대학교 박사학위논문, 1990); 李永春, 『巍巖 李柬의 哲學思想 硏究: 人物性具同論과 未發心體本善論을 중심으로』(건국대학교 박사학위논문, 1990); 任元彬, 『南塘 韓元震 哲學의 理에 관한 硏究』(연세대학교 박사학위논문, 1994). 이상곤은 뒤에 한원진에 대한 평전인 『한원진』(성균관대학교 출판부, 2009)을 출간했다.

69 金炯瓚, 『理氣論의 一元論化 연구: 鹿門 任聖周와 蘆沙 奇正鎭을 중심으로』(고려대학교 박사학위논문, 1996).

70 趙南浩, 『羅欽順의 철학과 조선학자들의 논변』(서울대학교 박사학위논문, 1999).

71 단적으로 홍대용은 곧 김원행의 제자이다. 유봉학, 「北學思想의 形成과 그 性格」, 『한국문화』 8(서울대학교 규장각한국학연구원, 1982); 유봉학, 『燕巖一派 북학사상연구』(일지사, 1995). 이와 관련된 사학계의 연구로서 다음 참조. 김문식, 「북학론의 사상적 특징」, 『韓國儒學思想大系』 III(한국국학진흥원, 2005). 낙학과 북학사상 사이의

연결 논의에 대한 철학계의 검토로서는 다음 참조. 李相益, 「洛學에서 北學으로의 思想的 發展」, 『철학』 46(한국철학회, 1996); 문석윤, 「湛軒의 哲學思想」, 『담헌 홍대용 연구』(사람의 무늬, 2012).

72 유봉학, 「北學思想의 形成과 그 性格」, 『한국문화』 8(서울대학교 규장각한국학연구원, 1982). 하지만 이남영은 오히려 호학에서 실학적 사유의 전개 가능성을 타진한 바 있다. 李楠永, 「湖洛論爭의 哲學史的 意義」, 『第2會 東洋文化國際學術會議論文集』(성균관대학교 대동문화연구원, 1980). 한편 이상익은 유봉학의 주장에 대해 비판적으로 검토하고, 통상의 이해와는 상반되게 낙학이 주기적 입장을 가지고 있음을 주장하고, 그것이 북학의 器重視論으로 이어지는 것으로 파악했다. 李相益, 「洛學에서 北學으로의 思想的 發展」, 『哲學』 46(한국철학회, 1996).

73 유봉학, 『주선후기 학계와 지식인』(신구문화사, 1998), 46-52쪽. 해당 부분은 원래 「18, 9세기 老論學界와 山林」(『한신논문집』 3, 한신대학교, 1986)으로 발표되었던 것을 다시 실은 것이다.

74 金駿錫, 『朝鮮後期 政治思想史 硏究: 國家再造論의 擡頭와 展開』(지식산업사, 2003), 376쪽. 이 책은 그의 『朝鮮後期 國家再造論의 擡頭와 그 展開』(연세대학교 박사학위논문, 1990)를 轉載하고 補論을 함께 실어놓은 것이다. 여기에서의 인용은 주로 그 박사논문에 해당한다.

75 金駿錫, 『朝鮮後期 政治思想史 硏究: 國家再造論의 擡頭와 展開』(지식산업사, 2003), 376-377쪽.

76 金駿錫, 『朝鮮後期 政治思想史 硏究: 國家再造論의 擡頭와 展開』(지식산업사, 2003), 384쪽.

77 金駿錫, 『朝鮮後期 政治思想史 硏究: 國家再造論의 擡頭와 展開』(지식산업사, 2003), 382쪽.

78 李坰丘, 「金昌翕의 學風과 湖洛論爭」(서울대학교 석사학위논문, 1995). 이 논문은 『한국사론』 36(서울대학교 국사학과, 1996)에도 같은 제목으로 실렸다.

79 李坰丘, 「영조~순조 연간의 湖洛論爭의 展開」, 『한국학보』 93(일지사, 1998). 이경구는 또한 최근에 호락논쟁에 대한 자신과 학계의 연구 성과를 바탕으로 『조선, 철학의 왕국: 호락논쟁(湖洛論爭) 이야기』(푸른역사, 2018)라는 전문 교양서를 발간하여 호락논쟁의 전모를 서술했다.

80 趙成山, 「18세기 후반 노론낙론계의 사상적 동향과 경세론」(고려대학교 석사학위논문, 1995).

81 조성산의 작업은 박사논문에까지 이어진다. 趙成山, 『朝鮮後期 洛論系 學風의 形成과 經世論 硏究』(고려대학교 박사학위논문, 2003). 또한 그것을 단행본으로 출간했다. 조성산, 『조선 후기 낙론계 학풍의 형성과 전개』(지식산업사, 2007).

82 권오영, 「18세기 湖洛論辨의 爭點과 그 性格」, 『朝鮮時代의 社會와 思想』(조선사회

연구회, 1998); 권오영,『조선후기 유림의 사상과 활동』(돌베개, 2003), 27-94쪽.
83 권오영,『조선 성리학의 형성과 심화』(문헌, 2018).
84 홍정근,『호락논쟁에 관한 임성주의 비판적 지향연구』(성균관대학교 박사학위논문, 2002). 그는 이후 논문을 재정리하여 책으로 펴내었다. 홍정근,『호락논쟁의 본질과 임성주의 철학사상』(한국연구원, 2007). 그는 최근 좀 더 포괄적으로 호락논쟁을 다룬 연구서를 출간했다. 홍정근,『호락논변의 전개와 현대적 가치』(학고방, 2020).
85 김현,『鹿門 任聖周의 철학사상』(고려대학교 박사학위논문, 1992)
86 이천승,『農巖 金昌協의 心性論에 대한 硏究』(성균관대학교 박사학위논문, 2003). 그도 이후 논문을 재정리하여 책으로 펴내었다. 이천승,『농암 김창협의 철학사상연구』(한국학술정보, 2006).
87 최천식,『김창협 철학 연구: 지각론(知覺論)을 중심으로』(서울대학교 박사학위논문, 2016).
88 金志恩,『農巖 金昌協의 심성론 연구: 老論의 주자학적 정통성 확보를 중심으로』(고려대학교 박사학위논문, 2022).
89 이선열,『宋時烈과 우암학단의 心論 연구』(서울대학교 박사학위논문, 2010). 그는 자신의 이 박사논문을 좀 더 발전시켜 단행본으로 출간했다. 이선열,『17세기 조선, 마음의 철학』(글항아리, 2015).
90 李向俊,『南塘 韓元震의 性論 硏究』(전남대학교 박사학위논문, 2002).
91 金太年,『南塘 韓元震의 正學 形成에 대한 硏究』(고려대학교 박사학위논문, 2006).
92 이해임,『한원진의 심성론 연구』(서울대학교 박사학위논문, 2016).
93 배제성,『巍巖 李柬과 南塘 韓元震의 心性論辨 연구: 本然之性의 재규정과 그 의미』(성균관대학교 박사학위논문, 2020).
94 신상후,『조선조 洛學의 未發心論 연구』(이화여자대학교 박사학위논문, 2018).
95 李松熙,『老論-洛論系 倫理主體의 形成과 展開』(고려대학교 박사학위논문, 2021).
96 羅鍾賢,『栗谷學派 性理說의 展開와 湖論 思想의 形成』(서울대학교 박사학위논문, 2019);「巍巖 李柬의 정치적 입장과 호락논쟁」,『온지논총』60(온지학회, 2019);「도암 이재와 호락논쟁: 성리설과 정치사상을 중심으로」,『동양학』79(단국대학교 동양학연구원, 2020).
97 최영진 외,「湖洛論爭에 관한 硏究成果 分析 및 展望」,『儒教思想研究』19(한국유교학회, 2003).
98 홍정근,「호락논변의 연구성과와 전망」,『儒教思想研究』44(한국유교학회, 2011).
99 성백효 등 역,『한수재집(寒水齋集)』(한국고전번역원, 1990~1991).
100 송기채 역,『농암집(農巖集)』(한국고전번역원, 2001~2008).
101 외암사상연구소 편찬, 고려대학교 한자한문연구소 역주,『역주 외암 인간의 철학과 삶』(아산, 2008). 외암사상연구소는 2005년에 설립되었으며, 이 역주본의 출간을 기념

하여 학술대회를 열고, 그 성과물 등을 모아 단행본으로 출간했다. 외암사상연구소 엮음, 『외암 이간의 학문세계』(지영사, 2009).
102 정성희 역, 『사상강설(泗上講說): 호락논쟁의 통합론』(문사철, 2012).
103 강여진 등 역, 『미호집(渼湖集)』(고려대학교 한자한문연구소, 2013).
104 권민균 등 역, 『강재집(剛齋集)』(한림대학교 태동고전연구소, 2015-2016).
105 이상현 역, 『녹문집(鹿門集)』(한국고전번역원, 2015-2020).
106 박명희 등 역, 『노사집(蘆沙集)』(전남대학교 호남학연구원·조선대학교 고전연구원, 2018). 2018년 기준 권19까지 번역되었다.
107 김창효 등 역, 『매산집(梅山集)』(성신여자대학교 고전연구소·해동경사연구소, 2016-2021).
108 신향림 등 역, 『정암집(貞菴集)』(고려대학교 한자한문연구소, 2018).
109 한국주자학회 역, 『녹려잡지: 한국 유학의 새로운 전망』(동연, 2021).

2장

호락논쟁의
시기 구분과 주요 쟁점

1
호락논쟁의 시기 구분

그간 축적된 호락논쟁의 연구 성과에 기초해 볼 때, 호락논쟁은 대체로 3기 혹은 4기의 과정을 거쳐 형성되고 전개된 것으로 볼 수 있다.¹ 즉, 호락논쟁의 제1기는 호락논쟁의 태동기로서, 그 주요 쟁점과 관련된 기본적인 논의들이 산발적으로 이루어지면서 호학 측의 권상하와 낙학 측의 김창협을 중심으로 호학과 낙학 각자의 종지 곧 근본적인 정신과 지향이 형성된 시기이다. 제2기는 여러 주요 쟁점들에 대한 논변을 통해 서울 지역과 충청 지역에서 각각 낙학과 호학이 학파로서 형성되어간 시기로서, 그 과정에서 그들은 서로를 어느 정도 의식하면서 자체적으로 자신의 정체성을 확립해갔다. 호락논쟁의 제3기는 호학과 낙학 측이 자신의 정체성을 확고히 한 가운데 직접적이고 전면적으로 상호 대립한 시기로서 본격적인 의미에서 호락논쟁이 성립된 시기이다. 마지막으로 제4기는 낙학과 호학 내외에서 논쟁의 성과가 통합되고 정리된 시기이다.

1) 제1기: 호학과 낙학의 태동기

호락논쟁의 제1기는 17세기 후반에서 18세기 초반에 걸친 시기로서, 대체로 숙종(재위 1674~1720) 대 전반부에 해당한다. 심성 개념과 관련된 기본적인 쟁점들이 산발적으로 논의되면서 호학과 낙학 각각의 기본적인 방향 설정이 이루어지기 시작한, 호락논쟁의 태동기에 해당하는 시기이다. 이 시기에 핵심적인 역할을 담당했던 이는 우암(尤菴) 송시열(宋時烈,

1607~1689)의 두 고제(高弟)였던 수암(遂菴) 권상하(權尙夏, 1641~1721)와 농암(農巖) 김창협(金昌協, 1651~1708)이었다. 그들은 각각 호학(湖學)과 낙학(洛學)의 연원을 이루었다.[2]

2) 제2기: 호학과 낙학의 형성기

제2기는 제1기에 이어 여러 쟁점들에 대한 논변을 통해 서울 지역과 충청 지역에서 각각 호학과 낙학이 학파적 정체성을 형성해 가던 시기로서, 그 과정에서 그들은 서로를 어느 정도 의식하면서 자체적으로 자신의 견해를 확립했다. 낙학에서는 김창협을 이어 삼연(三淵) 김창흡(金昌翕, 1653~1722)과 정암(正菴) 이현익(李顯益) 등이 중심적 역할을 했고, 호학에서는 권상하와 함께 그 문하의 남당(南塘) 한원진(韓元震, 1682~1751)과 그의 대립자인 외암(巍巖) 이간(李柬, 1677~1727)이 중심적인 역할을 했다. 이들 양자의 대립에 대해 권상하가 어느 한쪽을 지지하여 인가하는 방식으로 호학의 종지가 형성된다. 이 시기에 이르러 논쟁의 쟁점들이 더 명료하게 정리되었으며, 핵심적인 논점들이 집중적으로 부각되었다. 권상하가 별세한 1721년(경종 1), 김창흡이 별세한 1722년(경종 2) 그리고 이간이 세상을 떠난 1727년(영조 3)까지, 곧 대체로 숙종 대 후반부가 이 시기에 해당한다고 하겠다.

3) 제3기: 호락논쟁의 성립

송시열의 학통을 계승한 충청 지역의 권상하 및 이른바 강문팔학사(江門八學士)로 대표되는 그의 후학들과 서울 지역의 김창협, 김창흡 두 형제와 그들의 친구, 제자들을 비롯한 주변 유학자들은 각각 자신의 지역을 기반으로 학술적 교류와 전승을 지속하면서 나름대로 독자적 학풍, 곧 호학과 낙학을 형성하여 갔다. 그들은 자체적으로 다양한 논변을 펼쳤으며 상대 진영의 논변에 대해서도 어느 정도 관심이 있었다. 그리고 그러한 과정에서 직접적인 만남, 서신 등의 교류를 통해 개별적인 논변을 전개하기도 했다.

하지만 양 진영이 정면으로 본격적으로 충돌하게 된 것은 각 진영에서 어느 정도 독자적 학풍을 형성한 이후로서, 김창흡 사후 도암(陶菴) 이재(李縡, 1680~1746)가 낙학의 중심으로 부상한 다음이었다. 호락논쟁은 실제로는 이 제3기에 이르러 명확하게 호학과 낙학 사이의 대립의 양상을 지니고 전개되었다. 이 시기는 대체로 영조(재위 1724~1776) 대에 해당하는 시기이다. 이 시기에 양 학파의 대립은 학술적 대립을 넘어 점차 정치적 대립으로까지 진행하는 양상을 보였다. 호학과 낙학 양 학파는 송시열 이후의 학술적 및 정치적 정통성 계승을 두고 경쟁했다. 호락논쟁을 그 명칭에 부합하게 좁은 의미에서 호학과 낙학 사이의 학파 간의 직접적 대립을 가리키는 것으로 본다면, 그런 의미에서의 호락논쟁은 제3기에 이르러서 비로소 시작되었다고 할 수 있을 것이다.

이 시기 낙학 측에서는 기원(杞園) 어유봉(魚有鳳, 1672~1744), 여호(黎湖) 박필주(朴弼周, 1665~1748)가 건재했고, 이재가 중심적 역할을 했으며, 그의 사후에는 그 문하의 겸재(謙齋) 박성원(朴聖源, 1697~1757), 백수(白水) 양응수(楊應秀, 1700~1767) 등이 이재를 대변하여 한원진을 비판했으며, 미호(渼湖) 김원행(金元行, 1702~1772)이 낙학의 중심 역할을 했다. 또한 역천(櫟泉) 송명흠(宋明欽, 1705~1768), 과암(果菴) 송덕상(宋德相, 1710~1783) 등이 낙학 측에 포진하고 있었다. 반면 호학 측에선 병계(屛溪) 윤봉구(尹鳳九, 1681~1767)가 중심적 역할을 담당하는 한편 한원진이 여전히 생존하면서 긴장을 유지하고 있었으며, 한원진과 밀접한 관련을 가지면서 정좌와(靜坐窩) 심조(沈潮, 1694~1756)가 활발하게 활동했고 운평(雲坪) 송능상(宋能相, 1710~1758) 등이 가담하고 있었다.

이재는 1680년 9월 서울 남부 훈도방(薰陶坊)의 북쪽 주자동(鑄字洞) 외조부 민유중(閔維重, 1630~1687)의 집에서 태어났으며, 10세 이후 고양(高陽) 화전(花田)에 살았다. 인현왕후가 어머니 민씨 부인의 여동생이다.[3] 그는 비슷한 연배의 어유봉이나 박필주와는 달리 논쟁의 2기에는 등장하지 않다가 김창흡이 별세한 후 낙학 측의 중심 역할을 했다. 그는 1702년 3월 문과 합격 이후 정국의 변동에 따라 부침이 있었으나 대체로 순탄한 관료 생활을 이어갔다. 1728년 3월 모친상을 당하면서 용인(龍仁) 한천(寒泉)으로 옮겨 우거했다. 이후 한천정사에서 강학하면서 박성원, 양응수, 홍계희(洪啓禧, 1703~1771), 이의철(李宜哲, 1703~1778), 송명흠, 임성주(任聖周, 1711~1788) 등 많은 제자를 배출하고 윤봉구 등 호학 측의 인사들과 교유하면서 낙학을 대표하는 인물로 부상했다.

이 시기 호락논쟁의 양 진영은 심성론상의 이견을 노출하고 학술상의 시비를 논하는 데 그치는 것이었고 아직 정치적 파벌로까지 진행되지는 않았다. 하지만 시간이 흐르면서 호학과 낙학 사이의 학파적 대립은 뚜렷한 모습을 분명히 드러내었다. 논쟁이 격화되면서 상대를 이단시하는 돌이킬 수 없는 대립 국면으로 전개되었다. 그에 따라 이들 계열의 유학자들은 결국 양 진영은 노론 내의 학술적이고 정치적인 헤게모니를 둘러싸고 점점 더 정치적 당파의 성격을 더하여 가지게 되었다.

4) 제4기: 정리, 평가와 성찰의 시기

이러한 당파적 대립의 양상은 정조(재위 1775~1800) 시대에 접어들면서 더욱 심화되었다. 정치적 상황에 따라 각각의 부침이 심화해갔으며, 그에 대한 우려도 깊어졌다. 그와 함께 양파의 대립을 역사적으로 서술하고 정리하려는 노력들이 나타났다. 호락논쟁에 대한 역사적 서술이 본격적으로 시작된 것이다. 황윤석(黃胤錫, 1729~1791)의 「기호락이학시말(記湖洛二學始

末)」, 앞에서 소개했던 『십이변』, 『불역언』, 『호락문답』, 『호락사실』 들의 문헌들이 바로 그러한 노력의 결과물들이다.

그것은 곧 한편으로 자파 입장의 정당성을 강화하려는 것인 동시에 그러한 성찰과 반성의 관점에서 대립의 원인을 진단하고 해소하려는 노력이기도 했다. 특히 정조가 서거한 후 19세기에 이르러 양측의 입장을 좀 더 종합적인 시각에서 바라보면서 한편으로 양측 모두를 비판하고 또 다른 한편으로는 양측의 견해를 조화하고 절충하려는 노력들이 나타났다. 그 선구는 김원행 문하의 녹문(鹿門) 임성주(任聖周, 1711~1788)였으며, 19세기로 이어져 노주(老洲) 오희상(吳熙常, 1763~1833), 매산(梅山) 홍직필(洪直弼, 1776~1852), 화서(華西) 이항로(李恒老, 1792~1868), 노사(蘆沙) 기정진(奇正鎭, 1798~1879), 한주(寒洲) 이진상(李震相, 1818~1886), 간재(艮齋) 전우(田愚, 1841~1922), 성암(醒菴) 이철영(李喆榮, 1867~1919) 등이 그 뒤를 이었다.

2
호락논쟁의 쟁점에 대해

호락논쟁은 기본적으로 성리학의 심성(心性)에 대한 이해를 중심으로 한 논쟁이었다. 물론 그 배경에는 이기론적 세계 인식이 놓여 있다. 다만 그들이 주목한 것은 리와 기라는 개념 자체의 구명, 혹은 그것을 통한 세계 인식에 있었다기보다는, 마음[心]과 본성[性]을 어떻게 이해할 것인가 하는 문제에 대해 집중한 면모를 지니고 있다. 그것은 당시 새로운 국내외적 상황 속에서 조선의 집권 지식인들 곧 사대부들이 자신의 정체성에 대해 새롭게 이해한다고 하는 사대부의 자기 이해 혹은 자기규정이라는 시대적 과제와 관련된 것이었으며, 실천론 혹은 수양론과 직결된 문제였다.

호락논쟁은 사단칠정논쟁(四端七情論爭)과는 달리 단일 논변이 아니라 다수의 쟁점을 둘러싼 여러 논변으로 구성되어 있다. 호락논쟁과 그의 쟁점 혹은 논점들에 대해서는 이미 호락논쟁이 진행되는 과정에서 양 진영에서—주로 낙학 쪽에서이지만—나름대로 정리되어 왔다. 하지만 그 전통적 정리들은 대체로 정리자 자신의 관점을 반영한 것이므로, 그것을 받아들이는 한편으로는 그 관점에 따른 정리의 편향성을 제거하고 보정하는 작업을 진행할 필요가 있다.

예를 들어, 낙학 측의 황윤석은 「기호락이학시말」에서 논쟁의 쟁점에 대해 다음과 같이 정리했다.

> 심체(心體)가 기질(氣質)이 아님과 편전(偏全)의 차별이 있는 본성은 본연의 본성이 아닌 것, 그리고 성인(聖人)과 일반인의 명덕(明德)은 원래 동일하다는 것,

인간과 사물의 다섯 본성[五性]은 다르지 않다는 것은 어찌 확실하게 증명할 수 없겠는가?[4]

그에 의하면 논쟁의 논점은 다음 네 가지 문제였다. ① 심체에 기질을 논할 수 있는가? ② 편전의 차별이 있는 본성을 본연지성이라고 할 수 있는가? ③ 성인과 일반인의 명덕은 본래 동일한가? ④ 인간과 동물이 부여받은 오성은 동일한가?

그런데 이것은 낙학 측의 입장을 명확히 반영하는 것이라고 할 수 있다. 즉, ①과 ②, ③은 분명히 이재가 호학 심성설의 문제라고 지목한 것을 반영한 것이다. 문제 나열의 순서 또한 각 문제의 엄중성의 비중에 대한 낙학 측의 판단을 반영하는 것으로 보인다. 미발이 아니라 심체라는 용어를 선택한 것도 호학 측의 문제점을 좀 더 분명하게 부각하기 위한 것이라고 볼 수 있다. 사실 ③은 호학 측에서 그 부동(不同)을 적극적으로 주장했다기보다는 마음에 대한 그들의 이해의 논리적 귀결에 해당하는 것이라고 할 수 있고, 특히 이재가 그 지점에 대해 크게 의심했던 것이라고 할 수 있다. ④는 호학 내부에서 문제가 되었던 오상(五常)의 문제를 오성(五性)의 문제로 치환한 것으로, 이미 문제 설정에서 낙학 측의 견해가 반영되어 있다고 할 수 있다. 즉, 오상이라는 명칭은 오행이라는 기의 맥락이 강조된 것이라고 한다면 오성은 그것이 본성임이 부각된 명칭이라고 할 수 있기 때문이다.[5]

더 나아가 황윤석의 정리는 기본적으로 호락논쟁 제3기 낙학 측의 인식을 반영한다. 따라서 이전 시대의 쟁점들을 충분하게 반영하지 못한 문제가 있다. 특히 제1기와 제2기에 걸쳐 호학과 낙학을 가르는 중요한 문제였던 지각(知覺)과 관련된 문제들이 누락되었다.[6] 하지만 호학 측에서는 심조의 경우에서 보이는 바와 같이 계속해서 관련 문제들이 논의되고 있었다.

반면, 호락논쟁을 한원진과 이간의 대립을 중심으로 이해한 이철영의 경우는 논쟁의 쟁점에 대해 다음과 같이 정리한다.

> 동유(東儒)에 호론(湖論)과 낙론(洛論)이 있는 것은 한남당(韓南塘)과 이외암(李巍巖)으로부터 시작했다. 서로 더불어 심성(心性)의 근원에 대해 변론했다. 그 설이 매우 방대하여 만언(萬言)에 이르렀는데, 큰 주제는 두 가지가 있었다. 미발(未發) 때의 본연지성과 기질지성에 대해, 동시(同時) 동위(同位)를 말한 것이 남당의 종지였으며 이시(異時) 이위(異位)를 말한 것이 외암의 종지였다. 인간과 동물의 본성에 대해, 오상을 똑같이 가지고 있다고 말한 것이 외암의 주장이었고 오상을 달리 가지고 있다고 말한 것이 남당의 주장이었다.[7]

이철영은 호학과 낙학의 대립을 기본적으로 남당 한원진과 외암 이간 사이의 대립이 확장된 것으로 보며, 그런 입장에서 논쟁의 쟁점을 크게 미발의 마음에서의 기질의 유무 문제와 인성과 물성의 동이 문제 곧 오상의 동이 문제 두 가지로 압축하여 이해한 것이다. 이러한 정리는 호락논쟁 제3기 이재와 한원진 사이의 충돌에서 핵심이었던 두 가지 쟁점인 본성(오상)과 마음(심체)의 문제를 그대로 투영한 것으로서 실제로는 앞의 황윤석의 정리와 크게 다를 바가 없는 것이라고 할 수 있다. 이것은 호락논쟁 제4기에 해당하는 인물인 낙학 측의 홍직필이 다음과 같이 정리한 것과 대체로 일치하는 것이기도 하다.

> 근세 호락의 제유(諸儒)가 다양한 주제에 대해 분분하게 논변했으나 그 대강은 세 가지이다. 인성(人性)과 물성(物性)은 같은가, 다른가? 심체(心體)는 본선(本善)한가, 유선악(有善惡)한가? 명덕(明德)에는 분수(分殊)가 있는가, 없는가?[8]

명덕의 분수의 문제는 앞에서 지적한 바와 같이 실제적인 쟁점이 아니었으므로, 결국 쟁점은 인성과 물성의 동이 문제와 심체와 기질의 관계 문제 두 가지로 정리된다.

이들의 정리가 대체로 호락논쟁 제3기의 상황을 반영하는 것이라고 한다면, 이승연(李承淵)은 호락논쟁 제1기와 제2기의 상황을 고려하여 논쟁의 쟁점에 대해 좀 더 포괄적으로 정리한다. 즉, 그는 『호락문답(湖洛問答)』에서 "사단칠정론과 인물성동이론은 사문(斯文)의 대시비(大是非)이다"라고 하여 논쟁에서 인물성동이론의 핵심적 중요성을 부각하는 동시에, 호락논쟁의 쟁점들과 관련해서 먼저 성설(性說)에서 인물성동이 논변을 내세우고, 그다음 심설(心說)에서 본연지심설(本然之心說), 명덕설(明德說), 지각설(知覺說), 미발설(未發說) 등을 서술했다. 인물성동이 논변은 특히 호학 측에서 강조한 바였고, 낙학 측에서는 마음에 대한 이해를 중시했으므로 미발이나 지각, 명덕 등의 문제가 더욱 핵심적인 논제였다. 따라서 이런 정리는 호락논쟁의 쟁점을 어느 정도 망라한 것이라고 할 수 있다. 다만 인물성동이론을 호락논쟁의 대표적인 논변으로 제시한 것은 호학 측에서 핵심적으로 제시한 것을 배려한 것이라고 할 수 있을 것이다.[9]

결국, 호락논쟁의 논점을 정리함에서, 이러한 양측의 관점상의 차이와 편향성을 보정하기 위한 노력을 병행할 필요가 있다. 최대한 논변의 외부적 모습을 넘어서서 그 내부의 참된 논점들을 확인하고 확보하려는 노력을 기울일 필요가 있는 것이다. 최근 호락논쟁에 관한 연구가 축적되면서, 호락논쟁의 연원이나 전개 그리고 그 쟁점에 대해 상당한 이해의 확장과 심화가 있었다. 초기 연구가 인물성동이 논변에 집중했던 데서 탈피하여, 이간과 한원진 사이의 논변을 중심에 둔다고 하더라도, 인물성동이 문제 외에 미발(심체)에서의 기질(지성) 유무, 혹은 선악 유무 문제가 핵심적인 문제였음이 지적되었으며,[10] 그에 성범심동이-명덕유분수 문제를 더하여 크게 세 가지 쟁점을 둘러싸고 전개된 것으로 정리되고 있다.[11] 이 책에서도 이들 세 문제를 호락논쟁의 기본 쟁점으로 삼아 서술하기로 하되 앞의 서술에 따라 약간의 보정을 거쳐 다음과 같이 지(智)와 지각(知覺)의 관계 문제에 대한 논변을 합하여 네 가지 기본 쟁점이 있다고 이해한다.

첫째는 지와 지각의 관계 문제로서 먼저 낙학 내부에서 논변이 진행되다가 호학 측에서 그에 개입하여 의견을 제시하는 방식으로 진행되었다. 지와 지각을 분리하여 이해하는 것이 낙론이며, 지와 지각을 분리할 수 없다고 주장한 것이 호론이다.

둘째는 인성(人性)과 물성(物性)의 동이(同異) 문제로서 대체로 호학 측에서 논변이 진행되다가 낙학 측에서 그에 개입하여 의견을 제시하는 방식으로 진행되었다. 인간과 동물이 부여받은 오상(五常)의 동이와 관련하여, 같다고 하는 입장이 낙론이고 다르다고 하는 입장이 호론이다.

셋째는 미발의 마음에 대한 이해의 문제로서, 낙학 쪽에서는 앞의 지와 지각의 관계 문제에 대한 이해의 연장선상에서, 그리고 미발에서의 공부 문제와 관련하여 주로 미발에서의 지각 유무 문제를 중심으로 내부에서 논의가 진행되었다. 낙학의 주류에서는 미발에서의 지각불매(知覺不昧)를 적극 인정하면서 미발에서의 공부가 가능하다는 입장이었다면, 그에 대해 반대하는 입장이 있었다. 반면 호학 쪽에서는 주로 미발의 마음에서의 기질(氣質) 혹은 기질지성(氣質之性)의 유무 문제를 중심으로 논변이 전개되었으며, 이는 네 번째 문제인 성인(聖人)과 일반인의 마음의 동이 문제와 밀접한 관련이 있다. 낙학에서는 자신의 미발 이해를 바탕으로 해당 문제에 뒤늦게 접근하여 낙론적 의견을 제시했다. 미발의 마음에 기질이 잠복하여 있으며, 따라서 미발에 선악의 종자(種子)가 있다고 주장하는 것이 호론이며, 미발의 마음은 마음의 본체로서 거기에서는 기질을 논할 수 없고 다만 순선(純善)하다고 주장하는 것이 낙론이다.

넷째는 성인과 일반인의 마음의 동일성 문제로, 마음[心] 혹은 심체(心體)를 어떻게 이해할 것인가 하는 것과 밀접히 관련된다. 낙학 측에서는 심체의 보편성과 형기(形氣) 혹은 기질과 구별되는 마음 혹은 심기(心氣)의 성격, 그리고 심체와 밀접하게 관련된 허령(虛靈)과 명덕(明德)의 이해 문제, 본성과의 관계 문제 등을 적극적으로 강조했다. 반면 호학 측에서는 마음은 어디까지나 기(氣)이며 따라서 그 점에서는 편차가 있는 기질과 연속적이라는 점을 강조했다. 낙학 측에서는 호학이 허령과 명덕에도 분수(分數)가 있다고 주장하거나, 혹은 논리적으로 그러한 결론을 함축하는 주장을 하기 때문에, 심체의 보편성 더 나아가 성선(性善)의 기초를 파괴할 우려가 있다고 주장한다. 반면 호학 측에서는 낙학이 심순선(心純善)의 논리로서 성선을 마음 혹은 기의 선함에 근거 지웠다고 비판하고, 낙학이야말로 성선의 근거를 위협하고 있다고 역공했다.

호락논쟁은 제3기에 이르러 본격적으로 호학과 낙학 사이의 논변으로 전개된다. 그 시기에 이르러서는 핵심적인 문제가 인성과 물성의 동이 문제 곧 본연지성에서 기질과의 관계를 어떻게 설정할 것인가 하는 문제, 그리고 심체 혹은 미발에서 기질을 인정할 수 있는가라고 하는 두 가지 문제로 집중되는 양상을 보인다. 하지만 이러한 문제들은 기본적으로 그전에 각 학파 내부에서 그리고 각 학파 사이에서 전개된 다양한 논변의 역사를 반영하고 있다. 따라서 우리는 논변의 전체 과정에 대해 주목하고 이해하기 위해 노력할 필요가 있다. 그렇게 할 때 호락논쟁이 호학과 낙학 사이의 논쟁이라고 하는 점을 명확히 확인할 수 있을 것이다. 실로 관련 논변들이 본격적으로 전개되기에 앞서 양 진영에서 태극(太極)에 관한 이해를 둘러싸고 전개된 논변에서 우리는 향후 호락논쟁의 제 논변의 기조를 이루는 정신의 차이가 형성되고 있음을 확인할 수 있다.

호락논쟁을 적절하게 기술하기 위해서는, 각 학파의 형성 과정에서, 그리고 각 학파 사이에 일어난 다양한 논변들의 역사적 형성과 전개에 대해 좀 더 객관적인 시각에서 이해할 필요가 있으며, 한편으로 그들 제 논변의 상호 관계에 대해서 정합적이고 종합적으로 이해하는 것이 필요하다. 그를 통해 각 학파의 지향과 정신이 더욱 분명하게 포착되고 기술될 수 있을 것이다. 또 한 가지, 호락논쟁의 표면적 논쟁점들의 이면에 있는 철학적 성찰을 포착하고 그것을 새롭게 쟁점화하는 것이 필요하다.¹² 그때 호락논쟁은 그 역사적 맥락에서만이 아니라 오늘날 우리에게서 어떤 의미를 가지는가 하는 것이 분명하게 드러날 것이다. 이 책의 기본적인 목표는 호락논쟁의 제 논변의 역사적 형성과 전개를 살펴보고, 그 상호관계에 대해 정합적이고 종합적인 설명을 시도하며, 그를 통해 양 학파의 지향과 그 의미에 대해 초보적인 성찰을 제시하는 데 있다.

2장 주석

1. 호락논쟁의 시기 구분에 대해서는 문석윤, 『湖洛論爭 성립과 전개』(동과서, 2006)에서 최초로 시도되었다. 여기에서는 이 책의 서술을 기본으로 하여 일부 보완했다.
2. 최천식은 낙학의 연원은 김창협이라고 할 수 있지만 호학의 연원은 권상하가 아니라 송시열로 보는 것이 더 적합하다고 주장한다. 이는 그 심성론에서 호학의 입장이 송시열을 철저하게 계승한 것이라고 한다면 낙학의 입장은 그에서 이탈한 면모가 있다고 보기 때문이다. 최천식, 『김창협 철학 연구: 지각론(知覺論)을 중심으로』(서울대학교 박사학위논문, 2016). 하지만 최근의 또 다른 연구에서는 心論에서 송시열과 김창협 사이에 친연성이 있다는 주장이 나오기도 했다. 李松熙, 『老論-洛論系 倫理主體의 形成과 展開』(고려대학교 박사학위논문, 2021). 사실 송시열의 입장은 좀 더 복합적인 측면을 가지고 있다고 해야 할 듯하다.
3. 이재의 생애, 특히 寒泉精舍에서의 강학 활동에 대해서는 다음 참조. 崔誠煥, 「朝鮮後期 李縡의 學問과 寒泉精舍의 門人教育」, 『역사교육』 77(역사교육연구회, 2001).
4. 황윤석, 『이재속고(頤齋續稿)』 권7:3b 「記湖洛二學始末」.
5. 실제로 호학 측의 김지행은 오상과 오성을 구별하여 이해했다. 7장 참조.
6. 이재는 知覺 문제에 대해 특별히 언급한 적이 없으며, 그의 제자 양응수는 知覺 문제에서는 湖論의 입장을 취한 바 있다. 김원행도 지각 문제에 대해서는 특별히 언급한 내용이 없는 것으로 보인다. 7장 참조.
7. 李喆榮, 『성암집(醒菴集)』 권5:20b-21a 「泗上講說」 상. 이철영의 호락논쟁에 대한 견해는 제4기의 마지막 절로 일차 서술을 마쳤으나, 전체 원고가 약속된 분량을 너무 초과한 관계로 아쉽지만 부득이 삭제할 수밖에 없었다.
8. 홍직필, 『매산집(梅山集)』 卷13:4a, 「與李龜巖【元培○壬戌五月】」. 明德의 分殊 유무는 聖凡心同異 문제와 밀접하게 연결되어 있는 문제이다.
9. 앞에서 살펴본 바와 같이 이승연 자신은 낙학의 입장에서 양측의 견해를 保合하고자 했다.
10. 全仁植, 『李柬과 韓元震의 未發·五常論辨 研究』(한국정신문화연구원 박사학위논문, 1999). 그는 인물성동이 문제와 관련된 논변의 핵심이 인·물에서 五常(之性)의 동이와 관계되는 것이라고 보아, '인물성동이 논변'보다는 '오상 논변' 용어를 사용했다.
11. 최영진 외, 「湖洛論爭에 관한 研究成果 분석 및 전망」, 『儒教思想研究』 19(한국유교학회, 2003).
12. 이와 관련하여, 未發에 대한 해석을 중심으로 우리 학계에서 전개된 최근의 논의들은 주목할 만한 성과라고 할 수 있다. 이 책 4장 주석 99에서 열거한 이승환, 손영식, 한

자경 등의 논문 참조. 또한 홍성민, 『감정과 도덕: 성리학의 도덕 감정론』(소명출판, 2016); 홍정근, 『호락논변의 전개와 현대적 가치』(學古房, 2020) 참조. 대만의 젊은 학자 呂政倚는 자신의 책 『人性·物性同異之辨: 中韓儒學與當代「內在超越」說之爭議』(臺北: 新文豐出版公司, 2020)에서 이간과 한원진 사이의 인물성동이 논변에 대해, 朱子說 및 湖湘學에서의 天命에 대한 논변과의 관련성을 살펴보는 동시에 現代 新儒學의 '內在超越說'에 대한 馮耀明의 비판에 대한 성찰에 활용함으로써, 해당 논변에 대한 현재적 논의를 전개했다.

3장

호락논쟁의 배경

1
정치 사회적 배경

1) 새로운 국제질서

조선은 16세기에서 17세기에 걸쳐 두 번의 끔찍한 전란을 경험했다. 일본의 침략으로 인해 야기되었던 임진왜란(壬辰倭亂, 1592~1598)과 청(淸)에 의한 병자호란(丙子胡亂, 1636)이 그것이다. 조선은 원·명 교체기에 건국되어 명(明)을 중심으로 한 중국 질서의 변화에 잘 적응했으며, 이후 100여 년간 국제적으로 안정된 질서 가운데 평화를 누리고 있었다. 하지만 일본의 전국(戰國) 시대가 끝나고 그 응집된 힘이 외부로 향하여 중국 정복을 명목으로 조선을 침략함으로써 전란에 휩싸이게 되었다. 조선은 전쟁 초기에는 매우 열세에 몰렸으나 한편으로 이순신(李舜臣, 1545~1598)의 수군(水軍)의 활약과 지방군 및 의병들의 맹렬한 저항에 힘입어, 한편으로 명의 원조에 힘입어 전란을 잘 극복했다. 하지만 전란의 폐허를 온전히 복구하기도 전에 당시 급부상하던 청과의 외교 관계에 실패하면서 정묘(丁卯, 1627)와 병자(丙子) 두 차례에 걸쳐 다시금 전란의 화를 입었다.

조선의 17세기 후반은 그러한 전란으로 말미암은 폐허를 극복하는 데 국력을 집중해야 했던 시기였다. 국토가 전란에 휩싸이면서 입은 물리적 피해도 상당한 문제였지만 만주족인 청이 중국을 차지하고 지배하는 새로운 국제질서를 어떻게 받아들여 적응할 것인가 하는 것은 도덕과 명분을 그 핵심으로 하는 유교를 건국 이념으로 한 조선의 지배층에게 그에 못지않게 중대한 문제였다.

조선의 지배층은 중국의 예악(禮樂) 문명을 인간 문명의 보편적 표준이자 이상으로 삼는, 이른바 공자 이래의 화이론(華夷論) 혹은 춘추(春秋) 대일통(大一統)의 이념을 기본적인 국제질서로 받아들였다. 그것은 중국과 주변 국가의 관계를 춘추시대의 천자와 제후의 관계와 유사한 것으로 이해하는 것으로서, 국제질서를 기본적으로 힘의 관계가 아니라 천하(天下) 일가(一家)의 도덕 혹은 이념의 관계로 이해하는 방식이었다.

그것은 실로 그들의 내치(內治) 이념이 유교인 것과 일관성이 있으며, 그것을 통해 안정을 꾀하는 실제적인 외교 전략으로서의 의미를 지닌 것이기도 했다. 힘이 아니라 도덕의 보편성에 의지하는 도덕적 보편주의는 상대적으로 힘이 약한 소국(小國)의 입장에서, 그리고 무력(武力)에 의한 침탈이 아니라 평화를 지향하며 문인(文人) 교양을 지닌 사대부 양반을 중심으로 국가가 운영되는 문인 국가로서 조선이 취할 수 있는 실제적이고 효율적인 외교 전략이었다. 실로 임진왜란이라는 국난을 맞이하여 명은 군대를 파병하여 조선을 도왔다. 명은 물론 자신의 이익을 위해 파병한 것이지만 조선은 명에 이른바 재조(再造)의 은혜를 입었으며 그렇게 받아들였다. 그것은 그러한 외교 전략의 성과였다고 할 수도 있는 것이었다.

하지만 중국에서 힘에 기반한 패권 국가 청이 등장하고 그에 따라 명이 몰락한 것은 그러한 외교 전략에 심각한 위기를 초래했다. 원래의 입장을 견지하면서 그러한 흐름에 저항했던 조선은 큰 곤경에 처하여 침략당했다. 전쟁은 비참한 패배로 끝났고 이제 조선은 적어도 외부적으로는 그러한 힘의 질서에 순응하는 외교 정책을 펴지 않을 수 없었다. 도덕적 보편주의는 위기에 처했다. 그것은 도덕, 진리, 문명의 위기의식을 가져왔다.[1] 힘을 앞세운 청에 의한 명과 조선의 패배는 도덕 문명의 패배를 의미하는 것이었다. 그에 대응할 중대한 책임이 유교 지식인들에게 주어졌다.

조선의 주류 지배층은 내부적으로 그리고 정신적으로는 그러한 질서를 인정하지 않고 그에 저항했다. 유교, 더 구체적으로 성리학은 여전히 조선 지배층의 통치 이념이었으며, 내부적으로는 기존의 질서 유지를 위해 더욱 공고화되었다. 그들은 자신을 요(遼)·금(金)에 대항했던 송(宋)과 비견하면서[2] 남송(南宋) 시기 금에 대한 척화(斥和)를 주장했던 주자의 처신을 모범으로 삼아, 주자학적 화이론을 강화하고 허구적인 혹은 정신적인 북벌론(北伐論)을 주장했다. 그들은 정신적으로는 조선이 중국에서 상실된 중화문명의 담지자로서 소중화(小中華)임을 자부했다.[3]

그것은 분명, 퇴행적이고 허구적인 측면이 있었지만,[4] 그들에게 성리학 특히 주자학은 여전히 진리로서의 유효성을 지닌 것으로 이해되었다. 외교적으로는 실효성을 상실했지만, 내치에서는 그것은 여전히 유효한 이념이었으며, 사대부 자신의 정신을 지탱하고 그의 삶을 형성하는 실용적이고 참된 학문으로서의 위상은 위협받지 않았다. 주자학이 제시하는 도덕은 여전히 사대부들이 국가를 운영하고 자신의 지배와 지도의 정당성을 보증하는 힘을 가지고 있었다. 이른바 주자학은 더욱 교조화되었다. 그런데 그 교조화라는 것은 주자학에 대한 맹목적 추종과 억지가 아니라 진리로서의 주자학에 대한 확신에 기반하였고, 그만큼 그 내부의 성찰과 반성이 수반된 것이었다.[5]

집권 사대부 내부에서 주자학적 세계상에 대한 해석의 시도들이 다양하게 전개되었으며, 집권층의 외곽에서 이른바 실학의 흐름이 형성된 것도 바로 그와 동일한 배경에서였다. 양란 후 사대부들이 처한 이론적 과제는 성리학의 도덕에 대한 철저한 성찰이었다고 할 수 있으며, 그것은 곧 진리에 대한 확신을 위한 반성이자 동시에 지배층이자 지배 도덕의 주체로서 자신들의 정체성에 관한 그리고 그들의 지배의 정당성에 관한 철저한 인식에 이르고자 하는, 즉 자기 자신에게 그리고 여타 조선의 왕과 백성들에게 인정을 얻고자 하는 치열한 노력이었다. 호락논쟁에서 심성론적 주제가 깊이 토론된 것은 바로 그러한 노력의 한 양상으로 이해할 수 있다.

호락논쟁에 참여한 유학자들은 어느 측이든 모두 송시열을 계승한 노론(老論) 주류에 속하여 당시 국제 정세에 대해 부정적 인식을 공통적으로 가지고 있었다.6 그들은 동일한 역사적 경험을 공유했으며, 동일하게 주자학의 지지자였다. 하지만 그들은 그 내부에서 보편 이념으로서의 주자학의 의미와 가능성에 대해서 각자의 방식으로 치열하게 고민했으며, 그들 사이에는 주자학에 대한 이해에서, 그것이 제시한 도덕의 성격에 대해서 이견이 노정되고 있었다. 그러한 이견의 발생은 어떤 변화의 전조 혹은 기미를 보여주는 것이었다.

호학 측을 대표하는 한원진은 인간과 동물 사이의 본성상의 구분을 화(華)와 이(夷)의 구분과 연결하는 입장을 드러내놓고 취했다. 이것은 그의 성리설의 배경에 이러한 시대 인식이 동기로서 작용했다는 점을 단적으로 보여준다.7 낙학의 경우도 그 본류에서는 화이론(華夷論)이나 북벌론(北伐論)에서 한원진과 동일한 입장을 취했으며, 자신들의 성리설이 그러한 입장을 약화시키는 것이라고 생각하지는 않았다. 하지만 그들은 주자학적 보편성에 대한 해석에서 호학 측의 폐쇄성에 대해 상대적으로 개방적인 방식을 취했다.8 그들은 각자 나름대로 자신의 시대를 돌파하고자 했으며, 그러한 문제의식이 그들의 성리설을 형성하는 배경을 이루었다.

평화의 시대에 전쟁을 꿈꾸는 것은 불길한 것이었고, 국제적 힘의 질서 속에서 관념적 화이론은 적절하지 않은 것이었다. 호학이든 낙학이든 당시 조선의 주류 지식인들이 취한 그러한 입장들은 현실과 괴리된 관념적 공허성 혹은 허구성이 그들의 정신을 지배한 것으로 비판할 수도 있다.9 그러나 그들의 치열했던 논쟁을 단순히 공허한 관념적 난센스로 치부할 수는 없다. 그들은 나름대로 각자의 방식대로 자신들의 세계관적 기초 위에서 주자학의 가능성을 기초로 현실을 이해하고 이상을 다시 점검하는 작업을 진지하게 추구함으로써 당시의 보편성의 위기를 돌파하고자 하는 실제적인 노력을 기울였던 것이다. 우리는 호락논쟁을 통해 그 각각의 의

미와 의의에 대해 진지하게 음미함으로써 교훈을 얻을 수 있다.[10]

2) 유교 국가의 재건과 사대부의 자기 인식

두 번에 걸친 외침(外侵)에 의한 전란은 조선의 정치 사회 질서에 큰 위기를 가져왔다. 그것은 보편성의 위기 곧 세계관의 위기이기에 앞서 실제적인 국가 존립의 위기였다. 국가는 살아남았으나 그 위신은 크게 추락했으며 국가의 모습을 일신하고 새롭게 질서를 세워가야 할 국가 재조(再造)의 과제가 앞에 놓였다.[11] 그것은 분명 위기였지만 사대부 양반들에게는 좋은 기회이기도 했다. 그러한 국면을 주도적으로 극복하고 새로운 전망을 제시할 수 있는 실제적인 역량을 갖춘 사회적 세력으로는 사대부들 이외에는 없었다.

조선에게 17, 18세기는 위기의 시대이자 또한 가능성으로 충만한 시대였다.[12] 청이 중국을 강력하게 지배하고, 일본에서는 도쿠가와 막부가 집권하여 내정에 집중하면서 국제질서는 평화의 국면에 접어들고 있었으며, 이는 손상된 국력을 회복하는 데 좋은 환경을 제공하였다. 18세기에 이르러 동아시아 삼국에서 공히 진행된 이러한 내적 국력 축적의 모색은 모두 상당한 성과를 거두었다. 새롭게 안정된 국제질서는 변방의 유교 국가 조선에게 새로운 기회를 제공하고 있었다. 조선은 자신의 문화적 축적을 기초로 하여 스스로를 새롭게 인식할 수 있는 기회를 맞이하고 있었다.[13]

17, 18세기 사대부 양반들은 전란의 피해를 극복하고 유교 이념에 확고히 기초한 유교 공동체를 재건하고 강화해나가는 사명을 자각했으며, 그에 있어 주체적 역할을 담당하고자 했다. 그 결과 그들은 대체로 양란 이전보다 더욱 강력한 유교 국가를 실현하는 데 어느 정도 성공했다. 실로 호락논쟁이 전개된 17, 18세기는 조선 사회가 이전과는 질적으로 다른 본격적인 유교 사회로 변모해간 시대였다.[14] 조선은 신분제 사회였다. 왕, 사

대부(양반), 중인(中人), 양인(良人), 노비(奴婢) 등으로 계층화된 신분 질서는 넘기 힘든 벽이었다. 17세기 이후 그러한 신분 질서는 도전받는 동시에 더욱 공고해졌다.[15] 하지만 그럼에도 사대부 양반들이 법으로 그 신분의 세습이 보장된 세습 귀족은 아니었다. 그들은 자신의 신분을 사회적으로 인정받고 유지하기 위해 유교적 교양을 갖추고 예(禮)로 대표되는 삶의 방식을 유지해야 했으며, 과거시험이라는 공적(公的) 절차를 통해 자신, 그리고 자신의 가문의 능력을 지속적으로 증명하여야 했다.

왕은 절대적 권력을 가진 전제 군주였지만, 동시에 유교적 왕정의 이념에 따라 유교 이념에 복종하는 한에서 그 권위를 인정받는다는 점에서 그 절대성 역시 제한적인 것이었다고 할 수 있다. 왕의 권력의 사적(私的) 사용은 대체로 억제되었다. 왕의 권력은 사대부들의 견제를 통해 공적인 통제를 받아야 했다. 왕의 권력의 사유화가 심화되면 그에 대해서는 저항과 불복종이 허용되었다. 실제로 조선의 사대부들은 두 차례의 반정(反正)을 통해서 그러한 점을 증명했다. 조선은 그 권력 구조에서 왕과 사대부 사이의 협력과 긴장 관계를 통해 운용되는 공적(公的) 국가였다.[16] 물론 그 공적 성격은 어디까지나 신분제—철저한 것은 아니라고 하더라도—의 제한 속에 있는 것으로서 한계를 가진 것이었다.

그러한 공적 성격을 부여한 이념이 유교였다. 조선은 유교 국가 혹은 유교 사회였다. 잘 알려진 바와 같이 조선은 유교를 건국 이념으로 했다. 유교, 그중에서도 특히 송(宋) 이후의 유학, 곧 성리학이 조선의 건국 이념이었다. 이황 이래로 조선의 성리학은 그 예학(禮學)의 측면을 포함한 주자학(朱子學)을 중심으로 하여 재구성되었다. 주자학은 신분제 사회를 기반으로 하여 형성된 것이었고, 그를 정당화하는 이데올로기로서 기능한 측면이 있음을 부정할 수 없다. 물론 주자학 내부에는 이러한 신분제 사회를 넘어선 어떤 평등한 사회를 지향할 수 있는 동력이 전혀 없었다고 볼 수는 없다. 즉, 보편적 인간적 가치, 혹은 인권에 대한 어떤 사유가 움틀 여지가 있었다. 물론 현실적으로 그러한 사유가 전개되는 것은 주자학 내부의 필연성, 필연적 전개라기보다는 외부적 조건이 성숙하기를 기다릴 수밖에 없었다.

처음 조선이 중국의 성리학을 건국 이념으로 선택한 것은 한편으로 원·명 교체라고 하는 국제적 상황 변화에 부응하는 것이었지만, 주로는 지배 세력의 변화를 반영한다. 고려가 귀족의 시대였다고 한다면 조선은 사대부-관료의 시대였다. 물론 그 사대부들 역시 귀족 가문과 일정한 연속성 혹은 연계를 가지고 형성된 것이었지만[17] 사대부를 형성한 신유학의 이념은 귀족제와 양립할 수 없는 모순을 내포한 것이었다. 즉, 가문이나 혈연이 아니라 문인 교양[18]을 중심으로 한 개인의 관료적 실무적 능력, 그리고 유교적 가치에 대한 헌신을 주 내용으로 하는 도덕적 탁월성이 자신들의 정체성을 이루는 핵심이었다.

정치적으로 말한다면 사대부들이 추구한 이상은 왕정(王政)을 기반으로 한 공적 국가를 실현하는 것이었다.[19] 그러한 공적 국가의 적(敵)은 자연적으로 형성된 유력한 자들 곧 귀족들이며, 공적 국가는 그러한 귀족에 대해 스스로 귀족의 일원이었지만 동시에 자신을 그들과 구별하여 국가의 대표자임을 표방하는 왕과 그를 보좌하는 관료들의 연합으로 구성된다. 일찍이 선진시대 법가 사상가들은 귀족들의 사적 지배를 극복하고, 공포된 법률에 기반하여 국가를 운영한다고 하는 법치 국가의 이상을 제시했다. 유가는 한편으로 그러한 법가적인 법치 국가의 이상을 수용했다.

한편으로 맹자는 도가적 무정부주의에 대항하여 국가의 유의미성을 주장했다. 하지만 그는 동시에 국가가 무도한 전제 군주에 의해 운용되는 것이 아니라 인륜(人倫) 질서에 근거한 도덕적인 가치인 인의(仁義)에 입각하여 위민(爲民)을 실천하는 왕도(王道) 정치 곧 왕정(王政)이기를 요청했다. 그것은 곧 각 사적 공동체—개인을 포함—의 자율성을 극도로 억압했던 법가적인 국가의 이념의 한계를 극복한 것이기도 했다. 그를 통해 중국 전통

의 유교적인 공적 국가의 이념이 정립되었다고 할 수 있다.[20]

왕정을 실현할 수 있는 계몽된 왕을 권력의 핵심 곧 최종적인 정책 결정자이자 인사권자로 두되, 도덕적 능력을 핵심적인 역량으로 삼는 유가적 지식인들을 정책 결정의 자문 혹은 보좌역이자 실무적 수행자로 등용하여 공적 이념을 구체적으로 실현하여가는 것이 공적 국가의 기본적인 운용 원칙이라고 할 수 있다. 또한 귀족적 세력이 발호하는 것을 방지하기 위해 사적 세력이 토지를 독점하는 것을 법적으로 억제하는 것은 공적 국가의 실현을 위해 핵심적인 것이었다. 맹자가 경계를 국정의 출발점으로 삼고 정전제를 고대의 이상적인 토지제도로 제시한 것은 바로 이 때문이었다.

그러한 제도적 장치와 함께, 왕정의 실현을 위해서는 국가의 구성원들이 인륜 속에서 인의라고 하는 덕목을 자발적으로 수용하는 것이 기본적으로 필요하다. 즉, 왕을 위시한 개인들이나 특정 집단이 사적 이익에 골몰한다면, 공적 국가 이념을 실현하기 어렵기 때문이다. 맹자는 왕정의 중요한 요소로서 군주의 교육과 백성의 교육을 위한 학교의 설립을 강조한다. 이는 공적 국가에서 유가 지식인들이 핵심적인 역할을 담당하게 되는 것을 의미한다. 그들은 실무 행정을 담당하는 관료이지만 더 나아가 단지 도구적 신료(臣僚)에 그치는 것이 아니라 왕과 함께 통치하는 공치(共治)의 파트너로서, 같은 이념을 지향하는 동지(同志)로서, 때로는 왕과 백성의 선생 역할을 담당한다.

그러나 왕정은 어디까지나 절대적인 왕권의 제한 속에 있다는 문제점이 있다. 왕은 귀족의 일원으로서, 여타 귀족들을 제압하는 역할을 할 수도 있지만 그 자신이 강력한 귀족으로서 언제나 사적 세력화할 수 있었다. 법이 그 자체로 절대적 권위를 인정받는 것이 아니라, 왕에 의해 선포되는 것으로서 왕의 권위에 의존한다. 왕의 권위를 압도할 수 있는 절대적 권위가 있지 않으므로 왕을 통제하는 것이 쉽지 않은 것이다. 전통적으로 유가에서 천(天)의 권위를 언급하기를 포기하지 않은 것은 바로 그러한 데 이

유가 있었다고 할 수 있다.²¹

유교의 이러한 왕정의 이상이 실제적인 의미를 지니게 되는 것은 송대 이후라고 할 수 있다. 조선은 어떤 의미에서 중국의 송대에 준한 사회로서, 세계사에서 이러한 공적 국가의 이념에 가장 충실한 현실 국가였다고 할 수 있다. 이른바 조선이 중앙집권적 왕권 국가라고 하는 것은 바로 그러한 왕정의 이념에서 말한 것이다.

유교적 공적 국가는 곧 유교적 성인(聖人) 왕에 의해 실현되는 것이지만, 양반 사대부들은 공적 이념의 담지자이자 수호자로서 그리고 그 관료 곧 실무적 수행자로서 공적 및 사적 세계에서 그 이념의 실현을 위해 핵심적인 역할을 담당했다.²² 그들은 관료이기에 앞서 토지—또한 노비—를 가진 지주, 지방의 유력자로서 나름의 자율성을 가졌으며 왕권을 견제하는 세력이 될 수 있었다. 사대부 양반은 또한 토지 소유자를 넘어서 유력한 가문의 일원으로서 일종의 신분적인 특권 집단으로서 귀족적 성격을 어느 정도 지니고 있었다.²³

사대부 양반의 이러한 성격은 한편으로 공적 국가의 이념과 충돌하는 어떤 점이라고 할 수 있으나 또한 공적 국가의 통치, 곧 공치를 담당하는 일원으로서 행세할 수 있는 실질적 기반이 마련되었음을 의미한다. 물론 사대부 양반들은 단순히 특권적 신분을 세습하는 상속자로서가 아니라 유교적인 교양-능력을 요구받는다는 점에서, 그들이 누린 신분적 특권은 온전한 것은 아니었다. 어디까지나 절대적인 왕권의 제한 속에 있었다. 그들은 자신의 능력에 기초하여 정치에 참여할 수 있는 자격을 얻기도 했지만 그 자격은 어디까지나 왕의 절대적 권력의 인정과 위임에 의지해 있는 것이었다. 그들은 결코 귀족이 아니었다. 그런 점에서 그것은 공적 국가의 한계 속에서 실현되는 것이었다.

결국 사대부 양반의 신분적 특권은 이중적인 제한 속에 있었다. 그들이 갖춘 유교적 교양, 그리고 관료 집단으로서 갖춘 독자적인 합리성은 왕권 내에서 왕권을 제한하는 역할을 담당하기도 했다. 그러나 그것은 궁극적으로는 왕권의 제한 속에서 왕권에 의해 임의적으로, 어떤 점에서는 순전히 왕의 호의(好意)에 의해서 부여된 것으로서의 성격을 가진 매우 취약한 것이었다. 그들이 왕의 마음을 바로잡는 것을 정치의 핵심으로 제시하고 그를 실현하기 위해 부심하는 것은 바로 그러한 사정을 배경으로 한 것이었다.

조선에서 자신들의 정치적-도덕적 자율성을 확고히 하고 그러한 유교적 이념에 투철한 공적 국가를 실현하고자 했던 사대부들의 시도는 조선 초기와 중기에 걸쳐 여러 차례의 사화(士禍)를 거치면서 계속해서 실패했다.[24] 사화기를 거치면서 유교 사대부들은 정치적 실천에 앞서 이념적 차원에서 유교에 대한 이해와 반성을 심화시켰으며[25] 16세기 이황과 이이 시기에 이르러 어느 정도 보편적 수준에 이르렀다. 이제 그러한 이념이 조선 사회를 실제적으로 변혁시켜갈 과제가 유교 사대부들에게 있었다. 향약 보급, 서원 설립 등은 그러한 노력의 반영이었다.

16세기 이후 사대부적 자율성을 대변하는 사림(士林) 세력의 형성이 본격화되었다.[26] 그들은 한편으로 유교 지식인들 내부의 훈구 세력과 대립하면서 왕정의 이념 아래 자신들의 자율성을 확대하고자 노력했다. 중앙의 관료들과 일정한 관계를 지니면서 지방의 중소 지주층들이 지방에서 왕권의 대행자로서의 수령권(首領權)과 대비되는 자치권을 형성했다. 즉 유교적 교양인이 자신의 정체성을 관료로서의 역할과 관계없이 독자적으로 구축해낼 수 있는 여지를 가지게 된 것이다. 물론 이는 과장되어서는 안 될 것이지만, 이들은 지방에서, 중앙 왕권의 대변자인 수령권에 대해 어느 정도 독자적인 목소리를 가지면서 자치권을 행사했다.

이것이 17세기에는 붕당적인 정치 구도로 이어진다. 국가의 의사 결정권이 여전히 궁극적으로 왕에게 있지만, 그 의사를 집행하는 관료의 배후에 여러 사림세력이 존재하며 이런 사적인 영역의 의견이 공론의 성격을 띠고—공론이기 위해, 즉 그 정당성을 얻기 위해 학술적 정통성 혹은 정책 자체의 합리성 등등 각 방면에서 노력하면서— 왕의 의사결정에 영향을 미치는 일종의 공치적(共治的)인 체제가 형성된다.[27] 즉 17세기에 이르러 이상적인 성리학적 체제가 비로소 안정적으로 성립되었다고 할 수 있다.[28]

그러나 17세기 중후반(숙종 대 이후)에 이르면 이러한 붕당정치는 탕평책에 의해 부정되며 다시 관료제를 통해 왕권이 강화되는 변천을 보인다.[29] 붕당과 탕평의 긴장은 일종의 왕권과 신권 사이의 긴장으로서, 18세기 영·정조 대의 정국 운영에 활력을 준 긍정적 요소로서 평가할 수 있다고 본다. 왕권을 강화하고자 하는 입장 역시 그 명분은 공적 국가를 확고히 한다고 하는 유교적 이념에 충실한 것이었다. 결국 당시 사대부 양반 사회의 중심적 과제 중 하나는 자신들의 정치 참여가 어떻게 공적 국가를 정립하는 데 핵심적인 것일 수 있는가 하는 것을 증명하는 것이었다. 그것은 곧 공적 국가에서 사대부-관료의 역할이 무엇인지를 명확히 하는 것이었으며 곧 사대부 양반 자신들의 위상과 정체성을 분명히 정립하는 것이었다. 이를 위해 그들은 모든 실천적, 이론적 노력을 기울였다.

호락논쟁은 바로 이 시기에 태동하여 이후 조선 말에 이르기까지 이어지는 일대 논쟁이다. 즉, 호락논쟁 역시 이러한 정치적 상황을 배경으로—오로지 이 문제와 관련해서만 바르게 이해될 수 있다는 배타적인 의미에서는 아니다— 해서, 그들의 이론적 탐색과 관련해서 벌어진 것으로 본다. 당시 사대부 양반들의 과제는 곧 전래의 왕권 및 당시 날로 성장하고 있던 중인(中人) 및 평민(平民) 세력과 관련하여 지배의 주체로서의 자신의 위치를 명확히 정립해내는 데 있었다고 할 수 있다.[30] 사실 성리학 이론은 본래 실천적으로는 바로 그러한 지배 참여자로서의 문인 사대부의 세계관을 대변하는 것이다. 그러므로 성리학 이론의 이해와 정립이 내적으로 그러한 사대부의 자기 이해 및 정립과 밀접한 관련을 가진다는 것은 두말할 필요가 없다.[31]

조선의 역사는 유교적인 공적 국가의 한계 속에서 사대부의 자율성이 점차적으로 확대되어간 역사라고 말할 수 있다. 조선 후기에 이르러 사대부 양반들이 귀족화-벌열화한 것은 그러한 사대부적 자율성의 극도의 발휘인 동시에 그것이 역설적으로 사대부적 자율성에 대한 심대한 위협이 됨을 보여주는 것이었다. 조선 후기 실학의 발흥은 이러한 위협에 대응하여 유교의 공적 국가의 이상을 방어하려는 지속적인 노력의 연장선상에서 이해할 수 있다.[32]

집권 노론 내부에서 역시 그러한 문제의식이 있었으며, 호락논쟁 역시 그러한 관점에서 해석될 수 있는 여지가 있다. 호락논쟁의 주요 주제인 심성 이론은 사대부 자신의 자아에 대한 해명과 무관하지 않다. 그것은 곧 유교적인 공적 국가에서 사대부가 차지하는 주도적인 역할을 배경으로 하며, 유교적인 공적 국가를 재건하고 확고히 하고자 하는 목표를 가진 것이었다. 실학이든 성리학이든 조선 후기의 학술적 실천적 노력은 각기 나름의 방식으로 유교적 공적 국가의 이상을 확고히 하고자 한 것이라고 하겠다.[33]

3) 경향의 분기

또 하나, 호락논쟁의 배경을 이루는 것은 서울과 향촌의 분기, 이른바 경향(京鄉)의 분기이다. 즉, 당시 중국과의 교역과 생산력 증대에 따른 상업 자본의 성장과 함께 서울 지역은 대도시화하면서 경제적이고 문화적인 모든 측면에서 빠르게 성장하고 있었던 반면,[34] 전통적인 농업 경제를 기반으로 하고 있던 향촌 지역은 큰 변화 없이 정체된 가운데 문화적으로 낙후되어갔고 경제적으로 서울 지역에 종속되어가는 경향이 강화됨으로써 양 지역의 격차가 크게 심화되고 있었다.

유봉학은 18, 19세기 영·정조기에 유림 곧 사대부 양반 사회 전반에 걸쳐서도 경향의 분기가 일어나고 있음을 지적한 바 있다.35 율곡학파[老論] 내에서 호학과 낙학 간의 구분이 생긴 것과 함께 퇴계학파[南人]에서도 근기(近畿)와 영남(嶺南)의 분화가 있었다. 사실 호학(湖學)의 '호(湖)'가 충청 지역을, 낙학(洛學)의 '낙(洛)'이 서울 지역을 가리킨다는 점에서 이는 학파의 명칭상에도 반영되어 있다고 할 수 있다. 이애희는 비록 자신은 그것이 지나치게 정치적 대립을 부각시키는 것이라 하여 인정할 수 없다는 전제 아래에서이기는 하지만, 호락이라는 명칭의 연원을 낙서당(洛西黨)과 산당파(山黨派) 사이의 정치적 대립과 관련지어 이해하는 경향을 소개한 바 있다.36 그 둘의 연원을 직접적으로 낙서당과 산당파에 연결하는 것은 사실과 맞지 않는다는 지적도 있으나,37 낙학과 호학이 각각 서울 지역과 충청 지역을 배경으로 하고 있다는 점은 대체로 사실을 반영할 뿐 아니라 호락논쟁의 내용적 해석에서도 유효한 관점을 제시하는 것으로 보인다.38

사실 호학 내부에서도 낙론자가 있고 낙학 내부에서도 호론자가 있었기 때문에, 서울과 향촌 지역의 정신과 정서가 낙론과 호론을 가능하게 한 배타적 원인이라고 말할 수는 없을 것이다. 하지만 각각 낙학과 호학의 주류 이론으로서 낙론과 호론이 그러한 각각의 정신과 정서를 배경으로 형성되었다고 하는 것, 그리고 그를 배경으로 이해하는 것이 전적으로 부당하다고 할 수는 없다. 경향의 분기는 호락논쟁의 주요한 배경 중의 하나였다. 낙학이 개인의 마음(자아)의 무제약성과 역동적 활동을 강조하고 외부의 변화에 대해 좀 더 개방적이고 적극적인 수용의 태도를 지녔다면, 호학은 규범의 객관성과 마음(자아)의 제한성을 강조하고 외부의 변화에 대해서 다소 보수적이고 소극적인 태도를 지녔던 것은 바로 그러한 각각의 배경을 통해 잘 이해될 수 있는 면이 있다.

2
조선 성리학의 전개와 호락논쟁

조선의 지적인 상황을 구성하며 주도한 것은 사대부 양반들이었으며, 그 사대부들의 세계관을 구성한 주요한 이념은 성리학[39]이었다. 호락논쟁의 주체 역시 사대부들이었으며, 성리학의 세계관은 그들이 정치 세계를 이해하는 기틀이었고, 그들의 정치적 실천—구체적인 정책, 제도, 출처(出處)—을 규정하고 결정했다.

호락논쟁은 성리학, 특별히 17, 18세기의 조선 성리학의 발전을 배경으로 하고 있다. 호락논쟁의 주요 논변들은 멀리는 주자학, 가깝게는 17, 18세기의 조선 성리학의 문제의식을 배경으로 하여 전개된 것이다. 특히 율곡학파 내부에서 진행된 17, 18세기 조선 성리학 전개의 한 양상이었다.

1) 16세기 조선 성리학의 성립

조선 성리학은 여말선초의 도입기를 거쳐, 퇴계(退溪) 이황(李滉, 1501~1570)과 율곡(栗谷) 이이(李珥, 1536~1584)의 시대에 기본적인 틀이 완성된 후 독자적인 전개를 거듭했다. 16세기 사림이 자기의 목소리를 낼 수 있었던 것은 이러한 고양된 성리학의 수준에 기반한 것이었다. 17세기에 들어서면서 정치적으로 남인(南人)과 서인(西人)이 중심이 되어 붕당정치를 전개하며, 나아가 숙종 대에는 환국(換局) 정국으로 발전되어가고, 이에 부응하여 퇴계학과 율곡학이 각자의 개성을 표출하면서 전개된다.

이황은 당시 진백사(陳白沙)에서 왕양명(王陽明)으로 이어지는 심학적(心

學的) 경향이 대세가 되어가던 명의 학술적 상황에 대해 어느 정도 인식을 지닌 가운데, 그에 대해 비판적 입장을 견지하면서 주자학을 중심으로 하여 자신의 성리학 이해 체제를 구축했으며, 이러한 측면은 하서(河西) 김인후(金麟厚, 1510~1560), 고봉(高峯) 기대승(奇大升, 1527~1572) 등 당시 조선의 유학자들에게 공유되었다.

그것은 곧 큰 틀에서 16세기의 조선 성리학이 리학(理學)의 성격을 지녔다는 것을 의미한다. 하지만 학계에서는 특히 이황 학문의 기본 성격을 심학(心學)으로 규정하고자 하는 흐름도 있으며,[40] 16세기 조선 성리학에 심학에 대한 요구가 있었고 양명학이 도입되면서 심학화(心學化)가 진행되었다고 보기도 한다.[41] 이황이 정민정(程敏政)의 『심경부주(心經附註)』를 중시했고, 이연평(李延平)을 높게 평가했다는 점, 사단칠정 논변이라는 마음[구체적으로는 정(情)]에 대한 세밀한 논쟁을 전개했다는 점, 자주 심학이라는 용어를 사용한다는 점[42] 등에서 이황의 심학적 지향은 당연히 인정될 수 있다. 하지만 이황의 심학이라고 하는 것이 과연 어떤 성격인가에 대해서는 다시 논의가 나뉘는 것 같다. 어떤 이는 양명학에 가깝다고 보는가 하면,[43] 어떤 이는 양명의 심학과는 다른 주자학적 심학이라고 규정하기도 한다.[44]

사실 주자학은 넓은 의미에서 심학이라고 할 수 있으며,[45] 내부에 심학과 리학의 긴장이 있다. 좀 거칠지만, 리학이 리의 객관적-형이상학적 실재성을 적극적으로 인정하고 공부에서 리에 대한 인식 행위의 우선적 필요성을 강조하는 입장이라면, 심학은 리의 객관적-형이상학적 실재성보다는 주관적 내재성을 강조하면서 리에 관한 인지적 인식 행위보다는 이미 내재한 그것의 주체적 발현과 실천을 중시하는 입장이라고 정의할 수 있다. 리학이 주지(主知)주의 혹은 이성의 철학의 성격을 지녔다면, 심학은 주의(主意)주의 혹은 생명의 철학의 성격을 지니고 있다.

주자학은 대체로 리학적 지향이 강한 주지주의적 이성의 철학이라고 규정되지만,⁴⁶ 주자가 말하는 리는 단순히 이성에 의해 파악되는 법칙 혹은 규범의 의미를 넘어서서 "주체와 존재, 자연과 인간을 포월(包越)한 태극"의 위상을 지닌다.⁴⁷ 따라서 그에 대한 접근은 단지 주관과 객관이 구분된 가운데 이지적, 반성적, 합리적으로 접근하는 것에 그치지 않고 주체와의 관계 주체의 변화를 수반한 인식의 심화 곧 주체적 인식으로서의 자득 혹은 체인을 요청하며, 더 나아가 신비주의적 체험의 요소를 배제하지 않는다.⁴⁸ 주자학에서의 리가 "다만 존재할 뿐 활동하지 않는[只存有而不活動]" 것이라 지목되기도 했지만,⁴⁹ 사실 주자학에서 리는 만물의 근저에 있는 궁극적 근거로서 만물을 관통하여 유행(流行)하는 형이상학적-도덕적 실재로 이해되었다.⁵⁰ 다만 그것이 자신을 실현하는 활동이 단순하지 않고 다소 복잡하며 다층적일 뿐인 것이다. 주자학에서 리는 내외를 관통하는 것으로서, 객관적 형이상학적-도덕적 실재인 동시에 마음에 내재하여 끊임없이 자신을 발현하고 있는 것으로서, 중요한 것은 바로 그러한 양 측면 모두를 배제하지 않고 전체적으로 빠짐없이 구현하는 것이었다.

그런 관점에서 양명학은 주자학의 리학적 측면을 지양하면서 심학적 측면을 집중적으로 발현시킨 것이라고 볼 수 있다면,⁵¹ 퇴계학은 주자학의 그러한 내면적 긴장을 온전히 유지하는 가운데 양 측면을 모두 발휘하여간 것으로 평가할 수 있다. 퇴계학이 당대 동아시아에서 주자학의 주류를 계승한 것으로 평가되는 것은 바로 그러한 점에 이유가 있다고 할 수 있다.⁵²

하지만 조선 성리학의 전개의 측면에서 본다면 이황의 학문은 어디까지나 리학의 지향을 강하게 가졌다고 해야 할 것이다. 이황은 조선의 학문적 상황에 대해 깊이 성찰한 가운데 자신의 학문을 형성했다. 그는 화담(花潭) 서경덕(徐敬德, 1489~1546) 이래의 기학(氣學)적 경향에 대해 강한 비판적 입장을 견지했으며, 서경덕 일파에 의해 도입된 이연평 학문의 체험적 흐름에 대해서도 우려하는 입장이었으며,⁵³ 진백사(陳白沙)에서 왕양명(王陽明)으로 이어지는 당대 중국의 심학화 경향에 대해서도 강력하게 비판한 바 있다. 그는 주자학 정통의식을 배경으로 하여 주자 이래 원·명에 이르기까지 중국에서의 주자학의 전개를 정리한 학술사를 편성하고 그 이름을 『송계원명이학통록(宋季元明理學通錄)』이라 했다. 그것은 곧 자신을 그러한 학술사의 흐름에서 주자학 곧 리학 정통의 계승자임을 자부한 것으로, 그를 통해 우리는 이황이 자신의 학문을 리학으로 규정했다는 것을 알 수 있다.[54]

이황의 관심의 중심에 있었던 것은 리이었지 마음[心]이 아니었다. 이황의 사칠논변도 사단을 통해 구현된 리에 관심이 집중된 것으로서, 바로 그 리를 포착하고 추구한 것이었고, 비록 결과적으로 그러한 의미가 수반되었다고 하더라도 마음 혹은 정(情) 자체의 구명에 있었던 것은 아니었다. 그가 제시한 핵심 명제인 리발(理發), 리동(理動), 리도(理到) 등은 바로 리를 주어로 한 것이었다. 비록 그 논의의 소재처가 마음을 중심으로 전개된 것은 분명하지만 그가 지향한 것은 리의 철저한 인식이었다. 리는 마음의 내외에 걸쳐 자신을 끊임없이 드러내고 있으므로, 따라서 리에 대한 추구 역시 내외에 걸쳐 끊임이 없어야 한다. 이황이 경(敬) 공부와 관련하여 "무릇 도(道)가 일상생활에서 유행(流行)함에는, 어느 곳인들 있지 않은 곳이 없다. 그러므로 한 자리도 리가 없는 지점이 없으니, 어느 곳인들 공부를 그만둘 수 있겠는가? 또한 잠시라도 혹 멈추어 서는 때가 없다. 그러므로 한 순간도 리가 없는 시점이 없으니, 어느 때인들 공부를 하지 않겠는가?"[55]라고 말한 것은 바로 그런 의미에서였다. 경학은 곧 리학을 주체의 측면에서 조응하는 말이라고 할 수 있다.

이황이 말하는 심학은 리학을 지양한 가운데 마음을 궁극적 존재로 삼는 양명의 본체적 심학이라기보다는 심법(心法)이라는 명칭과 함께 리학의 방법론 혹은 실천론의 맥락에서 사용한 것으로 주자학의 범위에서 벗어난 것이 아니었다.[56] 양명의 심학과는 달리, 그에게서 리는 결코 마음으로 수렴되거나 통합되지 않았다. 그가 강조한 경은 곧 객체인 리와 주체인 마음의 동일성이 아니라 차이를 전제로 한 집중과 지향을 의미한다는 점에서 이학적 개념이라고 할 수 있다. 그가 말하는, 그리고 이학에서의 천인합일(天人合一)은 천(天) 혹은 리와의 분별이 사라진 동일의 경지를 의미하는 것이 아니라 분별이 전제된 가운데의 그것과의 전적이고 지속적인 일치 혹은 연합을 의미하는 것이라고 해야 할 것이다.[57]

이황의 리학적 문제의식은 사실 16세기 조선 성리학의 기본적 문제의식이었다고 할 수 있다. 조선 초기 성리학이 주도적 세계관으로서 역할을 하기 위해서는 타협을 하든 배척을 하든 여하 간에 반드시 불교와의 대결을 거쳐야만 했다. 정이천이 지적한 바와 같이, 그리고 삼봉(三峯) 정도전(鄭道傳)이 『심기리편(心氣理篇)』이라는 저작에서 잘 보여준 바와 같이, 리학은 그러한 가운데 불교의 심학에 대응하는 상징적 의미를 지닌 것이었다. 그것은 단지 용어상의 문제만은 아니었다.

물론 16세기 조선의 유학자 중에는 그러한 리학적 흐름과는 구별되는 성향을 지닌 이들이 있었다. 즉, 기학적(氣學的) 성향을 지닌 서경덕이 있었고, 또 소재(穌齋) 노수신(盧守愼, 1515~1590)과 같은 이는 양명학자로 여길 수 있는가에 대해서는 논란의 여지가 있지만 명확히 심학적 성향이 있었다.[58] 서경덕의 후학이면서 이황과도 교류가 있었던 남언경 등도 강한 심학적 성향을 지니고 있었다.[59] 하지만 아직 심학의 시대는 오지 않았다. 당시에 필요한 시대정신은 리학이었다고 할 수 있다. 이러한 흐름에 대해 이황은 선학(禪學) 혹은 상산학(象山學) 등으로 부르며 강한 경계를 표시하고 있다.[60] 사실 이황의 학문 자체가 그들과의 대결 속에서 형성되어간 측면이 있다.[61]

한편, 이이의 학문은 16세기 서경덕과 이황의 학문을 한편으로 계승하고, 또 한편으로는 극복하면서 이루어졌다. 그것은 단지 16세기 조선 성리학의 학문적 성과의 총결이라는 의미를 넘어 다음 세기를 여는 관절적(關節的)·개도적(開道的) 의의를 지닌 것이었다. 이이 이후의 조선 성리학의 전개는 계승이든, 저항이든, 극복이든 어쨌든 이이와 관련을 가질 수밖에 없는 것이었다. 그런 점에서 이이 학문의 관절적·개도적 의의는 단지 율곡학파에만 그러한 것이 아니라, 퇴계학파에도 마찬가지였다.

이이가 제시한 핵심적인 두 명제는 이통기국설(理通氣局說)과 기발이승일도설(氣發理乘一途說)이다. 이통기국설이 서경덕의 기일원론에 대립한 이이 자신의 명제라고 한다면, 기발이승일도설은 이황에 대립하여 제시한 명제이다. 또 한편으로는 이통기국설이 이황의 이기이원론을 계승한 것이라고 할 수 있다면 기발이승일도설은 서경덕의 기학을 계승한 것이라 할 수 있다. 결국 이이의 이통기국설과 기발이승일도설은 이황을 통해 서경덕을 극복하고 서경덕을 통해서 이황을 극복하면서, 그들 각각을 계승한 고심에 찬 종합의 산물이라고 할 수도 있을 것이다.[62]

이이의 학문에서 핵심적인 것은 인간과 세계의 이해에 있어 그리고 실천과 수양에서 기(氣)의 현실적 의의를 거듭 강조한 데 있다고 할 수 있다. 그는 주자학의 기본 원칙인 '리무형(理無形)-기유형(氣有形), 리무위(理無爲)-기유위(氣有爲)'의 원칙을 모든 존재에 대한 해명에서 철저하게 관철하고자 했다. 이는 곧 리를 철저하게 무력하게 만들고자 한 것이 아니라—그런 혐의가 있다거나, 결과적으로 그렇게 만든다는 주장 혹은 비판이 있으나—, 그보다는 리의 현실화에서 기의 현실적, 매개적 역할을 강조하고자 하는 데 초점이 있었다. 기를 통한 리의 자기실현, 곧 주재(主宰)의 의미는 이이에서도 결코 사라지지 않는다.

이통기국은 현실의 구체적인 존재를 구성하고 규정하는 데서 기의 역할이 결정적임을 제시하고자 한 것이지만 기의 규정하는 작용 속에서 리는 쉼 없이 그것을 관통하여 주재하고 있다. 기발이승일도설은 다른 자연 속의 모든 존재자들의 운동에서와 마찬가지로 인간 마음의 현실적 활동 혹은 실천에서도 기가 주동적이고 결정적인 역할을 한다는 점에서 인간의 유위적 실천의 중요성을 적극적으로 주장하는 것이었지만 역시 그러한 운동의 목적인적(目的因的) 지향점으로서 리의 중추적 중요성은 결코 배제되지 않는다. 비록 그 주재성이 불명료하고 인간의 활동을 넘어선 내재적 실재성이 위험에 처해지는 문제가 있다고 하더라도, 이이에게서 리는 여전히 모든 존재의 기초로서 그리고 인간의 유위적 곧 도덕적 실천의 확고한 근거로서 존재한다.[63]

2) 17, 18세기 조선 성리학의 전개와 호락논쟁

이이는 16세기에 활동한 인물이었지만 그의 역사적 의의는 17, 18세기 조선 성리학의 전개와 관련해서 볼 때 제대로 이해될 수 있다. 이이의 학문은 사계(沙溪) 김장생(金長生, 1548~1631)과 우암(尤庵) 송시열(宋時烈, 1607~1689)을 거쳐 정치적 당파의 분열과 맞물리면서 배타적 학파의 성격을 지닌 것으로 전개되어 갔다. 김장생이 예학(禮學)에 초점을 두어 율곡학을 전개해갔다면, 송시열은 성리학에 초점을 두어 율곡학을 전개하였다. 성리학 논쟁으로서의 호락논쟁은 이이의 전통을 이어받은 율곡학파, 특히 송시열의 주자학 이해를 계승하여 발전시킨 노론계(老論系) 율곡학파 내부에서의 논쟁이었다. 호락논쟁의 양 주체인 호학과 낙학은 모두 송시열의 적통을 자부했으며, 앞에서 살펴본 바와 같이 논쟁 자체가 그 정통적 계승이 지니는 학술적·정치적 의미를 두고 다툰 것이라고 할 수 있다.

송시열은 주자학 유일주의라고 할 수 있을 만큼 주자학을 이론과 실천의 중심을 이루는 진리 체계로 확신했으며, 그 정통성을 규명하고 천양하는 것을 자신의 주된 학술적 목표로 삼았던 인물이다.[64] 따라서 송시열의 계승이라는 것은 주자학의 정통을 계승하고자 하는 것이라고 할 수 있다. 물론 주자학에 대해서도 송시열에 대해서도 그들이 묵수적 입장, 혹은 문자적 집착에 빠진 것은 아니었다. 그들은 주자학의 내면적 긴장이나 균열에 대해서도 잘 알고 있었으며, 그것을 나름의 진리 인식—합리적이든, 체험적이든—에 의해 해소하고자 했다. 따라서 그들이 스스로 정통을 구성하여간 측면을 간과해서는 안 된다.[65]

송시열에서 호락논쟁에 이르는 17, 18세기 조선 성리학은 16세기 리학의 단계를 넘어서 심학 혹은 심성학의 단계로 넘어가고 있었다.[66] 이 시기 조선 성리학의 심학은 곧 양명학의 양지(良知) 본체의 발현을 중심으로 한 본체적 심학은 아니었다. 그것은 주자학적 심학이되, 이황과 같이 리학의 방법으로서의 심학을 제시하는 데 그치는 것도 아니었다. 그것은 심성의 이론적 해명에 집중된 것이었다. 리학에 대하여, 그것은 리 자체가 아니라 마음에 내재한 리라고 할 수 있는 본성[性], 그리고 리를 인식하고 실천하는 마음에 대한 해명에 초점을 두고 있었다.

그것은 이이의 학문과 정신을 계승하여 발전시킨 것이었다. 그들은 학맥상 공히 이이의 계승자로서, 이이 철학의 기본적 정신, 곧 리의 존재를 전제하되, 리 자체보다는 리를 실천하는 주체로 관심의 초점을 옮겨간 것을 계승한 것이다. 그것은 자연히 심성에 대한 성찰과 해명으로 나아가게 했다.

17, 18세기 조선 성리학의 심성학은 기에 대한 해명을 필연적으로 함축하고 있었다. 그들은 주자학의 기본적 이해에 따라 마음을 기로 이해하거나 혹은 리와 기의 합으로 이해했다. 그들은 결코 양명 심학과 같이 마음을 단적으로 리 혹은 성과 동일시하는 것에 찬동할 수 없었다. 물론 양명적 계기가 전적으로 배제된 것은 아니었다. 특히 호학 측에서는 낙학이 양명학에 가깝다는 혐의를 두고 있었고, 그것은 나름의 이유가 있었으며 일면 타당한 지적이었다. 하지만 낙학이라고 하더라도 그들은 결코 양명학적 세계로 곧바로 나아가지는 않았다. 양명학적 요소는 원래의 주자학적 정신과 더불어 긴장의 한 계기를 이루는 것으로서 그 내부에 잠재하면서 일정한 역할을 했다고 보는 것이 더 타당할 것이다.

한편 앞에서 언급한 바와 같이 이이의 성리학에는 서경덕의 요소와 이황의 요소가 비판적으로 종합된 상태에서 공존했다고 할 수 있다. 여기에서 그러한 종합에 대해 다시 자세히 논란할 여유는 없지만, 호락논쟁의 전개와 관련해서는 특별히 율곡학 내부의 화담적 요소에 대해 주목해야 한다. 17, 18세기 퇴계학파와 율곡학파라는 주류 속에 파묻혀갔지만, 화담학파의 사상은 율곡학 내부에 중요한 한 계기로서 자리 잡았고, 17, 18세기에 이르러 새롭게 생명력을 얻어간 것으로 적극적으로 평가할 필요가 있다.

서경덕의 기일원론은 세계를 담일청허(湛一淸虛)한 일원적 기의 연속적 전개로 본다고 하는 특징을 가지고 있다.[67] 그에 따르면 우리가 경험하는 현상 세계인 후천(後天)은 본체인 선천(先天)이 쉼 없이 전개해간 결과이며, 전개된 후천은 다시 선천으로 쉼 없이 복귀한다. 우리는 후천에서 선천을 볼 수 있어야 하며, 선천은 후천을 배제하는 것이 아니라 후천 전체를 내재적으로 함축하며 나아가 쉼 없이 후천 세계로 범람하여 간다. 서경덕의 자득한 경지는 바로 그러한 선천에 대한, 곧 선천과 후천의 관계에 대한 깨달음이었을 것이다.[68]

선천에 대한 서경덕의 깨달음은 서경덕의 후학들에 있어 미발 체인에 대한 현저한 관심으로 이어진다.[69] 선천에 대한 응시는 『주역』 '복괘(復卦)'에 대한 서경덕의 이해에서 알 수 있듯이, 마음의 정적인 상태 곧 미발에서 이미 움직이기 시작한 생명 의지의 체현을 통해 이루어질 수 있는 것으로 이해되었다.[70] 서경덕에 따르면 선천은 고요한 적멸의 세계가 아니라 역동적 생명 의지로 충만한 것이었다.[71] 따라서 선천에의 응시 혹은 복귀는 그러한 생명 의지의 체현이라고 할 수 있다. 이는 특별히 미발 체인과 관련하여 장재(張載)의 후학으로서 이정(二程)의 문하에 있었던 소병(蘇昞: 자는 季明)이나 여대림(呂大臨: 자는 與叔) 등에서 발견되는 것과 유사한 입장이라 할 수 있을 것이다.[72]

통상 서경덕의 기일원론이 장재의 그것과 유사한 특성을 가진 것으로 이해되고 있는 점에서 이는 흥미로운 부분이다. 이황이 『연평답문(延平答問)』을 접한 것이 서경덕의 제자 남언경(南彦經, 1528~?) 등을 통해서였고, 남언경 등이 미발 문제에 대해 적극적인 관심을 가졌다는 점도 시사하는 바가 크다.[73] 남언경이 낙론계와 학맥적으로 연결되고 있다는 것은 매우 의미심장하다.[74] 미발에 대한 이러한 관심이야말로 낙학계의 정신을 대변하는 것으로 이해될 수 있기 때문이다. 그것은 곧 낙학의 정신적 배경으로서, 혹은 더 올라가서 율곡학과 율곡학파의 형성과 관련하여 서경덕과 화담학파의 영향을 적극적으로 평가할 것을 요청한다.

남언경, 홍인우(洪仁佑, 1515~1555) 등이 개척한 심학적 전통은 연구사에서는 양명학과의 관련 속에서 주로 조명되었지만[75] 그것은 장재 계열 혹은 이연평의 심학 등과 관련해서 새롭게 이해될 필요가 있을 것이다. 그것은 양명학적 심학과는 다른 주자학적 심학, 더 나아가 이 시기 조선 성리학의 심학적 흐름들을 해명하는 데 새로운 시각을 줄 수 있을 것이다.[76]

이이는 그러한 화담적 계기를 자신의 리학적 사유를 통해 절제했으며 기본적으로 리학적 입장을 취했다. 그가 리학적 입장에서 기, 곧 마음의 역할을 강조한 것은 이후 17, 18세기 조선 성리학의 전개에 깊은 영향을 끼치게 된다. 16세기 조선 성리학이 본체 혹은 리를 그 자체로 규명해내는 데 집중했다면, 이 시기 17, 18세기 그들의 학문적 과제는 그 리를 인식하고 실천하는 주체이자 리의 내면적 처소로서의 마음과, 리의 존재론적 처소이자 리에 대한 인식을 위해 현실적으로 우리가 잡아 들어갈 수밖에 없는 물(物), 더 나아가 마음과 물의 구성 요소, 혹은 그 둘을 규정하는 존재로서의 기로 관심을 옮겨 그를 적절하게 해명해내는 데 있었다. 그것은 외견상 대립하는 것으로 보이는 심학적 관심과 함께 박물학적 관심의 공존을 가능하게 하는 배경이 된다.

17, 18세기의 이러한 지향과 정신을 잘 보여주는 인물이 졸수재(拙修齋) 조성기(趙聖期, 1638~1689)다. 우리는 그에게서 심학과 박물학의 공존, 혹은

그 공존에의 욕망을 발견한다. 그는 모든 지식에 대한 무한한 열망을 지니고 있었다.[77] 조성기로 하여금 그러한 욕망을 욕망할 수 있게 해준 근거는 객관적으로는 세계의 이일분수적(理一分殊的) 구조[78]였고, 주관적으로는 마음의 궁극성과 무한한 가능성이었다.[79] 조성기는 세계의 모든 다양성이 하나의 근원으로 통섭되며 통일되어 있고, 우리의 마음이 그러한 궁극성을 구현할 뿐 아니라 그러한 모든 다양성을 포섭할 수 있다는 것을 자각했다. 조성기의 그러한 정신은 김창협, 특별히 김창흡을 통해 낙학 쪽으로 고스란히 전수되어 호락논쟁의 정신적 배경의 하나를 이루었다.[80]

그런데 조성기에서 현저하게 보여지는 그러한 정신은 단지 낙학 측에 한정된 것이라기보다는 17, 18세기의 시대정신의 한 반영이라고 해야 할 것이다. 그렇게 볼 때, 우리는 호락논쟁의 주요 쟁점이 왜 단지 인심도심(人心道心)이나 사단칠정의 문제를 넘어서 기와 관련된 본성의 지위 문제, 마음과 본성의 구별 문제로서의 지각과 미발 문제, 인성과 물성의 동이 문제 등 심성론적 주제에 집중되어 있는가 하는 문제를 이해할 수 있다. 또한 호학과 낙학 측의 인사들에 공히 그러한 관심이 지속되고 있는 사실을 이해할 수 있다.[81]

그러한 심성에 대한 이론적 관심과 해명 노력, 그를 둘러싼 논변들, 그러한 심학적 지향이 박물학과 결합되는 양상 등은 바로 그들이 처한 시대의 요구를 반영한 것이었다. 심성은 곧 인간 혹은 자아를 구성하는 개념으로써 성리학자들의 그에 대한 논란은 자기 인식에 대한 요구와 노력에서 핵심적인 의미를 가진다. 조선의 17, 18세기는 앞에서 서술한 시대적 배경에서 살펴본 바와 같이 사대부들의 자기 인식에 대한 새로운 요구가 있었던 시대였다. 사대부는 리로 대변되는 이념과 규범, 진리를 인식하고 실천하는 존재 곧 정치-도덕의 주체였다. 이 새로운 전환의 시대에 조선의 사대부들은 자기 인식을 새롭게 할 것을 요청받고 있었다. 또한 박물학적 관심은 국정의 수행자로서의 양반 사대부들에게 반드시 필요한 도구적 지식의 확보와 관련되는 면이 있었다.

　호락논쟁과 관련해서 17, 18세기는 참된 의미에서 심성학(心性學) 혹은 심학(心學)[82]의 시대가 시작된 시기였으며, 호락논쟁은 그 시대의 정신을 표출한 논쟁이었다.[83] 양명학적 심학을 대표하는 하곡(霞谷) 정제두(鄭齊斗, 1649~1736)가 활동한 시기가 이 시기라는 점은 매우 의미심장하다. 정제두의 심학은 단지 변방에서 일어난 우연적이고 돌출적인 흐름이 아니라, 호락논쟁에서 펼쳐지는 심학적 주제들과 함께 바로 이 시대의 시대정신을 표출하는 것으로 정당하게 이해될 필요가 있을 것이다.[84]

　이러한 심학적 흐름은 호락논쟁의 주체였던 율곡학파뿐 아니라 퇴계학파 내에서도 발견된다. '호락논쟁'의 주요 심성학적 쟁점들이 이미, 아직 남인이 서인과 대치하던 17세기 중엽에 퇴계학파 내에서 태동하고 있었다.[85] 기호 지역 퇴계학파의 대표적인 인물들에게도 강한 심학적 관심이 존재함을 발견할 수 있다. 이러한 사실들은 이러한 흐름이 노론에 한정된 것이 아닌 조선 성리학계 전체를 망라한 추세였다는 것을 확인시켜준다. 호락논쟁은 단지 율곡학파 내의 전개라는 측면에서만이 아니라 남인과 서인, 이황 계통과 이이 계통을 망라한 조선 성리학 전체의 자기 전개라는 측면에서 바라볼 수 있는 것이다.

　이 시대는 이른바 실학의 시대로서, 심학과 박물학의 결합은 실학의 전개와 조응한다. 이익, 정약용에 이르는 경세치용파의 실학자들에게서 우리는 새로운 심학의 요구와 모색, 그리고 박물학과의 결합 양상을 발견한다.[86] 그리고 황윤석에서 홍대용에 이르는 낙학계 인물들에게서 역시 마찬가지의 결합 양상을 발견한다.[87] 실학은 그러한 면에서는 조선 성리학의 자기 전개와 밀접한 관계를 가진 것이라고 할 수 있을 것이다. 물론 그것은 조선 성리학의 내재적 전개만을 의미하는 것이 아니라 새로운 전개의 가능성을 배제하는 것은 아니라고 할 수 있다.

3장 주석

1 이는 중국에서도 마찬가지였다. 顧炎武는 명·청의 교체를 단순히 '亡國'의 문제가 아니라 '亡天下'의 문제로 이해했다. 임형택, 「비판담론으로서의 실학」, 『한국실학연구』 31(한국실학학회, 2016), 13쪽.
2 조성산, 『조선 후기 낙론계 학풍의 형성과 전개』(지식산업사, 2007), 140쪽.
3 소중화 또는 조선중화주의에 대해서는 다음 참조. 정옥자, 『조선후기 조선중화사상 연구』(일지사, 1998), 35-57쪽; 허태용, 『조선후기 중화론과 역사인식』(아카넷, 2009), 171-184쪽.
4 계승범, 『정지된 시간: 조선의 대보단과 근대의 문턱』(서강대학교 출판부, 2011)에서 소중화의 퇴행적이고 허구적인 면이 누누이 지적되었다.
5 강지은 저, 이혜인 역, 『새로 쓰는 조선 유학사』(푸른역사, 2017).
6 金駿錫, 『朝鮮後期 國家再造論의 擡頭와 그 展開』(연세대학교 박사학위논문, 1990). 김준석의 논문은 『朝鮮後期 政治思想史 硏究: 國家再造論의 擡頭와 展開』(지식산업사, 2003)로 간행되었다. 또한 羅鍾賢, 『栗谷學派 性理說의 展開와 湖論 思想의 形成』(서울대학교 박사학위논문, 2019) 등 참조.
7 예를 들어 한원진, 『남당집(南塘集)』 권20:18a-b, 「答權亨叔【丁卯八月】別紙」; 金駿錫, 『朝鮮後期 政治思想史 硏究: 國家再造論의 擡頭와 展開』(지식산업사, 2003), 374쪽.
8 조성산은 낙학 측의 "소옹 상수학과 심학에는 현실을 의리와 명분이 아닌 현실 그 자체로 파악하게 하는 관념과, 오랑캐도 우리와 같은 성품을 가진 존재하는 인식이 담겨 있었으므로 상대적으로 유연한 화이론을 가졌다"고 진단한다. 조성산, 『조선 후기 낙론계 학풍의 형성과 전개』(지식산업사, 2007), 184쪽.
9 화이론과 밀접하게 관련된 것이 조선중화론이다. 그것을 긍정적으로 해석하려는 일부 연구 경향에 대해 계승범은 다음과 같이 신랄하게 비판한다. "현실적 국제 정치무대에서는 철천지원수인 청의 만주족 황제에게 정기적으로 조공을 바치고 책봉을 받으면서, 내부적으로만 청을 '공공의 적'으로 규정하는 방법으로 조선 사회의 내부 단속을 강화함으로써 기존의 왕조 지배질서를 유지했던 것이다. … 비유하자면, 조선은 청나라가 제공한 국제질서, 곧 淸秩序라는 거대한 수족관에 동참함으로써 왕조의 안녕을 보장받으면서도, 그 수족관의 한 어항(한반도) 안에서 수족관 시스템을 비판하고 멸시한 행위가 바로 조선중화의 본질이었던 것이다." 계승범, 『정지된 시간: 조선의 대보단과 근대의 문턱』(서강대학교 출판부, 2011), 35쪽.
10 이들 주류 지식인 그룹에서 소외된 지식인 그룹에서 그러한 위기를 극복하기 위한 또

다른 방면의 진지한 노력들이 있었다. 곧 이른바 실학 계열 인물들의 노력이 있었다. 그들은 주자학적 보편성을 넘어서 새로운 보편성을 모색하였다. 오늘날 주류 학계 내에서 점점 성리학 혹은 주자학과 실학의 경계선을 허물면서 실학의 독자성을 부정하는 경향이 있지만, 그것이 또 하나의 시대적 편향이 아닌지 진지하게 생각해보아야 한다. 실학에 대한 최근의 동향에 대한 반성적 성찰의 예로서 다음 참조. 임형택, 「비판 담론으로서의 실학」, 『한국실학연구』 31(한국실학학회, 2016); 李俸珪, 「실학 연구 회고와 전망: 90년대 이후의 변화를 중심으로」, 『한국학연구』 47(인하대학교 한국학연구소, 2017).

11 김준석은 양란 후의 國家再造論이라는 관점에서 호락논쟁을 이해했다. "17세기 이래 조선 왕조 집권체제의 사상 이념적 과제는 안으로는 綱常倫理에 기초한 사회질서의 강화이며, 밖으로는 夷狄=淸朝의 중국지배로 붕괴된 華夷의 세계질서를 재건하는 일로 파악되었다." 金駿錫, 『朝鮮後期 政治思想史 硏究: 國家再造論의 擡頭와 展開』(지식산업사, 2003), 374쪽.

12 조성산, 『조선 후기 낙론계 학풍의 형성과 전개』(지식산업사, 2007), 9쪽.

13 계승범, 『정지된 시간: 조선의 대보단과 근대의 문턱』(서강대학교 출판부, 2011), 263쪽, "한국의 정치지성사에서 볼 때 18~19세기 200년은 조선이 명에 대한 과거의 기억과 향수로부터 벗어나 새로운 권위와 가치를 스스로 창출해야 했던 시기였다. 명·청 교체의 파고를 온몸으로 겪은 조선은 어떤 면으로는 오히려 중화를 상대화하고 자아의식을 갖출 좋은 기회를 맞았다."

14 물론 그 변모는 일거에 혁명적으로 이루어진 것이라기보다는 고려 말 조선 초 이래 지속적으로 진행된 과정의 산물일 것이다. 마르티나 도이힐러 저, 이훈상 역, 『한국 사회의 유교적 변환』(아카넷, 2003); 마크 피터슨 저, 김혜정 역, 『유교사회의 창출: 조선 중기 입양제와 상속제의 변화』(일조각, 1999).

15 한영우는 조선 초기 양반은 단지 有識者의 대명사이고, 조선 후기 특히 17세기 이후 특권적 지배 신분으로서 명확히 성립되었다고 한다. 韓永愚, 『朝鮮時代 身分史硏究』(集文堂, 1997), 14-17쪽. 또한 조선 후기 양반 사회의 배타성이 강화된 것은 뒤집어 말하면 양반체제에 대한 민중의 도전이 그만큼 갈수록 더 격렬해졌다는 것을 의미한다고 했다. 같은 책, 244-245쪽.

16 한영우는 조선의 "왕조 질서는 서양 봉건사회와는 판이하게 다르며, 그렇다고 서양의 근대국가와도 같지 않지만, 국가의 공공성을 높였다는 측면에서 본다면 근대국가에 더 가깝다고 할 수 있다"라고 했다. 한영우, 『다시찾는 우리역사』 제2권 조선시대(경세원, 1998), 40-41쪽.

17 던컨(John B. Duncan)은 조선 건국에서 이른바 고려의 옛 중앙 귀족을 대체한 '신흥사대부'가 조선 왕조를 건국했다는 전래의 주장에 대해 조선의 건국은 지방 자치를 극복하고 중앙집권적 관료적 정치제도를 수립하려는 고려 전기의 노력이 거둔 궁극적

열매였다고 주장한다. 그에 의하면 "조선의 건국은 지방에 근거한 향리 출신의 지배층이 타락한 옛 중앙 귀족에 승리한 것이 아니라 중앙의 관료적 귀족이 지방 자치적이며 향리 중심적인 신라-고려 교체기의 옛 제도에 궁극적인 승리를 거둔 것이다." 존 B. 던컨 저, 김범 역, 『조선 왕조의 기원』(너머북스, 2013), 399쪽.

18 곧 유교 경전을 중심으로 하는 인문 교양이다. 베버(Max Weber)는 그 인문 교양의 특성을 비교사회학의 관점에서 규명했다. 막스 베버 저, 이상률 역, 『儒敎와 道敎』(文藝出版社, 1990), 제5장.

19 김태영은 조선에서 성리학과 실학 사이에 공통적인 기본 명제로 '王政論'이 있음을 지적하고 양자의 왕정론의 실제를 자세히 규명했다. 金泰永, 『실학의 국가개혁론』(서울대학교 출판부, 1998).

20 문석윤, 「동아시아 전통에서의 공동체론: 맹자(孟子)의 양묵(楊墨) 비판과 인륜공동체론(人倫共同體論)」, 『공동체 없는 공동체』(알렙, 2020).

21 고지마 쯔요시 저, 신현승 역, 『송학의 형성과 전개』(논형, 2004) 제1장에서, 송학에서도 그러한 면이 여전히 유지되고 있음을 명확히 확인할 수 있다.

22 베버는 유교 국가를 가산제 관료 국가로 정의했으며, 그와 관련하여 유교의 근본적인 가치가 순응인 이유를 지적했다. 막스 베버 저, 이상률 역, 『儒敎와 道敎』(文藝出版社, 1990). 그러나 유교 관료는 단순히 순응하는 가내 노예가 아니며, 그들의 핵심 가치는 『주역』이 보여주는 바와 같이 강건함이기도 했다.

23 士는 관료 지망생을, 大夫는 관료를 의미한다고 볼 수도 있지만, 사는 관료 지향성을, 대부는 토지 관리 혹은 토지 소유자로서 귀족적 성격을 각각 함축한다고 할 수 있다. 조선에서의 '사대부'의 성격에 대해서는 다음 참조. 李佑成, 「實學研究序說」, 『韓國의 歷史像』(創作과 批評社, 1982), 15-20쪽.
한편 한영우에 의하면 팔레(James B. Palais)는 "조선 왕조의 지배계급인 兩班 관료는 한편으로는 私的 地主로서의 귀족적 특성(세습성)을 갖는 동시에, 다른 한편으로는 科擧制度를 매개로 하는 官僚的 특성(능력평가를 통한 성취성)을 동시에 갖추고 있었다. 바로 이러한 지배계급의 양면성이 조화를 이룬 데서 조선 왕조의 정치적 안정과 장기지속이 가능했던 것"이라 보았다고 한다. 그에 의하면 조선의 사대부는 결국 귀족적 성격을 완전히 벗어버리지 못했으며 그것이 중국의 사대부와 다른 점이라고 한다. 韓永愚, 『朝鮮時代 身分史研究』(集文堂, 1997), 225-227쪽.

24 무오사화(1498), 갑자사화(1504), 기묘사화(1519).

25 이황은 조광조의 개혁 정치의 실패는 곧 유교 이념에 대한 투철한 이해의 부족에 기인하는 것이라 진단한 바 있다. 『定本 退溪全書』 15책, 「靜庵趙先生行狀」, 379-380쪽.

26 李泰鎭, 『증보판 한국사회사연구』(지식산업사, 2008), 제6장~제9장.

27 李泰鎭, 「朝鮮王朝의 儒敎政治와 王權」, 『東亞史上의 王權』(한울, 1993), 107-111쪽.

28 하지만 17세기 정국 운영에서 大臣이 주도적 역할을 담당했으며, 따라서 붕당의 역할

이나 산림의 정치 참여는 기본적으로 제한적이었다고 보는 견해가 있다. 정홍준,『조선 중기 정치권력구조 연구』(고려대학교 민족문화연구소, 1996), 186-187쪽.

29　鄭景姫,「肅宗代 蕩平論과 '蕩平'의 시도」,『한국사론』30(서울대학교 국사학과, 1993). 이후 정국의 전개와 변화에 대해서는 다음 참조. 최성환,『영·정조대 탕평정치와 군신의리』(신구문화사, 2020).

30　조성산은 호락논쟁의 주체인 낙학과 호학 측의 서얼·중인 계층에 대한 대응의 문제가 호락논쟁의 주요한 정치적 함축의 하나라고 보았다. 조성산,『조선 후기 낙론계 학풍의 형성과 전개』(지식산업사, 2007), 제3장. 이송희는 낙학 지배층의 도덕 담론이 한편으로 그 주변부의 여성, 중인 등의 인정 투쟁에 활용되는 현상을 지적했다. 李松熙,『老論-洛論系 倫理主體의 形成과 展開』(고려대학교 박사학위논문, 2021), 155-194쪽. 물론 이는 윤재민의 지적과 같이 그들에게 단지 허구적 정신적 자유를 제공함으로써 오히려 신분 질서를 고착하는 데 기여한 것일 수도 있다. 윤재민,『朝鮮後期 中人層 漢文學의 硏究』(고려대학교 민족문화연구원, 1999). 하지만 사대부 자아의식의 일반에의 확산은 장기적으로 그 자아의식의 내적 변화를 가져올지도 모른다.

31　金駿錫,『朝鮮後期 政治思想史 硏究: 國家再造論의 擡頭와 展開』(지식산업사, 2003), 373-374쪽.

32　李佑成,「實學硏究序說」,『韓國의 歷史像』(창작과 비평사, 1982).

33　李俸珪,「유교적 질서 재생산으로서 실학: 반계와 성호의 경우」,『철학』65(한국철학회, 2000). 전통 시대 국가론에 대한 포괄적인 접근의 예로서 김용흠,『조선후기 실학과 다산 정약용』(혜안, 2020), 제1장 '한국 중세 국가 연구의 방향과 사회인문학'.

34　조선 후기 서울의 도시화의 실제와 그 성격에 대해서는 다음 참조. 孫禎睦,『朝鮮時代都市社會硏究』(一志社, 1977), "정조 때의 서울의 인구는 중세 말 근세 초의 런던이나 파리의 인구와 대비해서 배가 넘었고, 조선시대에도 서울은 세계에서 열 손가락 안에 드는 대인구 도시였다."(5쪽), "17세기 후반기부터 마침내 인구의 급격한 증가가 일어나서 18~19세기를 통하여 서울은 항상 18만에서 20만을 전후하는 인구를 유지함으로써 세계 유수의 前産業型 대인구도시가 된 것이었다."(158쪽)

35　유봉학,「18-9세기 京·鄕學界의 分岐와 京華士族」과「18-19세기 老論學界와 山林」참고. 이 논문들을 포함하여 좀 더 논지를 강화 확대한 것이 유봉학,『조선후기 학계와 지식인』(신구문화사, 1998)이다. 그러나 퇴계학파의 경우 엄밀하게 말하면 京(서울)이라고 하기보다는 近畿라고 해야 할 것이고, 율곡학파에 비하면 상대적으로 향촌적이라고 해야 할 것이다. 李佑成,「李朝後期 近畿學派에 있어서의 正統論의 展開」와「18세기 서울의 都市的 樣相: 實學派 특히 利用厚生派의 성립 배경」. 이 두 논문은 모두 李佑成,『韓國의 歷史像』(창작과비평사, 1982)에 수록되어 있다.

36　李愛熙,『朝鮮後期 人性·物性 論爭의 硏究』(고려대학교 민족문화연구원, 2004), 12-13쪽.

37 李坰丘,「金昌翕의 學風과 湖洛論爭」(서울대학교 석사학위논문, 1995), 46쪽.
38 조성산은 湖洛의 분기를 효종·현종 연간의 漢黨과 山黨의 대립에 연원을 두었다. 조성산, 『조선 후기 낙론계 학풍의 형성과 전개』(지식산업사, 2007), 30쪽.
39 '성리학'은 性命義理之學의 준말로서, 송대 이후 유교 내부에서 새롭게 일어난 사상 유파 혹은 그들의 학문으로서, 心과 性, 理와 氣 개념을 통해 인간과 세계에 대한 체계적 통찰을 수행했다. 대체로 『性理大全』의 수록 범위에 있는 철학적 사유들이라고 할 수 있겠다. 그 속에는 氣學, 理學, 心學的 흐름이 망라되며 그 흐름은 명확히 구분되어 있다기보다 각자의 핵심적 지향을 두면서 동시에 서로 유기적으로 융합되어 있다고 보는 것이 타당할 것이다. '주자학'은 주자 및 그 문하의 성리학을 포함하여 禮學, 經學 그리고 정치사상, 경제사상 등을 포괄하는 좀 더 넓은 범위의 학적 성취를 지칭하는 말이다. 하지만 보통 주자의 성리학과 동의어로 사용되기도 한다. 주자학은 기본적으로 리학이지만, 기학의 어떤 측면을 포괄하고 심학적인 측면도 강하게 가지고 있다. 리학이든, 심학이든, 기학이든 모두 성리학의 전개 양상으로서 이해할 수 있다. '陽明學'의 경우 성리학-주자학에 대립한 명칭으로 쓰는 경우도 있지만, 역시 그러한 흐름 중에서 王守仁(陽明)을 중심으로 전개된 형태를 가리키는 명칭이라고 이해할 수 있다. 따라서 여기에서는 성리학을 최상위 범주로 하고, 그 아래에 리학, 심학, 기학을 하위 개념으로 배치했다. 주자학, 양명학은 성리학의 각각에서의 전개이며, 조선 성리학은 조선에서의 그의 전개를 가리키는 명칭으로 사용한다. 한편, 천라이[陳來]는 자신의 책 『宋明理學』에서, 명칭 자체에는 그다지 중요성을 두지 않으면서 '理學'이라는 명칭을 여기에서 말한 성리학에 준하는 용어로 사용했다. 이 책을 번역한 안재호 또한 理學을 性理學으로 옮겼다. 陳來 저, 안재호 역, 『송명 성리학』(예문서원, 1997).
40 『오늘의 동양사상』 제9호(2003 가을·겨울)에 실린 [논과 쟁3] 「주류화회론과 퇴계학의 심학화」(홍원식)에서 시작해서 제12호(2004 봄·여름)까지에 실린 관련 글들을 참고.
41 尹南漢, 『朝鮮時代의 陽明學 硏究』(集文堂, 1982).
42 李守淵, 『퇴계선생언행록(退溪先生言行錄)』 권1, 「學問」, "吾得 『心經』而後, 始知心學之淵源, 心法之精微, 故吾平生信此書如神明, 敬此書如嚴父."(李德弘의 기록)
43 리밍후이, 양주한, 린위에후이 등 현대 대만의 성리학 연구자들은 이황의 성리설을 양명학에 가깝게 본다. 李明輝, 『四端與七情: 關於道德情感的比較哲學探討』(臺北: 臺灣大學出版中心, 2005), 제8장 「李退溪與王陽明」; 林月惠, 「臺灣李退溪硏究的特點」, 『退溪學論集』 21(영남퇴계학연구원, 2017); 채가화, 「대만 학계의 한국유학 연구 동향 및 평가」, 『退溪學報』 143(퇴계학연구원, 2018).
44 도모에다 류타로(友枝龍太郎)는 퇴계학을 양명과는 다른 '朱子學的 心學'이라고 규정한 바 있다. 友枝龍太郎, 『李退溪: その生涯と思想』(퇴계학연구원, 1985), 123-124쪽.
45 垣內景子, 『「心」と「理」をめぐる朱熹思想構造の硏究』(東京: 汲古書院, 2005), 9쪽.

주자학의 心說에 대한 상세한 검토는 다음 참조. 鄭相峰, 『朱子心論硏究』(臺灣大學 哲學硏究所博士論文, 1994).

46 陳來 저, 이종란 외 역, 『주희의 철학』(예문서원, 2002), 15쪽.
47 友枝龍太郞, 『朱子の思想形成』(東京: 春秋社, 1969), 245쪽.
48 友枝龍太郞, 『朱子の思想形成』(東京: 春秋社, 1969), 234쪽
49 모종삼 저, 김기주 역, 『심체와 성체』1(소명출판, 2012), 110쪽. 머우쭝싼[牟宗三]의 주자학 이해에 대한 비판으로 다음 참조. 趙峰, 『朱熹的終極關懷』(上海: 華東師範大學出版社, 2004), 184-210쪽; 이상돈, 『주자의 수양론』(문사철, 2013), 15-27쪽.
50 鄭相峯, 「朱子心論硏究」(臺灣大學哲學硏究所博士論文, 1994), 157-169쪽; 鄭相峯, 「朱子形而上學의 深層構造: 太極에 대한 理解」, 『한국철학논집』33(한국철학사연구회, 2012).
51 도모에다 류타로(友枝龍太郞)는 양명학을 주자학의 主體化로 보았다. 友枝龍太郞, 『朱子の思想形成』(東京: 春秋社, 1969), 245쪽, 562쪽.
52 陳來 저, 안재호 역, 『송명 성리학』(예문서원, 1997), 475쪽.
53 도모에다 류타로를 포함하여 이황을 이연평에 가깝게 이해하려는 입장들이 있지만 그것은 자칫 퇴계학의 기본적 성격을 오도할 가능성이 있다고 본다. 友枝龍太郞, 『李退溪: その生涯と思想』(퇴계학연구원, 1985), 204쪽. 그와 관련해서 未發 개념과 未發에서의 수양에 대한 이황의 성찰을 주의 깊게 읽어볼 필요가 있다. 문석윤, 「退溪의 '未發'論」, 『退溪學報』114(퇴계학연구원, 2003); 李俸珪, 「『延平答問』논의를 통해 본 退溪學의 지평: 동아시아 유학사의 맥락과 연관하여」, 『東方學志』144(연세대학교 국학연구원, 2008).
54 『송계원명이학통록』의 편성 내용과 의의에 대해서는 다음 참조. 강경현, 「『宋季元明理學通錄』의 구성과 의의」, 『한국학연구』32(인하대학교 한국학연구소, 2014). 이황은 『退溪先生言行錄』권5, 「論人物」, "吾東方理學, 以鄭圃隱爲祖, 而以金寒暄·趙靜庵爲首."(禹性傳의 기록)에서도 정통 학문이라는 의미에서 理學이라는 명칭을 사용하고 있다.
55 이황, 「聖學十圖」, 「第十夙興夜寐箴圖」, "夫道之流行於日用之間, 無所適而不在, 故無一席無理之地, 何地而可輟工夫; 無頃刻之或停, 故無一息無理之時, 何時而不用工夫?"(『定本 退溪全書』제4책, 102쪽).
56 천라이[陳來]에 의하면, 心學은 송명 시대 유학자들이 심성 수양의 학문을 통칭하는 명칭으로서, 이황이 말한 심학은 정주학에 대한 陸王의 심학과는 다른 의미를 지닌다. 陳來 저, 안재호 역, 『송명 성리학』(예문서원, 1997) 459쪽. 주자학에서 心學의 의미에 대해서는 다음 참조. 垣內景子, 『「心」と「理」をめぐる朱熹思想構造の研究』(東京: 汲古書院, 2005), 9-18쪽.
57 이는 이른바 동일(unity, identity)과 연합(union)의 차이에 상응한다. 길희성, 「비교사

58 문석윤, 「소재(穌齋) 노수신(盧守愼)의 「숙흥야매잠해(夙興夜寐箴解)」에 관한 연구」, 『韓國思想史學』 51(한국사상사학회, 2015).

59 尹南漢, 『朝鮮時代의 陽明學 硏究』(集文堂, 1982). 이들은 이황이 『延平答問』을 접하는 데 도움을 주었다.

60 이수연, 『퇴계선생언행록』 권5, 「崇正學」 부문 諸 조목 참조.

61 이황 학문의 형성에 대해서는 다른 자리에서 본격적으로 논하고 싶다.

62 이이, 『율곡전서(栗谷全書)』 권10:25b-27a, 「答成浩原」; 27a-28a, 「答成浩原」 참조.

63 정원재는 자신의 박사논문인 『지각설에 입각한 이이 철학의 해석』에서 이이를 '知覺論者'라고 하는 조금은 생소한 용어로 규정함으로써, 많은 논란을 불러일으켰다. 『오늘의 동양사상』 제7호(2002 가을·겨울)에서 제13호(2005 가을·겨울)까지 참고. 정원재의 기본적인 논지는 이이를 이성주의자로서, 외재주의자로서 이해해야 한다는 것이다. 즉, 내재적인 리를 발현시켜가는 것이 아니라 외재한 리를 인식하여 내재화하는 것을 기본적인 도덕적 실천으로 이해하는 입장이라는 것이다. 이는 율곡학의 의의를 선명하게 드러내주며 본론에서 제시한 心學의 전개라는 관점과도 일맥상통하는 점이 있다. 그러나 율곡학 내부의 긴장을 효과적으로 기술해내는 데는 문제가 있는 것 같다. 필자는 율곡이 리의 내재와 외재의 긴장을 종합한 어느 지점에 있는 것으로 본다. 그런 점에서 그 역시 朱子의 계승자라고 할 수 있다. 호락논쟁은 그러한 긴장이 선명하게 드러난 것이라고 볼 수 있을 것이다.

64 송시열의 성리설에 대해서는 다음 참조. 李俸珪, 『宋時烈의 性理學說 硏究』(서울대학교 박사학위논문, 1996). 좀 더 포괄적인 연구로서 다음 참조. 곽신환, 『우암 송시열』(서광사, 2012).

65 이러한 측면을 강조한 최근의 연구로서 다음 참조. 강지연 저, 이혜인 역, 『새로 쓰는 조선 유학사』(푸른역사, 2017).

66 이선열, 『17세기 조선, 마음의 철학』(글항아리, 2015).

67 서경덕의 철학에 대해서는 다음 참조. 李楠永, 「서경덕의 철학사상」, 한국철학회 편, 『한국철학사』 중(동명사, 1987); 丁垣在, 「徐敬德과 그 학파의 先天학설」(서울대학교 석사학위논문, 1990); 신병주, 『남명학파와 화담학파의 연구』(일지사, 2000); 황광욱, 『화담 서경덕의 철학사상』(심산, 2003) 등.

68 서경덕, 『화담집(花潭集)』 권2:11b-14a, 「原理氣」.

69 丁垣在, 「徐敬德과 그 학파의 先天학설」(서울대학교 석사학위논문, 1990).

70 서경덕, 『화담집』 권2:17a-18b, 「復其見天地之心說」.

71 서경덕 철학을 主靜적인 방향으로 전개된다고 보는 경향이 있으나 필자는 차라리 매우 力動인 철학이었다고 평가하고 싶다. 기를 본체로 보는 경우, 절대적 규범을 확보하는 문제가 있다. 자연주의적 입장에서 도덕의 영역을 어떻게 확보할 수 있는가

를 질문하는 것이다. 主靜-中은 그러한 문제를 해결하는 하나의 방안이라고 할 수 있다. 하지만 기의 역동적 운동력 자체에서 그 규범성을 확보하려는 또 하나의 길이 있을 수 있다. 그러한 생명 의지는 운동하는 것으로서, 또한 현실 세계의 구체적 규범과 통일된 것으로 이해된다. 復卦와 止卦에 대한 서경덕의 인식은 바로 그러한 통일을 표현하는 것이라고 할 수 있다. 정지(머무름)는 운동을 전제로 하는 것으로서, 운동의 전개에 포섭된다. 그것은 곧 靜的 理一分殊의 動的 구현이라고 할 만한 것으로, 이후 설명될 것이지만 낙학의 정신과 일맥상통한다.

72 市來津由彦,「程頤の未發已發論: 蘇季明問答をめぐって」, 金谷治 編, 『中國における人間性の探究』(創文社, 1983); 李俸珪,「性理學에서 未發의 철학적 문제와 17세기 畿湖學派의 견해」, 『韓國思想史學』 13(한국사상사학회, 1999).

73 문석윤,「退溪의 '未發'論」, 『退溪學報』 114(퇴계학연구원, 2003).

74 한영우,「李睟光의 學問과 思想」, 『한국문화』 13(서울대학교 규장각한국학연구원, 1992).

75 尹南漢, 『朝鮮時代의 陽明學 硏究』(集文堂, 1982).

76 조성산은 화담학파의 象數學的이고 心學的인 학풍이 낙학 학풍의 배경이 되고 있음을 역설했다. 조성산, 『조선 후기 낙론계 학풍의 형성과 전개』(지식산업사, 2007), 30-136쪽.

77 조성기의 모든 지식에 대한 무한한 열망은 그의 문집 도처에 발견되며, 김창흡에게 깊은 인상을 남겼다. 조성기는 42세 때 林泳에게 보낸 편지에서 자신이 계획하고 있는 논저의 주제가 "포괄하지 않은 바가 없어 남김이 없다[無不該括而無遺]"라고 말하고 있다. 조성기, 『졸수재집(拙修齋集)』 권3:13b,「答林德涵書」.

78 조성기, 『졸수재집』 권6:2a-b,「答林德涵書」에 "蓋吾儒之爲學, 常因事物之粗迹, 而極其一原無間之實. 是以雖窮其本而不遺其末, 究其精而不略其粗."라고 한 부분을 참조.

79 『拙修齋集』 권8:14b-,「答閔參奉以升書」에 "蓋具於一身而爲酬酢萬變之主, 有神明不測之妙者, 卽此心也. 性是心中所具之理, 情是此心已發之用, 而心則統性情貫體用. 自其主宰萬化, 該括無遺而言則心固謂之太極, 自其一性渾然, 萬理具備而言則性亦可謂之太極. … 蓋此心之靈, 無不能知, 此心之善, 無不能行."이라고 한 부분을 참조.

80 뒤에 서술되는 김창흡과의 태극 논변 참조. 김창흡의 『연보』에 따르면 그가 조성기를 처음 만난 것은 1676년으로 김창흡의 나이 23세 때였다. 그때 조성기는 남산에 은거하여 窮格之學에 潛心하고 있었고 조예가 깊었으나 세상이 알지 못했다고 하며, 김창흡이 그를 찾아가 대화하고는 '大悅傾倒'했다고 했다. 조성기의 부음을 들었을 때, 두 사람 각각의 반응을 보면 김창협에 비해 김창흡은 더욱 깊이 경도되었던 것으로 보인다. 김창협은 조성기의 博學風을 높이 평가했으나 동시에 "但少收斂涵養之功, 從初入頭

在史學, 故規模意思, 終未正當."(『연보』 1689년 조)이라는 냉정한 평가를 내렸다.

81 낙학 쪽에서는 黃胤錫, 호학 쪽에서는 魏伯珪 등을 대표적으로 들 수 있을 것이다. 魏伯珪(1727~1798)는 尹鳳九(1681~1767)의 제자이다. 위백규에 대해서는 다음에서 기본 정보를 얻을 수 있다. 김석중·안황권 편저, 『존재 위백규의 사상과 철학』(삼보아트, 2001).

82 필자는 心學이라는 말을 보다 넓은 의미로 쓰고 있다. 즉, 理에 관심의 중심을 두는 것을 넘어서 理를 구현하는 주관 세계(心·性·情)에 관심을 두고서 그의 해명을 위해 노력하는 학적인 노력을 심학이라 지칭한다. 그것은 氣에 대한 해명을 필연적으로 함축하고 있다. 또한 理를 구현하고 있는 세계의 한 축이 객관 세계[物]이므로, 심학은 객관 세계에 대한 탐구를 의미하는 格物學 혹은 博物學과 이념적으로는 동전의 양면과 같은 관계이다. 물론 현실적으로 개별 성리학자에서는 어느 한쪽만 발현될 수도 있고, 더 나아가서는 어느 한쪽의 입장에서 다른 입장을 배격할 수도 있을 것이다. 어쨌든 그런 모든 경향이 心學의 다양한 양상으로 이해될 수 있을 것이다. 낙학의 기본 관심이 心이었고, 호학의 기본 관심이 性이었으므로, 각각 심학, 성학이라는 용어를 좁은 의미에서 쓸 수도 있을 것이며, 그 둘을 아우르는 용어로 심성학이라는 용어를 쓸 수도 있을 것이다. 필자는 양명학의 심학도 결국 그러한 심학의 한 양상으로 다룰 수 있지 않을까 하는 생각을 가지고 있다. 그런 시각을 통해 우리는 중국 명청 대의 사상적 전개를 조선 성리학의 전개와 왜곡 없이 통합적으로 다룰 수 있을 것이라고 생각한다. 그런 점에서 필자는 보다 간명하게 심학이라는 용어를 쓰고 싶다.

83 김현, 「조선후기 未發心論의 心學的 전개: 종교성의 강화에 의한 조선 성리학의 이론 변화」(『민족문화연구』 37, 2002)는 洛論이 陸象山·王陽明 계열의 心學이 추구한 방향과 유사한 방향으로 전개되어간 것으로 보았다. 분명 한원진을 중심으로 한 湖學 측에서 洛學 측에 그런 혐의를 둔 것은 사실이다. 그러나 그것이 그대로 낙학 측의 心學의 실상이었는가 하는 것은 별개의 문제이다.

84 하곡 정제두에 대해서는 다음 참고. 김교빈 편저, 『하곡 정제두』(예문서원, 2005). 호락논쟁과 양명학적 심학과의 관련성에 대해서는 다음 참고. 趙南浩, 「金昌協 學派의 陽明學 비판」, 『철학』 39(한국철학회, 1993).

85 퇴계학파 측에서의 호락논쟁의 쟁점에 대한 논변들에 대해서는 다음 참고. 문석윤, 「조선 후기의 주요 논쟁과 쟁점」, 『韓國儒學思想大系』 III(한국국학진흥원, 2005).

86 문석윤, 「星湖 李瀷의 心說에 관하여: 畏庵 李栻의 「堂室銘」에 대한 비판을 중심으로」, 『철학연구』 86(철학연구회, 2009), 5-31쪽; 문석윤, 「다산 정약용의 새로운 도덕 이론: 마음에 대한 새로운 이해」, 『철학연구』 90(철학연구회, 2004).

87 黃胤錫에 대해서는 하우봉 외, 『이재 황윤석 연구』(학자원, 2023) 참조. 오가와 하루히사(小川晴久)는 유학의 전근대적 실학을 實心實學이라 정의하고 홍대용의 실학을 모범적인 사례로 보았다. 小川晴久, 「實心實學 개념의 역사적 사명」, 『한국실학연구』

18(한국실학학회, 2009). 實心은 사실 洛學 측에서 늘 강조된 개념이었다. 하지만 낙학 혹은 전근대적 실심 실학과 홍대용의 실학 사이에는 연속성과 함께 분명한 차이가 있다. 洛學과 洪大容의 實心 혹은 心學 사이의 연속성과 차이에 대해서는 다음 참조. 문석윤, 「湛軒의 哲學思想」, 『담헌 홍대용 연구』(사람의 무늬, 2012), 11-104쪽.

4장

기본 개념과 명제들

성리학은 현실의 생활에서의 정치-윤리적 실천에 집중했던 원래 유교의 면모에 불교 및 도교의 세계관에 대응할 수 있는 심성학과 형이상학을 유교 경전에 대한 해석학적 작업을 통해 구성하고 결합시키면서 형성된 것이었다. 그때 핵심적인 역할을 했던 것이 리(理), 기(氣), 마음[心], 본성[性] 등의 기본 개념이며, 그 개념들은 이론적 의의와 함께 불교와 도교의 극복과 유교의 일신(一新), 인륜성을 기초로 한 유교적 인격과 사회의 구축이라는 실천적 의의를 함께 지닌 것이었다.

이기(理氣)와 심성(心性)은 각각 세계 인식과 자기 인식을 대변하는 개념이다. 호락논쟁은 기본적으로 심성(心性)에 대한 이해를 중심으로 한 논쟁이었다고 할 수 있다. 물론 그 배경에는 이기론적 세계 인식이 놓여 있다. 다만 그들이 주목한 것은 리와 기라는 개념 자체의 구명, 혹은 그것을 통한 세계 인식에 있었다기보다는 마음과 본성의 이해를 통한 자기 인식이었다. 즉, 그들의 핵심적인 관심 혹은 과제는 자기 이해 혹은 인간 이해에 있었다. 물론 그것은 세계 인식과 분리할 수 없게 연계되어 있다. 심성에 대한 해명은 정치-도덕의 주체로서 사대부의 자기 인식과 관련해서 중요한 의미를 지닌 것이었다.

그런데 그 개념들은 서로 밀접한 연관을 가지면서 하나의 세계상을 구성하며, 그 각각에서 그리고 상호 관계 속에서 서로 구별되고 심지어는 충돌되는 다양한 내용을 담고 있다. 그것은 곧 성리학 내부의 긴장을 형성하면서 성리학의 내적 다양성을 가능하게 하며, 또한 그의 전개와 운동을 추동하는 역할을 했다.

호락논쟁은 성리학 특히 주자학의 본성, 마음, 지각(知覺), 명덕(明德) 등 심성론의 개념들에 대한 이해, 혹은 해석을 둘러싸고 전개되었으며, 그것의 배경에는 성리학 내부의 이론적이고 실천적인 긴장이 놓여 있다. 그를 통해 호학과 낙학은 각자의 독자적인 성리학 이해를 구축해 갔으며, 그것은 곧 주자학 내부의 이론적이고 실천적인 내부 긴장―그것은 곧 그 역동성이기도 하다―이 극도로 실현된 것이라고 할 수 있다.

따라서 호락논쟁의 구체적인 내용에 들어가기에 앞서 먼저 주자학 내부의 긴장과 균열을 호락논쟁의 여러 주제와의 관련성을 염두에 두면서 심성론의 기본 개념을 통해 살펴보는 것이 호락논쟁의 위상을 이해하는 데 꼭 필요하다. 논쟁 자체는 심성론적 주제들을 중심으로 전개되었으나 그 배경에는 태극, 리, 기 등 이기론에 대한 이해와 쟁점이 놓여 있으므로 그들 개념에 대한 이해 또한 필요하다.

1
리와 기

1) 리

리(理)는 원래 옥(玉)의 결, 곧 어떤 질서 있는 패턴(pattern)을 의미한다. 따라서 그것은 일단 공간적 배치에서의 반복되는 어떤 형식 혹은 질서를 의미하는 것이었다. 하지만 그것을 시간적으로 확대하는 것 또한 어렵지 않다. 당장 하루에 낮(빛)과 밤(어두움)이 교차하는 것, 일 년에 네 계절이 순환 반복하는 것에서 우리는 반복되는 패턴, 곧 질서를 발견할 수 있다. 시간과 공간 속에 있는 모든 존재에서 우리는 리 - 질서를 발견할 수 있다.

 주자학에서는 그 질서, 곧 리는 우리가 임의로 부여한 것이 아니라 객관 세계 속에 이미 있는 것이라 생각한다. 그 질서는 우리가 만들어 낸 것이 아니며, 이미 존재하는 것으로 발견될 뿐이다. 그것은 우리가 임의로 변경할 수 없는 것으로서, 인위(人爲)에 대(對)하여 '자연(自然: 자연스러움)'의 성격을 지닌다.[1] 주자학에서는 외부의 물질 세계뿐만 아니라 인간의 마음과 사회에도 객관적인 질서가 있다고 생각한다. 이른바 인의예지신(仁義禮智信)의 오상(五常, 혹은 四德)이나 인륜(人倫) 등이 그러한 것이다. 그것은 인간에서의 '자연(自然)'이다. 그래서 그것을 '본성[性]' 혹은 '본성의 자연[性之自然]'이라고 하기도 한다.

 그런데 리 - '자연'은 또 하나의 층위를 가져오는데, '당연(當然)' 혹은 '소당연지칙(所當然之則)'이 그것이다. 주자는 『중용장구(中庸章句)』에서 다음과 같이 말한다.

인간과 동물은 각각 그 본성[性]의 자연에 따르면 그 일용 사물의 사이에서 각각 마땅히 가야 할 길을 가지지 않음이 없으니, 이것이 이른바 도(道)이다.[2]

본성[性]이 인간과 만물(특히 동물)의 자연성, 주어진 본연의 성질을 의미하는 것이라면,[3] 도(道)는 곧 그에 따라 도출되는 실천 규범 혹은 법칙으로서 우리가 마땅히 그것을 따라 행해야 하는[當行] 지침의 의미를 지닌다. 도는 곧 리의 또 하나의 의미 층위로서, '당행(當行)' 곧 '당연(當然)'으로서의 리는 '자연'의 의미와 분리되지 않는 양면이다. '당연'은 객관 세계의 '자연'을, 실천-실현하는 주체-행위자의 입장에서 기술한 것이라고 할 수 있다.

'자연'은 저절로 그렇게 되는 것만이 아니라 우리가 마땅히 실현해야 할 바의 규범으로서의 의미를 지닌다는 것이다. 역으로, 마땅히 그러해야 할 바로서의 '당연'은 또한 우리가 임의로 그만둘 수 없는 '불용이(不容已)'의 것으로서 곧 반드시 그렇게 되고야 마는 것, 우리를 통해 실현되고야 마는 것이다. 그런 점에서 그것은 '필연(必然)'으로서의 '자연'이다. 주자는 맹자가 말한 성선(性善)의 의미가 바로 거기에 있다고 말한다.[4] 주자학에서 존재와 당위는 바로 그러한 방식으로 서로 통합되어 있다고 할 수 있다.

자연 세계는 있어야 할 방식으로 있다고 하는 점에서 그러한 존재와 당위의 일치가 전형적으로 이루어지고 있다고 할 수 있겠다. 하지만 주자학의 관점에서 그것은 매우 낮은 수준에서, 즉 미약하고 부분적으로 그리고 본능의 수준에서 이루어지는 것일 뿐이다. 존재와 당위의 일치는 오직 인간에게서 높은 수준에서, 즉 강대하고 전체적으로 그리고 자유와 자각을 전제한 '도덕'의 수준에서 이루어진다. 존재와 당위의 일치는 기술되는 진리가 아니라 삶의 실천을 통해 구현되어야 할 진리이며, 정태적인 존재에 대해 기술하는 진리가 아니라 운동하며 변화하는 존재와 관계하는 곧 상호 소통하는 진리이다.[5]

소위 천인합일(天人合一)의 이상은 바로 그것을 표현한다. 인간의 행위는 한편으로 본성 곧 '자연'의 실현이며, 한편으로 '당연' 곧 규범의 실천이다. '당연'의 규범은 또한 '자연'에 따라 나온 것이지만, 인간은 '당연'의 실천을 통해 '자연'에 이른다. 즉, 인간의 실천은 '자연'으로부터 나와서 '당연'을 통해 '자연'에 이른다. 천인합일은 그 처음에는 기술되는 진리이지만, 그 나중은 실천되는 진리요, 마지막으로는 구현되는 진리이다. 그 마지막은 다시 처음으로의 복귀이지만 그것은 단순한 퇴행적 복귀 혹은 반복이 아니라 고양된 수준에서의 복귀요 상승이다. 그 최종적 수준에 이르는 것이 우리 삶의 이상이다.[6] 타고난 성인(聖人)에게는 그러한 복귀의 과정, 힘쓰고 애쓰는 노력이 필요 없지만 군자(君子) 이하의 학인(學人)에게는 '자연'에 이르기 위해서는 노력하고 확충하는 과정, 의지적 노력이 필요하다. 하지만 그 도달하는 지점은 동일하다.[7]

인간이 인간답게 살기 위해서는, 그리고 통치자가 세상을 잘 다스리려면 그러한 측면에서의 리에 대한 인식이 결정적으로 중요하다. 리에 대한 인식은 자연과의 관계뿐만 아니라 인간과 인간의 관계에서도, 생산 활동에서뿐만 아니라 통치와 지배에서도 결정적인 중요성을 지니고 있다. 주자학자는 생산 계층이 아니지만 생산 계층의 생산을 지도하는 자 혹은 경영하는 자이고, 사회의 질서를 유지하고 감독하는 것을 자신들의 본분으로 여겼기 때문에 리의 인식은 더욱 그들 자신의 정체성을 이루는 핵심이었다. 우리가 사는 이 세계에 그러한 '자연'과 '당연'으로서의 리가 있다는 것, 그에 대한 인식과 실천의 능력을 우리가 가지고 있다는 믿음이야말로 주자학적 사유의 핵심이다.

한편, 주자는 리를 인간과 자연 세계를 관통하는 불변의 질서, 곧 '자연', 그리고 그에 기초한 우리의 실천적 규범과 법칙으로서의 '당연'일 뿐 아니라, 그러한 질서의 근거, 이유, 목적 혹은 의미로 여겼다.[8] 곧 '소이연(所以然)' 혹은 '소이연지고(所以然之故)'가 그것이다.[9] 그것은 '자연-당연'을 넘어서 있는 위의 한 층이다.[10] 그것을 통해 '자연'과 '당연'은 '불가역(不可易)' 곧 변경될 수 없는 불변의 지위 혹은 정당성을 부여받는다.[11] 리는 이제 자연법칙, 도덕법칙을 넘어 그 모든 존재가 그를 통해 있게 되는 근거이자 그를 향해 있는 목적 혹은 이유의 의미를 가지게 된 것이다.

『주역(周易)』의 "一陰一陽之謂道"에 대해 정이천(程伊川)은 "도는 음양이 아니다. 한 번 음하고 한 번 양하는 소이(所以)가 도이다[道非陰陽也. 所以一陰一陽者, 道也.]"라고 풀이했는데, 도는 원래 길, 질서를 의미하지만, 정이천은 그것을 질서를 가능하게 하는 질서의 근거[所以]를 의미하는 것으로 이해한 것이다.[12] 이 세계에는 질서가 있을 뿐 아니라 그 질서의 이유가 있으며, 리 혹은 리에 대한 사유는 그것까지를 함축한다는 것이다. 리가 있다는 것은 곧 그런 의미에서이며, 리에 대한 인식은 바로 그러한 리의 인식에까지 이르기를 요구한다.

그와 관련하여 특별히 중요성을 지닌 것이 '태극(太極)' 개념이다. '태극'이란, 문자 그대로 '가장 큰 극한'을 의미하는 것으로서, 주자는 그것을 단적으로 리와 동일시했다.[13] 리 자체가 세계 내의 합리적 질서를 의미하고 그것은 그에 대한 우리의 이해 가능성을 의미한다면, 태극은 그 자체의 의미가 명료하지 않고 어떤 무한(無限), 불가측(不可測), 불가료해(不可了解)의 것을 지시하는 듯한, 그래서 좀 신비로운 색채를 지니고 있다. 실로 리가 우리가 일상에서 발견할 수 있는 조리(條理)를 일차적으로 의미하는 것이라면, 태극은 『주역』「계사전」에 양의(兩儀) 곧 음과 양을 낳는 근원으로 제시된 바 있고, 주렴계가 「태극도」와 「태극도설」에서 그것을 원용하여 만물의 근원으로서 제시한 개념이다.

주자가 태극을 리라고 한 것은 바로 그런 수준에서의 리를 의미한다.[14] 주자의 제자 진순(陳淳)은 그를 이어 '혼륜극지(渾淪極至)의 리'라고 말한 바 있다.[15] '혼륜(渾淪)'이란 미분(未分)의 전체성을 의미하는 것으로서, 태극이 모든 개별적 수준의 조리(條理)를 함축하고 있는 총체로서의 의미가 있음을 지시한다. 또한 '극지(極至)'라고 하는 것은 모든 존재와 시공을 관통하는 최종적인 근원이라는 것을 의미한다. 곧 그것은 모든 리의 총체이자 근원이라는 것을 의미한다.

태극은 모든 '소당연'의 리를 포괄한 총체이자 그를 관통하여 그것을 가능하게 하는 근원이며 모든 리, 더 나아가 만물이 그것을 향해 나아가는 중심을 의미한다. 최종적 '소이연'의 리가 곧 태극인 것이다. 바로 그런 점에서 태극은 현상 세계의 만물을 규정하고 지배하는 절대적(초월적) 표준, 규범을 의미하게 된다. 주자는 '태극(太極)'의 '극(極)'에 그러한 표준의 의미를 부여했다. 태극은 곧 모든 존재와 가치의 근원으로서, 그런 시점에서 태극으로서의 리는 현상 세계 곧 그것을 현실적으로 구성하는 기(氣)에 선재(先在)하는 것으로 규정된다.[16]

존재의 근원과 목적으로서의 리-태극은 세계 속에서 '자연'의 방식으로 실현되며, 그 실현은 우리가 임의로 멈출 수 없는 '불용이'의 것이다. 가치의 근원으로서의 리-태극은 우리의 실천을 통해 당연히 실현되고 있고 또 마땅히 실현되어야 할 것으로서 '당연'이며, 반드시 그러해야 할 것으로서 혹은 반드시 그렇게 되게 되어 있는 것으로서 '필연(必然)'이다. '소이연'의 관점에서 혹은 층위로부터 리-'자연'은 이제 '당연'과 '필연'의 의미를 확고히 지니게 된다.

존재와 가치의 근원으로서의 태극-리는 순선(純善)하며, 이 세계-만물을 관통하여 그 중심에서 주재(主宰)한다. 바로 그것이 주자가 「태극도」와 「도설」의 의미로 간파한 것이었다. 인간과 자연, 초월과 내재, 내면과 외면을 아우르는 하나의 대전적(大全的) 동일성(同一性), 곧 일원(一元, 一源)의 목적론적 세계상이 펼쳐진 것이다.[17]

주자학에서 그 목적론적 세계가 지향하는 궁극적 목적은 인(仁)으로 표현되기도 했다. 이정(二程) 이래 인은 인간의 도덕적 덕목 혹은 본성을 넘어서 만물을 형성하는 천지의 마음이라는 우주론적 의미를 부여받았다.

인간의 인은 바로 그것을 부여받은 결과이다. 인간뿐 아니라 세계 내의 모든 존재는 인을 지향하며 나름의 수준에서 그것을 실현하고 있다. 그것은 도덕적 우주론이다.[18]

그러한 도덕적 우주론의 관점에서는 인간뿐만 아니라 세계 내 모든 존재 곧 만물은 동일하게 도덕규범을 실현하는 주체이다. 하지만 만물은 그 도덕규범의 실현 수준에서 그 위상이 부여되어 있다는 점에서 동등하지 않다. 선은 규범에의 일치이고, 악은 규범 실천의 실패이다. 하지만 근본적으로 그들이 도덕적 존재라고 하는 것은 그 존재의 근거에 선이 자리 잡고 있다는 것을 의미한다면, 실패의 근원 곧 악이 존재하는 이유는 어디에 있는가 하는 문제가 발생한다. 사실 세계가 도덕적 성격을 지닌다는 것은 곧 악의 가능성을 당연히 수반하게 된다. 도덕적 우주론의 관점에서 세계는 도덕 가치의 수행자로서 성공하기도 하지만 실패하기도 한다. 그러한 점에서 세계는 분열되어 있다.

이황이 「천명도(天命圖)」에서 도상(圖像)으로 명확히 보여준 것은 바로 그런 지점이었다고 할 수 있다.[19] 「태극도」가 제시하는 세계상이 모든 존재의 근원에 있고 또한 모든 존재를 관통하여 유행하는 태극에 근거한 동일성의 세계라고 한다면, 「천명도」가 제시하는 세계상은 모든 존재에게 주어진 지상의 명령, 곧 천명의 수행자로서의 현실 세계 내부의 분열상이다. 식물, 동물, 인간은 각각의 수준에서 실현의 가능성이 부여되어 있으며, 온전한 가능성을 부여받은 인간 내부에서도 실패, 곧 악의 가능성이 도시되어 있다. 인간을 제외한 대부분의 동물과 식물은 그의 실현이 부분적으로 혹은 전면적으로 제한되어 있고, 인간은 그것을 전면적으로 실현할 수 있는 가능성을 본성으로 부여받았으며, 사단(四端)의 마음에서 볼 수 있는 바와 같이 그것이 자연적으로 실현되고 있는 점이 있다. 하지만 그것을 지속적이고 온전히 그 풍성한 의미에서 실현하기 위해서는 유위적 노력, 곧 수양의 노력이 필요하다. 그것은 곧 분열의 세계상을 배경으로 한다.

바로 그러한 분열의 세계상으로부터 태극의 주재성(主宰性)은 흔들린다. 그것이 세계를 질서 있게 혹은 의미 있게 구성하는 것은 한계가 있다. 비록 우리가 그것을 통해 현실의 무질서 혹은 악을 넘어서 질서 혹은 선을 추구할 수 있는 근거를 얻게 된다고 하더라도, 그것의 온전한 실현은 그것을 실현하는 주체 혹은 행위자에게 결국 의존하고 있다. 공자가 "도가 사람을 확장하는 것이 아니라 사람이 도를 확장한다"라고 말한 것은 바로 그러한 측면을 지적한 것이라고 할 수 있다.[20]

그런데 만약 도덕적 우주론이 '자연'과 '당연'의 동일성을 의미한다면, '자연'은 왜 그렇게 강력하지 않는 것인가? 「태극도설」이 제시하는 태극-리의 동일성의 세계는 '자연-당연'이자 '소이연'으로서 분명 현실 속에서 어떤 형식으로든 구현되고 있음을 지시하며, 맹자의 사단이 그러하듯이 실제로 분명 어떤 특별한 순간에 확인되기도 한다. 하지만 그것은 왜 그렇게 희미하며 대부분의 현실 세계에서는 그렇게 확인되기 어려운 것인가? 왜 만물은 그것의 실현에서 동일(균일)하지 않고 현실적으로 차별이 있는 방식으로 분열되어 있는가? 왜 같은 사람인데 어떤 사람은 선(성공)하고 어떤 사람은 악(실패)한가? 성인(聖人)에게는 왜 '당연'이 필요 없는데 우리에게는 '당연'이 필요하며, 보통의 사람들은 그러한 '당연'에 대해 관심조차 없는가?

바로 이러한 문제는 도덕적 우주론의 근본 문제라고 할 수 있을 것이다. 이에 대해 주자학은 나름의 답변을 가지고 있으며, 호락논쟁에서 논란된 인성과 물성의 동이 문제, 미발에서의 기질의 존재 문제, 성인과 인간의 마음의 동이 문제 등은 모두 이러한 문제와 깊이 관여되어 있다.

2) 기

주자학에서 그러한 차이와 분열을 해명하기 위한 장치는 잘 알려진 바와 같이 리와 구별되는 또 하나의 세계 해명의 원리인 기(氣)이다. 기는 성리학에서 리(理)를 세계 해명의 중심 개념으로 제시하기 이전에 자신의 독자적인 의미 체계를 구축해온 오래된 개념이다. 그것은 원래 유교와 무관하게 중국 고대의 자연주의적 세계관을 표현하는 개념이었다. 인간과 자연을 포함하여 만물은 기의 운동과 전개로 이해되며, 그 구체적인 양상은 음양오행으로 표현되었다. 우주는 개별적이고 전체적인 수준에서, 정적(靜的)-음적(陰的)인 상태로부터 동적(動的)-양적(陽的)인 상태로 그리고 다시 정적-음적인 상태로 순환한다. 그것은 또한 수(水)·화(火)·목(木)·금(金)·토(土)로 대표되는 다섯 가지 힘 혹은 경향[오행(五行)]의 상생(相生)과 상극(相克)을 통해 설명되었다.

성리학 이전에 유교는 이러한 기를 중심으로 한 자연주의적 세계관을 받아들이면서 그와 조화하는 방식으로 자신의 도덕 세계를 건립하고자 했다. 맹자는 인간에서의 자연 곧 본성[性]이 선하다고 말함으로서 확장된 자연주의의 입장을 취한다.[21] 한대(漢代)의 천인합일(天人合一) 혹은 천인상응(天人相應)의 상관적 우주론[22]은 그러한 확장된 자연주의가 더욱 체계화된 것이었다. 도덕은 자연 세계의 일부이며, 특히 위정자의 도덕적 선택은 자연의 운행에 영향을 준다.

성리학 특히 주자학에 이르러서 이러한 확장된 자연주의적 세계관은 극복되기보다는 상속되었으며, 새로운 층위를 부여받게 된다. 성리학에서는 독자적으로 존재하던 기에 더하여 리를 그 상위에 배치함으로써 자신의 이기론적 세계 인식을 구축했다. 거기에서 기는 리를 수행하는 수행자 혹은 주체의 성격을 가지게 된다. 리라고 하는 형이상의 곧 무형의 곧 우리의 경험을 넘어서—물론 또한 경험을 통해 체증 혹은 이해되는 것을 배제하지 않지만— 존재하는 도덕 본체를 만물의 근원에 위치시킴으로써, 이전의 자연주의적 세계관은 초월적 층위를 가지게 되었다.

확장된 자연주의적 세계에서는 인간의 도덕이 자연의 일부로 이해되었다면, 성리학에서는 자연 세계 전체가 도덕적인 것으로, 즉 도덕 가치를 '수행'하고 있는 것으로 이해된다. 기는 상호 관계 속에서 서로 연결되어 운동하고 변화하는 일원적 감응(感應)의 세계 곧 상관적(相關的) 우주의 자발적 구성자인 동시에, 다른 한 층위에서는 궁극적인 규범적 근거 곧 '당연'이자 존재와 운동의 이유 혹은 목적 곧 '소이연'으로서의 리를 명령으로 받아들여 그것을 실현하고 실천하는 능동적 행위자 곧 자율적 주체로서 이해되는 것이다.

주렴계(周濂溪)의 「태극도」와 「태극도설」은 바로 그러한 점을 명확하게 보여준다. 무극이태극(無極而太極)으로부터 시작하여, 음양과 오행은 태극의 동정(動靜) 운동의 결과로 제시된다. 음양과 오행은 현실 세계 속의 기의 양태로서 그 자체의 독자적 운동을 전개하지만, 그 상위에 그리고 그 과정 전체를 관통하여 '무극이태극'이 자리 잡고 있다. 그에 대해 주자는 음양과 오행은 무형(無形), 곧 형이상(形而上)의 태극의 운동을 현실화하는 기틀[機]이자 형이하(形而下)의 도구[器]라고 설명했다.[23]

「태극도」에서, 그리고 그림의 의미를 설명하는 「태극도설」의 전반부에서 만물은 동일한 태극에 기원한 무차별로 나타나지만, 「태극도설」의 후반부에서 만물 중의 탁월한 존재로서의 인간이 가장 신령[靈]한 존재로서, 즉 이 세계를 지각하고 실천하는 능동적-도덕적 행위자로서 분명하게 제시된다.[24] 그 지점에서 만물 곧 기의 세계는 리를 실천하고 실현하는 능동적 행위자로서의 그 실천의 양적이고 질적인 수준에 있어서도 다양한 차이를 나타내는 것으로 분열된다. 인간은 그중 '가장' 신령한 존재 혹은 유일한 신령한 존재일 수 있다. 인간만이 온전히 리를 실현해낼 수 있다. 그러한 측면을 적극적으로 드러낸 것이 이황의 「천명도」임은 앞에서 지적한 바와 같다.

주자는 그러한 실천에서의 차이를 기 자체의 속성 혹은 성질의 차이, 곧 편전통색(偏全通塞), 청탁수박(淸濁粹駁) 등의 차이에 기인한 것으로 설명한다. 말하자면 인간과 동물이 구별되는데 인간은 온전하고 통하는[全通 혹은 正通] 기를 가지고 태어났다면 동물은 치우치고 막힌[偏塞] 기를 타고났다는 것이다.[25] 인간과 인간 사이의 차이에 대해서도 부여받은 기의 차이로 설명한다. 곧 어떤 이는 맑고 순수한[淸粹] 기를 타고났으며 어떤 이는 탁하고 잡박한[濁駁] 기를 타고났다는 것이다.[26] 그것들은 결국 리를 인식하고 실천하는 능력에서의 차이, 곧 도덕적 능력에서의 차이를 설명하는 것임을 알 수 있다.[27]

기는 인간을 포함하여 만물을 구성하는 실제적인 구성물로서, 기의 관점에서 곧 그 상관적 우주론의 수준에서 인간과 만물은 하나의 연속적 전체를 구성하고 있다고 할 수 있다[기동(氣同)]. 그것들은 각자 서로 영향을 주고받는 감응의 주체로서 세계에 대한 동등한 참여자라고 할 수 있을 것이다. 또한 본원의 리의 층위에서 인간과 만물은 동일한 근원을 가진 것으로서 동등하다고 할 수 있다[이동(理同)]. 하지만 현실 세계에서 리와 기를 함께 논의할 때, 그것들은 리의 실천 혹은 실현의 수준과 관련하여 내부에 다양한 위계를 가진 것으로 파악된다[이동기이(理同氣異), 기동리이(氣同理異)].

한편, 인간에서 리의 실천은 단순히 기의 차원에서 논의되는 것이 아니라 마음[心]의 차원에서도 논의된다. 주자는 마음 역시 단적으로 기라고 보았다. 다만 그 마음을 이루는 기는 독특한 기이다. 주자에 의하면 그것은 기의 정상(精爽)이다.[28] 그것은 곧 동물에 비하면 전통(全通)한 기 즉, 본성을 온전히 갖추었고, 이론적으로 실천적으로 리에 통달할 수 있는 그러한 성격의 기이다. 그런 점에서 마음은 단지 기가 아니라 리와 기의 합이라고 할 수도 있다. 하지만 마음은 한편으로 인간 신체의 일부로서, 성인(聖人)은 온전히 청수(淸粹) 곧 맑고 순수하여 그러한 가능성을 온전히 실현할 수 있어서 인식과 실천에서 막힘이 없다. 하지만 일반인의 경우 탁박(濁駁) 곧 탁하고 잡박하여 수양의 노력을 기울이지 않는 한 그러한 가능성을 온전히 실현할 수 없다. 마음의 차원에서도 그것이 기(氣)인한 위계가 있을 수 있는 것이다.

17, 18세기의 조선 성리학 특히 율곡학파에서는 사단칠정(四端七情)과 인심도심(人心道心) 사이의 관련성에 대한 논의를 거치면서, 심기(心氣)와 형기(形氣)를 구분하여 보는 관점에 이르렀다. 즉, 인심도심론에서 인심의 근원을 이루는 것은 형기라고 한다면, 사단칠정에서 칠정이 기발이라고 할 때의 기는 형기가 아니라 심기이므로, 인심과 도심의 분별을 사단과 칠정 호발설의 근거로 삼을 수 없다는 것이다.[29] 심기와 형기의 이러한 구분은 마음에 대한 논의에서 심기와 형기의 관련성을 어떻게 볼 것인가라는 새로운 문제를 제기했다. 심기와 형기는 완전히 다른 것인가, 둘 사이에는 정도의 차이가 있을 뿐 기본적으로 연속적인 것으로 볼 것인가? 하는 문제를 두고, 심기와 형기와의 연속성을 강조하는 입장과 단절 혹은 차이를 강조하는 입장으로 나뉘었다. 연속성을 주장하는 입장은 성인과 일반인의 마음의 차이를 강조하는 데로 나아갔고, 차이를 강조하는 입장은 결국 마음을 기를 넘어선 리적 측면을 함유하고 있는 것으로, 즉 그 본성의 측면을 강조하거나 마음의 기 자체를 리에 가까운 기 즉 본체적 기—소위 담일청허(湛一淸虛)—로 보는 입장으로 나아가게 했다. 이러한 것은 마음에 대한 이해에서 핵심적인 문제로서, 호락논쟁에서의 주요한 논점 중의 하나였다.

3) 리와 기 사이의 긴장과 통합

주자는 세계 내의 만물은 모두 리와 기의 결합으로 되어 있다고 보았다. 그 둘은 불상리(不相離)와 불상잡(不相雜)의 관계에 있다.[30] 현실 세계에서 리는 기를 떠나 존재할 수 없다. 그러나 리는 기로 환원되지 않는 독자적인 존재로서, 기와 구별된다. 당연-리가 명령이면 기는 그 명령의 수행자로서 둘은 명백히 구분된다. 하지만 리는 오직 기를 통해서만 자신을 실현한다. 리를 온전히 실현하는 기의 현실성에서 리와 기는 분별할 수 없이 통합되어 있다.

리와 기의 관계는 본원(本原), 유행(流行), 품부(稟賦)의 세 가지 관점으로 나누어 볼 수 있다.[31] 근원의 관점에서 태극-리는 만물의 근원으로서, 음양오행과 만물 곧 현실 세계의 다양성과 차이를 관통하여 동일하다. 여기에서 기는 수동적 매체 이상의 독자적인 의미를 가지기 어렵다. 유행의 관점에서 리-태극은 현실의 기의 세계에 적응하여 자신을 실현한다. 유행은 본원과 품부 양자 모두와 관련된다.[32] 본원과의 관련성에서는 리-태극의 자기실현에 초점이 맞추어지겠지만, 품부된 기와의 관련성에서는 그 실현은 오직 현실의 기를 통해서만 이루어질 수 있으므로 그때 기는 단지 수동적 매체에 그치지 않는다. 품부의 관점에서는 바로 그러한 리-태극의 실현에서 현실의 기가 더욱 적극적인 의미를 지니게 되고, 오히려 리-태극은 소극적 실현 대상에 머무른다. 품부의 관점에서는 각 개별자 사이에는 리-태극의 실현과 관련하여 다양성과 차별성이 존재한다.

'유행-품부'의 관점에서 본원의 리는 비록 소극적이라고 할지라도 결과적으로 기에 따른 다양성, 더 나아가 차별성을 가능하게 하는 원리의 역할을 하며―기의 제한성은 리의 제한성에 근거한다―, 그것을 가름하는 기준 혹은 표준으로서의 의미를 지닌다. 만물은 모두 동일한 표준인 리의 실현자로서 다양한 위계를 가진 것으로 위계화된다. 그러므로 이 경우 본원의 동일한 리는 역설적으로 평등을 주장하고 정당화하기보다는 차별을 형성하고 정당화하는 데 기여할 수 있다.

물론 그럼에도 '본원-유행'의 관점에서 본원의 리는 각 개체 속을 관통하는 운동을 하고 있으며, 바로 그런 점에서 각 개체들 속의 평등에의 지향성을 옹호하고 고무하는 원리인 것은 분명하다.³³ 특히 인간 내부에서는 그러하다. 즉 수양을 통해 기질의 편차를 극복하고 그러한 동일성의 수준—곧 성인의 경지—에 다가갈 수 있는 근거의 역할을 한다.

인간과 그 윤리 규범을 포함한 모든 존재의 근원에 태극(太極)을 두고 그것을 무규정적 절대성으로서의 무극(無極)과 통합시킴으로써 성리학은 자신의 윤리적 교설을 유교적 내재성을 넘어서는 초월적 근원으로부터 정당화할 수 있는 개념적 장치를 마련할 수 있었다. 그것은 유교적 내재성을 유지하면서 동시에 불교의 진속(眞俗)과 도교의 유무(有無)를 포괄할 수 있는 존재와 사유의 자리를 마련해낸 것이었다. 성리학의 완성자 주희가 도학(道學)³⁴ 내부의 여러 비판에도 불구하고 주렴계의 「태극도설」을 성리학의 핵심 이론으로 강조한 것은 그런 데 이유가 있었다고 해석할 수 있다.

하지만 유교는 결국 현실 세계에서의 정치적, 윤리적 실천이 중심이었으므로, 이러한 초월의 계기는 늘, 우리의 중심적 관심 혹은 가치를 현실 세계 너머의 어떤 추상적 공간으로 돌림으로써 정치적, 윤리적 실천의 동기를 약화시킬 수 있다는 혐의를 받는다. 그러므로 그를 통해 성리학 내부에 초월과 내재의 긴장이 도입되었다. 그러한 긴장은 주로 태극론을 둘러싼 이론적 논란을 통해 전개되고 해소되었다. 그것은 리의 존재 방식, 좀 더 구체적으로는 리와 기의 관계에 대한 논란과 관련된 것으로, 이기(理氣)의 선후, 불상리와 불상잡 문제, 유행(流行)의 개념 등으로 표출되었다. 또한 체용불이(體用不二), 현미무간(顯微無間) 등도 그와 연관된 문제의식 가운데 제출된 명제였으며, 이른바 리의 능동성 문제도 그와 관련된 것이라고 할 수 있다.

그것은 한편으로는 도덕과 자연의 관계 문제이기도 하다. 성리학에서 초월의 맥락은 어떤 종교적 신성의 해명과 관련된 것이 아니라 주로 도덕적 실천의 위상과 관련된 것이었다. 애초의 유학의 도덕에 대한 자연주의적 접근은 여전히 계승되었지만, 리-태극 개념을 통해 거기에 하나의 층을 더하여 도덕의 관점을 통해 전체를 새롭게 해석한 것이었다고 할 수 있다. 즉, 성리학은 선진(先秦) 유교에서 가족적 친화감[親]을 바탕에 두고 경험적으로 확인되는 자연스러운 도덕적 감성[惻隱-仁]과 외부의 예악적(禮樂的) 질서 위에 윤리적 가치의 정당성을 정초했던 데에서 나아가, 그런 감성과 규범 질서의 근저에 있는 더 근원적 질서의 차원에서, 곧 리를 통해 그것을 정당화하고 동시에 규제하고자 했던 것이다.

이황이 단적으로 '사단을 리의 발현'이라 지적한 바와 같이 자연스러운 도덕적 감성은 리의 실현으로 재해석된다. 동시에 리는 규범이자 준칙으로서— 즉 예(禮)와 동일시되면서— 우리의 행위를 외적으로 규정하고 규제한다. 즉, 리는 우리의 내적인 동기를 이루는 동시에 외적 규범으로서 이해됨으로써, 우리의 도덕 실천을 이중적으로 규정하는 것이라고 할 수 있다. 성리학(주자학) 내부에서는 이것을 '내외일치(內外一致)'라고 표현하기도 하지만 그 사이에는 분명히 긴장과 대립적 측면이 내재하고 있는 것으로서, 그 긴장은 우리의 창조적 실천을 통해 포착되고 해소되어야 할 과제가 된다. 나중에 살펴볼 것이지만 낙학 측에서 말하는 '이기동실(理氣同實)', '심성일치(心性一致)'는 바로 그러한 실천의 요청의 한 표현이자 그에 대한 응답이었다.

4) 이일분수와 이통기국

태극론의 문제의식은 단적으로 정이천으로부터 비롯된 '이일분수(理一分殊: 리는 하나이면서 동시에 다양하다)' 명제에 투영된다. 이일(理一)이 태극을 지시한다면, 분수는 소당연의 조리(條理)-질서의 세계를 지시한다. 그 둘 사이가 체용(體用)의 방식으로 통합되어 있다는 것이 '이일분수' 명제의 의미이다. 이일은 현실 세계를 관통하는 통일성을 의미한다. 경험 세계는 다양하고 편차가 있으며 개별적으로 고립되어 있으나 리는 그 개별성을 관통하는 근원적 동일성이다. 그런데 리가 그러한 근원적 동일성일 수 있는 이유는 그것이 동시에 경험 세계를 가능하게 하는 근거이기 때문이다. 리를 통해 현상 세계는 남김없이 '질서화'되며, 그 질서들은 단일한 중심으로 통합되어 있다.

주자는 그것을 한편으로 주렴계의 '태극'이라는 개념에 응축시켰으며, 또 다른 한편으로 정이천의 '이일분수'라는 명제를 존재론적으로 해석함으로써 수행했다.[35] 그것은 곧 이일과 분수의 관계를 통해 본체적 동일성의 세계와 다양한 현실 세계[36]의 관계를 구명 혹은 설명하는 것이었다. 현실 세계 속에서 분화된 리가 곧 분수이며, 분수는 다양하지만 편차가 없이 근원적 동일성으로서의 이일에 통합되어 있는 것으로 가상된다.

그런데 이일분수가 그려내는 통합의 그림은 진실일까? 우리는 어떻게 그것을 알 수 있는가? 어떻게 실천적으로 그에 이를 수 있는가? 그것은 도대체 가능은 한 것일까? 우리는 개별적 차원의 질서들이 존재한다는 것을 상식적으로 인정할 수 있다. 그러나 그러한 질서들은 그것이 적용되는 국한성(局限性)을 넘어서 궁극적으로 단일한 중심으로 통합된다는 것을 어떻게 말할 수 있는가?

이일(理一)이 리의 본래적 단일성을 의미하는 것이라면, 분수는 리의 현실적 다양성을 의미한다는 것이다. 이때 분수는 분수리(分殊理)이다. 이일과 분수리 사이는 체용의 관계로 통일된다. 즉 분수리란 이일 곧 '본체-리'가 현실 세계 속에 자신을 드러내는 다양한 모습으로서 이일 자신과 전적으로 동일하다는 것이다. 그러므로 이일분수라는 명제는 이러한 각도에서는 리의 차원에서의 현실 세계의 통일성 즉 동일 속의 다양성, 다양성 속의 동일을 설명하는 것일 뿐 경험적 수준에서의 현실 세계의 다양성과 그의 통일을 설명하지는 않는다. 이일분수만으로는 현실 세계의 여러 균열—통일성의 파괴로서의—을 적합하게 설명할 수 없다.

현실 세계의 다양성—곧 그 차별적 다양성—은 기(氣)를 통해서 비로소 적합하게 설명할 수 있다.³⁷ 우리의 경험의 대상이 되는 현실 세계는 기라고 하는 물질적 요소로 구성되어 있다. 기는 자체 내에 끊임없이 운동하는 성질을 지녔으며, 또한 단지 몸의 물질적인 구성 요소를 넘어서서 신체적, 정서적, 정신적 제반 활동을 구성하고 담당한 점에서 단순히 '물질'인 것은 아니다. 다만 그것이 현실 존재의 몸과 그의 제반 활동을 구성하는 요소로서 우리에게 관찰, 경험된다는 점에서 '물질적'이라고 할 수는 있다. 기로 표현되는 것은 우리가 관찰할 수 있는—이때 관찰은 단순한 감각 경험보다 적용 범위가 넓다—현실의 존재와 운동 전체를 포괄한다. 경험적 차원에서의 현실 세계의 다양성은 곧 기의 다양성이다.

물론 기도 원래는 단일한 것이었다. 그러던 것이 끊임없이 운동을 계속하면서 여러 가지 모습으로 변화하게 된다. 분수리의 다양성은 한편으로 이일과 통일되는 것이지만, 그것이 다양한 모습을 띠게 되는 것은 기와의 결합을 통해서만 가능하다. 즉 분수리는 기의 맥락 속에 있다. 리의 차원에서 분수리가 기의 맥락을 배제한 순수한 본체-리의 자기 전개로서 이해되었다면, 이제 기의 맥락 속에서 분수리는 기의 계기를 내재화한 차원에서의 개별적인 리로서 이해된다.³⁸

본체에서의 통일성과 현실 세계의 이러한 이중적 다양성에 대해 잘 표현한 명제가 이이의 '이통기국(理通氣局)'이다.³⁹ 이이는 다음과 같이 말한다.

> 이통(理通)이란 무엇을 말하는가? 리는 본말도 없고 선후도 없다. 본말도 없고 선후도 없으므로, 자극이 없는 가운데 (혼연하게) 있다고 해서 시간적으로 먼저가 아니며 자극에 반응해서 현실적인 형태를 취했다고 해서 시간적으로 뒤인 것이 아니다. 그러므로 그것이 기를 타고 유행하여 다양한 모습을 취한다고 하더라도, 그 본연의 묘(妙)함은 그 원래의 모습을 잃지 않는 것이다. 이것을 리의 통(通)이라고 말한다.⁴⁰

이것은 곧 이일과 분수의 통일을 말하는 것이다. 이일이 먼저고 분수가 나중이라고 할 수 없는 즉자적인 통일의 관계를 표현한 것이 이통(理通)이다. 그는 이어서 말한다.

> 기국(氣局)이란 무엇을 말하는가? 기는 이미 형태와 자취를 가진다. 그래서 본말이 있으며, 선후도 있다. 기는 원래 담일청허(湛一淸虛)할 뿐이다. 어찌 조잡하고 거칠며 활력 없고 더러운 기가 원래부터 있었겠는가? 다만 그것이 끊임없이 운동하기 때문에 온갖 다양한 것들이 생겨난 것일 뿐이다. 기가 유행하는 가운데 그 본연을 잃지 않은 것도 있었지만, 그 본연을 잃은 것도 생겨난 것이다. 한번 본연을 잃게 되니 그 본연은 이미 사라지고 말았다. 편기(偏氣)는 편기일 뿐 전기(全氣)는 아니게 되었고, 청기(淸氣)는 청기일 뿐 탁기(濁氣)는 아니게 되었다. 거칠고 활력 없는 기는 거칠고 활력 없는 기일 뿐 더 이상 담일청허한 기는 아니었다. 이는 리가 그 만물에 대하여 어디서나 그 본연의 묘함을 잃지 않는 것과는 다른 것이다. 이것을 기(氣)의 국(局)이라고 말한다.[41]

기의 다양성은 통일되지 않는 분열된 다양성이다. 그것이 기국의 의미이다. 기의 수준에서도 동일성의 지평이 있다. 담일청허(湛一淸虛)라고 하는 것이 그것이다. 그것은 아마 기의 본래성이라고 할 수 있을 것이다. 하지만 이이는 기는 어디까지나 현실성의 원리로서, 그 본래성은 현실 세계에서 자주 상실된다고 보았다. 리는 언제 어디서나 자신의 동일성을 잃지 않지만, 기에서는 그러한 본래적 동일성이 쉽게 상실된다는 것이다. 그는 리는 어디에나 있으나 담일청허한 기는 있지 않은 곳이 많다고 말한다.[42]
이이는 또 다음과 같이 말한다.

> 이통기국은 본체 차원에서 말한 것이지만, 본체를 떠나 따로 유행을 구하는 것은 또한 옳지 않다. 인간의 본성이 사물의 본성이 아닌 것이 기(氣)의 국(局)

이다. 인간의 리가 사물의 리인 것이 리(理)의 통(通)이다. … 기가 한 근본인 것은 리의 통 때문이며, 리가 만 가지로 다른 것은 기의 국 때문이다. 본체 중에 유행이 갖추어져 있으며, 유행 중에 본체가 들어 있다.43

이일분수가 본체 차원에서의 리의 동일성 그리고 다양성의 통일을 표현한 것이라고 한다면, 이통기국에서는 이통이 그러한 본체 차원의 통일성을 표현한 것이라 할 수 있다. 이통의 시각에서 기는 통에 대한 국으로만 이해된다. 거기에서는 균열만 읽을 수 있다. 이통에 대해 기국은 비본질적이고 임시적이다.

그러나 이통기국이 단지 본체 차원의 명제인 것은 아니다. 그것은 현실 존재 내에서의 동일성과 다양성을 또한 설명할 수 있다. 분수리의 다양성은 현실 기의 다양성과 관련을 맺지 않을 수 없다. 그래서 개체 단위의 분수리라고 할 수 있는 본성은 기의 국으로 이해되는 것이다. 본성은 기와 구별되는 리이지만, 기 속의 리이다. 그것은 이일분수의 분수리처럼 이일에 즉자적으로 통합되지 않는다. 분수리와 기가 단지 외재적인 관계라면, 본성은 기와 내재적인 관계에 있다.44

결국 현실 세계의 이중적 다양성은 본성 개념을 통해 통일적으로 이해될 수 있다. 본성은 기를 통해 자신을 구현하는 리이다. 그런 의미에서 그것은 분수리적인 성격을 가진다. 그렇지만 그것은 리 자체가 아니라 현실 속에서의 리로서, 기를 단순히 비본질적이고, 외재적인 것으로 밀어내지 않는다. 기는 본성을 구성하는 내재적 계기가 된다.

호락논쟁에서 호학의 한원진은 그러한 측면을 정확히 포착해냈다고 할 수 있을 것이다. 그는 본성이 기 속의 리임을 적절하게 강조하면서 인기질(因氣質) 곧 기질의 맥락 가운데 본성이 본연의 의미를 지니며, 따라서 인성과 물성의 차이는 단지 임시적인 기질지성의 차이가 아니라 본연지성의 차이라고 주장했다. 하지만 본성은 어디까지나 리라는 점에서, 낙학 측에서 인성과 물성의 차이는 본연지성이 아니라 기질지성에서 말할 수 있다고 주장하는 것은 역시 주자학의 기본적인 입장이었다. 따라서 논쟁이 쉽게 종식되기 어려운 사정이 있었던 것이다.

이통기국은 이이가 강조한 또 하나의 명제인 '리무위(理無爲), 기유위(氣有爲)'와 밀접하게 결합되어 있다. 리가 실천의 대상이라고 한다면 기는 유위적 실천의 주체이다. 그가 리의 능동성을 부정하는 것은 리가 책임지는 유위적 실천의 주체일 수 없기 때문이었다. 하지만 그에게서 리는 그러한 유위적 실천을 가능하게 하는 근거로서 빈틈없이 작동한다. 그것이 곧 이통의 의미이며 따라서 이이에서도 리는 그 주재성이 상실되지는 않는다. 이통에서 통은 곧 리의 주재, 리의 방식으로서의 주재를 의미한다. 즉 통하는 리, 보편적으로 편재하는 리는 외부의 사물에 외재해 있기도 하지만 동시에 우리의 인식하고 실천하는 마음[心]에 내재해 있다. 즉, 인간의 기 혹은 마음의 자각적-비자각적 실천 혹은 내재화 이전에 이미 실현되어 있다. '이미' 내재해 있다. 그것은 곧 마음이 단순히 기인 것이 아니라 리의 측면을 가지고 있다는 것을 의미한다. 이이에게 리는 인간의 인식-실천을 통해 비로소 도달하게 되는 것이지만 이미 우리의 마음속에 도달해 있는 것이기도 하며, 이미 도달해 있는 것이지만 우리의 노력을 통해 비로소 도달해야 하는 것이기도 하다.

2
본성과 마음

1) 본성

본성[性]이란 무엇인가? 본성은 원래 개체에 내재한 자연적 욕구, 성향을 의미한다. 사람이 태어나면서부터 가지는 자연적 욕망, 능력 곧 본능을 의미한다.[45] 그것은 개체의 생존 추구와 깊이 관련되어 있다. 중국 고대, 아마 전국시대에 본성 개념이 중요한 성찰적, 철학적 개념이 된 것은 그 시대가 개인에 대한 국가의 수탈과 착취가 본격화된 시대였기 때문이다. 국가는 국가 간의 경쟁과 전쟁의 상황 속에서 점점 더 개인들을 동원했으며, 개인은 점점 더 가족과 촌락이라는 자연적 공동체와 그의 보호를 상실하고 국가의 관리와 통제의 힘에 노출되었다. 그러한 가운데 자연스럽게 그러한 폭력적 상황에 대한 성찰이 발생했다. 양주(楊朱)의 '경물중생(輕物重生)'은 그러한 성찰의 한 예이다. 그것은 개인의 생명[生]에 지고의 가치를 둔 것으로서, 본성 개념의 등장은 이러한 개인의 생명의 중요성에 대한 자각과 관심을 반영한다.[46] 양주의 사상은 도가적 자연주의의 한 근원으로서, 도가적 자연주의는 국가적, 사회적 권력에 대한 일정한 반성과 개인의 자각이라는 정치 사회적 의미를 함축하고 있다.

유가에서 본성에 대한 관심이 본격화되는 것은 역시 전국시대의 맹자(孟子)에서부터였다. 하지만 맹자는 본성 담론을 둘러싼 자연주의의 영향을 받으면서도, 도가적 자연주의와는 지향을 달리했다. 그는 국가의 폭력성보다는 그것의 긍정적 기능과 역할의 가능성에 더 주목했고, 그와 관련하

여 본성에 대한 새로운 해석을 제시했다.[47]

(1) 『맹자』의 본성론

중국의 전국(戰國)시대는 자연에 대한 인식이 혁명적으로 진전되던 시기였으며, 그런 점에서 자연에 대한 지식을 중심으로 인간과 사회에 대한 전체적인 지식 체계를 구성하고자 하는 정신적 분위기가 있었다. 그러한 흐름의 중심에 있었던 자연주의자들은 인간, 사회와 도덕을 이해함에서 인간의 '자연[生]', 곧 '본성[性]'을 중심적인 개념으로 부각시켰다.

고자(告子)[48]는 단적으로 생존과 번식(을 위한 욕구)이 인간의 본성이라고 천명했다. 그는 본성 자체는 선(善)하지도 않고 불선(不善)하지도 않으며, 인간의 후천적 활동에 따라 선하게도 악하게도 형성되어갈 수 있는 것이라고 주장했다. 양주(楊朱)는 한 걸음 더 나아가 타인에 대한 배려와 규범적 강제의 정당성을 주장하는 인의(仁義)는 결국 개인의 생명에 대한 속박에 불과하므로 그를 벗어버릴 것을 주장했다. 내 몸의 터럭 하나를 뽑아 천하를 이롭게 할 수 있어도 그렇게 하지 않는다는 것이 그들의 정신이라고 맹자는 지적하고,[49] 그것을 군주를 부정하는[無君] 논리라고 이해했다. 즉, 국가를 부정하는 논리로서 개인에 대한 어떠한 국가적 간섭도 부당하다는 것이요, 도덕은 부당한 국가적 간섭을 치장하는 명분에 불과하다는 것이다.

맹자는 당시의 지적 분위기 속에서 일면 자연주의를 수용하면서 동시에 그러한 입장을 유가적 입장에서 극복하고자 했다. 그것은 인간의 자연 곧 본성을 재해석하여 사회(도덕)가 인간에게는 그 자연에서 정당화된다는 것을 보여주는 방식이었다. 그는 인간이라면 누구에게나 육체적인 생존을 지향하는 욕구와 함께 그것을 넘어서서 도덕적 가치를 지향하고 욕구하는 도덕적 욕구가 있으며, 종종 도덕적 욕구는 생존의 욕구를 넘어선다고 주장했다.[50] 하지만 그것은 육체의 욕구를 부정하면서 순수하게 정신적으로

(의지적으로) 정립되는 것은 아니다. 그것은 분명 육체적 욕구에 대해 중심적인 위치를 차지하는 것이지만[51] 여전히 우리의 전인적 욕구의 일부로서, 즉 우리의 전인적 삶이 열망하는 것으로서, 우리의 심리적이고 육체적이며 인격적인 전인적 삶을 윤택하게 하는 것으로 이해되었다.[52] 특히 맹자는 군신 관계에서 요청된 가치인 의(義)가 우리 삶의 기본적 욕구라고 말함으로써 국가의 존재, 그리고 개인에 대한 그것의 간섭의 정당성을 확보하고자 한 것이라 할 수 있다.

맹자는 도덕이 인간의 자연적 열망의 대상일 뿐 아니라, 더 나아가 인간 마음, 존재에 고유한 특성이라고 말한다. 그는 다음과 같이 말한다.

> 사람들은 모두 다른 이에게 차마 하지 못하는 마음을 가지고 있다. … 지금 사람들이 갑자기 어린아이가 장차 우물로 들어가려는 것을 본다면 모두 깜짝 놀라고 측은하게 여기는 마음을 가질 것이다. 그것은 어린아이의 부모와 교분을 맺으려고 해서도 아니며, 마을 사람들과 붕우들에게 칭찬을 들으려 해서도 아니며, 비난하는 소리를 듣는 것을 싫어해서 그러한 것도 아니다. 측은하게 여기는 마음은 인(仁)의 단서이고, 부끄러워하고 미워하는 마음은 의(義)의 단서이며, 사양하고 양보하는 마음은 예(禮)의 단서이고, 시비를 분별하는 마음은 지(智)의 단서이다. 사람이 이 네 가지 단서[四端]가 있음은 사체(四體)가 있음과 같다.[53]

이는 어떤 다른 동기도 개입되지 않은 인간의 순수한 마음[心]에 대한 체험을 서술하고 있다. 맹자는 그 마음을 '차마 하지 못하는 마음[不忍人之心]'이라 부르고, 인간은 누구나 그러한 마음을 지녔다고 말한다. 그것은 어느 특정한 사람의 특수한 체험이 아니라 인간 일반에 적용할 수 있는 보편적 체험이다. 인간은 누구나 그러한 상황 속에서는 그렇게 반응하는 자연적 성향 혹은 경향성을 지녔다는 것이다. 단지 사회적 관계 속에서 사회(공동체)가 요구하는 방식대로 행동함으로써 사회적 인정을 얻고자 하는 동기에서가 아니라—그러한 것이 도덕적 욕구와 열망의 본래 면모, 혹은 숨겨진 의도라는 주장이 있을 수도 있겠는데—, 그러한 것과는 관계없이 자신의 내부에 타인의 고통이나 문제 상황에 직면하여 순수하고 자연스럽게 작동하되 인의예지(仁義禮智)라고 하는 사회적이고 도덕적 가치를 구현하는 것으로 보이는 그러한 마음 혹은 정서, 곧 도덕적 정서[54]가 인간에게 보편적으로 존재한다는 것이다.

이러한 도덕적 열망과 도덕적 정서의 존재는 인간이 도덕을 자신의 자연적 삶의 특성이자 방식으로 가지고 있다는 것을 보여준다. 즉, 인간의 자연적 본성은 선(善)하다. 인간은 그 자연성에서 도덕을 욕구하며, 욕구할 뿐 아니라 그 자체로 선하다는 것이다. 마치 생물학적 생명처럼 인간에게는 '도덕 생명'이 있다고 할 수 있으며, 더 나아가 인간의 생명은 도덕을 그 유기적 구성의 일부이자 중심으로 가진 '도덕 생명'이라고 할 수 있다.

좁은 의미에서의 '도덕 생명'은 '자연적 혹은 생물학적 생명'과 구별되지만 그것을 배제하거나 초월하는 것이 아니라, 다만 그 중심을 차지하고 있을 뿐이다.[55] 그런 점에서 인간은 그 유기적 전체성에서 '도덕 생명'이라고, 혹은 인간의 전인적 생명에서 생물학적 생명과 도덕 생명은 하나의 통일체를 이룬다고 할 수 있다. 따라서 도덕은 인간의 생물학이고 심리적이며 인격적인 전 생명을 풍성하게 하는 것으로 이해되었다. 그런 점에서 맹자는 '확장된 자연주의'를 표방한다고 할 수 있을 것이다.[56]

(2) 『중용』의 본성론

『중용(中庸)』의 본성론은 『맹자』의 본성론과 밀접하게 연관되어 있다. 『중용』 첫머리는 다음과 같이 시작된다.

천(天)이 명령한 것 그것을 본성[性]이라 한다. 본성에 따라 나오는 것을 도

(道: 규범적 원칙)라고 한다. 도를 객관화시킨 것을 교(敎: 국가 사회의 여러 제도)라고 한다.[57]

본성의 근원으로서 천(天)이 제시되고, 규범과 국가 제도의 기초를 본성에 둔 것이다. 규범과 국가 제도의 기초를 본성에 두는 것은 본성에 도덕 그리고 왕정의 기초를 둔 『맹자』의 관점과 연관성이 있고, 본성의 근원으로서 천을 제시한 것 역시 『맹자』에서 '진심(盡心) - 지성(知性) - 지천(知天)'과 '존심(存心) - 양성(養性) - 사천(事天)'이라 하여 마음[心]과 본성[性]과 천(天)을 연결한 것과 연관성이 있다. 『중용』의 이 부분은 『맹자』의 사상을 좀 더 체계적으로 형식화한 것이라고 할 수 있다.

우리의 자연적이고 내재적인 본성의 기원은 외적인 천에 있다. 또한 개체가 마땅히 해야 할 바의 규범[當爲·當行]은 바로 그 본성에 기초한다. 따라서 규범은 본성에 내재적인 것이라 할 수 있다. 내재적이고 자연적인 본성으로부터 필연적으로 도출된다는 것이다. 규범, 곧 국가 사회 공동체 속에서 개체에 요구되고 명령되는 것은 다름 아닌 개체의 본성에 기초한다. 그것은 외적인 것이 아니라 내적인 것이다. 더 나아가 국가 사회 제도 전체는 그러한 명령과 규범을 개인적 차원이 아니라 사회적 차원에서 구체화한 것으로서, 결국 본성에 기초한 내적인 것으로 이해된다.

그런데 외적인 것의 이러한 일련의 내화(內化) 과정은 본성을 외적인 천에 기초한 것으로 이해하는 것에 그 출발점을 두고 있다. 외적인 천을 먼저 내화[개인 생명]하고, 그 내화된 천을 다시 외화[국가 제도]하는 것이 『중용』 본성론의 전체이다. 개인 생명의 구현은 그러한 외적 세계, 곧 국가와 내재적으로 연관되어 있다. 국가는 개인 생명의 구현이며, 개인 생명은 그러한 국가를 떠나서 온전히 구현될 수 없다는 것이다.

『중용』의 이러한 논리는 군주로 상징되는 국가 제도를 정당화하고 있다는 점에서 『맹자』와 그 지향이 같다고 할 수 있다. 다만 『맹자』가 인간 심성의 경험적 사실에 근거하여 일종의 경험론적 혹은 현상학적 접근 방식을 취함으로써 기본적으로 자연주의적 태도—확장된 것이기는 하지만—를 취했다고 하면, 『중용』은 본성의 근원으로서 천이라고 하는 우주적 초월적 존재를 제시함으로써 명확히 우주론적-형이상학적 접근 방식을 취했다는 차이가 있다.[58] 천은 곧 더 넓은 의미에서 우주의 기원이므로, 결국 『중용』에서 본성은 인간에게만이 아니라 자연 세계에 이르기까지 그 적용의 범위를 넓혀서 생각할 수 있는 여지를 가지고 있다고 하겠다.

(3) 주자학에서의 본성론
① 『중용』과 『맹자』의 종합

송대 성리학은 『맹자』와 『중용』의 본성론을 자원으로 하여 당시의 불교적 인간관에 대응할 수 있고 사대부의 자기 인식에 부응하는 새로운 본성론을 제시했다. 주희는 먼저 『중용』의 첫 구절 "天命之謂性"에 대한 해석에서 다음과 같이 말한다.

> 명(命)은 영(令: 명령)과 같다. 본성[性]은 곧 리(理)이다. 하늘이 음양오행으로 만물을 화생(化生)함에 기(氣)로써 형(形)을 이루고 리를 또한 부여했는데, 명령을 내리는 것과 같았다. 그래서 인(人)과 물(物)이 생겨남에 각각 그 부여받은 바의 리를 얻음에 인하여 건순오상(健順五常)의 덕(德)으로 삼았으니 이른바 본성이다.[59]

여기에서 그는 본성을 리, 좀 더 구체적으로는 기로 이루어진 형에 부여된 명령과도 같은 것으로 규정한다. 따라서 본성은 리 자체가 아니라, 기에 대응한 혹은 기와의 관계 속에서의 리이다. 명령은 명령하는 자와 명령받는 자의 대응을 전제하므로, 명령으로서의 리 역시 기의 대응을 전제로 하지 않을 수 없는 것이다. 이른바 유행의 차원이다. 그런데 기의 대응은 다양하므로 기의 대응의 내용을 어떻게 이해할 것인가 하는 문제를 둘러싼 논란이 있을 수 있으며, 앞에서 언급한 바 있는 형기와 심기의 구분, 그리고 심기에 대한 이해의 문제는 그에 대한 답변과 관련된 것이라고 할 수 있다.

그러한 상호 대응에 대해, 주자는 구체적으로 음양오행(陰陽五行)의 기에 대한 건순오상의 덕이라고 말한다. 인간과 동물을 포함한 우주 만물의 기원을 이루는 천명 곧 리는 본성의 형태로 나타나는데, 그 본성은 곧 건순오상의 덕 곧 인의예지신(仁義禮智信)이라고 한다. 덕이 대체로 능력 혹은 품성을 의미한다고 할 때, 그것은 직접적으로는 인간의 도덕적 능력 혹은 품성을 가리키는 것이라고 할 수 있다.

그런데 주자가 그것을 인간에만 제한된 것이 아니라 물(物)에게도 적용하고 있는 것은 논란의 여지가 있을 수 있다. 이것은 음양오행-기, 더 나아가서는 리와 기라고 하는 우주론적 기본틀을 가져와서 『중용』을 해석하는 데서 자연스럽게 발생한 문제라고 할 수 있다. 물론 그가 그렇게 할 수 있었던 것은 애초에 천(天)이 그러한 우주론적 의미를 지녔기 때문이다. 처음 『서경』에서의 천은 인간 혹은 정치 세계의 최상의 권위를 의미하는 것일 수 있겠으나, 『중용』에서 그것은 '본성-자연'의 부여자로서 우주론적 의미가 있다고 해야 할 것이다. 따라서 천명의 본성 역시 단지 인간에 제한된 것이 아니라 만물의 본성의 의미를 함축하고 있는 것으로 해석될 수 있는 여지가 있었던 것이다. 그것은 곧 이제 『맹자』에서 '도덕의 자연화'가 이루어진 것을 넘어서서 '자연의 도덕화'가 이루어졌음을 의미한다.[60]

주자의 이러한 해석은 주렴계의 「태극도설」을 통해 『중용』을 해석한 것이라고 할 수 있다. 『중용』에서 천명 혹은 천이 차지하는 위치에 태극-리를 대체시킨 것이 주렴계의 「태극도」와 「태극도설」, 그리고 그에 대한 주희의 해설인 「태극도설해」이다.[61] 우리는 거기에서 '자연의 도덕화'가 이루어졌음을 확인할 수 있다. 본체 태극으로부터 매개 원리가 되는 음양오행과 그들 간의 상호교감을 통해 만물에 이르기까지를 그림으로 표현한 것이 「태극도」이다. 그에 따르면 현실 세계는 본체 태극이 음양오행을 매개로 해서 자신을 드러낸 다양한 화용(化用: 造化作用)이다. 현실 세계는 한편으로 음양오행의 원리에 지배받지만, 더욱 궁극적으로는 그를 통해 자신을 관철하는 태극-리의 지배 아래에 있다. 현실 세계에 대한 이 두 가지 지배원리, 곧 리와 기의 상호관계에 대한 다양한 이론적 설명이 성리학 이론의 주요한 구성 부분을 이룬다.

현실 세계 속에서의 태극-리의 드러남이라고 하는 유행의 측면에서 본성을 논한 것은 『맹자』의 '사단(四端)'에 대한 주자의 해석을 통해 더욱 분명하게 정리되었다. 애초에 『맹자』는 인간 본성의 선함을 우리 속에 사단의 마음이 있음을 통해 확증했다. 이른바 그러한 도덕적 마음이 우리에게 자연스럽게 드러나는 것을 통해 우리에게 그러한 도덕적 성향이 자연적 본성으로 내재함을 확인할 수 있다는 것이다. 『맹자』의 '사단'론은 인간의 도덕적 심리에 대한 관찰 혹은 포착이라고도 할 수 있으며 기본적으로 자연주의적 관점—비록 확장된 형태라고 하지만—의 범위 안에 있었던 것이었다. 다만 그에 의하면 인간은 그 자연에서 개나 소와 같은 다른 동물과 달리 도덕적 성향을 지녔다는 것이다. 고자가 자연-생(生)을 본성으로 본 것에 대해, 맹자가 반박한 것은 그 자체가 아니라 자연-생에 대한 좁은 견해였다고 할 수 있다. '사단'은 인간의 그러한 도덕적 성향을 보여주는 경험적 증거라고 할 수 있다.[62]

그런데 주자는 애초의 『맹자』에서의 그러한 '도덕의 자연화'를 넘어서 '자연의 도덕화'로 나아간다. 그는 정자(程子)의 견해를 계승하여 '사단'을 존재론적 층위의 관점에서 우리의 심리적 현실 속에서 본연지성이 드러난 것으로 해석함으로써, 앞에서의 태극의 형이상학적 존재론을 적용했다. 즉, 사단은 우리 인간의 자연적인 도덕적 본성을 증명하는 것이 아니라 모든 존재의 근거에 있는 본연지성의 실재를 증명하는 것으로 이해되었다. 해당 구절에 대해 주자의 주석은 다음과 같다.

> 천지는 만물을 낳는 것[生物]을 마음으로 삼는다. 그러므로 생겨난 만물은 저 천지가 만물을 낳는 마음을 각각 얻어 마음으로 삼으니, 그래서 사람들은 모두 다른 사람에게 차마 하지 못하는 마음을 가진 것이다. … 측은함으로 가슴 아파하는 마음, 부끄러워하고 미워하는 마음, 거절하고 양보하는 마음, 옳고 그름을 따지는 마음, 이와 같은 것들[四端]은 정(情)이다. 인과 의와 예와 지는 본성[性]이다. 마음[心]은 본성과 정을 통괄한다. (실제로 일어난 그 마음들은) 끄트머리[端]일 뿐이다. 그 정이 일어나는 것을 통해 우리는 '본성'의 본래 모습[本然]을 볼 수 있다. 마치 상자 속에 들어 있는 물건의 끄트머리가 삐죽이 나와 있는 것을 보는 것과 같다.63

『맹자』가 "사람에게는 모두 다른 사람에게 차마 하지 못하는 마음이 있다"64고 한 것에 대해, 주자는 '천지가 만물을 낳는 마음'으로 해석한 것이다. 이는 『주역(周易)』 복괘(復卦)의 괘사인 '復其見天地之心'을 정이(程頤)가 '천지가 만물을 낳는 마음'으로 해석한 것을 염두에 둔 것이었다.65 주자는 만물은 천지가 만물을 낳는 마음에 근거하여 생성된 것으로, 인간만이 아니라 만물이 모두 그러한 마음을 가지고 태어났다고 한다. 결국 천지가 만물을 낳는 마음은 생명의 원리로서의 태극이며 인(仁)이다.66 사단의 마음은 바로 그러한 인의 마음이 다양한 양태로 나타난 것이라고 할 수 있다. 주자는 이어서 사단은 정(情)이라고 한다면 그에 대응하는 인의예지는 곧 본성이라 규정한다. 그것은 정이의 견해를 배경으로 한 것으로서, 정(情)이 형이하(形而下)의 존재라고 한다면 본성은 형이상(形而上)의 존재로서 그 존재론적 위상이 다르다는 것이다. 즉, 본성은 태극 곧 리의 위상을 가진다는 것이다. 애초의 『맹자』에서 사단은 인간의 자연적인 도덕 본성을 보여주는 경험적 증거였다고 한다면, 주자의 해석에서 사단은 같은 의미에서 본성의 경험적 증거라고 할 수는 없다. 본성은 형이상학적 위상을 가진 것으로서, 최종적으로 경험에 의해 확증되거나 반증될 수 있는 것이 아니기 때문이다. 본성은 사단으로 실현되지만 그것은 단순히 본성의 자연적 실현인 것은 아니다. 그것은 우리가 앞에서 언급한 유행이 본원과 품부와 가지는 관계의 복합성을 가지지 않을 수 없는 것이다. 즉, 기와의 관련성을 어떻게 처리할 것인가 하는 문제가 남는다. 16세기 이황과 기대승 사이의 사단칠정 논변은 바로 그러한 문제를 해명하는 과정에서 발생한 것이라고 할 수 있다.

주자는 더 나아가 본성과 정이 마음을 중심으로 통합된다고 하는 심성에 대한 주자학의 기본 명제인 '심통성정(心統性情)'을 제시했다. 본성에서 정으로, 본성이 정으로 실현되는 것은 곧 마음을 통해서라는 것이다. 주자학의 심성론의 기본 개념들이 모두 정립된 것을 알 수 있다. 이에 대해서는 아래에서 다시 좀 더 상세하게 살펴볼 것이다.

어쨌든 『맹자』에서의 본성론은 주자의 해석을 거치면서 『중용』의 본성론, 더 나아가 본성에 대한 「태극도」와 「태극도설」의 접근과 상당히 유사해졌다고 할 수 있다. 원래 『맹자』에서 '사단'은 이른바 '본심(本心)'에 해당하는 것이라고 할 수 있다. 그것을 본성과 구별하지 않고 둘 사이의 즉자적 통일을 주장한 것이 양명학적 이해라고 한다면, '본심'이라고 하더라도 그것은 본성의 실현 혹은 본성과 일치된 마음의 표현이지 본성 자체는 아니라는 것이 주자학적 이해라고 할 수 있다.

② 본연지성과 기질지성

「태극도설」에 의하면 태극-리는 현실 세계의 개별 존재들 속에 본성의 형식으로 내재해 있다. 본성은 곧 리이다[성즉리(性卽理)]. 여기에서 개별 존재들의 본성은 개별 존재들의 존재 양식에 대한 관찰을 통해 귀납적으로 도달된 것이 아니라, 태극의 구체적 자기 현현, 즉 개별 존재들에 대한 태극의 지배라는 관점에서 일방적으로 설정되고 또 요구되는 것이라고 할 수 있다. 이 점에서 본성은 그것이 개별 존재들에 내재해 있는 것이라 설정과는 반대로 외재적이고 초월적인 것이다. 그것은 곧 본원의 관점에서의 본성이라고 할 수 있을 것이다.

하지만 유행의 관점에서, 본성은 또한 내재적인 것으로서, 단지 태극-리인 것이 아니라 기—음양오행—만물에 내재한 태극-리이다[성즉기중지리(性卽氣中之理)]. 곧 "각각 그 본성을 얻은 것이다[各得其性]." 주자가 『중용장구』 주석에서 '건순오상의 덕'이라고 한 것이 그에 해당한다. 그 경우, 본원과의 연속성을 강조한다면 「태극도」가 보여주듯이 그 본래적 동일성은 각 개별자 속에 유지된다. 각각의 개별적 본성[各具太極]은 본래의 본성[統體太極]과 연속적인 것이며 근본적으로 동일하다. 하지만 그것이 실현되는 기의 맥락을 소극적 혹은 적극적으로 고려한다면, 본성은 리 자체가 아니라 기에 내재한 리인 만큼 기의 다양성과 차이의 규정과 제한으로부터 자유로울 수 없다.

주자학에서는 본성과 관련하여 본연지성과 기질지성을 구별하는 것은 그와 관련이 있다. 단순하게는 본원의 관점에서 본성을 본연지성(本然之性)이라고 하고, 품부의 관점에서 본성을 기질지성(氣質之性)이라고 한다. 본연지성이 만물에 대한 태극의 관철 곧 그 초월적 내재를 지시한다고 한다면, 기질지성은 만물의 다양성과 차이, 그리고 그것을 가능하게 하는 기질의 다양성에 조응(照應)한 본성의 현실적 상태를 지시한다. 기질지성은 자연적 본성의 측면을 배제하지 않지만 결코 자연적 본성 자체인 것은 아니다. 주자학에서는 자연이 이미 도덕화되었으므로 기질지성 역시 기질적 제한 속의 도덕적 본성이며, 도덕의 관점에서 해석된 자연적 본성이라고 해야 할 것이다. 본연지성이 단적으로 인의예지신 곧 오상(五常)이라고 한다면, 기질지성 역시 오상과 무관하지 않은 것이다.

이러한 기본적 구별에서 말한다면, 호락논쟁에서 인물성동이 문제에 관해서 '인간과 동물의 본연지성은 동일하고 기질지성은 다르다'라고 간명하게 답변할 수 있을 것이다. 실로 낙학 측에서는 그렇게 보았다. 그런데 문제는 호학 측의 한원진이 성삼층설(性三層說)을 제시하면서 인간과 동물의 본연지성이 다르다고 주장했다는 데 있다. 그는 본성에는 초형기(超形氣)의 본연지성과 인기질(因氣質)의 본연지성, 그리고 잡기질(雜氣質)의 기질지성이 있다고 하여, 본연지성을 둘로 나누어 보았다. 인기질의 본연지성은 원래의 기본적 구별에서는 기질지성에 해당하겠는데 그것을 본연지성이라 규정하고 따라서 인간과 동물의 본연지성은 서로 다르다고 주장한 것이다.

그는 본성을 어디까지나 기 속의 리로 보아야 함을 강조하고—그런 점에서 초형기의 본연지성은 참된 의미의 본성이라고 할 수 없다—, 기와의 관련성을 인(因)과 잡(雜)으로 나누어 본 것이다. 인이 리와 관련하여 기의 제한을 소극적-수동적으로 인정한 것이라고 한다면, 잡은 기의 제한을 적극적-능동적으로 인정한 것이라고 할 수 있다. 이것은 곧 본원의 동일성에 대해 유행에서는 리 차원의 차이를 이야기할 수 있음을 주장한 것으로 주자학의 성론(性論)에서 진전된 이야기를 담아낸 것이라고 평가할 수 있다.[67]

낙학 측에서는 본성을 기의 맥락 가운데의 리로 보는 것에는 이견이 없지만, 본연지성은 기의 영향을 배제한 가운데 리에 초점을 둔 개념이라는 것이고, 기의 영향을 고려한다면 그것은 어디까지나 기질지성이라고 해야 한다는 기본적인 입장에 충실했다. 그러한 지점은 호론 측으로부터 결국 본성을 공허하게 논의한다[현공설성(懸空說性)]는 비판을 받게 되지만, 낙론이 본성을 다룸에서 기의 맥락을 배제한 것은 아니었다. 낙론에서는 실천의 차원에서, 본성에 조응하는 인간의 마음의 기의 독특성과 탁월성을 강조하는 방식으로 무맥락의 문제를 해소했다고 할 수 있다.

호락논쟁에서 인물성동이론은 결국 본연지성에 대한 이해의 문제였다.[68]

거기에서 낙론이 본원 및 본원과 연속된 유행의 관점을 고수한 것이라면 호론은 품부된 상황 속에서의 유행의 관점을 취한 것이라고 할 수 있다. 본연지성에 대한 호론적 접근의 효용성은 본연지성이 모든 존재의 근원으로서 태극-리와 동일시될 뿐 아니라 소당연의 규범적인 리와 동일시될 수밖에 없다는 점에 있었다. 즉, '본연(本然)'이라는 말이 함축하는 바와 같이 그것은 본래 주어진 그대로의 상태를 의미하는 것으로서, 원래는 그러했으나 지금은 대체로 상실하거나 망각되고 있는 것, 그러므로 수양을 통해 회복해야 할 지향점이라고 하는 실천론적인 의미를 지니고 있다.

기질지성과 대립하는 의미에서의 본연지성은 결국 현실 세계에 대한 태극의 지배의 관철을 표현한 것이다. 따라서 본성은 기질의 맥락에서 논의되지만 그것은 기질의 제한을 받지 않고 오히려 기질을 제한한다.[69] 본연지성으로서의 본성은 내부에서 도덕 본체 혹은 도덕 생명으로부터 자연적으로 일어나는 도덕적 성향이면서 동시에 외적 규범-명령으로서 이해된다. 그로부터 이탈된 현실에서 본다면 더욱 그것은 자연적 성향으로 드러나기보다는 규범-명령으로 자각된다. 하지만 역시 그러한 규범-명령에 귀 기울일 수밖에 없는 내적인 동기로서 그것은 현실을 관통하여 있는 것이며 희미하다고 하더라도 엄연하게 현실을 통해 확인된다.

본연지성과의 관계 속에서 기질지성은 현실의 다양성과 차이를 설명하는 것이자 수양의 현실적 출발점을 의미하는 것으로서, 그런 점에서는 지양되어야 할 어떤 것으로서 소극적인 의미를 지니게 된다. 따라서 '기질지성은 본성으로 여기지 않는다'라는 발언 혹은 태도가 가능한 것이다. 한원진이 인기질(因氣質)의 본연지성을 기질지성이 아니라 본연지성으로 주장하는 것은 그러한 함축과 관련이 있다. 구체적인 실천적 규범은 인간과 동물에서 차이가 있을 수 있으며, 그것은 곧 그것의 근원인 본성의 차이를 전제하기 때문이다.

물론 낙론의 입장에서는 그러한 실천적 지침 혹은 규범으로서의 본연지성이 모든 존재에게 동일하다고 해서 문제 될 것은 없다고 할 수 있다. 곧 도덕화된 자연 곧 도덕적 우주에서 모든 존재에게 동일하다고 할 수 있다. 모든 존재가 그것을 실현할 가능성을 동일하게 소유한 것은 아니다. 하지만 그것이 곧 모든 존재의 동일한 근거와 그에 기반한 본성과 규범의 동일성을 부정할 이유가 되지는 않는다는 것이다. 또한 모든 존재는 그러한 태극-인(仁)의 실현 가운데 형성되어 각자의 방식과 수준에서 그에 동참한다고 해야 하는 것이다.

그렇다면 호론이 도덕적 우주론을 파괴 혹은 부정했다고 할 수 있을까? 물론 그런 함축이 전혀 없었다고 할 수는 없지만, 그들이 그러한 도덕적 우주론을 부정했던 것은 아니었다. 적어도 리-태극의 세계관을 유지하는 한 그것은 불가능한 것이었다고 할 수 있다. 그들이 그것을 부정한 것은 아니었다. 그러한 파괴는 본연지성을 인간에게만 인정했던 성호학파와 더 나아가서 본연지성 자체를 거부한 다산(茶山) 정약용(丁若鏞, 1762~1836)에 이르러서야 명료하게 나타난다.[70]

2) 마음

본성[性]이 인간이 공통으로 부여받은 보편적인 것으로서, 모든 인간 더 나아가 모든 존재에게 동일하게 우리에게 주어진 것[命]이라면, 마음[心]은 몸[身]과 마찬가지로 인간 각자에게 개별적으로 주어진 것이다. 개체적인 구체성을 이루는 것인 동시에 리를 인식하고 실천하는 인지-실천의 주체이며, 그러한 인지-실천을 통해 몸을 지배하는 주재(主宰)이다. 본성이 공동의 자산으로서 우리에게 주어져 있는 것으로 닫혀 있다면[71] 마음은 동시에 우리의 실천에 향해 열려 있다. 마음의 초점은 비록 그것 역시 일차적으로 우리에게 주어진 것이지만 우리에 의해 발휘되어야 할 것으로서 실천적 주체성에 놓여 있다.

주자학에서 우리 인간 존재의 규명은 바로 그러한 우리의 두 가지 측면에 관한 규명을 중심으로 전개된다. 그리고 그러한 규명에서 핵심적인 개념이 리와 기이다. 곧 단적으로 본성은 리로, 마음은 기로 규정된다. 하지만 본성은 리 자체는 아니며 기 그리고 마음 가운데의 리이며, 마음은 동시에 본성이기도 한 것으로 단지 기가 아니라 리와 기의 합으로 규정된다.

본성은 마음에 내재한 것으로서, 마음의 어떤 한 양상 곧 미발을 가리키는 것이기도 하지만, 인간 일반에게 혹은 심층적으로는 모든 존재에게 보편적으로 공유되는 것으로서, 태극에 준(準)하는 것이라고 할 수 있다.[72] 그것은 각 개체에 내재한 태극으로서, 개체를 형성하는 근원이자 개체의 실천을 규제하는 규범 혹은 도덕법칙이다. 성리학 혹은 주자학의 기본 명제인 성즉리(性卽理)는 바로 그것을 의미한다. 리로 규정된다고 하는 것은 그것이 변경 가능한 것이 아니라는 것을 함축한다. 우리의 주체적 실천이 그것의 존재 유무에 관여할 수 없다는 것이다.

그에 대해 마음은 그것의 한 양상[未發]에서 본성 자체이기도 하며, 그것의 다른 한 양상[已發]에서는 본성이 현실화된 것으로서 정이기도 하지만, 또한 본성과 정과는 구별되는, 그 고유성에서는 현실 세계 속에서 다른 존재들과의 관계 속에서 본성을 구체적으로 실현하는 수행자로서 이해된다. 수행자로서의 마음은 어디까지나 기이지만, 인간에게서는 그 수행이 곧 주재적 실천이라는 점에서는 단지 기만으로 규정할 수 없고 리, 곧 태극의 측면을 지녔다고 해야 한다.

(1) 마음의 본체 1: 인지-실천의 주체, 허령과 명덕

마음을 의미하는 '심(心)'은 원래 신체 장기 중 심장(心臟)을 가리키는 말이다. 심장은 전통적으로 인간의 인지-실천적 활동의 중심으로 이해되었다.[73] 본성이 보편적—인간 일반에게 혹은 더 심층적으로는 모든 존재에게 해당된다는 의미에서— 명령으로서, 규범 혹은 법칙을 의미하는 리와 동일시된다면, 마음은 현실 세계 속에서 그것을 개체적 단위에서 구체적으로 실현하는 것으로서, 기에 속한다.

동물도 심장이 있으며, 인지-실천적 활동의 중심으로서 마음이 있다.[74] 하지만 동물의 마음과 인간의 마음 사이에는 차이가 있다. 동물은 본능적 수준에서 인지-실천적 활동을 수행하지만, 인간은 반성적 수준에서 규범, 원칙으로서의 리를 사려하고 그것을 자각적으로 실천한다. 참된 의미에서 인지-실천의 주인 혹은 주체라고 할 수 있는 것은 오직 인간에 있어서이다.

인간의 마음이 그러한 인지-실천의 주체가 될 수 있는 것은 바로 그 마음을 이루는 기가 단순한 기가 아니라 기 중에서도 특별한 기이기 때문이다. 주자학에서 마음의 인지-실천적 활동은 바로 마음을 구성하는 기의 특별함에 기인하는 것으로 이해된다. 예를 들어 기에는 편전(偏全)과 통색(通塞)의 구분이 있는데, 동물의 기는 치우치고 막혔으나[偏塞], 인간의 기는 온전하고(혹은 바르고) 통하는[全通, 正通] 성질이 있다. 온전하다는 것은 오상을 온전히 갖추었다는 것이 될 것이고, 통한다는 것은 리를 그 은미한 수준에서까지 인식하고 실천할 수 있다는 것을 의미한다.

그러한 편전통색은 인간의 마음과 신체 곧 인지 능력과 실천 능력을 포괄한 수준에서 말한 것이라고 한다면, 주자학에서는 정상(精爽), 허령(虛靈), 허명(虛明), 신명(神明) 등의 용어를 사용하여 인간 마음의 기의 특별성을 표현하기도 했다. 주자는 다음과 같이 말한다.

> 마음은 기의 정상(精爽)이다.[75]

> 마음이라는 존재는 지극히 허(虛)하고 지극히 영(靈)하며 신묘하여 헤아리기 어려운 것으로, 항상 한 몸의 주인이 되어 온갖 일의 강령을 제시하여 잠시라도 존재하지 않은 때가 없는 것이다.[76]

마음은 사람의 신명(神明)으로서, 중리(衆理)를 갖추어 만사에 응하는 바의 것이다.77

주자에 의하면 마음은 기의 정상(精爽), 곧 기이되 거칠지 않고 정밀하며 어둡지 않고 밝은 기이다. 그것은 곧 마음이 허령하고 신명한 속성이 있음을 설명해준다.78 허(虛)는 수용성을, 영(靈)은 민감성을 의미한다. 이것은 마음을 이루는 기의 속성을 표현하는 것이기도 하다. 마음은 허(虛)하므로 중리(衆理) 혹은 만리(萬理)를 갖추었거나 갖출 수 있으며,79 영(靈)하므로 만사에 반응할 수 있다.80

바로 그러한 것은 동물과 구별되는 인간다운 특성을 이루는 것으로서, 인간에게는 보편적이다. 성인(聖人)이나 일반인이나 차이 없이 인간은 그러한 인지-실천적 능력이 있으며, 바로 그러하기에 궁리(窮理)의 실천을 할 수 있고 그의 부단한 수양을 통해 성인이 되기를 기약할 수 있다. 성선(性善)이 우리 수양의 객관적 근거라고 한다면 마음의 허령은 주관적 근거이다.

그런데 인간은 성인이나 일반인이나 동일하게 허령한 마음을 지니고 태어났지만, 그 허령을 구성하는 것은 기이므로 기의 특성상 또한 그 가운데 차이가 없을 수 없지 않은가라는 의문이 제기될 수 있다. 허령은 동일해도 허령의 기에는 차이가 있을 수 있다는 것이다. 이른바 사람들 사이에는 기에 청탁(淸濁: 맑고 탁함)과 수박(粹駁: 순수하고 잡박함)의 차이가 있다. 그것은 사람들 사이에 엄연히 존재하는 인지-실천 능력의 차이에서 확인된다. 성인의 마음은 청기(淸氣)가 모인 것이므로 허령이 지각하는 바가 모두 리이지만 평범하고 어리석은 자의 마음은 탁기(濁氣)가 모인 것이므로 허령이 지각하는 바가 모두 개인적 욕심[欲]이라고 할 수 있다는 것이다.81

허령이 이러한 기의 성격을 가지고 있음은 분명히 도덕 실천의 주관적 근거의 보편성을 약화시키는 면이 있다. 인간의 도덕 주체는 타고난 우연적 기질의 제약으로부터 자유롭지 못한 것이 되고 말 것이기 때문이다.[82] 허령의 기의 차별성에 주목한다면 허령의 보편성—물론 제한적 보편성이지만—은 어디에서 어떻게 확보할 수 있단 말인가? 허령이 단지 기라고 한다면 그것은 곧 인간의 마음, 곧 인지 - 실천의 주체인 마음이 자연 속의 일부라는 것을 함축한다. 그것은 인간의 도덕적 역량 역시 자연적 역량으로 이해되었음을 의미한다. 이것은 자연주의의 연속성 위에 도덕을 건설한 주자학의 특징이자 한계라고 할 수 있다.

조선 성리학이 호락논쟁의 단계에서 허령과 명덕을 구분하는 논법을 제시한 것은 바로 그러한 문제와 관련이 있다.[83] 아무래도 허령은 기의 성격에서 자유롭기 어렵다고 한다면, 주자는 마음에 대응하는 또 하나의 용어에 주목했는데 그것이 곧 명덕(明德)이다. 즉 주자는 마음의 인지 - 실천적 역량을 『대학(大學)』에서 말하는 '명덕'에 대응시켜 다음과 같이 말했다.

> 명덕은 사람이 천(天)에서 얻은 것으로서, 허령불매(虛靈不昧)하여 중리(衆理: 온갖 이치)를 갖추어 만사(萬事: 온갖 사태)에 응하는 바의 것이다.[84]

> 오직 사람이 태어남에 곧 그 기의 바르고 통한 것을 얻어서 그 본성이 가장 귀하다. 그러므로 그 방촌의 사이에 허령 통철(洞徹)하여 만리(萬理)를 모두 갖추고 있다. 대개 그가 금수(禽獸)와 다른 소이(所以: 까닭, 근거)는 바로 여기에 있으며 그가 요순이 되어 천지에 참여하여 조화(造化)를 도울 수 있는 소이도 또한 그에서 벗어나지 않는다. 이것이 이른바 명덕이라고 하는 것이다.[85]

명덕은 곧 인간 마음의 인지 - 도덕적 역량이다. 허령이 마음을 이루는 기의 성질을 설명해주는 것이라고 한다면, 명덕은 마음의 속성을 설명하되 단지 기(氣)만이 아니라 본성 곧 리와의 관련성을 설명하고 있다고 할 수 있다. 허령이 마음의 기의 성격을 지적한 것이라면 명덕은 마음의 리

성격을 지적한 것이라고 할 수 있다. 물론 그렇다고 해서 단순히 리인 것이 아니라 여전히 기이기에, 그것을 그 속에 내재한 리의 측면과 합하여 본 것이라고 말하는 것이 더욱 적절할 것이다.

호락논쟁 시기 특히 호학 측에서 명덕과 허령을 구분하여 허령이 엄연히 기로서의 다양성을 가진다고 한다면 명덕은 인간 사이의 동일성을 가진다고 주장한 것은 바로 그런 점에 착안한 것이었다. 그런데 명덕은 결국 허령에 기초한 것이라고 한다면 그러한 구분의 정당성을 어디에서 구할 수 있을까? 낙학 측에서는 마음의 리적(理的) 성격에 주목하거나, 마음을 구성하는 기의 담일(湛一)함에 주목한다.[86] 그 일(一)은 청탁수박의 차이를 넘어 인간 마음의 동일성을 가능하게 하는 근거로 볼 수 있다는 것이다.

명덕과 관련된 이러한 논란은 19세기 조선 성리학에서 심설(心說) 논쟁으로 진행해갔다. 이것은 곧 호락논쟁이 전환의 시대에 사대부 혹은 인간의 도덕 주체를 어떻게 정립할 것인가라고 하는 시대적 관심을 반영한 것이었음을 또 한번 보여준다. 실학의 시대에 처하여 문제를 세계 혹은 제도에서가 아니라 주체의 방면에서부터 해결하고자 하는 성리학 혹은 주자학의 기본적 태도가 유지되었음을 또한 확인할 수 있다.

(2) 마음의 작용 1: 주재와 지각

허령과 명덕이 인지-실천의 주체로서의 심체(心體) 속 마음의 본체에 대한 주자학의 이해를 보여준 것이라고 한다면, '주재(主宰)'와 '지각(知覺)'은 그러한 마음의 작용을 표현한 개념이다. 즉 주자학에서 마음은 몸의 주재자로서, 자연에 지배당하지 않고 도리어 자연을 지배하는 능력으로 이해되었다.[87] 그런데 주자에 의하면 인간 마음의 주재 능력은 그의 지각하는 능력, 곧 그의 인지적 능력에 기초한 것이다.[88]

'지각'은 오늘날 서양철학의 'perception'에 대한 번역어로 사용되지만, 주자학에서 '지각'이란 감각과 지각, 이성적 인식 등을 포함하여 외부 세계에 대한 인지적 반응 전체를 포괄하는 명칭이라고 할 수 있다. 그것은 감응(感應)의 세계관을 기초로 하여 단지 인간에게만 한정된 것이 아니라 동물에게도 적용되며,[89] 더 나아가 식물, 무생물에 이르기까지 감응 곧 자극과 반응의 관계로 엮여 있는 모든 존재의 상호 작용에 적용된다.[90]

물론 그것은 단일한 것은 아니며 다양한 수준으로 이루어진다. 인간은 그러한 감응의 체계에서 가장 포괄적이고 가장 탁월한 수준에서 지각 활동을 수행한다는 점에서 여타 존재와 구별된다. 하지만 그 구별은 절대적이고 질적인 구분은 아니며 연속적 감응의 단일체 속에서 최상위를 점했을 뿐이다. 리를 당위적 명령으로 이해하고 자연적 과정을 반성적으로 주재해가는 자각적 실천으로서의 인간의 지각 활동은 동시에 그러한 대상 세계에 자연스럽게 반응해 가는 일반적 감응 작용에 포괄된다. 인간의 자각적 실천은 일반적인 감응 작용의 인간적 양상으로 이해되었다고 보는 것이 더 적절할 것이다. 그런 점에서 자연주의 혹은 확장된 자연주의는 여전히 유지된다.

인간에서 지각은 낮은 수준의 감각적 반응의 단계를 포괄하여 고유하게는 도덕규범[所當然]과 그 근거[所以然]로서의 리를 인식하는 도덕 인지적 활동으로서 이해된다.[91] 인간은 동물들과는 달리, 마음의 지각 작용을 통해 도덕규범과 그 근거인 리를 인식하고 그를 자각적으로 실천한다. 인간의 마음은 허령불매 혹은 허령지각으로 표현되는 도덕 인지적 능력을 지녔으며, 그 도덕 인지적 능력—그것이 곧 능지능각(能知能覺)이며, 그냥 지각이라고 표현하기도 한다—이 세계와의 관련성 속에서 자신을 실현한 결과가 소지소각(所知所覺)으로서의 지각이다.

인간이 스스로 자연의 일부이지만 동시에 자연을 주재할 수 있는 것은 리에 대한 인지를 통해 리의 담지자 혹은 수행자로서 자신을 리와 동일시할 수 있기 때문이다. 인식-실천의 주체로서의 마음은 활동하는 능동자로서 기에 속한다고 하겠지만, 또한 신체를 주재하는 주재적 존재라는 점에

서 주재자로서의 태극-리와 유비적으로 동일시된다.⁹²

인간은 바로 그러한 마음을 가진 자로서, 리에 대한 인식과 실천, 그를 통한 자연에 대한 주재 그리고 그것의 전제로서의 자유야말로—물론 그것은 제한적이다—여타 존재에 구별되는 인간의 탁월성, 존엄성의 이유이다.⁹³ 낙학 측에서 호학과는 달리 본성이 아니라 마음에서 인간과 동물의 차이를 이야기했던 것은 바로 그 지점에서였다.

마음의 작용, 곧 주재와 지각은 마음의 본체, 즉 허령과 명덕의 자기실현임을 살펴보았다. 그때 마음의 본체는 개인적 혹은 개체적인 인지-실천적 주체로서 자신의 행위에 대한 책임을 진다. 능동적 주체로서의 마음은 리에 육박하는 존재이지만 또한 여전히 기에 속하고 있는 한 한계를 가지며, 그의 실천은 리에 온전히 일치하는 경우도 있지만 부족하거나 어긋난 경우도 있다. 선과 악이 있을 수 있다. 주자는 마음의 본체는 선하고 따라서 그것의 발현은 선하지만, 그 기품과 물욕으로 말미암아 악이 있을 수 있다고 하고, 그것들은 결국 마음에서 나온 것이라고 하지 않을 수 없다고 했다.⁹⁴

한편 주자는 『서경(書經)』의 인심(人心)과 도심(道心)을 지각 개념과 관련하여 다음과 같이 규정한다.

> 마음의 허령 지각은 하나일 따름이다. 그런데 인심과 도심의 차이가 있게 되는 이유는 그것이 혹은 형기(形氣)의 사사로움에서 생겨나고 혹은 성명(性命)의 바름에 근원하여, 그로써 그 지각이 되는 바의 근거가 다르기 때문이다. 그래서 혹은 위태로워 불안하며, 혹은 미묘하여 발견하기 어렵다.⁹⁵

인간의 경우 지각은 하나이지만 인심과 도심의 두 가지 양태를 가진다는 것이다. 인간의 지각은 단순히 형기상의 감응으로 일어나는 것이 아니다. 형기상에서 외물과의 신체적 감응 관계에서 발생하는 지각 활동이 인심이라면, 인간에게는 비록 신체상에서 일어나기는 하지만 성명에 기원하는, 즉 개체적 신체성을 넘는 성명(性命) 성에 기원하는 지각 활동이 있으니 곧 도심이 그것이다.⁹⁶ 도심은 감각적 수준에서가 아니라 이지적 수준에서 일어나는 도덕 인지적 활동을 포함하여 그 결과 발생하는 선한 마음이라고 할 수 있다. 그것은 인지-실천적 주체의 자각적 작용의 측면을 배제하지 않지만, 그 초점은 자연스럽게 발생하는 인간의 도덕적 감성, 양심 등을 의미한다. 지각의 이러한 측면은 심의 본체와 작용에 대한 또 다른 하나의 인식으로 이끈다.

(3) 마음의 본체 2: 미발과 본성

주자학에서는 마음의 작용 혹은 운동이 또 하나의 층위에서 기술된다. 마음의 작용은 본성의 작용이라는 층위에서도 이해되었다. 이때 마음의 본체는 곧 본성이 된다. 성체(性體)가 곧 심체(心體)이다. 주자학에서 마음은 단지 인지적 측면에서 곧 인지심(認知心)으로만 다루어지는 것은 아닌 것이다. 마음은 어떤 특정한 국면에서 본성과 동일시되며 그러한 점에서는 리 자체라고 할 수는 없지만 리를 내재하고 있다는 점에서 리와 실제적으로 동일한 것으로 이해된다.⁹⁷ 주자는 그와 관련하여 다음과 같이 말한 바 있다.

> 마음이라 할 때 각각 말하는 지점이 있다. 예를 들어 『맹자』에서 "인(仁)은 인심(人心)이다"라고 한 것은 인이 곧 인간의 마음이라는 것으로, 여기에서 말하는 마음은 리를 합해서 말한 것이다. 『논어』에서 "안회(顏回)는 그 마음이 석 달 동안 인을 어기지 않는다"라고 말한 것은 마음이 주체로서 리를 어기지 않는다는 것이다. 각 지점에 나아가보아야 이해할 수 있다.⁹⁸

마음은 단지 리를 대상으로 하여 인식하고 실천하는 인지적-실천적 주체이기만 한 것이 아니라, 그 실천의 결과에서는 리와 분리되지 않는 것으로도 이해된다는 것이다. 후자의 측면에서는 리는 마음의 인식 대상이 아니라 이미 마음속에 내재해 있다. 곧 본심(本心)의 측면이다. 마음속의 리는 마음의 미발 상태에서, 그리고 사단과 같은 정서에서 명확하게 그 모습을 드러낸다. 그때의 마음과 리는 구분될 수 없이 통합되어 있다. 그것은 성선이 미발과 이발의 현실 속에서 자신을 드러낸 것이라고 할 수 있다.

마음속의 리는 특별히 사단에서 확인되며, 이 부분은 16세기 조선 성리학에서 이황이 특히 주목하고 강조했다. 17세기 이후 조선 후기 성리학에서 주목된 것은 마음의 '미발'이었다. 마음과의 관련 속에서 본성은 마음의 '미발'로 규정된다. 본성은 마음이 아직 발현하기 이전의 상태이다. 좀 더 정확하게 말한다면 마음이 아직 발현하기 이전 곧 미발 상태는 단지 미발현이 아니라 본성과 '일치한 상태'로서 역시 마음의 현실태의 한 양상으로 이해된다. 그 미발 상태가 구체적으로 무엇을 지칭하는지는 논란이 있지만[99] 그것이 본성, 곧 리와 일치한 상태로 이해되었다는 것은 분명하다. 『중용』의 '미발의 중'이 바로 그것이다.

'미발'은 『중용』에서 처음 등장한다. 그것은 아직 희로애락이 발현되지 않은 평정한 마음의 상태로서 '중(中)'으로 규정되었다.[100] '중'이란 일단 어떤 심리적 평정 혹은 평형 상태, 곧 아직 감정적 동요가 일어나기 이전의 상태로 이해된다. 그것은 선악이 나뉘지 않은 상태라고 할 수도 있지만, 성리학에서는 '중'을 단지 그러한 감정적 평정 상태를 의미하는 것으로 보는 데 그치지 않고, 더 나아가 규범과의 일치 상태, 곧 본성의 상태 혹은 본성과 일치한 상태로 이해했다. 따라서 마음의 미발은 중(中)으로서 도덕적 의미에서 선(善)하며, 중의 상태는 어떤 의식적인 노력을 통해 도달한 상태가 아니라—그렇다고 해서 그와 관련한 공부가 필요 없다거나 불가능하다는 것을 함축하지는 않는다—, 마음의 본래 모습이 그러한 것이므로 마음의 본체의 선함을 지시하는 용어로 이해되었다. 바로 그러한 지점에서 마음은 단지 기가 아니라 리와 일치한 기, 혹은 더 나아가 이적(理的)인 어떤 것으로 밝혀진다.

주자는 그것을 마음 일반의 체용(體用), 동정(動靜)과 관련하여, 마음의 본체 상태로 이해했다. 마음은 살아있는 활물(活物)로서, 끊임없이 외부 세계와 관계하며 작용한다. 따라서 마음을 단지 이발(已發)로 보는 견해가 있었다. 그 경우의 미발(未發)은 본성 자체로 이해된다. 주자 역시 초기에는 그러한 견해에 동의했으나, 이른바 기축지오(己丑之悟) 이후 마음에는 미발의 상태가 있고 또 이발의 상태가 있다는 견해를 정립했다. 미발은 정(靜)의 상태이고 이발은 동(動)의 상태이다. 만물이 동과 정을 순환하듯이, 마음 역시 미발과 이발의 상태를 순환한다. 이발이 외물과의 관계, 즉 감응적 관계가 개시되어 어떤 반응이 구체화된 상태라고 한다면 이발과 구별되는 미발은 아직 그러한 관계가 있기 이전, 즉 외물과 감응하기 이전의 자기 동일성의 '상태'이다.

마음과 본성을 그렇게 보는 것은 한편으로 태극-리의 성격에 대한 명확한 이해의 정립과 밀접한 관련이 있다. 즉, 마음의 미발, 그리고 그 중(中)을 본성으로 보는 관점—이것이 이른바 중화구설(中和舊說)이다—을 넘어 그것은 본성과 일치된 어떤 상태이지 본성 자체는 아니며, 따라서 마음은 미발이든 이발이든 기인 것이지 리는 아니라고 하는 것이다. 이것이 이른바 중화신설(中和新說)이다. 본성-태극-리는 그러한 마음을 초월하여 있는 것으로, 즉 형이하에 대해 형이상의 것으로 정립되었다.[101] 물론 그것은 어떤 실체적인 것은 아니므로 여전히 마음-음양-기에 내재하여 있으며, 그 동정을 관통하여 있는 것이지만 또한 그것과 구별된 것으로서, 곧 초월-내재의 것으로 이해된다. 따라서 그를 통해 본성과 마음의 명확한 구별이 정립되었다고 할 수 있다.

한편, 정주학의 전통에서 미발은 사려미맹(思慮未萌) 곧 아직 사려 작용이 일어나기 이전의 상태이면서 동시에 지각불매(知覺不昧) 곧 그럼에도 지각이 어둡지 않은 상태라고 하여 이중적으로 규정되어왔다.[102] 이러한 이중 규정은 일견 모순되는 것으로 보여지며, 그로 말미암아 정주(程朱) 계통의 학자들 사이에서 일련의 논란이 존재했지만,[103] 그것은 미발의 성격을 각각의 방면에서 규정하는 것으로서 서로 빠뜨릴 수 없는 것이었다.

마음의 미발에서는 아직 마음이 적극적 활동하기 이전[思慮未萌]이므로 기질에 의한 분열로부터 자유롭고 또 그 가운데 지각이 밝고 어둡지 않아 [知覺不昧] 본성이 그 원래의 상태로 드러난다. 마음의 미발 상태에서 우리는 본연지성에 대해 직관 혹은 체험할 수 있다. 마음의 미발은 여전히 이발과 마찬가지로 형이하-기 세계에 속하기는 하지만, 이발과는 달리 어떠한 분열도 없는 상태이다. 일체의 사적인 주관이 배제되고, 주체인 마음이 공적인 객관 규범, 곧 리의 내재 형태인 본연지성과 완벽하게 일치한다. 그것이 중(中)의 상태이다. 본연지성은 마음의 미발 상태에서 선명하게 드러나는 것으로 이해되었다. 이러한 점은 특히 낙학 측에서 주목하여 강조한 부분이었다.

미발이 '사려미맹'의 상태로 규정되는 것은 미발이 이발과 구별되는 것으로서 개념 지워졌다는 데 원인이 있다. 일체의 생각, 곧 감정, 욕구나 사유가 일어나자마자 그것은 곧 이발이 되고 만다. 미발은 그러한 일체의 생각이 일어나기 전의 마음이라는 것이다. 하지만 그렇다고 해서 미발이 단순히 의식의 소멸 상태, 무규정의 상태인 것은 아니다. 그것은 중(中)이라 규정된 것에서 알 수 있는 바와 같이 차라리 어떤 마음의 순수한 본체가 노현(露顯)되는 상태로서 마음의 지각이 비(非)자각적 방식으로 어둡지 않고 환히 빛나며 비추는 상태라고 할 수 있다.[104] 마음의 미발을 한편으로 '지각불매'라고 적극적으로 규정하는 것 역시 그와 관련이 있다. 그러나 그것이 어떤 신비한 자기-절대 인식 상태, 일종의 엑스터시 같은 체험을 형용하는 말은 아니다. 유학의 일상성 지향은 성리학의 단계에서도 유지되고 관철된다. 거기에서 미발은 여전히 이발과 분리되지 않고 연속적으로 이어지며 상호 순환하는 일상적인 마음의 연속적 양상의 일부로 이해된다.

그런 점에서 '지각불매'를 단순히 이발의 지각의 예비 상태로 이해하는 관점 역시 존재한다. 아직 본격적인 외부 대상 세계를 인지하여 반응하는 지각 활동이 전개되기 이전으로서, 구체적인 지각의 내용[所知覺]이 없이, 언제든 지각 활동이 전개될 수 있는 지각의 예비 혹은 준비 상태[能知覺]라고 보는 것이다. 달리 표현한다면 그것은 곧 지각의 현실은 없지만 지각의 리가 갖추어져 있는 상태이다.

미발은 마음속에서 일어나는 것으로서, 그 자체가 어떤 대상 의식이 개시되지 않은 상태, 곧 주관과 객관이 분화되기 이전의 상태이기 때문에, 자신의 미발을 스스로 대상화해서 인식하는 것은 불가능하다. 그것은 기술될 수는 없고 체험될 수는 있다. 그러므로 그것은 어느 정도 신비의 영역이라고 할 수도 있다. 하지만 주자학의 특징은 그것을 합리성을 전제로 하여 배제하지 않고, 수양의 영역에서 하나의 주요한 자원으로 수용한 데 있다. 미발의 영역 그리고 수양에서의 그의 중요성과 역할을 인정하되 적극적으로 신비적 체험 속에서 진리를 전체적으로 인식하고자 하는 신비주의 길은 배제하고, 계신공구(戒愼恐懼: 삼가고 두려워함)와 존양(存養, 涵養)이라는 간접적 접근을 통해 그의 유용성을 이용한다는 합리주의의 길을 고수한 것이다.[105]

미발은 어떤 점에서 죽음과도 같다. 인간으로서는 누구도 살아 있는 상태에서는 죽음을 경험하지 못했기에—비록 죽음 가까이에 간 경험을 한 사람이라도— 죽음 자체를 말하지는 못한다. 하지만 우리는 죽음에 대해 사유하고 말할 수 있다. 또한 공자가 "삶을 알지 못하는데 어찌 죽음을 알겠는가?[未知生, 焉知死]"라 말한 것처럼, 유학 전통에서 죽음의 세계는 적극적인 인식의 대상이 되지는 못했다. 그러나 죽음에 관한 사유는 그저 무의미한 망상에 그치는 것이 아니라 우리의 삶과 관련하여 매우 의미 있는 것일 수 있다.

주자학이 미발에 대해 말하는 것은 바로 그러한 죽음에 대한 사유를 진행하는 것과 통하는 점이 있다. 유학에서 죽음을 다룬다고 해도 여전히 삶의 한계 위에서 삶과의 연속성에서 다루었듯이, 주자학의 미발 담론 역시 유학의 한계 내에서였다. 일단 미발은 이발과 구별된 혹은 초월적인 별도의 시공간 속에 있지 않다. 미발과 이발은 이어져 있으나 또한 구별된다. 그것이 횡적(橫的)으로—동과 정으로— 이어져 있음을 인식하지 못해서는 안 되며, 그 종적(縱的)으로—본성과 마음으로— 구별됨을 망각해서도 안 된다. 미발은 절대성이 빛을 내는 자리이지만 우리 마음의 고요한 상태이기도 한 것이다. 그 절대성이 망각되어서도 안 되고 그것이 우리 현실적인 마음속에 있는 것임을 놓쳐서도 안 된다.

(4) 마음의 작용 2: 정(情)

마음의 미발이 본성[性]이라면, 마음의 이발은 정(情)이다. 정은 마음의 작용이며, 또한 동시에 본성의 실현이라는 이중성을 지닌다. 16세기 조선 성리학의 전개에 힘입어 주자학에서 정에는 사단과 칠정의 구별이 있다는 점이 포착되었다. 사단은 『맹자』에서 측은(惻隱), 수오(羞惡), 사양(辭讓), 시비(是非)의 마음이라 표현된 것이었고, 칠정은 『예기(禮記)』 「예운(禮運)」 편에 희(喜), 노(怒), 애(哀), 구(懼), 애(愛), 오(惡), 욕(欲)이라 제시된 인간 마음의 현상을 지칭한다.[106] 사단이 특별히 인의예지라고 하는 본성의 실현이라는 점을 명확히 보여주는 것이라면, 칠정은 우리 마음의 자연적 작용 일반을 지시하는 개념이라고 할 수 있다. 그런데 성리학적 세계관에서는 칠정 역시 본성의 실현이며, 사단 역시 마음의 작용으로 이해된다는 점에서 둘 사이의 동일성과 차이에 대한 자세한 해명의 필요성이 있었다고 할 수 있다. 둘 사이의 관계를 어떻게 볼 것인가? 칠정과 사단을 구분하는 것의 이론적, 실천적 의의는 무엇인가?

이른바 사단칠정 논변은 그러한 문제를 기초로 하여 진행되었다. 이황이 사단과 칠정의 구별을 강조하고 그것을 각각 리에 기원을 두거나 기에 기원을 둔 것으로 분별하여 설명할 수 있다는 입장이었고, 그의 상대였던 기대승은 사단과 칠정을 통합하여 이해하고자 하는 입장이었다. 이러한 문제의식은 이이와 성혼을 거쳐 후기 조선 성리학에도 이어져서 퇴계학파와 율곡학파라는 학파의 분립을 가져왔다. 어쨌든 그에 대한 조선 성리학자들의 세심한 논변을 통해 성리학에서 정(情)의 의미, 그리고 마음과 본성 개념에 대한 이해가 깊어졌다고 할 수 있다.

호락논쟁은 율곡학파 내부에서 일어난 것이기에 이것이 호학과 낙학의 분립에 결정적 중요성을 지니고 논란되지는 않았다. 다만 낙학의 종장 김창협이 이 문제에 대해 이이를 일부 비판하고 이황의 관점을 일부 도입함으로써 자신의 개성을 드러내기도 했으며 그에 대해 호학 측 한원진의 비판적 검토가 있었다. 그것이 각각의 정신을 드러내준 측면이 있지만, 본격적인 호락논쟁의 단계에서 논쟁의 쟁점이 되지는 않았다. 호락논쟁에서 마음의 이러한 국면과 관련하여 주요하게 논란된 것은 사단과 칠정의 관계라기보다는 성체(性體)의 발현으로서의 정, 여기에서는 지(智)의 발현으로서의 시비(是非)와 심체(心體)의 발현 혹은 작용으로서의 지각 사이의 관계 문제였다.[107] 그것은 곧 마음의 본체를 성체와 심체 두 층위에서 이해할 수 있다면 그 작용으로서의 지각에 대해서도 두 층위의 이해가 가능한가 하는 문제였다.

낙학에서는 지각은 성체 곧 지(智)의 작용이 아니라 그와 구별되는 심체의 작용으로 보아야 한다는 입장을 제시하였다. 심체의 실현이 지각이라면 성체, 여기에서는 지의 실현이 시비(是非)이다. 지의 작용은 시비이지 지각이 아니라는 것이다. 지각은 본성에서 정서로 발현해가는 운동의 매개 혹은 기체로서, 곧 그 전달자로서의 역할을 한다. 지의 작용으로서의 시비가 정의 수준으로 나아간 것 곧 마음의 이발에 속한 것이라고 한다면,

지각은 미발의 본성에서 이발의 정에 이르는 마음의 전체 과정에서 마음이 주재(主宰) 작용을 할 수 있는 근거가 된다는 점에서, 시비라고 하는 정과는 구별해 보아야 한다는 것이다. 이는 미발에서의 지각의 유무 문제와 맞물리면서 호락논쟁의 주요한 논점의 하나로 발전했다. 그러나, 본론에서 다시 살펴보겠지만 낙학에서 강조한 것은 마음과 본성, 심체와 성체의 철저한 분리라기 보다는, 본성을 실현하는, 곧 본성과의 합일을 지향하는 마음의 주관적 능동성, 주체의 활력과 실천이었다고 할 수 있다.

반면 호학에서 지각은 지(智)의 실현으로 이해되었다. 거기에서 성체와 심체는 분리되지 않는다. 마음의 모든 작용 곧 지각은 심체의 실현이며 동시에 성체의 실현이다. 결과적으로 호학에서는 심체의 독자적 성격에 대한 포착이 약화되는 면이 있다고 할 수 있다. 인간의 실천에서 더욱 중요한 것은 마음이 아니라 본성, 더 나아가 본성의 맥락―존재와 실현 두 측면 모두에서―으로서의 기질이라는 메시지가 있다고 할 수 있다. 이는 호학 측에서 본성에서의 차별을 강조하는 것과 맥락이 연결되어 있는 것으로 볼 수 있다. 호학에서 강조하는 것은 마음이 결정해야 할 어떤 것이 아니라, 마음에서 이미 결정되어 있는 것에 대한 명확한 인식과 분별이었다고 할 수 있다.

심체와 성체, 곧 마음과 본성의 이러한 구별은 주자학의 심성 이해의 독특성이 드러난 것으로서, 지각에 담긴 자연적 감응의 성격, 자각적 인지적 실천의 측면, 그리고 그 이면의 리의 실현이라는 층위가 뒤섞인 지각 활동의 복합성에 기인하는 것이라고 볼 수 있다. 인지-실천의 주체로서의 마음이 능동적 주체라면 본성의 실현 혹은 매개 혹은 장소로서의 마음은 수동적 주체라고 할 수 있으며, 인지-실천의 주체로서의 마음의 작용인 주재와 지각이 마음의 능동적 적극적 작용이라면 본성의 실현으로서의 정은 마음의 수동적 소극적 작용이라고 할 수 있을 것이다. 주자학에서 마음은 능동적 주체인 동시에 본성―그것은 개체성을 넘어선 우주론적인 것이다—이 자신을 실현하는 장소라는 복합적 성격을 지니고 있는 것이다. 마음의 이러한 복합적 성격이 잘 표현된 명제가 '심통성정(心統性情)'과 '성발위정(性發爲情)'이다.

3) 성발위정과 심통성정

마음과 본성과 관련된 주자학의 기본 명제인 '성발위정(性發爲情)'과 '심통성정(心統性情)'은 바로 마음의 그러한 복합적 성격을 잘 표현해준다. '성발위정'이란 리인 본성이 발하여 정이 된다는 말이다. 즉 현실의 우리 의식 세계 일반은 본성 나아가 리에 근원을 가진 것으로, 리의 현현이라 이해할 수 있다는 것이다. 이는 우리의 의식 활동에 태극-(음양오행)-만물의 관계를 적용한 것이라고 할 수 있다. 본성이 태극에 해당하고, 정이 만물에 해당한다.

'심통성정'이란 일차적으로 마음이 바로 본성과 정을 포괄하는 개념임을 지시한다. 본성은 미발의 마음이고 정은 이발의 마음이다. 성발(性發)은 곧 심발(心發)이기도 하다. 마음은 본성이기도 하며 정이기도 하지만, 본성만은 아니며 정만도 아니다. 마음이 곧 그대로 본성과 정으로 환원되는 것은 아니다. 그것은 본성에서 정으로 나아가는 역동적 과정 전체를 가리키는 개념이다. 더 정확하게 말한다면 미발에서 마음은 본성 자체가 아니라—정상적인 상태라면—본성을 그대로 현현하고 있는 어떤 것이며, 이발에서의 마음은 정 자체가 아니라 정을 실현하고 있는 어떤 매체이다. 즉, 마음은 '성발위정'이 이루어지는, 곧 리-태극의 현현이 이루어지는 '장소[場]'가 된다는 것을 의미한다.

그런데 그러한 실현 혹은 현현은 단지 피동적으로 이루어지는 것은 아니다. 태극-리의 관점에서 그것은 마음을 매체로 혹은 장소로 한 자신의 활동이라고 기술될 수 있겠지만, 마음 자체의 관점에서 본다면 그것은 마음이 주체가 되어 그러한 실현을 주도 혹은 주재하는 것이라고 기술할 수 있는 것이다.

그것이 '심통성정'에 담겨 있는 또 하나의 의미이다. 주자학에서 마음은 리(존재이며 당위)인 본성을 사유[思]를 통해 자각하고 그를 심리적, 사회적 현실[情]에서 의지하고[志, 意] 실현하는 '주체'라는 것을 또한 의미한다.[108] 소당연, 궁극적 규범, 표준으로서의 리-태극은 바로 이러한 심과의 관련성 가운데 그 실제적 의미를 획득하게 된다.

주자학에서의 마음 개념은 이렇게 장(場)과 주체라는 두 가지 의미를 모두 함축한다. 마음은 한편으로는 '성발위정'이 일어나는 장소로서 곧 미발에서는 본성, 이발에서는 정서의 양상을 지니면서 전개하는 것으로서 본성과 정서를 포괄한다. 마음은 다른 한편으로는 '성발위정'의 과정을 주재하는 주체로서 곧 본성 혹은 리의 존재 및 활동을 직관 혹은 추론하여 인식하고 그를 다시 자신의 정서적 사회적 실천으로 자각적으로 구현해낸다.

주체로서의 마음은 자신의 의식의 흐름 속에서, 그리고 사회적이고 역사적인, 혹은 물리적인 현실 속에서 리를 발견하고 인식하며, 그것을 현재의 삶 속에서 구체화한다. 마음은 리를 자각하고 그것을 자신의 것으로 정립하는 능력을 지닌 자율적인 주체이다. 특별히 내재적인 리와 관련해서는 마음은 자신을 장(場)으로 한, 리의 자기 현현을 자신의 자기실현으로 자각하고 동일시하는 의식적 주체이다. 마음은 끊임없이 이루어지는 절대성, 태극-리의 자기 현현에 주체적으로 참여한다.

3
성인

1) 공자의 성인론

공자 이래로 유학은 '위기지학(爲己之學)'을 표방했다. 위기지학이란 자신을 위한 학문 곧 자신의 향상과 완성을 지향하는 학문이라는 것이다. 공자는 그렇게 완성된 이상적 인간을 군자(君子)로 지칭했다. '위기지학'에 대비된 '위인지학'이 곧 다른 사람의 인정을 구하기 위한 학문이라고 한다면 군자가 된다고 하는 것은 다른 사람의 인정을 얻는 것을 목적으로 한 것은 아님이 분명하다.[109]

그렇다고 해서 그것이 다른 사람의 인정과 무관하다는 것을 함축하지는 않는다. 군자는 그 문자적인 의미에서 어떤 정치 공동체 수장(首長)의 후계자를 의미하는 것이므로 군주가 있는 정치 공동체를 전제한다. 공자의 독특성은 그러한 정치 공동체의 지도자 혹은 그 후계자로서의 군자의 자격을 학(學)을 통한 자기 수양과 완성, 곧 덕(德)의 성취에 두었다는 데 있다. 군자는 유덕(有德)한 자 혹은 성덕(成德)한 자로서 정치지도자의 역할을 할 수 있는 자격을 갖춘 자인 것이다.[110]

고대 중국에서 본래 덕(德)은 주로 왕의 품성이나 행위가 신(神), 더 나아가 공동체의 성원들이 인정할 만한 탁월성을 가졌을 때 그에게 부여되는 칭호였다.[111] 덕은 객관적 역량의 수월성을 의미할 뿐 아니라 주관적 인정을 포함하는 개념이었다. 그것은 『논어(論語)』에서도 어느 정도는 마찬가지여서 공자는 덕을 정치의 원리로서 제시했으며,[112] "덕은 외롭지 않으며 반드시 그를 지지하는 이웃이 있다"113고 말한 바 있다.

공자는 성인(聖人)을 군자의 연장선 위에 있는 인간 존재의 위상으로 조심스럽게 제시한다.114 성인은 단지 덕의 완성에서 나아가, 혹은 덕의 완성 자체가 '박시제중(博施濟衆)' 곧 널리 인간을 이롭게 하는 것을 포함하는 존재이다. 수기(修己)에서 나아가 백성을 편안하게 할 수 있어야 한다. 유덕자일 뿐 아니라 왕의 지위를 가지고 사람들에게 실제로 모든 이에게 덕의 유익을 극도로 끼친 자가 성인이다. 성(聖)은 곧 고대 문명의 창시자로서 요(堯)와 순(舜)과 같은 성왕(聖王)들이 지향하는 덕목이다.115 바로 그런 점에서 공자 이래 유학은 수기치인(修己治人) 혹은 내성외왕(內聖外王)의 학문이었다.

2) 맹자의 성인론

성인(聖人)에 대한 담론을 본격적으로 유교의 도덕론 속으로 끌어들인 이는 맹자였다. 맹자는 공자의 '위기지학'을 성인을 지향하는 학문으로 규정했으며 이러한 점은 송대 성리학에 이르러 더욱 분명히 확인되고 강조되었다.116 맹자는 어느 정도 고대 성왕의 이미지를 유지하면서, 하지만 더욱 분명하게 성인을 단지 탁월한 인간으로 정의한다. 기본적으로 일반 민중과 다를 바 없는 같은 인간이지만 인간 중 탁월한 존재이다. 그는 그러한 성인의 예시로 결코 왕이 아니었던 백이(伯夷), 이윤(伊尹), 유하혜(柳下惠) 등을 제시했고, 무관(無冠)의 공자를 성인의 집대성자(集大成者), 성인 중의 성인이라고 말했다.117

성인의 탁월성을 보여주는 덕목은 청(淸: 원칙에의 헌신), 임(任: 책임 의식), 화(和: 겸손과 조화), 중(中: 중용) 등의 도덕적 성격을 지닌 것이었다. 이제 성인은 누구나 실현할 수 있는 목표가 될 수 있었다. 성인은 어떤 신비하거나 초월적 능력을 가진 자가 아니라 우리와 똑같은 인간으로서118 덕을 지

닌 유덕자일 뿐이다. 따라서 우리는 누구나 덕을 소유함으로 성인이 될 수 있는 것이다.[119]

맹자에서 성인이 왕과 분리됨으로써, 성인이 지닌 탁월성 혹은 덕의 공동체적 문맥은 다소 약화되고 그 추상적이고 보편적 혹은 초월적 성격이 강화되었다고 할 수 있다. 이미 공자가 "향원(鄕愿)은 덕의 적이다"[120]라고 말한 바 있는 것처럼, 덕은 공동체의 인정과 밀접한 관련을 가진 것이지만 동시에 그것은 단순히 공동체 성원의 주관적 인정에 의존한 것은 아니었다. 덕이 있는 자는 공동체의 인정을 받지만, 공동체의 인정을 받는다고 해서 곧 덕이 있는 것은 아니다. 아니다. 덕의 명성을 기대하고 하는 행위는 어느 정도 성공을 거둘 수 있지만 결국 덕을 훼손한다. 오직 덕이 있는 자만이 덕을 실천할 수 있다는 덕의 역설이 거기에서 성립한다.[121] 맹자는 공자의 향원론을 성인론의 맥락에서 더욱 깊이 다룬 바 있다.[122]

맹자의 성인론(聖人論)은 성선을 주장하는 그의 인성론과 잘 조응한다.[123] 누구나 성인이 될 수 있는 것은 그의 본성에 이미 성인이 될 수 있는 가능성이 있기 때문이다. 사단의 마음에서 우리는 그것이 단지 가능성만이 아니라 현실성으로서 이미 존재하고 있음을 확인하며 그것을 확충하고 적용해감으로써 성인이 될 수 있는 것이다. 성인은 곧 그러한 본성의 화신[性之者]으로서,[124] 우리 마음에서 사단이 성선의 내적 증거라면 성인은 성선의 분명한 외적(역사적) 증거이다. 그것은 본성의 외현으로서 규범적 존재이며 규범 자체의 근원이라고 할 수 있다. 그는 법의 제정자이자 체현자로서 우리의 모범이 된다.[125]

성인의 이러한 내적이고 외적인 이중적 성격, 곧 우리는 그 본성에서 이미 성인과 동일한 존재이며, 심성을 통해 우리의 자연스러운 도덕적 충동 속에서 그것을 내적으로 체현하고 있지만 동시에 성인은 우리가 구현해야 할 모범 혹은 규범으로서 우리를 외적으로 강제한다고 하는 이러한 이중성은 바로 호락논쟁의 성범심동이 논변에서 긴장의 중요한 계기로 작동한다. 동일성을 강조하는 낙론 측에서는 호론이 성선의 대원칙을 위협할 우려가 있다고 공격했다면, 차이를 강조하는 호론 측에서는 낙론이 그 규범적 성격 곧 우리가 아직 온전한 성인이 아니며 그에 이르기 위해서 그를 모범과 규범으로 삼고 나가야 할 동기를 약화시킬 수 있다고 공격했다. 이러한 상호 공격은 불가피한 면이 있으며, 따라서 쉽게 종결하기 어려운 문제라고 할 수 있을 것이다.

3) 주자의 성인론

맹자의 성인론은 주자에 의해 정립된 정통론의 입장에서는 이른바 치통(治統, 혹은 政統)과 도통의 분리를 의미한다. 유학은 내성외왕(內聖外王)을 이념으로 하지만, 공자 이후 내성과 외왕은 일치하지 않게 되었다. 주자는 도통이 공자 이전에는 정통(政統, 혹은 治統)과 일치했으나 공자 이후에는 분리되어, 전수된 것은 엄밀한 의미에서는 도학이었지 도통은 아니었다고 보았다.[126] 이러한 분열 혹은 불일치는 역사적 실상이었으나, 그것을 극복하는 것이 유학의 과제였으며, 도학(道學)은 바로 그것을 지향한다.

송대 이후 이러한 분리에 대한 극복 시도는 한편으로 왕이 성인화(聖人化)할 것을 요구하고, 사대부가 정치에 적극 참여하는 양방향에서 이루어졌다. 실제적인 정통을 이은 왕이 성인의 도를 받아들임으로써 도통(道統)의 계승자가 되는 것과 도통을 전수하고 있는 사대부가 정치에 적극 참여하여 뜻을 펴는 것이 그것이다. 사대부가, 모든 사람이 성인이 될 수 있다고 주장하고 그에 기반하여 자신도 학문을 통해 성인이 될 수 있다는 기약을 하는 것은 단지 내성의 범위 내에서 도통의 계승자가 될 것을 기약하는 것이 아니라 외왕의 영역에서 정통의 형성자 수호자임을 기약하고 자부하는 것이라고 할 수 있다.

맹자는 누구나 성인이 될 수 있다고 주장했지만, 현실적으로 그것은 오직 사(士) 혹은 사대부 이상에게만 열려 있는 가능성이었다고 할 수 있다. 현실적으로 성인이 되는 학(學) 곧 성학(聖學)에 종사하기 위해서는 기본적으로 그가 생산 노동으로부터 자유로울 수 있어야 하기 때문이다. 유학에서 성인이 단지 인격을 완성한 존재가 아니라 다스리는 지위 혹은 직무, 적어도 그에 대한 지향을 배제할 수 없다는 점에서 더욱 그러하다.

맹자는 국가 공동체의 구성원을 다른 사람을 다스리는[治人] 통치자와 다른 사람의 다스림을 받는[治於人] 피치자로 구분하고, 그러한 구별을 노력(勞力)과 노심(勞心)의 분업적 곧 협업적 구별로써 표현하고 정당화했다.[127] 노력자는 생산계층이라면 노심자는 지배계층이다. 노력자는 생산하고 노심자는 노력자를 다스린다. 노력이 육체노동을 의미한다면 노심은 마음의 노동을 의미한다. 마음의 노동은 행정적 관리 능력, 실무 능력, 도덕적 절제 등을 포함하여 사유를 핵심으로 하는 마음[心]의 능력을 지시한다.[128] 통치자의 최정상에 성인이 있다고 한다면, 성인과 일반인, 그리고 군자와 일반인을 가르는 것은 결국 그러한 마음의 능력의 차이에 있다.

주자학에서 마음은 기로서, 마음의 능력의 차이는 품수 받은 기 혹은 기질의 차이에 근거한 것으로 이해된다. 결국 성인과 일반인을 가르는 것은 그들이 품부 받은 기의 차이에 있다. 주자학에서 리가 동일성의 원리라면 기는 차별성의 원리이다[理同氣異]. 인간은 다른 존재에 비해 정통한 기를 타고났기 때문에 편색(偏塞)한 기를 타고난 여타 존재들과는 구별되며, 인간들 사이에는 정통한 중에서 청탁과 수박의 차이가 있다. 청탁이 주로 지(知)와 관련된 능력의 차이를 가져온다면, 수박은 주로 행(行)과 관련된 능력의 차이를 가져온다. 인간 중에 가장 맑고 순수한 기를 타고난 이가 곧 성인으로서, 별도의 수양 공부 없이도 온갖 리를 인식하고 실천할 수 있는 것으로 여겨진다.

하지만 그렇다고 해서 성인이 우리와 전혀 다른 신비적 능력을 갖춘 특별한 인간은 아니다. '누구나 배움[學]을 통해 성인이 될 수 있다'는 것은 주자학의 기초적인 명제였다.[129] 누구나 성인이 될 수 있다는 것, 그것은 모두에게 본래 온전하게 주어진 도덕적 본성[性善]이 있기에 가능하다고 하는 맹자의 선언을, 신유학자들은 도교와 불교의 종교적 시대를 거치면서, 그것들을 극복할 수 있는 구원의 메시지로 받아들였다. 그것은 우리가 도저히 도달할 수 없는 어떤 비인간적, 초인적 존재가 아니라, 인간의 본질에 가장 충실한 인간, 혹은 인간적 가능성을 가장 충만하게 실현해낸 인간이다. 인간의 인간다움, 곧 본성[性]을 현실 세계에서 가장 충실하고 충만하게 실현해내는 자가 성인인 것이다. 하지만 성인이 아닌 일반인이 그 본성을 온전하게 실현하기 위해서는 부단한 수양의 노력[工夫]이 필요하다. 그러한 노력이 반드시 보답을 받을 것이라는 믿음은 일반인들도 본성[性]에서는 성인과 다름이 없으며, 기질의 차이는 절대적 차이가 아니며 극복될 수 있다고 하는, 즉 기질변화(氣質變化)가 가능하다는 믿음에 기초한다.

호락논쟁에서 성인과 일반인[凡人 혹은 衆人]의 구분, 특히 그 마음의 능력에서, 허령 혹은 명덕에서의 동이(同異) 문제가 심각하게 논의된 것은 마음을 기로 이해하는 데서 비롯하는 이론적 문제이기도 하지만 사대부의 자기 인식의 문제와도 관련이 있다. 성인과 일반인의 중간적 존재로서 사대부는 일반인과 마찬가지로 성인과 동일한 본성에 자신의 존재의 기초를 가지지만, 한편으로 성인과 마찬가지로 그 마음의 능력에서는 일반인과 구별되는 점에 자신의 존재의 의미를 둔다. 마음의 능력으로서 명덕에 분수(分數: 등급)가 있다는 주장이 나오는 것은 그러한 자기 인식과 관련이 있다.

이러한 측면에서 본다면 성인의 마음과 일반인의 마음은 또한 다르다고 해야 할 듯하다. 하지만 주자학의 심성론에서 마음과 본성은 구별되지만 동시에 근본적인 동일성이 강조되기도 한다. 마음과 본성의 같고 다름의 문제는 호락논쟁의 복선을 이루는 중요한 문제로서 다소 복잡하게 얽혀 있다. 낙론에서는 지각의 문제, 더 나아가 인물성동이 문제에서는 본성과 구별되는 마음의 독자성을 강조하지만, 성범심동이 문제에서는 본성과 마음의 근본적인 연속성을 또한 강조하며, 호론 쪽에서는 정반대이다.

4장 주석

1　朱熹,『맹자집주(孟子集註)』,「公孫丑」上, "道者, 天理之自然."
2　주희,『중용장구(中庸章句)』首章, "人物各循其性之自然, 則其日用事物之間, 莫不各有當行之路, 是則所謂道也."
3　『중용(中庸)』, "天命之謂性, 率性之謂道."
4　『주자어류(朱子語類)』18:91, "或問: '理之不容已者如何?' 曰: '理之所當爲者, 自不容已. 孟子最發明此處. 如曰"孩提之童, 無不知愛其親; 及其長也, 無不知敬其兄." 自是有住不得處.'"
5　지식에 대한 이러한 견해는 선진 유학 이래의 것이다. 그와 관련해서는 다음 참조. 문석윤, 「선진(先秦) 유학(儒學)에서 지(知)와 인식(認識)의 문제」,『철학』76 (한국철학회, 2003).
6　주자가 말한 '內外合一'이 바로 그것을 표현한 것이다.『주자어류』15:67, "他內外未嘗不合. 自家知得物之理如此, 則因其理之自然而應之, 便見合內外之理. 目前事事物物, 皆有至理. 如一草一木, 一禽一獸, 皆有理. 草木春生秋殺, 好生惡死. '仲夏斬陽木, 仲冬斬陰木', 皆是順陰陽道理.【砥錄作"皆是自然底道理".】… 此便是合內外之理."
7　『주자어류』27:28, "聖人之恕與學者異者, 只爭自然與勉强. 聖人卻是自然擴充得去, 不費力. 學者須要勉强擴充, 其至則一也."
8　진춘평은 太極-理에 '目的'의 의미가 있음을 지적했다. 金春峰,『朱熹哲學思想』(臺北: 東大圖書股份有限公司, 1998), 110-115쪽. 한편 야스다 지로는 리를 '의미'로 이해할 것을 제안했다. 야스다 지로(安田二郞) 저, 이원석 역,『주자와 양명의 철학』(논형, 2012), 81-85쪽.
9　『주자어류』18:93, "問: '或問, 物有當然之則, 亦必有所以然之故, 如何?' 曰: '如事親當孝, 事兄當弟之類, 便是當然之則. 然事親如何卻須要孝, 從兄如何卻須要弟, 此卽所以然之故. 如程子云"天所以高, 地所以厚." 若只言天之高, 地之厚, 則不是論其所以然矣.'"
10　『주자어류』17:43, "所以然之故, 卽是更上面一層. 如君之所以仁, 蓋君是箇主腦, 人民土地皆屬它管, 它自是用仁愛. 試不仁愛看, 便行不得. 非是說爲君了, 不得已用仁愛, 自是理合如此. 試以一家論之: 爲家長者便用愛一家之人, 惜一家之物, 自是理合如此, 若天使之然. 每常思量著, 極好笑, 自那原頭來便如此了. 又如父之所以慈, 子之所以孝, 蓋父子本同一氣, 只是一人之身, 分成兩箇, 其恩愛相屬, 自有不期然而然者. 其它大倫皆然, 皆天理使之如此, 豈容强爲哉!"

11 『주자어류』 18:94, "其所以然者, 理也. 理如此, 固不可易. 又如人見赤子入井, 皆有怵惕·惻隱之心, 此其事'所當然而不容已'者也. 然其所以如此者何故, 必有箇道理之不可易者."

12 주자는 그에 대한 『本義』에서 "陰과 陽이 번갈아 움직이는 것은 氣이다. 그 理는 곧 이른바 道이다.[陰陽迭運者, 氣也. 其理則所謂道.]"라고 했다. 道에 대한 이러한 용법은 『老子』 등 道家에 기원을 가진다고 해야 할 것이다.

13 『주자어류』 1:1, "太極只是天地萬物之理."; 1:2, "未有天地之先, 畢竟也只是理. 有此理, 便有此天地; 若無此理, 便亦無天地, 無人無物, 都無該載了! 有理, 便有氣流行, 發育萬物."; 1:4, "太極只是一箇'理'字."

14 주자의 太極論에 대해서는 다음 참조. 金漢相, 「朱熹의 太極論」(서울대학교 석사학위논문, 1996).

15 진순, 『북계자의(北溪字義)』, 「太極」 18-1, "太極只是渾淪極至之理, 非可以氣形言."; 18-3, "太極是極至之甚, 無可得而形容, 故以太名之. 此只是說理雖無形狀方體, 而萬化無不以之爲根柢樞紐. 以其渾淪極至之甚, 故謂之太極. 文公解此句, 所謂上天之載, 是以理言; 所謂無聲無臭, 是解無極二字; 所謂萬化之樞紐品彙之根柢, 是解太極二字. 又結以非太極之外復有無極也, 多少是分明."; 18-7, "太極之所以至極者, 言此理之至中至明至精至粹至神至妙, 至矣盡矣, 不可以復加矣. 故強名之曰極耳."

16 金漢相, 「朱熹의 太極論」(서울대학교 석사학위논문, 1996), 53쪽, "태극은 현상 세계의 지배를 받지 않는 고유성을 지닌다. 그래야만 도덕이 천지에 예속되지 않고 독립적인 지위를 확보하게 되기 때문이다."

17 주자학의 세계 이해를 목적론적인 것으로 보는 것에 대해서는 당연히 이견이 있을 수 있다. 다른 목적론적 세계상과의 비교를 포함하여 주자학의 목적론적 세계상의 실상에 대해서는 좀 더 자세한 논구가 필요하다. 대전적 세계상에 대해서는 다음 참조. 李楠永, 「宋代 新儒家 思想의 天人觀」, 『철학』 5(한국철학회, 1971). 진춘펑은 헤겔의 목적론적 세계관과 비슷한 것으로 보았다. 金春峰, 『朱熹哲學思想』(臺北: 東大圖書股份有限公司, 1998), 110쪽.

18 도덕적 우주론에 대한 한 논의로서 다음 참조. Tu Wei-ming, "The 'moral universe' from the perspectives of East Asian thought," *Philosophy East and West*, Vol. 31, No. 3 (University of Hawai'i Press, 1981).

19 「天命圖」와 「太極圖」의 차이에 대해서는 다음 참조. 이창일 외, 『성리학의 우주론과 인간학』(한국학중앙연구원 출판부, 2018), 148-153쪽; 강경현, 『퇴계 이황의 리(理) 철학: 지선(至善) 실현과 자기완성』(혜안, 2022), 제1장. 한편 도모에다 류타로는 이황이 「태극도」가 우주의 생성론 혹은 발생론에 초점이 있는 반면 「천명도」는 본체론에 초점이 있는 것으로 이해했으며, 그를 통해 理氣妙凝待對辨證의 理氣論을 제시했다고 주장했다. 友枝龍太郎, 『李退溪: その生涯と思想』(퇴계학연구원, 1985), 72-81

쪽. 이황 자신의 설명에 의하면, 「태극도」는 본체에서 만물에 이르는 모든 존재의 근원적 동일성을 표명하는 본체론적 도식이라면, 「천명도」는 그것과 함께 현실 세계의 다양한 분열상과 그 근원을 아울러 보여주는 현상론적 도식이라고 볼 수 있다. 이황, 『퇴계집(退溪集)』 권41:3b-4a, "天命圖說後叙", "濂溪闡理氣之本原, 發造化之機妙 … 是圖因人物之稟賦, 原理氣之化生."(『定本 退溪全書』 제14책, 4쪽). 「태극도」가 리 중심이라고 한다면 「천명도」는 리와 기의 대대적 관계를 또한 고려한 것이다.

20 『논어(論語)』, 「衛靈公」, "子曰, 人能弘道, 非道弘人." 구문과 관련해 『논어집주』에 "사람 바깥에 道가 없으며, 道 바깥에 사람이 없다. 그러나 사람의 마음에는 知覺이 있으나 道體는 無爲이다. 그러므로 사람은 그 도를 크게 할 수 있지만 도는 그 사람을 크게 할 수 없는 것이다.[人外無道, 道外無人. 然人心有覺, 而道體無爲, 故人能大其道, 道不能大其人也.]"라고 했다.

21 이러한 흐름은 전국 시대에 이미 있었으며, 맹자 역시 그러한 구도에서 벗어나지 않는다. 맹자에 대한 초월론적 독해는 性理學에 의해서 행해졌다. 맹자의 확장된 자연주의에 대해서는 다음 참조. 문석윤, 「『맹자』의 성(性), 심(心), 성인(聖人)의 도덕론」, 『인간·환경·미래』 5(인간환경미래연구원, 2010), 114-116쪽.

22 상관적 우주론에 대해서는 다음 참조. 앤거스 그레이엄 저, 나성 역, 『도의 논쟁자들: 중국 고대 철학논쟁』(새물결, 2001), 557-576쪽; 정우진, 『感應의 哲學』(소나무, 2016), 60-91쪽.

23 주희, 「태극도설해(太極圖說解)」, "上天之載, 無聲無臭, 而實造化之樞紐, 品彙之根柢也. 故曰: '無極而太極.' 非太極之外, 復有無極也. … 蓋太極者, 本然之妙也; 動靜者, 所乘之機也. 太極, 形而上之道也; 陰陽, 形而下之器也."

24 주희, 「태극도설해」, "惟人也, 得其秀而最靈. 形旣生矣, 神發知矣, 五性感動而善惡分, 萬事出矣."

25 『주자어류』 4:41, "自一氣而言之, 則人物皆受是氣而生; 自精粗而言, 則人得其氣之正且通者, 物得其氣之偏且塞者. 惟人得其正, 故是理通而無所塞; 物得其偏, 故是理塞而無所知."; 진순, 『북계자의』 2-2, "人與物同得天地之氣以生, 天地之氣只一般, 因人物受去各不同. 人得五行之秀, 正而通, 所以仁義禮智粹然, 獨與物異; 物得氣之偏, 爲形骸所拘, 所以其理閉塞而不通. 人物所以爲理只一般, 只是氣有偏正, 故理隨之而有通塞爾."

26 『주자어류』 4:41, "然就人之所稟而言, 又有昏明淸濁之異. 故上知生知之資, 是氣淸明純粹, 而無一毫昏濁, 所以生知安行, 不待學而能, 如堯舜是也. 其次則亞於生知, 必學而後知, 必行而後至. 又其次者, 資稟旣偏, 又有所蔽, 須是痛加工夫, '人一己百, 人十己千', 然後方能及亞於生知者. 及進而不已, 則成功一也."; 진순, 『북계자의』 1-4, "若就人品類論, 則上天所賦皆一般, 而人隨其所値, 又各有淸濁厚薄之不齊. 如聖人得氣至淸, 所以合下便能生知, 賦質至粹, 所以合下便能安行. 如堯舜旣得其至淸

至粹, 爲聰明神聖, 又得氣之淸高而豐厚, 所以貴爲天子, 富有四海, 至於享國皆百餘歲, 是又得氣之最長者."

27 위의『북계자의』인용에서 알 수 있는 바와 같이, 신분, 부귀, 수명 등에 영향을 주는 경우는 '厚薄'의 차이 등으로 표현된다.
28 『주자어류』5:28, "心者, 氣之精爽."
29 心氣와 形氣의 구분은 李瀷에게서도 발견된다. 이익의 마음에 대한 이해에 대해서는 다음 참조. 문석윤,「星湖 李瀷의 心說에 관하여: 畏庵 李栻의「堂室銘」에 대한 비판을 중심으로」,『철학연구』86(철학연구회, 2009); 김선희,「신체성, 일상성, 실천성, 공공성: 성호 이익의 심학(心學)」,『한국실학연구』28(한국실학학회, 2014).
30 오하마 아키라(大濱晧) 저, 이형성 역,『범주로 보는 주자학』(예문서원, 1997), 139-142쪽.
31 이렇게 리와 기의 관계를 本原, 流行, 稟賦로 나누어 보는 것은 한원진이『朱子言論同異考』「理氣」에서 취한 看法이다. 한원진은 자신의 異體의 本然, 因氣質의 本然之性을 정당화하기 위해 이런 간법을 제시한 것이었지만 그 자체로 의미가 있다.
32 정상봉은 주자의 '流行'에 連續不斷의 全體, 體現, 化生의 세 가지 의미가 있다고 분석한 바 있다. 鄭相峰,『朱子心論硏究』(臺灣大學哲學硏究所博士論文, 1994), 190-191쪽.
33 한원진은 같은 곳에서 本原과 稟賦는 모두 다만 流行 속에 있으며, 각각의 관점 또한 그를 통해 會通되어 있다고 한다. 이러한 수준에서는 그의 입장은 결국 낙학과 다르지 않다고 하겠다.
34 道學이란 문자 그대로는 '진리의 학문'이라는 의미로 성리학의 내부적 명칭이다. 도학이 지니는 독특한 의미와 그 중요성에 대해서는 다음 참조. 호이트 틸만(Hoyt C. Tillman) 저, 김병환 역,『주희의 사유세계: 주자학의 패권』(교육과학사, 2010), 서론.
35 理一分殊에 대한 자세한 해명은 다음 참조. 진래(陳來) 저, 이종란 외 역,『주희의 철학』(예문서원, 2002), 81-99쪽. 그에 의하면 정이천이 도덕규범의 통합을 주로 의도했다면 주자는 존재론적 통합을 의미하는 것으로 발전시켰다.
36 여기에서 현실 세계는 직접적으로는 외부의 현실 세계이지만 우리 마음의 심리적 현실을 포괄할 수 있다. 또 외부의 현실 세계도 우리가 경험하는 대로의 세계이므로, 결국 우리 마음의 심리적 현실로 존재하는 것이라 할 수도 있다. 물론 그때 '心理'라는 말은 우리 의식 일반을 의미하는 광의의 것이다.
37 이이는 이를 명확하게 '氣局'이라는 명제를 통해 표현했다.
38 천라이는 分殊理의 이러한 각각의 측면을 性理와 分理로 개념화했다. 진래(陳來) 저, 이종란 외 역,『주희의 철학』(예문서원, 2002), 85쪽.
39 호락논쟁을 理通氣局과 관련해서 분석한 선구적 시도로 배종호의 연구를 들 수 있다. 裵宗鎬,『韓國儒學의 哲學的 展開』(下)(연세대학교 출판부, 1985), 제1장 '湖洛論爭

에 있어서의 人物性同異論', 제2장 '李巍巖과 韓南塘의 心性論'.

40　이이, 『율곡전서(栗谷全書)』 권10:26b, 「答成浩原」.

41　이이, 『율곡전서』 권10:26a-26b, 「答成浩原」.

42　이이, 『율곡전서』 권12:37b-38a, 「答成浩原」.

43　이이, 『율곡전서』 권10:40a, 「與成浩原」.

44　理通氣局의 이러한 의미에 대해서는 조금 다른 시각에서이지만 다음 참고. 정원재, 『지각설에 입각한 이이 철학의 해석』(서울대학교 박사학위논문, 2001).

45　徐復觀, 『中國人性論史』(臺北: 臺灣商務印書館, 1969), 6쪽. 그는 푸쓰니엔[傅斯年]의 『性命古訓辨證』을 비판하면서, 생과 性을 구분하여, 생은 생명을 의미하고, 성은 생명에 구비된 욕망·본능을 의미한다고 보았다. 그러나 그 둘 사이의 거리는 그리 멀지 않는 것으로 보인다.

46　宋榮培, 「楊朱학파의 개인주의와 생명존중론」, 『외국문학』 13(열음사, 1987).

47　맹자의 국가론의 내용과 의의에 대해서는 다음 참조. 문석윤, 「『맹자』의 성(性), 심(心), 성인(聖人)의 도덕론」, 『인간·환경·미래』 5(인간환경미래연구원, 2010), 103-134쪽. 또한 아래 맹자의 性論 서술은 이 논문의 내용 일부를 수정하여 수록했다.

48　告子에 대해 趙岐는 『맹자』, 「告子」 上에 대한 주석에서, "유가와 묵가의 도를 겸하여 닦았다.[兼治儒墨之道]"라고 하고, 일찍이 맹자에게 배웠지만 그를 온전히 따르지는 못했다고 했다. 그러나 人性에 대한 고자의 명제는 自然主義의 입장을 반영하고 있다고 본다. 주희는 고자의 人性論을 荀子의 性惡說과 같은 것으로 보았는데, 순자의 성악설 역시 性에 대해서는 자연주의적 입장을 취하는 것이라고 볼 수 있다.

49　『맹자』, 「盡心」 上, "楊子取爲我, 拔一毛而利天下, 不爲也." 물론 이는 의도적인 왜곡과 단순화라고 할 수도 있다. 송영배는 楊朱의 입장은 도덕 반대론이라기보다는 새로운 도덕론이라고 보는 것이 더 적합하다고 지적한다. 宋榮培, 「楊朱학파의 개인주의와 생명존중론」, 『외국문학』 13(열음사, 1987).

50　『맹자』, 「告子」 上, "生亦我所欲也, 義亦我所欲也, 二者不可得兼, 舍生而取義者也. 生亦我所欲, 所欲有甚於生者, 故不爲苟得也. 死亦我所惡, 所惡有甚於死者, 故患有所不辟也."

51　맹자의 도덕론을 선험적 혹은 초월적인 도덕론으로 이해하는 입장이 있다. 특히 머우쫑싼[牟宗三]을 중심으로 한 현대 신유학자들의 맹자 이해에서 그러하다(주석 55 참조). 임헌규에 의하면, 브룸(Irenne Broom)은 맹자와 고자의 인성론을 비교하면서, 고자의 인성론이 단순히 자연주의적인 데 반하여 맹자의 인성론은 생물학적이면서 도덕적이라는 점에서 단순히 '더 많은 것' 혹은 '복합적'이라고 보았다. 임헌규, 「孟子-告子의 인성론 논쟁에 대한 재고찰」, 『범한철학』 39(범한철학회, 2005). 이는 필자의 취지와 일맥상통하는 점이 있다.

52　『맹자』, 「盡心」 上, "形色, 天性也. 惟聖人然後可以踐形.";"君子所性, 仁義禮智根於

心, 其生色也睟然, 見於面, 盎於背, 施於四體, 四體不言而喩." 이러한 생각은 『대학』에서 "富는 집을 윤택하게 하며, 德은 몸을 윤택하게 하여 마음은 넓어지고 신체는 펴진다. 그러므로 군자는 반드시 그 뜻을 진실하게 한다.[富潤屋, 德潤身, 心廣體胖, 故君子必誠其意.]"라고 한 것과 같은 취지이다.

53 『맹자』,「公孫丑」上.
54 도덕적 정서는 혹은 도덕 정감, 도덕 감정이라는 용어로도 표현된다. 맹자의 도덕 감정에 대해 서구학자들이 서구철학의 감정론과 관련하여 논의한 내용을 잘 요약하고 있는 것으로 다음 참조. 김현선,「맹자에서 감정의 문제」,『철학논집』20(서강대학교 철학연구소, 2010),
55 이 도덕 생명을 자연 생명을 초월하는 것으로 이해하는 입장으로 현대 신유가 머우쭝싼과 그를 지지하는 일단의 중국철학 연구자들이 있다. 모종삼 저, 김기주 외 역, 『심체와 성체』1-7(소명출판, 2012); 楊祖漢,『儒家的心學傳統』(臺北: 文津出版社, 1992), 第二章 '孟子性善論的函義' 등. 물론 그들은 그것이 단지 초월적이고 형식적인 것이 아니라, 구체적 내용과 능동성을 갖춘 '내재적 초월'이라고 주장한다. 하지만 그것은 결국 자연과 도덕의 분리를 기초로 하며, 그 '내재'는 더 이상 어떤 의미에서든 '자연'은 아니다. 필자는 자연과 도덕 사이의 연속성과 유기적 통일성, 전체성을 강조하고 싶다. 맹자 사상의 자연주의적 측면에 대한 강조는 이장희,「맹자와 순자와 성론(性論) 비교 연구: 천(天)과 성(性) 개념을 중심으로」,『중국학보』58(한국중국학회, 2008)에서도 발견된다.
56 『맹자』,「公孫丑」上의 浩然之氣는 맹자의 '확장된 자연주의'의 입장을 단적으로 보여주는 개념이다. 호연지기는 바로 우리 각자에게 주어진 '도덕 생명'을 '氣'라고 하는 자연주의의 용어로 설명한 것이다. 맹자의 기 개념에 대해서는 다음 참조. 小野澤精一 外 編, 全敬進 역,『氣의 思想』(원광대학교 출판국, 1993), 제1부 제2장 제1절.
  맹자의 '확장된 자연주의'의 핵심은 '도덕의 자연화' 곧 도덕을 자연 현상의 일부로 이해한다는 것이요, 그것은 도덕을 자연으로 환원하는 협소한 자연주의가 아니라, 자연 개념이 도덕을 수용하여 연속적으로 확장되어 있다는 것이다.
57 번역은 주희의 주석에 따른 것이지만 여기에서 논의하는 수준에서의 원문 뜻을 크게 손상하지는 않은 것으로 보인다.
58 그 구체적인 내용에서는 조금 차이가 있지만, 머우쭝싼은 儒家에서 전통적인 性論에서 『易傳』과『中庸』을 중심으로 한 우주론적 접근(cosmological approach)과『孟子』를 중심으로 한 도덕적 접근(moral approach)의 두 가지 접근 방식이 있다고 말한 바 있다. 牟宗三 저, 김병채 외 역,『모종삼 교수의 중국철학 강의』(예문서원, 2011), 119-120쪽.
59 『중용장구』, 首章 주석.
60 그렇다고 해서 주자학에서 원래의 자연주의적 세계관 자체가 완전히 극복된 것은 아

니었다. 그것은 주자학 내부에서 여전히 유효성을 지니고 남아 있었다. 자연의 도덕화는 도덕의 자연화를 그 내부에 함축한 가운데 이루어진 것이었다.

61 그러한 연결을 잘 의식했던 것이 이황이다. 그는 자신의 「天命圖說後叙」에서 「천명도」와 「태극도」 사이의 밀접한 관계에 대해 자세히 설명한다. 앞의 주석 19 참조.

62 물론 완전히 귀납적 결론인 것은 아니고 차라리 현상학적 접근을 취한 것이라고 할 수 있다.

63 주희, 『맹자집주』, 「公孫丑」上.

64 『맹자』, 「公孫丑」上.

65 정이, 『易傳』復卦, "一陽復於下, 乃天地生物之心也."

66 주희, 『중용장구』 제20장, "仁者, 天地生物之心, 而人得以生者."

67 中 純夫, 「韓元震と湖洛論爭: 人物性同異論を中心に」, 『韓國朝鮮文化研究: 研究紀要』(東京: 東京大學大學院人文社會系研究科韓國朝鮮文化研究室, 2018), 49쪽. 이 논문은 한원진의 성삼층설에 대해 상세히 분석했다. 또한 한원진과 이간의 인물성동이 논변의 핵심이 일차적으로 健順五常의 二氣論의 위상의 해명, 곧 그것을 兼指氣로 볼 것인가 單指理로 볼 것인가 하는 데 있었다고 보았다.

68 裵帝晟, 『巍巖 李柬과 南塘 韓元震의 心性論辨 연구: 本然之性의 재규정과 그 의미』(성균관대학교 박사학위논문, 2020).

69 본성을 기질의 맥락 속에서 바라볼 것을 주장한다고 해서 그것이 그대로 유명론, 혹은 경험론의 입장이 아닌 것은 바로 이런 이유에서이다.

70 문석윤, 「順菴 安鼎福의 性理說: 「擬文」의 내용을 중심으로」, 『한국실학연구』 25(한국실학학회, 2013); 문석윤, 「다산 정약용의 새로운 도덕 이론: 마음에 대한 새로운 이해」, 『철학연구』 90(철학연구회, 2004); 安永翔, 『星湖 李瀷의 性理說 硏究』(고려대학교 박사학위논문, 1998).

71 물론 우리는 주자학을 넘어서 그것에 역사적 축적의 의미를 부여하여 형성된 것으로 바라볼 수도 있다. 그렇다면 완전히 닫혀 있는 것은 아니라고 하겠다. 주자학의 범위 내에서도, 그것을 단지 수동적이고 객체적인 존재인 것만이 아니라, 우리의 주관을 통해 자신을 실현한다는 의미에서 모종의 능동성을 말할 수 있다. 하지만 마음과 대비하여 본다면 초기 조건으로서 우리에게 주어져 있는 것에 초점이 있는 것은 분명하다.

72 『주자어류』 5:43, "性猶太極也, 心猶陰陽也. 太極只在陰陽之中, 非能離陰陽也. 然至論太極, 自是太極; 陰陽自是陰陽. 惟性與心亦然. 所謂一而二, 二而一也."

73 문석윤, 『동양적 마음의 탄생』(글항아리, 2013), 37-51쪽.

74 식물에도 나름의 지각이 있으며, 따라서 마음이 있다고 볼 수도 있다. 그때의 마음은 더 이상 심장과의 관련성은 없지만, 외부 세계와 일정하게 감응 작용을 한다는 점에서 역시 유비적 관련성이 가상되는 것이라고 할 수 있다.

75 『주자어류』 5:28.

76 『주자대전(朱子大全)』 권14, 「行宮便殿奏箚二」, "心之爲物, 至虛至靈, 神妙不測, 常爲一身之主, 以提萬事之綱, 而不可有頃刻之不存者也."

77 주희, 『맹자집주』, 「盡心」 上, "心者, 人之神明, 所以具衆理而應萬事者也."

78 물론 주자학에서는 虛의 경우는 理 혹은 마음의 理的 성격과 관련된 것으로 보기도 했다. 주자에서 마음의 허는 단지 비어 있는 공간성을 의미하는 것이 아니라 리로 충만해 있음 혹은 그 가능성을 의미하는 것이기 때문이다.

79 『大學章句』 주에서 주자는 '具'라고 하고, 『大學或問』에서는 '備'라고 했는데 이는 마음이 인지적 활동을 통해 온갖 리를 인식할 수 있다는 의미를 배제하지는 않지만 기본적으로 그것을 갖추고 있다는 의미에 가깝다. 이른바 智藏說이다. 하지만 주자에서 전자의 의미는 결코 배제되지 않는다.

80 靈은 민감한 반응을 가능하게 하는 능력으로서 실천적이고 인지적인 측면 모두를 포함하는 것이라고 보는 것이 더 적절할 것이다.

81 한원진, 『주자언론동이고(朱子言論同異考)』, 「心」, "聖人之心, 淸氣聚而虛靈, 故靈之所覺者, 皆是理; 凡愚之心, 濁氣聚而虛靈, 故靈之所覺者, 皆是欲. 此聖凡之不同也."

82 나중에 정약용은 주자학의 그런 점을 강력히 비판했다. 문석윤, 「다산 정약용의 새로운 도덕 이론: 마음에 대한 새로운 이해」, 『철학연구』 90(철학연구회, 2004).

83 한원진은 虛靈 혹은 허령의 氣에는 分數가 있지만, 명덕에는 분수가 없다고 말한다. 이 책 6장 참조.

84 주희, 『대학장구』, "明德者, 人之所得乎天, 而虛靈不昧, 以具衆理而應萬事者也."

85 주희, 『대학혹문(大學或問)』, "唯人之生乃得其氣之正且通者, 而其性爲最貴. 故其方寸之間, 虛靈洞徹, 萬理咸備, 蓋其所以異於禽獸者正在於此, 而其所以可爲堯舜而能參天地以贊化育者, 亦不外焉. 是則所謂明德者也."

86 이와 관련된 낙학의 分岐에 대해서는 7장의 서술 참조.

87 『주자대전』 권67, 「觀心說」, "夫心者, 人之所以主乎身者也, 一而不二者也, 爲主而不爲客者也, 命物而不命於物者也."

88 『주자어류』 17:41, "問, '知如何宰物?' 曰, '無所知覺, 則不足以宰制萬物. 要宰制他, 也須是知覺.'"

89 주희, 『맹자집주』, 「告子」 下, "然以氣言之, 則知覺運動, 人與物若不異也."

90 感應的 세계관에 대해서는 다음 참조. 정우진, 『感應의 哲學』(소나무, 2016).

91 『주자어류』 5:25, "所知覺者是理. 理不離知覺, 知覺不離理."

92 『주자어류』 100:31, "或問: '康節云"道爲太極." 又云"心爲太極." 道, 指天地萬物自然之理而言; 心, 指人得是理以爲一身之主而言?' 曰: '固是. 但太極只是箇一而無對者.'"

93 실로 낙학 쪽에서는 인간과 동물(사물)의 다름을 호학에서처럼 性에 두는 것이 아니라 心에 두었다. 낙학의 性論만 보고, 그들이 인간과 동물 사이의 무분별적 동일성을

주장하는 것으로 보는 것은 오해라고 할 수 있다.

94 『주자어류』 5:33, "問: '心之爲物, 衆理具足. 所發之善, 固出於心. 至所發不善, 皆氣稟物欲之私, 亦出於心否?' 曰: '固非心之本體, 然亦是出於心也.' 又問: '此所謂人心否?' 曰: '是.' 子升因問: '人心亦兼善惡否?' 曰: '亦兼說.'"; 5:34, "或問: '心有善惡否?' 曰: '心是動底物事, 自然有善惡. 且如惻隱是善也, 見孺子入井而無惻隱之心, 便是惡矣. 離著善, 便是惡. 然心之本體未嘗不善, 又卻不可說惡全不是心. 若不是心, 是甚麽做出來? 古人學問便要窮理·知至, 直是下工夫消磨惡去, 善自然漸次可復. 操存是後面事, 不是善惡時事.' 問: '明善·擇善如何?' 曰: '能擇, 方能明. 且如有五件好底物事, 有五件不好底物事, 將來揀擇, 方解理會得好底. 不擇, 如何解明?'"

95 주희,「중용장구서(中庸章句序)」.

96 이이의 경우, 道心을 性命으로부터 기원하는 것이 아니라 단지 성명을 향하여 발현하는 것으로 이해했다는 지적이 있을 수 있다. 하지만 성명을 향한다고 하는 것은 곧 성명으로부터 기원한다는 것과 밀접한 관련이 있다. 향한다는 것은 곧 목적론적으로 지향한다는 것이요, 성명이 그 목적론적 원인으로서 작용한다는 것을 의미하는 것이다. 성명에 대한 목적론적 운동으로서의 知覺의 사실은 곧 그가 性命의 존재임을 보여주는 것으로서, 김창협이 荀子의 性惡說을 비판한 주요 논점 중의 하나이기도 하다. 문석윤,『湖洛論爭 성립과 전개』(동과서, 2006), 80-82쪽.

97 『주자어류』 5:32, "心與理一, 不是理在前面爲一物. 理便在心之中, 心包蓄不住, 隨事而發." 因笑云: "說到此, 自好笑. 恰似那藏相似, 除了經函, 裏面點燈, 四方八面皆如此光明粲爛, 但今人亦少能看得如此."

98 『주자어류』 5:20, "如'心'字, 各有地頭說. 如孟子云: '仁, 人心也.' 仁便是人心, 這說心是合理說. 如說'顔子其心三月不違仁', 是心爲主而不違乎理. 就地頭看, 始得."

99 이와 관련해서 최근 학계에서 활발하게 논의되었다. 李承煥,「退溪 未發說 釐淸」,『退溪學報』116(퇴계학연구원, 2004); 李承煥,「朱子 수양론에서 未發의 의미: 심리철학적 과정과 도덕심리학적 의미」,『退溪學報』119(퇴계학연구원, 2006); 손영식,「주희와 이황의 미발(未發) 이론에 대한 논쟁: 이승환 선생의 미발 개념 비판」,『동양철학』31(한국동양철학회, 2009); 한자경,「주희 철학에서 미발시 지각의 의미」,『철학사상』21(서울대학교 철학사상연구소, 2005); 한자경,「미발지각(未發知覺)이란 무엇인가?: 현대 한국에서의 미발 논쟁에 관한 고찰을 겸함」,『철학』123(한국철학회, 2015) 등.

100 『중용』, "喜怒哀樂未發謂之中, 發而皆中節謂之和."

101 友枝龍太郎,『朱子の思想形成』(東京: 春秋社, 1969), 174-175쪽.

102 『주자어류』 62:148, "存養是靜工夫. 靜時是中, 以其無過不及, 無所偏倚也. 省察是動工夫. 動時是和. 才有思爲, 便是動. 發而中節無所乖戾, 乃和也. 其靜時, 思慮未萌, 知覺不昧, 乃復所謂'見天地之心', 靜中之動也."

103 中 純夫,「朱子の工夫論について: 未發已發の問題をめぐって」,『中國思想史研究』 7(京都大中國哲學史研究室, 1985); 李俸珪,「性理學에서 未發의 철학적 문제와 17세기 畿湖學派의 견해」,『韓國思想史學』13(한국사상사학회, 1999); 이현선,『장재(張載)와 이정(二程)의 철학: 이정의 장재 비판을 중심으로』(서울대학교 박사학위논문, 2009), 118-147쪽.

104 李承煥,「朱子 수양론에서 未發의 의미: 심리철학적 과정과 도덕심리학적 의미」,『退溪學報』119(퇴계학연구원, 2006)에서는 그것을 비지향적 의식 상태라고 했지만, 단지 비지향적이라고 설명하는 것은 부족하다. 손영식,「주희와 이황의 미발(未發) 이론에 대한 논쟁: 이승환 선생의 미발 개념 비판」,『동양철학』31(한국동양철학회, 2009). 하지만 그것은 또한 단지 형이상학적 가상이 아니라, 소극적이고 수동적이지만 명확히 현실적인 의식의 상태에 현전하는, 곧 본체로서의 理가 開示되고 있는 상태라고 할 수 있다.

105 천라이[陳來]는 明代 心學과 宋代 陸象山 계열의 心學에서는 분명히 신비체험을 중시하는 신비주의적 경향이 발견되지만, 송대 주자학에서는 이성주의와 엄숙주의가 주된 경향이었고, 그런 관점에서 心學 계열의 신비주의를 비판했다고 보았다. 陳來,「儒學傳統中的神秘主義」,『北京大學百年國學文粹: 哲學卷』(北京: 北京大學出版社, 1998). 하지만 조선 성리학의 낙학 계열에서 확인되는 바와 같이 주자학 내부에서도 신비체험의 영역이 완전히 배제된 것은 아니었다고 할 수 있다.

106 七情을 감성 작용에 한정시켜 볼 것인가, 아니면 心 已發의 의식 전체를 가리키는 것으로 볼 것인가 하는 것은 물론 논란의 여지가 있겠다. 인간의 이성 혹은 의지 작용은 思, 意, 志 등의 개념으로 표현되기도 한다. 이 개념들과 情과의 관련성 문제는 또 하나의 문제이다. 사실 이른바 지각 논변은 이 문제의 해명과 밀접한 관련이 있다.

107 이는 이미 17세기 송시열의 문하에서 논란된 문제였다. 이선열,『17세기 조선, 마음의 철학』(글항아리, 2015).

108 이때 '統'은 '主宰'의 의미를 지니는 동시에, 性과 情 전체를 '包括'한다는 의미를 가진 것으로 해석된다. 오하마 아키라(大濱晧) 저, 이형성 역,『범주로 보는 주자학』(예문서원, 1997), 177-178쪽.

109 『논어』,「學而」, "人不知而不慍, 不亦君子乎?"

110 주희,『논어집주』,「學而」, "君子, 成德之名."

111 '德'의 의미에 대해서는 다음 참조. 데이비드 S. 니비슨 저, 김민철 역,『유학의 갈림길』(철학과 현실사, 2006), 47-71쪽.

112 『논어』,「爲政」, "爲政以德, 譬如北辰, 居其所而衆星共之."; "道之以德, 齊之以禮, 有恥且格."

113 『논어』,「里仁」, "德不孤, 必有鄰."

114 『논어』,「述而」, "聖人, 吾不得而見之矣. 得見君子者, 斯可矣." 군자와 성인의 관계

문제를 포함하여 유교에서의 聖人論에 대한 포괄적이고 깊이 있는 연구로서 다음 참조. Stephan C. Angle, *Sagehood: The Contemporary Significance of Neo-Confusion Philosophy*(Oxford University Press, Inc., 2009).

115 『논어』,「雍也」, "子貢曰: 如有博施於民而能濟衆, 何如? 可謂仁乎? 子曰: 何事於仁, 必也聖乎! 堯舜其猶病諸!" 앞에서 인용한 『논어』,「憲問」의 끝부분이 "修己以安百姓, 堯舜其猶病諸!"라고 끝나는 것을 주목하고 싶다. 聖의 이러한 측면은 『맹자』에서도 여전히 남아 있다. 「滕文公」下 6-9; 「萬章」上 9-5.

116 정이, 『二程集』河南程氏文集 권8, 「顔子所好何學論」, "然則顔子所獨好者何學也. 學以至聖人之道也."

117 『맹자』,「萬章」下, "伯夷, 聖之淸者也. 伊尹, 聖之任者也. 柳下惠, 聖之和者也. 孔子, 聖之時者也. 孔子之謂集大成."

118 『맹자』,「滕文公」上, "顔淵曰, '舜何人也? 予何人也? 有爲者亦若是.'"

119 『맹자』,「告子」下, "人皆可以爲堯舜."

120 『논어』,「陽貨」, "鄕原, 德之賊也."

121 데이비드 S. 니비슨 저, 김민철 역, 『유학의 갈림길』(철학과 현실사, 2006), 77-78쪽.

122 『맹자』,「盡心」下, "萬子曰, '一鄕皆稱原人焉, 無所往而不爲原人, 孔子以爲德之賊, 何哉?' 曰, '非之無擧也, 刺之無刺也; 同乎流俗, 合乎汙世; 居之似忠信, 行之似廉潔; 衆皆悅之, 自以爲是, 而不可與入堯舜之道, 故曰德之賊也.'"

123 『맹자』,「滕文公」上, "孟子道性善, 言必稱堯舜. … 顔淵曰, '舜何人也? 予何人也? 有爲者亦若是.'"

124 『맹자』,「盡心」上, "堯舜, 性之也; 湯武, 身之也; 五霸, 假之也. 久假而不歸, 惡知其非有也."

125 문석윤, 「『맹자』의 성(性), 심(心), 성인(聖人)의 도덕론」, 『인간·환경·미래』 5(인간환경미래연구원, 2010), 124-129쪽.

126 위잉스(余英時) 저, 이원석 역, 『주희의 역사세계』상(글항아리, 2015), 45-80쪽; 곽신환, 『1583년의 율곡 이이』(서광사, 2019), 145-152쪽.

127 『맹자』,「滕文公」上, "或勞心, 或勞力. 勞心者治人, 勞力者治於人, 治於人者食人, 治人者食於人, 天下之通義也."

128 『맹자』,「告子」上, "心之官則思."

129 그것은 이이의 다음과 같은 말에서도 확인된다. 이이, 『율곡전서』권27:3b-4a, 『擊蒙要訣』,「立志章第一」, "初學, 先須立志, 必以聖人自期, 不可有一毫自小退託之念. 蓋衆人與聖人, 其本性則一也. 雖氣質不能無淸濁粹駁之異, 而苟能眞知實踐, 去其舊染, 而復其性初, 則不增毫末, 而萬善具足矣. 衆人豈不可以聖人自期乎? 故孟子道性善, 而必稱堯舜以實之曰 '人皆可以爲堯舜, 豈欺我哉?'"

5장

호락논쟁의 태동

호학과 낙학 종지의 형성

호학과 낙학이 아직 그 모습을 분명히 드러내기 전, 양 진영에서는 각각 수암 권상하와 농암 김창협을 중심으로 각자의 정신적 분위기를 형성하고 있었다. 이 시기는 호학과 낙학의 태동기로서, 호락논쟁의 맹아기 혹은 제1기에 해당한다. 양 진영 내부에서 나름의 정신적 지향의 차이가 발생하고 있음을 확인할 수 있다. 특히 태극(太極)에 대한 이해를 중심으로 각 진영에서 펼쳐진 논변은 호락논쟁의 서곡이라고 할 만한 것으로, 이후 호학과 낙학이 각각 정립되는 데 중요한 역할을 했으며, 호락논쟁의 본격적인 전개에서 명확하게 노정될 기본 주제, 곧 양 진영의 관점과 정신적 지향의 차이를 분명하게 보여준다.

1
호락논쟁의 서곡: 태극 논변

주희(朱熹) 곧 주자(朱子)가 도덕적 우주론, 더 나아가 도덕 형이상학[1]을 형성하는 데 태극(太極) 개념은 결정적인 역할을 했다. 주자는 주렴계(周濂溪)의 「태극도설」에 나오는 '무극이태극(無極而太極)'이라는 명제에 대한 자신의 해석을 통해, 음양오행에서 만물로 이어지는 우주 현상의 근원[品彙之根柢]에 있으면서 그것의 변화를 관통하는 중심[造化之樞紐]인 무형의 본체로서의 태극 개념을 확보했다.[2] 인간과 그 윤리 규범을 포함한 모든 존재와 변화의 근원에 태극을 두고 그것을 무극(無極) 곧 경험적 대상과 구별되는 무형(無形)으로 이해하는 논법을 통해, 주자는 유교의 인륜을 중심으로 한 윤리적 교설을 유교적 내재성을 넘어서는 초월적 근원으로부터 정당화할 수 있는 개념적 장치를 마련할 수 있었다. 그것은 유교의 도덕적 세속주의를 유지하면서 동시에 불교적 이원론과 도교적 무(無)를 포괄할 수 있는 존재와 사유의 자리를 마련해낸 것이었다. 주자가 도학(道學) 내부의 여러 비판에도 불구하고 주돈이의 「태극도설」을 성리학의 핵심 이론으로 강조하고 그를 이학(理學)의 종조(宗祖)로 추존한 것은 바로 거기에 이유가 있었다.

초기 조선 성리학에서 있었던 회재(晦齋) 이언적(李彦迪, 1491~1553)과 망기당(忘機堂) 조한보(曺漢輔, ?~?) 사이의 무극, 태극 논변은 조선 성리학이 그러한 주자학의 성격을 강화하는 양상을 보여주는 것이었다. 당시 그 논변은 아무래도 불교와 도교의 극복이라는 실천적 의의가 더 주요하게 작용했던 것이었다.[3] 그러던 것이 17, 18세기 조선 후기에 이르러 성리학 논의가 심화되면서 초기의 실천적 문제의식보다는 각 학파의 형성과 분화에서 그 기초를 가름하는 핵심적인 기초 개념으로서의 태극에 대한 이해가 새삼 중요하게 되었다.

1678년, 권상하의 동생인 구계(瞿溪) 권상유(權尙游, 1656~1724)는 현석(玄石) 박세채(朴世采, 1631~1695)와 태극 문제로 토론했다. 권상유는 거기에서 논란된 문제를 권상하에게 물었으며, 권상하는 1679년 「태극설(太極說)」을 지어 토론된 문제들을 하나하나 열거하면서 자신의 견해를 표명했다. 낙학 측에서는 1685년, 삼연(三淵) 김창흡(金昌翕)이 졸수재(拙修齋) 조성기(趙聖期)에게 편지를 써서 「태극도」에 대해 논했다. 권상하와 김창흡의 태극론은 각각 이후 18세기 초반 분열되어가는 호학과 낙학의 이론적 기초에 해당하는 것으로서 호학과 낙학의 기본적인 방향성을 보여준다. 이들 각 진영의 논란을 살펴보면 호락논쟁의 심층에 태극에 대한 이해에서의 차이가 자리 잡고 있음을 확인할 수 있다.

이들 사이의 태극 논변은 태극 본체와 현실 세계의 '관계' 문제에 집중해 있었다. 주자학에서 태극 본체는 현실 세계의 본원에 자리 잡고 있지만 현실 세계 속을 관통하여 유행(流行)하는 것으로서 현실 세계 바깥에 존재하지 않는다. 태극의 관점에서 현실 세계는 하나의 근원으로 통합되어 있다. 하지만 현실 세계 자체는 다양하게 분화되고 차별화되어 있다. 그렇다면 그러한 동일성으로부터 현실 세계의 다양성 혹은 차이는 어떻게 발생하며, 그러한 가운데 태극의 동일성은 어떻게 이해할 수 있는가?

결국 그것은 곧 현실 세계 내부의 다양한 차이들과 그 사이의 동일성을 어떻게 이해하고 처리할 수 있는가 하는 문제였다. 조선은 유교를 이념으로 하여 질서화된 나라이다. 거기에는 왕, 양반, 상민, 천민의 차별이 있고 적서(嫡庶), 남녀, 노소의 차별이 있었다. 그러한 차별은 인륜과 예의 명분 아래 정당화되었다. 하지만 그들 사이의 차별은 원칙상 절대적인 것은 아니었다. 모든 사람은 기본적으로 동일한 인간으로서—천민의 경우 실제로는 짐승에 가깝게 취급된다고 할지라도— 같은 본성을 부여받은 존재로 이해되었다. 그렇다면 현존의 신분 질서는 그러한 기본적 평등과 관련해서 어떻게 이해되고 정당화될 수 있는 것인가 하는 것은 현실적이고 핵심적인 질문이었다고 할 수 있다.

또한 국제질서의 차원에서 말한다면 청(淸)을 중심으로 새롭게 재편된 국제질서는 어떻게 이해되고 정당화될 수 있는 것인가 하는 문제가 있었다. 조선은 건국 이래 전통적인 화이론(華夷論)에 기반한 명 중심의 국제질서를 받아들이고 있었다. 임진왜란이라는 국난의 극복도 한편으로는 그러한 국제질서에 의지한 것이었다. 화이론은 곧 야만[夷]에 대한 유교 문명[華]의 보편적 타당성과 우월성을 주장하는 이론으로서, 청의 등장은 그것을 기초로 하여 구축된 전래의 질서가 붕괴되고 힘을 기반으로 한 새로운 질서가 등장했음을 의미했다. 그 새로운 질서의 미래가 불투명한 상황 속에서 현실 상황을 어떻게 이해하고 전망할 것인가 하는 것은 당대 조선 지식인들에게 중요한 문제였다. 그것은 곧 그러한 변화에 대해 어떻게 대응해야 하는가 하는 문제와 직결된 것이었다.

태극 논변은 그러한 핵심적인 질문의 관점에서 이해될 수 있다. 그것은 향후 호락논쟁이 형성되면서 심성론의 수준에서 치열하게 논의된 인성과 물성, 성인과 일반인 사이의 같고 다름의 문제와 직결된 것이기도 하다.

1) 김창흡과 조성기 사이의 태극 논변

낙학은 김창협에서 그 종지를 확립하지만 그의 동생 김창흡을 통해서 비로소 호학과 대립한 낙학으로 정립된다. 1685년 김창흡은 자신과 그 성향이 비슷한 조성기와 태극에 대한 논변을 벌인다. 그들 논변에서는 낙학의 공통된 기본 정신이 드러난다.

처음에 조성기는 태극의 내재성보다는 초월성에 강조를 두는 입장을 취했으며, 그것은 리와 기의 불상잡(不相雜)을 주장한 것으로 볼 수 있는 것이었다. 그에 대해 김창흡은 불상잡과 함께 불상리(不相離)를 고려하여야 한다는 입장에서 다음과 같이 비판한다.⁴

> 리와 기 사이는 선후를 말하기 어렵고, 그 분리도 말하기 어렵습니다. 그러나 (「태극도」에서 태극에 해당하는 것을) 따로 떼내어 위로 붙이고, 뽑아내어 밖에 둔 것은 그를 통해 그것이 본체임을, 또 통체(統體)임을 명확하게 하기 위해서입니다. 그것을 형기(形氣)와 섞이지 않은 태극이라고 말합니다. 그것이 유행(流行)하여 사물에 이르면 곧 음양에 즉하여 음양을 떠나지 않은 태극이 되고 오행에 즉해서 오행을 떠나지 않은 태극이 됩니다. 이는 기화(氣化), 형화(形化)에 이르기까지 모두 그렇지 않은 것이 없습니다.⁵

김창흡에 의하면 태극은 음양과의 관계에서 두 가지 관점에서 이해될 수 있다. 음양의 최종적 형태인 형기, 더 나아가 물(物, 만물)과 섞이지 않은 측면과 음양에 즉하여 음양을 떠나지 않은 태극이 그것이다. 「태극도」에서 태극을 음양오행에서 분리하여 상위에 둔 것은 곧 본원의 측면을 지적하기 위한 것이지만, 그것의 유행의 측면에서 태극은 음양오행과 분리되지 않고 그에 즉(卽)해 있다는 것이다. 태극-리는 형기의 세계를 넘어서 있으면서 동시에 그를 관통하여 존재한다. 그것은 형기를 생성하는 원리이자 그것을 관통하여 자신을 관철하는 원리이다. 이것이야말로 주렴계가 「태극도」를 그려서 알리려 한 사실이다.

김창흡은 조성기의 주장이 '태극-리'의 순수한 본체성을 지키려는 태도에서 유래하는 것이라 해석하고 그에 대해 일단 공감한다. 하지만 한편으로 현실 세계에서 태극의 자기 관철, 곧 자기 동일성의 유지를 강조하지 않는다면 그것은 태극과 현실 세계를 분리시키는 것이라 비판한다. 그것은 결국 본체와 유행을 분리하여 태극을 이원적으로 이해하는 데로 나아

갈 수 있는 것으로서, 태극을 공허하게 이해하는 것이 된다는 것이다.[6]

김창흡이 현실 세계에 대한 태극의 초월적 독자성보다는 현실 세계와 본체 태극 사이의 통일성, 태극의 내재성을 강조하는 것은 낙학의 기본 정신을 이루고 있다. 그것은 곧 현실 존재들 사이의 차별성, 다양성보다는 동일성, 통일성을 강조하는 것으로 이어진다. 현실 존재들은 내재하는 태극을 통해 유기적으로 통일된다. 이 경우 기질이 가져올 수 있는 균열은 심각하게 고려되지 못한 것이라 볼 수 있다.

반면 다른 진영의 권상하는 현실 세계 해명에서 기의 중요성을 상대적으로 강조했다. 이는 곧 그가 현실 존재들 사이의 균열을 진지하게 고려한다는 것을 의미한다. 인물성이론(人物性異論) 입장에 연결되는 것으로서, 호학의 정신을 보여준다. 이에 대해서는 곧이어 다시 살펴볼 것이다.

그런데 김창흡의 혹은 더 나아가 낙학의 이러한 태극 인식은 현실의 균열에 대한 안이한 인식에 의한 것이라기보다는—그런 점이 아주 배제되기는 어려울 것이지만—, 현실의 균열을 극복하는 것에 대한 낙관적 태도 혹은 그러한 태극의 본원적 유행을 현실화하는 주체의 역량에 대한 신뢰를 바탕으로 하는 것이었다. 조성기는 논변의 진행 과정에서 다음과 같이 말한다.

> 또한 과연 이 마음[心]의 영활하고 밝은 각[靈明之覺]과 오묘하고 완전한 지[妙圓之知], 그 순수한 본체는 만고의 성인, 현인과 다른 것이 아니라는 사실을 알기만 한다면 그 효과는 엄청나서 시도(詩道)와는 비교할 바가 아닌 것입니다. … 다만 그대가 더욱 이 마음의 본모습[體段]은 어떠한지를 돌이켜 궁구해보기 바라니 곧 인의예지(仁義禮智)를 갖추었으며, 온갖 선(善)을 찬연히 빛내고 있는 것입니다. 이 마음의 작용에 무슨 한량이 있을까요? 곧 천지를 가득 채우고 고금에 걸쳐 있으며 삶과 죽음을 가로지르니, 모두 마음 안의 일입니다. 이 마음의 공부에 무슨 어려움이 있을까요? 곧 성인이 되려 하면 성인이

될 것이요, 현인이 되려 하면 현인이 될 것이요, 선하고자 하면 선하게 될 것입니다. 불가능한 것이 없습니다.[7]

이는 조성기가 낙학 정신의 한 창시자임을 분명하게 보여준다. 조성기는 우리에게 주어진 이 마음은 영명묘원(靈明妙圓)한 지각(知覺)이요 순수한 본체로서 성범(聖凡)에 동일한 것이라고 말한다. 그것은 인의예지라는 본성을 갖추었으며, 공간과 시간 세계를 관철하는 무한한 작용을 가졌다. 김창흡이 앞에서 강조한 본체와 현실 세계의 통일과 본체의 관철에 대해, 조성기는 우리 마음에 대한 성찰을 통해, 즉 우리에게 주어진 마음의 작용, 그 주관-본체의 역동성을 통해 구체적으로 실현되는 것으로 제시한 것이라고 할 수 있다. 그가 본체 태극의 순수성을 강조한 이유는 바로 그러한 주체의 순수성—기질의 맥락으로부터 자유로운—에 대한 이해를 거기에 투영했기 때문이었다. 그는 계속해서 다음과 같이 말한다.

> 그러나 이른바 '본지풍광'이라 하는 것은 불교에서 말하는 '각(覺)'이 마침내는 기질(氣質)의 작용으로 돌아가고 마는 것과는 다릅니다. 다만 하나의 '리' 자가 마음속에 갖추어져 있는 것이요, 마음이라고 하는 것은 다만 하나의 정상(精爽)한 기로서 그 리를 담고 있으며, 고요할 때는 본성[性]이 되며, 움직일 때는 정(情)이 됩니다. 그 리는 비록 그 기를 타고서 동정하여 마음[心]과 본성[性]과 정(情)의 각기 다른 이름이 있게 되지만, 그 본연의 묘함은 실로 기(氣)가 가둘 수 있는 것이 아닙니다. 조금도 줄어들지 않으며, 조금도 늘어나지 않습니다. 온갖 변화가 이로부터 흘러나오며, 천성(千聖)이 이 한 근원을 같이합니다. 비록 요(堯), 순(舜), 삼왕(三王)의 성인(聖人)이라도 또한 그 리(理)를 다한 것에 지나지 않습니다.[8]

불교에서는 각(覺) 혹은 지각(知覺)이 본성과의 관계에서 이해되지 않앉다고 한다면, 유교 곧 성리학에서 말하는 마음 혹은 마음의 지각은 본성 곧 리와의 관련성 속에서 말하는 것이라는 차이가 있다. 마음은 기의 정상(精爽)이고, 그것의 작용은 리가 기를 타고 동정하는 것이지만, 그 순수한 본래적 상태에서 기는 이 리의 유행에 아무런 제한적인 영향력을 행사할 수 없다는 것이다.

리가 기를 타고 동정한다는 점에서는 이이 이래의 기발이승(氣發理乘)의 관점을 잇는 것이지만, 리의 유행을 강조하며, 그 궁극처에서—그리고 그 궁극처는 현실과 유리된 어떤 곳이 아니라 마음 작용의 본래적 모습을 가리킨다— 기가 어떤 제한적 영향력을 행사할 수 없다고 말하는 점에서는 이이와는 조금 다른 방향으로 나아간 것으로 보인다.[9] 이러한 점에서 조성기는 다음과 같이 자신의 태극론을 정리한다.

> 그 리를 총괄하여 말하면 다만 하나의 태극이다. 그러나 사람에게 있는 태극은 두 가지의 의미를 가진다. 곧 본성과 정서를 통괄 주재하는 것으로 말하면 마음[心]이 태극이 된다. 사덕(四德) 본체의 온전함으로 말하면 본성[性]이 태극이다.[10]

마음에 대한 이러한 이해와 강조는 김창협 이래 낙학의 기본 정신을 대변한다. 이는 곧 살펴볼 지각 논변(知覺論辨) 및 사단칠정론(四端七情論)[11]을 통해 드러난, 김창협의 마음에 대한 생각과 일치한다. 낙학의 기본 정신이라고 할 수 있는 본체의 능동적 현실성 혹은 현실화에 대한 관심, 곧 현실 세계를 그러한 본체의 능동적 현시의 장소로 삼고 동시에 마음을 그러한 현시에 능동적으로 참여하는 주체로 삼는 본체 지향의 정신은 조성기와 김창협 사이의 태극 논변에서 분명하게 그 모습을 드러내고 있다.

두 사람의 왕복 변론 가운데서 드러난, 현실 세계에서의 본체 태극의 유행 곧 순수한 운동과 그에 조응한 마음의 주재적 운동에 대한 강조는 곧이어 다루겠지만 권상하 계통의 태극론 즉 태극 자체에 있어서는 기로부터의 초월성을 강조하고, 본성을 본체 태극의 수준이 아니라 기 - 현실 세계의 맥락에서 파악하며 또한 마음을 통한 태극의 유행보다는 기의 맥락과 제약을 상대적으로 강조하는 입장과는 분명히 다른 가닥을 잡아가는 것으로 보인다. 호학이 이러한 태극론을 기초로 해서 자신의 종지를 가다듬어 간다고 할 때, 김창흡의 태극론은 그에 대비된 낙학의 지향을 분명히 보여주었다고 하겠다.

2) 권상유와 박세채 사이의 태극 논변

비슷한 시기에 권상하 주변에서도 유사한 논변이 발생했다. 권상유와 박세채 사이의 태극 논변이 있었고, 그에 간섭하여 권상하는 자신의 태극론을 개진했다.[12] 1678년, 권상유는 박세채에게 편지를 써서 태극과 현실 세계의 관계에 대해 질문했다.[13]

> (주자는) 「태극도설해」에서 "혼연한 태극의 전체가 각 개별 사물에 모두 갖추어져 있다"라고 했습니다. 태극은 리이며, 본성[性]도 리입니다. 다른 것이 아닙니다. (그런데) 인간과 사물의 본성에는 편전(偏全)의 차이가 없을 수 없습니다. 그런데 (주자는) 왜 전체가 각각 갖추어져 있다고 말합니까.[14]

개별 사물들에 혼연한 태극의 전체가 갖추어져 있다는 주자의 주장에 대해 권상유는 태극과 현실 세계를 관련짓는 매개 개념으로서 본성[性]을 제시하고, "만약 본성이 곧 태극이라면 인성(人性)과 물성(物性) 사이의 편전 차이는 어떻게 설명할 수 있는가?"라고 의문을 제시하고 있다. 이것은 곧 이 논변이 이후 호락논쟁의 단계에서 본격적으로 논의된 인성과 물성 사이의 동이 문제와 연결되고 있음을 보여준다.

이에 대해 박세채는 태극의 전체가 개별 사물들에 다 갖추어져 있다고 말하는 것은 현실 세계의 개별 사물들이 애초에는 동일한 태극의 전체에서 나왔다는 것을 의미할 뿐이고, 현실 세계에서는 신체적 조건[形氣]의 다양성에 따라 리도 다양해지며, 따라서 인성과 물성 사이에 편전의 차이가 발생할 수 있다고 말한다.[15] 더 나아가 주자가 『중용장구』에서 말한 건순오상(健順五常)의 덕 또한 같은 취지로서 실제로 만물이 모두 다 가지고 있다고 주자가 주장한 것은 아니라고 말한다.[16] 이는 본연지성과 기질지성의 차이로 답변한 것을 넘어서서 본연지성 사이의 차이를 말한 것으로서, 이후 호학 측의 한원진이 극력 주장한 바와 일치하는 것이라고 할 수 있다.

권상유는 그에 대해, 만약 그렇게 해석한다면 성리학 본연의, 본체-현상의 상호 포괄적 조화의 이상은 사라질 위험이 있음을 지적한다. 태극은 현실 세계의 바깥에 있으면서 현실 세계에 직접 관여하지 않는 초월적인 존재가 되고 만다는 것이다. 그래서 권상유는 다음과 같이 반문한다.

> (박세채의 위의 주장은) 그 자체로는 처음부터 틀렸다고 할 수 없는 점이 있습니다. 그러나 그것으로 태극의 전체가 각 개별 사물에 다 갖추어져 있다고 하는 말을 해석하고자 하면 맞지 않는 듯합니다. … (주자에 따르면) 개별 사물이 각구(各具)하고 있는 태극은 곧 각구한 전체(全體)입니다. 지금 만약 각구되어 있는 것을 편(偏)하다 하고, 통체(統體)만을 전(全)이라고 한다면, 인간도 만물 중의 하나이니, 인간의 본성도 편(偏)한 것이 되고 말지 않겠습니까? … (선생의 설에 따르면 결국) 만물이 품부 받은 각기의 본성은 각각 태극의 일단(一端)일 뿐 태극의 전체는 아닐 것입니다. 그렇다면 편이라고 해야지 '전체'라고 해서는 안 되며, 각득(各得)이라고 해야지 '각구(各具)'라고 해서는 안 될 것입니다.[17]

권상유는 박세채가 현실 개체들 속에 있는 전체로서의 태극을 놓쳤다고 비판했다. 태극과 현실 사이에 있는 유기적 관련성―체용일원―을 설명치 못했다는 것이다. 권상유의 요구는 그 유기적 전체성을 놓치지 않으면서 동시에 현실의 편전―곧 전체성 혹은 동일성의 파괴―을 설명해달라는 것이었다고 하겠다.

3) 권상하의 「태극설」(1679)

권상유는 자신의 친형인 권상하에게 이 문제에 관한 의견을 구했다. 권상하는 「태극설(太極說)」을 지어 두 사람 모두에게 보여줌으로써 자신의 견해를 표명했다.

> 리로 말하면 부전(不全)함이 없으나, 본성으로 말하면 편전이 있다. 왜 그러한가? 하늘이 부여한 리는 같지 않음이 없으나, 인간과 만물이 품부 받은 것은 다르기 때문이다. … 한 근원[一原]으로 논하면 충막무짐(沖漠無朕)한 가운데 만상(萬象)이 빽빽하게 들어차 있다. 이것이 이른바 통체태극(統體太極)이다. 만 가지 다양성[萬殊]에서 말하면 만물 속에 한 리가 관통하고 있다. 이것이 이른바 각구태극(各具太極)이다. 통합하여 하나로 한다고 해도 끌어 모아 이룬 것이 아니며, 나뉘어 만 가지로 되었다고 해도 갈라서 나눈 것이 아니다. 본체 가운데 유행이 갖추어져 있으며, 유행하는 중에서 본체는 보존된다. 피차가 없으며, 대소가 없으며, 남는 것도 부족한 것도 없다. 요점을 말하면 지극히 신묘한 것이다. … 형체가 없으며 피차가 없는데 어찌 대소편전(大小偏全)이 있겠는가? 그러나 이것은 다만 리의 본연을 말한 것일 뿐이다. 인성(人性)과 물성(物性)을 논함에는 또 다른 관점에서 말해야 한다. 기가 아니면 리는 담길 곳이 없으며, 리가 없으면 기는 주재를 잃는다. 하늘은 음양오행을 가지고 만물을 화생(化生)하고, 리 또한 그에 부여하셨다. 본성이라고 하는 이름은 이때

성립한다. 품부 받은 기질이 천차만별이므로 기에 담긴 리 역시 다양하지 않을 수 없다. … 율곡 선생의 말을 빌리면 "인간의 본성이 사물의 본성과 다른 것이 기국(氣局)이며, 인간의 리가 사물의 리인 것이 이통(理通)이다." 이 말씀은 참으로 천고에 전해지지 않았던 묘어(妙語)이다.[18]

권상하는 먼저 이일분수(理一分殊)의 논리를 빌려 본체와 현상 사이의 통일성을 설명한다. 현실 세계의 다양성은 일단 분수리(分殊理)의 다양성으로 해석된다. 그때 리(理)는 각 개별 사물의 소이연(所以然)과 소당연(所當然)을 설명해주는 것이다. 개별 사물이 다양하므로 그 리의 구체적인 내용도 다양하다. 그러나 이일분수, 본체 유행의 관점에서 그것을 바라보면 리 자체는 언제나 동일하다. 리는 현실 세계의 바깥에 초월해 있는 것이 아니라 초월하는 동시에 내재하여 유행하며 자신을 관철하는 현실적인 힘이다. 리의 이러한 성격은 우리가 뒤에서 다루겠지만 충막무짐 문제와 관련이 있다.

권상하는 박세채의 견해의 문제점, 즉 본체와 현상의 분리 문제를 이일분수의 의미를 명료히 함을 통해 해결할 수 있는 것으로 보았다. 그런데 사실 이일분수를 통해 설명되는 본체의 동일성과 현상의 다양성, 그리고 그것의 통일은 본체와 현상의 통일 문제와 관련해서 본다면 매우 제한적인 유효성만을 가지는 것이라고 말할 수밖에 없다. 사실 그것이 제시하는 현실 세계의 통일은 리의 관점에서의 통일일 뿐, 현실 세계의 다양성을 그 차별성에 이르기까지 다 설명하는 것도, 그리고 거기에 이르기까지 포괄한 통일은 아니기 때문이다.

권상하는 이 지점에서 리와 구분되는 본성의 차원을 끌어들인다. 인성과 물성의 구별은 차별적 다양성이라고 할 수 있는데 그때의 본성은 리이지만, 리와는 구별된다. 본성은 기 혹은 기질 속의 리이다. 따라서 권상하는 본성은 기질의 차이에 따라 달라지지 않을 수 없다고 말한다. 이는 본체 유행의 또 다른 이면이다.

권상하는 이것을 이이의 명제인 '이통기국(理通氣局)'에서 기국(氣局)이 의미하는 바로 이해했다. 이일분수가 곧 리의 본원에서 본체와 현상의 통일성을 설명해주는 것이라면, 이통기국은 이통을 통해서 이일분수의 진리를 표현하고, 한편으로 기국을 통해 현상 세계의 차별적 다양성을 설명한다는 점에서 더욱 진전된 명제라는 것이다.[19]

권상하는 이이의 이통기국설을 동원하고 그것을 이원화하여 박세채의 논리를 기국에 제한시켜 받아들이고, 리통의 관점에서 권상유의 문제의식을 수용하여 문제를 해결하고자 한 것이다. 권상유와 박세채의 입장을 이통기국 명제를 통해 절충한 것이라고 할 수 있다. 그런데 사실 이러한 입장은 기본적으로 박세채의 입장이 가진 문제 곧 현상과 본체의 분리 문제를 적절하게 해결한 것으로 볼 수는 없을 듯하다. 차별적 다양성을 권상하는 리통과 다른 차원의 기국을 통해 설명했을 뿐이며, 차별적 다양성과 본체의 동일성의 통일 문제는 박세채와 마찬가지로 여전히 해결되지 않은 문제로 남아 있다.

4) 김창흡과 권상하의 태극론의 차이와 그 함의

앞으로 계속 살펴보겠지만 호학의 입장은 사실 권상유보다는 박세채에 의해 더욱 분명히 천명되었다고 할 수 있다. 권상하는 그것을 주자학의 기본 이론과 관련하여 좀 더 진전된 형태로 정리한 것에 불과하다. 애초에 권상유가 제기한 문제, 곧 본체의 동일성이 현실의 차별적 다양성과 어떻게 통일될 수 있는가 하는 문제는 여전히 과제로 남아 있다. 권상하의 태극론은 태극 본체 곧 리의 본연을 기질의 세계 곧 현실의 세계에서 분리해 버린 혐의가 있었다. 이는 후에 한원진에 의해 제시된 초형기(超形氣)의 리(理), 명(命)과 본성[性]의 분리 등에서 다시 한번 확인된다.[20] 어쨌든 권상하 및 호학의 이러한 본체관은 현실 세계에서 생동하는 본체를 강조하는 낙학 측의 본체관과 뚜렷이 대립되는 양상을 보여준다고 해야 할 것이다.

권상유, 박세채, 그리고 권상하에 이르는 태극에 관한 토론은 처음부터 인성물성론과 관련지어 논의되는 양상을 보이면서 결국 인물성이론(人物性異論)이 정립되는 방향으로 흘러갔다. 이 논변의 시점이 1678년에서 1679년에 걸치는 것을 감안하면 한원진이 1709년 이래 이간(李柬)과의 논변에서 인물성이론을 주장하기 이전에 이미 그의 스승인 권상하에 의해 그 기본적인 골격이 더 기초적인 본체관과 맥을 같이하며 형성되고 있었음을 확인할 수 있다. 비록 그것이 인물성동론(人物性同論), 혹은 낙학과 대립하면서 변증적으로 형성된 것은 아니지만, 그것은 대조를 이루는 각각의 본체관의 귀결이었다고 할 수 있다.

권상하는 논변의 과정에서 현실 세계에서의 기질의 중요성을 강조하여, 본성[性]은 보편적 태극이 각 개별자의 신체적 조건[氣質 혹은 形氣] 속에서 구체적인 모습으로 규정된 것이라 정의했다. 그 태극은 현실 세계에서 개별 사물의 신체적 조건에 구속되어 있지만, 그 본연의 모습에서는 그러한 구속에 제한받지 않는 신묘한 것이다. 신체적 조건의 구속이라 해서 그것이 본체 자체를 제한할 수 있는 것은 아니다. 본체는 엄연히 실재하며 운동한다. 이일분수란 곧 현실의 세계, 분수의 세계에서 자신을 관철하는 이일의 실재를 주장하는 명제이다. 이일의 바로 그러한 성격 때문에 권상하나 권상유는 리의 초월성만을 주장하는 박세채의 논리를 받아들일 수 없었다. 그러나 그때 이일의 운동은 신체적 조건 속에서 그를 통해 운동하는 것이 아니라 신체적 조건에 대해 그와는 독립하여 실재하면서, 각 개별 존재들이 순간순간 그리고 나아가서는 영속적으로 자신의 신체적 조건을 극복하고 그에 복종할 것을 요구하는 형태를 취한다.[21] 왜냐하면 신체적 조건의 세계는 같이 현실 세계이기는 하지만 분수의 세계와는 구분되어야 하기 때문이다. 신체적 조건의 세계는 기이며, 분수의 세계는 리인 것이다.

이일분수가 적용되는 세계는 리의 차원에서만 그러하다.²² 기의 차원에서, 곧 본성에 관해 말한다면 이일분수적 통일성은 말할 수 없게 되는 것이다.

본성에 대한 이러한 이해는 결국 김창흡의 본성, 본체의 이해와 대조를 이룬다. 김창흡의 태극이 기질을 뚫고 그 속에서 자기를 관철하며 유행하는 본체라고 한다면, 호학에서 권상하의 태극은 음양 만물에 즉해서 그 기질의 맥락 가운데 있는 본체이며, 그 가운데 있으면서 동시에 기질과 대립하면서 기질 밖에서 자신을 강제하는 본체이다. 김창흡의 태극이 동적(動的)이라면, 권상하의 태극은 정적(靜的)이라 하겠다. 김창흡의 태극 이해가 본원에서 유행으로 이어지는 연속적 이해였다고 한다면, 호학 측의 태극 이해는 본원과 유행의 구분, 그리고 유행에서의 기질의 맥락 곧 품부의 중요성을 강조하는 비연속성의 이해였다고 할 수 있다.²³

태극의 이해에서의 이러한 각각의 입장의 차이는 그에 대한 주체의 대응의 차이를 가져오는 것이었다. 김창흡과 조성기의 입장에서는 주체는 태극의 활력에 편승하는 부차적인 입장에 있으면서 역으로 또한 태극과 자신을 동일시해간다고 한다면, 권상하의 입장에서는 주체는 자신의 실천을 통해 태극을 현실 속에서 구현해내는 절대적 입장에 있으면서 동시에 태극과 자신의 분리를 끝까지 유지해나가는 입장을 유지한다고 하겠다. 양자 사이의 이러한 차이는 이후 낙학과 호학의 기본 정신과 태도, 지향의 차이를 보여준다.

2
충막무짐 논변

권상하의 태극론과 관련된 문제로서 호중(湖中)의 학자들 사이에 논란거리가 된 것이 '충막무짐(沖漠無朕)'과 본연지성에 대한 이해의 문제였다. 그것은 호학 내부의 논란이었으나 그 내용에서는 호학 속의 낙론자라고 할 수 있는 외암(巍巖) 이간(李柬)을 대리자로 해서, 낙학과 호학 사이의 본체론에서의 이견이 드러난 것이라 할 수 있다. 앞서 「태극설」(1679)에서 형성된 태극, 리, 성에 대한 권상하의 입장이 충막무짐과 본연지성 문제를 둘러싼 그의 문하에서의 논란을 통해 호중의 여러 학자들에 주지되고 전파되며 호학의 기본적인 입장으로 정립되어간 것이라고 할 수 있다.

1) 충막무짐의 의미

'충막무짐' 명제의 소재는 『정씨유서(程氏遺書)』 권15에 나오는 같은 말에 있다.

> 충막무짐(沖漠無朕)한 가운데 만상(萬象)이 빽빽이 들어차 있다. 아직 외부 자극에 반응하지 않았다고 해서 먼저라고 할 수 없으며, 이미 반응했다고 해서 나중일 수 없다. 백 척이나 되는 나무의 뿌리에서 가지, 나뭇잎까지 모두 하나로 연결된 것과 같다. 형체도 조짐도 없는 어떤 평면 위에 사람이 인위적으로 길을 긋고 나서야 길이 생긴다고 말할 수는 없다. 길이 있다면 그 길은 언제나 거기에 있었다.[24]

이것은 우주론적으로, 아직 아무것도 구체적으로 형성되지 않은 처음에 만물이 그 가능성으로서 이미 존재하는 발생적 근원에 관한 서술로서 곧 기일원론적 세계관을 표명한 것이라고 독해할 수도 있다. 하지만 또 한편으로는 본체론적으로, 일종의 이일분수적(理一分殊的) 세계관을 제시한 것이라고 이해할 수 있다. 그것은 물(物)에 대한 것이 아니라 길 곧 도(道)에 대한 것으로서, 시간을 넘어선 도의 선재적 보편성과 통일성을 의미한다는 것이다. 본체로서의 도에는 현상 세계의 구체적인 도가 이미 모두 갖추어져 있다는 것이다. 인용 말미의 천명은 그러한 독해의 타당성을 강화한다.

본체인 도―그것은 곧 태극에 해당한다―에는 구체적인 개별 사물이 생성되기 이전에 이미 그 개별 사물을 통제하는 구체적인 원칙들이 다 갖추어져 있다. 만물 사이의 상호(相互) 감응(感應)이 있기 이전에, 곧 기(氣)가 개입하기 전에 이미 그것의 원칙[理]이 선재(先在)한다. 그 선재는 기본적으로 시간적인 것이 아니라 논리적인 것이다. 그래서 그는 또 다음과 같이 말하는 것이다.

"적연(寂然)하게 움직임이 없다가 자극이 오면 그에 반응하여 움직인다." 이는 이미 사람의 일이다. 도로 말하자면, 만 가지 리가 모두 다 갖추어져 있다. 감응하고 감응하지 않고를 나누어 말할 수 없다.[25]

인간의 마음은 움직일 때와 움직이지 않을 때가 있다. 즉 현실 세계의 시간적인 맥락 속에 있다. 그것은 그것이 기의 세계에 소속되어 있음을 의미한다. 반면에 도는 그런 시간적 계기를 넘어서 있다. 그것은 모든 것을 그 속에 담고 있는 전체이다. 그것은 곧 기와 관련되기 이전, 곧 형이하의 기(器)를 넘어서 있는 형이상의 것으로서, 위의 권상하의 태극론과 관련해서 말하면, 리의 본연을 가리킨다.

2) 충막무짐에 대한 최징후의 견해와 한원진의 비판

한원진이 1708년(숙종 34) 8월 최징후(崔徵厚, 1675~1715)[26]에게 보낸 편지는 최징후의 말로 다음과 같은 내용을 전한다.[27]

> 리의 충막무짐은 다만 정(靜)에서만 말할 수 있으며, 동(動)에서는 말할 수 없다.[28]

최징후는 리의 충막무짐을 현실 세계와의 관계 속에서 곧 그 동과 정과의 관계 속에서 포착하고자 한 것이다. 리의 속성인 '충막무짐'은 기(氣)의 정(靜) 곧 담일허정(湛一虛靜)에 조응한 것으로, 우리는 바로 그 정의 상태에서만 그에 대해 말할 수 있다는 것이다. 하지만 이것은 곧 형이상의 리를 형이하의 기의 어떤 상태를 통해 규정한 것이라는 혐의를 받을 수 있다. 한원진의 다음의 비판은 바로 그 점을 지적한다.

> 충막무짐이란 무형(無形)을 의미한다. 리의 무형이 어찌 동정에 따라 달라지겠는가? 만약 그대의 뜻에 따른다면 리는 다만 정(靜)에서만 무형이고 동(動)에서는 유형(有形)이 된다는 말인가? 그렇다고 한다면 「태극도설」에서 "움직여서 양(陽)을 낳는다"라고 한 것에서는 무형의 태극[無極]을 말할 수 없다는 말인가? 주자는 소당연의 리를 충막무짐이라 했다. 소당연의 리는 이른바 (천하의) 보편적인 길[達道]이며, 보편적인 길은 이른바 정(情)의 화(和)이다. 정의 화는 동이 아닌가?[29]

한원진은 리의 충막무짐은 기의 동정을 관통하는 것으로서 정(靜)에만 한정시킬 수 없다고 비판한다. 주자의 중화신설(中和新說) 이래로 이것은 리와 기의 관계에 대한 이해에 있어 핵심적으로 강조되는 지점이라고 할 수 있다. 곧 충막무짐이 표현하는 이일분수의 세계는 형이상으로서, 결코 형이하와 섞일 수 없다—물론 분리될 수도 없지만—는 것이다.

물론 최징후 역시 그러한 지점에 대해 이해하지 못했던 것은 아니다. 그의 의도는 리를 정(靜)에 한정하고자 한 것이 아니라, 정에서 리가 그 본래적 상태를 순수하게 드러낸다고 하는 지점에 있었다. 이것은 본연지성에 대한 그의 이해와 밀접하게 연관되어 있다. 한원진에 의하면 최징후는 본연지성에 대해서 유사한 어조로 다음과 같이 말했다.

> 미발 때는 다만 본연지성만이 있을 뿐 기질지성이 있다고 할 수 없다. 마음이 움직일 때 비로소 기질지성이 있게 된다.[30]

여기에서 최징후는 본연지성과 기질지성을 분리하고, 그 각각을 마음의 미발(未發)과 이발(已發)에 배당하고 있다. 마음이 움직이지 않았을 때, 그 때는 본성은 순수한 상태로 있다가 마음이 움직일 때, 본성은 기질과 결합한다. 따라서 본성은 그 순수한 상태에서는 기질과 관련이 없다. 그런데 최징후가 본성과 기질의 결합을 곧 기질의 개입, 혹은 기(氣)의 개입을 시간적으로 해석하고 있음은 주목해둘 필요가 있다. 이것은 그가 리(의 충막무짐)를 정(靜)으로 제한하는 것과 논리적으로 일관된다.

그런데 문제는 그렇게 보면 본연지성은 기와 관계없는 것이 되고 기질지성은 이발(已發)의 정(情)에 가까운 것이 되고 만다는 사실이다. 이기론과 관련해서 본다면 본연지성 역시 기 속의 리라는 점에서 기와 무관할 수 없고, 기질지성도 본성이지 정(情)이 아니라는 점에서 리임에 틀림없다. 한원진이 다음과 같이 비판하는 것은 당연하다고 하겠다.

> 오직 미발의 전(前)만이 본연지성이라고 말한다면, 그것은 깃들일 바가 있어야 비로소 존재하는가, 아니면 깃들일 바가 없어도 홀로 존재하는가? (라고 묻고

싶다.) 깃들일 바가 없어도 홀로 존재한다면 그대의 말이 옳을 것이지만, 만약 깃들일 바가 있어야 비로소 존재하는 것이라고 한다면 그 깃드는 바의 기를 겸하여 이름하면 기질지성이니, 어찌 미발의 전에는 다만 본연지성만 있고 이발 후에 비로소 기질지성이 있게 되는 것이겠는가? 대개 미발을 본성이라고 하는 것은 들었지만 이발을 본성이라고 하는 것은 들어본 적이 없으며, 본성이 발하여 정이 된다는 것은 들었지만 본성을 발한 것이 또 본성이 된다는 말을 들어본 적이 없으며, 본체가 있은 후에 작용이 있다는 것은 들었지만 본체가 없는데 작용이 있을 수 있다는 말을 들어본 적이 없다.[31]

한원진은 본연지성도 허공에 있는 것이 아니라 기질 속에 깃들어 있으므로 미발에서의 본성 역시 그 기질을 겸하여 말하면 기질지성이며, 본연지성은 그 가운데 리를 단지한 것일 뿐이라는 것이다. 한원진의 이러한 비판은 최징후의 주장을 다소 단순화하고 왜곡하여 비판한 것이라 할 수 있겠지만 역시 본성을 기질의 맥락 가운데서 이해하고자 하는 호론적 지향성을 분명히 보여준다고 하겠다.

사실 최징후의 취지는 미발 상태에서 마음은 기질의 편차를 넘어 본연지성과 일치한 상태이며, 이발 상태에서 비로소 기질지성이 영향을 발휘하게 된다는 것이었다. 마치 리가 기의 정(靜) 상태에서 그 본연의 충막무짐을 드러내고 있다고 말하는 것과 같은 취지라는 것이다. 이것은 정과 미발에서 현실 세계 속에서 리와 본연지성의 순수한 형태를 발견하고자 하는 태도로서, 앞의 태극론에서 드러난 낙학의 정신과 일맥상통하는 의도를 배경으로 한 것으로 추정할 수 있다. 실로 같은 권상하 문하의 이간이 그를 뒤이어 그러한 관점에서 이 문제에 대해 한원진과 본격적으로 논변을 전개하고 있는 것이다. 그리고 그것은 이후 인물성동이 논변과 미발 논변의 단초를 여는 것이기도 했다.

3) 한원진의 비판에 대한 이간의 비판과 권상하의 반응

최징후에 대한 한원진의 이런 비판에 대해, 이간은 1709년 4월 권상하에게 편지를 올려 자신의 입장을 표명했다.

> 한원진은 충막무짐이 다만 리의 무형을 가리키는 말이라고 했습니다. 그는 "리의 무형이 어찌 동정에 따라 달라지겠는가?" 운운했지만 어리석은 저로서는 이해하지 못하겠습니다. 충막무짐이라는 말이 과연 리의 유형 여부를 논하기 위해 만들어진 것입니까? 아니면 리의 실상과 의미를 설명하기 위해 만들어진 것입니까? 무형이라는 말은 유형의 기에 대해 그것과 구분하여 쓴 개념입니다. (반면에) 무짐(無朕)이란 말은 어떠한 기미나 조짐도 없다는 의미입니다. 이는 곧 적연부동(寂然不動)한 마음자리에 나아가 그 실상을 직관한 것입니다. 그 개념과 실제에서 각기 달리 지칭하는 바가 있는데 어찌 강제로 같은 말이라고 할 수 있겠습니까?[32]

한원진이 충막무짐을 리의 무형을 가리키는 말로 보는 것은 곧 그것이 기와 연관되기 이전의 리의 본연의 모습을 가리키는 말이라고 생각하기 때문이다. 그러나 이간은 충막무짐을 리의 무형, 곧 기와 관련이 없는 본연의 리를 지칭하기 위한 말로 볼 수 없다고 말한다. 그에 의하면, 무형(無形)은 리의 형이상의 위상을 설명한 개념이라면, 무짐(無朕)은 마음의 정(靜)의 상태에서 그 리가 우리의 의식 가운데 자신을 드러낸 실상을 표현한 말로서 서로 구별된다. 즉, 충막무짐은 적연부동한 마음 곧 미발 상태의 마음에서 드러난 리의 모습 그 총체성을 직관하고 그 내용을 표현한 말이라는 것이다. 그저 기의 계기를 제거하고 추상화한 리—설사 그것이 이일분수라는, 구체성을 포괄한 전체일지라도—를 제시한 것이 한원진의 충막무짐에 대한 이해라고 한다면, 이간의 그것은 실재하는 마음의 자리에 나아가—기의 맥락 속에서 즉 심리적 현실 속에서— 볼 수 없고 말할 수 없는 리의 실상을 보고 또 말한 것이다.

최징후-이간과 한원진 사이의 차이는 곧 리와 기가 관계하는 방식에 대한 이해의 차이가 있다고 할 수 있다. 리와 기의 상호 불상리 관계에 대해 최징후와 이간이 마음의 능동성을 통한 본체의 실현이라는 관점에서 좀 더 역동적으로 이해한 것이라면, 한원진은 충막무짐을 형이상의 차원에서의 이일분수의 실상을 표현한 것이라는 관점에서 좀 더 정태적으로 이해한 것이라고 할 수 있다.

이것은 곧 앞에서 살펴본 태극론에서의 낙학 측과 호학 측의 차이를 반영하고 있다. 이러한 차이는 호락논쟁의 본격적인 쟁점이라고 할 수 있는 미발에 대한 이해의 문제와 밀접하게 연결되어 있다. 무형과 무짐을 구분하여 보자는 이간의 이러한 제안에 대해 권상하는 1709년 5월 그에게 답하는 편지에서 다음과 같이 한원진에 동조하는 취지의 말을 하고 있다.

> 주자의 뜻은 당행(當行, 소당연)의 리가 곧 충막무짐이라는 것이다. 여자약(呂子約)[33]은 충막무짐을 대본(大本)으로, 당행의 리를 달도(達道)로 이해했다. 이는 당행의 리 밖에 따로 충막무짐을 두는 것이다. 그래서 말이 안 된다고 말씀하신 것이다. … 무짐이란 바로 적연부동의 때이다. (하지만) 당시 사람 중에 하늘과 땅이 아직 나누이지 않고 만물이 생기기 전에 그 기상이 충막무짐한 것을 도의 본원이라고 생각하는 사람들이 있었다. 그래서 주자가 (그것을 경계하는 의미에서) 그와 같이 말한 것이다.[34]

권상하는 (만상을 갖춘) 충막무짐을 바로 이일즉분수(理一卽分殊)를 표현하는 것으로 보았다. 그것은 곧 기의 맥락과 관계없이 리의 본연을 말하는 것이다. 앞의 「태극설」의 예에 따라, 기의 맥락과 관계없는 리의 본연은 결코 시간적으로 이해되어서는 안 되는 것이다. 권상하는 1710년 윤7월에는 한원진에게 마치 선사(禪師)가 깨달음의 구절을 제자에게 전달하듯이 선명하고 간명한 몇 구절의 글귀를 써서 보냈다.

> 한 근본으로부터 말한다면, 충막무짐이란 태극의 체(體)이며, 양을 낳고 음을 낳는다는 것이 태극의 용(用)이다. 현실 세계의 다양성으로부터 말한다면, 만화유행(萬化流行)의 가운데 각각 소이연의 묘(妙)를 가졌으나 우리가 보고 들을 수 있는 것이 아니다. 이것이 이른바 동중(動中)의 정(靜)이다. 이 정은 곧 위에서 말한 충막의 정이다. 따로 다른 정이 있는 것은 아니다. 사람의 마음을 들어 말한다면, 미발이 충막무짐이며, 이발이 만사분라(萬事紛羅)이다. 일마다 소이연의 묘를 가지지 않은 것이 없다. 이것이 이른바 동중의 정이다.35

충막무짐한 리의 본연, 곧 이 경우 이일(理一)은 현실 세계의 다양성의 존재근거[소이연]로서 동중정(動中靜)의 성격을 가진다. 정(靜)은 정(靜)이되 시간적인 의미에서의 정(靜)이 아니라 현실 세계의 존재 근거라는 의미로서의 정(靜)이다. 따라서 그것은 우리가 직접 보고 들을 수 있는 것이 아니다. 그러나 이일이 설명하는 혹은 근거 지운 현실 세계는 기의 세계라기보다는 분수리의 세계이다.

권상하 그리고 한원진이 충막무짐을 리의 본연에 대한 기술로 이해하고 기의 맥락을 끌어들이지 않으려 하는 것은 한편으로 그것이 리의 수준에서 악을 정당화할 수 있는 가능성을 염려해서 일 수 있다. 그것은 곧 비(費)·은(隱)의 이해 문제와 연결된다. 권상하는 위의 인용문에 이어서 다음과 같은 말을 덧붙였다.

> 비(費)와 은(隱)은 모두 형이상자(形而上者)이다. 은은 이른바 소이연(所以然)이다. 비는 이른바 소당연(所當然)이다. 그런데 소이연자(所以然者)는 실로 소당연 가운데 있으나 보고 들을 수 있는 것이 아니다. 공자는 "신(神)이란 만물

을 묘하게 하는 것을 말한다"라고 했다. 이는 비(費) 속의 은(隱)을 가리키는 것이 아닌가?[36]

이는 곧 자신의 「태극설」에서의 사유를 그대로 이은 것이다. 『중용』에 나오는 비와 은은 리와 기의 관계가 아니라, 리일과 분수의 관계를 지칭하며, 따라서 비로서의 현실 세계는 기의 세계가 아니라 분수의 세계인 것이다. 그런데 앞에서 살펴본 바와 같이 이간은 충막무짐을 마음의 미발 상태와 연결하여 이해했다. 그것은 마음의 정(靜) 상태에 드러나는 본체의 실상이며, 미발의 상태에서 그를 직관할 수 있다는 것이다. 그러나 한원진과 권상하에게서 충막무짐은 단지 리의 무형을 의미하며, 그것은 곧 현실 세계의 개별 사물들 속에 들어 있는 소이연자로서의 리의 모습이다. 그것은 소당연으로서의 분수리와 즉일(卽一)의 관계를 맺는 이일분수의 리이다. 그것은 개별 사물들 속에 있지만 그 개별 사물들과는 별개로 존재한다. 곧 비·은의 논리이다. 소당연으로서의 분수리는 개별 사물들 속에 있지만 개별 사물을 넘어서 있는 이일과 통합되면서, 개별 사물들과는 분리되어 외적 규범으로 존재하게 된다. 초형기의 리는 이제 생성 이전이라든가, 현실에서 분리된 초월적인 것으로 이해되지 않고 기질의 맥락 속에서 기질을 통제하는 현실 속의 초월로서 이해될 수 있는 것이다.

4) 권상하의 반응에 대한 한원진의 동조

권상하의 이 편지에 대한 답서로 한원진은 즉시 권상하에게 편지를 올려 다음과 같이 말한다.

"충막무짐이란 도(道)의 체(體)이며 은(隱)이다. 일동일정(一動一靜)하는 것은 도의 용(用)이며 비(費)이다. 충막무짐하다는 것은 사물에서 드러나지 않은 것이므로, 그것도 (실제의 정(靜) - 형이하는 아니지만) 정(靜)에 속한다. 일동일정하다는 것은 이미 유행으로 접어든 것이므로, 그것도 (실제의 동(動) - 기(氣)의 운동은 아니지만) 동(動)에 속한다. 충막무짐 가운데는 일동일정의 리가 이미 다 갖추어져 있다. 이것이 곧 체(體) 중(中)의 용(用), 은(隱) 중(中)의 비(費)이며 이른바 정(靜) 중(中)의 동(動)이다. 또 일정일동하는 가운데는 충막무짐의 묘가 있지 않은 곳이 없다. 이것이 곧 용(用) 중(中)의 체(體), 비(費) 중(中)의 은(隱)이며 이른바 동(動) 중(中)의 정(靜)이다." 며칠 전 내려주신 가르침은 그 요지가 모두 이와 같습니다. … 옛날 성현들도 이렇게까지 말하지는 못했습니다. … 제가 이전에 본 바는 다만 도(道)의 체(體) 용(用)이 서로를 함축하고, 비(費) 은(隱)이 분리되지 않는다는 정도였습니다. 그 위에 다시 이 "정에 속한다", "동에 속한다", "정중의 동이다", "동중의 정이다"와 같은 말이 있다는 것은 알지 못했습니다. … 지금 이런 의미를 명료하게 깨닫고 보니 실로 절로 손이 춤추고 발이 굴러집니다. … 제가 바르게 이해한 것입니까?37

이는 한원진이 스승 권상하의 가르침을 받고, 그 깨달음을 조술한 오도송(悟道頌)과 같은 것이다. 이에 대해 권상하 역시 다시 편지를 보내어 즉시 그를 인가하고 있다. 한 달 후(1710년 8월) 역시 문인인 한홍조(韓弘祚, 1682~1712, 자는 永叔, 호는 鳳巖)에게 보낸 편지에서 다음과 같이 말했다.

윤봉구와 한원진이 여기에 며칠 머물렀다. 그들과 나눈 대화를 모두 다 전하기는 어렵다. 다만 충막설(沖漠說)에 대해 한원진이 내 말을 듣고는 크게 깨닫고 말하길 "절로 손이 춤추고 발이 굴러집니다"라고 했다. 모르겠구나, 그대도 또한 그러한 날을 보게 될는지.38

호학은 실로 여기에서 두 사람 사이에 오고 간 교감을 통해 본체론의 방면에서 굳게 정립된 것으로 보인다. 한원진은 이런 교감을 기초로 그의 편지에서, 함께 권상하의 문하였던 최징후, 한홍조, 이간의 견해를 종합적으로 비판했다. 이 편지는 단지 충막무짐의 문제만이 아니라 미발, 기질지성, 오상론 등 호학의 기본적인 문제 전반에 대해 같은 형식으로 서술했다.[39] 한원진은 이를 통해 동문 간의 초기의 혼란상을 극복하고 그야말로 호학을 정립해간 것이라 하겠다. 그에 대해서는 다음 장에서 본격적으로 살펴보고자 한다.

3
김창협의 본성[性]에 대한 초기의 두 견해

김창흡의 태극론이 현실 세계에서의 태극 본체의 역동적 전개와 그에 부응하는 마음의 본체적 성격을 부각시켜갔다면, 권상하의 태극론은 본체 자체와 현실 세계의 구별에 대한 강조 그리고 그러한 가운데 현실 세계에서의 본체의 정적(靜的)인 구현으로서의 본성의 성격에 집중하여 본성론과 밀접한 관련을 가지면서 전개된 것이었다.

김창흡과 조성기의 태극론이 결국 마음에 대한 이해로 이어지는 것이었다면, 권상하의 태극론은 본성에 대한 이해와 밀접한 관련을 가졌다. 그것은 호학 내부에서 발생한 충막무짐론이 본연지성과 기질지성에 대한 이해와 연결되어간 것에서도 확인된다. 이러한 대비는 호락논쟁의 전개 과정에서 낙학 측이 마음의 독자성에 대한 규명에 초점을 두었다고 한다면 호학 측에는 본성의 세밀한 규정에 장점이 있었던 것과 정확히 일치하는 방향성이라고 할 수 있다.

그런데 본성에 대한 관심이 호학 측에 전유되었던 것은 아니다. 호학 측에 대응하는 낙학 측의 본성론, 혹은 인성물성론의 단초를 김창협의 초기 사유들에서 확인할 수 있는데, 그가 1670년에 쓴 「성악논변(性惡論辨)」(『농암집』 권25:17b-)에서의 본성에 대한 견해와 1674년에 쓴 「상우재중용의의문목(上尤齋中庸疑義問目)」(『농암집』 권12:18b-)에서의 본성에 대한 견해가 그것이다. 이들은 각각 『맹자』와 『중용』을 배경으로 하여 본성 문제를 논의하고 있다.[40]

1) 본성과 자연 상태: 「성악논변」(1670)

김창협은 순자(荀子)의 성악설을 비판하면서 먼저 순자가 어떻게 성악설에 이르렀는가를 설명한다. 순자는 인간이 그 자연 상태에서는 문명이 없었고 인륜적 질서와는 무관하게 짐승과 다름없는 다툼의 생존 투쟁의 상태에 있었으며, 예와 법의 강제를 통해 비로소 평화로운 상태에 이를 수 있었음에 근거하여 인간 본성이 그 자체로는 악하다고 주장했다는 것이다.⁴¹

그는 이어서 성리학의 이기론의 틀을 빌려서 본성은 리(理)로서 선(善)인데, 순자는 그것을 기(氣)로 보아서 악(惡)으로 보았다고 비판했다. 기에는 선도 있고 악도 있으므로, 기의 작용으로 노정되는 인간의 악한 측면에 주목한다면 인간의 본성은 악하다고 결론 내릴 수 있게 된다는 것이다. 그러나 김창협은 그것은 인간의 본래 모습은 아니며, 인간의 본성은 리로서 선하며 기질과 인욕의 방해 때문에 악하게 보일 뿐이라고 하여 맹자의 성선을 옹호했다.⁴²

김창협은 이어서 자신의 이러한 관점에 대해 다음과 같이 정당화를 시도한다.

> 순자는, 외부로부터의 자극에 대해 자연스러운 반응은 본성이고, 자연스러운 반응이 아니라 일[제도나 강제]을 만난 후에야 그렇게 반응하는 것은 작위[僞]라고 생각했다. 그러나 맹자께서 말씀하지 않았는가? 어린아이가 우물에 들어가는 것을 보면 반드시 측은한 마음이 일어나고, 그 어버이의 시신이 골짜기에 뒹굴고 있는 것을 보면 이마에 땀이 흐르기 마련이라고. 이것이 어찌 자극을 받아 자연스럽게 일어난 것이 아니겠는가? 혹 측은한 마음이 일어나고도 그 어린아이를 건져내지 않거나, 이마에 땀이 흐르면서도 그 시신을 수습하여 매장하지 않는다면, 그것이 곧 사의(私意)가 (본성의 실현에) 해악을 끼친 것이

다. 우리는 그것을 작위[僞]라고 부른다. 순자가 말하는 '작위'는 우리가 말하는 것과는 다르다.⁴³

인간의 본성이 인간의 자연 혹은 자연 상태라고 한다면, 순자가 본 인간의 자연 상태는 인간의 신체적인 조건[氣]과 관련된 것일 뿐이고, 인간에게는 또 하나의 자연 상태가 있음을 알지 못한 것이다. 곧 『맹자』에서 제시하는 바와 같이 인간에게는 측은히 여기는 마음을 포함해서, '사단(四端)'이라는 자연적이면서 동시에 도덕적인 마음이 있다는 것이다. 그것은 곧 리와 관련된 자연 상태이며, 곧 리와 동일한 본성이다.

결국 자연 상태는 두 가지가 있고, 그로부터 추리되는 본성도 두 가지이다. 하나는 리에 기원하는 것이요, 하나는 기에 기원한다. 이것은 곧 기질지성과 본연지성의 구별을 염두에 둔 것으로, 김창협은 기질지성도 하나의 본성으로 인정했다.⁴⁴ 하지만 역시 군자는 기질(지성)을 본성으로 여기지 않는다고 한 장재의 말을 언급하면서 본연지성이야말로 본성의 고유한 의미에 해당한다고 주장했다.

「성악론변(性惡論辨)」에서 김창협은 인간에서 본연지성과 기질지성 두 가지 본성을 인정했으며, 그 모두를 인간의 자연 상태와 연관 지웠다. 이 지점에서 그는 비록 본연지성을 리로서 설명하기는 하지만, 그것을 아직 인간에 내재한 자연적인 도덕적 성향으로 이해하는 '자연의 도덕화' 수준에 있었다고 볼 수 있다.⁴⁵

그런데, 김창협은 또 다른 관점에서 순자의 성악을 비판하여 다음과 같이 말한다.

그리고 순경(荀卿)은 "길거리의 일반 사람도 모두 우(禹)가 될 수 있다"고 하고 또 "길거리의 일반 사람도 모두 인의(仁義)와 법정(法正: 법제)을 알 수 있는 자질이 있고, 모두 인의와 법정을 실천할 수 있는 능력이 있다"고 했다. 순경이 말하는 인의와 법정의 자질과 능력은 사람이 본래 가지고 있다는 말인가? 아니면 외부에서 취한 것이라는 말인가? 만약 외부에서 취한 후에 가능하다면 사람들이 반드시 모두 가진 것은 아닐 것이다. 만약 모두 가지고 있다면 외부에서 취한 것이 아님이 분명하다. 외부에서 취한 것이 아니라면 곧 진실로 본성의 본연이니 작위[僞]를 기다릴 것이 없다. 이것은 맹자가 본성이 선함에 사람들이 모두 요순이 될 수 있다고 말한 것이 아닌가?[46]

순자는 모든 인간은 도덕과 법질서를 이해하고 그를 실행할 수 있는 능력을 갖추었다고 가정한다. 본성상으로는 악하다고 하더라도, 곧 선을 실현할 수 있는 내적 동기는 없다고 하더라고, 선을 이해하고 실천할 수 있는 능력을 모든 인간이 가지고 있다는 것이다. 도덕 실천의 가능성을 자연적 본성이 아니라 작위의 실천을 할 수 있는 마음의 능력에서 설명한 것이라고 할 수 있다. 그런데 김창협은 그러한 마음의 능력은 결국 본성의 선함을 지지하고 있는 것이 아닌가라고 반문한 것이다. 이는 나중에 낙학에서 중요하게 다루게 되는 문제라는 점에서 주목된다. 낙학에서는 마음의 허령불매한 인지적 능력이 곧 마음의 본체에 해당하는 것으로서 선하다고 보며, 또한 본성적 측면과 밀접한 관계를 가지고 있다고 본다.

한편, 호학 측의 한원진은 뒤에 김창협의 「성악논변」에 대한 간단한 비판의 글을 남겼다. 그는 다음과 같이 말한다.

농옹(農翁; 김창협)의 이 논설은 본성과 기를 나누어 결코 같지 않다고 함으로써, 성악이 반드시 옳지 않음을 변론했고, 양웅(揚雄)의 혼설(混說)과 한유(韓愈)의 삼품설(三品說)을 모두 들었으니, 성선론에 공이 있다고 할 수 있다. 그러나 말단에 혹자의 물음에 답하여 "사람이 이미 이 기를 얻어 생겨났으니 어찌 그것을 본성이라 하지 않을 수 있겠는가? 그러나 군자는 그것을 본성으로 여기지 않음이 있다"라고 했는데, 이 설은 오히려 전적으로 기질을 하나의 본성으로 삼아 성선과 서로 대립시킨 것 같으니 아마도 정자와 장자의 뜻이 아니다. 기질지성은 별도로 한 본성이 있는 것이 아니며, 다만 이 본연지성이 기질과 결합하여 선악이 있게 된다. 본성에 선악이 있음은 비록 기질로 말미암지만, 그것을 본성이라고 하는 것은 그 리를 따라 말한 것이요, 리가 하나의 본성이 되고, 기가 하나의 본성이 되어 서로 대립하여 두 가지 본성이 있는 것은 아니다.47

한원진은 먼저 김창협이 본성과 기를 확연히 나누고, 본성이 곧 리임을 강조하여 성선론을 옹호했다는 점에서 의미가 있다고 했다. 하지만, 본성에서 리와 기를 지나치게 구분하여 마치 본연지성과 기질지성의 두 본성이 있는 것처럼 말하는 것은 문제가 있다고 비판했다. 한원진은 기질지성과 본연지성은 별개의 본성이 아니며, 본연지성은 기질지성에서 리를 단지(單指)한 것이라 이해한다. 이는 일반적인 주자학의 이해를 반영한 것이지만, 본성을 어디까지나 기 혹은 기질의 맥락에서 다루고자 한 호학적 지향이 드러나 있다고 할 수 있다. 즉, 그에 의하면 단지라고 해도 곧 인기질의 리를 단지한 것이기 때문이다. 그렇다면 「성악논변」에서의 본성론은 상대적으로 낙학의 어떤 면모, 곧 본성의 이해에서 기질의 맥락을 제외하려는 경향을 반영하고 있다고 할 수도 있을 것이다.

2) 「상우재중용의의문목」(1678)

「성악논변」에서 김창협이 비록 제한적이기는 했지만 본성을 리로 보는 관점, 즉 기질의 맥락과 구분되는 차원에서 본성을 본 것은 분명 낙학적 본성론과 통할 수 있는 것이었다. 하지만 그것은 아직 인간의 범위 내에서 논의된 것이었고 인성과 물성을 포괄하여 본성을 논한 것은 아니었다. 1678년 김창협이 유배 중이던 송시열에게 『중용』에 대한 질문을 한 것을 기록한 「상우재중용의의문목(上尤齋中庸疑義問目)」(이하 「중용문목」)은 호락논쟁의 쟁점에 근접한 논설을 제시했다는 점에서 의의가 있다.

그런데 문제는 여기에서 이후 낙학의 기본적인 입장과는 달리 인물성이론에 가까운 입장을 취한다는 점이었다. 이는 호학과 낙학의 대립이 본격화되면서 권상하를 중심으로 한 호중(湖中)의 학자들과 김창흡을 중심으로 한 낙하(洛下)의 학자들 사이에 논란거리가 되었다.[48] 김창협이 송시열에게 한 질문은 다음과 같다.

(『중용장구』) 제1장(수장)의 주(註)에 "인간과 사물이 각각 부여된 리를 얻은 데 인하여 건순오상의 덕(德)으로 삼았다"라는 말이 있습니다. 이 말은 만물이 생겨남에 각각 오성(五性)을 온전히 하여서 다시 인간과 구별이 없다는 것을 의미합니까? 그런데 그렇지 않은 점이 있는 것 같습니다. 인간과 사물이 태어남에 원래 모두 같은 리를 얻어 태어나지만, 일단 (각기) 본성을 이루고 나면 편전(偏全)의 다름이 없을 수 없습니다. 벌이나 개미의 사회에도 군신의 관계가 있고, 호랑이나 이리의 무리에게도 부자의 관계가 있습니다. 혹 인(仁)한 것도 있고, 혹 의(義)로운 것도 있습니다. (그러나 어느 경우든) 오성 가운데 오직 한 가지만을 겨우 부여받았을 뿐입니다. (물론 그렇다고 해서) 그것이 어찌 천명(天命)이 (원래) 균일하지 않아서 그렇겠습니까? 기(氣)에 통색(通塞)이 있음에 따라 리(理)에도 편전이 있게 된 것일 뿐입니다. 이런 까닭에 주자는 『맹자』의 '생지위성장(生之謂性章)'에 대해 다음과 같은 주를 달았습니다. "리로서 말하자면 인의예지를 품부 받음에 어찌 사물이 (인간처럼) 얻어서 온전히 할 수 있겠는가?" 이 한마디는 실로 매우 명쾌하고 분명하게 그 사실을 보여주는 것입니다. 그렇다면 이 장에서 말한 바는 만물이 각각 오성을 갖추어서 다시 인간과 구별이 없다고 하는 것이 아니라, 인간과 사물이 똑같이 이 리를 얻어 본성[性]으로 삼는데 본성에는 다섯 가지의 세목이 있다는 것을 말한 것일 뿐입니다. 사물은 이 다섯 가지를 온전히 할 수 없지만, 이 다섯 가지 외에 달리 본성

이 있는 것은 아니라는 것입니다. 인간과 사물을 통틀어 말하자면 이 본성을 함께합니다. (그러나) 그들의 통색편전(通塞偏全)의 다양성으로 말하자면 다름이 없을 수 없습니다. (『중용』 주에서는) 이 측면을 언급할 여유가 없었을 따름입니다.⁴⁹

「성악논변」에서 김창협의 본성에 대한 논의는 인간의 본성만을 문제시한 것이었지만, 여기 「중용문목」에서 본성에 대한 논의는 주자의 주석에 따라, 인간뿐 아니라 사물(동물)의 본성에까지 확대된다. 김창협은 비록 질문의 형태이지만, 인간과 동물의 본성의 차이를 분명하게 주장한다. 즉 인간과 동물 모두 일리(一理)를 얻어 생겨나지만, 본성에는 편전의 다름이 없을 수 없다고 한다. 「성악논변」에서 김창협은 본성을 리와 배타적으로 연결시키고 기의 맥락은 배제했지만, 여기에서는 기와의 관련성을 고려하고 있다. 인간과 동물의 차이는 기의 통색의 차이이며, 그것이 본성에서 편전의 차이를 가져온다는 것이다. 물론 낙학 측에서는 이것이 김창협이 본연지성에서의 인간과 동물의 차이를 말한 것이라는 증거가 될 수 없고, 그가 여기에서 말하는 것은 단지 기질지성의 차이일 뿐이라고 항변한다고 하더라도,⁵⁰ 김창흡이 이를 김창협의 초기 미정설로 본 것에서 알 수 있는 바와 같이 명확히 인물성이론의 입장으로 이해할 수 있다.

김창협은 천명의 수준에서 본성은 인간과 동물에서 동일하며, 인간과 동물의 본성은 인의예지신의 오성(五性: 곧 오상)의 범위를 벗어나지 않지만, 기의 편차를 고려하지 않을 수 없는 만물의 수준에서는 만물이 오성을 모두 똑같이 부여받은 것은 아니지 않은가라고 반문한다. 그것은 경험적 사실이 우리에게 보여주는 바이기도 하다. 동물의 세계도 도덕적 본성을 부여받지 않은 것은 아니지만—그런 점에서 이제 '자연의 도덕화'에 이르렀다— 품부 받은 기의 제한으로 말미암아 그들이 온전한 상태의 본성을 부여받은 것은 아니며 부분적으로 편향이 있는 상태로 받는다는 것이다.

김창협이 여기에서 나중에 호락논쟁의 단계에서 문제가 된 주자의, "어찌 동물이 (인간처럼) 얻어서 온전히 할 수 있겠는가?"라고 한 것에 대해, 낙학의 독해와 마찬가지로 실천의 불완전성으로 읽지 않고 호학이 독해한 바와 같이 품부의 불완전성으로 읽고 있는 것 또한 그가 인물성이론의 입장을 취했음을 보여준다.

그의 생애의 비교적 이른 시기에 김창협은 본성에 대한 두 방면의 사고를 체험했다. 「성악논변」에서 김창협은 자연 상태의 맥락 아래서, 하지만 기질의 맥락과 관계없이 사단으로 표현되는 리와 동일시된 본성에 대해 사유했다면, 「중용문목」에서는 인간과 동물의 본성에서의 동일성과 차이에 대한 좀 더 형이상학적인 수준에서의 사유를 전개했다. 거기에서 우리는 심성 문제에 대한 김창협의 초기 사유를 발견할 수 있다. 그것을 향후의 전개에서 본다면, 낙학적 사유와 연결되는 면도 있지만 호학적인 사유에 가까웠다고 할 수도 있었다. 그러므로 아직 김창협 자신의 심성론이 확립되지 않은 가운데 있었다고 해야 할 것이다. 그는 이후 사단칠정의 문제와 지각, 미발의 문제에 대한 사유와 논변을 전개하면서 자신의 심성론을 정립했으며, 그를 통해 낙학의 종지(宗旨)가 정립되었다.

4
김창협의 낙학적 사유 형성

김창협은 1697년의 민이승(閔以升, 1649~1698)과의 지각 논변, 그리고 김시좌(金時佐, 1664~1727) 등 주변 인물들과 1698년의 미발 논변을 거치면서 낙학의 정신을 확립했다. 그 논변들을 통해 낙학의 정체성이 확립되었을 뿐 아니라, 특히 지각 논변의 경우 관련 내용이 권상하와 한원진 등 호학 측에 전달되면서 그에 대한 반응을 통해 호학 측의 학파적 정체성이 확립되는 데도 일정한 기여를 했다. 그들 논변은 다음 장에서 다루기로 하고, 그러한 과정을 통해 형성된 김창협의 낙학적 사유의 면모를 두 가지 자료를 통해 확인해보고자 한다.

1) 김창협의 「사단칠정설」(1701)[51]

앞에서 김창협의 본성에 대한 이해를 두 방면에서 살펴보았다면 김창협이 1701년 작성한 「사단칠정설(四端七情說)」은 또 하나의 측면에서 본성과 마음에 대한 그의 사유의 진전을 보여준다.[52] 그것은 낙학의 정신이 성숙하여감을 분명히 보여주는 것이었다. 김창흡과 조성기 사이의 태극 논변에서 강조된, 현실 세계에서의 본체-리의 자기 관철은 김창협의 사단칠정에 대한 이해에서 더욱 명료하게 표현되었다.

이황과 기대승에 의해 본격화된 사단칠정론이란 먼저 현실의 마음인 정(情)을 사단과 칠정이라는 두 가지로 유형화시키고, 그 두 가지를 세계를 구성하는 두 원리인 리와 기를 통해서 각각 어떻게 해석할 수 있는가 하는 데서 생긴 것이었다. 본체-리와 현실 세계의 관계 문제를 배경으로 하고 있다. 이는 우리가 늘 체험하고 있는 우리 자신의 정(情)을 통해 인간 존재의 성격을 원리적으로 구명하고자 한 것이었다.

사단칠정론은 이황의 사후 17, 18세기에 이르러서도 여전히 쟁점으로 남아 있었다. 특히 정치적 당파에서의 서인과 남인의 분리 대립은 양 당파가 각각 이이와 이황의 학통을 이은 것으로 자신들의 정체성을 삼았기 때문에 학술적 대립을 더욱 심화시켰다. 이 학술적 대립의 중심적인 쟁점이 바로 사칠론에서의 이황과 이이의 견해 차이였다. 이른바 이이의 기일도설(氣一途說)과 이황의 호발설(互發說) 사이의 대립이다. 이는 곧 리와 기의 상호관계를 둘러싸고 각각 불상리와 불상잡의 원칙 혹은 관점을 강조함으로 인해 생기는 것으로 이해된다.[53]

핵심적인 문제는 본체-리(理)의 능동성 곧 현실 세계에서의 본체-리의 자기 전개 즉 유행을 어떤 식으로 이해할 것인가 하는 데 있었다고 할 수 있다. 즉, 그와 관련된 이발(理發), 이승(理乘), 이통(理通)의 명제를 불상리와 불상잡의 원칙 아래서 어떻게 해명할 수 있는가 하는 것이다. 이는 곧 주렴계에 의해 「태극도설」이 저술된 이래, 주자학 내부에서 핵심적인 문제 중의 하나인 태극의 동정 문제, 혹은 태극과 음양의 상호관계에 대한 문제로 연결된다. 곧 본체로서의 태극과 현실 세계의 관계, 둘 사이를 매개하는 본성[性]과 마음[心]의 문제와 내적으로 긴밀히 연관되어 있는 문제이다. 결국 호락논쟁의 문제와 그 영역이 다르지 않은 것이다.

사단과 칠정은 모두 현실의 마음으로서 결국 현실화의 원리인 기(氣)에 의해 구체화된 것이라 할 수 있다. 이이가 기일도설을 주창한 것은 바로 이러한 점에 유의한 것이었다. 그런데 같은 현실의 마음이지만 사단은 칠정에 비해 좀 독특성이 있다. 이이는 사단의 독특성을 기껏 칠정(七情) 중에서 선한 것이라고 이해하거나, 또는 칠정과 별다를 바 없다—사단에도 선(善)과 불선(不善)이 있다—고 보아 그 독특성을 인정치 않는 경향이 있

지만, 사실 사단이 유교 자체에서 가지는 의미는 그 이상이다.54

김창협은 다음과 같이 말한다.

> 사단은 리를 주(主)로 해서 말한 것이지만 기가 그 가운데 있으며, 칠정은 기를 주로 해서 말한 것이지만 리가 그 가운데 있다. 사단의 기는 곧 칠정의 기이며, 칠정의 리는 곧 사단의 리이어서, 두 가지가 있는 것이 아니다. 다만 그 개념을 세울 때 취지에 각각 주로 하는 바가 있었을 따름이다. … 인간의 마음에는 리가 있고 기가 있다. 그것이 외물의 자극을 받음에 기기(氣機)가 발동하고 리는 그것을 탄다. 칠정은 기기가 발동하는 데 나아가 개념을 세운 것이고, 사단은 그 도리가 드러나는 것을 곧바로 가리킨 것으로 기의 일에는 간여하지 않는다. 이른바 기의 일에 간여하지 않는다는 것은 사단이 기 없이 스스로 운동한다는 것이 아니라 그것을 설명할 때 그 기를 수반[夾帶]하지 않는다는 것을 말한 것일 따름이다.55

사단과 칠정은 모두 본성이 현실화한 현실 세계의 현상으로서, '외물의 자극을 받음에, 기기가 발동하고 리는 그것을 탄' 것 곧, 이이가 말한 바와 같이 '기발이승(氣發理乘)'의 것이다. 하지만 사단은 '그 도리가 드러나는 것을 곧바로 가리킨 것'으로서, '기기가 발동하는 데 나아가 개념을 세운' 칠정과는 구별된다. 곧 본성의 순선함을 분명하게 확인하게 해주는 마음의 특별한 사실로서, 순선한 본성의 실재를 확인하는 통로가 된다. 사단은 곧 우리 마음을 통한 '본체-리'의 발현에 초점을 맞추어 말한 것이라는 독특성을 지니는 것이다. 그런 점에서 사단은 칠정으로 환원될 수 없고, 칠정 역시 사단으로 환원될 수 없다.56

김창협은 여기에서 사단과 칠정을 개념상의 차이라고 말한다. 존재론적으로는 동일하게 '기발리승일도'라고 하는 이이의 견해가 타당하지만, 개념적으로 사단은 그렇게 일어난 심리적 사실에서 특별히 리의 발현에 초점을 둔 것이라고 한다면, 칠정은 리와 기를 함께 고려한 것 혹은 발현의 매개가 되는 기에 초점을 둔 것이라는 차이가 엄연히 있다는 것이다. 그는 '리의 발현'을 지적한다고 하는 맥락에서 기를 굳이 언급할 필요가 없으며, 따라서 이황의 호발설이라고 하는 것을 그러한 맥락에서 이해한다면 유효성이 있으며 나쁠 것이 없다는 입장이다.

'리의 발현'을 강조하는 김창협의 의도는 다음의 인용에서 확연히 그 의미를 드러낸다.

> 율곡은 「인심도심설(人心道心說)」에서 "선(善)이란 청기(淸氣)가 발현한 것이고, 악(惡)은 탁기(濁氣)가 발현한 것이다"라고 했다. … 후에 생각해보니 율곡설은 실로 조금 잘못된 것이다. 청기의 경우 실로 그 발현이 선하지 않음이 없지만, 선한 정서를 모두 청기의 발현에 돌려서는 안 된다. 또한 악한 정서는 실로 탁기에서 발현한 것이지만, 탁기에서 발현한 모든 것을 악하다고 할 수는 없다. 이는 깊이 체인해보면 알 수 있다. 일반인 이하의 수준에서는 실로 그 기(氣)가 탁(濁)한 것은 많고 청(淸)한 것은 적다. 그러나 그들이 어린 아기가 우물에 빠져들어가는 것을 보면 놀라고 측은해하지 않는 이가 없다. 이것이 어찌 모두 청기의 발현이라 할 것인가? … 천리(天理)가 그 본성에 뿌리박고 있어서 자극에 따라 반응하여 일어난 것이어서, 비록 그것이 탄 기가 탁하여 청하지 않아도 그것이 발현하는 것을 덮어 가릴 수 없었을 따름인 것이다. … (이는 청기가 전혀 없는 가장 완악한 사람에게도 마찬가지이다.) … 부지불식간에 참된 마음[眞心]이 발출한 것이요, 바로 거기에서 인간 본성의 선함을 볼 수 있으며, **'천리의 쉬지 않고 운행함'을 볼 수 있다.** 그것이 어찌 청기의 발현에 의한 것이겠는가? 리가 무정의(無情意)하고 무조작(無造作)이라고 하지만 … 사람의 마음이 움직일 때는 리가 비록 기를 탄다고 해도, 기 또한 리의 주재(主宰)를 받는 것이다. 지금 선악의 정서를 오로지 기의 청탁에만 돌린다고 하면 아마도 그로써는 **리의 실체와 본성의 선함**을 볼 수 없을 것이다.[57]

김창협은 이이가 선(善)을 청기(淸氣)의 발현이라고 설명한 부분에 대해 제한적으로만 인정하면서, 거기에 더하여 '리의 발현'의 측면이 있음을 지적했다. 곧, 지극히 탁한 기를 지닌 사람이라고 그 탁한 기가 가릴 수 없는 순수한 선한 마음 곧 사단의 마음이 있을 수 있는데, 그것은 곧 기에 대립한 리의 발현에 의한 것이라는 것이다. 이는 기의 은폐를 넘어서는 리의 능동적 자기실현의 측면을 말하는 것이다.[58] 물론 그것은 어디까지나 기의 운동을 통해서 실현되는 것이라는 점에 변동은 없다. 따라서 여기에서 은폐하는 기와 그것을 실현하는 기 사이의 분화가 예기된다.[59] 실로 본체의 능동적 자기실현과 그와 밀접하게 관련된 마음[심기(心氣)]과 기질의 구분은 낙학의 기본 정신에 해당하는 것으로서, 김창협의 사단칠정론은 그러한 낙학의 정신을 배경으로 하고 있다고 할 수 있다.

김창협은 참된 마음[진심(眞心)]이 리의 실체와 본성의 선함을, 그리고 쉬지 않고 운행하는 천리를 실증한다고 보았다. 그 참된 마음은 곧 본심이요 또 사단이다. '리의 발현'에 대한 이러한 접근은 사단의 '이발(理發)'이라고 하는 것이 단지 개념상의 것에 그치지 않음을 암시한다. 현실의 운동에서는 기가 주도하겠지만 그것은 그렇다고 해서 리가 단지 기의 운동을 통해 수동적으로 실현되는 규범의 의미만을 지니는 것은 아니다. 본체-리는 형이상학적 실재로서 자연 세계 속의 물리적, 심리적 운동과는 구별되겠지만 그러한 운동을 통해 곧 그 운동을 기틀 혹은 매개로 삼아 스스로 운동하는 것으로 이해되었다.

그것의 본체와 운동은 우리 마음을 통해서, 곧 이발(已發)의 사단을 통해 그리고 미발의 중(中)의 마음을 통해 자신을 분명하게 드러내는 것으로서, 그가 이 글을 쓰기 이전에 펼쳤던 미발 논변은 그러한 마음의 위상을 어떻게 이해할 것인가라는 문제와 밀접한 관련이 있었다. 김창협은 기왕의 미발 논변을 통해 미발 혹은 미발의 중을 심리적 현실로 두고 거기에 본성과 리의 자리를 마련한 바 있다. 그것을 통해 본성과 리가 그 심리적 현실을 통해 자기를 드러낸다는 것이다. 김창협은 이제 자신의 사단칠정설에서 미발에 이어 이발의 사단을 통해 리의 발현을 포착함으로써 우리 마음의 전체, 곧 우리 인간 존재 전체를 통해서 본체 - 리 - 본성의 관여를 명확히 말할 수 있게 되었다. 이는 곧 낙학의 정신이 완성되었음을 보여준다.

2) 김창협의 박세당『사변록』비판 (1703)

역시 김창협이 이 시기 지각 논변과 미발 논변을 통해 낙학의 정신을 정립했음을 우리는 박세당의『사변론(思辨錄)』에 대한 그의 비판에서 다시 한번 확인할 수 있다. 박세당은 명재(明齋) 윤증(尹拯, 1629~1714)과 함께 노론과 소론의 대립이 격화될 빌미를 제공한 인물이다. 박세당이 남긴『사변록』은 그 내용의 파격성, 곧 그 반주자학적 성격으로 말미암아 노론 학자들의 격렬한 비판을 불러일으켰다. 권상하의 동생인 권상유 역시 그런 학자 중의 한 사람이었다—권상유의『사변록』비판은 지금은 전하지 않는다.— 김창협은 1703년 그에게 편지를 써서 그 비판의 미비한 점을 보충하면서, 또한 그 비판의 대열에 끼어들었다. 김창협의 비판 중에서 우리의 주목을 끄는 것은 인물성론(人物性論)과 미발론(未發論)에 관한 부분이다.

박세당은『중용』수장을 해석하면서 사물과 인간을 분리하여서 하늘이 부여한 본성은 사물(인간관계를 포함해서)에서는 법칙이 되고, 인간에서는 마음의 인식 능력[心明]이 된다고 말했다. 그는 이 인식 능력을 통해서 사물의 법칙을 이해하고 그것들을 그 법칙(본성)에 따라 통제하고 처리할 수 있다고 말한다. "만물이 나에게 갖추어져 있다"는 것도 우리의 본성이 만물의 법칙[理]을 다 갖추고 있다는 의미로 보아서는 안 되며, 그러한 사심 없는 통제와 처리의 가능성으로 보아야 한다는 것이다. 따라서 성리학에서 강조하는 인간과 만물의 통일성은 본성의 동일성에서 확보되는 것이 아니라, 인간의 인식과 실천 행위를 통해 구현되는 것으로 된다.[60] 오직 인간만이 그러한 통일성을 구현해낼 수 있다. 결국 박세당은 사물과 인간은 그 본성에서 확연히 구분된다고 말한다.[61]

김창협은 박세당의 이러한 생각에 대해 주자 이래의 전통적 이해를 고수하면서, 사물과 인간의 본성의 동일성을 역설한다.[62] 인간과 사물의 본성은 한 근원을 가진 것으로 동일하다. 바로 그 때문에 인간과 사물은 통일되어 있다. 이는 앞에서 다룬 「중용문목」에서의 그가 본성에 대해 취한 태도와는 다른 것으로, 입장의 전환이 있었음을 엿볼 수 있다. 즉 인물성이론(人物性異論)에서 동론(同論)으로 전환했다는 것이다. 이 전환이 의미하는 바는 「중용문목」에서 인간과 사물을 막론하고 동일한 외재적 강제로 있었던, 천(天)에 기원하는 본성을 내적 통일성의 체험으로 전환시킨 것이라 할 수 있다. 이는 곧 천리(天理) 곧 본체 - 리의 존재와 운행에 대한 그의 개안(開眼)과 마음의 미발에 대한 성찰을 통해서 가능하게 된 것이었다.

김창협의 박세당 비판에서 본성론에서의 전환과 함께 또 하나 주목할 만한 것은 미발의 실재성 여부에 대한 논란이다. 박세당은 다음과 같이 말한다.

> 부도불문(不睹不聞)을 만사미맹(萬事未萌), 적연부동(寂然不動)의 때로 해석하는 것은 더욱 의심스럽다. (『중용』에서는 '戒愼乎其所不睹, 恐懼乎其所不聞'이라고 했는데) 만약 (부도불문이) 마음이 이미 적연(寂然)한 상태라고 한다면 비록 계구(戒懼)를 하려고 해도 어디에 그 계구하는 마음을 깃들일 것인가? 또 계구하는 마음이 있다면 이는 이미 적연부동한 마음이라고 말할 수 없지 않은가? … 보통 이를 단지 간결하게 수습한다든지, 주재(主宰)라든가 엄숙(嚴肅)이라는 등으로 이해한다고 하지만 이미 계신(戒愼)한다, 공구(恐懼)한다고 하는 것은 단지 간결하게 수습한다는 의미로 볼 수는 없을 것 같다. 또 간결하게 수습한다는 것도 오히려 사려(思慮)를 쓴 것이라 할 수 있으니 이미 적연부동은 아닌 것이다. 마음이 조금도 움직이지 않고 마음속에서 어떤 것도 생기지

않은 때라고 한다면 그때 거기에서는 어떤 마음을 쓸 여지가 없다. 설사 과연 거기에 엄숙한 주재 같은 것이 있다고 하더라도 그것은 마른 나무의 무지각(無知覺)한 상태에 가깝지 않겠는가?[63]

박세당은 미발에서의 공부를 부정한다. 어떤 공부가 있다면, 그것이 계신공구, 주재, 엄숙이라 하더라도 이미 마음이 움직인 것이요, 따라서 미발이라고 할 수는 없다. 미발 공부라고 하는 것은 결국 이발(已發)에서의 공부일 수밖에 없다는 것이다. 김창협도 미발에서의 적극적인 공부가 불가능하다고 말한 바 있지만, 그의 취지는 미발에서의 공부인 계신공구는 그를 통해 어떤 경지에 도달하려 한다는 의미에서의 공부가 아니라 조심하여 보전한다는 의미에서 공부로 인정했으며, 이는 미발의 심리적 실재를 전제로 하는 것이었다. 그러나 박세당은 계속해서 다음과 같이 말한다.

저 천리의 본연이란 이미 우리 본성의 덕이 되어 우리 마음속에 갖추어져 있다. 그러므로 그것은 비록 우리가 거기에서 떠나려 해도 결국 떠날 수 없는 것이다. 그런데 지금 그것이 (우리 마음속에) 보존되어 있지 않을까 염려하여 반드시 그것을 보존해야 한다고 하고, 그것이 혹시 우리에게서 떠날까 염려하여 떠나지 못하게 해야 한다고 한다면, 이는 사람들에게 (선을 실천하기 위해서는) 마음을 변형시켜야 한다고 가르치는 것이 아닌가?[64]

박세당은 우리 마음과 천리의 분리를 애초에 불가능한 것으로 거부한다. 말하자면 천리는 이미 실현되어 있는 것으로—이이의 이통(理通)을 염두에 둔 것일 수 있다— 그에 대한 공부는 어떤 방식이든 불필요하다는 것이다. 미발에서의 공부가 실로 보존하여 기른다는 소극적인 의미를 지닌다고 해도, 그것은 결국 천리와 우리 마음 사이의 분열을 전제로 하는 것으로 그 전제가 잘못되었다고 보았다. 즉, 그러한 분열을 인정치 않겠다는 것이다. 이것은 주자학의 미발론에서는 다소 벗어난 입장이라고 하지 않을 수 없다. 어쩌면 그것은 주자의 중화구설(中和舊說) 혹은 호남학(湖南學)의 입장과 통하는 것일 수 있다.

김창협은 박세당의 이러한 견해에 대해 다음과 같이 비판했다.

> 그는 『중용』의 본성과 도에 대해 오직 인간만이 그것을 얻었으며 사물은 그것과 관계없다고 생각했다. 그의 『중용』 수장(首章) 이해가 잘못에 빠진 이유가 거기에 있다. … 미발 문제라고 하면 곧 학문의 큰 근본이요, 그가 꿈에서라도 이르러보지 못한 경지임에도, 멋대로 이설(異說)을 지어내어 선현들을 배척하고 있으니 그 패류함이 심하다. … 나의 생각으로는, 계신공구란 한마디로 요약하면 경(敬)이라 할 수 있다. … 경의 공부는 마음의 동정(動靜)을 관통하는 것이다. … 정시(靜時)에 경 공부를 인정한다면, 계신공구도 인정해야만 할 것이다.[65]

또 그의 말을 상세히 살펴보면, 인간의 마음에는 원래 적연부동한 때가 없다고 주장하는 듯한데, 그렇다면 그 오류는 더욱 심하다. 사람의 마음에 동정(動靜)이 있는 것은 천지에 음양(陰陽)이 있어 서로 한번 체(體)가 되고 한번 용(用)이 되며 서로 대립 조화하는 짝[對待]이 되면서 서로 교대로 순환하는 것과 같아서 서로 없을 수가 없다. 이는 곧 자연의 이치이다. 다만 일반인[凡人]의 마음은 물욕(物欲)이 주인 노릇을 하여 일이 있든 없든 항상 망동(妄動)하여 허정(虛靜)의 때를 회복하는 경우가 드물다. 오직 성인(聖人)의 마음은 천리(天理)가 혼연(渾然)한 가운데 있다. 그 때문에 아직 사물이 마음에 다다르지 않았을 때는 사려가 싹트지 않은 가운데 마음속이 지극히 허(虛)하고 지극히 정(靜)하여서 귀신이라도 그때를 엿볼 수 없다. 이것이 곧 적연부동한 본체이며 이른바 천하의 큰 근본이라는 것이다. 또한 사물이 그 마음에 다다랐을 때는 리(理)로써 그에 순응하여 조금의 차질도 없게 한다. (본체의) 큰 쓰임과 보편적 길이 이에 실천되는 것이다. 그리고 그 일이 일단 마무리되면 다시 적연하게 정(靜)하여 그 본체로 돌아가는 것이다. 군자가 그 부도불문(不睹不聞)한 곳에서 계구하는 목적이 바로 그와 같고자 하는 데 있다. 그렇게 하고서야 이 마음의 본체를 길러 천하의 큰 근본을 세울 수 있기 때문이다. … 그는 이에 대해 아는 바가 없었으므로 주자의 미발설에 의심을 품고서 … 인간의 마음에 그와 같은 때가 있을 수 없다고 생각하는 것이다. 그러나 인간의 마음은 지극히 영(靈)하다. 그러므로 비록 조금도 마음이 움직이지 않는다 하더라도 지각(知覺)은 형연(炯然)하다. 아주 맑은 거울같이 비록 비추는 사물이 없어도 그 광명(光明)한 본체는 본디 어둡지 않은 것이다. 어찌 완연(頑然)하고 명연(冥然)하여 조금의 지식도 없이 마른 나무토막 같겠는가?**66**

적연부동한 본체는 곧 마음의 본체이며, 동시에 리와 본성의 본체이다. 이 본체는 천리가 혼연한 채로 있는 것이요, 또한 지각이 형연한 깨어있는 상태이다. 미발의 형연한 마음에서 김창협은 인간과 사물을 포괄하는, 즉 모든 것을 포괄하여 통합하는 살아 있는 리를 보았다. 김창협은 박세당이 미발에 대한 잘못된 견해에 빠진 것은 바로 그러한 리를 보지 못하고, 그것을 오직 인간에만 한정시킨 데 있음을 지적했다.

이러한 언설은 그가 이미 미발 논변을 통해 마음과 본성의 문제에 대한 분명한 자신의 견해를 확립한 것에 기초한 것이며, 그것은 그가 인물성동론으로 전환하는 계기를 준 것으로 보인다. 이 시기에 이르러 김창협이 마음과 본성에 대한 이해에서 낙학의 정신 혹은 종지를 확고히 정립했음을 우리는 다시 한번 확인하게 된다.

5
호학과 낙학의 정신과 지향의 차이

권상하에 연원을 둔 호학에서는 마음과 본성에 대한 해명에서 기질의 맥락을 강조했다. 즉, 마음을 기로 이해하며 본성이 기질과 가지는 내적인 연관성을 강조하고, 리에 관한 이해에서는 리를 기질과 외적인 관계를 맺는 것, 기질을 넘어서 있는 정적(靜的)인 것으로 이해하는 것이 호학의 종지라고 할 수 있다. 그것은 곧 규범의 절대적 객관성과 실천 주체의 기질적 제한성, 그리고 그에 대한 극복의 노력의 중요성을 함께 강조하는 입장이라고 할 수 있다.

그에 비해 김창협과 김창흡 형제에 연원을 둔 낙학에서는 마음과 본성에 대한 해명에서는 기질의 맥락을 배제하여 본체적 동일성을 강조했다. 즉, 본성과 리의 동일성을 강조하고 마음을 기로 이해하되 그 기에 기질을 넘어선 탁월한 성격 혹은 보편(리)적 성격을 부여하고, 리에 관한 이해에서는 기질의 현실 속에서 자신을 관철하고 실현하는 본체(리)의 운동을 강조함으로써 본체를 동적인 것으로 이해하는 것이 낙학의 종지라고 할 수 있다. 그것은 곧 본체의 운동에 조응(照應)하는 마음 곧 실천 주체의 역동성과 무한성, 그리고 그러한 주체적 역량의 능동적 발휘를 강조하는 입장이라고 할 수 있다.

이러한 둘 사이의 정신 혹은 지향의 차이는 이후 다양한 논변을 통해 발휘되면서 호학과 낙학의 분명한 정체성을 형성하게 했고, 상호 간의 치열한 공방 곧 호락논쟁이 전개되는 데 기본적인 긴장을 제공했다.

5장 주석

1 머우쭝싼[牟宗三]은 도덕의 형이상학과 도덕 형이상학을 구분한 바 있다. 모종삼 지음, 김기주 옮김, 『심체와 성체1: 총론』(소명출판, 2012), 35-38쪽. 칸트의 도덕론에서 볼 수 있는 바와 같이 자연 세계에 대한 도덕의 초월성을 확보한 것이 도덕의 형이상학이라고 한다면, 도덕 형이상학은 도덕 본체의 내재성과 자기실현에 관한 기술로서의 형이상학이다. 程家棟 저, 한국철학사상연구회 논전사분과 역, 『현대신유학』(예문서원, 1993), 94쪽. 머우쭝싼은 주자가 도덕 본체로서의 性體와 心體를 분리하고, 그 분리된 성체를 理로 규정하여 心이 그것을 인식하고 실천하는 방식으로 도덕을 해석함으로써 타율 도덕의 도덕 현상론에 그쳤다고 비판한다. 하지만 일단 전통 新儒學에 대한 그의 그러한 분석 혹은 규정의 적절성은 논외로 하더라도, 주자에 대한 비판은 주자의 도덕론에 대한 다소 왜곡된 견해에 기초한 것이라 판단된다. 최근 양쭈한은 머우쭝싼의 주자학 이해를 기본으로 받아들이되, 전우를 중심으로 한 19세기 조선 성리학의 明德論辨에 대한 연구를 통해 주자학에 대한 좀 더 진전된 이해의 가능성을 제시했다. 楊祖漢, 「朱子的「明德注」新詮」, 『태동고전연구』 42(한림대학교 태동고전연구소, 2019).

2 朱熹, 「太極圖說解」, "上天之載, 無聲無臭, 而實造化之樞紐, 品彙之根柢也. 故曰: '無極而太極.' 非太極之外, 復有無極也. … 蓋太極者, 本然之妙也; 動靜者, 所乘之機也. 太極, 形而上之道也; 陰陽, 形而下之器也." 태극 개념에 대해서는 4장의 기본 개념 서술(129쪽) 참조.

3 대표적으로 이언적과 조한보 사이의 태극 논변이 있다. 그에 대해서는 다음 참조. 李完栽, 「晦齋의 曺忘機堂과 太極論辨에 關하여」, 『대구사학』 12·13(대구사학회, 1977); 강경림, 「晦齋 李彦迪의 太極論辨 研究」, 『儒敎思想研究』 18(성균관대학교, 2003).

4 두 사람 사이의 논변에 대한 좀 더 자세한 소개는 다음 참조. 문석윤, 『湖洛論爭 성립과 전개』(동과서, 2006), 91-100쪽.

5 金昌翕, 『삼연집(三淵集)』 권18:2a, 「答拙修齋趙公」.

6 김창흡, 『삼연집』 권18:3a, 「答拙修齋趙公」, "來辨, 以陰陽圈中白處爲本體, 本體爲太極. 但不可因此而指陰陽圈子爲太極圈子, 以至下段太極在陰陽⊠在五行云云, 與固陋書旨, 似不甚參差. 而細心主意, 所謂太極在其中云者, 每懸空言之, 深有慳乎?"

7 조성기, 『졸수재집(拙修齋集)』 권10:16b, 「答金子益書」.

8 조성기, 『졸수재집』 권10:21b-22a, 「答金子益書」.

9 이는 그의 사단칠정설에서도 살펴볼 수 있다. 윤천근, 「조성기의 사단칠정론」, 민족과 사상연구회 편, 『四端七情論』(서광사, 1992) 수록. 물론 이이에 대해서도 이와 같이

10 조성기,『졸수재집』권10:22a,「與金子益書」.
11 김창협의 사단칠정설에 대해서는 다음 참조. 문석윤,「농암 김창협의 사단칠정설에 대하여」,『국학연구』23(한국국학진흥원, 2013).
12 더욱 자세한 내용은 다음 참조. 문석윤,『湖洛論爭 성립과 전개』(동과서, 2006), 100-110쪽.
13 논쟁의 顚末과 그 구체적 내용은 다음 참조. 박세채,『남계집(南溪集)』外集 권6:2a-,「答權季文【戊午】」(1678); 권상하,『한수재집(寒水齋集)』권21:1a-,「太極圖說示舍弟季文兼示玄石【己未正月】」(1679).『한수재집』에는 권상유와 박세채 사이의 논변의 내용도 실려 있으므로, 여기에서는 그것에 실린 자료를 인용의 전거로 삼는다.
14 권상하,『한수재집』권21:1a,「太極圖說示舍弟季文兼示玄石【己未正月】」(1679).
15 권상하,『한수재집』권21:1a-b,「太極圖說示舍弟季文兼示玄石【己未正月】」, "所謂太極之全體, 無不各具於一物之中云者, 只是欲明五行各具之性, 其本皆從太極之全體出來, 初無不同焉耳. 其實太極之全體, 決無該徧合同於各具之中之理, 何者? 原天命流行之始, 固無人物偏全之異, 而逮形氣拘滯之後, 又因物之剛柔大小, 而自致其理之不同. 所以水只有水之性, 火只有火之性, 非復原初渾然太極之全體然也." 이에 해당하는 편지는 박세채의 문집인『남계집』에는 正集에 수록되지 않고 外集에 수록되었다. 그가 이 편지에서의 견해를 곧 수정했기 때문이다. 박세채,『남계집』권34:10a-11a,「答權季文【十一月四日】」.
16 권상하,『한수재집』권21:1b,「太極圖說示舍弟季文兼示玄石【己未正月】」, "蓋此文義, 正如『中庸章句』'人物之生, 因各得其所賦之理, 以爲健順五常之德'者. 然其實健順五常之德, 有非萬物之所得盡, 則是亦從其本而言之故也." 하지만 이 부분에 대해서 박세채는 곧바로 수정 의견을 제시했다. 박세채,『남계집』권34:10a-b,「答權季文【十一月四日】」, "蓋其所謂水只有水之性, 火只有火之性, 非復原初渾然太極之全體者固自正當. 第其所以爲水火者, 亡論精粗大小, 莫不自然完具於其中, 是亦可謂渾然太極之全體而無所妨者. 此本圖解之意, 而當時不能深會, 至謂是亦從其本而言之則其誤大矣."
17 권상하,『한수재집』권21:2a-3a,「太極圖說示舍弟季文兼示玄石【己未正月】」.
18 권상하,『한수재집』권21:4b-6a,「太極圖說示舍弟季文兼示玄石【己未正月】」.
19 이통기국에 대한 이러한 해석은 李柬의 비판을 받았다. 이간은 이통과 기국의 不相離를 역설하고, 이통을 本然에서만이 아니라 현실에서 말함으로써 현실 세계의 관점에서도 이통을 말할 수 있다고 보았다. 이간,『외암유고(巍巖遺稿)』권12:10b-,「理通氣局辨」.
20 권상하와 한원진은 인정하지 않겠지만, 이 점에 한정한다면 그들의 논리는 본성[性]을 논하면서 理와 氣의 不相離에 초점을 둔 것과는 반대로 오히려 '理氣不相離' 원칙

에서 벗어난 것이라고 공격받을 수도 있다. 실제로 이간은 이를 懸空說理라고 비판한 바 있다.
21 물론 그것은 어떤 인격적인 존재는 아니다. 그것은 어떤 규범 실재이다.
22 이는 뒤의 沖漠無眹論에서 더욱 명확해진다.
23 本原, 流行, 稟賦의 의미에 대해서는 4장(137쪽) 참조.
24 『정씨유서(程氏遺書)』권15, "沖漠無眹, 萬象森然已具. 未應不是先, 已應不是後. 如百尺之木, 自根本至枝葉, 皆是一貫. 不可道上面一段事, 無形無兆, 却待人旋安排引入來, 教入塗轍. 旣是塗轍, 却只是一箇塗轍."
25 『정씨유서』권15, "'寂然不動, 感而遂通', 此已言人分上事. 若論道, 則萬理皆具, 更不說感與未感."
26 字는 成仲, 號는 梅峯. 朔寧人. 崔恒의 후손. 김창협에게서 배웠고, 한원진과 함께 권상하의 문하에 있었다. 『외암유고』권7에는 1709년 이래 6차례에 걸쳐 李柬이 최징후에게 보낸 편지가 실려 있다. 김창협에게 배웠다는 것은 그의 사유가 낙학적이었다는 것을 사후적으로 기술한 것일 수도 있다.
27 한원진, 『남당집(南塘集)』권9:1a-, 「與崔成仲別紙【戊子八月】」. 이 편지에 대해서는 뒤에 한원진과 이간 사이의 논변에서 다시 다루어질 것이다.
28 한원진, 『남당집』권9:1b, 「與崔成仲別紙【戊子八月】」.
29 한원진, 『남당집』권9:1b-2a, 「與崔成仲別紙【戊子八月】」.
30 한원진, 『남당집』권9:1a, 「與崔成仲別紙【戊子八月】」.
31 한원진, 『남당집』권9:1a-b, 「與崔成仲別紙【戊子八月】」.
32 이간, 『외암유고』권4:19a, 「上遂菴先生」.
33 여자약은 呂祖儉으로 呂祖謙의 동생이다. 자약은 그의 字이다.
34 권상하, 『한수재집』권13:17a, 「答李公擧」. 주희와 여조검 사이의 충막무짐에 관한 논란에 대해서는 다음 참조. 이봉규, 「性理學에서 未發의 철학적 문제와 17세기 畿湖學派의 견해」, 『韓國思想史學』13(한국사상사학회, 1999).
35 권상하, 『한수재집』권12:1b, 「示韓德昭【庚寅閏七月】」.
36 권상하, 『한수재집』권12:1b, 「示韓德昭【庚寅閏七月】」.
37 한원진, 『남당집』권7:4a-b, 「上師門」.
38 권상하, 『한수재집』권13:34a, 「答韓永叔」.
39 한원진, 『남당집』권7:4b-, 「上師門【庚寅閏月】」.
40 좀 더 자세한 내용은 다음 참조. 문석윤, 『湖洛論爭 성립과 전개』(동과서, 2006), 77-88쪽.
41 김창협, 『농암집(農巖集)』권25:18a, 「性惡論辨」.
42 김창협, 『농암집』권25:17b-18b, 「性惡論辨」.
43 김창협, 『농암집』권25:20b, 「性惡論辨」.

44 뒤에 한원진은 이 부분에 대해 결국 본연지성과 기질지성을 별개로 보는 혐의가 있다고 하여 비판했다.
45 '자연의 도덕화', 그리고 그와 대비된 '도덕의 자연화'에 대해서는 4장의 기본 개념 부분(151쪽) 참조.
46 김창협, 『농암집』 권25:20b-21a, 「性惡論辨」.
47 한원진, 『남당집』 권29:20b-21a, 「讀農巖性惡論辨【癸巳】」(1713).
48 김창흡은 여기에서의 김창협의 입장을 初期 未定說이라고 주장했다. 김창흡의 주장에 대해서는 다음에 잘 정리되어 있다. 김용헌, 「농암 김창협의 인물성론과 낙학」, 한국사상사연구회 편, 『인성물성론』(한길사, 1994). 반면 임성주는 오히려 김창협이 초년에는 同論을 주장하다가 만년에 異論으로 수정했다고 하여 정반대의 입장을 취했다. 임성주, 『녹문집(鹿門集)』 卷19:19b, 「鹿廬雜識」, "「農巖雜識」中論此有二段, 前則似以人物之性爲同, 後則似以人物之性爲不同. 其論『大學衍義』人之異於禽獸一章, 極明白通透, 而在前說之後後說之前. 蓋其晚年改初年說無疑.【上尤翁一書, 三淵硬作未定之說而判捨之, 豈未及細考雜識歟?】"
49 김창협, 『농암집』 권12:18b-19a, 「上尤齋中庸疑義問目【戊午】」.
50 김창협, 『농암집』 別集 권4, 부록3 「諸家記述雜錄」 중 洪直弼의 『梅山集』을 인용한 부분. "湖右羣賢, 爲物不具五常之論者, 動以農巖上尤翁問目爲口實, 而此是說難, 非定論也. 問目體段, 本自如此. 而且其所謂人物差別, 亦以氣有通塞而理隨而偏全者言, 卽氣質之性也. 何嘗云本然之稟不同乎? 此曷足爲物不稟五常之證乎? 淵翁之以混載爲欠, 而欲判舍之者, 亦有激於湖說而云爾也." 뒷부분은 김창흡이 이를 초년 미정설로 보아 버려야 한다고 하는 것에 대해서 그럴 필요가 없다고 언급한 것이다.
51 김창협의 사단칠정설에 대한 좀 더 자세한 내용은 다음 참조. 문석윤, 「농암(農巖) 김창협(金昌協)의 사단칠정설(四端七情說)에 대하여: 「사단칠정설(四端七情說)」을 중심으로」, 『국학연구』 23(한국국학진흥원, 2013).
52 김창협, 『농암집』 續集 권2:39b-, 「四端七情說」.
53 李楠永, 「쟁점으로 본 한국 성리학의 심층」, 『한국사상의 심층연구』(宇石, 1982).
54 그에 대해 필자는 따로 살펴본 바 있다. 문석윤, 「南塘과 巍巖의 未發論辯」, 『태동고전연구』 11(한림대학교 태동고전연구소, 1995); 문석윤, 「농암(農巖) 김창협(金昌協)의 사단칠정설(四端七情說)에 대하여: 「사단칠정설四端七情說」을 중심으로」, 『국학연구』 23(한국국학진흥원, 2013).
55 김창협, 『농암집』 續集 권2:39b, 「四端七情說」.
56 김창협, 『농암집』 續集 권2:40a, 「四端七情說」, "栗谷言四端不能兼七情, 七情則兼四端. 其實, 七情亦不能兼四端.…朱夫子論性情體用, 必以四德四端爲言, 而未嘗以七情分屬四端者, 非偶未之及也, 蓋知其難分屬故耳. 至栗谷始有是說."
57 김창협, 『농암집』 續集 권2:41b~42a, 「四端七情說」.

58 理의 능동성에 대한 이러한 생각 때문에 현상윤 이래로, 김창협을 일반적으로 이황과 이이의 절충파로 이해한다. 그와 관련된 최근의 논의로서 다음 참조. 이상익, 「農巖 金昌協 學脈의 退栗折衷論과 그 의의」, 『율곡학연구』 23(율곡학회, 2011).
59 이상익은 김창협과 그 후학들의 주요한 공헌이 '기에 대한 분석적 논의'의 필요성을 본격적으로 제기했다는 점에 있다고 평가했다. 이상익, 「農巖 金昌協 學脈의 退栗折衷論과 그 의의」, 『율곡학연구』 23(율곡학회, 2011), 160-161쪽.
60 박세당, 『서계전서(西溪全書)』 下-146, 「思辨錄」 43a, 「孟子·盡心上」, "人之一身, 處乎天地之間, 所與者無非物也. 近自君臣父子, 遠至夷狄禽獸, 微則昆蟲草木, 與凡手足之所觸, 耳目之所接. 苟當於吾身, 必皆有以使無失其性, 而各得其所. 是則萬物皆爲吾身之所備有, 而實任其責矣, 可不知所勉哉."
61 박세당, 『서계전서』 下-32, 「思辨錄」 3a-b, 「中庸·제1장」, '天命之謂性', "雖物亦有性, 但其爲性也, 與人不類, 無以稱乎五常之德, 兼言物, 非『中庸』之指故也."
62 김창협, 『농암집』 권15:3b, 「與權游道論思辨錄辨」, "竊謂, 彼於性分上, 全無所見. 故於此章之說, 亦只認得外物與我相關之義, 而不知其理之悉具於吾性之內."
63 박세당, 『서계전서』 下-33, 「思辨錄」 5b-6b, 「中庸·제1장」.
64 박세당, 『서계전서』 下-33, 「思辨錄」 5b-6b, 「中庸·제1장」.
65 김창협, 『농암집』 권15:9a-, 「與權游道論思辨錄辨」.
66 김창협, 『농암집』 권15:29a-30a, 「與權游道再論思辨錄辨」.

6장

호학과 낙학의 성립

주요 논점의 형성

호락논쟁의 제1기가 기본적인 쟁점들이 산발적으로 논의되면서 충청 지역에서 호학이 그리고 서울 지역에서 낙학이 각각의 기본적인 정신적 지향을 형성하면서 태동하던 시기였다면, 호락논쟁의 제2기는 호학과 낙학이 자신의 정체성을 확보해 간 시기이다. 이 시기 각 학파 내부에서 있었던 지각, 인물성동이, 미발 논변, 성범심동이 등의 문제를 둘러싼 논변들은 각 학파의 정체성을 확보하는 데 결정적 역할을 했다. 그를 통해 각 학파는 자신의 기본적 입장을 확립했으며, 이는 학파 간의 논쟁이 본격화된 호락논쟁 제3기로 이어진다.

1
지각 논변

김창협은 민이승과 지각 논변(知覺論辨)을 전개하면서 자신의 견해를 형성했고 그것이 김창협 문하로 전파되면서 낙학의 정신이 정립되는 계기가 되었다. 또한 그것이 호학 측에 전해져 음미되고 논의되는 과정에서 호학은 낙학에 대해서 자신의 정체성을 확인하였다.

주자학에서 지각(知覺) 개념이 의미 있게 등장하는 것은 『서경(書經)』「대우모(大禹謨)」에 나온 인심(人心)과 도심(道心) 개념에 대한 주자의 다음과 같은 해명에서부터이다.

> 마음[心]은 사람의 지각이니, 안에서 주인[主]이 되어 밖에 응(應)하는 것이다. 형기(形氣)에서 발한 것을 가리켜 말하면 인심이라 이르고, 의리(義理)에서 발한 것을 가리켜 말하면 도심이라 이른다. 인심은 사사롭기는 쉽고 공정하기는 어려우므로 위태롭다 한 것이요, 도심은 밝히기는 어렵고 어두워지기는 쉬우므로 은미하다고 한 것이다.[1]

그는 「중용장구서」에서는 비슷한 내용을 다음과 같이 변주한다.

> 마음의 허령(虛靈) 지각은 하나일 따름이다. 그런데 인심과 도심의 차이가 있게 되는 이유는 그것이 혹은 형기의 사사로움에서 생겨나고 혹은 성명(性命)의 바름에 근원하여, 그로써 그 지각이 되는 바의 근거가 다르기 때문이다. 그래서 혹은 위태로워 불안하며, 혹은 미묘하여 발견하기 어렵다.[2]

이것은 주자학에서의 심법(心法) 곧 마음 수양의 핵심을 담고 있는 것으로서 마음[心]에 대한 기본적인 규정이 담겨 있으며, 마음에 대한 관심의 처소가 어디에 있는지를 분명히 보여준다. 여기에서 주자는 마음을 단적으로 허령 지각 혹은 지각으로 정의했다. 따라서 주자학에서 마음의 의미를 규명하기 위해서는 지각 개념을 다루지 않을 수 없다.

지각은 마음의 활동의 전체로서, 곧 마음의 인지적 활동과 그 결과를 의미한다. 즉, 마음의 본체가 허령이라고 한다면, 그 작용은 곧 지각이다. 이것은 마음을 인지적(認知的)[3] 주체로서 다루는 것이라고 할 수 있다. 허령은 곧 대상 세계를 민감하게 감지하고 포착하여 수용하며 신속하게 반응하는 마음의 인지적-감응적(感應的) 능력을 지시하며, 그 능력의 작용과 결과가 지각이라고 할 수 있는 것이다.

그런데 주자학에서는 마음의 본체와 작용에 대해 또 하나의 관점 혹은 설명이 있다. 곧 마음의 본체를 본성[性]으로 보고 그 작용을 정(情)으로 보는 관점이다. 이는 이른바 '성발위정(性發爲情)'이라는 명제에 표현되어 있다. 그때 마음의 본체 곧 심체(心體)는 본성 곧 성체(性體)와 일치한다. 그것은 특히 '도심'에 해당하는 마음이라고 할 수 있을 것이다.

마음의 본체로 지목되는 허령은 이기론의 도식에서는 기(氣)에 속한 것이므로 마음을 형이하의 층위에서 논의하는 것이라고 한다면, 본성은 형이상의 층위가 더해진 것, 곧 형이하에 즉해서 형이상의 층위를 지시하는 것이라고 할 수 있을 것이다. 주자학에서는 마음의 그러한 두 가지 층위 모두를 고려하여야 비로소 그 면모를 온전히 해명할 수 있다고 여기는 것이다. 결국 이 두 가지 관점 사이의 관계를 해명하는 것이 이론적 과제로 남는다. 즉, 마음과 본성, 심체와 성체의 관계에 대한 해명이 필요한 것이다. 그것은 곧 마음의, 인식 주체로서의 인지-감응적 성격과 도덕 본체로서의 도덕적 성격을 어떻게 통합적으로 이해할 수 있는가 하는 문제라고 할 수 있다.

한편, 주자학의 심성론에서 지각은 주로 마음의 작용으로서 논의되지만, 특히 사상채(謝上蔡: 謝良佐)가 인(仁)을 지각으로 보는 것을 비판하면서 주자가 지각을 지(智)의 작용이라 지적한 데서 보는 바와 같이, 주자는 지각을 본성[性], 그중에서도 지와 관련하여 논의하기도 했다.[4] 지와 지각을 연결하여 보는 것은 매우 자연스러운 것이라고 할 수 있다. 그런데 문제는 『맹자』에서 지(智)의 발현은 시비(是非)로 지정되어 있고 그것이 대체로 도덕적 분별 감정 혹은 도덕 판단에 해당한다고 한다면, 마음의 지각 작용은 그 포괄하는 범위가 훨씬 넓다는 데 있다.

더 나아가 지각과 시비의 동이의 문제는 앞에서의 마음과 본성의 구별의 관점에서 본다면, 이번에는 마음의 작용과 본성의 작용 사이의 구별이 문제가 된다. 시비는 본성의 작용으로서의 정(情)인데, 마음의 작용으로서의 지각을 정과 동일시할 수 있는가? 시비가 이발에 한정된다면 지각은 미발과 이발에 걸쳐 있지 않은가? 그렇다면 지각은 단지 지의 발현인 정과 같은 위상에서 볼 수 없고 다른 위상을 부여해야 하지 않을까?

송시열의 문하에서 호학과 낙학이 아직 형성되기 전에, 지와 지각의 관계 문제, 즉 심지(心知)와 성지(性知)의 동이(同異)와 관련한 논란이 일어난 것은 그러한 이론적 문제가 노정된 것이었다.[5] 송시열은 「간서잡록(看書雜錄)」이라는 글에서 주자가 지각을 마음[心]에 소속시키기도 하고 지에 소속시키기도 하는 이중적 견해가 있음을 지적했다. 그것은 외견상 지각 논변의 쟁점과 일치하는 것으로 보인다. 먼저 그에 대해 살펴볼 필요가 있겠다. 송시열은 다음과 같이 말했다.

> 지각을 마음[心]에 소속시키는 것 그것은 주자의 일생의 학설이다. 그러나 그는 한 곳에서는 지각을 지(智)에 소속시켰다. 이 부분에 대해서는 자세하게 나누어 변석하지 않으면 안 된다. 나는 생각건대, 앞에서 말한 지각은 마음의 텅 비어 밝고 어둡지 않음을 일반적으로 말한 것이라고 한다면, 뒤에서 말한 지각

은 『맹자』 주에서 이른바 "일의 소당연(所當然)을 알고 리의 소이연(所以然)을 깨닫는" 것에 해당한다. 그래서 마음에 속한 것과 지에 속한 것의 다름이 있게 된다【원주: 『주자대전』의 「답반겸지서(答潘謙之書)」에 자세히 보인다】. … 지각을 마음에 소속시키는 것은 주자의 일생의 가르침이다. 그런데 「답오회숙서(答吳晦叔書)」에서는 곧 지각을 지의 작용으로 보았다. 이것은 앞뒤의 설이 달라진 것은 아니다. 지각에는 두 가지가 있는 것이다. 텅 비어 영활하여 운행하고 작용하면서 배고픔과 배부름, 춥고 따뜻함을 아는 것은 마음의 작용이며 이는 주렴계(周濂溪)와 정자(程子)가 말한 지각이다. 일의 소당연을 알고 리의 소이연을 깨닫는 것은 지의 작용이며 이는 이윤(伊尹)이 말한 지각이다. 두 가지는 각각 지시하는 바가 있으니 뒤섞어서 혼륜하게 말할 수 없다. 마음은 기(氣)이며 지(智)는 본성이고 본성은 곧 리이다. 기와 리, 두 가지는 떨어질 수 없으며 또한 섞일 수도 없다.[6]

송시열은 주자의 지각에 대한 학설이 두 가지로 나뉘는 점을 지적함과 동시에, 지각에 심지(心知)와 지지(智知)의 두 가지 종류가 있다고 하여 그 중 어느 한쪽을 정설로 선택하지 않음으로써 논란의 여지를 남겼다. 이는 그 후학들에 이르러 쟁점화되었다.

송시열의 지각론은 도덕적 지식과 감각적 지식 사이의 관련성에 대해 성리학의 심성론적 도식을 통해서 어떻게 해명할 수 있을까 하는 문제로 이해할 수 있다는 점에서 흥미롭다. 유교의 지식론 일반에 대한 논의를 가능하게 할 수도 있겠기 때문이다.[7] 하지만 그의 지각론은 사실 주자가 인심 도심을 해설하면서 제시한 지각론을 그대로 적용한 것으로 보인다. 심지라는 것은 곧 인심의 지각이고, 지지라는 것은 도심의 지각에 해당한다. 따라서 그 둘 사이의 통합적 이해를 제시하지는 못했다. 그것을 위해서는 마음과 본성, 마음과 정서의 관계 문제를 해결하는 것이 필요하다. 그런 문제가 자각되고 논의되는 것은 김창협에 이르러서였다.

1) 낙학 측의 지각 논변

(1) 김창협과 민이승의 지각 논변 (1697)

김창협은 1697년 민이승(閔以升, 1649~1697)과 지각 문제에 대해 수차례에 걸쳐 편지를 주고받으면서 논변을 벌였다. 민이승은 자(字)가 언휘(彦暉)이고 호(號)는 성재(誠齋)이다. 명재(明齋) 윤증(尹拯, 1629~1714)의 문하에 있었으며, 그로부터 실심(實心), 실공(實工)으로 칭찬받았다.[8] 논변의 시기는 이제 갑술환국(甲戌換局, 1694)으로 막 남인이 몰락하고 소론이 요직에 등용되면서 노론과의 알력이 불거지기 시작하던 때이다.[9] 민이승은 윤증의 제자이니 정치적으로는 소론에 속하는 것으로 보인다. 그러나 그렇다고 해서 이 논변을 노론과 소론 사이의 당론이 반영된 논변으로 이해할 근거는 없다.[10] 김창협과 지각에 관한 논변을 벌이기 전 1686년에 민이승은 김유(金樑: 자가 士直)와 더불어 「태극도설」에 대한 논변을 펼쳤고,[11] 하곡(霞谷) 정제두(鄭齊斗, 1649~1736)와 함께 양지(良知)와 지각의 관계에 대한 논변을 펼친 바 있다.[12]

김창협과 민이승 사이의 논변은 주희의 「대학장구서(大學章句序)」 소주(小註)에 대한 이견으로 말미암아 시작되었다.[13] 「대학장구서」에 교육의 필요성을 설명하는 다음과 같은 말이 있다.

> 하늘이 사람을 내었을 때 모든 이에게 인의예지라는 본성을 주었다. 그러나 그들의 신체를 구성하는 기질은 사람에 따라 고르지 않다. 그 때문에 어떤 이들은 자기에게 그러한 본성이 있다는 것을 알아서[知] 그것을 온전히[全] 실현하지 못한다.[14]

『사서대전(四書大全)』에는 이에 대해 원의 성리학자 호병문(胡炳文: 雲峯胡氏)의 다음과 같은 소주(小註)가 붙어 있다.

주자는 『사서(四書)』에 주를 달면서, 인을 마음이 갖춘 덕이요 사랑[愛]이라는 정서의 근원[理]이라고 말하고, 의에 대해서는 마음을 제어함[制]이요 일의 마땅함[宜]이라고 말했으며, 예에 대해서는 천리가 구체화된 규정[節文]이요 인간사의 행위 준칙[儀則]이라고 설명했다. 모두 그 본체[體]와 화용[用]을 갖추어 설명한 것이다. 그런데 유독 지(智)에 대해서는 밝히 설명하지 않았다. 나는 전에 감히 주자의 생각을 빌려 다음과 같이 설명을 보충해 넣은 적이 있다. "지란 마음의 신묘한 밝음[神明]으로서, 그로써 중리(衆理)를 묘하게 다루어 만물을 주재하는 바이다."[15]

이어서 원의 심귀보(沈貴珤: 番昜 沈氏)의 다음과 같은 말이 인용되어 있다.

지(智)는 천리의 동정(動靜)을 머금고 있는 틀[機]이며, 인간사의 시비를 갖추고 있는 거울이다.[16]

이에 대해 김창협은 민이승에게 보낸 편지에서 다음과 같이 비판했다.

생각건대, 두 사람의 설[17]은 다만 마음의 지각만을 말한 것으로, 지와는 상관이 없습니다. 지라는 것은 마음이 가치판단[是非]을 할 수 있는 근거[理]로서 명확한 준칙을 가진 것입니다. (반면) 지각이란 이 마음의 허령함이 발휘된 것이며, 신묘하여 헤아릴 수 없는 것입니다. 지각을 오로지 지의 화용이라고 해도 옳지 않은데 하물며 그것을 그대로 지라고 하는 것이 옳겠습니까? 또한 지는 리입니다. 그런데 그것을 일러 중리를 묘하게 다룬다거나, 천리를 머금고 있다고 한다면, 그것은 곧 리로써 리를 묘하게 것이요, 리로써 리를 머금는다는 말이 되는데 이는 더욱 불합리해 보입니다.[18]

김창협은 호병문이 위에서 내린 정의는 지에 대한 정의라기보다는 지각에 대한 정의라고 할 수 있다고 비판한 것이다. 지각이 마음의 활동 전체, 즉 허령한 본체가 발휘된 것으로서, 모든 리를 인식하고 그를 현실 세계 속에서 실현하는 활동 주체라고 한다면, 지는 시비 판단의 근거와 준칙으로서 상대적으로 제한적인 의미를 지닌다는 것이다. 무엇보다 그것은 본성과 마음의 위상의 구별을 간과한 문제가 있다. 그는 다음과 같이 지적한다.

> 본성이란 마음이 갖춘 리입니다. 마음이란 본성이 담겨 있는 그릇[器]입니다. 인의예지가 이른바 본성입니다. 그 본체는 지극히 정미하여 볼 수 없습니다. 허령지각이 이른바 마음입니다. 그 화용은 지극히 오묘하여 헤아릴 수 없습니다. 본성이 아니라면 마음이 준칙으로 삼을 것이 없어지며, 마음이 아니라면 본성은 제대로 발휘되지 못합니다. 이것이 바로 마음과 본성의 구별입니다. 둘 사이는 서로 떨어질 수 없지만 또한 서로 뒤섞일 수도 없습니다. 그러므로 마음과 본성에 대해 말하는 자는 마음에 즉해서 본성을 지적한다고 하면 되지만 마음 그대로를 본성이라고 해서는 안 됩니다.[19]

김창협의 논점은 본성과 마음 사이에는 위상의 구별이 있다는 것이다. 그런데 지에 대한 두 사람의 정의는 그러한 위상의 구별을 고려치 않은 것으로서, 일종의 범주적 오류를 범한 셈이 된다. 본성과 마음은 사실 결국 같은 것이라고 할 수 있지만 따지자면 위상의 구별이 있다. 본성은 마음이 고요한 상태 혹은 고요한 가운데서의 마음이 취하게 되는 본래적 상태 곧 본체라고 할 수 있다. 마음의 미발 상태가 곧 본성인 것이다. 그런 점에서 둘은 결국 같은 것이다. 하지만 마음은 그 현실에서 자주 본래적 상태에서 이탈하므로 마음과 본성의 동일성은 현실 세계에서는 흔들린다. 수양의 관점에서 그러한 불일치는 매우 중요한 지점으로서, 수양의 가능성 혹은 필요성의 근거가 된다. 마음은 문제의 소재이자 수양의 주체이며, 본성은 마음이 지향해야 할 어떤 상태로서, 그리고 그를 넘어서 어떤 이념적 지향점으로서 초월화된다. 따라서 이기론의 구도에서 마음은 기와, 본성은 리와 동일시된다. 마음과 본성 사이에는 위상의 차이가 있는 것이다.

결국 김창협은 이 본성으로서의 지와 마음으로서의 지각을 구별하는 입장을 취한 것이다. 지는 본성[性]이며 리이고 도라고 한다면 지각은 마음[心]이며 기(氣)이고 기(器)이다. 공자가 "도가 사람을 넓히는 것이 아니라 사람이 도를 넓히는 것[人能弘道, 非道弘人]"[20]이라고 말한 것처럼 마음이 본성을 다하는 것이지, 본성이 마음을 다하는 것이 아니다. 마음은 본성을 실현하는 주체로서, 그 실현은 한편으로는 자기 자신에 내재한 본성의 자발적 실현인 동시에 또한 외적 규범으로서의 리를 인식하고 실천하는 자각적 실현이기도 하다. 즉, 본성의 입장에서는 곧 마음의 활동을 통해 자기를 실현하는 것이라고 할 수 있다. 지가 없으면 마음의 활동은 준칙을 잃게 되며, 마음이 없으면 지는 자기를 실현할 수 없게 된다. 결국 지와 지각의 관계는 본성과 마음의 관계, 곧 도와 기(器)의 관계이다.

한편 성리학에서 지는 맹자에 따라 사단지심(四端之心)의 하나인 시비지심(是非之心)과 관련된 것으로서, 시비 곧 가치 판단의 근거 혹은 준칙의 의미를 지닌다. 시비지심은 마음에 내재한 지가 발현된 것이다. 이때 지는 단지 가치 판단의 외적 준칙[所當然]인 것이 아니라 시비 판단 작용 자체의 내적 근거[所以然]가 된다. 김창협은 이런 맥락에서 주자의 『논어혹문(論語或問)』과 『옥산강의(玉山講義)』에서 '지'에 대한 주자 자신의 정의를 인용했다.[21]

> 지는 구별[別]의 리이다. 그것이 발용(發用)해서 시비 판단이 된다.

> 지는 시비 분별의 도리이다.

사실 지를 시비의 리(理)라고 할 때, 그 리에는 가치 판단의 객관적인 준칙 혹은 기준이라는 의미와 가치 판단 작용의 가능 근거라는 두 가지 의미가 다 담겨 있는 것이다. 마음[心]의 지각 활동과 관계할 때 지는 '준칙'으로서의 의미를 지닌다. 이때 둘 사이의 관계는 도와 기(器)의 관계이다. 반면 시비를 분별하는 현실의 정(情)과 관계할 때 지는 그 정의 '가능 근거'이다. 이때 둘 사이의 관계는 체(體)와 용(用)의 관계이다.[22] 어느 경우이든 지는 가치 판단, 분별 작용과 관련해서 그것을 규제하고 근거 지워주는 본성이라는 의미에서의 리로서 이해된다. 이는 마음의 활동 일반과 관련해서, 그리고 이기의 구분을 명확히 하지 않은 가운데 지에 대한 정의를 내렸던 호병문에 비하면 확실히 세밀하고 정교한 이해라고 할 수 있다.

결국 지는 본성[性] 곧 리로서, 마음[心]의 지각 활동과 구분해야 하며, 또한 현실화된 정(情)으로서의 시비 판단과도 구분해야 한다. 본성과 마음과 정서 사이의 분별과 상호 관련에 대해 김창협은 주자의 「답반겸지(答潘謙之)」(『주자대전』 권55:1a)에서 그 전범이 될 만한 설명을 발견하고 자신의 견해에 확신을 가지게 된다.

내가 이 문제에 대해 오래전부터 의심을 품어왔지만 함부로 내 생각이 옳다고 확신할 수 없었습니다. 그러다가 주자의 「답반겸지서」를 보게 되었습니다. 그 내용은 다음과 같습니다. "본성은 곧 리이다. 정서는 그 본성이 흘러나와 운용되는 실제 작용이다. 마음의 지각은 그 리를 갖추고서 정을 실행한다. 지(智)를 가지고 말한다면, 그를 통해 시비를 알게 되는 리가 지이고, 본성이다. 무엇이 옳은지 그른지를 알아서 실제로 시비 판단을 한 것이 정이다. 이 리를 갖추고서 무엇이 옳은지 그른지를 아는 것이 마음이다." 이는 마음과 본성을 매우 정밀하고 세밀하게 구분한 것입니다. … 아마도 그의 만년의 정론(定論)이라 생각됩니다. … 나는 이 글을 통해 비로소 전에 내가 품었던 의심이 망령된 것이 아니었음을 알게 되었습니다.[23]

김창협의 이러한 비판과 주장에 대해 민이승이 이견을 제시함으로써 논변이 시작되었다.[24] 김창협은 논변의 과정에서 둘 사이 논변의 핵심적인 쟁점을 두 가지로 들었다.

> 지금 우리가 다투는 쟁점에는 크게 두 가지가 있다. 곧 리와 본성은 같은 것인가, 다른 것인가? 본성과 기는 나뉘어질 수 있는가, 없는가? 이는 의리상의 대원두처(大原頭處)이다. 본래 진실하게 알기 어려운 부분이며, 또한 명백하게 가려내기 어려운 부분이다.[25]

이는 곧 본성과 리기와의 관계의 문제라고 할 수 있겠는데, 그것은 결국 원래 김창협이 제시한 본성과 마음의 구별 문제와 밀접하게 관련이 있었다. 즉, 민이승은 본성을 리와 구별하여 기(氣, 특히 心氣)의 맥락 속에서의 리라고 보았다. 이는 본성을 리와 단순하게 동일한 것으로는 보지 않은 것이다. 그는 기의 맥락에서만 본성을 말할 수 있다는 것이었다. 그런 관점에서는 결국 본성과 마음의 구별이 그리 분명하지 않게 되는 문제가 발생한다. 김창협은 이러한 두 논점에 대한 자신의 견해를 다음과 같이 밝힌다.

> 본성을 리라고 하지 않으면 이는 고자(告子)가 본능[生]을 본성이라 한 것, 순자(荀子)와 양웅(揚雄)이 기질을 본성이라 한 것, 불교에서 작용(作用)을 본성이라 하는 것과 같은 주장이 되는 것입니다.[26]

> 본성에 대해 잘 아는 이는 기에 즉해서 본성을 말할 뿐, 기 그대로를 본성이라 하지는 않습니다.[27]

김창협에 따르면 본성은 현실적인 마음의 상태와는 구분되어야 하며 리와 동일한 것이다. 마음은 허령지각이라는 성격을 가지고 있는데, 그것을 신체적 조건[形氣]과 구분해서 심기(心氣)라고 부르기도 하지만 어쨌든 여전히 기이다.[28] 본성은 리로서 단지 신체적 조건과 구분될 뿐 아니라 심기와도 구분된다는 것이다. 김창협은 또 다른 곳에서는 다음과 같이 말한다.

> 또 그대가 보내준 편지를 자세히 살펴보면 "「대전(大傳)」(『주역』「계사전」)에는 괘효음양(卦爻陰陽)을 형이하로, 괘효음양이 아직 없을 때를 형이상으로 나누는데, 이는 천(天)에서는 명(命)이라고 하고 인간에서는 본성[性]이라 하여 나누는 것과 같다"라고 말하고 있습니다. 이는 끝내 잘못된 견해입니다. 그 '아직 없을 때'라는 말이 핵심적으로 문제가 발생한 부분입니다. 괘효음양은 원래 모두 형이하의 기(器)이며, 그 안에 내재적으로 충막무짐(沖漠無朕)한 도리를 갖추고 있습니다. 그것이 형이상의 도입니다. 만약 그대의 설에 따른다면, 오직 괘효음양이 없는 때만 형이상에 속하고, 괘효음양이 이미 갖추어진 후에는 다시 이른바 도라는 것이 없게 됩니다.[29]

형이상의 도는 음양의 세계, 곧 형이하의 기에 즉해서 거기에 있는 충막무짐한 도리를 가리켜 형이상이라 한 것이지, 음양의 세계가 있기 이전에 형이상의 도가 따로 있는 것은 아니라고 비판한다. 만약 음양이 있기 이전을 형이상이라 하면 음양이 있은 다음에는 다시 형이상의 도가 있을 수 없다는 말이 되며 이는 불합리하다는 것이다. 민이승이 호학 측에 속하는 것은 아니지만, 명(命)과 본성[性]에 대한 이러한 구분은 뒤에 호학 측에서 취하는 입장이기도 하다. 김창협이 여기에서 그러한 구분에 반대하고 있는 점은 주목해 두어야 한다. 현실 세계 속에서의 본체 세계의 자기실현에 대한 강조는 낙학의 종지에 해당한다.

어쨌든 민이승은 형이상을 음양의 세계 이전으로 밀어내었으므로, 본성을 형이하의 마음의 세계로 끌어당겨 다루어야만 본성의 실재를 볼 수 있었다.³⁰ 신명한 마음, 밝은 마음을 지(智)로 이해했고, 이는 곧 순수한 마음을 본성과 동일시하는 것이다.³¹ 그러나 본성은 어디까지나 형이상의 도로서, 마음과는 도와 기의 관계를 지닌 것이라는 것이 김창협의 논점이다. 즉 본성은 현실적인 마음의 세계 속에 있으면서 그것의 준칙과 근거가 되며 그를 통해 자기를 실현해내는 본체이다. 반면 민이승의 생각을 따라가면 결국 형이상과 형이하, 태극과 음양의 구분이 애매하게 되며, 본성과 마음의 구분도 따라서 애매해지고 마는 것이다.³²

김창협은 지에 대한 자신의 견해를 다음과 같이 요약한다. 그것은 곧 본성과 마음의 관계에 대한 자신의 생각을 정리한 것이다.

> 본성이란 다른 것이 아니다. 다만 마음속에 갖추고 있는 리이다. … 구별 작용은 물론 지가 아니다. 그렇다고 어찌 구별 작용의 (근저에 있는) 리마저도 지라고 하지 않겠는가? 마음속에 이 리가 갖추어져 있기에 외부 사물의 시비가 우리 마음에 자극을 줄 때 우리 마음은 그것을 제대로 구별해낼 수 있다. 그것의 구별 작용이 비록 외부 사물의 시비의 자극에 대한 반응으로 나타난 것이기는 하지만 그 작용의 본체는 그 자극에 앞서 먼저 존재하는 것이다. 거울에 비유하자면 그것이 사물을 비출 수 있는 것은 그의 본체가 이미 그러하기 때문이다. 만일 비추이는 사물이 있고 난 후에 비로소 비출 수 있게 된다고 하면 말이 되겠는가?³³

김창협은 민이승과의 지각 논변을 통해 본성이 리임을 다시 한번 확인하고, 동시에 신체적 조건[形氣]이나 마음의 상태, 운동[心氣]과는 구별되는 것임을 확실히 했다. 즉, 본성은 신체적 조건뿐 아니라 마음의 운동과도 구별된다. 마음의 운동으로부터 본성을 분리하는 것은 역시 사단으로부터 성을 분리하는 주자의 입장의 연속이라고 할 것이다. 그러나 이는 다음에 다시 살펴보겠지만, 「중용문목」에서 그가 신체적 조건 속에서 본성을 논하는 동시에 그로부터 분리된 천(天)으로부터의 본성을 논하는 입장을 더욱 철저화하는 것이라고 하겠다. 그곳에서는 단지 신체적인 조건과의 관계에서 그것을 논했지만, 여기에서는 마음의 활동과 관계해서 논하고 있다. 기(氣, 신체적 조건)에서 비롯하는 자연 상태와 구별되는, 리에 근원하는 자연 상태를 말할 수 있었던 사단에 대해서조차도 본성은 구별되는 것이다.

그러나 김창협은 논변의 과정에서 본성을 마음의 상태와 구별해야 한다고 강조하는 동시에 본성을 마음과 매우 밀접하게 연관시켜 논의해야 한다는 인식의 진전을 이루었다. 먼저 그는 민이승이 호병문의 설, 곧 지를 마음의 신명(神明)으로 끝내 고집하는 이유에 대해 다음과 같이 이해를 겸한 추론을 한다.

> 그대의 취지는 다음과 같습니다. 정이천이 비록 본성을 리라고 보았으나, 만약 다만 리라고만 한다면 그것을 통해서는 이른바 인의예지라고 하는 것이 구체적으로 어떤 맛, 어떤 색깔을 가졌는지를 알 수 없다. 즉 본성을 공허하게 말하는 것에 지나지 않는다[懸空說性].34 예를 들어 주자가 시비를 분별하는 것을 지의 작용이라고 말한다고 해도 이것은 (智의) 참된 맛, 참된 색깔은 아닌 것이다. 만약 지(智)의 참된 맛, 참된 색깔을 구하려고 한다면 반드시 그것이 밝게 비춘다는 것을 지적해야만 한다. 호병문이 신명(神明)이라고 정의한 것은 이런 점에서 취할 만한 것이 있다. 거울에 비유한다면 그것이 밝게 빛나기 때문에 사물을 분별해낼 수 있는 것이다. 만일 그 밝게 빛나는 성질을 제쳐두고 사물을 분별해낼 수 있다는 것을 내세운다면 이는 순서가 뒤바뀐 것이다.35

이러한 이해를 전제로 그는 다음과 같이 말할 수 있었다.

> 당신의 말도 일리는 있습니다. 그러나 제가 본성을 리라고 말하는 것은 바로

또한 사실에 나아가 그 본연의 도리를 지적한 것입니다. 공허하게 리를 말하는 것이 아닙니다. 지금 문제가 된 지를 가지고 말해본다면, 시비를 분별하는 행위가 지의 실사(實事)입니다. 그 행위의 본연의 도리, 그것이 곧 그 행위의 체(體)입니다. 어찌 그 실사를 버리고 공허하게 리를 말하겠습니까?[36]

본성은 우리의 기(氣, 특히 心氣)에 대해 단지 외재적인 것은 아니다. 본성이란 이 마음에 나아가 그 본연의 도리를 지적해낸 것이다. 그것은 기와 구별되지만 그렇다고 일체의 기의 세계의 맥락을 떠난 공허한 말 타령에 그치는 것은 아니다. 즉, 현공설리(懸空說理)하는 것이 아니라는 것이다. 마음의 현실 상태에 나아가 리의 자기실현을 포착한 것, 그것이 곧 본성이며 그러한 의미에서 본성이 곧 리라고 하는 이러한 사고의 계기는 실로 낙학의 종지에 해당하는 것으로서, 이어지는 마음의 미발에 대한 논변과 더불어 김창협을 새로운 사유의 단계로 이끈다.

(2) 김창흡의 「논지자설」(1704년경)

김창흡이 1704년 그의 족질(族姪)인 김시좌(金時佐, 1664~1727)에게 보낸 편지에는 다음과 같은 구절이 있다.

> 지각의 의미에 이르러서는 매우 정밀하고 미세한 부분이어서 그 옳고 그름의 차이가 실 한 오라기 정도에서 왔다 갔다 한다네. 가벼이 주장을 세울 수 없는 것이네. 자익(子益: 김창흡)이 논한 바는 그 실마리가 모두 나에게서 나온 것이라네.[37]

그 무렵 김창흡이 지각 문제에 대해 논한 것이 있음을 알려준다. 『삼연집』에 전하는 「논지자설(論智字說)」에서 그 실제를 확인할 수 있다. 김창흡은 다음과 같이 말한다.

운봉(雲峰: 호병문)이 인용한 주자의 설은 원래 지(知)를 해석한 것이지, 지(智)를 해석한 것은 아닙니다. 그것을 지(智)에 대한 해석으로 이해한 것은 운봉이 처음이었습니다. 그의 실책은 이중(二重)의 것이라 할 수 있습니다. 첫째, 도(道)와 기(器)는 상하의 관계인데, 체(體: 智)를 끌어내려 용(用: 知)으로 삼았으니 이것이 그 실책입니다. 둘째, 그 용(用: 知) 가운데서 정리(定理: 是非)와 명각(明覺: 知覺)은 경위(經緯)의 관계인데, 이를 섞어서 하나로 한 것 그것이 또한 실책입니다. 필경은 각(覺: 心用)을 성(性)으로 삼은 것이니 상하의 관계와 경위의 관계, 그 모두가 어지러워진 것입니다. 그 혼란함 가운데서 문제가 발생한 연원을 살피면 경위의 관계가 먼저 잘못되고, 그에 따라서 상하의 관계가 무너졌습니다.38

호병문이 지(智)를 마음의 지각 활동과 관련해서 정의했고, 이것이 김창협과 민이승 사이의 지각 논변의 계기가 되었던 사실은 앞에서 살펴본 대로이다. 논변의 과정에서 김창협은 지와 지각을 엄격하게 구분했다. 지각이 마음의 일반적인 활동 곧 성과 정을 매개하고 통괄하고 주재하는 작용을 지시하는 개념이라면, 지는 시비라는 현실화된 정(情)의 근원과 준칙이 되는 본성[性]을 지시하는 개념이라는 것이다. 김창협에 따르면 호병문은 결국 마음과 본성을 제대로 분별하지 못한 실책을 범한 것이다.

김창흡은 위의 인용에서 김창협의 그러한 입장 및 비판을 이어받으면서 좀 더 정교하게 가다듬었다. 그는 호병문의 실책은 이중의 것이라고 세밀화한다. 즉 호병문은 도와 기 사이를 분별치 못했고, 동시에 정리(定理)와 명각(明覺) 사이를 분별치 못했다는 것이다.

도와 기의 관계는 형이상과 형이하의 관계로서 본성과 마음의 관계가 그에 해당한다. 곧 마음과 본성은 그 존재론적 위상이 서로 다르다. 그런데 호병문은 주자가 마음(의 지각)에 대해 정의한 것을 지에 대한 정의로 이해함으로써 그러한 위상의 다름을 고려하지 못하고 착오를 범했다. 또한 지각이 마음의 용이라고 한다면, 지는 시비의 체이다. 호병문은 체를 정의하면서 용을 가지고 했으니, 이는 체를 용으로 떨어뜨린 것에 해당한다. 김창흡에 의하면 김창협의 호병문 비판은 바로 이러한 점에 집중된 것이었다.[39]

그런데 김창흡은 이제 거기에서 한 걸음 더 나아가 정리(定理)와 명각(明覺)의 분별 문제를 제기하고 그것이 더 근본적인 문제라고 말한다. 즉, 마음의 인지적 지각 활동에는 정리와 명각 두 측면이 경(經)과 위(緯)로 얽혀 있는데 호병문은 그것을 제대로 구분하지 못하고 뒤섞음으로써 착오를 범했다는 것이다. 그것은 곧 마음의 지각과 지의 시비 사이의 구별 문제를 지적한 것이다. 마음의 지각은 마음의 용(用)이고, 시비는 본성인 지(智)의 용이다. 그런데 시비, 곧 시비를 알고 시비 판단을 하는 것은 또한 마음에서 일어나는 일이요 지각 작용과 무관한 것이 아니다.[40] 하지만 지각과 시비 사이에는 분별이 있다. 그것이 곧 정리와 명각의 구별이다. 김창협은 계속해서 말한다.

> 마음[心]에 미발과 이발이 있기에, 본성[性]과 정(情)이 나누어진다. '지(知: 인지 작용)'에 밝게 비추는 것[炳然]과 명확히 나누는 것[判然]이 있기에 마음과 정이 쪼개진다. 본성과 정이 나누어지는 것은 그 형세가 일관된 것이지만, 마음과 정이 나누어지는 것은 그 형세가 횡(橫: 수평적)인 것과 직(直: 수직적)인 것이 있다. 그렇다면 본성과 정의 경계는 상하(上下)이고 … 마음과 정의 관계는 경위(經緯)이다. … 본성과 정의 구별은 말하기 쉬운 듯한데, 마음과 정이 쪼개지는 것은 살피기 어렵다. 오직 주자만이 명확하게 구별해서 다음과 같이 말했다. "시비를 하는 소이연이 본성이다. 시비를 알고서[知] 실제로 시비 판단을 한 것이 정이다. 시비를 알아차리는[覺] 것이 마음이다."[41]

본성과 정의 구분은 곧 지(智)와 시비의 구분에 해당한다. 주자학에서 그 둘 사이의 구분은 분명하고 논란의 여지가 없다. 그런데 문제는 마음과 정 사이의 구분이다. 김창흡은 마음의 지(知) 곧 인지 작용에 '밝게 비추는 것[炳然]'과 '명확히 분별하는 것[判然]'의 구별이 있으며, 그 점에서 마음과 정이 쪼개진다고 말한다. 그리고 그 관계가 경과 위의 관계라고 덧붙인다. 그렇다면 앞에서 말하는 '정리'와 '명각'을 그 각각에 대응시킬 수 있을 것이다. 즉 '밝게 비추는 것'이 '명각'에 해당한다면, '명확히 분별하는 것'은 '정리'에 해당한다. 그것들은 또한 각각 마음과 정, 다시 말하면 마음의 지각과 시비에 대응시킬 수 있다. 김창흡은 지각과 시비를 마음의 인지 작용[知]의 두 측면으로 규정함으로써, 즉 둘 사이를 분별하는 동시에—그를 통해 호병문에 대한 비판을 이어갔고— 또한 통합하여 김창협이 지와 지각을 지나치게 분별한 문제를 해결했다.

사실 직관적으로 지는 기본적으로 인지적 능력을 의미하는 것이라고 할 수 있다는 점에서 지와 마음의 인지 작용 일반으로서의 지각을 어떤 식으로든 연결하여 해명할 필요가 있었다. 후에 호학 측에서 김창협의 지각설에 대해 강력하게 비판하게 되는 것은 바로 거기에 이유가 있었다고 할 수 있다. 그런데 김창흡의 이러한 지와 지각의 관계에 대한 새로운 이해는 그러한 비판의 여지를 어느 정도 없애주는 것이라고 할 수 있다.

김창흡은 지에 대한 이러한 진전된 해석에서 더 나아가 마음의 인지 작용, 마음의 전체 활동에 대해 좀 더 포괄적인 이론을 제시했다.

> 그런데 또한 교착하여 말해본다면, '지(知: 안다)'는 정(情)에 속하고 '각(覺: 알아차린다)'은 마음[心]에 속한다. 하지만 보통 '지각'을 마음에 속하는 것으로 보는 것은 조력(照力: 밝게 비추는 힘)이 거기에 (전제되어) 있기 때문이다. '시비를 안다'라는 것은 정의 '시비'이고, '시비를 알아차린다'라는 것은 마음의 '시비'이다. 그러나 '시비'를 결국 정에 속하는 것으로 보는 것은 정체(定體: 고정된 기준)가 거기에 (전제되어) 있기 때문이다.[42]

마음은 외부의 자극을 인지하고 그에 활발하게 반응하는 영활한 운동력, 곧 인지적(혹은 인지 반응적) 능력이 있다. 마음은 마치 거울이 대상을 비추듯이 대상을 있는 그대로 파악하고 그에 따라 적절하게 반응하는 감응적 능력이다. 김창흡이 앞에서 말한 명각(明覺)은 바로 지각 작용의 그러한 측면을 포착한 것이다. '명(明)'은 밝다는 말이고, '각(覺)'은 느낀다, 탐지한다, 알아차린다는 의미를 지닌다. 이는 배고픔, 목마름 등 개체 내에 일어나는 모든 일과, 모든 외부 사물에 대한 개체의 반응, 곧 인식과 실천을 주재하는 것이다. 김창흡은 그러한 명각 곧 지각 작용의 근거로서 여기에서 '조력(照力)'이라는 용어를 제시했다. 그것은 곧 마음의 인지적 능력을 표현하는 말이다.

그는 또한 '알다[知]'와 '알아차리다[覺]'의 구별이 있다고 주장한다. 즉, '알다'는 정(情)의 수준에서 말하는 것이고 주로 규범에 대한 인지와 관련된 것이라고 한다면 '알아차리다'는 마음[心]의 수준에서 말하는 것이고 단지 규범에 대한 인지 외에 마음의 감응적이고 능동적인 매개 활동을 좀 더 포괄적으로 지칭한다는 것이다.[43] 또한 '알다'가 본성과 정의 수직적 관계에서 말하는 것이라고 하면, '알아차리다'는 마음의 작용상에서 수평으로 말하는 것이라고 할 수 있다.

'알아차리는 것'이 주로 마음의 조력의 실현이라면, '알다'는 곧 시비 판단으로서, 그 근거와 표준 곧 정체(定體)로서의 지(智)의 실현이다. 물론 그 실현은 한편으로 근거의 측면과 관련해서 자연스러운 것이기도 하지만 표준의 측면과 관련해서는 표준을 자각적으로 인식하고 실천한다는 의미에서 자각적(自覺的)인 것이기도 하다. 마음의 조력의 실현과 본성의 정체의 실현은 서로 구분되지만 또한 겹쳐 있는 것으로서 교착되어 있다.

정리해보자면, 마음은 인지적 능력으로서 조력 곧 밝히고 조명하는 능력을 특징으로 한다. 그 능력을 실현하는 것이 명각이며, 그 실현의 결과가 병연(炳然)이다. 마음의 지각은 그러한 측면 이외에 또 하나의 요소를 가지고 있다. 곧 지각은 본성인 지의 자기실현으로서, 지는 정체 곧 인지 작용의 근거이자 표준(준칙)으로서 그 내용이 정리(定理)이며, 그 실현의 결과가 판연(判然)이다.

그런데 지의 자기실현은 마음의 지각 작용을 통해 이루어지는 것으로서 마음의 명각에 힘입은 것이며, 반대로 마음의 명각은 본성-지라는 근거와 표준(준칙)이 없으면 방향감각을 잃어버리게 된다. 바로 그 점에서는 마음과 본성, 각(覺)과 지(智)는 서로 의존적이다. 결국 리에 대한 인식 및 실천을 포함하여 마음의 인지 작용은 명각과 정리, 즉 마음의 지각 활동과 함께 본성으로서의 지가 그 근거가 되고 표준(준칙)을 제공함으로써 성립된다. 마음의 지각 활동이 인지 작용의 내재적 능동인이자 질료인이라고 한다면, 본성인 지는 그것의 표준으로서 목적인이자 형상인이라고 할 수 있다. 그 두 측면 모두가 있어야 마음의 인지 활동은 성립이 가능하게 된다. 이렇게 해서 일종의 주자학의 인식론이 정립되었다.

김창흡은 최종적으로 다음과 같이 말한다.

마음이라고 하는 것은 본성과 정을 묘합한 것을 말한 것이다. 고요하게 있을 때는 다섯 가지 본성을 갖추어 가지고 있고, 자극에 따라 움직일 때는 사단의 정을 드러낸다. 그 모두가 마음의 활동이다. 그런데 그것의 지각 작용의 오묘함은 텅 비고 완전하여 자취를 남기지 않는다. 그것이 본성과 혼동되기 쉬운 까닭은 여기에 있다. 마음과 본성을 구분하는 데 어려움이 있다는 것은 이미 오래된 사실이다. 그러나 사실 마음은 곧 정상(精爽)한 기이며, 기 중에서도 화(火)에 속한 것이다. 그것이 빛을 내어 뿜어 비추지 않은 것이 없어서, 다섯 가지 성의 유행이 그를 통해 드러나는 것은 바로 이것 때문이다. … (그러나 물론, 본성이 그것을 통해 드러난다고 하더라도) 그 본연의 조리, 각각 갖추어진 싹 자체가 그것에 의존하여 비로소 있게 된다는 것은 아니다. 인(仁)의 리는 발하여 측은이라는 정이 된다. 측은이라는 정은 (마음의) 각(覺: 알아차리는) 작용이 없으면 불가능하지만 그렇다고 각(覺)이 곧 측은인 것은 아니다. … (예(禮)나 의(義)도 마찬가지다) … 지의 리는 발하여 시비의 정이 된다. 시비라는 정은 (마음의) 각(覺) 작용이 아니면 불가능하지만 각이 곧 시비인 것은 아니다. … 다섯 가지 본성은 하나의 각 작용을 타고서 현실화[작용]한다. 측은이라는 정에서 시비라는 정에 이르기까지가 그것이다. 그런데 시비를 '안다[知]'고 할 때도 같이 (마음의 지각과 마찬가지로) 지(知)라고 하니, 지(知)로써 지(知)를 탄다는 것이 되므로 혼동에 빠지기 쉬운 것이 당연하다. 그러나 그 뒤섞인 가운데서도 각각 귀착되는 점이 있다. 밝게 비추고 영묘한 것은 마음의 작용으로 귀착되고, 확연하게 가르고 변함없는 것은 지(智)의 작용으로 귀착된다. 마음과 본성과 정이 서로 나눠지고 합해지는 묘한 이치가 바로 여기에 있다.[44]

여기에서 김창흡은 마음의 작동 혹은 활동에 대한 일반 이론을 제시했다. 마음은 본성이나 리 자체는 아니며 기의 정상한 것이라 해야 한다. 그러므로 마음과 본성은 구분되어야 한다. 호병문의 실책은 그것을 잘 분별치 못한 데 있다. 그러나 그 본성-리는 마음의 활동을 통해 드러난다. 본성은 사단이라는 현실의 정으로 자신을 드러내는데 그것은 마음의 활동에 힘입은 것이다. 마음에 있는 판연과 정리의 측면은 결국 마음의 활동 자체와는 구분되는 본성[性]의 화용으로 돌아가는 것이요, 마음은 병연하고 영묘한 활동력 자체라고 해야 한다. 마음의 병연과 판연은 즉 지각과 시비의 구별은 결국 마음과 본성의 구별로 환원된다. 김창흡이 경위의 분별을 하지 못한 것이 상하의 구별을 하지 못한 잘못의 근원이라 지적한 것은 그런 점에서였다.

김창흡의, 지(智)에 대한 논의 그리고 마음과 본성의 상호관계에 대한 이러한 이론은 김창협의 관점을 세밀하게 확장한 것이라고 할 수 있다. 그것은 마음을 중심으로 마음과 본성에 관한 통합적 이론을 제시된 것이며, 마음과 본성을 구별하고 마음의 독자성을 강조하는 낙학의 종지와 관련하여서는 호학 측의 반론을 적절하게 처리하면서 마음의 독자성을 확보할 수 있는 이론적 터전을 마련하는 것이었다.

그러나 그는 당대의 분위기와 관련하여 마음에 대한 이해에서 그 역동성보다는 본성의 정체와 정리의 측면을 강조함으로써, 아직 낙학의 핵심적 종지와 약간의 거리를 유지하고 있는 모습을 보이고 있다.[45] 김창협이 미발론과 관련하여 지각 문제에 대한 새로운 견해에 이른 것이 1706년 이후라는 사실을 떠올리면 이는 쉽게 납득이 가는 부분이기도 하다. 김창흡이 낙학에서 중심적인 위치로 올라서는 것은 좀 더 시간이 흘러야 했다.

2) 호학 측의 지각 논변

(1) 권상하와 박광일 사이의 지각 논변

권상하에서 한원진에 이르는 호학의 태극론과 충막무짐론이 낙학의 본체론과 직접적인 관련이 없이 자체적으로 형성된 것이라면, 호학의 지각론(知覺論)은 김창협 이래 낙학 측의 지각론을 익히 이해한 가운데 그에 대한 비판적인 검토를 수행하면서 자기 입장을 정립해나간 것이라 할 수 있다. 호학과 낙학의 상호 정립과 관련하여 지각 문제의 중요성이 여기에 있다.

김창협이 민이승과 더불어 지각 논변을 전개한 것은 1697년이었다. 이 논변이 있은 지 두 해 만인 1699년 10월, 권상하는 박광일(朴光一, 1655~1723. 자는 士元, 호는 遜齋)에게 다음과 같은 편지를 썼다.

> 보내주신 편지에서 말한, (지(知)에는) 심지(心知)와 지지(智知)의 두 가지가 있다는 학설은 잘 이해되지 않습니다. 누가 이런 견해를 처음 내놓았는지 모르겠군요. "본성 가운데 지(智)라는 것이 있기 때문에 마음에 지각이 있게 되고 그래서 시비를 분별할 수 있다"고 하신 말씀은 아주 정확하게 보신 것으로 매우 감탄할 만합니다.[46]

지각을 심지(心知)와 지지(智知) 둘로 나누는 것은 송시열의 학설이다.[47] 송시열의 적전(嫡傳)을 자부하며 1690년경부터 송시열의 문집 편찬을 위한 자료를 수집, 정리해 온 권상하가 그를 몰랐다는 것은 이채로운 일이지만 김창협 역시 1706년에야 이희조(李喜朝)를 통해 비로소 그 사실을 알게 되었다는 것을 참조하면 전혀 이해하지 못할 일은 아니다.

어쨌든 권상하는 1699년에는 비록 박광일의 명제이지만 "본성 가운데 지(智)라는 것이 있기 때문에 마음에 지각이 있게 되고 그래서 시비를 분별할 수 있다"라고 한 것을 인가함으로써, 지(智)와 지각의 관계에 대한 자신의 근본 입장을 천명했다. 이후 지각 문제에 대한 권상하 그리고 호학의 일관된 입장은 여기에서 천명된 대로 '지각은 지에 근원을 둔다'는 것이다. 앞에서 살펴보았지만, 이것은 김창협에 의해 극력 부정된 견해이다. 두 사람 사이의 이견이 명확히 노정되는 것은 몇 년 더 지난 후이지만 그 싹은 이때 이미 움터 있었다고 하겠다.

1701년 박광일에게 보낸 편지에서 권상하는 다시 한번 이지각설(二知覺說)을 비판한다. 박광일이 이러한 지각설을 가지게 된 것이 어떤 경로를 통해서인지, 혹 그의 지각설이 낙학 측의 지각 논변에서 어떤 영향을 받은 것은 아닌지 명확하게 알 수는 없다. 다만 1704년에 김창협이 김시좌에게 보낸 편지를 통해 권상하와 김창협 사이에 지각 문제를 둘러싼 이견이 노정되고 있음을 확인할 수 있다.

> 황강(黃江)과 왕복한 편지는 잘 받았네. … 지각의 의미는 매우 정미한 부분이어서 … 가벼이 주장을 세울 수 없네. … 지난날 동음(洞陰, 永平 農巖)에 있을 때, 우연히 이에 착안하게 되었고,[48] 이로부터 잠잠히 생각을 거듭하여 더욱 명확히 알게 된 듯했지만 아직은 확신할 수 없었네. 그 후 주자의 글에서 증거가 될 만한 것을 찾고서 나의 생각이 크게 잘못되지 않았다는 것을 알았네. 그러나 각(覺)을 지(智)의 용(用)이라 하는 것은 주자의 인설(仁說)에서 그와 같

이 말한 후 후학들은 모두 정설이라 생각하고 있네. 어찌 한 사람의 견해로써 그들의 생각을 바꿀 수 있겠나. 이 때문에 감히 큰 소리로 그를 주장해본 적이 없네. … 지금 도이(道以) 자네가 나의 이 뜻을 헤아리지 않고, 그 설을 주장하려 하니 경솔한 듯하네. … 그렇게 해서는 도리를 밝힐 수 없을 뿐 아니라 사람들의 의혹만 가중시킬 우려가 있네. … 다만 주자가 「답반겸지(答潘謙之)」에서 마음과 본성의 구별을 논한 것과, 「답임덕구(答林德久)」에서 지각 문제에 대해 답한 것을 참고로 해서 살핀다면, 지각이 과연 지에 근원하는가 하는 문제와 정(情)과 지각의 동이 문제에 대해 저절로 이해하게 될 것이므로 변론할 것도 없을 것이네. 이 두 편지에 대해서는 도이 자네도 들어본 적이 있을 것이네. 어찌 그것을 황강 한벽(寒碧)에 제시하여 이 논변에 공연히 쏟는 힘을 절약하지 않는 것인가?49

황강 한벽이란 곧 황강(黃江)에서 강학한 권상하를 가리킨다. 이 편지를 통해 우리는 김창협의 족질이자 문하인 김시좌와 권상하 사이에 지각 문제에 대한 일단의 논변이 있었다는 것을 알 수 있다. 이 문제에 대해 김창협은 몹시 조심스럽지만 또한 단호하게 자신의 주장을 개진했다. 이 논변이 계속 이어졌는지는 알 수 없지만 이 시기(1704년 무렵)에 이르러 김창협과 권상하 사이에 지각 문제를 둘러싼 입장의 차이가 명료해진 것은 틀림없는 것으로 보인다.

김창협은 이미 1697년 민이승과의 지각 논변을 통해 자신의 입장을 정리하고 있었다. 뒤에 다시 살펴보겠지만 1704년부터는 또한 지촌(芝村) 이희조(李喜朝, 1655~1724)와의 미발 지각 논변(未發知覺論辨)을 통해 그런 입장을 더욱 강화하고 구체화하고 있던 중이었고, 김창협의 지각설을 인가함으로써 지각론과 관련된 자신의 입장을 확정한 상태였다.

한편 권상하는 김창협이 세상을 뜬 직후인 1708년 10월, 자신의 문인 채지홍(蔡之洪, 1683~1741)에게 보낸 편지에서 지각 문제에 대해 언급했다.⁵⁰ 이는 채지홍의 다음과 같은 질문에 대한 답변이었다.

> 주자께서는 지각을 '마음의 작용'이라고도 하셨고, 또 "지(智)의 작용인데, 인(仁)도 그것을 겸하고 있다"라고도 하셨습니다. '마음의 작용'이라고 하신 것은 그 말과 뜻이 정밀하고 명료하여 논란거리가 없습니다. 반면 '지의 작용'이라고 하신 것은 의심 가는 바가 없을 수 없습니다. "그 일을 알고 그 이치를 안다"라고 하는 것은 지각 중 정미한 것에 해당하므로 실로 인의 실천에 익숙하고 그 지식이 또한 밝은 이들이라야 할 수 있는 일입니다. 그러나 "통증을 알고 춥고 더운 것을 안다"고 하는 것은 짐승이나 미물이라도 그것이 혈기를 가지고 있기만 하다면 모두 그렇게 합니다. 이와 같은 일은 아마도 지와는 상관이 없는 듯합니다. 어찌 '지(智)의 작용'이라고 하겠습니까?⁵¹

채지홍은 주자가 지각을 마음의 용이라고도 하고 지의 용이라고도 한 것을 인용하고, 마음의 용이라고 하는 것은 문제가 없지만 지의 용이라고 할 수는 없다고 말한다. 주자의 지각에 대한 이해에서의 문제는 송시열이 이미 지적한 내용으로서, 송시열은 감각적 지각은 마음의 작용이고 이치에 대한 지각은 지의 작용이라고 할 수 있으며, 따라서 지각에는 심지와 지지 두 가지가 있다고 하여 주자의 주장에 모순이나 충돌이 없다고 이해한 바 있다. 그런데 채지홍은 여기에서 지지를 부정하고 지각은 마음의 작용이라는 주장을 펼친 것이다. 이는 그 내용에서는 차이가 있지만 김창협의 지각론과 유사한 점이 있다.

권상하는 그에 대해 다음과 같이 비판했다.

> 마음은 비유하자면 거울과 같다. 지(智)는 그 거울이 밝은 근거[所以然]이고, 지각은 그 거울이 (사물을) 비추는 것과 같다. 시비를 분별한다는 것은 거울이 예쁘고 미운 것을 분별하는 것과 같다. 지금 '마음의 작용', '지의 작용'이라고

해서 둘인 것처럼 구분해서 보는 것은 정확한 견해가 아니다. 금수들은 단지 춥고 따뜻한 것을 알 뿐 아니라 배고프고 배부른 것을 알고 남녀를 알며 살기를 원하고 죽기는 싫어하는 등 사람과 가까운 것으로 말하자면 한둘이 아니다. 이것은 모두 지의 작용이다. 금수가 비록 그 (본체) 전체를 다 품수 받지는 못했지만, 한 곳은 통하는 데가 있어, 완전히 품수 받은 바가 없다고 말할 수는 없다.[52]

채지홍이 지각을 주로 마음의 작용으로 이해했다면, 권상하는 그것이 어떤 지각이든 간에 모두 지에 그 근원을 가진 것으로 보았다. 채지홍의 지각론을 비판하면서 권상하는 자신의 지각론을 다시 한번 정리된 형태로 확인하고 있다. 감각적 지각은 동물에게도 있는 것으로서 채지홍은 지의 작용으로 볼 수 없다고 주장하지만, 권상하는 비록 인간처럼 온전한 것은 아니지만 동물에게도 지가 있으므로 지의 작용으로 볼 수 있다고 한다. 결국 감각적 지각과 이치에 대한 지각 모두를 지의 작용으로 볼 수 있다는 것이다.

채지홍의 지각론이 아직 초기의 박광일과의 지각 논변과 연속선상에 있는 것으로서 김창협의 지각설과의 관계가 명확하지 않은 것이라고 한다면, 1709년 7월 권상하가 이간에게 보낸 편지에서 김창협 이래의 낙학의 지각론을 잇는 논리의 연장선상에서 문제를 다루었다. 아마도 이간이 김창협의 지각론에 동조했고 그에 대해 권상하가 문제로 삼은 것으로 보인다.

이간은 이미 권상하의 문하에 들기 전인 1706년 김창협을 만나 강학했고, 어린 시절 어유봉(魚有鳳)과 교유한 바 있었다.[53] 이런 사정은 이간이 권상하의 문하에 들기는 했지만 그의 연원이 어떤 식이든 낙학과 관련이 있는 것을 짐작하게 한다. 그렇다면 이간이 낙학의 지각론을 두고서 권상하 및 한원진과 논변을 벌인 것은 이해할 만한 일이다.

어쨌든 권상하는 1709년 이간에게 보낸 편지에서, 『주자대전』「답반겸지서(答潘謙之書)」의 "心之知覺, 所以具此理, 行此情"이란 구절에 대한 자신의 견해를 말한다. 이 구절은 김창협이 지각 문제에 대한 자신의 견해, 곧 마음과 본성의 구분을 강조하는 입장을 입증하는 가장 확실한 근거로 꼽은 바 있다.54

"마음의 지각이란 이 리를 갖추고서, 이 정(情)을 행하는 것이다[心之知覺, 所以具此理, 行此情]." 이것은 곧 『주자대전』 「답반겸지서」에 나오는 말이다. (그런데) 『횡거어록(橫渠語錄)』 '심통성정조(心統性情條)'에는 주자의 주석이 붙어 있는데 그 말과 대동소이하지만 '의 지각[之知覺]'이라는 말이 빠져 있다. 그 글에서는 다음과 같이 말했다. "본성은 마음의 리이다. 정은 마음의 용이다. 마음은 본성과 정의 주인이다. 곧 이른바 이 리를 갖추고서 이 정을 행한다고 하는 것이다. 지를 가지고 말하면, 그를 통해 시비를 알게 되는 바의 리가 본성이며, 그를 통해 시비를 알고서 시비 판단한 바의 것이 정이다. 이 리를 갖추고서 어느 것이 시(是)인지 비(非)인지를 아는 것이 마음이다." 나는 이 글의 의미를 다음과 같이 이해한다. 이 리를 갖추고 있는 것은 마음이다. (본성과 정을 정의하면서 쓴) '시비를 알다'라고 할 때의 '안다'라는 것과 (마음을 정의하면서 쓴) '어느 것이 시인지 비인지를 안다'라고 할 때의 '안다'라는 것은 곧 이른바 마음의 지각이며 이른바 이 정을 행한다고 하는 것이다. 「답반겸지서」의 위의 구절은 궐문이 있거나 오자(誤字)가 있는 것은 아닐까? 그의 다른 글들을 다시 한번 검토해보아야 할 것이다.55

권상하는 리를 갖추고 정을 행하는 것은 마음이지 지각이 아니며, 마음과 지각을 구분해야 한다고 하고, 「답반겸지서」는 그것을 '마음의 지각'이라고 표현하여 마음과 지각을 동일시함으로써, 김창협이 그를 기초로 하여 마음 전체를 지각과 관련하여 이해할 수 있는 빌미를 주었다고 한다. 그에 의하면 마음의 체는 본성일 수밖에 없으며, 따라서 마음의 작용인 지각은 결국 본성인 지의 작용으로 보아야 한다. 그런데 김창협은 「답반겸지서」를 근거로, 지각을 마음과 동일시함으로써 본성과 별도로 마음의 체 곧 지각의 체가 있는 것으로 착각을 범했으며, 그것은 곧 마음과 본성을 분리하는 혐의가 있다는 것이다. 실로 곧이어 살펴볼 그의 미발론에서 확인되는 바와 같이 김창협에게서 지각은 마음의 체용(體用)을 겸하며, 동정(動靜)에 걸쳐 있는 것으로 이해되며, 그런 점에서 마음의 본색(本色)을 보여주는 개념이었다. 권상하는 계속해서 다음과 같이 좀 더 구체적으로 김창협의 견해를 비판한다.

> 삼주(三洲: 김창협)는 일찍이 지각 자체에 체와 용이 있다고 주장하여, 자신의 견해를 매우 확신했다. 나의 견해는 다음과 같다. 지각은 마음의 용이며, 허령은 마음의 체이다. (마음의 체가) 영활하고, 또 (그 용이) 지각하는 소이연은 곧 지(智)이다. 거울에 비유하자면 지각은 (사물을) 비추는 것이다. (허)령은 (거울의) 밝음이다. 지는 그를 통해 밝게 되고 비추게 되는 바의 (소이연의) 리이다. 그렇다면 지각을 정의함에 마음의 용이라 하든 지의 용이라 하든 무방하다. 그러나 지금 (김창협은) 반드시 그것을 나누어 "시비(를 분별하는 마음)는 지의 단서이고, 지각은 다만 마음에 속하지 지(智)에는 속하지 않는다"라고 말한다. 그렇다면 곧 마음과 본성은 두 가지 별개의 것이 되어버려, 천하에 본성이 없는 [본성 바깥에 있는] 것이 있는 셈이 된다. 어떻게 그럴 수 있겠는가?[56]

권상하가 처음 취했던 이지각설(二知覺說)에 대한 비판적 논점을 여전히 견지하면서, 해석에 좀 더 탄력성이 붙었다는 것을 볼 수 있다. 이는 그것이 송시열의 학설임을 확인한 때문이기도 한 것으로 짐작되지만, 역시 그의 사유가 특히 이간과의 논변을 거치면서 깊어진 때문이라 보아야 할 것이다. 김창협이 마음과 본성의 구별을 강조했다면, 권상하는 마음의 제 양태가 본성의 바깥에 있는 것이 아님을 강조했다. 물론 김창협은 마음과 본성의 구별을 강조하는 한편으로 미발의 마음에서 본체가 자신을 드러내는 그 시점에서는 역시 본체와 마음의 일치가 이야기된다. 본체는 마음의 허령지각을 통해 자신을 드러낸다. 이는 이희조와의 미발 지각 논변을 통해 명백해진다. 전자의 측면에서 김창협이 결코 양명학적 심학(心學)으로 넘어가지 않았다고 한다면, 후자의 측면에서 김창협은 강력한 심학적 경향을 드러내었다고 할 수 있다.

한편 권상하의 경우, 마음은 본성의 실현이다. 물론 이때 마음은 미발이 아닌 이발의 마음이다. 어쨌든 마음은 본체가 자신을 드러내는 자리가 아니라, 본성의 실현으로 이해된다. 그런데 김창협에서 본성은 본체 자체와 동일한 것이라면, 권상하에서 본성은 그의 「태극설」에서 살펴본 대로 본체 자체와는 구별된다. 권상하에서 본성은 기질의 맥락 아래에 있다. 본성에 대한 이러한 생각에서 인물성상동(人物性相同)과 인물성상이(人物性相異)라는 견해의 차이가 발생하는 것도 당연하다.

본성이 본체와 가지는 관계의 이러한 차이야말로 마음과 본성, 본체 사이의 관계에서의 차이를 가져오는 것이라 할 수 있다. 권상하에게서 마음은 본성의 자기실현 이외에 따로 자리를 갖지 않는다. 미발에서의 마음은 그대로 본성이며, 이발의 마음은 본성의 자기실현이다. 그 실현에서의 다양성과 편차는 바로 본성을 구성하는 기의 요소에 말미암는다. 본성은 본체 곧 리 자체가 아니라 기 속의 리이기 때문이다. 문제는 그 기를 수양적으로 어떻게 다루어야 하는 것이 되며, 마음의 독자성, 그 주체적 능동성으로서의 주재의 측면은 그다지 주목되지 않는다.

권상하가 지각을 마음의 용에만 한정시키는 것은 곧 마음의 정(靜) 혹은 미발에서의 지각형연불매(知覺炯然不昧)에 대해 부정한다는 것을 의미한다. 이는 낙학 측에서 미발의 마음에 대한 이해와 구별된다. 그는 같은 편지에서 다음과 같이 말했다.

"동일한 본성이 혼연한 가운데 있어 지각이 밝게 빛난다"라는 구절은 비록 미발을 가리켜서 한 말이지만 구절 앞부분은 정(靜)을 가리키며, 구절 뒷부분은 정중(靜中)의 동(動)을 가리킨다. "복괘(復卦)에서 천지의 마음을 본다"라는 말과 같다. 만물이 생겨나기 이전은 지정(至靜)의 때라고 할 수 있다. 그러나 천지의 마음은 (오히려) 동의 실마리를 가진다. 주자가 장남헌과 동정(動靜)을 논하면서 복괘를 미발의 때에 배당한 것은 또한 이와 똑같은 생각에서였다. 다시 한번 생각해보기 바란다.57

뒤에 자세히 서술하겠지만 '지각이 밝게 빛난다'라고 한 구절은 김창협이 지각을 마음의 용(用)·동(動)에만 한정시키지 않고 미발에서도 말할 수 있다는 것을 입증할 수 있는 주요한 전거였다. 그러나 여기에서 권상하는 그것은 정중(靜中)의 동을 말한 것일 뿐, 실제로 미발에 지각이 있는 것은 아니라고 말한다. 이는 미발론에서도 권상하와 김창협 사이의 의견 대립이 있다는 것을 암시한다. 김창협에서 그러했듯이 여기에서도 지각론은 미발론에 이르러 그 진정한 의미를 획득하는 것이라 할 수 있다.

권상하의 이렇게 정리된 입장은 1710년 윤7월 한원진이 권상하에게 올린 편지에서 김창협의 지각설(知覺說)을 비판하는 데로 이어진다. 한원진은 같은 시기에 역시 권상하에게 또 하나의 편지를 올려 호중(湖中)의 최징후, 한홍조, 이간 등의 학설이 자신과 달라 자신이 고립되어 있음을 밝히고, 스승의 엄정한 판정을 구하고 있다. 이에 권상하가 한원진의 편에 섬으로써 호학의 정론 곧 호론(湖論)이 정립되었다.

(2) 이간과 윤혼 사이의 지각 논변 (1709)

한원진의 지각설을 살펴보기에 앞서 먼저 호학 측에서 김창협 지각설의 대변자 역할을 한 이간과 천서(泉西) 윤혼(尹焜, 1676~1725, 자는 晦甫). 사이의 지각 논변을 살펴보는 것이 필요하다. 두 사람 사이의 지각 논변은 한원진의 김창협 지각설 비판에 이르는 징검다리 역할을 했다. 1709년 이간은 윤혼에게 다음과 같은 편지를 썼다.

> 마음은 총괄해서 붙인 이름이다. 그 체는 본성이며, 그 용은 정(情)이다. 이것은 곧 리와 기를 합해서 말한 것이다. 그 뒤섞여 틈이 없는 가운데서 또 분별해서 말하자면, 마음은 곧 기이며, 허령이 그 체이고, 지각이 그 용이다. 본성은 리이며, 사성(四性)이 그 체이고, 사단이 그 용이다.[58]

이것은 곧 마음의 두 측면을 말한 것이다. 하나는 마음을 본성과 정으로 환원시켜 이해하는 것이고, 다른 하나는 본성과 구별되는 독자적인 영역을 가진 것으로 이해하는 것이다. 김창협을 필두로 한 낙학의 종지가 곧 그 마음의 독자성을 강조하는 것이었다면, 권상하를 필두로 한 호학은 마음을 본성과 정으로 환원시키는 입장이라 할 수 있다. 마음이란 정(靜)의 상태에서 본성으로 있다가 외부의 자극이 오면 그에 반응하여 정(情)으로 되는 일원적인 흐름이라는 것이다.

마음의 이러한 두 측면은 성리학 이론 자체 내에 고유한 것이라고 할 수 있다. 낙학의 입장이든 호학의 입장이든 결국 그 두 측면을 모두 인정하는 가운데 단지 어느 한쪽을 특히 강조하고, 어느 한 측면에 초점을 두어 상대를 통합하는 인식을 제출하는 것일 뿐이다. 여기에서 이간은 낙학 쪽에 좀 더 가까운 입장을 취한다.

> 허령이 사성을 갖추고 있는 것과 지각이 사단을 운행하는 것은 한가지다. 마음은 미발의 상태에서 사성을 통괄하며, 이발의 상태에서는 사단을 통괄한다. 그러므로 "마음은 본성과 정을 통괄한다"라고 말한 것이다.[59]

본성에서 정으로의 일원적 흐름에 대해 마음이 끼어들면서 마음이 매개 혹은 바탕(기틀)이 되어 그 과정을 통괄하고 주재하는 것으로 이해하는 것이다. 마음의 독자성이 강조되는 것이지만, 윤혼이 처음에 문제 삼은 것은 '사단'의 문제였다.[60] 사단이란 본성이 발현된 현실의 정이므로 기(氣)이다. 허령이 사성을 갖추었다는 것은 이해가 되지만, 지각이 사단을 실현하는 매개라는 것은 이상하다. 사단도 지각도 모두 기이기 때문이다. 이는 곧 지각과 사단(정)의 관계 문제라고 할 수 있다.

이간은 사단이란 곧 사성의 실마리로 별개의 것이 아니므로 리를 위주로 한다면 사단도 리라고 말할 수 있다고 대답했다. 즉 사단은 리의 유행 혹은 발현으로서 마음의 운동인 지각상에서 자신을 드러낸다. 지각의 독자성, 지각의 능동적 활동은 리의 능동적 자기실현과 분리되지 않는다. 이것은 낙학의 종지에 해당하는 부분이며 이간에서도 그러한 점이 확인된다.

윤혼은 지각이 기라면 지각의 리는 어떤 본성에 속하는가 하고 묻는다. 이는 지와 지각의 관계 문제에 대한 질문이라고 할 수 있다. 이에 대해 이간은 위에서 김창협이 반문했던 것과 똑같이 반문한다.

> 허령도 기입니다. 그렇다면 허령의 리는 어떤 본성에 속합니까? 이것을 알면 그것도 알 수 있습니다.[61]

앞에서 언급한 바 있는 1709년 7월 이간에게 보낸 편지에서 권상하는 윤혼의 지각설은 자신의 견해와 일치한다고 말했으며,[62] 또한 1710년 윤7월 한원진이 권상하에게 올려 김창협의 지각설을 비판한 편지에는 「추서(追書)」로 이간의 위의 지각설에 대한 비판을 붙여놓았다.

> 허령은 기이고, 사성은 리입니다. 리와 기는 서로 다른 것이므로 그것이 이것을 갖추고 있다고 말해도 됩니다. 그러나 사단과 지각의 경우는 이것이 그것을 운행한다고 말할 수 없습니다. 왜냐하면 이 마음의 지각이 밖으로 발현한 것이

사단이기 때문입니다.63

이러한 비판은 한원진이 1710년 10월 윤혼에게 답한 편지로 이어진다.

> 공거형(公擧兄: 이간)은 지각을 기라 하고 사단을 리라고 하여, 지각과 사단이 서로 합해서 행한다고 하셨는데 옳은지 모르겠습니다. … 제 생각으로는, 사단이 발하기 전에도 지각은 여전히 있으므로 사단과 지각의 구별이 있기는 합니다만 지각이 중리(衆理)를 묘하게 하여 발하여 사단이 되면, 사단과 지각 사이에 구별은 없어집니다. 이발에 즉해서 논하면 사단은 곧 지각을 나누어 이름 붙인 것이요, 지각은 곧 사단의 총칭입니다. 사단 외에 따로 지각을 논할 곳이 없습니다.64

한원진은 미발에서도 지각을 말할 수 있기 때문에 지각과 사단은 꼭 일치하는 것은 아니지만, 이발 곧 동(動)상에서 말하면 그 둘 사이는 전혀 동일하다고 말한다. 그가 사단으로 발하기 전에도 지각이 있다고 한 것은 미발의 지각 문제를 논의할 수 있는 여지를 남긴 것이지만 그것이 적극적으로 논의되고 있지는 않다. 지각은 이발에서는 그저 사단이라는 심리 활동을 통칭해서 말한 것에 불과한 것으로 사단과 지각은 구별되지 않는다는 것이다. 따라서 지각이 사단을 실어 나르는 매개 같은 역할을 하는 것은 결코 아니라는 것이 한원진의 입장이다.

(3) 한원진의 김창협 지각설 비판 (1710)

권상하는 1709년 이간에게 보낸 편지에서 김창협의 지각론을 비판했다. 그를 이어 1710년 윤7월에는 한원진이 권상하에게 보낸 편지에서 김창협의 지각론을 정면으로 비판했다. 김창협의 지각설에 대한 이러한 비판은 역시 윤혼과 이간 사이의 지각 논변을 전제로 해서 본격화된 것이었다. 그것은 1711년 5월에 권상하에게 보낸 편지에서 좀 더 체계적으로 정리되므로 둘을 묶어서 검토해보기로 한다.

> 농암 선생이 지각이 지(智)에 속하지 않는다고 주장하는 것은 세 가지 이유에서입니다. 첫째, 지각은 오직 마음의 덕을 일괄한 것인데 지는 다섯 가지 본성 가운데 하나이니, 마음의 덕 전체를 다섯 본성의 하나에 치우치게 일치시킬 수는 없다. … 둘째, 지각은 기의 영활(靈活)인데 지는 본성 중의 정(貞: 안정됨)이니, 기의 영활을 그 본성의 용으로 삼을 수는 없다. … 셋째, 지각은 이 리를 갖추고서 정서를 실행하는 것인데 만약 그것이 지의 용이라고 한다면 지의 용이 어찌 이 리를 갖추고서 정서를 실행할 수 있겠는가?[65]

김창협의 지각설, 곧 지와 지각을 분리하여 이해하는 것에 대해, 그 주장의 이유를 세 가지로 요약한 것이다. 이들 각각에 대해 한원진은 반론했다.

첫째, 한원진에 의하면 김창협의 지각설의 첫째 이유는 지각의 기원을 기의 허령에 두는 한편으로, 그 허령은 오성(五性) 전체에 관여하여 그것들을 실현하는 매체(기틀)의 역할을 하는 것이므로 그것을 오성 중의 하나인 지에만 제한시킬 수는 없다는 생각에 있다.[66] 그러나 지는 오성 전체를 포괄할 수 있다.[67] 김창협의 입장은 사실 오성으로부터 지각의 마음의 독자성을 확보하려는 것이라고 할 수 있다. 하지만 마음의 허령은 기이고 반드시 그 소이연의 리를 가진다. 기라면 곧 오행(五行) 중 하나이며, 따라서 오행의 리인 오성(五性) 외에 따로 그 근거를 가진 것이 아니다. 그것을 거부하는 김창협의 견해는 결국 형이하의 형적(粗迹)에 빠지고 만 것이라고 한원진은 비판한다.[68] 김창협의 견해는 결국 기의 독자성을 주장하는 기론(氣論)에 빠졌다는 것이다. 그가 이런 혐의를 받게 된 것은 마음[心]의 독자성을 확보하려는 그의 관심에 기인한다. 이러한 지점은 한원진과 이간 사이의 논변에서 다른 형식으로 재연된다.

둘째, 한원진에 의하면 김창협의 지각설의 둘째 이유는 지각은 활동하는 것인데 지는 정적인 것으로 서로 잘 조응하지 않는다는 것이다. 더 나아가 한원진은 "지금 동(動) 후(後)의 지각을 가지고 지의 용이라고 한다면, 장차 능지능각(能知能覺)한 것을 가지고 지의 체로 삼을 것인가"라는 김창협의 말을 인용하면서 김창협의 생각은 기(氣)와 본성을 혼동할 수 없다는 생각에 기초하고 있다고 지적한다.[69] 즉, 지각의 현상이 용이라면 그 체는 지각의 가능성일 수 있는데 그것은 허령이지 본성인 지일 수는 없다는 것이다. 그에 대해 한원진은 지각을 지의 용이라 하는 것은 지각의 기가 지의 용이라는 말이 아니라 기 곧 지각상에서 발현되는 리가 지의 용이라 주장하는 것이며 능지능각이 지의 체가 아니라 능지능각에 갖추어진 리가 지의 체라는 것으로서, 그러한 혼동에 해당하지 않는다고 반론한다.[70]

셋째, 한원진에 의하면 김창협의 지각설의 셋째 이유는 마음의 지각은 리를 갖추고서 그것을 현실의 정(情)으로 실현해내는 매개적 역할을 감당하는데 그것을 지의 용이라 이해한다면 그것은 곧 리인 지가 리를 갖추고 그를 현실에서 실현하는 매개의 역할을 한다는 말이 된다. 이는 곧 주객을 혼동하는 착오를 범한 것에 해당된다.[71] 한원진은 바로 이 셋째 이유야말로 김창협의 지각설의 핵심이라고 말한다.[72] 김창협이 마음과 본성을 분리하여 보는 핵심적인 이유가 여기에 있었다고 할 수 있다.

그러나 한원진은 같은 지각이라도 오로지 기만을 가지고 말한 경우가 있고, 리와 기를 겸해서 말하는 경우가 있으며, 또한 동(動)과 정(靜)을 겸해서 말하는 경우가 있고 오로지 동만을 가지고 말하는 경우가 있다고 한다. 그런데 지각을 마음에 속한 것으로 보는 것은 오로지 기만 가지고 말한 것이요, 또한 동정 곧 미발과 이발을 겸해서 말한 것이다. 반면 지각을 지의 용으로 보는 것은 이기를 겸해서 말한 것이요, 또한 오로지 동 곧 이발만을 가지고 말한 것이다. 지각을 지의 용으로 보는 것이 결코 불가능하지 않다. 더 나아가 그는 지각을 마음에 속하는 것으로 보는 경우에도 그것이 정(靜)의 상태에서 갖추고 있는 리를 전언(專言)한다면 지이고, 그 동의 상태에서 실행하는 정(情)도 전언하면 지의 용이라고 했다. 따라서 그 경우에도 지각을 지의 용으로 볼 수 있다는 것이다.[73] 이러한 지점에 이르면 마치 낙학 측에서 김창흡이 했던 역할을 호학 측에서 한원진이 수행했다고 평가할 수 있다.

한원진은 자신의 비판을 요약하여 다음과 같이 말한다.

> (첫째) (仁이 그러하듯이) 지(智) 역시 다섯 본성을 포괄할 수 있어서 한 마음 전체의 덕이 될 수 있습니다. … (둘째) 지각을 지에 속하게 하는 것은 지각을 타고 발현하는 리(理)를 지의 용이라 하는 것이지 기(氣) 그대로를 본성의 용이라 하는 것이 아닙니다. … (셋째) 지각을 지의 용이라 하는 것은 다만 동(動)의 측면에서 그렇다는 것입니다. 동정(動靜)을 겸해서 말한다면, 미발의 상태에서 지각이 갖추고 있는 리는 지라 할 수 있고, 이발해서 지각이 실현하는 정서는 지의 용이라 할 수 있습니다.[74]

한원진은 김창협이 자설(自說)의 결정적 근거로 삼는, 주희의 「답반겸지서」에 대해서도 자신의 입장에 따라 새롭게 해석을 가했다.

> 이 편지의 취지는 겉보기에는 마음과 본성과 정을 구별하는 데 주안점이 있는 듯 보이지만, 실은 마음·본성·정의 발용(發用)을 둘로 하지 않는다는 것을 밝히면서 지(智)의 편(偏)과 전(專)을 모두 든 것이니, 바로 지각이 지(智)에 속한다는 것을 보여주는 증거가 될 듯합니다. 그 편지 중 '所以知是非之理'라는 구절은 바로 '지(智)' 자를 해석한 것입니다. 거기서 말한 '시비'란 곧 사물에 있는 시비를 가리키는 것이지 내 마음에서 시비를 하는 정을 가리키는 것은 아닙니다. '시비'는 비록 사물에 있지만, 그것을 알게 되는 소이연의 리는 내 마

음에 있으니 곧 지입니다. 그렇다면 '지시비(知是非)'에서 '안다[知]'는 것은 바로 지의 용입니다. … 주자가 본래 말한 대로라면 '具知是非之理' 또는 '所以知是非之理'이지만, (김창협이 인용한 것은) '지(知)' 자를 빠뜨리고 다만 '具是非'·'所以是非'라고만 되어 있습니다. 이는 곧 '시비'를 내 마음에서 시비를 하는 정서로 이해하는 것입니다. 주희는 '지(知)'의 리를 지(智)라고 했지만, 김창협은 '시비'의 리를 지(智)라고 합니다. 주희는 '시비'를 사물에 있는 옳음과 그름으로 보았지만, 김창협은 '시비'를 내 마음이 옳게 여기고 그르게 여기는 것으로 보았습니다. 이처럼 그 내용이 현격하게 서로 다른 것입니다.[75]

한원진은 주희의 「답반겸지서」가 김창협의 논지를 강화시키는 것이 아니라 오히려 자신의 논지를 강화시키는 것임을 역설한다. 그는 「답반겸지서」에서 지의 정의로 제시된 '소이지시비지리(所以知是非之理)'라는 말에서, '시비'가 아니라 '지시비(知是非)'라고 한 것에 주목하고, 김창협이 그것을 제대로 살피지 못했거나 왜곡해 인용했다고 비판한다. '시비'가 객관 대상에 존재하는 시시비비(是是非非: 所)라고 한다면, '지시비(知是非)'는 마음의 활동으로서의 주관적 판단 작용[能]인데, 그것을 김창협이 간취하지 못했다는 것이다.[76]

김창협이 주관과 객관 사이의 구별을 애매하게 했다는 비판은 그다지 적절해 보이지 않지만, 한원진의 비판이 전연 엉뚱한 것은 아니었다. 김창협의 지각설은 시비와 지각을 구분하여 시비는 지의 용이라 할 수 있지만, 지각은 마음의 용으로 보아야 한다는 것이었다. 반면 한원진은 이제 「답반겸지서」에 대한 자신의 해석을 통해, 사단 중 '시비'는 내용상 실제로는 '지시비'로서, 이미 지(知) 또는 지각(知覺)의 작용을 전제로 한다는 것을 주장하는 것이다. 시비를 판단하는 마음의 활동은 한편으로 정이지만, 동시에 지각의 작용이다. 그런 점에서 '시비'가 지의 용이라고 하는 것은 동시에 시비를 '아는[知]' 것이 지의 용이라는 것을 의미한다. 지는 단지 정으로서의 시비만이 아니라 마음의 지각 활동의 근거로서 이해될 수 있으며, 지각은 마음의 용이면서 동시에 본성 곧 지의 용이 된다는 것이다. 이는 그의 스승 권상하의 김창협 비판을 이은 것이며, 그를 더욱 세련되게 다듬은 것이라 할 수 있다.

김창협은 그의 지각론을 통해 마음의 독자성, 곧 본체-리의 현실화에 있어 그의 매개적인 혹은 수행자로서의 역할을 강조한 것이라 볼 수 있다. 곧 마음에서 운동하는 기(氣)의 측면과 동정(動靜)을 겸하는 측면이 강조되는 것은 바로 거기에 이유가 있다. 마음은 본체-리와 직접 관계하면서 그의 현실화에 적극적인 역할을 한다. 순수한 실천의 상태에서 마음은 본체-리 자체와 동일하여 구별되지 않는다. 뒤에 다시 살펴보겠지만 김창협의 논지를 이은 이간이 사단을 리와 동일시한다거나, 허령한 기(氣)의 순선(純善)을 주장하는 것은 이런 면에서 이해될 수 있다.

그러나 한원진에게서 마음은 결코 본체-리에 직접 관계하지 않는다. 그에게서 마음이 관계하는 본체-리는 기로부터 분리된 본체-리가 아니다. 그것은 기질의 맥락 안에 들어온 본체, 곧 본성인 것이다. 더욱이 마음과 본성은 그 미발 상태에서 서로 분리되지 않는다. 본체의 현실화는 마음이 매개 작용을 하기 이전에 이미 유적 본성의 형태로 구현되어 있으며, 그 본성이 정의 형태로 현실화하는 것이다. 한원진에서 본체로서의 본성은 이미 현실적이라고 할 수 있다. 이와 같이 지각에 대한 해석을 둘러싼 그들 사이 논변은 결코 고립된 것이 아니라, 본체·본성·마음에 대한 그들의 이해를 배경으로 하고 있으며, 그들 사이의 이해의 상이(相異)를 드러내 보인다. 이는 우리가 곧이어 다룰 인물성동이론(人物性同異論)과 미발론에 이르러서 더욱 명료해진다.

3) 지각 논변의 정리와 의의

 태극 논변과 충막무짐 논변에서 리와 기의 관계 그리고 그것의 통합적 이해가 핵심적인 문제였다면, 지각 논변에서는 마음과 본성의 관계 그리고 그것의 통합적 이해가 핵심적인 문제였다. 두 가지는 모두 결국 본체가 지시하는 이상 세계와 현실 세계를 어떻게 통합적으로 이해할 것인가 하는 문제라고 할 수 있다.

 김창협과 민이승 사이의 지각 논변은 바로 이러한 본성과 마음의 위상의 차이, 그리고 지각과 시비라는 정(情)의 동일성 문제에 대한 이견을 표출한 것이었다. 그들은 각기 나름의 주자학적 이해에 기초하여 지와 지각, 지각과 시비의 관계 문제를 집중적으로 다루었다. 김창협에 의하면 지는 본성의 일부로서, 시비 곧 도덕 판단의 근거이자 준칙인 리의 위상을 가진 것이다. 반면 지각은 외부 대상을 감지하고 내재적 리에 입각하여 반응하는 마음의 작용에 해당하는 것으로서 리와 무관한 것은 아니지만 기본적으로 기의 위상을 가진 것이다. 또한 지의 실현으로서의 시비는 지각 일반과는 구별된다. 김창협은 마음의 본체가 본성이며 그것의 실현이 정(情)이라고 하는 측면을 인정하지만 동시에 마음의 본체는 허령(혹은 허령지각)이요, 그것의 실현은 지각이라고 하는 또 하나의 측면을 포착하지 않으면 안 된다는 것이다. 정이 실현된 마음이라면, 지각은 실현된 마음인 동시에 실현하고 있는 매체 혹은 수행자로서의 성격을 지녔기 때문이다. 그러므로 정은 이발에 한정되지만 지각은 미발에서도 말할 수 있는 것이다.

 그에 대해 권상하와 한원진은 그러한 김창협의 지각론을 정면으로 비판하면서 심체와 그 작용으로서의 지각은 기본적으로 성체와 그 실현으로서의 정이라고 하는 틀 속에서 이루어짐을 강조했다. 그에 의하면 지각은 정의 위상을 가진 것으로서, 본성으로서의 지의 실현이라고 말하지 않을 수 없다. 그는 김창협의 지각론이 성체와 그 실현으로서의 정이라고 하는 틀과는 독자적으로 심체와 그 실현으로서의 지각이라고 하는 층차를 둠으로써 결국 심체와 성체가 분리되는 문제를 야기한다고 지적했다.

결국 지각 논변의 쟁점은 주자가 마음에 대한 분석적 이해를 시도하면서 본성과 마음, 정서 사이를 구분하게 되면서 발생한 그들 개념 혹은 층위의 상호관계를 어떻게 볼 것인가 하는 데 있었다고 할 수 있다.[77] 김창협이 본성과 마음, 그리고 마음과 정서를 다소 명확하게 구분하여 이해하는 것은 리와 기, 형이상과 형이하의 구분에 철저했던 주자학적 정신의 발현이었다고 할 수 있다. 하지만 권상하나 한원진 역시 나름의 방식으로 주자학적 정신에 투철하고자 했다고 할 수 있다. 마음과 본성은 구분되어야 하지만 두 가지는 결코 별개의 존재인 것은 아니다. 그것을 지나치게 분리하는 것은 본성의 한계를 넘어 마음에 독자적인 가치를 부여하는 것으로서 마음을 극도로 중시한 양명학이나 선불교의 논리로 흐를 수 있음을 염려했다.

주자학에서 '지각'은 주자의 인심도심론에 나타난 바와 같이, 감각적 지각과 이성적 지각의 두 차원 혹은 측면을 함께 가지고 있었다. 주자가 지각을 마음의 용으로도 보고 지의 용으로도 본 것에 대해, 송시열이 지각의 그러한 두 측면을 각각 해명하기 위한 것으로 해석한 것은 이해할 만한 것이었다. 하지만 감각적 지각이든 이성적 지각이든 그것이 같은 지각인 한 그러한 두 측면을 어떻게 통합적으로 이해할 수 있는가 하는 것이 문제였다. 감각적 지각이 대체로 동물과 인간에 공유되는 수준의 지각이고 이성적 지각이 동물보다는 인간에 더욱 고유한 지각이라고 한다면, 그것은 곧 동물과 인간을 어떻게 통합적으로 이해하는가 하는 문제와 직결된다.

김창협과 김창흡 형제의 지각론은 그들이 그 문제를 마음을 중심으로 해서 해결하려 했음을 보여준다. 지각은 마음의 인지적 역량 곧 환히 비추는 명각(明覺)—이것은 나중에 논의되는 허령(虛靈)과 명덕(明德)에 해당

한다―의 실현으로 이해된다. 김창협이 강조한 것은 여기에 있었다고 할 수 있다. 김창흡은 그러한 기본적 이해를 받아들이면서 지각에서 지의 역할을 또한 인정함으로써 지각에 대한 좀 더 통합적 이해를 제시했다. 지는 곧 정리(定理)로서 그것은 지각 작용을 가능하게 하는 또 하나의 차원에서의 원인 혹은 근거이자 표준 혹은 준칙의 역할을 한다는 것이다. 마음의 지각은 한편으로 그러한 근거(소이연)로서의 지가 실현되는 바탕[기틀] 혹은 장소임과 동시에 지가 제시하는 표준과 준칙 곧 소당연을 자각적으로 인식하고 실천하는 주체의 인지적 활동이다.

그것을 동물과 인간의 지각에 적용해 본다면 동물과 인간에 공통된 감각적 지각은 그러한 지각이 낮은 수준에서 실현되고 있는 것이라고 한다면, 인간의 지각은 그러한 지각이 높은 수준에서 실현되는 것이라고 해야 할 것이다. 이러한 지점은 나중에 호락논쟁이 진행되면서 명료해지는 바와 같이 인간과 동물의 동이(同異)에 대해 마음을 중심으로 해서 이해하는 것, 곧 마음의 차이로 이해하는 것으로 연결된다. 그것은 인간의 마음의 역동성, 곧 리인 본성이 자신을 통해 실현되고 동시에 자신이 그것을 주체적으로 실현하는 것을 강조하는 것이다. 본체인 본성의 운동은 마음의 실제적 운동을 통해 그리고 그를 통해서만 실현된다. 뒤에 살펴보겠지만 그들은 그러한 점에서 존재의 수준에서 차이를 결정하는 기질과 구분하여, 심기의 독특성을 주장하거나 더 나아가 마음의 리적인 성격을 부각시킨다.

반면 권상하와 한원진의 지각론은 본성 중심의 지각론이라고 할 수 있다. 마음과 본성은 구분할 수 있지만 결코 별개의 것이 아니며, 마음의 지각은 결국 지의 실현, 곧 지의 용일 수밖에 없다는 것이다. 권상하의 지각론의 핵심은 바로 그 점에 있었다. 한원진은 이러한 권상하의 기본 입장을 받아들였으며, 그에 대립한 김창협의 지각론을 비판하면서 그 내용을 좀 더 충실하게 다듬었다. 그는 지각이 기의 수준에서 일어나는 현상으로서 마음의 용이라는 점을 인정하면서 동시에 그것을 지의 용으로도 이해할 수 있다고 주장한다. 지는 인지적 능력인 능지능각(能知能覺)의 마음의 배후에 있는 리 곧 본성이고, 지각은 능지능각의 실현일 뿐 아니라 동시에 바로 그러한 리의 실현으로서의 의미를 지닌다고 하는 것이다. 마음의 지각은 바로 마음의 용이자 동시에 지의 용인 것이다.

그것을 동물과 인간의 지각에 적용시켜본다면, 지각에 있어서 동물과 인간의 차이는 기본적으로 능지능각의 마음의 차이인 동시에 그것의 배후에 있는 본성의 차이로 이해된다. 동물도 지를 품부 받기는 했지만 인간과 같이 온전한 형태로 부여받지는 못했다는 것이다. 이것은 역시 호락논쟁이 진행하면서 인간과 동물의 동이(同異)를 본성 중심으로 곧 본성의 다름으로 이해하는 것으로 연결된다. 그것은 본성을 이해함에 차이를 발생시키는 기의 결정적 성격을 강조하는 것이요, 그때 기는 형기(形氣)에 초점이 있다.

지각 문제에 대한 이러한 논란은 중국의 주자학 내부에서는 철저히 해명되지 않은 문제로서 조선 후기 성리학자들에 의해 논쟁적으로 음미되었던 것이다. 양자의 지각론은 호락논쟁에서 벌어진 미발 논변에서의 각각의 전개 양상과도 밀접하게 연관되어 있다. 호학에서는 지각을 기본적으로 지(智)의 실현으로 곧 정(情)의 수준에 있는 것으로 보는데, 그것은 지각을 이발로 보는 것이고 마음의 미발에서의 지각을 이야기하기 어렵게 만든다. 반면 낙학에서는 지각을 기본적으로 마음의 작용으로 보며, 마음에는 미발과 이발의 두 양상이 있으므로 이발에서 지각이 있는가, 없는가? 있다면 그것은 성격을 어떻게 규정할 것인가 하는 등의 문제가 미발론의 쟁점으로 부각되었다.

결국 지각론에서 노정된 양 진영의 차이는 이후 전개된 호락논쟁의 핵심적인 쟁점들과 밀접하게 연관되어 있다고 할 수 있다. 또한 우리는 그것을 통해 김창협과 권상하 수준에서 각 진영의 기본적 관점 곧 그 종지가 확립되기 시작했음을 다시 한번 확인할 수 있다. 한편, 지각 논변의 과정은 호학 측의 이간이 아니라 김창협 이래의 낙학 측에서 주도한 것이다. 이는 낙학 측이 이간의 견해에 동조한 것이 아니라 그 반대의 진행을 보여준다는 점에서 낙학과 이간과의 관계, 그 영향 관계와 관련하여 이전의 일반적인 관점을 재검토하도록 한다는 의의도 있다.

2
인물성동이 논변

지각 논변이 김창협과 김창흡을 중심으로 낙학 측에서 먼저 시작하여 호학 측에 전파되어 각각의 종지를 수립하는 데 영향을 준 것이라면, 인물성동이 논변은 권상하와 한원진, 이간을 중심으로 호학 측에서 시작하여 낙학 측에 전파되어갔다고 할 수 있다. 이 두 가지 논변은 곧 호락논쟁 제2기에 호학과 낙학이 각각 형성되는 데 결정적인 쟁점으로 작용했다고 할 수 있다.

본성 개념의 일반적 의미에 대해서는 앞의 개념들의 설명에서 어느 정도 자세하게 논했으므로, 다시 상세히 논할 필요는 없다. 다만 성리학에서는 '본성'을 본연지성과 기질지성으로 나누며, 주로 본연지성을 본성에 해당하는 개념으로 사용한다는 것은 다시 한번 지적해둘 필요가 있다.

'기질지성'이 기질과의 관련 속에서, 즉 우리의 심리나 행위를 통해 드러나는 경험적 수준에서 그 근저에 있는 우리 존재의 어떤 속성 혹은 성향을 지적하는 것이라면, 본연지성은 그러한 경험적 수준의 속성과 그 현실을 그 근저에서 근거 짓는, 우리 마음의 심층에 자리 잡고 있는 도덕적-인지적 속성을 지시한다.

경험적 수준에서 우리는 우리의 심리나 행위 속에서 선과 악이 뒤얽혀 있는 것을 경험한다. 따라서 심리와 행위를 가능하게 하는 근거로서의 본성은 역시 그러한 가능성이 잠재한 것으로서, 그것을 우리는 기질지성이라고 부른다. 그 현실의 선과 악은 기질의 영향을 받은 것이라고 한다면, 그중 선은 단지 기질의 영향을 받을 뿐 아니라 그 이전에 심층의 어떤 도덕적 속성이 실현된 것이라고 보아야 한다. 어떤 점에서는 그 경우 기질은 단지 자신의 영향력을 적극적으로 행사하지 않고 다만 심층의 도덕적 속성의 실현을 방해하지 않음으로 선의 실현에 기여한다고 할 수도 있을 것이다. 바로 그러한 심층의 도덕적 속성을 우리는 본연지성이라고 할 수 있다. 바로 그것이 우리의 참다운 본성이라고 하는 것이 유교 성선설에 대한 성리학적 해명이라고 할 수 있겠다.

호락논쟁에서 인성과 물성의 차이에 대한 논란은 단순히 인간의 자연적 본성과 동물의 자연적 본성 사이의 차이 여부에 대한 이견 때문에 발생한 것이 아니다. 단지 기질지성의 수준에서가 아니라 본연지성의 수준에서의 차이를 문제 삼는 것이라고 할 수 있다. 낙론에서는 인성과 물성의 차이를 부정하는 것이 아니라 그 차이가 단지 기질지성의 차이일 뿐이며, 본연지성에서는 차이가 없다고 주장했다. 그들에서 본연지성은 인간과 동물을 포함한 모든 자연적 존재의 근저에 있는 태극-본체에 해당하는 것으로서 동일하지 않을 수 없다. 자연적 본성의 차이는 그들을 구성하는 기질에 원인이 있는 것으로서 기질지성이지 본연지성이 아니다. 만약 그것을 본연지성의 차이로 둔다면 그것은 곧 세계의 일원성을 파괴하는 것이고, 도덕적 우주론의 붕괴를 의미할 수 있다.

반면 호른에서는 인간과 동물의 본성의 차이 또한 본연지성의 차이라고 할 수 있다고 주장했다. 한원진은 권상하의 견해를 계승하여, 기질과 무관한 태극-리 수준의 본연지성과 함께, 기질의 맥락이 고려된 유적(類的) 본성도 또한, 혹은 본성은 어디까지나 기 혹은 기질 속의 리라고 하는 점에서 오히려 그 고유한 의미에서 본연지성이라고 할 수 있다고 하여 이른바 성삼층설(性三層說)을 주장했다. 인성과 물성은 본연지성에서 다르다고 할 수 있다는 것이다. 한원진의 주장은 한편으로는 실천론의 관점에서 기질지성에 부가된 부정적 성격에 기초한 것이었다. 본연지성은 본래의 것으로서 회복되거나 보존되어야 할 것이라고 한다면, 기질지성은 그에 대하여 지양되어야 할 현실성을 의미하기 때문이다. 그런데 유적 본성은 비록 기질에 따른 것이기는 해도 지양되어야 할 것이 아니라 실행되어야 할, 혹은 회복되어야 할 것이라고 해야 하지 않은가 하는 것이다. 개의 본성과 소의 본성, 인간의 본성을 가르는 것은 기질의 차이라고 하더라도, 그 본성은 그에 기초하여 우리의 소당연, 규범이 결정되는 것, 따라서 본연적인 것―비록 더 근원적이고 최종적인 것은 아니라고 하더라도―이라고 할 수 있다는 것이다.

이는 성리학의 맥락에서는 본연지성에 대한 하나의 새로운 견해라고 할 수 있는 것이지만, 사실 기질지성은 실천론의 맥락이 아니라 일반 존재론에서 말한다면 굳이 그러한 부정적 함축을 가질 필요는 없다.[78] 하지만 한원진의 견해는 본성을 기에 내재한 리라고 보았을 때, 즉 본성을 기에 대응한 리라고 보았을 때, 그 기와 리 사이의 관계의 다양성에 따라 본성을 분류한 것이라고 할 수 있다는 점에서 발전된 본성론의 성격을 지닌다.[79] 리와 기와의 관계의 양상에 따라 초형기(超形氣), 인기질(因氣質), 잡기질(雜氣質)로 나누어 볼 수 있고 그 각각에 따라 본성을 최종적이고 심층적인 본연의 본연[本然之本然], 기질의 본연[氣質之本然], 기질의 기질[氣質之氣質]이라고 하는 세 가지 층위로 나누어 볼 수 있다는 것이다.

호른 측의 이러한 주장은 낙론 측의 반발을 불러일으켰다. 호론에서 말하는 '기질의 본연'은 결국 기질과 관련되어 기질의 영향을 받는다는 점에서 기질지성이지 본연지성은 아니라는 것이다. 낙학 측에서는 본연지성에 대한 그러한 규정은 본성을 경험적이고 자연적 수준에서 논의하는 것으로서 곧 지고의 명제인 '성선(性善)'을 위협하는 것이 될 수 있다고 보았다. 성선은 맹자적 수준에서는 인간의 자연적 본성에 대한 규정이라고 할 수 있지만, 성리학의 단계에서 그것은 단지 경험적 자연적 수준에서 정의된 것이 아니라 '성즉리(性卽理)'를 근거로 하여 선험적 초월적 수준에서 규정된 것이기 때문이다.

주자가 『중용』의 "천명지위성(天命之謂性)"에 대한 해석에서 주렴계의 「태극도설」의 태극(리) - 음양오행(기) 틀을 도입함으로써, 그리고 『맹자』의 사단에 대해서 정이천의 견해에 따라 '성(性) - 정(情)'의 틀을 도입하여 해석함으로써, 본성은 인간의 배타적 도덕적 본성을 넘어서 우주론적 본체의 지위에까지 올려졌다. 그것은 곧 '도덕의 자연화'를 넘어선 '자연의 도덕화'였으며, 그를 통해 '도덕적 우주론'이 정립되었다. 그 도덕적 우주 속에는 인간을 포함한 만물이 도덕적 본체를 그 자연성에서 구현할 뿐 아니라, 천(天)의 도덕적 명령을 수행하는 수행자로서의 위상을 부여받았다.

이것은 원래 자연적 본성을 의미했던 본성 개념을 애초의 의미에서 탈구시킨 것으로, 인간과 동물의 자연적 본성과 본체 사이의 괴리를 가져온다. 특히 동물의 경우 그 괴리는 심각하다. 동물의 본성은 그 자체로서 인식되지 못하고 인간의 도덕 세계 아래로 종속된 위치에 처하게 된다. 그것은 곧 강력한 인간중심주의이다. 본체 태극의 관점에서 인간과 동물(자연)은 동일한 본체를 가진 것으로 이해되며, 이는 자연을 단지 인간의 착취와 수탈의 대상로 삼는 인간중심주의에서 벗어난 것처럼 보인다. 하지만 그것은 오히려 인간의 도덕을 자연 세계에까지 확장하여 뒤집어씌움으로써 곧 보편화함으로써 더욱 강력한 인간중심주의 곧 확장된 인간중심주의를 취한 것이라는 비판을 받을 수 있다. 그 세계에서 동물(및 다른 존재들)은 인간과 동등한 것이 아니라 단일한 도덕 위계(位階) 속에 하위의 열등한 존재의 위상을 가진 것으로 편입되는 것이다.

낙론은 성리학의 그러한 도덕적 우주론에 충실하다. 인간과 동물은 본연지성에서 동일하다. 그들은 도덕 본체 그리고 그 구체적 전개로서 오상(五常: 인의예지신)을 똑같이 공유했다. 하지만 그들이 인간과 동물이 동일하다거나, 각자의 고유성에서 평등하다고 주장한 것은 아니다. 그 동일성은 어디까지나 본원의 리의 관점에서 그러하다는 것이며, 기질이 고려된 현실 세계에서는 엄연한 차이가 있음을 부정하지 않는다. 그 기질지성에서는 차이가 있으며, 나아가 그러한 본체를 실현하는 능력과 실제에서 곧 마음[心]에서는 인간과 동물은 분명한 차이가 있다고 주장한다. 그것은 그들이 공유한 본연지성의 동일성마저 그 실제적인 의미를 박탈당한 것이라고 할 수 있다.[80]

반면 호론에서 인간과 동물이 그 본연지성에서 다르다고 주장하는 것은 그러한 인간중심적, 도덕적 우주론을 탈피하여 각각의 유적 본성의 차이에 지양되어야 할 기질지성이 아니라 본연지성의 위상을 부여함으로써 오히려 인간과 동물의 각각의 독자성을 보장할 수 있는 가능성을 열었다. 그들에게 도덕은 인간의 일이고, 동물의 일은 아니다. 동물의 행위는 단지 간접적으로 인간과의 관계 속에서 그 도덕적 의의를 부여받을 뿐이다. 하지만 그들은 여전히 인간중심주의를 고수했고, 도덕적 우주론은 폐기하지 않았으므로, 그것은 현실적으로는 인간에 대한 동물의 열등성을 그 본성의 수준에서 고착시킨 것에 지나지 않았다.

따라서 우리는 낙론이든 호론이든 그들의 인성물성론에 대해 지나친 의미를 부여하지 않도록 주의할 필요가 있다. 그들 모두는 각각의 전개의 가능성을 가지고 있지만 주자학의 인성론의 범위 내에 있었다. 그렇다고 해서 우리가 그 의의를 과소평가해서도 안 된다. 그 둘 사이의 차이 혹은 각자의 착안점은 주자학 내의 이론적인 구조를 이루며 긴장을 일으킨다. 그 둘 사이의 논변은 구체적이고 역사적인 현실 속에서 그러한 구조와 긴장을 논변적인 방식으로 구현해낸 것이다. 그것은 단지 주자학에 대한 묵수를 넘어서서, 그 구조와 긴장의 본질을 독자적으로 이해하고 실천해낸 것이라 할 수 있다.[81]

이제 그 각각의 진영에서 인성과 물성의 동이에 대한 논쟁이 어떻게 형성되고 전개되었는지를 좀 더 자세하게 살펴보기로 하자.

1) 호학 측의 인물성동이 논변

(1) 이간과 한원진의 인물성동이 논변 (1709)[82]

일반적으로 호락논쟁의 핵심으로 다루어져온 것이 남당(南塘) 한원진(韓元震, 1682~1751)과 외암(巍巖) 이간(李柬, 1677~1727) 사이의 인물성동이 논변(人物性同異論辨)이다. 그러나 이간은 낙론의 대표적 이론가라고 할 수는 있지만, 학맥상으로는 권상하의 제자로서 한원진과 같이 호학에 속한 인물이었다. 그는 한원진과 낙론적 입장에서 세밀한 논변을 벌임으로써 호학이 그 자신의 종지를 세밀하게 다듬어가는 데 크게 기여했다.

이간은 낙학에 속한 학자들이 자신의 관점을 다듬어가는 데에도 일정한 영향을 미쳤다. 그는 권상하의 문하에 들기는 했지만, 김창협에게 배운 적이 있고 어유봉과는 친밀한 사이였다. 학맥상으로 호학에 속했으나 그의 학문은 낙론적인 경향을 지닌다. 낙학계에서 이간에 대해 친근함을 가지는 것도 무리는 아닌 것이다. 아래 미발 논변에 대한 서술에서 살펴볼 것이지만 낙학이 정립될 때 정암(正菴) 이현익(李顯益, 1678~1716)이 낙학 내에서 호론적 입장을 취해 내부에서 논변을 벌임으로써 낙론의 세밀한 정립에 일정한 역할을 했다면, 호학의 정립에서는 이간이 호학 내에서 낙론적 입장을 취하여 내부에서 논변을 벌임으로써 호론이 세밀하게 정립되는 데 역할을 했다.

① 논변의 경과

한원진의 『연보(年譜)』에 따르면, 한원진이 이간과 성리설에 관한 논변을 시작한 것은 1709년이었다. 그러나 그 논변의 싹은 1705년 봄에 있었던 한원진과 최징후(崔徵厚)의 만남에까지 거슬러 올라간다. 한원진이 오서산(烏棲山) 정암사(淨巖寺)에서 공부하고 있을 때 최징후가 찾아와 함께 하루를 머물면서 성리설에 대해 토론했다. 이 만남을 전후해서 한원진은 「시동지설(示同志說)」(1705년 1월)을 지어 이기(理氣) 심성(心性) 문제 전반에 대해 자신이 공부하고 자득한 바를 정리하고 있다. 만남이 있은 후, 최징후가 한원진에게 미진한 부분을 묻는 편지를 보냈고, 한원진은 그해 6월 답장을 썼다.[83] 그 내용은 『대학』의 청송(聽訟)·본말(本末)·성의(誠意)·정심(正心), 『맹자』의 호연지기(浩然之氣), 그리고 자연현상인 조수(潮水) 등에 관한 이해 문제였다.[84] 한원진은 1706년 매봉(梅峯) 암촌(巖村)으로 최징후를 방문했고 이때 한홍조(韓弘祚)도 토론에 참여했다. 당시 논의되었던 문제에 대해 자신의 입장을 정리해서 보낸 것이 그가 최징후에게 보낸 1708년 8월의 편지와 별지이다.[85] 이 편지에 대해서는 이미 우리가 충막무짐 논변을 다루면서 언급한 바 있다. 거기에서 최징후는 본연지성을 미발에, 기질지성을 이발에 배치함으로써 한원진의 비판을 받았다. 이 편지를 한홍조를 통해 이간이 열람했다. 이간은 이 편지와 그에 대한 답장을 보고 미진함이 있음을 느껴 1709년 최징후에게 편지를 보냈다.[86] 이 편지를 최징후가 한원진에게 보여주었고 한원진은 1709년 3월에 다시 최징후에게 편지를 써서 자신의 입장을 거듭 천명하고 이간을 비판했다.[87] 이렇게 해서 이간과 한원진은 서로 만나본 적이 없는 상태에서 최징후와 한홍조 두 동문의 소개를 통해 논변을 시작했던 것이다.

1709년 이렇게 편지가 오고 간 후 곧이어 그해 4월 한원진과 이간은 최징후, 한홍조 등의 중재로 홍주(洪州: 지금 충남 홍성군) 한산사(寒山寺)에서 함께 만나 의견을 조정할 기회를 가졌다. 결국 둘 사이의 의견은 끝내 좁혀지지 못했으나 이 일은 이간과 한원진이 자신의 견해를 좀 더 정밀화하는 기회가 되었다. 일주일 정도의 만남 후 이간은 집에 돌아가 「한산기행시(寒山記行詩)」[88]를 지었고, 1709년 11월 한원진은 이간의 부탁으로 거기에 발문[89]을 지어 각기 각자의 감회를 서술했다. 이후 한원진은 1711년 6월, 이간에게 편지를 써서 논쟁점에 대해 논했고,[90] 이간은 1712년 이 편지에 대한 답장을 했으며,[91] 한원진은 다시 1712년 8월 이간에게 보낸 답장에서 그를 재론했다.[92] 이후 권상하의 만류로 한원진과 이간 사이의 논쟁은 잠시 소강상태로 빠졌으나, 이간은 스승 권상하에게 자신의 입장을 해명하는 편지를 여러 차례 보냈다.[93] 이에 대해 한원진은 그가 43세 되던 해(1724)에 「이공거상사문서변(李公擧上師門書辨)」[94]을 지어 이간의 견해에 대한 자신의 비판적 입장을 최종적으로 정리했다.

논쟁이 점차 전개되면서 두 가지 문제가 핵심 논쟁점으로 부각된다. 그것은 이미 잘 알려져 있는 것처럼 '인성(人性)과 물성(物性)의 동이(同異)' 문제와 '미발(未發)에서 기질의 유무'의 문제이다. 여기에서는 먼저 '인성과 물성의 동이 문제'에 대해 살펴보기로 한다.

② 논변의 쟁점

1708년 8월, 한원진은 권상하에게 편지를 올려 호중(湖中)의 최징후, 한홍조 등이 본성에 관한 잘못된 견해를 가지고 있다고 말한다. 한원진은 그들이 본성에 세 가지 층이 있음을 알지 못하고 오직 기질의 맥락에서 떠난 본성만을 본연지성이라고 하고, 기질의 맥락에서의 성이 본연지성으로서 기질과 섞인 기질지성과 구별된다는 점을 알지 못하는 데 문제가 있다고 주장한다. 1709년에 이간이 이 문제에 끼어들어 한원진과 대립함으로써 논변은 권상하의 문인 전체로 확대되어 나갔다.

인성과 물성의 동이 문제는 구체적으로는 동물[95]도 오상(五常)을 가지고 있다고 볼 수 있는가 하는 문제였다. 이간은 동물도 오상을 온전히 다 갖추고 있다고 주장했고, 한원진은 동물은 오상을 다 갖추고 있지 못하다고 주장했다. 오상이란 곧 인의예지신(仁義禮智信)의 다섯 가지 본성이자 덕목이므로, 상식적으로 판단했을 때, 동물에게 그러한 오상이 갖추어져 있다는 주장은 어불성설로 보인다. 현실 세계에서 동물들은 도덕적 행위를 수행하지 않으며 장래에 그러한 도덕적 수행을 할 수 있을 가능성도 없다고 판단되기 때문이다. 백번 양보하여 동물의 행위 중에도 도덕적 행위로 해석될 수 있는 경우가 있다고 하더라도, 그것은 매우 부분적이고 본능적인 수준에 그친다.

오상이란 『맹자』의 인의예지(仁義禮智)에다 한대(漢代)의 음양오행론(陰陽五行論)에 따라 신(信)을 더 보탠 것이므로 오상의 기원은 일차적으로 『맹자』의 인의예지에 있다고 해야겠다. 『맹자』는 인간에게서 경험적으로 발견되는 사단(四端)의 마음을 근거로 해서 인간의 본성의 선함을 논증했다.[96] 그러므로 『맹자』에서 논증된 것은 인간 본성이 인의예지라는 원칙, 혹은 규범을 그 내용으로 가지고 있다는 것이었지 만물의 본성이 그러하다는 것은 아니었다. 『맹자』는 인간의 본성과 동물의 본성을 구별했다.[97]

그렇다면 이간은 무슨 이유로 동물에게도 오상이 온전히 갖추어져 있다고 본 것일까? 이간은 다음과 같이 말한다.

> 이른바 건순오상(健順五常)의 덕성이라고 하는 것은 곧 음양오행의 리입니다. 음양오행이 갖추어지고 난 후에 조화(造化)가 이루어져 만물이 생성됩니다. … 인간과 동물이 생성됨에 똑같이 이들 기를 얻었고, 이들 리 또한 똑같이 얻었습니다. 이것이 어찌 변설을 기다린 후에야 알 수 있는 것이겠습니까?[98]

이간은 만물은 모두 기와 리로 구성되어 있는데 기의 구체적인 내용이 음양오행이며—이 지점은 주자학이 한대 이래의 자연관과 천인합일설을 계승한 것이다—, 그에 부응하는 리의 내용이 건순오상이라는 것이다. 바로 이 건순오상이야말로 기에 내재한 '본체-리(理)'의 (구체적) 내용인 것이다. 기에 내재한 리를 본성[性]이라고 본다면, 이 오상은 본성의 구체적 내용이며, 이는 인간과 동물을 포함한 만물에 공통의 것이 된다. 애초에 인간의 심성에 내재한 도덕적 본성 혹은 덕성으로 이해된 오상은 다만 인간의 도덕적 본성으로 이해되는 데에서 나아가 이제는 인간과 만물의 존재의 근거요 구성 원리로 이해되고 있다. 이는 주자학의 기본적 세계관을 계승한 것이라고 할 수 있다.

오상은 단순히 인간 존재에서 배타적으로 확인되는 도덕적 본성을 의미하는 데 그치지 않는다. 그것은 인간을 포함한 만물의 보편적 본성으로서, 만물의 존재 원리이다. 결국 그것은 만물의 존재 원리가 도덕적이라는 선언이다. 만물은 그 궁극적 본체에서 도덕적으로 선하며 오상을 자신의 본성으로 갖추고 있다.

그렇다면 현실 세계에서는 인간을 제외한 만물에서는 도덕 현상이 거의 관찰되지 않는 것인가? 그것은 그 본체-본성이 도덕적이라는 주장에 배치되는 '사실'이 아닌가? 이간은 역시 주자학의 기본적 이론에 따라 그것을 기의 다양성으로 해명한다. '리-본체'와 연속선상에 있는 보편적 본성은 단일한 것으로 만물에 동일하지만, 그 보편적 본성의 환경 혹은 실현 매개인 기(氣)는 단일하지 않다는 것이다. 기에는 정편(正偏)과 통색(通塞)의 다름이 있다. 어떤 것은 바르고 어떤 것은 치우쳤으며, 어떤 것은 통해 있고 어떤 것은 막혀 있다. 그것이 제시하는 다름은 동일성 속의 균질적 다양성이 아니라 가치에서의 차이를 나타내는 비균질적, 위계적 다양성이다. 기의 다양성은 각 개체에서 보편적 본성이 실현되는 데 제한과 한계를 가져올 수 있다. 이간은 다음과 같이 말한다.

> 또한 각각 얻었다고 하는 것은 리는 비록 한 근원[一原]이지만 기는 똑같지 않기 때문입니다. 음양오행 중 바르고 통하는 것[正通]을 얻은 자는 인간이 되고, 치우치고 막힌 것[偏塞]을 얻은 자는 동물이 됩니다. 이는 자연스러운 것입니다. 그러므로 인간은 인간의 리를 얻고 동물은 동물의 리를 얻게 됩니다. 이것이 이른바 각각 얻었다고 하는 말입니다. 각각 얻은 가운데, 바르고 치우치고 통하고 막힌 다름이 있다고 말하는 것은 되지만 인간만이 모두 얻었고 동물은 반은 얻었지만 반은 얻지 못했다고 말하는 것은 말할 필요도 없이 틀렸습

니다.99

인간은 바르고 통하는[正通] 기를 품부 받았으므로 그 본체-본성을 온전히 구현해낼 수 있는 반면에, 동물은 치우치고 막힌[偏塞] 기를 품부 받았으므로 현실적으로 그 본체-본성을 제대로 실현할 수 없다. 하지만 동물이라고 해도 그 본체-본성을 온전히 부여받지 못한 것은 아니다. 인간과 동물은 품부 받은 기의 차이로 말미암아 그 실현의 수준에 있어서는 다르지만, 그 근원으로서 본체-본성을 온전히 부여받았다는 점에서는 동일하다는 것이다. 그러므로 그는 계속해서 다음과 같이 말한다.

> 저의 생각으로는 아마 바른 기에도 오상이 있고, 치우친 기에도 오상이 있습니다. 통한 기에도 오상이고 막힌 기에도 오상입니다. 똑같이 오상인데, 바르고 통하는 기이기에 발용(發用)할 수 있고, 치우치고 막혔기에 발용할 수 없는 것입니다. 지금 그 발용 여부만을 보고서는, 하나에는 (오상이) 있고 하나에는 (오상이) 없다고 말하는 것은 결국 미진한 점이 있지 않습니까?100

인간과 동물은 오상 곧 보편적 본성의 발용 곧 실현에 있어서는 차이가 있지만 보편적 본성의 존재에 있어서는 차이가 없다는 것이다. 이간은 이러한 보편적 본성이야말로 본래의 본성 곧 '본연지성(本然之性)'이라고 생각했다. 이는 인간과 자연을 통합적으로 이해하는 주자학적 세계관에서 전형적으로 보여질 수 있는 한 설명 양식이라고 하겠다. 곧, 현실 세계의 다양성을 가져오는 기의 맥락을 초월한 '본체-리'의 입장에서 세계의 본질을 간파했을 때, 그것은 궁극적으로 동일한 하나라고 말한다.

그렇다면 마찬가지로 정통한 주자학적 세계관을 표방하는 한원진101은 이간의 이런 견해에 대해 왜 반론을 제기하는 것일까? 이간은 한원진의 견해를 다음과 같이 요약한다.

한원진은 다음과 같이 말했습니다. "만물이 모두 천명의 전체(全體)를 갖추고 있다고 말하는 것은 되지만, 모두 오상(五常)의 전덕(全德)을 갖추고 있다고 말하는 것은 안 된다. 왜냐하면 천명이라고 하는 것은 형기를 초월해서[超形器] 말한 것이고, 오상이라고 하는 것은 기질로 말미암아[因氣質] 이름 붙인 것이기 때문이다."[102]

그에 따르면 한원진 주장의 논리적 요점은 다음과 같다. 만물은 기질로 되어 있고, 기질은 단일하지 않다. 천명은 그런 만물에 부여된 것으로 기질과 관계시키지 않은 차원[超形器]에서 말한 것이다. 반면에 오상은 만물에 부여된 천명을 기질과 관계시켜[因氣質] 말한 것이다. 그러므로 천명은 기질의 차이에 관계없이 동일하다고 할 수 있으나 오상은 기질의 차이에 따라 달라지지 않을 수 없다. 그런데 기질의 차이는 오상의 발용(發用: 실현)이 아니라 오상의 유무(有無: 존재)에 영향을 미친다. 온전한[全] 기를 받은 인간이 오상을 모두 가지고 있다면, 치우친[偏] 기를 받은 동물은 오상을 부분적으로만 가지거나 전혀 가지지 못한다.

만물은 기로 구성되어 있다는 생각, 그리고 기로 구성된 만물에 부여된 '본체-리'가 곧 인간과 만물의 본성이 된다는 생각은 한원진과 이간에게 공통된 것이다. 다만 한원진은 그 '본체-리'와 본성 사이를 구별해야 한다고 보았다. 즉 '본체-리'는 『중용』 수장(首章)에 본성의 근원으로 제시된 천명에 해당하는 것으로서 기의 맥락을 초월한 초형기(超形氣)의 것이라고 한다면, 본성은 기의 맥락을 내재한 인기질(因氣質)의 것으로서 서로 구별된다는 것이다.

결국 이간에서 본성은 '본체-리'와의 연속성에 강조를 둔 가운데 파악되었다면, 한원진에서 본성은 기(질)와의 관련성이 보다 강조된다는 차이가 있다. 물론 이간에서도 본성은 기와의 관련성이 전혀 없다고 할 수 없으며, 한원진도 기질의 관련성을 떠난 차원의 본성을 말하지 않는 것은 아니다. 다만 이간은 본성의 본연한 측면 곧 '본연지성'은 기와의 관련성을 배제한 채 리만을 홀로 지적할 때 제대로 파악된다고 보았던 반면에[103] 한원진은 본성의 본연한 측면 곧 '본연지성'은 순수한 리 자체가 아니라 기와 관계를 가진 가운데서의 리일 수밖에 없다고 보았다.

결국 한원진에게서 본성은 그것을 내재한 개별적 존재의 기가 어떠하냐에 따라 다양해질 수 있는 것이다. 그러므로 오상은 다만 인간의 본성일 뿐, 동물의 본성이라고 할 수는 없게 된다. 소의 본성은 밭을 가는 것이고, 개의 본성은 집을 지키는 것이다. 그런데 거기에서 그 개별성은 완전히 개체의 차원에 이른 것은 아니고 유적(類的) 개별성, 혹은 그것으로서의 유적 보편성을 의미한다. 한원진은 개체의 차원에서의 본성을 인기질의 성과 구별해서 잡기질(雜氣質)의 성이라고 말한다.[104] 그것은 개인적인 특성, 성격, 기질 등을 의미하는 것이라고 할 수 있다.

결국 이간이 본성 곧 본연지성을 기의 맥락을 배제한 리의 수준에서 이해된 보편적 본성으로 보았다고 한다면 한원진은 기의 맥락 속에서의 리로서 유적인 본성으로 보았다. 이러한 차이가 결국 두 사람 사이의 인물성동이 논변을 가능하게 한 것이었다.[105]

③ 논변의 전개

이간은 1711년 스승인 권상하에게 편지를 써서 자신과 한원진의 견해를 위와 같이 요약한 뒤, 다음과 같은 비판을 덧붙였다.

> 천하에 어찌 천명이면서 오상이 아닌 것이 있겠으며, 오상이면서 천명이 아닌 것이 있겠습니까? 태극에 동(動)과 정(靜)이 있는 것이 천명의 유행입니다. 원형이정(元亨利貞)은 천명의 전체가 아닙니까? 하물며 한 번 음(陰)하게 하고 한 번 양(陽)하게 하는 도(道)도 아직 인간도 동물도 없었을 때 이 네 가지를 갖추고 있었는데, 오상의 이름이 어찌 기질과 관련해서 비로소 생겨난 것이겠

습니까? 저는 기(器)가 도에서 생겼으며 음양오행이 태극에서 생겼다는 말을 들은 적은 있지만, 기(器)로 말미암아 비로소 도가 있게 되었다거나 음양으로 말미암아 비로소 태극이 존재하게 되었다거나 기질로 말미암아 오상이 존재하게 되었다는 말을 들은 적은 없습니다.106

첫째, 천명과 오상은 동일한 것이므로 분리할 수 없다는 것이다. 둘째, 오상은 결코 기질에 인해서 생긴 명칭이 아니라 태극의 동정과 천명의 유행의 내용을 나타내는 명칭으로서, 기의 맥락 이전에 리의 차원에서 이미 존재하는 것이라고 해야 한다는 것이다. 이간은 나아가 한원진의 실착(失錯)은 다음에 있다고 말한다.

제가 생각하기로는 그의 견해는 아마도 바로 위에서 말한 편전(偏全)의 개념을 정확하게 보지 못한 데서 이런 지경에 이른 것입니다. … 지금 (그는) 반드시 "인간은 오행을 온전히 갖추고 있는 반면에 동물은 반은 얻고 반은 얻지 못하여 치우쳤다"라고 하여 생각이 이미 확정되었습니다. 따라서 그의 논리는 음양오행과 리가 묘합(妙合)하여 만물을 생성한다는 등의 이론과 부합하지 않게 되었고, 그래서 또한 부득이 초형기(超形器)의 논리를 내놓은 것입니다. 그러나 그렇다면 초형기의 때만이 홀로 오상이 온전히 갖추어져 있는 때가 되는 것이 아닌지요? 또한 형기 중에 만물이 형성되었을 때는 그것들 모두가 천명과 관계없는 것이 되고 마는 것인지요? 알지 못하겠습니다. 만약 그렇다면 인간과 동물은 모두 형기이니 그것이 천명에 관여하지 않게 되는 것은 분명합니다.107

한원진의 실착은 기의 편전의 의미를 잘못 이해한 데 있다. 한원진은 편전의 차이를 발용에서의 차이를 의미하는 것[全粹, 偏駁]으로 이해하지 않고, 존재에서 차이를 가져오는 것을 의미하는 것으로[具全, 具不全]으로 이해했다는 것이다. 이간에 따르면 한원진의 주장은 결국 동물의 경우 오행을 제대로 갖추지 않고도 존재할 수 있다고 하는 것인데, 이는 일단 「태극도설」, 「중용장구주」 등에 보이는 만물의 존재 구성의 원칙에 맞지 않는다는 것이다. 또한 '본체-리'의 동일성을 살리기 위해 초형기의 논리를 도입했는데, 그것은 결국 '본체-리'를 현실 세계로부터 분리시키는 것이 되고 만다는 것이다.

한원진은 이간의 이러한 비판에 대해 1711년 6월, 이간에게 직접 편지를 써서 반론했다. 첫째, 천명과 오상을 분리할 수 없다는 주장에 대해서 다음과 같이 말한다.

> 노형께서는 또한 제가 천명과 오상을 판연히 다른 이물(二物)로 말했다고 보았습니다만 제가 감히 그와 같이 말한 것은 아니고 다만 노형께서 스스로 천명과 오상을 구별하지 않으시는 것을 염려한 것입니다. 하늘이 이 본성을 만물에 부여한 것을 명(命)이라고 하며, 만물이 이 명을 하늘로부터 받은 것을 본성[性]이라고 합니다. 그렇다면 명과 본성은 본래 두 개의 것이 아닙니다. 다만 명은 기의 맥락을 초월하여 오로지 리만을 말한 것이므로 온전하지 않음이 없습니다. (반면에) 본성은 기질에 따라서 동일하지 않으므로 치우치고 온전한 차이가 있게 됩니다. 그렇다면 명과 본성 사이에는 또한 구별이 없을 수 없는 것입니다. 노형께서는 다만 그것이 같은 리인 것만 알 뿐, 거기에 구별이 있음을 알지는 못하고 있습니다. 따라서 노형의 견해는 저의 견해에 미치지 못합니다. 부디 노형께서는 리와 기의 나뉨과 합해짐에 대해 더욱 깊이 생각하시는 것이 어떨는지요.[108]

천명과 오상은 말하자면 존재론적으로 분리할 수 없지만 그 지시하는 그 개념의 내용에서 차이가 있다는 것이다. 즉 천명은 기의 맥락을 배제하고 오직 그 부여받은 '본체-리'만을 지칭한 것이라면, 본성은 기의 맥락 가운데의 그것을 말한 것으로 결국 기의 편전의 영향을 받아 편전의 차이가 있게 된다는 것이다.

한원진은 이어서 둘째, 오상과 기질의 관계에 대해서 다음과 같이 반론한다.

> 이 기(氣)가 생겨난 근원을 소급해보면 그것은 반드시 이 리(理)로 말미암아 있게 됩니다. 그러나 이 리가 어떤 이름을 가지게 된 것을 살펴보면 그것은 또한 반드시 이 기로 말미암아 정립된 것입니다. … 오행은 본래 태극으로 말미암아 생성되었지만 오상의 이름은 반드시 오행(五行)으로 말미암아 정립된 것입니다. … 건순오상의 리가 비록 동일한 한 태극 가운데 본래 갖추어져 있었다고 해도, 그 이름은 동일한 한 태극의 때에는 아직 정립되어 있지 않았습니다.[109]

한원진은 오행은 리로 말미암은 것이지만 현실 세계에서의 리는 기와의 관련 속에서만 그 이름을 가지게 되며, 오상 역시 태극으로 말미암은 것이지만 기와의 관련 속에서만 그 이름을 가지게 된다고 말한다. 오행이든 오상이든 그것들은 본체-리와 관련을 가지기는 하지만 우리가 그에 경험적으로 접근해서 인식할 수 있는 것은 기와의 관련성을 통해서이다. 따라서 그 실상 역시 그에 부응하지 않을 수 없다는 것이다. 알려진 만큼 우리는 알 수 있다. 인간에게 오상이 있다는 것을 알 수 있는 것, 곧 그 이름을 붙일 수 있는 것은 우리가 경험을 통해 그것을 인간에게서 확인할 수 있기 때문이다. 그런데 동물에게서는 우리는 그러한 이름을 붙일 수 있는 내용을 명확히 혹은 온전한 형태로 확인할 수 없다. 그러므로 우리는 동물은 오상을 온전히 부여받지 못했다고, 즉 동물에게서는 '본체-리'는 치우치게 부여된 것이라고 말하지 않을 수 없다. 차라리 동물에게서 발견되는 것, 그리고 그것을 근거로 추론해볼 수 있는 것은 동물의 본성은 인간과 같지 않다는 것이다. 그는 다음과 같이 말한다.

제가 듣기로 주자는 다음과 같이 말했습니다. "인(仁)은 따뜻하게 대하고 사랑하는 도리이고, 의(義)는 단호하게 제어하고 끊어내는 도리이다." … 제 생각으로는 만약 그 도리가 있다면 반드시 그 일과 행위가 있게 마련입니다. 만약 식물이나 동물도 그러한 도리를 가지고 있다고 한다면 그러한 일과 행위도 가지고 있는 것입니까? … 만약 추운 것과 따뜻한 것을 알고 배고픈 것과 배부른 것을 알며, 사는 것을 좋아하고 죽는 것을 싫어하는 것, 그리고 이익을 쫓고 해를 피하는 것 등의 일과 행위들은 바로 주자가 이른바 "기로서는 서로 가깝다"라고 한 것으로서 인의예지와는 구별됩니다.[110]

오상은 '본체-리'가 인간이라는 기의 응결체와 관계하에서 자신을 드러낸 인간의 본성이지 동물의 본성이라고는 할 수 없다. 물론 그것이 전적으로 기로 말미암은 것은 아니고, '본체-리' 자체에 그러한 것이 이미 잠재해 있는 것이라고 해도, 어떤 특정한 기의 현실을 통해 그것이 현실화되고 있는 것이라고 보아야 하는 것은 사실이다. 다만 인간의 경우는 그를 구성하는 기 그리고 그 기로 말미암은 인간의 일과 행위가 그의 본성이 본체-리와 전적으로 일치하는 것임을 보여주는 반면, 동물에게서는 그 경험적으로 확인되는 그 일과 행위가 그의 본성이 그것과 제한적으로 일치하고 있다는 것을 보여주는 것이다. 이간은 그것을 기질지성이라고 말하지만 한원진은 그것도 본연지성이라고 말한다.

한원진은 셋째, 초형기론(超形器論)이 본체와 현실 세계를 단절시킨다는 주장에 대해서 다음과 같이 반론한다.

노형께서는 또한 제가 초형기를 말한 것을 잘못이라고 하셨습니다. 그러나 그것은 저의 말뜻을 다 헤아리지 못한 점이 있는 것 같습니다. 이른바 초형기라는 것은 곧 형기(形氣)를 섞지 않는다는 의미입니다. 어찌 이 리를 따로 떼어내어 형기의 바깥에 두고서 공허하게 말하는 것이겠습니까?[111]

초형기는 리를 형기의 바깥으로 초월시킨 것이 아니라 기의 맥락 속에서 리를 그로부터 초월시킨 내재적 초월이며, 관점상의 문제라고 하는 것이다. 한원진은 이간의 논리야말로 인간의 본연지성을 기질 이전에, 기질과 무관하게 두는 것으로 기의 맥락을 상실한 것이라 비판한다.

> 노형께서는 … 내가 본연지성이 기질을 겸하여 말한 것이라는 주장을 큰 착오라고 생각하십니다. 그러나 (노형의 이론이야말로) 본연지성을 기질 이전에 두는 것으로서 공허하게 본성을 말하는 것입니다[懸空說性].112

한원진은 최종적으로 오직 자신의 이론만이 인간과 동물을 확실히 구별시켜 인간의 존엄성과 도덕의 기초를 확고히 할 수 있다고 주장하는 것으로 반론을 마친다.

> 인간이 만약 자신의 본성이 존귀함에 어두워 그것을 보존할 줄을 알지 못하면 이는 비록 인간의 모양은 갖추었으나 곧 동물과 다를 바가 없게 됩니다. 노형께서는 무슨 이유로 우리 인간의 지극히 존귀한 본성을 동물들과 같은 존재로 깎아내려 동일한 것으로 만들려 하십니까?113

이간은 1712년 이 편지에 대한 답서를 써서 다음과 같이 자신의 의견을 정리하고 한원진의 이론을 재차 비판했다. 그는 먼저 한원진이 천명과 오상을 구별하는 것에 대해서 다음과 같이 말한다.

> 천명과 오상을 구별하는 것은 말이 되지 않습니다. … 그에 대해 다시 한번 말해보겠습니다. 일원(一原)으로 말하면 천명과 오상은 모두 형기를 초월할 수 있으며, 인간과 동물 사이에 치우치고 온전한 구별이 없습니다. 이것을 본연지성(本然之性)이라고 합니다. 이체(異體)로서 말한다면 천명과 오상은 모두 기

질로 말미암았다고 할 수 있으며, 인간과 동물 사이에서만 치우치고 온전한 구별이 있을 뿐 아니라 성인(聖人)과 일반인 사이에 또한 수많은 등급이 있습니다. 그래서 치우친 곳에서는 본성과 명(命)이 모두 치우치게 되며, 온전한 곳에서는 본성과 명이 모두 온전하게 됩니다. 이것이 이른바 기질지성(氣質之性)입니다. 이것이 어찌 알기 어려운 것이요 바꿀 수 있는 이치이겠습니까?[114]

이간은 먼저 일원과 이체의 두 관점을 제시한다. 세계를 이해함에 그 동일한 근원에서 혹은 '본체 - 리'의 관점에서 이해할 수 있다. 그것은 기의 맥락을 배제한 것으로 그 관점에서 천명과 오상은 통일되어 인간과 동물 사이에 구별이 있을 수 없다. 이간은 그것을 본연지성이라고 말한다. 반면에 현실 세계의 다양한 개별의 관점에서 본다면 기질로 말미암아 천명과 오상은 동일성을 상실할 수밖에 없다. 인간과 동물이 다를 뿐 아니라, 인간 내에서도 성인과 일반인 사이에도 달라 천차만별이다. 이간은 이것을 기질지성이라고 말한다.

이간은 이러한 두 관점 외에 어떤 다른 관점이 있는 것을 인정하지 않는 입장에서, 한원진의 오상론은 결국 오상을 기질지성으로 이해하는 입장이라고 몰아붙인다.

보내주신 편지를 살펴보니, 대개 명(命)이라 한 것은 본연의 리이고, 성(性)이라 한 것은 기질지성이라는 것입니다. 말씀하신 바는 많지만 강령(綱領)은 바로 이에 있습니다. 저는 일찍이 본연이라는 것은 일원이고, 기질이란 것은 이체라고 들었습니다. 그런데 지금 그대가 천명과 오상을 일원과 이체, 피차 편전(偏全)의 사이로 판연하게 나누신 것은 (문제가 있습니다.)[115]

이것을 기질지성이라고 한다면 기질에는 다만 치우치고 온전한 차이만 있는 것이 아니라 선한 것과 악한 것의 차이가 또한 있으니, 그렇다면 저 순(舜)임금과 도척(盜跖)은 모두 똑같이 자신의 본성에 따른 것일 뿐입니까?[116]

그렇다면 본성과 명(命)은 결국 다른 것입니까? 그리고 본성과 명 바깥에 다시 태극이 있습니까? 많은 말 할 것 없습니다. 다만 인의예지는 본연입니까, 기질입니까? 이 핵심적인 문제를 분명하게 확정해두어야만 바야흐로 그 실상을 살필 수 있습니다. 만약 본연이라고 한다면, 본연 바깥에 다시 천명과 태극이 존재합니까? 그리고 본연이지만 또한 일원이 아니라고 하는 것은 무슨 말입니까? 만약 본연이 아니라면, 인의예지 외에 본연이라고 하는 것은 과연 또한 어떤 것입니까?[117]

이간은 한원진에게, 오상이 본연지성인가 기질지성인가 양단간에 결정하기를 강요한다. 본연지성이면 그것은 일원으로서 '본체 - 리'와 동일한 것일 수밖에 없다. 그러나 만약 오상을 기질지성으로 본다면 이는 곧 본성을 기로 보는 입장과 어떻게 다를 수 있는가? 기에는 선악의 차이가 있으니 본성의 선함은 애매해지는 것이 아닌가? 본성이 선하지 않다면 도척 같은 악한 이들 역시 자신의 악한 본성에 따라 행한 것이므로 책임이 없다고 변명을 할 수 있게 되지 않은가? 도덕의 기초를 흔드는 것은 오히려 한원진 당신이지 않은가 하는 것이 이간의 주장이다.

그러나 한원진에 따르면 오상은 기질과 관련해서 정립된 것이지만 또한 엄연히 본연지성이다. 본연지성이지만 동시에 기질과의 관련을 내재적으로 가지고 있는 것이기 때문에, 만물에 동일한 것이 아니라 인간에만 고유한 것이다. 그러므로 그것을 일원이라고는 할 수 없다는 것이다. 이간은 '일원＝본연, 이체＝기질'이라고 생각하지만, 한원진은 오상의 존재론적 성격을 본연이면서 이체인 것으로, 즉 본체와 현실 세계 사이의 중간적인 존재로 파악한 것이다. 이간은 끝내 이 지점에 대해 명확히 이해할 수 없음을 피력한다. 오상의 존재론적 위치에 대한 이러한 견해의 차이야말로 양자 간의 인물성동이 논변의 핵심에 있는 것이라 할 수 있겠다. 이간은 말한다.

> 저 오상이라고 하는 것을 기라고 하고 이체에서 논한다면 이는 더 논변할 것이 없습니다. 그러나 만약 리라고 한다면 천지 만물은 이 한 근원을 함께 가집니다. 어찌 인간과 동물 사이에 구별이 있겠습니까? 만약 같이 리이지만 그 자체가 천명과 태극으로부터 구별이 없을 수 없다고 주장한다면 그런 이론이 가능한 것인지 저는 모르겠습니다.[118]

> (그대는 본성을) 리라고 말하지만 일원에서 그것을 말하지 않습니다. 또한 기라고 말하지만 스스로 기질(지성)이라고 말하지도 않습니다. 리와 기 사이에 또한 리도 아니고 기도 아닌 어떤 것이 있으며, 또한 일원과 이체 바깥에 일원도 이체도 아닌 어떤 지점이 있다는 것인지요? 하루 종일 생각해도 이해할 수 없었고 몇 년을 두고 생각해도 그런 이치를 살피지 못했다고 하겠습니다.[119]

이간은 이어서 자신의 이체론(異體論)을 제시하여 자신이 인간과 동물을 동일시하는 데 빠진 것이 아님을 항변한다.

> 그러나 저의 이론이 또한 어찌 이체(異體)에 미치지 않았겠습니까? 본연으로 말하면 본성과 명(命)은 본래 인간과 동물 사이의 다름이 있을 수 없습니다. 그러나 기질로서 말한다면 기의 바르고 통한 것을 얻은 것이 인간이고, 치우치고 막힌 것을 얻은 것이 동물입니다. 그런데 바르고 통한 것 중에 또한 맑고 탁하며 순수하고 잡박한 것 사이의 구별이 있고 치우치고 막힌 것 가운데 또한 일부 통한 것과 완전히 막힌 것 사이의 구별이 있습니다. 이것이 곧 인간과 동물의 매우 다양한 이체의 내용입니다.[120]

인간의 머리는 둥글어 하늘의 형상을 닮았고, 발은 네모나 땅의 형상을 닮았습니다. 그 모습은 반듯하고 바르며 직립(直立)한 것이 본래 동물과는 구별됩니다. 그리고 그 마음은 텅 비고 밝아 환히 알아서, 만물 중에 가장 신령[靈]한 것이 오로지 여기에 있습니다. 그렇다면 인간과 동물이 서로 다투는 것이 리입니까, 기입니까? 그대는 일원에 대해 제대로 알지 못하므로 이체에 대해서도 제대로 알지 못한 것입니다.[121]

동물에게는 도덕 현상이 없으므로 도덕 본성이 있다고 할 수 없다는 주장에 대해서도 다음과 같이 반론한다.

아주 탁월한 인물을 제외한다면 지나치거나 모자라는 차이가 없을 수 없습니다. 그러므로 오상은 인간에서도 온전하게 갖춘 이는 적고 치우치게 갖춘 이는 많은 것입니다. … 나아가 일생 동안 인의(仁義)를 드러내지 않은 이【도척 같은 유형의 사람들】에 이르면 비록 그들에게는 인의가 없다고 말해도 좋을 것입니다. 그러나 그 하나에서 치우친 것을 보고 전체가 없다고 하고, 그가 불인(不仁)한 것을 보고 그에게는 인성(人性)이 없다고 말한다면 어찌 그와 더불어 본성과 명(命)의 실상에 대해 논의할 수 있겠습니까? 그대께서 "본성이 있지만 발용하지 못하는 것이 있다면 그것은 곧 정(情)이 없는 본성이 있다는 말이 된다"라고 말씀하신 것은 또한 명확히 알지 못하고 하는 소리라 하겠습니다.[122]

경험의 수준에서 말한다면 인간 중에도 태어나서 한 번도 인의의 마음을 드러내지 않은 이가 있을 수 있다. 그렇다면 그에게도 인의의 본성이 없다고 해야 하는가 하고 반문한다. 이간은 본성을 현상의 유무나 경험적 증거에 영향 받지 않는 본체 차원의 것으로 보고 있다. 그는 마지막으로 자신의 본성에 대한 견해를 다음과 같이 정리한다.

본성과 리를 구분한다고 하는 것이 그대들이 주장하는 바입니다. (그에 반해) 저의 생각은 이렇습니다. 리는 기 가운데 있은 연후에 본성이라고 부르니, 그러므로 일반적으로 본성이라고 한다면 본연과 기질의 구분 없이 두 가지의 뜻을 다 가지고 있습니다. (그러나) 만약 리를 단독으로 말하면 그것은 본연에 즉해서 말한 것이고, 그래서 본연과 기질 사이에서 본성은 다만 이 리일 뿐입니다. 그런 까닭에 본성을 말하는 곳에는 그것이 기질을 수반해서 말하는가 아닌가를 살피게 되는 것이요, 리를 말하는 곳에서는 다시 그것을 살필 필요가 없는 것입니다. … 만약 인의예지를 기질지성이라고 하고, 따로 천명과 태극에서 본연의 리를 가리켜 말하기를 "본성으로 말한 곳을 리로 바꿀 수 없으며, 리로 말한 곳은 본성으로 풀이할 수 없다"라고 한다면 이것은 제가 미칠 수 없는 견해입니다.[123]

'성즉리'의 원칙과 그 차원에서는 기질을 거론할 필요가 없다는 것을 분명히 한 것이라고 하겠다. 이간의 이런 비판에 대해 한원진은 1712년 8월 이간에게 답하는 편지를 써서 반론했다. 그는 먼저 이간의 논점을 다음과 같이 정리하고, 정리된 6가지 문제에 대해 하나하나 반론했다.

오상설에 대해 보내주신 편지를 … 세밀하게 살펴보니 주장하신 바가 두 가지 있었습니다. 즉 (첫째) 오상은 일원(一原)에서 말할 수 있으나 이체에서는 말할 수 없다는 것입니다. (둘째) 오상은 본연으로서 형기를 초월해서[超形氣] 말할 수 있으나 기질로 말미암아[因氣質] 말할 수는 없다는 것입니다. (또한) 증거로 삼으신 바가 두 가지 있었습니다. 곧 『중용』 수장(首章)의 (주희) 주와 『대학혹문』의 말입니다. (그리고) 공격하신 바가 두 가지 있었습니다. 즉 (제가) 천명과 오상을 판연히 다른 두 개의 것으로 구별했다고 공격하셨고, (제가) 오상을 기질로 보았다고 공격하셨습니다. 이 여섯 가지에 대해서 옳고 그름을 가린다면 나머지는 모두 해결할 수 있습니다.[124]

그중에서 지금까지의 논의 전개에서 핵심적인 것을 골라 보면 다음과 같다. 즉 첫째, 이간이 오상은 일원이지 이체가 아니라고 주장한 데 대해 한원진은 오상이 단연코 이체임을 주장한다. 오상이 음양오행의 리라면 음양오행이 이미 다수로서 이체인데 오상이 어찌 일원일 수 있겠는가 하는 것이다. 일원은 동일성인데, 일원만으로는 이 다자(多者)의 세계를 설명하는 데 한계가 있을 수밖에 없다는 것이다.

> 일원이란 하나이어서 둘이 아니라는 것이고, 이체란 둘(이상)이어서 하나가 아니라는 것입니다. … 그러므로 보탤 것도 없고 상대하여 대립하는 것도 없는 태극은 일원이요 이동(理同)이 됩니다. 이로부터 나뉘어 음양오행이 된다면 이것은 이체가 되고, 리는 건순오상이 되니 리부동(理不同)입니다. 음양오행이 이미 이체이고 (그) 리가 같지 않다고 한다면 만물에 있는 (리가) 그러한 것은 또한 알 만합니다. 지금 건순의 이(二)와 오상의 오(五)를 일원이라고 말한다면 그 일원이라고 하는 것이 어찌 하나가 아님이 그렇게 심합니까? 태극으로부터 음양오행에 이르기까지 함께 일원이 된다면 일원의 나뉨이 또한 어찌 그리 많습니까? 이(二)와 오(五)란 볼 수 있는 숫자요, 손으로 세어보면 (그렇다는 것을) 알기가 어렵지 않습니다. … 일원에 대해 제대로 알지 못하기 때문에 이체에 대해서도 잘 알지 못하는 것이라는 말은 (도리어) 바로 보내주신 편지에 해당하는 말입니다.[125]

둘째, 오상은 본연이고 초형기이지 '인기질'한 것이 아니라는 주장에 대해, 한원진은 다시 한번 오상은 본연이지만 또한 '인기질'한 것임을 확인한다.

> 태극의 리는 음양을 타면 건순의 덕이 되고, 오행을 타면 오상의 덕이 됩니다. 건순오상이라는 이름이 생긴 것은 이처럼 설명할 수 있는 것입니다. 지금 형기

를 초월하여 오상이 있다고 말한다면 이는 건순이 음양이 없는 곳에 갖추어져 있고, 오상이 오행이 없는 곳에서 정립되었다는 것입니다. 본성에 대한 이론으로서는 또한 공허한 것이 심하지 않습니까? 건순오상이란 기질에 즉해서 본연을 가리킨 것입니다. 기질에 즉해서 말한 것이기에 건순오상의 다양성【『태극도해』에서는 '오성의 다양성'이라고 말합니다】이 있게 되어 일원이라고 할 수 없습니다. (또한) 본연을 가리켜 말한 것이기에 (그것은 동시에) 순수하고 지극히 선한 덕이 되어 그 본연이 됨을 잃지 않습니다. 만약 이러한 사정을 잘 살핀다면 (오상이) 기질에 즉하지만 본연이 되고 본연이 되지만 일원이 될 수는 없다는 것을 어찌 의심할 수 있겠습니까?[126]

한원진은 오상을 초형기에 둔다면 이는 맥락 없이 공허하게 혹은 무분별하게 본성에 대해 이야기하는 것이 된다는 자신의 논지를 반복하고 있다. 또한 자신은 오상을 기질지성이라고 말하는 것이 아니라, 본연이되 기질과의 관련하의 본연이며, 기질과 관계하는 한 일원이 아니라 이체일 수밖에 없다고 생각한다는 것을 명백히 했다.

셋째, 본성과 『중용』 수장의 '率性之謂道'(본성에 따른 것이 도이다)의 도와의 관계 문제이다. 솔성(率性)의 도는 구체적인 실천의 원칙으로서 유적(類的) 다양성을 전제로 하고 있지만, 일원의 관점에서는 그러한 유적 다양성을 전제로 한 도의 다양성을 설명할 수 없다는 것이다.

본성과 도는 같습니까, 다릅니까? 다르다고 하신다면 그에 대해서는 저는 감히 알지 못하겠습니다. (그러나) 같다고 하신다면 인간과 동물의 도가 다른데 본성이 어찌 같을 수 있습니까? 얻은 바의 본성과 따르는 바의 본성은 같습니까, 다릅니까? 다르다고 하신다면 저는 감히 알지 못하겠습니다. (그러나) 같다고 하신다면 따르는 바가 다른데 얻은 바가 어찌 같을 수가 있습니까? 아니면 (능력에 있어 차이가 있어) 인간은 본성을 따를 수 있지만 동물은 본성을 따를 수 없는 것입니까? 그렇다면 『장구』에서 말하는 "인간과 동물이 각각 그 본성의 자연스러움을 따른다"라고 한 것은 무엇을 가리키는 것입니까?[127]

한원진은 이와 관련해서 이간의 일원이체론(一原異體論)은 유적 다양성에서 개체적 다양성까지를 무분별하게 포괄하는 흐리멍덩한 관점이라고 비판한다.

> 태극, 천명, 오상, 본연은 비록 동일한 것이지만 그 가리키는 바가 다릅니다. … 천명과 태극은 오로지 (기를) 섞지 않고 말한 것입니다. 기질의 선악이 있는 본성은 오로지 (리와 기를) 분리하지 않고 말한 것입니다. 건순오상은 섞지 않음과 분리하지 않음을 겸하여서 말한 것입니다. 이체에 즉해서 본연을 가리킨 것이기 때문입니다. 이와 같이 구분하여 본다면 보내주신 편지에서와 같은 흐리멍덩함은 없게 될 것입니다.[128]

넷째, 천명과 오상의 관계에 대해서 한원진은 다음과 같이 말한다.

> 천명은 천하의 만사와 만물을 통하여 말할 수 없는 곳이 없습니다. (그러나) 오상은 목(木)에 대해서는 인(仁)이라 하고, 금(金)에 대해서는 의(義)라고 하는 등, 특정한 한 곳 한 일을 가리켜 말한 것입니다. 천하를 통하여 말하는 경우, 어찌 형기를 초월한 것이 아니겠습니까? 특정한 한 곳 한 일을 가리켜 말한 경우, 어찌 기질에 말미암은 것이 아니겠습니까? 천명과 오상 사이의 구분이 다만 이와 같다는 것일 뿐, (제가) 어찌 천명이 오상이 되는 것이 아니라고 말하는 것이겠으며, 오상이 천명에 근원하는 것이 아니라고 말하는 것이겠습니까?[129]

천명과 오상은 궁극적인 동일물이나 오상은 구체적인 것으로 일처일사

(一處一事)에 대해 말한 것이라는 것이다. 그는 더 나아가 다음과 같이 말한다.

> 제가 여기에서 말하는 것은 또한 천명과 오상에 대해 일반적으로 말한 것일 뿐입니다. 『중용』 수장 첫 구절에 대한 해석으로 말한 것이 아닙니다. 만약 그에 대해서 논해본다면 이른바 천명의 본성이라고 하는 것은 인간에 초점을 두고 동물을 겸하여 말한 것입니다. 인간에게는 전체가 아닌 것이 없습니다. (반면에) 동물은 다만 그 형기의 치우친 것을 얻었을 뿐이므로 천명의 전체를 통관할 바가 없습니다. 그러나 천명의 전체는 또한 그 얻은바 치우친 기의 바깥에 있는 것이 아닙니다. 그 부여받은 기가 치우쳤으므로 그 부여받은 리 또한 치우치게 된다고 하는 관점에서 말한다면 본성과 명이 모두 치우쳤다고 말해도 좋습니다. 천명의 전체가 그 얻은바 기의 바깥에 있지 않다고 하는 관점에서 말한다면 본성과 명이 모두 온전하다고 해도 좋습니다【이것은 형기를 배제하고 오로지 천명을 가리켜 말한 것입니다】. 천명의 유행 가운데 있음은 일반이나 물(物)이 그를 받아들이는 것은 다르다고 하는 관점에서 말한다면 명은 온전하나 본성은 치우쳤다고 말해도 또한 좋은 것입니다.130

한원진은, 본체(일원)에서 말하면 인간과 동물이 부여받은 본성과 명(命)이 모두 같지만[俱同], 현상(이체)에서 말하면 본성과 명(命)이 모두 다르다[俱異]라고 하는 이간의 일원이체론을 일면 받아들이는 한편으로, 자신의 입장을 유행(流行)의 입장이라고 표명한다. 유행의 입장이란 본체와 현상 곧 주고받는 두 입장을 동시에 고려하는 입장을 말한다. 그 입장에서는 명은 같지만 본성[性]은 다르다는 것이다. 본체이면서 동시에 현상인 것이 자신의 입장이라는 것이다. 이는 곧 오상을 본연이면서 이체라고 보는 자신의 입장을 새로운 각도에서 설명한 것이다. 한원진에 따르면, 결국 이간은 이 유행을 본체의 측면에서 보아야 한다고 주장하면서 한원진의 입장을 현상의 측면에서 본 것이라고 비판한 반면에, 한원진 자신은 본체이면서 동시에 현상인, 본체도 현상도 아닌 유행의 입장을 따로 세웠다고 하는 것이다.¹³¹

다섯째, 오상을 기질로 보았다는 비판에 대해서 한원진은 다음과 같이 말한다.

> 건순오상의 명칭이 정립된 것은 본래 음양오행의 기에 말미암습니다. 만약 그것이 기질로 말미암아 이름을 얻었다고 해서 곧 기질지성이라고 배척한다면 당초에 (기질지성이라고) 이름 붙인 것이 또한 본래 기질의 선악이 있는 본성으로 말한 것입니까? 아니면 기질에 즉해서 본연을 가리켜 말한 것입니까? 만약 노형의 말과 같이 음양오행을 초월해서 건순오상을 말한다면 매우 깨끗하고 초탈한 것 같아 보입니다만 그 건(健)이 되고 순(順)이 되고 오상(五常)이 되는 것이 모두 말미암는 바가 없이 공허한 데로 들어서고 마는 것은 어떻게 하겠습니까?¹³²

여섯째, 한원진은 본연이면서 일원이 아닌 것은 있을 수 없다는 입장에 대해서도 반론을 제기한다.

> 보내주신 편지에서 "본연이면서 일원이 아니라는 것은 무슨 말입니까?"라고 꾸짖으신 부분은 비록 노형이 깊이 생각하셔서 한마디로 저를 굴복시킬 말씀으로 벼르신 것이겠지만 저의 입장에서 본다면 노형께서 하실 만한 말씀이 아닌 것 같습니다. … 희로애락(喜怒哀樂)의 정(情)이 발하여 절도에 맞는 도리, 아버지와 아들 사이의 친근함, 군주와 신하 사이의 의리 등의 도리가 어찌 본연이 아닌 것이 있으며 리가 아닌 것이 있습니까? 그러나 어찌 이것을 일원이고 이체가 아니라고 할 수 있겠습니까? 건순오상이 본연이지만 일원은 아니며, 리이지만 이체에서도 말할 수 있는 것은 이와 마찬가지입니다. 반드시 이 본성

을 그 기질에 말미암지 않고 오로지 그 리만을 가리킨 후에야 비로소 일원임을 볼 수 있습니다. 노형께서는 본연지성을 기질의 바깥에 두고, 다시는 기와 상관이 있는 것으로 생각하지 않습니다. 그러므로 오상의 이름이 정립되는 것은 기질에 말미암은 바가 없으며 그 의미와 실제의 내용적인 다양성 또한 그 기에 말미암은 바가 없다고 하십니다. 그렇다면 그 이론의 맹랑함은 온전히 황홀하고 허무하여 논란을 벌일 것도 없는 지경으로 빠져들고 만 것입니다. 저는 깊이 의심합니다.[133]

이간은 본연이면서 일원이 아닌 것은 있을 수 없다고 주장하지만, 한원진은 사실은 그런 경우가 매우 많다고 말하는 것이다. 예를 들어 인륜의 경우 분명히 그것은 리 본연의 것이지만 인간에게만 있고 동물에게는 없으므로, 본연인 동시에 이체라는 것이다. 한원진은 다시 한번 본연지성을 기질 바깥에 두고 기와 상관없이 두는 것은 곧 허무(虛無)로 들어가는 것이라고 비판했다. 한원진은 논변이 종반으로 치달은 한 지점에서 이간의 비판에 대한 자신의 입장을 결론적으로 다음과 같이 정리했다.

본성이 곧 기질이라고 말하는 것은 저의 이론의 강령(綱領)이 아닙니다. 음양오행의 기에 즉해서 곧바로 건순오상의 리를 가리켜 그것을 본연지성이라 하고, 리가 기와 뒤섞인 것을 기질지성이라고 한다는 것이 저의 이론의 강령입니다. (반면에) 음양오행의 기를 초월하여 건순오상의 이름을 독자적으로 정립하고 그것을 본연지성이라고 하며, 리가 기질로 말미암아 이름 붙여진 것을 기질지성이라고 하는 것이 노형의 강령입니다.[134]

이간은 한원진의 이 편지에 대해 답서를 쓰긴 했지만, 자신의 논지를 더 이상 새롭게 전개하지는 않았다. 다만 1713년 스승 권상하에게 편지를 보내어 자신의 논지를 반복 확인했다.[135] 1713년 권상하는 이간에게 편지를 내어 더 이상의 논란을 벌이지 말 것을 요청했고,[136] 이후 그간 몇 년에 걸쳐 진행된 두 사람 사이의 논변은 더 이상 진행되지 않았다. 다만 이간은 1714년 「오상변(五常辨)」[137]을 지어 자신의 관점을 정리했으며, 한원진은 1715년 「의답이공거(擬答李公擧)」[138]라는 보내지 않은 편지에서 이간의 「오상변」에 대한 자신의 비판을 남겨놓았다. 그러나 이 두 편지에서는 그간의 자신들의 논점을 정리하는 이상의 진전된 논의를 전개하지 않은 것으로 보인다.[139]

④ 논변의 정리

이간은 본체 일원의 관점에서, 즉 기질의 맥락을 초월한 관점에서 만물의 동일성을 역설했다. 그 동일성의 내용은 도덕적 본성이었다. 모든 구체적이고 현실적인 개체들에는 도덕적 본성 곧 오상이 그 존재의 원리로서 내재해 있으며, 그 보편적 본성이야말로 현실의 만물의 동일성을 말할 수 있는 근거라는 것이다. 이간은 바로 그 보편적 본성이 곧 본연지성이라고 보았다. 그는 만물의 현상적 다양성은 각 개체, 즉 이체 상에서 그 보편적 본성을 얼마나 실현해내는가에 있어서의 차이이며, 그 차이는 기의 다양성으로 말미암는다고 보았다. 그 실현의 천차만별의 가능성이 곧 기질지성이다.

반면에, 한원진은 일원도 아니고 이체도 아닌 유행의 관점에서 즉 현상과 분리되지 않고 그 다양성의 맥락 속에서 자신을 실현하는 본체의 관점에서 논의를 전개했다. 이체에 즉하여 본원을 가리키며 기질에 즉해서 본연의 리를 가리키는 제3의 중간적 입장에서, 만물의 본성의 개별성을 강조했다. 만물의 본성은 우리가 경험을 통해 추론할 수 있는 자연적 본성으로서 매우 다양한 개별적 본성이라 할 수 있다. 그 개별적 본성을 가능하게 하는 것은 물론 기질의 다양성이지만 그것이 기질로 말미암았다고 해서 기질지성이라고 말할 수는 없으며, 엄연히 본연지성이라고 보아야 한다는 것이 한원진의 주장의 핵심이었다. 결국 그들은 상이한 관점에서 상이한 방식으로 '본성' 개념을 사용한 것이라고 할 수 있다.

2) 낙학 측의 인물성동이 논변

김창협의 제자 중에 정암(正菴) 이현익(李顯益, 1678~1717, 자는 仲謙)이라는 독특한 인물이 있다. 김창협의 형 노가재(老稼齋) 김창업(金昌業)의 손자인 지암(止菴) 김양행(金亮行, 1715~1779, 자는 子靜)은 그에 대해 다음과 같은 평가를 내렸다.

> 농암 선생이 삼주(三洲)에서 강학하실 때, 그를 따라 배우던 선비가 매우 많았지만 그 학설을 독실하게 믿어 표준으로 삼아 정밀하게 생각하고 힘 있게 실천하여 뛰어났던 분으로는 오직 선생이 으뜸이었다. … 농암 선생도 일찍이 말씀하시길 "그의 말은 나의 뜻과 합하지 않은 것이 드물다. 어떤 때는 나의 생각을 꺾고 그의 말에 따를 때도 있다"라고 하셨으니, 그의 조예를 짐작할 수 있다. 그러나 그 마음으로는 만족하지 않고 더욱 힘써 사우들과 토론을 거듭하고, 반드시 그것으로 마음으로 반성하고 실생활에서 검증했다.140

이현익은 김창협을 독신했던 인물이라 할 수 있다. 또한 토론을 좋아한 인물이었다. 그는 낙학의 2세대라 할 수 있는 여호(黎湖) 박필주(朴弼周, 1665~1748)와 기원(杞園) 어유봉(魚有鳳, 1672~1744)과 더불어 미발 문제와 인성물성론(人性物性論)을 두고 논변을 벌였으며, 낙학의 정립자인 권상하와도 지각론(知覺論, 1704)과 미발론(未發論, 1714)을 두고서 논변을 벌인 사실을 확인할 수 있다. 권상하와 벌인 논변은 낙학의 종지인 지각론과 미발론을 김창협의 종지에 따라 거듭 확인하는 과정이었다면, 박필주와 어유봉과 벌인 논변은 낙학 내부에서 김창협의, 혹은 나아가 낙학의 종지를 확정해가는 과정이라고 할 수 있다. 박필주와 어유봉이 모두 논변의 전말을 김창흡에게 알리고, 김창흡이 박필주와 어유봉의 손을 들어줌으로써 낙학 내부의 논란이 정리되는 모습을 보인다. 이런 과정을 통해 김창협에서 김창흡으로 이어지는 낙학이 자신의 정체성을 확립해갔다.

이현익은 김창협을 독신했지만 김창협에 대한 해석을 독자적으로 수행했다. 그는 인성물성론에서 낙학의 주류에서 김창협의 초기 입장으로 정리한 「중용문목」의 입장을 김창협의 종지로 이해했다. 즉 인물성이론(人物性異論)을 취한다. 이는 호학과 일치하는 것이지만, 그는 낙학의 종지 곧 지각론과 미발론에 있어서는 호학과 궤를 달리한다. 사실 그가 심혈을 기울인 문제는 미발 문제였다. 그런 점에서 그는 여전히 낙학에 머물러 있다고 볼 수 있다.

이현익은 낙학의 성립에서 주요한 논점이었던 지각론과 미발론에 대해 마찬가지의 관심을 보여주는 외에, 호학에서의 주된 관심 분야였던 인성과 물성의 동이 문제와 미발에서의 기질의 유무 문제를 낙학에 끌어들였다. 이는 낙학 측에서 호학의 주요 논점에 대한 검토를 통해 자신들의 낙론을 더욱 선명하게 정립하는 데 도움을 준 것이라 평가할 수 있다.

(1) 이현익과 어유봉의 인물성동이 논변 (1715년경)[141]

어유봉은 이현익에게 보낸 편지에서 다음과 같이 말했다.

> 생각건대, 인간의 본성은 곧 이 건순오상(健順五常)이며, 동물의 본성도 또한 이 건순오상이니, 두 가지의 다른 것이 아닙니다. 다만 인간은 정통(正通)한 기(氣)를 얻어서, 그 마음이 허령(虛靈)합니다. 그러므로 갖추고 있지 않은 리가 없으며, 미루어 실천함에 통하지 않음이 없습니다. (그러나) 동물은 편색(偏塞)한 기를 얻어서, 그 마음이 허령하지 않습니다. 그러므로 어떤 것은 드러난 단서 하나만을 근근이 가지며, 또 어떤 것은 이름 붙일 만한 드러난 단서를 하나

도 가지지 못합니다. 그래서 그 막힌 것을 열 수 없을 따름입니다.[142]

인간과 동물은 모두 동일한 본성을 갖추고 있으나, 다만 그 품부 받은 기(氣)의 정통편색(正通偏塞)에 따라 각기의 마음에 허령하고 허령하지 못한 차이가 생긴다. 인간과 동물 사이에는 본성이 아니라 마음에 차이가 있으며, 이는 곧 본성의 현실적 발휘에 있어 차이가 있을 뿐 하늘로부터 주어진 본성에서는 차이가 있을 수 없다는 것이다.

> 개별 사물에 있는 리는 비록 그 기질에 따라 치우친 것[偏]이 없을 수 없으나, 그 본체(本體)의 혼연함은 처음부터 온전하지[全] 않은 적이 없다. … 리의 본체는 기의 편전(偏全)에 따라 더하거나 덜하거나가 없기 때문이다. 이것이 곧 율곡의 '이통기국(理通氣局)'의 의미이다.[143]

기의 편전에 관계없이 본체는 온전한 형태로 있다. 기의 편전은 오직 그것의 온전한 실현 여부에만 영향을 끼친다는 것이다. 어유봉은 이이의 이통기국을 그렇게 이해했다.

이에 대해 이현익은 다음과 같이 말한다.

> 농암(김창협)이 우암(송시열) 선생에게 올린 「중용문목」에서 인간과 사물의 오상에 대해 논하신 것을 세밀하게 살펴보셨는지요? 그것은 아마 저의 입장과 동일한 듯합니다. … 천명이 부여되는 곳을 주로 해서 말하면 인간에게 건순오상이 부여되었고, 사물에도 건순오상이 부여되었다고 말해도 됩니다. (그러나) 인간과 사물이 생성된 후로부터 말하자면 인간은 건순오상을 갖추었지만 사물은 건순오상을 갖추지 못했다고 말해야 됩니다.[144]

이현익이 김창협이 「중용문목」에서 질문으로 표명한 입장을 자설의 근거를 두는 것에 대해서 어유봉과 김창협이 모두 비판하고 있음은 앞에서 지적했다. 어쨌든 이현익은 천명이 부여되는 처음과 부여된 후의 개별 사물 사이를 구분해서 보아야 한다는 것이다. 그에 의하면 본체의 온전함은 개별 사물이 생성되기 이전의 단계에서만 말할 수 있고 따라서 인간과 동물이 분화된 단계에서는 기질의 영향으로부터 자유롭지 못하다. 본성[性]은 바로 그러한 단계에서의 개념이므로 인성과 물성은 다를 수밖에 없다.

이것은 한원진이 천명과 본성, 그리고 초형기의 리와 인기질의 본성을 대비시키는 것과 일맥상통하는 것으로 보인다. 현실 세계 속의 본체는 어쨌든 기질의 영향을 받을 수밖에 없다고 하는 것이다. 하지만 호학 측에서는 본체는 철저하게 기질의 맥락 가운데서 다루어지며, 초형기라고 하는 것도 별도로 본체의 자리를 마련한 것이 아니었다. 천명에는 어떤 우주 생성론적 의미는 없다. 이는 본체 논변에서 그들의 충막무짐론에서 분명히 확인된 바이다. 반면, 이현익의 경우 본체가 기질의 제한을 받는 것은 생성 이후이다. 천명이 부여되는 처음, 곧 우주 생성의 처음 순간에 본체는 기질의 제한으로부터 자유로운 것이다. 그것은 그의 본체 개념에 어떤 생성론적 의미가 함축되어 있음을 의미한다. 이는 호학의 본체론과는 분명히 구별되며 앞에서 살펴본 조성기의 본체론과 맥이 닿는다. 그것은 낙학의 본체론에서 멀지 않은 것이다. 바로 그러한 지점은 다음에 살펴보겠지만 그의 미발론에 이르러 명확히 그 본색을 드러낸다. 이현익은 계속해서 말한다.

> 보내신 편지에서 말씀하신, "본체는 온전하지 않은 적이 없다"고 하는 것은 천명이 부여되는 곳에서 말한 것입니까, 아니면 개별 사물이 생성된 곳에서 말한 것입니까? "개별 사물에 있는 리"라고 하셨으니 이는 곧 개별 사물이 생성된 곳에서 말하는 것입니다. 그 리가 어찌 모두 온전할 수 있겠습니까? … 율곡(이이)이 말한 '이통(理通)'이란 또한 천명이 부여되는 곳에서 말한 것일 따름입니

다. 개별 사물에서 말한다면 어찌 편전의 고르지 않음이 없겠습니까? 주자가 말한 '이절부동(理絶不同)'이란 것을 또한 완전히 무시할 수는 없습니다.[145]

(2) 논변에 대한 김창흡의 평가 (1715)

어유봉과 이현익의 이러한 입장 차이에 대해 김창흡은 인성물성론에 대한 그의 기본적인 입장인 갖춤[具]와 실현[全]의 구분을 되풀이함으로써 어유봉의 손을 올려주고 있다. 즉, 사물의 경우도 태극의 전체를 갖추고 있지만, 그 받은 기(氣)의 치우침[偏]으로 말미암아 그 본체를 온전히 실현하지는 못한다는 것이다.

> (주자가) "혼연한 태극의 전체가 각각 갖추어지지 않음이 없다"고 말한 것은, 곧 모두 갖추었고[具], 온전히 실현한다[全]는 것이다. (또 다른 곳에서 주자가) "품부 받은 인의예지를 어찌 사물이 얻어 온전히 하겠는가?"라고 말한 것은, 비록 다 갖추었으나 온전히 실현하지는 못한다는 말이다. 그런데 온전히 하지 못한다는 것은 발용처(發用處)에서 말한 것일 뿐이다. 지금 그것을 두고 "그러니 다 갖추지 못했다"라고 말한다면 이는 주자의 본지를 완전히 잃은 것이다. 갖추는 것[具]과 실현하는 것[全]은 마땅히 구별해야 한다.[146]

이는 어유봉의 견해를, 개념을 명확하게 구사함으로써 보강해준 것이다. 어유봉의 연보에 따르면, 어유봉과 이현익이 논변을 펼치고 자문을 구한 것은 1715년이다. 연보에 의하면 두 사람은 그 후 1716년 2월 김시좌, 김시민(金時敏, 1681~1747), 홍상한(洪象漢, 1701~1769, 어유봉 사위), 이황중(李黃中, 이현익 아들) 등과 함께[147] 적석암(積石庵, 三角山)에서 독서하고 20일간 주야로 토론했으나 이견을 좁히지 못했다.[148] 이 회합은 낙학의 종지를 명확히 확정 짓고자 한 낙학 내의 의견 조정 모임으로, 호학 측에서 있었던 1709년의 한산사(寒山寺)에서의 회동을 연상시킨다. 이 회합 후 어유봉은 김창흡을 청계(淸溪)에서 만나 쟁점을 토론하고, 시를 지어 서로의 교감을 확인했다. 김창흡의 시는 다음과 같다.

오상은 인간과 사물이 품부 받은 것이 똑같으니,
이는 주렴계로부터 주자에 이르기까지의 견해이다.
불행하게도 말류(末流)에 이견이 생겨,
만 가지 파편으로 허공에 흩어졌다.
음과 양이 그 서로 뿌리가 되는 묘함을 잃고 분리되었으며,
동물과 식물들이 자연의 전체적 조화에서 배제되었다.
옛것을 씻어버리고 새것 가져오기를 그대가 즐겨 한다면,
10년을 묻혀 살며 연구 사색하여야 하리.[149]

김창흡이 이러한 시를 지은 배경에는 위의 이현익과 어유봉 사이의 인물성동이 논변이 있었다. 김창흡은 그 무렵 김창협에게 수학한바 있는 송암(松巖) 이재형(李載亨, 1665~1741, 자는 嘉會)을 방문하여 일전 그가 그려 보내었던 「천명도」를 중심으로, 인성물성론에 대한 의견을 나누었고,[150] 다음 해인 1717년 7월에는 그에게 편지를 써서 낙중(洛中)에 인물성이론(人物性異論)이라는 신론(新論)이 생겼다고 하고 그 근원이 권상하에 있다고 지적했다. 이는 곧 이현익을 비판한 것이라 보아도 좋을 것이다.

낙중에, 품부된 오상이 인간과 사물에 같고 다름이 있다는 신론이 생겼습니다. 이는 수암 권상하에서 비롯된 것입니다. 우리들은 오직 『중용』 수장 주만을 믿고, 신론은 따르지 않습니다. 보내주신 「천명도(天命圖)」에서 "횡생(橫生)하는 동물과 도생(倒生)하는 식물이 모두 오상(五常)을 받았다"고 하신 것은 『중용』의 뜻에 들어맞는 것으로, 열람한 자들이 매우 통쾌하게 생각하고 있습니다. 돌아가신 형 농암이 남기신 설(곧 상이론)은 『맹자장구』를 활간(活看)하지

못하고 그에 얽매인 것으로, 감히 그의 초년 미정설이라고 추정하며 따를 수 없다고 생각합니다.¹⁵¹

김창흡의 『연보』에 의하면 그때에 인성물성론(곧 오상론)이 사우(士友) 간에 매우 유행했으나 김창흡은 그것을 정주(程朱)의 본지가 아니라 하여 누차 경고했다고 한다.¹⁵² 이현익 외에도 낙학 내에서 오상 문제에 대한 상이론적(相異論的) 견해가 유행했다는 것을 알 수 있다. 그러나 그들의 견해가 그대로 호학의 영향 아래 형성된 것이라는 근거는 없다. 이현익의 예에서 보는 것처럼 그것은 낙학의 맥을 떠나지 않는 낙학 내의 논변으로 보는 것이 더 타당할 것으로 보인다. 그러나 호학과 낙학이 점점 자신의 모습을 상호 배타적으로 정립해가는 과정에서 그것은 주요한 쟁점으로 부각되었고, 이현익의 이론은 호학에 기원하는 것으로 매도되는 것이다. 한편, 이해에 한원진이 김창협의 사칠설(四七說)을 비판했다는 사실을 참조하면,¹⁵³ 김창흡이 호학의 인물성이론에 대해 이렇게 권상하를 지목하여 비판한 것은 호락 간의 대립을 명백히 선언한 것이라는 점에서 주목할 만하다. 김창흡의 시에 대한 어유봉의 답시(答詩)는 다음과 같다.

> 통체(統體)가 완전하며 개별 사물들이 그것을 각각 동일하게 갖추고 있음이,
> 자기 손바닥을 가리키듯 명백하게 됨은 주렴계 덕분이라네.
> 만일 오상(五常)을 각각 나누어 말한다면,
> 일리(一理)가 채우지 못한 빈 곳이 있게 된다네.
> 허권(虛圈) 속에 이그러진 어떤 것이 있으랴,
> 지원(至圓)은 원래부터 부서진 형상 가운데도 있는 것이라네.
> 남은 문헌은 적고 미언(微言)은 어두워졌으니,
> 누가 원두(源頭)에 눈을 돌려 연구할꼬.¹⁵⁴

이해에 어유봉은 또 권상하에게 편지를 써서 금수오상설(禽獸五常說)을 논했다. 그는 이 편지에서 김창협이 「중용문목」에서 말한 것은 정론이 아니며 만년에 그것을 수정했는데 포중(浦中)[155]에서 이 초년설을 근거로 자신들의 주장의 논증으로 삼아 그 실제를 잃는 일이 있다고 변론했다.[156] 호락 간의 의견을 절충하고 문제를 한원진에게로 돌리는 모양새다. 이런 논지는 호락논쟁 제3기에 이르러 본격화된다.

어유봉과 김창흡이 낙학의 종지에 따라 기질의 상황에 관계없이 본체의 혼연함을 주장하고, 인성과 물성의 동일함을 주장한 반면, 이현익은 김창협의 초기 입장에 따라 형기가 부여된 후에는 (성)리에도 편전이 있다고 말한다. 또 이를 주자의 '이절부동(理絶不同)', 이이의 '기국(氣局)'에 연결시킨다. 이는, 호학과 그 이면의 취지가 다르다고 앞에서 말했지만 외면적으로는 호학과 동일한 입장이라고 할 수 있다. 본체관에서 그와 호학과의 차이는 그의 미발론에서 확연히 드러난다.

3) 인물성동이 논변의 정리와 의의

성리학의 정신, 그 도덕적 지향의 핵심적인 형식은 개인이 자기의 개체성[私]을 극복하고 전체성 혹은 공동체성[公]에 이르는 것이라고 할 수 있다. 주자학에서 그 전체성을 표상하는 개념이 태극-리이며, 개체로 분열된 경험 세계를 표상하는 개념이 기이다. 그리고 리와 기의 상호관계 속에서 둘 사이를 매개하는 개념이 '본성[性]'이라고 할 수 있다. 본성은 곧 우리가 그러한 전체성에 이를 수 있는 근거로서, 한편으로 우리의 개체성을 통해 이미 자신을 실현하고 있는 도덕 본체이자, 우리가 그것을 자각적으로 실천하는 데 있어 지침과 표준을 제공하는 것이었다. 도덕은 자연적으로 그리고 자각적으로 실천되는 것으로서, 자각을 통해 최종적 자연성에 이르는 것이 주자학에서의 도덕 실천의 이상이다. 그 최종 상태에서 그는 개인이면서 동시에 전체성[萬物一體]에 이른 성인(聖人)이며 우리는 누구나 그러한 도상에 있다.

그러한 동일한 지향 가운데, 이간이 그리고 김창흡이 본연지성에서 기질의 맥락을 배제한 것은 초월적 도덕 본체의 자기실현 곧 유행(流行)에서 그 본원적 동일성의 관점을 견지한 것이라면, 한원진이 본연지성에서 기질의 맥락을 강조한 것은 도덕 본체의 자기실현, 곧 유행에서 품부의 측면을 고려한 것이었다. 그것은 곧 현실 세계의 균열을 아우르는 관점이었다고 할 수 있다.[157] 이간과 김창흡이 본체 자체의 자기 현시를 강조한 것이라고 한다면, 한원진은 본체의 그러한 자기 현시가 현상의 다양한 분열상을 통과하지 않으면 안 된다는 것을 강조한 것이라 볼 수 있다. 한원진의 논리에 따르면 우리에게 주어진 본체는 기질의 맥락을 넘어서지 않는다. 우리는 기질의 맥락을 넘어서서 본체를 이야기할 수는 있지만, 그에 대한 직접적인 접근은 함부로 이야기할 수 있는 것이 아니다.

한원진에서 본체-리는 분수리와 매개가 없이 통합되어 있는 것이 아니며, 기(氣)와 내재적으로 관계를 가지면서 개별적 본성으로 분산된다. 한원진에서 개체는 기질(氣質)의 편차를 지니며,[158] 자신을 이루는 기질과 내재적으로 연관되어 있는 본성이라는 유적(類的) 본질을 매개로 하여 전체로 나아간다. 이때 전체는 유적 본질인 본성들의 통합이다. 그 본성들은 다양하지만 궁극적으로 하나의 중심으로 통합된다. 그것은 정연하게 질서 잡힌 우주의 이미지를 제공한다. 그 질서는 아마 일종의, 목적론적으로 체계화된 질서일 것이다. 개체는 자신의 유적 본질을 실현하면서 각자의 방식으로 전체에 이른다고 할 수 있다.

본체-리에 대한 인식은 본성 혹은 개별적인 분수리에서 비약적으로 본체-리에 직입(直入)해 들어가는 것이 아니라 인고(忍苦)의 천착, 정신의 노고와 여정(旅程)을 거칠 것을 요청한다. 그는 본체에 대한 인식을 위해 경험적 현실에서 개별적 본성의 분수리의 세계로, 거기에서 다시 통합된 '본체 - 리'로 거슬러 올라간다. 그러므로 한원진에서 본체 인식을 위해서는 격물 작업이 핵심이 될 것이다.[159] 격물치지의 인식 방법은 바로 만물의 개별성을 통해 그에 나아가 각각의 본연지성을 이해하고 그러한 점진적 축적 가운데 그의 통합으로서의 전체성에 이르는 방법으로서, 개체가 전체에 이르기 위해서는 반드시 수행해야만 하는 것이 된다. 이는 바로 주자학에서 전형적으로 강조된 바이기도 하다. 한원진 그리고 호학은 그러한 전형성의 함축을 잘 포착하고 이론적으로 구현한 것이라고 할 수 있다.

그러한 관점에서, 이간과 낙학이 '본성'을 리와 전적으로 동일시한 것은 분명 주자학적 세계관에 기초한 것이기는 하지만 '본성' 개념이 가지는 그러한 매개적 성격을 충분히 드러내주지는 못한 것이라고 할 수도 있다. 한원진이 굳이 이간의 '본성' 개념에 문제를 제기하고, 그것이 '공허하게 본성을 말하는 것[懸空說性]'이라고 비판하는 것은 그러한 점에 이유가 있었다고 할 수 있을 것이다. 개체가, 특별히 인간 개체가 자신을 지양하여 전체 곧 '본체 - 리'로 나아갈 매개를 상실할 우려가 있다는 것이다.

이간과 낙학의 경우, '본성'은 '본체 - 리'와 전적으로 동일한 것이므로 한원진이 지적한 바와 같은 문제점이 있을 수 있다는 것을 부인할 수는 없다. 그러나 그들이 단지 형이상학적 근원의 동일성에 매몰되어 있다고 단언할 수는 없다. 이간은 그리고 낙학에서는 다른 방식으로 개체에서 전체에 이르는 운동을 설명한다. 즉, 그들은 개체에서 전체로 이르는 운동에서 마음의 역할을 크게 강조한다. 그들의 마음 개념에 대한 해명은 인물성동이 논변의 한계를 넘어서는 것으로, 미발이나 지각 문제와 관련된 논변을 통해서 비로소 그 모습을 드러낸다고 할 수 있다.

그들은 개체, 특히 인간 개인의 마음의 본체적이고 주체적인 활동을 강조했다. 낙학에서는 지각론을 통해 '본성'으로 환원되지 않는 마음의 독자성을 주장하며, 앞으로 살펴볼 미발론을 통해 '본체 - 리'에 대한 생생한 자각을 강조한다. 이러한 측면은 연구자들에 의해 자주 무시되는 점이지만 주자학 내에 그 뿌리를 두고 있는 것이라고 할 수 있다. 다만 그 속에는 전형적이라고 이해되는 주자학을 넘어설 수 있는 가능성, 즉 정연한 목적론적 질서를 넘어서서 주체적으로 우주를 구성해가는 개성의 출현의 싹이 내재해 있다고 할 수 있다.

한편, 한원진의 입장은 분명히 방법에서 경험론을 취한 것 혹은 적어도 그것을 함축하고 있는 것으로 평가할 수 있다.[160] 물론 그가 본체에 이르기를 포기한 것은 결코 아니었다. 또한 그 본체 자체는 분명 도덕적 실재였다. 바로 그렇기 때문에 인간 이외 만물의 개별적 본성은 다만 인간과 다를 뿐 아니라 그러한 본체, 도덕적 실재의 구현[161]과 관련하여 온전하지 못한 것, 치우친 것, 막힌 것으로 이해된다. 그러나 다시 한번 한원진에서 개별적인 본성은 동시에 그런 가치론적 차별을 배제한 기술적(記述的) 다름을 분명히 의미하고 있었다.[162] 이러한 다름을 한원진은 어떻게 통일할 수 있을까?

물론 위에서 언급한 바와 같이 목적론적으로 체계화된 정연한 질서의 이미지를 그가 가지고 있었다고 볼 수도 있을 것이다. 그러나 그것의 완벽한 인식은 실제로 어느 정도 가능한 것일까? 애초에 불가능하지는 않다고 하더라도 그것은 매우 어려운 것임에는 틀림없다. 그만큼 개체를 추동하는 힘으로써 '본체-리'가 적극적으로 작용할 가능성은 줄어든다. 이간이 매번 한원진의 입장이 '본체-리'와 현실 세계를 분리시키고 마는 것[懸空說理]이 아닌가 하는 의문을 제기하는 것은 이런 관점에서도 이해할 수 있을 것이다.

결국 이간과 한원진, 낙학과 호학 사이의 논변은, 개체[私]에서 본체[전체, 公]에 이르려는 성리학적 '도덕'의 가능성과 방법을 정초하려는 이론적 노력 가운데 전개된 진지한 논변이었다고 평가할 수 있다. 각자의 입장은 전래의 주자학적 세계관의 내부의 긴장을 표면화하여 전개된 것이었으며, 새로운 전개와 발전의 가능성을 함축하고 있는 것이기도 했다. 그 입장은 대립했지만, 한편으로는 서로 보충해주는 것으로 하나로 묶일 수 있는 것이었다. 그러한 통합 혹은 각자의 가능성의 전개와 발전은 또한 후대에 남겨진 과제였다.

3
미발 논변

미발 문제는 인물성동이 문제와 더불어 호락논쟁의 주요 쟁점이 되었던 문제였다. 그것은 주자의 학문 형성에서 매우 관절적인 의미를 지닌 것으로서,[163] 조선 성리학에서도 초기부터 그에 대한 논의가 있었다. 서경덕의 제자들 내부에서 미발 문제와 깊은 관련이 있는 『연평답문(延平答問)』이 중요하게 읽혔고, 그것이 이황에게도 영향을 주었으며,[164] 이황 자신이 그것을 중시하여 관련된 논의를 남겼다.[165] 이이와 성혼도 미발 심체의 선악 유무 문제를 두고 논변을 벌인 바 있다.[166] 17세기 송시열에 이르면 미발 문제는 매우 심도 있게 전면적으로 다루어졌다.[167] 그러한 논의가 18세기 호락논쟁의 단계에까지 이어진 것이다.[168]

미발에 대한 논란은 인간의 마음에 대한 순수한 이론적 해명을 위해 제시된 것이라기보다는 '치중화(致中和)'라는 수양론적 목표와 밀접한 관련을 지닌 것이었다. 우리의 마음속에서 중화를 실현하는 것은 "천지에 참여하여 조화(造化) 발육(發育)을 돕는다[參天地, 贊化育]"[169]를 공효(功效)로 하는 인간 수양의 극치에 해당하는 것으로서, 성인(聖人)을 지향하는 유학자에게는 실제적인 중요성을 지니고 있었다.

미발 논변을 구성하는 논쟁점들은 그러한 공부의 문제와 깊이 관련된 것들이었다. 4장에서 설명한 바와 같이 미발의 중(中)은 우리 마음의 본체 상태를 형용하는 것으로 우리 인간에게는 누구에게나 이미 보편적으로 주어져 있는 것으로 이해되었다. 그렇다면 '치중화'에서 '치(致)'라고 하는 것은 무엇을 의미하는 것인가? 그것은 중의 상태가 수양을 통해 도달해야 할 어떤 상태라는 것을 함축하고 있는 것이 아닌가라는 의문이 제기될 수 있다. 그런데 미발이 '사려미맹(思慮未萌: 사려가 아직 싹트지 않은 상태)'인 한, 의식의 적극적 활동을 배제하므로 거기에서 수양을 한다면 어떤 수양이 가능한가라는 부가적인 의문이 제기될 수 있다. 실제로 성리학사상에서 미발에서의 수양의 가능성 문제를 포함하여 그 수양의 실제가 무엇인지에 대해서 많은 이견들이 제기되었다.

주자는 미발을 '사려미맹'과 함께 동시에 '지각불매(知覺不昧: 지각이 어둡지 않은 상태)'라고 규정했는데, 이것을 '사려미맹'과 어떻게 조화롭게 해석할 것인가와 관련해서도 많은 논란이 있었다.[170] 크게 본다면, 적극적으로 해석하여 마음의 본체가 현현되는 측면에 강조를 두는 입장이 있었다면, 소극적으로 해석하여 단지 마음이 고요하게 휴식하는, 장래의 운동-인식에 대한 예비 상태의 측면에 초점을 두는 입장도 있었다.

호학과 낙학 형성기의 미발 논변은 낙학 측과 호학 측 각각에서 그 주안점을 달리하여 전개되었다. 낙학 측에서 주된 쟁점이 된 것은 지각불매 곧 미발에서 지각을 어떻게 볼 것인가 하는 문제와 미발에서의 공부 문제 즉 미발에서 공부가 가능한가 하는 문제였다. 그것은 낙학 내부의 지각 논변의 연장선상에 있는 문제이기도 했다. 미발에서의 지각을 적극적으로 인정하는 입장과 소극적으로 인정하거나 부정하는 입장, 그리고 미발에서의 공부의 가능성에 대해서도 의견이 갈리어 논변했다.

반면, 호학에서의 미발 논변은 주로 미발에서 기질 혹은 기질지성을 논하는 것이 가능한가라는 문제를 중심으로 전개되었다. 그것은 역시 앞에서 살펴본 호학 내부의 충막무짐 논변에서 관련된 논점으로 제기되었던, 마음의 미발-이발과 본연지성-기질지성 사이의 관계를 어떻게 볼 것인가 하는 문제의 연장선상에 있는 문제였다. 미발은 심체의 자리이기도 하지만 마음의 고요한 상태로서 여전히 기의 한 상태라고 할 수 있다는 점에서 미발 역시 기질의 제한에서 자유롭지 못하다는 입장, 곧 미발에서 기질의 편차가 잠재해 있다는 입장과 미발에서 기질을 논할 수 없고 논해서도 안 된다는 입장이 서로 팽팽하게 대립했다.

1) 낙학 측의 미발 논변

(1) 김창협과 주변 인물들 사이의 미발 논변 (1698년~)

김창협은 민이승과의 지각 논변(知覺論辨)을 통해 인간 본성과 마음의 관계에 대해 좀 더 심화된 접근을 할 수 있었다. 인간 본성[性]은 우리의 일반적 자연 상태 곧 현실의 정(情)에 대해 체용(體用)의 관계를 가지며, 우리 마음[心]의 활동에 대해서는 도기(道器)의 관계를 가지는 것이었다. 곧 인간의 본성은 인간의 마음 및 정서와 일정한 관계를 지니면서 그들로부터 구별된다. 그것은 순선(純善)한 질서의 기초인 리(理)와 동일한 것으로, 바로 이 본성을 회복하고 온전히 실천하는 것이야말로 유가(儒家) 실천론의 기본이 된다.

지각 논변에서 김창협은 마음의 매개 작용에 대한 강조를 통해, 그를 통한 본체 혹은 본성의 자기실현을 말했지만, 본성 자체의 운동에 대해서는 말하지 않았다. 그러나 민이승의 의도에 대해서는 일면 동정을 보이고 있었다. 김창협은 이제 미발 문제를 다루면서 본성-본체에 대해 새롭게 접근한다.

김창협은 1698년 그의 족질이자 문인인 김시좌에게 다음과 같은 편지를 썼다.

> 조군(趙君)[171]의 편지는 보고 즉시 돌려주려 했으나 신년 인사로 바빠 상세히 검토하지 못하다가 이제야 돌려주게 된다. 듣기로는 그가 사색 공부를 많이 했다고 하나 스스로 절실하게 체험하지 못한 것 같고, 또 참된 마음으로 진리를 추구하는 이 같지도 않다. … 지금 쟁점이 되고 있는 문제는 미발의 때에

이 마음에 편의(偏倚)가 있는가 없는가, 중(中)한가 부중(不中)한가 하는 것이다.[172]

마음이 아직 움직이지 않았을 때, 그 마음의 상태는 어떠한가 하는 문제로 설왕설래가 있었음을 알 수 있다. 김창협이 김시좌에게 전한 편지에서 미발과 관련된 논점 및 그에 대한 자신의 견해로 제시한 것은 다음과 같다.

첫째, 미발의 마음에는 과연 일체 치우치는 바 없는가? 마음은 외부 사물과 접촉하지 않을 때는 항상 평정의 상태를 유지하는가? 평정한 미발의 마음은 과연 현실적인 것인가? 단적으로, 미발은 단지 마음이 고요할 때인가? 미발은 중이라고 하는데, 마음이 고요할 때는 중하지 않을 때도 많지 않은가? 김창협은 이러한 문제에 대해, 외부 사물과 접촉하지 않을 때, 곧 고요할 때와 미발을 분리해서 이해해야 한다고 말한다. 그저 외부 사물과 접촉하지 않고 고요히 있는 것이 미발인 것은 아니다. 미발은 중(中)이요, 본연의 성과 일치한 상태이다. 단지 외부 사물과 접촉하지 않는 것만으로는 부족하다.[173] 그런 의미에서 그는 미발을 『중용혹문』에 나오는 '지정(至靜)'이라 하여 정(靜)과 구별하기도 했다.

둘째, 그렇다면 그것은 일반 사람들은 이를 수 없는 어떤 특별한 경지인가? 미발 혹은 미발의 중은 수양의 결과 도달할 수 있는 어떤 특별한 경지를 가리키는가? 아마 김시좌가 논변을 벌인 조군(趙君) 곧 조정강(趙正綱)은 미발의 중을 수양의 결과로서 이해하려고 한 것 같다.[174] 현실에서 아직 사물과 접촉하기 이전의 고요한 마음인 미발에는 일반인의 경우 편의가 존재하며 즉 부중이며, 따라서 미발의 중에 이르는 수양의 노력을 필요로 한다.

하지만 김창협은 그것도 거부한다. 그것은 어떤 공부를 통해 도달해야 하는 혹은 도달할 수 있는 그런 경지가 아니다.[175] 만약 직접적으로 그것에 도달하려 한다면 그것은 즉시 미발이 아니게 될 것이다. 그것은 우리가 노력을 통해 도달할 수 있는 것이 아니라 그저 마음을 가진 사람이라면 누구에게나 성인이든 일반인이든 현실적으로 존재하는, 마치 선물처럼 주어진 그러한 마음의 한 상태이다.[176] 그것은 지극히 평정한 상태이며, 본성 그대로의 상태, 나아가 본체가 그대로 드러나는 상태이다. 거기에서 일을 하는 것은 우리가 아니라 '본체-리'이다. 그것은 마치 측은한 마음이 수양 노력이 가해지기 이전에 우리 누구에게나 주어진 심리적 현실이듯이, 생생한 심리적 현실이다.[177]

일반 사람들이 그런 상태에 잘 이르지 못하는 것은 이르지 못한 것이라기보다는 잘 보존하지 못했다고 말해야 한다. 누구에게나 그런 심리적 현실은 있다. 그러나 보통 그냥 스쳐 지나가며 쉽게 망각해버리고 마는 것이다.[178] 만약 그 큰 근본을 알고 잘 보존하여 기른다면 그의 도덕적 역량은 탁월하게 고양되며, 현실의 정(情)의 상태에서 실수하지 않고 화(和)를 이루어낼 것이다. 따라서 미발의 공부는 미발'에서의' 공부이며, '치중(致中)'은 중(中)을 새삼 가져오는 것이 아니라 중을 잘 보존하는 공부라고 할 수 있다.

앞에서 김창협이 그의 지각론에서 본성과 마음을 구별했으며, 마음의 신명(神明), 그 독자성을 본체-본성과의 관계 속에서 설정했음을 지적한 바 있다. 그런데 여기 미발론에서는—김창협에서 지각 논변과 미발 논변은 거의 동시에 같이 진행되었다— 다시 마음의 미발 상태에서 본성의 드러남을 이야기하는 것이다. 적어도 마음의 미발 상태에서 마음과 본성은 곧 심체와 성체는 하나가 되는 듯하다.

하지만 이것은 한원진이 미발에서 마음과 본성의 일치를 주장하는 것과는 다르다. 한원진에서 그 일치는 마음의 역동적 매개 역할을 일단 배제한 것인 반면, 김창협에서 그 일치는 여전히 매개 역할을 전제로 하고 있는 가운데의 일치라는 것이다. 한원진에서의 그 일치는 분열의 가능성을 여전히 포함한 가운데서의 소극적 일치라면, 김창협에서의 그것은 분열의 계기가 일체 배제된 가운데서의 온전한 일치인 것이다. 한원진에서 그 분열의 가능성을 불식시키기 위해서는 상당한 노력이 필요한 반면, 김창협에서 그 분열은 이미 제거되어 있다. 이는 마음의 이발(已發)에 대한 이해로까지 이어진다. 앞에서 살펴본 바 있는 김창협의 「사단칠정설」은 그것을 명료하게 보여준다.

김창협은 김시좌에게 보내는 이 편지의 말미에서 이례적으로 '오당지사(吾黨之士)'라는 표현을 쓰면서 김시좌를 포함해 어유봉, 이하곤 등이 이 문제에 대한 명확한 이해를 해야 할 것을 강조했다.[179] '오당지사'란 곧 낙하(洛下)의 자신의 주변 학자들을 가리킨다. 한편 1698년 같은 해에 김창협은 호중(湖中)의 중심인 권상하에게 이 논변에 대해 알리면서 자문을 구하고 있다.[180] 그가 이 문제를 얼마나 중요하게 생각했는가를 보여주는 대목이다. 이 편지에 대한 권상하의 답서는 보이지 않지만, 같은 해에 또 보낸 것으로 추정되는 김창협의 편지에는 미발에 대한 권상하의 의견이 자신과 배치되는 것으로 지적되며, 재차 이 문제에 대해 숙고해줄 것을 부탁하고 있다.[181] 1702년에 다시 권상하에게 보낸 편지에서 김창협은 다음과 같이 말했다.

> 지난날 저의 공부는 다만 입에서 맴돌았을 뿐, 본원(本源)의 절실한 곳에 진실한 공부를 내리지 못했습니다. 십수 년을 그저 그렇게 흘려보내고 말아, 딛고 설 자리를 마련하지 못했습니다. … 고명(高明)께서 어떤 가르침을 주실지 알 수 없습니다. … 춘초(春初)에 조정강(趙正綱)이 족질인 김시좌에게 보낸, '치중(致中)' 문제를 논한 편지를 보고 편지를 써서 비판한 적이 있습니다. 그 편지를 지금 보내드립니다. 한번 보시고 돌려주시면 어떠신지요?[182]

'치중(致中)' 문제란 곧 조정강과 김시좌 사이에 논란이 되고 김창협이 개입했던 미발에서의 공부 문제로서, 이 시점까지 논변이 계속되었음을 짐작게 한다. 김창협이 이 문제를 굳이 호중의 권상하에게로 끌고 들어가는 것은 나름의 생각이 있어서일 것이다. 어쨌든 김창협이 이 문제를 관건적인 문제로 생각했던 것은 틀림없어 보인다.

(2) 김창협과 이희조의 미발 지각 논변 (1704)

① 논변의 전개

1704년에서 1706년에 걸쳐 김창협은 지촌(芝村) 이희조(李喜朝, 1655~1724, 자는 同甫, 호는 지촌 또는 艮庵)와 미발에서의 지각(知覺)의 문제로 또 한 차례의 논변을 벌인다. 이를 통해 김창협은 지각과 미발에 관한 일련의 논변을 통해 정립된 자설을 확인하고 가다듬는 작업을 수행한 것이라 볼 수 있다. 앞의 『사변록』 비판에서 이미 미발에서 지각이 형연(炯然)함을 김창협이 말하고 있는 데서 미발론과 지각론의 연결을 짐작할 수 있다. 이 연결은 이희조와의 논변에서 확인되며 더욱 구체화된다.

이희조는 김창협의 장인이자 스승인 정관재(靜觀齋) 이단상(李端相)[183]의 아들이다. 어렸을 적 김창협, 김창흡, 임영(林泳, 1649~1696) 등과 함께 아버지 정관재에게 수학했다. 정관재가 별세한 후에는 박세채에게 배웠다. 그 후 그는 연원을 바꾸어 송시열을 스승으로 모시고 평생을 일관했다. 서로 간에 오고 간 편지로 보아 김창협은 이희조와 아주 긴밀한 관계를 유지한 것으로 보인다. 지각 문제와 관련해서는 1697년에는 민이승과의 지각 논변에 대해 알리고 있으며,[184] 1703년과 1705년에 그에게 쓴 편지에서는 자신의 동생 김창흡의 학문이 진보했다고 기뻐하며 알렸을 정도이다.[185]

김창협은 1704년 김시좌에게 보낸 편지에서 지각에 대해 이희조의 설이 볼 만한 점이 있지만 의심이 가는 점도 있다고 말한다.[186] 1705년에 이르러 이희조는 지각 문제에 대해 김창협의 입장을 조목조목 비판했다.[187] 그 비판의 대상이 된 김창협의 편지는 현재 남아 있지 않고, 이희조의 이 편지에 대한 답신으로서 1706년의 편지만이 남아 있다.[188] 두 편지에서 문제가 되는 부분을 살펴보자.

첫째 논점은, 지각을 마음의 용(用)으로 볼 것인가, 아니면 체(體)와 용을 겸한 것으로 볼 것인가 하는 것이다. 이는 곧 지각의 위상을 이발의 정(情)과 동일한 것으로 볼 것인가, 아니면 마음의 미발과 이발에 걸친 것으로 볼 것인가 하는 문제이다. 이희조는 지각을 정과 동일시하여 보는 입장을 취한다. 그는 다음과 같이 말한다.

> 앞서 저의 생각은 매양 지각을 마음의 묘용(妙用)으로 보는 것입니다. … 대개 고인(古人)의 용법을 보면 모두 동처(動處)에 나아가 말한 것이고, 체용(體用)을 겸하여 말한 것이 있음은 보지 못했습니다. 오직 주선생(朱先生)이 남헌(南軒)에게 준 편지 중에서, "바야흐로 그 보존할 때에는 사려가 아직 싹트지 않았으나 지각이 불매(不昧)하다"고 한 것은 아마도 동(動)으로 볼 수는 없을 것입니다. 그래서 나는 이는 틀림없이 능지능각(能知能覺)을 두고 한 말이라고 생각했던 것입니다. … '움직일 수 있게 하는 것'을 지각이라고 한다면, 정(情) 외에 따로 지각이 있어 이 정을 움직일 수 있다는 말이 됩니다. 그렇다면 마음이 움직인 것은 지각이 아니요, 정 외에 또한 이른바 지각이란 것이 따로 있는 것이 됩니다. 이것이 또한 어찌 능지능각으로 말하는 것이겠습니까?[189]

지각의 본색은 용(用) 혹은 동(動)에 있다는 것이다. 주자가 말한 미발에서의 지각불매는 현실의 어떤 지각이 아니라 능지능각일 뿐이며, 그것은 또한 이발의 지각을 가능하게 하는 어떤 것으로서 현실의 지각과 분리된 어떤 것도 아니라는 것이다. 이에 대해 김창협은 이왕에 자신이 지각을 마음의 전체성에서 이해하였던 입장을 견지하여 다음과 같이 말한다.

> 지각은 체(體)와 용(用)을 겸하며, 적(寂)과 감(感)에 통해 있습니다. 이는 옛

책을 뒤져볼 필요도 없이, 그저 우리 마음에 나아가 깊이 체험하고 묵묵히 생각해 보면 알 수 있습니다. … 이 마음의 미발 상태도 원래 스스로 지각을 가지고 있는 것입니다. 곧 주자가 「답반겸지서」에서 말한 것과 같이, 마음의 지각은 이 리를 갖추고서 이 정(情)을 실행하는 것입니다. 또 체와 용을 겸했다는 것으로부터 말하면, 이 리를 갖춘 것이 지각의 체이며, 이 정을 실행하는 것이 지각의 용입니다.[190]

지각에 체와 용이 모두 있다는 것이다. 마음의 미발에는 지각의 체가 있으며, 이발의 지각은 그 체의 용이다. 따라서 지각은 마음의 동(動) 곧 이발의 영역에만 해당하는 현실의 정(情)과는 구별된다. 주자가 말한 지각불매는 바로 미발에서 마음이 갖춘 지각의 능력을 의미하는 것으로서 리를 갖추고 정을 실행하는 능동적 주체의 성격을 보여주는 것으로 이해할 수 있다는 것이다.

그와 관련하여, 우리는 김창협이 비슷한 시기인 1707년 김시좌에게 보낸 편지에서, 어유봉이 허령과 지각을 분리하고 그 각각을 체용에 분배함으로써—즉, 허령이 체이고 지각이 용이라는 것— 그를 해명하려 한 것을 지적하고 그에 대해 반만 맞았다고 비판한 것을 참조할 수 있다.[191] 김창협은 허령과 지각을 구분하지 않은 것이다.[192] 그는 다음과 같이 말한다.

제가 "지각이 아니면 정(情)으로 삼을 것이 없으며, 정 이외에는 따로 지각을 이야기할 곳이 없다"라고 말한 것은 바로 두 가지를 분리하고 또 결합하는 것에 대해 말한 것입니다. … 그렇다고 해서 곧 정을 지각이라고 한 것은 아닙니다. … "움직일 수 있게 하는 것이 지각이다"라고 하는 설이 틀림없다고 봅니다. 사람들은 다만 이 각(覺: 알아차림)이 있기 때문에 외부로부터 사물(事物)이 이르렀을 때 자극받아 움직일 수 있는 것입니다. 목석(木石)과 같이 지각이 없는 것은 사물이 와서 접촉을 해도 그에 반응을 보일 수 없습니다. 그러니 또 거기에 어찌 정과 같은 것이 있겠습니까? 결국, 움직인 것이 정이며, 그것이 움직일 수 있게 하는 것이 지각이 아니고 무엇이겠습니까?[193]

움직인 것은 현실의 정(情)이고, 움직일 수 있게 하는 것이 미발에서 이발에 걸치는 지각이다. 정은 결과이고, 지각은 외부 세계와의 관계 속에서 본성[理]이 정으로 현실화하는 과정을 주체적으로 수행하는 능동적 매체이다. 이 매체는 미발에서 이발에 걸쳐 있으므로 미발에서의 현실인 본성[性]이 이발의 정으로 나아갈 때 주밀한 매체의 역할을 충실히 할 수 있게 된다. 바로 이것이 김창협이 지각과 허령을 구분하지 않고 허령지각(虛靈知覺)을 동정(動靜)에 걸치는 것으로 보는 이유인 것으로 보인다. 즉, 허령지각은 마음의 역동적 매체 혹은 주체의 성격을 지닌 것으로 마음의 미발 상태에도 있고 이발 상태에도 있다. 본체-본성의 자기실현이라는 점에서 본다면 매체이고, 마음이 그것을 실현하는 능동성의 입장에서 본다면 주체이다. 지각의 이런 성격으로 말미암아 당연히 동(動)의 영역에서도 지각과 정서는 구분되지 않을 수 없는 것이다. 김창협의 이러한 생각에 대해 이희조는 미발에서의 지각불매(知覺不昧)를 단지 능지능각(能知能覺) 곧 지각의 잠재적 상태로만 해석한 것이다.[194] 김창협이 미발에서의 지각을 능동적, 적극적으로 해석하였다면, 이희조는 수동적, 소극적으로 해석한 것이라고 할 수 있다.

김창협과 이희조 사이의 두 번째 논점은 마음과 본성 및 정(情) 사이의 구분에 관한 것으로, 지각과 정의 차이를 인정하지 않으려 한 이희조의 첫 번째 논점과 밀접하게 관련이 되어 있다. 그것은 마음의 독자성에 관한 이견이다. 김창협은 주자의 「답반겸지서」를 근거로 마음의 독자성을 적극적으로 주장한다.[195] 반면에 이희조는 본성과 정 이외에 따로 마음의 영역을 인정하지 않는다. 김창협은 이에 대해 다음과 같이 지적하는 것이다.

> 제가 생각하기로, 그대의 뜻은 마음을 단지 본성과 정을 합한 이름으로 보고, 본성과 정 이외에 따로 마음은 없다는 것입니다.196

이희조가 마음의 지각을 정과 동일시하는 것은 바로 이러한 생각에서 나온 것이다.197 이는 호학 측의 지각 이해와 궤를 같이한다. 이희조는 김창협이 지각을 끌어들여 마음을 이해하려는 것을 이해할 수 없었다. 그는 마음의 매개적 역할, 곧 지각의 특수성, 그리고 본성과 구별되는 마음의 본체적 성격에 크게 관심을 두지 않았던 것이다.198

김창협과 이희조 사이의 세 번째 논점은 본성-지(智)와 지각의 관계에 관한 것으로 김창협과 민이승 사이에서 문제가 되었던 부분이다. 이희조는 지각의 리도 오성 가운데 하나일 수밖에 없다고 주장한다.

> 만약 그대가 지각에 대해 그 근원하는 리가 없고, 다만 기의 허령함에만 근원한다고 말한다면, 이것이 또한 어찌 말이 되는 소리겠습니까?199

그것은 곧 지(智)를 지각의 리로 이해해야 한다는 것이며, 결국 민이승이나 권상하를 위시한 호학 측의 견해와 일치한다.

김창협은 이에 대해, 박광일(朴光一)도 전년에 그와 비슷한 질문을 했다면서,200 다음과 같이 대답한다.

> 그대가 보낸 편지는 또 "지각의 리는 인(仁)입니까, 의(義)입니까, 예(禮)입니까, 지(智)입니까, 아니면 그 모두도 아니고 따로 근원하는 리가 있습니까?"라고 물었습니다. 이 물음은 매우 중요한 것으로 얼마 전 박광일도 나에게 그에 대해 물은 일이 있습니다. … 그대의 편지는 또한 "그 허령으로 말미암아 이 지각이 있게 된다"라고 했습니다. 그렇다면 지각의 근원을 알기 위해선 반드시 먼저 기의 허령함이 어떤 리에 근원한 것인가를 물어보아야 할 것입니다. … 이

허령한 기는 인에 근원한 것입니까, 의에 근원한 것입니까, 예에 근원한 것입니까, 지에 근원한 것입니까? 그대가 이 문제에 대해 대답하실 수 있다면 저도 지각의 근원에 대해 말할 수 있을 것입니다.[201]

김창협은 지각을 지(智)에 연결시킨다면 허령은 어떤 본성에 근원하는 것인가라고 반문한다. 그가 지각과 허령은 뗄 수 없는 관계에 있다고 본 것은 위에서 이미 지적했다. 김창협은 이희조 역시 "마음이 허령하므로 지각이 있게 된다"라고 말한 바 있었음을 들어, 먼저 이 허령이 어디에서 근원하는가, 구체적으로는 인의예지 중 어느 본성에 근원하는가에 대해 대답해 보라고 반문한 것이다. 이는 대답하기 쉽지 않은 질문이다. 그것은 심기(心氣) 자체의 속성에 가깝기 때문이다. 이는 이이의 기자이(機自爾)와 같은 것이라 하겠다. 그것은 본체-리가 유행(운행)하는 매체요 기틀인 것이다.

김창협은 앞에서 이희조가 '능지능각'을 언급한 것과 관련해서, 지금 이희조가 동(動) 후의 지각을 지(智)의 용(用)이라 한다면, 결국 앞에서 말한 것과 맞추어보면 능지능각은 지의 체가 되어야 하는데, 그것은 지에 대한 바른 이해인가라고 질문했다. 지는 인식 능력이라기보다는 인식의 준칙이고 근거이다. 곧 본성[性]이고, 리라고 김창협은 말한다.[202] 이것은 김창흡에 의해 자세하게 논구된 바 있는 것이었다.

논변의 말미에 이르러 김창협과 이희조는 서로 송시열의 지각설을 비판적으로 인용하면서 재차 자신의 주장의 정당성을 천명했다.[203] 어쨌든 김창협은 이러한 과정을 통해 자신의 지각론, 나아가서는 마음과 본성에 대한 이해를 명확히 해나간 것이다. 그는 이제 마음의 독자성에 대해 확고히 말하고 있다. 마음은 본성과 그의 현실화인 정으로 환원되지 않는 독자적인 존재이다. 우리의 살아있는 마음은 미발에서 본성, 리, 본체의 자리요, 이발에서 그의 실현의 매체이다. 이 살아 있는 마음을 통해 우리는 본성,

곧 본체에 대해 직접적으로 다가설 수 있다. 그것은 한편으로는 본체의 발견이지만, 다른 한편으로는 그 본성-본체[성체(性體)]의 자리로서 혹은 마음-본체[심체(心體)] 자체로서의 마음의 발견이었다. 김창협이 논변이 벌어지던 같은 해에 이희조에게 미발에서의 함양(涵養) 공부의 중요성을 강조하는 편지를 보낸 것은 의미심장하다.

> 홀로 생각해보건대, 예로부터 성현들이 학문 공부에 대해 논하면서, 본원(本源)을 함양하는 것을 우선으로 삼지 않음이 없었습니다. 그런 후에야 도리(道理)는 머무를 곳을 가지게 되며, 치지(致知)와 역행(力行)의 일도 비로소 말할 수 있게 됩니다. … 우리들에게 다만 바로 이 공부가 없었기에, 비록 학문에 종사한다고 말해도 그 듣고 보아 얻은 것이 한두 가지의 지해(知解: 머릿속으로만 아는 것)에 그친 것이며, 그저 귀로 들어왔다가 입으로 흘러 나가버리는 데 지나지 않게 된 것입니다. 그렇게 해서는 덕성(德性)의 지(知)와 행(行)에는 아무런 상관이 없게 되고 맙니다.[204]

② 낙학 측 미발 지각 논변의 의의

주자학에서, 본성에서 현실의 정(情)으로 나아가는 과정은 태극에서 음양(을 거쳐 만물)으로 나아가는 과정과 비견된다. 이는 그 자체로는 본체의 자기실현 과정을 단선적으로 기술한 것이다. 그러나 거기에 마음이라는 매체, 개성이 덧붙여지면서 본체의 자기실현 과정은 복선화된다. 사실 그 복선을 통해서만 인간사의 모든 자질구레한 문제가 해명될 것이다. 곧 본체와 인간 현실 사이의 분열이 설명될 것이다. 그리고 그를 통해 그 분열을 딛고 본체에 이르려 하는 인간의 실천으로서, 도덕적 실천은 그 고유한 의미를 얻게 된다.

물론 본체와 인간 현실 사이의 분열을 설명하는 데는 꼭 이런 방식만이 있는 것은 아니다. 우리는 또 하나의 방식을 호학에서 발견한다. 낙학이 심기(心氣) 곧 마음을 통해 현실과 본체 사이의 구별과 통합을 말한 것이라면, 호학에서는 형기(形氣)를 중심으로 해서 본성 문제와 관련하여 그것을 설명한다. 그것을 우리는 위의 인물성동이 논변에서 분명하게 확인한 바 있다.

낙학은 적어도 김창협에 의해 정립되는 과정에서는 본성의 탐색으로부터 시작해서 본체와 그리고 마음의 발견으로 흘러간 것으로 보인다. 이렇게 정립된 낙하(洛下)의 학문은 그의 주변 학자들에 유산으로 물려졌다. 김창협이 내디딘 발걸음은 가장 가깝게는 그의 두 살 아래 동생이며 독특한 개성을 소유했던 김창흡과 그 주변의 인물들에게로 이어진다.

김창흡은 그 나름대로 자신의 세계를 구축하고 있던 차요, 이제 김창협이 정립한 낙학의 종지와 인간관계는 김창흡에 물려지면서 세련되고 또 한편으로 호학과의 차별성을 강화해가는 것으로 보인다. 그의 노력을 통해 낙학은 학파로서 분명히 성립하게 된다. 이는 앞에서의 낙하의 인물성동이 논변에서 그의 역할에서 확인되며, 이어지는 이현익과 어유봉 사이의 미발 논변과 거기에서의 그의 역할에서도 재차 확인되는 바이다.

(3) 이현익과 어유봉의 미발 기질 유무 논변 (1713)

낙학의 미발 논변과 호학에서의 미발 논변은 그 성격이 다른 별개의 것이다. 낙학에서의 미발 논변이 미발에서의 공부 문제, 그리고 미발에서의 지각에 대한 이해 문제를 중심으로 전개되었다면, 호학에서는 미발에서의 기질의 유무를 중심으로 미발 논변이 전개되었다. 하지만 똑같이 우리 마음의 미발을 다룬다는 점에서 영역이 겹친다. 호학과 낙학의 견해 차이를 넘어서 그들 사이의 관심이 어디에 있는가 하는 것이 첨예하게 드러나는 지점이다.

그런데 이현익과 어유봉 사이에 벌어진 미발 논변은, 앞에서 다룬 인물성동이 논변에서와 마찬가지로 호학의 주요 쟁점을 낙학의 이론 상황 속에서 다루었다는 점에서 주목할 만하다. 인성, 물성의 문제와 마찬가지로 호학 내의 이론적 상황이 낙학 내에서 인지되고 있는 상태로 논변이 진행된 것이다.

① 논변의 전개

지금 전하는 이현익의 문집인 『정암집(正菴集)』에 수록된 어유봉에게 보낸 편지 가운데는 해당되는 내용을 발견하기 어렵다. 다만 어유봉의 문집 『기원집(杞園集)』에 「답이중겸논미발(答李仲謙論未發)」이라는 제목으로 두 편의 글이 실려 있고, 『삼연집(三淵集)』에 「첨론이현익어유봉미발전기질선악설(籤論李顯益魚有鳳未發前氣質善惡說)」이라는 글이 실려 있어, 그를 통해 논변의 개략적인 내용을 알 수 있다. 먼저 기원의 편지를 살펴보면, 기원은 먼저 미발에서의 기질 유무 문제에 관한 두 가지 입장을 다음과 같이 정리했다.

> 어떤 이[或者]는 생각하기를, 리는 원래 성인(聖人)과 어리석은 이 사이에 구별이 없지만, 기(氣)는 청탁수박(清濁粹駁)의 다름이 있다. 일반인의 경우 그 마음이 미발일 때도 그 기의 탁박(濁駁)한 것이 원래대로 있다면 그 마음의 고요하고 텅 비고 밝은[湛然虛明] 것이 어떻게 성인과 같을 수 있겠는가? (스스로) 대답하기를 "미발의 때에는 기가 작용하지 않으므로[氣不用事], 마음의 본체가 고요하고 움직임이 없어서[寂然不動] 기질의 청탁수박이 스스로 발현되지 않을 따름인 것이다. 이 때문에 (일반인의 미발이) 성인과 다르지 않다고 하는 것이다"라고 한다. 그에 대해 비판하는 자[難之者]는 다음과 같이 말한다. "마음은 기이다. 기에는 청탁수박이 있으므로 그 마음에도 선악이 뒤섞여 있지 않을 수 없다. 일반인의 마음은 미발일 때에도 그 기의 혼탁한 것이 그 마음속에 반드시 남아 있다. 그러므로 미발의 마음속에도 악의 뿌리는 여전히 남아 있다. 어찌 조금도 선하지 않음이 없어서 천하의 큰 근본이 된다고 하겠는가? 대

개 미발의 때에는 천리(天理)가 스스로 온전할 뿐 아니라, 기질 중의 선하지 않은 것도 또한 자연히 혼화(渾化)하여 그 선함을 얻게 된다고 해야 한다. 그렇지 않으면 어찌 (일반인의 미발이) 성인과 동일하겠는가?"205

어유봉은 혹자(或者)와 난지자(難之者)의 두 입장을 제시하고 있다. 이는 호학에서의 미발 논변을 염두에 둔 것으로 볼 수 있지만 세부적인 논점에서는 다소 차이가 있다. 혹자의 설이라 한 것은 이간의 첫 번째 미발설과 대충 일치하지만,206 기불용사(氣不用事)의 논리는 그대로 권상하와 한원진의 미발론과 일치하는 것이므로 이간의 독자적 입장으로 보기는 어렵다. 어유봉은 이것이 이어지는 난지자의 설의 전반부, 곧 한원진의 입장과 동일한 것으로 보는 것일 수도 있다. 난지자의 설이라고 한 것은 전반부의 입장은 한원진의 미발설에 가깝다. 즉, 미발에도 악의 뿌리가 있다고 하는 것은 미발에 악의 종자가 있다고 하는 남당의 미발설과 일치한다. 하지만 또한 그 경우 결국 미발에서의 순선이 흔들려 천하의 대본이 될 수 없다고 하고 그를 해결하기 위해 기질의 자연스러운 '혼화(渾化)'를 주장하는 것은 윤봉구의 미발설에 가까운 것이라고 할 수 있다.207

그런데 어유봉은 기질혼화설(氣質渾化說)은 이간이 처음 주장한 것이라 하고, 이현익이 그에 동조하고 있다고 말한다.

> 미발의 때에 기질이 있는가, 없는가 하는 것은 선유(先儒)들이 언급하지 않았던 부분이다. 이간이 처음으로 기질혼화설을 지어내어 힘써 주장했다. 그러나 나는 감히 의혹을 품지 않을 수 없었다. 지금 그대의 논리는 또한 그에 동조하고, 더욱 철저히 그를 주장하는 듯하다.208

하지만 이간은 혼화설을 명시적으로 주장한 적은 없는 것 같다. 윤봉구의 설을 이간의 설로 착각한 것이거나 이간의 설을 그렇게 해석한 것일 수 있다.[209] 1713년 이간은 어유봉에게 답한 편지에서 "미발설에 대해서는 과연 일련의 변증이 있었습니다. 반드시 사우(師友) 간에 가르침을 받아야 할 부분입니다"라고 말한다.[210] 1713년은 이미 이간이 미발에 관한 세 번째 입장을 정립한 시기였다.

어쨌든 어유봉의 이러한 설명은 호학 측의 미발 논변에 대한 어유봉의 인식을 반영한 것일 수 있다. 즉, 호학에서는 미발에서 기질의 존재를 허용하고 강조한다. 다만 그들도 미발 심체의 선함에 대해서는 부정하지 않으므로, 기불용사(氣不用事)와 기질혼화(氣質渾化)의 두 가지 해결책이 제시되었는데, 전자가 (초기 이간과) 한원진의 입장이라면 후자는 이간의 입장이었다는 것이다. 어유봉은 이현익의 미발설 곧 기질혼화설이 바로 그러한 호학 내부의 한 입장을 받아들인 것이라 해석한 것이다.

미발을 마음의 정(靜)의 상태로 이해할 때, 그것은 여전히 형이하의 세계, 곧 기질의 맥락을 떠날 수 없는 세계이다. 하지만 『중용』이래로 미발은 중(中)의 상태로 이해되었고, 이는 곧 순선(純善)한 상태라고 할 수 있다. 그런데 기질에는 청탁의 차별이 있으므로 선과 악이 섞여 있다. 당연히 미발의 순선 상태에서 기질을 어떻게 이해해야 하는가 하는 문제가 발생한다. 여기에 이르면 이는 곧 호학에서의 미발 기질 논변과 겹치는 논점으로 나아간 것이다. 『삼연집』에 따르면 이현익은 다음과 같은 질문을 던졌다.

> 사람의 형질(形質)은 한번 정해지면 바꿀 수 없다. 그 기의 청탁미악(淸濁美惡)이 처음부터 주어진 것이라면, 미발의 때라 해도 탁악(濁惡)한 것이 어디로 사라지겠는가? 그렇다면 그것은 마음속에 있는가, 형질 속에 있는가? 만약 마음속에도 형질 속에도 없다고 한다면, 마음이 오래 버티지 못하고 그 미발의 상태를 잃어버린 후에 그 기가 여전히 존재함은 무엇 때문인가? 만약 그것이 마음속에 있다고 한다면, 이 미발 가운데 악의 뿌리가 있는 것이니, 그렇다면 그

것이 어찌 (진정한) 미발이 되겠는가? 만약 그것이 형질 속에 있다고 한다면, 마음과 기질이 각각의 것이 되어 서로 상관하지 않게 된다. 과연 어떤지 알 수 없다.[211]

이현익은 앞에서의 인성물성론에서도 살펴본 대로 현실 세계의 차원에서는 기질의 맥락을 두드러지게 강조한다. 그런데 그는 위의 인용에 보이는 바와 같이, 기질과 형질을 구분했다. 즉, 형질이 신체에 해당하는 것으로 마음과는 다른 것이라고 한다면 기질은 신체와 마음을 관통하는 질료적인 것을 의미한다. 마음은 곧 정상(精爽)한 기로서 결국 기질에 포함된다. 왜냐하면 기질은 곧 기의 정상과 사재(渣滓)를 겸한 더 큰 개념이기 때문이다. 따라서 그에 있어 기질은 곧 기와 동일한 개념이며, 마음은 기질과의 관련성을 배제할 수 없다.[212]

그렇다면 미발에서의 중(中) 곧 선을 어떻게 설명할 수 있는 것일까? 미발의 중의 명제는 성인과 일반인을 포함한 인간 모두에 적용되는 보편적인 타당성을 주장하는 것인데, 성인과 일반인의 기질은 차이가 있으며, 따라서 그들의 마음도 차이가 있을 수밖에 없지 않은가? 그렇다면 미발의 중의 명제는 어떻게 주장될 수 있는 것인가?

하지만 이현익은 미발의 순선함에 대해서는 전혀 의심하지 않는다. 다만 그는 기질의 문제를 어떻게든 해결해야 한다고 생각했다. 이는 호학에서의 권상하와 한원진과는 출발점 혹은 동기가 다른 것이다. 미발의 때에도 기질의 탁(濁)함이 마음속에 여전히 있다고 하면 그것은 미발 순선을 해치게 된다. 그것이 형질에만 있고 마음과는 관련이 없다고 하면 마음과 기질이 분리되고 만다.

그는 문제의 해결을 위해, 즉 기질의 강고함을 그대로 두고 하지만 동시에 미발의 순선을 말하기 위해 기질혼화설을 취한다. 즉 미발의 상태에서 일시적으로 기질이 변화함으로써 기질의 장애가 사라지고 본체가 그 모습을 드러낸다는 것이다.

> (기질이) 혼화할 수 있다고 하는 것은 (기질이) 완전히 혼화하여 다른 기질로 변화했다고 하는 것은 아니다. 다만 일시적으로 마음이 미발의 상태가 되면 (기질도) 일시적으로 혼화할 수 있으며, 하루를 미발하면, 하루를 혼화할 수 있다는 것이다.[213]

이는 호학에서 권상하와 한원진이 미발의 순선을 상대적으로 약화시키는 것과는 차이가 나는 관점이다. 그들은 미발의 선은 기가 잠시 용사하지 않기[氣不用事] 때문에 가능한 것으로 설명한다. 하지만 그때에도 기질의 한계, 그 뿌리는 여전히 잔존해 있다. 그러나 어유봉에 따르면 이현익의 논리는 비록 한원진과는 다르지만, 호학 내의 이간을 따르는 것으로—사실은 윤봉구를 따른 것이었지만— 이는 여전히 미발에 대한 낙학의 종지를 거스르는 것으로 보아야 한다는 것이다. 어유봉은 다음과 같이 말한다.

> 이 논리[기질혼화설]는 그럴 듯하지만 감히 의심하지 않을 수 없습니다. 사람의 기질은 태어나는 처음에 얻은 것으로 변화시킬 수 없는 것은 아니라고 하더라도 하루아침에 힘써서 그렇게 할 수 있는 것은 아닙니다. 반드시 선한 것을 택하여 굳게 잡고, 그 노력을 백배로 해야만 합니다. … 본래 천하에 지극히 어려운 일입니다. 어찌 마음이 일시적으로 미발에 이르렀다고 해서 기질 중의 선하지 못한 것이 자연스럽게 혼화하는 이치가 있겠습니까? 그렇다면 미발의 때에는 진실로 (기질의) 탁악한 뿌리가 그대로 남아 있어서 성인과 일반인 사이에 여러 다양한 모양이 있다는 말입니까? 그렇지는 않습니다. 기질과 마음은 비록 같이 기이기는 합니다. 그러나 기질이 이 몸의 형질과 찌꺼기를 통틀어서 이름 붙인 것이라면, 마음은 이 기의 정상한 것이 모인 것으로 그 밝고 신령하며 지극히 신묘한 본체는 요순에서 길거리의 잡인(雜人)에 이르기까지 동

일한 것입니다. … 주자가 … 어찌 일찍이 성인의 마음과 명덕(明德)이 일반인의 그것이 동일하지 않다고 말한 적이 있습니까? … 성인이 성인인 이유도 이에서 지나지 않습니다. 미발의 때를 당해서 기질의 선하지 못한 것은 변화되어 없어지는 것이 아닙니다. 다만 기가 작용하지 않으므로 비록 그것이 있다고 해도 이 마음의 본체에서 작동하지 않는 것입니다.[214]

어유봉은 마음과 기질을 분리하고, 동시에 '기불용사'의 논리를 채택한다. 미발에서의 순선을 마음의 기의 독특성에서 구하고, 동시에 잔존한 기질적 요소를 기불용사의 논리로 해결하는 것이다. 이는 실제로는 이간이 마음과 기질을 분리하고 마음의 본체의 허령함을 강조함으로써 문제를 해결해나간 것과 같은 길을 걸어간 것이라 할 수 있다.

그러나 이현익은 그렇게 하지 않았다. 이간의 해결책은 비록 어유봉이 충분히 이해하지 못한 듯하지만, 곧 낙학 주류의 지각론이 미발에서의 지각의 불매(不昧)함을 강조하는 것과 맥이 닿는 것이었다. 반면 이현익은 마음과 기질을 분리하지 않음으로 그 주류에서 벗어나고 있다. 그는 다음과 같이 말한다.

> 마음과 기질에서 마음은 정상한 기요, 기질은 (氣의) 찌꺼기[査滓]인 것은 진실로 그렇습니다. 그러나 다만 기질을 말해도 그 기질은 스스로 마음을 겸하고 있습니다. 또한 이른바 정상하다는 것도 기질 밖에 달리 별개의 것이 있는 것은 아닙니다. 다만 기질의 정상한 것일 따름입니다. 그러므로 미발의 중(中)에서 기질의 선하지 않은 것이 있다고 해도 스스로 마음의 본체에 간여하지 않는다고 하는 것이 가능하겠습니까?[215]

마음은 기의 정상임을 인정할 수 있지만, 그 마음의 기도 기인한 결국 기질과 근본적으로 다른 것이 아니라는 것이다. 따라서 미발에서도 기질의 영향을 인정해야 한다. 이는 곧 호학의 견해와 일치하는 것이라고 할 수 있는 것으로, 미발에 대한 이현익의 이해가 낙학의 주류와 다르다는 것을 의미한다.

물론 이현익이 미발의 중을 부정하는 것은 아니다. 다만 그것이 그 자체로 일체의 기질로부터 자유로운 본체의 상태라든가 기가 용사하지 않는 상태가 아니라, 고도의 수양 결과이거나, 혹은 기질이 일시적으로 혼화한 결과라는 것이 그의 주장이다. 이러한 기질혼화설은 특히 일반인의 경우에 성인과 마찬가지로 미발의 중이 존재하는 것과, 동시에 그들에게 그것이 지속되지 못하는 이유를 설명해주는 데 유용성이 있다.

② 김창흡의 평가와 낙학 속 미발 기질 유무 논변의 의의

이러한 양자의 입장 차이에 대해 김창흡은 이현익을 비판하고 어유봉의 손을 들어줌으로써 호학 측과 대비된 낙학 측의 지향을 또 한번 분명히 했다. 그는 다음과 같이 말한다.

> 탁하고 악한 것은 실로 뿌리가 없는 것으로, 오기(五氣)의 편중된 것은 일을 만나 나타나는 것이다. 굳세면 혹 이기려 함이 많고 부드러우면 혹 아부함이 많다. 성색(聲色) 취미(趣味)의 욕망은 자극에 따라 타오르니 탐욕은 반드시 취하고 음욕은 반드시 좇는다. … 이러한 것들은 오히려 이발의 경계에 속한 것으로, 이미 미발이면 만사가 모두 아직 싹트지 않았으니 어찌 그 뿌리와 줄기를 샅샅이 따져 힘써 혼화로 설을 삼을 수 있겠는가?[216]

김창흡은 미발의 마음에 탁하고 악한 것이 뿌리를 내리고 있어서 그것이 이발에서 드러나는 것이라고 보지 않았다. 미발은 순선하여 어떤 악의 조짐도 없다. 그러면 악은 어디에서 발생하는가? 김창흡은 그것이 기의 편중된 것이 사건 속에서 즉 사태와의 만남 속에서 드러나는 것이라고 한다.

하지만 그것은 이발에서의 문제이며, 미발의 마음은 아직 문제가 발생하지 않은 것으로 거기에서 문제의 뿌리를 상정하고 억지로 혼화설을 꾸며낼 필요가 없다는 것이다. 또한 미발의 마음은 단지 아직 악이 발생하지 않은 상태, 곧 악의 잠재 상태가 아니라 순선한 상태임을 역설한다.

> 주자는 말하기를, "희로애락 미발의 중(中)은 성인을 논한 것이 아니고 다만 일반인도 성인과 마찬가지로 그것을 가지고 있음을 논한 것이다. … 면재(勉齋: 황간)는 말하기를, 본성[性]은 본래 기질과 섞여 있는데, 그것이 미발 때에는 이 마음[心]이 담연하여 물욕이 생기지 않는다. 기는 비록 치우쳐도 리는 바르며, 기는 비록 어두워도 리는 밝으며, 기에는 비록 넉넉한 것과 모자란 것의 차이가 있어도 리에는 나은 것과 모자란 것의 차이가 없다. 이 미발의 때에는 순수(純粹) 지선(至善)하니 자사(子思)가 말한 중(中)이 그것이다. 내가 일찍이 이것으로 선사(先師)에게 질문했는데 답변하시기를 미발의 전에 기는 용사(用事)하지 않으니 그래서 선은 있고 악은 없다"고 하셨다. ○ 이 두 가지 설은 표준으로 삼을 만하니 깊이 생각해보아야 한다. 그런데 어찌 혼화와 불혼화를 분분하게 변론하는가?²¹⁷

그런데 그렇다고 해서 이현익의 미발 이해가 호학과 전적으로 같은 것은 아니었다. 호학에서는 미발에서도 기질지성이 있다고 하여 문제를 본성의 문제로 넘기지만, 그는 미발을 초월화(超越化)시키는 방향으로 나아간다. 다음 절에서 다시 살펴보겠지만 그는 기질의 영향을 받을 수 있는 우리 마음의 미발 상태를 정(靜)이라 하고, 그에 대해 기질의 영향을 초월한 어떤 절대적 순선의 상태를 미발이라 하여 미발을 이원화하는 길을 택했다.

이것은 정(靜)과 지정(至靜) 혹은 미발을 구분한 김창협의 미발 이해를 계승한 것이라고 볼 수도 있지만 그 내용에서는 다소 차이가 있다. 즉, 김창협에서 미발은 여전히 우리 마음의 심리적 현실로 이해되었지만, 이현익은 정(靜)과 구별되는 미발을 우리 마음의 심리적 현실로서가 아니라 심기(心氣)를 포함해서 모든 기질적 맥락을 초월한 본체 자체로 이해한다는 것이다. 이는 인성 물성론에서의 그의 본체 이해를 보완하는 의미가 있다. 즉 현실적 맥락에서 본체는 기질을 떠날 수 없으며, 따라서 인성과 물성의 사이에 편전이 있게 된다. 여기까지는 호학의 본체론과 유사한 점이 있다. 하지만 이현익은 이제 미발론에서 그러한 기질의 맥락을 떠난 초월적 본체의 자리를 미발에 마련하고 있는 것이다.

호학의 한원진도 초형기의 리 자체를 말하고 이 때문에 이간으로부터 '현공설리'라는 비판을 받았지만, 그에게서 초형기의 리는 그 자신의 자리를 가진 것이 아니었다. 호학에서 본체는 미발에서나 이발에서나 기질의 맥락을 벗어나 있는 것은 아니었다. 기질의 맥락을 벗어난 초형기의 리는 그러한 기질 속에 있는 이통(理通)의 리를 단지(單指)한 것으로 이해되었을 뿐이다. 그리고 그 기질은 본체를 그대로 실현한다고 하는 적극적인 의미에서가 아니라 본체를 제한하고 규정하는 데 초점이 있었다. 그것이 그들이 이통에 대해 기국(氣局)을 파악하는 방식이었다.

하지만 여기에서 이현익은 미발에서 그 본체의 자리를 마련하고 있다. 그것은 분명히 마음의 운동을 통해 현실 세계에서 자신을 역동적으로 실현하는 본체를 포착하려는 것으로 낙학의 정신을 계승했다고 할 수 있다. 그가 생각한 본체의 자리인 미발은 일체의 기의 세계로부터 벗어나 있는 것으로서, 분명히 비록 우리의 일상의 심리적 현실은 아니었다는 점에서— 아마도 어떤 특별한 심리적 상태 혹은 현실일 것이다— 낙학의 종지에서 벗어났지만, 그것이 우리의 마음을 떠난 것은 아니었다. 그것은 기로서의 마음의 층위를 넘어선 어떤 리의 마음이라고 할 수 있을 것이다. 이현익의 학설은 이런 점에서 낙학을 떠난 것이 아니라 다소 과격하지만 분명히 낙학의 한 형태라 해야 옳을 것이다. 이는 다음에 전개된 그와 박필주 사이의 미발 논변에서 분명히 드러난다.

(4) 이현익과 박필주 사이의 미발 공부 논변 (1714)[218]

① 논변의 전개

1714년, 이현익은 박필주와 미발에서의 공부 문제에 대한 논변을 전개했다. 이 문제는 낙학에서 주로 관심을 가진 문제였다. 역시 앞에서와 마찬가지로 김창흡이 그에 개입하여 평론하고 판정하는 역할을 했다. 김창흡은 미발의 의미에 대한 추구가 정자 이래의 문제였고 주자의 중화신설에 이르러 비로소 정설이 형성되었지만 그 세세한 부분에서는 아직도 해결되지 못한 문제가 많다고 말한다. 그 자신도 깊이 생각해보았지만 지난한 문제임을 거듭 확인하게 된다고도 했다.[219] 그 지난한 문제를 토론한 것이 이현익과 박필주 사이의 미발 논변이다. 김창흡은 두 사람 사이의 미발 논변을 총평하여 다음과 같이 말했다.

> 박필주의 설은 주자의 설을 답습했다. 그는 "충막(沖漠)한 가운데 보이지 않는 풍경을 밝히 보며, 항상 있는 본체를 보존한다"라고 했는데 이는 전례에 따라 한 말이요, 멋대로 지어낸 말은 아니다. (반면에) 이현익은 말하길 "미발은 곧 경지이다. 그 경지에는 공부가 있을 수 없다. 공부가 있다면 그것은 곧 이발이 되고 만다"고 했다. 그 설이 우뚝 솟아 높으며 멀어 기대는 바가 없다. 박필주보다 높이 간 것은 물론이요, 거의 주자를 돌파하여 지나가려 했다.[220]

얼핏 보기에 이현익을 높인 것처럼 보이지만 실은 그를 비난한 것이다. 박필주에 대해서는 보이지 않는 것을 본다고 했다. 또 항상 있으므로 보존하고 말 것도 없는데 보존한다고 했다. 이는 선사(禪師)의 말처럼 들리지만 전통적으로 미발에서의 공부에 대한 이해를 답습한 것으로 큰 문제가 없다고 평한다. 보이지 않는 풍경이란 곧 항상 있는 본체이다. 본체를 보고 보존하는 것 그것이 미발에서의 공부이다. 이는 곧 미발이라는 심리적 현실에서 본체에 대한 접근을 시도하는 낙학의 종지에 연결된다.

그런데 이현익은 미발에서의 공부를 부정한다. 그것은 곧 미발의 순수성을 극도로 주장하여 지나치게 나간 것이라고 평한다. 심지어 주자를 지나쳤다는 것이다. 김창협 역시 미발에서의 공부를 부정한 적이 있다. 이현익은 아마 김창협의 미발 공부 부정을 좀 더 철저하게 밀고 나간 것으로 보인다. 그는 미발이라면 순선한 본체 자체이므로, 혹은 그러한 경지이므로 다시 미발에서의 공부가 있다는 것은 말이 되지 않는다고 말한다.[221]

> 평상시에 경(敬)에 종사하여 그를 통해 미발을 보존한다고 하면 말이 되지만, 미발상에서 공부를 한다는 것은 말이 되지 않는다. 미발상이라고 하면 곧 그 경지를 가리키는 것이 되는데, 거기에서 공부를 한다는 것은 그런 경지에 이르러 비로소 공부를 한다는 말이 되기 때문이다.[222]

미발은 공부의 결과로 따르는 경지이지, 공부를 할 마음자리는 아니라는 것이다. 미발은 공부의 결과 혹은 기질의 자연스러운 혼화에 따른 경지이므로, 거기에서 공부를 다시 한다는 것은 이치에 맞지 않는다. 이에 대해 박필주는 다음과 같이 답변한다.

> 미발과 이발이란 그 경계가 시간적으로 나뉘어 이미 하나가 아니다. (미발의 때는) 비록 사유가 생기기 이전이고, 의론이 허용되는 곳도 아니지만 그 기상과 의미가 독자적 영역을 지닌 것이므로 간략하게 말할 수 있는 바가 있다. 그러므로 옛사람이 이에 대해 다만 '존양(存養)'이라는 두 글자로 말한 것이다. 이는 이른바 보지 않고 본다고 하는(보이지 않는 것을 본다고 하는) 것과 같은 것이요, 반드시 힘을 써서 잡고 노력을 가한 후에야 비로소 공부가 되는 것은 아니다. … 또한 공부에는 원래 이발로부터 미발로 거슬러 올라가는 공부가 있는

가 하면, 먼저 미발처(未發處)로부터 본령을 세워 이발에 이르는 공부도 있는 것이다. 그 공부는 힘이 들지 않는 공부이다. 『주역(周易)』에서 먼저 적(寂)하고 후에 감(感)한다고 하고, 『중용』에서 먼저 미발을 말하고 후에 이발을 말하는 것 등은 모두 이 이치를 밝힌 것이다.223

미발은 마음의 한 상태로서 비록 사려나 어떤 조작과도 양립할 수 없는 때이지만 그 나름대로 '존양'의 방법을 써서 공부를 할 수 있다고 말한다. 그때는 곧 본체가 드러나는 곳으로 본체가 그대로 주체와 동일하게 되는 곳이므로 그러한 마음의 실제적인 계기, 심리적인 현실을 없애지 말고 잘 보존하여 기르면 이발의 경우에도 어렵지 않게 절도에 맞는 행위를 할 수 있게 된다는 것이다.

이에 대해 이현익은 정(靜)과 미발을 구별하는 관점을 제시한다.

> 아직 외부 사물이 이르지 않았고, 희로애락의 감정이 일어나지 않았(으며, 외부 사물에 자극을 받지 않았)을 때라도, 그 마음에 반드시 한 가지 생각도 일어나지 말라는 법은 없다. 혹 (그때라도) 망령되고 허황한 생각이 일어나서 미발이 될 수 없는 경우도 있기 때문이다. 그와 같은 때는 다만 정시(靜時)라고 할 수 있을 뿐, 미발이라고 할 수는 없다. 반드시 사물이 아직 이르지 않고 희로애락이 없을 때를 기다려, 한 가지 생각도 일어나지 않도록 밝고 밝게 주재한 후에야 비로소 미발이라고 할 수 있다.224

이현익은 미발이 최종적인 경지라면 정(靜)은 외부 사물과의 접촉이나 자극이 없는 가운데 마음이 고요한 상태를 중립적으로 말한 것이며, 그때는 아직 망념이 없지만 언제나 망념이 생겨날 수 있는 상태이다. 따라서 그러한 망념이 일어나지 않도록 주재하는 공부가 있을 수 있는데 말하자면 그것은 정에서의 공부이고, 미발에서의 공부는 아니라는 것이다. 그는 그러므로 박필주가 미발에서의 공부라고 하는 계구(戒懼)와 함양(涵養) 등은 사실은 이발에서의 공부이며, 굳이 이야기한다면 정시의 공부, 곧 마음이 한가하고 고요할 때의 공부라고 한다. 그는 다음과 같이 말한다.

> 주자는 간략하게 수습하여 보존하는 것을 계구 공부라고 했다. 그래서 많은 사람들이 그것을 미발 공부로 생각한다. 그러나 그것은 또한 계구 공부라고 하면 되지만 미발 공부라고 해서는 안 된다. … 정시(靜時)에 수습하여 보존한다. 수습해서 보존할 수 있으면 그것이 곧 미발이다. 미발상에 이르러서 비로소 수습하여 보존하는 것이 아니다. (수습하여 보존하는 것은 함양 공부이다.) 그렇다면 함양과 찰식(察識)은 다만 사물을 접하기 전과 접한 후, 정시와 동시(動時)로 나누어야 하고, 미발과 이발로 나누어서는 안 된다. … 정(靜)이라고 하면 몸이 외부 사물과 접촉하기 이전과 마음에 한 생각도 일어나지 않는 것을 겸해서 말한 것이다. 미발도 그러하다. 다만 정의 경우는 비록 마음에 한 생각이 일어나지 않을 수 없다고 하더라도 다만 외부 사물과 접촉하지 않을 때라면 정이라 말할 수 있다. (반면에) 미발의 경우는 반드시 한 생각도 일어나지 않은 후에야 미발이 될 수 있다. 정은 미발에 비하면 그 영역이 넓다. 미발은 정에 포함된다. 정을 모두 미발이라고 할 수는 없지만, 미발은 곧 정이다.[225]

이현익은 정(靜)과 미발을 구별하고 있다. 미발은 마음의 정의 상태임에 틀림없지만, 정의 상태라고 해서 곧 미발인 것은 아니다. 정은 사물과 아직 접하거나 사물의 자극이 있기 이전의 상태라고 한다면, 미발은 그러한 마음이 온전히 주재되어 중(中)의 상태에 이른 것을 의미한다. 그것은 공부의 결과로 주어지는 혹은 기질의 일시적 혼화로 얻게 되는 어떤 상태, 기질로부터 온전히 자유로운 어떤 상태를 가리킨다. 정시(靜時)에 미발을 가져오는 공부는 가능하지만 미발에서의 공부는 불가능하다.

하지만 박필주는 정이 곧 미발임을 역설한다.

정주(程朱) 이래로 정을 말한 분들은 대개 미발과 같은 경계에 속한 것으로 이해했습니다. 주자가 장남헌(張南軒)에게 보낸 중화논변서(中和論辨書)를 보면 알 수 있습니다. 그대의 편지에서 말한, 한 가지라도 생각이 일어나며 망령되고 허황한 생각이 일어난다고 하는 것은 정의 진면목이 아닙니다.[226]

박필주는 따라서 계구, 함양 공부는 미발 공부라고 거듭 말한다.

계구라는 것은 기왕에 공부이며, 더욱이 미발을 기르는 공부이다. 이른바 미발 공부란 원래 곧바로 미발의 경지에서 공부한다는 것이 아니라, 계구를 통해 기르는 것이 그곳에 있으므로 그렇게 말한 것일 뿐이다. 지금 계구를 공부라고 하면서도 미발상에서는 공부를 말할 수 없다고 하는 것은 계구를 통해 기르는 것이 무엇인지를 모르는 것이다. 이는 주체[能]와 객체[所]를 둘로 나누는 오류를 면할 수 없다.[227]

이현익은 계구와 함양을, 미발을 가져오는 공부라는 의미에서라면 미발 공부라고 할 수 있지만, 미발에서의 공부라는 의미에서라면 어불성설이라고 말한 바 있다. 박필주는 이현익이 왜 그러한 논리를 고수하는가를 충분히 이해하고 있다. 그럼에도 그는 여기에서 그것을 미발 공부라고 해야 한다고 말하는 것이다. 이현익은 계구와 함양은 그것이 어떤 식이든 공부라면 그것은 유위(有爲)요, 그렇다면 그것은 이발에서의 공부라고 해야 한다고 말한다. 그러나 박필주는 미발의 공부는 미발의 중을 새삼 가져오는 공부가 아니라, 이미 주어진 미발로부터 출발하여 그것을 기르는 공부라고 말한다. 그러므로 그것은 기르는 자[能]와 기름을 받는 것[所]이 분열되지 않는 자기 확장의 공부이다.

이현익이 미발을 정(靜)이라는 마음의 현실에서 분리하고자 하는 것은 그의 기질에 대한 이해와 관련이 깊다. 즉 본체를 심기(心氣)와 형기(形氣)

를 포함한 모든 기질적 맥락으로부터 초월한 것으로 보는 그의 본체관에서, 그는 미발 역시 일체의 기(氣)의 맥락에서 분리시키고자 한 것이다. 마음의 순수한 본체는 일체의 기질로부터 자유로운 것이어야 한다는 것이다. 그는 그것이 우리 공부의 최종적인 경지에 해당한다고 보았으므로 결국 미발에서의 공부가 불가능하다는 결론에 이르게 되었다. 하지만 낙학에서는 그것을 공부의 최종 도착점이 아니라, 혹은 최종 도착점일 뿐 아니라 최초 출발점으로 보았다는 점에서 그와 차이가 있었다.

② 김창흡의 평가와 낙학 속 미발 공부 논변의 의의

미발 문제, 특히 미발에서의 공부 문제와 관련하여 김창흡은 다음과 같이 논평을 겸한 정리를 했다.

> 주자의 미발론에서 … 미발은 허공에 독자적으로 존재하여 일체의 공부를 허용하지 않는 그런 것은 아니었다. 그의 설을 따라 이현익의 주장을 살펴보면 과연 누가 높고 누가 낮은가. 또한 이현익이 말하는 본체는 과연 천상(天上)에 매달려 인간 세계에는 속하지 않은 것이란 말인가. 본성[性]은 마음[心]에로 통하며, 마음은 (인간이) 일삼을 바가 있는 곳이다. 『주자어류』에서 말하길 "(마음의) 미발을 중(中)이라 하고, 발하면 화(和)라고 한다. 마음은 공부를 하는 곳이다"라고 했다. 그렇다면 어찌 마음 공부에 발(發)과 미발(未發)의 차별이 있겠는가? 지금 (이현익은) 본체를 인간사의 바깥에 두고, 공부가 보존할 바가 아니라 한다. 이는 그 경지를 지나치게 높게 본 것이요, 공부는 또 지나치게 무겁게 생각한 것이다. 나의 생각으로는 미발 공부가 어찌 말로 표현할 수 없는 것이겠는가? 처음에는 거두어들여 깊이 저장하는 것이요, 그다음에는 체인(體認)하여 밝히 살피는 것이며, 마침내는 오랫동안 은밀하고 간약하게 지키고 보존하는 것이다. … 중도(中道)를 잃으면 어두운 데 빠지거나 홀로 멀리 가 고립되거나 한다. 어두운 데 빠진 이가 여자약(呂子約: 呂祖儉)이라면 홀로 고

립된 이가 이현익이다.²²⁸

　김창흡은 미발에서의 공부는 그리 심오한 것도 어려운 것도 아니라고 말한다. 그는 '미발에서의' 공부의 가능성에 대해 부정한 양극단의 입장으로 여조겸과 이현익을 들었다. 즉, 어떤 식이든 공부를 한다면 그것은 곧 이발로 넘어가는 것이므로 미발에서의 공부는 불가능하다고 했던 여조겸은 미발을 지나치게 사려미맹을 중심으로 해석하여 '어두운 데 빠진' 것이라고 한다면, 반면에 미발을 공부의 구경처(究竟處)로 삼아 미발에서의 공부를 부정했던 이현익은 미발을 인간의 현실적인 마음에서 분리시켜 지나치게 높은 경지에 둠으로써 '홀로 고립된' 것이라는 것이다.

　김창흡은 미발은 그렇게 어두운 곳도 그렇게 환한 곳도 아닌, 우리의 일상적인 경험 가운데 잡아 의지해나갈 수 있는, 공부의 처소가 되기에 넉넉한 그런 곳이라고 말한다. 미발에서의 공부는 그를 문제 삼는 이들이 문제 삼는 만큼 그렇게 심각한 난제를 가지고 있는 것이 아니다. 그는 천재적 감각을 가지고 그러한 난점을 간단하게 뛰어넘어 미발에서의 공부론을 간명하게 정리했다.

　그것은 곧 첫째, 나간 마음을 거두어들여 은밀한 데 감추어두는 수렴(收斂) 공부이며, 둘째, 그 본체를 맞이하여 밝히 살피는 체인(體認) 공부이며, 셋째, 견고하고 오랫동안 은밀하고 간약하게 지키고 보존하는 함양(涵養) 공부이다. 김창흡은 결국, 수렴-체인-함양을 계기적으로 전개되는 미발 공부의 각 요소로 배치하여 미발 공부에 대한 종합적인 견해를 제시한 것이다. 이는 수렴, 함양뿐 아니라 도남학(道南學)의 체인적(體認的) 요소도 미발 공부 속에 적극적으로 끌어들인 것으로서, 미발 공부론의 집대성이라고 할 수 있겠으며, 낙학 측의 미발과 미발에서의 공부에 대한 관심과 이해의 특징적인 면모를 잘 보여주고 있다고 하겠다.

　이현익을 중심으로 펼쳐진 낙학 내에서의 여러 논변들은 곧 김창흡에 이르러 낙학의 종지를 보다 명확히 정립할 수 있게 했으며, 호학과의 차별성을 명확히 하는 계기를 마련했다. 즉, 그를 통해 호학 내부의 주요한 논쟁점이었던 인물성(人物性) 동이(同異) 문제, 미발에서의 기질 유무 등에 대한 낙학 측의 견해를 정비하고 확인하는 기회를 가질 수 있었다. 그것은 심성론적 주제 전반에 걸쳐 김창협 이래 형성되어온 낙학의 정신을 분명하고 체계적으로 형성하는 데도 일정한 기여를 했다. 또한 그러한 가운데 김창협 사후 김창흡이 낙학의 중심인물로서 뚜렷이 부각했다. 그것은 곧 김창협-김창흡을 중심으로 한 낙학과 그의 성리학 이론으로서의 낙론이 분명하게 형성되고 정립된 것을 의미한다. 결국 호학 측에서 이간이 담당한 역할을 낙학 측에서는 이현익이 담당했다고 평가할 수 있다.

2) 호학 측의 미발 논변

낙학 측에서의 미발에 대한 논변이 결국 미발에서의 공부 문제를 중심으로 전개된 것이라면, 미발 문제와 관련하여 호학 측에서 주로 관심을 기울였던 문제는 미발에 대한 규정, 곧 미발의 순선(純善)을 어떤 방식으로 규정하고 이해할 것인가 하는 데 있었다. 그것은 기에 대한 이해의 문제, 곧 본체-리와 기의 관계 설정과 관련된 문제였다고 할 수 있다. 한원진이 미발에서의 지각을 인정하고 이간이 허령한 마음의 본체를 강조했지만, 그러한 인정과 강조에도 불구하고, 그들 사이의 미발 논변에서는 공부의 문제가 논쟁적 주제로 부각되지는 않았다. 그것은 그들의 논변에 앞서 권상하 단계에서 진행된 미발 논변에서도 마찬가지였다.

(1) 권상하와 그 제자들 사이의 미발 논변 (1693년~)
1693년 6월 권상하는 박광일에게 답하는 편지에서 다음과 같이 말했다.

> 보내주신 편지에서, 일반인의 미발이 있는가 하면 『중용』의 미발이 있다고 해서 둘로 나누시고, 또 "『중용』의 미발은 큰 현인 이상이 아니면 그러한 때를 가지지 못한다"라고 말씀하셨습니다. … 미발은 곧 본성입니다. 저는 하늘이 명한 본성에 현명한 자와 우매한 자의 구별이 있다는 말은 들어본 적이 없습니다. 다만 일반인은 미발의 때를 가졌다가도 순식간에 다시 혼란스러워지기 때문에 그 본체를 보존하지 못하는 것입니다. … 이발 후라면 성현과 다르겠지만, 미발 때라면 구별이 없습니다.²²⁹

얼핏 보기에 미발에 대한 권상하의 이러한 생각은 이미 살펴본 김창협의 미발론과 구별되지 않는다. 둘 다 미발 때의 무차별과 순선함을 이야기하고 있다. 아직은 미발 문제를 둘러싼 호락 간의 견해 차이가 드러나지 않은 것이다. 1695년 9월에 권상하는 다시 박광일에게 답하는 편지를 썼다.

> 마음에 동(動)과 정(靜)이 있음은 성인과 일반인에 동등합니다. 일반인의 마음이 비록 매우 혼매하다 하더라도 어찌 잠시만이라도 (아무) 사려가 없는 때가 없겠습니까? 사려가 없는 때가 있다면 어찌 그때가 미발이 아니겠습니까? 다만 평소에 잡아 두고 기르는 공부가 없었으므로 순식간에 다시 혼란스러워지는 것입니다. (그의) 마음이 항상 동하고, 정할 때는 거의 없으므로 원래 미발의 때가 없었다고 말해도 틀린 것은 아닙니다. 이런 까닭에 선학(先學)들이 그를 논함에 그 말하려고 하는 취지에 따라 말이 서로 일치하지 않는 경우가 있기도 하지만 그 뜻에서는 서로 조금도 다르지 않습니다.²³⁰

권상하는 박광일과는 이 미발 문제에 대해 이후 더 이상 논란하지 않고 1699년 이후로는 지각(知覺)에 관한 논변에 들어갔다.

1708년 8월에 이르러 한원진은 권상하에게 편지를 올려 호중(湖中)의 최징후, 한홍조 등이 본성에 관한 잘못된 견해를 가지고 있다고 말한다.[231] 한원진은 그들이 본성에 세 가지 층이 있음을 알지 못하고 오직 기질의 맥락에서 떠난 본연지성만을 알고 기질의 맥락 속의 본연지성에 대해서는 알지 못한 데서 그러한 견해에 빠지게 된 것이라고 진단한다. 그 잘못된 견해는 크게 인(人)과 물(物)의 본성을 논함에 금수도 오상(五常)의 본성을 가져서 인간과 그 출발점에서는 다르지 않다고 주장하는 것과 미발 때에는 다만 본연지성만을 가지고 있다가 이발 후에 기질지성을 가지게 된다고 생각하는 것이라고 한다.[232] 이러한 논점은 1708년 한원진이 최징후에게 보낸 편지의 별지에서도 확인된다.[233]

1708년에 이르러 미발 문제는 호중(湖中)의 학자들에게는 본연지성과 기질지성에 대한 이해의 문제, 혹은 심기(心氣), 형기(形氣: 기질)와 본성 사이의 관계 문제로 구체화되고 있음을 볼 수 있다. 즉, 낙학에서의 미발 문제가 마음에 중심을 두고 마음과. 본체 사이의 관계를 논한 것이라면, 호학에서의 미발 문제는 본성에 중심을 두고 본체와 본성, 본성과 마음의 관계 문제로 구체화되고 있는 것이다.

1708년 같은 해, 최징후는 최징후대로 권상하에게 편지를 써서 한원진의 논점에 대해 의문을 표시하면서 자신의 생각을 확정치 못하고 있음을 말했다.[234] 그러나 1710년 11월 권상하가 최징후에게 답한 편지에서 최징후는 한원진 쪽으로 기운 모습을 보이고 있고 권상하의 인가를 받는다.[235] 위의 지각 논변 부분에서 살펴본 사실과 더불어 이 시기는 정확히 호학이 형성되는 시점임을 알 수 있는 것이다. 이러한 합의에 이르기까지는 1709년 이래의 한원진과 이간 사이의 치열한 논변의 과정이 놓여 있었다. 호학은 실로 이 과정을 통해서 자기의 성격을 확실히 한 것이다.

1708년 10월 권상하가 봉암(鳳巖) 채지홍(蔡之洪, 1683~1741)에게 보내는 편지에 따르면 채지홍은 다음과 같이 말했다.

본성은 비록 기질 가운데 있지만 사물이 와서 자극하기 전에는 기(氣)가 작용을 하지 않으므로[氣不用事] 이때에는 선하다고 할 수 있을 뿐 악하다고 할 수는 없다.236

즉 본성이라고 하면 기질의 맥락을 떠날 수 없다. 이는 권상하와 한원진을 중심으로 한 호학의 기본 입장이다. "리는 온전치 못한 경우가 없지만, 본성에는 편전의 차이가 있을 수 있다."237 본성을 기질의 맥락에서 다루어야 한다는 것은 주자에서부터 강조되어온 것이며,238 이이의 경우도 마찬가지이다.239

그런데 이 '기질의 맥락에서 다룬다'라는 말의 의미는 그렇게 단순하지가 않다. 먼저 기질이라고 해도, 거기에는 크게 심기(心氣)와 형기(形氣)의 구분이 있을 수 있다. 일반적으로 본성은 곧 마음의 미발과 동일시된다. 본성은 곧 미발 상태의 마음이다. 본성이 직접적으로 관계하는 것은 마음이요 심기인 것이다. 심기에 초점을 둘 때에는 사실 기질이라고 말하지는 않는다. 그냥 '기'라고 하는 것이 더 적절할 것이다. 심기는 본성을 존재론적으로 규정한다기보다는 실천론적으로 본성의 현실화 혹은 실현과 관계한다. 따라서 인성과 물성의 다름이 논의되기보다는 본성의 실현에서의 차이가 문제가 된다. 낙학이 주로 착안하는 점은 바로 거기에 있었다. 낙학에서는 본성의 리적 측면에 강조를 두지만 역시 기의 맥락을 무시하지 않으며 그때 기는 기질과 구별되는 심기라고 해야 할 것이다.

그에 비해 호학에서는 본성을 기질의 맥락에서 논하며, 그것은 심기가 아니라 형기에 초점이 두어져 있다고 할 수 있다. 바로 그렇기 때문에 호학 측에서는 본성에서 인간과 사물(동물)의 다름이 있다고 주장하는 것이다. 본성은 형기에 의해 결정되는 것은 아니지만 형기에 영향을 받는다. 그렇다면 호학 측에서는 미발의 마음에 대해서는 어떻게 생각하는가? 미발의 마음에서도 형기의 영향을 말할 수 있는가? 만약 그렇다면 그것은 어떻게 순선이라고 말할 수 있는가? 이러한 난점을 극복하기 위해 호학 측에서 제출한 논리가 채지홍이 여기에서 말하고 있는 '기불용사(氣不用事)' 이다.[240]

권상하는 다음과 같이 말한다.

> 마음이 미발 상태일 때는 기가 작용하지 않는다. 그때 리는 비록 기 속에 있지만 그 본체 그대로이니 어찌 거기에 선악이 있다고 말하겠는가? 충막(沖漠)할 뿐이요, 적연(寂然)할 뿐이다.[241]

미발에서의 마음 역시 본성과 마찬가지로—그 둘은 한편으로 동일한 것이기도 하다—형기의 맥락에 있지만, 그 기질이 영향을 끼치지 못하므로 미발의 마음은 순선할 수 있다는 것이다. 형기에서는 사람들 사이에도 여러 편차가 있을 수 있지만, 일반인에게도 미발의 때가 있음은 그때에는 그 형기가 아직 작용하지 않는 때이기 때문이라는 것이다. 미발 곧 심기가 작용하지 않을 때, 형기 역시 작용하지 않는다.[242] 결국 이 '기불용사'의 논리를 통해 호학 측에서는 미발과 본성을 기질의 맥락에서 다루면서 동시에 그것의 순선함이라는 원칙을 어기지 않을 수 있었던 것이다. 이 논리는 한원진과 이간 사이의 논변에서 다시 한번 거론되면서 새롭게 조명된다. 이에 대해서는 뒤에서 다시 다룰 것이다.

1710년 1월에 권상하가 윤봉구에게 보낸 편지는 본성을 기질의 맥락 아래에서 이해해야 한다는 것이 어떤 의미인지 좀 더 자세하게 다루어진다. 윤봉구는 다음과 같이 물었다.

> 각일기성(各一其性)이란 … 혼연한 태극의 전체가 각 개별 사물 속에 각각 갖추어지지 않음이 없다는 것을 말합니다. 이것은 곧 오로지 본연(지성)을 가리켜 한 말인 듯합니다. 그런데 오행에 따라 생겨나 그 기질에 따라 그 품수 받은

바가 각기 다르다고 한 것으로부터 본다면 또한 기질(지성)을 가리켜 한 말인 듯도 싶습니다. 어느 것을 쫓아야 할지 모르겠습니다. 제가 「태극도설」의 본문을 가지고 생각한 바에 따르면 … 결국 각일기성의 본성은 본연(지성)을 가리켜 한 말인 듯합니다. 그렇지 않다면 태극 전체가 각기 사물에 갖추어져 있다고 하는 것을 어디에서 볼 것입니까?243

즉, 윤봉구는 각일기성의 '그 본성'이 과연 모든 존재에 보편적인 혼연태극의 전체, 곧 본연지성을 가리키는가, 아니면 각 기질에 따라 다른 본성, 곧 기질지성인가 하는 문제에 대해 묻고 있다. 윤봉구는 그것을 본연, 곧 태극 전체로 이해해야 하지 않을가 하고 자신의 의견을 덧붙여 물었다. 이에 대해 권상하는 다음과 같이 말한다.

"하늘이 명한 본성이라고 해도 또한 반드시 기질에 담겨 있다." 이 말과 '그 기질에 따라 그 품수 받은 바가 다르다'라고 하는 말은 같은 내용의 말이다. 정이천과 장횡거가 말했던 기질지성이라는 것은 그 의미에서 이것과 약간 다르다. 활간(活看)해야 한다.244

권상하는 본연에 대한 이해를 수정해줌으로써 답변한다. 즉 본연이라고 해서 기질과 대립하여 기질과 떠난 태극 본체를 가리키는 것은 아니며, 오히려 기질의 맥락 가운데 있는 태극을 가리키는 것으로 본다는 것이다. 기질의 맥락 가운데 있으므로 그것은 기질에 따라 다양한 차이가 있다. 그러나 그렇다고 해서 그것이 장횡거가 본성으로 취급하지 않은 기질지성과 동일한 것은 아니다. 그것은 기질 가운데 있지만 본연지성이라고 해야 한다. 사실 기질을 떠난 본성은 본성이라기보다는 리, 태극 자체라고 해야 한다. 권상하 자신이 여기에서 이렇게까지 말하지 않았으나 이것이 그의 주장이 함축하는 바인 것이다.245

본성에 대한 이러한 생각이 태극론과 연결되어 있는 것은 자명해 보인다. 즉 본성은 기질의 맥락에서의 태극이며, 이 태극이 기질의 맥락이 개입하기 전의 태극과 어떤 관련이 있는가 하는 것이 태극론의 주요한 문제이기 때문이다. 이는 곧 다시 한번 '기질의 맥락이 개입한다'라고 하는 것이 무엇을 의미하는가라는 문제를 그 속에 담고 있다. 이 문제는 한원진과 이간 사이의 논변에서 명료해진다. 이에 대해서는 뒤에서 다시 다룰 것이지만 여기 같은 편지에서 윤봉구는 다음과 같이 질문하고 있다.

> 「태극도」에서 각 단계 그림의 중앙에 있는 동그라미는 곧 무극이태극(無極而太極)으로 원두본연(原頭本然)으로부터 말한 것입니다. 그래서 본체(本體)라고 합니다. 그 아래 음양 이후는 곧 유행(流行)하여 대대(對待)하는 때입니다. 그래서 오히려 음정(陰靜)이 체가 되고, 양동(陽動)이 용이 됩니다. 그렇다면 위의 본체의 체와 아래의 체용(體用)의 체는 각각의 의미를 지녀서 서로 침범치 않는 듯합니다. 어떻게 생각하십니까?[246]

본체 태극과 기질의 맥락 속의 태극과의 관계를 질문한 것이다. 권상하의 답변은 다음과 같다.

> 태극이란 음양을 떠나서 있지 않습니다. 음양에 즉해서 그 본체를 지적하여 음양을 섞지 않고 말한 것입니다. 이 말을 잘 음미하면 그대의 의문은 풀릴 것입니다. 이른바 무극이태극이라는 것은 그에 의해 동이양(動而陽), 정이음(靜而陰)하게 되는 본체[所以然]로서, 음양과 섞지 않고 말한 것입니다. 이른바 음지정(陰之靜)이라고 하는 것은 중앙의 동그라미(각 단계에서의 본체)가 그를 통해 정립되는 바의 것으로, 음양을 분리하지 않고 말한 것입니다. 그 두 가지는 하나이되 둘이요, 둘이되 하나입니다.[247]

음양을 떠난 태극은 논리적으로 가정될 수는 있지만 실제로는 그 독자적인 자리가 현실 세계에는 없다는 것이다. 그렇다면 그들에게 리는 단지 논리적으로 가정된 것인가? 권상하나 한원진이 기질을 강조하고 태극을 기질의 맥락 아래서 다룬다고 해서 그들을 유명론자로 보는 견해도 있다.[248] 리는 실재하는 것이 아니라 개념에 불과하다는 것이다. 그런데 권상하와 한원진은 또한 형기를 넘어선 리를 말한다. 이때 형기를 넘어선다는 것은 무엇을 의미하는 것일까? 이 질문은 곧 형기 속에서, 즉 기질의 맥락 속에서 본성을 다루는 것이 무엇인가 하는 질문과 동일한 질문의 양면을 이룬다.

그 가능한 첫 번째 의미는 만물이 생기기 이전이라는 것이다. 그리고 '기질의 맥락 속'이란 형기가 주어진 후, 혹은 심기의 발동 후라는 것이 된다. 그러나 권상하와 한원진은 태극을 만물이 생기기 이전의 자리에 두지 않는다. 태극은 시간적으로 처음에 위치한 것으로 이해될 수 없다는 것이다. 이는 본연지성과 미발의 관계와 관련해서 한원진이 최징후에게 행한 비판에서 명백히 볼 수 있다.

또 하나의 가능성은 초월적 세계에 그 자리를 마련하는 것이다. 만약 그렇다면 그들은 오히려 강력한 실재론자로도 볼 수도 있다—앞에서 살펴본, 낙학 측에 속하면서 호학과 유사한 성향을 보이는 이현익의 입장은 이에 가깝다—. 그러나 그들이 그러한 초월적 세계의 실재를 가정한 흔적은 보이지 않는다. 그들에게 실재하는 것은 기질과 리가 결합한 현실 세계만이라고 할 수 있다.

그렇다면 그들에게서 형기의 맥락을 떠난 리란 무엇인가? 초월적 세계의 실재를 가정하지 않지만 그렇다고 해서 그 리를 단지 개념으로 이해할 수도 없는 것 같다. 그들에서 리-규범은 그 실천적 의미에서 결코 명목상의 것은 아니었다. 그것은 인간의 주관을 뛰어넘는 보다 강고한 실재였다. 권상하와 한원진이 거부했던 것은 보편적 리의 실재 자체는 아니었다. 그런 점에서 그것은 초월적 내재의 성격을 지닌다. 기질의 맥락을 떠난 순수한 리, 초월적 내재로서의 리는 우리 마음의 미발에서 그 모습을 드러낸다. 즉 형기의 영향력이 작용하지 않을 때 그것은 우리 마음의 현실, 곧 심리적 현실로서 그 순선한 모습으로 드러난다.

그러나 그들에 의하면 그러할 때라도 본성은 형기의 맥락 속에 있다. 형기가 영향력을 행사하지 않는다고 하는 것이 곧 형기의 맥락에서 떠나는 것을 의미하는 것은 아니다. 형기는 언제든지 그 영향력을 발휘할 수 있다. 문제는 어떻게 형기가 그 영향력을 발휘하지 못하도록 하는가에 있다. 그렇다면 이는 반드시 마음의 미발만의 문제는 아니다. 마음의 이발에서도 그것은 이야기될 수 있다. 즉 마음의 미발은 본성인데 그것은 기질의 맥락 속에 있다. 그것이 발한 것이 정(情)이다. 본성이나 정이나 다 선할 수도 악할 수도 있는데 그것은 기질이 그 (나쁜) 영향력을 발휘하느냐 발휘하지 않느냐에 달려 있다. 그렇다면 문제는 미발에서나 이발에서나 기질이 그 영향력을 발휘하게 하느냐 못하느냐 하는 데 있으며, 수양론은 곧 그 기질이 영향력을 발휘하지 못하도록 하는 데 집중된다. 이는 수양은 기에 있지 리에 있지 않다고 한 이이의 취지에 잘 부합된다.[249] 그러나 이를 통해 미발의 의의, 미발에서의 본체에 대한 체인, 함양의 의의는 상당히 그 의미가 약화될 수밖에 없다. 이는 한원진과 이간의 논변에서 더욱 명료해질 것으로 보인다.

(2) 이간과 한원진의 미발 기질 유무 논변 (1709년~)

이간과 한원진 사이의 인물성동이 논변을 서술하면서 두 사람 사이의 논변이 대략 어떻게 전개되었는가 하는 것은 이미 살펴보았다. 여기에서는 두 사람 사이의 미발 논변의 내용에 대해 살펴보기로 한다.[250]

한원진 측의 주장에 따르면 '미발에서의 기질의 유무 혹은 순선(純善)' 문제에 있어 이간은 적어도 세 번 자신의 입장을 변경했다.[251] 1709년 그가 최성중에게 보낸 편지가 그 첫 번째 입장이라면, 1712년 한원진에게 보낸 편지에 그의 두 번째 입장이 나타나 있고, 마지막으로 1713년(?)에 쓴 「미발유선악변(未發有善惡辨)」[252]과 1714년에 쓴 「미발변(未發辨)」[253]이 그의 세 번째 입장을 보여준다. 한원진 측의 주장은 그것을 함의하고 있지만, 그렇다고 해서 이간이 오직 논쟁에서 이기기 위해 자신의 주장을 임의로 수정했다고 볼 수는 없을 것이다. 오히려 자신의 주장을 좀 더 명확히 해가는 과정이라 볼 수 있다. 그런 사정을 감안하면서 일단 한원진 측의 주장을 받아들여 순서대로 논변의 내용을 검토해보기로 하자.

① 기불용사(氣不用事)[254]의 문제

'인성과 물성의 동이' 문제를 포함해서 '미발' 문제에 관한 논변이 시작된 것은 한원진이 최징후에게 보낸 1708년 8월의 편지에서부터이다. 이간과 본격적으로 논쟁을 벌이기 전에 이미 논쟁은 시작되었던 것이다. 한원진에 따르면 최징후는 미발 때에는 단지 본연지성만이 있고 발한 후에 기질지성이 있게 된다고 했다.[255] 한원진은 이에 대해 기질지성 역시 그것이 본성인 한 미발에도 해당한다고 반론했다.[256] 최징후는 미발에서 마음이 본성(곧 본연지성)과 일치한 어떤 기상을 마음에 두었을 것이다. 그것은 곧 마음이 본체의 상태에서 본성 그대로를 드러내고 있는 것이며, 본성의 입장에서는 일체의 기질의 한계를 넘어서 자신을 현실화하는 것이라고 할 수 있다.

하지만 한원진은 기질지성도 본성인 한 그것은 이발이라는 마음의 한 측면에만 해당하는 것이 아니라 미발에도 해당한다. 미발 자체가 기질의 맥락 가운데 있는 것이다. 미발에서 기는 적극적으로 활동하지 않으므로 어떤 문제를 일으키지는 않겠지만 그러한 문제가 발생할 수 있는 근거는 이미 미발에 내재해 있다는 것이다. 그렇다면 미발에서의 본성도 결국 기질지성이라고 할 수밖에 없다. 한원진은 「시동지설(示同志說)」에서 기(氣)

를 섞지 않고 말하면 본연지성이고 리와 기를 섞어 말하면 기질지성이라고 말한 바 있다.257 곧 단지(單指)하면 본연지성이고, 겸지(兼指)하면 기질지성인 것이다. 그에 있어 현실적으로는 결국 기질지성만이 있으며, 이는 미발에서도 마찬가지이다. 미발의 마음이 순선한 것은 기가 적극적으로 작용하지 않는 것일 뿐이지 마음의 기가 어떤 특별한 성질을 가지기 때문이라거나 그를 통해 본체-리가 자기를 현시하기 때문이 아니다.

표면상으로 보기에 두 사람의 차이는 간단한 개념 절충을 통해 해소될 수 있을 것 같다. 그런데 사실, 문제는 '기(氣)를 섞어 말한다'라는 말이 애매한 데에 있다. 최징후에게서 그것은 '형기에 따라 (심기가) 발한 후'라는 의미로 이해되고 있는258 반면에, 한원진에게서 그것은 '발하기 전에 (심기의 미발, 이발과는 관계없이) 형기로 주어진'이라는 의미에 가깝다. 최징후에 있어서 기를 섞어 말한 본성은 기질지성이고, 그것은 이미 발한 것이므로 엄밀한 의미에서는 본성이라고 할 수 없다. 본연지성은 미발에 제한된다. 반면에 한원진에게서 본연지성은 미발, 이발이라는 시간적 계기와는 관계가 없는 것이다. 본성은 기질의 맥락 속에 있지만, 그것이 곧 이발을 의미하는 것은 아니다. 마음의 이발과 미발은 모두 기에 해당하는 것이므로, 기라고 해서 꼭 이발을 의미하는 것은 아닌 것이다. 그렇다면 과연 기를 섞어 말한다는 것이 무슨 의미인가? 이는 곧 더 나아가서는 기란 무엇인가 하는 보다 중대한 문제에 연결된다.

같은 해에 한원진은 권상하에게 보내는 편지에서 '기를 섞어 말한다'라는 것의 의미에 대해, 본성에는 세 가지의 층차가 있다고 함으로써 자세하게 해명한다.

> 본성[性]에는 세 층이 있습니다. 곧 인간과 사물 모두에 똑같은 본성이 있고, 또 인간과 사물은 같지 않으나 사람 사이에서는 똑같은 본성이 있으며, 사람마다 같지 않은 본성이 있습니다. … 인간과 사물에서 기를 제외하고 리만을

지적해서 말하면 모두가 뒤섞인 한 몸으로 구체적인 하나의 리, 하나의 덕을 가지고 그것을 지적해 말할 수 없습니다. 천지 만물의 리와 인의예지의 덕(德) 모두가 그 속에 갖추어져 있습니다. 이것이 인간과 사물 모두에 똑같은 본성입니다. 또 마음속에서 각 기의 리를 각각 지적하여 이름을 붙이면 목(木)의 리는 인(仁)이며, 금(金)의 리는 의(義)이고, 화(火)의 리는 예(禮)이며, 수(水)의 리는 지(智)입니다. 이 네 가지는 각각이 구별이 있어 서로 섞을 수 없습니다. 그러나 이것들은 여전히 기(氣)를 뒤섞지 않고 말하는 것이므로 오로지 선하기만 하고 악은 없습니다. 인간의 경우는 품수 받은 기가 모두 온전하므로 그 본성 또한 온전하지만, 동물의 경우는 품수 받은 기가 온전할 수 없으므로 그 본성 또한 온전할 수 없습니다. 이것이 인간과 동물은 같지 않으나 사람 사이에서는 똑같은 본성입니다. 이제 리와 기를 뒤섞어 말하면 굳세거나 부드럽고 선하거나 악하거나 하여 만 가지로 다양합니다. 이것이 사람마다 같지 않은 본성입니다.[259]

한원진은 이 편지에서, 최징후(와 한홍조)의 문제는 본성의 처음 층인 인간과 사물 모두에 똑같은 본성만을 알고, 본성의 나머지 두 층은 알지 못한 데 있다고 지적했다.[260] 본성의 처음 층이 기(氣)를 배제한 것이라면 이는 곧 '기와 섞어 말하는' 것의 의미를 이해, 포착하지 못한 데 문제가 있다는 지적이다. '기와 섞어 말한다'라는 것의 의미를 제대로 이해하지 못함으로써 최징후는 마음의 미발에서 기질지성을 거부했고, 또 금수도 똑같이 오상의 본성이 있다고 잘못 생각하게 되었다는 것이다. '미발 문제'와 '인성과 물성의 동이 문제'에 공히 '기'의 이해 문제가 걸려 있음을 알 수 있다. '기'의 이해를 둘러싸고, 이간과 한원진 사이의 논쟁의 두 가지 쟁점이 함께 얽혀 있다는 것을 볼 수 있다.

한원진은 후에 다른 곳에서 이를 초형기(超形氣)와 인기질(因氣質)과 잡기질(雜氣質)의 세 가지 명칭으로 정리했다.[261] 이는 결국 이통기국(理通氣局)

에서 '기국'의 자세한 해명이라 하겠다. 한원진에서 '기를 섞어 말한다'라는 것은, 곧 기국은 '인(因)'과 '잡(雜)'의 두 가지로 구분된다는 것이다.

한편 한원진은 그가 24세 되던 해(1705) 12월에 지은 「인심도심설(人心道心說)」262에서 기를 형기(形氣)와 심상기(心上氣) 둘로 나누었다. 형기가 운동을 멈춘 사물화된 기라면 심상기는 끊임없이 운동하는 기이다.263 그런데 기에 대한 이러한 이해를 여기에 적용해본다면 한원진의 인기질과 잡기질은 그것이 개체의 운동과는 관계없이―운동의 성격·범위를 제한할 수는 있어도―개체에 이미 주어진 조건이라는 의미에서 기를 형기에 가깝게 이해하는 것으로 보인다. 이는 곧 개체, 기 혹은 마음의 운동보다는 형기(신체적 조건)에 상대적으로 주의를 더 기울인다는 것을 의미한다. 한원진의 인기질·잡기질이란 곧 기의 '신체적 조건'이 마음의 운동을 제약할 뿐 아니라―잡(雜), 청탁수박(淸濁粹駁)의 측면―, 본성의 내용도 제약한다―인(因), 오상(五常)의 유무, 편전통색(偏全通塞)의 측면―고 보는 것이다. 전자의 측면에서 마음의 능력에서의 성인(聖人)과 범인(凡人)의 차이에 대한 주장이 나오며, 후자의 측면에서 인성(人性)과 물성(物性)이 같지 않다는 주장이 나온다.

한원진과 최징후 사이의 논쟁에서 미발의 문제가 결국 본연지성과 기질지성의 관련 문제로, 그것은 또다시 기국의 의미 해명 문제로 진전되는 것을 보았다. 이는 곧 이어지는 이간과의 논쟁에서도 중심적인 자리를 차지한다.

이간은 1709년 최징후에 보낸 편지에서, 미발에서의 본연지성과 기질지성의 관련 문제에 대해 단지(單指)와 겸지(兼指)라는 용어를 써서 둘 사이를 구분함으로써 일견 한원진의 견해에 접근하는 것으로 보인다.264 그는 미발에 대해서 다음과 같이 말한다.

> 이른바 미발은 바로 기불용사(氣不用事)의 때이다. 이른바 청탁수박이라고 하

는 것이 이때에는 정의(情意)도 없고 조작(造作)도 없어서 담연(湛然)하고 순일(純一)하여 또한 선할 따름인 것이다. 이곳이야말로 그 불편불의(不偏不倚)하고 정정당당한 본연의 리를 단지하기에 적합한 곳이다. 어찌 구태여 그 영향력을 미치지 않는 기를 겸지하여서 말할 필요가 있겠는가? 본연 이외에 기질이 있다고 한다면 괜찮지만 본연 외에 기질지성이 있다고 말하는 것은 안 된다.[265]

미발 때에 기가 그 영향력을 행사하지 않는다[氣不用事]는 생각은 이미 위에서 채지홍이 말한 바 있고, 권상하와 한원진 모두가 받아들이는 생각이다. 그러나 이어지는 이간의 설명 곧 청탁수박이 작동하지 않으면서 발생하는 상황을 '담연(湛然) 순일(純一)하여 순선(純善)'이라고 표현한 부분에 실제적으로는 중대한 차이가 있다. 즉, 미발 순선의 근거가 기의 담연 순일에 있다고 하는 설명은 한원진이 결코 받아들일 수 없는 부분이었다. 이 문제는 이어지는 기순선(氣純善)의 문제로 연결된다.

이간은 이러한 담연 순일한 기의 때는 곧 본연의 리를 단지하기에 적합한 때라고 말한다. 그때 본연의 리가 담연 순일한 기를 통해 순수하게 자신을 드러내기 때문이다. 그것을 직접 지시할 수 있는 특별한 때가 바로 미발인 것이다. 따라서 그때는 본연지성을 단지하는 것으로 충분하고 굳이 거기에서 영향력을 행사하지 않는 기를 겸하여 가리킬 필요가 없다. 굳이 미발에서 기질지성을 말할 필요가 없다는 것이다. 이것은 한원진을 비판한 것이다.

이런 점들에서 이간의 기불용사는 한원진의 그것과는 그 내용에서 차이가 있다. 그런데 이간의 논리는 결과적으로 미발에서는 본연지성을 단지하고, 이발에서는 기질을 겸지하여 비로소 기질지성을 말할 수 있다는 것으로, 이는 최징후가 본연지성을 미발에, 기질지성을 이발에 배당한 것과 궤를 같이하는 것이다. 이는 기질지성을 이발, 곧 정(情)에 해당하는 것으로 본다는 혐의를 받을 수 있다.

실제로 한원진은 1709년 3월 최징후에게 보낸 답장―한원진은 최징후를 통해 이간이 최징후에게 보낸 편지를 보았다―에서 이간의 논리의 핵심이 기질지성을 정(情)으로 보고자 하는 데에 있다고 비판했다.[266] 본연지성이 순선한 반면 기질지성은 선과 악이 섞여 있다. 또한 마음이 미발일 때 그것을 본성이라 하고, 이발일 때는 정이라 한다. 그런데 미발의 본성에는 선악이 있을 수 없다. 그렇다면 선악이 있는 기질지성은 정일 수밖에 없다. 이것이 이간의 생각이라고 한원진은 주장한다.[267] 결국 이간은 본성의 순선을 유지하기 위해서 선악이 함께 있는 기질지성을 정으로 인정하는 결과를 가져왔다는 것이다. 이는 곧 위에서 비판한 최징후의 입장과 다른 것이 아닌 것이다. 이에 대해 한원진 자신은 미발 때의 순선은 리를 단지했을 경우이고, 기를 겸지했을 때는 미발의 본성에도 선악이 있을 수 있다고 한다. 또한 기질지성의 관점에서 '성유선악(性有善惡)'을 말한다고 해서 그것이 유교의 종지인 '성선(性善)'과 서로 모순되지 않을 수 있다고 항변한다.[268]

② 기순선의 문제

논의가 여기까지 진전된 후 두 사람이 한산사에서 만나 토론했다는 것은 앞에서 이미 말했다. 토론 중에 이간은 미발에 선악을 인정한다면 이는 곧 순자나 양웅의 성악설(性惡說) 혹은 성유선유악설(性有善有惡說)에 떨어질 우려가 있다고 경계했다.[269] 여기에서 이간이 논쟁에 적극 나서는 핵심적인 이유가 여기에 있음을 엿볼 수 있다. 즉 '성선'의 기초가 흔들린다고 보았던 것이다.

반면 한원진은 미발의 때라 해도 기가 없는 것은 아니며 기가 있는 한 그것을 포함해서 기질지성이라 해야 하고 그렇다면 거기에 선악이 있는 것은 당연하다는 입장이다.[270] 다만 미발에서는 기가 용사(用事)하지 않으므로 그 기질지성의 악한 면이 작동하지 않을 뿐이다. 그런데 만약 기질지성을 미발에 두지 않는다면 이는 본연지성을 기와는 분리시키는 것이요 또 기질지성과 본연지성을 두 개의 본성으로 나누어 보는 것이므로 더욱 문제가 많다는 것이 그의 비판의 초점이다.

한산사에서의 토론은 기본적인 논쟁점을 확인하는 데에 그쳤지만 각자 논지를 명확히 하고 보강하는 유익이 있었다. 한원진은 1711년 6월 이간에 보내는 편지에서, 이간의 설을 인용하면서 조목조목 따졌다.[271] 그에 의하면 이간의 설은 결국 본연지성과 기질지성을 나누는 것이며, 이는 본성을 공허하게 말하는 것이다.[272] 리와 기를 구분은 하되 결코 떨어질 수 없는 것이라 보는 것은 두 사람이 공유하는 전제이므로 이 문제에 대해 이간은 답변을 하지 않을 수 없었다. 그 답변으로 내놓은 것이 '기순선론'이다. 이것은 초기의 입장을 이은 것인 동시에 중대한 전환을 보인 것이라고 할 수 있다.

> 미발 때에는 기는 순선(純善)하다. 기가 선하기 때문에 리 또한 선하다. 그것이 순수하게 선하므로 본연의 성이 될 수 있다.[273]

'기불용사'의 논리가 일단 기의 역할을 소극적으로 배제함으로써 본연지성의 순선을 말하는 취지가 있었고 그 자체로는 한원진과 다를 바가 없었다. 하지만 앞에서 지적한 바와 같이 이간은 그것을 기의 담연 순일로 연결하여 거기에 새로운 의미를 부가하기도 했다. 이제 이간은 '기순선(氣純善)'을 말함으로써 바로 그 측면을 더욱 분명히 부각시킨 것이라고 할 수 있다. 즉, 여기에서는 미발의 마음에서 기의 역할을 적극적으로 인정하면서 그를 통해 본연지성의 순선을 말하고 있다. 이는 곧 심기의 특별한 성질에 눈을 돌린 것이라 할 수 있다. 어쨌든 이간은 이를 통해 '본성을 기질과 분리시켜 공허하게 논의한다[懸空說性]'는 한원진의 비판에 대한 답변을 한 것이다.

한원진은 이간의 이런 논리에 대해, 이는 미발의 중(中)을 기의 순선함에서 찾는 것으로 기질지성 중에서 선한 부분을 중이라고 보는 견해라고 비판한다.[274] 미발의 중이란 마음이 지극히 고요한 가운데 천명의 본체, 곧 리를 직지(直指)한 것으로 기와 섞지 않고 말하는 것인데, 이간은 그것을 기와 섞어서 말함으로써 그 순수성을 훼손했다는 것이다.[275] 그것은 오히려 '성선'의 기초를 허무는 것이 될 것이다. 성선은 곧 리와의 일치에서 보장되는 것인데, 이간은 그 리를 심기의 어떤 상태에 의존시킴으로써 그 객관적이고 절대적인 성격을 주관적이고 경험적인 수준에 떨어뜨리고 말았다는 것이다.

한원진은 이간이, 기와 리를 섞어 말할 때와 섞지 않고 말할 때를 분별하지 못한 데 그의 잘못된 이론이 생기는 근원이 있다고 말한다.[276] 본성의 순선함(곧 본연지성)은 기와 섞지 않고 리를 홀로 지칭할 때이다. 그것은 일체의 기, 그것이 형기이든 심기이든 그것이 기인 한 그것과 섞어 말할 수 없다는 것이 한원진의 주장이다. 한원진은 신체적 조건으로서의 기를 말했지만, 그것이 규범-실재[理]의 순수성을 해치는 것으로는 보지 않았고 오히려 그것의 순수성을 드러내준다고 보았다.[277] 기가 신체적 조건으로 주어져 있다는 것은, 곧 기의 활동과 관계없이 규범-실재가 구속-명령으로 주어져 있다는 의미가 된다. 왜냐하면 그 규범-실재는 기에 따라 그 내용을 달리하지만 그 달라진 내용이 그 기의 운동이나 성질에 따라 '결정'된 것은 아니기 때문이다. 그것[性]은 어디까지나 리에 즉한 것으로 그 리의 측면에서는 기로부터는 독립해 있다. 리는 초형기인 것이다. 이것이 한원진에서는 잡기질과 차이가 나는 인기질의 의미이다.

결국 한원진이 미발에서 문제로 삼은 기는 그것이 어떤 것이든—심기의 독자성을 인정하지 않는다는 점에서— 결국 형기에 가까웠다면, 이간은 미발에서의 마음, 그 심기는 단지 형기가 아니라고 보았다. 그는 미발에서의 기를 기의 순수한 본래 상태로 본 것이다. 미발 상태는 기가 단지 정적

(靜的)인 불용사 곧 무작용의 상태에 있는 것이 아니라 사실은 본체를 실현하고—의지적이고 의식적인 실천은 아니지만— 있는 순수한 작용 곧 순선의 상태이다. 본체는 그 기의 순수한 운동을 통해 자신의 모습을 드러내고 있다는 것이다.

한원진이 기의 '신체적 조건[形氣]'으로서의 성격, 나아가 그에 대해 외적인—내적이면서 외적인— 순수한 강제로서의 규범 - 실재의 객관적 '존재'를 강조한 것이라면, 이간은 본체 - 리를 실현하는 기의 담연 순일한 성격 그 순수한 '운동'으로서의 성격을 강조했다. 두 사람의 이러한 차이는 논쟁의 세 번째 단계에서 명확해진다.

③ 마음과 기질의 분리, 마음의 허령 문제

기(氣)가 아무리 본래 상태라고 해도 그것이 기인 한 형기로서의 의미를 완전히 배제할 수는 없다. 여기에서 이간은 그의 세 번째 논점인 마음과 기질의 분리로 나아간다. 이는 곧 형기적 성질을 배제하는 것으로서, 마음의 본질적 측면으로서 허령지각(虛靈知覺)에 대한 해명으로 이어진다. 이러한 부분은 결국 우리의 마음에 대한 본격적인 해명을 요청하기 때문이다.

앞 절에서 다룬 1711년 6월 한원진이 이간에 보내는 편지에는 이전에 보이지 않던 쟁점이 새로 나타나고 있다. 곧 '사단과 지각의 관계' 문제가 그것이다. 이것은 앞에서 살펴본 낙학 측의 지각 논변의 문제의식과 맞닿아 있는 것이었다. 이간은 그 편지를 보내기 전 윤혼(尹焜)에게 두 통의 편지를 보냈는데 거기에서 주로 그 문제에 대해 논하고 있다.[278] 한원진은 그 편지를 보고 그에 대해 비판한 것이다.[279]

이간은 윤혼에게 보낸 편지에서 '마음'에 대해 논했다. 마음은 그 본체는 본성[性]이며, 그 작용은 정(情)이다. 이때 마음은 리와 기의 합이다. 그러나 쪼개어 말하면—본성과 구분하여 말하면— 마음은 곧 기이다. 기로서의 마음은 허령이 그 본체이고, 지각이 그 작용이다. 반면 그와 대비하여 본성[性]은 리이다. 리로서의 본성은 그 본체가 사성(四性: 곧 四德)이고, 사단이 그 작용이다. 결국, 사단(곧 情)은 본성의 작용이요, 지각은 마음의 작용이다. 미발의 마음은 허령으로서 사성을 갖추고 있고, 이발의 마음은 지각으로서 사단을 운용한다.[280]

이간의 마음에 대한 이러한 이해는 당장 마음과 본성의 운동을 분리해서 본다거나 이기호발설(理氣互發說)이 아닌가 하는 의심을 받지만,[281] 그 주안점은 본성과 리의 운동에 있다기보다는 그것을 담아 실행하는 미발과 이발에서의 마음[心氣]의 순수성과 운동성에 있다고 하겠다.[282] 이간은 사단을 그대로 리라고 할 수는 없었지만 그것을 지각과 밀접히 연결시키면서 유비적으로는 리에 가깝게 이해했다. 사단에서 사성으로 풀어 들어가는 것이 아니라 지각과 관련시킴으로써 마음의 활동과 더 밀접하게 연관시켜 놓은 것이다.

이간의 마음에 대한 이러한 이해는 앞의 미발에서의 '기순선'의 논지와 거의 동시에 제출된 것이므로 이 둘을 결합해볼 필요가 있다. 이간은 미발을 마음의 허령한 본체로 이해한다. 허령이란 기의 본래 상태로, 텅 비어 있고 아주 신령한 운동성을 지닌 상태를 가리킨다. 텅 비어 있으므로 운동을 가로막을 아무런 내적인 장애도 없으며 신령하므로 언제든지 자극에 즉시 반응하여 실제로 움직일 준비가 되어 있다. 그것이 실제로 움직이는 것이 지각이다. 이것이 곧 감응(感應: 寂然不動, 感而遂通)이다.

그러나 이 운동은 방향성을 결핍한 맹목적이고 우연에 지배받는 운동은 아니다. 이간에 따르면 이 마음의 운동에 방향성을 주는 것이 사성이요 사단이다. 마음은 허령지각으로서 기이며, 그것이 담아 나르는 사성과 사단은 리이다. 리는 순선이므로 사성과 사단은 순선인데, 그것을 운반하는 마음은 어떠한가? 그것은 기이므로 현실적으로는 선과 악이 있을 수 있다. 하지만 사성을 품은 허령한 마음 그리고 사단을 나르는 지각은 그것과 일치한 상태가 아니면 안 된다. 마음과 본성은 사실 하나이기 때문이다[心性

一致]. 미발의 마음은 허령으로서 본성의 순선을 담지할 수 있으며, 이발의 지각 역시 사단에 일치할 때 사단은 사단일 수가 있게 된다. 그것은 곧 그들 마음을 구성하는 기가 그 이상적인 본래 상태에서는 순선하다는 것을 함축한다.

그러나 그것은 이상적인 본래의 상태에서 그러하다는 것이고—수양의 목표이기도 하다— 실제에서는 물론 실패할 가능성이 있다. 특히 이발의 지각에서 그러하며 미발의 경우도 그럴 가능성을 배제할 수 없다. 이간은 미발에도 중(中)의 미발이 있고 부중(不中)의 미발이 있다고 말한다.[283] 거기에서 수양의 노력이 필요하게 되는 것이다.

이간의 마음에 대한 이러한 분석은 1712년 한원진에게 보낸 편지로 이어진다.

> 성인이든 평범한 사람이든 관계없이 이 마음의 본래 모습은 고요하여 움직이지 않는다. 사방 한 촌의 작은 공간이 마치 물이 고요하게 있는 것과 같고, 거울이 밝게 비추는 것과 같다. 맑거나 탁하고 순수하거나 잡된 온갖 다양한 것들이 이에 이르러서는 오로지 지극히 맑고 지극히 순수하여【이것이 기의 본래 모습이다】 기울거나 치우치지 아니하고 올바른 본체가 또한 여기에서 정립된다. 그래서 천하의 큰 근본이 된다.[284]

여기에서 천하의 큰 근본이란 곧 미발의 대본지성(大本之性)·본연지성(本然之性)인 것이다. 미발의 본성은 비록 기와 함께 있으나 그 미발에서는 그 기가 선하므로 따라서 선한 것이다. 만약 그것이 악하다면 본성도 따라 악할 수밖에 없다.[285] 그러나 마음의 본래 상태는 허령한 것으로 악할 수 없다. 악이 전체적인 연대와 일치에 이르려는 개체의 막힘없는 운동을 방해하는 것이라면, 허령은 그러한 전체로의 운동을 가능하게 하는 개체의 마음의 본체(본래성)이기 때문이다. 이는 곧 미발에서의 본체에 대한 직관이 단지 정적이고 초월적인 직관에 머무는 것이 아니라 공동체 전체로 나아갈 수 있는 도덕적 실천의 근거가 된다는 것을 의미한다.

이간은 이 미발의 마음의 허령을 매우 강조하여 1713년에 쓴 「미발유선악변(未發有善惡辨)」[286]에서는 마음[心], 특별히 본심(本心: 明德)을 성인(聖人)과 일반인[凡人]이 공유하는 허령불매(虛靈不昧)한 본체라고 말했다.[287] 그것은 성인과 일반인 사이의 기품(氣稟)의 차이가 어쩌지 못하는 것이다. 형기에서는 성인과 일반인의 차이가 있을 수 있으며 또한 심기의 현실태에서도 그것은 마찬가지이다. 그러나 우리가 우리 마음의 미발 상태에서 체험하는 그 심기의 본체에서는 성인과 범인의 차이는 있을 수 없다는 것이다.[288]

그런데 이때 기의 본체는 단지 형기와 구별될 뿐 아니라 실제로는 기질 자체를 넘어서 거의 리의 보편성에 육박하는 것으로 이해할 수 있다. 하지만 그는 그것을 어디까지나 기, 곧 기 중에 정상(精爽: 정밀하고 맑은 것)한 것이라고 말하는 데 그친다.[289] 이간은 최종적으로 마음[心]과 기질의 구별에 관하여 다음과 같이 말한다.

> 마음을 기질이라는 것은 대강 말한 것이다. 몸을 가득 채우고 있는 혈육의 기는 기질 아닌 것이 없다. 오직 우리의 몸을 규범에 따라 질서 있게 하고, 만 가지 변화를 주재하는 것은 마음이 그렇게 하는 것이다. 그것이야말로 주자가 말하는 정상한 기로서, 본성에 비하면 미세한 자취가 있는 듯하나 기에 비한다면 자연히 더욱 신령한 것이다. 주자는 그것을 하늘로부터 얻은 허령불매의 것이라 했고, 또 허명통철(虛明洞澈)하여 온갖 리를 다 갖춘 것이라 했다. … 일반인의 마음에서 그 혈육형질(血肉形質)의 기는 찌꺼기이지만 이것(심기)은 그 혈육형질의 기보다 정상하며, 그것(형기)은 청탁수박이 천차만별이나 이것(마음)은 본래 밝은 본체로서 성인에게나 일반인에게나 동일하다.[290]

이간은 나아가 인간이 여타 생물(동물)과 구별되는 인간인 이유를 바로 이 마음의 허령한 본체에서 찾는다. 사람이 귀한 이유는 본성[性]에 있는 것이 아니라 마음[心]에 있다는 것이다.[291] 본성이 만물과 공유하는 보편적 동일성의 근거라면 마음은 인간과 여타 만물 사이에 존재하는 차별성의 근거이다.

이간은 한원진의 결정적인 문제점은 미발의 본심(本心)에 대해 전혀 알지 못하는 데 있다고 비판한다.[292] 즉, 한원진은 본심에 대해 알지 못했기 때문에 미발에서의 천명, 혹은 리의 순선함을 완전히 기와 분리시켜 논하게 되었다는 것이다. 그것은 곧 '공허하게 리를 논한 것[懸空說理]'이 된다.

> 보내주신 편지에서 이르시기를 "중(中)이란 마음이 지극히 고요한 중에서 천명을 직지(直指)한 것으로, 그것이 선한 것은 그 자체가 본래 선한 것이요, 기와는 일체 관계가 없습니다"라고 하셨는데 매우 좋습니다. 우리가 이치에 대해 논할 때 어떤 때는 그 본원에서 논하고 어떤 때는 구체적인 일에서 논합니다. (하지만) 이치에 대해 잘 논하는 사람이라면 반드시 구체적인 일에서 논하면서 또 그 본원에 대해 논하기 마련입니다. 만약 본원에 대해서만 논하고 구체적인 일에서는 논하지 않는다면 그것은 공허하게 리를 논하는[懸空說理] 잘못에 빠지게 되며, 또 반대로 구체적인 일에서만 논하고 본원에 대해서는 논하지 않는다면 구체적인 것[器]을 그대로 본원적인 것[道]으로 보는 잘못에 빠지게 됩니다. (당신이 말하신) "기와는 일체 관계가 없다"고 하는 것은 아마 본원에서는 논했으되 구체적인 일을 지나치게 빨리 제쳐놓은 것은 아닐까요.[293]

한원진이 그와의 인물성동이 논변에서 이간에 대해 '현공설성(懸空說性)'이라 하여 본성을 논하면서 형기(形氣: 신체적 조건, 기질)의 맥락을 무시한다고 비판했다면, 이제 이간은 미발 논변에서 한원진에 대해 '현공설리(懸空說理)'라 하여 미발의 중을 논하면서 본체를 실현하는 심기의 맥락 혹은 역할을 무시한다고 비판하는 것이다. 이것은 낙학의 종지와 일치하는 것으로서, 실로 이간에 이르러 호학 내부에서 낙학의 종지 곧 낙론이 확인되고 세밀하게 발휘된 것이라 할 수 있겠다.

이간의 이러한 주장과 비판에 대해 한원진은 다음과 같이 응대한다.

> 지금 그의 설은 앞에서는 미발에서의 기질이 순선하며, 본성의 순선이 거꾸로 기로 말미암는다고 주장하더니, 지금은 허령의 마음을 본심으로 삼아 그 마음의 기품은 고르지 않음이 매우 많은 것은 알지 못하고 있습니다. 그런즉 그가 본 바는 기를 넘어서지 않으며, 분명히 기질을 대본(大本)으로 생각하는 것이라 할 수 있습니다.[294]

한원진에 의하면, 이간의 주장은 성선을 기질의 순선에 기초 지우는 것으로, 결국 기질을 대본으로 삼는 논리이다. 대본을 리에 두지 않고 기에 두었다는 것이다. 그런데 한원진은 1712년 8월 이간에게 보낸 편지에서 이미 이런 비판을 한 바 있다.

> 기질을 가지고 큰 근본을 말하는 것이 곧 당신의 근본적인 관점입니다. 당신이 보내주신 편지의 수많은 말과 논점이 다 이 관점을 미루어 적용시킨 것입니다. … 천하의 일에서 그 근본을 찾아 들어가 가장 기초에 놓여 있는 것을 큰 근본이라고 합니다. 천하의 일은 모두 본성에 그 근본을 두고 있습니다. 그런데 (당신은) 본성의 근본을 또 기에서 찾으니, 이는 리를 구경처로 두는 것이 아니요 오히려 기를 구경처로 삼는 것입니다. 이것이 어찌 기를 큰 근본으로 삼는 것이 아니겠습니까? … 만약 그렇게 하는 것이 옳다면, 맹자는 당연히 기선(氣善)을 말했어야 하고, 성선(性善)을 말해서는 안 되었을 것입니다.[295]

한원진의 이런 비판에 대하여 이간은 다음과 같이 응수한다.

이른바 여기에서 리와 기는 마음과 본성으로 말한 것입니다. (그런데) 마음은 바르지 않은데 본성이 홀로 중(中)한다고 하는 것은 천하에 그런 경우가 있습니까? 본성은 진실로 본래 선하며 그 선은 비록 마음에 뿌리를 둔 것이 아닙니다만, 그 선의 존망(存亡)은 실로 마음이 선하냐 선하지 않으냐에 달려 있습니다. 그런즉 마음을 버리고 선을 논하는 것은 실로 제가 편하게 취할 수 없습니다.296

이간은 본성의 순선함은 마음 혹은 기의 순선함과 떼어낼 수 없다고 주장한다. 이는 한원진이 미발에서도 기의 존재가 배제되지 않는다고 주장한 것과 마찬가지로 이기불상리(理氣不相離)의 원칙에 충실한 것이라 할 수 있다.297 이간은 자신의 주장이 성선을 심선(心善)으로 환원시키거나 그에 근원을 두려는 것이 결코 아님을 항변한다. 선(善)이 기(氣)로 말미암아 생기는 것이 아니라, 그 선을 현실 세계 속에서 구현하는 것이 오직 마음 혹은 기에 의해서 가능하고 또한 그것에 달려 있다는 것을 강조하려 한 것이다. 그것은 한원진이 우려한 것처럼 마음 혹은 기에 절대적 가치를 부여하는 것이 아니라, 본성 혹은 리를 실천하는 주체로서의 마음의 역할을 부각시켜 강조한 것이다. 이간은 리든 본성이든 그것을 현실 속에서 구현하는 마음을 통해서 비로소 참된 의미를 획득할 수 있다고 보았다. 현실 속에서 실제로 실천하는 인간의 활동을 그만큼 강조한 것이라고 할 수 있을 것이다. 그는 또 다음과 같이 명확히 말한 바 있다.

인간은 중(中)을 가질 수 있으나 동물은 중을 가질 수 없는 것이 어찌 본연의 리가 없기 때문이겠는가? 다만 기가 그 본연함을 잃어버려 마음이 세울 수 있는 바가 없어서 그러한 것이다. 본성과 리의 선은 비록 심기에 근본하는 것은 아니지만 그 선의 존망(存亡)은 실로 심기의 선(善) 여부에 매여 있는 것이다. 본심이 없는데 천리는 있는 경우가 천하에 있는가? 동물의 마음으로써 인(仁)

의 극(極)을 세운 경우가 천하에 있는가? 그렇다면 기가 순전한 후에 리가 순전하다는 것을 또한 어찌 급히 폐할 수 있을 것인가?²⁹⁸

④ 이기동실, 심성일치

이간은 최종적으로 자신의 입장의 핵심으로서, '이기동실(理氣同實), 심성일치(心性一致)'라는 명제를 제시한다.²⁹⁹ 그는 미발에 대해 다음과 같이 정의한다.

> 아, 미발은 어떤 정의(精義)요 어떤 경계(境界)인가? 이는 실로 리와 기의 큰 근원[大原]이요, 마음과 본성의 궁극적인 뿌리[築底, 즉 本根]이다. 큰 근원이요 궁극적인 뿌리라는 것은 다른 것이 아니다. 바로 이기동실, 심성일치로서 말한 것이다.³⁰⁰

미발은 리와 기가 내용을 같이하고, 마음과 본성이 하나로 일치된 근원적이고 본원적인 상태라는 것이다. 미발은 본체와 현상이, 주관과 객관이 조금의 분리도 없이 일치되어 있는 상태이다. 그것은 리를 단지(單指)하여 지목한 어떤 본체(적 상태)가 아니라 기를 통해 리가 온전히 실현된 상태, 곧 마음이 본성과 완전히 일치한 그러한 상태이다. 그러므로 그것은 순선한 상태인 것이다.

그런데 그것은 미발에서만 일어나는 것은 아니다. 그것은 이발(已發)에서도 즉, 우리의 일상생활에서도 일어나는 것이요, 일어나야 하는 것이다. 그는 다음과 같이 말한다.

> 리와 기는 그 실제 내용에서는 다르지 않으며, 마음과 본성도 두 갈래로 다른 것은 아니다. … 이른바 실사(實事)라고 하는 것은 반드시 리와 기가 그 실제 내용을 같이하고 마음과 본성이 일치할 수 있을 때 비로소 실사라고 부를 수

있다. … 마음이 바르지 못한데 본성이 중할 수 있으며, 기가 순조롭지 않은데 리가 저절로 화(和)하겠는가. 천하에 어찌 그런 이치가 있겠는가?³⁰¹

리와 기, 마음과 본성은 명확히 구별할 수 있지만, 리는 기를 통해, 본성은 마음을 통해서 실현된다는 점에서 떨어질 수 없이 통합되어 있다. 미발에서 이것은 중으로 나타나지만, 이발의 화(和)도 역시 또한 마찬가지 상태이다. 중과 화는 일어난 현상에 대한 묘사이기도 하지만 일어나야 할 것이기도 하다. 즉 '치(致)'의 대상인 것이다. 그런 점에서 이간은 미발에도 중(中)의 미발이 있고 부중(不中)의 미발이 있다고 말한다. 이는 낙학 측에서 정(靜)과 지정(至靜) 혹은 미발을 구분하는 것에 준한다. 그는 말한다.

> 그런데 '미발'이라는 두 글자에는 그 안에 깊고 얕은 구분이 있다. … 주자는 "희로애락이 미발한데도 부중한 것은 기질이 덩어리를 이루어 마치 완고한 돌덩어리와 같은 것이다"라고 했고, 또 "일반인이 미발에 이미 스스로 혼란스러우니 감발(感發)하기에 이르러서도 어찌 성인이 중절(中節)한 것 같을 수 있겠는가?"라고 했다. 이러한 몇 가지 말은 대개 다만 일반인이 사물을 접하지 않은 것으로 (미발을) 얕게 말한 것이다. 사물을 접하지 않은 것에 근거하기에 거칠게 미발이라고는 하고, 정용(情用)에 속하지 않기에 또한 본성이라고 말하지만 실인즉 그 본성은 거칠어 의지할 수 없으므로 군자는 본성으로 삼지 않음이 있는 것이다. … 이것은 부중의 미발로서, 스스로 하나의 계분(界分)이다. 또 주자는 "사람의 한마음이 담연허명(湛然虛明)하여 거울이 비어 있고 저울이 균형을 이루고 있는 것과 같아 한 몸의 주인이 되는 것은 본래 그 진체(眞體)의 본연이므로 그것이 감발(感發)하기 전에는 지극히 비어 있고 지극히 고요하여 이른바 감공형평(鑑空衡平: 거울이 비어 있고 저울이 평형을 이루고 있는 것)의 체(體)이다. 비록 귀신이라고 그 경계를 살필 수 없음이 있다"라고 했고, 또 말하기를 "희로애락 미발의 중은 일반인과 성인에게 모두 일반이다"라고 했다. 이

몇 가지 설은 대개 성인과 일반인에 통하는 것으로, 그 본명(本明)의 체를 가리켜 깊이 말한 것이다. 그 본래 밝은 체에 근거하여 말했기에 성인과 일반인에 다른 내용이 없고, 리와 기의 근원에 근거하여 말했기에 마음과 본성에 두 근본이 없다. 한원진과 같이 마음은 악한데 본성은 선하다고 말한다면 이것은 두 근본이다. … (반면) 이것은 대본(大本)의 미발이며, 진짜로 궁극적인 근본이 되는 곳이다. 한원진은 이 두 가지에 대해서 대개 깊이 궁구한 적이 없으므로 그 말이 혹 얕은 것을 깊은 것으로 오인하고, 정밀한 것을 끌어다가 조잡한 것을 설명하여 자신의 변론을 다하니 끝내 말이 되지 않는다. 가소롭지 않겠는가?302

이간은 마음이 아직 사물을 접하지 않은 때에도 현실적으로 혼란스러운 상태에 있을 수 있으며, 그러한 상태를 이발이라고 규정하기보다는 부중(不中)의 미발이라고 정의한 것이다. 이것은 그가 미발의 중을 마음과 본성이 일치하는 어떤 상태로 보기 때문에 발생하는 자연스러운 결론이라고 할 수 있다. 일치가 있다면 불일치도 있을 수 있기 때문이다. 그는 한원진이 말한 미발은 결과적으로 그러한 부중의 미발에 지나지 않는다고 비판한다.

이간의 이러한 부중의 미발에 대한 지적은 곧 미발에서의 공부를 암시한다. 부중의 미발의 관점에서는 중의 미발은 도달해야 할 어떤 경지, 구경처로 이해될 수 있다. 하지만 그에게서 이러한 미발 공부의 계기는 현저하게 발전되지 않는다. 이는 한원진과의 논변에서 중요한 것은 미발의 위상이었지, 미발에서의 공부의 가능성 문제가 아니었기 때문이다. 그가 중의 미발과 부중의 미발을 구분하는 것은 참된 미발의 위상을 확보하려는 것이요, 그와 관련하여 한원진의 미발 이해를 비판하려는 의도에서 진행된 것이었다고 할 수 있다.303

하지만 그것은 분명 공부론의 함축을 가진 것이었고, '이기동실, 심성일치'는 미발과 이발을 걸쳐 있는 우리의 마음공부와 관련하여 그 지향점을 보여주는 것이었다.

> 성인은 즉시 리로써 마음을 삼고, 그러므로 마음이 곧 본성이요, 본성이 곧 마음이며, 체(體)가 곧 중(中)이요, 용(用)이 곧 화(和)이다. 의론할 여지가 없다. (그러나) 성인 이하는 항상 기가 리를 따르지 않음과 마음이 본성을 다하지 못함을 근심한다. 그러므로 무릇 '계신공구(戒愼恐懼: 미발 공부)'와 '신독(愼獨: 이발 공부)', '약지(約之: 실천 공부)와 정지(精之: 이론 공부)'로부터 '가서 그렇지 않음이 없는 것을 지켜 잃지 않는 것'에 이르기까지 바로 그 이기동실, 심성일치를 기약하는 공부이며 그 공정(工程)의 계급(階級: 단계들)은 또한 이미 정밀하고 깊은 것이다.304

즉, '이기동실, 심성일치'는 우리 공부의 목표로서, 미발의 어떤 특정한 상태에 제한된 것이 아니라, 일상의 현실 세계에서 기가 리를 따르고, 마음이 본성을 온전히 다 발휘하는 것을 기약하는 것이라 할 수 있다. 이간은 그러한 수양의 주체로서 마음의 중요성을 누차 강조했다.

> 아, 천하의 물(物)은 마음을 가지지 않은 것이 없으나 명덕(明德) 본체는 오직 인간만이 홀로 가지고 있는 바이다. 천하의 본성은 선하지 않은 것이 없으나 사람이 모두 요순이 될 수 있음을 물은 함께하지 못하는 바이다. 그래서 "천지의 본성에서 사람이 귀하다"고 했다. 그런데 그 귀한 바는 본성이 아니다. 곧 마음이다. 사람은 귀하고 동물은 천함에, 비교하는 바는 이 마음이니 그 마음이라고 하는 것이 혈육의 기(氣)이겠는가? 본명(本明)의 체(體)를 말하는 것이겠는가? 즉, 이 본명의 체가 성인과 일반인 사이에 진실로 같지 않은 것이 있다면 그 혈기의 고르지 않음은 마침내 또한 무엇으로 기준으로 삼아 그것을 고르게 할 것인가? 그렇다면 사람이 요순이 될 수 있어서 마음이 만물보다 귀하다

고 한 것이 실질이 없는 공언이 되고 말 것이다. 과연 그러한가?[305]

그것은 한원진이 우려한 것처럼 마음과 기를 대본으로 삼는 것, 곧 그에 절대적 가치를 부여한 것이라기보다는 리를 실천하는 주체로서의 마음의 역할과 위상을 강조한 것이라고 할 수 있을 것이다. 이러한 강조는 호락논쟁의 또 하나의 논변 주제인 성범심동이(聖凡心同異) 문제로 자연스럽게 이어진다.

⑤ 호학 측 미발 기질 유무 논변의 관점과 의의

한원진은 미발이 순선한 것은—그가 미발의 순선을 부정한 것은 아니다— 그때 특별히 마음의 기가 선하기 때문이 아니라 그 기 속에 내재한 악함이 용사(用事)하지 않은 결과라고 생각한다. 또한 그러한 마음의 상태라고 하더라도 여전히 기질의 맥락에서 자유로운 것은 아니며, 따라서 미발에도 기질지성이 있다고 해야 하고, 미발의 중 혹은 본연지성은 거기에서 리를 단지한 것에 지나지 않는다고 생각한다.

반면에, 이간은 미발이 순선한 것은 그때 마음의 기가 그 본연의 상태로서 순선하기 때문이라고 한다. 그때 마음과 본성은 분리되지 않고 온전한 일치 상태에 있다고 한다. 또한 미발의 중은 바로 그러한 일치 상태를 표현하는 말이 된다. 하지만 우리의 마음은 그러한 일치 상태에서 이탈하는 경우가 많으며 그것은 이발에서뿐 아니라 미발에서도 마찬가지이다.

한원진의 미발에 대한 견해는 미발의 생생한 현실성을 약화시킬 우려가 있다. 그는 미발의 생생한 주관적 체험보다는 미발에서 우리가 확보해야 하는 것은 기의 맥락 속에 있지만 동시에 그와 독립하여 기를 제어하는 규범 곧 리의 순수성, 그 객관적 절대성이라고 할 수 있다.

반면 이간의 미발에 대한 견해는 미발을 우리 마음의 생생한 현실로서 체험할 수 있는 것으로 제시하고, 또한 규범을 실천하는 우리 마음의 역동적 활동을 고무한다. 그는 미발에서 규범 곧 리의 생생한 현재성을 확보하고 그것을 동기로 삼아 우리의 현실 생활 세계에서 활력 있게 실현하고자 한다. 하지만 그에 있어 규범은 그 자체의 객관적 절대성의 측면에서 약화되는 문제가 있을 수 있다. 한원진의 입장이 결국 규범-실재의 객관적 존재를 강조하는 것이라면, 이간의 입장은 본체에 대한 체험을 기초로 한 개체적 실천을 강조하는 것이라 할 수 있다.306

그들 사이의 견해 차이는 이이의 '이통기국설'을 수용한 위에서 '기국'의 측면을 각기 다르게 해석하는 것이라 볼 수도 있다. 이는 조선 후기 성리학에서 핵심적인 주제 중에 하나였던 '기'에 대한 상이한 이해를 배경으로 하고 있다.307 기에서 그 형기적 측면을 더 일차적인 것으로 생각한 한원진은 그러한 부분을 주목하지 않는 이간의 본성 이해가 공허하다[懸空說性]고 비판한다. 반면 형기와 구별되는 심기의 독특성에 더욱 강조를 둔 이간은 본체-리를 실현하는 마음의 운동에 더욱 초점을 두었으며 한원진의 미발 이해가 그러한 점을 포착하지 못하고 있다[懸空說理]라고 비판한다. 이간의 그러한 강조는 곧 낙학의 종지와 기본적으로 동일한 것이었다.

한원진에게서 본성이란 구체적인 규범들[所當然]의 근거로서 의미를 가진 것으로서, 그의 본성론은 곧 그러한 규범의 근거를 명확히 하고자 한 것이었다면 이간은 그러한 규범을 실천할 수 있는 행위자로서의 마음의 가능성을 명확히 확보하는 데 있었다고 할 수 있다. 그들은 마음과 본성에 대한 상당히 다른 견해를 제시했지만 결국 성리학 혹은 주자학의 실천과 관련하여 두 가지 측면은 모두 누락시킬 수 없는 중요성을 지닌 것이었다.308

이간과 한원진 사이의 이러한 긴장은 낙학과 호학 사이의 긴장으로 확대 재생산되었다. 이간은 분명 호학에 속했지만 낙론에 가까운 입장을 취했으며, 그것은 낙학 내부에서 낙론이 형성되는 데 상당한 자극과 참고가 되었음에 틀림없다. 물론 그것은 낙학의 낙론을 형성했다기보다는 낙학에 속한 인물들에 의해서 공명(共鳴)되었다고 하는 것이 더 적절할 것이다.

결국 이간과 한원진은 이후의 전개의 관점에서 곧 호학의 형성이라고 하는 관점에서 본다면, 호학의 내부에서 낙학의 종지를 두고 그를 검토하고 비판함으로써 호학이 자체적으로 정립되는 데 결정적인 역할을 했다고 할 수 있다.

호학과 낙학은 곧 지역적인 명칭을 뿌리로 하여 학술적 고유성을 갖추어 간 두 학파에 대한 이름이므로 낙학 속에서 주류에 벗어나 있을 수도 있고 호학 속에서도 마찬가지였다. 한원진은 이간과 대결하면서 그 논변의 과정 중에 호학의 독자적 성격을 의식적으로 구축했다. 즉 한편으로 위로는 스승인 권상하와의 공감대를 확보하고, 그를 바탕으로 호학 내의 주요 인물들인 최징후·한홍조·윤혼·채지홍·윤봉구 등과 논변을 벌여 의견을 절충해갔다. 또 다른 한편으로는 낙학의 종주인 김창협을 낙학의 종지와 관련하여 비판했다.

낙학 측에서 이현익이 했던 역할을 호학 측에서 이간이 수행했다고 할 수 있다면, 낙학 측에서 김창흡이 했던 역할을 호학 측에서는 한원진이 수행했다고 평가할 수 있다. 한원진의 이러한 여러 작업을 통해 호학은 확고히 정립되어간 것이다.

4
성범심동이 논변

인물성동이 논변이 인간과 동물의 본성의 차이, 결국 본성을 어떻게 이해할 것인가에 대한 이견을 두고 벌어진 논변이라면, 성범심동이 논변(聖凡心同異論辨)은 성인과 일반인의 마음의 차이, 결국 인간의 마음을 어떻게 이해할 것인가에 대한 이견을 두고 벌어진 논변이었다.

성범심동이 논변은 크게 두 가지 쟁점을 가지고 전개되었다. 그 하나는 마음[心]의 본래적 상태라고 할 수 있는 '미발(未發)' 상태에서 성인과 일반인의 차이를 말할 수 있는가 하는 것이다. 미발의 상태 곧 미발의 중(中)을 어떠한 조건 없이 일반인에게도 말할 수 있을까? 사람의 부여받은 기질의 편차와 수양의 여부에 따라, 즉 성인과 일반인 사이에는 미발 상태에 무언가 다른 내용 혹은 양상이 존재한다고 해야 하지 않을까? 더 나아가 어떤 사람에게는 아예 그러한 미발의 상태는 존재하지 않는다고 해야 하지 않을까? 이러한 것이 첫 번째 쟁점이 되었다.

이 쟁점은 이미 미발 논변에서 부가적인 문제로서 이미 등장한 바 있었다고 한다면, 두 번째 쟁점인 명덕(明德)의 문제는 호락논쟁의 제3기에 이르러 특히 낙학 측에서 호학 측의 마음을 기질과 관련해서 이해하는 입장이 결국 명덕에도 분수가 있다는 주장을 함축하고 있는 것이 아니냐 하는 의심을 제기하고 또 일부 호학 측의 인사가 그러한 주장을 편 것으로 알려지면서 중요한 쟁점으로 부각되었다.

'명덕'은 『대학(大學)』에 나오는 개념으로서, 주희는 그것을, 하늘로부터 부여받아 얻은 것으로서 텅 비고 신령한[虛靈] 성격을 가지고 있으며, 그 내부에 온갖 리(理)를 갖추고서 그에 입각하여 온갖 일에 대응하는 주체, 혹은 주체적 능력이라고 이해했다.[309] '명(明)'은 밝게 비추는 속성을 의미하고, '덕(德)'은 마음에 갖추어진 능력을 의미하는 것으로서, '명덕'은 내부와 외부의 리를 밝게 비추어 이해하는 자각적인 인지 능력이며, 그 리에 대한 자각을 바탕으로 온갖 일에 대해 리에 합당하게 반응할 수 있는 인지적 반응(실천) 능력을 의미한다. 그것은 분명 인간에게 부여된 인간적인 능력인 점에서 적어도 그 형식에 있어서 개인들 사이의 자연적 차이를 넘어서 모든 인간에게 동일하게 주어져 있다고 할 수 있을 것이다.

그러나 그것은 결국 부여된 기(氣)의 성격, 즉 그 정상(精爽)한 기의 텅 비고 신령함[虛靈]에 의해 가능하게 된 것이다. 그렇다면 거기에서도 기질의 편차를 말할 수 있는 것은 아닐까? 성인과 일반인 사이에 차이가 엄연히 있다고 해야 하는 것은 아닐까? 즉, 인지적-실천적 능력은 자연적 능력의 일부로서, 사람들 사이에 실제적인 차이가 있다고 해야 하지 않은가? 이러한 것이 두 번째 쟁점이었다.

낙학이 사람의 마음이 기질과 다름을 강조하여 기질의 자연적 차별성을 넘어선 마음의 보편적 동일성을 주장했다면, 호학에서는 마음과 기질의 연속성을 강조하면서 성인과 일반인 사이의 마음의 차이를 강조했다. 낙학이 마음을 자연적 한계를 넘어선 도덕 실천의 주체로 보면서 마음에 리-본체를 현실적으로 구현할 수 있는 탁월한 위상이 있음에 초점을 맞춘 것이라고 한다면, 호학은 마음을 도덕적 수양이 일어날 장소로 보면서 성인과 일반인 사이의 다름이야말로 일반인이 도덕 실천에 나설 이유와 동기를 부여한다는 점에 초점을 맞춘 것이라고 할 수 있다.

낙학의 입장에서 호학의 주장은 결국 도덕 실천의 근거인 명덕에도 분수(分數)가 있다는 주장으로 나아감으로써 도덕 주체로서의 마음의 위상을 위태롭게 할 위험이 있다고 여겨졌다면, 호학의 입장에서 낙학의 주장은 현실적 차이를 무시함으로써 성인과 일반인 사이를 구별하지 않는 무분별의 상태로 이끌고 결국 일반인이 도덕 수양에 나설 이유와 동기를 삭제하거나 약화할 위험이 있는 것으로 보였다.

하지만 호학 측이라고 하더라도 명덕에 분수가 있다는 주장을 적극적으로 편 것은 아니며, 낙학 측이라고 해서 성인과 일반인의 마음이 그 현상적 수준에서도 똑같다고 주장하는 것은 아니었다. 명덕의 보편성에 대해서는 이견이 없는 가운데 현실적인 마음, 그 인지적-실천적 능력의 자연적 다름을 어떻게 해명할 것인가? 혹은 그러한 자연적 다름에도 불구하고 명덕의 보편성을 어떻게 정당화할 수 있는가 하는 것이 문제였다고 할 수 있다.

1) 미발의 동이(同異) 문제

『중용』에서 미발(未發)은 중(中)의 상태, 곧 본성[性]과 일치된 상태로 규정되어 있다. 그것은 그 원래 맥락에서 우리의 의지적 노력을 통해 달성될 수 있는 어떤 경지라기보다는 성선이 그러하듯이 우리에게 이미 자연 그 자체에서 주어져 있는 것이라고 할 수 있다. 수양에 의해 도달하는 어떤 상태라기보다는 우리의 심리적 현실 속에서 발견되는 것으로, 마음의 한 양태이기는 하지만 동시에 그 위상이 본성[性]에 해당하는 어떤 것이다.

그러나 그것은 분명히 이발과 마찬가지로 우리의 심리적 현실태로서, 개체적 한계 속에서 그것을 장(場)으로 해서 일어난 것이다. 그러므로 그것은 구현될 것으로서의 본성[性]에 속한 것이 아니라, 구현하는 자로서의 마음[心]에 속한 것이며, 결국 기의 어떤 상태라고 할 수 있다. 그렇다면 사람에 따라 청탁(淸濁) 수박(粹駁)이라고 하는 기질상의 편차를 가질 수밖에 없지 않을까? 성인의 미발과 일반인의 미발은 그 내용이나 양상에서 어떤 차이가 있다고 해야 하지 않을까?

이간과 한원진은 이 문제를 두고서 미발 논변을 전개했다. 한원진이 미발에서도 기질의 편차를 이야기할 수 있다고 한 데 대해, 이간은 미발에서의 기는 본연의 상태에 있는 것으로 기질의 편차를 거론할 수 없으며, 그러한 것을 이야기할 수 있으면 이미 참된 미발이 아니라고 주장했다.

(1) 이간의 입장: 동론(同論)

이간은 '미발'에서의 기(氣)의 상태에 대해 다음과 같이 말했다.

> 성인이든 일반인이든 관계없이 이 마음의 온전한 본체는 고요하여 움직이지 않습니다. 사방 한 촌의 작은 공간이 마치 물이 고요하게 있는 것과 같고, 거울이 밝게 비추는 것과 같습니다. 맑거나 탁하고 순수하거나 잡박한 온갖 다양한 것들이 이에 이르러서는 한가지로 지극히 맑고 지극히 순수하여져서【이것이 기의 본래 모습입니다】치우치지 않고 기울지 아니한 온당한 중의 본체가 또한 여기에서 서게 되니, 이른바 천하의 큰 근본입니다. 저 혹 탁하거나 혹 잡박하여 들쭉날쭉 고르지 않은 것들이 만약 순전히 맑고 지극히 순수한 데에서 조금이라도 고르게 되지 않음이 있다면 이른바 물과 거울의 본체라고 하는 것을 갑자기 말할 수는 없으며 기는 본연의 기가 아닙니다. 천하에, 기는 본연에 순수하지 않는데 리만 홀로 본연에 순수한 경우는 없으니, 이른바 치우치지 않고 기울지 않은 큰 근본이라는 것이 또한 어찌 여기에서 급작스럽게 말할 수 있겠습니까?[310]

미발 상태에서 기는 본연의 순수한 상태에 있어서, 청탁수박이라는 개체적 차이가 소멸된다는 것이다. 미발은 단지 마음이 아직 외물과 교섭하기 이전의 고요한 상태에 있는 것을 가리키는 것이 아니라, 마음이 본성[性]과 일치한 상태, 곧 마음을 이루는 기가 리를 온전히 실현하고 있는 상태를 가리키는 것으로서, 그러한 상태에서 마음 혹은 마음을 이루는 기는 '본심(本心)'이요 '본연(本然)의 기'로서, 모든 기질적 차이로부터 자유로운 어떤 보편적 동일성의 상태에 이른 것이라고 할 수 있다. 따라서 거기에서는 성인과 일반인 사이에 어떠한 차이도 있을 수 없다.

이간은 미발에 대한 이러한 이해에 기초하여, 마음이 기이되 특별한 기임을 말한다.

> 마음[心]을 기질이라고 하는 것은 대강 말한 것이다. 혈육의 기는 몸을 가득 채우고 있는 것으로 기질 아닌 것이 없다. 오직 우리의 몸을 규범에 따라 질서 있게 하고, 만 가지 변화를 주재하는 것은 방촌(方寸: 마음)이 그렇게 하는 것이다. 이것이 주자가 "정상한 기로서, 본성에 비하면 미세한 자취가 있는 듯하지만, 기에 비한다면 자연히 더욱 신령[靈]하다"라고 한 것이다. 주자는 그것을 하늘로부터 얻은 허령불매(虛靈不昧)한 것이라 했고, 또 허명통철(虛明洞澈)하여 온갖 리를 다 갖춘 것이라 했다. … 그렇다면 일반인의 방촌 속에서, 혈육형질(血肉形質)의 기는 그 찌꺼기이지만 이것(마음)은 정상한 것이며, 혈육형질의 기는 청탁수박이 천차만별이지만 이것(마음)은 본래 밝은 본체[本明之體]로서 성인에게나 일반인에게나 동일한 것이다!311

이간은 마음을 단지 기 혹은 기질과 동일시하는 것을 반대한다. 그에 의하면, 마음 혹은 마음의 기는 몸을 주재하는 역할을 하는 것으로서 혈기 혹은 형기보다 훨씬 정밀하고 미세하며[精爽], 또한 허령하고 허명한 것으로써, 온갖 리를 다 갖추고 있다.312 그런 점에서 그것은 기이되 단지 개별성을 가능하게 하는 것이 아니라 리의 보편적 동일성을 또한 나타내는 것으로서, 본성 혹은 리에 가까운 것이라고 할 수 있는 것이다. 즉 '이기동실(理氣同實), 심성일치(心性一致)'의 마음이요 또한 기라는 것이다.313 이간은 그것을 '본심(本心)' 그리고 '본연의 기'라고 표현했다.

하지만 그가 성인과 일반인의 마음을 무차별적으로 동일시한 것은 아니었다. 그는 미발에 중저미발(中底未發)과 부중저미발(不中底未發)의 구별을 둔 것과 마찬가지로 마음에도 본연지심(本然之心)이 있다면 기질지심(氣質之心)이 또한 있다고 말한다.

> 다만 『대학장구』를 가지고 말해보면, 거기에서 '허령불매하여 뭇 이치를 갖추고 만사에 응한다'라고 한 것 그것이 본연지심이며, '기품에 얽매인다'고 한 것이 기질지심이다. 마음에 두 가지가 있는 것은 아니다. 그것이 기품에 얽매인 것과 얽매이지 않은 것의 차이가 있기에 가리킨 것이 다른 것이니, 이른바 대본지성(大本之性)은 마땅히 본연지심에 나아가 단지(單指)한 것이고, 기질지성은 기질지심에 나아가 겸지(兼指)한 것이다. 비록 같은 마음이지만 얽매인 것과 얽매이지 않은 것 사이에 계분(界分)이 엄연히 있으니 또한 어찌 분별하지 않고 단지와 겸지를 함께 섞어서 말할 수 있겠는가? 그렇다면 덕소(德昭: 한원진)가 생각한 마음은 기질의 선악에 지나지 않으니, 저 "허령통철하여 만물에 신묘하게 대응하며, 잡으면 보존되고 놓으면 없어지나 본래 선하지 않음이 없는 심체(心體)"라고 한 것과는 아득히 거리가 먼 것이라고 할 수 있다.[314]

본심 곧 본연지심이 기품(氣稟) 곧 품부 받은 기에 얽매이지 않는 것으로서 성인과 일반인에 차이가 없다고 한다면, 기질지심은 그 기에 얽매인 마음으로서 성인과 일반인 사이에 차이가 있을 수밖에 없다. 결국 마음에서 그 기질적 측면을 강조하는 한원진은 기질지심만 알고 본연지심은 알지 못한 잘못을 범했다고 할 수 있다.

어쨌든 본심에 대한 이간의 이러한 주장은 마음과 심기에 지나치게 가치를 부여하는 것이 아닌가 하는 혐의를 받을 수 있다. 더욱이 그것이 어떤 수양의 결과로 얻어지는 것이 아니라 인간인 한 본래적으로 주어져 있는 것으로 이해되고 있다는 점에서 더욱 그러하다. 그것은 우리의 현실의 마음을 본성의 수준으로까지 격상시키는 혐의가 있다. 그렇게 되면 일반인에게 요구되는 수양의 노력의 엄중한 필요성이 약화될 위험이 있다.[315]

(2) 한원진의 입장: 이론(異論)

한원진이 이간의 견해를 비판하고 마음이 여전히 기임을 강조하는 것은 바로 그러한 시각에서였다고 할 수 있다. 그는 마음이 여전히 기라는 점을 다음과 같이 강조한다.

> 마음이 비록 본성과 분리되지 않으며, 허령지각(虛靈知覺)이 비록 리에서 분리되지 않는다고 하더라도 그 본색을 논한다면, 마음은 허령지각이 사람에게 있는 것이요, 허령지각은 기일 따름이다.[316]

아무리 허령하더라도 기(氣)인 한, 그것은 기질의 편차로부터 자유롭지 못하다. 마음은 형기 혹은 혈기와는 구별되는 정상한 것이지만, 근본적으로 기질이므로 그것과 연속적인 것이고, 그 본래적 상태라고 하더라도 개별적 편차를 가지지 않을 수 없다. 즉, 일반인의 경우는 미발의 상태라고 하더라도, 악함의 뿌리를 그 내부에 잠재적으로 가지고 있다. 다만 그것이 현실적인 작용을 하지 않는 것뿐이다.

물론 그렇다고 해서 한원진이 일반인에게는 미발이 없다거나 미발의 현실적 모습을 다르게 파악하고 있는 것은 아니다. 즉, 미발의 때에 선악이 있을 수 있다고 말하는 것은 아니다. 그 역시 미발의 때는 선할 따름이라고 말한다.

> 미발의 전(前)에 마음과 본성은 선악을 가지는가? 마음의 미발은 담연허명(湛然虛明)하여 물욕이 생기지 않은 상태이니 선일 뿐이다. 본성의 본체도 여기에서는 탁연(卓然)하여 엄폐된 곳이 없으니 또 어찌 악(惡)을 말할 수 있겠는가? 그렇다면 기질지성은 어느 때에 말할 수 있는 것인가? 또한 이미 미발의 때에 그것을 말할 수 있다. 왜 그런가? 마음의 미발이 비록 담연허명하다고는 하지만 그 기품 본색의 청탁수박한 것은 그 자체에 있지 않은 적이 없기 때문이다.[317]

미발의 때는 선할 뿐이지만—즉, 심체에 선악이 있다고 주장한 것이 아니다— 다만 미발 때에도 기질의 편차는 잠재해 있다는 것이다. 그러므로 우리는 미발에서도 기질지성을 이야기할 수 있으며, 역으로 미발에도 기질지성이 있으므로 기질의 편차의 잠재를 이야기할 수 있다. 그에 의하면 그것은 일반인의 미발이 왜 그렇게 불안정한가, 이발의 때에 왜 악이 발생하는가 하는 것을 설명해준다. 잠재한 기질의 편차, 그 악함의 뿌리가 일반인의 미발을 불안정한 상태로 만들며, 쉽게 무너지게 만든다. 즉 이발의 상황에서 그 악의 뿌리가 드러난다는 것이다. 그는 다음과 같이 말한다.

> 일반인의 마음은 기품의 고르지 않음을 가지기 때문에, 비록 짧은 순간 기가 용사(用事)하지 않는 때에 중의 체가 서지만 곧바로 혼매(昏昧)하고 산란(散亂)해져 그 중의 체를 잃어버린다. 그러므로 그 발함에 부중(不中)한 경우가 항상 많은 것이다. 반드시 이 마음을 보존하여 그 아름답지 못한 기질을 다 변화시킨 연후에야, 대본(大本: 中)은 어느 때고 서지 않은 때가 없게 되며 달도(達道: 和) 역시 무슨 일에서든 실행되지 않음이 없게 된다.[318]

일반인에게 미발의 때가 없는 것은 아니다. 그러나 일반인의 미발은 불안정하여 쉽게 무너지며, 이발에서 중절하지 못한, 곧 규범에서 이탈하는 악의 상태에 이르는 경우가 많다. 그것은 미발도 마음인 한, 기질의 편차에서 자유롭지 못하기 때문이다. 만약 미발의 마음에 그러한 악의 뿌리가 없다면 이발에서의 악을 어떻게 설명할 것인가? 또한 일반인에게 수양이 필요한 이유 역시 설명할 수 있다. 우리가 수양하는 것은 바로 그러한 뿌리를 제거하고 기질을 변화시키고자 하는 것에 다름 아니기 때문이다. 기질이 변화된 후에 일반인의 미발은 성인의 미발과 같이 확고하게 될 수 있다. 그러나 그렇게 되기 전까지는 일반인과 성인의 미발은 그 내용이 다르다고 할 수 있다.

한원진의 이러한 주장은 마음의 기의 독자성을 포착하지 못하고 기질의 편차를 지나치게 강조하는 혐의가 있다. 비록 잠재하는 것이라 하지만 미발에서조차 기품의 편차를 강조한다면 그것은 미발의 원 취지에 잘 맞지 않은 점이 있다. 그렇다면 일반인의 경우 미발은 수양의 근거 혹은 출발점으로 삼기 어려운 연약성을 가지게 되는 것이 아닐까? 결국 미발 공부는 성인 혹은 수양 공부가 상당히 성숙한 이에게만 허용되는 것이 되고 마는 것은 아닐까? 그것은 한편으로는 수양의 주체인 마음을 물질화함으로써 본체-리의 현실성 혹은 현실화 가능성을 약화시킬 위험이 있다고 할 수 있다.

(3) 윤봉구의 입장: 활화론

윤봉구는 마음의 기(심기)를 신체를 이루는 기(형기)와 연속적인 것으로 보는 한원진의 입장에 기본적으로 동조하면서 동시에 그러한 문제를 해결해보고자 했다. 그래서 나온 것이 '활화론(活化論)'이다.[319] 그는 이재에게 보낸 편지에서 다음과 같이 말한다.[320]

> 대개 일반인의 서로 뒤섞인 마음은 비록 성인의 맑고 순수함에 미치지는 못하지만 오직 그 정상(精爽)의 영소(靈昭: 영활하고 밝은)함은 본래 스스로 활화(活化)하니, 간과 신장 비장과 폐의 기가 오로지 치우쳐 변화시킬 수 없음과는 같지 않습니다. 만약 정밀하게 살피고 방법에 따라 조절하면 탁한 것은 변하여 맑은 것이 되고 잡박한 것은 변하여 순수한 것이 되어, 유약하여도 강할 수 있고 어리석어도 반드시 총명하게 됩니다. 이른바 기질을 변화시킨다는 것을 여기에서 말할 수 있습니다.[321]

심기는 스스로 살아 있어 변화하는 것으로서, 기질 변화의 가능성은 바로 심기의 그러한 성격에서 말미암는다는 것이다. 우리의 신체적 체질의 변화는 불가능하다고 하더라도 우리 마음의 기를 이루는 청탁수박은 변화가 가능한데, 그것은 그것에 살아서 변화하는 곧 움직이는 역동성이 있기 때문이다. 거기에 기질 변화의 가능성이 존재하며, 기질 변화란 바로 그것을 가리킨다는 것이다.

윤봉구는 한원진과 미발에 대해 논하면서 활화론을 적용한다. 미발은 마음이 외부 사물과 접하기 전에 그러한 활화가 일시적으로—아마 우리의 의지적 노력과 관계없이— 일어난 때라는 것이다. 그리고 바로 그 때문에 그때에는 비록 잠시이지만 일반인의 미발은 성인과 동일하다고 말한다.

> 마음의 기는 본래 활화(活化: 살아서 변화) 불측(不測)하여 고정된 것이 아닙니다. 평소 승강(乘降) 동정(動靜)하는 때에 혹 청명한 상태를 만나고 또 외물에 자극을 받지 않으면 비로소 담연하여 허명하다고 할 수 있습니다. 담연은 맑고 밝다는 의미이며, 허명은 어둡지 않다는 의미입니다. 맑고 밝고 어둡지 않으니 어찌 탁예(濁穢: 탁하고 더러운)한 기상이겠습니까? 장자(張子: 장횡거)는 '담일(湛一)이 기의 본체'라고 했고, 주자는 "아직 외물의 자극이 없을 때는 담연순일(湛然純一)하니 기의 본체이다"라고 했습니다. 아직 외물의 자극이 없는 때에 과연 탁기(濁氣)가 오히려 있는데도 기의 본체라고 말할 수 있겠습니까? 일반인이 미발을 가질 수 있는 것은 우연하게 만난 것이고 변화의 공부가 극진하여 그러한 것이 아닙니다. 그리고 일반인의 기품이 변화하는 것은 본래 점진적인 것입니다. 실로 한 달에 한 번 이르고 하루에 한 번 이르는 데서 삼 개월 동안 어기지 않는 데 이르면 그 사이에 진실로 맑은 때에 혹 순수한 것이 없지 않습니다. 그대의 편지에서 "어제 하우(下愚)였던 기질이 오늘 갑자기 변하여 상성(上聖)이 되고, 오늘 상성인 기질이 다음 날 또 갑자기 변하여 하우가 된다" 하는 것은 본래 저의 취지가 아니며, 또한 지나치게 과장된 말입니다. … 마음은 활물이니 본품(本稟)에 비록 청탁이 섞여 있어도 탁한 것은 진실로 변하여 혹 순수하게 맑은 때가 있습니다. 이것을 기질이 변화한 것이라고 말해서

는 안 되지만, 활화의 기가 어찌 때로 혹 맑아질 수 없겠습니까? 그렇지 않다면 『맹자』의 야기(夜氣)의 청명함을 또한 어떻게 만날 수 있겠습니까?³²²

마음은 활물로서 변화 불측하여, 미발의 때에는 특별한 공부가 없었더라도 마음의 기가 잠시 청명한 본래의 모습으로 변화할 수 있다는 것이다. 바로 그 지점에서는 일반인의 경우도 성인도 조금과 다름이 없으며 잠재된 어떠한 탁함도 남아 있지 않다고 한다. 이 점에서 그는 한원진의 미발론과 구별된다.

그러나 윤봉구는 그것은 마음에서 일시적으로 일어나는 것으로서 본래 품부 받은 기질이 변화된 것은 아니라고 했다. 기질 변화는 일반인의 경우 지난한 공부의 노력이 선행되어야 비로소 가능하다. 수양을 통해 기질이 온전히 변화하지 않는다면 그러한 일시적 활화가 있어도 그 본품은 그대로 유지된다. 미발에서의 순수하고 허명한 기상은 일시적인 것이며, 쉽게 상실된다. 미발의 기상을 영속화하기 위해서는 본품의 기질을 변화시켜야만 한다. 미발의 담일의 동일함은 마음의 본품의 차이를 없는 것으로 만들지 못한다.

하지만 마음의 본품의 차이가 미발의 담일함을 훼손할 수는 없으며, 그것을 무시해서도 안 된다. 그것은 마음의 본래 모습 곧 심체가 자신을 드러낸 순간으로서, 마음의 위상을 보여주는 것이요 누구나 성인이 될 수 있음을 보여주는 표지이기 때문이다. 그는 후에 다른 곳에서 다음과 같이 정리하여 말한다.

> 비록 그것(마음)이 정밀하고 깨끗하여[精爽] 활화하는 것이라고 해도 이미 기(氣)이니 어찌 끝내 청탁을 말할 수 있는 것이 없겠습니까? 그러나 그 체단(體段: 바탕)은 활화하여 국한되지 않으므로, 존성(存省)의 공부에 인하여 또한 때때로 미발 상태에서 담일한 기상이 있는 것입니다. 이로부터 말하면 청탁이

서로 섞인 것은 마음의 기[心氣]의 본래 받은 상태[本稟]이고, 그 청담(淸湛) 순일(純一)한 것은 간혹 그러한 것이 있게 되는 것입니다. 간혹 있는 담일을 가지고 품부 받은 근본도 그와 같다고 할 수는 없으며, 또한 본래 받은 상태가 서로 섞인 것을 가지고 변화하여 성인과 같이 될 수 없다고 해서도 안 됩니다.323

윤봉구의 활화론은 한원진을 중심으로 한 호학의 마음에 대한 이해를 계승하면서 동시에 그것의 난점을 해결하고자 하는 가운데 제출된 것이라고 할 수 있다. 이간이 미발에서의 기를 본연의 기라고 하여 그 보편적인 순선(純善)의 상태를 설명하고자 함으로써, 마음의 기를 형기로부터 과도하게 분리하여 이원화하는 혐의가 있다면—그래서 한원진으로부터 이심이기론(二心二氣論)으로 비판받는다324—윤봉구는 심기를 본연의 기로 승격하여 이원화하지 않고 그것을 기질의 편차에서 자유롭지 않다고 하면서도 동시에 심기의 역동적 변화 가능성을 적극적으로 인정함으로써 그로부터 미발의 보편적 선의 상태를 설명하고자 했다.

2) 명덕의 동이 문제

주자학에서 명덕(明德)은 인지(認知)에 초점을 둔 인간 마음의 본체적 능력 혹은 기능을 표현하는 개념이다. 명덕의 같고 다름[同異]에 대한 논변은 미발에 대한 논변과 밀접한 관련을 지닌 가운데 동시에 진행되었다. 이간은 본심 혹은 마음의 본체의 보편적 동일성을 강조하는 입장에서, 당연히 미발에서와 마찬가지로 명덕에서도 성인과 일반인 사이의 차이는 있을 수 없다고 주장했다.

그러므로 나는 명덕 본체(本體)는 성인과 일반인이 동일하게 얻은 것이고, 혈기 청탁은 성인과 일반인이 다르게 품부 받은 것이라 생각합니다. 명덕은 곧 천군(天君: 주재로서의 마음)이며, 혈기는 곧 기질입니다. 천군이 주재하면 혈기를 백체(百體) 가운데 물러나 순종하고 방촌(方寸: 마음)은 허명(虛明)한 상태가 됩니다. 이것은 대본(大本)의 소재이며 자사(子思)가 말한 미발입니다. 천군이 주재하지 못하면 혈기가 방촌에서 용사(用事)하여 청탁이 고르지 않게 됩니다. 이것은 선과 악이 뒤섞인 것이며 덕소(德昭: 한원진)가 말하는 미발입니다.[325]

하지만 그의 단계에서 명덕 문제는 미발 논변의 맥락 가운데 다루어진 것이고 아직 본격적인 호락논쟁의 쟁점이 되지는 않았다. 호락논쟁에서 이 문제가 본격적으로 문제가 된 것은 제3기, 이재와 윤봉구에 이르러서였다. 호락논쟁의 제3기에 대해서는 다음 장에서 자세히 살펴볼 것이다. 따라서 여기에서는 명덕 문제에 제한하여 양측의 입장을 간략히 살펴보는 데 그치기로 한다.

(1) 이간과 이재의 입장: 동론(同論)

미발이 고요한 상태에서 드러나는 마음의 본래적인 상태를 가리키는 개념이라고 한다면, 명덕은 리를 인식하고 실천하는 마음의 본래적 능력 혹은 기능을 표현하는 개념이다. 이는 다른 존재와 구별되는 인간의 본질적 능력이라는 점에서 성인과 일반인을 막론하고 인간이라면 누구나 가지고 있는 것으로 이해되었다. 이간은 명덕의 보편성에 대해 다음과 같이 말한다.

아, 천하의 만물(동물)이 마음을 가지고 있지 않은 것이 없지만, 명덕 본체는 오직 인간만이 홀로 가지고 있다. 천하의 본성 또한 선하지 않음이 없지만 사람이 모두 요순인 것은 동물이 간여할 수 있는 바가 아니니 이것이 "천지의 본성에서 사람이 고귀하다"라고 한 것이다. 그런데 귀한 바는 본성이 아니요 곧 마음이다. 사람이 귀하고 동물이 천하다고 할 때 비교의 대상이 되는 것은 이 마음이다. 그런데 그 마음이라고 하는 것이 다만 혈육의 기인 것인가 아니면 본명(本明)의 체(體)를 말하는 것이겠는가? 즉 이 본명의 체가 성인과 일반인 사이에 진정으로 같지 않음이 있다면, 저 혈기의 고르지 않은 것은 끝내 또한 무엇을 기준으로 삼아 고르게 할 수 있을 것인가? 사람이 요순이 될 수 있고, 마음이 만물보다 귀하다고 하는 것이 실질이 없는 공언에 불과한 것인가? 그러한가?³²⁶

이간은 인간과 동물의 본질적인 차이를 마음의 본체의 차원에서 구명하고, 인간과 인간 사이의 차이를 마음의 실천의 차원에서 구했다. 도덕규범과 원칙, 원리에 대한 인지적 능력을 기초로 해서, 당위를 인식하고 그를 실천한다는 점에서 모든 인간은 예외 없이 동일한 능력을 부여받았다. 만약 그렇지 않다면 도덕적 책임을 묻고, 도덕적 행위를 요구하는 데는 한계가 있게 될 것이다.

다시 말하면, 인간이 가지고 있는 인지적 능력을 유적(類的) 수준에서, 그리고 형식적인 차원에서 바라본다면, 인간의 명덕은 리를 인식하고 의지적으로 그것을 실천하는 방식으로 인간이 자기 자신 및 외부 사물과 관계할 수 있도록 하는 즉 도덕적 실천자로서 설 수 있도록 해주는 능력이라고 할 수 있다. 그런 점에서는 모든 인간에게 공통된 것으로 동일하다는 것이다.

한편 이재는 명덕에 대해 다음과 같이 말한 바 있다.

마음이라고 하는 것은 본래 리와 기를 합한 것으로 이 리를 떠나서 기를 말할 수는 없다. 만약 반드시 기를 단지(單指)하여 말하려고 한다면 기에는 또한 두 가지가 있으니, 천지본연(天地本然)의 기가 담연(湛然) 순일(純一)한 것은 마음의 본체이다. 이것이 이른바 명덕이다. 이것은 성인과 일반인이 동일하다.³²⁷

이간이 우리 마음의 본체의 본명(本明)함을 말하고 그것을 명덕의 동일성을 말할 수 있는 기초로서 제시했다고 한다면, 이재 역시 우리 마음의 본체의 담연 순일함을 말하고 그것을 명덕이라고 하고 성인과 일반인에게 그것은 동일하게 말한다. 기본적으로 동일한 입장임을 이해할 수 있다. 그들은 모두 마음의 무차별적 동일성이 아니라 그 심체의 동일성을 말한 것이므로 앞에서의 한원진의 비판은 다소 과도한 것일 수 있다.

두 사람 모두 명덕을 마음의 미발과 연결하여 이해했다. 이재는 다음과 같이 말한다.

> 마음은 곧 기이지만 반드시 본성[性]과 기를 합해서 말해야 그 의미가 완비된다. 그래서 예부터 마음을 말함에 오로지 기만으로 말하지는 않았다. 만약 그 속에서 기만을 가리켜 말하면 성인과 일반인의 마음은 차이가 날 수밖에 없다. 그러나 기는 비록 청탁수박의 차이가 있을 수 있으나 그 근본은 담연 순일하다. 마음[心]은 또 기의 정상(精爽)이지만 또 리를 합하여 말한 것이니 한 개의 기(氣) 자만을 붙일 수는 없다. 그러므로 그 본체의 담연함은 성인과 일반인이 한가지다. 우리 마음의 미발의 때에 그를 볼 수 있다.[328]

그런데 이간이 마음을 기의 정상이라고 하는 데 그쳤다면, 이재는 거기에서 더 나아가 '리를 합하여 말한 것'이라는 점을 강조한다는 점에 유의하여야 한다. 이재는 그 본체의 담연함에서의 성인과 일반인 사이의 보편적 동일성, 그리고 결국 그것이 노정된 것으로서의 미발에서의 동일성 역시 기만이 아니라 리의 요소에 근거하는 것이라 지적하고 있다. 이재의 제자 박성원(朴聖源)은 이간과 구별되는 스승 이재의 심설의 독특성으로 이 부분을 주장한다.

(2) 윤봉구의 입장: 이론(異論)

윤봉구는 명덕이 분명 본성과 리에 근접한 개념이기는 하지만 또한 단적으로 말하면 마음으로서, 기일 수밖에 없다고 한다. 기에서 논한다면 성인과 일반인 사이에 차이가 없을 수 없는 것이다. 그는 먼저 한원진에게 보낸 편지에서 마음의 기적(氣的) 측면을 허령(虛靈)이라고 할 때, 허령에는 분수(分數)가 있을 수 있다고 주장한다.

> 나는 마음이 품부 받은 정상(精爽)한 기에는 본래 청탁의 차이가 있고 이른바 허령이라는 것은 실로 이 정상한 기의 작용[所爲]이니, 그 청탁에 있는 분수에 따라 허령에도 분수의 차이가 없지 않다고 생각합니다. … 허령에는 비록 본래 품부 받은 바의 청탁에 따라 조금 분수가 있다고 하지만, 그 체단(體段)은 본래 신령하고 살아 있어서[靈活] 혹 청(淸)하든 혹은 탁(濁)하든 원래 국정(局定)되지 않습니다. 그러므로 그 미발하여 (기가) 용사(用事)하지 않는 때에는 탁한 것은 볼 수 없고 오직 청하다고만 말할 수 있습니다. 그 기상이 한가지로 모두 담연합니다. 다만 본품은 성인의 순청(純淸) 순미(純美)한 것과는 같지 않고 또한 변화하여 온전한 경지까지 같이지지는 않았기에 그 순간이 잠시 순간의 기상에 지나지 않아 곧 그것을 잃고 마는 것입니다. 대개 허령은 곧 마음으로서 적감(寂感)을 갖추고 미발과 이발을 겸했습니다. 그 체단을 말한다면 성인과 일반인에 각각 다르지만, 미발에 이른다면 이른바 허명(虛明)한 기상이 거의 같지 않음이 없습니다.[329]

윤봉구에 의하면, 마음은 정상한 기로서, 그 정상한 기의 작용에 따라 허령이라는 성격을 가지게 된다는 것이다. 그런데 정상은 기 중 탁월한 기라고 할 수 있으나 역시 기이므로 자체에 청탁의 차이가 있다고 한다. 즉, 본품에서의 청탁의 차이가 있다. 그러므로 그 청탁의 분수(分數: 등급)에 따라 허령에도 분수가 있다고 주장한다. 하지만 그는 그 허령의 체단(體段)

은 신령하고 살아 있는[靈活] 것이기에, 본래 부여받은 본품의 상태에 머물러 있지 않는다고 한다. 곧 활화의 가능성을 가지고 있다는 것이다. 그래서 미발에서는 그러한 분수의 차이에 관계없이 담연한 상태로 일시적으로 변화하며, 수양의 노력을 통해 변화할 수 있다고 한다. 이는 앞의 미발론에서 이미 살펴본 바와 같다. 따라서 그는 미발의 허명과 허령을 구분한다.

> 그대(한원진)는 이 마음의 본품의 청탁이 허령과는 원래 상관이 없다고 하고, 청한 자의 허령과 탁한 자의 허령에 원래 다름이 없다고 여겨서, 마음의 허령을 다만 미발의 허명으로 보는 데 이르렀습니다. 그렇다면 『대학장구』 중의 허령은 다만 마음의 미발에 속하는데, 그대의 설 중에서 허령이 (뭇 리를) 갖추고 (만사에) 응한다고 한 것은 어째서입니까? 허령은 실로 명덕을 실현하는 것인데, 지금 허령이 다만 미발의 영역에만 관계한다면 명덕은 이발을 겸하여 말할 수 없게 되니, 그것이 만사에 응한다고 하는 것은 이 덕이 허령을 기다리지 않고 스스로 조작하겠습니까? 이것이 알 수 없는 것입니다.330

한원진은 허명과 허령을 같은 것으로 보아 기품과 관련이 없는 것으로 보았다고 한다. 그것은 한원진이 허령을 마음의 기품 중에 인지적 능력의 측면을 단지한 것으로 여긴다는 것을 의미한다. 하지만 윤봉구가 말하는 허령은 마음의 기를 가리킨다. 허명이 미발의 마음의 본체를 가리키는 것이라면, 허령은 미발과 이발에 걸쳐 있으면서 명덕을 실현하는 것이다. 그렇다면 허령은 동정을 걸쳐 있는 마음의 활동이며, 허령과의 관계 속에서 명덕은 본성에 가까운 것이 될 것이다.

하지만 윤봉구는 명덕에 관한 이재와의 논변에서 허령뿐만 아니라 명덕 또한 기의 수준에서 논하는 것이 가능하며 현재 자신이 논하는 맥락은 바로 그 지점에 있다고 말한다.

명덕은 대개 밝은 덕을 말하는 것으로서, 덕은 리이다. 그 리가 허명(虛明) 영각(靈覺)한 위에 머무는 것이므로 명덕이라고 말한다. 명덕의 리는 본성이다. 마음은 이 본성을 아우르니, 통괄하여 말하면 본심이다. 그런데 이 마음은 단독으로 말하면 기이다. 근일에 논한 바는 기를 단독으로 말한 마음의 같고 다름에 관한 것이므로, 그 말이 오로지 기의 측면에 있지 않을 수 없었다. 비록 어리석고 비루하다고는 하지만 어찌 마음과 본성이 서로 떨어질 수 없음을 알지 못하겠는가?331

윤봉구는 이재가 마음에서 본성의 측면을 고려해야 한다는 것에 대해 이해하지 못하는 것은 아니지만, 지금 논의를 하는 것은 마음의 기의 측면에 집중한 것이라고 말한다. 즉, 명덕이 분명 본성과 리에 근접한 개념이라고 하고, 하지만 또한 단적으로 말하면 마음과 동일한 것으로서 기일 수밖에 없다고 한다. 명덕이 리에, 마음이 기에 초점이 있는 개념이지만 동시에 마음에 본성의 측면도 있고 명덕에도 기의 측면이 있다는 것이다. 윤봉구는 만약 기를 단독으로 고려한다면 명덕 역시 성인과 일반인 사이에 차이가 없을 수 없다고 말한다. 그는 계속해서 말한다.

대개 이 마음의 기는 비록 맑은 것과 탁한 것이 서로 뒤섞여 있어 천백 가지로 같지 않지만, 그러나 정통(正通)한 정상(精爽)이니 그 체단(體段)은 모두 허령하고 통철(通徹)하여 능히 리를 갖추고 일에 응할 수 있다. 이것은 성인과 일반인에 같지 않음이 없으니, 바로 마치 귀의 신령[靈]함이 들을 수 있고 눈의 신령함이 볼 수 있는 것이 모두 동일한 것과 같다. (하지만) 또한 비록 허령은 같지만, 그 허령의 기의 본품의 청탁은 같지 않음에 대해서는 위에서 말한 바와 같다. 그러므로 그것이 발용(發用)하여 일에 응함에는 선도 있고 악도 있어서 사람마다 다르게 되는 것이 또한 귀가 듣고 눈이 보는 기가 다르므로, 들음에 밝게 듣는 것과 그렇지 못함이 있고 봄에 밝게 보는 것과 그렇지 못한 것이 있어 각각 다름이 있는 것과 같다. 그렇다면 그 같지 않은 것은 허령한 기가 같지 않은 것이고, 그 같은 것은 허령할 수 있음이 모두 같은 것이다. … 지금 동일하게 이 허령을 가지고 있다고 해서 마음의 기가 모두 같다고 한다면 성인과 일반인 사이에는 구별이 없어지니 도리가 성립되지 않는다. 그러나 마음의 기가 같지 않다고 해서 허령할 수 있음의 여부가 각각 다르다고 말하기에 이른다면 명덕은 분수를 가지게 되는 것을 면할 수 없게 되며 사람의 본성 또한 각각 서로 같지 않게 된다.332

윤봉구는 마음의 기는 분명히 그 청탁에서 사람 간에 차이가 있지만, 허령 통철하여 리를 갖추고 만사에 응할 수 있다고 하는 점에서는 동일하다고 말한다. 그것은 곧 허령과 명덕의 동일성을 지시한다. 인간에 특유한 인지적 능력, 리를 인식하고 실천할 수 있는 능력이라는 점에서 명덕은 성인과 일반인에게 동일하다. 그러한 명덕은 마음의 기의 허령한 특성을 통해 가능한 것인데, 바로 그런 점에서는 허령 또한 인간에게는 누구나 동일한 보편적 특성이라고 할 수 있다.

그러나 윤봉구는 그 허령을 구성하는 허령의 기에는 청탁의 다름이 있어서 사람마다 그 본품에서 차이가 있다고 말한다. 즉, 인간의 인지적 능력 자체는 동물과 구별되는 인간의 본질적 독특성과 보편적 동일성을 보여주지만, 그 능력의 실제 곧 그 실현에서는 사람 사이에 부여된 기질의 다양성에 따라 차이가 있을 수 있다고 한다. 명덕을 그 허령 곧 인지적 능력의 보편성에 초점을 두어 말한다면 성인과 일반인에게 동일하다고 하겠지만, 그 허령의 기의 관점에서 말한다면 성인과 일반인 사이에 차이가 있다. 허령의 동일성 때문에 마음(허령)의 기의 차이를 무시해서는 안 되며, 또한 그 때문에 허령의 동일성을 무시해서는 안 된다. 윤봉구는 허령과 명덕에서 이러한 양 측면을 모두 고려하지 않으면 안 된다고 한다. 인간의 인지적-실천적 능력의 보편적 동일성만 인정하고 그 현실적 실제에서의 차이를 인정하지 않으면 성인과 일반인을 구분하지 않는 무분별에 빠지며, 그렇다고 해서 그 실제에서의 차이만 인정하고 그 보편적 동일성을 인정하지 않는다면 결국 명덕, 더 나아가 본성의 보편성을 무너뜨리게 된다는 것이다.

윤봉구는 분명 명덕(허령할 수 있음)에 분수의 다름이 있다고까지는—이재가 그렇게 비판하는 것은 다소 과도한 것일 수 있다— 말하지 않았다고 할 수 있다. 그러나 그는 명덕(허령할 수 있음)을 실현하는 허령의 현실성에서는 차이가 나며 그것은 곧 허령의 기에서의 편차에 의한 것이다. 그는 유비적으로, 보고 듣는 인간의 일반적 능력은 인간이 공동으로 가지고 있다고 할 수 있지만 그 개인적 차원에서 그것을 실현하는 데에는 편차가 존재할 수 있는 것과 같다고 말한다. 일반적 능력의 동일성 때문에 개인적인 능력의 편차를 무시해서는 안 된다는 것이다. 바로 거기에서부터 성인과 일반인의 실제적인 차이가 발생하며, 일반인의 부족함과 그 악이 설명될 수 있고, 바로 그 점에서 수양의 필요성이 제기되고 설득될 수 있기 때문이다. 그러한 의미에서는 윤봉구에서 명덕은 결국 성인과 일반인에게 다르다고 할 수 있다. 이 부분은 호락논쟁 제3기에 이르러 이재를 위시한 낙학 측에 의해 호학 측의 중대한 오류로 지목되어 비판받았다.

(3) 한원진의 입장: 동론(同論)

앞에서 인용한 윤봉구의 편지[333]에서 지적한 것처럼, 그 편지가 쓰인 1742년의 한원진은 허령에 분수가 있다는 윤봉구의 주장에 동의하지 않았다. 1740년에 쓴 글에서 그는 다음과 같이 말한다.

> 마음과 명덕은 본래 서로 다른 것이 아니다. 그런데 분별하여 말하면 마음은 곧 기이니, 마음을 말하면 기품은 그 가운데 있다. 그러므로 선악이 있다. 명덕은 이 마음의 광명(光明)한 것이니, 명덕을 말하는 경우는 다만 마음의 밝

은 곳을 가리키는 것이요 본래 기품을 끌어들이지 않고 말하는 것이다. 그러므로 선악을 말할 수 없다. 마음은 본성을 포함하여 말할 수도 있고 본성에 대립하여 말할 수도 있다. 그런데 명덕은 다만 본성을 포함하여 말할 수 있고 본성에 대립하여 말할 수는 없다. (마음은) 본성에 대립하여 말할 수 있기에 선악이 있는 것이요, (명덕은) 다만 본성을 포함하여 말할 수 있기에 선악을 말할 수 없는 것이다. 이것이 마음과 명덕의 구별이다. … (주자는 동설(同說)과 이설(異說)을 다 말했는데)… 오늘날의 논자들은 마음과 명덕이 하나라는 점에서는 견해가 동일한 가운데 마음과 명덕의 주안점이 어디에 있는가에 대해서는 의견이 각각 다르다. 그러므로 명덕이 모두 동일함에 주안점을 두는 자는 아울러 마음을 순선(純善)이라고 하여 불교의 본심(本心) 설에 빠져들고 만다. 반면에 마음의 기품이 같지 않음에 주안점을 두는 자는 아울러 명덕에 분수(分數)가 있다고 하여 또한 순자(荀子)와 양자(揚子: 양웅)의 성설(性說)로 함께 돌아가려 한다. 이것은 대개 마음과 명덕이 비록 다른 것이 아니지만, 마음을 말할 때는 기품을 함께 논하고 명덕을 말할 때는 기품을 논하지 않는다는 다름이 있음을 모르기 때문이며, 또한 주자가 동설(同說)도 말하고 이설(異說)도 말한 것에 대해 자세히 살펴 회통(會通)하지 않은 데서 발생한 문제이다. 반드시 그것을 반성하여 궁구한 연후에야 회통의 소식이 있기를 기대할 수 있을 것이다.[334]

한원진은 마음과 명덕은 같은 것이지만 서로 다르기도 하다고 말한다. 그는 주자가 마음과 명덕에 대해 『대학장구』와 『맹자집주』에서 설명한 것은 완전히 동일하여 둘 사이를 구별하지 않는데, 『중용혹문』에서 마음을 말할 때는 성인과 일반인을 구별하여 말했고, 『대학혹문』에서 명덕을 말할 때는 성인과 일반인을 구별하지 않고 말했음을 지적하여 두 입장이 모두 가능하다고 말한다.[335]
그런데 현재 동론을 주장하는 이와 이론을 주장하는 이들은 모두 마음과 명덕의 같음만 보고 다름은 보지 않는 잘못을 범하고 있다고 지적한다. 동일성을 주장하는 자—곧 이재—는 명덕의 동일성을 마음의 동일성을 통해 주장한다. 그것은 곧 심순선의 논리로서 선불교와 다를 바가 없다. 한편 차이를 주장하는 자—곧 윤봉구—는 마음의 기의 편차를 근거로 해서 명덕의 차이를 주장함으로써 명덕의 보편성을 파괴했다. 그것은 순자의 성악이나 양웅의 성삼품설과 같은 방식으로 인간의 보편적 동일성을 훼손하는 데 이르게 될 것이다.

한원진에 따르면 현재 필요한 것은 그 다름에 대해 함께 이해하는 것이다. 다름의 관점에서 보면, 마음은 기이니 따라서 기품의 차이가 그 속에 있다. 반면에 명덕은 우리 마음의 광명함 곧 그 밝게 비추어 인식하는 인지적 능력 자체를 가리키는 것으로서, 기품을 끌어들이지 않고 말한 것이다. 즉, 기의 차별성에 대한 고려 없이 인간의 보편적인 마음의 성격 혹은 능력을 가리켜 말했다.[336]

그는 마음은 본성을 포함해서 말할 수도 있고 본성에 대립해서 말할 수도 있는데 본성에 대립해서 말한다면 선악이 있다고 할 수 있는 반면, 명덕은 본성을 포함해서만 말할 수 있고 따라서 선악의 차별을 말할 수 없다고 한다. 따라서 마음은 성인과 일반인에 따라 다르지만, 명덕은 모든 사람에게 동일하여 성인과 일반인 사이에 차이가 없다. 분수가 있을 수 없는 것이다. 즉, 명덕은 마음과 동일한 것으로서 구별되지 않지만, 그것이 마음의 인지적-실천적 능력 자체를 가리키는 것으로 쓰일 때는 기품의 차이를 고려하지 않는 것이요, 따라서 성인과 일반인에 차이가 있을 수 없다는 것이다.[337]

마치 그가 미발에서 기불용사(氣不用事)의 논리를 통해 미발의 선을 유지하는 동시에 마음인 한 미발에서의 기질의 잠재를 말할 수 있었다면, 한원진은 여기에서도 같은 방식으로, 허령과 명덕은 기품을 끌어들이지 않고 말한 것이지만 역시 마음과 다른 것이 아니므로, 기품 역시 그대로 있다고 보았다.³³⁸ 바로 그런 관점에서 그는 동론을 주장하는 이재와 이간이 기품의 측면을 무시하고 마음의 순선을 주장하는 잘못을 범했다면, 이론을 주장하는 윤봉구는 기품의 측면은 잘 포착했지만 허령과 명덕이 기품을 끌어들이지 않고 말한 것임을 제대로 포착하지 못했다고 비판했다.

한원진은 이재와 윤봉구 모두를 비판했지만, 사실 이재가 본심이라고 하는 것은 순수하게 기만을 가리키는 것은 아니고 본성의 측면을 함께 고려한 것이었으며 따라서 명덕 역시 그러한 측면을 고려한 것이었다고 할 수 있다. 윤봉구 역시 마음과 명덕을 단순하게 동일시한 것은 아니었다. 그 역시 허령과 허령의 기를 구분하여 허령에서는 성인과 일반인의 동일성을 이야기한 바 있다. 결국 한원진의 입장과 크게 다르지 않은 것이라고 할 수 있다. 따라서 한원진의 비판은 다소 과도한 측면이 있다.

3) 성범심동이 논변의 의의

(1) 마음에 대한 탐구: 자연주의와 도덕적 우주론

조선 중기 이래의 사단칠정(四端七情) 논변이 정(情)에 관한 논변이었다면, 호락논쟁 시기의 동이(同異) 논변들은 본성[性]과 마음[心]에 관한 논변으로서, 이를 통해 조선 성리학은 본성과 마음, 정을 아우르는 인간 존재 전체에 대해 체계적인 검토를 수행한 것이라고 할 수 있다. 18세기 이간과 한원진, 이재와 윤봉구에게로 이어지는 '성범심동이 논변'은 앞선 인물성동이 논변과 미발 논변의 성과를 계승하여 '마음[心]'에 대한 본격적인 해명에 나선 것을 보여준다. 그것을 통해 마음에 대한 두 가지 대립하는 견해가 제출되었다. 그것은 주자학에서 마음이 가지는 이중적 성격이 노정된 것이었다.

주자학에서 본성[性]이 인간이 공통적으로 부여받은 보편적인 것이라고 한다면 마음[心]은 몸[身]과 마찬가지로 인간 각자에게 개별적으로 주어진 것으로서, 개체적인 구체성을 이루는 것인 동시에 리를 인식하고 실천하는 인지-실천의 주체이며, 그러한 인지-실천을 통해 몸을 지배하는 주재(主宰)이다. 본성이 리라고 한다면, 마음은 기(氣)이다. 리가 보편적으로 공유되는 것이라면, 기는 개별성을 이루는 원리로서 편전통색(偏全通塞), 청탁수박(淸濁粹駁)이라고 하는 기능적-가치적인 우열 혹은 선악의 차이가 있다.

우리는 우리의 자연적 마음에서 사람들 사이에 어떤 인지-실천적 능력의 차이를 쉽게 발견할 수 있다. 맑음과 탁함[淸濁]은 곧 인지적 능력의 차이를 표현한 것이고, 순수와 잡박[粹駁]은 실천적 능력의 차이를 표현한 것으로 볼 수 있는데, 각각의 차이를 가져오는 기질적 요인으로 지적된다. 이는 마음에 대한 자연주의적 견해라고 할 수 있을 것이다. 명덕이 우리 마음의 인지-실천적 능력을 표현한 것이라고 한다면, 명덕에도 이른바 분수가 있다고 보는 것이 당연할 것이다.

그러나 문제는 주자학이 단지 자연주의적 태도에 머물러 있지 않다는 데 있다. 앞(4장)에서 지적한 바와 같이 주자학에서는 '도덕의 자연화'를 넘어서 '자연의 도덕화'로까지 나아갔다. 자연의 근거에 태극-리가 그 도덕 본체로서 자리 잡고 있으며, 그와 마찬가지로 마음의 기의 근저에 태극-리가 있으며 그것이 곧 본성에 해당된다. 마음은 본성에 대해 말할 수도 있지만 본성을 포함하여 말할 수도 있다. 마음은 순수히 개인적이고 자연적인 것에 그치는 것이 아니라, 공동체적인 것이고 자연을 넘어선 심층의 도덕 본성을 근거로 하고 있는 것이다.

마음의 바로 그러한 측면이 잘 표현된 것이 미발이고 또한 명덕이라고 할 수 있다. 미발의 마음에서 우리는 인간의 마음을 통해 도덕 본체가 현시되는 것을 체험하며, 마음의 인지-실천적 능력으로서의 명덕은 단지 개인적이고 자연적인 능력에 그치지 않는다. 자연의 우연적 차이를 넘어서서 리 그리고 본성과 내재적 관계를 가지고 있는 보편적 능력으로서, 우리가 누구나 도덕 실천에 나설 수 있는 근거와 이유가 되는 것이다.

하지만 미발 역시 마음의 한 고요한 상태이며, 명덕 역시 마음의 능력으로서 마음과 분리된 별개의 것이 아니다. 마음 일반 곧 기로서의 마음과, 리와 관련된 마음인 미발과 명덕 사이의 관계 문제가 해명되어야 할 문제로서 제기된다. 성범심동이 논변 혹은 호락논쟁은 곧 주자학 내부의 자연주의와 '도덕적 우주론' 사이의 긴장이 표출된 것이라고 할 수 있다. 물론 양측의 한쪽이 자연주의를, 다른 한쪽이 '도덕적 우주론'을 배경으로 하고 있다고 각각 배정할 수는 없다. 그러한 긴장 자체가 각자의 이론적 선택의 배경에 있다고 보는 것이 더 적합할 것이다.

　주자학의 '도덕적 우주론'에서 인간은 최상위의 존재자로서, 단지 도덕 본성을 자연적으로 실현하는 데 그치는 것이 아니라, 도덕 본성을 소당연의 리로서 자각-인지하면서 자발적으로 그것을 실천한다. 그것은 곧 단순히 도덕 본성과 규범을 기계적으로 수행하는 것이 아니라―그것도 자발성의 한 형식이라고 할 수 있지만―, 그것을 자신의 환경 속에서 정치적-역사적 상황 속에서 창의적이고 풍성한 방식으로 실현하면서 성인으로 표상되는 최종적인 완전성으로 나아간다.

　인간의 그러한 실천에서 명덕은 핵심적인 중요성을 지닌다. 명덕은 온갖 이치를 갖추고 만사에 응할 수 있는 마음의 허령한 능력으로서, 그러한 자각적 실천을 수행하는 절대적 주체인 것이다. 하지만 그것은 동시에 개체로서의 마음의 능력으로서, 여전히 동시에 인간의 자연적 능력에 속한다. 리가 아니라 기라는 것이다. 결국 마음 혹은 명덕은 리를 인식하고 실천하는 절대적 주체임과 동시에 개체로서는 여전히 현실 세계의 제한성에 갇혀 있는 현실 존재, 곧 기인 것이다. 물론 그것은 기 중에서도 탁월한 [精爽] 것으로 이해되었다. 그 기의 탁월한 성격으로 말미암아 인간은 인식과 실천의 능력을 가지게 되었다는 것이다. 그러나 아무리 탁월해도 그것은 여전히 존재론적으로는 기라는 사실을 벗어날 수는 없다.[339] 주자학에서 마음은 결국 절대적 주체로서, 그리고 동시에 기질의 제한을 받을 수밖에 없는 개체로서 이중적으로 그리고 리와 기 사이의 중간적 존재로 규정되고 있다고 하겠다.

'성범심동이 논변'은 바로 이러한 마음의 이중적 혹은 중간적 성격을 둘러싸고 전개된 것이었다. 낙론 측의 이간과 이재 모두 심체(心體)의 보편적 동일성에 기초하여 미발과 명덕에서 성인과 일반인 사이에 차이가 없다는 동론(同論)을 주장했다. 다만 심체의 보편적 동일성을 주장하면서 이간이 주로 형기(기질)와 구별되는 심기(心氣)의 담일함에 근거를 두었다면, 이재는 그와 함께 마음의 본성적 측면에서 그 근거를 구하는 차이가 있었다. 그들은 마음의 미발 혹은 명덕은 그러한 마음의 본체를 가리키는 것이므로, 분명히 기의 어떤 상태이기는 하지만 단순히 기로 규정할 수는 없다고 말한다. 그것은 본성 혹은 리와 완전히 동일시할 수는 없지만 또한 그에 가까운 무엇이라고 보아야 한다는 것이다. 이간은 마음을 이루는 기의 독특성 혹은 탁월성에 근거하여 그 본연의 측면에서의 기는 결국 그 실제에서 리와 동일하며, 그에 조응하여 본연의 마음은 결국 본성과 실제로는 일치한다고 말한다. 반면 이재는 마음은 단지 기만은 아니며 리의 측면도 가지고 있다고 말함으로써 그 보편성의 근거를 마음을 구성하는 리에서 구했다.

반면 호론 측의 한원진과 윤봉구는 기본적으로 마음이 기이며 따라서 청탁과 편전이라는 편차로부터 자유롭지 않음을 강조했다. 따라서 한원진은 미발의 경우에도 기질은 잠재한다고 주장했다. 다만 그때는 기가 실제로 용사(用事)하지는 않으므로 선한 상태 곧 중(中)의 상태라고 할 수 있다고 한다. 그에 대해 윤봉구는 미발에 기질이 잠재한다고 하는 것에 대해서는 반대하고, 그때에는 기가 활화하여 선한 상태로 변화하므로 중의 상태가 이루어지는 것이라고 보았다. 한편 명덕에 대해서는, 윤봉구는 허령-명덕과 허령의 기를 구분하여 허령-명덕이라고 하는 인지-실천 능력 자체는 보편적 동일성을 말할 수 있지만, 그 실제 사용에서는 기가 작동하지 않을 수 없고 따라서 성인과 일반인 사이에 차이가 있을 수 있다고 보았다. 반면 한원진은 마음과 허령-명덕을 구분하여 마음에는 기질에 따른 차이를 말할 수 있어도 허령-명덕은 그러한 기질이 고려되지 않는다고 말한다. 윤봉구가 인지-실천 능력의 자연적 성격을 결국 배제하지 않았다면, 한원진은 그에서 벗어난 위상을 그에 부여했다고 할 수 있다.

이간과 한원진이 마음 곧 심기와 신체에 해당하는 형기를 구별하고, 본연의 마음과 본연의 기를 강조함으로써 마음의 본체를 본성에 가까운 것으로 높이고, 그를 통해 마음의 실천의 가능성을 충만하게 설명하려고 했다면, 한원진은 심기와 형기의 연속성을 강조함으로써 기질의 제한이라는 것이 마음에 대한 이해에서 결코 배제되어서는 안 된다는 점을 명확히 하고, 그를 통해 기질을 변화시키고자 하는 노력이 수양에서 핵심임을 설명하려고 했다. 다만 명덕에 대해서는 기질과의 관련성을 부정하고 낙론 측에서 마음과 기질을 구별한 것과 유사한 구별을 함으로써, 인지-실천 능력 자체의 보편성을 강조했다. 윤봉구는 심기와 형기의 연속성을 주장하는 동시에 심기의 활화 즉, 살아 움직이며 변화하는 성질을 강조함으로써 마음의 독특성을 강조했다. 기질 변화의 필요성과 가능성을 동시에 설명하려고 했다.

(2) 인간에 대한 이해: 성인과 일반인

마음의 이러한 이중적 혹은 중간적 성격은 인간의 중간적 성격에 조응한다. 인간은 성인과 일반인(혹은 동물) 사이에 있는 중간적 존재이다. 그 본성에서는 성인과 다를 바 없지만, 그 마음의 현실에서는 성인과 구별되는 것으로 이해된다. 그는 어떤 점에서는 성인이지만 동시에 여전히 일반인이다. 인간의 삶은 일반인으로서 현실 속에서 성인을 지향하여 가는 것으로 규정될 수 있다. '인간이면 누구나 성인이 될 수 있다'라고 하는 성리학의 기초 명제는 바로 인간에 대한 그러한 파악에 기초하고 있으며, 오직 인간이 성인 혹은 성인이 될 가능성이 있는 존재이면서 동시에 성인과 구별되는 일반인이라는 점에서만 유의미하게 성립될 수 있다.340 만약 그가 성인과 다르지 않다면 그가 성인이 되기 위한 노력을 해야 할 어떤 이유도 없을 것이며, 만약 그가 성인과 완전히 다른 존재라면 그가 성인을 지향할 수 있는 가능성과 근거가 모호할 것이기 때문이다. 바로 그런 점에서 성인과 일반인 사이의 동론(同論)과 이론(異論)의 대립이 발생할 여지가 생기는 것이다.

낙론 측의 이간이나 이재가 일반인의 마음이 성인의 마음과 동일하다고 주장하는 것은 누구나 성인을 지향할 수 있는 가능성과 근거를 명확하고 확고하게 하기 위함이었다. 그러나 그것을 강조할수록 점점 더 일반인의 심각하게 부족한 점은 간과하고 작은 주관적 성취를 성급하게 절대화하는 위험이 커지는 것도 사실일 것이다.

반면 호론 측의 한원진이 일반인에게는 미발에도 악의 뿌리가 있다고 하고, 윤봉구가 허령에도 분수가 있다고 한 것은 일반인과 성인 사이의 차이와 간격을 분명하게 함으로써 그만큼 더 수양의 필요성과 그 엄중성을 심각하게 강조하고 객관적 규범의 중요성을 부각하고자 한 것이었다. 그러나 그러한 차이가 강조될수록 일반인이 성인이 될 수 있다는 주장은 실제로는 실현하기 어려운 공허한 것이 되고 마는 위험이 있는 것도 사실일 것이다. 한원진이 마음과 명덕을 구별하고 명덕에서는 성인과 일반인 사이의 동일성을 강조하고, 윤봉구가 심기와 형기의 연속성을 강조하는 가운데 심기의 활화를 주장하는 것은 바로 그러한 문제를 극복하고자 한 때문이었다고 이해할 수 있을 것이다.

성인과 일반인 사이의 차이를 강조한다고 해서 그들이 '누구나 성인이 될 수 있다'라는 기초적인 명제를 부정하는 것은 아니었다. 반대로 성인과 일반인 사이의 동일성을 강조한다고 해서 그들이 일체의 수양이 필요없다는 것을 주장하는 것도 아니었다. 오히려 그들은 어느 쪽이나, '누구나 성인이 될 수 있다'라는 기초 명제를 긍정한 위에서 그것이 어떻게 성립할 수 있는가에 대해서 이론적으로 정립하려는 모색을 한 것이고, 상대가 그러한 점에서 이론적 약점을 가지고 있다는 것을 증명하고자 노력한 것이었다. 그런 점에서 그것은 한편으로 성인과 일반인의 동일성과 차이에 대한 철저하고 전면적인 논쟁을 벌인 것은 아니었다는 한계를 가지고 있다고 하겠다.

(3) 평등과 불평등의 문제

조선 사회는 기본적으로 불평등 사회였으며, 조선 후기는 불평등이 심화된 시기였다. 그러한 현실적 불평등을 신유학의 이기(理氣) 심성(心性) 이론 체계 내에서는 어떻게 설명하고 비판 혹은 정당화할 수 있을까? 성인과 일반인의 마음의 같고 다름에 대한 논변은 비록 불평등의 문제를 본격적이고 철저하게 다루고자 시도된 것은 아니지만, 그런 시각에서 독해하는 것이 불가능하거나 무의미하지는 않을 것이다.

공맹(孔孟) 이래 유학에는 그러한 운명은 알 수 없는 자연의 힘에 의해 이미 정해져 있는 것이요, 우리가 자신의 노력을 통해 그것을 극복하는 것은 거의 불가능하다는 일종의 운명론적 의식이 있었다. 곧 빈부(貧富)와 귀천(貴賤)과 요수(夭壽)는 운명에 의한 것이라는 것이다. 이러한 운명론적 의식 아래에서, 불평등은 참된 의미에서 정당화되었다기보다는 수용되는 데 지나지 않았다고 할 수 있다. 하지만 공맹 유학이 인간의 삶 전체를 운명에 맡겼던 것은 아니다. 그들은 특별히 인간의 도덕 실천과 관련해서는 유위적(有爲的), 의지적(意志的) 실천의 가능성과 의의를 강조했다.

특히 맹자는 마음의 사유(思惟) 기능과 함께 자연적 욕구를 넘어서서 도덕 가치를 추구하고 실현하는 양심(良心) 혹은 본심(本心)의 측면을 강조했다. 그리고 정치적 지배와 피지배의 관계를 그러한 마음의 존재와 관련하여 노심자(勞心者: 마음 노동)와 노력자(努力者: 육체노동)의 구분을 통해 정당화하는 논리를 제시했다. 육체노동에 종사하는 자는 생산하며 지배받고, 마음노동에 종사하는 자는 생산하지 않지만 지배한다는 것이다. 일종의 분업의 형식으로 정치적 지배와 피지배 관계의 정당성을 설명한 것이요, 마음노동에 종사하는 지배자의 특성 혹은 자격으로 마음노동, 곧 사유 능력과 도덕 능력 자체 혹은 그 발휘에서의 탁월성을 지목한 것이라고 볼 수 있다.

공맹 유학의 이러한 성격은 성리학에 이르러서도 어느 정도는 지속되었다. 성리학의 이기론적 체계 내에서 현실적 불평등을 설명할 수 있는 원리는 결국 기(氣)일 수밖에 없었다. 성리학의 이기론적 세계관에서 리(理)는 우리 존재의 보편적 근거이자 당위적 명령-규범으로서 누구에게나 적용되고 요청되는 보편적 동일성의 원리라면, 기는 그러한 리의 실천을 위한 현실적 기반이자 조건으로서 우연적이고 자연적인 차이를 가능하게 하는 원리이다.

일단 빈부와 귀천과 요수는 각 개인이 품부 받은 기에 의해 결정된다고 할 수 있다. 곧 기수지명(氣數之命)의 측면이다. 이 부분에서는 공맹 유학의 유산으로부터 크게 더 나아가지는 않았다. 하지만 성리학에서 기론(氣論)은 그보다는 주로 도덕 실천과 관련하여 논의되었다. 그들의 기질론(氣質論)은 도덕 실천에서 리를 인식하고 실천하는 능력과 관련하여, 도덕 실천의 맥락 아래서 제시된 것이다. 사람들의 기질에는 청탁수박의 차이가 있는데, 그것은 인간의 심리적이고 신체적인 성격이나 성향의 다양성과 우열을 의미하는 것으로서, 인간의 기능적-도덕적 능력의 차이를 가져오는 것으로 이해된다.

성리학에서 도덕 주체로서의 마음은 리가 아니라 기로서 바로 그러한 기질적인 측면을 포함하지만, 그러한 청탁수박의 차이를 넘어서는 측면을 가진 것으로 이해된다. 그것(특히 명덕)이 인간에게만 있다는 점에서 그것은 기와 완전히 무관하다고 할 수 없지만 기질의 편차를 넘어선 것으로서 본성적 능력이라고 할 수 있다. 성리학에서 마음은 우리의 자연적인 기능적-도덕적 능력인 것을 넘어서서, 인간이라면 누구나 가지고 있는 보편적으로 동일한 도덕적 능력, 곧 리를 인식하고 실천할 수 있는 능력으로 이해되었다.

결국 성리학에서 마음은 사유와 유위적 실천의 기관이자 능력으로서, 한편으로 맹자에서와 마찬가지로 정치적 지배를 설명하고 정당화하는 자연적 능력이었다고 한다면, 다른 한편으로는 그것을 넘어선 도덕적 능력이었다. 마음이 그러한 의미에서 도덕적 능력이므로, 우리는 마음의 실천과 공부를 통해 주어진 기질의 한계를 넘어서 리를 실천하고 본성을 온전히 회복할 수 있다. 우리의 도덕 실천과 수양 실천은 우리 마음의 그러한 본체적 능력에 의해 가능하다는 것이다.

마음은 현실적으로 차별적인 능력으로 우리에게 주어져 있지만, 그것이 그대로 우리를 결정하지는 않는다. 우리는 본체적 능력으로서의 명덕을 발휘하여 우리 자신의 도덕적 현실을 규제하고 결정하여 갈 수 있다. 그러한 본체적 능력으로서의 명덕을 이기론적 체계 속에서 어떻게 설명할 것인가 하는 것은 성범심동이 논변에서 중요한 쟁점이었다. 그것은 다음 장에서 살펴볼 바와 같이 호락논쟁의 제3기에 계속해서 논의된 문제일 뿐 아니라, 19세기와 20세기의 조선 성리학에서 논의가 치열하게 계속되었던 문제였다.[341]

18세기 성범심동이 논변을 포함하여 호락논쟁의 과정에서 호론과 낙론, 곧 이론(異論)과 동론(同論)을 막론하고, 마음의 그러한 본체적 능력이 자연적 능력의 측면과 변별되면서 포착되었다는 것은 주자학 전개의 측면에서 의미 있는 진전이었다고 할 수 있다. 마음의 그러한 본체적 능력에 관한 관념은 주자학 내부에 잠재해 있었던 것이지만, 그 자체의 이기심성론의 도식 내부에서는 설명하기 어려운 지점에 자리 잡고 있다. 바로 그것이 그 문제가 간단하게 해결되지 못하고 결국 방대한 논변이 이어지게 된 이유라고 하겠다. 어쨌든 그러한 존재에 관한 관념은 본성과 리의 차원에서의 모든 존재들 사이의 궁극적 통일과 차별 없는 일체성이라고 하는 전통적인 관념을 넘어서, 마음의 차원에서 모든 인간들 사이의 기본적인 평등에 대한 주장을 함축하고 있다는 점에서 미래적 의의를 갖고 있다.[342]

6장 주석

1 『서집전(書集傳)』,「大禹謨」, "心者, 人之知覺, 主於中而應於外者也. 指其發於形氣者而言, 則謂之人心; 指其發於義理者而言, 則謂之道心. 人心易私而難公, 故危; 道心難明而易昧, 故微." 『書經』에 대한 주석서인 『서집전』은 朱子의 제자 蔡沈이 주자의 뜻을 이어 완성한 것으로서, 이 부분의 주석은 주자가 작성한 것으로 알려져 있다.
2 『중용장구(中庸章句)』,「中庸章句序」, "心之虛靈知覺, 一而已矣. 而以爲有人心道心之異者, 則以其或生於形氣之私, 或原於性命之正, 而所以爲知覺者不同. 是以或危殆而不安, 或微妙而難見耳."
3 물론 이때 '인지적'이라고 하는 것은 실천을 배제한 좁은 의미에서가 아니라, 외부 대상을 포착하고 대응하는 인지-실천적 感應 작용 전체를 의미한다.
4 『주자대전(朱子大全)』 권67,「仁說」 참조. 또한 『주자어류(朱子語類)』 6:113, "仁固有知覺, 喚知覺做仁, 卻不得."; 6:114, "以名義言之, 仁自是愛之體, 覺自是智之用, 本不相同. 但仁包四德. 苟仁矣, 安有不覺者乎!" 또한 6:117도 참조.
5 송시열 문하에서의 지각에 관한 논란과 그 의의에 대해서는 다음 참조. 이선열, 『17세기 조선, 마음의 철학』(글항아리, 2015). 특히 智와 知覺의 관계 문제에 대해서는 5장에서 집중적으로 다루었다. 그에 의하면 김창협의 지각론의 중요한 계기가 된 胡炳文의 지각론은 17세기 당시 김창협뿐 아니라 老論學界 공통의 문제의식을 반영하는 사상적 과제였다.
6 송시열, 『송자대전(宋子大全)』 권131:3a-5a,「看書雜錄」.
7 그 한 시도로 다음 참조. 문석윤,「朝鮮 湖洛論辨에서 知覺論의 의의」, 『세계와 인간에 대한 동양인의 사유』(천지, 2003). 주희 철학에서의 지각론의 의의에 대한 연구 성과로 다음 참조. 김우형, 『주희철학의 인식론: 지각(知覺)론의 형성과정과 체계』(심산, 2005).
8 中樞院 編, 『朝鮮人名辭書』(京城: 朝鮮總督府中樞院, 1937), '閔以升'.
9 윤증은 1714년 별세했고, 『家禮源流』의 저자 시비로 노론과 소론 간의 당쟁이 격화된 것은 1715년, 결국 노론에게 승리를 안겨준 병신처분은 1716년의 일이다.
10 조남호는 김창협과 그 주변의 지각 논변을 양명학 비판과 연결시키고, 이를 소론의 양명학적 성향과 관련해서 정치적 의도를 지닌 것으로 보고 있다. 그러나 그는 민이승과의 지각 논변을 중심으로 해서 논의를 하지는 않았다. 趙南浩,「金昌協 學派의 陽明學 비판」, 『철학』 39(한국철학회, 1993).
11 권상유와 태극 논변을 펼쳤던 당사자인 박세채가 이 논변에 관련되어 있다는 사실은 흥미롭다. 박세채, 『남계집(南溪集)』 권24:6a-,「答閔彦暉【以升○九月晦】」(1686년 9

월 그믐).

12 임홍태, 「閔以升 사상을 통해 본 조선후기 智와 知覺의 同異論爭」, 『한국철학논집』 23(한국철학사연구회, 2008), 188-201쪽.

13 이선열에 의하면 김창협의 지각론의 중요한 계기가 된 호병문의 지각론은 17세기 당시 김창협뿐 아니라 노론학계 공통의 문제의식을 반영하는 사상적 과제였다. 이선열, 『17세기 조선, 마음의 철학』(글항아리, 2015), 216쪽. 문제가 된 小註에 대해서는 이황도 언급한 적이 있다. 이황, 『퇴계집(退溪集)』 권35:19b, 「答李宏仲問目」(『定本 退溪全書』 제10책, 456쪽).

14 『대학장구(大學章句)』, 「序」.

15 『사서대전(四書大全)』, 「대학장구서」, "雲峯胡氏曰, 朱子四書, 釋仁曰'心之德, 愛之理', 義曰'心之制, 事之宜', 禮曰'天理之節文, 人事之儀則.' 皆兼體用. 獨智字, 未有明釋. 嘗欲竊取朱子之意, 而補之曰, 智則心之神明, 所以妙衆理而宰萬物者也."

16 『사서대전』, 「대학장구서」, "番易沈氏云, 智者, 涵天理動靜之機, 具人事是非之鑑."

17 智에 관한 두 사람의 설에 대해서 이미 이황이 비판적으로 언급한 바 있다. 이황, 『퇴계집』 권35:19b~20a, 「答李宏仲問目」(『定本 退溪全書』 제10책, 456쪽).

18 김창협, 『농암집(農巖集)』 권14:1a-b, 「答閔彦暉」 1.

19 김창협, 『농암집』 권14:2a, 「答閔彦暉」 1.

20 『논어』, 「衛靈公」. 이 명제는 이이가 자신의 '氣發理乘一途'와 '理無爲'를 지지하는 근거로 인용한 바 있다. 이이, 『율곡전서(栗谷全書)』 권10:27a, 「答成浩原」, "若非氣發理乘一途, 而理亦別有作用, 則不可謂理無爲也. 孔子何以曰'人能弘道, 非道弘人'乎?"

21 김창협, 『농암집』 권14:2b-3a, 「答閔彦暉」 1, "朱子嘗謂, 伊川'性卽理也'一句, 自古無人敢如此道. 故其訓釋五性, 必主乎理, 而尤莫詳於『論語或問』·玉山講義. 『或問』曰: '智則別之理也, 而其發爲是非', 「講義」曰: '智則是分別是非底道理.'"

22 시비를 가린다는 현실적인 정서는 곧 마음의 지각 활동의 결과라는 점에서는 서로 일치한다.

23 김창협, 『농암집』 권14:3b, 「答閔彦暉」 1.

24 김창협과 민이승 사이의 논변의 자세한 내용에 대해서는 다음 참조. 문석윤, 『湖洛論爭 형성과 전개』(동과서, 2006), 128-136쪽.

25 김창협, 『농암집』 권14:18a, 「答閔彦暉」 4.

26 김창협, 『농암집』 권14:19a, 「答閔彦暉」 4.

27 김창협, 『농암집』 권14:26b, 「答閔彦暉」 5.

28 신체적 조건[形氣]은 사람마다 차이가 난다. 나중에 분명해지겠지만 낙학에서는 그러나 心氣는 인간에게는 보편적이라고 보았다. 즉 그것이 미발의 상태에서 虛靈不昧, 知覺炯然함은 聖凡을 막론하고 동일하다는 것이다. 그러나 호학에서는 심기는 形氣

와 궁극적으로 동일하다. 따라서 그 허령불매함도 성범에 차이가 날 수 있다. 聖凡同異의 문제는 결국 심기와 형기의 이해에 대한 문제, 곧 기에 대한 이해의 문제이다.

29 김창협, 『농암집』 권14:9a-b, 「答閔彦暉」 2.
30 이것은 理의 본연은 氣와의 관련성을 배제하여 다루고, 본성[性]은 氣와의 관련성 속에서 다루는 湖學 측의 입장과 유사하다. 물론 호학 측에서는 氣를 주로 形氣로 이해하는 반면 민이승은 心氣로 이해한다는 차이가 있다.
31 이러한 점은 陽明學과 통하는 점이 있다. 그가 속한 少論에서 양명학자들이 나온 것을 상기한다면 이는 음미해볼 만한 지점이다. 다만 그는 소론 내부에서 양명학이 수용되는 것에 대해 비판적인 입장이었다. 앞에서 볼 수 있는 바와 같이 그는 리를 외재적인 것으로 이해한다. 따라서 문제는 그렇게 단순하지 않다.
32 김창협이 민이승을 비판한 또 하나의 논점은, 민이승이 지의 분별은 다만 외부의 시비를 '비추는 것(반영하는 것)'일 뿐이고 따라서 마음과 구별되는 性-智 자체의 작용이 아니라고 한 부분에 대한 것이다. 그는 판단주관이 사물의 시비에 대해 전혀 지식을 가지지 않고서 다만 비추기만 한다고 하는 것은 사실에 부합하지 않는다고 비판했다.
33 김창협, 『농암집』 권14:13a, 「答閔彦暉」 3.
34 이는 바로 한원진이 이간을 비판하면서 쓴 용어임을 주의해볼 필요가 있다. 민이승의 입장이 곧 그대로 호학 측의 한원진과 같은 것이 아니라 해도 본성에 대한 관점에서 이러한 일치가 있는 것은 흥미로운 사실이다.
35 김창협, 『농암집』 권14:25b-26a, 「答閔彦暉」 5.
36 김창협, 『농암집』 권14:18b-19a, 「答閔彦暉」 4. 이간도 이와 매우 유사한 표현을 쓰고 있다는 점은 유의할 만하다.
37 김창협, 『농암집』 권19:26a, 「答道以」.
38 김창흡, 『삼연집(三淵集)』 권25:21b, 「論智字說」.
39 김창흡, 『삼연집』 권25:21b, 「論智字說」, "農巖於此憫其心性之混, 不得已於析言之曰, '智是五性之一, 知是一心之用.' 是蓋道器一物之辨."
40 김창흡, 『삼연집』 권25:21a, "若以間架言之, 則五性之中, 智則主知, 無可疑慮. 農巖亦嘗說智者別之理, 別之於知, 十與二五之間耳. 曷嘗有智不管知之意乎."
41 김창흡, 『삼연집』 권25:22b, 「論智字說」.
42 김창흡, 『삼연집』 권25:23a, 「論智字說」.
43 아래 주석 45에서 명료한 바와 같이, 김창협에서 마음[心]의 覺은 단지 是非에 대한 認知뿐 아니라, 惻隱, 羞惡, 辭讓의 情이 실현되는 데 있어서 마음이 차지하는 능동적 매개 역할을 포괄적으로 지칭한다. 여기에서는 그것을 '알다'와 구별하여 '알아차리다'로 번역해보았다.
44 김창흡, 『삼연집』 권25:22a-b, 「論智字說」.
45 김창흡, 『삼연집』 권25:25a, 「論智字說」, "今之論者, 頗不如此. 大抵有見乎圓而神,

而未見乎方以知; 徒知靈妙之爲知, 而不知貞固之爲知. 始則捨貞固而取靈妙, 所以論其用者心也非智也, 終乃以神明之稱, 猥加沖漠之尊, 所以形其體者心也非性也."

46　권상하,『한수재집(寒水齋集)』권10:7a,「答朴士元」.
47　앞에서의 서술 참고. 물론 그 내용은 김창협과 민이승 사이의 지각 논변에서 논의된 것과는 다소 다르므로 둘 사이를 권상하가 연결하여 생각하지 않은 것일 수도 있다.
48　知覺을 智와 분리시켜 心之用으로 이해하는 것이다.
49　김창협,『농암집』권19:25b-27a,「答道以」.
50　권상하,『한수재집』권12:33b-,「答蔡君範【之洪○戊子十月】」.
51　권상하,『한수재집』권12:34b,「答蔡君範【之洪○戊子十月】」.
52　권상하,『한수재집』권12:34b~35a,「答蔡君範【之洪○戊子十月】」.
53　홍직필이 쓴 이간「신도비명」참조.『외암유고(巍巖遺稿)』영인본에 별지로 붙어 있다.
54　앞의 주석 49의 인용 본문 참조.
55　권상하,『한수재집』권13:19a,「答李公擧【七月】」.
56　권상하,『한수재집』권13:20a,「答李公擧【七月】」.
57　권상하,『한수재집』권13:19b,「答李公擧【七月】」.
58　이간,『외암유고』권8:1a,「與尹晦甫【己丑】」.
59　이간,『외암유고』권8:1a,「與尹晦甫【己丑】」.
60　윤혼의 주장은 이간의 편지에 인용된 것에 의한다.
61　이간,『외암유고』권8:1b,「與尹晦甫【己丑】」.
62　권상하,『한수재집』권13:20a,「答李公擧【七月】」, "大抵晦甫之見, 與鄙意相符." 그러나 한원진이 윤혼에게 보낸 편지를 보면 윤혼은 이간의 설과 다르지만, 그렇다고 해서 권상하와 한원진의 지각설을 따르는 것으로 보이지도 않는다. 오히려 이간 쪽에 가깝다.
63　한원진,『남당집(南塘集)』권7:22a,「上師門【庚寅閏七月】」.
64　한원진,『남당집』권11:49a,「答尹晦甫【焜】兼呈李公擧【庚寅十月】」.
65　한원진,『남당집』권7:23b-24a,「上師門【辛卯五月】」.
66　한원진,『남당집』권7:19b,「上師門【庚寅閏七月】」, "蓋此老之見, 專以知覺爲非原於智, 而由於氣之虛靈, 又不肯言虛靈之理是五性也."
67　한원진,『남당집』권7:24a,「上師門【辛卯五月】」, "智亦能包五性而爲一心全體之德."
68　한원진,『남당집』권7:19b-20a,「上師門【庚寅閏七月】」, "夫心之虛靈, 氣也. 是必有所以然之理, 而其理備言, 則仁義禮智信, 皆是也. 統言則謂之仁可也, … 謂之智亦可也. … 其論之極處, 恐未免落在形而下粗迹, 而不但不察於智之能包五性而已也. 未知如何.【心之虛靈, 乃五行之氣也. 五行之理, 乃仁義禮智信, 則虛靈之理, 非五性而何?】"
69　한원진,『남당집』권7:20a,「上師門【庚寅閏七月】」, "'今以動後之知覺爲智之用, 則將以能知能覺者, 爲智之體乎?' 此說蓋以認氣爲性, 斥知覺爲智用之說." 김창협의 말

은 원래 『농암집』 권13:36a-b, 「與李同甫【丙戌】」에 나온 말이다.

70 한원진, 『남당집』 권7:20b, 「上師門【庚寅閏七月】」, "夫以知覺爲智之用者, 非以知覺之氣, 爲智之用也, 以理之發見在氣之上者, 爲智之用也.···盖理之發見在動後之知覺者, 旣爲智之用, 則其具於能知能覺中者, 獨不可謂智之體乎?"

71 한원진, 『남당집』 권7:21a, 「上師門【庚寅閏七月】」.

72 한원진, 『남당집』 권7:21a, 「上師門【庚寅閏七月】」.

73 한원진, 『남당집』 권7:21a, 「上師門【庚寅閏七月】」, "知覺有專以氣而言者, 有兼理氣而言者, 有兼動靜而言者, 有專以動而言者. 夫以知覺屬心者, 蓋皆專言氣, 而兼動靜者也. 以知覺屬智之用者, 蓋皆兼理氣, 而專言動者也. 然而知覺之屬心, 其靜也具此理, 而其理專言之, 則智也. 其動也行此情, 而其情專言之, 則智之用也. 此課與屬智之用者, 判爲二事, 而不可相入耶?"

74 한원진, 『남당집』 권7:24a-b, 「上師門【辛卯五月】」.

75 한원진, 『남당집』 권7:24b-25b, 「上師門【辛卯五月】」.

76 한원진, 『남당집』 권7:27a-29a, 「上師門【辛卯五月】」, "愚謂, '所以知是非'一句, 以能所言之, 則知者, 吾心之知也, 是非者, 事物之是非也. 知爲能, 而是非爲所. 今洲丈去其'知'字, 而以'是非'爲吾心是非之情, 則是以事物之爲所者, 爲吾心之能, ··· 此老每以學者不能辨能所爲病, 於此却自不免焉. ··· 噫, 以知覺爲非智之用, 則是人心有二用, 而四端七情, 凡以氣而發用者, 皆不可以言性之用矣; 以虛靈爲不干於性, 則是人心有二本, 而理氣判爲二物矣."

77 心 已發에 해당하는 또 하나의 개념인 意와의 관계도 문제시될 수 있으나 쟁점화되지는 않았다. 하지만 김창협에 대한 최근 연구에서 誠意의 문제가 중요하게 대두되었다. 李松熙, 『老論-洛論系 倫理主體의 形成과 展開』(고려대학교 박사학위논문, 2021).

78 진춘평은 주자의 기질지성에 자연적인 것과 도덕적인 것의 두 가지 의미가 함축되어 있다고 한다. 金春峰, 『朱熹哲學思想』(臺北: 東大圖書股份有限公司, 1998), 126-133쪽.

79 수미오 나카[中 純夫] 역시 한원진의 성삼층설의 의의를 긍정적으로 평가한다. 中 純夫, 「韓元震と湖洛論爭: 人物性同異論を中心に」, 『韓國朝鮮文化研究: 研究紀要』(東京: 東京大學大學院人文社會系研究科韓國朝鮮文化研究室, 2018).

80 인간과 동물의 평등은 홍대용의 인물균의 주장에 이르러서 비로소 적절한 의미를 지닐 수 있게 된다. 그는 洛學의 후예이기는 하지만 그에게서 낙학은 또한 극복된 것이라고 할 수 있다. 홍대용의 철학에 대해서는 다음 참조. 문석윤, 「湛軒의 哲學思想」, 『담헌 홍대용 연구』(사람의무늬, 2012).

81 물론 필자가 정리한, 본성을 둘러싼 그러한 구조와 긴장이 주자학, 성리학의 구조와 긴장 전체인 것은 아니다. 이는 '호락논쟁', 나아가서는 호학과 낙학에 대해서도 마찬가지이다. 그러나 본질적인 한 측면을 보여주는 것이라고 감히 말할 수는 있다고 생각한다. 천라이는 주자의 人物性同異論은 理氣同異 문제와 결국 동일한 것으로서, 그

에 관한 주자의 견해가 초기에는 二程의 입장을 계승하여 理同氣異 혹은 性同氣異를 주장했지만, 이후 변화하여 氣同理異, 氣異理異를 주장했고 만년에는 理異를 더욱 강조하여 理稟偏全을 이야기하는 데까지 나아갔다고 정리했다. 그에 의하면, 理同氣異는 리의 보편성을 극도로 강조한 것으로, 인간의 특수성 곧 그의 도덕적 성격과 모순을 일으키며 결국 주자가 그 명제를 끝내 고수할 수 없었다고 한다. 陳來 저, 이종란 외 역, 『주희의 철학』(예문서원, 2002), 제1부 4장 '인물리기동이' 서술 참조. 한편 최근에 뤼정이는 주자의 인물성론의 변화를 주자의 마음에 대한 이해의 변화, 곧 초기의 道德心에서 후기의 認知心으로의 변화와 관련하여 설명했다. 呂政倚, 『人性·物性同異之辨: 中韓儒學與當代「內在超越」說之爭議』(臺北: 新文豐出版公司, 2020), 제2장과 제3장 서술 참조. 이들은 대체로 주자학 내부의 이론적 긴장을 주자 설의 시간적 변화를 통해 포착하여 설명한 것이라고 할 수 있다.

82 논변의 형성과 전개에 대해서는 다음 참조. 尹絲淳, 「人性物性의 同異논변에 대한 연구」, 『철학』 18(한국철학회, 1982); 문석윤, 「巍巖 李柬과 南塘 韓元震의 人物性同異論辨에 관한 연구」, 『東方學志』 118(연세대학교 국학연구원, 2002); 全仁植, 『李柬과 韓元震의 未發·五常論辨 研究』(한국정신문화연구원 박사학위논문, 1998).

83 한원진, 『남당집』 권8:1a-, 「答崔成仲 別紙」.

84 한원진은 그 후 1708년에 이르러 자신의 입장을 수정한다. 한원진, 『남당집』 권8:9a-, 「附書答崔成仲書後」.

85 한원진, 『남당집』 권8:11b-에, 별지는 권9:1a-에 편지가 실려 있다.

86 이간, 『외암유고』 권7:1a-, 「與崔成仲」.

87 한원진, 『남당집』 권9:10b-, 「答崔成仲」.

88 이간, 『외암유고』 권1:17a-, 「答崔成仲」.

89 한원진, 『남당집』 권9:23a-, 「答崔成仲」.

90 한원진, 『남당집』 권9:27b-, 「與李公擧別紙」.

91 이간, 『외암유고』 권7:10b-, 「答韓德昭別紙」.

92 한원진, 『남당집』 권10:1a-, 「答李公擧」.

93 이간, 『외암유고』 권4:37a-, 「上遂菴先生別紙」.

94 한원진, 『남당집』 권28:1a-, 「李公擧上師書辨」.

95 여기에서 '物'은 인간에 대칭하여 쓴 것으로 인간 이외의 萬物이 포함되겠지만 주로 동물을 의미한다. 인간에 가장 가깝지만 또 다르기에 인간과 다른 존재들이 구별되는 변별점을 드러내기 쉽기 때문이다.

96 『맹자』, 「告子」上, "今日性善, … 惻隱之心, 人皆有之, 羞惡之心, 人皆有之. … 惻隱之心仁也, 羞惡之心義也."

97 『맹자』, 「告子」上, "然則犬之性, 猶牛之性, 牛之性, 猶人之性與?"

98 이간, 『외암유고』 권4:32b, 「上遂菴先生別紙」.

99 이간, 『외암유고』 권4:32b-33a, 「上遂菴先生別紙」.
100 이간, 『외암유고』 권4:33a, 「上遂菴先生別紙」.
101 한원진은 자신이 儒敎 道統의 적통을 이어받은 것으로 자부한다. 이간, 『외암유고』 권12:44a-,「五常辨」에서 우리는 孔子 - 張載 - 程子 - 朱子 - 이이 - 김장생 - 송시열 - 권상하로 이어지는 도통의 전수를 두고서 한원진과 이간이 다투는 모습을 발견한다.
102 이간, 『외암유고』 권4:34a, 「上遂菴先生別紙」. 한원진의 말은 그 취지를 이간이 요약하여 제시한 것이다.
103 이간, 『외암유고』 권4:33b, 「上遂菴先生別紙」, "그것이 순수하지 못하다고 하는 것은 되지만 그렇다고 해서 五常이 없다고 하는 것이 어찌 옳겠습니까? 오상에 순수한 것이 있고 잡박한 것이 있는 것은 물려받은 기 때문입니다. 本然을 單指한다면 어찌 인간과 동물 사이의 구별이 있겠습니까?"
104 한원진, 『남당집』 권11:9b-, 「擬答李公擧」.
105 양자 간의 본연지성에 대한 이해의 차이 문제를 두 사람 사이 심성 논변 전체의 핵심으로 보고 그를 자세하게 논구한 연구로서 裵帝晟, 『巍巖 李柬과 南塘 韓元震의 心性論辨 연구: 本然之性의 재규정과 그 의미』(성균관대학교 박사학위논문, 2020)가 있다.
106 이간, 『외암유고』 권4:34b, 「上遂菴先生【辛卯】」「別紙」.
107 이간, 『외암유고』 권4:34b-35a, 「上遂菴先生【辛卯】」「別紙」.
108 한원진, 『남당집』 권9:28b-29a, 「與李公擧【柬】別紙【辛卯六月】」.
109 한원진, 『남당집』 권9:28a, 「與李公擧【柬】別紙【辛卯六月】」.
110 한원진, 『남당집』 권9:29b, 「與李公擧【柬】別紙【辛卯六月】」. 또한 같은 글의 다음 부분도 참조. 한원진, 『남당집』 권9:31a, "夫人之所以能治國平天下者, 以其有五常之性也. 物苟有是性, 亦必能做是事, 而若曰, 人物之間, 分數有多寡, 則是雖不能做三代以上帝王之治, 亦必能做漢唐以下少康之治. 若到有是時, 則後人當服高明之見. 若卒無有是時, 則高明之說亦非."
111 한원진, 『남당집』 권9:28b, 「與李公擧【柬】別紙【辛卯六月】」.
112 한원진, 『남당집』 권9:31b, 「與李公擧【柬】別紙【辛卯六月】」.
113 한원진, 『남당집』 권9:30a-b, 「與李公擧【柬】別紙【辛卯六月】」.
114 이간, 『외암유고』 권7:16a-b, 「答韓德昭別紙【壬辰】」.
115 이간, 『외암유고』 권7:15b, 「答韓德昭別紙【壬辰】」.
116 이간, 『외암유고』 권7:16a, 「答韓德昭別紙【壬辰】」.
117 이간, 『외암유고』 권7:17a, 「答韓德昭別紙【壬辰】」.
118 이간, 『외암유고』 권7:16b-17a, 「答韓德昭別紙【壬辰】」.
119 이간, 『외암유고』 권7:19b, 「答韓德昭別紙【壬辰】」.
120 이간, 『외암유고』 권7:19a, 「答韓德昭別紙【壬辰】」.
121 이간, 『외암유고』 권7:20a-b, 「答韓德昭別紙【壬辰】」.

122 이간, 『외암유고』 권7:20b-21a, 「答韓德昭別紙【壬辰】」.
123 이간, 『외암유고』 권7:21b-22a, 「答韓德昭別紙【壬辰】」.
124 한원진, 『남당집』 권10:21b, 「答李公擧【壬辰八月】」.
125 한원진, 『남당집』 권10:22a-b, 「答李公擧【壬辰八月】」.
126 한원진, 『남당집』 권10:22b-23a, 「答李公擧【壬辰八月】」.
127 한원진, 『남당집』 권10:23a-b, 「答李公擧【壬辰八月】」.
128 한원진, 『남당집』 권10:30b-31a, 「答李公擧【壬辰八月】」.
129 한원진, 『남당집』 권10:24b, 「答李公擧【壬辰八月】」.
130 한원진, 『남당집』 권10:25a-b, 「答李公擧【壬辰八月】」.
131 좀 더 정확하게 말한다면, 流行은 本原과 관련해서 말할 수도 있고 異體와 관련해서도 말할 수 있는데, 이간이 본원과 관련해서 말한 것이라면, 한원진은 이체와 관련해서 말한 것이라고 할 수 있다. 理와 氣의 관계를 一原, 流行, 異體 세 가지 관점에서 보는 논법은 한원진의 『朱子言論同異攷』에 보인다.
132 한원진, 『남당집』 권10:25b, 「答李公擧【壬辰八月】」.
133 한원진, 『남당집』 권10:25b-26b, 「答李公擧【壬辰八月】」.
134 한원진, 『남당집』 권10:29a, 「答李公擧【壬辰八月】」.
135 이간, 『외암유고』 권5:1a-, 「上遂庵先生【癸巳】」.
136 권상하, 『한수재집』 권13:27a-, 「答李公擧【癸巳五月】」.
137 이간, 『외암유고』 권12:34a-, 「五常辨【甲午】」.
138 한원진, 『남당집』 권11:1a-, 「擬答李公擧」.
139 이 두 문건에 대한 자세한 분석은 다음 참조. 全仁植, 『李柬과 韓元震의 未發·五常論辨 硏究』(한국정신문화연구원 박사학위논문, 1999), 153-186쪽.
140 김양행, 「正菴集序」, 『정암집(正菴集)』.
141 어유봉의 연보에 따르면 어유봉이 이현익과의 心性 논변에 대해 김창흡에게 자문을 구한 것은 1715년이다. 그러나 김창흡의 연보에 따르면 김창흡은 1711년 9월 「答李仲謙【顯益】質問」을 썼는데, 이현익은 中庸 未發에서의 공부에 대해서 박필주와 왕복 변론하다가 김창흡에게 판정을 구한 것이라 하고, 또 이현익이 '禽獸不具五常, 未發前有氣質善惡'이라 하여 魚舜瑞(어유봉)와 왕복 토론했는데 이 문제에 대해서도 김창흡에게 물었으므로 김창흡이 아울러 그 잘못을 지적하여 논했다고 한다.
142 어유봉, 『기원집(杞園集)』 권14, 「答李仲謙」. 『기원집』은 필사본으로만 전한다. 이 편지가 답서이니, 먼저 이현익이 편지를 보낸 것으로 보인다. 그러나 이현익의 편지는 이 편지에 대한 답서부터만 남아 있다.
143 어유봉, 『기원집』 권14, 「答李仲謙」.
144 이현익, 『정암집』 권5:1a, 「答魚舜瑞」.
145 이현익, 『정암집』 권5:1b-2a, 「答魚舜瑞」.

146 김창흡, 『삼연집』 권21:32a, 「籤論李顯益禽獸五常說」.
147 김시좌, 김시민이 김창협의 族姪임을 감안한다면, 洛學은 그 형성 초기에 김창협 가문을 중심으로 해서 형성된 家學의 성격을 강하게 띠는 듯하다. 이는 호학에서는 찾아보기 어려운 점이다. 물론 호락논쟁 제3기에 이르러 이재가 낙학의 중심이 되면서 그러한 점은 희석되지만, 그것이 한편으로 김원행에게로 이어진다는 점에서 그러한 성격은 어느 정도 유지되는 것이라 할 수 있다.
148 『기원선생연보(杞園先生年譜)』 丙申(1716), 二月條 참조. 또한 그 내용을 기록해둔 것이 이현익의 「北山講義」라고 했다.
149 『기원선생연보』 丙申(1716), 三月條.
150 『삼연연보(三淵年譜)』 丙申(1716), 二月條.
151 김창흡, 『삼연집』 권19:19a-b, 「答李參奉【載亨】」.
152 『삼연연보』 丁酉(1717), 七月條, "時人物五常之論, 盛行於士友間, 先生謂此非程朱本旨, 其差謬非細, 屢爲學者言之."
153 『남당선생연보(南塘先生年譜)』 丁酉(1717)條. 한원진은 이에 앞서 이미 1712년에 김창협의 知覺說을 비판했으며, 1713년에는 김창협의 「性惡論辨」을 비판했다.
154 어유봉, 『기원집』 권5, 「在淸溪, 三淵先生深歎近日五常異稟之論, 題示一律, 敬和」.
155 浦中은 곧 호학 측 특히 한원진을 가리킨다.
156 어유봉, 『기원집』 권13, 「上遂菴」, "하교하신 중에 농암의 문목을 인용하여 말씀하셨는데, 그것의 논지는 큰 바탕은 명백하고 또한 일찍이 노선생(송시열)의 인가를 받은 것이지만, 만약 주자의 취지에 세밀하게 견주어 본다면 또한 조금 잘못이 있음을 면치 못합니다. … 그렇다면 아마도 그것을 바꿀 수 없는 정론으로 삼을 수는 없습니다. 하물며 (농암이) 만년에 지은 書辨과 『雜識』의 설에는 분명히 그와 같이 않은 것이 있음에 이겠습니까?" 김창흡 역시 李載亨에게 보낸 편지에서 비슷한 취지의 말을 하였다. 『삼연집』 권19:21b, 「答李參奉」, "亡兄集中, 五常說所質于尤翁者, 自是未定之論, 而編摩時混載, 爲可欠. 翕與其門徒有眼目者, 輒敢判捨之矣." 그런데 吳熙常에 의하면, 任聖周는 김창협이 『雜識』에서 먼저 人物性同을 말하고, 나중에 人物性異를 말하고 있다는 데 근거해서 오히려 김창협이 초년에 同論을 취했다가 만년에 異論으로 입장을 바꾸었다고 주장하였다고 한다. 吳熙常, 『老洲集』 권25:24a, 「雜識三」, "鹿門曰: '農巖雜識中有二段, 前則似以人物之性爲同, 後則似以人物之性爲不同. 其論『大學衍義』人之異於禽獸一章, 極明白通透, 而在前說之後後說之前, 盖其晚年改初見說也." 임성주의 견해에 대해서는 8장 4절의 서술 참조.
157 최영찬은 이간이 본체론의 관점을 취한 반면 한원진은 철저하게 현상론의 입장을 취했다고 보고, 한원진의 철학에 실제적, 현실적, 실증적 성격이 있다고 주장했다. 崔英攅, 「南塘 韓元震의 儒學思想과 近代精神」, 『유학연구』 1(충남대학교 유학연구소, 1993).

그러나 필자는 한원진은 현상을 통해 본체에 이르려는 목적에서 그 방법으로서 현상론 혹은 경험론적인 입장을 취한 것이었다고 보는 것이 적절하다고 생각한다. 결국 그 추구의 궁극은 본체의 '총체적 인식'이었다는 점에서 본체론적 사유를 포기한 것은 아니었다. 이는 한원진의 충막무짐에 대한 이해에서도 명백히 드러난다. 5장 2절의 서술 참조.

158 한원진은 개체적인 차원을 因氣質과 구별해서 雜氣質이라 말한다. 한원진, 『남당집』 권11:9b-, 「擬答李公擧」.

159 한원진에서 理의 인식과 관련하여 格物窮理의 중요성에 대해서는 다음 참고. 任元彬, 『南塘 韓元震 哲學의 理에 관한 硏究』(연세대학교 박사학위논문, 1994), 238-253쪽.

160 이남영은 호학의 이러한 태도를 매우 높이 평가하고 실학사상과의 연결 가능성을 추론하고 있다. 李楠永, 「湖洛論爭의 哲學史的 의의」, 『第2會 東洋文化國際學術會議論文集』(성균관대학교 대동문화연구원, 1980).

배종호는 논변의 성격을 서양의 보편논쟁에 유사한 것으로 이해하고, 한원진을 경험론적 입장을 취했다고 보았다. 裵宗鎬, 「湖洛學派의 人物性 同異論」, 『韓國哲學硏究』 中卷(東明社, 1978). 물론 이는 근대 경험론과는 구별해야 한다.

161 실천에서 발용으로서의 실현이 아니라, 존재론적으로 본성상에서의 구현이라고 보면 좋겠다.

162 예를 들어 다음 구절을 참고. 한원진, 『남당집』 권28:42b-43a, 「李公擧上師門書辨」, "『語類』以水之潤下火之炎上, 爲本然之性. 孟子輯註, 以水之就下, 爲本性.…觀此則可知古人所以論本者矣."

163 友枝龍太郞, 『朱子の思想形成』(東京: 春秋社, 1969); 손영식, 『이성과 현실: 송대 신유학에서 철학적 쟁점의 연구』(울산대학교 출판부, 1999).

164 李俸珪, 「『延平答問』 논의를 통해 본 퇴계학의 지평: 동아시아 유학사의 맥락과 연관하여」, 『東方學志』 144(연세대학교 국학연구원, 2008).

165 문석윤, 「退溪의 '未發'論」, 『退溪學報』 114(퇴계학연구원, 2003).

166 裵宗鎬, 「栗谷의 未發之中」, 『東方學志』 19(연세대학교 국학연구원, 1978).

167 이선열, 『17세기 조선, 마음의 철학』(글항아리, 2015)은 송시열과 그 문하의 미발 논변에 대해 집중적으로 분석했다. 제2장은 미발에서의 지각 문제, 제3장은 미발에서의 기질 문제, 그리고 제4장은 미발에서의 공부 문제를 다루었다. 이는 호락논쟁의 기본 문제들이 이미 17세기 송시열에 의해 논의되었던 것임을 보여준다. 호학과 낙학이 각각 송시열의 문하에서 분기되어 나왔다는 점에서 이는 일면 당연한 것일 수 있다.

168 未發 문제를 둘러싼 주자학 내의 논점들과 그것들이 17세기 조선 성리학에서 어떻게 전개되어 갔는가에 대해서는 다음 참조. 李俸珪, 「性理學에서 未發의 철학적 문제와 17세기 畿湖學派의 견해」, 『韓國思想史學』 13(한국사상사학회, 1999).

지각불매의 문제와 관련해서 한원진의 미발론을 다룬 논문으로 다음 참조. 홍정근,

「南塘 未發心性論 고찰」,『儒教思想研究』19(한국유교학회, 2003).

169 『중용』, "致中和, 天地位焉, 萬物育焉."; "唯天下至誠, 爲能盡其性; 能盡其性, 則能盡人之性; 能盡人之性, 則能盡物之性; 能盡物之性, 則可以贊天地之化育; 可以贊天地之化育, 則可以與天地參矣."

170 未發에 대한 규정으로서 思慮未萌과 知覺不昧의 불일치 혹은 긴장과 관련된 17, 18세기 조선 성리학의 논의는 다음 참고.『주자대전차의집보(朱子大全箚疑輯輔)』권 48:34a-.

171 趙正綱(1666~?)을 가리킨다. 字는 紀之, 號는 南麓이다. 趙聖期의 조카다.

172 김창협,『농암집』권19:9a-11b,「答道以」.

173 김창협,『농암집』권19:11b,「答道以」, "若使未發時此心容有偏倚, 則子思當曰, 喜怒哀樂未發而無偏倚謂之中, 而今其言止於如此."

174 김시좌와 조정강 사이의 논변, 그리고 조정강과 金幹 사이의 논변에 대해서는 최천식이 상세하게 검토했다. 최천식,『김창협 철학 연구: 지각론(知覺論)을 중심으로』(서울대학교 박사학위논문, 2016).

175 김창협,『농암집』권19:12a-b,「答道以」, "答擇之曰, 不能謹獨, 則雖事物未至, 固已紛綸膠擾, 無復未發之時. 既無以致夫所謂中, 其發必乖, 而又無以致夫所謂和. … 以此推之, 則『章句』所云至靜, 雖未知其何指, 而要非謂未發之前, 須待別著工夫, 令其無所偏倚者, 則亦可知矣."

176 김창협,『농암집』권19:13b~14a,「答道以」, "又謂天命之性人人同得, 不以聖愚而有加損. 是以方其未發, 渾然在中, 無所偏倚. 是謂未發之體, 無所偏倚者. 聖愚皆然矣. 何得又言, 受生之後, 氣拘欲蔽, 昏蔽錯雜, 而不得全其所受之全乎? 且人有生, 然後有發未發之可言, 而今乃先言未發之時, 後說受生之後, 則是似以未發者, 推而置之於受生以前也."

177 이황이 四端의 理發을 말한 취지를 김창협은 그렇게 이해한 것으로 보인다. 이에 대해서는 다음 참조. 문석윤,「농암 김창협의 사단칠정설에 대하여」,『국학연구』23(한국국학진흥원, 2013).

178 김창협,『농암집』권19:13a-b,「答道以」, "雖須臾之間, 而此心未發, 則所謂中者, 固即此而在. 但無戒懼工夫, 體而存之, 是以旋又汨沒失之耳. 衆人之所以異於聖賢, 只在於此."

179 김창협,『농암집』권19:14a,「答道以」.

180 김창협,『농암집』권12:31b,「答權致道【戊寅】」(1698), "別紙示諭, 鄙見本如此, … 今幸相符, 深慰所望. 但京裏一學者, 聞鄙說如此, 大以爲怪. 且嘗考『或問』說, 猶似不以至靜與無偏倚, 爲一節意者. 未知盛見復以爲如何."

181 김창협,『농암집』권12:31b~32a,「答權致道」, "『或問』說如來示所解, 固亦無甚可疑. 但云未發之時, 難免有些子便倚者, 恐語脈間, 有少差. 蓋既有些子偏倚, 則便不得爲

未發也.…不覩不聞, 只是事物未接時, 非此心至靜境界也. 前此蓋嘗欲如此看, 而不能自信, 故敢奉質於高明矣. 因來更賜訂教, 如何."

182 김창협, 『농암집』 권12:33b, 「與權致道【壬午】」(1702).
183 子는 幼能이고, 號는 靜觀齋 또는 西湖이다.
184 김창협, 『농암집』 권13:24b, 「答李同甫」.
185 김창협, 『농암집』 권13:28a-29b「答李同甫」.
186 김창협, 『농암집』 권19:28a, 「答道以」, "同甫已自嶺東還否. 喪後尙不得其書, … 其論知覺書, 儘有合商量者, 而本不欲索性說破. 今姑略疏所疑, 別紙寫去, 試一覽, 早晩或以轉示, 無妨也."
187 이희조, 『지촌집(芝村集)』 권8:9a-, 「答金仲和【乙酉】」(1705).
188 김창협, 『농암집』 권13:31a-, 「與李同甫【丙戌】」(1706).
189 이희조, 『지촌집』 권8:9b, 「答金仲和【乙酉】」.
190 김창협, 『농암집』 권13:31a, 「與李同甫【丙戌】」(1706).
191 김창협, 『농암집』 권19:31b-32a, 「答道以【丁亥】」(1707), "大抵心之虛靈知覺, 貫動靜而兼體用. 虛靈之體, 卽知覺之存於未發者, 虛靈之用, 卽知覺之見於已發者. 非有二也. 舜瑞之說, 以爲虛靈無分動靜, 而知覺之可言於動, 而不可言於靜. 可謂知其一, 而不知其二矣."; 권20:22b-23a, 「答魚有鳳」, "虛靈知覺說, 數昨以草藁, 寄示道以, 令其易紙呈納, 想未及也. 此無別本, 不得附, 今便爲歎. 大抵此兩語, 皆兼動靜體用說. 賢者之見, 似得其一, 而不得其二, 故敢疑其未然矣. 知覺之兼動靜, 曾與同甫論之頗詳. 蓋鄙見本自如此, 非獨於今日也."
192 이간 역시 虛靈과 知覺을 분리하고, 허령을 본성에 지각을 情에 배당하여 역할을 분담한다는 점에서 김창협의 지각론과는 차이를 보인다. 물론 그가 지각과 정을 동일시한 것은 아니다. 지각과 정의 관계에 대해 이간은 어디까지나 김창협의 견해에 따른다.
193 김창협, 『농암집』 권13:31a-b, 「與李同甫【丙戌】」(1706).
194 위에서 어유봉이 未發에는 知覺의 理만이 있다고 주장하는 데 대해, 김창협은 所知所覺은 없지만 能知能覺은 있다고 말하여 실제의 지각이 있다는 의미에서 능지능각이라는 용어를 쓴다. 그러나 이희조가 여기에서 쓰는 능지능각은 정서에 대해 지각을 매개적 기능으로 이해하는 것에 대한 비판으로 쓰인 것이므로 맥락이 다르다. 이희조의 입장은 앞서 지각 논변에서 살펴본 바와 같이 호학 측의 입장과 동일한 것이라고 할 수 있다.
195 김창협, 『농암집』 권13:32a-b, 「與李同甫【丙戌】」, "古人說心, 固有合理氣而言者, 亦有兼性情而言者. … 不然而但曰心而已, 則又何以別於性情, 而人將疑性情之外, 更有何物爲心矣. 竊想, 謙之所聽瑩, 正在於此. 故先生分別言之如此, 而明心之所以爲心者, 惟此知覺而已. 此愚前說之意也."
196 김창협, 『농암집』 권13:33a, 「與李同甫【丙戌】」.

197 김창협, 『농암집』 권13:33a-34a, 「與李同甫【丙戌】」.
198 이희조, 『지촌집』 권8:10a, 「答金仲和【乙酉】」, "夫心與性, 自有理氣之分. 雖只曰心, 有何混於性之慮哉. 知覺旣是心也, … 蓋以所重在心字, 其云知覺, 未必緊要."
199 이희조, 『지촌집』 권8:11a, 「答金仲和【乙酉】」.
200 박광일이 지각과 미발 문제에 대해 권상하와도 의견을 교환했음은 이미 앞에서 살펴본 바와 같다.
201 김창협, 『농암집』 권13:35a, 「與李同甫【丙戌】」.
202 김창협, 『농암집』 권13:35b, 「與李同甫【丙戌】」, "且智卽性也理也, 而今日, 智之體能具此理, 則是以理具理也. 庸非所謂頭上安頭者乎."
203 이희조, 『지촌집』 권8:16b-, 「與金仲和」; 김창협, 『농암집』 권13:39a-, 「與李同甫【丙戌】」.
204 김창협, 『농암집』 권13:41b, 「答李同甫」.
205 어유봉, 『기원집』 권15, 「答李仲謙論未發」.
206 한원진 연보의 정리에 의한 것이지만 이간의 미발설은 세 가지 양상으로 전개된다. 그에 대해서는 아래 이간과 한원진 사이의 미발 논변 관련 서술 참조.
207 윤봉구는 心氣의 活化를 말했다. 활화는 기본적으로는 수양을 통한 변화 가능성의 근거로서 제시된 개념이지만 내용상으로는 여기서 자연적 渾化와 같은 측면을 포함하고 있다. 윤봉구의 활화설은 聖凡心同異 論辨(394쪽) 참조. 윤봉구의 활화설은 1730년대 이르러 제출된 것으로 보이며, 이현익의 혼화설의 영향을 받은 것인지는 확실하지 않다. 활화론을 포함하여 윤봉구의 心論의 이해에 대해서는 다음 참조. 안은수, 「屛溪 尹鳳九 心論의 특징과 그 의미」, 『韓國思想史學』 32(한국사상사학회, 2009).
208 어유봉, 『기원집』 권15, 「答李仲謙論未發」.
209 예를 들어 다음 구절 같은 것에서 '一齊'라고 한 것은 '渾化'와 의미상 통하는 면이 있다. 이간, 『외암유고』 권4:39b-40a, 「上遂菴先生」「別紙」(1712), "無論聖凡, 必此心全體寂然不動, 方寸之間, 如水之止, 如鏡之明, 則夫所謂淸濁粹駁之有萬不齊者, 至是一齊於純淸至粹【此氣之本然也】, 而不偏不倚四亭八當之中體, 亦於是乎立, 則所謂天下之大本也." 이 구절의 번역은 397쪽의 인용-(주석 310) 참조.
210 이간, 『외암유고』 권11:1a, 「答魚舜瑞」, "未發說此果有些辨證, 要爲師友間求敎之地矣." 홍직필이 쓴 이간의 神道碑銘은 이간이 소년 시절 학습기에 어유봉과 교제했다고 전한다. 어떤 식이었든 두 사람 사이에 친밀한 교제가 있었음을 짐작게 한다.
211 김창흡, 『삼연집』 권21:40a-b, 「籤論李顯益魚有鳳未發前氣質善惡說」.
212 김창흡, 『삼연집』 권21:41b, 「籤論李顯益魚有鳳未發前氣質善惡說」, "心與氣質, 固心卽氣精爽, 氣質則兼指査滓. 然只言氣質, 則氣質自兼心矣."
213 김창흡, 『삼연집』 권21:40b, 「籤論李顯益魚有鳳未發前氣質善惡說」.
214 어유봉, 『기원집』 권15, 「答李仲謙論未發」.

215 김창흡, 『삼연집』 권21:41b, 「箚論李顯益魚有鳳未發前氣質善惡說」.
216 김창흡, 『삼연집』 권21:40b, 「箚論李顯益魚有鳳未發前氣質善惡說」.
217 김창흡, 『삼연집』 권21:42b, 「箚論李顯益魚有鳳未發前氣質善惡說」.
218 박필주 연보에 따르면 박필주가 이현익에게 편지를 보내 未發 공부에 대해 논한 것은 1714년이다. 그러나 위에서 언급한 대로, 김창흡 연보에 따르면 이현익이 김창협에게 박필주와의 논변에 대해 자문을 구한 것은 1711년이다. 무언가 착오가 있는 듯하다.
219 김창흡, 『삼연집』 권21:16b-17b, 「答李顯益」 別紙, "『中庸』未發之旨, 乃開卷第一義, 最係精奧, 實有當年不可究者. … 天下之義理, 莫斯之難推者矣."
220 김창흡, 『삼연집』 권21:17a, 「答李顯益」 別紙.
221 그러나 정작 김창흡 자신은 일찍이 이현익에게 그에 대해 해명한 적이 있다. 자신이 미발 공부를 부정했던 것은 "미발에 병통이 있어서 미발을 고쳐야 純善에 이를 수 있다"는 생각을 교정하기 위한 것이었다는 것이다. 김창협, 『농암집』 권16:26b, 「答李顯益」(1707), "未發上不可下功. 鄙意正爲金趙諸君'未發時本有病痛, 須待用力醫治云者'而發耳. 若如來諭, 寂寂不起思慮, 惺惺不入昏昧, 正朱子所謂敬而存之者. 此意何可無也."
222 이현익, 『정암집』 권4:18a, 「答朴尙甫論未發工夫說」; 박필주, 『여호집(黎湖集)』 권11, 「答李仲謙【甲午】」(1714).
223 박필주, 『여호집』 권11, 「答李仲謙【甲午】」. 『여호집』도 『기원집』과 마찬가지로 필사본 형태로 남아 있다. 한국문집총간본의 편집에 따른다.
224 이현익, 『정암집』 권4:19a, 「答朴尙甫論未發工夫說」; 박필주, 『여호집』 권11, 「答李仲謙【甲午】」, "蓋雖事物未至, 無喜怒哀樂(#, 未感物)(#之)時, 而其心則未必皆 一念不動, 而又或有妄想浮念之作, 則不得爲未發(#故)也. 如此者只可謂之靜時, 而不可謂之未發.(#然則事物未至, 無喜怒哀樂, 謂之靜時, 則可, 而謂之未發, 則不可. 必待事物未至, 無喜怒哀樂, 而能一念不動, 主宰昭昭, 然後始謂未發也."(# 표시는 『여호집』에만 있다는 표시이다. 아래도 같다.)
225 이현익, 『정암집』 권4:19a~b; 박필주, 『여호집』 권11, 「答李仲謙【甲午】」, "朱子以(#略略)收拾(#平平)存在, 爲戒懼工夫. 故人多以此爲未發工夫. 然此亦謂之戒懼工夫, 則可, 謂之未發工夫, 則不可.…於靜時, 收拾而存在之. 能收拾而存在, 則是未發也, 非於(#到)未發上, 始收拾而存在(#之)也. (#收拾而存在之者, 是涵養工夫,) 然則涵養省察, 只當以未接物已接物靜時動時分, 不當以未發已發分.…靜則兼身之未與物接, 及心之一念未萌者言. 未發亦然. 但靜則雖未能一念未萌, 而只是其未與物接者, 亦可謂之靜. 未發則必幷一念未萌, 然後爲未發耳. 靜較未發, 地界活, 未發爲靜裏面事, 靜未必皆未發, 而未發則靜(#耳)."
226 박필주, 『여호집』 권11, 「答李仲謙【甲午】」.
227 박필주, 『여호집』 권11, 「答李仲謙【甲午】」.

228 김창흡, 『삼연집』 권21:17a~b, 「答李顯益別紙」.
229 권상하, 『한수재집』 권10:2a-b, 「答朴士元【光一○癸酉六月】」.
230 권상하, 『한수재집』 권10:5b, 「答朴士元【乙亥九月】」.
231 한원진, 『남당집』 권7:2b-, 「上師門【戊子八月】」.
232 한원진, 『남당집』 권7:3b, 「上師門【戊子八月】」, "崔徵厚·韓弘祚諸人於前一層之說, 不可謂無見, 而於後二層之說, 似未有見. 故其言多窒, … 論人物之性, 則以爲禽獸亦禀得盡五常之性, 而與人初無異; 論氣質之性, 則以爲未發之前, 只有本然之性, 而及其發也, 方有氣質之性, 以人心當氣質之性. 此皆未安."
233 한원진, 『남당집』 권9:1a-, 「與崔成仲別紙【戊子八月】」.
234 권상하, 『한수재집』 권13:1b, 「答崔成仲徵厚」, "【未發之前, 只有本然之性, 不可謂氣質之性與否, 未知何者爲得.】"
235 권상하, 『한수재집』 권13:2b, 「答崔成仲」, "【禽獸不能盡得五常之性, 看來尤覺分曉.…愚嘗答德昭書曰, 天命流行, 莫不均賦. 而由氣之偏, 或不能全. 上句卽所謂分而看之者也. 下句卽所謂合而看之者也. 德昭以此言爲恰好無病. 未知然否.】高見與鄙意, 正相符合."
236 권상하, 『한수재집』 권12:33b, 「答蔡君範」.
237 권상하, 『한수재집』 권12:34a, "理無不全, 性有偏全."
238 錢穆, 『朱子新學案』(臺北: 臺灣三民書局, 1971) 제1책, 441쪽 이하 「朱子論性」장에서는 주자에서 性卽理의 원칙과 性을 氣의 맥락 아래의 것으로 본다는 원칙 사이의 충돌이 있다고 하고, 후자 쪽이 주자의 定論이라고 말한다.
239 이이, 『율곡전서』 권10:40a, 「與成浩原」, "人之性, 非物之性者, 氣之局也. 人之理, 卽物之理者, 理之通也."
240 기불용사에 대해서는 아래 주석 254 참조.
241 권상하, 『한수재집』 권12:35b, 「答蔡君範」.
242 한편, 已發 곧 心氣가 작용할 때는, 그를 통해 形氣가 작용할 수도 있고, 性命이 작용할 수도 있다. 전자를 人心, 후자를 道心이라고 한다. 한원진, 『남당집』 권30:1a-, 「人心道心說」. 性命이 작용할 때 그것을 氣不用事라고 할 수도 있다. 이이, 『율곡전서』 권9:36a, 「答成浩原」, "其發直出於正理, 而氣不用事, 則道心也.…氣已用事, 則人心也."
243 권상하, 『한수재집』 권12:27b, 「答尹瑞膺」.
244 권상하, 『한수재집』 권12:28a, 「答尹瑞膺」.
245 권상하의 세 가지 본성론, 한원진의 性三層說은 기본적으로 같은 생각이다. 권상하의 세 가지 본성론은 『한수재집』 권21:6b-, 「論性說」(1718)에 보인다.
246 권상하, 『한수재집』 권12:26a, 「答尹瑞膺」.
247 권상하, 『한수재집』 권12:26b, 「答尹瑞膺」.

248 배종호는 호락논쟁을 서구의 보편논쟁과 유사한 성격의 논쟁으로 보았다. 호학은 唯名論에, 낙학은 實在論에 각각 해당된다. 그러나 그가 이 문제를 심각하게 천착하고 있지는 않다. 裵宗鎬, 「湖洛學派의 人物性 同異論」, 『韓國哲學研究』 中(東明社, 1978).

249 이이, 『율곡전서』 권10:27a, 「答成浩原」, "夫理上, 不可加一字, 不可加一毫修爲之力. 理本善也, 何可修爲乎? 聖賢之千言萬言, 只使人檢束其氣, 使復其氣之本然而已." 탕쥔이는 주자에서 理가 氣上에서 실현되느냐 되지 못하느냐 하는 것은 理上事가 아니라 氣上事라고 말한다. 唐君毅, 『(全集校訂版)中國哲學原論: 原性篇』(臺北: 臺灣學生書局, 1984), 365쪽.

250 이 부분의 서술은 다음 참조. 문석윤, 「南塘과 巍巖의 未發論辯」, 『태동고전연구』 11(한림대학교 태동고전연구소, 1995); 문석윤, 「湖洛論爭 形成期 未發論辨의 樣相과 巍巖 '未發論'의 특징」, 『韓國思想史學』 31(한국사상사학회, 2008).

251 『남당선생연보』에 따르면 그렇다. 그에 따르면 이 문제의 정확한 명칭은 '未發에서의 氣質之性 有無' 문제로 정정되는 것이 타당하다고 말한다. 이는 未發에서의 純善을 부정함으로써 생기는 난점을 피하고자 함이다. 『남당선생연보』 권1:18a, 39a- 참고. 이 연보는 규장각에 별도로 소장되어 있다. 영인본 『남당집』에도 부록으로 함께 실려 있다.

252 이간, 『외암유고』 권12:15a-, 「未發有善惡辨」.

253 이간, 『외암유고』 권12:25b-, 「未發辨[甲午]」.

254 '氣不用事'는 朱子가 이미 말한 바 있다. 『近思錄集解』, 「道體類」, "性卽理也. 天下之理, 原其所自未有不善. 喜怒哀樂未發, 何嘗不善."에 대한 註에 "주자는 말했다. 미발의 前에는 기가 用事하지 않는다. 그래서 善만 있고 惡은 없다.[朱子曰, 未發之前, 氣不用事, 所以有善而無惡.]"라고 했다. 기불용사는 이황과 기대승(제1서에 붙인 기대승의 편지 참고), 이이도 비슷한 맥락에서 사용한 바 있다. 문석윤, 「退溪의 '未發'論」, 『退溪學報』 114(퇴계학연구원, 2003), 19-24쪽.

천라이는 최근 발표된 논문에서 '氣不用事' 혹은 '氣未用事'에 대해 비교적 자세한 분석을 했다. 그에 의하면, 기불용사는 주자와 황간의 대화 가운데 처음 주자가 말한 것으로, 이후 주자학 내부에서 익숙하게 사용된 용어이지만 다양한 관점을 표현하고 있다고 한다. 즉, 미발을 본성으로 보는 것과 마음으로 보는 두 관점에 조응하여, 主性派와 主心派의 구별이 있고, 주성파는 다시 未發을 天地之性으로 보는 天地之性派와 氣質之性으로 보는 氣質之性派로 나뉘며, 주심파는 未發을 中으로 보는 입장과 不中으로 보는 입장으로 나뉜다고 한다. 그는 그것을 명·청 시대의 주자학에 이르기까지 다양한 실례를 들어 예시했다. 또한 조선 주자학에서 특히 이황과 이이를 중심으로 그러한 논의가 어떻게 전개되었는가에 대해서도 간략하게 살폈다. 그에 의하면 이황은 天地之性派와 氣質之性派를 겸했으며, 논의를 마음의 已發未發 문제에서 더 나아가 理氣 문제로 확장시켜 가는 특징이 있으며, 이이는 未發뿐 아니라 人心道心을 해명하는 데에도 氣未用事의 논리를 사용했음을 지적했다. 陳來,「論朱子學"未發之前氣不用事"的思想」,『哲學硏究』2022년 제1기(CNKI), 41-51쪽 참조. 천라이는 이 글에서 호락논쟁 시기의 조선 성리학에 대해서는 언급하지 않았지만, 그의 분석을 적용하면 낙론은 天地之性派에, 호론은 氣質之性派에 대략 대응할 수 있다. 하지만 좀 더 세부적으로 보면 호론은 또한 천지지성파 입장을 겸하고 있다고 할 수 있을 것이다. 낙론은 主心派이기도 한데, 기본적으로 中을 중심으로 보지만 이간은 不中의 미발을 말하기도 했다. 호론의 경우는 主心派적인 면모는 다소 약하다고 볼 수 있다. 낙론 측에서는 호학 측에 대해 心體의 선악이 있음을 주장하는 것이라고 비판하지만, 호학 측 내부에서는 본성상에 선악의 가능성 혹은 뿌리의 잠재를 이야기할 뿐, 심체 자체에 선악이 있다고 말하지는 않는다.

255 한원진,『남당집』권9:1a,「與崔成仲別紙【戊子八月○自此至十一卷, 仍巍塘往復錄第次】」(1708),"未發之前, 只有本然之性, 不可謂有氣質之性, 及其發也, 方有氣質之性."

256 한원진,『남당집』권9:1b,「與崔成仲別紙【戊子八月○自此至十一卷, 仍巍塘往復錄第次】」(1708),"未聞以已發爲性也."

257 한원진,『남당집』권29:33b,「示同志說」,"不雜乎氣, 單指其理, 則爲本然之性, 兼理與氣而名之, 則爲氣質之性."

258 한원진,『남당집』권9:1a,「與崔成仲別紙【戊子八月○自此至十一卷, 仍巍塘往復錄第次】」(1708),"人心卽本性之由於耳目口鼻而發, 所謂氣質之性也."

259 한원진,『남당집』권7:2b-3a,「上師門【戊子八月】」(1708).

260 한원진,『남당집』권7:3b,「上師門【戊子八月】」(1708),"崔徵厚韓弘祚諸人, 於前一層之說, 不可謂無見, 而於後二層之說, 似未有見, 故其言多窒."

261 한원진,『남당집』권11:9b-,「擬答李公擧」.

262 한원진,『남당집』권30:1a-,「人心道心說」.

263 운동의 측면에서 말하면 形氣는 더 적합하게는 天地之氣에 대립한다. 한원진,『남당집』권29:9b-,「浩氣辨」(1713) 참조. 천지지기를 인정함으로써 氣에 있는 운동의 성질을 한원진은 인정하지만, 천지지기도 결국은 形氣化하는 것을 지적함으로써 운동의 계기를 약화시킨다.

264 이간,『외암유고』권7:1b,「與崔成仲」,"性一也, 而有本然氣質之二名何. 以其單指與兼指之有異也."

265 이간,『외암유고』권7:1b,「與崔成仲」.

266 한원진,『남당집』권9:11a,「答崔成仲【己丑三月】」,"要其大致宗旨, 則不過以所謂情者, 當之而已也."

267 한원진,『남당집』권9:12b,「答崔成仲【己丑三月】」,"公擧之意, 蓋以爲, 氣質之性, 善惡之性也. 才非已發之情, 則卽是未發之性, 而未發之性, 不可謂有善惡, 則氣質之性

只是情而已也."

268 한원진, 『남당집』 권9:12b, 「答崔成仲【己丑三月】」, "所謂未發之際, 純善無惡者, 乃單指理而言也. 此其單指理以謂之性善, 則彼之兼指氣, 而謂之性有善惡者, 自爲一說, 而不干於此矣."

269 한원진, 『남당집』 권9:23a, 「答崔成仲【己丑三月】」, 「附李公擧寒山紀行詩跋」, "大本未發時, 難言氣質性, 雖有不齊者, 其奈一意靜, 鬼神莫窺測, 善惡何由觀, 荀揚所謂性, 未曾透此關."

270 한원진, 『남당집』 권9:23a, 「答崔成仲【己丑三月】」, 「附李公擧寒山紀行詩跋」, "理氣本不離, 雖在未發時, 曷嘗無其氣, 此處若兼指, 不害言氣質."

271 한원진이 이간의 설이라고 인용하는, 이간이 한원진에게 보낸 편지는 정작 『외암유고』에서는 발견하지 못했다. 그러나 그것이 이간의 설인 것은 틀림없다.

272 한원진, 『남당집』 권9:31b, 「與李公擧【柬】別紙【辛卯六月】」, "是蓋以本然之性, 推而置之於氣質之前, 而懸空說性矣."

273 한원진, 『남당집』 권9:31b, 「與李公擧【柬】別紙【辛卯六月】」.

274 한원진, 『남당집』 권9:31b, 「與李公擧【柬】別紙【辛卯六月】」.

275 한원진, 『남당집』 권9:31b, 「與李公擧【柬】別紙【辛卯六月】」.

276 한원진, 『남당집』 권9:32b, 「與李公擧【柬】別紙【辛卯六月】」.

277 한원진이 主氣論者라는 주장은 재고되어야 한다. 한원진이야말로 리의 순수성을 극도로 주장한 자이다. 이에 대해 이간이 그에 대해 '懸空說理'라고 비판하는 것은 타당한 이유가 있다. 즉, 이간은 기의 운동으로부터 분리된 理는 空虛하다고 보았다. 한원진의 主理的 경향은 임원빈도 중점적으로 다루었다. 任元彬, 『南塘 韓元震 哲學의 理에 관한 硏究』(연세대학교 박사학위논문, 1994).

278 이간, 『외암유고』 권8:1a-, 「與尹晦甫【己丑】」(1709).

279 한원진, 이간, 윤혼 사이의 지각 논변에 대해서는 한원진의 김창협 지각설 비판에서 다룬 바 있다.

280 이간, 『외암유고』 권8:1a, 「與尹晦甫【己丑】」(1709), "心是摠名, 而其體謂之性, 其用謂之情, 此則合理氣而言者也. 就其渾融無間處, 分別明理而言, 則心是氣也, 而虛靈其體也, 知覺其用也. 性是理也, 而四性其體也, 知覺其用也. 虛靈之具四性, 知覺之運四端, 一也. 未發而通四性, 已發而通四端, 故曰, 心統性情也."

281 이간, 『외암유고』 권8:2a, 「與尹晦甫【己丑】」(1709).

282 이간, 『외암유고』 권8:2a, 「與尹晦甫【己丑】」(1709).

283 이간, 『외암유고』 권12:25b-, 「未發辨【甲午】」. 그러나 한원진에 의하면 未發의 中은 理를 單指한 것이므로 不中의 未發 곧 不中底未發이란 성립하지 않는다.

284 이간, 『외암유고』 권7:12b, 「答韓德昭別紙【壬辰】」(1712).

285 이간, 『외암유고』 권7:14a, 「答韓德昭別紙【壬辰】」(1712).

286 이간, 『외암유고』 권12:14b-, 「答韓德昭別紙【壬辰】」(1712).
287 이간, 『외암유고』 권12:15a, 「未發有善惡辨」, "明德是聖凡之所同得者也, 夫氣稟所拘, 人欲所蔽, 其昏明固有萬不齊矣. 獨其虛靈不昧之本體, 則聖凡初何間然也."
288 이것은 곧 호락논쟁의 주요 논변 중 세 번째 주제인 聖凡心同異 문제로 자연스럽게 연결된다.
289 후에 낙학의 이재는 마음의 理的 측면을 강조하는 데로 나아간다.
290 이간, 『외암유고』 권12:19a-b, 「未發有善惡辨」.
291 이간, 『외암유고』 권12:21a, 「未發有善惡辨」, "噫, 天下之物, 莫不有心, 而明德本體, 則惟人之所獨也 … 人爲貴者, 而所貴非性也, 乃心也. 人貴物賤, 所較者此心, 則抑其心云者, 是只血肉之氣歟, 將謂本明之體歟."
292 이간, 『외암유고』 권12:25b, 「未發辨【甲午】」(1714), "或曰, 德昭全不識未發, 其所弊何在. 曰, 正坐合下不識本心故也."
293 이간, 『외암유고』 권7:13a-b, 「答韓德昭別紙【壬辰】」(1712).
294 한원진, 『남당집』 권7:33b, 「上師門【乙未三月】」(1715).
295 한원진, 『남당집』 10a-12b, 「答李公擧【壬辰八月】」.
296 이간, 『외암유고』 권12:32a, 「未發辨【甲午】」(1715).
297 한원진은 性의 이해에서 理氣不相離를 강조했다면, 이간은 心의 이해에서 이기불상리를 강조했다. 한원진이 存在論的 불상리를 강조한 것이라고 한다면, 이간은 實踐的 불상리를 강조한 것이라고도 할 수 있을 것이다.
298 이간, 『외암유고』 권12:24a-b, 「未發有善惡辨」.
299 이간 학문에서 '理氣同實, 心性一致'의 중요성은 이미 전인식아 지적한 바 있다. 全仁植, 『李柬과 韓元震의 未發·五常論辨 硏究』(한국정신문화연구원 박사학위논문, 1999), 132-137쪽. 그와 관련한 이후의 연구 성과로는 다음 참조. 정연우, 「巍巖 李柬의 心性一致論 硏究」, 『韓國思想史學』 27(한국사상사학회, 2006); 최영진, 「南塘/巍巖 未發論辨의 재검토」, 『동양철학』 29(한국동양철학회, 2008) 등.
300 이간, 『외암유고』 권13:4b, 「未發辨後說【己亥】」(1719).
301 이간, 『외암유고』 권12:21b-22b, 「未發有善惡辨」.
302 이간, 『외암유고』 권12:27a-28a, 「未發辨【甲午】」(1714).
303 이와 관련해서 이간과 낙학 사이의 미발론에서의 차이를 지적한 것으로 다음 참조. 문석윤, 「湖洛論爭 形成期 未發論辨의 樣相과 巍巖 '未發論'의 특징」, 『韓國思想史學』 31(한국사상사학회, 2008).
304 이간, 『외암유고』 권13:4b, 「未發辨後說【己亥】」(1719).
305 이간, 『외암유고』 권12:21a-b, 「未發有善惡辨」.
306 이 개체적 실천에는 미발 心體에 대한 '체험'을 포함한다. 金邁淳은 이간에서의 이런 요소에 대해 한편으로는 긍정하면서 또 한편으로는 그것은 주관성, 임의성에 대해 경

계했다. 「中庸未發說」(김매순, 『대산전서(臺山全書)』 권9:8b-) 참고.

307 여기에서 논한 氣의 두 가지 측면, 즉 '신체적 제약[形氣]'과 '운동[天地之氣]'의 두 측면은 鹿門 任聖周에서의 渣滓氣와 湛一之氣에 각각 상응한다. 許南進, 「조선후기 氣哲學의 성격」, 『한국문화』 11(서울대학교 규장각한국학연구원, 1990).
임성주와 호락논쟁 사이의 관련에 대한 최근의 논의로서 다음 참조. 孫興徹, 『鹿門 任聖周의 삶과 哲學』(지식산업사, 2004); 홍정근, 『호락논쟁의 본질과 임성주의 철학사상』(한국연구원, 2007) 등.

308 이는 서양 윤리학에서의 義務의 윤리학과 德의 윤리학의 구별과 조화 문제를 연상시킨다. 의무의 윤리학이 '옳음'을 추구한다면, 덕의 윤리학은 '선함'을 추구한다. 의무의 윤리학이 규범의 정당성에 대해 묻는다면, 덕의 윤리학은 윤리실천 주체의 도덕적 탁월성에 대해 묻는다. 梁熙圭, 「德의 윤리학과 義務의 윤리학의 관계 연구」(서울대학교 석사학위논문, 1986); 황경식, 『덕윤리의 현대적 의의』(아카넷, 2012).

309 주희, 『대학장구』 經一章, "明德者, 人之所得乎天而虛靈不昧, 以具衆理而應萬事者也. 但爲氣禀所拘, 人欲所蔽, 則有時而昏. 然其本體之明, 則有未嘗息者."

310 이간, 『외암유고』 권4:39b-40a, 「上遂菴先生」 「別紙」(1712년 추정). 이 편지는 같은 해 한원진에게 보낸 편지에서 주장한 것을 좀 더 가다듬은 것이다. 이간, 『외암유고』 권7:12b, 「答韓德昭別紙【壬辰】」(1712).

311 이간, 『외암유고』 19b-20a, 「未發有善惡辨」(1713년 추정).

312 虛靈과 虛明의 '虛'가 자기주장 없이 모든 것을 있는 그대로 수용할 수 있는 전체의 수용성이라고 한다면, '靈'은 주체적으로 반응할 수 있는 능력이고, '明'은 자각적으로 인식할 수 있는 능력이다. '虛靈'이 '明德'에 적용된다면, '虛明'은 '未發'에 적용된다. 이러한 구분은 윤봉구에게 이르러 명료해졌다. 뒤의 주석 330 참조.

313 이간, 『외암유고』 권13:4b, 「未發辨後說【己亥】」(1719), "噫, 未發是何等精義, 何等境界. 此實理氣之大原, 心性之築底處. 而謂之大原築底處者, 無他. 正以其理氣同實, 心性一致而言也." 이 구절의 번역과 그 내용에 대해서는 387~391쪽 서술 참조.

314 이간, 『외암유고』 권12:30b-31a, 「未發辨【甲午】」(1714).

315 김매순은 「中庸未發說」(『대산집』 권9:8a-b)에서 '聖凡無異論'에 대해 '躐進而近於自瞞'이라고 평가했다. 물론 이간의 입장에서 이는 부당한 공격이다. 그는 '理氣同實, 心性一致'를 단지 주어진 것이 아니라 실천적으로 달성해야 할 목표로 제시했다. 즉, 이간에게 미발에서의 일치 상태는 이미 우리에게 주어져 있는 동시에 실천적으로 끝내 수행해야 할 목표라고 하는 이중적인 의미를 지닌다. 이에 대해서는 앞의 주석 313 참조.

316 한원진, 『남당집』 권30:13b-14a, 「虛靈知覺說」.

317 한원진, 『남당집』 권7:1a-18a, 「上師門【庚寅閏七月】」(1710).

318 한원진, 『남당집』 권11:4b-5a, 「擬答李公擧」.

319 윤봉구의 心論의 이해에 대해서는 다음 참조. 안은수, 「屛溪 尹鳳九 心論의 특징과 그 의미」, 『韓國思想史學』 32(한국사상사학회, 2009).
320 윤봉구와 이재 사이의 논변은 7장에서 다시 다룰 것이다.
321 윤봉구, 『병계집(屛溪集)』 권11:20b, 「與李熙卿【縡○乙卯】」(1735).
322 윤봉구, 『병계집』 권10:9a-10a, 「與韓德昭」.
323 윤봉구, 『병계집』 권37:22b-23a, 「與崔祐答問【丙寅】」.
324 한원진, 『남당집』 권11:5a-8b, 「擬答李公擧」.
325 이간, 『외암유고』, 「未發辨【甲午】」(1714).
326 이간, 『외암유고』 권12:21a-b, 「未發有善惡辨」.
327 이것은 윤봉구, 『병계집』 권35:41b-42a, 「寒泉『中庸』首章及『大學』明德講義辨【壬申冬】」(1752)에 이재의 설로 인용된 것이다. 해당 부분은 『대학』 明德에 대한 이재의 강의 중에 나온 말로서, 『도암집』에는 실려 있지 않다. 이에 대해서는 7장에서 다시 논의할 것이다.
328 이재, 『도암집』 권10:13a, 「答尹瑞膺【鳳九】心說辨問」(1735).
329 윤봉구, 『병계집』 권10:6a-b, 「與韓德昭【壬戌】」(1742).
330 윤봉구, 『병계집』 권10:6b-7a, 「與韓德昭【壬戌】」(1742).
331 윤봉구, 『병계집』 권11:25a, 「答李熙卿【壬戌】」(1742).
332 윤봉구, 『병계집』 권11:25a-b, 「答李熙卿【壬戌】」(1742).
333 윤봉구, 『병계집』 권10:6a-b, 「與韓德昭【壬戌】」(1742).
334 한원진, 『남당집』 권30:14a-15a, 「明德說【示安士定○庚申】」(1740).
335 한원진, 『남당집』 권30:14a-b, 「明德說【示安士定○庚申】」(1740), "朱先生之言, 盖嘗如此. 『大學』明德註曰, '虛靈不昧, 以具衆理而應萬事.' 『孟子』盡心註曰, '人之神明, 所以具衆理而應萬事.' 其訓心訓明德, 無一言不同. 此則言心與明德之無二物也. 『中庸或問』曰 '聖人之心, 淸明純粹', 此獨言聖人之心, 則衆人之心, 不能如此, 可知矣. 『大學或問』曰 '方寸之間, 虛靈洞澈, 萬理咸備', 是則所謂明德也, 此不言聖人, 則通衆人而言者也. 言心則聖凡不同, 言明德則聖凡皆同, 此則言心與明德之有辨也. 『章句』 『輯註』 『或問』, 皆定論也, 而或同或異如此, 學者當隨其所言而各求其指, 求其有以會通, 不可有所軒輊於其間也."
336 마치 미발에서 기불용사를 통해 미발의 선을 유지하는 동시에 기질의 잠재를 말했다면, 한원진은 여기에서도 같은 방식으로 허령과 명덕은 기품을 끌어들이지 않고 말한 것이지만 기품 역시 그대로 있다고 보았다.
337 이 문제에 대한 한원진의 최종적인 입장은 7장 심조와 한원진 사이의 명덕에 대한 논란을 서술한 부분(472쪽) 참조.
338 한원진이 윤봉구와 이 문제에 대해서 논하면서 다음과 같이 말하는 데서 그의 이러한 이해가 분명하게 드러난다. 한원진, 『남당집』 권13:23a, 「答尹瑞膺【乙卯閏四月】」,

"미발의 허명은 모두 같지만 기품은 같지 않으며, 마음의 허령은 모두 같지만 기품은 같지 않으니, 본래 다만 한 가지 일입니다. 그런데 그대는 미발을 논하면서는 허명이 같다고 해서 기품도 같다고 말씀하시고, 마음을 논할 때는 기품이 같지 않다고 해서 허령 또한 같지 않다고 하십니다. 한 가지 일을 다르게 보신 것이니 자신도 모르게 그 말이 모순을 범한 것입니다."

339 湖學에서는 性論에서 그러했듯이 心論에서도 氣의 形氣的 측면을 강조한다.

340 이이의 다음과 같은 말에서도 확인된다. 이이, 『율곡전서』 권27:3b-4a, 「擊蒙要訣」 「立志章第一」, "初學, 先須立志, 必以聖人自期, 不可有一毫自小退託之念. 蓋衆人與聖人, 其本性則一也. 雖氣質不能無淸濁粹駁之異, 而苟能眞知實踐, 去其舊染, 而復其性初, 則不增毫末, 而萬善具足矣. 衆人豈可不以聖人自期乎?"

341 19세기에서 20세기에 걸치는 심설 논변에 대해서는 다음 참조. 이종우,『19·20세기 한국 성리학의 심성논쟁: 한주·면우계열과 간재계열의 논쟁을 중심으로』(심산, 2005); 陳繪宇,『朝鮮儒學的「心說論爭」研究: 朝鮮性理學的後期發展與朱子學的當代詮釋』(臺北: 新文豐出版公司, 2023).

18세기에서 19세기에 이어지는 심설 논변 특히 명덕의 해명을 둘러싼 논의에 대해서는 다음 참조. 김근호, 「명덕설에 나타난 철학적 문제의식의 변화」, 『공자학』 28(한국공자학회, 2015).

342 同論 즉, 洛學의 天機 관념이 신분론에 미친 영향에 대한 분석으로 다음 참조. 조성산, 『조선후기 낙론계 학풍의 형성과 전개』(지식산업사, 2007), 234-260쪽.

7장

호락논쟁의 성립

호락논쟁 제2기가 호학과 낙학이 심성 관련 논변을 통해 자기의 종지를 확립하면서 호론과 낙론을 각각 정립하여 간 시기였다면, 호락논쟁 제3기는 제2기까지 구축된 각자의 입장을 토대로 하여 상대방과 직접적인 대결에 들어감으로써 본격적으로 양 학파 사이의 논쟁이 성립한 시기였다. 이 시기에 바야흐로 호학과 낙학의 대립은 '사문(斯文)의 대시비(大是非)'로 인지되었다.[1] 호락논쟁 제3기 특히 1730년대 이후 호학과 낙학 측의 상호 대립이 어떻게 전개되었는지, 이 시기 이전의 논점들이 어떤 식으로 전개되어갔는지에 대해 살펴보는 것이 이 장의 목표이다.

먼저 호학 측에서 1733년 심조(沈潮)가, 낙학 측의 김창흡과 그의 제자들 사이에 있었던 인물성론과 미발론, 지각론을 다시 음미하고 비판했으며 그에 대해 호학 측의 한원진이 검토하고 호응하면서 호론의 입장을 확인했다. 이 시기 낙학의 중심은 이재였다. 그는 1735년에서 1736년까지에 걸쳐 호학 측에서 한원진과 함께 또 하나의 중심축을 형성하고 있던 윤봉구와 더불어 심설(心說) 논변을 벌였다.[2] 이와 관련해서 심조는 1739년, 두 차례 이재에게 편지를 보내, 이재가 윤봉구에게 보낸 서신을 거론하면서 심순선론(心純善論)을 비판했으며,[3] 상호 간의 편지는 1744년까지 이어졌다.

한편 낙학 측의 박필주는 1742년 윤봉구와 심성이기(心性理氣) 문제에 대한 논변을 벌였고, 이재가 1743년 거기에 개입하여 박필주의 편을 들었으며,[4] 1744년과 1745년 한원진이 두 차례에 걸쳐 그들 모두에 대한 자신의 견해를 명백히 표명했다.[5]

1746년에 이르러 이재는 자신의 문하의 젊은 학자였던 최석(崔祏)의 한원진 방문을 계기로 한원진을 포함한 호학 측의 심성설에 대한 우려와 비판을 담은 「한천시(寒泉詩)」를 지었으며, 그에 대해 한원진이 「제한천시후(題寒泉詩後)」를 지어 비판적으로 대응했다. 이재가 그에 대해 자신의 견해를 표명하기 전에 별세함에 따라 「제한천시후」에 대한 대응은 이재의 문인 곧 천문(泉門)의 과제가 되었다. 애초에 문제의 발단이 되었던 최석을 포함해서 박성원, 양응수 등 이재의 문인들이 「제한천시후」의 내용을 조목조목 검토하면서 이재의 견해를 옹호하고 한원진을 비판하는 논설을 남겼다.⁶

낙학 측의 이러한 대응에 대하여, 이번에는 호학 측에서 심조, 윤봉구 및 윤봉구 문인들의 대응이 이어졌다. 윤봉구는 1746년 최석과 편지를 주고받으면서 호락논쟁의 관련 쟁점들에 대한 논의를 이어갔으며, 그의 제자 밀암(密庵) 김지행(金砥行, 1716~1774) 역시 최석과 편지를 통한 논변을 전개했다.

이러한 과정을 통해 호학과 낙학 사이의 대립은 뚜렷한 모습을 드러내면서 돌이킬 수 없는 단계로 나아갔다. 호학과 낙학은 이제 각각 진영을 이루어 직접적인 논변을 전개하면서 대립하는 논점을 첨예하게 가다듬었다. 이 시기에 이르러 호락(湖洛) 간의 학술적 이견은 상호 이단(異端) 시비에 이르는 등 심각한 상황이었지만, 그것이 정치적인 파당으로 발전하는 것에 대해서는 경계하는 분위기가 있었다. 하지만 윤봉구가 썼던 「화양서원묘정비명(華陽書院廟庭碑銘)」의 내용에 대한 시비가 불거지는 등 몇 가지의 사건과 얽히면서 그 대립적 국면은 더욱 심화되어갔다.⁷ 이후 양 진영은 노론 내의 학술적이고 정치적인 헤게모니를 둘러싸고 각축하면서 점점 더 정치적 당파의 성격을 더하여 가지게 되었다.

1
심조의 김창흡 비판과 그에 대한 한원진의 평

정좌와(靜坐窩) 심조(沈潮, 1694~1756, 자는 信夫)⁸는 권상하의 제자로서 한원진과 동문이지만 실제로는 문인에 가까우며⁹ 그 자신이 그렇게 자처한 것으로 보인다. 그가 호락논쟁의 전개에 적극적인 역할을 한 것은 1730년대에 한원진과의 교유를 통해 호학의 종지를 명확하게 이해하면서부터였고, 이후 낙학 측의 견해에 대한 비판적 견해를 구축했고, 이재와도 활발하게 서신을 교환함으로써 한원진과 함께 호락논쟁 3기에 호학 측의 주요 논자로서 활약했다.

그의 연보에 의하면 그는 1733년 김창흡의 문집인 『삼연집』 중의 오상과 기질설에 대해 비판한 글인 「삼연집차변(三淵集箚卞)」을 지었다. 연보 기록에는 다음과 같은 소주(小註)가 붙어 있다.

> 삼연(김창흡) 옹의 문집 중에 오상(五常)과 기질(氣質) 등의 설은 혹은 편지에 혹은 시(詩)를 읊은 것 중에 보이는데 그 논지는 대개 "오상은 하나의 리로서 인간과 동물이 품부 받은 것이 동일하고, 미발(未發)의 전에는 기질을 말할 수 없다" 운운하는 것이다. 최종적인 이견으로 말하는데 이르러서는 변석(辨釋)하지 않을 수 없었다. 그러므로 부군께서는 하나하나 그것을 변석했다.¹⁰

그와 관련하여 심조가 1732년 12월 한원진에게 보낸 편지에 좀 더 자세한 사정이 드러난다.

최근 또한 『삼연집』을 얻어 한가한 날에 열독(閱讀)했습니다. 전편(全篇)에 담긴 정신(精神)이 모두 설악(雪嶽)의 연하(煙霞)와 비로(毘盧)의 수석(水石) 중에서 나온 것이어서 읽는 이로 하여금 맑은 기운이 뼈에 와닿게 했습니다. 다만 의리에 관한 이야기들은 자못 내가 들은 바와 달랐습니다. 그가 인물성 동이(同異)에 대해 논하면서는, 『농암집』 중에서 우암(尤庵: 송시열)에게 질문한 것이 명백하고 직절(直截)한데도 "이것은 미정(未定)의 설인데 문집 편성 시에 잘못 들어간 것"이라고 하고, 미발 전의 기질에 대해 논하면서는, 신명관(申命觀)이 미발에는 다만 본연이 있고 기질지성은 오직 발현할 때 본다고 한 것은 말이 되지 않고 다만 웃음거리인데도 "그대가 분석하여 판단한 말이 타당하다"라고 했습니다. 그 외에도 지각(知覺)을 지(智)의 용(用)으로 말할 수 없다는 등의 설은 의심스러운 점이 많았습니다. … 바야흐로 의심스러운 점을 끄집어내어 내가 들은 바를 기준으로 축조 논변하고, 완성이 되면 곧 질문을 하고자 합니다.[11]

심조는 인물성동이 문제, 미발에서의 기질의 유무 문제, 지와 지각의 관계 문제 등 호락논쟁의 핵심적인 쟁점에 대해 하나하나 짚어가면서 호학의 입장에서 김창흡의 주장을 문제 삼고 있다. 실제로 그의 문집인 『정좌와집(靜坐窩集)』 권10에는 「삼연집차변(三淵集箚卞)【계축(癸丑)】」(1733)이 실려 있다. 그 내용을 살펴보면 김창흡의 시와 서간 중에 금수의 오상에 대해 논한 것 곧 인물성동이론 관련 발언과 미발 전 기질 문제에 대해 논한 것 곧 미발에서 기질의 유무에 대한 발언들에 대해 비판한 것이 보인다. 이들 문제는 호학 측에서 한원진과 이간 사이에 일어난 핵심적인 두 논변의 주제였던 것으로, 호학 측에서 논의된 것에 대해 낙학 내부에서 논의한 것을 이 시기에 이르러 다시 끄집어내어 비판한 것이라고 할 수 있다. 역시 호락논쟁이 점차 호학과 낙학 사이의 논쟁으로 전개되는 양상을 보여주는 것이라고 하겠다.

한편 한원진은 심조에게 답한 편지에서 「삼연집차변」의 내용에 대한 자신의 견해를 밝혔다. 그것은 심조의 김창흡 비판에 대한 평가이자 김창흡에 대한 자신의 비판을 제시한 것이었다.¹² 그런데 거기에서는 오상과 미발의 문제 외에 지각 문제에 대한 언급이 있는데, 무슨 이유인지 이 부분은 정작 심조의 「삼연집차변」에는 빠져 있으며, 대신 해당 내용이 『정좌와집』 권11, 「지각설(知覺說)【갑인(甲寅)】」(1734)과 「허령지각설(虛靈知覺說)【정사(丁巳)】」(1737)이라는 두 편의 글로 별도 편성되어 있다. 그 각각의 내용을 간략하게 정리하면 다음과 같다.

1) 인물성동이 문제

(1) 심조의 김창흡 비판

김창흡이 이재형(李載亨, 1665~1741)에게 답한 편지¹³에서, 당시 낙중(洛中)에 오상(五常)의 품부에서 인간과 동물에 같지 않음이 있다는 신론(新論)이 나타났는데 그 연원이 권상하에게 있다고 하고, "우리들은" 다만 주자의 『중용』 수장 주석을 믿을 뿐 신론을 믿지 않으며, 김창협이 「중용문목」에서 논한 것은 초년 미정설이므로 따를 수 없고 송시열도 거기에 분명하게 답변하지 않았다는 지적을 한 사실은 이미 앞에서 다룬 바 있다.¹⁴ 그것은 인물성론과 관련하여 낙학의 종지를 분명히 한 것이라고 할 수 있었다.

김창흡은 이어진 편지에서, 인물성이론(人物性異論)의 입장은 『맹자』「고자상」편에 대한 주자의 주석 "仁義禮智之稟, 豈物所得以全哉?"를 동물이 인의예지를 온전히 품부 받지 못했다는 의미로 잘못 해석하여 근거로 삼은 것으로, 그것은 "수연(粹然)한 인의(仁義)의 본성을 동물이 어찌 그것을 온전히 실현할 수 있겠는가?[粹然仁義之性, 物豈得以全之]"라는 의미로서, 발용(發用)에서의 온전치 못함을 지적한 것일 뿐 온전한 형태로 품부 받지 못했음을 의미하는 것은 아니라고 지적한다. 곧 인간과 동물은 동일한 오상을 품부 받았다는 것이 『중용』 수장에 대한 주석에서 주자가 취한 입장이며, 그것은 『맹자』 「고자상」 편에 대한 주석의 내용과도 충돌되지 않는다는 것이다.15

심조는 자신의 글에서 이 두 편지를 인용하고 나서 인물성이론이 결코 권상하가 새롭게 주장한 신론이 아님을 주장하면서 다음과 같이 비판했다.

대개 동물의 본성은 그 본성의 세목을 온전히 할 수는 없지만 요체는 모두 건순(健順) 오상(五常)의 범위에서 벗어나지 않는다. 소가 밭 가는 것은 그 본성이 순(順)이고, 말이 달리는 것은 그 본성이 건(健)이며, 닭이 새벽을 지키는 것은 신(信)이며, 개가 도둑을 지키는 것은 의(義)인 것이다. 『중용장구』에서 말하는 "각각 부여받은 리를 얻어 건순 오상의 덕으로 삼는다"는 것이 그것이다. 【『주자어류』 여도록(呂燾錄)에, 묻기를 "건순 오상으로 동물의 본성을 말한다면 예를 들어 건순(健順)이란 말과 또한 잘 맞지 않는 것 같은데요?"라고 하니 말씀하시기를 "예를 들어 소의 본성이 순한 것, 말의 본성이 굳센 것은 곧 건순의 본성이며, 호랑이와 이리의 인, 벌과 개미의 의는 곧 오상의 본성이다. 다만 품부 받은 것이 적어서 인간이 온전히 품부 받은 것과는 같지 않을 따름이다"라고 했다. 주자가 『중용』을 주석했는데, 또한 이처럼 해석했으니 어찌 주자가 스스로 그 뜻을 몰랐던 것이겠는가?】 어찌 반드시 물(物)마다 모두 건순 오상을 갖추었다고 보아야 한다는 것인가? 그렇다면 인물성 부동(不同)의 설은 수옹(遂翁: 권상하)의 설이 아니라 곧 주자의 설이다. 내가 보기에는 수암(遂菴: 권상하)의 설이 신론이 아니라 연로(淵老: 김창흡)의 성동론(性同論)이 신론이다. 그러므로 '우리들'도 또한 다만 『중용』의 주석을 믿으며 연로의 신론은 믿지 않는다. 『중용장구』에서 '천명지성'을 해석할 때는 "각각 부여받은 리를 얻었다"라고 하고, '솔성지도'를 해석할 때는 "각각 그 본성의 자연스러움을 따라 각각 마땅히 가야 할 길을 가진다"라고 했는데, 다만 이 세 개의 '각(各)' 자에서 부동(不同)의 의미는 이미 저절로 분명하다. … '각' 자와 '동(同)'

자는 완전히 상반되는데, 지금 각득(各得)을 동득(同得)이라고 여긴다면 남쪽을 가리켜 북쪽이라고 하는 것과 거의 같다. … 농옹(農翁: 김창협)이 이를 논한 것은 명백하고 직절하며 … 인용한 『맹자』 주석의 설도 천고의 단안(斷案)인데, 지금 그것을 얽매이고 막힌 잘못이 있어 미정의 설이라 치부한다면 … 이는 실로 개탄할 만한 것이다.[16]

심조는 『중용장구』 수장의 주석에서 '동득(同得)'이 아니라 '각득(各得)'이라고 한 것은 곧 인물성동론(人物性同論)이 아니라 오히려 인물성이론(人物性異論)을 주장한 것으로 해석될 수 있다는 것이다. 따라서 인물성이론이야말로 주자 이래의 정설(定說)로서 결코 신론이 아니며 오히려 인물성동론이야말로 신설이라고 역설한다. 그리고 그는 김창흡이 '우리들'이라고 한 데 대해 굳이 또 '우리들'이라는 표현을 씀으로써 낙학 측과 구별되는 호학의 종지가 인물성이론임을 분명히 했다.

심조는 더 나아가 김창흡이 자설의 근거로 제시한, 주자의 「서자융(徐子融)에게 답한 편지」에 대해서도 반대의 해석이 가능하다고 하고, 또 송시열의 입장이 결코 분명하지 않았던 것이 아니며 분명히 부동(不同)의 설을 지지했음을 주장했다.[17] 그는 이어서 다음과 같이 말한다.

> 그리고 주자가 '豈物得以全'라고 한 것에서 '전(全)' 자를, 그가 품부(稟賦)의 처음에 돌리지 않고 발용(發用)의 때로 돌린 것은 더욱 이해하지 못하겠다. 만약 그와 같다면 주자는 어째서 '인의예지의 용(用)'이라고 하지 않고 '인의예지의 품(稟)'이라고 했겠으며, 어찌 '전지(全之)'라고 하지 않고 '전(全)'이라고 했겠는가?[18]

김창흡이 『맹자』 「고자상」 주자의 주석 중 "豈物之所得而全哉?"라고 한 것을 '豈物得以全之'라고 푼 것은 오독 혹은 의도적 왜곡에 가깝다는 것이다. 즉, 주자의 주석 자체는 '어찌 동물이 (품부에서) 온전할 수 있겠는 가?'로 풀 수 있는 것을 굳이 '之' 자를 넣어 '어찌 동물이 (발용에서) 온전히 할 수 있겠는가?'로 풀이했다는 것이다. 심조는 그와 같은 취지로 김창흡이 「첨론이중겸오상설(籤論李仲謙五常說)」에서 "주자가 인의예지의 수연(粹然)한 것은 인간과 동물이 다르다고 한 것은 갖추지 못한 것이라는 말이 아니라 곧 온전하게 하지 못하는 것을 가리킨 것이다. 운운[朱子所謂'仁義禮智之粹然者, 人與物異'者, 非謂不具, 乃不全也云云]" 한 것에 대해서도 다음과 같이 다시 한번 명확하게 비판했다.

> 이 노인은 '豈物所全'의 전(全) 자를 전지(全之)의 의미로 보고 있다. 그러므로 "갖추었으나 온전히 하지 못한다[具而不全]"라고 한 것이다. 주자의 뜻이 과연 그와 같겠는가? 앞에서 인의예지의 품부를 말했는데, 아래에서 "어찌 동물이 얻어서 온전히 할 수 있겠는가?"라고 말했겠는가? 이것은 마땅히 품부 받은 것이 온전하지 않음을 말한 것이 아닌가? 이처럼 명백한 것을 오히려 몰아서 자기 뜻에 따르게 하니, 사람들이 쉽게 속을 것인가? 이상한 일이다.[19]

그는 해당 문제와 같이 다음과 같이 결론짓는다.

> 대개 수옹(遂翁)의 설은 『중용』에 근본을 두었으며, 그것을 주자에서 참조했고, 율곡에서 그것을 살폈고, 『맹자』에서 그것을 질정하여 의심이 없던 것이다. 지금 (삼연은) 스스로 안목이 있다고 여기고 다른 사람들을 거의 맹인(盲人)과 같이 여기고 있는데, 그렇다면 맹자와 주자와 율곡과 우암과 농암은 모두 보는 눈이 없는 것으로 여기는 것인가?[20]

심조는 "어찌 편(偏)한 것과 전(全)한 것을 똑같이 본연(本然)으로 볼 수 있는가?[何可以偏者全者等爲本然乎]", 곧 본연지성에 편전(偏全)의 차이를 허용할 수 있는가라는 김창흡의 비판을 인용하고 그에 대해서도 다음과 같이 말한다.

> 인간의 본성은 마땅히 온전하니 온전한 것이 본연이며, 동물의 본성은 치우쳤으니 치우친 것이 본연이다. 편(偏)과 전(全)이 비록 같지 않지만, 그 스스로 본연이 됨은 하나이다. 지금 소가 밭을 가는 것은 모든 소가 모두 같고, 말이 달리는 것은 모든 말이 모두 같으니, 이것이 따라야 할 본연의 본성이 아닌가? 다른 말 할 것 없이 사람과 사람이 같고 동물과 동물이 같은 것이 본연지성이며, 사람과 사람이 다르고 동물과 동물이 다른 것이 기질지성이다.[21]

(2) 한원진의 평가

심조의 이러한 김창흡 비판에 대해, 한원진은 「차변」의 내용을 하나하나 축조 검토하여 자신의 의견을 제시했다. 몇 가지 주요한 것들을 살펴보면, 먼저 『중용장구』 수장에서 '각(各)'의 의미에 대한 그의 해석과 그에 기초하여 '삼연설'을 비판한 것을 거론하여 다음과 같이 말한다.

> 『중용』은 첫 부분에 '솔성지위도(率性之謂道)'라고 말하는데 이것은 인간과 동물에 공통으로 말한 것이다. 그런데 동물이 과연 인간의 본성과 동일하고 인간의 도와는 같지 않다면 이것은 동물이 솔성(率性)하지 못하는 것이 된다. 그렇다면 자사(子思)가 인간과 동물에 공통으로 솔성을 말한 것이 어찌 속이는 말이 되고 말지 않겠는가? 『장구』(주석)에서 말하기를 "각각 부여받은 이치를 얻었다"라고 하고, "각각 그 본성의 자연스러움을 따른다"라고 하고, "각각 마땅히 가야 할 길이 있다"라고 했는데, 여기에서의 세 차례의 '각각'은 일관적인 것으로서 다르게 볼 수 없다. 지금 '각각 얻었다[各得]'를 '동일하게 얻었다[同得]'고 보는 것은 이미 '각각'이라는 말의 의미를 살피지 않은 것일 뿐 아니라, '각각 따른다'와 '각각 있다'(에서의 '각각')를 '동일하게'라는 의미라고 말할 수

없으며 '각각 얻었다는 것'과 다른 의미로 볼 수 없다는 것을 알지 못한 것이니, 이것은 진실로 뻔한 사실을 보지 못한 것이라고 하겠다. 그대가 그의 설을 음미하여 지적한 말은 진실로 지극히 옳다. 다만 '각각 얻었다'라는 한 구절만 음미하여 지적하고 상하 여러 구절의 말들에 대해서는 그렇게 할 줄 몰랐던 것은 아쉬운 점이다.[22]

심조의 비판의 취지에 문제가 있다기보다는 논지를 본문상에서 좀 더 확장하여 자세하고 주밀하게 비판했으면 더 좋았겠다는 것이다. 한원진은 심조가 김창흡이 주자 주석의 '전(全)'을 '전지(全之)'로 바꾸어 해석한 것을 비판한 것에 대해서도 다음과 같이 평한다.

그대가 비판하여 "갖추었으면 온전한 것인데, 지금 '갖추었지만 온전하지 않다'고 한다면 과연 말이 되겠는가"라고 한 것은 아직 연로(淵老: 김창흡)의 뜻을 다 알지 못한 듯하다. 연로의 뜻은 대개 『맹자』 주석의 '仁義禮智, 豈物所全'의 '전(全)' 자를 '온전히 하다[全之]'의 의미로 보았으므로 '具而不全'이라 말한 것으로, 대개 품부 받은 처음에는 모두 온전하지만 발용의 때에 그것을 온전히 하지 못한다는 말이었다. 그러나 과연 그러하다면 주자는 어째서 '전' 자 아래에 다시 '지(之)' 자를 붙여서 그 뜻을 분명히 하지 않았던 것일까? 『맹자』의 본문에서는 또한 어째서 견(犬)·우(牛)·인(人)이 그 본성을 온전히 함이 같지 않다고 하지 않고 다만 견·우·인의 본성이 같지 않다고 했던 것일까?[23]

한원진의 지적은 역시 앞에서와 마찬가지로 비판의 기본적인 취지에 동조하면서 다만 표현상의 문제를 지적하고 보완해준 것이라고 할 수 있다. 대체로 두 사람 사이의 견해의 차이는 크지 않으며, 한원진이 비판의 취지를 명료하게 하는 방식으로 서술할 것을 요청하고 대안을 제시하는 방식으로 평론한 것이라고 할 수 있다.

2) 미발 시의 기질 유무 문제

(1) 심조의 김창흡 비판

심조는 「삼연설차변」에서, 김창흡의 인물성동론을 비판한 데 이어서 미발 기질 문제에 대해서도 비판했다. 그것은 곧 1713년경 이현익과 어유봉 사이에 있었던 미발 논변에 대해서 김창흡이 취한 입장에 대한 것이었다.[24] 거기에서 이현익은 호학과 마찬가지로 마음과 기질의 불가분성 곧 마음의 미발에서 기질의 존재에 대해 인정하는 가운데[25] 그럼에도 낙학의 종지인 미발의 순선을 고수하기 위해 미발에서는 일시적으로 기질이 혼화(渾化)함으로써 중(中) 곧 선한 상태에 이르게 된다는 기질혼화설(氣質渾化說)을 주장한 바 있다.

이에 대해 어유봉은 사람의 기질은 태어난 처음에 얻은 것으로, 변화할 수는 있지만 그것이 하루아침의 노력으로 이를 수 있는 것은 아니며, 미발의 상태라고 하여도 기질 중 선하지 못한 것이 저절로 혼화하는 이치는 없다고 반박했다. 그는 낙학의 종지에 따라 미발에서 기질을 인정하지 않고, 미발의 중의 근거는 기질의 혼화가 아니라 심기(心氣)의 정상(精爽)함 곧 심체(心體)의 순선함에서 찾아야 한다는 입장을 취했다.

그러한 두 사람 사이의 논변에 대해 김창흡은 이현익을 비판하고 어유봉의 손을 들어줌으로써 호학 측과 대비된 낙학 측의 지향을 분명히 했다.

> 탁하고 악한 것은 실로 뿌리가 없는 것으로, 오기(五氣)의 편중된 것이 일을 만나 (비로소) 나타나는 것이다. 굳세면 혹 이기려 함이 많고 부드러우면 혹 아부함이 많다. 성색(聲色) 취미(臭味)의 욕망은 자극에 따라 타오르니, 탐욕은 반드시 취(取)하고 음욕은 반드시 좇는다. … 이러한 것들은 오히려 이발(已發)의 경계에 속한 것이다. 이미 미발이면 만사가 모두 아직 싹트지 않았으니 어찌 그 뿌리와 줄기를 샅샅이 따져 힘써 혼화로 설을 삼을 수 있겠는가?[26]

우리를 구성하고 있는 기에 편중(偏重)이 있을 수 있으며 그것이 감응의 상황 속에서 탁악(濁惡)한 것으로 나타날 수 있지만, 탁악이 그 속에 뿌리를 내리고 있다고 할 수는 없다는 것이다. 심조는 김창흡의 이러한 입장, 그리고 신명관(申命觀)이 "호중(湖中)의 한 유자가 기질지성에 대해 논하여 말하기를 미발의 전에 저절로 본연과 기질을 겸한 것이 있다고 합니다. 저의 생각으로는 미발에는 다만 본연이 있으며 기질지성은 오직 발한 곳에서 볼 수 있습니다. 모르겠습니다만 그 득실이 어떠한지요?"라고 질문한 것에 대해, 김창흡이 "호유(湖儒)가 말한바 미발에 본연과 기질을 겸한 것이 있다고 한 것은 대단히 막힌 견해로서, 그대가 분별하여 판단한[剖判] 것이 옳다"라고 말한 부분27을 인용하고 나서 다음과 같이 비판했다.

> 이 노인의 이 설은 또한 타당하지 않은 듯하다. 대개 이미 "오기(五氣)의 편중(偏重)된 것이 일을 만나 드러난다"라고 말한다면, 아직 일을 만나기 전에 이 기의 편중된 것이 탁(濁)하고 악(惡)한 것의 뿌리와 줄기[根株]가 된 것이 아니겠는가? 우계(牛: 성혼)가 "미발 전에 악의 맹아와 조짐이 있다"라고 한 것에 대해 율곡은 크게 옳지 않다고 반박했는데, 대개 맹아와 조짐은 발한 곳에서 쓸 수 있는 말이기 때문이다. 뿌리내리고 있는 것은 곧 종자(種子)이니, 맹아와 조짐이 있다고 하는 것은 진실로 적절하지 않으나, 뿌리가 있다고 말했다면 어찌 불가할 것이 있었겠는가? 대개 성인은 사재(渣滓: 지꺼기)가 혼화하여 미발의 전에는 다만 선한 종자일 따름이지만, 중인(衆人)은 리가 비록 밝아도 기가 스스로 어두우며, 리가 비록 바르다고 해도 기는 스스로 치우치니, 곧 이 어둡고 치우친 곳에 악의 종자가 자재(自在)함을 어찌 속일 수 있겠는가? (김창흡은) 중겸(仲謙: 이현익)이 "한때 미발하면 한때 혼화한 것"이라고 한 것을 옳지 않다고 여기고, 순서(舜瑞: 어유봉)가 "어찌 한때 미발한 것을 곧 혼화한 것이라고 하겠는가?"라고 한 것을 합당하다고 여겼다. 옳다면 모두 옳은 것인데, 이미 탁하고 악한 것은 실로 뿌리가 없다고 말하고 나서는 반드시 다스릴[窮

討] 필요가 없다고 했고, 또한 신명관의 "기질지성은 발한 곳에서 그것을 본다"라는 설에 대해 그 분별하여 판단한 것이 옳다고 했다. 전후의 설이 한결같이 어찌 그리 모순되었는가?[28]

　미발의 순선(純善)에 대해서는 이미 이이와 성혼 사이의 논변이 있었고, 이이가 미발의 순선을 주장한 것은 낙학 측에서는 유력한 전거로 삼는 부분이다. 하지만 심조는 여기에서 맹아(萌芽)와 종자(種子)를 구분하여, 이이가 비판한 것은 악의 맹아가 있다는 것에 대한 것이지 종자가 있다는 것에 대한 것은 아니었다고 항변한다. 맹아와 조짐은 현저하게 드러난 것은 아니지만 결국 이발에 해당하는 것으로서 당연히 미발에서 그러한 것이 있다고 할 수는 없지만 그렇다고 해서 종자가 없다고 할 수는 없다는 것이다.

　심조는 이현익이나 어유봉의 설은 혼화를 이야기하든 수양을 통한 변화를 이야기하든 결국 모두 미발에 기질이 존재하고 있음을 전제로 한 것이므로, 김창흡이 그중 한설을 취하는 것은 결국 자신들의 입장과 차이가 없는 것이라고 지적한다. 그럼에도 신명관이 기질지성을 이발에 한정한 것에 찬동하는 것은 자가당착을 범하는 것이라고 비판하고 있는 것이다. 그는 계속해서 다음과 같이 말한다.

　　그 취지는 대개 "기질지성은 본래 선악의 부동이 있으니, 미발에서 기질을 말하면 성선의 본체에 해가 없을 수 없다"는 것으로, 리가 기질을 떠나지 않으며 기가 리를 떠나지 않아서 비록 말하지 않으려 해도 그렇게 할 수 없다는 것을 전혀 알지 못한 것이다. 그리고 미발의 전에 본성은 자체로 선하고 기질은 자체로 불선하니, 성선에 무슨 간섭이 있겠는가? 그리고 그는 미발의 전에는 다만 본연지성이 있고 기질지성은 없다고 하는데, 그렇다면 본연과 기질이 분명하게 두 가지 본성이 되고 기질지성이 혹 어떤 때는 있지 않다고 하는 것이다.

고금 천하에 어찌 두 가지 본성이 있으며 또한 어찌 때로 있지 않은 본성이 있겠는가? 신명관은 본래 말하기 부족한데, 이 노인이 잘 분별해서 판단한 것이라 장려한 것은 진실로 이상한 일이다.29

김창흡이 염려하는 것은 곧 미발에서 기질을 말함으로써 성선의 명제가 흔들릴 수 있다는 데에 있음을 잘 알지만, 리는 기질과 분리할 수 없는 것임을 또한 알지 않으면 안 되며, 그럼에도 미발의 마음에서, 본성은 본성이고 기질은 기질이므로, 즉 기질이 본성을 간섭하지 않으므로, 성선의 진리는 위협받지 않는다고 변호한 것이다. 더구나 본연지성과 기질지성은 분리되지 않는 것이므로 미발에서 기질지성이 없다고 할 수는 없다고 분명히 말한다. 이것은 호학 내부에서 있었던 미발에서의 기질지성 유무의 문제가 김창흡 문하에서 논란되었고, 그것이 다시 심조의 단계에서 복기되고 있음을 보여주는 것이다.

(2) 한원진의 평가

이에 대해 한원진은 역시 대체로 심조의 비판에 동의하면서 다음과 같이 부언했다.

> 기질의 설에 대해서는 그대가 제대로 비판했다고 하겠으나 다만 신명관과 문답한 한 조목은 가장 핵심이 되는 것으로서, 여기에 대해 분명히 분변할 수 있다면 다른 것은 따질 필요가 없다. 그가 이르기를 "미발의 전에는 다만 본연지성이 있고 기질지성은 없다"라고 한 것은 대개 본연과 기질을 별개의 본성으로 본 것으로 기질지성이 존재하지 않는 곳과 있지 않은 때가 있다고 하는 것이니, 본성에 어찌 두 가지 체가 있겠으며 또한 어찌 본성이면서 존재하지 않는 곳과 있지 않은 때가 있겠는가? … 신명관이 "발현한 곳에서 본다"라고 한 것은 그 전에 이미 있던 것이 이에 이르러 비로소 드러난(것을 본)다는 말인가, 아

니면 그전에는 없었는데 이에 이르러 비로소 있게 되어 그것을 본다는 말인가? 있다는 것과 본다는 것은 같지 않다. 지금 있음과 없음을 명확하게 구별하지 않고 다만 본다는 말로 흐리멍덩하게 하는 것은 또한 그 마음속에 명확하게 알지 못해 실로 정견이 아직 없음을 나타낸 것이다. 분별하여 판단한 것이 타당함을 얻었다는 칭찬은 무얼 말하는 것인지 알지 못하겠다.[30]

'있고 없음'과 '볼 수 있고 없음'을 구별하여, 기질지성이 미발에서는 볼 수 없고 이발에서 비로소 볼 수 있다고 해서 그것이 미발에서는 없고 이발에서 비로소 있게 되는 것을 의미하는 것은 아니라고 말한 것은 예리한 지적이라고 할 수 있다. 하지만 낙학 측의 주장 역시 미발에 기질지성이 없다는 것은 아니었으며, 따라서 논점은 미발에서의 기질지성의 위상에 대한 이해의 차이에 있었다고 하는 것이 더 적합할 것이다. 그것은 곧 미발 심체에 대한 이해의 문제이기도 하다.

3) 지각의 문제

(1) 심조의 김창흡 비판

심조는 1734년 「지각설(知覺說)【갑인(甲寅)】」을 지어, 김창흡이 「논지자설(論智字說)」에서 제시한 지각에 대한 해석을 비판했다.[31]

> 삼연은 지각의 병연(炳然)한 것을 마음의 용(用)에 소속시키고, 판연(判然)한 것을 지(智)의 용에 소속시키면서 말하기를 "지(知)에 병연과 판연이 있어서 마음[心]과 정(情)이 나뉘진다"라고 했다. 그가 마음과 정을 나누어 두 용(用)으로 한 것은 이미 잘못이며, 병연과 판연의 비유 또한 치밀한 듯하지만 실은 성글다. 마음의 용이 곧 지의 용이니, 비록 마음의 용이라 해도 지의 용임을 해치지 않는다는 것을 전혀 알지 못한 것이다. 어찌 반드시 정이라야 비로소 지

의 용이라고 할 수 있겠는가?

무릇 사물이 옴에 반드시 먼저 그것을 알아차리니[知], 수옹(권상하)이 이른바 지각(知覺)은 문지기와 유사하다고 한 것은 진실로 좋은 비유이다. 알아차린 후에 머리를 디밀어 발출하여 나온 것이 정이다. 『예기』 「악기」에 "사물이 이르면 지(知)가 알게 되고, 그런 다음에 호오(好惡)가 드러난다"라고 한 것이 바로 그것이다. 사물이 이르면 곧 지각하고, 지각하면 곧 (정이) 발현하는데, 사이에 쉬는 틈이 없다. 그러나 그 계분(界分)을 논하면 자체에 선후(先後)가 있다. 지금 희로(喜怒)로 말하면 먼저 그 기뻐할 것을 알아차린 후에 기뻐하며, 그 노할 바를 알아차린 후에 분노한다. 기뻐하고 분노하는 것은 정이며, 기뻐할 것을 알고 노할 바를 알아차리는 것은 지각이다.

지각은 결국 마음이다. 알아차리는 것[覺處]은 마음이라 부를 수 있고, 발현한 것[發處]은 정이라고 부를 수 있다. 정은 마음이라고 말할 수 있지만, 지각은 정이라 말할 수 없다【시비(是非)라는 한 단서는 그로써 사단(四端)을 포괄할 수 있는데, 이것은 마땅히 정(情)이라 말해야 하고 지각이라고 말할 수는 없다】. 지금 '지각[覺]'과 '발현[發]'을 마음과 정으로 나누는 것은 가능하지만, 만약 지(知)에 두 가지가 있다고 말하면서 마음과 정으로 분속(分屬)한다면 과연 말이 되겠는가?[32]

김창흡은 마음의 지각에 비추어 밝히는 것[炳然]과 명확하게 구별하는 것[判然]의 두 측면이 있다고 하고, 전자를 마음의 발용에, 후자를 지(智)의 발용에 각각 소속시킴으로써 마음과 정을 구분했다. 이것은 김창협이 마음의 지각을 지(智)의 시비(是非)와 구별한 것을 계승하면서 그것을 각기 마음의 지각의 두 측면으로 해석하여 발전시킨 것이었다.

심조는 지각과 시비 곧 정 사이를 구분하는 것에 대해서는 일단 동의한다. 하지만 그 구분의 내용에 대해서는 다르게 이해한다. 김창흡이 그것을 마음과 본성의 구분을 전제로 하여, 각각 마음과 본성인 지(智)의 발용으로서 구분된다고 설명했다면, 그는 알아차림과 정의 발현 사이를 구분함으로써 설명한 것이다. 즉, 외부 대상의 자극을 수용하여 반응할 것을 알아차리는 것이 지각이라고 한다면 그것을 이어 실제로 주관적 정서가 발현되는 것이 정이다. 지각은 아는 데 초점이 있고 정은 반응에 초점이 있다. 따라서 지각과 정을 구별할 수는 있지만 그것은 결국 연속적인 마음의 과정으로서, 먼저 외부 사태에 대한 알아차림으로서의 지각이 있고 이어서 그것에 대한 정서적 반응으로서 정이 이어진다.[33] 따라서 정은 지(智)의 발용인 동시에 마음의 발용인 것이다.

심조는 김창흡이 김창협과 마찬가지로 자설의 근거로 인용한 「답반겸지서」를 비판적으로 검토했다.

> 그리고 삼연은 주자의 편지에서 "그로써 지각하는 근거[所以]는 본성[性]이고 시비(是非)를 알아서 시비를 하는 것은 정(情)이며, 그것이 시비임을 지각(知覺)하는 것은 심(心)이다"라고 한 단락을 인용하여 증거로 삼아, "시비를 안다고 하는 것은 정의 시비이고, 시비를 지각한다고 하는 것은 마음의 시비이다"라고 말했다. (그러나) 이것은 또한 그렇지 않다. 대개 '시비를 알아서 시비한다'라고 하는 한 구절은 중점이 '시비한다'에 있고, '시비를 알아서'는 '그것이 시비임을 지각한다'라고 한 것과 함께 지각으로 돌아간다【이 부분을 전체적으로 말하면 마음의 용이라고 말해도 좋고, 지의 용이라고 말해도 좋다】. 주자의 본의는 아마도 그것들을 대대(對待)하여 말한 것은 아니었다.[34]

심조는 주자의 편지에서 정(情)에 대한 규정인 '시비를 알아서 시비를 하는 것'에는 '시비를 하는 것'에 초점이 있으며, '시비를 알아서'라고 한 부분에 지각의 과정이 이미 들어 있다는 것이다. 김창흡과 김창협이 자설의 유력한 증거로 삼은 주자가 반겸지에게 보낸 편지의 해당 부분을 세심하게 살펴보면, 지각과 정(시비)은 구별할 수 있지만 대립하는 별개의 것으로 제시되어 있는 것이 아니라, 정 안에 지각이 이미 들어 있다는 것, 즉 앞에서 설명한 방식대로 하나의 일관적 과정 속에 통합되어 있다는 것을 확인할 수 있다는 것이다.

심조는 이어서 김창흡이 제시한, '병연(炳然)'과 '판연(判然)'의 분별에 대해서 검토한다.

> 병연과 판연에 이르면 분별할 수 있는 것이 있는 듯하지만, 실제로는 분별할 수 있는 것이 없다. 대개 비추어 밝히는 것이 병연이며 명확하게 구별하는 것이 판연이다. **비추어 밝히는 중에 이미 명확하게 구별한다는 의미가 포함되어 있으니, 비추어 밝힐 수 있는데 명확하게 구별할 수 없는 경우는 없다.** 만약 명확하게 구별할 수 없다면 그것을 비추어 밝힌다고 할 수 있겠으며 그것을 지각이라고 할 수 있겠는가? 대개 지각은 다만 하나의 지각일 뿐이다. 지금 눈을 떠 사물을 보면 곧 산은 산이고 물은 물임을 알며, 갈기가 있는 것은 말이고 뿔이 난 것은 말임을 안다. 귀를 기울여 소리를 들으면 곧 우레의 소리와 북이 울리는 소리를 알며, 깍깍 우는 것은 웅치(雄稚)이고 면면 우는 것은 황조(黃鳥)이다. 여기에서 무엇이 병연이고, 무엇이 판연인가?【삼연의 설 중에 소리개와 물고기의 한 단락은 언뜻 보면 좋지만 오래 보면 좋지 않다.】 내가 생각건대, 이것이 곧 병연이고 이것이 곧 판연이다. 만약 귀로 듣고 눈으로 본 것이 마음의 지각과 더불어 구별이 있다고 말하는 것은 좋지만, 한 지각상에서 병연과 판연을 둘로 나누어 말하기를 이것은 마음에 속하고 이것은 정에 속한다고 한다면 크게 잘못된 것이다【삼연의 설 중에 병연은 그 마음이고 판연은 그 정이라고 한 것들은 아마 우리 유가의 본모습은 아니다.】.[35]

마음의 발현 과정에서 병연과 판연은 결코 분리되지 않는 하나의 과정이라는 것이다. 이는 앞에서 지각과 정을 하나의 과정으로 이해한 것과 같은 취지라고 할 수 있다. 하지만 그의 비판은 마음의 발현 과정의 통합적 측면에는 착안한 점이 있지만, 김창흡의 논설에 포함된 분석의 가치와 의미에 대해서는 그다지 유의하지 않은 것으로 보인다. 심조는 최종적으로 다음과 같이 말한다.

> 대저 이 노인의 이 설은 한편으로는 일지(一知: 지각)를 말하고 한편으로는 이지(二知: 병연과 판연)를 말하고, 한편으로는 하나이면서 둘이고 둘이면서 하나라고 말한다. 정력을 소진하여 수많은 말을 하여 스스로 천고 부전의 오묘한 진리를 얻었다고 말하지만 반복하여 곱씹어 보면 끝내 적실한 맛이 없으니 매우 알지 못하겠다. 살아계실 때 만나 토론하지 못함이 한스럽다. 돌아가신 분을 저승에서 다시 살려 올릴 수도 없으니 슬프다.[36]

(2) 한원진의 평가

심조의 이러한 비판에 대해 한원진은 다음과 같이 평한다.

> 그대가 (삼연의 지각설을) 비판하여, "어찌 반드시 정(情)인 후에야 비로소 지(智)의 용(用)이라고 할 수 있겠는가?"라고 한 것은 의미하는 바는 있지만 말에 오히려 병통이 있다. 어찌 본성의 작용을 말하면서 정이라고 말하지 않을 수 있겠는가? 그러나 연로(淵老: 김창흡)는 정(情)을 오로지 리(理)의 용(用)으로 삼았다. 지각과 본성을 도기(道器)의 구분으로 본 것은 본래 옳다. 그러나 연로의 말은 오히려 혼란을 더한 것일 뿐이니, 주로(洲老: 김창협)의 정밀하고 간결한 것만 같지 못하다. 또한 마음과 본성의 구별에 인하여 드디어 마음과 정을 구별하여, 정(情)을 리(理) 자로 삼아 말하여 리의 작용을 말하는 것에 가깝고, 마음과 정의 병행함을 마음과 본성이 서로 품은 것과 같다고 말하니, 그 잘못은 더욱 심하다. 이것을 논변하지 않고, 오히려 그가 정을 본성의 발용으로 삼은 것을 허물하니 어찌 반대로 그의 비웃음을 사지 않겠는가? **연로는 리와 기를 가지고 마음과 정을 나누었고, 그대는 또한 선후로 마음과 정을 나**

누었으니 또한 잘못을 면하지 못한 것이다. 마음으로 지각하면 정은 곧 움직인다. 마치 선후가 있어서 지각하자마자 곧 움직이는 것 같지만 실제로는 선후가 없다. **마음은 동(動)과 정(靜)을 관통하고 처음과 끝을 포괄하는데, 정은 다만 동(動)한 후의 국면에 속하니, 이것이 마음과 정의 구분이다. 그러나 그것이 동한 후에는 또한 그 구분이 있지 않다.** 지각을 문지기에 비유한 것은 또한 정밀하지 않으니 인용하여 설을 삼을 필요가 없다. 마음의 지각은 동정을 관통하고 시종을 포함하니 있지 않은 곳이 없다. 그러므로 정이 아직 움직이지 않을 때 지각은 이미 있고, 정이 바야흐로 움직이는 것은 지각의 작용이다. 그런데 정이 이미 움직일 때는 지각 또한 있으니, 문지기가 다만 문만 담당하고 문 안이나 문밖의 일은 관섭하지 않는 것과는 같지 않다. **그대는 지각을 단지 중간 국면의 일로 생각했기에 선후의 구별을 했고 또한 아래 문장에서 지각은 정이라 말할 수 없다는 실수를 한 것이다. 지각은 아직 움직이기 전으로부터 말하면 진실로 정에 앞서며 정과는 구별이 되지만, 이미 지각이 정으로 되면 그곳에서는 다시 선후 피차의 구별이 있지 않다.** 이 의리는 매우 정밀하니 부디 다시 상세히 생각하길 바란다. 연로는 움직인 후에 또한 지각과 정을 구분하여 말하기를 지각은 측은, 수오, 공경, 시비가 아니라고 했나. 이것이 그의 심성이용설(心性二用說)의 잘못이며 그대의 변론 또한 그로부터 멀리 가지 못했다는 것이다. 「악기」에서 '지지(知知)'라고 한 것에서 앞의 지(知)는 체(體)를 말한 것이고 뒤의 지(知)는 용(用)을 말한 것으로, 또한 아직 움직이기 전으로부터 말한 것이다. 나의 설을 가지고 이해하면 그 뜻을 통할 수 있을 것이다.[37]

한원진은 심조가 비록 하나의 과정에 선후로 나누었다고는 하지만 마음의 이발에서 지각과 정을 구별하는 시각을 보이는 것을 못마땅하게 생각한 것이다. 지각은 미발과 이발을 관통하고 정은 이발에만 한정된 것이므로 둘을 구분할 수는 있지만, 일단 이발 상태에 이르면 지각과 정은 구별할 수 없이 하나라는 것이 한원진의 기본적인 입장이다.[38] 이것은 지각하는 마음의 독자성을 강조하는 낙학의 관점을 조금도 용인하지 않겠다는 입장이라고 할 수 있다. 심조의 지각 이해는 그 점에서 철저하지 못했다고 비판하는 것이다. 한원진은 결국 심조의 지각 이해가 낙학의 '심성이용설(心性二用說)'에서 그리 멀리 가지 못했다고 판정했다.[39]

한원진은 마지막으로 심조가 "미발에 공부가 있다고 하는 것은 대현(大賢) 이하의 미발이다. 운운"한 것을 인용하고[40] 그에 대해 자신의 견해를 말한다. 미발 공부와 관련한 한원진의 견해를 엿볼 수 있는 흥미로운 자료이다.

> 미발 시의 공부는 연로(淵老)가 말한 것이 옳다. 이중겸(李仲謙: 이현익)의, 미발에서는 공부가 없다고 하는 무공부(無工夫)의 설은 분명히 잘못된 것이며, 그대가 대현 이하의 일이라고 판단한 것도 또한 옳다고 할 수 없다. 『장구』에 이르기를, "군자(君子)의 마음은 항상 경외함을 보존하여 비록 듣고 보지 않는 경우에도 감히 소홀히 하지 않는다"라고 했다. 성인의 마음도 또한 다만 그와 같을 따름이다. 어찌 스스로 성인이라고 하여 막연하게 경계하고 두려워하는 마음이 없겠는가?[41]

이를 통해, 미발 공부 문제가 낙학 내부에서는 낙학의 종지의 형성과 관련하여 중요하게 논변된 문제였지만, 호학과 낙학 사이에서는 큰 이견이 없었으며 중요한 쟁점으로 부각되지 않았음을 다시 한번 확인할 수 있다. 미발 문제와 관련하여 호학과 낙학 사이에 쟁점이 된 것은 결국 호학 내부에서 문제가 되었던 미발의 위상과 관련하여 미발에서 기질을 논할 수 있는가 하는 문제였으며, 지각설의 연장선상에서 미발에서 지각을 어떻게 이해할 것인가 하는 문제에 제한되었다고 할 수 있다.

어쨌든 이상에서 알 수 있는 바와 같이 심조는 인물성동이론과 미발에서의 기질 유무 문제를 중심으로, 『삼연집』에 나타난 김창흡의 견해를 집중적으로 검토했다. 김창흡이 그의 형 김창협을 이어 호락논쟁 제2기에 낙학의 형성에 중심적인 역할을 한 인물이었다는 점을 감안한다면, 당시 심조가 호학을 대표한 것은 아니지만 호학의 입장에서 낙학의 종지에 대한 본격적인 검토를 시작한 것이라고 할 수 있다. 그의 검토에 편승하여 한원진이 김창흡 이래 낙학 측의 낙론에 대한 자신의 의견을 적극적으로 개진하고 있는 점도 눈여겨보아야 할 지점이다.

2
심조와 한원진 사이의 허령·명덕에 대한 논란

심조는 『삼연집』을 자세하게 검토하고 호락논쟁의 주요 논점에 대해 한원진과 대화함으로써 인물성동이론과 미발에서의 기질 유무, 지각 문제 등에서의 호학의 입장에 대해 깊이 이해할 수 있었다. 그는 그를 전후해서 호락논쟁의 또 하나의 중대 문제인 성범심동이(聖凡心同異) 문제 곧 허령(虛靈)과 명덕(明德)의 동이(同異) 문제에 대해 많은 관심이 있었고, 그에 대해서도 한원진 등과 꾸준히 대화를 진행했다.

한원진은 1732년, 심조에게 보낸 편지에서 마음과 명덕, 허령과 명덕의 구분 문제에 대해서 다음과 같이 말한다.

> 마음[心]과 명덕의 구별에 관해서, 보내오신 설은 대체로 옳지만 미진한 점이 있습니다. (『대학』의) 명덕에 대한 주석에 "허령불매(虛靈不昧)한 것으로 뭇 이치를 갖추고 만사에 응한다"라고 했고, (『맹자』) 「진심」의 주석에서는 "마음은 사람의 신명(神明)으로 뭇 이치를 갖추고 만사에 응하는 것이다"라고 했으며, (주자의)「답반겸지서(答潘謙之書)」에는 "마음의 지각은 이 이치를 갖추고 이 정(情)을 행하는 것이다"라고 하여, 그 세 가지의 풀이한 것이 한 글자도 같지 않음이 없으니, 이른바 허령과 신명과 지각은 한가지로 마음을 가리키는 말입니다. 그렇다면 명덕은 다만 마음이며, 마음은 곧 명덕이어서 마음과 명덕은 진실로 다른 것이 아닙니다. 그런데 (주자는)「답석자중서(答石子重書)」에서는 "사람이 학문을 하는 이유는 우리의 마음이 성인의 마음과 같지 않기 때문이다. 우리의 마음이 곧 천지와 성인의 마음과 다르지 않다면 도대체 왜 학문을

하겠는가?"라고 했고, 『대학혹문』에서는 "명덕은 사람마다 함께 얻은 것으로서, 내가 사사로이 얻은 것이 아니다"라고 했다. 무릇 마음과 명덕은 한가지인데, (주자가) 마음을 논할 때는 성인과 일반인이 다르다고 하고, 명덕을 논할 때는 일찍이 현명한 자와 어리석은 자 사이에 차이가 있다고 말한 적이 없는 것은 어째서입니까?[42]

한원진은 마음[心]과 명덕은 결국 같은 것으로 보이는데 주자가 마음에 대해서는 성인과 일반인 사이의 차별을 말하고, 명덕에 대해서는 모든 사람에게 동일하다고 말하는 것은 무엇 때문인가라는 질문을 던진 것이다. 그는 이어서 그에 대한 자신의 답변을 다음과 같이 제시한다.

대개 마음이라 할 때는 한 마음의 체단(體段) 전체를 들어서 말한 것이기에 품부 받은 기질의 같지 않음이 본래 그 속에 들어 있습니다만, 명덕이라고 말할 때는 이 마음의 광명하여 어둡지 않은 것을 가리켜 말한 것으로, 그때에는 성인과 일반인, 현명한 자와 어리석은 자의 차이가 없기 때문입니다. 거울에 비유하자면 명덕은 거울의 광명과 같으니, 광명을 가리켜 말하면 광명은 (거울마다) 같지 않음이 없습니다. 마음은 (실제의) 거울과 같으니, 거울을 오로지 말하면 그 재료(철)의 정조(精粗)에 따라 같지 않음이 있게 됩니다. 이런 취지는 『경의기문록』에 많이 보이는데 혹 그것들을 보셨는지요? 보내오신 편지에서는 대개 이런 뜻을 말하려 했지만 말이 미치지 못한 점이 있었습니다. 예를 들어 '지각(知覺)'과 '광명(光明)'을 대언(對言)한 것 같은 것입니다. 지각과 광명은 똑같이 좋은 말인데 어찌 그것들 사이에 동이(同異)의 구별을 할 수 있단 말입니까?[43]

마음은 전체로서의 마음, 혹은 실제의 마음을 지칭한 것이라면 명덕이란 마음의 인지-도덕적 능력을 특별히 지칭한 명칭이라고 하는 것이다.

주자학에서는 마음을 기(氣)로 이해하며, 마음이 기인한 기질의 편차를 가지지 않을 수 없다. 따라서 주자는 마음에서 성인과 일반인은 다르다고 말한 것이다. 하지만 명덕의 경우는 인간의 마음의 독특성이라고 할 수 있는 인지 - 도덕적 능력 자체를 지적하여 말한 것이므로, 모든 사람에게 동일하다고 말할 수 있다는 것이다.[44]

그런데, 심조는 그런 취지에 어느 정도 부응하면서 마음의 허령에는 개인적인 편차라고 할 수 있는 분수가 있지만, 명덕에는 분수가 없는 것이라고 주장한 것으로 보인다. 한원진은 이어서 그에 대해서 다음과 같이 말하고 있다.

> "마음의 허령에는 분수(分數)가 있지만 명덕에는 분수가 없다"라고 하신 것은 또한 매우 불안한 점이 있습니다. 마음의 허령은 곧 명덕의 허령이니, 분수가 있다면 동일하게 분수가 있을 것이고 분수가 없다면 동일하게 분수가 없을 것이지 어찌 두 가지로 나누어 볼 수 있겠습니까? 마음의 기품은 고르지 않지만, 그 허령은 동일하고 뭇 이치를 갖춘 것도 동일하고 만사에 응하는 것도 동일하니, 이것이 명덕이 동일한 까닭입니다. 「정심(正心)」장 『대학혹문』에 이르기를, "사람의 한마음은 담연허명(湛然虛明)하니 거울이 비어있고 저울이 평형을 이룬 것과 같다. 그로써 한 몸의 주재를 삼으니 진실로 진체(眞體)의 본연(本然)이다"라고 했습니다. 담연허명과 거울이 빔, 저울의 평형은 곧 명덕의 체(體)이며 그것을 진체의 본연이라고 했으니, 진실로 분수의 같지 않음을 허용하지 않습니다. 주자는 갑인년의 주차(奏箚)에서 "마음이라고 하는 것은 지극히 비어 있고 지극히 신령하며 신묘불측하여 항상 한 몸의 주재가 되어 만사를 주관하는 중심이다"라고 했습니다. 지극히 비어 있고 지극히 신령하다고 했으니 또한 어찌 분수를 말할 것이 있겠습니까?[45]

허령과 명덕을 분리하여 허령에는 분수가 있지만, 명덕에는 분수가 없다고 하는 것은 일견 마음과 명덕을 구분한 것에 조응하는 것처럼 보인다. 마음의 허령은 곧 기이므로 기질과의 관련성을 배제할 수 없다는 것이다. 사실 이는 한원진이 초기에 취한 입장이기도 했다.[46] 그러나 이 지점에서 한원진은 허령과 명덕을 구분하지 않는다. 허령은 곧 담연허명한 마음의 진체의 본연으로서 성인과 일반인 사이의 차이를 허용하지 않는다는 것이다. 진체의 본연이라고 하는 것은 곧 심체(心體)를 지칭하는 것으로서, 인간의 인지적-도덕적 능력 자체를 의미한다. 한원진은 그것은 모든 인간에 공유된다고 본 것이다. 그는 그것을 호연지기와 같은 것이라고 하면서 다음과 같이 말한다.[47]

> 마음의 기품은 같지 않지만, 그 허령함은 동일하며 그것이 명덕임도 동일한 것은 바로 호연지기(浩然之氣)와 같습니다. **호연지기는 본래 사람의 기품의 바깥에 있지 않지만**, 기품에 대해서는 사람마다 다르다고 하고 호연지기에 대해서는 함께 얻었다고 한 것은 대개 기품의 미악(美惡)은 비록 만 가지로 다르지만, 그 성대하여 유행하는 체(바탕)가 같지 않음이 없기 때문입니다. 공거(公擧: 이간)는 "마음의 허령은 그 기가 순선하여 기품의 바깥에 있다"라고 했는데, 이것은 허령이 동일하다는 것에 근거하여 또한 그 기도 동일하다고 믿어서입니다. 혹자는 "허령에 분수가 있으니 명덕에도 분수가 있다"라고 하는데, 이것은 기품의 같지 않음에 근거하여 또한 그 허령도 같지 않다고 의심한 것입니다. 두 가지 입장은 모두 잘못된 것입니다. 그런데 그대는 또한 마음과 명덕을 나누어 두 개의 허령을 만들었으니 또한 오류를 면하지 못했습니다.[48]

한원진은 허령-명덕 문제에 대해 두 극단으로서 이간과 혹자의 설을 제시한다. 즉 이간의 경우 허령-명덕의 동일성을 제대로 인식했지만, 거기에 근거하여 부당하게 마음의 기품의 동일성과 순선을 주장하는 데로 나아갔고, 혹자는 마음이 기라는 점을 제대로 인식했지만, 거기에 근거하여

기의 체가 인간에게 보편적으로 동일함을 포착하지 못하고 부당하게 허령-명덕의 동일성을 부정하는데 적용하여 허령-명덕 분수설을 주장하는 데로 나아갔다는 것이다. 이것은 앞에서 살펴본 바와 같이 대략 윤봉구의 입장이라고 할 수 있다.[49]

그에 대해 한원진은 두 가지 모두 틀렸다고 한다. 명덕의 분수를 주장하는 자는 허령의 동일성을 알지 못하는 것이고, 기의 순선함을 주장하는 자들은 마음을 이루는 기도 역시 기품의 기 곧 기질과 다른 것이 아님을 알지 못한 것이다. 사람에 따라 마음이 다른 것은 그 기품의 기가 다르기 때문이고, 그럼에도 명덕은 동일한 것은 그것을 이루는 기가 동일하게 순선하기 때문이 아니라 그 기의 바탕이 동일하기 때문이다. 또한 심조는 명덕의 동일성을 제대로 주장하기는 했지만 또한 허령과 명덕을 구분함으로써, 명덕의 동일성이 허령 곧 심기의 체(體)가 동일한 데 있음을 알지 못한 것이라고 할 수 있다.

한원진은 허령과 명덕 논란에 대한 자신의 견해를 최종적으로 다음과 같이 정리하여 제시했다.

> 어떤 이는 허령의 마음은 순선하다고 하고, 어떤 이는 마음의 허령에 분수가 있다고 합니다. 허령의 마음이 순선하다고 하는 것은 불교의 본심(本心)의 학이며, 마음의 허령에 분수가 있다고 하는 것은 명덕에 분수가 있다는 설이니 두 가지 모두 틀렸습니다. 무릇 기의 정상(精爽)은 사람에게서 모여서 허령이 되고, 허령은 곧 이 마음의 본체입니다. 이것은 사람마다 같은 것입니다. 성인의 마음은 청기(淸氣)가 모여 허령한 까닭에 항상 리(理)를 지각한다면, 일반인의 마음은 탁기(濁氣)가 모여 허령한 까닭에 항상 욕구[欲]를 지각합니다. 이것이 허령이 품부 받은 기가 사람마다 같지 않아서 허령의 마음이 모두 선할 수 없다는 것입니다.
>
> 미발은 곧 이발의 근원으로서, 본령(本領)이 있는 곳입니다. 그러므로 허령의

본체와 기품의 본색을 모두 미발처에서 볼 수 있습니다. 미발의 때는 이 마음이 담연허명한데, 그 기품의 본색의 청탁, 미악, 강약, 영굔 같은 것이 (또한) 있지 않은 적이 없습니다. 이것이 미발의 기품에 고르지 않음이 있게 되는 이유입니다. 미발의 때 기품의 본색은 비록 각각 그대로 있지만, 그 담연허명은 사람마다 같지 않음이 없으니, 즉 이 담연허명이 곧 허령의 본체입니다. 담연허명의 밖에 별도로 어떤 허령이 있어서 분수에 서로 같지 않음이 있다고 말할 수는 없습니다. 허령이 품부 받은 바가 같지 않음을 미루어 미발의 기질이 고르지 않음을 알며, 미발의 허명의 모두 같음을 미루어 허령 본체의 모두 같음을 압니다. … 대개 허령은 곧 기품의 허령이며, 기품은 곧 허령의 기품이니, 두 가지 다른 것이 있는 것이 아닙니다. 그러나 허령의 체단(體段)과 기품의 본색(本色)은 그 개념을 사용할 때 가리키는 바가 같지 않으므로, 허령으로부터 말하면 사람마다 모두 같다고 하고, 기품으로부터 말하면 사람마다 같지 않다고 합니다. 그 구분은 바로 호리(毫釐)의 차이에 있으니, 정밀하게 살펴야 비로소 알 수 있습니다.⁵⁰

허령은 마음의 본체로서 모든 사람에 동일하다. 하지만 그것을 구성하고 있는 기는 사람마다 청탁의 구별이 있다. 따라서 허령의 실현에 차이가 발생한다. 마음의 본체로서의 허령에 차이를 두는 것은 명덕에 분수의 차이를 두는 오류로 나아가게 되며, 허령의 기의 차이를 인정하지 않으면 불교의 본심, 심순선의 논리로 나아간다. 한원진은 그 두 가지가 모두 틀렸다고 한다. 그는 또한 그것을 미발에 대한 이해와 결합하여 제시했다. 즉, 본체로서의 허령은 마음의 미발에서 담연허명으로서 그 모습을 드러낸다. 담연허명은 모든 사람에게 동일하다. 하지만 그 가운데 또한 기질의 청탁이 여전히 존재함을 기억하지 않으면 안 된다. 그것을 망각하면 결국 선불교의 심본선으로 나아간다. 그것은 곧 낙학이 잘못 들어선 길이다.

이상에서 알 수 있는 바와 같이, 한원진 곧 호학 측의 입장은 허령과 명덕에 분수가 있다는 것이 아니었다. 명덕에 분수가 있다고 주장하는 것이 호학의 입장이라는 이재의 지적—이에 대해서는 곧 살펴볼 것이다—은 지나친 것이었다고 할 수 있다.[51] 하지만 한원진이 여기에서 제시한 허령-명덕의 무분수론은 한편으로 기 혹은 심기의 본연과 기품을 구분함으로써 낙학 측의 주요 논지를 허용한 것이 아니냐는 문제가 있을 수 있다. 물론 그것은 그가 미발 심체의 순선을 인정하면서 동시에 미발에서 기질의 존재를 인정할 수 있고 기질지성을 이야기할 수 있다는 주장을 한 것과 병행하는 논리로서, 허령과 명덕의 보편성을 인정하는 동시에 허령 및 명덕과 기품의 연속성을 이야기한다는 점에서 여전히 호론의 종지가 견지되고 있다고 해야 할 것이다. 그리고 그러한 점에서 이재의 지적은 나름의 적실성을 상실한 것은 아니었다. 이재는 '호리의 차이' 이상의 분명한 구별과 확고한 기초를 요구한 것이었다고 할 수 있다. 이재의 입장에서는 한원진의 입장은 결국 미발의 순선과 명덕의 보편성을 현실적으로는 무력한 추상적인 어떤 것, 원칙상의 어떤 것으로 만들 가능성이 농후하다고 여겨질 수 있기 때문이다.

3
심조와 이재 사이의 심순선 논변

심조는 한원진과의 대화를 통해 허령-명덕 문제에 대해서도 분명한 입장을 가지게 되었다. 호학 내부에서 윤봉구를 중심으로 허령-명덕 유분수의 주장이 있었고 그것은 기를 강조하는 호학 측의 심성 이해의 연장선상에서 분명히 제기될 수 있는 것이었다. 하지만 한원진은 이 지점에서 허령과 명덕에 분수가 없다는 분명한 입장을 세움으로써 논란이 확산될 수 있는 여지를 차단했다.

이는 호학 측의 심성 이해의 취약성이 노출될 수 있는 문제로서, 낙학 측에서는 실제로 이러한 점에 대해 우려를 제기하고 있었다. 심조가 1732년에 이재에게 보낸 편지는 그러한 배경에서 이해될 수 있을 것이다.

> 마음의 허령에 대해 혹자는 분수가 있다고 하고, 혹자는 분수가 없다고 하며, 혹은 허령에는 분수가 있지만 명덕에는 분수가 없다고 하는 자도 있고, 혹은 허령에 분수가 있으니 명덕에도 분수가 있다고 하는 자도 있습니다. 이것이 오늘날 사우(師友) 간에 다툼의 실마리가 되었습니다.[52]

심조는 이재에게 호학 측 내부에 허령과 명덕에 분수 문제에 대한 논란이 있음을 알리고 있다. 하지만 심조가 이 편지를 썼을 때는 이미 한원진과의 대화를 통해 해당 문제에 대한 입장이 정리된 상태였다.[53]

꽤 시간이 흐른 1739년 2월, 심조는 이번에는 이재에게 어쩌면 낙학 측의 심성론의 취약점이 될 수도 있는 심순선(心純善) 문제로 눈을 돌리는 다음과 같은 편지를 썼다.

> 제가 일찍이 듣건대 호중(湖中)의 일종 의론은 심순선의 설을 주장하는데 장자(長子: 이재)의 논설 또한 그러하다고 하여 마음으로 항상 의심했습니다. 최근 한 사우(師友)가 호중으로부터 와서 장자께서 병계(屛溪)에게 준 두 통의 편지를 보여주었습니다. 그것을 읽고 과연 전한 자가 잘못 전한 것이 아니었음을 알게 되었습니다. 제가 평소 사우에게서 들은 것은 그렇지 않습니다. 마음은 기이고, 기에는 청탁수박의 고르지 않음이 있으니 마음이라고 하는 것은 성인과 일반인의 같지 않음이 없는 것을 용납하지 않습니다. 이것은 아마도 바뀌지 않는 이치입니다. 집사께서는 마음은 본래 기인데, 반드시 본성과 기를 합해서 말해야 그 뜻이 비로소 갖추어진다고 하셨고, 또한 "리(理)와 합하여 말하여야 하고, 한 기(氣)자를 붙일 수 없다"라고 하여서 그것으로 심순선의 증거로 삼음이 있는 것 같습니다. 이것은 참으로 의심스럽습니다. 본성과 마음은 비록 서로 떨어질 수 없으나 또한 분리하여 보지 않으면 명석한 것이 아니라고 말하지 않습니까? 그러므로 마음을 논할 때에는 마땅히 기(氣)상에서 보아야 하고, 본성을 논할 때는 마땅히 리(理)상에서 보아야 합니다.[54]

여기에서 '호중의 일종 의론'이라고 한 것은 곧 이간을 가리킨 것으로 보인다. 심조는 이재가 윤봉구와 나눈 편지를 통해[55] 그가 이간과 마찬가지로 심순선을 주장하는 것을 알게 되었는데, 그것은 잘못이라는 것이다.

그에 대해 이재는 다음과 같이 답서를 보냈다.

> 그런데 호중의 일종 심순선론이라고 한 것은 이공거(李公擧: 이간)를 가리켜 말한 것입니까? 공거가 왕년에 왕복한 여러 편지들은 일찍이 한번 두루 보고서 그 전말을 알고 싶었는데 아직 그렇게 하지 못했습니다. 저의 설은 스스로 좀 더 생각해보아야 한다고 생각하지만, 본성과 기를 합해야 한다고 운운한 것

> 은 반드시 그와 같이 한 연후에야 그 뜻이 비로소 갖추어지기 때문입니다. …
> **마음의 본체는 담일허명하고 담일은 기의 근본이므로 자연스럽게 허령하다고 하셨는데, 이것은 저의 견해도 그와 같습니다. 그런데 또 "리를 합해서 말한다"라고 한 것에 도대체 어떤 문제가 있기에 이토록 의심하신단 말입니까?**
> 미발과 이발은 진실로 마음의 체용(體用)인데 『중용장구』에서는 "미발은 본성이다"라고 하지 않았습니까? 오직 본성인 것만은 아니고 비록 기로써 말한다고 해도 이때 담일허명한 본연의 체가 자재(自在)하니 어찌 기질 두 글자를 붙일 수 있겠습니까? 만약 여기에 기질을 붙인다면 미발의 때에 성인(聖人)과 일반인[衆人]이 하나이다라고 하는 설은 또한 무엇을 가리킨단 말입니까? 본성과 지각을 합한다고 하는 것은 본래 횡거(橫渠)의 정론(定論)인데 그대는 오히려 의심을 가지시니 아마도 기를 주장하는 것이 지나쳐서 그런 것입니다. 만약 여기에서 개의치 않고 말해나간다면 혹 선악혼(善惡混)의 설에 가까워질 것입니다. 이것이 제가 크게 두려워하는 바입니다.⁵⁶

이재는 자신이 아직 이간의 글을 읽지 못했고, 따라서 자신의 설이 이간의 설에 연원하거나 그에 동조하려는 것은 아님을 분명히 했다. 그는 마음에 본성 곧 리의 측면이 있음을 강조한다. 즉 미발에서 마음은 본성이기도 하며 바로 그런 점에서 모든 인간에서의 동일성을 말할 수 있는 근거가 있다고 한다. 또한 이간과 비슷한 어조로 마음은 기이지만 기질과는 구별되는 것이라고 한다. 만약 미발에서 기질을 거론한다면 미발의 보편성 주장을 훼손할 수 있으며, 그것은 곧 성선악혼설(性善惡混說)에 가까워지게 된다. 곧 성선설을 훼손할 수 있다는 것이다. 그는 또한 호학 측의 그러한 견해가 기(氣)를 주장함이 과도하기 때문이 아닌가라고 하여, 호학 측의 지향에 대한 자신의 의심을 다시 한번 분명히 표명했다.

이 편지에 대해 심조는 1739년 8월에 다음과 같은 답서를 보낸다.

호중의 일종 심순선의 설은 제가 일찍이 익히 들어서 아는 바입니다. 대개 이 설을 주장하는 자들은 사람들을 대할 때마다 곧 마음은 좋은 것이라 하고 또한 일찍이 "마음은 리도 아니고 기도 아니며, 스스로 하나의 신적(神的)인 것이다"라고 했습니다. 이것은 분명히 선가(禪家)에서 말하는 마음이며 우리 유학에서 말하는 마음이 아닙니다. 지난번 길에서 듣고 망령되이 장자(長子)를 의심한 것은 또한 정견(正見)에 누를 끼친 것임을 면하지 못했습니다. 지금 보내주신 편지를 보고서 비로소 선생님의 취지가 저 일종의 설과는 상당히 같지 않다는 것을 알게 되었습니다. 그러나 본성과 합해서 마음을 말해야 그 뜻이 비로소 갖추어진다 운운하신 것은 반복해서 생각해보았지만 여전히 의심이 없을 수 없습니다.[57]

심조는 이재의 입장은, 이간이 마음이 기라고 하는 명제를 인정한 가운데 그 기의 독특성 곧 보편성과 순선을 주장한 것과는 달리, 마음의 본성 혹은 리적(理的) 성격에 근거를 둔 것이었다는 차이가 있다는 점을 인지하게 되었다고 한다. 하지만 그는 그러한 입장에 대해 의문을 제시한다.

제 생각으로는 다만 허령이라고 하면 비록 본성을 겸하여 말하지 않아도 성인과 일반인이 모두 동일함을 해치지 않고, 통괄하여 마음이라고 말하면 비록 본성을 겸하여 말하여도 청탁의 고르지 않음을 덮기 어렵습니다. **본성은 비록 마음의 리이지만, 마음의 허령은 애초에 본성으로 인하여 허령한 것이 아니니, 어찌 반드시 본성을 합하여 말한 연후에 마음의 뜻이 비로소 갖추어지는 것이겠습니까?**[58]

마음의 허령이 동일함은 본성 때문이 아니라 마음의 기의 본바탕이 그러해서인 것이므로 굳이 본성을 그 근거로 가져올 필요가 없다는 것이다. 허령의 보편성을 본성 곧 리에 의지해서 말할 필요가 없다는 것이다. 하지만 결국 본성 - 리를 말하지 않으면 허령의 보편성은 기질의 침노를 받게 되는 것이 아닐까? 그것이 이재가 염려하는 바였다. 심조는 기를 주장하는 것이 지나치다는 이재의 지적에 대해, 호학 측의 입장을 적극적으로 변호하여 다음과 같이 말한다.

> 보내오신 편지에서 본성과 지각을 합하여 보는 것이 장횡거(張橫渠)의 정론이라 하시고, 또 기(氣) 자를 지나치게 주장하여 혹 선악혼의 설에 가까워진다고 하셨습니다. 대체로 장횡거의 이 논리는 마음과 본성이 서로 떨어지지 않는 오묘함을 형용한 것에 지나지 않는 것으로, 마음 개념의 정의로서는 오히려 딱 들어맞지 않습니다. 그래서 『주자어류』에서는 밝지 않다고 했는데 장자께서 혹 보지 못하신 것입니까? 또한 주자는 "마음은 기의 정상(精爽)이다"라고 했는데 … 이것도 기를 주장한 것이 너무 심한 것입니까? … 선악혼의 설이라고 하신 것은 더욱 깨닫지 못하겠습니다. 본성은 리이고 리는 본래 순선하니 그것을 선악혼이라고 말하면 과연 말이 되지 않지만, 마음은 기이고 기에는 선악이 있으니 비록 선악혼이라고 하여도 아마도 안 될 것은 없습니다.⁵⁹

심조는 계속해서 마음을 기로 이해하는 것이 곧 주자 이래의 정론임을 주장하고 그렇다면 주자도 기를 주장함이 지나친 것인가라고 반문한다. 리로서의 본성은 성선이라고 할 수 있으나, 마음은 기이므로 선악이 있다고 할 수 있다고 항변한다. 이재는 성선은 심선(心善)과 떼어낼 수 없는 관계에 있다고 보지만 심조는 성선과 마음의 유선악은 별개의 것이라는 것이다.

이어서 그는 이재의 설이 결국 이간의 설과 일치한다고 할 수는 없으나 또한 그것을 방조하는 측면이 있다고 지적하고, 동시에 자신의 이전 작업을 바탕으로 미발에서의 기질 문제와 관련하여 김창흡에 대해 비판적인 언급을 한다. 그는 말한다.

본성의 본연과 기질 운운하신 것 같은 것은 저도 또한 선생님의 취지를 우러러 인정하고 있습니다. 대개 마음은 하나인데, 허령은 모두 동일하지만 본품(本稟)은 동일하지 않습니다. 비유하자면 본성은 하나인데, 본연의 본성은 순선하지만 기질의 본성에는 선악이 있다고 말하는 것과 같습니다. 이처럼 가볍게 이야기해가면서 서로 비슷함이 있다고 생각한다면 진실로 해될 것이 없습니다. 그러나 옛날 외암(이간)의 설에 "마음에는 본연의 마음과 기질의 마음이 있으니, 본연의 본성은 본연의 마음에 담기고 기질의 본성은 기질의 마음에 담긴다"라고 했는데, 이는 분명히 두 마음 두 본성의 이론으로 의리에 크게 어긋난 것입니다. 지금 학자들은 또한 장자(長子)의 말에 대해 그 말은 얻었는데 그 취지는 얻지 못했으니, 외암의 설을 돕는 것이 되고 말지 않았는지요? 이것이 두려운 것입니다.

미발에 기질이 없다는 설에 이르면 이것은 또한 사우 간에 다소 왕복했던 것으로 대개 옛날에는 이러한 설이 없었는데, 삼연이 이 설을 창출하면서부터 지금은 세상에서 이 설을 주장하는 자가 십(十)에 팔구(八九)입니다. 그 설은 심히 장황하여 제가 다시 다 말할 수는 없지만 또한 한마디로 변석할 수 있는 것이 있습니다. 사람이 태어난 이후 곧 이 기질을 가지는데 만약 미발 전에는 있지 않다고 하면 그때 이른바 기질이라고 하는 것은 어디에 있는 것인가요? 이것이 알지 못할 바입니다. …

왕복한 여러 편지가 무려 수만 언인데, 금수 오상과 미발 기질 두 가지 문제가 가장 큰 문제였습니다. 외암의 학식과 문장이 어찌 대유(大儒)가 아니겠습니까마는 대(大)두뇌처(頭腦處)에 이르러 한 막을 가린 것을 면하지 못했으니 그런 까닭에 그의 설이 여러 차례 굴곡을 가지고 변했고 끝내 적실한 맛이 없었습니다. 남당은 대원(大源)을 통견했으므로 그 설이 명백 직절하여 기세가 대나무를 쪼갠 듯했습니다. … 장자께서 보시기에 과연 어떠신지요?**60**

즉, 이간이 본연지심과 기질지심을 나누어 말한 것은 이심이성론(二心二

性論)을 주장한 것으로 잘못된 것인데, 그것과 이재의 본심에 대한 주장이 어떻게 다른지 구체적으로 해명할 필요가 있다는 것이다. 또한 미발에 기질이 없다는 것이 김창흡의 창설이라 지목하면서 낙학 측의 인물성동론과 미발론에 대한 비판을 전개한다. 이렇게 심조는 호학 내부의 한원진과 이간의 대립을 거론하고 그것을 낙학 측의 김창흡에 대한 비판으로 이어감으로써, 문제를 호학과 낙학 사이의 대립으로 전개해가고 있다.

이 편지에 대한 이재의 답서는 현재 문집에는 보이지 않는다. 아마 답서를 보내지 않은 듯하다. 심조가 1740년 2월 다음과 같은 편지를 보내었기 때문이다.

> 지난번에 보낸 편지에 대한 답장을 아직 받지 못했습니다. … 그런데 문하(門下)께서 이미 심순선을 잘못이라고 하셨지만, 또한 심유선악(心有善惡)도 선악혼에 가깝다고 비판하시니, 이것은 매우 의심스럽습니다. 대개 순선하다면 악이 없을 것이요, 순선할 수 없다면 악이 없음을 용납하지 않습니다. 이 두 가지 설 이외에 아마도 다른 도리는 없는데, 문하께서는 둘 다 틀리셨다고 하시니 어째서입니까?[61]

심조는 이재가 심순선에 대해서도 비판함으로써, 일종의 양비론을 제시했다고 하고, 그에 대해 결론을 내려줄 것을 요구했다. 이에 이재는 지체하지 않고 심조에게 답하는 편지를 썼다.

> 천하의 일은 이것이 옳으면 저것은 틀렸고 저것이 옳으면 이것은 틀린 것이니, 어찌 두 가지 다 틀린 이치가 있겠습니까? 그러나 저는 여기에 대개 설명할 것이 있습니다. 순선을 주장하는 자는 특히 마음과 본성의 구별을 하지 않았으니, 불교의 견해에 쉽게 떨어집니다. 그런데 선악이 있다고 하는 자는 곧 미발 전에도 악이 있다고 합니다. 무릇 미발은 본성이니 미발에 악이 있다면 선악혼

에 가깝지 않겠습니까? 이 설의 폐단은 심지어 명덕에 분수가 있다는 설에 이르니, 이것이 또한 제가 크게 우려하는 바입니다.62

이재의 취지는 심순선의 설이 마음과 본성을 구별하지 않아 불교의 설에 빠지기 쉽지만, 미발유기질설은 선악혼에 가깝고 결국 명덕유분수설에 이르게 될 위험성이 있다는 점에서 또한 문제가 된다는 것이다.

심조가 1740년 3월에 이재에게 보낸 편지는 위의 편지에 대한 답서로 보인다.

보내주신 편지에서 "천하에 어찌 양비(兩非)의 이치가 있겠는가?"라고 하셨는데, 이 말씀은 매우 타당합니다. 하지만 아래에 말씀하신 것은 아마도 양비를 면하기 어려우니 제가 이해하지 못하는 바입니다. 대개 "순선의 논설은 불교에 빠지기 쉬우니 이것이 잘못"이라고 하신 것은 옳습니다. 그러나 "선악이 있다고 하는 자는 이에 미발에도 또한 악이 있다고 한다" 운운하신 것에 이르러서는, 이것이 곧 외암이 사문(師門)에 뒤집어씌운 것이요 사문의 본지가 아닙니다. 선사(先師: 권상하)는 대개 일찍이 "미발 전의 기질에는 또한 청탁수박의 고르지 않음이 있다"라고 하셨는데, 외암은 그것을 비난하여 양씨(揚氏: 양웅)의 선악혼에 비견했습니다. 이것이 미발 전에 악이 있다는 논설이 말미암아 일어난 까닭입니다. 선사는 또한 일찍이 변별하여 "선악이 비록 드러나지 않아도 기품의 본색의 청탁수박은 그대로 있으니, 그러므로 그 청탁수박을 가리켜 기질이 고르지 않다고 한 것이다. 내가 말하는 고르지 않음은 기질로써 말한 것이고, 순자가 악하다고 하고 양자(揚子)가 혼(混)하다고 한 것은 본성[性]으로써 말한 것이다. 어찌 나란히 하여 동일시할 수 있는가?"라고 하셨습니다. … 보내주신 편지에서 "미발은 본성이다" 운운하셨는데, 미발은 본래 본성입니다만, 감히 묻건대 미발의 본성은 공중에 매달려 홀로 선 것입니까? 아니면 마음에 실려 있는 것입니까? 만약 공중에 매달려 홀로 선 것이라면 그만이지만 마음에 실려 있는 것이라면 마음의 본품(本稟)은 자체에 미악(美惡)의 고르지 않음이 있으니 비록 미발이라고 하더라도 어찌 미악의 자재(自在)함이 없을 수 있겠습니까? 그러나 그 기는 용사(用事)하지 않아, 기는 그대로 기이고 리는 그대로 리인 까닭에 리의 본래 선한 것이 혼연(渾然) 자약(自若)하니 이것이 이른바 본연지성(本然之性)입니다. **리의 본래 선한 것이 혼연 자약할 뿐 아니라 마음 바탕의 담일(湛一) 허명(虛明)한 것을 여기에서 또한 볼 수 있습니다.** 그러나 이것 때문에 그 기질의 본색이 여기에 이르러 모두 선하다고 할 수는 없습니다. 단지(單指)하면 본연지성이라 하고 겸지(兼指)하면 기질지성이라고 하니, 본연의 본성은 순선하고 기질의 본성은 선악이 있습니다. 이것이 어찌 선유의 설이 아니겠습니까? 본성의 선함은 애초에 기의 선함 때문에 선한 것이 아니니 기가 비록 고르지 않다고 하더라도 **본성의 선함에 무슨 해가 되겠습니까?** 명덕 분수의 설에 이르러서는 일찍이 사우(師友)에게 들어 본 적이 없습니다. 기품의 청탁이 비록 고르지 않음이 있다고 해도 본체의 허령은 성인과 일반인에게 차이가 없으니, 이른바 명덕에 어찌 분수의 같지 않음이 있겠습니까?[63]

심조는 미발에 악이 있다는 것은 권상하의 주장이 아니며 이간이 뒤집어씌운 혐의라고 변명한다. 권상하 그리고 한원진은 미발에서의 기질에 선악이 있다는 것일 뿐이고, 미발에 선악이 있다고 주장한 것이 아니라는 것이다. 미발에도 기질 혹은 기질지성이 있지만 미발에서 기는 적극적으로 용사하지 않으므로 미발에서 기질의 악이 드러나지는 않는다. 미발에서도 본연지성은 기질지성에서 리만을 단지한 것이므로, 미발의 본성이 기질지성이라고 하더라도 그 기질이 본연지성의 선함을 해치지 않는 것이다. 하지만 이는 결국 미발에서 본연지성이 기를 통해 현현하는 측면을 주장하고 강조하는 이간, 그리고 더 나아가 낙학 측의 미발 이해와는 분명한 차이가 있다고 해야 할 것이다. 그는 끝부분에서 명덕유분수설은 호학 측의 주장이 결코 아니라고 다시 한번 항변했다. 심조의 견해는 이 시점에 이르러 한원진의 입장과 완전히 일치하는 데 이르렀다고 할 수 있다.

한편 이재는 1743년에 쓴 편지에서, 자신이 여전히 이간과 한원진 사이의 왕복 서한에 대해 보지 못했다고 하면서 다음과 같이 말했다.

> 최근 몇 년 사이에 심설(心說)이 한바탕 분분하게 논의되었습니다. 선가(禪家)에서 말하는 바의 마음에 쉽게 빠지는 것은 유독 그대만 근심하는 것이 아니라 나도 또한 일찍이 근심했습니다. 그런데 선악혼의 설에 가까워지는 것은 내가 근심하는 바인데 그대는 그렇지 않군요. 각각 마음을 비우고 기를 평탄하게 하여 선입견을 품지 말고 시비의 소재를 끝까지 따져보아야 합니다. 이것은 갑자기 말할 수 있는 바가 아닙니다. 매양 이간과 한원진 두 분의 전후 편지들을 모두 모아서 보고자 했으나 아직 그럴 수 없었습니다. 조만간에 그 전말(顚末)을 궁구하겠습니다. 혹 새로운 견해가 있으면 알리도록 하겠습니다.64

호학 측의 염려는 상대의 주장이 불교의 심설에 빠지는 것이었다면, 낙학 측의 염려는 상대의 주장이 성선의 대원칙을 훼손하는 데 있었다. 만약 성선의 대원칙이 훼손된다면 사람들이 이 학문의 길로 나설 근거와 동기를 상실하게 할 것이다. 이것은 이 학문의 존폐에 관련된 중대한 사항이라는 점에서 더욱 염려스럽다는 것이 낙학 측의 입장이었다.

이재는 상대의 걱정에 공감하면서 한편으로는 자신의 염려를 분명히 전달했다. 그는 심조를 통해 호학 측의 견해를 어느 정도 자세히 접하게 된 것이고 자신의 견해를 표명함으로써 낙학의 입장을 가다듬고 있다고 할 수 있다. 이제 이재는 호학 측에서 일어난 논변들을 낙학의 입장에서 찬찬하게 살펴볼 준비가 된 것이다. 그에 앞서 거의 같은 시기에, 이재에게 호학 측의 상황에 관해 관심을 가지게 만든 또 하나의 사건이 있었다. 그것은 윤봉구를 통해서였다. 그가 "최근 몇 년 사이에 심설이 한바탕 분분하게 논의되었다"고 한 것은 바로 윤봉구와의 심설 논변을 가리키는 것이었다.

4
이재와 윤봉구 사이의 심설 논변

1) 이재와 윤봉구 사이의 심설 논변 (1735)

이재는 1735년, 윤봉구에게 마음의 문제를 논한 편지를 보낸다. 그에 앞서 윤봉구는 심설(心說) 관련 문제들에 대해 이재에게 자문을 구하는 편지를 보냈고,[65] 이 편지는 그에 대한 답서였다. 그는 먼저 윤봉구의 주장을 옮겨 적었다.

> 마음은 전언(專言)하면 본성과 정(情)을 통괄하고, 단언(單言)하면 기(氣)이다. 이 기는 비록 품부 받은 정영(精英)한 것이 방촌(方寸) 중에 갖추어져 있는 것이라 해도, 기는 고르지 않으므로, 그 품부 받은 고르지 않음에 따라 각각 청탁(淸濁)이 있게 된다. 그러므로 성인과 일반인이 비록 같은 본성을 갖추고 있다고 해도, 일반인이 성인처럼 곧장 본성을 실현하지 못하는 것은 다만 청탁이 구속하여 차이가 있을 수밖에 없기 때문이다. 반드시 기질을 변화시키는 공부를 가하여 조금의 찌꺼기도 없이 청명하고 순수한 상태에 이를 수 있고 난 뒤에야 본성을 다 발휘하여 곧 성인과 같을 수 있다. 이것이 하나의 주장입니다. (그러나 다른 편의 주장에 따르면) 성인과 범인의 본성은 같으며, 마음 또한 같다. 마음의 본체는 담연히 허명하여서 애초에 성인과 일반인, 청과 탁의 구별이 있을 수 없다. 구별이 있게 되는 것은 신체[軀殼]의 혈기에 청(淸)과 탁(濁), 수(粹)와 박(駁)의 다름이 있어서, 마음의 본체의 담연한 것이 그 탁박한 것에 엄폐되어 능히 발현되지 못함으로 비로소 성인과 일반인의 차이가 있게 된다.

이것이 또 하나의 주장입니다. 이것은 단지 문자의 뜻을 훈고함에서의 차이가 아니라 실로 심학(心學)의 근원에 관계되는 것으로, 논변하여 시비를 가리지 않을 수 없습니다. 하물며 각각의 주장은 또한 단지 우매한 학동이 우연히 발설한 것이 아니니, 후생(後生)으로서는 어느 쪽이든 선택해서 따라야만 합니다. 그대의 정론(定論)은 어떠한지요?[66]

윤봉구는 성인과 일반인의 마음의 같고 다름의 문제와 관련하여, 성동심이(性同心異)와 성심개동(性心皆同)의 두 입장의 대립이 있음을 전달하고 있다. 그것은 곧 호학 내부에서 곧 한원진과 이간 사이에 일어난 성범심동이 문제에 관한 논변을 배경으로 하고 있다.[67] 전자는 마음의 기에 차별성을 인정하는 것으로서 한원진의 입장이라고 한다면, 후자는 마음의 기를 기질과 구별하여 동일성을 강조하는 것으로서 이간의 입장이었다. 수양론적 측면에서 전자가 기질의 변화에 초점을 둔다면, 후자는 심체(心體)의 노정(露呈) 혹은 발휘에 초점을 두는 차이가 있다고 하겠다. 그와 관련하여 윤봉구 자신은 아래에서 다시 보겠지만 한원진에 가까운 입장을 취하고 있었다. 이에 대해 이재는 다음과 같이 답변했다.

마음은 곧 기이지만 반드시 본성[性]과 기를 합해서 말해야 그 의미가 완비됩니다. 그래서 예부터 마음을 말함에 오로지 기만으로 말하지는 않았습니다【예를 들어, 주자가 "(마음이) 형이상인가 형이하인가?"라고 묻는 어떤 이의 질문에 대해 답하면서 한쪽에만 전적으로 소속시키지 않았습니다】. 그러나 만약 그 가운데 나아가 기를 단지(單指)하면, 리는 하나이지만 기는 둘이니, 성인과 일반인의 마음에 고르지 않음이 있을 수 있습니다.[68]【이 두 명제는 바로 본성을 논함에 본연과 기질의 다름이 있는 것과 같습니다.】 그러나 기라고 하는 것은 비록 청탁수박이 있을 수 있으나 그 근본은 담연 순일합니다. 마음은 또 기의 정상(精爽)이며 또한 리를 합하여 말한 것이니, 전적으로 한 개의 기 자만을 붙일 수는 없습니다. 그러므로 그 본체의 담연은 성인과 범인이 한가지입니다. 미발의 때에 그것을 볼 수 있습니다.[69]

이것은 마음에 관한 이재 자신의 기본적이고 핵심적인 입장을 천명한 것으로, 그는 마음은 기이지만 또한 본성이기도 하다는 점을 강조한다. 미발에서 마음은 본성이며, 혹은 본성과 일치한 상태이고, 따라서 마음을 말할 때는 기만을 고려해서는 안 되고 리를 함께 고려하여야 한다는 것이다. 그는 마음의 본체의 담연함을 이야기하고 기의 정상임을 언급하지만, 또한 리를 합하여 보아야 한다는 점을 강조했다. 그것은 곧 리 수준의 보편성을 마음에서 이야기할 수 있다는 것이다. 이것은 한원진과 이간이 기의 수준에서 마음을 논하되, 그 기의 성격이 어떠한가 하는 것에서, 즉 마음의 기와 신체의 기 곧 기질과의 관련성 수준에서 이견을 노정했던 것에서 한 걸음 더 나아간 것이라고 할 수 있다.

이간에게서 마음과 본성의 일치는 실천적 요구로서 강조된 것이었고 그것의 리적 성격을 지적하는 데까지 나아간 것은 아니었다.[70] 반면 이재는 마음의 본체의 리적 성격을 언급한다. 이것은 곧 호학 측의 심성 이해가 너무 기에 치우쳤다는 인식에 기초한 것이며, 이간과 이후 이재를 중심으로 하여 전개된 낙학 사이에 분명히 구별되는 지점이라고 할 수 있다.[71] 즉, 이간이 마음과 기질을 구별하여, 마음의 기가 기질과 구별되는 정상한 것으로서 그 본연이 담연한 것임을 주장하는 데 그쳤다고 한다면, 이재는 그것을 넘어서서 마음의 본체는 비록 리 자체는 아니라고 하더라도 리와 합해서 보아야 한다고 주장함으로써 마음 혹은 심기의 리적 성격을 지적했다.

이 편지에 대해 같은 해 윤봉구는 호학의 입장을 변호하여 다음과 같은 편지를 썼다.[72]

대개 기라는 것은 고르지 않습니다. … 성인이 품부 받은 바는 그 이오(二五)의 기가 고르고 안정되고 순수히 맑고 아름다우니, 그 마음은 곧 고르고 안정되고 맑고 아름다운 것의 정상(精爽)입니다. 그러므로 홀로 청명 순수할 수 있습니다. 일반인[衆人]이 품부 받은 것은 그 이오의 기가 고르지 않고 맑고 탁한 것이 서로 섞여 있으니, 그 마음도 또한 고르지 않고 섞여 있는 것의 정상입니다. 그러므로 강하고 부드러움, 어두움과 밝음에서 각자가 같지 않습니다. 대개 일반인의 서로 섞여 있는 마음은 비록 성인의 청수(淸粹)함에 미치지 못하지만, 그 정상한 기는 영소(靈昭)하기 때문에 본래 스스로 활화하여 간과 신장과 비장과 폐의 기가 한결같이 치우쳐 변화하지 않는 것과는 다릅니다. 만약 정밀하게 살피고 요령 있게 잡으면 탁한 것은 맑게 변화하고 잡박한 것은 순수하게 변화하며 유약해도 강하게 될 수 있고 어리석어도 총명하게 될 수 있으니, 이른바 기질 변화를 거기에서 말할 수 있습니다.[73]

마음은 기의 정상이지만, 그 정상 역시 기라고 하는 점에서 성인과 일반인 사이에 차이가 있다. 다만 일반인의 마음도 정상한 것이므로 영소, 곧 허령불매(虛靈不昧)한 성격을 가지고 있어, 신체의 기가 고정된 것과는 다르게 수양의 노력을 통해 변화[活化]할 수 있음을 지적하고, 이른바 기질의 변화는 바로 그러한 측면을 말한 것이라고 했다. 이간이 마음과 기질을 구별한 것에 동의하지 않았지만, 마음의 기와 신체의 기를 구별하여 마음의 독자성을 어느 정도 인정했다. 그는 더 나아가 그러한 입장에서 이간의 입장을 공격했다.

그런데 그(이간)는 기를 단언(單言)한 마음을 성인과 일반인 사이에 구별이 없다고 하면서 청탁수박의 다름은 신체의 혈기로 돌렸으며, 심지어는 심본선(心本善)의 설을 가지고 위로 맹자의 성선(性善)의 공에 필적하는 것으로 여기는 데 이르렀습니다. (그러나) 과연 그와 같다면 맹자는 어째서 성선만을 말하고 심선(心善)에 대해서는 한마디도 언급한 말이 없었으며, 정·주(程朱)는 또한 어째서 심본선설(心本善說)과는 반대로 자질[才]에 청탁이 있음과 기품(氣稟)의 고르지 않음을 말하는 데 이르렀겠습니까? 마음은 한 몸의 주재(主宰)이니, 주장(主張)하는 것은 오로지 마음에 있습니다. 본성은 본래 함께 선한데 마음도 과연 구별이 없다면, 일반인이 성인에 미치지 못하는 것은 무엇 때문이겠습니까? 만약 성인과 일반인의 구별이 오로지 신체의 기혈(氣血)에서의 청탁의 나뉨에 있다고 여긴다면 중점이 혈기에 있고 마음은 아무 역할이 없는 것이니 옳겠습니까?⁷⁴

이간은 마음이 기임을 이야기하지만, 바로 그 기에서 성인과 일반인 사이의 차별을 인정하지 않는다. 성인과 일반인 사이의 차이를 가져오는 기는 신체의 혈기이고, 심기는 순선한 것으로 모든 사람에게 동일하다고 주장한다. 하지만 윤봉구는 그것은 결국 성선을 심선으로 바꾼 것이며, 성인과 일반인의 차이를 신체의 차이에 한정함으로써 인간 사이의 차이를 결정하는 마음의 중요성을 약화한다고 주장했다. 그는 이어서 이재의 견해에 대해서도 비판했다.

가르쳐주신바에 "기를 단지(單指)하면 성인과 일반인의 마음에 고르지 않음이 있을 수 있다"라고 하신 것은 다행히 저의 견해와 다르지 않습니다. 하지만 그 아래의 소주(小註)에 "이 두 명제는 바로 본성을 논함에 본연과 기질의 다름이 있는 것과 같다"라고 하신 것은 저로서는 의심이 없을 수 없습니다. 이른바 기질지성과 본연지성은 원래 두 개의 본성이 아닙니다. 리를 단지하면 본연지성이고, 이 본성을 가지고 기질을 겸해서 말하면 기질지성입니다. 그 실은 하나의 본성이며 또한 다만 한 사람의 본성에 대해 말한 것입니다. 그런데 지금 가르쳐주신바 성인과 일반인 사이에 고르지 않음이 있다는 뜻을 가지고 그 주의설을 해석해 보면, 성인은 본연지심이 있으나 기질지심이 없고 일반인은 기질지심이 있으나 본연지심이 없다고 하신 것이니, 이것은 그 말의 의미가 과연 어떠한 것인지요? 본성은 리와 기를 겸지하느냐 단지하느냐의 구별에 따라 그러한 두 가지 명칭이 있는 것입니다. 그런데 지금 여기에서 말하는 마음은 다만 기인데도 또한 본연과 기질의 두 가지 명칭이 있다고 한다면 끝내 맞지 않은 듯합니다. 그런데 말씀하신 바의 취지를 가만히 살펴보니, "기를 단언한 마음은 성인과 일반인이 본래 같지 않으나, 마음은 본성에서 떠날 수 없으니, 본성을 주로 하여 말하면 또한 같지 않다고 말할 수 없다"라고 말씀하신 것 같습니다. 주로 하신 바를 자세히 듣고자 청합니다.[75]

윤봉구는 성인과 일반인은 본성에서는 동일하지만 마음에서는 차이가 난다는 자신의 기본 입장을 바탕으로 이재의 논리 또한 동일한 것이 아니냐고 반문한다. 이재가 마음의 기의 측면에서 성인과 일반인의 사이의 차이가 있을 수 있음을 용인하고,[76] 마음의 본성의 측면에서 동일성을 인정할 수 있다고 한 것은 자신의 입장과 동일한 것이 아니냐 하는 것이다.

그런데 문제는 이재가 본연지심과 기질지심을 구별하고 그것을 본연지성과 기질지성의 구별과 마찬가지라고 말한 부분이었다. 이재의 취지는 결국 본성과 구별되는 마음에서 곧 기의 수준의 마음에서도 동일성을 이야기할 수 있다고 말하는 것으로 이해될 수 있기 때문이다. 윤봉구는 마음을 그렇게 구분하는 것은 이치상 성립하기 어려울 뿐 아니라 결국 앞에서 성인과 일반인의 다름을 말한 것과 일관되지 않는 입장이라고 지적한다. 그리고 두 가지 입장 중 어느 것이 본인의 진짜 주장인지 말해달라고 압박한다.

이재는 이 편지에 대한 답서에서 자신의 생각을 피력했다.

개시(開示)하신 심설을 받아볼 수 있어 매우 다행이었습니다. 그중 한두 가지를 인가하신 것은 더욱 저의 견해를 이해해주신 것입니다. 그렇지만 그 의리의 두뇌에서는 아직 서로 다 일치하지 못합니다. 마음은 본래 기에 속합니다. 그러나 예부터 성현들이 마음을 말할 때는 반드시 본성과 합하여 말했고 오직 기 자만을 말한 적이 없습니다. 그리고 그 지허(至虛), 지명(至明), 신묘불측한 것을 말함에는 또한 성인과 일반인을 나누어 말한 적이 없으니, 그 취지는 대개 우연한 것이 아닙니다.[77]

먼저 마음은 기라는 점에서는 같은 의견이지만, 선현들이 그것을 단지 기가 아니라 본성과 합한 것으로 보았고, 또한 마음의 허명함에 대해서도 성인과 일반인 사이의 차이를 말한 적이 없었다는 점을 분명히 한다. 이재는 그것을 의리의 두뇌라고 불렀다. 그는 더 나아가 다음과 같이 말한다.

이제 분석하여 말해보면, 마음은 기이며 기는 고르지 않으니, 기품상에서 말하면 성인과 일반인에 어찌 한결같이 같은 이치가 있겠습니까? 그러나 또한 이 기는 리에 대해 말하면 진실로 차이가 있지만, 그 근본은 하나일 뿐입니다. 일반인이 부여받은 기는 청탁수박의 고르지 않음이 있지만, 그 탁박(濁駁)한 중에도 본체의 담연 함은 존재하지 않았던 적이 없었습니다. 또한 하물며 기라고 하는 것은 변동이 무궁하여 형질이 한번 결정되면 변화할 수 없는 것과는 같지 않습니다. 그러므로 만약 깨끗하게 다스리는 노력을 가하면 탁한 것은 맑게 할 수 있고 잡박한 것은 순수하게 할 수가 있는 것입니다. 만약 그렇지 않다면 기질을 변화하는 공부를 또한 어디에 시행하겠습니까? 다만 타고난 기질에 구애되고 물욕에 가리는 바가 되어 담연 순일한 본체가 쉽게 드러나지 않고 오직 미발 시에 그것을 간단히 볼 수 있습니다. 나는 『중용』수장에 대해 말할 때 매양 미발에서 기질(氣質) 두 글자를 붙일 수 없다고 말했습니다. 지금 여기에서 말한 것도 또한 말씀하신 것처럼 마음이 본성을 떠날 수 없다고 해서인 것만은 아닙니다.[78]

이재는 기품 상에서 말하면 마음도 기이므로 당연히 성인과 일반인 사이에 차이가 있다고 하고, 하지만 마음의 기는 한번 정해지면 고정불변인 형질과 달리 변화가 가능하다고 한다. 또한 기의 본체는 담연 순일하므로 바로 그런 관점에서는 성인과 일반인의 동일성을 말할 수 있다고 주장한다. 이것은 실로 윤봉구의 견해와 그다지 차이가 나지 않는 부분이다. 하지만 그는 탁박한 기 가운데 기의 본체의 담연함이 존재하지 않았던 적이 없다고 부연함으로써 기 본체의 동일성으로 강조점을 옮김으로써, 윤봉구가 심기의 담일을 말하면서도 거기에서 청탁수박을 또한 강조한 것과 미묘한 차이를 보였다. 그는 또한 자신이 미발에서 기질을 배제한 것은 바로 그때가 기 혹은 마음의 본체가 드러난 순간이기 때문이라고 언급함으로써 미발에서 기질 문제로 논점을 전개하는 것을 잊지 않는다. 또 성인과 일반인의 마음의 동일성은 바로 마음의 그러한 본체적 성격에 의한 것으로서, 단지 그것이 "마음은 본성에서 떠날 수 없으니, 본성을 주로 하여 말하면 또한 같지 않다고 말할 수 없다"는 것에 의한 것에 그치는 것이 아니라고 부언했다. 이는 낙학의 종지에 연결되는 지점으로서, 마음과 본성의 실제적 일치의 국면에서 마음의 본체를 말한다는 것이다.

이 시점에 이르러 이재는 마음에 대한 이해에 있어서 호학 측의 입장을 어느 정도 고려한 가운데 복합적이고 종합적인 입장을 취하고 있다고 할 수 있다. 그것의 기의 측면, 기의 본체의 측면, 더 나아가 본성과 리의 측면을 복합적으로 고려하고 있다. 이러한 것은 호학 내부에서 논의를 전개한 이간과 구별되는 점이라고 할 수 있다.

이재는 본연지심과 기질지심을 나누는 문제에 대해서도 다음과 같이 변명한다.

> 기질지성과 본연지성과 관련해서는 제가 앞의 편지에서 '이 두 명제는 바로' 운운한 것은 저것을 빌려 이것을 밝힌 것에 불과합니다. 하지만 가르쳐주신 바

를 가지고 논해본다면, 성인의 본성이 또한 어찌 일찍이 기질을 떠나 있겠습니까마는 치우치거나 잡박한 것을 말할 수 있음이 없습니다. 그러므로 기질의 설은 오로지 일반인을 위해 말한 것입니다. 마음상에 나아가 단독으로 말해도 또한 그와 같습니다. 하물며 미발의 때에는 담연한 본체가 성인과 일반인에게 이미 동일하니, 일반인에게 본연지심이 없다고 말하는 것이 가능하겠습니까?[79]

성인에게 기질지성이 없는 것은 아니지만 기질의 실제적 의미는 없으며 또한 일반인에게 본연지성이 없다고 말할 수 없는 것처럼, 성인 역시 기질에서 떠나 있지는 않지만 기질지심은 없다고 할 수 있으며 일반인에게도 본연지심이 있다. 따라서 둘 사이에는 유비적 동일성이 존재한다고 할 수 있으며, 본연지심과 기질지심을 나누는 것은 문제가 없다는 것이다. 이재는 본연지심은 미발의 때에 분명하게 드러나며 성인과 일반인 사이에 동일하다고 다시 한번 강조하고 있다.

이재는 마지막으로 호학 측에서 명덕 유분수의 논란이 나온 것에 대해 우려를 표시했다. 그런데 이와 관련된 윤봉구의 발언은 현재『병계집』의 해당 편지에는 생략되어 있다. 다만『도암집』에서는 이 편지의 서두에 윤봉구의 편지를 인용하고 있으며, 그곳에 해당 내용이 다음과 같이 기록되어 있다.

> 『대학』의 명덕은 비록 마음과 본성과 정(情)을 통언(統言)한 것이나 그 중점을 둔 바는 덕(德)에 있습니다. 덕은 본성[性]이니, 그러므로 명덕에서는 선악의 분수를 말할 수 없습니다.[80]

윤봉구는 명덕을 본성으로 말한 것이다. 이것은 앞에서 한원진이 어디까지나 명덕을 허령과 연결하여 마음으로 본 것과는 구별된다. 한원진은 허령과 명덕에서 모두 분수를 인정하지 않았지만, 윤봉구는 허령-명덕에는 분수를 인정하지 않지만 허령의 기에는 분수를 인정할 수 있다는 입장이었다. 여기에서 그는 그와 관련하여 명덕을 기질의 영향이 있을 수밖에 없는 마음이 아니라 본성으로 봄으로써 그 보편성이 위협받지 않도록 논의를 진전시킨 것이라고 이해할 수 있다.

이에 대해 이재는 다음과 같이 말한다.

> 듣건대 호중(湖中)의 사우(士友) 중 많은 이들이 명덕에 분수가 있다고 한다고 하니 한탄스러우나 귀서(貴書)는 그렇지 않으니 아마도 전한 자가 잘못 전한 것인 듯합니다. 그러나 명덕은 곧 본심(本心)입니다. 귀하의 견해가 이미 마음 상에서 기 자를 주장함이 너무 지나치니 비록 오로지 덕을 본성에 소속시키려 해도, 본성은 또한 마음에서 떨어지지 않으니, (그리고 그대는 마음을 기로 보고 있으니) 끝내 아마도 분수가 있게 됨을 면하지 못할 것입니다.[81]

명덕은 어디까지나 본성이 아니라 본심이다. 명덕은 여전히 마음이지만 역시 분수 곧 성인과 일반인의 다름을 말할 수 없다는 것이오, 명덕의 그러한 보편적 성격이야말로 성인과 일반인의 마음이 그 근본에서 동일하다고 하는 자신의 관점의 정당성을 보여주는 명확한 증거인 것이다. 이재는 윤봉구가 명덕을 본성이라고 말한다고 해도, 그의 심성설은 **기에 대한 중점이 너무 커서**, 결국 기의 편차 곧 분수를 말하는 데로 귀착되지 않을 수 없을 것이라고 지적한다. 즉, 명덕에 분수가 있다는 주장에까지 나아가지는 않았다고 하더라도, 그가 그리고 호학 측에서 마음을 기와 관련해서만 논의하고자 하는 태도는 결국 본심 곧 본연지심에 대해 포착하기 어렵게 하고, 더 나아가 결과적으로 명덕에 분수가 있다는 주장으로 나아갈 여지를 주는 것이라 비판하는 것이다.

1743년, 이재는 윤봉구에게 보낸 편지에서 다시 한번 윤봉구의 핵심적인 문제가 기에 대한 주장이 지나친 데 있음을 지적했다.

성현의 말씀을 요약하면 "리가 기의 주인[理爲氣主]"이라는 것이다. 맹자의 공덕이 성선을 말한 것에 있다는 것은 기질에서 본성을 뽑아내어 사람들에게 요순과 일반인에 본래 두 가지 본성이 있지 않다는 것을 알게 한 것입니다. 귀하의 논설은 오로지 기를 가지고 주장을 삼아 리를 기의 굴에 떨어뜨리고 마니, 이는 사람에게 도움이 안 되는 주장입니다.[82]

이것은 또한 윤봉구만이 아니라 호학 일반에 대한 비판이었다. 그에 의하면 유학은 결국 리를 주장하고 기를 리에 복종시키는 학문이며, 리를 통해 모든 사람의 보편성 곧 보편적 교화 가능성을 주장하는 것이다. 윤봉구와 호학에서 기를 지나치게 강조하는 것은 그런 점에서 유학에 해를 끼칠 수 있다는 것이 이재의 진단이었다.

2) 박필주와 윤봉구 사이의 논변과 이재의 평가 (1743)

이재와 윤봉구 사이의 심설 논변은 1740년대에 이르러 박필주와 윤봉구 사이의 논변으로 이어진다. 1735년 윤봉구와 심설 논변을 할 때 이재는 박필주에게 편지를 써서 자문을 구했지만, 박필주는 그때 그에 대해 적극적으로 응하지 않았으며,[83] 이재도 더 이상 그 문제를 거론치 않았다. 그런데 박필주는 1742년, 편지를 통해 윤봉구와 마음을 기의 정상(精爽), 미발(未發) 등으로 규정하는 문제에 대해 본격적으로 논변을 전개했다.[84] 그와 관련하여 이번에는 박필주가 이재에게 자문을 구했고, 이재는 1743년 박필주에게 답하는 편지에서 다시 한번 자신의 견해를 표명했다.[85] 이재는 박필주와 윤봉구 각각의 주장을 다음과 같이 정리한다.

윤(尹: 윤봉구)의 글의 … 귀결은, 곧 기를 주장함이 너무 심하여 여러 병폐가 이루 다 말할 수 없는 것입니다. 그의 주장대로 한다면 천리의 지극히 고요하고 지극히 깨끗한 것이 완전히 기의 구덩이로 굴러 떨어지고 말 것입니다. 맹자가 애써 밝힌 성선의 진리는 이에 이르러서는 거의 어둡게 될 것입니다. … 선생(박필주)의 설은 명백하고 통쾌하게 그 문제점을 적중시켰습니다. … 그가 혹시 자신의 잘못을 스스로 깨닫는다면 어찌 큰 다행이 아니겠습니까만 아마 또한 쉽지 않을 것입니다. "본성이 기의 테두리 안에 있다"라고 한 말은 이미 크게 병폐가 있는 말입니다. 선생께서 "비록 기(氣)에서 떠나지 않으나 또한 기의 테두리에 가두어지지도 않는다" 운운하신 것은 깨어질 수 없는 정론입니다. 이와 같은 것은 쉽게 깨우칠 수 있는 것이 아닙니다.[86]

윤봉구가 기를 지나치게 강조함으로써 본성을 기질의 맥락에 가두어 두어 '성선'이라는 유교의 대종지를 벗어났다는 것이다. 이는 곧 미발 심체의 문제로 연결된다.

미발 시의 경지를 논하심에 이르러, "바로 무기(無氣)와 비슷하다"라고 말씀하신 것이 있습니다. 이 말은 진실을 본 것이요, 정밀하게 서술한 것입니다. 비단 그(윤봉구)의 잘못된 견해를 꺾었을 뿐 아니라 내가 미처 표현하지 못한 말이어서 감탄을 금치 못하겠습니다. 저의 견해는 지난날 선생께 답변한 것과 같이, "마음은 원래 기이지만, 오로지 기에만 속하는 것은 아니다. 반드시 리와 기를 합해서 말한 후에야 비로소 그 의미가 다 갖추어질 수 있다"라는 것입니다. (그러나) 그는 사람들로 오로지 기를 위주로 하게 하여 리가 혹시 그 가운데 끼어들까를 두려워하며 일체 배척했습니다. 이는 핵심적인 부분이며, 선생 또한 충분히 논의해놓은 것입니다.[87]

이재는 낙학의 종지에 따라 미발에서 마음이 단지 기가 아니라 리적인 것, 혹은 리와 기의 실제적 융합이라는 것이 명확하게 실증된다고 생각한다. 그리고 윤봉구의 주장은 본성이나 마음에서나 기의 역할을 강조함으로써 그러한 점을 제대로 포착하지 못한 것이요 결국 성선(性善)을 위협하는 것이라 비판한다. 그것은 곧 기질의 맥락과 제약성을 강조하는 호학의 기본 종지와 정면으로 충돌하는 지점이었다.

3) 논변에 대한 한원진의 평 (1744~1745)

한원진은 1744년과 1745년 두 차례에 걸쳐 박필주와 윤봉구 사이의 논변에 대해, 그리고 그에 대한 이재의 평에 대해 자신의 견해를 명백히 표명했다. 그는 먼저 1744년에 윤봉구와 박필주 사이의 심성 논변에 대해 다음과 같이 평했다.

『주역』「대전」에 '역(易)에 태극이 있다'라고 했는데 이것은 마음과 본성에 대한 말이다. 역은 곧 마음이며 태극은 곧 본성이다. '역'이라는 글자(개념, 용어)가 이미 리(理)라는 글자를 겸하고 있다면, 역 중에 갖추고 있는 태극이란 또한 어떤 물건이란 말인가? 리를 겸한 역이 또 태극을 갖추고 있다면, 리를 가지고 리를 포함한다는 것이 되어 머리 위에 또 머리를 올리는 것과 마찬가지가 아닌가? 마음과 본성은 서로 떨어질 수 없는 것이므로 원래 둘을 합해서 (구분하지 않고) 말할 때도 있다. 그러나 마음을 마음이라고 이름을 붙인 것은 본래 본성과 대조해서 말하기 위함이다. 본성과 대조해서 말할 때, 마음은 기(氣)이고, 본성은 리이다. 이것이 마음과 본성이라는 개념의 본 면목이다. 만약 '마음이라는 것이 본래 리를 겸한다'라고 말한다면, 마음 외에 다시 본성이라는 것을 두어 그와 구별할 이유가 없게 된다. 또한 마음이라는 것은 반은 역(易)이요 반은 극(極: 태극)이 되며, 도(道)도 아니고 기(器)도 아니게 된다. 도를 용(龍)이라 한다면 용에 뿔이 없는 것이요, 도를 뱀이라 한다면 뱀에 다리가 붙은 것이다. 마음과 본성이라는 개념의 구별에 대해 그들이 과연 어떻게 해명할지 잘 모르겠다.[88]

한원진은 마음과 본성의 관계를 역과 태극의 관계로 치환하여 이해한다. 역이 변화의 현실이라고 할 때, 태극은 그에 내재한다는 것이 『주역』「계사전」의 '역유태극(易有太極)' 명제의 함의라고 지적한다. 그는 더 나아가 그러한 내재 관계가 성립하려면 역설적으로 일단 역과 태극은 별개의 개념 혹은 존재여야 한다고 말한다. 즉, 리를 내재하려면 그 내재하는 역은 리일 수 없다는 것이다.

한원진은 그것을 마음과 본성의 관계에 적용시킨다. 마음과 본성은 마음의 미발이 본성이라고 할 때처럼 서로 겹치는 관계이지만, 그 둘을 구분해 말하면 마음은 기이고, 본성은 리이다. 마음은 본성을 실어 나르는 그릇으로서 본성과 도(道)와 기(器)의 관계를 가지고 있는데, 만약 마음에 리의 측면을 부가한다면 그것은 곧 리가 리를 싣는 것이 되어 개념이 중첩된다는 것이다. 박필주가 마음에 어떤 리적인 속성을 부가하려는 것을 극구 반대한 것이다.

마음과 본성을 구분하는 것은 낙학에서도 마찬가지이고, 낙학의 지각 논변에서 주요한 논점의 하나이기도 했다. 그러나 낙학에서는, 예를 들자면 김창협은 호병문이나 민이승이 마음과 본성을 혼동하는 것을 비판하면서도 또 한편으로는 마음의 독특성, 곧 그 매개적 기능을 강조하면서 그들의 취지를 살리는 측면이 있었다. 마음은 기이지만 리와 기의 중간적 위치를 점하는 것이라 할 수 있다는 것이다. 이는 곧 낙학의 종지로 연결되는 것으로, 한원진은 지금 바로 그 낙학의 종지를 공격하고 있다고 할 수 있다.

이어지는 1745년의 글에서 한원진은 이번에는 박필주와 윤봉구 사이의 논변에 개입한 이재도 비판의 대상으로 삼았다.

> 지금 사람들은 모두 담일허명(湛一虛明)한 기와 청탁수박의 기가 본래 다만 하나의 기임을 알지 못한다. 그래서 미발 시의 허명(虛明)한 기를 순수(純粹)

지선(至善)한 것이라 생각하며, 반드시, "기가 순선하므로 본성도 순선한 것이다"라고 말한다. 기질에는 선악이 섞여 있다고 하면 그들은 기질은 마음 바깥의 것이라 하여 배척한다. 마음이 곧 기질이라고 하면 그들은 미발에서는 기질이 순선하다고 말한다. 그들의 취지는 본래 성선을 밝히려는 것이었으나, 도리어 성선을 끌어당겨 선악이 섞여 있는 기질의 구덩이에 빠뜨리고 말았다. 이는 곧 기를 본성이라고 생각한 선진 사상가들의 고루함과 불교의 본심(本心)의 학(學)과 같은 길을 걸어간 것이다. 어찌 애석하지 않겠는가?[89]

한원진은 박필주나 이재가 담일허명한 기가 결국 청탁수박이 있는 기질의 기임을 알지 못한 데서 이런 문제가 발생했다고 진단한다. 그것은 성선의 현실적 기초를 확고히 한다는 명분을 내세웠으나 결국 오히려 미발 시기의 순선에 성선의 근거를 두는 것으로, 본성을 기로 보는 성악혼설이나 마음을 본성으로 보는 불교의 본심설에 빠지고 말게 되었다고 비판한다.

한편, 한원진은 글의 서두에서 담일한 기가 결국 기질의 기임을 입증하기 위해, 마음의 미발과 이발을 천지의 미벽(未闢)과 이벽(已闢)의 관계에 유비하여 논했다. 그에 따르면, 천지가 아직 열리기 전인 미벽은 완전한 무(無)의 상태가 아니라 미분화(未分化), 미성형(未成形)의 상태에 가까운 것으로서 경청(輕清), 중탁(重濁), 강유(剛柔), 조습(燥濕)의 기가 모두 갖추어져 있다. 그와 마찬가지로 마음이 아직 대상 세계에 반응하기 전인 미발에서의 기의 담일함 역시 그 안에는 청탁수박이 잠재해 있음을 알 수 있다는 것이다.[90]

그는 마지막으로 현재 박필주나 이재가 말하는 것은 기본적으로 이간의 논리와 동일하며, 그와의 논변을 통해 자신의 견해는 이미 충분히 말했으므로 더 말할 것이 없다고 한다. 다만 천지의 유비를 통해 그것을 증명하지는 않았으므로 그것을 이 글에서 그것을 보완했다고 덧붙였다.[91]

4) 심설 논변의 의의

이재와 윤봉구 그리고 박필주와 윤봉구 심설 논변과 그에 대한 한원진 비평 등을 통해 우리는 이재를 중심으로 한 낙학 측에서 호학 측의 심설에 대한 우려가 있었고, 이제 직접적인 대화를 통해 상대의 입장을 확인하고 비판하는 모습을 분명히 확인할 수 있다. 본성과 마음에 대한 호학과 낙학의 이해의 차이는, 곧 마음과 기와의 관련성에 대한 이해의 차이라고 할 수 있다. 기를 그 본연의 상태에서 담일한 것으로 이해하는 것은 두 입장 모두에 동일하다. 한원진이 지적한 대로 두 입장의 차이는 그 담일한 기와 청탁수박이 있는 기질 사이의 관계를 어떻게 이해할 것인가 하는 데 있었다.

윤봉구와 한원진에 따르면 기는 기일 뿐이며, 담연한 기라고 하더라도, 그것이 기인 한 청탁수박이 잠재되어 있는 기질 곧 형질의 기임을 벗어날 수 없다. 반면에 이재는 담일한 기는 단지 기인 것만은 아니라 리에 가까운 것으로 혹은 적어도 그에 부응하는 것으로 이해해야 한다고 주장한다. 이는 곧 기를 이원화해서 보는 것일 수도 있지만 오히려 기일원론(氣一元論)에서 멀지 않은 지점이라고 할 수도 있다.[92]

어쨌든 이 시기 낙학을 대표하는 이재와 박필주는 담연한 기는 그저 맑고 순수한[淸粹]한 기가 아니라 청탁의 차별성을 넘어서 보편적 동일성을 지시하는 리에 가까운 것 혹은 리와 통합된 어떤 것으로 이해되었다. 마음은 그 순수한 본심의 상태에서 담연 순일하여 본체-리와 분열되지 않는다. 물론 여전히 리와 기의 구별이 사라진 것은 아니다. 하지만 실제에 있어 둘 사이는 구별되지 않는다. 이간의 '이기동실(理氣同實), 심성일치(心性一致)'는 바로 그러한 점을 지시하고 있는 것이었다. 그런 점에서 이재와 이간 사이의 거리는 그리 멀지 않은 것이라고 할 수 있다. 둘 모두에서 본체-리는 바로 미발의 마음에서 자신을 우리의 현실적인 마음에서 드러내며 또 체험된다. 곧 확증되는 것이다.

이재는 윤봉구의 핵심적인 문제는 기의 담연 순일한 측면을 무시하고 그 기질적 제약의 측면만을 지나치게 강조한 데 있다고 보았다. 이것은 한원진에게도 마찬가지로 적용된다. 곧 그들의 잘못은 기의 맥락을 중시한 데 있는 것이 아니라, 본체에 대한 기질의 제한을 지나치게 강조한 데 있다. 그들에 있어 본체는 결국 그 순수한 모습을 드러낼 자리를 잃고 항상 기질에 가린 채로 있다는 것이다. 윤봉구나 한원진에게서 본체-리는 순수한 형태로는 현실적으로 체험되기보다는 현실을 넘어서서 리를 단지(單指)한 세계에 존재한다. 즉, 현실적인 체험을 포함해서 모든 기질의 맥락과 관계없이 그를 초월하여 존재하는 것으로 이해된다.[93] 이것은 본체-리의 현실성, 역동성 그리고 그에 조응하는 주체로서의 우리 마음의 역동성을 약화시킬 수 있다.

하지만 윤봉구나 한원진은 곧 현실 세계에 대한 본체의 외재적 객관성, 그 규범적 성격을 강조한 것이라고 할 수 있다.[94] 이재가 윤봉구나 한원진이—이재의 한원진 비판에 대해서는 곧 살펴볼 것이다—기를 지나치게 강조하고 리를 기의 굴에 빠뜨렸다고 주장하는 반면에, 한원진이 이간에 대해 나아가 이재에 대해서, 리와 성선을 기와 심선(心善)에 근거 지움으로써 리와 본성의 객관적인 절대성을 무너뜨리고 불교의 심순선(心純善) 혹은 주기적(主氣的) 이론에 빠지고 말았다고 비판한 것은 또한 그런 맥락에서 이해할 수 있다.

결국 이러한 일련의 심설 논변과 심조의 활동 등을 통해 이제 호학은 윤봉구와 한원진 중심으로, 낙학은 이재를 중심으로 각각의 진영을 구축한 상태에서 서로에 대한 의심과 비판의 강도를 더해갔다. 그러한 가운데 양 진영의 충돌이 본격화하는 계기가 된 하나의 사건이 일어난다.

5
이재의 「한천시」와 한원진의 「제한천시후」

이재와 한원진은 호학과 낙학 대결의 중심에 위치했지만, 두 사람은 평생 직접 만나거나 편지를 주고받은 일이 없었다. 좁은 의미에서의 호락논쟁이 본격적으로 개시된 제3기가 이재와 한원진 사이의 대립으로 이해되는 것은 이재의 문인인 최석(崔祏, 1714~?)의 역할이 컸다. 최석은 30대의 소장 학자로서 한원진의 성리설에 대한 낙학 측의 우려와 의심을 가슴에 안고 양자 간의 차이를 해결 혹은 해소[歸一]한다는 다소 힘에 겨운 목표를 가지고 1746년 8월 3일과 25일, 두 차례에 걸쳐 한원진을 방문했다.[95]

열정을 가지고 담대하게 찾아온 이 패기에 찬 젊은이에게 노년의 한원진은 그다지 호의적이지는 않았던 것으로 보인다. 애초에 이재가 염려했던 대로 노학자—이재는 「한천시(寒泉詩)」에서 그를 "호걸사(豪傑士), 웅변인(雄辯人)"이라고 표현했다—한원진을 제대로 응대할 정도로 최석의 역량이 넉넉한 것도 아니었다. 결국 최석은 풀리지 않은 문제를 그대로 안은 채 한원진에 대한 좋지 않은 인상만을 더하여 서울로 귀환하였고, 그 귀로에 이재를 다시 방문하여 그에 대한 보고를 했다.

최석은 한원진 방문에 앞서 이재를 방문하여 조언을 구했고, 귀로에 다시 들러 방문 시 있었던 일들, 논의되었던 것들에 대해 상세하게 보고한 것이다. 최석의 보고를 들은 후 이재가 직접 한원진에게 편지를 써서 관련 문제들을 다투기에는 두 사람 다 지나치게 노년에 접어든 상황이었고, 또 관련 문제에 대해서는 이미 윤봉구 등과의 서신 교환을 통해 어느 정도 자신의 견해를 표명한 바 있었기에, 이재는 어쩌면 가벼운 마음으로—한편으로는 침중한 마음으로—최석의 보고에 대해 응답하는 시, 이른바 「한천시(寒泉詩)」(1746년 9월)를 지어 한원진의 심성설에 대한 비판과 우려를 은근한 방식으로 표명했다.[96] 이후 그것이 한원진에게 전해졌고[97] 한원진은 그에 대해 즉각 반응하여 1747년 2월 「제한천시후(題寒泉詩後)」를 지었다.[98] 그 각각의 내용에 대해 간략하게 살펴보도록 하자.

1) 이재의 한원진 비판: 「한천시」

이재가 한원진의 심성설을 최석을 통해 처음으로 접한 것은 아니었다. 그는 이미 한원진을 대표로 한 호중(湖中)의 심성설에 대해 깊은 우려를 가지고 있었으며 앞에서 살펴본 바와 같이 윤봉구와의 서신 왕래를 통해 비판적 의견을 교환한 바 있었다. 하지만 한원진과 직접적인 접촉은 없었으며, 정치적-학술적 학맥상 같은 당파에 속한 호중의 학자들과 쓸데없는 언쟁에 빠져 분란이 야기되는 것을 경계하는 입장이었다.[99] 그러던 차에 최석의 방문을 계기로 호학(湖學)의 대표 격인 한원진의 심성설에 대한 의견을 표명할 기회를 얻은 것이라고 하겠다. 이재가 시의 형식을 통해 자신의 의견을 표한 것은 그러한 이중적인 심사가 반영된 것이었다. 그의 시 중 핵심적인 부분은 다음과 같다.

> 듣기로 그는 마음과 본성을 논함에
> 기(氣)를 과도하게 강조하여
> 편전(偏全)을 본연(本然)이라 하고,
> 기질(氣質)을 심체(心體)에 해당시킨다.[100]

이것은 호학에 대해 가지고 있던 자신의 비판적 관점을 그대로 적용한 것이다. 즉, 한원진이 본성과 마음에 대한 이해에서 기의 맥락을 지나치게 강조하여 편전이 있는 기질지성을 본연지성으로 보았고, 심체에 기질의 맥락을 관련시키는 잘못을 범했다는 것이다. 즉, 그는 인성과 물성이 본연지성에서 다르다고 주장하고, 또한 마음의 미발에서 기질의 잠재를 인정해야 한다는 주장을 했다는 것이다.

이재의 이러한 지적은 짧은 구절 내에 한원진의 심성설에 대한 핵심적이고 심각한 비판을 담아낸 것이라고 할 수 있다. 그것은 그 이면에 유교 혹은 성리학의 핵심에 대한 자신의 견해를 표명한 것이라고 할 수 있다. 그에 의하면 유교 혹은 성리학적 진리의 핵심은 기질의 맥락, 그 우연성과 특수성을 넘어선 인간 본성의 순수함과 인간적 주체라고 할 수 있는 심체의 순수함, 혹은 순선에 있다. 성선이 유교의 보편적 명제라고 한다면 그에 부응하는 심체의 순수성 혹은 순선을 주장하는 것은 이재 혹은 낙학 사유의 독특성을 보여주는 것이라고 할 수 있을 것이다.

이재의 비판은 그간 양 진영에서 논의해온 심성론상의 제 논의를 본성과 마음에 대한 이해를 중심으로 단순명료하게 정식화했다고 평가할 수 있겠다. 한편, 이재는 시의 끝부분에서 이이-송시열-권상하로 이어지는 도통(道統)의 전수를 이야기하고, 한원진의 심성설이 그의 전수를 자부하지만, 오히려 그것을 오도하고 해를 끼치는 점이 있다고 지적했다.[101] 이이 학맥 내의 정통성 계승 문제가 명확하게 또 하나의 쟁점으로 대두된 것이다.

2) 한원진의 대응: 「제한천시후」와 「우서」

1747년 2월경 한원진은 이재의 「한천시」를 접했으며 지체하지 않고 즉시 「제한천시후」를 지어 한편으로 자신의 견해에 대해 변명하고 다른 한편으로 상대 견해가 성리학적 진리의 본령을 제대로 포착하지 못하고 있음을 비판했다. 그 핵심적인 내용은 다음과 같다.

그러나 그가 논한 심성의 설을 보면 인간의 본성이 선함이 금수와는 다름을, 그리고 성인의 마음이 일반인과 같지 않음을 알지 못하고 있다. 또한 유교와 불교의 구별은 오직 심성의 구별에 달려 있음을 알지 못하고 있다.102

한원진은 인간의 성선은 동물의 본성과 다름을 통해 더욱 분명히 확인될 수 있다고 주장한다. 또한 성인의 마음과 일반인의 마음의 같지 않음을 분별하지 않으면 안 된다고 주장한다. 그 차이를 가르는 것은 기 혹은 기질이 될 것이다. 따라서 마음과 본성의 차이를 이야기하기 위해서는 기질의 맥락이 결코 배제되어서는 안 된다는 것이다. 한원진은 더 나아가 불교와 유교의 차이가 바로 그러한 차이의 구별에 달려 있다고 하여, 그것을 문제로 삼는 이재의 견해가 곧 유교와 불교를 구별하지 않는 데 빠질 수 있다고 공격했다.

한원진은 이어서 자신의 주장의 정당성을, 한편으로는 긍정적 지지로서 주자의 글을 인용하고, 다른 한편으로는 부정적 반증으로서 불교의 설을 인용하여 정당화했다.103 자신 곧 호학의 입장이야말로 주자의 정통을 이은 것이고, 불교와 차별화된 주장이라는 것이다. 역으로 말한다면 그에 반하는 이재 혹은 낙학의 입장은 주자의 설과 일치하지 않는 것이고 더 나아가 불교에 가까운 이단적 주장이라는 비판을 함축한다.

한원진은 끝으로, 이재가 시에서 이이-송시열-권상하로 이어지는 도통의 전수를 언급한 것에 불편한 감정을 표시하고, 오히려 자신의 설이야말로 그러한 이이 학맥을 제대로 전수한 것임을 은근히 자부했다.104 또한 서로 만날 기회가 있었는데도 그렇게 하지 못한 채 이재가 고인이 됨으로써 양자 사이의 이견을 조율할 수 있는 기회를 얻지 못한 데 대한 아쉬움을 표현하면서 글을 마쳤다.

한편, 한원진은 그와 별도로 「우서(又書)」를 써서 최석과의 만남에 대한 좀 더 자세한 기록과 그와 토론한 논점에 관한 자신의 견해를 남겼다.105

그에 의하면, 최석의 핵심 논점은 송시열이 이미 『맹자』의 견(犬)·우(牛)·인(人) 부동(不同)의 본성을 기질지성으로 확정했고, 이는 낙학 측의 견해를 지지한다는 것이다. 한원진은 이간과의 논변 등에서 『맹자』의 견·우·인 부동의 본성에 대해 본연지성으로 이해하고, 그것을 자신의 인물성이론의 주요한 전거로 사용한 바 있다.[106] 그런데 최석이 이제 송시열이 「간서잡록(看書雜錄)」에서 한 다음과 같은 발언을 근거로 한원진의 견해가 송시열의 견해로부터 이탈된 것임을 지적한 것이다.

> 본연지성과 기질지성의 두 가지 이름은 정자(程子)와 장자(張子)에서 시작되었으나, 공자(孔子)의 "본성은 서로 가깝다[性相近]"의 세 글자는 이미 본연과 기질을 겸하여 말한 것이다. 맹자는 입만 열면 '성선'을 말했는데, 이는 모두 본연을 말한 것이다. 그러나 그가 소[牛]의 본성과 말[馬]의 본성을 말한 경우에는 또한 기질을 가지고 말한 것이다.[107]

우암 송시열의 이 발언은 명확히 견·우·인 부동의 본성을 기질지성으로 보는 것으로 해석될 수 있다.[108] 따라서 이것은 앞에서 이이에서 송시열로 이어지는 학맥의 계승과 관련된 다툼에서 한원진에게 불리하게 작용할 수 있는 것이었다. 한원진은 아마 해당 구절을 알지 못했던 것으로 보인다.[109]

하지만 그는 곧 그것이 우암설에 대한 오독(誤讀)임을 역설하고 자신의 해석을 제시했다. 그는 송시열의 발언 중 "맹자는 입만 열면 '성선'을 말했는데 이는 모두 본연을 말한 것이다"라고 한 부분에 주목하고, 그것이 곧 『맹자』에서 맹자의 전체적 입장이 성선을 주장하는 것이며 따라서 견·우·인 부동의 본성 또한 성선의 본성일 수밖에 없다고 했다. 그렇다면 그때의 본성 또한 본연지성일 수밖에 없으니, 만약 그것이 기질지성이라고 한다면 고자(告子)의 '인기위성(認氣爲性)'을 비판하면서 기질지성으로 말한 셈이니, '같이 벗고 목욕하는 주제에 상대가 벗은 것을 꾸짖는 것[同浴而譏

裸裎]'이 되고 말 것이며, 결국 그것은 자가당착적인 것이 된다는 것이다. 그는 정자(程子) 또한 맹자가 본성[性]만 말하고 기에 대해서는 말하지 않았으므로 '불비(不備)'라고 말하지 않았던가라고 반문한다.[110]

그러나 한원진의 해석대로라면 뒷부분의, '그러나 그가 소[牛]의 본성과 말[馬]의 본성을 말한 경우에는 또한 기질을 가지고 말한 것이다'라고 하는 말은 어떻게 이해할 수 있는 것일까? 한원진은 그에 대해, 그것이 최석이 자신의 주장의 핵심적인 논거로 든 부분이지만, 송시열의 취지는 "(정자가 맹자에 대해 '論性不論氣, 不備'라고 말한 바와 같이) 맹자는 비록 기질을 말하지 않았지만, 그가 견·우·인의 부동을 말함에는 기질로써 말한 것이 된다고 한 것이니, 대개 그로써 맹자 '불비'의 뜻을 추보(追補)한 것이지 견·우·인의 본성이 모두 본연이 아니라고 말한 것은 아니다"라고 반론했다.[111] 기질에 대한 고려가 있었다는 것이지 그것이 곧 견·우·인 부동의 본성이 기질지성임을 말한 것은 아니라는 것이다.

한원진은 더 나아가 본연에 일원(一原)과 이체(異體) 두 차원이 있다고 하면서 자신의 입장을 다음과 같이 정당화했다.

> 본연에는 일원상(一原上)에 나아가 말한 것이 있고 이체상(異體上)에 나아가 말한 것이 있다. 일원으로 말하면 만물이 함께 갖춘 태극(太極)이 본연이다. 이체로 말하면 개와 개, 소와 소, 인간과 인간이 동일한 것이 본연이며, 개와 개, 소와 소, 인간과 인간의 다름이 기질(氣質)이다. 맹자가 성선을 말한 것은 또한 이체에 나아가 말한 것이다. 그러므로 인간에서는 동일하지만, 동물과 더불어 말하면 동일하지 않다.[112]

인성과 물성은 일원의 본연에서는 동일하지만, 이체의 본연에서는 동일하지 않다는 것이다. 그리고 성선의 본성은 일원의 본연이 아니라 이체의 본연이라는 것이다. 그렇다면 낙학 측의 인물성동론은 일원상에서는 맞다고 할 수 있지만, 이체의 본연지성의 측면에서는 틀린 것이며, 성선의 명제를 정확히 주장하지도 못한 것이 된다.

한원진은 더 나아가 『맹자』에서 '서민(庶民)은 제거하고 군자(君子)는 보존하는, 금수와는 다른 얼마 안 되는 그것'이라고 한 것과 『대학혹문』에서 '인간이 금수와는 다르게 정통(正通)한 기를 얻어서 명덕(明德)에 갖추게 된 가장 귀한 본성'이라고 한 것이 본연지성이 아니고 무엇인가라고 반문한다.[113]

그는 마지막으로 주자가, "리와 기는 마땅히 이합간(離合看)을 해야 한다"라고 한 것을 인용하고 이것이 이기(理氣)를 궁구하는 요결이라 지적하면서 다음과 같이 말한다.

> (리와 기를) 분리해서 본다면[離看] 리의 개동(皆同)을 본다【일원】. 합해서 본다면[合看] 리의 부동을 본다【이체】. 합해서 보는 곳에서 또 분리해서 보고【이 경우 인(人)과 물(物)은 같지 않으나 인성(人性)은 모두 선하다】, 분리해서 보는 곳에서 또 합해서 보면【이 경우 인성은 모두 선하나 (각 사람의) 기질은 같지 않다】, 같음 중에 그 다름을 보고 다름 중에 또 같음을 보는 것이 되어, 본성을 논하고 기를 논함이 환하게 뚫려서 막힘이 없게 될 것이다. 천문(泉門: 도암 문하)에서는 이를 알지 못하므로 무릇 인성이 금수와 다른 것을 모두 기질이라 하고 본연이라 하지 않으니, 이것은 인수(人獸)의 구별을 알지 못하여 석씨(釋氏)의 견해에 빠진 것이다. 작은 잘못이 아니므로 또한 그것을 말했다.[114]

한원진은 이기 관계에 대한 이해에서 이간(離看)과 합간(合看)을 적절하게 구사하여야 참된 인식에 이를 수 있다고 주장한다. 그에 의하면, 이재와 그의 제자들은 두 관점을 일원과 이체에 단순하게 고정적으로 적용함으로써 이체(異體)의 본연에 대한 인식에 도달하는 데 실패했고,[115] 그것은 인성과 물성의 다름을 본연지성의 차원에서 이해하지 못하게 만들었으며, 결국 불교에서 모든 것을 동일하게 바라보는 것과 같은 견해에 빠지고 말았다.

6
한원진의「제한천시후」에 대한 이재 문하의 대응

이재의 문하 곧 천문(泉門)의 신진학자 최석의 한원진 방문을 계기로 이재가 쓴「한천시」, 그리고 그에 대한 대응으로 한원진이 작성한「제한천시후」는 호락(湖洛) 간에 내연(內燃)하고 있었던 사상적 대립이 분명하게 표출된 것이었다. 한원진은 자신에 대한 이재의 비판에 정면으로 대응하고, 더 나아가 그에게 불교 곧 이단(異端)의 혐의를 두기까지 했다. 이것은 같은 권상하 문하의 동문이었던 이간과의 치열했던 대립을 이제 이재를 중심으로 한 낙학 측에 투영한 것으로, 그것은 결국 호락논쟁의 주제들이 호학 내부의 정통성 다툼을 넘어서 이이에서 송시열로 이어지는 율곡학파 내부에서 호학과 낙학 사이의 정통성 다툼으로 확산된 것을 의미한다.[116]

그런데 한원진이 그 글을 쓰기 전인 1746년 10월 이재가 돌연 별세하여 그에 대한 이재 자신의 대응이 이어지지 못함으로써, 이제 한원진의 이재 비판, 더 나아가서는 호학 측의 낙학 비판에 대한 대응은 이재의 문인 곧 천문의 과제로 남겨졌다. 그들은 한원진의 비판에 대응해서 스승의 견해를 변호하고 한원진의 심성설을 비판함으로써 자신들의 학문의 정통성을 재확인하고 분명히 정립하는 과제를 물려받게 되었다.

1) 최석의 대응: 「서남당발문후」

먼저 문제의 발단을 제공했던 최석 자신이 『천문사백록(泉門俟百錄)』을 편성하여 그에 대응했다.[117] 그는 거기에서 이재의 「한천시」와 한원진의 「제한천시후」 및 「우서」를 싣고, 그에 대해 「서남당발문후(書南塘跋文後)」를 지어 그 내용에 대해 축조 비판했으며, 「남당발문후론(南塘跋文後論)」, 「호학변(湖學辨)」, 「호학변후론(湖學辨後論)」 등 호학과 낙학 양측의 입장을 분명히 대조하여 서술한 글들을 함께 실음으로써, 호학과 낙학 사이의 논변이 명확히 학파적 대립으로 파악했다. 특히 이이-송시열의 전통이 낙학의 입장에 선 것임을 분명히 하고, 한원진의 심성설이 시비(是非)를 넘어 이단에 해당함을 역설함으로써—그것은 한원진의 선공(先攻)에 대한 대응이기도 했다—, 낙학의 입장이 호학에 대해 배타적 정당성을 가진 것임을 입증하는 데 주력했다.

그는 「서남당발문후」에서 먼저 한원진의 견해에 대해 "학문은 오류를 범했고, 마음 씀은 거칠다[學之誤, 心之麤]"라는 다소 과격한 총평을 했다.[118] 또한 송시열이 「간서잡록」에서 맹자의 견·우·인의 본성의 다름에 대해 기질이라 말한 것은 명백히 그것을 기질지성으로 본 것이며, 한원진이 그것을 본연(지성)의 부동으로 보는 것은 흰 것을 가리켜 검은색이라고 말하는 것과 같다고 했다. 이어서 한원진의 오류를 11조목으로 나누어 하나하나 비판했다.[119] 그에 대해서는 이미 별도의 논문으로 상세하게 다루었으므로[120] 여기에서는 다소 간략하게만 소개하기로 한다.

(1) 본연과 기질의 구별

한원진이 이재의 「한천시」가 '무분별'의 심성설을 주장한 것이라 비판한 데 대해, 최석은 그렇지 않다고 반론한다. 즉, 이재가 말하고자 한 것은, 인성과 금수의 본성 곧 물성의 차이는 기질편전지성(氣質偏全之性)의 차이이지 본연지성의 차이가 아니며, 또한 성인과 일반인의 마음의 차이는 기질유수지심(氣質有數之心)의 차이이지 마음의 본체(本體)의 차이가 아니라는 것이다. 우리는 본연지성과 기질지성을 구별해야 하며, 또한 본연지심과 기질지심을 구별해야 한다.[121] 그와 관련하여 최석은 「본연지심기질지심증변(本然之心氣質之心證辨)」을 지었고, 또 「기질편전지성변증(氣質偏全之性證辨)」을 지었다.[122]

(2) 『맹자』의 견·우·인 부동의 본성[性]에 대해

최석은 송시열이 「간서잡록」에서 이 문제에 대해 발언한 내용을 자신의 핵심적 논거로 삼아 한원진을 공격했으며,[123] 그에 대해 한원진은 그것은 우암설에 대한 오독으로서 우암설을 그렇게 볼 수 없다고 주장한 바 있다. 맹자에 나오는 견·우·인 부동의 본성 또한 성선의 본성이며, 본연지성일 수밖에 없다는 것이다.

최석은 송시열이 『맹자』에 나오는 견·우·인 부동의 본성을 기질지성으로 본 것은 이론의 여지가 없다고 주장하고, 더 나아가 맹자의 고자 비판에 미진한 점이 있다는 주자의 설을 인용하여 자신의 논거를 보강했다.[124] 그는 주자가 그렇게 지적한 것은, 맹자가 다만 고자가 견·우·인의 본성을 동일한 것으로 본 것을 비판하는 데 그치고 더 나아가 생(生)을 본성으로 보는 것이 본성에 대한 바른 견해가 아닌 것을 적극적으로 지적하지 않았기 때문이라고 했다. 즉, 맹자가 견·우·인의 기질지성에서의 부동을 주장하는 데 그치고, 견·우·인 곧 인·물에 동일한 본연지성의 차원이 있음을 제시하지 않았다는 것이다. 그는 만약 맹자가 고자의 주장에 대해, '그대가 말하는 것은 기질지성에 불과한 것으로 기질지성에서는 인과 물이 다르다. 그런데 인과 물이 동일한 본연지성의 차원이 있으며 그것이 참된 본성이다'라고 명확히 반론했었다면 미진하다는 지적을 받지 않았을 것이며, 그에 근거하여 한원진처럼 견·우·인 부동의 본성을 본연지성으로 보

려는 잘못된 시도도 없었을 것이라고 주장했다.¹²⁵

(3) 인간과 동물의 차이는 본성에 있지 않고 마음에 있다

한원진은 『맹자』에서 '군자가 보존하는, 인간이 금수와는 다른 얼마 안 되는 그것'이라 한 것과 『대학혹문』에서 '인간이 동물과는 다르게 얻은 가장 귀한 본성'이라고 한 것은 결국 본연지성일 수밖에 없다고 함으로써 인물성이(人物性異)의 본성이 본연지성임을 정당화하고자 했다. 그곳들에서 그것이 교정의 대상이 아니라 보존의 대상으로 언급되는 것은 그것이 기질지성이 아니라 본연지성임을 분명히 보여준다는 것이다.¹²⁶

그에 대해 최석은 『맹자』에서 '군자가 보존하는, 인간이 금수와는 다른 얼마 안 되는 그것'이라고 한 것은 본연지성이 아니라 마음[心]을 가리키는 것이며, 또한 『대학혹문』 인용의 뒷부분에서 "방촌(方寸)의 공간에 허령통철(虛靈洞徹)하여 만리(萬理)가 갖추어져 있으니, 대개 그 금수와 다른 근거는 바로 여기에 있다"라고 한 것도 또한 인간과 금수 사이의 차이를 마음에 둔 것이라 주장했다.

그에 의하면, 이이 또한 『맹자』의 이 장을 『성학집요(聖學輯要)』의 '심통성정장(心統性情章)'과 '진기심장(盡其心章)'의 사이에 편입해두어 그것이 마음에 관련된 것임을 보여주었고, 주자설(朱子說)을 인용하여 "인(人)과 물(物)이 같은 것은 리이고, 같지 않은 것은 마음[心]이다"라고 말한 바 있다. 결국 한원진이 그것을 본연지성이라고 주장하는 것은 본성도 알지 못하고 마음도 모르고 있음을 보여주는 것이라 비판했다.¹²⁷

(4) 마음은 정상(精爽)의 기로서 본선(本善)이다

그와 관련하여 최석은 「심즉기질지변(心卽氣質之辨)」을 지어서, 한원진이 마음이 기의 정상(精爽)임을 알지 못하고 기질로 보는 것이 그의 핵심적인 문제임을 지적하면서 다음과 같이 말한다.

주자는 '마음이 기의 정상'이라고 말했는데, 이것은 실로 심체(心體)를 통견(洞見)한 것이 일반적인 이해를 넘어선 것으로, 한 글자도 덧붙일 수 없고 한 글자도 뺄 수 없다. 공맹 이래로 오직 회옹(晦翁: 주자)이 남김없이 말한 것으로, 넘어뜨리고 두드려도 깨어지지 않는 진리이다. 대개 순일무잡(純一無雜)한 것을 정(精)이라고 하고, 허명통철(虛明洞徹)한 것을 상(爽)이라고 한다. 오직 이 순일무잡하고 허명통철한 기에는 한 터럭의 탁악(濁惡)한 것도 섞여 있지 않아서 기질과 구별되니, 이 때문에 마음의 본체에 선만 있고 악은 없어서 마음이 본선(本善)한 것이 매우 분명한 것이다. 그렇다면 마음이 기의 정상이라고 하는 것이 실로 심본선(心本善)의 두뇌인 것이다. … 남당은 마음이 기의 정상임을 알지 못하고, 이른바 기질로서 그에 해당시켰으니, 마음이 곧 기질인 것이다. 이것이 그가 오류에 빠진 근본이니, 바로 주자가, '본령이 옳지 않으니 모든 것이 잘못되었다'라고 한 것에 해당한다.[128]

마음을 기의 정상(精爽)으로 보는 것이 핵심이며, 심본선의 명제 역시 그에 기초한다. 반면 한원진의 문제는 바로 그것을 알지 못하고 마음을 기질로 보는 데 있으며, 그것이 바로 이 학문의 본령에 대해 그가 알지 못했음을 보여주는 것으로서, 그의 문제의 핵심이라고 지적한다.

그는 이어서 「심순선변후론(心純善辨後論)」을 지어 한원진이 1743년 낙학 측의 마음에 대한 이해를 비판하여 쓴 「심순선변증(心純善辨證)」[129]을 비판하면서, 그는 그 첫머리에서 "정자의 심본선론(心本善論)은 위로 맹자의 성선의 공에 필적한다"라는 것을 다시 한번 언명하고, 그것은 곧 기질지심과 구별되는 본연지심에 해당하는 것이라고 한다면, 한원진의 문제는 바로 기질지심만 알고 본연지심을 알지 못한 데 있다고 지적했다.[130] 이러한 것은 기본적으로 마음에 대한 낙학의 견해를 계승한 것이지만, 아래에서 살펴볼 박성원의 비판에서 지적된 바와 같이, 이재의 견해보다는 이간의 견해를 충실히 수용한 것이라고 할 수 있다.

(5) 본연이층론 그리고 이합간론 비판

한원진은 본연(本然)을 일원(一原)과 이체(異體)에서 각각 말할 수 있다는 주장을 했다. 원래 일원과 이체는 이간이 본연지성과 기질지성의 구별을 말하기 위해 사용한 구분이며,[131] 한원진은 이간과 논변하면서 오상(五常)을 이체에서의 본연으로 보는 자신의 일원이체론을 이미 제시한 바 있지만, 여기에서 이제 좀 더 분명하게 형식화하여 제출한 것이라고 할 수 있다.[132] 본연을 일원에서 말한다면 그것은 이른바 초형기(超形氣)의 본연지성이고 거기에서는 만물의 본성이 동일하다면, 이체에서 말한다면 인기질(因氣質)의 본연지성이고 거기에서는, 인성과 물성이 다르다는 것이다.

그에 대해 최석은 그것을 본연이층론(本然二層論)[133]이라 명명하고, 그 부당함을 다음과 같이 비판했다.

> 남당은 일원(一原)의 이동(理同)을 본연지성이라 하고, 또한 이체(異體)의 이부동(理不同)도 본연지성이라고 한다. 이것은 본연이층의 이론을 발의한 것으로서, 천명의 본성을 편전(偏全)의 다름[殊]과 이체의 이부동으로 삼는 것이다. 이는 주자의 이체의 의미를 모르는 것이요, 또한 본성의 의미에 대해서도 모르는 것이다. 대개 일원의 이동은 본연지성이고, 이체의 이부동은 기질지성이기 때문이다. … 대개 자사의 입언(立言)은 일원에 나아가 말한 것이고, 맹자의 변론은 이체에 나아가 논한 것이니, 자사와 맹자의 가리킨 바가 서로 같지 않아서 각각 해당하는 바가 있던 것이다. … 주자가 "만물의 일원을 논하면 리는 같고 기는 다르다"라고 한 것은 성(聖)과 범(凡), 현(賢)과 우(愚), 인(人)과 물(物)의 일원을 논하여 그렇게 말한 것이다. 주자가 '만물의 이체를 보면'이라고 한 것은 현과 우의 청탁과 인과 물의 편전을 통론(通論)한 것이다. 지금 만약 인과 물의 편전의 본성만을 유독 이체의 이부동이라고 하면, 이는 현과 우의 청탁의 본성은 이체의 이부동이 되지 않는데, 천하에 어찌 성·범과 현·우만 유독 만물 중에 들어가지 않음이 있겠는가? 지금 만약 이체의 이부동을 본연

지성이라고 한다면, 편전의 본성이 본연이 될 뿐 아니라, 또한 장차 청탁의 본성을 본연으로 삼게 될 것이다. 그것이 옳겠는가? … 대개 이른바 '일원의 이동'이라고 한 것은 본연이 일원이고 두 층이 없음의 명확한 증거이다. 이른바 '이체의 부동'이라고 한 것은 기질이 이체이고 본연이 아님의 명확한 증거이다.[134]

한원진이 일원의 본연에서는 인간과 동물, 인간[聖人]과 인간[凡人]이 모두 동일하고, 이체의 본연에서는 인간과 동물은 다르지만 인간과 인간은 같다고 주장했다면, 최석은 일원은 본연지성이고 이체는 기질지성이며, 일원의 차원에서는 인간과 동물 사이만이 아니라 인간과 인간 사이도 동일하지만, 이체의 차원에서는 인간과 동물만이 아니라 인간들 사이에도 차이가 난다고 주장하는 것이다. 이것은 역시 기본적으로 이간의 일원이체론을 수용하여 제시한 것이라고 할 수 있다.

최석은 한원진의 주장이 일원과 이체를 비일관적으로 사용하는 것이라 비판한 것이다. 그는 만약 한원진이 주장하는 대로 인간과 동물의 차이를 이체의 본연의 차이라고 한다면, 성인과 일반인의 차이는 어째서 이체의 본연의 차이가 아니겠는가라고 반문했다. 최석은 『대학혹문』 '격치조(格致條)'와 송시열이 김창협에게 답한 편지[135]를 인용하면서, 한원진의 주장이 주자 더 나아가 송시열의 일원이체론(一原異體論) 및 인물성론(人物性論)과 다르다고 비판한다.[136] 그것은 결국 인간과 만물을 본연에서 분리하여 본연의 본연됨을 훼손하고, 성인과 일반인을 그 마음의 본체에서 분리함으로써 일반인의 기질 변화를 위한 공부의 근거를 훼손하는 이론이 되고 만다는 것이다.

이러한 논점은 이미 호학 내부에서 이간 등에 의해 충분히 논의된 사항이어서 그다지 새로운 것은 없다. 다만 최석이 한원진의 일원이체론에 대해 '이본(二本)'이라고 비판한 것은 다소 새로운 논점을 제시한 것이라고 할 수 있다.[137] 즉, 그는 다음과 같이 말한다.

천(天)이 만물을 생성함에 일본(一本)으로 했기에 천하 만물은 일본이면서 만수(萬殊)인 것이다. 지금 (한원진이) 일원을 본연으로 삼고 또 이체로 본연을 삼아서 본연을 이층(二層)으로 만드는 것은 그가 본(本)을 둘로 하는 때문이다.[138]

이본이라는 비판은 원래 묵가에 대한 맹자의 비판에 연원을 둔 것으로서, 묵가의 겸애(兼愛)가 보편적 인류애와 가족애를 분리해서 보는 것에 대한 비판이었다.[139] 최석의 비판은 한원진의 본연이층론이 결국 인간과 만물, 성인과 일반인의 분열을 가져오는 이론으로 본 것이라고 하겠다. 이것은 한원진이 이재의 심성설에 대해 '같음에 집착하여 차이를 보지 못한 것'이라 비판하는 것에 대해 꼭 정반대로 대응한 것이라고 할 수 있다.

한편 한원진의 이합간론(離合看論)은 결국 자신의 본연이층론, 곧 이체에서도 본연(지성)을 이야기할 수 있다는 자신의 주장을 이기(理氣)에 대한 주관적 인식 방법의 방면에서 정당화하고자 한 시도라고 할 수 있다. 당연히 최석은 이에 대해서도 비판한다. 최석은 한원진이 주자를 인용해 이합간(離合看)이 세계에 대한 이기론적(理氣論的) 이해를 위한 요결이라 한 부분에 대해 동의하지만, 그 구체적인 내용에서 이 부분만큼 견해차가 심한 부분이 없다고 했다.[140] 최석은 먼저 합간과 이간의 기본 관점을 다음과 같이 정리한다.

> 대개 이간(離看)하면 리의 개동(皆同)을 보니 이것은 리를 단언(單言)한 것으로 본연지성이다. … 천하에 동일한 바는 리이며 동일하지 않은 것은 기이다. 그러므로 같은 것은 그 본연지성이며, 같지 않은 것은 기질지성이다. 주자가 "이기는 마땅히 이합간해야 한다"라고 한 것은 그 의미가 실로 이와 같은 것이다. 그가 서원빙(徐元聘)에게 답한 편지에서 "이동기이(理同氣異) 네 글자는 무한한 도리를 담고 있다"라고 한 것은 이 진리를 명백하게 말해놓은 것이다.[141]

합간(合看)은 리와 기를 합하여 보는 관점이고, 이간은 리와 기를 분리하여 리만을 떼어내어 보는 관점이다. 본성은 합간의 관점에서는 기질지성이고, 이산의 관점에서 본연지성이다. 인(人)과 물(物)의 본성은 이간의 관점에서는 같지만, 합간의 관점에서는 다르다. 최석은 주자가 서원빙(徐元聘)에게 답한 편지에서 말한 "이동기이(理同氣異) 네 글자는 무한한 도리를 담고 있다"라고 한 것이 명확한 진리라고 말한다.142

최석은 이어서 한원진의 견해에 대해 다음과 같이 비판했다.

> 무릇 이미 이간했으면 결코 합간이 아니며, 이미 합간했으면 또한 이간이 아닌 것이다. 이 이간과 합간 두 가지 이외에 다시 다른, 이간도 아니고 합간도 아닌 이치는 없다. 한원진이 "이간한 곳에서 다시 합간하고, 합간한 곳에서 다시 이간한다"라고 한 것은 이미 이간도 성립되지 않고 또한 합간도 성립되지 않는다. 이 부분은 나의 견해가 한원진과 다른 곳이다. 이것은 주자의 말이 아니고 한원진의 설이며, 주자의 뜻이 아니고 한원진의 뜻이다. … 이것은 그로써 본연이층론을 발현하고자 하는 것이니, 이미 일원이동(一原理同)을 본연지성으로 삼고 나서 또 이체부동(異體不同)을 본연편전지성(本然偏全之性)으로 삼으려 하는 것이며, 기질을 본 곳에서 또 본연을 보는 것이다.143

한원진의 이합간론은 자신의 본연이층론을 정당화하려고 하는 것이지만, 합간 속에서 다시 이간을 논하거나 이간 속에서 다시 합간하는 것은 결국 합간이거나 이간일 뿐이지 그와 다른 차원의 관점일 수 없다는 것이다.

최석은 최종적으로 다음과 같이 정리한다.

> 그렇다면 무릇 인성이 금수와 다르다고 말하는 것은 모두 기질로써 하는 것이고 본연으로 하는 것이 아님은 실로 주자의 설이며, 천문(泉門)이 고수한

바이다.144

(6) 최석의 대응의 의의

최석은 30대의 신진학자로서 천문(泉門)을 대표할 만한 위치에 있지 않았다. 하지만 그는 감히 송시열 문하의 양 진영의 이견을 조정하여 하나로 귀일한다는 것을 표방하면서 호학의 호걸지사(豪傑之士)이자 연로학구(年老學久)한 한원진을 방문하여 토론을 시도했고, 자신의 방문 결과를 정리하면서 다소 과도할 수 있는 『천문사백록(泉門俟百錄)』이라는 제목을 붙였다.

최석의 이러한 행보는 이미 스승인 이재의 우려를 사기도 했지만, 호학과 낙학 사이에 잠재하던 정치적-학술적 분쟁의 소지를 심성설의 수준에서 명확하게 정리하는 계기를 만들었다. 박성원(朴聖源)은 같은 이재 문하의 선배 학자로서 한편으로 최석의 경박한 자기 과시욕이 결국 쟁변을 일으켜 스승에게 누를 끼치게 되었다고 비판했지만145 다른 한편으로는 자신도 한원진의 「제한천시후」의 내용에 대해서 조목조목 비판하는 글을 남기지 않을 수 없었다.

최석의 한원진 방문을 통해 이재와 한원진은 상대에 대한 자신의 견해를 제시할 기회를 얻었으며, 결과적으로 애초의 방문 의도와는 정반대로 양 진영 사이의 첨예한 대립이 더욱 분명하게 되었다. 뒤에 이익(李瀷)의 후학으로 알려진 무명자(無名子) 윤기(尹愭, 1741~1826)가 쓴 「서호락심성변후(書湖洛心性辨後)」는 바로 이 『천문사변록』을 읽고 쓴 것으로서,146 노론 내부를 넘어서 호락논쟁이 조선 유학계에서 분명히 인식되는 데에도 최석의 역할이 컸음을 알 수 있다.

최석이 처음에 『맹자』의 견·우·인성에 대한 해석과 관련하여 송시열의 「간서잡록」을 핵심적인 논거로 제시했고 또한 이후 한원진에 대한 비판에서 계속 송시열을 인용한 것, 그리고 이재와 한원진 사이에서 이이-송시열-권상하로 이어지는 학통이 문제가 된 것 등은 곧 이 시기 양 진영의 논쟁의 초점이 송시열 학통의 정통성 계승이라는 데 있었음을, 혹은 적어도 그 문제와 관련하여 격화되었음을 보여준다. 그것은 한원진이 쓴 권상하의 「행장(行狀)」을 둘러싼 논란과 그 궤를 같이하는 것으로서,[147] 호락논쟁이 단순히 학술적 논쟁 이상의 의미를 지닌 것이었음을 다시 한번 확인하게 한다.

하지만 역시 그 중심에는 심성설에 대한 견해 차이, 곧 본성에서의 인간과 자연의 관계에 대한 이해, 그리고 인간의 도덕적 주체로서의 성격에 대한 이견이 있었다. 율곡학파를 주기파(主氣派)로 보는 견해가 있을 만큼, 기(氣)의 맥락을 중시하는 것은 이이 이래 그의 계승을 표방한 율곡학파에게는 공통적인 것이었다. 여기에서 중요한 것은 '지나치게'라는 데 있다. 이이의 이통기국 명제가 보여주는 것처럼, 현실의 맥락에서 기는 결정적 중요성을 지니지만 그 근저에 있는 리-본체의 보편적 편재성 또한 놓쳐서는 안 된다는 것이 이이와 율곡학파의 기본적인 입장이었다. 이재에 의하면 한원진의 견해는 기를 지나치게 강조함으로써 리의 보편적 편재성의 측면을 놓쳤다는 것이다.

결국, 이재가 리의 보편적 편재성, 그리고 그에 따른 본성의 보편적 동일성과 마음 주체에서의 인간 사이의 동일성의 관점을 취하고, 그 입장에서 한원진의 견해가 지나치게 차이에 초점을 두어 기를 과도하게 강조함으로써 인간의 도덕적 실천의 객관적 근거와 주관적 가능성 모두에서 장애를 가져온다고 비판했다고 한다면, 한원진은 이재의 그러한 관점이 결국 인간과 동물, 성인과 일반인 사이의 차이와 구별을 무시함으로써 도덕 실천의 현실적 지평을 제대로 확보하지 못하고 말았다고 비판했다고 할 수 있다. 그것은 결국 도덕 실천의 객관적 근거를 공허하게 만들고 만다는 것이다.[148]

이재의 문인들은 한원진의 이재 비판에 대응해서 스승의 견해를 변호하고 한원진의 심성설을 비판함으로써 김창협 이래 자신들의 학문적 전통을 재확인하고 분명히 정립하는 과제를 물려받게 되었다. 최석의 『천문사백록』은 그 과제의 해결을 위한 최초의 시도라는 의의를 지닌다. 최석은 성론(性論)에서 한원진의 이체본연론을 본연이층론으로 규정하고 이본(二本)의 논리라 비판하면서 그것이 주자와 송시열 이래의 정론(定論)을 위배한 것임을 논증했다. 또한 심론(心論)에서는 인간과 동물의 차이가 본성이 아니라 마음에 있다고 하고, 본연지심과 기질지심을 구별했으며 그 본연지심의 측면에서는 성인과 일반인을 막론하고 모든 인간이 동일함을 주장했다. 그는 그런 맥락에서 심순선론 혹은 심본선론을 맹자의 성선의 명제에 비견할 수 있는 것으로 현양(顯揚)했다.

최석의 시도는 비교적 정확하게 낙학의 전통을 조술한 것이라고 평가할 수 있지만 또한 그리 세밀하게 다듬어진 것은 아니었으므로, 박성원, 양응수 등 이재의 문인들 내부에서 한편으로 수용되고 또 한편으로 비판되었다.[149] 천문(泉門)의 이러한 대응은 또한 역으로 호학 측에서도 심조[150] 등 한원진계의 인물들, 그리고 한원진 사후에도 여전히 건재해 있었던 윤봉구[151]와 김지행[152] 등 윤봉구의 문인들에 의한 대응을 유도했다.

2) 박성원의 대응: 「한남당시발변설」(1748)

특히 최석이 취한 호학에 대한 극히 배타적 입장은 겸재(謙齋) 박성원(朴聖源, 1697~1757),[153] 백수(白水) 양응수(楊應秀, 1700~1767)[154] 등 이재 문하의 선배 학자들을 불편하게 만들었다. 최석의 시도가 한원진이 낙학 측에 취한 입장에 정확히 대응한 것이라고 할 수도 있지만 이재가 견지했던, 시비를 분명히 가리는 동시에 쓸데없는 갈등이 야기되는 것을 피하는 태도와는 결이 다른 것이었기 때문이다.

이재의 고제 박성원은 1748년 12월, 「한남당시발변설(韓南塘詩跋辨說)」을 지었다.[155] 먼저 이재의 「한천시」(「崔生祐歸自南塘盛道講說聽之有作【寒泉先生

詩」)를 수록하고 자신의 발(「謙齋跋」)을 실었으며, 이어서 한원진의 「제한천시발」과 「우서」를 수록했다. 그리고 이어서 자신의 변설(「謙齋辨說」)에서 총 12개 조목으로 나누어 한원진의 글에 대한 비판을 전개했다(「心性說十二條」). 이것은 중간에 「한천시」의 배경에 대한 자신의 발문을 실은 것 외에는 최석의 『천문사백록』의 전반부 편성과 동일한 형식으로서 최석의 선행 작업을 다분히 의식한 것일 수 있다. 한원진 비판을 마친 후에는 최석에 대한 비판(「又辨說」)을 실어놓았다.

박성원 변설의 주요한 논점을 내용별로 정리하면 첫째, 이재의 설에 대한 오해를 바로잡아 해명하고 변명한 것, 둘째, 한원진이 선유(先儒)의 정론(正論)을 잘못 인용한 것에 대해 반박한 것, 셋째, 한원진이 주장한 설을 비판한 것 등으로 나눌 수 있다. 이에 대해서도 필자가 별도의 논문에서 자세하게 논구했으므로,[156] 여기에서는 특히 첫째와 셋째 부분과 관련된 내용을 간략하게 살펴보는 것에 그치기로 한다.

(1) 이재의 설에 대한 변호

① 인성과 물성의 차이를 알지 못한다는 비판에 대해

최석의 대응이 이재의 설에 대한 직접적인 언급이나 인용 없이 낙학의 논지를 펴는 데 주력했다고 한다면 박성원은 먼저 선사(先師) 이재의 말을 직접 인용하면서 논의를 전개했다. 글의 목적이 선사의 변호에 있음을 분명히 한 것이다. 먼저 인성과 물성의 구분에 대하여 그는 다음과 같이 말한다.

> 선사께서는 인물의 본성에 대해 다음과 같이 말씀했다. "리는 다만 하나의 리이니, 부여할 때 어찌 부수어 네 조각으로 만들어 각각 하나씩 부여할 이치가 있겠는가? 동물이 온전히 실현할 수 없는 원인[所以]은 다만 그 기가 어둡고 막힌 데 걸렸기 때문이다. 오직 그것이 온전히 실현할 수 없기에, (주자가) '수연

(粹然)한 것에서는 인간과 동물의 차이가 있다'라고 한 것이다"【이상은 부여의 채지홍에게 보낸 답서이다】.157 그(한원진)는 이와 다르니, 인간이 홀로 오상을 얻었으며 동물은 그에 참여할 수 없다고 하고, 이에 인간과 동물에게 부여된 후 기질에 국한되어 편전이 있는 것을 본연지리(本然之理)로 여겼다. (선사의 「한천시」) 중에 '편전을 본연으로 삼았다'라고 한 것은 바로 이것을 가리킨다.158

인용된 이재의 말은 『맹자』「고자상」 '생지위성장(生之謂性章)'에서 견·우·인의 본성의 다름을 말한 것에 대해, 주자가 "以理言之, 則仁義禮智之稟, 豈物之所得以全哉? … 仁義禮智之粹然者, 人與物異也"라고 주석한 것에 대한 해석으로서, 해당 부분은 한원진이 자신의 주장을 정당화할 수 있는 핵심적인 논거로 들고 있는 것이기도 하다.159 즉, 『맹자』의 해당 부분은 인성(人性)과 물성(物性)의 차이를 말한 것으로서, 주자의 이 주석은 동물이 그 인의예지의 수연(粹然)한 것을 온전히 품부 받지 못한 것으로 해석될 수 있다는 점에서, 특히 그것을 리의 측면에서 말하고 있으므로 인간과 동물이 오상의 수준에서 즉, 그 본연지성에서 다름을 주장할 수 있는 유력한 근거가 되는 것이었다.

하지만 박성원에 의하면, 이재는 리의 통일성에 근거하여 인의예지가 파편화될 수 없다고 주장했다. 즉, 인의예지는 리의 각 양상으로 근본적으로 동일하며, 동물의 경우도 리에 근거하여 존재하는 이상, 인간과 다름없이 인의예지를 전체적으로 품부 받았다는 것이다. 그를 전제로 해서 그는 주자가 '豈物之所得以全哉?'라고 한 것에 대해, 인의예지를 온전히 품부 받지 못한 것이 아니라 품부 받은 것을 온전히 실현하지 못한다는 것을 의미하는 것으로 해석한다. 즉, 동물은 기의 편재로 말미암아 인의예지를 '온전히 실현할 수 없을[不能全]' 뿐이라는 것이다.160

박성원은 그에 대비하여 한원진이 해당 구절에 대해 동물이 오상을 '온전히 품부 받지 못한' 것으로 해석함으로써 인의예지의 덕, 곧 리를 파편화시켰으며, 그것은 곧 기질에 국한되어 편전이 생긴 것을 본연지리로 삼은 것이라고 지적한다.[161] 그리고 리가 파편화될 수 없는 것임을 주자의 각구태극론(各具太極論)과 이이의 이통기국론(理通氣局論)을 인용하여 정당화했다.[162]

사실 한원진은 본성을 리 자체가 아니라 기 속의 리로 이해하는 주자와 이이의 전통을 이은 것이라고 할 수 있다. 이재 역시 그러한 점을 인정하지 않는 것은 아니다. 하지만 기질에 의해 규정된 리라고 하더라도 여전히 리라는 점, 그 리는 결국 본연지리라고 하는 점을 한원진이 간과한 데 문제가 있다. 즉, 기의 편전에 따라 리에도 편전이 있게 되지만 그 편전의 리가 곧 본연지리는 아니며, 본연지성은 바로 그 본연지리를 가리키는 것이라는 것이다. 한원진의 설은 편전의 리를 본연지성으로 보는 것으로써, 결과적으로 '본연'을 파편화하여 세계의 근원에서의 동일성[一原]을 파괴하는 문제가 있다. 박성원은 바로 그 점이 선사 이재가 우려한 이유라고 지적한다.[163] 곧 현실의 분열과 이탈을 지나치게 강조하여 '본연' 곧 본원의 동일성을 파괴한 것으로, 그것은 파편화된 현실을 확인하고 그를 개선하기 위한 수양과 개혁에의 노력을 촉구하는 의미가 있을 수 있지만, 본원적 동일성을 우리의 본성 바깥으로 밀어냄으로써 우리가 수양의 노력을 시작할 수 있는 내적 근거와 동력, 그리고 그 최종적 지향점을 훼손하는 잘못을 범한 것이라고 할 수 있는 것이다.

② 성인과 일반인의 마음의 차이를 알지 못한다는 비판에 대해

한원진의 이재에 대한 두 번째 비판은 이재가 성인의 마음과 일반인의 마음의 차이를 알지 못한다는 것이었다. 곧 리-본성을 실현하는 주체로서의 마음은 현실적 존재로서 기로 구성되어 있으므로 기 혹은 기질의 제약 혹은 편차부터 자유롭지 못하다는 것을 의미한다. 그것은 우리가 리-본성을 실천할 때 현실적으로 당면한 문제이며 반드시 고려되어야 할 점으로

서 기질 변화를 위한 노력이 필수가 되는 이유가 된다. 그것은 곧 이재의 동론(同論)이 그러한 노력에의 동기를 약화할 가능성이 있다는 비판을 함축한다.

그에 대해 박성원은 역시 먼저 이재의 말을 인용함으로써 자신의 변론을 시작한다.

> 선사는 성인과 일반인의 마음에 대해 다음과 같이 논하셨다. "내가 생각하기에 마음은 본래 기이다. 그러나 반드시 본성과 기를 합해서 말해야 그 뜻이 비로소 갖추어진다. 그러므로 예로부터 마음을 말하는 경우는 오로지 기로써 단언(斷言)하지 않았다. 그러나 만약 그중에 나아가 기를 단지(單指)한다면 리는 하나인데 기는 둘이니, 성인과 일반인의 마음에 고르지 않음이 있을 수 있다. 그러나 기라고 하는 것은 비록 청탁수박의 같지 않음이 있으나 그 근본은 담일할 따름이다. 마음은 또한 기의 정상이면서 리를 합하여 말하면 오로지 하나의 기 자만을 붙일 수는 없다. 그러므로 그 본체의 담연함은 성인과 일반인이 동일하다. 그것을 미발의 때에 볼 수 있다."[164]

이것은 윤봉구에게 한 이재의 말을 그대로는 옮긴 것으로 이미 앞에서 누차 인용된 바이므로 여기에서 재론할 필요는 없겠다. 핵심은 기를 단지하면 성인과 일반인의 마음 사이에 고르지 않음이 있을 수 있으며[容有不齊] 따라서 한원진의 주장이 완전히 틀린 것은 아니지만, 마음에는 리-본성의 측면이 있으므로 그 측면에서는 즉, 본성과 일치된 마음에서는 성인과 범인은 동일하다는 것이다. 또한 더 나아가 혹 리를 배제하고 기의 측면만을 말하는 경우에도, 마음의 기는 정상한 기로서, 청탁수박이 고르지 않은 가운데 본래의 담일함에 있어서는 성인과 일반인은 같다. 그런 점에서 역시 마음은 단지 기인 것만이 아니라 리적인 면모를 가지며, 마음의 그러한 성격 곧 담일 그리고 단지 기가 아니라 리와 기의 합으로 보아야 하는 그러한 면모는 마음의 미발에서 확인할 수 있다는 것이다. 박성원은 이 인용을 하고 난 뒤 소주(小註)에서 다음과 같이 그 취지를 요약했다.

> 이 말은 "기질은 고르지 않으나 그 근본은 담일하다. 이것은 리를 합해서 말하는 것이므로 미발의 전의 마음은 또한 기질의 선악을 논할 수 없다"라고 대략 말씀하신 것이다.[165]

박성원은 이재의 취지가 "마음은 그 담일한 본연의 모습에서는 리를 합해서 보아야 하며, 그것은 미발의 때에 확인될 수 있는 것으로서 미발에서는 기질을 말할 수 없다"는 데 있음을 분명히 지적한 것이다. 그는 그와 관련하여 이재가 담일에 대해서 좀 더 세밀한 이야기를 한 부분을 다음과 같이 인용한다.

> 또 말씀했다. 마음 개념은 본래 리와 기를 합한 것으로, 이 리를 떠나서 기를 말할 수는 없다. 만약 반드시 기를 단지하여 말하려고 한다면 기에는 또한 두 가지가 있으니, 천지본연(天地本然)의 기가 담연순일(湛然純一)한 것은 마음의 본체로서, 이른바 명덕이다. 이것은 성인과 일반인이 동일하다. 형체가 생기고 나서 신(神)으로 발현한 것은 혈기정영(血氣精英)으로, 진안경[陳安卿: 진순(陳淳)]이 "그대로 완전히 선한 것은 아니며, 움직이자마자 곧 불선(不善)한 데로 가기 쉽다"라고 말한 것이다. 이것은 성인과 일반인이 동일하지 않다.[166]

마음은 리와 기를 합해보아야 하는 것이나, 기를 단지할 수도 있다. 하지만 기를 단지하는 경우에는, 그 기에 혈기정영과 천지본연의 구분이 있다는 것을 알아야 한다는 것이다.[167] 성인과 일반인에 차이가 나는 것은 바로 혈기정영의 기 곧 신체의 기 중 정영한 것으로서의 마음에 해당하며, 천지본연의 기 곧 우리의 신체를 넘어서 우주를 구성하는 기의 본연은 담연순일한 성격을 지니는 것으로 그러한 기로 구성된 마음은 성인과 일반인 사이에 차이가 없다는 것이다.

주자학 일반에서 마음은 통상 정영(精英)한 기 혹은 기의 정상이라고 정의되며, 그런 점에서 형기혹은 혈기와 구분된다. 하지만 한원진과 윤봉구는 마음의 기도 기인 한, 기질의 편차로부터 자유롭지 않다고 주장했다.[168] 심기와 형기(혹은 혈기)의 연속성을 주장한 것이다. 그에 대해 이재는 혈기 중 정영한 것과 구별되는 천지본연의 기를 제시함으로써, 심기와 형기의 연속성을 부정한 것이라고 할 수 있다. 심기 전체가 그러하다기보다는 심기의 본연 혹은 마음의 본체에 대해서 그렇게 말할 수 있다는 것이다.

설혹 신체의 혈기뿐만 아니라 혈기정영의 마음은 청탁수박의 편차로부터 자유롭지 않고 따라서 성인과 일반인의 구별이 있을 수 있다 하더라도, 본연지기는 리 자체는 아니지만 완전히 본연지리와 일치한 것으로[169] 그러한 편차로부터 자유롭다. 이재에 의하면 인간의 마음의 본체를 구성하는 것은 바로 그러한 본연지기이며, 따라서 성인과 일반인의 마음은 그러한 차원에서 곧 그 본체에서 동일하다. 그것이 곧 우리 인간에게 주어진 보편적인 명덕이라고 했다. 이는 곧 위에서 살펴본 바와 같이 호학 측에서 기를 강조하는 것이 미발에서 기질을 거론하고, 나아가 명덕에도 분수를 허용하게 된다는 그의 우려를 반영한다.

박성원은 이재의 견해를 다음과 같이 정리한다.

> 선사께서 마음을 논하심에 리와 기를 합하여 논했고, 또 기를 단지하여 말했다. 그는 성인과 범인의 같고 다른 이유에 대해서, 각 지점에 따라 논했기에 조리가 어긋나지 않았고 정미함을 다 살폈기에 발명(發明)함에 남김이 없었으니, 바꿀 수 없는 정론(定論)이라고 할 만하다. 한원진의 견해는 이와 달라서 기를 주장한 것이 지나쳐 한 리 자를 금(禁)하여 그 가운데 들어오지 못하게 했고, 또 천지 본연의 순일한 기는 보지 못하고 다만 혈기정영의 고르지 못한 것만

보아서 이에 마음의 본체를 기질에 소속시키고 선악이 미발의 전(前)에 이미 갖추어져 있다고 했다. 시(詩:「한천시」) 중에 "기질을 심체에 해당시켰다"라고 한 것은 곧 이것을 가리킨 것이다.170

이재가 성인과 일반인의 마음을 논할 때, 리와 기를 합한 관점과 단지기(單指氣)의 관점 모두를 고려하여 세밀하게 살폈고 또 단지기 내부에서도 본연지기와 혈기정영을 구분함으로써, 성인과 일반인 사이의 마음의 같음과 다름을 모두 설명할 수 있는 완비(完備)한 설명을 제출했다면, 한원진은 기를 지나치게 강조하여 리의 측면을 배제했고, 또 심기에 대한 이해에서도 혈기정영의 고르지 못한 면만 보고 천지본연의 순일한 기의 면을 보지 못함으로써, 성인과 범인의 차이는 설명해도 그 같음을 설명하는 데는 실패했다는 지적이다.

그에 의하면 한원진의 견해는 곧 심체에 대한 인식에 철저하지 못하여 심체의 순수성을 훼손한 것으로, 미발 및 명덕에 대한 이해 문제와 직결되어 있다. 성론(性論)에서의 한원진의 문제가 리의 본연 곧 본연지리에 대해 파악하지 못한 것이었다면, 심론(心論)에서의 그의 문제는 기의 본연 곧 본연지기(本然之氣)를 제대로 파악하지 못한 것이었다고 할 수 있다. 따라서 그것은 한원진의 이기(理氣) 인식에 문제가 있다는 것을 보여주는 것으로, 박성원은 그것이 결국 리의 인식에 철저하지 못한 문제임을 다음과 같이 지적한다.

대개 마음의 본체는 담연허명(湛然虛明)하고 순수무잡(粹然無雜)한데 여기에 기질을 붙였으니, 이는 천하의 지정지결(至淨至潔)한 리를 완전히 기의 소굴 속으로 추락시킨 것이며, 심지어 방촌(方寸) 허명(虛明)의 중(中)을 또한 그에서 벗어나지 못한 것으로 보았으니, 옛날의 이른바 '재예태청(滓穢太淸)'이라 한 것에 해당한다. 이것이 또한 선사께서 깊이 우려하신 바인데, 그는 도리어 선

사의 이론이 성인과 일반인의 차이를 알지 못한 데 귀착한다고 하니 역시 이상하다고 여길 만하다.[171]

한원진의 문제는 지극히 순수한 리를 기의 소굴로 추락시킨 것, 곧 통상 인기위리(認氣爲理)에 해당하는 문제로서 한원진의 심성설 전반을 관통하는 문제라고 할 수 있다.[172] 박성원은 이재가 우려한 것은 바로 거기에 있었다고 결론짓는다.

박성원은 이재가 마음의 미발에 대해 간략하게 언급한 것을 부연하여 다음과 같이 말한다.

> 무릇 미발의 때에 또한 불선(不善)의 맹아가 있다고 한 것은, 율곡께서 그것을 천만부당하다고 하시며, "희로애락의 미발을 중(中)이라고 하며, 중(中)은 대본(大本)이니, 어찌 선악을 말할 수 있는 것이 있겠는가?"라고 말하셨고, 또 "여기에 불선의 맹아가 있다면 성인만 홀로 대본을 가지고 일반인은 대본이 없는 것이 되니, 맹자의 성선설은 가상의 헛소리가 되고 말 것이며, 사람들은 요순이 될 수 없을 것이다"라고 하셨다. 이것은 명백하고 정확한 말씀으로써 의심할 만한 것이 없다. 그는 무슨 까닭으로 다른 의론을 산출한 것인지 모르겠다. 만약 그의 설과 같다면 율곡도 또한 성인과 일반인의 구별을 모른 것으로서, 선사와 더불어 똑같은 비난을 받게 될 것이다.[173]

미발에서의 기질의 유무 문제는 한원진과 이간 사이의 논변의 한 축이었는데, 박성원은 여기에서 그것을 성인과 범인의 마음의 동이 문제로 연결하여 논한 것이다. 박성원은 이재에 이어, 한원진의 주장이 미발 때에 불선의 맹아가 있다고 보는 주장과 연결된다고 보고 이이의 말을 인용하면서 그것이 불가함을 지적했다. 그것은 곧 성선을 실제로 위협하는 것으로서, 사람들이 수양을 통해 요순이 될 수 있는 내적 근거를 허무는 것이 된다는 것이다.

③ 불교에 가깝다는 비판에 대해

한원진의 이재에 대한 세 번째 비판은 이재가 불교와 유교의 구별이 심성의 구별에 있음을 알지 못한다는 것이었다. 이 말 자체는 다소 모호한데, 마음과 본성 사이의 구별을 알지 못한다는 의미일 수도 있고, 마음과 본성에서 성인과 일반인, 인간과 동물 사이의 구별을 알지 못한다는 의미일 수도 있다. 지금까지의 논의에 의하면 둘 다 가능하다고 하겠다. 다만 한원진의 글 소주(小註)에 불교의, "움직이고 영성(靈性)을 가진 모든 존재에게 불성(佛性)이 있다", "인심(人心)은 지선(至善)하여 신고(辛苦)한 수행이 필요 없다"라는 말을 인용하여, 성동(性同)과 심선(心善)의 명제를 제시한 것으로 보아, 본성에서는 인간과 동물을 구분하지 않고, 마음에서는 성인과 일반인을 구분하지 않는 것을 지적한 것으로 볼 수 있을 것 같다. 그에 의하면, 그것을 구분하지 않는 이재의 심성설은 불교와 다름이 없다는 것이다.

이것은 이재의 심성설에 대한 한원진의 비판적 해석으로서 그에 대한 이재 자신의 적극적 해명 발언은 있을 수 없기에, 박성원은 이재의 심성설을 불교와 대조하여 그 독자성을 설명하는 방식으로 변명했다. 그는 다음과 같이 말한다.

> 유교와 불교의 구별은 바로 심성설에서의 구별에 있다. 우리 유교에서 "인간과 동물의 본성은 곧 나의 본성이다"【주자의 말이다】라고 하면 불교에서도 "움직이고 영성을 지니고 있는 것은 모두 불성(佛性)을 가진다"고 말한다. 우리 유교에서 "마음은 본래 선하다"【정자의 말이다】라고 하면 불교에서도 "인심은 지선하여 신고한 수행이 필요없다"라고 한다. 두 가지는 서로 비슷하지만 실은 서로 반대된다. 불교는 마음을 본성으로 여기고, 본성을 견문(見聞)의 작

용(作用)으로 여겼으므로 모든 혈기를 지니고 움직이는 것은 모두 불성을 가진다고 했다면, 우리 유교에서는 본성을 리를 삼고 리를 본연이라고 했으므로 인간과 동물이 비록 기품(氣稟)에서는 다름이 있지만 본연의 리는 있지 않은 곳이 없다고 했다. 이것이 본성을 논한 것이 다른 까닭이다. 불교는 리를 마음으로 여기고 마음을 만법(萬法)의 근본으로 여겼으므로 비록 일반인이라도 그 마음은 모두 지선하여 수행을 빌릴 필요가 없다고 했다면, 우리 유교는 리와 기를 합한 것을 마음으로 여기고, 마음의 본체를 지선으로 여겼으므로, 비록 군자라도 기질의 병통이 없을 수 없지만 수행할 수 있으면 모두 그 본래의 선을 회복할 수 있다고 했다. 이것이 마음을 논한 것이 다른 까닭이다.[174]

불교의 성동(性同)은 마음을 본성으로 본 것으로, 기질지성 곧 기의 동일성을 말한 것이라면, 이재의 성동은 본성을 리로 본 것으로, 본연지성 곧 리의 동일성을 말한 것이라는 점에서 차이가 난다. 또한 불교의 심선(心善)은 마음을 그대로 리로 보기 때문인데, 이재에서의 심선은 마음을 리와 기의 합으로 보며, 마음 그대로가 아니라 마음의 본체의 선을 말하는 것으로서, 수양의 노력을 배제하지 않고 오히려 수양을 통해 복귀할 지점을 제시한 것으로 볼 수 있다는 것이다. 즉, 마음의 본체를 지극히 선한 것으로 보아서, 비록 군자라도 기질의 병통이 없을 수 없지만 수양의 노력을 기울이면 그 본선(本善)을 회복할 수 있다는 주장으로서, 수양을 배제하는―아마도 선불교(禪佛敎)의 돈오(頓悟)를 염두에 둔 것으로 보인다― 불교의 심선론(心善論)과는 구별된다는 것이다.[175]

(2) 한원진의 설에 대한 비판

① 한원진의 일원이체설 비판

최석과 마찬가지로 박성원도 한원진의 본연이층론을 비판했는데, 최석의 비판이 비교적 단순했다면 박성원의 비판은 더욱 자세하고 치밀하다. 박성원은 먼저 한원진의 일원이체설과 자신의 일원이체론을 비교하여 다음과 같이 말한다.

> 본연 두 글자를 이층으로 나누어, 하나는 일원상에서 말하고, 하나는 이체상에서 말하니, 이전에 말한 것의 오류는 그 병통이 오로지 이에 있다. 이른바 본연이라는 것이 어찌 리로써 말한 것이 아니겠는가? 리는 하나일 뿐이니, 본연 바깥에 다시 본연이 있다는 말을 들어본 적이 없다. 그는 "일원으로 말하면 만물이 함께 태극을 갖추고 있으니 이것이 본연이며, 만물이 각각 그 본성을 갖추고 있는 것은 기질이다"라고 말하지만 우리는 "만물이 함께 태극을 갖춘 것은 본래 본연이며, 만물이 그 본성을 각각 갖추고 있는 것도 본연이다"라고 말한다. 그는 "이체로 말하면 개와 개가 같고 소와 소가 같으며 사람과 사람이 같은 것은 본연이며, 개와 개가 같지 않고 소와 소가 같지 않으며, 사람과 사람이 같지 않은 것은 기질이다"라고 말하지만, 우리는 "개와 소와 인간이 각각 같지 않은 것은 본래 기질이며, 개와 소와 인간이 각각 같음이 있는 것도 기질이다"라고 말한다.[176]

한원진과 박성원의 일원이체론을 대비하면 〈표 1〉과 같다.

표 1 | 한원진과 박성원의 일원이체론 비교

		한원진			박성원	
일원	본연	만물동구태극 (萬物同具太極)	본연	합언	만물동구태극 (萬物同具太極)	
	기실	만물각일기성 (萬物各一其性)		분언	만물각일성(각구태극) (萬物各一其性)(各具太極)	
이체	본연	견·우·인부동지성 (犬·牛·人不同之性)	기질	합언	견·우·인부동지성 (犬·牛·人不同之性)	
	기질	인여인부동지성 (人與人不同之性)		분언	인여인부동지성 (人與人不同之性)	

박성원은 한원진의 본연이층설(本然二層說)의 특징이 첫째, 일원상(一原上)에 기질을 도입한다는 것이고, 둘째, 이체상(異體上)에 본연을 도입한다는 것이라고 정리한 것이다.

박성원은 이어서 자신의 일원이체본연기질론(一原異體本然氣質論)을 바탕으로 한원진의 본연이층론을 본격적으로 비판한다. 먼저 그는 한원진이 일원상에 기질을 설정하고 만물 각일기성(各一其性)을 그에 배당한 것에 대해 다음과 같이 비판한다. 첫째, 일원상에 기질을 도입하는 것이 타당한가? 만물 각일기성은 각구태극에 해당하는 것으로서, 기질이 아니라 본연으로 보아야 하지 않는가? 그는 다음과 같이 말한다.

> 만물 동구태극(同具太極)은 곧 이른바 합해서 말한 것으로, 만물의 통체일태극(統體一太極)이라는 것이다. 만물 각일기성은 곧 나누어 말한 것으로, 만물의 각구일태극(各具一太極)이라고 하는 것이다. 비록 분언(分言)과 합언(合言), 통체(統體)와 각구(各具)의 다름은 있지만 그 태극임은 하나이다. 그런 까닭에 오행이 생겨남에 각각 그 본성을 갖추고 있는 것을 우암은 마땅히 본연지성이라고 말한 것이다. 그가 만물을 논한 것 또한 그러하다. 여기에서 만물 각일기성이라고 한 것이 본연이고 기질이 아님을 알 수 있다.177

둘째, 이체상에 본연을 도입하는 문제와 관련하여, 이체상에서 그것이 유적(類的) 차이든 개체적 차이든 그 차이를 결정하는 것은 기질인데, 견·우·인 사이의 부동의 본성은 본연에, 사람과 사람 사이의 부동의 본성은 기질에 배당하는 것은 일관성을 잃은 것이다.[178] 만약 만물 각일기성이 기질이라면 견·우·인 부동의 본성도 마땅히 기질이어야 하지 않은가?[179]

셋째, 한원진의 논의는 결국 태극을 공허한 것으로 만들고 만다. 즉, 견·우·인 부동의 본성의 본연은 동구태극(同具太極) 외에 별도 동구(同具)의 본연을 둔 것으로,[180] 결국 태극을 공무(空無)한 일물(一物), 현공독립(縣空獨立)한 하나의 흐리멍덩한 것[儱侗之物]으로 만든다는 것이다.[181] 그것은 태극과 만물을 유리(遊離)시키는 것으로, 만물의 통일성을 위협할 것이다. 그는 다음과 같이 말한다.

> 또한 개와 개가 그 자체로 하나의 본연이고, 소와 소가 그 자체로 하나의 본연이며, 인간과 인간이 그 자체로 하나의 본연이라면, 태극이 처음에는 혼연이었다가 여기에 이르러 분열되어 셋이 된 것이요 다만 셋으로 분열될 뿐 아니라 만 가지로 분열될 것이다. 천지가 아직 형성되지 않았고 만물이 아직 생겨나기 전, 전체(全體)의 원전(圓全)함이 천 가지, 만 가지로 파쇄되는 데에 미치면 다만 태극의 만 조각 중 하나가 남아 각각 일물(一物) 중에 있게 되니 태극의 원전한 체(體)는 있지 않게 된다. 그렇다면 태극은 옛날에는 있었으나 지금은 없으니, 이른바 만물이 동일하게 태극을 갖추었다고 한 것은 과연 어떤 태극을 가리키는 것인가?[182]

넷째, 한원진이 일원과 이체상에 각각 본연과 기질을 두는 것은 자가당착적이며,[183] 이이의 견해와도 상치된다. 즉, 이이가 말한 '본연지묘(本然之妙)'와 '본연지리(本然之理)'는 본연이 일원에 해당하는 것임을 보여준다는 것이다.[184] 이이는 본연의 리가 유선무악(有善無惡)한 것으로 보았는데, 한원진의 말대로 유적 본성이 본연지성이라면 동물 중 사갈(蛇蝎)이나 시랑(豺狼) 같이 지극히 악한 것들의 본성 또한 본연이라고 할 수 있는가라고 반문한다.[185]

마지막으로 박성원은 한원진이 맹자의 성선을 이체의 본연이라고 주장한 것[186]에 대해 다음과 같이 비판한다.

> 본성에는 본연지성도 있고 기질지성도 있다. 본연이라고 하는 것은 기질을 섞지 않고 말한 것이다. … 그 같은 곳을 말한다면 비록 이체상에서 말할지라도 같지 않은 것이 없으며, 그 다른 곳을 말한다면 비록 동체상에서 말할지라도 다르지 않음이 없다. … 맹자가 성선을 말한 것은 무엇 때문인가? 사람이 본성의 본선에 어두워 혹은 악하다고 생각하므로 기질 중에 나아가 선 일변을 척출(剔出)하여 말하여 그 본연을 밝힌 것이다.[187]

본연은 기질을 섞지 않고 말한 것으로서, 동체와 이체를 가릴 것 없이 모든 존재에 공유되는 리의 차원을 말한 것이라는 것이다. 성선의 의도는 기질로 말미암아 인간의 본성의 선함에 대해 의심하는 이들에게 기질을 넘어선 인간의 본연을 밝히는 데 의도가 있었다고 한다. 그렇다면 그것은 단지 인간의 이체의 본연을 가리킨 것이 아니라 기질에 나아가 그 본연, 곧 단지 인간만이 아니라 모든 존재의 본연이 어떠한가 하는 것을 밝힌 것이라고 보아야 할 것이다.

박성원은 성인이 본성을 말한 것이 인간에 대해서는 상세하지만 동물에 대해서는 간략해서, 공자나 맹자에서의 본성은 모두 인간을 중심으로 해서 말한 것이고, 『중용』에 이르러 비로소 인간과 동물의 본성을 통설했다고 하고, 만약 본연지성의 같지 않음을 말하고자 했다면 어째서 '인물지성(人物之性)'이라 하여 인(人)과 물(物)을 병거했는가라고 반문한다. 거기에서는 인간과 동물의 본연지성에서의 동일성을 말하고 있다는 것이다.[188]

② 한원진의 이합간론 비판

한원진은 주자의, "리와 기는 마땅히 이합간(離合看)하여야 한다"라는 말에 근거하여 이기 인식론의 측면에서 본연이층론을 정당화했다.[189] 즉, 이간에서 일원의 이동(理同)을 그리고 합간에서 이체의 이이(理異)를 말할 수 있다면, 합간한 곳에서 다시 이간하여 이체의 본연을 말할 수 있으며, 그 이간한 곳에서 다시 합간하여 이체의 기질을 말할 수 있다는 것이다.[190] 그에 대해 박성원은 주자의 이간과 합간을 각각 일원본연(一原本然)과 이체기질(異體氣質)에 단순 대응할 것을 주장한다. 이들 각각의 관점을 〈표 1〉에 적용하면 〈표 2〉와 같다.

표 2 | 한원진과 박성원의 이간합간론 비교

		한원진			박성원		
일원	본연	만물동구태극 (萬物同具太極)	이간	합간처우이간 (合看處又離看)	합언	만물동구태극 (萬物同具太極)	이간
	기질	만물각일기성 (萬物各一其性)		이간처우합간 (離看處又合看)	분언	만물각일기성 (각구태극, 各具太極)	
이체	본연	견·우·인부동지성 (犬·牛·人不同之性)	합간	합간처우이간	합언	견·우·인부동지성 (犬·牛·人不同之性)	합간
	기질	인여인부동지성 (人與人不同之性)		이간처우합간	분언	인여인부동지성 (人與人不同之性)	

박성원은 이어서 한원진의 견해에 대해 다음과 같이 비판한다.

그(한원진)가, "이간하면 리가 모두 같은 것을 보고, 합간하면 리가 같지 않은 것을 본다"라고 한 것은 주자의 뜻을 다 얻은 것인지는 모르겠지만 오히려 말은 되는 것 같다. 그런데 "합간한 곳에서 또 이간하고 이간한 곳에서 또 합간한다"라고 한 것은 말이 안 된다. 왜 그러한가? "이간하면 리가 모두 같은 것을 본다"라고 했으니, 그것은 이미 일원으로 말한 것이고, 일원은 곧 리의 본체로서 인간과 동물에 품부하기 전이다. 또한 "합간하면 리가 같지 않음을 본다"라고 했으니, 그것은 또한 이체로 말한 것이고, 이체는 곧 인간과 동물에게 품부한 이후로서 리가 기질 중에 타재(墮在)한 것이다. 그렇다면 '합간한 곳에서 또 이간하는' 것은 마땅히 기질 중에 나아가 본연의 리를 척출(剔出)한 것을 가지고 말해야 한다. 그 '이간한 곳에서 또 합간하는' 데 이르면 다시 미루어 가서 말할 곳이 없으니, 그러므로 어쩔 수 없이 "인간과 동물은 다르나 인성은 모두 선하다"와 "인성은 모두 선하나 기질이 같지 않다"라는 말을 두 구절 아래의 소주(小註)로 삼은 것이다. 이것은 인간과 동물을 이간하고 합간한 것이지, 리와 기를 이간하고 합간한 것이 아니다. 어찌 주자의 본의와 크게 어긋난 것이 아니겠는가? 이것은 그 이른바 "인간과 동물은 본연이 다르고, 성인과 일반인은 본심이 같지 않다"라는 것을 밝히고자 하여 이 구절의 말을 지어내어, 하나는 성설(性說)에 응하고 하나는 심설(心說)에 응한 것이다. 그 말은 모두 자신의 견해를 정당화하기 위해 발출한 것으로, 이처럼 편벽되고 치우쳤는데도 오히려 스스로 매우 정교하게 핵심을 찔러 막힘이 없다고 하니 나는 무슨 말인지 모르겠다.[191]

주자의 이간합간은 이기론상의 간법(看法)으로서, 이간은 기의 맥락에서 분리하여 리 자체를 본다는 것이고, 합간은 기의 맥락 속에서 리를 본다는 것을 의미한다. 그러므로 이간은 일원(一原)을 보는 관점이라고 한다면, 합간은 현실의 이체(異體)를 보는 관점이라고 할 수 있을 것이다. 그런데 문제는 한원진이 합간한 가운데 다시 이간하는 관점을 두고, 더 나아가 이간한 것을 다시 합간한다고 하는 삼중(三重)의 관점을 이야기했다는 것이다.

그에 대해 박성원은 "합간에서 다시 이간한다"라는 것은 바로 기질 중에 나아가 본연의 리를 척출한다고 하는 원래의 의미와 구별되지 않으며, "이간한 데서 다시 합간한다"라고 하는 것 역시 원래의 합간의 의미와 구별되지 않는다고 말한다. 이간 혹은 합간이라고 하는 이(二) 단계의 간법이 있을 뿐이다. 한원진의 삼중의 간법은 주자의 이기 이합간법에 의해 정당화될 수 없다는 것이다. 박성원은 한원진이 붙인 소주에 근거하여 그의 간법이 주자의 간법에 따른 것이 아니라, 자신의 심성설, 곧 인간과 동물의 본성의 차이를 본연의 차이로 말하려 하고 또한 성인과 일반인의 본심의 차이를 말하기 위한 의도로 임의적으로 구성한 것에 불과하다고 비판한다.

한원진은 자신의 글 말미에서 인성과 물성의 차이를 본연지성의 차이로 보지 않는 것이 오히려 결국 불교에 빠진 것이라는 주장으로 마무리 했다.[192] 이 문제는 이미 앞에서 다룬 바 있지만 상대편의 주장을 이단으로 모는 것으로서, 심각한 비판이 아닐 수 없다. 그에 대해 박성원은 다시 한번 그 문제에 대해 이재의 입장을 변론하면서 자신의 변론을 마무리 짓고 있다.

> 인성이 금수와 다른 것은 그 기질이 각각 다른 것인가? 아니면 본연으로부터 각각 다른 것인가? … 대개 인간과 금수는 품부 받은 것이 같지 않으나 그 본연이 스스로 같음에는 지장을 주지 않는다. 이로써 인간과 동물의 본성을 논한다면 그 구별이 없을 것을 염려하지 않을 것이다. 어찌 반드시 견·우·인의 기질 부동의 본성을 각각 견·우·인의 본연으로 삼은 연후에 비로소 인성이 금수와 다름을 밝힐 수 있다고 생각하는 것인가? … 반드시 인간과 금수의 구별을 밝히려 하여 품부 받은 바의 혹 온전하고 치우친 것을 모두 본연으로 돌리는 것은 기를 리로 인식하는 것이요, 바로 스스로 불교의 견해에 빠지게 되는 바이다. 그런데도 오히려 그것으로 사람을 꾸짖으니 진실로 한번 웃고 지나가면 될 것이고 더 많이 논변할 필요가 없다.[193]

박성원은 한원진이 기질을 지나치게 강조함으로써 기를 리로 오해할 소지가 있고, 그런 점에서 오히려 불교의 견해에 빠질 수 있다고 역으로 비판함으로써 글을 마치고 있는 것이다.

3) 최석에 대한 박성원의 비판: 「우변설」

박성원은 한원진에 대한 비판을 마친 후, 「우변설(又辨說)」에서 최석에 대해서도 비판적인 언설을 남겼다. 박성원은 최석의 변설 중에 적절하지 않은 내용, 곧 '그 말들이 선생에게 직접 배운 가르침에서 나온 것이 아닌' 것이 있음을 지적하고[194] 그것에 대해 비판했다.

(1) 마음의 본체에 대해 투철하게 이해하지 못했다
박성원은 다음과 같이 말한다.

> 대개 호중(湖中)의 견해는 명덕이 마음의 본체임을 알지 못하고 혈기의 정영을 본체로 여긴 것인데, 이것은 진실로 잘못이다. 그런데 혹자의 말은 또한 오로지 본체의 같음을 주로 하여 성인과 일반인의 같지 않음을 한가지로 신체의 혈기에 맡겼으니, 그것은 또한 혈기의 정영에도 고르지 않음이 있음은 알지 못한 것이다. 이로써 갑론을박하여 자신의 치우친 견해를 고수하니 진실로 이른바 "제(齊)는 본래 잘못이지만 초(楚) 또한 옳은 것은 아니다"라고 한 것에 해당한다. 선사의 견해는 그와 같지 않으니, (마음의 본체를 이해함에) 치우치게 기를 위주로 하지 않았고 또한 리에 전적으로 소속시키지도 않았다. 본체 담연의 리에 더하거나 덜어낸 것이 없는 것을 성인과 일반인이 반드시 같이하는 것으로 했고, 혈기의 정영이 반드시 모두 같지는 않은 것을 지자(智者)와 우자(愚者)가 말미암아 나뉘는 바로 삼았다. 그런데 석(祏)은 이런 취지를 알지 못하고 오로지 혹자의 설을 주로 하여 그로써 주기(主氣)의 논설에 대항하고자 했

으니 그 스스로 낭패를 취하게 된 것이 마땅하다. 또한 선생이 "(기를 단지(單指)하면 성인과 일반인의 마음 사이에 고르지 못함이 있을 수 있다[容有不齊]"라고 하신 말씀에 병통이 있다고 여겨, 서울에서 자주 크게 떠들기를 "나의 심설은 선생보다 낫다"라고 했다. 이것은 저 (한원진의) 발(跋)을 기다릴 것 없이 석(祏)이 이미 스스로 다른 견해를 세워 선사와 다투어 이기려 한 것이니 어찌 통탄하지 않을 수 있겠는가?[195]

박성원은 먼저 호중, 곧 호학의 핵심적 문제는 마음의 본체에 대해 잘못 이해한 데 있다고 지적한다. 즉, 명덕이 마음의 본체인데, 혈기의 정영을 마음의 본체라고 봄으로써 그것을 기질의 선악으로부터 완전히 구별해내지 못했다는 것이다. 앞에서 살펴본 바와 같이, 박성원은 이재의 입장이 심기와 형기를 구분한 데서 더 나아가, 심기 안에서 혈기정영과 천지본연 곧 담연순일지기(湛然純一之氣)를 구별한 것임을 강조한 바 있다. 전자가 아니라 후자가 심체에 해당하며 곧 명덕인데, 호중의 논의는 혈기정영에 머물러 있다는 것이다.

그런데 박성중은 이러한 문제가 한원진만이 아니라 호중 전체의 문제라고 비판하는 듯하다. 즉, 본문 중의 '혹자'는 바로 이간을 가리키는 것으로 보이며, 호중의 '갑론을박'이란 바로 한원진과 이간 사이의 논변을 가리키는 것으로 보이기 때문이다. 박성원은 '혹자'가 "오로지 본체의 같음을 주로 하여 성인과 일반인의 같지 않음을 한가지로 신체의 혈기에 맡겼으니, 그것은 또한 혈기의 정영에도 고르지 않음이 있음은 알지 못한 것이다"라고 지적한다.

곧 호학 내부에서 성인과 일반인의 심체의 동일성을 주장하기는 했지만, 성인과 일반인의 차이를 신체와 혈기의 차이로 돌리고 심기 곧 그 정영에도 차이가 있음을 알지 못했다는 것이다. 결과적으로 혹자는 혈기의 정영, 곧 기의 정상을 마음의 본체로 삼는 데 머물렀고, 심체의 본연지기(本然之

氣)의 측면 곧 그 리적(理的) 성격에 대한 이해에 이르지 못했다는 것이다. 그런데 아무리 정영 혹은 정상(精爽)이라고 해도 그것은 결국 기 혹은 혈기의 정영이므로 근본적으로 그 혈기 혹은 기질의 청탁수박의 고르지 못함에서 자유로울 수 없으며, 따라서 그 점을 지적하는 한원진을 굴복시킬 수 없었다는 것이 호학 내의 논변에 대한 박성원의 진단이다. 반면 자신의 스승 이재는 초점을 심체의 기에 조응하는 리로 돌림으로써, 즉 본연지기, 본연지심의 리적 성격을 부각함으로써, 그러한 문제를 해결했다는 것이 그의 주장인 것이다.

박성원이 이재와 이간을 대비하여 이렇게 이해하는 것은 이간의 다음과 같은 말을 염두에 두고 있는 것일 수 있다.

> 무릇 기는 하나인데, 그 조(粗)한 것을 말하면 혈기이며, 그 정(精)한 것을 말하면 신명(神明)이다. 정한 것과 조한 것을 통합하여 기라고 한다. 그런데 이른바 마음은 혈기가 아니라 신명이다. 심체는 지정(至精)하며 기질은 지조(至粗)하다.[196]

심체와 기질을 구분하기는 하지만 그 구분은 정(精: 정밀한 것)과 조(粗: 조잡한 것) 사이의 차이에 그친다. 문제는 신명을 어떻게 이해할 것인가 하는 데 있을 것이다. 그런데 이간은 정이든 조이든 기라고 말할 뿐이다. 신명의 독특성, 곧 마음을 구성하는 리의 측면은 고려되지 않았다.[197] 실제로 『맹자』「공손추상」의 '호연장(浩然章)'에 대한 논란에서 송시열이 호연지기 혹은 마음을 리의 수준에서 인식할 수 있다고 본 데 대해, 이간은 한원진과 마찬가지로 심즉기(心卽氣)의 입장에서 강력하게 반대한 바가 있기도 했다.[198]

이간의 마음 인식은 그리고 낙학 내부의 마음 인식 또한 그렇게 단순하지는 않으므로, 그의 심설과 이재의 낙학과의 관계는 좀 더 세밀한 연구를 기다려야 할 것이다.¹⁹⁹ 하지만 이 지점에서는 박성원이 이간의 심론에 대해 그렇게 파악하고 있다는 것이 중요하다. 이것은 앞에서 지적한 바와 같이, 한원진이 윤봉구, 박필주, 그리고 이재 사이의 심설 논변을 평하면서 낙론 측의 견해가 기본적으로 이간의 설에 근본을 둔 것으로 파악하는 것에 대해, 낙학 측에서 대응하는 하나의 논리가 제시되었다고 할 수 있다.

박성원은 최석이 심체에 대한 이러한 인식에 이르지 못하고, 즉 선사의 이러한 가르침에 대해서는 자세히 인식하지 못하고, 단지 '혹자' 곧 이간의 견해를 추종함으로써 스스로 낭패에 빠지고 말았다고 비판한다. 그것은 곧 낙학의 입장에 대해 잘 알지 못하면서 호중의 논란에 끼어들어 그 한쪽—이간—의 편을 듦으로써 논란만 가중시켰을 따름이었다는 것이다. 실제로 위에서 살펴본 바와 같이 이 시기 최석은 이간의 심성설에 상당히 의존하고 있었다고 할 수 있다.

박성원은 결론적으로 호중의 입장 전체를 '주기지론(主氣之論)'으로 요약하고 그것을 이재의 입장과 대조시켰다. 그것이 곧 이재 혹은 낙학의 입장이 그대로 '주리(主理)'의 입장이라는 것을 의미하는 것은 아니지만, 역시 심체와 본연의 이해에서 리의 역할을 강조한 것은 분명하다고 하겠다.

박성원은 끝으로 이재가 '기를 단지하면 성인과 일반인의 마음 사이에 고르지 못함이 있을 수 있다'라고 한 것²⁰⁰에 대해 최석이 비판한 사실을 언급한다. 이것은 박성원의 입장에 의하면 심체의 동일성을 주장하는 동시에, 심기(心氣)에서 곧 그 혈기정영 측면에서 성인과 일반인의 차이를 동시에 설명한 것으로서 이재의 포용적, 종합적 입장이 드러나는 부분인데, 최석은 동론(同論)에 집착하여 이 부분에 대해 제대로 이해하지 못했다는 것이다.

(2) 동론에 경도되었다

박성원은 이재의 심성론은 경직된 동론(同論)이 아니라, 상대측 논리인

이론(異論)을 포용한 종합적인 것임을 강조한다. 그것은 호학 내부의 논란 전체를 포괄하여 지양시킬 수 있는 진전된 입장이라는 것이다. 그런데 최석은 지나치게 동론에 경도되어 선사의 입장을 제대로 대변하지 못하고 오히려 쓸데없는 오해와 분쟁을 불러일으켰다는 것이다. 그는 다음과 같이 말한다.

> 하물며 그가 말한 바는 사설(師說)을 빙자하여 자신의 견해를 전달한 것이요 실로 선사의 이론과는 대체(大體)가 비록 방불하다고 해도 정미처(精微處)에서는 서로 배치될 뿐만이 아니었다. 마음을 논함에는 성인과 일반인의 같음을 경직되게 말하고, 본성을 논함에는 인간과 동물의 같음을 경직되게 말하여, 사문(師門)에게 들은 것이 이와 같은 데 그치는 것같이 했고, 이 때문에 그(한원진)에게 공격을 받았다. 그의 견해가 이미 우리 선생과 달랐는데 석(祏)의 말 또한 그 본의를 잃었으니, 그가 우리 사문을 봄이 또한 어떠하겠는가?[201]

최석이 그 대체는 비록 방불하게 보았다고 해도 정미처에서는 서로 배치된 주장을 폄으로써, 상대를 오해케 하고 결국 불필요한 쟁변을 일으켜 사문에 해를 끼쳤다는 것이다.

4) 양응수의 대응: 「한남당제도암시발변」 (1763)

백수(白水) 양응수(楊應秀, 1700~1767, 자는 季達)는 박성원과 함께 이재의 대표적 문인으로서, 최석, 박성원과 마찬가지로 하지만 시기적으로는 조금 늦은 1763년 1월, 「한남당제도암시발변(韓南塘題陶庵詩跋辨)【示朴士洙·兪士精二友】」(『白水集』 권7)을 지어 한원진을 비판했다.[202] 이에 앞서 양응수는 나름의 방식으로 이재의 심성론을 음미하여 이른바 심유이기설(心有二氣說)을 정립하고 그와 관련하여 박성원 등과 논변을 진행한 바 있다. 이 글은 그러한 성찰을 바탕으로 호학에 대한 비판과 자신의 낙론을 최종적으로 정립한 결과물이라고 할 수 있다.

양응수는 38세가 되던 1737년 한천으로 이재를 찾아가 사제의 연을 맺었으나,[203] 처음에 선친의 유명에 따라 선친의 친구였던 권집(權瑊, 1665~1716)에게 배웠다.[204] 권집은 서경덕 학맥에 속한 인물로서, 양응수는 그를 통해 서경덕 학풍의 영향을 받은 것으로 보인다.[205] 양응수의 심유이기설과 낙론 이해는 이재의 심성설에 바탕을 두고 있으나, 그에 대한 해석, 특히 본연지기에 대한 이해에서 서경덕의 영향을 발견할 수 있다. 이를 통해 천문 곧 이재 문하의 낙학에서의 또 하나의 분기를 확인할 수 있다. 먼저 「한남당제도암시발변」을 검토하고 이어서 심유이기설을 둘러싼 논란에 대해 간략하게 살펴보기로 한다.

(1) 스승의 견해를 변호함

① '인간의 성선이 금수와 다름을 알지 못했다'는 비판에 대해

그는 먼저 한원진이 이재가 인간과 금수의 본성을 구분하지 않음으로써 성선의 취지를 훼손했다고 비판한 것에 대해 그가 이재의 취지를 잘 이해하지 못한 것이라면서 다음과 같이 대응했다.

> 대개 주자가 이미 리는 절대로 같지 않고 인간의 본성이 최고로 고귀하다는 가르침을 주었는데 어찌 곧바로 인간의 본성의 선함이 금수와 같다고 말할 수 있겠는가? 그런데 주자는 리가 절대로 같지 않다는 말의 의미를 해석하여, "그것들의 혼명(昏明)과 개색(開塞)이 서로 매우 다르다. 그러므로 리가 절대로 같지 않다"라고 했다. 그 이른바 혼명 개색이라는 것이 어찌 리의 본연이겠는가? 리는 하나이며, 오직 기에 혼명과 개색이 있다. 인간은 그 열려서 밝은 것을 품부 받았으므로 그 본성의 전체가 드러나 밝고, 금수는 그 막혀서 어두운 것을 품부 받았으므로 그 본성의 전체가 다 드러날 수 없어서 다만 한두 가지 길의

밝음이 있을 뿐이다. 이것이 그가 인간의 본성이 가장 귀하고 리는 절대로 같지 않다고 가르친 까닭이니, 그 본성이 가장 귀한 이유와 리가 절대로 다른 이유는 실로 기품으로 말미암은 것이요 리의 본연이 아님은 분명한 것이다. 우리 선사는 주자의 뜻을 묵묵히 깨달았기에 일찍이 "인간의 본성의 선함을 논하면 진실로 금수와 다르나 만약 본연의 리를 논한다면 인간과 동물은 일찍이 같지 않음이 없다"라고 했다. … 남당은 마음을 본성으로 인식하는 것이요, 기를 리로 여기는 것이다. 우리 선생이 이미 인간과 동물의 같지 않은 점을 본 동시에 또한 인간과 동물의 같은 점을 볼 수 있었다고 한다면, 남당은 다만 인간과 동물의 같지 않은 점만 보고 인간과 동물의 같은 점은 보지 못한 것이다. 그런데도 우리 선생이 인간의 본성의 선함이 금수와 같지 않음을 알지 못했다고 말한다면 이것이 어찌 선사의 뜻을 아는 것이겠는가?[206]

"리는 절대로 같지 않다"라고 한 주자의 명제는 본연이 아니라 기품에 따른 리라고 보아야 하며, '인간의 가장 고귀한 본성'은 기품을 고려한 본성이라고 보아야 한다는 것이다. 본연지성은 본연의 리에 해당하는 것으로서 인간과 동물에 차이가 없이 보편적이라고 해야 한다. 한원진의 견해가 기에 따른 이이(理異)만을 보았다면, 이재는 본연의 리를 함께 본 것으로서 더 포괄적인 입장이다. 이는 기본적으로 박성원의 변호와 동일한 논리라고 할 수 있다.

② '성인과 일반인의 마음의 다름을 알지 못했다'는 비판에 대해

양응수가 좀 더 공을 기울인 것은 본성의 문제가 아니라 마음의 문제였다. 그것은 곧 낙학의 일반적 경향에 따른 것이라고 할 수 있다. 양응수는 먼저 앞에서와 비슷한 논조로 다음과 같이 말한다.

주자는 "생명을 가진 유(類) 중에서 오직 성인의 마음이 지극히 충실하며 허

망함이 없다"라고 했고, 율곡은 "허령(虛靈)한 것에도 분수(分數)가 있다"라고 했다. 우리 선생이 어찌 이런 문자를 보지 못했겠는가? 그러나 주자와 율곡이 말한 것은 그 기질을 겸한 마음을 특별히 가리킨 것이고 본연지심을 말한 것은 아니었다. 본연지심은 곧 맹자가 '인의의 마음'이라고 한 것이고, 주자가 "마음의 본체는 인(仁)하지 않은 것이 없다"라고 한 것이다. 만약 본연지심에서 성인과 일반인이 같지 않다고 여긴다면, 이것은 명덕에도 분수가 있다는 것이고, 정자가 "신(神)은 하나일 따름이다"라고 한 것도 빈말이 되고 만다. 그러므로 선사께서는 일찍이, "기질을 겸한 마음에는 분수가 있으나, 본연의 마음에는 분수가 없다. 명덕에 이미 분수가 없다면 본심(本心)에 분수가 있다고 말하는 것은 의리가 성립되지 않는다"207고 했다. 또 "'마음을 범범하게 말하여 온전히 선하다고 하는 것은 안 된다. 그 본연지심을 가리키면 진실로 성인과 일반인의 다름이 없고, 그 기질을 겸하여 발용하는 마음을 가리키면 같지 않음이 있을 수 있다고 말하는 것이 더 낫다. 같지 않기 때문에 변화의 공부를 할 수 있으며, 그 근본이 본래 선하기 때문에 끝내 그 처음을 회복하는 것이다. 그런데 기질을 겸했다는 말은 그 의미가 심오하므로 정밀하게 생각을 더 해야 한다"208라고 했다.209

본성에 기질지성과 본연지성의 구분이 있다고 한다면, 마음에는 기질지심과 본연지심의 구분이 있다. 한원진이 기질지심에 대해서만 주목한 것이라고 한다면, 이재는 한원진이 비난한 것처럼 범범하게 심순선의 논리를 주장한 것이 아니라, 두 가지 모두를 고려하여 기질지심에서는 즉, 기질을 겸하여 고려한 마음—따라서 두 마음이 있는 것은 아니다—의 측면에서는 성인과 일반인의 차이, 곧 분수를 인정할 수 있지만 본연지심의 차원에서는 성인과 일반인 사이의 동일성을 주장한 것이었다. 그리고 기질을 겸한 마음에서 수양의 필요성을 이야기할 수 있다면, 본연지심의 동일성에 근거해서 우리는 수양의 목표인 성인의 경지에 누구나 도달할 수 있음을 말할 수 있다는 점에서 그 두 가지 측면을 모두 말하여 온전한 마음에 대한 이론이 되며, 따라서 이재의 설이 더 우월하다는 것이다.

한편 양응수는 여기에서 본연지심을 인의(仁義)의 마음, 명덕(明德), 신(神)과 동일한 것으로 연결시켰다. 그런데 사실 이들은 각각 그 의미의 층이 다른 것으로서, 이면에 많은 이야기를 담고 있다고 해야 하겠다. 또한 끝부분에 '기질을 겸했다는 말은 그 의미가 심오하므로 정밀하게 생각을 더 해야 한다'라고 한 부분에 대해서도 음미할 필요가 있다. 그것은 곧 본연지심과 기질지심에 대한 좀 더 많은 이야기가 있다는 것을 의미한다.

양응수는 인간과 동물의 본성의 동이 문제가 곧 리에 대한 이해의 문제라고 파악했다면, 성인과 일반인의 마음의 동이 문제는 기에 대한 이해의 문제로 파악한 것으로 보인다. 그와 관련하여 그가 이 부분의 본문에 대한 소주로서 다음과 같이 이재의 논설을 인용하는 것은 마음의 기에 대한 그의 이해를 적시한 것이었다.

> 도암(이재)께서는 명덕 강설(講說)에서 다음과 같이 말했다. "마음이라고 하는 것은 본래 리와 기를 묘합하여 이름을 이루었으니, 이 리를 떠나서 홀로 기(氣) 자만으로 단언해서는 안 된다. 만약 반드시 기 자상에 나아가 그 지점을 분석하여 말하면 기에도 두 가지가 있다. 곧 천지 본연의 기가 순일부잡(純一不雜)한 것은 마음의 본체이며, 이것이 이른바 명덕이니, 이것은 성인과 일반인이 동일하다. 형체가 이미 생겨난 후에 신(神)이 지각을 발현하는데, 이것이 이른바 혈기의 정영한 것으로서, 진안경(陳安卿: 진순)이 '온전히 선한 것은 아니어서, 움직이자마자 곧 불선(不善)을 좇아가기 쉽다'라고 한 것이 그것이니, 이것인 성인과 일반인에게서 또한 자연히 고르지 않다. 이것은 두 가지 모양의 마음이 있는 것이 아니라 그 지점에 따라 지시한 바가 각기 같지 않은 것으로, 오직 보는 바가 어떠한가에 달려 있다."[210]

여기의 인용은 이재의 명덕 강설 곧 『대학』에 대한 강설에서 나온 것으로, 앞에서 박성원도 인용한 바 있다. 여기에서 이재는 마음은 리와 기의 합이지만, 기만으로 말할 수도 있는데, 그 경우에는 천지 본연의 기 곧 자연 속에 있는 본연의 기로서 순일하고 부잡한 성격을 지닌 기의 측면이 있고, 또 혈기의 정영 곧 신체를 구성하고 있는 정밀하고 탁월한 기의 측면이 있다는 이기(二氣)의 주장을 펼쳤다. 전자는 사실 마음을 넘어서 우주의 본체로서 리에 근접한 것이라고 할 수 있다. 이재는 그것을 마음의 본체라고 하고, 또 명덕과 동일시했다. 바로 이 측면에서는 마음은 순선한 것으로 모든 인간에게 동일하다. 반면 후자는 탁월한 기이기는 하지만 신체와 연속적인 것으로서 악으로 좇아가기 쉬운 성질을 가지고 있고 따라서 성인과 일반인 사이에 차이가 있다고 한다. 이재의 이러한 구분에 근거하여 제출된 것이 양응수의 '심유이기설'로서, 그에 대한 천문에서의 논란은 아래에서 별도로 살펴보고자 한다.

③ '불교에서 심성을 구분하지 않는 오류에 빠졌다'는 비판에 대해

양응수는 이 문제 역시 한원진이 이재의 설을 제대로 알지 못하고 하는 비판이라고 지적하면서 다음과 같이 말했다.

> 우리 선생은 다음과 같이 말했다. "(마음이) 순선(純善)하다는 설을 주장하는 자는 특히 마음과 본성의 구별을 하지 않은 것으로서 불교의 견해에 쉽게 빠진다. 그런데 선악이 있다고 말하는 자는 또한 미발의 전에도 악이 있다고 한다. 무릇 미발은 곧 본성이니, 미발에 악이 있다면 (본성에) 선악이 섞여 있다는 주장에 가깝지 않겠는가? 이 설의 폐단은 심하면 명덕에 분수가 있다고 주장하는 데 이르니, 이것 또한 내가 크게 우려한 바인 것이다." 이 설로 보건대, 우리 선생이 과연 유교와 불교의 구별을 알지 못해 불교의 견해에 빠진 것인가?[211]

양응수는 이재가 무차별로 마음의 순선을 주장한 것이 아니라 그 본래의 측면 곧 마음의 본체 혹은 본성의 측면에서 순선을 주장한 것이라는 점을 다시 한번 환기한다. 이재 역시 심순선(心純善)의 주장이 불교에 빠질 위험이 있다는 지적을 한 바 있으며, 이재는 그와 함께 미발의 마음에도 악을 말할 수 있다는 생각이 성선에 위배된 것이라 하여 염려했다는 것이다.

(2) 한원진의 전거 해석에 대한 비판

① '동욕기라'의 비판에 대해

앞에서 살펴본 바와 같이, 한원진은 『맹자』「고자상」의 견·우·인의 본성이 만약 기질지성이라고 한다면 그것은 곧 맹자가 기질지성으로 고자의 기질지성을 비판하는 것이 되므로, 같이 목욕하면서 상대의 벗은 것을 꾸짖는 동욕기라(同浴譏裸)의 혐의가 있다고 비판한 바 있다. 그에 대해 양응수는 다음과 같이 말한다.

> 견·우·인의 본성에 이르러서는 맹자가 비록 기질 두 글자를 말하지는 않았지만 이미 견·우·인의 본성이 같지 않다고 말했으니 그 같지 않은 이유가 기질에 말미암은 것이 아니라면 무엇이란 말인가? 대개 고자의 병통은 이미 기를 리로 삼은 데 있었으니, 맹자가 또 기질지성으로 그 설을 공파(攻破)한 것이 외면으로부터 보면 동욕기라에 가까운 듯하지만, 실상은 그렇지 않음이 있다. 고자가 생각한 기는 곧 지각 운동의 기로서 인간과 동물이 서로 비슷한 것이라고 한다면, 맹자가 말한 본성은 곧 인간과 동물이 같지 않은 리로서 기질이 저절로 그중에 있는 것이다. 기라는 글자는 비록 같지만 그 의미는 분명히 같지 않다. 그가 기질지성을 말한 이유는 곧 리가 절대로 같지 않음을 밝혀서, 지각 운동을 본성으로 삼는 병통을 공파하고자 한 것이었다. 진실로 이른바 증상에 따라 처방한 좋은 의사인데, 도리어 그를 동욕기라라고 말하는 것은 맹자가

말한 본성을 알지 못한 것일 뿐 아니라 또한 고자가 생각한 기를 알지 못한 것이기도 하다.[212]

동욕기라의 비판에 대해서 양응수는 고자의 기가 지각과 운동의 기로서 인간과 동물에 공통된 것이라고 한다면, 맹자의 기질지성은 기질의 맥락 아래서의 리에 해당하는 것으로서 지시하는 바가 다름을 지적한 것이다.

② '송시열의 설에 대한 해석'에 대해

양응수는 한원진의 송시열 설에 대한 해석을 다음과 같이 비판하였다.

남당은 또한 우옹(尤翁: 송시열)의 뜻은 결코 이와 같지 않았다고 주장했지만 그 내용을 분명하게 제시하지는 못했다. 그러면서 말하기를 "우옹의 뜻은 맹자가 비록 기질을 말하지 않았지만, 그가 견·우·인의 같지 않은 곳을 말한 것은 또한 기질로 말한 것으로, 대개 그로써 맹자가 불비(不備)한 뜻을 추보(追補)한 것이라는 것이었다"라고 했다. 아, 이미 같지 않은 곳을 말함에 기질로써 말했다면 또한 그 같은 점을 말함에는 마땅히 본연으로 말하여야 하겠는데 어째서 그는 같지 않은 곳을 말함에 오히려 본연이라 하고 기질지성이라고 하지 않는 것인가? 이것은 비록 우옹의 말을 자기의 설에 끌어 맞추려고 했지만 스스로 그 말의 모순됨을 깨닫지 못한 것이다. 그리고 맹자는 비록 기질을 말하지 않았지만 기질이 저절로 그 안에 있었으므로 우옹이 또한 기질로 말한 것이라 여긴 것이다. 만약 불비한 것을 추보한 것이라고 한다면 그것은 곧 맹자의 말에는 애초에 이러한 의미가 없었는데 우옹이 억지로 이 두 글자를 가지고 그 사이에 추보한 것이라는 것이니 어찌 가하겠는가? 만약 이 말이 다른 인간에게서 나온 것이었다면 남당은 반드시 말이 안 된다고 여겼을 것인데, 그것이 우옹의 말이었으므로 비난하지 않고 억지로 끌어들여 부회하는 가운데 말이 옹색하고 막힌 것이 이러한 지경에 이른 것이다. … 후에 우옹의 설을 살펴보니

"본연지성과 기질지성 이 두 이름은 정자(程子)와 장자(張子)로부터 시작했는데 공자의 성상근(性相近) 장에 이미 본연과 기질을 겸하여 말했다. 맹자는 입만 열면 곧 성선을 말했는데 이들은 모두 본연을 말한 것이다. 그러나 그가 견성(犬性)과 우성(牛性)을 말한 것은 또한 기질을 가지고 말한 것이다"라고 했다. 우옹이 견성과 우성을 기질지성으로 여긴 것이 이와 같이 분명한데, 남당은 우옹의 뜻은 이와 같지 않다고 한다. 이것은 무슨 식견이며, 무슨 언론인가?[213]

맹자의 견·우·인성에 대해 송시열은 분명하게 기질지성으로 말한 것인데도 한원진이 그 취지를 왜곡하여 억지로 자신의 견해 곧 본연지성으로 보는 것으로 해석했다는 것이다. 이 부분의 비판은 대체로 최석과 박성원 등과 같은 논지라고 할 수 있다.

(3) 한원진의 설에 대한 비판
① '이체 본연의 문제'에 대해
한원진이 일원상에서 본연을 말할 수 있을 뿐 아니라 이체 상에서도 본연을 이야기할 수 있다고 주장한 데에 대해 그는 다음과 같이 반론한다.

무릇 리라고 하는 것은 본래 자체로 혼전(渾全)하니, 이것이 이른바 본연이다. 그런데 기품은 고르지 않기 때문에 인간과 동물의 본성은 그 기질에 따라 통색(通塞)과 편전(偏全)의 다름이 있다. 그러나 그 본연의 리는 혼전하지 않은 적이 없다. … 이로부터 본다면 이체 상의 본연은 곧 일원상의 본연이니, 애초에 한 터럭도 보태거나 뺀 것이 없다. 그런데 저 남당은 일원과 이체를 나누어 두 개의 본연을 만들고, 일원상의 본연을 혼전(渾全)의 태극이라고 하고 이체 상의 본연을 천 조각 만 조각의 태극으로 분열시켰으니, 그 패류(悖謬)함이 또한 심하지 않은가? 그리고 견·우·인의 같지 않음이 기질인 것만 알고, 견(犬)과 견(犬)이 동일하고 우(牛)와 우(牛)가 동일하고 인(人)과 인(人)이 동일한 것도 또한 기질임을 알지 못했으니, 이것은 그가 리를 본 것이 정밀하지 않을 뿐 아니라, 그가 기를 본 것의 밝지 못함이 또한 심한 것이다. 율곡은 "순자와 양웅이 다만 파편화된 리가 각각 일물(一物)에 있는 것만 보고서 본체를 보지 못했으므로 성악과 선악혼(善惡混)의 설이 있게 되었다"라고 했는데, 지금 남당도 또한 다만 파편화된 리가 각각 일물에 있는 것만 보고 그 본체를 보지 못했기에 일원과 이체의 본연을 분립하는 설이 있게 된 것이니, 이것은 그 견해가 순자와 양웅과 같은 것이다.[214]

양응수는 이체 상의 본연과 일원상의 본연은 다를 것이 없으며 본연의 리는 혼전한 것인데, 한원진이 기질을 개입하여 이체 상의 본연을 별도로 설정하고 견·우·인 부동의 본성을 본연지성이라고 말하는 것은 본연의 리에 대해 알지 못하는 것이라 말한다. 그것은 기를 개입하여 본체의 태극을 파편화하는 것으로 결국 본성을 본체-리의 관점에서 보는 것이 아니라, 기질의 관점에서 즉 자연적 본성의 관점에서 보는 성악설이나 성선악혼설에 빠지고 만다는 것이다. 양응수는 한원진이 결국 본연지리를 모른 것으로, 이이가 이미 지적한 문제에 빠진 것이라 말한다. 또한 이이가 인심(人心)과 도심(道心)에 대해 말한 것을 인용하면서 한원진이 본연지리(本然之理)에 대해 모른 것일 뿐 아니라 본연지기(本然之氣)에 대해서도 모른 것이라 비판하면서 다음과 같이 말한다.

> 율곡은 "인심과 도심은 모두 기발(氣發)인데, 기가 본연지리에 순종하는 것이 있다면 기 또한 본연지기이다. 그러므로 리가 그 본연지기를 타고서 도심이 된다. 기가 본연지리에서 변화한 것이 있다면 또한 본연지기에서 변화한다. 그러므로 리도 그 변화한 바의 기를 타고서 인심이 된다"라고 했다. 율곡이 말한 본연지기는 성인과 일반인이 공유하는 바가 아닌가? 그가 말한 본연지기에서 변한 것은 성인과 일반인이 공유하지 않는 바가 아닌가? 여기에서 도심의 기

는 성인과 일반인이 동일하지만, 인심의 기는 성인과 일반인이 다름을 알 수 있다. 남당은 다만 성인과 일반인의 마음이 같지 않다는 말을 주로 하여 성인과 일반인의 마음이 다르지 않다는 설을 휘척(揮斥)했다. 이것은 곧 또한 주자가 불교는 다만 저 인심만 알고 이른바 도심은 없다고 말한 것에 유사하다.[215]

본연지기는 곧 본연지리에 대응한 개념으로서, 다음에 우리가 이어서 살펴볼 그의 심유이기설(心有二氣說)과 밀접한 관련이 있다. 양응수는 그것을 도암 이재의 심성설의 핵심적 주장으로 이해했는데 이에 대해서는 천문 내부에서 논란이 있었다. 그에 대해서는 아래에서 다시 살펴볼 것이다.

② 남당설에 대한 총평

양응수는 최종적으로 다음과 같이 한원진의 심성설을 총평했다.

대체로 남당의 심성설은 기질의 소굴에 떨어진 것으로서, 밝고 넓은 들판에 이르러서는 대대 그 방불한 것도 얻지 못한 것이다. 그러므로 우리 선생이 본연을 논한 곳에 대해서는 이미 이해하지 못했고, 정주(程朱)의 말에 이르러서는 그 본연을 말한 허다한 곳은 한가지로 모두 버리고 방치하고 다만 그 기질을 겸하여 말한 설을 인용하여 자신의 사견과 합치했다. 그래서 자신도 모르는 사이에 천착하고 파쇄하여 스스로 이단의 귀착처로 빠져들면서, 오히려 우리 선생이 유교와 불교의 구분을 알지 못하고, 인간과 금수의 구별을 알지 못하여 불교의 견해에 빠졌다고 말했다. 이것이 과연 책을 읽은 것이 정밀하고 지극하며, 이치를 말하는 것이 참되고 절실한 자이겠는가?[216]

한원진의 심성설이 기질의 소굴에 떨어졌다는 비판은 기본적으로 이재의 한원진 비판을 계승한 것이라고 할 수 있다. 다만 그가 본연이라고 한 것은 이재가 본연이라고 하는 것과 꼭 일치한 것은 아니었을 수 있다. 앞에서 살펴본 바와 같이 박성원이 마음의 본연에서 리 혹은 본성의 측면에 대한 강조를 포착했다면, 양응수는 그보다는 본연지기의 측면에 초점을 두어 이재 혹은 낙학의 입장을 해석하고 계승해간 것이라고 할 수 있다. 그와 관련해서는 앞에서 언급한 심유이기설을 둘러싼 양응수와 박성원 두 사람 사이의 논변을 검토해보아야 한다.

5) 양응수의 심유이기설과 천문에서의 논란

양응수는 『연보』에 의하면 1745년 이미 「심유이기설(心有二氣說)」을 지었다.[217] 그 대략의 내용은 1747년에는 목천(木川) 이철하(李徹夏)와 나눈 다음과 같은 대화에서 알 수 있다.

목천 이철하가 방문하여 질문했다. "근래 심설이 바야흐로 펼쳐져, 호우(湖右)【남당 한원진과 병계 윤봉구】에서는 마음에 선악이 있고, 미발의 전(前)에 악의 종자가 있다고 주장하고, 호좌(湖左)【자의 채지홍과 외암 이간】은 마음은 본래 선하며, 그 불선은 구각(軀殼: 신체)의 혈기 때문이라고 주장합니다. 이 두 설은 어떤지요?" 선생이 답했다. "두 설 모두 치우친 바가 있습니다. 오직 우리 선사(先師: 이재)의 이일기이(理一氣二)의 가르침이야말로 바꿀 수 없는 정론(正論)입니다. 대개 마음의 리는 하나이지만, 기는 그 지점을 나누어 말할 수 있는 것이 있습니다. 본연지기는 이른바 명덕인데, 주자가 '마음의 본체는 인(仁)하지 않은 것이 없다'라고 한 것이 그것입니다. 혈기의 정영은 이른바 신(神)이 그로써 지각을 발(發)한다고 한 것입니다. 진안경(陳安卿: 진순)이 '온전히 선한 물건이 아니며, 움직이자마자 곧 불선을 좇아가기 쉽다'[218]고 한 것이 그것입니다. 그 좌측에 있는 자들은 오직 본연지기의 순선만을 보고 혈기정영이 온전히 선한 것이 아님은 보지 못했습니다. 그 우측에 있는 자들은 혈기정영을 마음의 본체로 생각하고 본연지기가 순일부잡(純一不雜)한 것은 알지 못했습니다. 그러므로 반드시 리는 하나이지만 기는 둘이라고 말한 연후에야 마음의 체단이 원만하고 온전하고 계분(界分)이 분명해지며, 성현들의 말씀에 질정해보아도 딱 떨어지지 않음이 없습니다."[219]

양응수는 일단 먼저 마음에 대한 이해와 관련하여, 호학에서의 분열을 서술했다. 호우에서는 한원진과 윤봉구가 마음에 선악이 있고, 미발에 악의 종자가 있다는 설을 주장했다면, 호좌에서는 이간과 채지홍을 중심으로 마음은 본래 선하며, 불선이 있는 것은 신체의 혈기에 원인이 있다고 주장했다는 것이다. 그리고 자신의 스승인 이재는 그러한 양자의 입장이 모두 편향된 것이었음을 비판하면서, 이일기이(理一氣二), 곧 심유이기설(心有二氣說)을 주장했다고 하여 호학에 대한 낙학의 독자성을 분명히 했다.

양응수에 의하면 이재의 심유이기설은 곧 마음을 리와 기의 합으로 보면서, 리는 하나이지만 기는 두 가지 측면이 있다는 주장으로, 즉 기에 본연지기와 혈기정영의 두 가지가 있다. 본연지기가 마음의 본체 곧 명덕에 해당하는 것[220]이라면 혈기의 정영은 신체의 혈기 중 정미하고 탁월한 것이라는 의미로서, 통상 기의 정상이라고 하는 것을 두 가지로 나누어 본 것이라고 할 수 있다. 본연지기는 순일부잡(純一不雜)한 것으로서, 뒤에 그것을 천지 본연지기라고 표현하는 데서도 알 수 있는 것처럼 리와 함께, 혹은 리에 조응하는 기의 차원에서 인간뿐 아니라 모든 존재의 보편적 동일성을 가능하게 하는 근거라고 할 수 있다. 심기는 한편으로 그러한 측면을 내재하고 있고, 한편으로는 기로서의 탁월성 곧 인간에 고유한 탁월성으로서 혈기의 정영의 측면을 가지고 있다. 그런데 그러한 혈기의 정영의 측면에서는 온전히 선하지는 않다고 한다. 곧 선악이 함께 있을 수 있다는 것이고 개별적인 차이가 있을 수 있다는 것이다.

그런데 호우에서는 마음이 가진 혹은 심기 내부의 본연지기의 측면을 알지 못하고 마음을 혈기정영으로만 앎으로써, 마음에 선악이 있다고 여기고, 마음의 본체가 노정되는 미발에도 악의 종자가 있다는 주장을 펼치는 문제가 있었다. 한편 호좌 곧 호학 속의 낙론자들은 마음에 본연지기의 측면이 있음은 알았다고 하지만 그것을 혈기의 정영과 구별하지 않음으로써, 호우의 주장에 제대로 대응하지 못하는 문제가 있었다. 그에 대해 이재는 마음에 본연지기와 혈기정영의 두 가지 측면이 있다는 심유이기설을 제시함으로써 마음의 두 가지 측면, 곧 그 보편성과 개별적 특수성 모두를 포괄하는 온전한 이론을 정립했다는 것이다.

이러한 호학과 이재(낙학)의 차이에 대한 양응수의 이러한 설명은 이간을 중심으로 한 호학 내부의 낙론에 의지하는 바가 많았던 최석보다는 이재 혹은 낙학의 독자성을 강조한 박성원의 낙학 이해 방식에 더 가까운 것이었다. 하지만 그 내용에서는 약간의 차이가 있다. 그러한 지점은 이러한 심유이기설에 대한 천문 곧 이재 문하에서의 논란에서 분명히 노정된다. 그것은 천문 내부의 다양한 분기를 보여주는 것이라고 할 수 있다. 사실 심유이기설에 대해 양응수는 그것이 이재의 글에 근거한 것임을 주장했고, 그가 인용한 것은 분명히 이재의 「대학강설(大學講說)」에 나온 것이라고는 하지만[221] 본연지기와 혈기정영을 구분하는 심유이기설은 분명 다소 낯선 것이었다.[222] 특히 혈기정영이라는 용어 자체는 이재가 처음 사용한 개념으로 보인다. 따라서 그와 관련하여 천문 내부에서 의문과 논란이 제기되는 것은 당연했다.

이러한 의문과 논란을 배경으로 양응수는 1752년 자신의 「심유이기설」을 박성원에게 보내어 자문을 구했다.[223] 양응수의 문집 『백수집(白水集)』(권1)과 박성원의 문집 초본들인 『광암고(廣巖稿)』와 『광암집(廣巖集)』에는 두 사람 사이에 오고 간 편지가 여러 통 실려 있으며, 거기에서 그와 관련된 내용을 확인할 수 있다. 김원행이 양응수의 시에 화운하여 심유이기설을 비판한 시와 그에 대해 양응수가 자신의 입장을 변명하여 김원행에게 보낸 편지도 남아 있다. 『백수집』 권7에 실려 있는 「심기설변(心氣說辨)」

은 박성원과 논의한 결과를 어느 정도 반영한 것으로 보이는데, 본래 양응수가 박성원에게 보낸 「심유이기설」의 원형을 담고 있는 것으로 추정된다.[224] 여기에서 그 전체 내용을 상세하게 다루기는 어렵지만 이들 자료들을 중심으로, 심유이기설과 그에 대한 천문에서의 논란에 대해 간략하게 살펴보고자 한다.

(1) 양응수의 심유이기설: 「심기설변」을 중심으로

① 심유이기(心有二氣)의 의미와 그 근거

우리는 양응수의 「심기설변」을 통해 그의 심유이기설의 기본적인 내용을 확인할 수 있다. 「심기설변」은 혹자와 양응수 사이의 대화로 구성되는데, 그 첫 번째 질문은 다음과 같다.

> 듣건대, 도암 선생이 심기(心氣)에 대해 논해서 다음과 같이 말했다고 한다. "반드시 기를 단지(單指)하여 말한다면, 기에도 두 가지가 있으니, 천지 본연지기가 담연순일한 것은 마음의 본체이니, 이것이 이른바 명덕이다. 이것은 성인과 일반인이 동일하다. 형체가 이미 생겨나고 신(神)이 그로써 지각을 발하는 것은 혈기의 정영이니 진안경(陳安卿)이 '완전히 선한 것은 아니고 움직이면 곧 불선한 것으로 가기 쉽다'고 한 것이다. 이것은 성인과 일반인이 같지 않다." 이 말은 좋은 것 같다. 그러나 천지 본연지기가 마음의 본체라고 한 것은 명확한 근거가 없다. 그리고 혈기정영에 대해서는 비록 진안경의 설을 증거로 삼았지만 안경의 본의가 과연 혈기정영을 가리켜 말한 것인지는 알 수 없다. 대체로 기에 두 가지가 있다는 설은 끝내 의심할 만하다. 아니면 경전 중에 증거로 삼을만한 말이 있는가?[225]

질문자는 먼저 이재의 말, 곧 앞에서 언급한 「대학강설」의 내용을 인용하여 심유이기설을 간략하게 정리하고 그 내용에 대해서는 그것이 어떤 근거를 가지고 있는가에 대해 질문한 것이다. 이러한 질문에 응답하여 양응수는 주자의 다양한 글을 인용하면서 이재의 이기설(二氣說)이 주자의 원취지에 부합하는 것임을 역설했다.²²⁶ 그는 먼저 마음의 본체가 곧 천지본연지기라고 하는 것에 대해서는 주자가 『대학장구』에서 명덕에 대해 주석하면서 그것을 하늘에서 얻었다고 한 것, 「구방심재명(求放心齋銘)」에서 천지의 마음을 내 마음의 근원으로 말한 것을 증거로 들었다. 혈기 정영과 관련해서는 『주자어류』에서 동물의 지각을 혈기에 근거한 것으로 본 것(4:33), 그리고 「태극도설」의 "형체가 있고 나서 신(神)이 지각을 발한다"고 말한 것에 대해 해석한 것(3:27)을 증거로 제시했다. 역시 『주자어류』(78:226)에서 인심과 도심을 각각 기혈과 인의예지의 마음과 연결하여 설명한 것을 그것들을 마음의 두 기와 각각 관련하여 설명한 증거로 들었고, 혼백(魂魄)을 형기의 정영이라고 한 부분(87:161), 또 마음의 정상을 혼백이라고 한 부분(68:17)은 두 기의 정영이 교합하여 마음을 이룬다는 것을 말한 것으로 볼 수 있다고 주장했다. 즉, 주자가 심유이기를 말한 증거는 많으며, 이재의 심유이기설은 그것을 따른 것이라는 것이다.²²⁷

② 본연지기와 신기 그리고 지각의 문제

양응수는 이어서 신기(神氣)와 지각(知覺)의 문제를 중심으로 자신의 심유이기설을 다음과 같이 구체화했다.

> 무릇 천지의 사이에는 유기(游氣)가 있고 신기(神氣)가 있다. 유기는 혹은 맑고 혹은 탁한 데, 모이고 흩어지며 생성되고 소멸되는 것이 무상(無常)한 것으로 음(陰)에 속하며, 신기는 담연허명(湛然虛明)하여 리와 합하여 하나가 되는 것으로 고금을 유행하여 조금도 쉼이 없는 것으로 양(陽)에 속한다. 사람이 태어남에 천지의 유기를 품부 받아 형체를 이루고 천지의 신기를 받아 마음으로 삼는다. 그런데 기가 모여 형체를 이루는 처음에 신기는 이미 인의예지의 리를

함구하고 중심을 주재하지만, 오히려 홀로는 스스로 지각할 수 없으며, 형질이 이미 형성됨에 미쳐 혈기의 정영과 묘합하여 지각을 낳으니, 이것을 마음[心]이라고 한다. 그러므로 마음은 하나이지만 그 기에는 두 가지가 있다. 그 묘합한 가운데 나아가 신기가 혈기의 정영을 얻어 광명이 통철한 것을 명덕이라 이름 붙이니, 이것이 이른바 마음의 본체이며 성인과 일반인이 한 가지이다. 만약 이 신기를 한 편에 버려두고 다만 혈기의 정영만을 논하면 성인과 일반인의 같지 않다. 그래서 도심은 순선하여 성인과 일반인의 차이가 없으니, 이것은 다름이 아니라 마음의 지각이 신기를 좇아 발하기 때문이며, 인심에 선도 있고 악도 있어서 성인과 일반인이 크게 서로 같지 않은 것은 이 마음의 지각이 혈기를 좇아 발하기 때문이다. 주자는 (둘 사이를) 정밀하게 살펴야 한다고 했으니, 두 가지의 계한(界限)이 분명함이 진실로 그러하지 않은가?[228]

양응수에 의하면, 마음이 두 가지 기의 측면을 가지고 있음은—두 가지 기의 결합이라고 보지는 않았다— 자연 속의 기에 유기와 신기의 두 측면이 있음을 반영한다. 유기는 청탁이 있고 생멸이 있는 것으로서 기의 음의 측면이며, 신기는 담연허명한 것으로서 청탁의 차별이 없이 모든 존재에 보편적으로 존재하면서 끊임없이 운동하는 성격을 지니는 것으로서 기의 양의 측면이다. 모든 존재는 음양의 결합이니, 곧 그러한 신기와 유기의 결합이라고 할 수 있다. 곧 모든 존재는 본연지기인 신기가 유기를 통해 자신을 실현하는 제 양태를 표현하고 있는 것이라고 할 수 있다.

인간의 경우도 마찬가지이다. 유기는 우리 인간에게는 형기(혈기)에 해당하며, 신기는 본연지기에 해당한다. 다만 인간은 다른 존재와는 달리 그 형기가 탁월하며, 그러한 탁월성은 인간의 마음을 통해 표출된다. 즉, 마음은 지각하는 존재로서, 본연지기로서의 신기가 혈기 중 정영한 것과 묘합한 것이다.[229] 신기 자체로서는 지각할 수 없으며, 오직 형체가 생긴 후 혈기와 결합한 후에야 지각할 수 있다. 식물에게 지각이 없고 동물에게 지각이 있는 것은 바로 동물에 이르러야 혈기가 있기 때문이며, 인간의 지각이 동물의 지각에 비해 탁월한 것, 곧 도덕적[公的] 성격을 지니는 것은 인간의 마음은 혈기의 정영을 얻어 자신의 공적인 성격을 온전히 실현할 수 있었기 때문이다.

본연지기(신기)와 혈기정영의 결합으로서의 마음에서 특히 그 본연지기(신기)의 광명이 통철함을 지적하여 명덕이라고 하며, 그것은 마음의 본체의 측면으로 성인과 일반인에게 동일하다. 하지만 그 가운데 혈기정영의 측면은 여전히 혈기 곧 형기이므로 신체의 형기처럼 현저하지는 않지만 미세하게나마 청탁이 있을 수 있다. 그것이 이른바 이재가 말한 성인과 일반인 사이에 '고르지 않음이 있을 수 있는[容有不齊]' 측면이다. 바로 이 지점은 천문(泉門)에서 특히 김원행 쪽에서 문제를 제기한 지점이다. 결국 심기(心氣)에서의 고르지 않음을 용인하여 결과적으로 호학의 심유선악의 주장과 다를 바 없게 되었다는 것이다.

양응수는 해당 부분의 말미에서 이기설을 주자의 인심 도심 구분에 연결하여 그 입론의 정당성을 확인하고 강화하고자 했다. 인심과 도심은 같이 마음의 지각으로서, 신기가 혈기정영을 매개로 하여 자신을 실현한 것인데, 그중 도심은 특히 신기 곧 본연지기를 좇아 실현된 것이고, 인심은 혈기를 좇아 실현된 것이라는 주장을 펼쳤다. 인심과 도심을 분별해야 한다는 주자의 강조를 생각한다면, 천지 본연지기 그리고 혈기 혹은 혈기정영의 구별 또한 강조되어야 한다는 것이다.[230]

그런데 주자는 인심과 도심을 각각 형기(形氣)와 성명(性命)에 근원을 둔 것으로 설명하기 때문에, 특히 도심을 본연지기로 설명하는 것은 논란을 불러일으킬 수 있었다. 앞에서 언급한 바와 같이 이이 역시 도심을 본연지기와 관련하여 언급한 바 있지만 그것은 어디까지나 본연지리와의 관계 속에서였다. 물론 양응수 자신도 그러한 측면을 배제하지는 않았을 수 있지만, 이 맥락에서 그는 분명 본연지기 자체를 도심, 더 나아가 성인과 일반인의 마음의 동일성의 근거로서 강조했다고 할 수 있다. 「심기설변」에서는 이에 대해 본편의 부설(附說)로서 관련 논란에 대한 답변을 실어두었다.

> 어떤 사람이 나의 심설을 보고 다음과 같이 힐난했다. 그대의 설은 진실로 근거가 있다. 그러나 인의예지의 마음과 도심을 기라고 한 것은 끝내 온당치 못한 점이 있다. 주자는 매양 인의예지를 본성이라고 했고 또 도심을 성명에 근원하는 것이라고 했다. 본성과 명을 기라고 할 수 있는가? 나는 응답하여 답했다. 그대는 다만 주자가 인(仁)을 본성이라고 말한 것만 보고 그가 인을 기라고 한 설은 보지 못했으며, 다만 도심이 성명에 근원한다는 말만 보고 그가 성명을 기라고 한 설은 보지 못했다. 그래서 그렇게 말하는 것이다. 내가 『성리대전(性理大全)』을 살펴보니, 어떤 이가 "인(仁)은 천지의 생기(生氣)이며, 의(義)와 예(禮)와 지(智) 또한 그 가운데서 분별되지만 그 처음에는 다만 생기이므로 전체라고 합니까?"라고 묻자, 주자가 "그렇다"고 했다.²³¹ 이것은 주자가 인(仁)을 기(氣)로 여긴 증거가 아닌가? 주자는 『주역』 「건괘」·「단전」의 '각정성명(各正性命), 보합태화(保合太和)'에 대한 주석에서, "물(物)이 받은 것이 본성이며 하늘이 부여한 것이 명(命)이다. 태화는 음양이 회합하여 충화(沖和)한 기이며, 각정이라고 한 것은 태어난 처음에 얻은 것이고, 보합이라고 하는 것이 이미 태어난 후에 온전히 하는 것이다"라고 했다. 인에 대해서는 천지의 생기(生氣)라고 하고 성명에 대해서는 음양이 회합하여 충화한 기라고 했는데, 이 두 기자는 모두 신기(神氣)를 가리킨 것이다. 애초에 거친 기를 인과 성명이라고 한 것이 아니다. 독자는 마땅히 정밀하게 살펴 자득하여야 한다.²³²

이 부분은 일차적으로 박성원의 비판과 그에 대한 대응을 표현한 것이지만, 김원행이 이 부분을 비판했다는 점에서 그에 대한 대응의 의미를 둘 수 있다. 양응수는 여기에서 본연지기 혹은 신기를 성명에 대응하는 개념으로 이해하고 있음을 확인할 수 있다. 이러한 점은 그가 담연청허한 기를 리의 위치에 둔 서경덕의 영향을 받은 면을 보여주는 것이라고 할 수 있다.[233]

③ 본연지기와 명덕의 관계

「심기설변」에서 질문자는 이어서 천지 본연지기가 모든 존재에 공통된다면, 명덕 역시 모든 존재가 공유하여야 하지 않는가라고 질문한다. 그에 대해 양응수는 다음과 같이 답변한다.

> 대개 천지 본연지기는 비록 담일(湛一) 허명(虛明)하고 인의예지의 리를 함구(含具)하고 있지만 그 바탕이 매우 은미하여 지각할 수 없고, 반드시 혈기의 정영을 얻은 다음에야 그 허명한 본체가 밝게 드러나 광명을 찬란하게 발하며 신묘불측(神妙不測)하여 영각(靈覺)이 만변(萬變)하게 된다. 비유하자면 불이 기름을 얻어 광명이 밝게 빛나 미치고 거울이 수은(水銀)을 얻어 허명이 더욱 드러나는 것과 같다. 그러므로 불이 기름을 얻지 못하고 거울이 수은을 얻지 못하면 그 본체의 밝음을 보일 수 없으니, 초목(草木)이 비록 본연지기가 있으나 혈기를 얻지 못하기에 지각하는 바가 없는 것이 그것이다. 기름이 더럽고 탁하며 수은이 부족하면 불과 거울의 밝은 바탕이 다 드러날 수 없으니, 금수가 혈기를 얻어 지각이 있으나 성명의 온전함에 통할 수 없는 것이 그것이다. 오직 사람은 혈기의 바르고 또 빼어난 것을 얻어서 성명의 온전함에 통하니, 이것은 불이 지극히 맑은 기름을 얻어서 광명이 미치지 않는 곳이 없으며 거울이 매우 좋은 수은을 얻어 허명이 비추지 않는 것이 없는 것이다. 주자가 "그 (인간의) 본성이 가장 귀하다"고 한 것은 이것을 가리키며, 이것이 곧 이른바 명덕(明德)이다. 그러므로 본연지기로 말하면 가지지 않은 물(物)이 없으며, 명덕으로 말하면 사람이 홀로 그것을 가졌고 금수와 초목은 그에 관여

하지 못한다. 이것이 이른바 근본은 하나이지만 만 가지로 다르다고 하는 것이다.[234]

본연지기는 모든 존재에 보편적으로 동일한 것이지만, 그 몸을 구성하는 형기에서는 인간과 다른 존재 사이에 차이가 있다. 식물과 동물이 다르고 동물과 인간이 다르다. 식물은 혈기가 없으며, 동물은 혈기가 있다. 오직 인간은 혈기의 정영을 얻어서 그 본연지기가 밝게 빛나니 그것이 곧 명덕이며, 인간만이 명덕을 가졌다고 할 수 있는 것이다. 이어서 그는 본연지기와 명덕 사이의 관계에 대해 다음과 같이 더욱 분명히 말한다.

내가 일찍이 본연지기를 명덕이라고 함에, 인간의 심기상에 나아가 분수 유무를 논하여 그 본연지기를 적출하여 분수가 없다고 하고, 그 혈기의 정영에 대해서는 분수가 없을 수 없다고 했다. 거기에서 본연지기라고 한 것은 곧 그것이 혈기의 정영을 얻어서 광명이 찬란하고 허령 통철한 것을 말한 것이다. 그러므로 그것을 명덕이라고 한 것이다. 지금 이른바 천하 사물에 이 기를 가지지 않은 것이 없다는 것은 곧 본연지기를 범범하게 말한 것일 뿐이다. 말한 바가 각각의 지점이 있으며 이것으로 저것을 의심해서는 안 된다.[235]

본연지기 자체가 명덕이 아니라 본연지기가 혈기정영과 결합했을 때, 그때 그 본연지기의 측면을 가리켜 명덕이라고 한다는 것이다. 천하의 모든 존재는 본연지기를 가지고 있다는 점에서는 동일하지만 그때의 본연지기는 범범하게 말한 것이고, 구체적인 맥락 가운데서 인간의 본연지기를 말하면 그것이 곧 명덕이다. 따라서 마음의 본연지기, 곧 그 본체에서는 인간은 동물 및 여타 존재와는 구별되며, 동시에 성인과 일반인 사이에는 동일한 것이다. 인간들 사이의 구별은 본연지기가 아니라 혈기의 정영의 측면에서 구해야 하며, 그 측면에서는 인간의 마음에 선악 혹은 악과 차별이 있을 수 있는 것이다.

양응수는 이어서 질문자의 입을 통해 혈기정영에 분수(分數)가 있다면 결국 그것을 통해 자신을 발현하는 명덕에도 분수가 있다고 해야 하지 않은가236라는 질문을 제기하고 나서 다음과 같이 답변한다.

> 인간과 금수의 혈기에는 편전과 통색의 다름이 있다. 그러므로 본연지기도 그 머무는 바에 따라 드러남에 온전함과 온전하지 못함의 차이가 있게 된다. (그런데) 인간은 오행의 빼어난 기를 균등하게 품부 받았고, 혈기의 정영은 그중에 또 빼어난 것이므로 본연지기가 그것을 얻음에 그 온전한 체가 드러나 보이지 않는 것이 없어서, 인(仁)과 의(義)와 예(禮)와 지(智)와 신(信)이 조금도 통하지 않음이 없으니, 거기에 어찌 분수라는 말을 붙일 수 있겠는가? 그리고 이른바 혈기의 정영은 비록 분수가 없을 수 없다고 해도 미발의 전에는 곧 기가 없는 것과 마찬가지여서 원래 조금의 불선의 단서도 없으며, 그것이 움직이는 데 미쳐서 거친 기가 용사(用事)한 연후에 비로소 악이 있게 된다. 혹자는 곧 미발의 전에도 악의 종자가 있다고 말하는데, 그 심체를 본 것이 특히 매우 거칠다.237

명덕은 본연지기로서 분수가 없으며, 혈기정영의 경우에는 분수가 있을 수 있지만 그 역시 미발에서는 기가 없는 것과 마찬가지이므로 조금의 불선의 단서도 없다는 것이다. 양응수는 자신의 방식으로 낙학의 종지를 계승한 것이라고 할 수 있을 것이다.

(2) 「심유이기설」을 둘러싼 천문에서의 논란
① 박성원의 조언과 비판

양응수는 자신의 「심유이기설」이 스승인 이재의 대학 강해에 기초한 것이라 주장했으며, 그것을 박성원에게 보내 자문을 구했다. 그와 관련하여 박성원은 1752년 5월 5일 양응수에게 보낸 편지[238]에서 「심유이기설」의 제목을 「심설변」으로 바꾸는 것이 좋겠다고 하고, 이어서 심유이기설의 근거로 삼은 이재의 설에 대해 나름대로 정리하여 다음과 같이 말한다.

> 선사(先師)의 기이(氣二)의 설은 두 군데 보입니다. 하나는 곧 "그 가운데 나아가 기를 단지하면 리는 하나요 기는 둘이니, 성인과 일반인의 마음에 고르지 않음이 있을 수 있다" 운운하신 것이고, 또 하나는 "반드시 기를 단지하여 말하고자 하면 기에도 두 가지가 있으니, 천지 본연지기로서 담연순일한 것이니 마음의 본체이며, 이것이 이른바 명덕이다. 이것은 성인과 일반인이 동일하다. 형(形)이 이미 생겨나고 신(神)이 그로써 지각을 발하는 것은 혈기의 정영으로서, 진안경이 이른바 '온전히 선한 물건은 아니며 움직이자마자 곧 불선을 좇아가는 것이다'라고 한 것이 그것이다. 이것은 성인과 일반인이 같지 않다" 운운하신 것입니다. 그런데 전자에서 이기(二氣)라고 한 것은 범범하게 그 청탁수박을 말한 것이며, 후자에서 이기를 말한 것은 천지의 본연과 혈기의 정영을 겸하여 말한 것입니다. 두 인용문은 각각 가리키는 바가 있는데 그대의 글에서 주로 한 바는 곧 후자입니다. 그런데 만약 구별하지 않고 다만 도암 선생의 기이의 설이라고만 한다면 보는 자가 혹 그 곡절을 자세히 알지 못할 수 있습니다.[239]

박성원은 양응수의 심유이기에 대한 주장은 크게 이재의 글 두 군데에 근거한다고 보았다. 그중 하나는 이재가 윤봉구와의 심설 논변 중 윤봉구에게 보낸 편지에 나온 것이며,[240] 다른 하나는 이재의 「대학(명덕)강설」에서 나온 것이다. 박성원은 그중 후자의 경우는 비교적 명확하게 양응수의 입론의 근거가 된다고 하겠지만, 전자의 경우는 그러한 의미로 이해할 수 없다고 보았다. 전자의 인용은 박성원이 이재의 심설이 한편으로 리와 본성의 입장에서 성인과 일반인의 마음의 동일성을 주장하는 낙론의 입장을 견지하는 동시에, 기의 입장에서는 성인과 일반인 사이에 차이가 있을 수 있다고 하여 호론의 입장 또한 포괄하는 완비된 이론을 제시했다고 주장할 때 그 핵심적 근거로 삼은 바였다. 그러한 측면에서 낙론 일각에서 호론을 용인한 것이라 하여 비판의 대상이 된 바로 그 인용이기도 했다. 그러므로 박성원의 입장에서 전자의 인용문에서 기이(氣二)라고 하는 것은 사람에 따른 기의 차이 곧 청탁수박의 차이를 의미하는 것으로 이해되었다. 따라서 그것이 양응수의 심유이기설의 근거가 될 수는 없다는 것이다.

이러한 비판은 이재의 글에 대한 단순한 문맥적 해석의 차이를 보여주는 것이라고 할 수도 있지만, 그 이면에 마음의 보편성의 기초를 어디에 둘 것인가 하는 점에서의 이견이 있었다고 할 수 있다. 양응수의 입장에서 이재는 비록 강설에서였지만, 분명히 본연지기와 혈기정영의 구분을 하고 마음의 보편성을 본연지기에 두었음을 확인할 수 있으며, 따라서 전자의 인용의 경우 역시 본연지기와 혈기정영의 두 기를 가리키는 것으로 해석하는 것도 무리는 아니었다. 하지만 박성원의 입장에서 이재의 핵심적 주장은 호학 측의 마음 이해가 기에 지나치게 경도되어 있다는 것이었고, 마음의 본체 곧 본성, 그리고 그의 온전한 구현으로서 마음의 미발에서 마음의 보편성을 말할 수 있다는 것이었다. 양응수의 논리는 이재의 그러한 취지를 제대로 구현하지 못하는 것으로서, 두 인용 모두를 본연지기를 강조하는 것으로 해석한다면 그것은 곧 이재의 마음에 대한 이론을 오도할 가능성이 있다고 본 것이다.

박성원은 자신의 편지에서 양응수가 자설의 근거로 인용한 여러 설들을 비판적으로 검토하고 나서 결론적으로 다음과 같이 덧붙였다.

그렇다면 말단에 결론적으로 이렇게 말하는 것이 좋겠습니다. "오직 그 기에도 두 가지가 있으니, 담연순일은 마음의 본체이다. 그러므로 미발의 때에 성인과 일반인에 모두 같다. 비록 기를 단지하는 경우도 분명히 그와 같으니, 하물며 우리 선사께서 논하신 바는 처음부터 리를 합하여 말하셨으며, 성현의 설에 명확히 근거할 만한 것을 가지고 있음에랴" 운운. 이와 같다면 그 차례가 혼잡하지 않고 의리는 더욱 완전하고 충분하게 될 것입니다.241

이재의 심설이 리와 기를 합하여 말한 문맥과 기를 단지한 문맥이 있음을 분명히 하고, 이기설을 기를 단지한 문맥에 한정하여 적용함으로써 이재 심설의 취지가 명료하게 정리될 수 있다는 것이다. 박성원은 본연지기의 측면이 지나치게 반영되는 것에 대해 부담을 가지고 있었다고 할 수 있다. 하지만 박성원은 기를 단지한 문맥에서는 이재가 그리고 양응수가 본연지기와 혈기정영을 구분하는 것의 의의를 인정하여 다음과 같이 말한다.

> 대체로 오늘날 마음을 논하는 자는 미발의 중(中)에도 또한 선악의 종자가 있다고 주장하니 이것은 다만 혈기정영을 마음의 본체로 여기는 것이고, 본체가 곧 명덕임을 알지 못한 것이다. 그것을 배척하는 자도 오로지 본체의 동일함에 주안을 두어 성인과 일반인의 같지 않음을 하나로 신체의 혈기에 맡겨서, (마음의) 혈기정영에도 고르지 않음이 있음을 알지 못하고 있다. 이것이 선사께서 기에도 두 가지가 있으니 본체의 담일은 동일하고 혈기의 정영은 같지 않다고 말한 까닭이다. 그러나 이기설은 매우 정밀하고 심오한 것이어서 초학자들의 얕은 견해로는 이해하기 어려운 점이 있어서 처음 듣는 것이라 의심하는 자들이 또한 혹 있을 수 있다. 반드시 상세하게 설명하고 밝게 분변한 연후에야 그 본의를 잃지 않을 수 있다.242

이기설은 호학 중 논변을 벌인 양자 모두를 비판하는 데 유용하다는 것이다. 한원진은 본연지기를 알지 못하고 혈기정영을 심체로 삼아 미발에도 악의 종자가 있다고 하며, 이간은 본연지기를 어느 정도 알았으나 성인과 일반인의 차이를 혈기에만 돌려 혈기정영에도 선악이 있을 수 있음을 알지 못했다는 것이다. 하지만 박성원은 인용의 끝부분에서 보이는 바와 같이 이기설이 사람들로 하여금 공연한 오해에 빠지게 될 것을 염려했다. 본연지기를 강조하는 것은 호학의 호론을 비판하는 데는 유용하지만, 그것이 리와 조응(照應)하는 측면이 강조되지 않고 단독으로 논의되면 본연지기로 리를 대체하는 서경덕의 주기론으로 기울 우려가 있고, 다른 한편으로 혈기정영에서 차이가 있음을 언급한 것은 호학의 낙론이 본연지기와 혈기정영을 구분하지 못하는 문제를 교정할 수 있지만 그것은 마음에 기질적인 요소를 들여오는 호학의 한계에서 벗어나지 못한 것이라는 비판이 제기될 우려가 있었다고 볼 수 있다. 따라서 박성원은 그러한 논리를 조심스럽게 받아들이되 그 논의의 맥락을 분명히 해야만 오해가 없을 수 있다는 것을 거듭 강조한 것이다.[243]

② 김원행의 비판과 양응수의 대응

미호(渼湖) 김원행(金元行, 1702~1772)은 양응수의 심유이기설을 윤봉구의 심기질설과 아울러 함께 비판하는 시를 지어 제자들에게 보였다.[244] 그것은 양응수의 시에 화운한 것으로서 양응수의 시는 다음과 같다.[245]

마음에 이기(二氣)가 있다는 것 알고자 할진댄,	欲識心中有二氣
정(情)에서 공(公)과 사(私)를 분변해야 하리.	須從情上[246]辨公私
공(公)은 천지 본연의 기이고,	公爲天地本然氣
사(私)는 사람의 형기(形氣)에서 오는 거라네.	私是人生形氣來

이것은 심유이기설을 마음이 발현된 정(情)에서의 사단과 칠정, 특히 도심과 인심의 구분에 근거하여 정당화한 것이다. 앞에서 양응수는 도심

7장 호락논쟁의 성립 573

은 마음의 천지 본연지기에서 발현하여 공적(公的)인 것이고, 인심은 혈기정영에서 발현하여 사적(私的)인 것으로 그 경계가 분명히 나뉜다고 주장했다. 그에 대해 김원행은 다음과 같이 비판하는 시를 지었다.[247] 시는 모두 4수인데, 처음 2수는 양응수의 설을 논하고, 다음 2수는 윤봉구의 설을 논한 것이다. 제1수는 다음과 같다.

천지든 사람의 몸이든 구분할 것 없이,	不分天地與人身
기가 있으면 원래 절로 신(神)이 있다네.	有氣元來自有神
기는 만 가지로 다양하나 신은 하나이니,	氣有萬般神則一
형체 넘어 초연한 것이 마음의 참모습이라오.	超然形外是心眞

이것은 양응수의 심유이기설을 설명한 것이라고 할 수 있다. 기(氣)가 있으면 거기에는 신(神)도 있지만, 신과 기는 구분된다. 기에는 만 가지로 다름이 있다면 신은 단일하다. 여기에서 신과 기의 구분은 신기 곧 천지본연지기와 형기, 더 나아가 혈기정영의 구분에 해당한다. 마음의 참모습이라고 한 것은 곧 심체를 가리키는 것으로 그것이 형(形) 곧 형기를 초월해 있다는 것이다. 아래에서 다시 보겠지만 김원행은 마음과 기질(형기) 사이를 구분하는 데 낙학의 핵심이 있다고 보았으며, 이 점에서 양응수의 견해가 자신이 이해한 낙학의 기본 종지와 일단 일치함을 확인한 것이라 할 수 있다.

문제는 제2수로서, 거기에서 김원행은 양응수의 심유이기설을 비판한다. 그 시는 다음과 같다.

심체에는 애당초 두 가지 기가 있는 것이 아니니,	心體初非有二氣
발현하여 정(情)이 될 때 공(公)과 사(私) 볼 수 있네.	發爲情處見公私
부디 미발의 시점에서 참 면목을 보시게나,	請從未發觀眞面

어찌 티끌만큼이라도 기와 섞인 것 있으리오.　　　　一點何曾雜氣來

　김원행은 마음의 기는 단일하다고 말한다. 즉, 마음의 기는 정상 혹은 정영한 기로서, 양응수가 말한 본연지기가 그것이다. 그는 또한 그것이 일체의 형기(기질)가 섞이지 않은 것으로서, 미발의 마음에서 우리는 그것을 확인할 수 있다고 하였다. 이는 마음의 기를 본연지기와 혈기정영으로 나누는 것을 반대하는 것이라고 할 수 있다.
　김원행은 둘째 구에서 공과 사의 나뉨은 발현의 때에 나타나는 것이고 마음의 기 자체에 원인이 있는 것이 아니라고 말한다. 만약 마음의 기 자체에 문제가 있다면 그것은 미발에 악의 종자가 있다고 주장한 한원진의 호론과 다를 바가 없다. 이발에서의 선과 악은 마음의 기의 청탁에 의해 결정되는 것이 아니라 마음의 작용 혹은 실천이 공을 지향하느냐 사를 지향하느냐에 따라 결정된다는 것이다.―이와 관련해서는 뒤에 다시 살펴볼 것이다.―마음의 기는 담연허명한 것으로서 순선하다. 양응수가 마음의 기에 본연지기와 구분되는 혈기정영의 측면이 있다고 하고 거기에 이발의 선악의 원인이 있다고 주장하는 것은 결국 한원진이 미발의 마음에 악의 종자가 있다고 주장한 것과 다를 바가 없다는 것이다. 그는 다른 곳에서 이 시의 의미에 대해 다음과 같이 해설했다.

　　근래 우연히 양계달과 윤병계의 심설을 보고서 문득 시를 지었다. … 윤장(尹丈)이 기질로 마음을 논한 것은 본래 마땅하지 않지만, 마음에 두 기가 있다고 말하는 것은 아마도 심선악(心善惡)의 이론과 귀결이 같을 듯하다. 마음에 선악이 있다는 것은 본래 또한 주자의 설이지만 이것은 또한 기가 이미 용사(用事)한 곳에서 말한 것이다. 어찌 일찍이 마음의 본체를 곧바로 가리켜 말한 것이겠는가? 대저 이러한 설이 행해지는 것은 특히 사람이 선을 실천하는 길을 가로막는 것이니, 적은 근심거리가 아니다.[248]

한편 『백수집』에는 양응수가 김원행에게 답한 편지에서 이 시에 대해 자신의 견해를 밝힌 것이 보인다.249 제1수에 대해서는, 마음의 참모습이라고 할 때의 마음은 곧 주자가 신명(神明)의 마음, 역(易)의 체(體)에 해당하는 마음, 인의예지의 마음이라고 한 것과 맹자가 본심(本心)이라고 한 것, 그리고 도심(道心), 정자가 본성, 천(天), 리와 하나인 마음이라고 한 것에 해당하는 것이라 하고 다음과 같이 덧붙였다.

> 오늘날 학자들은 모두 혈기의 정영을 마음의 본체로 여겨 혹시라도 이 천인(天人)이 하나인 진심(眞心)을 알지 못하니 나는 그것을 병통으로 여깁니다. 그런데 지금 그대가 읊은 것이 이와 같으니, 그 식견이 세유(世儒)보다 높은 것이 다만 한 등급에 그치는 것이 아닙니다. 경복(敬服)하고 경복합니다. 그러나 만약 오로지 이것을 마음으로 여기고 다시 인심(人心)을 논하지 않는다면 아마도 순(舜)과 우(禹)가 서로 전한 심법에 위배됨이 있을 것 같습니다. 어떤지 모르겠습니다.250

즉, 세상에서 마음을 형기적 수준에서 말하는 것에 비한다면 김원행이 시 제1수에서 형기를 초월한 본연의 마음을 이야기한 것은 매우 훌륭하지만, 도심만 알고 인심을 알지 못한다면 안 된다고 한다. 혈기정영의 측면 곧 정영이라고 해도 형기의 영향, 곧 선악이 있는 측면을 알지 못하면 안 된다는 것이다. 그것은 곧 호학 내부의 낙론에 대한 비판으로서 김원행의 낙론 이해의 문제를 지적한 것이라고 할 수 있다.

양응수는 이어서 김원행이 심유이기를 비판한 제2수에 대해 주자가 인심과 도심을 구분한 것, 그리고 신(神)에 대해 말한 것을 인용하고 나서 다음과 같이 말한다.

> 이로부터 본다면 신(神)은 비록 형(形)을 넘어서 있는 것이지만 여전히 기(氣)

이며, 이 기는 곧 사람이 하늘에서 품부 받은 본연지기입니다. 그러므로 지공무사(至公無私)하며, 지각이 이 기를 좇아 발현하면 도심의 공(公)이 됩니다. 혈기는 사람이 태어나 형체를 이룬 후에 비로소 가지는 것으로서 그러므로 형질(形質)에 인하여 사욕(私欲)이 있으며, 지각이 이 기를 좇아 발현하면 인심의 사(私)가 됩니다. 그것이 발현하여 정(情)이 될 때 공과 사의 구분이 있게 되는 것은 다름이 아니라 그 기에 두 가지 계한(界限)이 있기 때문입니다. 지금 그대의 시에 심체에 원래 두 기가 있지 않은데, 발하여 정이 될 때 공과 사가 나타난다고 했는데, 그 미발의 체는 다만 하나의 기인데 이발의 때에 곧 공과 사의 구분이 생기는 것은 어째서입니까? 대개 미발의 전에는 혈기가 용사(用事)하지 않기에 진심(眞心)이 혼전(渾全)하니 그대의 시에 이른바 어찌 조금의 기라도 섞여 있겠는가 한 것이 그것입니다. 그러나 이발과 미발은 비록 나누어진 영역의 같지 않음이 있으나 그 맥락이 통함이 각각 소속된 바가 있으니, 공은 자체에 공의 묘맥(苗脈)이 있고, 사도 사의 묘맥이 있어 상면(上面)의 일단의 흐리멍텅한 기가 홀연히 공과 사 두 가지를 낳는다고 말할 수는 없습니다. 다시 가르침을 주어 이 의혹을 풀어주시기를 바랍니다.[251]

인심의 사와 도심의 공의 구별은 마음 자체에서 구하여야 하며, 그 각각은 혈기정영과 본연지기 두 기의 구별에서 찾을 수 있다는 것이다. 하지만 그는 혈기정영과 본연지기가 별개의 두 기로 있으면서 두 가지로 번갈아 발현하는 것은 아님을 다음과 같이 말했다.[252]

내가 마음에 두 기가 있다고 한 것은 또한 두 가지 기가 마음속에 각각 정립하여 서로 발하여 지각이 된다고 말한 것은 아닙니다. 마음이 지각하게 되는 것은 본연의 신기가 혈기의 정영을 얻어 그 신령함[靈]을 발현한 것입니다. 사람에서의 신은 곧 하늘에서의 신인데, 천지에는 마음이 없고 사람에게는 마음이 있는 것은 혈기가 있고 없음에 따른 것입니다. 신이 혈기를 얻어 지각을 발함에 지각은 하나이니, 도심의 지각이라 해서 혈기의 정영으로 말미암지 않는 것은 아니며, 인심의 지각이라 해서 신기에 말미암지 않은 것이 아닙니다. 인심과 도심을 막론하고 모두 신기와 혈기정영의 합인데, 다만 도심은 신기가 주가 되고 인심은 혈기정영이 주가 되니, 주자가 둘 사이의 계한이 분명하다고 한 것이 그것입니다. 혈기의 정영은 고르지 않음이 있을 수 있으니 그래서 마음에 선악이 있는 것입니다. 신기는 천인(天人)에서 다만 일체이니 그래서 명덕에는 분수가 없는 것입니다.253

양응수는 자신의 심유이기설이 이재의 취지를 정확하게 계승한 것임을 역설하고 있다. 신기 곧 본연지기의 측면에서 성인과 일반인의 마음의 동일성을, 그리고 명덕의 무분수를 이야기할 수 있다면, 혈기정영의 측면에서 성인과 일반인 사이의 마음의 차이가 있을 수 있다고 한 이재의 견해를 설명할 수 있다. 반면에 마음과 기질의 구분을 강조하지만 마음의 기의 두 측면에 대해서는 반대하는 김원행의 견해는 전자의 측면을 명확히 이야기할 수는 있지만, 후자의 측면에 대해서는 놓치고 있다는 것이다. 김원행이 후자의 측면에 대해서는 이재 견해의 결함으로 지적하고 있다는 점에서, 이재 설의 옹호와 계승에서는 김원행의 견해는 한 걸음 비켜나 있는 것이라고 할 수 있다.

6)「제한천시후」에 대한 천문의 대응의 의의: 낙론의 분기

최석이 한원진을 방문했을 무렵, 호중(湖中)과 낙하(洛下)의 유학자들 사이에 심성설 상의 대립이 드러나고 있었던 것은 새삼스러운 것은 아니었다. 호중의 권상하 문하에서 한원진과 이간 사이에 치열한 논쟁이 진행된 상황에 대해 낙하의 학자들 역시 익히 알고 있었으며 그 귀추에 대해서도 주목하고 있었다. 또한 유사한 논변이 낙학 내부에서도 진행되고 있었다. 하지만 정치적으로나 학맥상으로 같은 이이-송시열을 계승하는 노론에 속한 입장에서 그러한 대립은 서신상에서 시비 논변(是非論辨)이 진행되는 정도였다. 김창흡이 별세한 후 낙학의 중심에 있었던 이재 역시 그러한 심성설상의 대립이 공연한 분란을 일으키는 것을 원치 않았다.

하지만 최석의 한원진 방문과 그를 계기로 한 이재의 「한천시」 작성은 호학의 중심에 있었던 한원진을 자극했고, 그가 적극적으로 이재를 비판하는 「제한천시후」를 저술하도록 유도했다. 그런데 거기에는 이재의 심성설에 대한 시비뿐만 아니라 이단의 혐의를 두는 발언까지 있었고 이재를 포함하여 그의 문하 유학자들에 대한 인신공격에 가까운 발언이 담겨 있었다.254 이재가 돌연 별세한 상황에서, 이제 그에 대한 대응이 그의 문하 곧 천문(泉門)의 과제로 남게 되었다.

최석의 『천문사백록(泉門俟百錄)』은 그러한 대응의 한 양상을 보여준다. 그는 한원진에 대한 전면적인 비판에 주력했다. 그는 다소 과격하고 배타적인 입장에서 권상하 문하의 한원진과 윤봉구의 심성설을 호학이라 규정하고 그것이 역(逆)으로 이단에 가깝다고 비판했다. 하지만 그는 박성원이 지적한 바와 같이, 호학 내부에서 이미 한원진과 치열한 논변을 세밀하게 전개한 이간의 심성설에 편승하는 면이 있었고, 따라서 그들 모두와 구별되는 이재 혹은 낙학 자체의 정체성에 대한 뚜렷한 인식에까지는 이르지 못했다.

박성원은 스스로 『천문사백록』과 유사한 체제의 「한남당시발변설(韓南塘詩跋辨說)」을 저술하여 한편으로 선사(先師) 이재의 심성설을 적극 옹호, 변명하고 한편으로 한원진의 심성설을 본격적으로 비판했다. 그는 이재가 애초에 취했던 포용적 입장을 충실히 계승하여, 이재의 심성설이 호학 내부의 인물성동론(人物性同論)과 이론(異論) 및 성범심동론(聖凡心同論)과 이론을 모두 포괄할 수 있는 종합적 성격을 가지고 있음을 강조했다. 이재는 본연지성에서의 동물과 인간의 동일성을 주장하는 외에 인간과 동물의 차이가 본성의 품부에서가 아니라 품부된 본성에 대한 마음의 실천에 있음을 주장함으로써 인간과 동물의 구분이 희미해지는 것에 대한 한원진의 염려를 해결할 수 있다고 보았다. 한원진 측의 이론을 어느 정도 포용했다는 것이다.

이재는 마음과 관련된 문제에서도 성인과 일반인의 심체의 동일성을 주장하는 외에 마음의 혈기정영 측면에서는 차이가 있을 수 있다고 함으로써 이론 입장도 반영했다. 이것은 한편으로는, 이재가 성인과 일반인의 마음에 고르지 못함이 있음을 용인함으로써 호학과 선명하게 구분되지 못한 문제가 있다고 하는, 낙학 일각의 비판을 야기했다. 하지만 그것은 이재와 박성원을 중심으로 한 그의 문하에서, 호학과의 변별성을 강조하고 대립의 측면을 강조하는 그러한 흐름과는 달리 대립이 아니라 조화를 지향하는 흐름이 있었음을 보여준다. 물론 이것은 어디까지나 이재의 논설에 대한 박성원 등의 해석이었다고 할 수도 있을 것이다.

박성원의 이재의 심성설에 대한 변명과 해석은 한원진의 심성설에 대한 심각한 비판을 담고 있는 것이기도 했다. 그것은 한원진 역시 호학과 낙학 사이의 대립을 강조했다는 점에서 당연한 것이었다고 할 수 있다. 그것은 한원진이 결국 가장 기초적이고 근원적인 '본연'의 인식과 실천에서 문제가 있다는 비판을 함축하고 있는 것이었다. 그에 의하면 한원진은 기질에 의해 제한된 리만 보고 그것이 결국 본연지리임을 보지 못함으로써 동물이 오상을 온전히 품부 받지 못했다고 주장했고 결국 모든 존재의 일원성(一原性)을 훼손하는 데 이르렀으며, 마음이 혈기의 정영인 것만 알고 그 본체가 본연지기인 것을 알지 못함으로써 심체를 기질에 제한된 것으로 주장했고 결국 심체의 리적(理的) 성격을 포착하지 못하고 그것을 기의 굴레에 떨어뜨렸다는 것이다.

박성원은 한원진을 비판했을 뿐 아니라 처음 문제의 발단을 제공한 동문의 최석에 대해서도 「우변설(又辨說)」을 써서 비판했다. 최석이 아직 공부가 완성되지 않은 상태에서 지난한 성리 논변에 뛰어듦으로써, 스승을 제대로 변호하지 못했고 공연한 분란과 공격을 초래했다는 것이다. 그는 최석이 이재의 학문과 낙학의 종지에 대해 대체는 보았으나 아직 그 정밀한 지점은 보지 못했다고 지적하였다. 특히 심체의 리적 성격에 대해 투철한 이해에 이르지 못했으며, 호학 내부의 한쪽 편인 이간 등의 동론(同論)의 입장에 동조하면서 이간의 이론(異論) 비판에 편승하는 데 그쳤다고 비판했다.

최석에 대해 직접 비판하지는 않았지만 호학에 대한 유사한 접근을 이재 문하의 주요 제자라고 할 수 있는 양응수에게서 발견할 수 있었다. 양응수는 최석 및 박성원과 마찬가지로 한원진의 「제한천시후」에 대한 비판으로서 「한남당제도암시발변(韓南塘題陶庵詩跋辨)」을 썼으며, 호학 내부에 이간을 중심으로 한 호좌 곧 낙론과 한원진을 중심으로 한 호우 곧 호론의 구분이 있다고 하고, 그들 모두와 구별되는 이재의 낙학의 정체성을 분명히 하고자 했다.

양응수의 호학에 대한 그러한 태도는 박성원과 유사한 것이었으나, 그 내부 논리에서는 약간의 차이가 있었다. 그는 특히 이재가 말한 바 있는 천지 본연지기와 혈기의 정영 사이를 구분하는 심유이기설을 이재의 핵심적인 주장으로 부각했으며, 천지 본연지기를 신기와 동일시하고 신기와 혈기정영의 결합을 통해 지각이 형성된다고 하고 그와 관련하여 두 기를 각각 인심과 도심의 근원으로 지적했다.

그는 한원진을 대표로 하는 호우의 호론이 심체의 본연지기를 알지 못하고 혈기의 정영을 마음의 기로 이해함으로써 심체에 잠재적이라고 하더라도 선과 악 모두를 인정하는 잘못을 범했다면, 낙학의 낙론과 유사한 주장을 펼친 호좌의 이간은 본연지기는 알았지만 그것을 마음의 혈기정영과 구분하지 않은 문제가 있다고 지적했다. 혈기정영의 측면에서도 선악이 있을 수 있음을—형기에 비하면 미약한 수준이지만— 알지 못함으로써 호학의 비판에 취약한 문제가 있었으며, 마음의 인심의 측면에 대해서는 포착하지 못한 불완전한 이론에 머물고 말았다는 것이다.

양응수의 심유이기설은 분명 이재의 설에 기초한 것이었지만 박성원과 김원행에 의해 비판적으로 검토되었다. 박성원은 기본적으로 심유이기설의 취지에 대해 동감했지만, 그 맥락이 분명하게 제시되지 않으면 이재의 설에 대한 오해를 가져올 우려가 있다고 보았다. 이재는 마음의 보편성을 주장하면서 한편으로 마음이 리와 기의 결합이라는 점에서 그리고 본성의 측면을 강조했으며, 기를 단지하는 경우에 제한하여 본연지기와 혈기정영의 구분을 이야기했다는 것이다. 만약 그러한 맥락이 빠지면 이재가 마음에 관한 주기적 이론을 제시한 것으로 오해될 수 있으며, 그것은 호학이 마음에 대해 말하면서 기를 지나치게 강조하는 문제를 지적한 취지에 배치된다는 것이다.

박성원이 이재의 마음에 관한 이해에서 본연지리와 본연지기 모두에 대한 강조를 읽었다면, 양응수는 특히 본연지기의 측면에 치중하여 이해한 것이라고 할 수 있다. 마음의 보편성을 순수하게 마음의 본연지기의 측면에서 근거 짓고자 한 것이다. 그것은 서경덕의 기론(氣論)에 영향을 받은 것이었다고 할 수 있겠지만 어떤 의미에서 이이 이래 마음을 기로 이해하는 전통에 더욱 충실한 것이었다고 할 수 있다. 물론 이재가 리의 측면을 강조한 것은 당대의 문제의식 속에서였으므로 이재가 이이의 전통에서 이탈했다고 평가하는 것은 지나친 것일 것이다. 하지만 양응수가 마음의 기에서 본연지기와 혈기정영을 구분하여 이해하고 혈기정영의 경우 호론적 견해를 허용한 것은 비록 그것이 이재의 견해에 기초한 것이었다고는 하지만 김원행의 비판을 불러일으켰다.

김원행은 한편으로 박성원과는 구별되게, 그리고 양응수와 마찬가지로 기본적으로 마음을 기로 이해하는 전통에 충실했지만, 마음의 기를 본연지기와 혈기정영으로 나누어 보는 것에는 반대했다. 그러한 구분이 혈기정영을 본연지기와 다르게 형기적인 차별에 어느 정도 종속된 것으로 봄으로써 마음과 기질(형기) 사이의 구분을 명확히 하지 않는 호론의 논리를 용인할 수 있기 때문이었다. 이는 호론과 구별되는 낙론의 입장을 명확히 한 것으로서, 역설적으로 호학 내부의 낙론을 좀 더 적극적으로 평가하는 것이기도 했다. 이것은 최석이 취한 입장이기도 하다는 점에서 천문의 한 흐름을 보여주기도 한다.

박성원과 양응수가 이재의 낙학을 좀 더 포용적이고 포괄적인 마음에 관한 이론으로 정립해간 것에 비해, 김원행은 낙학과 호학 사이의 대립을 좀 더 분명하게 한 것으로 볼 수 있다. 그것은 곧 넓게는 송시열 문하에서 그리고 좁게는 천문 곧 낙학 내부에서 정치적 입장의 차이를 어느 정도 반영하며 또한 역으로 그러한 정치적 입장의 차이를 가능하게 만들었다고 할 수 있다.[255]

박성원은 인물성동이 논변에 대하여, 동론이든 이론이든 그러한 논변 자체가 유학의 실천과는 무관하여 급선무가 아니라는 입장을 취했다. 그것은 최석이 연소한 신진학자로서 하학(下學)을 경시하는 것에 대해 경계한 것이기도 하지만, 호학 측에서 번쇄하게 진행된 제 논변에 대한 총체적 비판이기도 했다.[256] 이는 "우리 도는 쇠패했고, 인심은 분열했다[吾道衰敗, 人心分裂]"[257]라고 하는 그의 상황 인식 속에서, 그러한 성리 논변보다는 실천의 주체이자 근거로서의 심체의 확인과 리의 철저한 실천에서 나아갈 길을 모색하고자 한 것이었다.

하지만 박성원의 이런 바람과는 달리 호락 간의 학술적 이견은 「화양서원묘정비명(華陽書院廟庭碑銘)」의 명문(銘文) 문제 등 몇 가지의 사건과 얽히면서 그 대립적 국면이 더욱 심화되었으며,[258] 특히 김원행 일파에 이르러 그러한 양상은 더욱 강화되었다. 김원행의 후학인 이재(頤齋) 황윤석(黃胤錫, 1729~1791)이 「기호락이학시말(記湖洛二學始末)」에서, 한편으로 호학과 낙학의 연원을 각각 권상하와 김창협에 두어 설명하는 동시에 다른 한편으로는 호학과 낙학의 학술적 대립에서 한원진의 책임을 강조하면서 그에 대한 비판에 주력하고, 양자 간의 대립 면이 격화된 것은 양측 모두의 말류(末流)에 의한 것임을 지적한 것은 그러한 사정을 배경으로 한 것이었다.[259]

김원행은 김창협의 후손이자, 또 한 사람의 유력한 이재 문하로서 낙학에서 중요한 위치를 점하는 인물이었다. 그는 학술적으로는 낙학의 종지를 충실하게 계승한 것에 그치고, 주로 석실서원(石室書院)에서 강학을 통해 많은 후학을 기름으로써 낙학을 견고하게 정립시킨 것으로 평가된다.[260] 실제로 그 자신은 호학 내부에서의 한원진과 이간 사이의 대립에 대해 우려를 표한 적이 있으며,[261] 적극적으로 논쟁에 뛰어들지는 않았지만, 분명한 낙론의 입장을 취했고, 호학과 낙학의 대립이 정치적 성격을 띠어가는 데 있어서 중심적 역할을 담당했다. 그리고 그의 그러한 입장과 활동은 결국 호학과 낙학의 대립에 대한 황윤석의 역사적 정리와 기술이 가능하게 만든 배경을 이루었다고 해야 할 것이다.[262]

한편으로 그러한 흐름은 결국 최석이 대응한 노선을 좀 더 분명하게 확정한 것이라고 할 수 있을 것이다. 황윤석이, 최석의 견해에 대한 박성원과 양응수의 비판에 대해 최석 편을 들면서 의문을 표시한 것은 김원행 문하에서의 견해를 반영하는 것이라고 할 수 있다.[263] 그것은 양자 사이에 이간에 대한 태도에 차이가 있었던 것과도 관련이 있다. 황윤석은 호학 측의 문제를 한원진과 윤봉구에 한정시키고, 이간이 호학에 속하지만 낙론을 지지했다고 평가한 반면, 박성원은 이간의 입장 역시 호학의 주기론의 한계 속에 있는 것으로 이해했고, 양응수는 이간의 설이 혈기정영의 이해에서 놓친 점이 있다고 보았다.

어쨌든 최석을 비롯하여 박성원과 양응수에 의한 한원진의 「제한천시후」에 대한 비판적 대응과 스승 이재의 심성설을 명확히 하고 정당화하고자 하는 다양한 노력을 통해, 한편으로 호학 내부의 호론과 낙론의 분기가 명확하게 포착되었고, 또 한편으로 낙학 내부의 논리가 반성적으로 검토되면서 그에 대응할 수 있게 되었다. 결국 이를 통해 낙학 내부에서 호학과의 대립이 분명하게 학파적 대립의 성격을 지닌 것으로 이해되었다. 그것은 상대방인 호학 측의 대응을 자극하는 것이기도 했다.

7
낙학의 동향에 대한 호학 측의 대응

천문(泉門)의 이러한 대응은 또한 역으로 호학 측에서도 한원진과 그의 문인들, 한원진 사후에도 여전히 건재해 있었던 윤봉구[264]와, 김지행[265] 등 윤봉구의 문인들에 의한 대응을 유도했다. 그들의 대응을 간략하게 살펴보도록 하자.

1) 심조의 대응

권상하의 문하로서 한원진의 문인이라고 할 수는 없지만 실제적으로는 문인에 가깝던 심조는 1748년 한원진에게 쓴 편지에서 다음과 같이 말한다.

「한천시발」을 얻어서 읽었는데 마음이 시원했습니다. 전문(前文)은 극히 간결하고 엄격하며, 뒤에 붙인 편지(「우서」) 또한 매우 명확했습니다. 만약 천옹(泉翁: 이재)을 무덤에서 일으킨다면 어떻게 생각하실지 모르겠습니다. 대개 비판하는 말은 개의할 바가 없으나 의리는 변론하지 않을 수 없습니다. 그가 비록 기뻐하지 않는다고 해도 또한 어찌하겠습니까? 그가 "편전을 본연으로 여겼다"라고 한 것은 대개 그 뜻이, 온전한 것은 본연이고 치우친 것은 기질인데 우리가 그것들 모두를 본연으로 삼았다고 생각해서입니다. 그러나 지금 『맹자』의 견(犬)·우(牛)·인(人)의 본성을 기질로 본다면 인간의 인의(仁義) 또한 곧 기질이니, 어디에 그 온전한 것을 본연으로 삼음이 있겠습니까? 『맹자』의 본의를 모르는 것이요 또한 자신의 말이 서로 모순이 됨을 깨닫지 못한 것입니다. 그리고 퇴·율(退栗)의 심성도(心性圖)에는 모두 기질의 청탁수박을 심권(心圈)에 배치했는데, 그는 어찌 이 그림을 보지 못하고 기질을 마음에 해당시켰다고 해서 우리를 비판하는 것입니까? 그는 또한 퇴·율이 마음을 모른다고 생각하는 것입니까? 진실로 이상합니다.²⁶⁶

심조는 한원진의 「한천시발」 곧 「제한천시후」와 「우서」를 읽었다고 하고, 「한천시」에 대한 한원진의 대응에 동조했다. 『맹자』의 견·우·인 부동의 성이 본연지성일 수밖에 없다고 하고, 또한 이황과 이이의 「심통성정도」의 그림 배치에 근거하여 마음에서 기질을 논하는 호론의 정당성을 가볍게 언급했다. 그는 이 편지의 취지를 그대로 담은 칠언절구 2수를 지었다.²⁶⁷

하지만 「한천시」와 「제한천시후」에 대한 언급을 넘어서서 심조가 최석이나 박성원 등에게 직접 대응한 내용은 지금 전하는 그의 문집에서는 발견되지 않는다. 심조는 1749년에는 윤봉구에게 보낸 편지에서 다음과 같이 말한다.

> 근래의 강설은 헛되이 갈등만 일으키고 실사(實事)에는 도움이 없습니다. 의리에서 이견이 있을 뿐 아니라 아울러 정의(情意)에서도 괴리가 생기게 되는 것은 옛날부터 그렇지만 오늘에 이르러 극도에 이르렀습니다. 저는 그것이 근심스럽습니다. 그러나 의리를 강명(講明)하는 것을 어찌 폐할 수 있겠습니까?²⁶⁸

호학과 낙학 양파가 갈리어 의리(진리)에 대한 이해의 강론에서 나아가 서로 간의 정서적 연대를 훼손하여 간격이 생길 정도가 된 사정을 토로하면서도 강론을 멈출 수 없음을 말하고 있다. 그는 1750년 1월 김양순(金養淳, 1722~1798)²⁶⁹에게 보낸 편지에서는 다음과 같이 말한다.

기질이 마음이 아니라고 하는 의론은 그 유래가 오래되었습니다. 지난날 이공거(李公擧: 이간)와 현언명(玄彦明: 현상벽) 두 분이 그것을 창도했고, 한천장(寒泉丈: 이재)이 그것을 계승했습니다. 그가 최석에게 준 시에서 "기질을 심체에 해당시켰다"라고 한 구절은 남당을 비난한 것이 아닙니까? 근래 듣건대 김백춘(金伯春: 김원행)과 자정(子靜: 김양행) 등 여러 인물이 또한 이러한 의론을 주장했다고 하니, 이것이 실로 지금 세상이 모두 동의하는 의론이며, 그대 또한 그중에 들었군요. 그것이 옳다고 하면 제가 들은 바와 다른 것이고, 옳지 않다고 하면 사람들의 공의(公議)를 거스르는 것이 됩니다. 제가 이에 대해 어찌 감히 설을 지어 공연히 갈등을 일으키겠습니까? 아마도 각각 들은 바를 귀히 여기는 것만 같지 못합니다. 그런데 형이상을 도(道)라고 하고 형이하를 기(器)라고 했으니, 하늘에서는 태극과 음양, 사람에게서는 본성과 마음이 그와 같을 따름입니다. 지금 저 허령과 신명은 본래 마음인데 이것은 곧 기(氣)의 영(靈)이요 기의 정상(精爽)이니 끝내 형이하인 기(器)의 영역을 떠나지 않습니다. … 어찌 스스로 별도로 리도 아니고 기도 아닌 사이를 점하는 어떤 것이겠습니까? 태극과 음양은 혼융(渾融)하여 틈이 없으나 반드시 두 가지 것[二物]이니, 진실로 형기를 초월하여 태극을 말할 수 있습니다만, 기(氣)와 신명은 분명히 일물(一物)로서 비록 기를 초월하여 신(神)을 말하려고 하여도 그 떨어질 수 없는 것임을 어떻게 하겠습니까? 마음은 화(火)와 같고, 허령은 화의 광명(光明)과 같으니, 광명이 과연 화기(火氣)를 초월하여 별도의 어떤 것이겠습니까?**270**

심조는 여기에서 마음과 기질을 분리하여 보는 견해가 이간과 현상벽에서 기원하여 이재가 계승한 것이라고 파악하고 있다. 이전에 그가 집중적으로 검토했던 김창흡에 대한 언급은 빠졌다. 이 시기 낙학의 대표 주자로 이재가 부각된 상황에서는 당연한 것이라고 할 수 있다. 낙학 진영에 이재 외에 김원행이 언급되고 있음도 확인된다. 이것은 한원진 이래 호학 측에서 호락논쟁을 이해하는 하나의 전형을 이룬다고 하겠다.

심조는 리도 아니고 기도 아닌 어떤 것은 있을 수 없다고 하고, 또 리와 기가 명확히 구별되는 반면, 마음과 기는 결코 분리될 수 없음을 주장한다. 그것은 곧 낙학 측에서 마음을 신명 혹은 신이라 하고, 거기에 기인 동시에 그 본체를 리에 준하는 것 혹은 그와 통합된 것으로 봄으로써 기와 구별되는 존재론적 위상을 부여하려고 시도하는 것에 대한 반론이라고 할 수 있다.271 물론 이재의 입장은 마음의 본체를 리로 보아야 한다기보다는, 마음의 본체를 기만으로 이해해서는 안 되고 동시에 반드시 리와의 관련성 속에서 보아야 한다는 것이었으며, 양응수가 심유이기설을 제시한 것은 마음을 여전히 기로 파악하면서 동시에 그 한도 내에서 심체의 보편성을 확보하고자 한 노력이었다고 할 수 있다.

한편 한원진 사후 「한천시발」을 문집에 수록하는 문제를 둘러싸고 한원진의 문인들 내부에서 논란이 있었다. 한원진의 문집 간행을 주도했던 김근행(金謹行, 1713~1784)은 1762년 권진응(權震應, 1711~1775)에게 보낸 편지에서 다음과 같이 말한다.

> 원집(元集) 중의 「농암사칠변」과 「한천시발」은 본래 백세(百世)의 근심입니다. 그런데 두 노선생의 문집 중에서는 쟁단이 될까 우려하여 이미 그와 관련된 글 두 편을 제외했으니, 변명하고자 해도 근거가 없게 될까 두렵습니다. 이것들을 또한 보류하고 다른 날을 기다리는 것이 어떨지 모르겠습니다.272

한원진의 「농암사칠지각설변(農巖四七知覺說辨)」과 「한천시발」은 각각 김창협의 「사단칠정설」과 이재의 「한천시」에 대한 비판을 담은 글로서, 호학과 낙학 사이의 쟁론 곧 호락논쟁의 형성과 전개에서 핵심적인 중요성을 지닌 글이라고 할 수 있다. 그들 두 선생의 글은 당시 이미 출간된 『농암집』과 『도암집』의 본집에는 수록되지 않은 상황이었다. 이런 상황에서

『남당집』에 관련 문건을 싣느냐 하는 것이 논란이 된 것이다. 역시 같은 당색 내에 분란이 일어나는 것에 대한 우려가 있었음을 알 수 있게 한다. 낙학 측에서만이 아니라 호학 측에서도 심성설상에서의 양측의 대립은 고민거리였으며, 낙학 측에서 이재가 그러했듯이 분란이 일어나 분열되는 상황이 전개되는 것을 원하지 않는 흐름이 분명히 존재했음을 보여준다.

하지만 편지의 말미에서 언급한 것처럼, 이미 양자의 길은 분명히 갈리었고, 따라서 각자의 입장을 분명히 해두는 것은 반드시 필요했다. 결과적으로 「농암사칠지각설변」은 본집에 실리지 않았지만 나중에 습유(拾遺)에 실렸으며, 「한천시발」은 『남당집』 본집에 실렸다.

2) 윤봉구와 그의 문인들의 대응

윤봉구는 한원진이 1751년 별세한 후, 호학에서 중심적인 역할을 했다. 앞에서 본 바와 같이 윤봉구는 이미 1735년 이재와 논변을 벌였고, 1742년에는 박필주와 논변했다. 또한 이재의 「한천시」 작성과 한원진의 「한천시발」이 작성된 1746년을 전후하여 최석과의 편지 교환을 통해 자신의 견해를 표명했다. 이 시기 호학 측의 대응을 주도했던 것은 윤봉구와 그의 문인이었다고 할 수 있다.

(1) 윤봉구의 최석 비판

윤봉구는 1746년 최석에게 다음과 같은 편지를 보낸다.

> 천지 사이는 리와 기일 뿐입니다. 리는 하나이니 같지 않음이 없고, 기는 둘이니 그 고르지 않음이 본래 모습입니다. 주자는 "사람이 품부 받은 기는 비록 (모두) 천지의 정기(正氣)이지만 다만 기는 유형(有形)의 것으로서, 유형이면 곧 저절로 미악(美惡)이 있다"[273]라고 했습니다【여기에서 형(形)이라고 한 것은 이

목구비의 형이 아니요, 곧 형이하의 형입니다]. 또 "기에 어찌 청탁의 다름이 있는가?"라는 물음에 답하기를 "기를 말하면 곧 저절로 차가운 것이 있고 뜨거운 것이 있으며 향기 나는 것이 있고 냄새가 나는 것이 있다"274고 했습니다【주자의 설은 여기까지입니다】. 대개 기를 말하면 곧 이미 천지의 기로부터 양(陽)은 맑고 음(陰)은 탁함이 있어 섞이지 않을 수 없습니다. 귀신은 음양의 신령[靈]한 것이어서 천지의 마음인데, 주자는 오히려 그것을 형이하라고 했습니다. 이미 형에 속하게 했다면 그것이 청탁과 정조(精粗)가 있음을 면할 수 없음이 바로 위에서 미악과 한열(寒熱)이 있다고 한 것과 같습니다. 인간의 마음은 단언(單言)하면 리라고 할 수 없으니, 기라고 말하지 않을 수 없습니다. 비록 그것이 정밀하고 깨끗하여[精爽] 활화(活化: 살아서 변화)하는 것이라고 해도 이미 기이니 어찌 끝내 청탁을 말할 수 있는 것이 없겠습니까? 그러나 그 체단(體段: 바탕)은 활화하여 국한되지 않으므로, 존성(存省)의 공부에 인하여 또한 때때로 미발 상태에서, 담일한 기상이 있는 것입니다. 이로부터 말하면 청탁이 서로 섞인 것은 마음의 기[心氣]의 본래 받은 상태[本稟]이고, 그 청담 순일한 것은 간혹 그러한 것이 있게 되는 것입니다. 간혹 있는 담일을 가지고 품부 받은 근본이 그와 같다고 할 수는 없으며, 또한 본래 받은 상태가 서로 섞인 것을 가지고 변화하여 성인과 같이 될 수 없다고 해서도 안 됩니다.275

여기에서 윤봉구는 마음의 문제에 대한 자신의 견해를 분명히 밝혔다. 마음은 하늘에서 받은 정기(正氣)이지만, 기인 한 유형의 것이고, 유형인 한 청탁과 정조의 구체적 차이가 있을 수밖에 없다. 개인에 따라 차이가 날 수밖에 없다는 것이다. 그는 그것을 본래 품부 받은 상태[本稟]의 마음이라고 말한다. 하지만 그는 마음은 기 중에서도 정밀하고 깨끗한[精爽] 기로서 살아 변화하여 고정되어 있지 않다[活化不局]고 한다. 일반인들도 수양의 노력을 통해 또한 때로는 그와 무관하게 미발의 담일한 기상이 있게 되는 것은 마음의 기의 그러한 성격 때문이며, 바로 그 때문에 우리는 수양을 통해 그러한 상태를 영속적으로 자기화한 존재 곧 성인이 될 수 있다.

결국, 윤봉구에 의하면 마음은 기로서 기질의 제약으로부터 자유롭지 못하다. 즉, 사람마다 타고나면서부터 차이가 있다. 하지만 마음은 살아 있는 것으로서 변화할 수 있다. 수양을 통해서, 그리고 간헐적으로 마음의 미발 상태에서 우리는 어떤 탁월한 순간, 곧 번잡하지 않고 순수한 동일성의 순간을 경험하게 된다. 성인은 바로 그러한 동일성을 늘 언제나 자신의 몸과 마음의 실천상에서 체현한 자로서, 우리는 누구나 수양을 통해 그러한 경지에 이를 수 있다. 하지만 윤봉구는 변화할 수 있다고 해서, 혹은 변화하고 있다고 해도 마음의 기가 곧 청탁의 고르지 않음에서 자유롭다는 것은 아님을 덧붙인다. 담일(湛一)은 본품(本稟)을 해치지 않고 본품은 담일을 해치지 않는다. 둘은 양립 가능하다. 낙학의 우려를 어느 정도 해소하면서 동시에 호학의 입장을 분명히 한 것이라고 할 수 있다.

그는 이어서 심본선(心本善) 문제를 중심으로 하여 축조적으로 최석의 물음에 대한 답변의 형식을 취하여 자신의 견해를 표명했다. 최석의 질문이 무엇이었는지 현재 확인하기 어렵지만 윤봉구의 답변을 통해 그리고 이 편지에 대한 최석의 답서가 『천문사백록』에 「답윤병계【봉구】서」라는 이름으로 실려 있으므로 그 논변의 대개를 짐작할 수 있다. 그 주요 논점을 정리하면 아래와 같다.

① 심본선의 문제

윤봉구는 먼저 정자의 심본선론에 대해 자신의 견해를 제시한다. 이것은 최석이 자신의 입장의 핵심을 지지하는 명제로서 정자의 심본선론을 제시했기 때문이다. 윤봉구는 다음과 같이 말한다.

"마음은 본래 선하다[心本善]"라는 구절에 대해서는 앞에서 간략히 언급했지만, 매양 이것을 들고 나오므로 부득이 다시 자세히 말하지 않을 수 없습니다. 마음은 본성을 담는 그릇이니, 원래 서로 분리되지 않아서 동(動)과 정(靜)에 서로를 따릅니다. 그러므로 선유(先儒)는 마음을 말할 때는 리와 기를 합한 것으로부터 말하는 경우가 많고 또 본성을 주로 하여 말하는 경우가 많습니다. 이것은 "마음이 본래 선하다"라고 할 때의 마음도 또한 그러합니다. 정자는 "하늘에서는 명(命)이고, 사물에서는 리(理)이며, 사람에서는 본성[性]이고, 몸에서는 마음[心]인데, 그 실상은 하나이다. 마음은 본래 선한데 운운"했는데, 그가 명이라 하고 리라고 하고 본성이라 하고 마음이라 하면서 결론적으로 그 실상은 하나라고 했으니, 그 문세와 의미를 살펴보면 이것도 마음이 본성을 갖춘 것을 위주로 하여 말한 것입니다. 아마도 기를 단언(單言)한 (마음을 순선이라 말한) 증거가 될 수는 없습니다.[276]

선유들이 자주 마음을 리와 기를 합한 것으로 보았으며 또한 본성[性]을 주로 하여 논한 경우가 많았다고 하고, 정자가 '심본선'을 말한 것은 그러한 맥락에서이기 때문에 그것을 기를 단언한 마음이 순선하다고 말한 증거로 삼을 수는 없다고 했다. 정자가 심본선을 말한 것은 리와 기를 합하여 말한 것이고, 기를 단언한 마음에 대한 것은 아니다.[277] 만약 기를 단언하는 경우라면 기에는 선도 있고 악도 있어서 마음의 본선을 주장할 수 없다는 것이다.

윤봉구는 이어서 다음과 같이 말한다.

다만 성찰하여 잡고 함양하여 보존한다면 비록 일반인[衆人]이 품부 받은 뒤섞인 것이라고 하더라도 오르고 내리고 나가고 들어오는 사이에 진실로 청담 순일하여 미발의 경지가 되는 것이 없지 않습니다. 이때를 당하면 비록 본래 품부 받은 탁하고 더러움이 있다고 해도 그에 대해 조금도 말할 수 있는 것이 없고 그 기상을 보면 성인과 같습니다. 그러나 일시적으로 간혹 그러한 담일을 가지고 모든 사람이 품부 받은 체단이 본래 이와 같다고 말할 수는 없으며, 또한 일반인의 마음의 기는 본래 뒤섞인 것이니 비록 담일의 때가 있다고 하더라고 품부 받은 애초의 탁하고 더러움은 여전히 그대로 있다는 것은 말할 필요도 없습니다. (나의) 미발에서의 본품에 관한 논설은 비록 남당과 맞지 않지만 이것은 전체 중 한 부분에 불과한 것으로, 부합하면 좋지만 부합하지 않아도 또한 어쩔 수 없는 것입니다. 그러나 무엇보다 그대의 순선의 논(論)은 전체가 상반됩니다.278

미발 문제, 곧 미발 심체의 순선 문제는 낙학 측에서 강력하게 주장하는 바이다. 낙학에서는 호학 측에서 미발에서 기질의 존재를 이야기하는 것을 문제시하면서 그것이 미발 심체의 순선—이는 이이도 주장한 바인데—을 부정하는 것이고 결국 성선의 대명제를 부정하는 것이라고 비판한다. 그것은 심순선을 주장하게 되는 이유이기도 하다.

미발 문제에 대해 윤봉구는 낙학의 입장에 동의하지 않지만 한원진에 대해서도 완전히 동의하지는 않았으며, 그것을 위의 인용에서도 알 수 있다. 그는 자신의 활화설(活化說)에 입각하여, 일반인의 경우도 수양을 통해 미발 상태에 이를 수 있으며 거기에서 기질의 존재를 논할 필요가 없다는 입장을 취하고 있다. 이는 기본적으로 마음에 대한 이해에서 기를 중시하는 호학의 입장을 받아들이면서 또한 미발에 대한 전통적 견해를 존중하는 태도를 취한 것이라고 할 수가 있다. 낙학의 우려를 어느 정도 해소하면서 동시에 호학의 입장을 분명히 한 것이라고 할 수 있다.

그는 또한 허령과 담일허명을 구분하며, 본체와 체단(體段)을 구분한다.279 허령이 마음 일반의 체단이라고 한다면 담일허명은 미발이면서 마음의 본체라는 것이다. 마음의 허령-체단은 기의 청탁의 뒤섞임으로부터 자유롭지 못하다고 해도, 마음의 담일허명-본체는 그러한 기의 청탁으로부터 자유롭다고 한다. 담일은 본품을 해치지 않고 본품은 담일을 해치지 않는다. 둘은 양립 가능하다. 그런데 허령을 마음의 본체가 아니라 체단으로 보는 이 입장은 허령을 기의 청탁에 영향을 받는 것으로 봄으로써 결국 허령 분수설을 함축하는 것이 되고, 명덕 분수설에까지 나아갈 혐의가 있는 것으로서, 낙학 측의 강력한 우려를 산 부분이었다.[280]

② 성인과 일반인의 마음의 같고 다름에 대해서

윤봉구는 이어서 성인과 일반인의 마음의 같고 다름에 대해 다음과 같이 말한다.

> 주자는 "마음은 불[火]에 속하니, 빛을 발하며 움직이는 것으로, 허다한 도리를 갖추고 있다"라고 말했습니다. 대개 마음은 한 몸에 품부 받은 기의 정상(精爽)이 방촌(方寸)에 모여 있는 것입니다. 그리고 본래 불에 속해있기에 자체에 빛을 발하며 살아 움직인다는 뜻을 가지고 있습니다. 이것은 요와 순의 마음이 본래 그러하고 걸(桀)과 도척(盜跖)의 마음도 능히 그와 같습니다. 그런데 그 빛을 발하고 살아 움직이는 것은 분명히 기이며, 그 기를 품부 받은 것은 청탁수박이 각자가 같지 않습니다. 지금 다만 빛을 발하고 살아 움직이는 것을 지적하여 말하면 성인과 일반인이 비록 모두 그것을 가지고 있지만, 마음의 전체가 품부 받은 것을 들어서 논하면 성인과 일반인이 다르지 않을 수 없습니다.[281]

이는 마음과 명덕의 구분에 해당하는 것으로, "빛을 발하고 살아 움직이는 것"이 곧 마음의 인지적 역량을 기질의 맥락에서 떼어 내어 말한 명덕이다. 그 명덕에 대해서는 보편성을 말할 수 있어도, 품부받은 전체로서의 마음으로 말한다면 즉, 인지적 역량의 개별적 실제에서 말한다면 성인과 일반인의 차이를 말하지 않을 수 없다는 것이다.

③ 기의 본체에 대한 이견

최석은 심순선을 결정적으로 기의 정상(精爽)에 기초하여 이해한다. 이 점은 위에서 낙학 내부에서 박성원에게 비판받은 그 지점이기도 하다. 윤봉구는 그에 대해서 다음과 같이 비판한다.

> 그대는 마음의 '본선(本善)'과 마음의 '본체(本體)'에서의 '본(本)'이라는 글자로 인하여 "리는 일본(一本)이며 기도 일본이다"라고 말하는 데 이르렀으니, 이는 (리와 기를) 대대(對待)하여 양본(兩本)으로 삼은 것으로서 진실로 의심스럽습니다. … 대개 (선유들은) 리를 기의 본으로 삼고, 본성을 마음의 근본으로 삼지 않은 이가 없었는데, 지금 그대는 기를 가지고 리와 대대시켜 양본으로 삼았으니, 천지간에 어찌 두 개의 근본이 있겠습니까? … 이 기(氣)상에 나아가 말한다면 기에는 어찌 스스로 본(本)과 말(末)이 되는 것이 없겠습니까? … 정밀한 것에는 정밀한 가운데 정밀한 것과 거친 것이 있고 거친 것에는 거친 가운데 정밀하고 거친 것이 있습니다. … 인간의 기는 정통하니 동물의 기가 편색한 것과 어찌 구별이 없겠습니까? 또한 이것은 본이고 저것은 말이라고 할 수 있습니다만 이 정통한 기에 나아가 논하면 또한 그 분수(分數)가 천만(千萬)에 그치지 않습니다. 마음의 기는 정상하여 몸의 기에 비하면 그 정밀함과 거침의 구별이 어찌 서로 현격한 차이가 있지 않겠습니까? 그러나 정상에 나아가 논한다면 맑고 탁함의 구분이 천만으로 각각 다르니 실로 사람들의 얼굴이 같지 않은 것과 같습니다. 대개 기로부터 말한다면 그 같지 않음은 분명히 음양의 본색입니다. … 진실로 리의 근본이 하나임과 나란히 두고 논할 수 없습니다.[282]

윤봉구의 비판은 곧 박성원의 우려를 실현한 것이었다. 즉 기의 정상에 심체의 보편성을 근거 지우는 것은 결국 한계가 있을 수밖에 없다는 것이다. 윤봉구는 최석의 입장이 결국 기를 근본으로 삼는 것이며 리를 삭제하지 않는 한 결국 두 개의 근본을 두게 되는 것이라 비판한다. 그것은 유학의 일원적 세계 이해, 곧 초월의 세계를 현실 세계의 바깥에 두지 않는다고 하는 일용(日用) 일상(日常) 중시의 세계관, 곧 우주의 근본에 도덕을 두는 이일본(理一本)론의 세계관에 맞지 않는 것이라고 할 수 있다. 호학이 기를 중시한다고 해서 리-본체의 근원성을 부정하는 것은 결코 아님을 상기하여야 한다.

윤봉구는 최석의 심기 순선의 이론이 결국 선불교에서 마음의 영소불매(靈昭不昧)함을 본성으로 삼아 천리에 의한 제어를 하지 못하게 되는 데 빠진 것과 다름이 없다고 비판한다.

> 이른바 불교의 학문은 영소불매하여 묘용(妙用)이 지체함이 없는 것을 근본으로 삼은 까닭에 작용(作用)을 본성으로 삼는 데 이르렀습니다. … 완전히 하나의 영소함을 기특한 일로 여기고 참된 본성으로 삼아, 그 작용에 맡겨두고 다시 천리로써 재제(裁制)하지 않았기 때문에 그 폐단은 스스로 방자한 데로 돌아가는 것을 면치 못했습니다. 이것은 다만 천리가 본래의 본성이 됨을 잘 모른 것일 뿐 아니라 기를 본성으로 삼은 것입니다. 이른바 영소묘용의 본품의 기가 각각 청탁수박이 같지 않기 때문에 그 실용에 이르면 혹은 선하고 혹은 악하여 천백(千百)으로 달라지는 실상을 알지 못한 것입니다. 지금 그대의 설이 본성은 리이고 마음은 기라 하고, 또한 본성을 주로 삼는다고 말하니 어찌 불교의 설과 같은 것이겠습니까? 다만 마음의 기는 순선(純善)하다는 말은 그들과 다를 것이 없습니다. 대개 본성은 이미 일삼는 바가 없고 오로지 마음의 기의 동정(動靜)에 의지하는데, 만약 이 기가 한결같이 순수하다고 한다면 본성의 선함에 반드시 따를 필요 없이 작용하는 바가 또한 스스로 순선한 것입니다. 이와 같으면서도 오히려 본성을 위주로 한다고 표방하는 것은 다만 기를 본성으로 삼는다는 비난을 두려워해서 그렇게 말하는 것이고 실상은 의미가 없습니다. 그 추세는 스스로 작용하는 마음의 기가 근본이고 주인이 되며 무위

(無爲)의 성선은 끝내 지엽이 되고 객이 되는 데로 돌아가지 않을 수 없습니다. 리와 기의 본말과 주객이 서로 능탈(凌奪)하는 데 이르게 되니 필경은 과연 어떤 학문이 되겠습니까?²⁸³

④ 한원진의 설은 성악설로 귀결되는가?

윤봉구는 최석이 한원진의 설이 결국 성악설로 귀결되고 만다고 비판했다고 하고 그에 대해 다음과 같이 말한다.

> 그대는 생각하시기를 남당의 본의는 실로 선악혼(善惡混)의 본성은 아니겠지만 또한 그것이 스스로 성선악(性善惡)의 부류로 돌아가지 않을까 염려스러워 깊은 두려움을 이기지 못하겠다고 하십니다. 대개 그대는 본연지성을 논하심에 마음의 기를 떠나서 볼 수 없다고 하여 반드시 말하기를 "리와 기는 본래 분리할 수 없으니, 본성은 마음을 떠날 수 없다. 마음에 만약 청탁과 미악을 말할 수 있는 것이 있다면 본성이 홀로 순선 무악할 수 있는 이치는 결코 없다"라고 하시고 또 "기가 일본(一本)이 될 수 없으면 리도 일본이 될 수 없다. 마음이 본래 순선하지 않으면 본성 또한 순선하지 않게 된다"라고 하십니다. 하지만 이들 설은 이렇게 저렇게 다양하지만 끝내 리를 단언(單言)한 본성이 아니며, 다만 정자와 장자(張子)가 말한 기질을 겸한 본성입니다. 본성이면서 기를 겸한다면 아마도 반대로 스스로 그대가 비판하는 선악혼의 본성으로 돌아갈 듯합니다. 그대는 실로 나와 한남당이 마음의 기의 청탁을 논하지 않고 본성을 단언하면 순선하다고 주장함을 알지 못했기 때문에 우리의 설이 성선악으로 귀결한다고 생각하시는 것입니다.²⁸⁴

본성은 기의 맥락 가운데 있지만 그 리를 단언하면 그것이 본연지성이고 순선하다는 것이다. 낙학 측이 본연지성의 순선을 본연의 기의 순선과 연동하여 주장하는 것에 대해 호학 측에서는 기와 관련 없이 그 리의 측면을 단지하여 본연지성의 순선을 주장한다는 것이다. 낙학 측에서는 본성의 순선을 마음 혹은 기의 순선과 연결하여 그 현실성을 확보하려고 하는 것으로서 이른바 '이기동실, 심성일치'의 명제가 그런 정신을 표현한다. 윤봉구는 한원진이 본성을 기질의 맥락에서 말하지만 본성 자체의 선함은 그러한 기질의 맥락을 넘어서 있는 것으로 인정한다는 점에서 성선에서 결코 이탈하지 않는다고 변명했다.

윤봉구는 더 나아가 성선이 위협받게 되는 것은 호학 측이 아니라 오히려 낙학 측이라고 반격한다.

> 지금 마음과 본성을 논하면서 다만 서로 분리되지 않음만을 알고 서로 섞일 수 없는 실상을 보지 못하고 계십니다. 분리하여 보지 못하시기에 비록 맹자의 성선의 본성에 대해서도 끝내 또한 마음이 순선인 까닭에 본성도 순선하다고 한다라고 하십니다. 그렇다면 본성은 스스로 선할 수 없고 반드시 마음의 기에 의지하여 선하게 됩니다. 이와 같다면 그것이 어찌 천하의 대본(大本)이 되겠습니까? 저의 생각으로는, 본성의 선악에 대한 두려움은 한남당에게 있지 않고 바로 마땅히 반성하여 스스로 두려워해야 할 것입니다. 기가 일본(一本)이 될 수 없으면 리도 일본이 될 수 없다고 하신 것은 또한 리와 기를 대대(對待)하여 양본(兩本)으로 삼으신 것일 뿐 아니라 반대로 기를 리의 근본으로 삼는 것입니다. 제가 기가 반대로 주인이 되고 근본이 되었다고 지적한 것은 지나친 말이 아니지 않습니까? … 그대는 항상 독사와 전갈의 본성을 주로 하여 인의의 순선한 것과 그 명칭을 동일하게 한다고 말씀하셨습니다. 알지 못하겠습니다. 독사와 전갈의 마음이 또한 과연 담일허명하기에 그 본성이 인간의 본성과 같다는 말씀이십니까?[285]

낙학의 주장은 결국 본성의 선함을 마음의 선함 곧 마음의 기의 선함에 근거 지우는 것으로서 호학 측의 기에 대한 이해에 의하면 결국 선악의 혼잡함에 좌우될 수 있는 위험을 자초하는 것이 된다는 것이다. 이러한 지점은 이미 한원진이 누차 강조하여 말한 바이기도 했다.

⑤ 호연지기와 사단은 심기 순선의 증거가 될 수 있는가?

윤봉구는 호연지기와 사단이 심기 순선의 증거가 될 수 없음을 또한 지적한다.

> 호연지기는 대개 한 몸의 기를 총괄하여 말한 것입니다. 그런데 한 몸의 기의 정상은 마음이니, 마음의 기가 실로 그것의 주인이 됩니다. 이 때문에 사람이 품부 받은 기를 가리켜 곧 그대로 호연하다고 할 수는 없는 것입니다. 또한 혈기 중에 별도로 호연한 것이 그 속에 자재(自在)하여 마치 그대가 논한 마음의 담일한 것이 본래 서로 뒤섞인 중에 생겨난 것과 같다고 말할 수도 없습니다. 또한 품부 받은 기가 애초에 호연하지 않다면 원래 호연하게 될 수 있는 것이 없다고 말할 수도 없습니다. 다만 사람마다 품부 받은 처음의 기 그것의 청탁수박이 어떠함을 논하지 않고 한가지로 순선한 본성을 따라 도의(道義)에 짝하여 일마다 그와 같이하고 나날이 그와 같이 하면 기가 저절로 강대해질 수 있고 스스로 상쾌하고 스스로 만족하며 떨리지도 두렵지도 않아 자기도 모르는 사이에 그 호연함이 천지를 가득 채우게 되는 것입니다. 애초에 본성이 원래 스스로 순선하여 일본(一本)이 되는 것과는 같지 않습니다.[286]

호연지기는 품부 받은 기의 본래 상태가 아니라 마음 수양의 결과로 얻게 되는 것으로, 원래 혈기와 다른 것이 아니라고 주장하는 것이다. 따라서 그것은 기의 본래 상태의 순선을 말하는 증거로 삼을 수 없다. 그는 사단에 대해서도 다음과 같이 말한다.

> 사단은 곧 본성이 기를 타고 발현한 것이니, 정(情)의 별명이다. 주자에게 이미

사단이 선악을 겸한다는 논이 있었다. 다만 맹자는 이 정에 나아가 선(善) 일변을 척출하여 본성의 선함이 곧바로 실현되는 것을 가리켜 말한 것이다. 어찌 사단을 심기의 순선함의 증거로 삼을 수 있겠는가? 하물며 사단은 비록 그것을 발하는 것이 마음의 기이지만 기(氣)상에서 본성이 발하는 선을 가리켜 말한 것으로서, 그것으로 기를 단언하여 마음을 논하는 설의 증거로 삼을 수는 없다.[287]

사단을 순수한 선의 실례로 삼기 위해서는 제한적 단지(單指)의 관점을 배제할 수 없으며, 그것은 기가 아니라 그 속의 본성의 실현을 단지한 것이므로, 기의 순선을 증명하는 근거가 될 수 없다는 것이다. 본성은 어디까지나 리이기 때문이다.

⑥ 인물성동이 문제

이상의 여러 조목은 실로 심순선 혹은 심기(心氣) 순선의 문제에 집중된 것이었다면, 편지 말미에 윤봉구는 인물성동이 문제를 논한 2개 조목을 실어두었다.[288] 첫 번째 조목은 아마도 『중용장구』에 대한 해석 문제로서, 윤봉구는 거기에서의 『중용장구』의 본성이 곧 인성과 물성이 다른 본연지성인 것을 역설한다. 이것 역시 기본적으로 호학의 취지를 다시 천명한 것이다.

주자는 인성과 물성에 대해 논하면서, 같다고 해도 좋고 같지 않다고 해도 좋다고 생각했습니다. 대개 인성과 물성은 본래 한 리를 같이합니다. 이것이 이른바 '인성과 물성은 또한 나의 본성이다'라고 한 것입니다. 그러나 그 부여 받은 바의 각각 다른 것에 나아가 말하면 양(陽)은 건(健)하고 음(陰)은 순(順)하며, 목(木)은 인(仁)이고 금(金)은 의(義)입니다. 다만 단언하면 비록 그 각각이 다르지만 또한 본연지성이 됨을 해치지 않습니다. 이 『중용장구』의 뜻은 부여받은 바가 각기 다름으로써 인성과 물성에 다름이 있다고 한 것입니다. 비록 그 같지 않지만 애초에 기를 겸하여 말한 것이 아니니 어찌 그것을 기질지성으로 돌릴 수 있겠습니까? 하물며 이 장은 여섯 개의 본성[性] 자(字)는 모두 본연지성을 말한 것이고 또한 인간과 동물이 각각 그것을 다한다고 했으니 바로 "솔성(率性)"에 대한 『장구(章句)』의 주석에서 "각각 그 본성의 자연에 따른다"고 한 것과 의미가 같습니다. 솔성이라고 하는 것은 곧 인간은 인간의 본성을 따르는 것이요, 우(牛)·마(馬)와 연(鳶)·어(魚)도 각각 자신의 본성을 따르는 것이니, 이것이 또한 따르는 바가 다르다고 해서 기질지성을 말하는 것이겠습니까? 인성과 물성의 다름은 실로 건순(健順), 인의(仁義)가 각자 같지 않으면서 각구(各具)한 태극이 되는 것과 같습니다. 그 각각 갖춘 것에 나아가 그 소이연을 말한 것이 곧 통체(統體)의 태극이며, 일원(一原)이 같지 않음이 없는 것입니다. 바로 이른바 같은 중에 그 다름을 보고 다른 중에 그 같음을 살핀다는 것입니다. 맹자가 말한 견(犬)·우(牛)·인(人)의 본성은 또한 위에서 말한 본연지성의 다름을 말한 것입니다. 그래서 주자는 인의예지를 인성은 온전하나 동물은 온전하지 않다고 했습니다. 농암이 편전의 본성을 본연이라고 한 것은 스스로 주자의 이론에 잘 근본한 것인데, 어째서 의심합니까?**289**

특히 솔성의 단계에서 비추어 본다면 그 도가 따라 나오는 본성은 본연의 본성이며 기질의 본성이 아님이 분명하다. 인간과 소, 말은 각각 실천해야 할 도가 다르며 그것은 곧 본성의 다름에 기초한다. 그런데 그때 그 각기 다른 본성은 곧 천명지성의 본성으로, 곧 기질지성일 수 없고 본연지성일 수밖에 없다는 것이다.

그대가 "주자의 취지는 이체(異體)에서 리의 같지 않음을 가지고 견·우·인의 본성을 말한 것이다"라고 한 것은 진실로 좋지만, 그다음에 "이체의 리가 같지 않은 것을 가지고 기질지성을 말했다"라고 한 것은 그렇지 않습니다. 대개 주자가 『맹자집주』에서 인성은 인의예지이지만 물성은 온전할 수 없다고 한 것을 본다면, 그가 일원(一原)으로 말하지 않은 것을 알 수 있으며, 또한 황상백(黃商伯)에게 답한 편지에 이르러서도 또한 『맹자집주』에서의 편전의 본성의 뜻과 다름이 없습니다. 하물며 『주자어류』에서 황상백에게 보낸 편지를 논하면서 또한 호랑이의 인(仁)과 벌의 의(義)를 가지고 말했으니, 이것은 또한 이체상의 편전의 본성이 아닙니까? 인간은 인간의 본성을 따르고 소와 말은 각각 소와 말의 본성을 따른다고 한 것, 그것은 바로 이체상의 같지 않은 본성입니다. 정자와 주자는 모두 그것으로 본성의 본연에 따름으로 삼았습니다. 그런데 그대는 과연 솔성의 본성을 본연지성이 아니라고 말씀하는 것입니까? 이뿐만 아니라 양(陽)은 건(健)하고 음(陰)은 순(順)하여 목(木)은 인(仁)하고 금(金)은 의(義)한 것은 이체상에서 이름 붙인 것인 까닭에 그 이름을 달리하여 표시했습니다. 과연 이러한 다름을 가지고 모두 기질지성이라고 하신다면 제가 다시 무엇을 말하겠습니까?[290]

일원이체론(一原異體論)은 한원진이 주장한 것으로 윤봉구는 여기에서 이체에서의 리의 부동을 본연지성의 다름으로 연결하는 한원진의 견해를 수용하면서, 이체에서의 리의 다름을 기질지성으로 보려 하는 최석의 입장을 비판하고 있다.

인물성론에서 윤봉구는 대체로 한원진의 견해에 따르는 것으로 보인다. 한원진은 본연지성과 관련하여 단지리(單指理), 단지성(單指性)의 관점과 함께, 성삼층설(性三層說)의 입장에서 인기질(因氣質)의 관점, 그리고 이체의 본연을 말할 수 있다는 입장을 도입한다. 윤봉구는 그의 견해를 대체로 받아들이지만, 기본적으로 단지리의 입장에서 본연지성을 말하는 입장을 포기하지 않은 것으로 보인다. 그는 논의의 첫머리에서 주자의 견해를 인용하여 동론(同論)이든 이론(異論)이든 다 가능하다는 전제를 가지고 논의에 임하고 있다. 이러한 것은 역시 한원진과는 대비되는 것으로서, 낙학과의 대립 국면에서 윤봉구가 좀 더 유화적이고 절충적인 입장에 서 있었음을 보여주는 것이라고 할 수 있다.

(2) 윤봉구의 비판에 대한 최석의 답변: 심순선과 마음의 본체에 대한 이해

『천문사백록』에 실려 있는, 윤봉구에게 보낸 2통의 편지 중 첫 번째 편지는 윤봉구가 보낸 편지에 대한 답서로서, 기본적으로 심본선 문제에 집중하여 자신의 반론을 제기했다. 다만 논점 자체가 진전된 것 같지는 않고 기본적으로 자신의 견해를 재차 표명하는 데 그친 것으로 보이지만 그 가운데서 최석은 자신의 마음에 대한 견해를 명확히 정리하여 제시했다. 이를 통해 처음 최석의 입장이 무엇이었는지를 어느 정도 확인할 수 있다. 최석은 다음과 같이 말한다.

> 저의 생각으로는, 정자의 '심본선'의 논제는 이전 성인들이 미처 말하지 못한 것을 말한 것으로, 위로 맹자가 '성선'을 말한 공로에 짝할 만합니다. 실로 서로 전하여 온 마음이며 위학(爲學)의 근본입니다. … 그렇다면 요임금, 순임금, 우왕, 탕왕, 문왕, 무왕, 공자, 안자, 증자, 자사, 맹자, 정자, 주자, 우암, 율곡이 서로 전하여온 마음은 모두 본래 선한 마음입니다. 그런데 선생님과 남당이 서로 전하는 마음은 본래 선과 악이 있는 마음이니, 그것은 또한 요임금과 순임금 이래로 서로 전하여온 마음과는 다른 것이요, 실로 도척(盜跖)이 악을 행하는 마음입니다. … 옛날 맹자의 시대에 성선의 이치가 밝아지지 않자 이단이 벌 떼처럼 일어났는데 … 지금 '심본선'의 이치가 밝아지지 않자 이설(異說)이 무리 지어 일어나, 왕왕 마음의 본체에 대해 선악이 있다고 말하고 있는 것이 마치 성선의 이치가 어둡고 막히자 사람들이 본성을 선하지 않게 여기는 것과 같습니다. 이것이 제가 부득불 심본선을 누차 말하면서 매양 들고 나오는 까닭입니다.[291]

최석은 '심본선'이야말로 '성선'에 필적하는 진리로서, '성선'과 함께 요순 이래 도통의 핵심이며, 한원진과 윤봉구가 심본선을 부정하는 것이 그러한 핵심에 반하는 이단적 주장을 펼치는 것이라 공격하는 것이다.[292] 이어서 주자를 빌려 자신의 마음에 대한 견해를 다음과 같이 정리했다.

> 주자는 "마음은 기의 정상이다"라고 하고, 또 "마음의 허령 지각은 하나이다"라고 하고, 또 "사람의 한 마음은 담연하여 허명하다"라고 했는데, 진실로 그 진체(眞體)의 본연을 가리킨 것입니다. 또 "마음의 본체는 선하지 않음이 없다"라고 했으니, 이것들은 모두 마음의 본체를 단언한 것이니 기의 정상으로서, 원래 리를 합해서 말한 것도 아니고 또한 기질을 합해서 말한 것도 아닙니다.[293]

최석은 심체 곧 마음의 본체를 기의 정상을 중심으로 이해하고, 심순선의 근거는 바로 그 마음의 기의 독특한 특성 곧 정상에 있다고 선언한다. 그리고 그러한 관점은 마음의 본체를 단적으로 지시하여 말하는 것으로서, 리와 합해서 말한 것도 아니고 기질을 합해서 말한 것도 아니라고 부연했다. 이는 곧 마음 혹은 마음의 본체에 대한 적어도 세 가지 관점이 가능함을 말한 것이다. 그는 이어서 그러한 세 가지 관점이 무엇인지에 대해 좀 더 자세하게 설명한다.

> 마음은 하나인데, 오로지 본체를 가리켜 말한 경우가 있고, 리를 합하여 말한 경우가 있으며, 기품을 겸하여 가리켜 말한 경우가 있습니다. 이른바 오로지 본체를 가리켜 말한 경우라고 하는 것은 앞에서 인용한 주자의 설 네 조목입니다.
> 이른바 리를 합하여 말한 경우라고 하는 것은 '측은(惻隱)'의 마음, '마음을 다함[盡心]'에서의 마음, '도심(道心)'의 마음, 『대학혹문』에서 '방촌(方寸)의 사이에 허령통철(虛靈洞徹)하여 만리(萬理)를 모두 갖추었다'라고 말한 바의 마

음, 『맹자집주』 「진심」 주에 "사람의 신명(神明)으로, 온갖 리를 갖추고 만사(萬事)에 응한다"라고 한 것, 이이가 "명덕은 다만 본심이다"라고 말한 것이 그것입니다.

만약 그 리를 합하여 말한 것에 나아가 마음의 본체를 단지(單指)한다면, 『대학혹문』에서 "방촌의 사이에 허령통철하다"라고 한 것과 명덕에 대한 『대학장구』 주석에서 '허령불매'라고 한 것, 「진심」 주에 '사람의 신명'이라고 한 것들이 모두 그것입니다. 이것들은 모두 마음의 본체로서 기의 정상이요, 그래서 기질과는 구별되는 것입니다.

이른바 기품을 겸비하여 말한 경우라고 하는 것은 예를 들어 『서경』에서 "예(禮)로써 마음을 제어한다"라고 한 것과 『대학』에 '정심(正心)'이라고 할 때의 마음, 『맹자』에서 "마음이 다른 사람과 같지 않다"라고 한 마음, 주자가 "마음에 선악이 있다"라고 한 마음, "나의 마음은 성인의 마음만 같지 않다"라고 한 마음이 모두 그것입니다.²⁹⁴

마음은 하나이지만 세 가지 관점에서 말할 수 있다. 그 첫째는 오로지 마음의 본체를 직접 지적하여 말하는 것이다. 그는 그것이 기의 정상 곧 아주 정밀하고 순수한 기로서 청탁이 뒤섞여 있는 기질과는 구별된다고 한다. 그것은 허령의 마음, 신명의 마음이다. 곧 도덕-인지적 능력으로서의 마음이다. 그는 자신이 심순선을 말할 때의 마음은 바로 이 마음이라고 말한다.²⁹⁵ 그와 관련하여 그는 윤봉구에게 쓴 또 하나의 편지에서 다음과 같이 더 분명하게 말한다.

주자는 "마음은 기의 정상이다"라고 말했습니다. 이것은 도체(道體)를 정확하게 본 것으로 상식적인 생각을 멀리 벗어나 근세 여러 유학자의 견해 중 탁월한 것입니다. 대개 순일무잡(純一無雜)한 것을 정(精)이라고 하고, 허명통철(虛明洞徹)한 것을 상(爽)이라고 합니다. 오직 이 순일무잡하고 허명통철한 기는 조금도 탁악(濁惡)한 것이 섞이지 않아서, 기질과는 구별됩니다. 이것이 그 마음의 본체는 선만 있고 악이 없으며 마음이 본래 선함이 완전히 명백한 까닭입니다. 그렇다면 "마음은 기의 정상이다"라고 하는 한 구절은 실로 마음을 논하는 근본이요, 마음은 본래 선함의 두뇌(頭腦)입니다.296

두 번째는 리를 합하여 보는 경우이다. 마음은 리를 갖추고 있어 본성이 기도 하므로 그것이 자연스럽게 발현되는 측면을 말할 수 있다. 사단(四端)의 마음, 도심(道心)과 같은 것이 그것인데, 그것은 곧 리와 합해서 말해야만 정확히 기술될 수 있는 마음이다. 이것은 곧 양심(良心), 본심(本心)과 같은 도덕적 마음이다. 그런데 이 마음에 나아가 그 마음의 본체를 지적하면 곧 앞에서 말한 허령의 마음, 신명의 마음이라고 한다.

보통 본연지심이라 하는 경우는 이 마음을 가리키는 경우가 많겠지만, 최석은 첫 번째 마음에 초점을 두어 이해했다. 그는 다른 글에서 본연지심에 대해 다음과 같이 말했다.

『대학혹문』정심 조에 "사람의 한 마음은 담연허명하여 마치 거울이 빈 것 같고, 저울이 평형을 이룬 것 같아, 한 몸의 주인이 되니, 진실로 그것이 진체의 본연이다"라고 했다. 나는 생각한다. 여기에서 이른바 "사람의 한 마음은 담연허명하여 진실로 그것이 진체의 본연"이란 한 것은 본연지심(本然之心)의 입론을 위한 명확한 증거이며, 율곡이 이른바 "명덕은 다만 본심이다"라고 한 것, 『장구』의 이른바 "허령불매"라고 한 것, 『혹문』에서 이른바 "방촌의 사이에서 허령통철하다"라고 한 것, 「진심」에 대한 『집주』에서 "사람의 신명"이라고 한 것, 『어류』에서 이른바 "기의 정상"이라고 한 것은 모두 마음의 본체를 말한 것으로 본연지심이다. … 남당은 이 이치를 알지 못하고 말하기를 "마음은 기질이다"라고 했다. 이것이 그의 잘못의 뿌리이다. … 이에 심본선의 논제를 감히 배척하여 불교의 여론(餘論)이라 비난했던 것이다.297

본연지심은 담연허명의 마음이다. 허령불매한 마음으로서 신명의 마음이 그것이다. 이러한 마음은 기로서, 본성인 리와는 구별된다. 그것은 리 곧 본성을 갖추고 있는 마음이지만 리-본성의 실천자 혹은 수행자로서, 그 수행의 대상이 되는 리-본성과는 구별되는 마음이다. 최석이 이해한 마음의 본체 혹은 본연지심은 바로 이 마음을 가리킨 것임을 알 수 있다.

본연지심에 대한 이러한 이해는 낙론의 일부이기는 하지만, 낙학에는 또 다른 측면이 있다고 할 수 있다. 즉, 리를 합하여 보는 것도 마음의 본체 혹은 본연지심으로 보아야 한다는 것이다. 이는 이재와 박성원이 강조한 바이기도 했다. 낙학에서 이 두 가지는 사실 밀접하게 결합되어 있는 것이라고 할 수 있다. 이른바 인지-실천적 능력으로서의 마음 혹은 명덕은 한편으로는 외부의 규범에 대한 객관적 인식과 실천을 수행하는 주체이지만, 또한 자신을 통해 리-태극이 실현되는 장소로서의 의미를 가지고 있다. 그것은 단지 인지적 능력인 것이 아니라 도덕적 능력으로서 리와 본성의 측면을 배제하지 않으며 그것을 포괄한다. 그러므로 마음의 본체 혹은 명덕은 순수한 기만으로는 이해될 수 없고 리-본성의 측면을 고려하지 않으면 안 된다. 낙학의 정신 혹은 종지는 마음의 그러한 측면 곧 현실 세계 속에서 본체-리가 생생하게 실현되고 체험되는 것을 포착하는 것이었다. 바로 그러한 리의 맥락이 배제된다면 마음의 본체는 매우 공허하게 될 것이며 지각 행위 혹은 작용 자체를 본성으로 보는 선불교와 다름이 없다는 비판에 직면할 수 있다. 최석이 첫 번째에 초점을 두지만 또한 두 번째 측면에서 마음의 본체를 다시 언급한 것은 그러한 염려를 배경으로 하고 있었다고 할 수 있다.

세 번째는 곧 기품을 겸하여 말한 것으로, 이른바 기질에 얽매여 선과 악이 섞여 있는 마음이다. 최석은 윤봉구와 한원진 등 호학에서 마음의 본체라고 하는 것은 바로 여기에 해당한다고 보았다. 그는 그것을 본연지심에 대해 기질지심이라고 이해했다. 그는 같은 글에서 본연지심에 대한 설명에 이어 기질지심에 대해 다음과 같이 말한다.

> 『대학혹문』 명덕 조에 "그 통(通)함에서도 혹 청탁의 다름이 없을 수 없으며, 그 정(正)함에서도 혹 미악의 다름이 없을 수 없다. 그러므로 그 이른바 명덕이라고 하는 것이 이미 가리어 그 온전함을 잃음이 없을 수 없다. 하물며 또한 기질이 가린 마음으로 무궁히 변화하는 사물을 접함에는 (운운)"이라고 했다. 나는 생각한다. 여기에서 이른바 '기질이 가린 마음'이라고 하는 것은 실로 기질지심(氣質之心)을 입론하기 위한 명확한 증거이니, 명덕이 기질에 가린 것이다. 이것은 『대학장구』에서 이른바 "허령불매한 것이 기품의 제약을 받아서 그러하다"라고 하고, 주자가 이른바 "마음에 선과 악이 있다"라고 한 것이 이것이다. 남당은 곧 주자의 "마음에 선악이 있다"는 설을 가지고 마음의 본체에 선악이 있음의 증거로 오인했으니, 그것이 기질지심임을 알지 못한 것이다.[298]

따라서 호학의 문제는 마음의 본체 곧 본연지심을 제대로 이해하지 못한 데 있었다고 할 수 있다. 온갖 리를 갖추고 온갖 일에 대응하는 인지-실천적 주체로서의 인간의 마음 혹은 명덕의 보편성과 동일성을 제대로 포착하지 못했다는 것이다. 하지만 이는 정확한 비판은 아니었다. 윤봉구와 한원진도 인간의 인지-실천적 능력을 기의 제한성과 별도로 다루어야 할 필요성을 알고 있었으며, 허령과 명덕의 보편성과 동일성을 인정하고 있었다. 그들이 문제 삼은 것은 현실적인 마음을 구성하고 있는 기의 제한성이었다. 윤봉구는 앞의 편지에서 다음과 같이 말했다.

> 마음의 기는 정상한 것이니, 몸의 기에 비하면 그 정밀함과 거침의 구별이 또한 어찌 서로 현격한 차이가 있지 않겠습니까? 그러나 또한 정상에 나아가 논한다면 맑고 탁함의 구분이 또한 천만(千萬)으로 각각 다르니 실로 사람들의 얼굴이 같지 않은 것과 같습니다. 대개 기로부터 말한다면 그 같지 않음은 분명

히 음양의 본색입니다. … 진실로 리의 근본이 하나임과 나란히 두고 논할 수 없습니다.299

마음의 기는 정상하지만, 그 정상한 가운데 청탁의 차별이 있으므로, 그 기에 근거해서는 보편적 동일성을 말할 수 없다는 것이다. 그렇다면 명덕의 보편성은 어떻게 확보할 수 있는 것인가? 호학 측에서 그를 위해 제시한 것은 기에 즉하되 또한 기의 맥락을 초월하여 말할 수 있다고 하는 이른바 단지(單指)의 논리였다. 마음의 허령은 기일 수밖에 없지만, 즉 마음의 허령함은 마음의 기의 정상을 떠나 있을 수 없지만 또한 그 기의 맥락을 넘어서 허령함 자체를 지적하는 것이 가능하다는 것이다. 마음의 본체로서의 허령-명덕은 기로서의 마음에서 인지-실천적 능력을 떼어내어 지목한 것이라고 해야 한다. 그것은 리라고 할 수는 없지만, 앞에서 거울의 밝음이 현실의 거울을 결코 떠나지 않지만 소재에 따른 개별적인 밝음의 차이와 구별할 수 있는 것과 마찬가지로 구별할 수 있다고 한다.

하지만 낙학 측의 입장에서 본다면, 그것은 허령과 명덕의 보편성을 그 실제에서는 확보하지 못하는 매우 추상적이고 공허한 논리에 불과하다고 할 것이다. 마음의 본체에 대한 최석의 설명은 인지-도덕적 능력의 순수성을 확보하고자 하는 노력의 관점에서 살펴볼 수 있다. **그것은 곧, 본성-리로부터 구별되는 동시에 기질로부터 자유로운 도덕적 주체를 확고히 정립하고자 하는 노력이었으며 낙학의 기본 정신 및 지향과 일치하는 것이었다.** 하지만 그 마음이 여전히 기(氣)인 한, 혹은 그것을 여전히 기로 인식하는 한 그러한 노력은 낙학 내부에서 이미 지적된 바와 같이 근본적으로 좌절될 운명에 처해 있었다고 할 수 있다.

우리는 앞에서 박성원이 마음의 정상에서 낙학의 마음의 선함에 대한 종지를 설명하는 한계를 지적한 것과 양응수가 마음의 기를 천지 본연지기와 혈기정영으로 나누어 보고, 천지 본연지기를 마음의 선함 혹은 보편성의 근거로 제시하면서 마음의 인지적 측면을 가능하게 하는 혈기정영에 대해서는 미세하지만 청탁의 존재를 인정함으로써 호학 내부의 낙론자들의 한계를 비판한 것을 살펴본 바 있다. 박성원은 마음의 본성의 측면, 특히 그 미발의 마음의 본성의 측면 곧 리적 성격을 이재가 말한 것이라 지적했다면, 양응수는 본연지기를 리의 위상에 있는 것으로 이해함으로써 이재의 설을 마음을 기로 보는 한계 속에서 해명하고자 한 것이라 평가할 수 있다. 이러한 것들은 19세기 명덕을 마음으로 볼 것인가 본성으로 볼 것인가, 더 나아가 기로 볼 것인가 리로 볼 것인가에 대한 논란으로 이어지는 논점이라고 할 수 있다.

최석은 마음을 기의 한계 속에서 두고자 하는 이이 이래의 기본적 견해를 충실히 계승한 것이라고 할 수 있다. 다만 그에게서 마음의 기는 기질의 기와는 구별되는 정상의 기이다. 그런 점에서 그의 견해는 이간과 상통하는 것이라고 할 수 있다. 이러한 부분은 김원행 일파에게로 계승되면서 낙학의 기본 입장으로 자리 잡는다.

(3) 김지행과 최석 사이의 논변

윤봉구의 문인 김지행은 최석과 비슷한 연배로서 그의 문집인 『밀암집(密菴集)』에는 최석에게 보낸 다수의 편지들이 실려 있다. 최석의 문집이 전하고 있지 않은 상황에서 김지행의 편지만을 가지고 논하기는 어려우나, 그 편지의 내용으로 추정컨대 김지행과 최석은 호락논쟁 관련 주제들에 대한 상당한 분량의 논변을 펼쳤다.

그런데 김지행은 윤봉구의 제자였지만 김원행과 같은 안동 김씨 집안의 인물로서, 오성(五性)과 오상(五常)을 구분하여 오상은 인간이 홀로 온전히 가지고 있으나 오성은 인간과 동물이 동일하다는 독특한 주장을 했다. 한원진의 제자 김한록은 김지행의 학설이 낙론의 심선론(心善論)에서 벗어난 것이 아니라고 지적했다고 한다.[300] 실로 김지행이 작성안 「이합음(離合

吟)」이라는 글은 한원진이 「제한천시후」에서 제시한 이합간론(離合看論)에 대한 자신의 소회를 읊은 것으로 한원진에 대한 비판적 생각을 드러내고 있음이 확인된다.[301]

한편, 『밀암집』에 수록된 편지를 보면, 최석의 설에 역시 변화가 있었던 것으로 보인다. 1748년에 쓴 편지에 의하면 최석은 '중인무미발설(衆人無未發說)'을 제시했다.[302] 곧 수양의 노력이 없다면 일반인에게는 미발이 없다고 하는 것이다. 이는 미발에서의 수양을 강조한다는 점에서 낙학적이라고 하겠지만 미발 심체의 순선을 주장하는 낙학 종지와는 구별되며, 자신의 이전 설과도 배치된다. 김지행이 1759년 윤봉구에게 보낸 편지에 의하면 두 사람은 대략 1753년경까지 서신을 주고받으면서 논변을 전개했으나 그 후 여러 사정으로 계속 이어지지는 못했다. 특히 최석이 자신의 설을 견지하지 않고 자꾸 설을 바꾸는 문제가 있었던 듯하다.[303]

결국 논변의 당사자들인 두 사람은 각각 낙학과 호학의 기본적인 입장에서 자신의 논의를 절충하면서 애초의 낙론과 호론에서는 변모해가는 모습을 보인 것으로 추정할 수 있다. 여기에서 그 둘 사이의 논변의 내용에 대해 자세하게 논의할 여력은 없지만 이러한 양상은 결국 호락논쟁이 이제 마무리 단계에 들어갔음을 보여주는 것이라고 할 수 있다.

7장 주석

1. 이재 문인으로서 낙학 측에 속한 果菴 宋德相(1710~1783)의 연보 1735년 4월조에, "이때 湖洛의 論이 드디어 '斯文의 大是非'를 이루었다."(『과암집(果菴集)』 권14:4a-5a, 「年譜」)라고 했다.
2. 이재, 『도암집(陶菴集)』 권10:12a-, 「答尹瑞膺【鳳九】心說辨問」(1735); 권10:16a-17a, 「答尹瑞膺辨問」(1736).
3. 심조, 『정좌와집(靜坐窩集)』 권3, 「上陶庵【己未八月】」; 「上陶庵【己未二月】」.
4. 이재, 『도암집』 권10:11a-b, 「答朴尙甫」「別紙」(1743?); 권10:18b, 「答尹瑞膺」(1743).
5. 한원진, 『남당집(南塘集)』 권32:1a-b, 「書季明辨玉溪黎湖心性說後【甲子】」; 1b-3b, 「書玉溪與黎湖寒泉往復書後」.
6. 崔祏『泉門俟百錄』(1747년경), 朴聖源「韓南塘詩跋辨說」(1748), 楊應秀「韓南塘題陶庵詩跋辨」(1763) 등이 그 결과물이었다.
7. 권오영, 『조선후기 유림의 사상과 활동』(돌베개, 2003), 55-74쪽. 또한 이 시기 낙학과 호학의 각각 전개에 대해서는 다음 참조. 권오영, 『조선 성리학의 형성과 심화』(문현, 2018), 341-565쪽.
8. 심조 관련 최근 연구로서 다음이 있다. 李君善, 「靜坐窩 沈潮의 生涯와 「幽居述懷」」, 『동방한문학』 61(동방한문학회, 2014); 이종우, 「『정조실록』에서 호락의 미발논쟁연구: 김창흡·이재 대 한원진·심조의 논쟁 및 이간과 비교를 중심으로」, 『율곡학연구』 42(율곡연구원, 2020).
9. 홍직필은 심조가 권상하 제자로서, 한원진에게서 학업을 마쳤다고 말한 바 있다. 홍직필, 『매산집(梅山集)』 권52:42b, 「雜錄」, "靜坐窩沈公潮, 以江門晚進, 卒業於南塘, 常篤信南塘. 有言南塘門人無如泉門之朴聖源·楊應秀者, 沈公曰: '宋能相·金謹行諸人, 何渠不若乎? 沈公素非爭長競短者, 其言亦非出於務勝也."
10. 심조, 『정좌와집』, 「先考靜坐窩府君年譜」 癸丑條.
11. 심조, 『정좌와집』 권2, 「上南塘【壬子十二月】」.
12. 한원진, 『남당집』 권15:2a-, 「答沈信夫三淵集箚辨」(1733년?).
13. 김창흡, 『삼연집(三淵集)』 권19:19a-, 「答李參奉【載亨】」.
14. 6장 2절의 관련 서술(326~327쪽) 참조.
15. 김창협, 『삼연집』 권19:21a-b, 「答李參奉」, "『中庸』之原初, 『孟子』之詳末, 何嘗矛盾哉?"
16. 심조, 『정좌와집』 권10, 「三淵說箚卞【癸丑】」.
17. 심조, 『정좌와집』 권10, 「三淵說箚卞【癸丑】」, "朱子諸說, 莫詳於「答徐子融書」, 愚亦

恁地說. 其言曰'天之生物, 其理固無差殊. 但人物所禀, 形氣不同, 故其心有明暗之
殊, 而性有全不全之異耳', 此亦分明說人物所禀之不同矣. 何以爲性同之證乎? 且尤
翁答農巖之問曰, '『章句』槩言人物同得此性之意, 而『或問』始詳言偏全之異.' 合而觀
之, 其義乃盡, 言雖約而意則明備. 今謂無的答者何哉?" 하지만 徐子融에게 보낸 편
지의 인용 내용은 心의 차이를 먼저 지적하고 그다음에 性의 온전함을 말했다는 점에
서 그 강조가 性異에 있기보다는 心異에 있다고 보는 것이 더 타당한 것으로 보인다.

18 심조, 『정좌와집』 권10, 「三淵說箚卞【癸丑】」.
19 심조, 『정좌와집』 권10, 「三淵說箚卞【癸丑】」.
20 심조, 『정좌와집』 권10, 「三淵說箚卞【癸丑】」.
21 심조, 『정좌와집』 권10, 「三淵說箚卞【癸丑】」.
22 한원진, 『남당집』 권15:4a-b, 「答沈信夫三淵集箚辨」.
23 한원진, 『남당집』 권15:7a, 「答沈信夫三淵集箚辨」.
24 6장 3절의 관련 서술(353~355쪽) 참조.
25 그렇다고 해서 이현익이 마음의 미발에서 기질의 실제적 영향을 인정하는 것은 아니
    다. 이는 호학에서도 마찬가지이다.
26 김창흡, 『삼연집』 권21:40b, 「籤論李顯益魚有鳳未發前氣質善惡說」.
27 김창흡, 『삼연집』 권19:32b, 「答申命觀問目」 「三答」, "湖中一儒有論氣質之性而曰,
    '未發之前, 自有本然氣質之兼.' 愚以爲未發只有本然, 而氣質之性, 惟於發處見之.
    未知得失如何?】 示諭莫不精詳…湖儒所云未發有本然氣質之兼者, 大段固滯, 來諭
    剖判得當矣."
28 심조, 『정좌와집』 권10, 「三淵說箚卞【癸丑】」.
29 심조, 『정좌와집』 권10, 「三淵說箚卞【癸丑】」.
30 한원진, 『남당집』 권15:8a-b, 「答沈信夫三淵集箚辨」.
31 김창흡의 「論智字說」에 대해서는 6장 1절의 관련 서술(262~269쪽) 참조.
32 심조, 『정좌와집』 권11, 「知覺說【甲寅】」.
33 知覺과 情에 대한 이러한 구별은 李瀷이 人心과 人欲의 구분 및 未發에 대한 이해와
    관련하여 知覺과 欲을 구분한 것을 연상시킨다. 심조는 이러한 지각을 마음의 미발과
    연결하여 이해하지는 않았다. 하지만 이러한 것은 미발에서의 지각 문제로 연결될 소
    지가 있다.
34 심조, 『정좌와집』 권11, 「知覺說【甲寅】」.
35 심조, 『정좌와집』 권11, 「知覺說【甲寅】」.
36 심조, 『정좌와집』 권11, 「知覺說【甲寅】」.
37 한원진, 『남당집』 권15:8b-9b, 「答沈信夫三淵集箚辨」.
38 한원진의 기본 입장은 6장 1절의 해당 부분(281~285쪽) 참조.
39 한원진은 이어서 심조가 覺과 發을 心과 性에 分屬한 것을 허용한 것에 대해 비판하

며, 「答潘謙之書」와 관련하여 "淵老 一家가 知覺을 논함에 증거로 삼는 것은 오직 이 한 편지에 있으니, 이것에 대해 또한 마땅히 논변하여야 한다"라고 하고 그에 대한 자신이 이전에 제시한 이해를 상기시키고 그에 대해 심조의 입장이 다소 불분명함을 지적하고 있다. 그런데 앞에서 다룬 바와 같이 심조의 문집에 수록된 「知覺說【甲寅】」에는 해당 부분의 내용이 들어가 있다. 심조가 추후 보완한 것일 수도 있다.

40 한원진, 『남당집』 권15:10b, 「答沈信夫三淵集箚辨」, "箚辨, 未發有工夫, 是大賢以下之未發云云." 하지만 관련 내용이 심조의 『정좌와집』에서 확인되지 않는다. 문집 편성 시 해당 부분을 삭제했을 수도 있다.

41 한원진, 『남당집』 권15:10b-11a, 「答沈信夫三淵集箚辨」.

42 한원진, 『남당집』 권14:41a-b, 「答沈信夫【壬子五月】」.

43 한원진, 『남당집』 권14:42a, 「答沈信夫【壬子五月】」.

44 이런 취지는 6장 4절의 관련 서술(405~416쪽)에서 이미 살펴본 바 있다.

45 한원진, 『남당집』 권14:42a-b, 「答沈信夫【壬子五月】」.

46 한원진, 『남당집』 권13:21b-22a, 「答尹瑞膺【乙卯閏四月】」(1735), "虛靈有分數之說, 愚於舊時常主其說, 中年以來棄之, 改從無分數之說. 盖以朱子平生所論虛靈, 未甞有分數差等之說, 而無說可通於有分數之說也." 한원진은 초기에는 明德에도 分數가 있다는 주장을 견지했지만, 朱子說에 대한 이해가 깊어진 중년 이후 그 설을 버리고 無分數說을 취했다는 것이다.

47 호연지기 문제에 대해서는 다음 참조. 문석윤, 「조선 후기 성리학에서 『맹자(孟子)』 '호연장(浩然章)' 논란과 그 의의: 송시열(宋時烈)의 「호연장질의(浩然章質疑)」를 중심으로」, 『한국문화』 47(서울대학교 규장각한국학연구원, 2009).

48 한원진, 『남당집』 권14:42b-43a, 「答沈信夫【壬子五月】」.

49 6장 4절의 관련 서술(409~413쪽) 참조. 윤봉구의 입장은 허령과 명덕을 구분하는 심조의 입장에 가깝다.

50 한원진, 『남당집』 권15:19a-20b, 「與沈信夫【十二月】」(1733년 12월). 원래 있는 본문의 小註는 편의상 생략했다.

51 이재가 湖學 측에서 明德에 分數가 있다는 주장을 하고 있다고 우려한 것은 심조가 보낸 편지가 큰 역할을 한 것으로 보인다. 심조, 『정좌와집』 권3, 「上李陶庵【縡】別紙【壬子】」. 이 편지에 대해서는 479쪽에서 다시 다룰 것이다.

52 심조, 『정좌와집』 권3, 「上李陶庵【縡】別紙【壬子】」.

53 같은 편지의 뒷부분에 그러한 정리된 입장이 표명되어 있다. 심조, 『정좌와집』 권3, 「上李陶庵【縡】別紙【壬子】」, "盖氣禀所拘, 人欲所蔽處, 方可言有分數. 今日'蔽有厚薄, 所以有智愚之別'則可, 若曰'虛靈有分數, 所以有聖凡之不同'則可乎? 故竊自斷之曰: '昏蔽有分數, 虛靈無分數.' 未知執事以爲如何?" 이때 심조는 한원진의 의견에 따라, 허령과 명덕에 분수가 있다는 견해를 버렸으므로 이 문제에 대해 이재와 더불어

논란할 여지는 없었다. 따라서 이어지는 이재와의 논변은 심순선 문제에 집중했다.

54　심조, 『정좌와집』 권3, 「上陶庵【己未二月】」(1739년 2월).
55　이재와 윤봉구 사이의 심설 논변에 대해서는 490~500쪽의 서술 참조.
56　이재, 『도암집』 권14:11a-b, 「答沈信甫問目」.
57　심조, 『정좌와집』 권3, 「上陶庵【己未八月】」(1739년 8월).
58　심조, 『정좌와집』 권3, 「上陶庵【己未八月】」(1739년 8월).
59　심조, 『정좌와집』 권3, 「上陶庵【己未八月】」(1739년 8월).
60　심조, 『정좌와집』 권3, 「上陶庵【己未八月】」(1739년 8월).
61　심조, 『정좌와집』 권3, 「上陶菴【庚申二月】」(1740년 2월).
62　이재, 『도암집』 권14:12a, 「答沈信甫問目【己未】」. 만약 이 편지가 심조가 1740년 2월에 보낸 편지에 대한 답서이고, 심조가 1740년 3월에 보낸 편지가 이 편지에 대한 답서라고 한다면 이 편지의 작성 연대는 己未年(1739년)일 수 없고, 庚申年(1740년)이어야 한다. 무언가 착오가 있는 듯하다.
63　심조, 『정좌와집』 권3, 「上陶菴【三月】」.
64　이재, 『도암집』 권14:15b-16a, 「答沈信甫【癸亥】」(1743).
65　현재 이에 해당하는 편지는 윤봉구 문집인 『병계집』에 수록되어 있지 않다.
66　이재, 『도암집』 권10:12a-13a, 「答尹瑞膺【鳳九】心說辨問【乙卯】」(1735).
67　이 논변에 대해서는 6장 4절의 관련 서술 참조.
68　'리는 하나이지만 기는 둘이니'라고 할 때 '둘'의 의미가 무엇인지에 대해 이재 문하에서 논란이 발생했다. 아래 楊應秀 대응 부분(569~573쪽) 참조.
69　이재, 『도암집』 권10:13a, 「答尹瑞膺【鳳九】心說辨問【乙卯】」(1735).
70　문석윤, 「湖洛論爭 形成期 未發論辨의 樣相과 巍巖 '未發論'의 특징」, 『韓國思想史學』 31(한국사상사학회, 2008), 432-438쪽.
71　물론 洛學 내부에서도 李柬의 견해에 좀 더 동조하는 이들도 있었다. 朴聖源의 崔祏 비판은 이 지점에 집중되었다.
72　윤봉구, 『병계집(屛溪集)』 권11, 「與李熙卿【縡○乙卯】」(1735). 이 편지에 답한 이재의 편지에도 이 편지가 인용되어 있으나 부분적으로 차이가 있다.
73　윤봉구, 『병계집』 권11:20a-21a, 「與李熙卿【縡○乙卯】」(1735).
74　윤봉구, 『병계집』 권11:21a-b, 「與李熙卿【縡○乙卯】」(1735).
75　윤봉구, 『병계집』 권11:21b-22a, 「與李熙卿【縡○乙卯】」(1735).
76　나중에 이 부분에 대해서 김원행과 임성주가 비판하는 등 낙학 내부에서 논란이 있었다. 이에 대해서는 8장 참조.
77　이재, 『도암집』 권10:16a, 「答尹瑞膺辨問【丙辰】」(1736).
78　이재, 『도암집』 권10:16a-b, 「答尹瑞膺辨問【丙辰】」(1736).
79　이재, 『도암집』 권10:16b, 「答尹瑞膺辨問【丙辰】」(1736).

80 이재, 『도암집』 권10:15b, 「答尹瑞膺辨問【丙辰】」(1736).
81 이재, 『도암집』 권10:16b-17a, 「答尹瑞膺辨問【丙辰】」(1736).
82 이재, 『도암집』 권10:18b, 「答尹瑞膺【癸亥】」(1743).
83 박필주, 『여호집(黎湖集)』 권12, 「答李熙卿【乙卯】」 「別紙」(1735).
84 박필주, 『여호집』 권12, 「答尹瑞膺【壬戌】」(1742); 윤봉구, 『병계집』 권12:1a-, 「答朴尙甫【壬戌】」(1742).
85 이재, 『도암집』 권10:11a-b, 「答朴尙甫」 「別紙」, "往年, 尹友有所詢叩, 故妄草心說一通答去. 仍以其問目呈覽, 仰請盛敎, 則高名乃以不識其人, 拒之. 此於道理未敢信其必然, 而愚亦沒興, 不復以鄙說奉質, 無由豁此蒙蔀之陋, 汔玆耿結. 今蒙辱示前後往復, 且欲聞其得失, 此意甚盛, 感幸之極. 安可自隱."
86 이재, 『도암집』 권10:11b-12a, 「答朴尙甫」 「別紙」.
87 이재, 『도암집』 권10:12a, 「答朴尙甫」 「別紙」.
88 한원진, 『남당집』 권32:1a-b, 「書季明辨玉溪黎湖心性說後【甲子】」(1744).
89 한원진, 『남당집』 권32:3a, 「書玉溪與黎湖寒泉往復書後」.
90 한원진, 『남당집』 권32:1b, 「書玉溪與黎湖寒泉往復書後」, "今觀諸家之論心, 不能無疑. 請且以天地喩之. 人心理氣, 卽天地之理氣也. 故其動靜闔闢之機, 未嘗不同. 人心未發之前, 卽天地未闢之前也. 人心已發之後, 卽天地旣闢之後也. 天地未闢之前, 萬物未生, 其氣一於虛靜, 所謂湛一氣之本也. 然卽此湛一虛靜之中, 而輕淸重濁剛柔燥濕之氣, 無不具焉, 此則氣之不齊也.…向使無輕淸重濁剛柔燥濕之已具者, 卽此天地萬物之不同者, 從何處來耶.…非有二氣也, 只其所指而言者不同耳. 人心未發之前, 思慮未萌, 善惡未形, 其氣一於虛明, 亦所謂湛一氣之本也. 然卽此湛一虛明之中, 而淸濁粹駁偏全强弱之稟, 人各不同. 此則氣質之不齊也."
91 한원진, 『남당집』 권32:1b, 「書玉溪與黎湖寒泉往復書後」, "大抵今日諸家之說, 皆本於李公擧之說, 而愚於少時, 嘗與公擧往復論辨, 其說已具, 今無可說者. 但未曾以天地爲喩, 故今復以此爲說."
92 이는 楊應秀의 二氣說에서 그러한 면모를 발견할 수 있다. 559~569쪽의 서술과 鹿門 任聖周의 경우도 참조. 한편 이이는 湛一淸虛한 氣 역시 氣인 한 理通과 구분되는 氣局의 범주에 있음을 강조했지만, 그것의 본체적 성격을 또한 강조했다. 그러므로 호학과 낙학 모두에 적응할 수 있는 방식으로 湛一淸虛를 이해하고 있었다고 할 수 있다.
93 이것은 분명 이이의 理通이 함축하고 있는 측면이기도 하다. 하지만 역시 이이에서도 이통에 부응하는 氣의 湛然虛明이 배제되지 않는다는 점에서 낙학 역시 이이에서 벗어나 있는 것은 아니다.
94 그렇다고 해서 그것이 주체의 위축을 의미하지는 않는다. 오히려 주체는 엄숙한 책임의식을 느낄 수도 있다. 그것은 곧 쿠아(A.S. Cua)가 말하는, 인간의 존엄성에 대한 類的, 形式的 개념에 해당할 것이다. A.S. Cua, *Dimensions of Moral Creativity* (The

Pennsylvania State University Press, 1978), p.107 이하.

95 崔祏의 이 방문과 관련된 기초적인 기록들은 최석 자신이 편찬한 『泉門俟百錄』, 한원진의 『남당집』 권32, 「題寒泉詩後」와 「又書」, 그리고 『不易言』「尊聞錄」에 실려 있는 朴聖源의 「韓南塘詩跋辨說」 등에서 발견된다. 박성원의 「한남당시발변설」은 『십이변』에도 부록(「附韓南塘所作寒泉詩跋辨」)으로 수록되어 있다. 『십이변』에는 이어서 최석의 「請見韓南塘書」, 「寒泉語錄」, 「南塘問答錄」(뒷부분 缺落) 등이 실려 있다. 최석의 한원진 방문 사실과 그들 사이의 기본 논점들에 대해서는 권오영이 이미 어느 정도 상세하게 다룬 바 있다. 권오영, 『조선후기 유림의 사상과 활동』(돌베개, 2003), 46-52쪽.

96 박성원이 撰한 「陶菴先生年譜」 丙寅 9月條에는 다음과 같은 내용이 있다. "선생은 근래 湖中의 심성론이 크게 착오를 범한 것을 깊이 탄식하고 있었다. 그때 문인 최석이 한원진에게 갔다가 돌아와서 한원진의 주장을 전했다. 선생이 그를 듣고 수십 구를 지었다."

97 박성원은 「寒泉詩」를 한원진에게 전달한 이로 최석을 지목했다. 박성원, 「한남당시발변설」(『불역언』), "先師以憂歎之意作此詩, 而亦非贈祏也. … (祏)不知其寓貶戒, 而反以爲蒙獎許, 又欲誇己屈人, 膽出傳示, 以致此跋出, 而凌藉我先生者, 無復餘地矣."

98 『천문사백록』에는 제목이 「南塘跋」로 되어 있고 저작 시점도 1747년 3월로 기록되어 있다. 『不易言』에는 제목이 「南塘題寒泉先生詩跋」로, 『십이변』에는 「題寒泉詩跋」로 되어 있다. 그 내용에 의하면 한원진은 「寒泉詩」를 접한 바로 다음 날 즉시 그에 대한 발문을 지었다.

99 박성원, 「한남당시발변설」(『불역언』), "近來湖中心性之說, 大故錯誤, 先生蓋深憂之, 而亦未嘗先自立說往復以惹葛藤. 或有以書來問, 則爲之辨答而已."

100 이재, 「한천시(寒泉詩)」, "蓋聞心性間, 過占氣分界, 偏全作本然, 氣質當心體." 이재의 「한천시」는 앞의 주석 95에 언급된 문헌들에도 모두 수록되어 있다. 이재의 문집 『도암집』 권4에 「崔生【祏】叔固歸自南塘, 盛道講說, 聽之有作」이라는 다소 긴 제목으로 실려 있다.

101 이재, 「한천시」, "況聞狀師德, 以是爲關棙. 蓋於本說外, 推演謂善繼. 尤菴及遂翁, 傳授有次第. 自誤還小事, 貽累豈不大. 吾道本衰敗, 論議又不齊. 客去私自識, 蓋亦憂衰世." 박성원은 이 시에 대한 해설 말미에서 다음과 같이 부언하고 있다. 박성원, 「한남당시발변설」(『불역언』), "又深憂韓掌令所見之迷謬, 至於貽累老先生, 深致憂慨於篇中也."

102 한원진, 『남당집』 권32:4b, 「題寒泉詩後」, "然觀其所論心性之說, 則蓋不知人之性善與禽獸不同, 聖人之心與衆人之心不同,【朱子曰: '惟皇上帝, 降衷于下民, 人之秉彛, 這便是異處. 君子存之, 須是存得這異處, 方能自別於禽獸.' 又曰: '人雖得形氣之正,

其淸濁厚薄之禀, 不能不異, 惟聖人之心, 淸明純粹, 天理渾然.'】 而又不知儒釋之辨, 專在於心性之辨也.【釋氏曰: '蠢動含靈, 皆有佛性.' 又曰: '人心至善, 不用辛苦修行.'】【 】 속의 小注는 번역하지 않았다. 한원진의 「題寒泉詩後」와 「又書」역시 앞의 주석 95에 언급된 문헌들에도 모두 수록되어 있다.

103 위의 주석 102 원문의 【 】 속의 小注가 그에 해당하는 내용이다.

104 한원진, 『남당집』 권32, 「題寒泉詩後」, "詩中又擧栗谷·尤菴·遂菴三先生爲言者, 三先生文集俱在, 讀者自知之, 此不必深辨也."

105 한원진, 『남당집』 권32에 수록된 「題寒泉詩後【又書】」는 내용 일부가 節略되어 있으므로, 여기에서 「又書」 인용은 「十二辨」에 수록된 것을 기준본으로 했다.

106 이것은 한원진, 이간, 현상벽, 채지홍, 윤봉구 등 권상하의 문하 곧 江門 내에서 활발하게 논의된 문제였다.

107 송시열, 『송자대전(宋子大全)』 권131, 「看書雜錄」.

108 최석에 의하면 윤봉구도 그렇게 해석했다. 최석, 『천문사백록(泉門俟百錄)』 9b, "屛溪再三見之曰: '此則尤翁果以氣質之性, 斷孟子犬牛人性之殊, 而如高明之見. 誠可疑也.'"

109 한원진, 「우서(又書)」(『십이변(十二辨)』), "崔生先以尤翁說錄置袖中, 欲出示之, 余曰: '勿出也.⋯⋯然尤翁說則決不如此也.' 崔生旣去, 卽取見尤翁說, 則其說曰⋯." 『남당집』에는 이 부분이 節略되어 있다. 최석에 의하면 윤봉구도 그렇게 추측했다. 최석, 『천문사백록』 9b, "屛溪答曰, '南塘未見本文, 故所答如是矣.'"

110 한원진, 「우서」(『십이변』), "其說曰: '孟子開口便說性善, 是皆說本然.' 開口二字, 便見此章亦在其中, 而性善之外, 無它說也. 此章乃是告子迷謬之根本, 孟子開示(*)之切要者, 而乃以孟子之言爲氣質之性, 則是七篇之指, 更無言性善處, 而以此而辨告子之說, 不幾於同浴而譏裸裎乎? 程子亦何以孟子爲 '論性不論氣, 不備'乎?" (*)『泉門俟百錄』에는 '示'가 '口'로 되어 있다.

111 한원진, 「우서」(『십이변』), "尤翁說下段言'犬牛之性, 亦以氣質言也.' 崔生所抵賴者, 專在於此一句, 而全不識尤翁之意. 尤翁之意, 以爲孟子雖不言氣質, 其言犬牛人不同處, 亦以氣質言也. 盖以追補孟子不備之意也, 非謂犬牛人之性皆非本然也."

112 한원진, 「우서」(『십이변』).

113 한원진, 「우서」(『십이변』), "非獨此章之指爲然. 其曰 '人之所以異於禽獸者幾希. 庶民去之, 君子存之', 君子所存者, 果是氣質而非本然也耶? 大學或問曰 '惟人之生, 乃得其氣之正通者而其性爲最貴, 故其方寸之間, 虛靈洞澈, 萬理咸備, 盖其所以異於禽獸者在此', 明德所具最貴之性, 果亦氣質而非本然耶?"

114 한원진, 「우서」(『십이변』).

115 그가 『朱子言論同異攷』에서 말한 流行의 관점이 바로 이 異體의 本然을 말할 수 있는 관점이라고 할 수 있다.

116 한원진의 정통에 대한 인식과 낙학 비판에 대해서는 다음 참조. 金太年,『南塘 韓元震의 正學 形成에 대한 硏究』(고려대학교 박사학위논문, 2006).

117 『천문사백록』에 대해서는 서론의 문헌 해설 참조.

118 최석,『천문사백록』4a,「書南塘跋文後」, "南塘所作寒泉詩跋, 自寫其學之誤其心之疵, 而所見差失, 所存淺深, 盡露無餘."

119 최석,『천문사백록』5a,「書南塘跋文後」, "尤翁「看書雜錄」, 定論以氣質而言斷孟子之犬牛人性者, 明白丁寧. 南塘乃以此爲本然不同之言也. 是何異於白亦喚做黑, 而況其差有在於毫釐之間者, 又將誰使折其衷而能不謬也. 跋文中多有誤認孟子之說, 故別有條辨."

120 문석윤,「南塘 韓元震의「題寒泉詩後」에 대한 泉門의 대응 (1): 崔祏의『泉門俟百錄』을 중심으로」,『한국문화』96(서울대학교 규장각한국학연구원, 2021).

121 최석,『천문사백록』5a,「書南塘跋文後」, "夫人之性與禽獸不同者, 是氣質偏全之性, 人物不同, 而元非本然之性有人物之異也. 聖人之心與中{衆}人不同者, 是朱子所謂氣質有數之心, 聖凡不同, 而元非心之本體有聖凡之異也."

122 최석,『천문사백록』6a,「書南塘跋文後」, "愚嘗發揮心本善之論, 而上配於孟氏性善之功, 而明其爲堯舜相傳之心法, 又以本然之心氣質之心立論, 以辨彼說之陷於諸子之不明, 觀於「本然之心氣質之心證辨」, 可知矣. 又觀「氣質偏全之性證辨」, 則可知彼說之誤也."「本然之心氣質之心證辨」과「氣質偏全之性證辨」은『천문사백록』에 또한 수록되어 있다.

123 최석,『천문사백록』9a,「書南塘跋文後」, "余初見南塘講論心說又論性說, 以尤翁「看書雜錄」定論與答農巖人物性之說, 證以辨之.…至於「看書雜錄」, 分明以氣質二字, 斷孟子犬牛人性, 今以爲本然不同之意, 則是何異於白亦換做黑, 而甘亦換做苦也."

124 최석,『천문사백록』11b,「書南塘跋文後」, "朱子曰: '孟子辨生之性, 語終患未盡.' 又曰: '孟子辨生之性, 亦是說氣質之性.' 然則以孟子此章爲氣質之性者, 不但尤翁之說, 而朱子已有定論也."

125 최석,『천문사백록』12a,「書南塘跋文後」.

126 한원진,『남당집』권32:6a-b,「題寒泉詩後【又書】」, "非獨此章之指爲然. 其曰'人之所以異於禽獸者幾希, 庶民去之, 君子存之', 君子所存者, 果是氣質而非本然也耶? 『大學或問』曰, '惟人之生, 乃得其氣之正通者, 而其性爲最貴, 故其方寸之間, 虛靈洞澈, 萬理咸備, 蓋其所以異於禽獸者在此.' 明德所具最貴之性, 果亦氣質而非本然耶?"

127 최석,『천문사백록』16a-b,「書南塘跋文後」, "夫人之所以異於禽獸者, 是謂人之心異於禽獸, 而非謂本然之性也. 故君子所存者, 存此心也; 庶民去之者, 去此心也.『大學或問』明德條曰: '方寸之間, 虛靈洞澈, 萬理咸備, 蓋其所以異於禽獸者, 正在於此也. 以此觀之, 人之所以異於禽獸者, 在於方寸之間, 虛靈洞澈也. 豈非人之心異於禽獸乎?" 以故栗谷先生以『孟子』此章, 編入於『聖學輯要』'心統性情章'與'盡其心章'之

間, 又取入朱子說曰: '人物之所同者, 理也; 不同者, 心也.' 此豈非明白丁寧乎? 南塘乃以此章人之所以異於禽獸者, 爲本然之性人物不同之證, 此不但不識性, 而亦不識心也. 其亦不思之甚矣."

128 최석, 『천문사백록』 29b-30a, 「心卽氣質之辨」.
129 한원진, 『남당집』 권29:13a-, 「心純善辨證【示權亨叔○癸亥】」(1743).
130 최석, 『천문사백록』 30b-31a, 「心純善辨後論」, "愚嘗發揮程子心本善之論, 上配於孟氏性善之功, 明其爲堯舜相傳之心. 又以本然之心氣質之心立論, 以明湖學心本有善惡之說, 陷於諸子之不明矣. 今按南塘所作「心純善辨訂(*證)」, 其所引據, 固皆心有善惡之證. 然此乃朱子所謂氣質有蔽之心,…而元非心之本體也."
131 一原과 異體라는 구분 자체는 이미 朱子에게서 보인다. 『주자대전』 권46, 「答黃商伯」, "論萬物之一原, 則理同而氣異; 觀萬物之異體, 則氣猶相近而理絕不同也."
132 一原과 異體에 대한 이해를 둘러싼 한원진과 이간 사이의 논란에 대해서는 다음 참조. 문석윤, 「巍巖 李柬과 南塘 韓元震의 人物性同異論辨에 관한 연구」, 『東方學志』 118(연세대학교 국학연구원, 2002), 213-226쪽.
133 性三層說이라는 용어는 이미 많이 사용되었으나 本然二層論이라는 용어는 최석이 처음 사용한 것으로 보인다.
134 최석, 『천문사백록』 14a-15b, 「書南塘跋文後」.
135 송시열, 『송자대전』 권93:4b-, 「答金仲和【戊午十二月二十九日】」「別紙」.
136 최석, 『천문사백록』 15a-b, 「書南塘跋文後」, "『大學或問』格致條曰: '子思所謂天命之性, 張子所謂萬物之一原, 但其氣質有清濁偏全之殊, 人之與物, 賢之與愚, 相與懸截而不同耳.' 以此觀之, 賢愚清濁之性, 與人物偏全之性, 同爲異體之理絕不同, 明矣. 尤翁答農巖人物性偏全之別曰: '人與物既有別, 則堯與桀更無別乎.' 以此觀之, 尤翁亦以人物偏全之別, 與堯桀清濁之別, 同爲異體之理不同也."
137 이간은 한원진의 未發心論과 관련하여 二本이라 비판한 바 있다. 이간, 『외암유고(巍巖遺稿)』 권12, 「未發辨【甲午】」, "如德昭說, 心惡而性善, 則是二本矣, 而人心道心, 各有苗脉於未發, 無乃誤乎." 하지만, 그 맥락이 여기와는 다르다. 최석과 유사한 비판은 송덕상에게서 발견된다. 송덕상, 『과암집(果菴集)』 권4, 「答李九卿」, "愚之以爲二本者, 蓋謂本則一, 一則同也, 今曰本然而又謂之不同則是二也. 天下又安有本而爲二者耶? 是以愚則以爲語其氣質, 則不惟人與物不同, 人人物物無不異矣; 語其本然, 則不惟聖狂皆不異, 人與物及枯槁生活無不同矣." 한편 반대로 한원진도 이간의 주장에 대해 二本이라 비판한 바 있다. 한원진, 『남당집』 권18, 「答金子靜【壬戌十一月】」, "謂未發無氣質之性者, 是以本然氣質判爲二性, 而二性則二本也; 謂心之氣質純善者, 是既有性善, 又有心善而善有二本矣. 況人心有覺, 道體無爲, 則心善之爲本, 又有大於性善矣. 二本固誤, 而心之爲大本尤誤."
138 최석, 『천문사백록』 15b, 「書南塘跋文後」.

139 『맹자』, 「滕文公」 上, "且天之生物也, 使之一本, 而夷子二本故也."
140 최석, 『천문사백록』 18a, 「書南塘跋文後」, "朱子曰: '理氣當離合看, 此固窮理氣之要訣矣.' 鄙見之同於南塘者, 未有甚於此段, 而其所異者, 亦未有甚於此段."
141 최석, 『천문사백록』 18a-b, 「書南塘跋文後」.
142 원래 주자가 徐元聘에게 보낸 편지에는 '理同氣異'가 아니라 '性同氣異'로 되어 있다. 한원진은 주자가 서원빙에게 보낸 편지(『주자대전』 권39, 「答徐元聘」)에서 말한 '性同氣異'가 주자의 初年說임을 증명한 바 있다. 한원진, 『주자언론동이고(朱子言論同異考)』 권1, 「人物之性」. 최석은 「朱書同異攷後論」을 지어 한원진의 입장에 대한 간략한 반론을 펴기도 했다. 최석, 『천문사백록』 28a-29b, 「朱書同異攷後論」.
143 최석, 『천문사백록』 18b-19a, 「書南塘跋文後」.
144 최석, 『천문사백록』 20a, 「書南塘跋文後」.
145 박성원, 「한남당시발변설」.
146 윤기, 『무명자집(無名子集)』, 「文藁」 제5책, 「書湖洛心性辨後」, "蓋陶庵門人崔祏, 往見南塘講論, 而歸告陶菴. 陶菴作詩以譏南塘, 南塘乃作跋文以詆斥之. 崔祏又書於跋文之後, 逐條辨破, 及與屛溪書, 摠謂之湖學辨大要." 여기에서 '湖學辨大要'라고 한 것은 바로 『천문사백록』을 가리킨 것으로 추정된다. 이 글에 대해서는 이 책의 앞의 서술(29~30쪽) 참조.
147 한원진이 권상하의 행장을 지은 것은 1736년 1월이었다(『남당집』 권34:1a~, 「寒水齋權先生行狀」). 그는 행장 말미에 정통 성리설, 곧 道統의 전승을 특기하면서 "대개 朱子가 별세한 후 우리 도가 동쪽으로 왔다. 도를 전할 책임을 맡은 이로서 오직 율곡과 우암 두 선생이 현저하였다. … 그리고 두 선생의 도가 땅에 떨어지지 않게 한 이로는 또한 오직 선생 한 분이었다.[蓋朱子歿而吾道東矣. 其任傳道之責者, 惟栗谷尤菴二先生爲著. … 而使二先生之道不墜於地者, 亦惟先生一人而已矣.]"라고 하여 이이-송시열-권상하로 이어지는 전승을 제시했다. 여기에서 김장생과 禮學 관련 언급을 누락시킨 것이 문제가 되었다. 이는 특히 湖學 내부의 분란을 야기시켜 김장생의 후손이었던 果齋 金正默(1739~1799)이 「南塘集箚辨」(『과재유고(過齋遺稿)』 권6~권8)을 지어 한원진을 비판하는 계기가 되었다. 『천문사백록』에는 한원진의 「寒水齋行狀」 중 道統을 논한 부분만을 떼어내 「寒水齋行狀總論」이라는 이름으로 실어두었다. 정통성 논쟁을 둘러싼 노론 내부의 분열에 대해서는 다음 참조. 권오영, 『조선후기 유림의 사상과 활동』(돌베개, 2003), 37-39쪽, 55-89쪽; 趙峻皓, 『朝鮮 肅宗~英祖代 近畿地域 老論學脈 硏究』(국민대학교 박사학위논문, 2004), 154-162쪽.
148 이러한 대비는 이미 이간이 한원진을 '懸空說理'라고 비판하고, 한원진이 이간을 '懸空說性'이라 비판한 데서 전형적으로 나타난 바 있다. 이와 관련해서는 다음 참조. 문석윤, 「南塘과 巍巖의 未發論辯」, 『태동고전연구』 11(한림대학교 태동고전연구소, 1995), 250-254쪽; 문석윤, 「巍巖 李柬과 南塘 韓元震의 人物性同異論辨에 관한 연

구」, 『東方學志』 118(연세대학교 국학연구원, 2002), 226-232쪽.

149 예를 들어 박성원은 최석이 心의 本體에 대해 정밀하게 이해하지 못하고 있음을 지적했다. 박성원, 「우변설」(『불역언』) 참조. 泉門에서의 이러한 반응에 대해서 황윤석이 다음과 같이 언급한 바 있다. 황윤석, 『이재난고(頤齋亂藁)』 庚寅年(1770) 辛酉(9월 18일).

150 심조, 『정좌와집』 권5, 「答金浩元【庚午正月】」 등에 관련 내용이 있다. 심조와 관련된 최근의 연구로서 다음 참조. 李君善, 「靜坐窩 沈潮의 生涯와 「幽居述懷」」, 『동방한문학』 61(동방한문학회, 2014); 이종우, 「『정조실록』에서 호락의 미발논쟁연구: 김창흡·이재 대 한원진·심조의 논쟁 및 이간과 비교를 중심으로」, 『율곡학연구』 42(율곡연구원, 2020).

151 『천문사백록』에는 최석이 윤봉구에게 보낸 편지 2통이 실려 있고, 윤봉구의 문집 『병계집』 권37에 최석에게 보낸 편지가 1통 실려 있다.

152 최석에게 보낸 편지가 김지행의 문집 『밀암집』 권6에 다수 수록되어 있다.

153 박성원은 字가 士秀, 號는 謙齋·廣巖이다. 그의 생애와 활동에 대해서는 다음 참조. 김윤정, 「謙齋 朴聖源의 禮學과 『禮疑類輯』의 성격」, 『한국문화』 61(서울대학교 규장각한국학연구원, 2013), 105-109쪽. 최근 국사편찬위원회에서 남양주에 위치한 박성원 후손가를 방문 조사하고, 2018년부터 2020년까지 한국사료총서 제60집으로 『朴聖源文集』 총 5권을 간행했다. 이는 그의 문집 간행을 위해 만든 定草本으로 추정되는 『謙齋先生集』 12권 6책 등의 자료를 영인한 것이다. 현재 국사편찬위원회 홈페이지의 전자사료관(archive.history.go.kr)에서는 이 자료를 포함해, 각각 그 初草本과 中草本에 해당하는 것으로 추정되는 『廣巖稿』 17책과 『廣巖集』 21책을 원문 이미지로 제공하고 있다.

154 양응수는 字가 季達, 號는 白水이다. 1763년 1월, 「韓南塘題陶庵詩跋辨【示朴士洙·兪士精二友】」(『백수집(白水集)』 卷7)을 지어 한원진을 비판했다.

155 박성원의 「한남당시발변설」에 대해서는 1장 서론의 문헌 해설 참조.

156 문석윤, 「南塘 韓元震의 「題寒泉詩後」에 대한 泉門의 대응 (2): 朴聖源의 「韓南塘詩跋辨說」을 중심으로」, 『한국문화』 100(서울대학교 규장각한국학연구원, 2022).

157 현재 『도암집』에는 이에 해당하는 말이 권17:3b, 「答愼可象問目」에 "註說一句, 此江門一大關棙也. 鄙見則理只是一箇理, 賦與之際, 豈有碎作四片, 各付一物之理? 物之所以不能全者, 特坐其氣質之昏塞耳. 惟其不能全也, 故粹然者, 物與人異也."라고 나온다. 愼可象은 愼爾儀(1625~1696)이다. 可象은 그의 字이며, 號는 醉村이다.

158 박성원, 「한남당시발변설」.

159 이재, 『도암집』 권17, 「答愼可象問目」, "註說一句, 此江門一大關棙也."

160 이것은 앞에서 살펴본 바와 같이 김창흡 이래 洛學의 기본 입장이다.

161 박성원, 「한남당시발변설」, "人物同具是理, 而人得氣之全者, 故所寓之理亦全, 而爲

人之性; 物得氣之偏者, 故所寓之理亦偏, 而爲物之性. 其偏其全, 皆氣之所使, 而今 作本然之理者, 可乎?"

162 박성원,「한남당시발변설」, "朱子論物物各具一太極, 曰: '以理言之則無不全, 以氣言 之則不能無偏.' 栗翁亦曰: '理乘氣流行, 參差不齊, 而其本然之妙, 無乎不在. 氣之偏 則理亦偏, 而所偏非理也, 氣也; 氣之全則理亦全, 而所全非理也, 氣也.'" 주자의 말 은 『주자어류』 권4에 보이고, 이이의 말은 『율곡전서』 권10:26a, 「답성호원」에 理通氣 局을 설명하는 가운데 나온다. '本然之理'에 대해서는 이이도 강조한 바 있다. 이이, 『율곡전서』 권10:17a-b, 「答成浩原」, "水之就下, 本然之理也; 激而在手, 乘氣之理 也. 求本然於乘氣之外, 固不可, 若以乘氣而反常者, 謂之本然, 亦不可."

163 박성원,「한남당시발변설」, "夫本然之理, 則一而已矣. 若如彼說, 則其爲本然, 或有 全底本然, 或有偏底本然, 段段分裂, 片片破碎, 無復一原之可言. 先師所憂, 正在於 此."

164 박성원,「한남당시발변설」. 해당 부분은 『도암집』 권10, 「答尹瑞膺【鳳九】心說辨問 【乙卯】」에 실려 있다.

165 박성원,「한남당시발변설」, 小註.

166 박성원,「한남당시발변설」. 해당 부분은 『대학』 明德에 대한 이재의 강의 중에 나온 말로서, 『도암집』에는 실려 있지 않다. 다만 『병계집』에 "得見寒泉論明德者, 以爲天 地本然之氣, 人得之爲本然之心, 是卽所謂明德也. 此其心純善之本意"라고 하고 있 고, 楊應秀의 글(「韓南塘題陶庵詩跋辨」)에도 같은 내용이 "陶庵明德講說曰" 운운 하여 인용되어 있다. 한편 陳安卿은 陳淳으로서, 해당 내용은 『북계자의(北溪字義)』 「心」에 "性只是理, 全是善而無惡. 心含理與氣, 理固全是善, 氣便含兩頭在, 未便全 是善底物, 才動便易從不善上去"라고 한 것에서 인용한 것이다.

167 이재의 이러한 구분은 조선 후기 성리학에서 氣에 대한 이해가 심화되고 분화되어 가 는 것과 궤를 같이하는 것으로 평가할 수 있다. 그와 관련해서는 다음 참조. 許南進, 『鮮後期 氣哲學 硏究』(서울대학교 박사학위논문, 1994). 이 부분은 후에 양응수에 의 해 특별히 포착되고 강조되었다. 아래 楊應秀 부분(559~567쪽)참조.

168 앞에서 인용한 윤봉구의 말에 "是氣也, 雖所稟之精英該貯於方寸者, 而氣者不齊也. 隨所稟之不齊, 各有淸濁."이라고 했다.

169 本然之氣라는 용어는 이미 이이가 사용한 바 있다. 그는 道心을 本然之氣라고 보면 서 다음과 같이 말한다. "人心道心, 俱是氣發, 而氣有順乎本然之理者, 則氣亦是本 然之氣也, 故理乘其本然之氣而爲道心焉; 氣有變乎本然之理者, 則亦變乎本然之 氣也, 故理亦乘其所變之氣而爲人心, 而或過或不及焉." 이이, 『율곡전서』 권12:28a, 「答成浩原」.

170 박성원,「한남당시발변설」.

171 박성원,「한남당시발변설」. 이것은 또한 『도암집』 권10, 「答尹瑞膺【癸亥】」에 "今高明

之論, 則許多辨說專以氣爲主, 使天下至淨至潔之理, 全然墮在氣窟中去了, 以至方寸虛明之地, 亦挑脫不得, 殆類於古所謂滓穢太淸者. 設令成就得一副當義理, 此於人身心上有何所補"라고 한 것에 기초한 것이다. 여기에서 '滓穢太淸'이란 '太淸을 오염시킨다'는 말로서, 곧 마음의 순수함을 훼손했다는 의미이다. 관련 내용이 『세설신어(世說新語)』「言語」에 나온다.

172 박성원, 「한남당시발변설」, "必欲明人獸之別, 而以所禀之或全或偏者, 一歸於本然, 則是認氣爲理, 正所以自陷於釋氏之見."

173 박성원, 「한남당시발변설」. 인용된 이이의 말은 『율곡전서』 권9:38a-39b, 「答成浩原」에 보인다.

174 박성원, 「한남당시발변설」.

175 박성원은 이어서 한원진이 논거로 제시한 주자, 송시열의 글, 『맹자』와 『대학혹문』의 인용들을 비판적으로 검토했다. 이에 대해서는 다음 참조. 문석윤, 「南塘 韓元震의 「題寒泉詩後」에 대한 泉門의 대응 (2): 朴聖源의 「韓南塘詩跋辨說」을 중심으로」, 『한국문화』 100(서울대학교 규장각한국학연구원, 2022), 226-230쪽.

176 박성원, 「한남당시발변설」.

177 박성원, 「한남당시발변설」.

178 박성원, 「한남당시발변설」, "犬與犬同, 則犬不同於牛也,…人與人同, 則人不同於犬牛也. 與其所謂犬與犬不同,…人與人不同者, 雖有間, 而其爲不同則一. 不同者何? 氣質所禀異也. 然而於彼【犬與犬不同】則曰氣質, 於此【犬與犬同】則曰本然, 此其未可曉者, 一也."

179 박성원, 「한남당시발변설」, "若曰萬物各一其性者氣質也, 則犬·牛·人之各自有同, 是亦各一其性也, 何獨於此而不謂之氣質也. 此其未可曉者, 二也."

180 박성원, 「한남당시발변설」, "旣曰萬物同具太極是本然也, 則犬與犬同, 牛與牛同, 亦在於萬物同具太極之中, 何必於同具太極之外, 更論同具之本然乎? 此其未可曉者, 三也."

181 박성원, 「한남당시발변설」, "旣以萬物同具太極爲本然, 而又以他本然二字加之於物物各異之上, 而曰人物之本然不同, 則是必太極爲空無一物, 懸空獨立一箇儱侗之物."

182 박성원, 「한남당시발변설」.

183 박성원, 「한남당시발변설」, "彼於一原上, 旣以氣質對本然爲言, 故於其異體上, 亦不得不以本然爲氣質之對, 而自不覺其言之自相牴牾自相逕庭也."

184 박성원, 「한남당시발변설」, "栗翁曰, '糟粕煨燼, 糞壤污穢之中, 理無不在, 各爲其性, 而本然之妙, 則不害其自若也.' 其曰本然之妙不害其自若者, 豈非指一原而言乎. 若於異體上, 可以言本然, 則栗翁亦必曰, '糟粕與糟粕同, 糞壤與糞壤同, 是本然也.' 又不但如是爲言. 其曰, '本然者, 理之一也; 流行者, 氣之異也. 捨流行之理, 而別求本

185 박성원, 「한남당시발변설」, "然則本然者有善有惡之理也. 物中之惡者, 無如蛇蝎豺狼, 蛇蝎與蛇蝎同, 豺狼與豺狼同, 亦可謂之本然乎? 是皆不可曉也."

186 박성원, 「한남당시발변설」, "孟子之言性善, 亦只就異體而言. 故在人則同, 而幷禽獸而言則不同也. 非獨此章之指爲然."

187 박성원, 「한남당시발변설」.

188 박성원, 「한남당시발변설」, "孔子之言'性相近', 亦就人上說. 孟子之道性善, 只就人上說. 至子思作『中庸』, 始言天命之性, 乃統說人物之性, 而朱子於『章句』曰, '人物之生, 因各得所賦之理, 以爲健順五常之德, 所謂性也.' 又曰, '人物之性亦我之性也. 但以形氣不同而有異耳.' 若如彼說, 而本然之性人物不同, 則朱子於此, 何不單言人, 而幷擧人物也."

189 문석윤, 「南塘 韓元震의 「題寒泉詩後」에 대한 泉門의 대응 (1): 崔祏의 『泉門俟百錄』을 중심으로」, 『한국문화』 96(서울대학교 규장각한국학연구원, 2021), 225쪽.

190 박성원, 「한남당시발변설」, "朱子之言曰, '理氣當離合看.' 只此一言, 實是窮理氣之要訣也. 離看則見理之皆同【一原】; 合看則見理之不同【異體】. 合看處又離看【人物不同而人性皆善】, 離看處又合看【人性皆善而氣質不同】, 則同中見其異, 異中見其同, 而論性論氣, 玲瓏穿穴, 無有窒礙矣."

191 박성원, 「한남당시발변설」.

192 한원진, 『남당집』 권32:6b, 「題寒泉詩後〈又書〉」, "泉門不知此意, 故凡言人性之異於禽獸者, 皆以爲氣質而非本然, 則是不知人獸之別, 而陷於釋氏之見矣. 非細誤也, 故又言之."

193 박성원, 「한남당시발변설」.

194 박성원, 「우변설」, "至於祏, 雖不足責, 然以其嘗出入先師之門, 故其爲言, 動稱先生, 人之聽之者, 安知其不出於先生面教也. 此則可憂, 又有甚於韓之貽累. 玆不得不幷爲之辨焉."

195 박성원, 「한남당시발변설」. 草本 『謙齋集』 상란에 '齊'와 '楚'의 위치를 바꾸어야 한다는 교정 지시가 있다. 해당 부분은 『사기』 「司馬相如列傳」에 "楚則失矣, 齊亦未爲得也"라고 한 것에 典據를 둔 것으로, 교정 지시의 내용이 옳은 듯하나 여기서는 일단 그대로 두고 번역했다. 또한 중간에 삽입된 小註는 『廣巖集』과 『謙齋集』에는 없다.

196 이간, 『외암유고』 권13:1a, 「未發辨後說【己亥】」(1719).

197 洛學 내부에서 神 개념의 독특성에 대해서는 양응수와 김원행에 관한 아래 서술(573~578쪽) 참조.

198 문석윤, 「조선 후기 성리학에서 『맹자(孟子)』 '호연장(浩然章)' 논란과 그 의의: 송시열(宋時烈)의 「호연장질의(浩然章質疑)」를 중심으로」, 『한국문화』 47(서울대학교 규장각한국학연구원, 2009).

199 김원행 계에서는 박성원 계의 비해 상대적으로 이간의 설을 자유롭고 적극적으로 수용했다.

200 이재가 "(성인과 일반인의 마음 사이에) 고르지 못함이 있음을 허용한다[容有不齊]"라고 한 부분에 대해 최석이 논란한 것은 『천문사백록』에는 보이지 않는다. 다만 유지웅의 연구에 의하면 任聖周가 그에 대한 의문을 가지고 있었다고 한다. 유지웅, 「18세기 중반 기호 낙론계 심론: 심기에 대한 논의를 중심으로」, 『유학연구』 55(충남대학교 유학연구소, 2021), 122-127쪽.
강정환에 의하면 김원행이 이미 비슷한 의문을 제기한 바 있다. 강정환, 『전암집(典庵集)』 권7:8b, 「渼湖先生語錄」, "先生曰: '寒泉心說, 猶有未盡, 君其知否?' 對曰: '聖凡容有不齊之謂歟?' 曰: '然. 寒泉亦以心與氣質合看之. 若爾則雖欲異於南塘之說, 得乎?'" 그렇다면 결국 박성원의 작업은 한원진의 비판뿐 아니라 洛學 내부의 論難에 대한 변호와 해명의 성격도 가지고 있었다고 할 수 있을 듯하다.

201 박성원, 「우변설」.

202 양응수 성리설에 대해서는 다음 참조. 유지웅, 「백수(白水) 양응수(楊應秀)의 성리설과 18세기 낙론계에서의 반향(反響)」, 『유학연구』 63(충남대학교 유학연구소, 2023).

203 양응수, 『백수선생문집(白水先生文集)』 丁巳年條, "四月, 始謁陶庵先生于寒泉."

204 양응수, 『백수선생문집』 壬辰年條, "春往學于華山權先生.【諱瑑】承議公嘗有訓曰: '華山吾之畏友, 汝將往事之.' 至是往學, 盖用遺命. 而權先生見其聰明強記, 善爲發問, 亟稱曰: '吾友有子如此, 死猶不死.'云."

205 조성산, 「18세기 노론 지식인 楊應秀의 花潭學 인식」, 『민족문화연구』 77(고려대학교 민족문화연구원, 2017), 385-390쪽. 조성산은 특히 양응수가 서경덕의 湛一淸虛之氣와 자신의 神氣를 동일시한 것을 주목했다.

206 양응수, 『백수집(白水集)』 권7:9b-10b, 「韓南塘題陶庵詩跋辨【示朴士洙, 兪士精二友】」.

207 이재, 『도암집』 권21:4a, 「或人問目」.

208 이재, 『도암집』 권21:4a, 「或人問目」.

209 양응수, 『백수집』 권7:11b-12b, 「韓南塘題陶庵詩跋辨【示朴士洙, 兪士精二友】」.

210 양응수, 『백수집』, 권7: 12b. 해당 내용은 현재 통행하고 있는 『도암집』에는 수록되어 있지 않다. 그런데, 윤봉구의 『병계집』 권35:41b-42a, 「寒泉中庸首章及大學明德講義辨【壬申冬】」(1752)에 이재의 설로 소개되어 있다.

211 양응수, 『백수집』 13a, 「韓南塘題陶庵詩跋辨【示朴士洙, 兪士精二友】」.

212 양응수, 『백수집』 13b-14a, 「韓南塘題陶庵詩跋辨【示朴士洙, 兪士精二友】」.

213 양응수, 『백수집』 14a-15a, 「韓南塘題陶庵詩跋辨【示朴士洙, 兪士精二友】」.

214 양응수, 『백수집』 15a-16a, 「韓南塘題陶庵詩跋辨【示朴士洙, 兪士精二友】」. 이이의 말은 『율곡전서』 권10:33b, 「答成浩原」에 나온다.

215 양응수, 『백수집』 16b, 「韓南塘題陶庵詩跋辨【示朴士洙, 兪士精二友】」. 이이의 말은 『율곡전서』 권10:28a, 「答成浩原」에 나온다.
216 양응수, 『백수집』 16b-17a, 「韓南塘題陶庵詩跋辨【示朴士洙, 兪士精二友】」.
217 『백수선생연보』 乙丑年條(1745), "二月, 以心有二氣說, 與康公遠." 역시 연보에 의하면 이에 앞서 1743년(癸亥) 10월에는 이재 문하에 나아가 朴聖源, 李基敬 등이 정리한 『대학』 및 『논어』 講說에 대해 질의했고, 이재는 강설을 稟正한 공이 있다고 하여 양응수에게 『소학』 강설과 『맹자』 강설을 주어 籤質하게 했고, 양응수는 1744년(甲子) 여름에 『맹자』 강설에 籤紙를 붙여 올렸다고 했다. 이것은 곧 그가 「心有二氣說」을 작성한 결정적인 계기를 준 것으로 보인다.
218 진순, 『북계자의』 3-4, "性只是理, 全是善而無惡; 心含理與氣, 理固全是善, 氣便含兩頭在, 未便全是善底物, 才動便易從不善上去. 心是箇活物, 不是帖靜死定在這裏, 常愛動. 心之動, 是乘氣動."
219 양응수, 『백수집』 권17:4b-5a, 「築場日記」 丁卯年 1월 17일. 같은 내용이 『백수선생연보』 丁卯年 正月條에도 수록되어 있다.
220 양응수의 입장에서는, 엄밀하게 말하면 明德은 本然之氣이지만, 본연지기가 그대로 명덕인 것은 아니다. 명덕은 본연지기와 인간의 血氣精英의 妙合이다.
221 이재의 『대학』 강설은 현재 『도암집』에는 수록되어 있지 않다. 이는 곧 이 문제를 둘러싼 泉門에서의 논란 때문이었던 것으로 보인다. 『도암집』 편성에서의 양응수의 역할과 결과적으로 배제된 사정은 다음 참조. 유지웅, 「18세기 중반 기호 낙론계 심론: 심기에 대한 논의를 중심으로」, 『유학연구』 55(충남대학교 유학연구소, 2021), 141-143쪽.
222 양응수, 『백수집』 권7:17b, 「心氣說辨」, "但天地本然之氣爲心之本體者, 旣無明據. 且血氣精英, 雖以陳安卿說爲證, 然未知安卿本意果指血氣精英而言也."
223 『백수선생연보』 壬申年(1752)條, "辨明德講說中氣二之義, 寄與謙齋."
224 박성원이 양응수에게 보낸 편지를 보면 양응수가 처음에 「心有二氣說」을 박성원에게 보내어 자문을 구했고, 박성원은 「心說辨」이라는 이름으로 제목을 고칠 것을 권했으며(양응수, 『백수집』 권1:12a 「答朴謙齋」 「附原書」, "心有二氣說, 或以爲題目似未安, 蓋驟見之, 易乎生疑, 名以心說辨則如何?"), 양응수가 그를 받아들이고 거기에 氣 자를 추가하여 「心氣說辨」이라는 이름으로 최종적으로 확정한 것으로 보인다(『양응수, 『백수집』 권1:26b, 「答朴謙齋別紙」 「附原書」, "心說題目, 如來示加氣字, 恐亦無妨. 改本視前頗勝."). 박성원의 편지들은 그의 文集 草本인 『광암고』 8책과 『광암집』에 수록되어 있으며, 『백수집』에도 原書라는 제목으로 그중 2통이 실려 있다. 『광암고』에 실린 편지들은 작성 연월이 표기되어 있다. 여기서는 편의상 『백수집』에 수록된 편지를 인용했다.
225 양응수, 『백수집』 권7:17a-b, 「心氣說辨」.

226 이러한 전개 방식은 박성원의 조언에 따른 것으로 보인다. 박성원, 『광암고』 제8책, 「答楊季達【五月初五日】」 「別紙」, "愚意於其設爲問答之初, 先敍本文, 以見二氣之爲何物, 次引諸說, 以明二氣所以爲二氣者, 各有可稽."

227 양응수, 『백수집』 권7:17b, 「心氣說辨」. 양응수의 주장은 박성원과 주고받은 편지에서 세밀하게 검토되었다.

228 양응수, 『백수집』 권7:18b-19a, 「心氣說辨」.

229 그는 知覺論辨 곧 智와 知覺의 관계 문제에 대해서는 湖論의 입장에 동조한다. 이는 곧 그의 이러한 지각 이해와 밀접한 관련이 있다. 지각은 神氣가 血氣精英 곧 마음의 虛靈을 통해 실현된 것이라고 할 수 있다. 그런데 신기는 본성과 통합된 것으로서, 지를 그 자체에 내재하고 있다. 따라서 지각은 지의 실현이라고 할 수도 있다는 것이다. 이러한 지각에 대한 이해는 비교적 초기부터 견지한 입장으로서 이재를 만나기 이전부터 가지고 있었던 것일 수 있다. 그것은 그의 신기에 대한 이해가 서경덕의 氣 이해에 연원을 두고 있음을 암시하는 것이며, 심유이기설이 단순히 이재의 설을 받아들인 것이 아니라, 나름대로 해석한 결과임을 지시한다. 지각에 대한 그의 이해에 대해서는 다음 참조. 유지웅, 「백수(白水) 양응수(楊應秀)의 성리설과 18세기 낙론계에서의 반향(反響)」, 『유학연구』 63(충남대학교 유학연구소, 2023), 61-62쪽.

230 양응수, 『백수집』 권7:19a, 「心氣說辨」, "是以道心純善而無聖凡之異, 此無他, 以心之知覺從神氣而發故也; 人心有善有惡而聖凡大相不同, 此無他, 以心之知覺從血氣而發故也. 朱子所謂察之精, 則兩箇界限分明者, 不其信矣乎?"

231 이것은 『주자어류』 6:65에도 나온다.

232 양응수, 『백수집』 권7:19a-b, 「心氣說辨」.

233 趙成山, 「18세기 노론 지식인 楊應秀의 花潭學 인식」, 『민족문화연구』 77(고려대학교 민족문화연구원, 2017).

234 양응수, 『백수집』 권7:21a-22a, 「心氣說辨」.

235 양응수, 『백수집』 권7:22a, 「心氣說辨」.

236 양응수, 『백수집』 권7:22a-b, 「心氣說辨」, "又曰'血氣之精英, 不能無分數', 然則聖凡所禀之血氣, 淸濁懸殊, 其精英自宜有分數, 則明德亦安得無分數乎?"

237 양응수, 『백수집』 권7:22b, 「心氣說辨」.

238 박성원, 『광암고』 제8책, 「答楊季達【五月初五日】」 「別紙」. 해당 편지는 『광암집』 제14책에도 수록되어 있다. 『백수집』 권1:12a-에도 「附原書」라는 이름으로 수록되어 있다. 편의상 『백수집』에 수록된 것을 기준으로 인용하기로 한다.

239 박성원, 『광암고』 제8책, 「答楊季達【五月初五日】」 「別紙」. 이 편지는 이 편지에 대한 양응수의 답서에도 수록되어 있다. 양응수, 『백수집』 권1:12a-b, 「答朴謙齋」 「附原書」.

240 이재, 『도암집』 권10:13a, 「答尹瑞膺【鳳九】心說辨問【乙卯】」(1735).

241 박성원, 『광암고』 제8책, 「答楊季達【五月初五日】」 「別紙」; 양응수, 『백수집』 권

1:13b, 「答朴謙齋」「附原書」.
242 박성원, 『광암고』 제8책, 「答楊季達【五月初五日】」 「別紙」; 양응수, 『백수집』 권 1:14a-b, 「答朴謙齋」「附原書」.
243 양응수와 박성원 사이에 오고 간 편지 전체에 대한 상세한 분석은 다음 참조. 유지웅, 「백수(白水) 양응수(楊應秀)의 성리설과 18세기 낙론계에서의 반향(反響)」, 『유학연구』 63(충남대학교 유학연구소, 2023).
244 김원행, 『미호집(渼湖集)』 권1:36a-, 「觀楊季達【應秀】心有二氣吟·尹屛溪【鳳九】丈氣質指心之說, 口號示諸生, 且竢知者質焉」.
245 양응수, 『백수집』 권16:21b, 「贈族弟春泰」.
246 『미호집』에는 '意'로 인용되어 있다.
247 송명흠이 김원행의 이 시에 호응하여 지은 시도 있다. 송명흠, 『역천집(櫟泉集)』 권 3:18a-b, 「和金兄伯春心說辨詩韻〈四〉」. 모두 4수 중 뒤의 2수가 양응수의 心有二氣를 비판한 것이다. "形이 생기고 氣가 모여 이 몸이 있게 되네/形氣의 精英이 곧 神이니/만약 精英과 神氣가 다르다면/마음의 근본이 둘로 나누이니 어느 것이 참된 것인가?[形生氣聚有此身, 形氣精英卽是神, 若謂精英神氣異, 心源二本孰爲眞]", "未發에 어찌 일찍이 善惡이 있었는가?/반드시 발한 곳에서 公私를 나누어야 하니/만약 精英과 神氣로 情意를 나누고자 하면/장차 둘 갈래가 서로 번갈아 나오는 것을 보게 되리라[未發何曾有善惡, 須從發處辨公私, 若將精氣分情意, 將看二歧互出來]."
248 김원행, 『미호집』 권4:21b-22a, 「與宋晦可」.
249 이 편지에 대응하는 김원행의 편지는 『미호집』에는 보이지 않는다.
250 양응수, 『백수집』 권2:3b-4a, 「答金渼湖」.
251 양응수, 『백수집』 권2:4b-5a, 「答金渼湖」.
252 이는 송명흠의 시 마지막 구에 대응한 것일 수 있다. 앞의 주 247 참조.
253 양응수, 『백수집』 권2:5b-6a, 「答金渼湖」.
254 문석윤, 「南塘 韓元震의 「題寒泉詩後」에 대한 泉門의 대응 (1): 崔祏의 『泉門侯百錄』을 중심으로」, 『한국문화』 96(서울대학교 규장각한국학연구원, 2021), 216-217쪽.
255 이런 문제의 자세한 규명은 이 책의 목적은 아니며 주로 최근 사학계의 연구 성과를 함께 참조하는 것이 좋다. 그와 관련하여 권오영의 최근 연구와 이경구, 조성산 등의 기존 연구들도 여전히 충분히 참조할 만하다. 권오영, 『조선후기 유림의 사상과 활동』(돌베개, 2003), 제1부; 권오영, 『조선 성리학의 형성과 심화』(문현, 2018), 제3부; 이경구, 「영조~순조 연간 湖洛論爭의 展開」, 『한국학보』 93(일지사, 1998); 이경구, 『조선, 철학의 왕국: 호락논쟁 이야기』(푸른역사, 2018); 조성산, 『조선 후기 낙론계 학풍의 형성과 전개』(지식산업사, 2007).
256 이에 대해서는 다음 참조. 문석윤, 「南塘 韓元震의 「題寒泉詩後」에 대한 泉門의 대

257 박성원, 「우변설」, "噫, 吾道衰敗, 人心分裂." 이는 또한 이재의 상황 인식을 이은 것이었다. 이재, 「한천시」, "吾道本衰敗, 論議又不齊. 客去私自識, 蓋亦憂衰世."

258 권오영, 『조선후기 유림의 사상과 활동』(돌베개, 2003), 55-74쪽.

259 황윤석의 「記湖洛二學始末」에 대해서는 8장 참조.

260 오항녕, 「석실서원의 渼湖 金元行과 그의 사상」, 『북한강 유역의 유학 사상』(한림대학교 아시아문화연구소, 1998); 李坰丘, 「金元行의 實心 강조와 石室書院에서의 교육 활동」, 『진단학보』 88(진단학회, 1999).

261 김원행, 『미호집』 권12:10a, 「答南紀濟」, "近見湖中, 諸少讀書纔通文義, 幸有些子聰明, 便奮筆說性說命, 論巍塘是非. 本之則不啻未逮, 心常病之, 不願吾黨之爲此也."

262 김원행의 심성설에 대해서는 다음 참조. 이천승, 「渼湖 金元行의 '心'에 관한 연구」, 『한국철학논집』 11(한국철학사연구회, 2002); 朴鶴來, 「渼湖 金元行의 性理說 研究: 18세기 중반 洛論의 심성론에 유의하여」, 『민족문화연구』 71(고려대학교 민족문화연구원, 2016); 유지웅, 「18세기 중반 기호 낙론계 심론: 심기에 대한 논의를 중심으로」, 『유학연구』 55(충남대학교 유학연구소, 2021) 등.

263 황윤석, 『이재난고』 庚寅年(1770) 辛酉(9월 18일), "余觀其言, 條理分明, 不可以其年少而略之. 而朴謚善聖源與楊白水丈, 又相與私明泉翁心性之說, 乃專斥叔固, 何哉?"

264 『천문사백록』에는 최석이 윤봉구에게 보낸 편지 2통이 실려 있고, 윤봉구의 문집 『병계집』 권37에 최석에게 보낸 편지가 1통 실려 있다.

265 최석에게 보낸 편지가 김지행의 문집 『밀암집』 권6에 다수 수록되어 있다.

266 심조, 『정좌와집』 권3, 「上南塘【戊辰】」(1748).

267 아마 편지와 함께 한원진에게 보낸 것으로 보인다. 심조, 『정좌와집』 권1, 「寒泉作詩嘲南塘, 其中偏全作本然氣質當心體一句, 乃一篇骨子. 聊以一語解之」, "牛與牛同是本然, 本然吾謂性之然. 若將氣質看耕吠, 莫是人倫非本然.【右解偏全作本然之嘲.】/ 且莫譏吾錯認心, 請看陶栗畫圖心. 若令心體元非氣, 氣質胡爲着在心【右解氣質當心體之嘲.】."

268 심조, 『정좌와집』 권3, 「答屛溪【己巳臘月】」(1749년 12월).

269 金養淳은 號가 鳳西이며, 字가 浩元이다. 貞菴 閔遇洙의 문인이라고 한다.

270 심조, 『정좌와집』 권5, 「答金浩元【庚午正月】」(1750년 1월).

271 이러한 사상적 경향은 血肉之心과 神明之心의 구분을 강조한 이익을 거쳐, 마음을 理氣論의 틀 바깥에서 규정하고자 한 정약용에게로 이어진다. 문석윤, 「星湖 李瀷의 心說에 관하여: 畏庵 李栻의 「堂室銘」에 대한 비판을 중심으로」, 『철학연구』 86(철학연구회, 2009); 문석윤, 「다산 정약용의 새로운 도덕 이론: 마음에 대한 새로운 이해」,

『철학연구』 90(철학연구회, 2004).
272 김근행, 『용재집(庸齋集)』 권6, 「答權亨叔書【壬午】」.
273 해당 내용은 『주자어류』 4:51.
274 해당 내용은 『주자어류』 4:54.
275 윤봉구, 『병계집』 권37:22a-23a, 「與崔祐答問【丙寅】」.
276 윤봉구, 『병계집』 권37:23a-b, 「與崔祐答問【丙寅】」.
277 이와 관련하여 윤봉구는 또한 다음과 같이 말한다. "그런데 이들 程朱의 諸說은 실로 마음의 氣를 논한 것으로, 모두 限量이 있고 善惡이 있으며 淸濁이 있는 것으로 말한 것이다. 대개 마음의 體段을 가리켜 말한다면, 반드시 氣를 單指하여 淸濁과 善惡이 있다고 말하였지만, 마음에 대해 일반적으로 말함에 이르러서는 心體가 純善하다고 말한 것도 많다. 이것은 朱子가 마음이 본성을 體로 삼는다고 생각해서이니, … 정주의 글 중 심체 운운한 것은 그 본성의 측면에서 말한 때문이다. 이런 것을 살피지 않고 곧바로 그것들을 모두 氣를 單言한 것으로 가져와 논한 것들, 예를 들어 지금 心本善, 盡心 등의 마음이라고 한 것 같은 것은 진실로 모두 잘 알지 못하여 잘못 인용한 것이다. 또한 알지 않으면 안 된다." 윤봉구, 『병계집』 25a-b, 「與崔祐答問【丙寅】」. 윤봉구의 심체에 대한 이러한 이해는 未發에 대한 그의 이해와 함께, 낙학 측에서 박성원 등이 해석한 이재의 심체에 대한 이해와 똑같은 것은 아니지만 유사성을 보인다.
278 윤봉구, 『병계집』 권37:23b-24a, 「與崔祐答問【丙寅】」.
279 윤봉구, 『병계집』 권37:24a, 「與崔祐答問【丙寅】」, "虛靈與湛一, 各有所指, 本體與體段意亦可異, 此已悉之於前段, 不必複言."
280 이에 대해서는 앞의 서술(498~500쪽) 참조.
281 윤봉구, 『병계집』 권37:24a-b, 「與崔祐答問【丙寅】」.
282 윤봉구, 『병계집』 권37:25b-26b, 「與崔祐答問【丙寅】」.
283 윤봉구, 『병계집』 권37:26b-27b, 「與崔祐答問【丙寅】」.
284 윤봉구, 『병계집』 권37:27b-28a, 「與崔祐答問【丙寅】」.
285 윤봉구, 『병계집』 권37:28a-b, 「與崔祐答問【丙寅】」.
286 윤봉구, 『병계집』 권37:28b-29b, 「與崔祐答問【丙寅】」.
287 윤봉구, 『병계집』 권37:29b, 「與崔祐答問【丙寅】」.
288 이 부분은 아마 별도의 편지를 함께 편성하여 놓은 것일 수도 있다.
289 윤봉구, 『병계집』 권37:30b-31a, 「與崔祐答問【丙寅】」.
290 윤봉구, 『병계집』 권37:31a-b, 「與崔祐答問【丙寅】」.
291 최석, 『천문사백록』 37a-38a, 「答尹屛溪【鳳九】書」.
292 이 부분에 대해서는 윤봉구가 위의 편지에서 지적하여 비판하고 있다. 윤봉구, 『병계집』 권37:24b-25b, 「與崔祐答問【丙寅】」, "盛諭以程子心本善之說, 可以上配於性善之功, 此不然. 程子之心本善云者, 是合性之心而主性言之者, 則同一性善, 有何特擴

之功, 可以上配者耶?" 즉, 程子의 心本善은 마음의 본체에 대한 것이고 그것은 곧 본성의 측면에서 말한 것이지 마음 자체를 두고 말한 것이 아니며, 따라서 결국 性善과 다른 새로운 주장이 아니라고 하는 것이다.

293 최석,『천문사백록』38a-b,「答尹屛溪【鳳九】書」.
294 최석,『천문사백록』38b-39a,「答尹屛溪【鳳九】書」.
295 최석,『천문사백록』39a,「答尹屛溪【鳳九】書」, "今日所論之心, 是在於心之本體, 則固非合言理, 亦非合言氣稟也."
296 최석,『천문사백록』43b,「答尹屛溪書」.
297 최석,『천문사백록』20b-21a,「本然之心氣質之心證辨」.
298 최석,『천문사백록』21a-b,「本然之心氣質之心證辨」.
299 윤봉구,『병계집』권37:26a-b,「與崔祏答問【丙寅】」.
300 권오영,『조선후기 유림의 사상과 활동』(돌베개, 2003), 65-66쪽.
301 김지행,『밀암집』권1:5b,「離合吟」, "暘谷著寒泉詩後識, 論離合而以離爲一原爲分殊, 更於合處, 分合中之離·合中之合, 以爲人物聖衆之分, 此與朱子說離合而論道體者相倍. 以天命與性道分屬於一原分殊之說, 實本於此, 而爲理氣紛紜之宗旨云."
302 김지행,『밀암집』권6:5a,「答崔叔固【祏○戊辰】」(1748), "高明之論, 其說雖多, 大意不在衆人無未發之外也, 愚意則不以爲然. … 前此高明於此等原頭之論, 自謂有相吻者, 論心則主本軆虛靈聖凡皆同之說, 故私竊自幸吾道之未全孤, 謂當開口澳然, 無所礙岐. 今觀所論如此相反."
303 김지행,『밀암집』권3:14b-15a,「上久菴先生【己卯閏月】」(1759), "崔祏乙亥(*1755)後, 無書䟽往還, 丁丑(*1757)後, 無顔面相接, 喪禍後, 姑無相問之事, 其謂辨誣詆辱之說, 未知如何而來. … 此人丙寅(*1746)以來, 此等文字言論不一, 而本來過當, 其時亦數次抵書哀子, 有所云云, 哀子亦隨所見答之, 又戒其輕發暴露, 而渠不以爲然, 又有未發義往復, 知其所見實無異同於渠所攻斥者, 而特持名虛喝, 故其後渠又有書, 而今六年, 姑未送答."

8장

호락논쟁의 종장

지금까지 살펴본 바와 같이 호락논쟁은 17, 18세기에 걸쳐 대체로 3시기를 거쳐서 성립되었다. 송시열에서 권상하와 김창협에 이르는 제1기가 준비기였다면 낙학 측의 김창흡과 그의 문하에서, 그리고 호학 측의 이간과 한원진 사이에서 본격적인 논변이 이루어진 것이 제2기로서, 이 시기에 이르러 호학과 낙학은 어느 정도 상대의 존재를 의식하면서 자신의 정체성을 확립한 시기라고 할 수 있다. 제3기는 호학과 낙학 사이에 본격적인 논변이 전개된 시기로서 이 시기를 거치면서 호학과 낙학 양자의 대립이 격화되면서 도통 곧 이이-송시열로 이어지는 도통의 계승을 두고 대결하는 양상으로 진행되었다.

정조가 재위한 18세기 후반에서 19세기 초에 이르면 그러한 대립이 몇몇 사건을 계기로 정치적 분립과 대립으로 진행되었다. 호락논쟁이 애초에 주자학의 심성설에 초점을 둔 철학적 논변이었다고 한다면, 이 시기는 곧 논쟁의 주체인 호학과 낙학 사이의 대립이 정치적 대립으로 진전하여 정치적 쟁변으로 이어져간 시기라고 할 수 있다. 하지만 주자학의 특성상 도통과 정통은 분리되지 않는 것으로 그것은 당연히 예견할 수 있는 것이었다.

그러한 상황 속에서 그들 내부에서 다양한 정치적 의도에서 호락논쟁에 대해 역사적으로나 사상적으로 정리하고 평가하려는 시도들이 이루어졌다. 그런 시도들을 통해 호학과 낙학의 이론 곧 호론과 낙론 모두에 대한 좀 더 포괄적인 관점에서의 비판과 평가가 이루어지며 이론 내부적으로 양자의 이론을 통합하고 절충하려는 시도들도 발생했다. 이 시기는 굳이 말한다면 호락논쟁 제4기에 해당된다.

김원행은 김창협의 사손(嗣孫)으로서 이재가 1746년 별세한 후 낙학에서 중심적 역할을 담당했다. 보통 이재의 제자라고 하지만 이재와 주고받은 편지는 『도암집』에 예(禮)에 대한 짧은 문목(問目) 1통만 수록되어 있으며, 『미호집』에는 이재에게 보낸 편지가 1통도 수록되어 있지 않고 다만 박성원, 송명흠 등 이재의 문하에게 보낸 편지들이 『미호집』에 수록되어 있다. 임성주(任聖周, 1711~1788), 황윤석(黃胤錫, 1729~1791), 홍대용(洪大容, 1731~1783), 강정환(姜鼎煥, 1741~1816) 등이 그의 제자이다. 하지만 이들 제자 세대에 이르러서는 이제 호학과 낙학의 논자들이 각각의 핵심적인 종지를 두고 팽팽하게 대립하는 그 생생한 열기가 사라지고 역사적으로 그리고 사상적으로 논쟁 전체를 회고하고 평가하는 정리기에 접어든다.

김원행 자신은 김창협가의 일원으로서 이재 학맥과 관련 없이 낙학의 계승자로서 낙학의 종지에 대한 확고한 신념이 있었고, 앞에서 살펴본 바와 같이 이재 학맥에서의 주류, 곧 박성원과 양응수가 호학에 대해 비판적인 동시에 포용적인 입장에 있었던 것과 다르게 그 사상적 지향의 다름을 분명히 하여 낙학의 정체성을 확고히 견지했다. 또한 그를 바탕으로 정치적인 측면에서 호학에 대해 낙학의 입장을 대변하는 역할을 했다. 그는 1769년 윤봉구의 별세로 촉발된 이른바 「화양서원묘정비명」 논변과 같은 무렵 발생한 송시열의 영정 봉안 문제로 촉발된 호학과 낙학 사이의 긴장과 다툼에서, 당시 화양서원의 원장으로서 낙학 측의 입장을 대변했다. 이는 곧 기호학계의 주도권을 차지하고자 하는 의도가 내재되어 있었다.[1]

하지만 그는 호학 측 인사들과 더불어 호락논쟁의 주제에 대한 본격적인 논변을 벌이지는 않은 것으로 보인다. 그것은 곧 이미 정치적 분립이 뚜렷해지는 상황 속에서 성리설 혹은 심성설의 주제가 그러한 분립을 더욱 격화시키는 것을 우려해서일 수도 있다. 당시 그가 차지하고 있던 노론 내에서의 정치적 위상이 그러한 문제에 쉽게 개입할 수 없게 만들었을 수도 있었다는 것이다. 그가 「화양서원묘정비명」 문제에서 취한 입장이 바로 그러한 것이었으며, 송시열의 영정 봉안 문제에서도 가부를 표명하지 않았던 것은 그러한 취지로 이해할 수 있다. 하지만 그의 시대는 이미 돌이킬 수 없는 분립의 단계로 접어들었으며, 그가 취한 입장은 결국 낙학 측이 주도권을 잡아가는 대세 속에 있었다.

어쨌든 이런 상황 속에서 이제 호락논쟁은 더 이상 그 본래의 생생한 활력, 곧 진리에 대한 열정은 상당히 약화되었다. 한편으로 대립을 의도적으로 더욱 격화시키는 방식으로 논쟁 내의 대립이 정치적으로 이용되거나 상대에 대한 증오를 정당화하는 도구로 전락한 면이 있었다. 하지만 일부의 사람들은 그러한 가운데 호론과 낙론에 대해 각각 신중하고 세밀하게 검토하고, 앞에서 김지행과 최석의 예에서 간략하게 지적했듯이 자신의 이론에 변화를 가하는 동시에 상대의 이론을 수용하는 절충적이고 종합적인 시도를 하기도 했다. 이제 논변의 단계를 지나 이전의 대립을 해소하는 좀 더 종합적이고 완비한 이론이 나타날 단계가 된 것이다.

이러한 종합에의 요청은 19세기 조선 성리학으로 넘겨진 사상적 과제이기도 했다. 19세기는 내적으로 사대부 계층 자체 내의 분화가 심화하면서 그에 대응해 성리학적 이념에 대한 새로운 해석과 개혁이 필요한 시기였으며, 외적으로 일본을 비롯한 서구 외세의 침탈이 본격화되면서 그에 대한 전통 유학 측의 대응이 요청되던 시대였다. 조선의 유자들은 18세기까지 진행된 조선 성리학의 유산을 기반으로 하여 다양한 방식으로 대응했다. 그때 호락논쟁에서 다루어진 심성에 대한 여러 논의들 또한 그를 위한 주요한 자원이었다. 노주 오희상(吳熙常, 1763~1833), 매산(梅山) 홍직필(洪直弼, 1776~1852), 화서 이항로(李恒老, 1792~1868), 노사 기정진(奇正鎭, 1798~1879), 한주 이진상(李震相, 1818~1886), 간재 전우(田愚, 1841~1922), 성암 이철영(李喆榮, 1867~1919) 등 19세기의 쟁쟁한 유학자들이 호락논쟁에 대해 그리고 그 이론적 성취들을 평가하고 종합하는 노력을 보여주고 있었다.[2]

그들의 논의는 전통 조선 성리학의 마지막 장면으로서, 다만 그 이론 내적 성취를 정리하고 음미할 뿐 아니라, 그 시대적 상황 속에서 당 시대에 대한 대응으로서 그 시대적이고 실천적 의미를 읽어낼 필요가 있다. 그것은 또 하나의 방대한 작업이 될 것이다. 여기에서는 호락논쟁 제3기의 마지막이자 제4기의 시작점에 있다고 할 수 있는 김원행과 제4기에 속하는 특징을 뚜렷하게 보여주는, 그의 문하에서 나타난 몇 가지 동향을 살펴보면서 그에 대한 전망의 일부를 제시하고, 제4기에 속한 몇몇 주요 인물들의 관련 논의들을 간략하게 살펴봄으로써 그러한 작업의 기초를 놓는 것에 만족할 수밖에 없다.

1
김원행의 낙론 이해

1) 「명덕설의문」(1737)

　미호(渼湖) 김원행(金元行, 1702~1772)은 36세 되던 해인 1737년 「명덕설의문(明德說疑問)」을 썼다. 그것은 곧 이재 이후 낙학 측에서 핵심적인 중요성을 지닌 문제로 떠오른 '명덕(明德)'과 관련된 다양한 문제들에 대해 자문자답하는 형식으로 자유롭게 기술한 것이다. 낙학 측의 입장을 명확히 한다고 하는 그러한 면모를 이 글에서 발견하기는 어렵다. 사실 명덕 문제는 호학 측에서도 어느 정도 곡절을 거쳐 낙학 측의 입장, 곧 명덕은 모든 인간에게 동일하다는 데 동의했으므로 크게 쟁점이 되는 데는 한계가 있었다. 다만 윤봉구와 이재 사이에서 그것이 본성에 속하는가, 마음에 속하는가 하는 논란이 논변의 말미에 제기되었고, 그것은 나중에 19세기 심설 논쟁에서 중요한 쟁점이 되는 전조를 보여준 것으로 평가할 수 있을 듯하다. 그와 관련하여 그 첫 번째로 제시된 의문이 다음과 같은 것이었음은 역시 음미해볼 만한 지점이다.

> 명덕은 본성으로 말한 것도 있고, 마음으로 말한 것도 있고, 마음과 본성을 합하여 말한 것도 있는데, 어느 것이 옳은지 모르겠다. 마음과 본성을 합한 것으로 말한다면, 마음과 본성 사이에는 그러면 주객의 구분이 있는 것인가?[3]

　명덕에 대한 세 가지 입장이 있다는 것이다. 명덕을 본성으로 이해하는 입장, 마음으로 이해하는 입장, 마음과 본성을 합해서 말하는 입장이 그것이다. 마음과 본성을 합해서 말하는 입장의 경우는 그 내부에서 무엇에 주안점을 두는 가에 따라 또 각각 나뉠 수 있다고 한다. 김원행은 이어서 그 각각의 입장의 의미에 대해서 그는 다음과 같이 말한다.

> 본성으로 말한다면 본성은 곧 리(理)이고, 리는 본래 성인(聖人)과 일반인이 함께 지닌 것이다. 마음으로 말한다면 마음은 곧 기(氣)이고, 기는 만물이 다 달라서 성인과 범인이 다르다는 것은 또 이루 말할 수 없을 정도이다. 마음과 본성을 합하여 말한다면 리에 대해서는 성인과 범인이 같고 기에 대해서는 다르니, 같은 것이 반이고 다른 것이 또 반이어서 결론적으로 다른 것으로 귀결된다.[4]

명덕이 본성이면 본성은 곧 리이고, 리는 보편적인 것이므로 성인과 일반인 사이에 차별은 있을 수 없다. 명덕이 마음이라면 마음은 기이고, 기에는 사람에 따른 차별이 있을 수 있으므로 명덕 역시 성인과 일반인 사이에 차별이 있을 수 있다. 마음과 본성을 합한 것으로 보는 입장에 대해 김원행은 결국 명덕에 성인과 일반인 사이에 차별을 두는 입장으로 귀결됨을 지적한다.

이 각각의 입장은 호락논쟁의 역사에서 각각 어느 것에 대응하는 것일까? 낙학 측에서 성인과 일반인의 마음의 동일성을 이야기했다면 호학 측에서는 성인과 일반인의 마음의 차별성을 말했다. 하지만 명덕에 대해서는 호학 측에서는 일부가 차별성을 말하기도 했지만 결국 동일성을 주장했고, 낙학 측에서는 시종 그 동일성을 분명히 했다. 그렇다면 명덕을 낙학 측에서는 본성으로 보고, 호학 측에서는 마음으로 보았던 것인가? 문제는 그렇지 않다는 데 있다.

낙학 측에서는 이재와 박성원의 경우 마음속의 본성의 측면을 강조했다는 점에서 마음과 본성의 결합으로 보는 가운데 본성, 곧 리에 주안점을 둔 것이라고 볼 수 있다. 반면 양웅수와 호학 속의 낙론자인 이간의 경우는 명덕을 어디까지나 마음 곧 기로 보았지만 또한 명덕의 보편적 동일성을 강조했다.

반면 호학 측에서는 한원진의 경우 처음에는 명덕을 마음으로 보아 명덕에도 분수가 있다는 주장을 펴다가 곧 그 주장을 취소하고 명덕에는 분수가 없다는 주장을 폈다. 성인과 일반인 사이에 차이가 없다는 것이다. 하지만 그는 명덕을 본성으로 보는 데까지 나아가지는 않았다. 반면 윤봉구는 마음과 명덕을 다소 애매하게 구분하는 가운데 마음에는 분수가 있지만 명덕에는 분수가 없다는 주장을 하다가, 나중에는 그 구분을 더욱 명확히 하여 명덕을 본성으로 보는 데로 나아갔다.

명덕에 관한 이해에서의 이러한 복잡한 상황은 역시 호락논쟁이 제4기에 이른 하나의 징후라고 할 수도 있을 것이다. 그것이 김원행에 이르러 의문의 형식으로 표출된 것이다. 김원행은 그러한 상황 가운데 위에 이어서 다음과 같이 질문한다.

> 만일 "기는 만 가지로 달라도 명덕의 동일성을 말하는 데 지장이 없다"고 말한다면, 탁하고 박잡(駁雜)한 기를 부여받은 하우(下愚)의 경우에도 허령(虛靈)하고 통철(洞徹)하다고 할 수 있어 결과적으로 명덕이라고 인정할 수 있단 말인가?[5]

이 질문은 명덕을 마음으로 보면서 동시에 모든 사람에게 보편적이라고 주장하는 낙학 측과 윤봉구를 제외한 한원진 등의 호학 측에 공히 제기할 수 있는 질문이다. 그런데 만약 기의 차이에도 불구하고 명덕의 보편성을 주장할 수 있다면 그 근거는 무엇인가? 결국 그것은 다음에 이어지는 질문으로 이끈다.

마음의 기와 기품(氣稟)의 기는 같은가, 다른가?[6]

낙학 측에서는 마음의 기와 기품의 기가 다르다고 답변한다. 마음의 기의 독특성이 마음, 더 구체적으로는 명덕의 보편성을 근거 지운다. 물론 한원진을 비롯한 호학 측에서는 그것을 인정하지 않는다. 이 질문은 바로 그것을 겨냥하고 있다. 김원행은 다음과 같이 답변한다.

> 같다고 한다면, 기가 어두우면 마음도 어둡고 기가 결핍되면 마음도 결핍되어 애당초 마음과 기에 구분이 없게 된다. 주자가 이른바 "허령하여 어둡지 않아 온갖 리를 구비하고 만사에 응한다"라고 한 것은 마음을 위주로 말한 듯한데, 또 "기품에 얽매인다"라고 한 것은 어째서인가? 기로 기를 얽매는 것은 입으로 입을 깨무는 것과 유사하지 않겠는가.[7]

이는 한원진의 입장에 대한 비판이라고 할 수 있다. 심기와 기질을 근본적으로 같은 것으로 본다면 명덕의 보편성을 말하기 어렵지 않겠는가 하는 것이다. 그러나 다르게 본다고 해서 문제가 해결되는 것은 아니다. 그는 주자의 글을 인용하여 다음과 같이 말한다.

> 다르다고 한다면 주자는 또 "부여받은 기에는 편중됨이 없을 수 없으니, 목기(木氣)를 많이 얻은 경우에는 측은지심(惻隱之心)은 늘 많지만 수오지심(羞惡之心)·사양지심(辭讓之心)·시비지심(是非之心)은 막혀서 발하지 못하게 되고, 금기(金氣)를 많이 얻은 경우에는 수오지심은 늘 많지만 측은지심·사양지심·시비지심은 막혀서 발하지 못하게 되며, 수기(水氣)와 화기(火氣)의 경우도 마찬가지이다"라고 했다. 이는 측은지심과 수오지심도 부여받은 기에 따라 발하는 데 차이가 있다는 것이다. 마음과 부여받은 기가 이미 확연히 다른 것이라면 또 어째서 이렇게 관련이 된단 말인가?[8]

품부 받은 기는 본성의 실현을 제약한다. 마음의 기는 과연 그러한 품부 받은 기로부터 자유로운 것일까? 김원행은 계속해서 자신의 생각을 전개한다.

> 혹자는 말하기를, "주자가 '마음이란 기의 정상(精爽)'이라고 했으니, 이에 따른다면 마음은 부여받은 기(氣) 가운데 정상한 것으로 기의 범주를 벗어나지 않는다는 것을 알 수 있다. 그러나 또 정상이라고 한다면 부여받은 기 가운데 조악(粗惡)한 것으로 말할 수 없다는 것을 또한 알 수 있다. 그러므로 기는 어둡지만 마음은 절로 밝고, 기는 결핍되지만 마음은 절로 충분하다"라고 하니, 이 말이 실로 근사하다. 그러나 기를 부여받은 사물인데 또 부여받은 기에 따라 어둡거나 결핍되지 않아 한편으로 통(通)하고 한편으로 국한되는 것이 거의 리와 기처럼 구분되는 것은 어째서인가? 이와 같은 묘리(妙理)에 대해 들어볼 수 있을까? 마음이란 것이 이미 이러하다면 주자가 이른바 "마음에 선악이 있다"라고 한 것은 어째서인가?[9]

여기에서 혹자는 기의 정상을 강조한 이간과 낙학 측의 최석을 가리키는 것일 수 있다. 그런데 그렇다면 그때 기는 거의 리에 가까워지는 문제가 있다. 하나의 기인데 한편으로는 통(通)의 성격을 가지고 동시에 다른 한편으로 국(局)의 성격을 가졌다는 것은 문제가 있지 않은가? 그것은 곧 기통기국(氣通氣局)이라 할 만한 것이요 이이의 이통기국과는 차이가 있는 것이 아닌가? 또한 마음의 기의 정상을 보편성을 말할 수 있는 근거로 삼는다면 현실의 마음에 선과 악이 있음을 어떻게 말할 수 있을 것인가?[10] 그와 관련해서 김원행은 마지막으로 명덕을 전적으로 마음의 허령 지각과 관련해서 이해하는 것에 대한 의문을 제시한다.

> 명덕에 대해 전적으로 허령지각(虛靈知覺)으로 말하는 사람이 있는데, 허령지

각을 주장하는 학문은 석씨(釋氏)의 폐해와 거의 유사하지 않겠는가?¹¹

허령지각이란 마음의 인지 능력을 의미하는 것으로서, 결국 명덕을 마음으로 보는 것의 문제점을 짚은 것으로 볼 수 있다. 낙학에서 마음의 체용(體用)으로 허령지각을 강조하고 명덕을 마음 혹은 심체(心體)와 동일한 것으로 이해하면서 그 보편적 성격을 강조한다고 하면, 호학 측에서는 허령은 기이므로 기질과의 관계성을 배제할 수 없다는 의혹을 계속 제기했다. 낙학 측에서는 그러한 호학의 입장이 심체를 기질과 관련하여 다루는 것이라고 비판하며, 역으로 호학 측에서는 심체에 대한 낙학의 입장이 결국 심학(心學)으로서의 불교와 유사하다는 비판을 했다. 김원행은 낙학의 입장에서, 호학 측의 그러한 비판을 어떻게 극복할 수 있을 것인가라는 의문을 제기한 것이다. 결국 다시 질문은 제자리로 돌아간 셈이다. 명덕을 다만 마음으로만 볼 수 있는 것인가? 본성으로 보는 것, 적어도 그러한 측면을 고려할 필요성이 있지 않은가?

결국 의문으로 글을 마치고 있는 것이 이 글의 특징이다. 의문은 종결되지 않고 끝없이 순환된다. 호락논쟁의 말기에 호락 간의 명덕설에 담겨 있는 복잡한 생각이 장년의 김원행에게 풀기 어려운 의문을 제시하고 있음을 그대로 표출시킨 것이다. 그는 이러한 사정을 글의 말미에 다음과 같이 스스로 말하고 있다.

> 내가 『대학』을 받아 읽은 뒤로 곧바로 명덕의 설에 대해 의문을 가져 여러 차례 읽었는데도 더욱 의문이 들었지만, 혼자 떨어져 지내다 보니 사방 각지의 당대 현자들과 서로 종유하여 답답함을 풀 수 없었다. 그러나 한천(寒泉) 이 선생(李先生: 이재) 같은 분이나 붕우(朋友) 한두 명에게도 일찍이 거론하여 질문해 보았지만 여전히 아둔하여 깨닫지 못했으니, 비유하자면 철벽(鐵壁)이 앞에 있는데 뚫을수록 더 단단하여 들어갈 수 없는 것과 같았다. 그래서 번번이

책을 덮고 크게 한숨을 쉬며 "성인의 말씀이 쉽고 명백하기가 푸른 하늘 밝은 해와 같고, 주자 같은 성인께서 경문(經文)에 주석을 달아 숨김없이 세세히 말씀하신 것이 저와 같은데, 그럼에도 10여 년 동안 의문을 지니고도 해결을 보지 못하니, 나의 우둔함이 참으로 가엾다"라고 생각했다.

근자에 또 한남당(韓南塘: 한원진) 등 여러 어른께서도 이 문제로 편지를 주고받으며 논란했지만 의론이 분분하여 귀결점을 찾지 못했다는 말을 비로소 듣게 되었다. 그렇다면 명덕설은 과연 이렇게 분명히 알기 어려운 문제란 말인가? 진즉에 그럴 만한 사람을 알지 못해 질문해보지 못한 것이 한스러워 우선 내 의문점을 기록하여 동지들과 함께 강구하기로 한다. 정사년(1737, 영조 13) 6월 중순에 쓴다.[12]

호락논쟁 제3기가 한창 격렬하게 진행되는 와중에 김원행은 어떤 천재적인 감각으로 호락논쟁 전체가 지닌 풀기 어려운 문제를 감지하고 나름대로 그것을 솔직하게 표출한 것이라고 하겠다. 그것은 곧 이어지는 호락논쟁 제4기를 예견하게 하는 것이라고 할 수 있다.

2) 「미호선생어록」

이후 김원행은 낙학의 중심 인물로서의 역할을 충실하게 이행했다. 그의 문인 강정환(姜鼎煥)이 전하는 「미호선생어록(渼湖先生語錄)」(이하 「어록」)은 평소 그가 자신의 제자들에게 낙학의 종지에 대해 매우 확신 있게 전달하고 있음을 보여준다. 거기에서 우리는 김원행이 초기의 의문 상태에서 나아가 상당한 진전을 거두었음을 확인할 수 있다. 몇 가지 주요 사항을 인용하면 다음과 같다.

(1) 마음의 신령함에 대한 강조

김원행은 낙학의 종지에 따라 마음과 기질을 구별했는데, 특히 마음의 신명과 영각, 곧 그 영(靈)적인 성격에 대해 강조했다. 강정환은 다음과 같이 전한다.

> 그러므로 선생(김원행)은 마음을 풀이한 곳에서는 반드시 영각(靈覺)이라고 하고 신명(神明)이라고 했으나, 기질을 풀이한 곳에서는 청탁(淸濁), 혼명(昏明), 강약(强弱), 수박(粹駁)을 말할 따름이었다. 이로부터 본다면 마음과 기질 사이의 구별 있음과 구별 없음을 또한 시원하게 이해하여 의심이 없을 수 있다.[13]

영각이나 신명은 곧 마음이 신체를 넘어선 어떤 측면을 표현한 것이라고 할 수 있다. 신체성을 표현하는 기질에는 청탁수박의 구별이 있을 수 있으나, 마음은 그러한 제약을 넘어선 위상을 가지고 있다. 마음과 기질은 명확히 구분된다는 것이다. 이는 그가 낙학의 핵심에 대해 분명한 이해를 가지고 있음을 보여준다. 김원행은 또 다음과 같이 말했다고 한다.

> 마음과 본성을 상대하여 말하면, 본성은 리이니 형이상에 속한 것이고 마음은 기의 신령[靈]한 것이니 형이하에 속한 것이다. 기와 신령은 비록 분리되지 않으나, 기가 마음이 아니고 신령한 것이 마음이니 신령이 어찌 형상(形象)이 있는 것이겠는가? (그런 점에서) 본성과 마음은 똑같이 무형(無形)이지만 여전히 구별이 있다고 하는 것은 다른 이유가 아니다. 본성은 리인데 리는 정의(情意)와 조작(造作)과 운용(運用)이 없다. 그것이 정의와 조작과 운용이 없으므로 비록 때로 기질에 따라 불선(不善)에 빠지지만, 그것은 기질의 죄이지 본성의 죄는 아니다. **마음은 기의 신령한 것인데 기의 신령은 곧 정의와 조작과 운용이 있다. 그것이 정의와 조작과 운용이 있으므로 때로 기질에 따라 불선에 빠지니 이것은 오로지 기질의 죄가 아니라 마음도 또한 죄가 없을 수 없다.** 이런

까닭에 본성을 일러 지선(至善)이라고 하나 마음은 지선이라고 할 수는 없는 것이다. 주자는 말했다. "마음은 본성에 비하면 조금 자취가 있고, 기에 비하면 자연히 더욱 신령하다." 이 두 구절은 명백히 경계와 구분을 둔 것으로 분명히 구분한 것이다.[14]

김원행이 의도적으로 신(神) 대신 영(靈)이라고 하는 용어를 쓴 것인지는 알 수 없지만, 형기나 기질을 넘어선, 그렇지만 리와 같지는 않은 마음의 기의 독특성 혹은 독자성을 지시하고자 한 의도가 있었음은 분명하다. 기질이 유형이라면 마음은 무형이다. 그것은 곧 그것이 유형으로 말미암는 구체적 속성들의 편차 곧 청탁수박 등의 차별적 속성들로부터 자유롭다는 것을 의미한다. 그것은 본성이 무형임과 마찬가지이다. 하지만 마음은 형이하의 존재로서 형이상의 존재인 본성과도 구별된다.[15] 본성이 리로서, 정의와 조작, 운용이 없다고 한다면 마음은 기로서, 정의와 조작과 운용이 있다. 마음은 곧 실천의 주체이다. 마음은 "정의와 조작과 운용이 있으므로 때로 기질에 따라 불선에 빠지니 이것은 오로지 기질의 죄가 아니라 마음도 또한 죄가 없을 수 없다." 마음은 기이므로 선과 악이 있을 수 있다고 하지 않고 '정의와 조작과 운용이 있으므로'라고 한 것에 주의를 기울일 필요가 있다. 마음의 기는 기질과는 다르므로 그 자체에 악의 가능성을 용인하지 않는다. 마음의 본체는 순선하며, 그것은 마음이 본성이기 때문이 아니라 마음의 기가 순선한 신령한 기이기 때문이다. 이는 앞에서 그리고 앞으로 다시 언급될 것이지만 김원행이 핵심적으로 주장한 것이었다.

김원행은 앞의 「명덕설의문」에서 마음의 기는 정상한 기로서 거기에는 조악(粗惡)을 말할 수 없다고 했다. 곧 악의 가능성이 없다는 것이다. 또한 그렇다면 마음에 선과 악이 있는 것을 어떻게 설명할 수 있는가라고 자문했다. 즉, 마음이 본래 선하다면 악은 어디에서 발생하는가라고 하는 문제이다. 여기에서 김원행의 답변을 들을 수 있는 것 같다. 그는 마음의 실천에서 해답을 찾는다. 즉, 마음의 본체에 문제가 있는 것이 아니라, 실천의 상황 속에서 악이 발생한다. 마음은 실천하는 주체이며, 즉 자유로운 주체이며 따라서 악도 발생할 수 있다. 마음은 실천의 과정 중에 때로 "기질에 따라 불선에 빠진다." 즉, 그때 기질의 제약에 따라 마음은 자신의 자유에 제약을 받아 불선에 빠지게 된다. 그렇다면 그것은 기질의 잘못이지 마음의 잘못은 아니지 않는가? 김원행은 그렇지 않다고 말한다. "이것은 오로지 기질의 죄가 아니라 마음도 또한 죄가 없을 수 없다." 기질의 한계로 말미암은 것이기도 하지만 마음도 죄가 없을 수 없다고 한다. 마음이 그에 굴복한 것이기 때문이며, 마음은 그에 굴복하지 않을 수 있었기 때문이다. 마음의 본체는 선하며 영각과 신명으로서 옳고 그름을 정확하고 깊게 알 수 있는 그러한 존재이기 때문이며, 그의 자유는 언제나 기질과 환경의 도전과 위협을 받을 수 있지만 어디까지나 자유로운 실천자이기 때문이다. 호학 측이 마음과 기질을 구별하지 않은 것은 이러한 낙학의 입장에서는 마음의 이러한 독특하고 인간적인 측면을 훼손한 것이다. 그들이 파악한 성선(性善)은 바로 그러한 심선(心善)을 반드시 필요로 하는 것이며, 결국 성선과 심선은 동일한 명제라고 할 수 있다. 심선의 파괴는 곧 성선의 파괴를 의미한다.

결국 김원행은 현실 세계에서 유위적(有爲的) 실천의 주체로서의 마음의 독자성을 강조하고 그것을 통해 실패의 가능성 곧 악의 가능성을 설명함으로써 온전히 기질에 악의 가능성을 둔 호학의 이론에 대해 더 깊이 있는 이론으로 응수했다고 할 수 있다. 마음은 유위적 실천의 주체로서, 말하자면 선과 악을 선택할 수 있는 자유를 가지고 있다. 기질은 일정하게 정해져 있어—변화가 불가능하다는 말은 아니다— 그에 따라 우리는 악에 빠져들 수 있다. 그것은 어떤 기질적 경향성이 우리를 제약하는 것이라고 할 수 있으며, 그것은 마음이 악을 행하게 되는 어느 정도의 이유를 제공한다. 하지만 마음이 짓는 악은 혹은 마음의 선과 악은 또한 기질의 한계와 제약

이 결정하는 방식과 다르게 외부 사물과의 관계에서 스스로 결정하는 측면이 있다. 마음 자체에 악이 있는 것이 아니라, 마음의 실천에서 악이 생긴다는 것이다. 미발의 마음에서 우리가 알 수 있는 바와 같이 마음의 본체는 순선하다. 하지만 악이 있게 되는 것은 호학에서 주장하는 것처럼 마음 안에 악의 종자가 잠재해 있어서 그것이 이발 상황에서 발현하는 것이 아니라, 이발의 상황에서 비로소 생성되는 것이다. 그것은 바로 마음의 결정이며, 말하자면 마음의 자유의 실현이다. 마음의 본체에 그것은 한편으로 낙학의 종지를 계승하는 것인 동시에 낙학의 심설이 마음을 순선(純善)한 것으로 보아 불교에 빠지고 말았다는 호학 측의 비판에 대응하는 것이었다.

이와 관련하여 김원행이 지은 「심성기질설(心性氣質說)」역시 참조할 만하다. 그는 다음과 같이 말한다.

> 본성의 의미에 대해서는 마땅히 '순선'이라 말해야 하고, 마음의 의미에 대해서는 마땅히 '지극히 신령하다[至神至靈]'라고 말해야 하고, 기질(氣質)의 의미에 대해서는 마땅히 '청(淸)도 있고 탁(濁)도 있고 수(粹)도 있고 박(駁)도 있다'라고 말해야 한다. 형질(形質)의 경우는 율곡이 '추(醜)한 것은 아름답게 변화시킬 수 없고 짧은 것은 길게 만들 수 없다'라고 말한 것이 그것이다. 본성은 기의 리이며, 마음은 기의 정상이며, 기질은 그 조잡한 것이며, 형질은 더욱 조잡한 것이다. 형질은 국정되어 있어 옮길 수 없고 기질은 변화시킬 수 있다. 기질이 변화할 수 있는 까닭은 지극히 신령한 마음으로서 순선한 리에 짝이 되는 까닭에 능히 운용하여 그것을 변화시킬 수 있기 때문이다.[16]

이러한 언명은 마음과 기질에 대한 이전의 논변의 성과를 참조하되 또한 낙학 측의 견해를 충실히 계승한 것이라고 할 수 있다. 형질과 기질을 구분하여 형질은 변화가 불가능한 반면, 기질은 변화가 가능하다고 한 것은 윤봉구의 설을 참조한 것일 수 있다. 다만 기질 변화의 가능성을 윤봉구가 심기의 활화(活化)하는 성질에서 찾았다면, 김원행은 마음의 신령함이 순선한 리와 짝을 이루기 때문에 그것을 변화시킬 수 있다고 한다. 마음은 기질을 변화하는 어떤 능동적 역할 곧 실천을 할 수 있으며, 그것은 리의 주재에 필적하는 것이라는 생각이다. 이는 이재의 견해를 참조한 것이되 마음의 능동적 주체성의 측면을 부각하고 강조하는 낙학의 종지를 마음의 신령한 성격에 대한 자신의 강조와 연결하여 설명한 것이라고 할 수 있다.

한편, 김원행은 성인과 일반인의 같고 다름에 대해서도 마음의 이러한 측면에서 이해했다.

> 선생(김원행)이 정환에게 묻기를 "성인과 일반인의 본성과 마음은 같은가, 다른가?"라고 하셨다. 대답하기를 "같습니다"라고 했다. 또 물으시기를 "그렇다면 마음과 본성은 같은가?" 대답하기를 "마음은 본성에 비하면 조금 자취가 있고 기에 비하면 자연히 더욱 신령합니다"라고 했다. 선생이 말했다. "본성은 선하고, 마음은 신령하다. 다만 신령과 선(善)의 구별이 있다. 성인은 본성이 선하고 마음이 신령하다. 그러므로 통하지 않음이 없다. 일반인은 기질의 치우침에 구속되고 물욕의 사사로움에 빠져 그 처음을 회복하지 못하니 다만 한 개의 신령한 것을 가지고 있다. 그러므로 왕왕 불선에 빠진다. 성인과 일반인의 다른 까닭은 이것이다. 이런 까닭에 그(수양의) 요체는 그(자신의) 명덕을 밝히는 데 있다."[17]

그에 의하면, 성인과 일반인은 선한 본성과 신령한 마음을 공유하고 있다. 일반인의 문제는 기질의 편차 때문에 진리를 정확하고 깊이 있게 인식하고 그를 통해 인욕을 극복하기 어렵다는 것이고, 결국 그 신령함의 발휘에 제한을 받는다는 데 있다. 신령한 것은 곧 명덕이므로, 요체는 곧 명덕을 밝히는 데 있다. 그것은 곧 주어진 신령함을 제대로 발휘하는 것이요 선한 본성을 실현하는 것이기 때문이다.

(2) 이재의 심설에 대한 비판과 계승

「어록」 도처에 이재의 심성설에 대해 평한 부분들이 있다. 예를 들면 다음과 같다.

> 선생이 말했다. "한천(寒泉: 이재)의 심설(心說)은 오히려 미진함이 있다. 군은 그것을 아는가?" 대답했다. "(한천이) 성인과 일반인 사이에 고르지 못함이 있을 수 있다고 한 것을 말씀하시는 것입니까?" 말씀하시기를 "그렇다. 한천도 또한 마음과 기질을 합하여 본 것이다. 만약 그렇다면 비록 남당의 설과 달라지려고 한다고 해도 가능하겠는가?"[18]

박성원의 설명에 의하면 이재는 마음을 이해함에, 기(즉 기질)의 관점과 본성 혹은 리와 합해서 보는 관점을 결합하여 좀 더 종합적인 관점을 제시했다. 그것은 한편으로 스승 이재를 변호하고 한편으로 호학에 대해 배타적으로 배척하기보다는 호학 측을 포섭하려고 하는 지향 혹은 태도를 보여주는 것이었다. 그것은 박성원의 해석에 의한 것이라고 할 수도 있지만 애초에 이재에게 그러한 면모가 있었던 것도 사실일 것이다.

하지만 그에 대해 여기에서 김원행은 이재가 마음을 다루는데 기질의 측면을 용인한 것에 대해서 비판하고 있다. 이재가 마음의 본체의 선함을 주장한 동시에 마음의 선과 악의 존재에 대해 기질의 측면에서 용인한 것은 결국 심기에 기질의 영향이 있을 수 있음을 용인한 것—그 점에서는 마음의 혈기정영에서 선악을 인정한 양응수도 마찬가지의 문제가 있다고 할 수 있다—이라 이해할 수 있다는 것이다. 그가 마음의 악에 대해 마음의 기에 그 원인을 두지 않고 마음의 실천상에 발생하는 것으로 본 것, 그리고 심기의 신령한 성격을 강조한 것은 마음의 기로서의 성격을 견지하되 기질과의 구별성을 명확히 확보하려는 의도를 가진 것이었다. 이는 이재를 위시한 박성원, 양응수 등과 다소 다르고, 마음이 기의 정상임을 강조한 최석 그리고 호학 측의 이간의 입장과 통하는 것이라고 할 수 있다.

(3) 인물성동이 문제에 대해

김원행은 인물성동이의 문제에 대해 낙학 측의 동론(同論)에 분명한 동의를 표했다. 그는 낙학과 호학이 서로 마찬가지로 주자를 인용하면서 상대의 입장을 공격하는 것을 '주자(朱子)로 주자(朱子)를 공격하는 것'에 해당한다고 하면서 다음과 같이 말했다.

> 주자는 말했다. "만물의 일원(一原)을 논하면 리는 같은데 기는 다르다. 만물의 이체(異體)를 본다면 기는 오히려 서로 가까운데 리는 절대로 같지 않다." 대개 두 기가 형화(形化)함에 하나의 리가 고르게 부여되어 있으며, 두 기가 교감함에 만 가지 변화가 고르지 않다. 이것이 이른바 같은 것은 그 리이며, 다른 것은 그 기라는 것이다. 지각과 운동은 인간이 할 수 있는데 동물도 할 수 있고, 인의예지는 인간은 온전한데 동물은 온전하지 않다. 이것이 이른바 기는 서로 가까운데 리는 같지 않다는 것이다. 『중용』에서 '천명지성'이라고 한 것은 오로지 리를 말한 것이며, 『맹자』에서 '견(犬)·우(牛)·인(人)의 본성'이라고 한 것은 치우치게 기를 말한 것이다. 두 가지 설을 합하여 본다면 완전히 갖추어져 빠진 것이 없다. 혹자는 리는 같은데 기는 다른 것을 가지고 인간과 동물의 일원이라고 하고, 혹자는 기가 서로 가까운데 리는 다른 것을 가지고 인간과 동물의 본연이라고 한다. 저기서는 "나의 설은 주자에 의한다"라고 하고, 여기서도 "나의 설은 주자에 의한다"라고 한다. 이것은 주자로 주자를 공격하는 것이다.[19]

『중용』의 천명지성은 만물의 리의 동일성에 기초한 본연지성으로 인간과 동물에 동일한 것이라면, 『맹자』의 견·우·인에 다른 본성은 치우친 기에 의한 기질지성이다. 이는 기본적으로 낙학에 동조하는 것이지만, '주자로 주자를 공격하는' 당시의 상황 자체를 비판하는 시각을 또한 보이고 있다.

그는 또한 『중용』 수장의 해석과 관련해서도 다음과 같이 말했다.

> 대개 천명지성은 기질은 제외하고 리를 단언한 것으로, 비록 기 또한 그 속에 포함되어 있으나 리를 말한 것이 비교적 많으므로 기질을 논하지 않은 것이다. 그러나 장차 '수도지교(修道之敎)'를 말하려 함에는 사람과 사람이 다르고 동물과 동물이 다르므로 기품에 나아가 가르친 것이다.[20]

이는 곧 호학 측에서 『중용』 수장에서의 본성[性]에 대한 이해는 이어지는 도(道)와 교(敎)와 연관하여 일관성 있게 해야 하고, 동물과 인간이 따라야 할 소당연으로서의 도와 동물의 소당연으로서의 도가 다르다는 점에서 그 근거가 되는 본성도 달라야 하며, 그것은 곧 인간과 동물의 차이도 본연지성 수준의 다름일 수밖에 없다는 것을 의미한다고 주장한 것에 대한 반론이다. 김원행에 의하면, 『중용』 수장에 대한 해석에서 비록 그러한 측면이 있다고 하겠지만, 천명의 본성은 기가 그 속에 포함되어 있으나 리를 설명함에 초점이 있었기에 기질을 제외하고 리를 단언(單言)한 것이라고 한다면, 소당연으로서의 도를 말함에는 구체적인 실천과 관련된 것이므로 각각의 기품을 고려하여 말한 것으로, 그 취지에서 차이가 있다. 따라서 그것을 억지로 통합하여 보아서는 안 된다. 곧 본체론의 관점과 실천론의 관점을 뒤섞어서는 안 된다는 것이다.

(4) 미발에서의 기질 문제: 한원진 비판

김원행은 한원진이 미발에서 기질 곧 악의 종자가 잠재함을 주장하는 것에 대해서도 다음과 같이 비판했다.

> 남당은 "미발의 때에는 기가 용사(用事)하지 않기 때문에 그 본연의 성이 담연(湛然)하여 편의(偏倚)가 없으나, 그 기질의 미악(美惡)은 본래 자재(自在)하다"라고 했다. 이것은 결코 그렇지 않다. 대개 리와 기는 원래 분리되지 않으니, 미발의 때에 그 기질의 악이 자재하다면 그 마음과 본성 또한 편의하여 부중(不中)하게 된다. 그것이 과연 말이 되겠는가? 일설에는 또한 말하기를 "사람이 혹 기질을 변화하여도 그 종자(種子)의 병통은 본래 자재하니, 금일 발현하고 다음 날 또 발현한다"라고 했다. 일찍이 이 설을 생각해 보고 또 그것이 그렇지 않음을 알았다. 예를 들어, 남방에는 본래 장려(瘴癘: 습하고 더워 질병을 유발하는)의 기가 많으나 그 장려의 기는 반드시 항상 그러한 것은 아니니, 때로 홀연히 변화하여 청명(淸明)의 기가 되면 이와 같은 기는 북방의 청량한 땅과 본래 다름이 없다가, 청명의 기가 사라지면 이전 그대로 장려한 기인 것과 같다. 이로 추론하여 본다면, 사람은 능히 기질을 변화하면 성인의 기질과 마찬가지이지만 그것이 중간에 끊어지면 이전 그대로 탁박(濁駁)하다. 어찌 일정한 송자가 있어서 바뀌지 않음이 있을 수 있겠는가?[21]

한원진도 미발의 때가 담연하여 중(中)의 상태임을 부정하지는 않는다. 하지만 그는 만약 성인처럼 온전한 기질을 타고 나거나 수양의 노력을 통해 온전히 변화된 것이 아니라면 기질의 미악이 잠재하여 있다가 이발 시에 드러난다고 보았다. 그것은 일반인들에게 나타나는 악을 잘 설명할 수 있다는 장점이 있다. 하지만 김원행은 만약 미발에 여전히 기질이 남아 있다면 그것은 미발의 중(中)을 설명하기 어렵다고 보았다. 기가 용사(用事)하지 않음으로는 충분히 설명되지 않는다고 본 것이다. 또한 기질이 마치 종자(種子)처럼 있다가 이발에서 발현된다고 하는 생각—이것은 한원진의 미발 이해가 함축하고 있는 의미를 권상하가 부연한 것이고, 한원진 자신이 적극적으로 그렇게 명명한 것은 아니었던 것으로 보인다[22]—에 대해서도 동의하지 않았다.

김원행은 일반인들에게 있는 기질의 탁박함과 미발에서의 담연(湛然)함은 마치 기후의 변화와 같다고 비유적으로 설명한다. 남방은 보통 습하고 덥지만 때로 청명한 기운이 임할 때가 있고 그때에는 북방의 청명한 날씨와 전혀 다를 바가 없다. 그런 기운이 사라지면 다시 습하고 더운 기운이 임하지만 그렇다고 해서 그 습하고 더운 종자가 잠재해 있다가 다시 발현된 것이라고 볼 수는 없다는 것이다. 그는 또한 자신이 경험한 날씨의 변화로 미발에서의 기질 변화에 대한 깨달음을 얻었다고 하면서 그에 대해 다음과 같이 설명하기도 했다.

> 대개 사람의 기질은 하늘의 기질과 다름이 없으니, 사람의 기질이 탁박하고 혼약(昏弱)할 때는 마치 하늘에 검은 구름과 탁한 비가 있는 때와 같고, 사람의 기질이 청명한 때는 마치 하늘의 날씨가 매우 청명한 때와 같다. 만약 일반인에게 본래 미발의 때가 없다고 하면 그만이지만, 만약 그런 때가 있다고 한다면 그 기질은 본래 미발의 때에는 청수(淸粹)한 것이다. 일찍이 이런 말로 박사수(박성원)에게 말하니 답하기를 "한천(이재)도 또한 사람의 기질이 하늘의 흐리고 맑음과 같다고 여겼습니다"라고 했다.[23]

미발 시 기질이 종자처럼 잠재해 있어서 이발 때에 악이 발현한다는 한원진이 설에 대해 기후와 날씨의 변화와 유비하여 다른 방식의 설명이 가능함을 제시한 것이다. 미발에서 일시적 기질의 변화를 말할 수 있으며 그때는 기질이 여전히 종자처럼 남아 있지만 작용하지 않을 뿐인 것이 아니라, 일시적이지만 완전히 변화한 것으로 보아야 한다는 것이다. 이것은 이현익의 혼화설을 상기케 한다. 끝부분에 이와 관련하여 박성원과의 대화를 인용하면서 이재를 언급한 것도 흥미로운 부분이다.

(5) 호학의 내부 사정에 대한 인식

「어록」에는 또한 이재의 「한천시」에서 언급된 내용과 관련하여, 권상하와 한원진 및 윤봉구 사이의 학문 수수 관계에 대한 물음에 이재가 호학 내부에서 권상하의 인가를 받는 문제를 두고 이간과 현상벽이 한편이 되고, 한원진과 윤봉구가 한편을 두고 서로 경쟁하는 상황을 보여주는 일화를 전하는 내용이 있다.[24] 그에 의하면 권상하는 만년에 이간을 만난 자리에서 자신의 이전 견해를 수정한다는 의견을 표명했는데, 그것을 이간이 송모(宋某)에게 보낸 편지에서 썼고,[25] 현상벽 역시 직접 대면하여 그것을 확인했다고 한다. 또한 그 사실을 듣고 윤봉구는 좋아하지 않았고, 권상하를 장례할 때 어떤 이가 그것을 한원진에게 말하자 한원진이 크게 화를 냈다고 하고, 이간이 송모에게 보낸 편지는 이간 사후 『외암집』(『외암유고』)을 발간할 때 윤봉구가 싣지 말 것을 주장했으나 결국 싣게 되었다고 했다. 이것은 당시 김원행 및 낙학 측의 호학에 대한 인식을 보여주는 사례라고 할 수 있을 것이다. 호학에 대한 이러한 인식은 이후 황윤석의, 호락논쟁에 대한 역사적 정리에 영향을 준 것으로 보인다.

2
황윤석의 호락논쟁에 대한 역사적 기술

이재(頤齋) 황윤석(黃胤錫, 1729~1791)은 김원행의 문인으로서, 「기호락이학시말(記湖洛二學始末)」이라는 글을 써서 호락논쟁의 기원과 전개에 대한 역사적 정리를 했다. 그것은 낙학 측의 관점, 특히 김원행의 관점을 반영한 것이기는 하지만 호락논쟁 자체를 역사적으로 기술했다는 점에서 역시 호락논쟁 제4기의 전형을 보여준다고 할 수 있다.

1) 낙론에 대한 학습의 경위, 『천문사백록』에 대한 평가

황윤석은 일반적으로 영·정조 시기 조선의 박학풍을 대표하는 유학자로서 호남 실학의 대표적인 인물로 평가되기도 했지만, 또한 정통 성리학을 지향한 성리학자로서 심성이기설에 대해서도 많은 관심을 가지고 있었다.26 그의 친필 일기인 『이재난고(頤齋亂藁)』에는 그가 이재에서 김원행으로 이어지는 낙학 측의 견해에 동조하게 된 경위가 다음과 같이 기록되어 있다.

> 새벽녘 꿈에 미호 선생님을 뵙고 의심나는 문제 약간을 질문했다. 나는 어려서부터 이미 심성(心性) 이기(理氣)의 설에 대해 관심이 있었는데, 무진년(1748) 봄에 처가 집에 머물고 있을 때 정진혁(丁震爀) 어른이 한천(寒泉: 이재)과 남당(南塘: 한원진)이 서로 논쟁한 문자를 보여주었고, 또 편지로 물어 말하기를 "그대의 의견을 들을 수 있겠는가?"라고 했다. 내가 그 문자를 보니, 남당의

견해는 오로지 인간과 동물의 본연지성의 다름과 성인과 일반인의 본심의 구별을 말했고, 한천이 비판한 것 또한 그가 마음과 본성에서 기(氣)가 차지하는 영역을 지나치게 하여 "편전을 본연으로 삼고 기질을 심체에 해당시켰다"라고 하는 것이었다. 나는 비록 아는 게 없지만 곧 남당의 설이 나의 견해와는 맞지 않음을 느꼈다. 그로부터 20년 동안 한두 번 생각한 것이 아니지만 끝내 맞지 않게 느껴졌다. 몇 해 전 선생님께 그것을 질문하고 인물(人物)의 본성과 성범(聖凡)의 마음에 관한 설에 대한 가르침을 받았는데 나의 견해와 매우 일치했으며, 대체로 한천의 말에 가까웠는데, 선생님께서 홀로 깨치신 부분은 바로 주자가 "마음은 기의 정상이다"라고 한 것과, "마음은 기에 비하면 자연히 더 신령[靈]한 것이다"라고 한 것과 "다만 마음은 본성이 아니다"라고 한 세 조목 등이었다. 대개 한수재 이후 남당과 병계(윤봉구) 두 분의 설은 오로지 기질을 가리켜 마음이라고 하는 것이었는데, 한천은 그에 반대했고 선생님 또한 "기질은 마음이 아니다"라고 했으니, 이것은 한천과 서로 가까운 것이다. 또한 기(氣)상에 나아가 그 신령한 것을 마음이라고 했으니, 이것은 더욱 완전히 명백한 것이고 말씀하신 즉시 믿을 만한 것이었다. 나는 비록 인간과 동물의 본연지성이 동일함과 성인과 일반인의 본심 또한 동일함을 대략 알고 있었으나 기의 신령한 것을 마음이라 하는 것에 이르러서는 선생님이 발휘하고 지시하신 것에서 얻은 것으로, 감히 잊을 수 없다. 최근 『주자어류』와 『성리대전』을 열람하면서 선생님이 가르치셨던 것을 참고하여 수일 동안 사색함에 마음에 맺혀 있었는데, 오늘밤 꿈은 이로 말미암은 것이었는가?【후에 명나라 유학자 양계(梁溪) 고반룡(高攀龍)의 『유서(遺書)』를 검토했는데 또한 주자의 이 설을 위주로 하고 있었다.】"[27]

이것은 그가 40세가 된 1768년의 기록이다. 그는 자신이 결혼한 해인 스무 살 때 처가에 머물고 있을 때 처가 어른이었던 정진혁을 통해 도암 이재와 남당 한원진 사이의 논변에 대해 처음으로 알게 되었다고 한다. 다른 기록에 의하면 황윤석은 정진혁을 통해 한원진의 「제한천시후」와 「수암행장총론」을 보게 되었으며, 그때 황윤석은 정진혁의 질문에 대해 자신이 한원진의 본연이층론(本然二層論)과 인물성이론(人物性異論)에 대해서는 동의할 수 없고, 다만 그가 권상하의 행장에서 이이에서 송시열로 이어지는 학통의 전수에서 김장생을 빠뜨린 문제와 관련하여 김장생 자손에게 비난을 받고 있는 것은 부당하다고 생각한다고 대답했다고 한다.[28] 하지만 여기에서는 그 대화가 서신으로 이루어진 것이라고 하고, 논변의 쟁점과 관련하여 좀 더 분명하게 이재의 설에 동의했음을 말하고 있다. 그리고 그 사이 김원행의 문하에 들어 그에게 배웠던 것을 상기했으며, 김원행이 이재의 설을 계승하는 동시에 독자적인 깨달음에 이르렀다는 점을 언급했다.

황윤석은 호학 측의 한원진과 윤봉구가 마음을 기질로 보는 것에 대하여 낙학 측의 이재가 마음과 기질을 구분함으로써 자신의 스승 김원행의 견해와 기본적으로 일치함을 지적하고, 다만 김원행의 독자적 깨달음으로써 마음을 기의 정상으로 본 것, 마음이 본성 곧 리는 아니지만 기에 비해서는 더 신령하다고 본 것, 마음과 본성을 구별하는 것 등을 제시했다. 마음을 본성과 구별하는 것은 김창협 이래 낙학의 핵심 주장이었다고 한다면, 마음을 기의 정상으로 보는 것은 마음의 본성적 측면을 강조한 이재와 박성원과는 조금 결을 달리하는 것이었고, 차라리 호학 중의 낙론자인 이간과 견해를 공유하는 것이었으며, 이재 문하에서는 최석이 강조한 바였다. 그것은 김원행이 마음의 기의 신령(神靈)한 성격을 강조하는 것으로 이어지는 것으로서, 한편으로 마음의 신기(神氣)의 측면을 강조한 양응수와 통하는 것이기도 했지만 양응수가 마음에 혈기정영의 측면이 또한 있다고 보고 거기에 청탁의 차별을 인정하는 것에 대해서는 김원행이 극력 비판한 바 있다. 그러한 점에서 황윤석이 그것을 김원행이 독자적으로 '발휘하여 지시한 것'이라 지적한 것은 정확한 것이었다고 할 수 있다.

황윤석은 이 글을 쓴 3년 후인 1771년 최석의 『천문사백록』을 접함으로써 이재와 한원진 사이의 쟁점에 대해 더욱 깊은 이해를 가지게 된 것으로 보인다. 그의 문집 『이재유고(頤齋遺藁)』에는 그가 최석의 『천문사백록』에 대한 발문을 쓴 것이 실려 있다.

> 신묘년(1771)에 또 최숙고(崔叔固: 최석)의 『사백록』을 얻었는데, 거기에서 도암을 위해 심성을 변석한 것이 더욱 상세하여 나로 하여금 아침저녁으로 진보가 있게 하니, 마땅히 혹 자세히 살펴보아야 한다. 삼가 김효효(金嘐嘐: 김용겸) 공을 통해 한 관리에게 부탁하여 전록(傳錄)하고 수교(手校)했고, 아울러 「행장총론」을 말미에 붙여두었다. 부디 나의 두 아이가 독서하는 여가에 내옹(乃翁: 아버지)이 취사한 것을 알기 원한다【숙고(叔固)는 수원인(水原人)으로 집은 양주(楊州)이다. 일찍이 천문(泉門)에 있었고, 때에 미호(渼湖: 김원행)에게 나아가 심성(心性) 제설을 아뢰고 인가를 받았다. 감역(監役)을 제수받았으나 출사하지 않았다. 나는 유독 고루하여 그를 만나보지는 못했다. 효효공 또한 그의 말이 틀렸다고 하지 않았다. 다만 후생으로서 '사백(俟百)'을 자칭하는 것이 불손하다고 하여 이 책의 이름을 '천문변설(泉門辨說)'로 바꾸었다. 이것 또한 후배들이 알지 않으면 안 되겠기에 아울러 언급한다】.29

황윤석은 최석의 『천문사백록』을 얻게 됨으로써 호락논쟁의 심성론적 쟁점에 대해 그리고 이재의 입장에 대해 좀 더 자세한 인식에 이를 수 있었고, 그 내용에 대해 공감했다. 이것은 박성원이 그에 대해 비판적 입장을 취한 것과는 다소 다르다고 할 수 있다. 그것은 논변에 대한 최석의 인식이 자신, 더 나아가 자신의 스승 김원행의 그것과 기본적으로 일치했기 때문일 것이다. 그는 최석이 자신의 스승 김원행에게도 출입하여 인가를 받았다고 기록하기도 했다. 그와 관련하여 다음과 같은 기록 또한 주목할 필요가 있다.

어제 문재연(文在淵)【일명 덕인(德演)】군이 소매에서 최석 숙고 씨가 기록한 『천문사백록』1책을 보여주며 말하기를 "이 책은 이정인(李廷仁) 군이 빌려준 것이다"라고 했다. 대개 숙고는 병인년(1746)에 천문으로부터 호서(湖西)에 가서 남당 한원진을 방문했고, 또한 윤병계(尹屏溪: 윤봉구)와 더불어 심성(心性)의 설을 역론(歷論)했다. 그리고 한천(寒泉)은 시를 지었고 한남당은 그 시에 발문을 썼는데 끝내 또한 발문을 고쳤다. 이에 한천이 비난을 받음이 매우 심하게 되었다. 숙고는 이에 스스로 그 당시의 자세한 사정을 기록하고 아울러 한남당이 지은 『주서동이고(朱書同異考)』를 변파했고, 윤병계와 왕복한 서찰을 붙여서 장자 백세(百世)를 기다린다고 했다. 내가 그 말을 보니 조리가 분명하여 그의 나이가 젊다고 해서 무시할 수 없다. 그런데 박유선(朴諭善) 성원(聖源)은 양백수(梁白水: 양응수)와 더불어 또한 서로 더불어 천옹(泉翁)의 심성설을 개인적으로 밝혔고 이내 숙고를 오로지 배척했으니 어째서인가?[30]

황윤석이 『천문사백록』을 본 것이 여기에는 1770년으로 한 해가 빠른 것으로 되어 있다. 황윤석은 여기에서 최석이 『천문사백록』에서 한원진, 윤봉구와 왕래하면서 그들을 비판하고 이재를 변호한 것에 조리가 있다 하여 칭찬하고, 그럼에도 불구하고 박성원과 양응수가 그에 대해 비판하면서 독자적으로 이재의 심성설을 변호하는 글을 남긴 것에 의문을 표한 것이다. 이것은 우리가 앞에서 살펴본 바와 같이 이재, 더 나아가 낙학의 입장에 대해 이재 문하의 박성원 및 양응수 등과 김원행 및 그의 제자들 사이에 약간의 이견이 있었음을 보여준다. 호락논쟁에 대한 그의 이러한 인식은 그가 「기호락이학시말」을 작성하는 데 있어 기본적인 관점을 제공하였다.

2) 호락논쟁에 대한 역사적 서술: 「기호락이학시말」

황윤석은 1778년 7월 27일 「기호락이학시말(記湖洛二學始末)」을 지었다.

그것은 다음과 같은 문장으로 시작한다.³¹

> 문정공(文正公) 우암(尤庵) 선생이 율곡(栗谷)과 사계(沙溪)를 이어받으신 후에, 우리나라에서 주자학이 크게 발전하여 비록 천하의 변방, 치우친 한 곳에 한 점 같은 존재에 이르기까지 예의(禮義)의 풍속을 보존할 수 있는 것은 모두 그 덕분이다. 선생이 돌아가신 후 그의 학문을 으뜸으로 삼는 이들이 곳곳에 매우 많았다. 그들 중 충청도[湖西]에서는 수암(遂菴) 권상하(權尙夏)가 두드러졌고, 서울[京洛]에서는 농암(農巖) 김창협(金昌協)이 두드러졌으니 엄연하여 마치 불교의 남종(南宗)과 북종(北宗) 이종(二宗)이 모두 달마(達摩)에게서 나온 것과 같다.³²

황윤석은 송시열이 이이와 김장생의 학문을 이어받은 사실로부터 시작하여 송시열 사후 그것이 충청도의 권상하와 서울 지역의 김창협에게로 계승된 것이 마치 선불교에서 남종과 북종으로 나뉜 것과 방불하다고 말했다. 이것은 곧 호학과 낙학의 연원을 밝힌 것이다. 그 둘은 공히 이이-김장생-송시열로 이어지는 학통을 계승했다는 것이다. 동시에 선불교 내부의 분립과 경쟁을 원용하여 그 둘이 학통 혹은 도통을 둘러싸고 경쟁하는 학파적 대립 관계에 있음을 분명히 했다. 그가 정통으로 삼는 것은 당연히 김창협, 곧 낙학 쪽이었다. 그는 계속해서 다음과 같이 말한다.

> 농암은 본래 정관재(靜觀齋: 이단상)에게 배웠고 겸하여 우암을 종사(宗師)로 삼았는데, 삼연(三淵: 김창흡)과 포음(圃陰: 김창즙)이 그의 형제로서 서로 사우(師友)가 되었으며, 문하는 일일이 다 기록할 수 없다. 그런데 그 남긴 말을 살피고 학문을 생각해 보면 자질이 청수했고 심성에 대해 밝히 이해했으며 말과 의론이 공정했고 공부한 것이 은미하고 치밀하여 매우 탁월하니 우암의 자연(子淵: 안회)이다. 다만 그가 순전히 우암만을 스승으로 삼지는 않았기에 사람

들은 그를 적전(嫡傳)으로 인정하지 않는 것일 뿐이다.35

황윤석은 김창협의 계승자는 이재이며 섬촌(蟾邨) 민우수(閔遇洙, 1694~1756)가 그를 거들었다고 했다.34 즉, 김창협은 자신의 장인이기도 한 정관재(靜觀齋) 이단상(李端相, 1628~1669)의 제자이자 송시열의 제자로서, 세상에서는 송시열의 적전으로 인정하지 않은 경향이 있지만, 실제로는 모든 면에서 송시열 문하에서 가장 탁월하여 '우옹의 자연' 곧 공자의 안회에 비견되는 수제자라는 것이다.

황윤석은 한편 권상하에 대해서는 다음과 같이 평가했다.

> 원래 수암은 평소에 그 성품이 후덕하고, 중후한 외양이 있었으나 성리학설의 세밀한 이론적인 부분에 대해서는 능통하지 못했다. 그래서 외암에 대해서는 외암이 옳다 하고, 남당에 대해서는 남당이 옳다 하는 등 석연치 못한 점이 이미 있었다. 그런데 자의대비(慈懿大妃)의 복제(服制) 문제로 논란이 있었을 때 또한 그는 늙고 병들었다 하여 논의에 참여하지 않다가 병계(屛溪)와 사적으로 이야기하는 자리에서 "(효종이) 적통을 이은 것이므로 적자로 보아야 한다"라고 주장하여, 우암 선생이 기해년에 제시한 "체(體)를 이었다고 하지만 정(正)하지는 않다"라는 명제와 어긋났으니 어떠한가? 그 학문의 모양과 역량이 우암 선생을 잘 이어받은 것이라 할 수는 없다. 그러므로 근자에 일종의 비방하는 의론이 있어 우암 선생 이후 적통이 어디로 귀착하는지를 알지 못하겠다고 하니, 매우 한탄스럽다.35

권상하는 덕성과 품행에서는 훌륭한 점이 있지만 성명(性命)의 미묘한 변론, 곧 세밀한 이론적 인식에서는 분명히 자기 견해를 수립하지 못함으로 말미암아 문하에서 벌어진 논쟁에서 우유부단한 태도를 취한 문제가 있고—이는 앞에서 김원행이 전한 일화를 염두에 둔 것일 수 있다—, 또한 자의대비의 복제 문제를 둘러싼 의론 곧 기해예송(己亥禮訟)과 관련해서는 송시열의 '체이부정(體而不正)'의 입장과 어긋나는 입장을 취했다고 비판했다. 권상하의 학문은 송시열의 학통을 제대로 이은 것이 아니라는 것이다. 이는 그의 학문 연원에 따른 편견이 작용한 것일 수 있지만, 이를 통해 우리는 이 시기에 송시열 학통의 계승, 그 정통성을 두고서 호학과 낙학 양측이 뚜렷이 대립해 간 것을 다시 한번 확인할 수 있다. 호락논쟁은 바로 그러한 대립의 중심에 자리 잡고 있었다.

황윤석은 이어서 권상하의 문하가 매우 번성했음을 말하고 그중 낙론의 견해와 일치한 이간과 현상벽은 칭찬하고, 대립적인 견해를 펼친 한원진과 윤봉구에 대해서는 비판했다. 특히 문제는 한원진이었다. 그는 이간과 현상벽은 불행하게도 빨리 별세함으로써 영향력을 가지지 못한 반면에, 한원진은 장수하면서 높은 지위를 누림으로써 오랫동안 나쁜 영향을 미쳤고 교만하게 자고(自高)하는 마음으로 선배들을 무시하고 심지어 본성[性]을 '기(氣) 속의' 리(理)로 규정함으로써 정주학(程朱學)의 기본 명제인 '성즉리(性卽理)'를 훼손했다고 비난했다. 그는 윤봉구에 대해서는 한원진보다 더 오래 살고 벼슬도 더 높았지만, 심성이기론에서는 한원진과 별다름이 없었고 일찍 관직에 나아가 학문에 전심하지 못한 관계로 조예 또한 높지 못했다고 평했다.[36] 이러한 것은 당시 호학 측에 대한 낙학 측의 인식을 보여주는 것으로 자신의 스승 김원행의 관점을 받아들인 것이라고 할 수 있다.

그는 계속해서 '호락논쟁'의 실제와 그 쟁점, 논쟁의 발단에 대해 다음과 같이 정리했다.

> 심체(心體)가 기질(氣質)이 아님과 편전(偏全)의 차별이 있는 본성은 본연의 본성이 아닌 것, 그리고 성인(聖人)과 일반인의 명덕(明德)은 원래 동일하다는 것, 인간과 사물의 다섯 본성은 다르지 않다는 것은 어찌 캐고 또 캐어도 징험이

없겠는가? 우리나라의 유학자들, 즉 우암 이전의 퇴계와 율곡, 그리고 우암 이후의 농암과 도암 등 모든 선생들에서 이의가 없었던 문제요, 수암의 문하라고 해도 외암과 관봉은 달리 말하지 않았다. 오직 저 한원진만은 편견을 가지고 자신의 이론을 세워 심체를 기질로 말하고, 편전의 차별이 있는 본성을 본연의 본성이라 하고, 명덕은 성인과 일반인 사이가 다르다고 하고, 다섯 본성은 인간과 사물이 각기 다르다고 말했다. 위로는 수암에게 그것을 돌려 "이것은 선생이 기록한 것이며 또한 우암 선생이 전해준 설이다"라고 말하고, 옆으로는 윤병계에게 그것을 돌렸고, 아래로는 그 문도들에게 전했다. 혹은 위협하고 혹은 속이며, 의심하게 하고 혼란스럽게 했으니 비록 병계와 같이 솔직하고 자상한 이조차도 그 사이에 화합하지 않을 수 없어서, 마침내 '이동성이(理同性異: 리는 같지만 본성은 다르다)' 네 글자를 만년의 정론으로 삼고 말았으니 어찌 애석한 일이 아닌가!37

황윤석은 호락논쟁의 쟁점을 "심체에서 기질을 논할 수 있는가? 편전의 차별이 있는 본성을 본연지성이라고 할 수 있는가? 성인과 일반인의 명덕은 본래 동일한가? 인간과 동물이 부여받은 다섯 본성[오성(五性) 곧 오상(五常)]은 동일한가?"라는 네 가지 문제로 요약했다.38 이 문제에 대해 권상하 문하에서 한원진이 잘못된 견해를 제시하고 윤봉구가 그에 동조함으로써, 심성 이기설에서 원래의 이이 이래의 종지에서 이탈해나가고 호락 사이의 대립이 심화되었다고 본 것이다.

결국, 황윤석은 호학과 낙학의 연원은 권상하와 김창협에 있지만 논쟁의 발단은 한원진에게 있다고 보았다. 한원진은 자신의 잘못된 견해를 자신의 스승 권상하와 동문 그리고 후학들에게 전파함으로써 호학과 낙학의 대립, 곧 호락논쟁이 일어나게 했다는 것이다. 황윤석은 논쟁의 주체로 호학 측에서는 한원진을 들고, 낙학 측에서 김창협과 이재를 병기함으로써 한원진과 이재 사이의 대립을 부각시켰다.39 하지만 한원진과 이재는 서로 만나거나 직접 서신 교환을 통해 상호 논변을 전개하지는 않았다. 한원진이 자신의 견해를 전개한 것은 주로 이간과의 일련의 논변들을 통해서였다. 이간은 대체로 낙학과 같은 입장에서 한원진과의 논쟁을 이끌어갔지만 낙학의 입장 곧 이재의 입장과 완전히 동일한 것은 아니었다. 이재의 문하에서 박성원과 양응수 등은 이재의 입장과 이간의 입장의 차이를 분명히 지적한 바 있다.

황윤석은 박성원과는 다르게 낙학의 입장이 기본적으로 이간과 동일하다고 생각했지만, 이간을 낙학의 창시자로 내세울 수는 없었다. 황윤석의 시점에서 그리고 그 단계에서는 호락논쟁 중에 이간이 차지하는 역할은 축소될 수밖에 없었다. 황윤석의 입장에서 논쟁의 중심은 이재일 수밖에 없었던 것이다. 물론 그렇다고 해서 호락논쟁의 실제에서 이재와 한원진 사이의 대립이 부차적인 중요성을 지닌 것은 결코 아니었다. 앞의 『천문사백록』을 통해 살펴본 바와 같이, 호락논쟁은 결국 이재의 제자 최석의 중재를 통해 한원진과 이재 사이의 견해 차이가 극적으로 노정됨으로서 명확한 모습으로 드러나기 시작한 것이다. 이재의 다소 비공식적인 비판과 우려에 대해, 한원진이 이재의 견해야말로 이단적인 것이라고 강하게 비판했고, 이재가 돌연 별세함으로써 그에 대응한 답변을 이어 가지 못하는 가운데 최석을 비롯한 이재의 제자들이 그에 대해 적극적으로 대응해 감으로써 명확히 호학과 낙학 간의 논쟁의 성격을 지니게 된 것이다.

황윤석은 한원진의 이재 비판을 논쟁의 핵심으로 전제하면서 계속해서 이재의 제자들에게로 논쟁이 전개되어가는 양상을 다음과 같이 서술했다.

> 한원진이 도암을 이렇게 폄훼하고 공격함이 한도가 없이 한 후 병계의 제자들 또한 혹은 그에게 목소리를 보태어 우리 미음(渼陰, 곧 김원행) 선생이 일어나는데 미쳤다. 미음 선생은 우옹을 문지(聞知)한 제자이며, 농암의 가학(家學)을 전수한 이로서, 도암과 섭촌의 제자였다. 일찍이 말하기를 "마음[心]과 기

(氣) 사이에는 구별이 있다"라고 했고, 또 "기에 나아가 리를 단지(單指)하면 본연지성이요, 기로써 리를 겸하여 말하면 기질지성이다"라고 했다. 또한 "명덕은 본심(本心)으로서, 성인과 일반인이 동일하다"라고 했고, 또 "오성은 인간과 동물이 하늘에서 동일하게 얻은 것이며, 다만 인간은 미루어 이해하고 실천할 수 있지만, 동물은 그렇게 하지 못한다"라고 했다. 이 네 가지 설이 어찌 하나라도 공자·주자·정자·주자에서 나오지 않은 것이 있는가?[40]

황윤석은 호락논쟁이 한원진 및 윤봉구 문하와 이재 문하 사이에 전개되어 자신의 스승인 김원행에게로까지 이어졌음을 지적하고, 김원행이 위에서 언급한 문제에서 낙학의 기본 종지를 잇고 있으며 그것은 곧 공자 이래 정자와 주자로 이어지는 도통을 계승한 것임을 주장하고 있다.

황윤석은 이어서 다소 장황하게 호학 측에서 호락논쟁의 대립 면을 정치적 대립에 이용하는 것이 호학의 말류(末流)에서 이루어졌으며, 그것은 낙학의 경우에서도 마찬가지였음을 지적했다.

유독 한원진 일파에 흉악한 역도 홍양해(洪量海)라는 자가 있어 그 스승이 도암을 공격한 여론(餘論)을 빌려서 그것을 굴려 공격했으며, 김한록(金漢祿)이 외척으로서 그것을 더욱 흉악하게 발휘했고, 우옹의 패손(悖孫) 송환경(宋煥經)이 그에 호응하여 십수 년간에 걸쳐 샅샅이 결점을 파헤쳐 근거 없는 비방을 하는 것이 이들 무리에서 나오지 않은 것이 없다. 병계 일파에 이르러서는 또한 그 스승이 찬한 만동묘비(萬東廟碑) 초본(草本)에 우옹의 묘비(墓碑)에서와 마찬가지로 거듭 자기 일문(一門: 곧 호학)의 심성론을 인용한 것을 가지고 도통(道統)을 전한 증거로 삼았는데, 우리 선생(김원행)이 새길 것을 허락하지 않자 강필언(姜弼言), 채백휴(蔡百休)가 한결같이 유감을 가지고 독을 가득 품기를 한두 번에 그치지 않았다. 그러나 채백휴가 원망한 바는 실제로는 선생(김원행)이 자기 부친의 행장 총론을 찬술하면서 그가 일찍이 한원진의 심성설에 화응(和應)했음을 거론한 것에 불만을 가진 것이었을 뿐이다. 그러나 이들은 모두 호학의 말류(末流)이다. 그 고질적인 폐단은 말할 수 없을 정도이다. 그리고 이른바 낙학에도 말류의 폐단이 있었으니 흉악한 역도 홍계능(洪啟能) 같은 이는 어찌 섬촌의 문도요 도암의 친구가 아니겠는가마는, 부모의 위세를 깔고 사우(師友)의 이름을 빙자하여 일세를 선동하면서 대권을 농단했다. … 호당(湖黨)과 다를 바가 없다.[41]

황윤석은 당시 한원진의 제자 홍양해가 김한록, 송환경과 더불어 이재를 공격한 것은 무고라 변호하고, 「만동묘비」 곧 「화양서원묘정비」 논란과 관련하여 강필언, 채백휴 등 윤봉구의 제자들이 김원행과 대립한 것은 실제로는 사적인 원한에 의한 것이었다고 비난하고 있다. 그는 당시의 정치적 상황 속에서 호학과 낙학 사이의 심성설상의 대립이 빌미가 되어 정치적 분파로까지 나아가 소위 호당(湖黨)과 낙당(洛黨)이 형성된 현실을 심각하게 성찰하고 비판하면서 그것은 양측에 모두에서 말류들에 의한 것이라고 진단했다.

이러한 막바지의 서술은 황윤석이 호락논쟁의 시말에 대해 기록하게 된 동기를 보여주는 것이기도 하다. 한원진과 이재 사이의 대립 이후 호학과 낙학이 명확하게 자신의 정체성을 확립하여가고 그것이 결국 정치적 당파로 진전되는 데 이용됨으로써, 정조 대에 같은 노론 내의 정치적 대립으로 격화되는 상황 속에서 한편으로 자파의 정당성을 확보하고, 또 다른 한편으로 그러한 정치적 대립을 양자 모두의 말류적 양상으로 진단함으로써 그것을 극복하고자 하는 노력이었던 것으로 보아야 한다는 것이다. 황윤석의 기록은 낙학 측에서 정리되었다는 점에서 어느 정도 한계를 지닌 것이지만 어쨌든 그를 통해 우리는 호락논쟁에 대한 역사적 기술과 전통적 인식의 한 측면을 알 수 있다.

3
강정환의 한원진 비판

전암(典庵) 강정환(姜鼎煥, 1741~1816)은 김원행의 문인으로서 1803년 하짓날에 「서남당한천선생시발후(書南塘寒泉先生詩跋後)」를 지었다.[42] 이는 한원진의 「제한천시후」에 대한 비판으로서, 김원행 측에서 「제한천시후」에 대해 본격적으로 비판한 사례로 주목된다.[43] 거기에서 그는 다음과 같이 말한다.

> 도암 선생이 심성의 설을 논한 바는 일관되게 주자의 말을 따른 것이다. 일반인의 마음이 어찌 일찍이 성인과 같지 않은 적이 있었던가? 다만 보존하느냐 보존하지 못하느냐의 차이가 있을 뿐이다. 그런 까닭에 주자는 하숙경(何叔敬)에게 답한 편지에서 "성인은 잡지 않아도 항상 보존하며, 일반인은 잡아서 보존하는데, 바야흐로 그가 그것을 보존한 때는 또한 그와 같다. 운운"이라고 했는데, "그와 같다"는 잡아서 보존하면 성인이 항상 보존하는 것과 다르지 않다는 말이다. 남당이 성인의 마음이 일반인과 같지 않다고 한 것은 도대체 무엇을 보고 말한 것인가? 남당의 말은 일반인이 성현을 바라는 마음을 막을 뿐 아니라 또한 후세의 임금들이 스스로 한계 지워 요순의 마음으로 서로 기약하지 않을 명분을 제공하는 것이다. 남의 신하인 자가 군주에게 고하는 말이 요순의 마음으로 계도(啓導)한 다음에야 천하는 다스려질 수 있다. 남당의 「한천시발」에서 인용한 것은 마음을 알지 못한 것이라고 할 수 없으니, 거기에서 그는 "방촌의 사이에 허령 통철하여 온갖 리를 다 갖추었으니 잡아서 항상 보존하는 것이 성인의 마음이고, 잡으면 보존되는 것이 일반인의 마음이다"라

고 했다. 남당 역시 보존하는 것과 보존하지 않는 것 사이의 구분을 알지 못하는 것이 아니었는데, 이기기를 힘써, 다른 설을 세우고 천문(泉門)과 어긋나갔으니, 애석하도다.44

여기에서 강정환은 이재와 한원진 사이의 논변의 핵심이 성인의 마음과 일반인의 마음을 같다고 하느냐 다르다고 하느냐에 있다고 보고 있다. 성인과 일반인의 마음은 동일한 데 다만 그 마음을 보존하느냐 보존하지 못하느냐, 항상 보존하느냐 혹은 수양을 통해 보존하느냐에 성인과 일반인의 차이가 있다는 것이다. 한원진은 그러한 점을 알면서도 이기려는 마음에서 고의로 성인과 일반인의 마음의 차이를 주장하는 것이며, 그것은 세상 사람들이 성인이 되는 길을 막아서는 것이고, 군주의 수양의 노력을 막아서는 것으로, 그 문제가 심각하다고 한다. 한원진이 마음에서 기질의 제약의 측면을 지나치게 강조한 문제를 지적한 것이다. 이는 한원진의 학설에 대한 낙학 측의 일반적 견해를 반영한 것이라고 할 수 있다.45

강정환은 또한 주변 인물과 나눈 편지 속에서 그리고 별도로 「성리후설(性理後說)」이라는 글을 지어, 최석의 한원진 방문과 이재의 「한천시」에 대한 한원진의 「제한천시후」, 그리고 그에 대한 최석의 대응에 대해 논했다.46 그는 『맹자』「고자상」의 생지위성장(生之謂性章)에서 견·우·인 부동의 본성에 대해 한원진이 본연지성으로 본 것에 대해 최석이 기질지성으로 보아야 한다고 비판한 부분과 관련해서 자신의 의견을 다음과 같이 말했다.

「고자(告子)」 '생지위성(生之謂性)' 장에 대해, 율곡은 "맹자는 다만 본체를 말하고 승기(乘氣)의 설은 언급하지 않았기에 고자를 굴복시키지 못했다"라고 했다. 이것을 가지고 논해 본다면, 고자는 다만 견·우·인의 본성의 부동함이 기인 것만 알고 리가 승기한 중에 있는 줄은 알지 못했다. 그러므로 맹자가 다만 본성을 말하고 기를 말하지 않은 까닭은 기를 빠뜨린 것이 아니라 다만 본체의 본성만을 말하면 승기의 리를 알게 할 수 있어서였으니, 정자가 "기만 논하고 본성을 논하지 않으면 갖추어지지 않은 것"⁴⁷이라 말한 취지이다. 남당은 「고자」의 이 장에 대해 본연지성이라고 했고, 두암의 문인 최석은 우암의 문집 중에 기질지성이라고 한 것을 증거로 삼았다. 남당은 "지금 맹자의 말을 기질지성이라고 한다면, 고자도 말한 것이 기이니 이것으로 고자의 설을 변척하는 것은 함께 목욕하면서 상대가 벗은 것을 비난하는 것[同浴而譏裸裎]에 가깝지 않겠는가?"라고 했다. 남당의 설은 본 바가 없는 것이 아니다. 나도 또한 일찍이 그것이 기질지성이라고 말했지만, 이이의 "다만 본체를 말한 것"이라는 설을 보고 나서는 남당의 취지를 알게 되었다. 그러나 주자의 설로 본다면 '생지위성' 장은 인간과 동물의 다름이 본래 기품의 같지 않음에 유래함을 논한 것이다. 다만 그 소이연을 궁구한다면 오히려 그 기품의 같지 않음에 인하여 부여된 바의 리도 진실로 또한 다름이 있다. 그래서 맹자가 개의 본성과 소의 본성과 인간의 본성에 같지 않음이 있는 것을 분별하되 개의 기(氣)와 소의 기(氣)와 인간의 기(氣)의 같지 않음을 말한 적이 없는 것이다. 이로부터 본다면 최석이 우암이 기질지성이라고 한 것을 증거로 삼은 것이 어찌 주자가 "그 기질의 같지 않음에 인하여 부여된 바의 리도 또한 다름이 있게 되었다"고 말한 것이 아니겠는가? 대개 본성을 논하면 기를 논한 것이고, 기를 논하면 본성을 논한 것이니 두 가지로 하면 옳지 않다. 견·우·인의 본성은 그 일원(一原)을 논하면 성동(性同)이고, 그 이체(異體)를 말하면 성부동(性不同)이다. 그렇다면 「고자」에서 삼성(三性)의 부동은 이체인 것이다. 그러므로 주자가 『집주』에서 "기로써 말한다면 지각운동은 인간과 동물이 다르지 않은 듯하지만, 리로써 말한다면 인의예지의 품부에서 어찌 동물이 얻어 온전할 수 있겠는가?"라고 말한 것이 어찌 "기는 오히려 서로 가까우나 리는 절대로 같지 않은 것"이 아니겠는가? 나는 그러므로 "「고자」 생지위성장을 기질지성으로 판단하지만, 본체가 없다고 할 수는 없다"라고 말한다.⁴⁸

강정환은 한원진이 견·우·인의 본성을 본연지성으로 보는 것을 이이가 "맹자는 오직 본체만을 말하고 기를 타는 측면은 언급하지 않았기에 고자를 굴복시킬 수 없었다"라고 말한 것에 입각한 견해로서 분명히 일리가 있다고 인정한다. 즉, 이이에 의하면 맹자가 본성을 논한 것은 본체에 치우쳐 기질(지성)의 측면에 대해서는 고려하지 않았고, 따라서 기를 위주로 본성에 접근한 고자를 굴복시키지 못했다는 것이다. 따라서 맹자가 말한 견·우·인이 같지 않은 본성은 기질지성이 아니라 본연지성으로 보아야 한다는 한원진의 주장에 일면 타당성이 있다는 것이다.

하지만 강정환은 주자의 설을 인용하여, 견·우·인의 본성의 차이는 결국 품부 받은 기의 차이에 기원하는 것으로서, 맹자가 직접 기를 거론하지 않았지만 이미 전제한 것이라고 보았다. 따라서 그때의 본성은 기질지성으로 보는 것이 적절하지만, 기의 차이는 곧 본체인 리의 차이를 가져온다는 점에서 그때의 본성은 곧 이이가 말한 본체에 해당하는 것으로 볼 수 있다고 덧붙였다. 그것은 곧 고자의 기질지성이 본체의 차이를 고려하지 않은 동일성의 기질지성이라고 한다면 맹자의 기질지성은 본체의 차이를 지시하는 것으로서 차이가 있다는 말이다. 비로 이 지점은 앞에서 박성원 등이 해당 부분에 대해 주장했던 바와 거의 같은 논리라고 하겠다.

강정환이 인물성론에서는 한원진의 견해에 일부 공감했다고 한다면, 심체에서 기질을 논하는 이른바 종자설에 대해서는 단호하게 반대의 뜻을 표했다. 그는 다음과 같이 말한다.

> 대개 사단(四端)이 발하여 중절(中節)한 것은 순선(純善) 무악(無惡)하니, 사단이란 본성이 발하여 정서가 된 것이기 때문이다. 기질(氣質: 기질지성)은 기가 발하고 리가 탄 것이다. 기질이 아직 발하지 않았을 때는 본연지성과 똑같이 선하고 악이 없다. 그것이 발하면 곧 청수(淸粹)와 탁박(濁駁)의 얕고 깊음이 있게 된다. 그러나 이에 고치고 바로잡아 선하게 변화시키면 범우(凡愚)도 현

인(賢人)으로 변화할 수 있으니 곧 물이 흘러가는 것과 같다. **흘러서 멀리 가지 않아 진실로 이미 점차 탁해지다가, 나가서 매우 멀리 가면 바야흐로 탁함이 있게 되니 그 탁한 것은 본래 그 속에 있던 것이 아니다.** 물이 흘러 나간 연후에야 청탁의 구분이 있게 되니 남당이 말한 선악 종자(種子)의 설은 진실로 전에 들어보지 못한 이야기라고 할 수 있다.⁴⁹

한원진의 종자설에 대한 이와 같은 단호한 반대는 역시 앞에서 지적한 바와 같이 실천 수양상의 문제의식이 작용했다고 볼 수 있다. 원래 깨끗하던 물이 흘러 가면서 탁해지게 되는 것과 마찬가지로, 본성뿐만 아니라 우리의 마음 자체도 본래는 선하기만 한데, 주재 운용하는 실천하는 과정 중에 악으로 기울 수 있다. 따라서 그만큼 실천의 중요성이 강화된다. 물론 기질의 중요성을 간과할 수 없다. 하지만 마음이 기질을 극복하는 것이 가능하기 위해서는 곧 일반인이 성인이 되는 것이 가능하기 위해서는, 마음이 기질을 넘어서 기질의 편차로부터 자유롭지 않으면 안 된다는 것이다. 그가 이황의 후학, 대산(大山) 이상정(李象靖, 1711~1781)의 문인인 남한조(南漢朝, 1744~1809)에게 보낸 편지에서도 비슷한 취지의 언급이 있다.

또 어떤 학자로서 유망한 선비가 있어서 일찍이 명덕도(明德圖)를 그렸는데, 검은색 원을 그리고 검은색 중에 한 작은 흰색 원을 그린 다음 나누어서 청탁수박 허령불매 등의 글자를 써넣고는 말하기를 "성인과 일반인, 현명한 자와 어리석은 자 사이에는 명덕에 분수가 있고, 허령에 우열이 있다"라고 했습니다. 나는 그것을 반박하여 말했습니다. "알지 못하겠습니다. 일반인의 방촌이 흑암과 같고 끝내 기질의 변화가 가능하지 않아서 짐승이 변화할 수 없는 것과 똑같겠습니까?" 제가 그린 명덕도는 성인과 일반인을 한 그림으로 통하게 하되 다만 기질에 부제(不齊)의 구분을 있게 하고, 그 기질이 변화하는 데 미쳐서는 일반인의 명덕도 성현(聖賢)으로 변화할 수 있습니다. 이에 이르면, 어찌 분수가 일정하여 우열을 논할 수 있는 것이 있겠습니까?[50]

낙학의 입장에서 호학에서 마음과 기질의 연속성을 주장하는 것은 결국 명덕에 분수가 있고 허령에 우열이 있다는 주장과 다를 바가 없다. 그러한 주장은 인간과 동물의 차이 곧 동물이 기질 변화가 불가능한 데 반하여 인간은 자신의 기질을 변화하여 성인이 될 수 있는 존재라고 하는 이해를 파괴할 것이다. 이 문제에 대한 낙학 측의 문제의식에는 실천 수양을 통해 일반인도 성인이 될 수 있다고 하는 강력한 믿음이 배경에 있음을 또한 확인할 수 있다.

호락논쟁이 한창 뜨거울 때 논변은 마치 사실적 진리에 대한 다툼—그 사실이 경전이든, 주자의 이론이든, 경험적 사실이든—인 것처럼 진리에 대한 다툼이 치열했다. 하지만 이제 그 주장의 초점이 그 실천적 효용성에로 옮겨진 것이라 할 수 있다. 물론 유학의 이론은 사실 언제나 실천적 효용성이 진리 판정에서 중요한 요소였다. 하지만 논변이 한창 열기를 더할 때는 그러한 실천적 효용성과 함께 혹은 그보다 먼저 역시 사실에의 일치 혹은 논리적 정합성이 주요한 쟁점이었다고 할 수 있다.

4
녹문 임성주

녹문(鹿門) 임성주(任聖周, 1711~1788)는 이재의 문인이다. 그는 김원행과 마찬가지로 시기적으로는 호락논쟁 제3기의 후반부에서 제4기에 걸쳐 있다고 할 수 있다. 그는 낙학의 종지를 그대로 수용하고 해석하는 데서 나아가, 이기설(理氣說)에 대한 자신의 독자적인 깨달음에 기초하여 마음에 관한 이해에서는 낙론에 동의했지만, 본성에 관한 이해에서는 호학의 손을 들어줌으로써 독자적인 길을 갔다. 물론 마음에 관한 이해가 낙학의 핵심이었다는 점에서 그는 여전히 낙학 진영에서 이탈한 것은 아니라고 할 수 있을 것이다. 하지만 그가 호락논쟁에 한 논자로서 참여하여 논변을 전개한 것이 아니라, 호락논쟁의 성과 위에서 그 전체에 대해 반성하고 성찰하면서 자신의 이론을 형성했다는 점에서 논쟁의 제4기에 소속시키는 것이 더 적합하다고 할 수 있다.

1) 이기동실, 심성일치

임성주는 1785년 5월 이민보(李敏輔, 1720~1799)에게 보낸 편지에서 자신의 독자적인 깨달음에 대해 다음과 같이 말한다.

내가 본래 말한 내용은 "리(理)로부터 말하면 리가 본래 순수하기 때문에 기(氣)도 자연히 순수하고【미연(未然)의 근원을 궁구하여 말하면 이 생생순일(生生純一)한 리가 있은 뒤에야 비로소 이 생생순일한 기가 있게 된다】, 기를 좇아 말하면 기가 순수한 것이 곧 리가 순수한 것이다【이연(已然)한 이후로부터 말하면 이 기의 생생순일한 것에 즉해서 이 리의 생생순일한 것이 행해진다. 그 그러한 것[其然]은 기이고, 그렇게 되는 까닭[所以然]은 리이다. 명도(明道: 程顥)가 "기(器)도 도(道)이고, 도(道)도 기(器)이다[器亦道, 道亦器]"라고 한 것과 "원래 다만 이러한 것이 도이다[元來只此是道]"라고 한 것이 그것이다】, 리가 순수하지 않으면 기도 본래 혼자서 스스로 순수해질 수 없고【이 생생순일한 리가 없으면 애초에 이 생생순일한 기도 없어서, 도무지 물(物)이 없게 된다】, 기가 순수하지 않으면 리가 허공에 매달려서 홀로 순수하겠는가?【기가 만약 생생순일하지 않다면, 리의 생생순일한 것을 어느 곳을 통해서 볼 수 있겠는가?】"라는 것이었습니다. 이 몇 마디는 내가 생각해도 본말이 완전해서 아무리 깨뜨리려 해도 깨지지 않을 것이니, 비록 성인이 다시 일어나더라도 내 말을 바꾸지는 않을 것입니다. 사람들이 나의 말을 주기(主氣)라고 하여 병통으로 여기는 것은 아마도 말[言議]의 곡절을 자세히 알지 못해서 그런 것입니다.[51]

이는 그의 만년의 발언으로서, 곧 자신의 입장이 사람들이 오해하는 것처럼 주리론(主理論)에 대한 주기론(主氣論)이 아님을 변명한 것이다. 즉, 우리 존재의 기초로서 리의 현실적 위상을 축소하고 현실화의 원리로서 기를 일방적으로 강조하는 경험적 현실론이나 리를 기의 어떤 상태와 동일시하는 일원론적 기 환원론이 아니라 리와 기의 불상리(不相離), 상호 의존의 논리에 기초하여 리와 기의 실제적인 일치 혹은 수반을 주장하는 것임을 천명한 것이다.[52] 주기론이라는 비판은 또한 본성의 선을 마음의 기의 선에 의지하여 설명하는 것이라는 호학으로부터의 낙학에 대한 비판의 연장선상에서 이해할 수 있다. 위의 인용에 이어 그는 다음과 같이 말한다.

이기(理氣)를 논할 적에는 반드시 "리와 기는 내용을 같이하고[理氣同實], 마음과 본성은 일치한다[心性一致]"는 것을 종지(宗旨)로 삼아야 한다. 마음의 허령통철(虛靈洞徹)한 것은 기의 담일로 말미암아 나타나고, 본성의 인의중정(仁義中正)은 마음의 허명(虛明)을 통해 드러나니, 내외가 소융(昭融)하고 본말이 통연(洞然)하다. 맹자의 성선의 뜻이 여기에서 해가 중천에 떠서 팔창(八窓)이 영롱한 것처럼 되었다. 이것이 과연 성악이나 선악혼재(善惡混在)의 설과 가까운 것이겠는가?[53]

'이기동실(理氣同實), 심성일치(心性一致)'는 이간의 명제였다. 그것은 곧 성선은 반드시 심선(心善)을 수반하며 상호 조응한다는 것을 주장하는 것이었다. 임성주 또한 그것을 익히 알고 있는 가운데 그것을 수용한 것이었다. 기의 담일에서 마음의 허명통철이 나오고, 마음의 허명통철이 또한 인의중정(仁義中正)의 본성을 드러낸다고 하는 것, 그리고 기의 담일은 리의 순일에 조응한다는 점에서, 리와 기 그리고 마음과 본성은 항상 밀접하게 상호 보조를 맞추어 조응한다는 것이 바로 임성주가 파악한 그 명제의 내용이었다.

따라서 호학 측에서, 낙학의 마음에 대한 이해가 성선을 심선 혹은 기의 선(善)에 근거를 지우는 논리이기 때문에 결국 선불교로 빠지거나 성악 혹은 성선악혼설(性善惡混說)로 나아간다고 비판하는 것은 그러한 취지를 잘 파악하지 못한 데 기인한다는 것이다. 사실 이러한 논란의 배경에 기에 대한 이해의 차이가 있음은 누차 지적한 바와 같다.

임성주의 이해는 이간의 견해를 수용한 것이라고 할 수 있지만 또한 해당 명제를 훨씬 적극적이고 포괄적으로 해석하여 받아들인 것이었다. 그가 기에 대해 담일이라는 표현과 함께 생생순일이라는 표현을 쓰고 그것을 리에 적용하고 있음은 그의 리와 기에 대한 이해가 훨씬 역동적인 내용을 담지하고 있음을 보여준다. 그에 있어 기 그리고 그에 수반하는 리는 생생(生生)의 성격을 지닌 것으로, 그것은 다만 심기의 담일한 성격을 넘어서 생성론적 의미를 지니고 있는 것이라고 할 수 있다. 그것은 곧 그의 기일분수론(氣一分殊論)으로 이어진다.

2) 기론(氣論): 기일분수(氣一分殊)

임성주의 이기 심성설은 그가 1759년에서 1760년에 걸쳐 쓴 「녹려잡지(鹿廬雜識)」라는 글에 잘 나타나 있다. 그는 먼저 특별히 기의 담일성(湛一性)에 주목하는 데 이는 낙학에서 강조된 바이기도 하다.

> 담일은 기의 근본이다. 기의 근본이 과연 없다면 이것은 기 바깥에 사물이 있는 것이 되며, 기 바깥에 사물이 있다면 이것은 본성 바깥에 또 사물이 있는 것이 된다.[54]

> 율곡 선생이 일찍이 말하기를 "담일하고 청허(淸虛)한 기는 존재하지 않는 곳이 많이 있다"라고 했는데, 내 생각에는 그렇지 않을 듯싶다. 대개 편색(偏塞)하고 오탁(惡濁)한 곳이라 할지라도 이 기는 뚫고 들어가지 않는 곳이 없는데, 형기(形氣)에 국색(局塞)된 탓으로 정로(呈露)하여 뚜렷이 행해지지 못할 따름이다.[55]

> 담일하고 청허한 기는 다른 것이 아니라 바로 천(天)이니, 천이 어찌 있지 않은 데가 있겠는가? 율곡의 설은 아무래도 의심스러운 느낌이 든다.[56]

낙학의 전통에서 기의 담일은 마음의 미발 상태에서 드러나는 심체의 성격을 서술하는 용어로서, 우주론적이고 본체론적 의미가 아주 배제된 것은 아니었지만 주로 심체의 보편성 혹은 그 성체의 측면을 표현하는 것이었다. 낙학에서의 주된 관심은 우주-본체론보다는 도덕 실천의 주체로서 인간의 마음에 있었다.

하지만 임성주는 이제 기의 근본으로서의 담일을 모든 존재의 근간으로 관통하고 있는 본체로서 이해한다. 그런 관점에서 이이가 이통기국설에서 리는 편재[通]하지만 담일청허한 기는 기(氣)인 한 있지 않은 곳이 많다고 주장한 것에 대해 반론을 제기한다. 주자학에서 기는 통상 편전통색, 청탁 수박이라고 하는 차별성의 원리로 제시되며 이이의 기국의 명제 또한 그러한 점을 지시하지만, 임성주는 그러한 다양성을 관통하는 통일성의 측면이 기의 담일에 담겨 있다고 주장하는 것이다. 임성주는 낙학 전통에서 마음의 본체와 관련하여 그리고 주로 특정한 미발의 순간에 한정되었던 담일이라는 성질을 우주론적 기 일반으로 확장하여, 생성론적이고 본체론적인 의미를 부여했다고 할 수 있다.[57]

호학에서 이이의 기국(氣局)을 소극적으로 해석하여 청탁수박이라는 기질의 구체적 차별성을 기의 기본적 성격으로 강조하고 그 본체의 담일성을 매우 제한적으로 이해했다면, 낙학에서는 기국을 적극적으로 해석하여 마음이 기질적 제한을 넘어 자신을 실현하는 유위적 주체성을 가지고 있음을 강조하고, 그런 맥락에서 기 본체의 담일성을 기질의 제약성과 무관한 것으로 이해했다. 하지만 이제 임성주는 그러한 분리를 넘어서 기 본체의 담일이 모든 존재를 성립하게 하는 본체적 성격을 가지고 있음을 지적한 것이다. 호학에서 담일을 결국 기질에 종속시켰다면, 낙학의 전통을 계승한 임성주는 역으로 기질을 담일에 종속시킨 것이라고 이해할 수 있다. 임성주에게서 기의 담일은 기질의 다양한 차별성을 통해 자신을 실현하여 가는 본체적 성격을 가지고 있는 것으로 이해되었다는 것이다. 기는 살아 있는 것으로서 만물을 관통한다.

임성주는 바로 그런 점에서 그것은 본성 혹은 리와 실제적으로 다른 것이 아닌 것으로 이해했다. 그는 다음과 같이 말한다.

"그렇게 하려 하지 않아도 그렇게 되는 것[莫之然而然]"은 원래 하나의 "텅 비고 원만하며 성대한[虛圓盛大]" 물사(物事)가 있어서이다. 이것은 앙연(坱然)하고 호연(浩然)하여, 내외도 없고 분단(分段)도 없으며, 변제(邊際)도 없고 시종(始終)도 없이 전체가 소융(昭融: 한없이 밝게 빛남)하며, 온통 생의(生意)로 채워져 있어서 "유행하여 멈추지 않으며[流行不息]" "만물을 내는 것이 헤아릴 수 없는[生物不測]" 그런 것이다. 이것을 체(體)의 측면에서는 천(天)이라 하고 원기(元氣)라 하고 호기(浩氣)라 하고 태허(太虛)라 하며, 생의의 측면에서는 덕(德)이라 하고 원(元)이라 하고 천지지심(天地之心)이라 하며, 유행 불식의 측면에서는 도(道)라 하고 건(乾)이라 하며, 불측(不測)의 측면에서는 신(神)이라 하며, 막지연이연(莫之然而然)의 측면에서는 명(命)이라 하고 제(帝)라 하고 태극(太極)이라고 하는데, 요컨대 모두 이 허원(虛圓) 성대(盛大)한 물사(物事)에 대하여 분별해서 이름을 세운 것들이니, 사실 알고 보면 똑같은 것이다【막지연이연은 바로 이른바 "절로 그러하다[自然]"라고 하는 것이다】.58

그는 이런 관점에서 이일분수(理一分殊)는 곧 기일분수(氣一分殊)라고 말한다.

이제 사람마다 '이일분수'를 해석하기를 "리는 같은데 기는 다르다"라고 하는데, 그것은 리의 일(一)은 곧 기의 일(一)에 따라서만 드러남을 알지 못하기 때문이다. 진실로 기의 일이 아니라면 무엇으로부터 그 리가 반드시 일(一)임을 알겠는가. '이일분수'란 말은 리를 주로 하여 말한 것으로 분(分) 자도 마땅히 리에 속해야 하는 것이다. 만약 기를 위주로 말한다면 '기일분수'도 불가함이 없다.59

그에 있어 리와 기는 각각 통일의 원리와 개별성의 원리로 나누어지지 않는다. 즉, 리도 그 자체 통일의 원리인 동시에 개별성의 원리이며, 기도 그 자체가 개별성의 원리인 동시에 통일의 원리이다. 따라서 개별성은 단지 임의적으로 기의 수준에서 설명되는 것이 아니라 그 원리적 수준에서 규정된다.[60] 그가 이이의 이통기국론(理通氣局論)을 비판하는 것은 거기에 이유가 있다.

> 통(通)과 국(局)을 꼭 리와 기에 나누어 소속시킬 것은 없다. 대개 일원(一原)의 측면에서 말하면, 리가 일(一)일 뿐만 아니라 기도 일이니 일이고 보면 통(通)인 것이며, 만수(萬殊)의 측면에서 말하면 기가 만(萬)일 뿐만 아니라 리도 만이니 만이고 보면 국인 것이다. … 【이 이통기국론은, 이일분수론이 리를 위주로 하면서도 기가 그 안에 들어 있어 혼연히 봉극(縫隙: 이어진 틈새)이 없고, 그 말이 매우 평이하면서도 뜻이 독지(獨至)의 경지에 이른 것만 못하다】.[61]

> 율곡 선생은 리기의 원두(源頭)에 조예가 깊어 독자적으로 얻음이 있고 알아낸 것이 극히 밝고 투철하며 논설이 매우 영롱하여 주자 이후 이만한 이해에 이른 사람은 거의 없었으나, 다만 기의 근본이 '하나'라는 곳에서는 오히려 혹 아직 다 밝히지 못한 것이 있다. 그가 "리의 근원은 하나뿐이며 기의 근원도 하나뿐이다"라고 한 말과 또 "도심(道心)은 본연의 기이다"라고 한 것 역시 강구(講究)하지 않고 여기에 이르렀다고 말할 수는 없다. 그러나 이통기국론에서 오로지 기를 만수로 귀결시키고, 또 담일청허한 기가 부재한 곳이 많다고 생각한 것은 그 종말의 귀결점을 추구하면 (리와 기를) 두 가지 사물로 보았다는 의심을 면하지 못한다.[62]

이통기국은 리와 기를 분리하는 혐의가 있다는 것이다.[63] 그는 리와 기는 결코 분리할 수 없는 것으로서, 그 원칙에 충실하다면 리의 궁극은 곧 기의 궁극을 요청하며, 리의 순선은 기의 순선을 요청한다. 그는 바로 그러한 관점에서 호학의 미발 기질론을 비판한다.

3) 미발 기질론 비판

임성주는 명유(明儒) 나흠순(羅欽順, 1465~1547)의 설을 끌어들여 다음과 같이 말한다.

> 나정암(羅整庵: 나흠순)이 "한 번 음이 되고 한 번 양이 되는 것을 도(道)라고 한다"라는 말을 논하면서, 정명도(程明道) 선생의 "원래 다만 이런 것이 도이다"라는 한마디 말은 매우 좋아하고, 이천(伊川)의 '소이(所以)'라는 두 글자에 대해서는 미진하게 여겼다. 그 추론한 것이 비록 혹 너무 지나쳤지만, 그의 견해만은 참으로 탁월하다고 하겠다. 그런데 오늘날 사람들은 이러한 뜻은 알지 못한 채, 그저 주자의 "결단코 두 개의 물(物)이다"라는 말만을 믿고서 왕왕 리와 기라는 두 개의 물사(物事)가 있는 것으로 진짜로 여기는가 하면, 심지어는 대본(大本) 위에 "기질이 박탁(駁濁)하다"라는 글자를 안배해 놓고는 "기가 악하더라도 본성이 선한 데에는 아무 문제도 없다"라고 하니, 이 또한 정말 슬픈 일이다.[64]

나흠순은 조선 성리학이 형성되는 데 상당히 중요한 역할을 한 주자학 사상가로서,[65] 리와 기의 불상리(不相離) 원칙을 매우 강조했다. 정이천이 리의 소이연으로서의 성격을 강조함으로써 리와 기, 혹은 형이상과 형이하의 세계를 명확히 구분하여 보는 것에 대해 불상리 강조의 입장에서 비판한 바 있다. 그의 사상은 주자학의 또 하나의 원칙인 불상잡(不相雜)의 측면을 소홀히 했다는 점에서 조선 성리학자들의 비판을 받았지만, 그의 불상리 강조는 리가 현실의 맥락에서 떠나 공허해지는 것에 대한 우려를 표현한 것이었고 특히 이이는 그러한 점에 대해 높이 평가한 바 있다.[66] 조선 후기 호락논쟁이 율곡 학파 내부에서 발생했고 그 두 주체인 호학과 낙학 모두 이이의 그러한 정신을 계승하고 있다는 점에서, 임성주가 여기에서 나흠순을 높이 평가하고 '이기동실'의 문제의식을 그의 불상리 강조와 연결하는 것은 충분히 이해할 만하다.

호학이나 낙학 모두 각각의 방식으로 기의 맥락을 중시하는 관점을 발휘하여 갔다는 점에서 나흠순의 관점이 어느 쪽에 유리하게 작용할 것인가 하는 것은 별개의 문제이다. 하지만 여기에서 임성주는 나흠순의 불상리의 관점을 '이기동실, 심성일치'로 해석하여 리와 기의 실제적 동일성을 주장한 것이라 이해한다. 그리고 호학이 대본 곧 마음의 미발에서 탁박한 기질의 잠재를 논하는 것은 마음과 본성의 부조화, 리와 기의 괴리를 상정하는 것으로서 그러한 관점에서 비판될 수 있다고 주장하는 것이다. 그에 의하면 미발은 곧 선한 본성과의 일치 상태이므로 그 상태에서의 기는 순선한 담일의 기일 수밖에 없는 것이다. 거기에서 기질의 잠재를 이야기하는 호학은 결국 리를 기로부터 분리하여 논한 것으로 이른바 현공설리(縣空說理)에 해당한다.

4) 인물성동론 비판

하지만 임성주는 동시에 같은 원칙에 따라 인성과 물성의 차이, 그 본연지성의 수준에서의 차이를 주장한다. 즉, 기수(氣殊)는 곧 이수(理殊)를 수반하며, 기질(지성)의 차이는 곧 본연(지성)의 차이와 분리되지 않는다는 것이다. 그는 '본연(本然)'의 의미에 대해 다음과 같이 말한다.

> 본연이라는 것은 단지 "천리의 근본이 이와 같다"라는 것일 뿐이다. **일리(一理)는 혼연(渾然)하고 만상(萬象)은 삼연(森然)하니, 혼연한 것이 본래 그 본체라면 삼연한 것도 어찌 본체의 고유한 것이 아니겠는가?** 지금 리의 일자(一者)만을 본연이라 하고 만자(萬者)는 본연이 아니라고 한다면 이것은 그 이른바 혼연한 것이 흐리멍덩하여 아무것도 없는 것이 되어, 동(動)해서 양(陽)이

되고 정(靜)해서 음(陰)이 되는 단계에서부터 이미 그것을 관할하고 통섭할 수 없는 가운데 운행에 따라 음양을 생출(生出)해내게 되고, 또 운행에 따라 오행과 만물을 생산해 내는 것이 되고 말 것이다. 그렇다면 리로 하여금 과연 그 본연의 체(體)를 채우게 한다면 다만 공허하고 깨끗하여 도무지 일물(一物)도 없게 해야만 가능할 것이다. 노씨(老氏)의 허무(虛無)도 이런 데까지 이르지는 않을 것이다.67

임성주는 일리의 혼연한 일자와 그것이 기의 세계를 관통하여 만물 속의 만리(萬理)로 전개되는 삼연한 만자는 모두 본연(本然)으로서 둘 사이에는 근본적인 동일성이 존재한다고 말한다. 그것은 곧 이일분수(理一分殊) 명제가 지시하는 바이기도 했다.68 만약 둘 사이를 분리한다면 그것은 곧 본체의 일자를 공허하여 아무 내용이 없는 정적(靜的)인 것, 추상적인 것으로 만들어 버릴 것이고, 이 세계는 또한 리의 질서로부터 분리되어 우연과 무의미의 세계가 되고 말 것이다. 이러한 것은 곧 앞에서 나흠순이 우려한 바이고, 또한 전통적으로 체용일원(體用一原), 체용불이(體用不二)의 사유가 극복하고자 한 지점이었다.

그것은 곧 한원진이 말한 이체의 본연의 논리를 허용할 수 있는 지점이기도 하다. 그에 따르면 결국 만물의 유적(類的) 본성의 다름은 곧 단지 기질이 아니라 본연지성의 차이라고 말하지 않으면 안 된다. 만물은 동일한 태극을 근원으로 삼아 발생한 것이며 그것을 본체로 내재하고 있다. 따라서 우리는 동일성을 그 근원의 수준에서 말할 수 있을 뿐 아니라, 각 개별자의 수준에서 또한 말할 수 있다. 개별자 역시 결국 태극이 전개한 것이기 때문이다. 그는 다음과 같이 말한다.

물[水]의 본성은 적시며 내려가니[潤而下] 적시며 내려가는 것이 바로 물이 갖춘 태극이고, 불[火]의 본성은 태우며 올라가니[炎而上] 태우며 올라가는 것이 바로 불이 갖춘 태극이다. 뜨겁게 하는 것은 부자(附子)의 본성인 동시에 부자의 태극이기도 하고, 차게 하는 것은 대황(大黃)의 본성인 동시에 대황의 태극이기도 하다. 대개 본성이 곧 리이고, 리가 곧 태극이니, 통합해서 말하면 만물이 하나의 본성을 같이하고 하나의 태극을 같이하여 그 큼이 밖이 없는 것[無外]이고, 분리해서 말하면 만물이 하나의 본성을 각기 지니고 하나의 태극을 각기 지녀서 그 작음이 안이 없는 것[無內]이다.69

이에 이르면 유적인 본성뿐 아니라 가장 작은 단위의 개체에 이르기까지 모두 그 자체로 본성을 가지며, 그 자체로 태극이라고 할 수 있게 된다. 그런 지점에서는 그의 본성론은 낙학뿐 아니라 호학 또한 넘어선 것이라고 할 수 있다.70 호학에서 기질지성이라고 한 것까지 본연지성으로 이해해야 할 것이기 때문이다. 그의 사상이 호락논쟁의 경계를 넘어섬을 여기에서도 확인할 수 있다. 하지만 그는 또한 호락논쟁의 문맥 안에서 그 의미에 대해 다음과 같이 말한다.

무엇을 분수(分殊)라고 하는 것인가. 하늘의 도가 변화하여 각각 본성과 명(命)을 바르게 해 주는 것이니, 개[犬]의 본성은 소[牛]의 본성이 아니고 소의 본성은 인간[人]의 본성이 아니며, 부자(附子)와 대황(大黃) 역시 모두 각각 하나의 본성을 지니게 되는 이것이 바로 분수이다. 무엇을 이일(理一)이라고 하는 것인가? 오행도 하나의 음양이요 음양도 하나의 태극인 것이니, 개, 소와 인간 그리고 부자와 대황 모두가 하나의 본성인 이것이 이일이다.71

이일의 관점에서 만물의 본성은 동일하나, 분수의 관점에서 만물의 유적 본성의 다양성을 말할 수 있다는 것이다. 이일에는 기일이 대응하고 리분수에는 기 분수가 대응하니, 다름이 오직 기질에 근거한 기질지성의 수준의 것일 수는 없다고 할 수 있는 것이다.72

임성주는 또한 리와 기가 동실(同實)인 것처럼, 마음과 본성도 일치(一致)하며 동실임을 주장하고 그에 입각하여 자신의 인물성이론을 증명하고자 했다. 그는 다음과 같이 말한다.

> 마음[心]과 본성[性]은 하나이다. 마음을 제외하고서는 본성이 없고, 본성을 제외하고서는 다시 마음이 없다. 그래서 정자는 일찍이 횡거(橫渠)의 "마음은 작고 본성은 크다"라는 주장을 배척했다【횡거의 설은 구설(舊說)인 것 같다】. 그런데 지금 사람들은 오히려 "인간과 금수가 다른 것은 마음이고 같은 것은 본성이다"라고 하는데, 그렇다면 마음은 그대로 치우친 것[偏]이고 본성은 그대로 완전한 것[全]이라는 말이 된다.[73]

> 이일(理一)의 측면에서는 마음도 같고 본성도 같으며, 분수의 측면에서는 마음도 다르고 본성도 다르다. 이것은 바로 "마음과 본성은 내용이 같고, 리와 기는 일치한다[心性同實 理氣一致]"라는 것의 의미입니다. 그대의 가르침이 지극히 명백하니 진실로 듣고 싶었던 말입니다.[74]

임성주는 위에 인용한 편지에서 '이기동실, 심성일치'를 '심성동실, 이기일치'라고 표현했지만 그 내용은 동일하다. 마음이 다르면 본성도 다르고 본성이 다르면 마음도 다르다고 해야 한다. 이일의 측면에서는 마음도 같고 본성도 같다면, 분수의 측면에서는 마음도 다르고 본성도 다르다고 하여야 한다는 것이다. 그는 이러한 논리에 따라 낙학 측에서 본성의 동일성을 주장하는 동시에 마음에서는 인간과 동물 사이에 다르다고 하여, 인간의 차별성 혹은 독특성을 마음에서 구하는 것을 비판했다. 그것은 결과적으로 낙학의 심설(心說)의 입장에 기초하여 호학의 성설(性說)의 타당성을 주장한 것이라고 할 수 있다. 인간과 동물 사이에 마음이 다르다면 본성도 다르다고 해야 한다. 인간과 동물의 마음이 다르다고 하면서 본성은 같다고 주장하는 것은 심성의 일치에 대해 모르는 것이요 논리적으로도 정합적이지 않기 때문이다.

5) 임성주의 심성설의 의의

임성주는 1761년 7월에 김지행(金砥行)에게 보낸 편지에서 호락논쟁의 논점에 대한 자신의 견해의 변천에 대해 다음과 같이 해명했다.

> 이른바 심성의 설에 대해서는, 대개 어린 나이 때부터 한(韓: 한원진)과 이(李: 이간) 두 공이 왕복한 글을 얻어 보았는데, 이공(李公: 이간)의 설에 계합(契合)하는 점이 있어서 그것을 수용(受用)할 것을 주장한 것이 거의 반생(半生)이나 되었습니다. 그러다가 십수 년 전에 우연히『맹자』의 '생지위성(生之謂性)' 장에 대해서 명도(明道)가 이기(理氣)의 대원(大原)에 입각하여 본성을 논한 설을 읽고는 말 없는 가운데 이해됨이 있는 듯했습니다. 비로소 이공(李公)의 견해가 마음에 있어서는 진실로 의심할 것이 없으나, 본성에 있어서는 아직도 상량(商量)해야 할 것이 많고 도리어 그 자신의 심설과 모순이 된다는 것을 느꼈습니다. 이에 반복(反覆)하여 탐구하고 깊이 사색(思索)하여, 의리(義理)의 실상에 징험해 보고 성현(聖賢)의 가르침과 비교해 본 것이 몇 년이나 되었습니다. 그런 뒤에 비로소 스스로 확신하는 바가 있는 듯하지만, 융회(融會)하고 관통(貫通)했다고 말하려면 역시 아직은 아니라고 하겠습니다.[75]

임성주는 한원진과 이간 사이의 논변을 잘 알고 있었으며, 그들의 글도 열심히 읽었음을 알 수 있다. 이것은 이재 이후 양자 간의 논쟁이 격화되면서 낙학 측에 속한 이들 사이에 호학 내부에서의 논변에 대한 관심이 높아졌다는 것을 보여준다. 이미 최석이 이간의 심성설에 기초하여 스승을 변론한 바 있다. 특히 김원행의 문하에서는 이간의 심성설에 대한 공감이 컸다고 할 수 있다. 임성주도 마찬가지였다.

하지만 임성주는 중도에 『맹자』의 '생지위성'장, 곧 견·우·인 부동의 본성을 어떻게 볼 것인가라는 핵심 쟁점과 관련된 정호(程顥)의 논의를 읽게 되면서,[76] 한원진 곧 호학 측의 견해에 대해 새롭게 이해할 수 있는 계기를 얻었다. 마음에 대해서는 이간의 견해 곧 낙론이 분명한 진실을 제시했으나, 본성에 대해서는 호학 측의 견해에도 고려하여야 할 점이 있으며 더욱 이간의 성설은 그 자신의 심설과 모순되는 점이 있다는 것이다. 이와 관련해서는 이미 상술한 바와 같다.

임성주의 결론은 요약하자면 마음에 대해서는 낙학의 견해가 옳고 본성에 대해서는 호학의 견해가 옳다는 것이다. 이것은 피상적으로 양측의 견해를 절충해서 나온 것이 아니라, '이기동실, 심성일치'의 원칙을 철저하게 관철해서 얻은 결론으로서, 결과적으로 임성주는 낙학 측의 마음에 관한 이해를 유지하면서 호학 측의 본성론을 통합한 것이라고 평가할 수 있다.

임성주는 기의 본체를 담일로 파악하는 낙학의 입장, 특히 김원행의 입장을 계승했다. 그것은 박성원 등이 심선(心善)의 명제를 마음의 본성과의 일치의 측면에서 주장하고자 한 것에 대해, 김원행이 그것을 다시 심기(心氣)의 순수성에 정초 지운 것을 받아들인 것이라고 할 수 있다.[77] 하지만 그는 그러한 가운데 또한 '이기동실, 심성일치'라는 이기 심성 관계에 대한 새로운 인식에 이르렀으며, 그에 입각하여 본성 문제에 대해서 호학과 같은 이론을 취함으로써 그 문제에 있어서는 낙학의 종지에서 이탈했다. 사실 '이기동실, 심성일치'는 이간이 처음 주장했던 것일 뿐 아니라 박성원의 입장과도 일맥상통하는 점이 있으며, 김원행이 강조한 바이기도 했다는 점에서 낙학의 기본 명제라고 할 수 있는 것이었다. 다만 그 해석에서 낙학 내부에서 다양한 이견이 있었던 것이라고 해야 할 것이다.

이 시기 낙학 내부에서 호학의 인물성이론(人物性異論)에 대한 공감이 퍼지는 것도 흥미로운 현상이다. 이는 호학 측에서 낙학의 미발 심체에 대한 이해에 대한 공감이 있었던 것과 잘 조응한다. 호학은 성론(性論)에 관심을 집중한 점이 있고 낙학은 심론(心論)에 관심을 집중한 측면이 있다. 그런 점에서 그만큼 해당 논제에 대해서는 그렇게 주장할 만한 이유가 충분히 있었다는 것을 가정할 수 있으며, 바로 그런 이유는 서로 공감할 수 있는 근거가 될 수 있다고 하여야 할 것이다.

그러한 움직임은 이제 호락논쟁이 새로운 단계에 접어들었음을 보여준다. 즉, 호학과 낙학의 어느 한 편에서 각각 자신의 진영의 종지를 수호하고 상대를 비판하면서 논변을 진행하는 것이 아니라, 그러한 진영 논리로부터 한발 물러나 자유롭게 자신의 깨달음에 기초하여 관련 문제에 대한 성찰과 논의를 진행해 가는 것이다. 앞에서 김지행이나 강정환에게서도 우리는 그런 면모를 어느 정도 볼 수 있었다. 그들에게서 호론과 낙론은 전혀 병립할 수 없는 것이 아니라 서로 통합될 수 있고, 양자의 장점 혹은 핵심처를 종합한 더 정합적이고 온전한 인간과 세계 이론을 산출할 것을 기대할 수 있는 것이었다고 하겠다.[78] 임성주의 작업은 그러한 기대를 실현한 훌륭한 예시로 인정할 수 있으며, 이어지는 시대를 전망케 하는 선구적 작업이었다고 평가할 수 있다.[79]

5

노주 오희상

노주(老洲) 오희상(吳熙常, 1763~1833)은 김원행의 문인이었던 가형 영재(寧齋) 오윤상(吳允常, 1746~1783)에게 수학했으니 낙론 학맥에 속한다고 할 수 있다.[80] 그의 낙론적 성향은 매산 홍직필과의 밀접한 교유를 통해서도 확인된다. 이들은 낙론적 입장에서 한원진의 비판에 대응하는 동시에 한편으로 같은 낙학 내부의 임성주의 이론적 변용에 대해서도 대응하는 것을 자신들의 과제로 삼은 것으로 보인다.[81]

1) 기유본말론

호락논쟁은 결국 기(氣)에 대한 이해의 차이, 즉 기 개념의 복잡성에 기인한 측면이 있다. 이이 이래로 율곡학파에서는 기를 중시하는 입장이 있었다. 리는 존재의 원리이자 실천의 규범으로서의 불변의 가치를 지닌 것이라고 한다면, 기는 다양한 차이를 가져오는 것으로서 우리의 도덕 실천의 관건은 결국 기를 어떻게 처리할 것에 달려 있다는 것이 그들이 기를 중시하는 이유가 된다.

그런데 임성주의 경우에서 볼 수 있었던 바와 같이, 또한 앞선 양응수에게서도 그러했던 것처럼, 기에는 담일(湛一)의 차원이 있으며, 그 차원에서 기는 동일성의 원리이기도 하다. 리의 동일성에 부응하는 기의 심급이 있다는 것이다. 그것은 리 자체는 아니지만 리의 현실성을 실증하는 것으로서 의의를 지닌다. 그런데 문제는 담일은 결국 현상의 다양한 기와 연속적일 수밖에 없다는 것이다. 담일한 기의 본체와 현상의 기의 다양성 및 차이 사이의 긴장과 그에 대한 극복 혹은 회귀 운동의 내재성이야말로 현실 세계에서의 규범적 실천—자각적이든 비(非)자각적이든—의 실제를 반영하는 것이기도 하다.

오희상은 그러한 지점을 명확히 지적한다. 그에 의하면 기에 본(本)과 말(末)의 다름이 있는데, 호학은 기의 말에 집중할 뿐 본에 대해서는 알지 못한 문제가 있다고 한다. 기의 본에서는 동일성을, 말에서는 차이를 말할 수 있는데, 호학에서는 말의 측면에 집중하여 차이를 말하는데 치우쳤다는 것이다. 인물성론과 미발론 모두에서 형기(形氣)를 섞어서 말함으로써 차이에 치우치고 근원적 동일성의 측면은 방기했다는 것이 그들의 문제라는 것이다. 그는 다음과 같이 말한다.

> 호중(湖中)의 여러 인사들은 본성을 논할 때는 인간과 동물의 본성이 다르다고 하고, 미발을 논할 때는 선악의 종자를 가지고 있다고 했다. 그것을 성현이 말한 본래의 취지에서 살펴보면 아마도 그렇지 않을 듯하다. 그런데 그 차이가 나는 곳을 고구해보면 오로지 기(氣)에 본말이 있고 본은 같으나 말은 고르지 않음을 모르는데 말미암는다. 그러므로 매양 말의 고르지 않음으로 본의 동일함을 의심한 것이다. 그가 본성이라고 하고 미발이라고 한 것은 대부분 모두 형기(形氣)를 섞어서 말하는 것으로, 분수(分殊)와 일원(一原)이 서로 관통하지 않게 되어 성선의 취지가 어두워진다. 탄식을 이길 수 있겠는가? 무릇 의리를 봄에는 마땅히 원두(源頭)에서 이해하여야 한다, 만약 먼저 지엽에서 안배하고 얽매인다면 실수하지 않는 경우가 드물다.[82]

기에는 본과 말이 있는데, 호학에서는 본성과 미발에 대해 이해하면서 마땅히 원두 곧 기의 본에서 이해해야 함에도 항상 지엽 곧 기의 말인 형기를 섞어서 말함으로써 오류에 이르렀다는 것이다. 그렇다면 기의 본과 말은 무엇인가? 그는 다음과 같이 말한다.

> 생각건대, 무릇 그 기의 정(精)하고 통(通)하는 것이라고 하는 것은 곧 천지지기(天地之氣)로부터 말한 것이다. 천(天)에 있을 때 어찌 허령과 기질의 구분이 있겠는가? 사람에게 부여되는 데 미쳐 방촌(方寸)의 허령은 곧 이 기의 본체이고 편체(遍體: 몸 전체에 퍼져 있는) 기질은 곧 이 기의 말류이다. 이에서 비로소 허령과 기질의 이름이 있게 된다【허령과 기질은 사람으로 말미암아 개념이 성립된 것이다. 천지지기는 비록 이것들로 칭할 수 없지만 본말과 정조를 또한 가리켜 말할 수 있다】. 그러나 비록 본말의 다름이 있다고 해도 요약하자면 하나의 기이다. 그러므로 앞에서는 허령에 나아가 말해서 그로써 만리(萬理)를 모두 갖추고 있음을 밝히고 이 마음의 허령통철로 말미암아 사람이 모두 요순(堯舜)이 될 수 있음을 보였고, 뒤에서는 기질에 나아가 말하여 그로써 사람에게 우(愚)와 불초(不肖)가 있음을 밝히고 이 기질의 고르지 못함으로 말미암아 하단(下段)의 "밝혀서 회복한다"는 설을 일으킨 것이다.[83]

오희상은 기의 본과 말은 인간에게 천지지기가 부여되고 나서 허령과 기질의 구분이 있게 된다고 말한다. 허령이 곧 기의 본 혹은 본체이다. 그것은 만리를 모두 갖추고 있고 허령통철하여 성인이 될 수 있는 바탕으로서 누구나 수양할 수 있는 근거가 된다. 반면 기질은 기의 말 혹은 말류이다. 그것은 각 사람에 따라 우와 불초가 있게 되는 바탕으로서 우리가 그를 변화시키는 수양에 힘써야 할 이유가 된다. 그는 이어서 다음과 같이 말한다.

> 또한 하단에서 '기질에 가리운 마음'이라고 한 것을 본다면 그 마음을 곧 기질이라고 할 수 없음을 알 수 있다. 선유는 매양 마음과 기질의 구분을 논하면서 그때마다 정조(精粗)를 가지고 말했으니, 기의 정상(精爽)을 마음에 소속시키

는 것은 진실로 바꿀 수 없지만 나는 감히 본말로서 말하고 기의 본을 마음에 소속시키는 것만 같지 못하다고 생각한다. 여기에서 그것이 하나의 기이면서 본과 말의 구분이 있음을 볼 수 있기 때문이다. 본은 하나일 따름이다. 고르지 않음은 말이다【본말을 말하면 정조를 포함할 수 있다】.[84]

오희상은 마음과 기질의 구별을 말한다. 마음과 기질을 구별해야 한다는 것은 외암 이간 이래 낙론의 기본적인 주장 가운데 하나이다. 그런데 주자 이래로 마음을 기의 정상이라 하여, 심기와 형기 혹은 마음과 기질의 구분을 기의 정조를 통해 이해하는 방식이 일반적으로 받아들여져 왔다. 그런데 그렇게 이해하는 경우 결국 마음과 본성을 형기와 섞어 말하는 호학의 입장을 극복하기 어려워지는 문제가 있었다. 그것은 곧 이재를 이어 박성원이 지적한 바이기도 했다.

오희상은 기본말론이 그러한 문제를 해결할 수 있다고 보았다. 마음은 기의 본이고 기질은 기의 말이라고 봄으로써 마음의 보편성에 대해 기의 한계를 넘어서지 않으면서도 기질의 차이가 그 보편성을 침범하는 문제를 넘어설 수 있다는 것이다. 마음과 기질은 기의 본과 말로서 서로 연속적인 동시에 구별된다. 그 본연의 상태에서 기는 보편적 동일성과 선함을 유지한다. 따라서 본성과 미발에서의 기는 리와 거의 간격이 없다. 호학 측에서는 바로 그러한 기의 본의 측면을 무시한 잘못을 범한 것이라고 할 수 있다.

오희상의 논리는 심성일치, 곧 본성의 선함을 마음의 선함과 분리하지 않고 말해야 한다는 낙학의 입장을 계승한 것이라고[85] 할 수 있지만, 호론과 낙론의 입장 모두를 기의 본말론을 통해 통합한 것이라고 볼 수도 있다. 기의 말 곧 지엽성이 포착되는 것이 형기의 차원이라고 한다면, 기의 본이 잘 포착되는 곳은 마음 우리의 마음, 곧 심기의 차원이라고 할 수 있다. 형기를 넘어서는 본연의 기가 있다고 한다면 그것은 곧 본연의 마음에서 잘 드러난다. 그 본연의 마음은 선하지 않을 수 없는 것이다. 하지만 그 본연의 마음과 분리되지 않는 형기의 마음 혹은 기질의 마음이 있다. 본연의 마음과 기질의 마음은 두 가지의 마음이 아니다. 호학 측에서 낙론이 두 가지 마음을 말한다고 비판하는 것은 적절하지 않다.

2) 마음과 신

오희상은 본연의 마음의 보편성과 선함을 주장하기 위해, 기의 본과 말 그리고 마음과 기질을 각각 대응하여 구분한 데서 더 나아가 형기와 기질과 신(神)을 구분하는 논리를 도입한다.[86] 먼저 그는 형기와 기질을 다음과 같이 구분한다.

> 기질은 별도의 한 기가 아니고 곧 담일의 찌꺼기로서 몸의 안팎에 두루 퍼져 있는 것인데, 다만 형기가 한 번 정해져 바뀌지 않는 것과는 다르다. 그 일어나고 소멸함이 무상하여 마치 운무가 피었다 흩어지는 것과 같다. 그 미발의 즈음에는 물러나 한결같이 마치 없는 것 같다가 이발의 때에 이르면 작용을 하여 그 마음을 어지럽히기를 마치 구름이 해를 가리듯이 한다. 그러나 그 작동이 한번 멈추어 작용을 거두고 몸으로 돌아가면 또한 이전과 같이 태청(太淸)하다. 만약 기질에 한 번 정해진 종자가 있다면 어떻게 변화하겠는가?[87]

형기는 고정되어 불변하지만, 기질은 변화가 가능하다는 것이다.[88] 형기가 신체를 의미한다면 기질은 신체와 무관한 것은 아니지만 그와 구분되는 심리적 자질을 가리키는 것으로 해석할 수 있다. 오희상은 그것은 미발의 때에는 없는 듯이 사라진다고 보았다. 따라서 한원진이 미발에도 기질이 여전히 잠재하고 있다고 주장하는 것은 잘못이라는 것이다. 기질은 이발의 때에 홀연히 작용을 개시하여 문제를 일으키지만, 그 작동이 멈추게 되면 또한 원래대로 사라져 맑은 상태를 유지한다.

오희상은 그에 더하여 마음을 어떤 신적(神的)인 것으로 이해한다. 그는 다음과 같이 말한다.

> 무릇 마음의 체는 오행의 정영(精英)이 모인 것이다【오장(五臟)과 백체(百體)에는 모두 신(神)이 있는데, 심장(心臟)의 텅 비어 있고 방정(方正)한 곳에 모여있다】. 지극히 신적(神的)이고 지극히 신묘하여 스스로 한 몸의 가장 귀한 것이 된다. 그러므로 '능히'【이 말을 잘 음미해보아야 한다】 그로써 리를 갖추어 일에 응할 수 있다. 요순과 같은 성인이 되어 천지에 참여하게 되는 근거가 어찌 다만 성선에만 있겠는가? 이 마음의 허령 통철함도 분수(分數)도 없고 우열도 없어서 이 리의 선함과 간격이 없는 데에 말미암는 것이다. 대개 본성을 통섭함과 기를 위주로 함을 막론하고 마음의 본래 바탕은 본래 이와 같다. 그러므로 주자가 말한 정영이라는 것은 기에 나아가 본체를 간별하여 끄집어내어 그것으로써 그 영(靈)이 이 리(理)를 오묘하게 하기에 족하여 백체(百體: 신체)와 동등한 것이 아님을 보인 것이다. 그렇다면 말로는 비록 다르나 그 실질은 하나이다. 만약 기질과 더불어 같은 수준의 것으로 말한다면 이것은 천군(天君)을 강등하여 백체와 동등하게 만드는 것이니 그것이 가하겠는가?[89]

마음의 본체는 기의 정영 곧 어떤 신적인 것이 모이는 곳으로서 지극히 신묘하며, 그에 의해 마음은 능히 온갖 리를 갖추고 만사에 응할 수 있게 된다는 것이다. 인간의 존귀함의 근거는 성선에만 있는 것이 아니라 마음의 그러한 허령통철한 탁월성에 기초한다. 마음의 본체의 허령은 보편적 리와 간격이 없는 보편성에 이를 수 있는 능력으로서, 그 자체가 분수와 우열이 없는 보편적인 것이라고 말한다.[90] 이것은 또한 호학 측의 명덕 분수설 혹은 허령 분수설을 염두에 둔 것이라고 하겠다.

오희상은 이러한 측면에서의 마음은 이른바 천군으로서, 강등하여 우리의 신체와 동일시할 수 없다고 말한다. 즉, 그때의 마음은 기질 및 형기와 구별해야 한다는 것이다. 이때 마음은 신체-심리를 넘어서서 어떤 정신적인 것을 가리킨다고 볼 수 있을 것이다. 그는 이 지점에서 『중용』의 귀신설을 끌어들여 다음과 같이 말한다.

> 외암이 마음은 기질이 아니라고 주장한 것은 비록 지나치게 명쾌한 듯하지만 또한 잘못이라고 할 수 없다. **대저 마음은 비록 기질의 바깥에 있지는 않지만 마음은 정밀한 것이고 기질은 조잡한 것이다. 마치 귀신이 비록 음양 두 기에서 분리되지 않지만, 그러나 음양 두 기는 귀신이 아니며, 그 영(靈)과 양능(良能)이 귀신인 것과 같다.** 미호가 "『중용』의 귀신은 천지(天地) 공공(公共)의 귀신이며, 마음은 인간의 몸에 있는 귀신이다"라고 말한 것은 정말 잘 말한 것이다.[91]

이간이 마음과 기질을 구분한 것은 비록 그가 마음의 기질의 측면을 다소 지나치게 배제한 혐의가 있지만 마음의 허령통철의 독자성과 보편성에 대해서는 제대로 파악한 것이라 평가한다. 오희상은 마음은 기질을 떠나지 않지만, 또한 마치 귀신이 음양을 떠나지 않지만 음양 자체가 아니라 그 영과 양능이 귀신인 것처럼 기질과 구별되어야 한다고 함으로써, 마음을 어떤 물질적인 것을 넘어선 정신 혹은 영혼에 해당하는 것으로 보는 것 같다. 그는 이어서 다음과 같이 또한 말하는 것이다.

> 마음과 기질은 하나의 기이지만, 다만 본말의 다름이 있다. 어떤 이는 그것이 서로 뒤섞이는 것을 염려하여 방촌의 내와 외의 구별로 말하는 경우가 있는데, 그것은 **마음이 비록 형이하에 속한 것이지만 또한 상(象)도 없고 형체도 없어서 어떤 장소에서 구할 수 있는 것이 아님을 알지 못한 것이다.** 다만 그 위에서 동(動)과 정(靜), 본(本)과 말(末)을 나누되 분리되지도 섞이지도 않는 오묘

함을 볼 수 있어야 한다. 그러나 이것의 자세한 의미는 체인(體認)하여야 얻을 수 있고, 언어 문자로 다 할 수 없다.92

마음은 기이지만 또한 무형(無形)의 것 곧 리에 가까운 어떤 것임을 주장한 것이다. 오희상은 여기에서 마치 리와 기의 불리(不離), 부잡(不雜)에 대한 투철한 인식이 성리학에서의 이기(理氣) 인식의 핵심적 과제인 것과 마찬가지로 마음의 그러한 두 측면 즉 이적(理的) 측면과 기적(氣的) 측면, 혹은 기의 두 측면에 대한 투철한 인식의 필요성을 제시한다. 그것은 곧 낙학의 기본 시각이 마음과 심기(心氣)의 보편적 동일성의 측면을 강조한 외암류(이간)의 낙론과 마음과 심기의 특수한 차이의 측면을 강조한 남당류(한원진)의 호론의 내재적 통합을 지향하는 것임을 제시한 것이라고 할 수 있다. 그리고 그것은 언어 문자상의 충돌을 넘어서 내적 통일성에 대한 내적 체인을 통해서만 도달할 수 있다고 정리하고 있다.

3) 인물심동론

오희상은 기와 마음에 대한 이러한 입장을 바탕으로 하여 인물성동론에서 더 나아가 인물심동론(人物心同論)을 주장한다.

> 본말과 종시를 모두 들어서 말하면 인간과 동물의 마음은 다르지 않을 수 없지만, 곧바로 한 몸에 나아가 그 본연의 묘를 가리키면 인간과 동물의 마음은 같지 않을 수 없다.93

그러므로 **발용으로부터 말하면 인간과 동물은 다만 마음이 같지 않을 뿐 아니라 본성 또한 같지 않으며, 본체로부터 말하면 다만 본성이 같을 뿐 아니라 마음 또한 같지 않은 적이 없다.** 같다는 것은 사람과 사람의 같음과 같은 것을 말하는 것이 아니다. 대개 리가 일원이라면 기도 일원이므로 같다고 말하는 것이다. 무슨 말이냐고 하면 마음은 신(神)이고 본성은 리(理)이다. 하나는 진(眞)이고 하나는 영(靈)이다. **혼융하여 서로 떨어진 것이 없다.** 동정(動靜) 생성(生成)함에 하늘과 인간 사이에 틈이 없으며 인간과 동물 사이에 다름이 없다. 하늘과 인간의 구분은 형(形)의 유무에 있으며, 인간과 동물의 다름은 기의 통색(通塞)에 있다. 동물이 인간이 될 수 없음은 또한 인간이 하늘이 될 수 없는 것과 같은 유(類)이다. 만약 그렇다고 해서 하늘과 인간과 동물의 신과 리가 각각 서로 다르다고 한다면 결코 일원(一原)을 말할 수 없을 것이다.[94]

리에는 본과 말이 없으므로 본성은 참되고 거짓이 없지만, 기에는 본이 있고 말이 있으므로 마음에는 참도 있고 거짓도 있다. 그러므로 정주학에서는 다만 리의 선함을 말하고 기의 선함은 말하지 않았으며, 다만 본성의 동일함을 말하고 마음의 동일함은 말하지 않았다. 그러나 만약 곧바로 신(神)과 리의 묘합한 지점에 나아가 그 본체를 본다면 거의 민연(泯然)하여 구별이 없다. 이것은 곧 의리의 극히 정교하고 미세한 부분이므로 만약 이 부분에 생각을 오래 하여 자득할 수 있으면 나서는 이르는 곳마다 시원하게 이해할 수 있다. 그러나 그에서 더 나아가 **또한 리가 기의 근본이며, 본성이 마음의 주재라는 뜻을 간별하여 낸다면 바야흐로 이단의 견해에 떨어지는 것을 면할 수 있다**【본성이 마음의 주재라고 하는 것은 비록 창견(創見)인 듯하지만 주자 또한 리 아래에 주재라는 글자를 써두었다】.[95]

앞에서 살펴본 바와 같이 낙학 측에서는 기본적으로 성동심이(性同心異)의 입장을 취한다. 하지만 그것은 결국 마음이 실천의 중심이라는 점에서 실천상의 차이를 의미하며, 마음의 존재 자체에 대해 말한다면 결국 그 본연지심의 측면은 본성과 마찬가지로 그 위상이 리의 수준에 있는 것이요— 리 자체는 아니지만— 따라서 인간과 동물 사이에 다름이 없다는 결론에

이를 수밖에 없는 것이다. 낙론의 당연한 결론이라고 할 수 있을 것이다.[96]

오희상의 입장은 결국 기의 본연을 거의 리에 가깝게 이해하는 것으로서 기와 리를 구분하지 않는 데로 나아가지 않는가 하는 우려를 살 수 있다. 위의 인용의 마지막 부분은 바로 그러한 우려를 염두에 둔 것으로서, 기에 대한 리, 마음에 대한 본성의 우위를 확인해두는 것이라고 할 수 있다. 이것은 19세기 심설 논쟁으로 이어지는 논점이라고 할 수 있다.

4) 오희상의 낙학적 기론과 심론

한주 오희상의 낙학적 기론은 낙학 내부 논리의 발전 위에 있다. 그의 기론은 김원행에서 임성주로 이어지는 낙학의 기론을 발전시킨 것이라고 할 수 있다. 김원행이 기질과 구별되는 마음의 기의 탁월성과 보편적 동일성에 집중했다면 임성주는 그것을 기일분수론을 통해 일반적인 기론으로 확장한 것이라고 할 수 있고, 오희상의 기유본말론(氣有本末論)은 그들의 관점을 계승하되 현실 세계의 차별상을 좀 더 적극적으로 포섭하는 이론을 제시한 것이라고 할 수 있다. 즉, 호론의 입장을 어느 정도 반영한 것이라고 할 수 있는 것이다.

바로 그러한 점에서 오희상의 기론은 양응수의 심유이기설과 통하는 점이 있다. 양응수의 심유이기설은 심기를 본연지기와 혈기정영으로 나누어 보고 천지 본연지기가 혈기정영을 통해 자신을 실현하는 동일성의 측면과 정영이기는 하지만 혈기이므로 또한 차별상을 그 근원에서 배제되지 않는 차별성의 측면 두 측면을 모두 포괄하려고 했다. 또한 심기의 본연지기의 측면을 천지의 본연지기에 근원을 둔 것으로 보고 '천지본연지기-혈기정영-혈기-형기'의 개념 구분을 통해 만물의 다양성과 통일성을 설명하려고 했다. 즉, 리에 대응하는 천지 본연지기가 현실의 기의 세계를 관통하여 운동하는데, 식물은 형기, 동물은 혈기, 인간은 혈기의 정영이라는 각각의 기의 형태를 띠고 있음에 따라 다양하게 나누어지게 된다는 것이다. 천지 본연지기가 기의 근본이라고 한다면, 혈기정영 이하는 기의 지엽에 해당한다고 하겠다.

하지만 양응수의 이론은 김원행과 임성주에 의해 마음과 기질을 뒤섞은 호론과 다름없거나 적어도 호론의 문제를 담고 있는 것이라 비판되었다. 오희상의 기유본말론은 마음을 기의 근본으로 기질을 기의 지엽으로 배치하고 더 나아가 기질과 형기를 구분함으로써 그러한 비판으로부터는 자유롭다고 할 수 있다. 혈기의 정영은 결국 본연지기에 해당하는 것으로 기의 근본에 해당하는 것이고, 혈기는 기질에 해당하는 것으로 둘 사이는 구분해야 한다는 것이다. 오희상은 호론의 정통을 이어서, 일체의 기질의 편차를 넘어선 마음의 보편성과 기질의 편차를 넘어 리를 인식하고 실천하는 마음의 초월적 능력을 선명하게 부각시킨 이론을 제시한 것이라고 할 수 있다.

또한 그가 제시한 인물심동론은 낙학에서의 마음 이해가 마음을 그러한 인지적-실천적 주체로서뿐만 아니라 본체를 그대로 구현하는 혹은 본체 자체의 성격까지를 포함하고 있음을 혹은 적어도 그렇게 나갈 수 있는 가능성을 보여준 것이라고 할 수 있다.[97] 낙론에서는 마음의 본체로서의 성격이 특정한 미발의 상태에서 드러나는 것으로 이해했지만, 그 내부의 '심성일치, 이기동실'의 논리는 결국 마음과 본성, 리와 기의 묘합의 지점에 이르게 된다. 그것은 존재의 근원적 기술이자 수양적 실천의 성취 곧 공효를 표현한다. 이러한 지점에 이르면 거의 양명학의 정신에 육박하여 가는 것이라고 할 수 있을 것이다. 하지만 오희상은 역시 조선 성리학의 후예답게 그러한 극치 혹은 궁극의 지점에 대해 마음과 기를 주어로 하지 않고 본성과 리를 주어로 하는 관점의 전환을 요청했다. 그것은 곧 낙학의 자기 이해에 충실한 것이었다고 할 수 있다.

6
매산 홍직필

매산(梅山) 홍직필(洪直弼, 1776~1852)은 김원행의 문인인 근재(近齋) 박윤원(朴胤源, 1734~1799)에게 수학했으며, 오희상과 밀접하게 교유하면서 그들의 낙론을 계승했다.[98]

1) 호락논쟁의 쟁점에 대한 정리

홍직필은 1802년 아직 젊은 시기에 선배 학자인 구암(龜巖) 이원배(李元培, 1745~1802)에게 보낸 편지에서 호락논쟁의 주요 쟁점에 대해 다음과 같이 정리한다. 이는 앞에서 언급한 황윤석의 역사적 정리의 포괄성에는 미치지 못하지만, 논쟁의 쟁점에 대한 당시의 낙학 측의 이해를 잘 전달하고 있다.

> 근세에 호(湖)와 낙(洛)의 여러 유자(儒者)들의 논변은 조목마다 분분한데, 그 중에 큰 강령이 세 가지가 있으니, 인간[人]과 동물[物]의 본성[性]이 같은가 다른가와, 마음[心]의 체(體)는 본래 선한가 아니면 선악이 있는가와, 명덕에 분수가 있는가 없는가의 여부입니다.
> 인간과 동물의 본성이 같음을 주장하는 자들은 『중용』의 천명지성(天命之性)에 대한 『장구(章句)』의 말씀을 따라 이르기를 "동물 또한 오상(五常)의 이치를 받았다. 그러나 기질의 제한을 받기 때문에 그 본성을 온전히 하지 못한다"라고 하고, 인간과 동물의 본성이 다름을 주장하는 자들은 『맹자』의 개와 소

와 인간의 세 가지 본성이 똑같지 않다는 말씀을 따라서 이르기를 "동물은 기(氣)를 편벽되게 받았기 때문에 받은 리 또한 편벽되어서 태어날 때부터 이미 다르다"라고 합니다.

마음이 본래 선함을 주장하는 자들은 정자(程子)의 설을 따라 "기(氣)의 정상(精爽)한 것이 마음이 되니, 마음의 체(體)에 어찌 불선(不善)이 있겠는가? 이 체가 사려(思慮)에 발하면 선함이 있고 불선함이 있다"라고 하고, 마음에 선과 악이 있는 것을 주장하는 자들은 이르기를 "마음은 바로 기질이니, 기질에는 청(淸)과 탁(濁)의 고르지 않음이 있기 때문에, 마음에도 또한 선과 악이 있다"라고 합니다.

명덕에 분수가 있다는 이론을 주장하는 자들은 이르기를 "명덕은 본래 마음이고 마음은 기이며, 기는 고르지 않기 때문에 명덕에도 분수가 있다"라고 하고, 분수가 없다는 이론을 주장하는 자들은 이르기를 "사람의 허령(虛靈)함은 품부 받은 바에 구애되지 않는다. 허령은 명덕의 체이니, 어찌 품부 받은 기질의 다름 때문에 분수가 있다고 하겠는가"라고 했습니다.

제가(諸家)들이 주장을 세움에 있어 각각 주자를 증거로 삼아서 장차 100년 동안 해결하지 못할 사안이 되었습니다. 집사께서는 이에 대하여 반드시 선입견을 주장하지 아니하여 공정한 안목으로 잘 보실 수 있지 않겠습니까. 부디 통절(痛切)하게 이해하시고 풍편(風便)을 통하여 자세히 보여주시는 것이 어떻겠습니까?**99**

홍직필은 논쟁의 쟁점과 관련된 정리에서 기본적으로 낙학적 관점을 취하고 있지만,**100** 아직 적극적으로 자신의 낙학적 입장의 정당성을 개진하지는 않았다. 이것은 그의 입장이 아직 확정되지 않았음을 보여주는 것일 수도 있다. 어쨌든 논쟁의 쟁점에 대한 이러한 정리는 당시 낙학 측의 기본 입장을 보여주는 것이라고 할 수 있다.

그가 낙학적 입장을 확고하게 정립한 것은 중년 이후 오희상과의 교류를 통해서였던 것으로 보인다. 홍직필은 오희상의 기유본말설에 대해 적극 수용하면서 맹자의 유학사에서의 기여가 성선설과 함께 호연지기에 있다고 하여 그 의의를 부연한 바 있다.101

2) 심본선설

호락논쟁이 본격화된 이후 호학의 낙학 비판은 낙학이 심순선(心純善)을 주장한다는 것에 집중된다. 즉, 본성이 아니라 마음을 선으로 보는 것은 육왕학(陸王學)이요 선불교적인 이론이라는 것이다. 홍직필은 낙학의 입장에서 이에 대해 적극적으로 변호한다.

"마음[心]은 본래 선하다"라는 것은 그 말이 정자(程子)에게서 나왔으니, 마땅히 맹자가 말한 '성선'의 뜻과 짝을 이루어야 합니다. 그런데 남당(南塘) 등 제공(諸公)들은 정론(定論)을 갖고 있지 않아서 "마음은 선하기도 하고 악하기도 하다"라는 이론을 창도했으니, 세교(世敎)에 폐해를 끼치는 것이 "인간과 동물의 본성이 다르다"라는 설보다 만 배나 더 심합니다. 마음과 본성은 하나이니 선하다고 하면 마음과 본성이 모두 선한 것이고 악하다고 하면 마음과 본성이 모두 악한 것입니다. 어찌 악한 마음에 선한 본성이 갖춰져 있는 이치가 있겠습니까?102

마음이 본래 선하다는 것은 정자의 말이며, 본성의 선함은 곧 마음의 선함과 떼어낼 수 없는 관계에 있다는 것이다. 한원진 등 호학 측에서 심체에 기질을 끌어들인 것은 그들의 인물성이론보다 폐해가 더 심하다고 공격했다. 이는 낙학의 입장을 그대로 수용하여 천명한 것으로, 홍직필은 호학 측에서 낙학의 심선이 불교와 같은 주장이라고 비판한 것에 대해서도 다음과 같이 대응한다.

선유들은 "석씨(釋氏)가 마음에 대해서는 식견이 있었으나 본성에 대해서는 식견이 없었다"고 여겼습니다. 그러나 그 실제를 살펴보면 석씨는 마음을 본성으로 인식하고 기를 리로 인식하여 두 가지 중 하나도 제대로 본 것이 없으니, 이 때문에 이단으로 끝난 것입니다. 우리 유가에서 말하는 심선의 설이 어찌 영각(靈覺)을 가리켜 선하다고 한 석씨의 설과 비슷하겠습니까? 그런데 남당이 억지를 부려 주장하는 것이 이와 같으니, 또한 그가 너무 고집스러움을 알 수 있습니다.[103]

낙학의 심선과 불교의 심선은 그 내용이 다르다는 것이다. 낙학의 심선이 마음의 본체에 관한 것이었다면 불교의 심선은 마음의 작용에 관한 것이지 마음의 본체에 관한 것이 아니라는 것이다. 홍직필은 그와 관련하여 순선(純善)과 본선(本善)을 구별하여 다음과 같이 말한다.

본성에 대해서는 마땅히 '순선'이라고 칭해야 하고, 마음에 대해서는 마땅히 '본선'이라고 칭해야 하니, … 마음의 체가 본래 선하다는 것에 어찌 이론이 있을 수 있겠습니까? 본성은 특별한 물건이 아니고 다만 마음의 리이니, 본성이 순선함은 바로 마음이 본래 선함에서 연유한 것입니다. 본래 선한 마음에 순선한 본성을 갖추고 있기 때문에 만물의 영장(靈長)이 되고 사람은 누구나 다 요순이 될 수 있는 것입니다. 비록 마음이 선하다고는 하지만 본성이 아니면 준거하여 본받을 곳이 없으니, 어찌 본성을 군더더기라고 할 수 있겠습니까?[104]

본성의 선함을 순선이라고 한다면 마음의 선함은 본선이라고 해야 한다는 것이다. 마음의 본체는 선하지만 그 실제 작용에서는 선과 악이 있을 수 있기 때문이다. 마음의 선함은 그 자체에 의한 것이 아니라 본성과의 관계 속에서 본성의 선함을 근거와 기준으로 삼은 것이기 때문이라고 한다. 성선의 진리는 심선과 결합될 때 확고한 현실성을 가지게 된다.

마음과 본성이 모두 선하기 때문에 기질에 구애되고 욕심에 가려지더라도 빼앗기는 경우가 드뭅니다. 만약 마음에 선과 악이 있다면 지극히 약한 리【성선을 가리킨다】를 가지고 어찌 지극히 강한 기【마음의 악이 기질에 구애되고 욕심에 가려지는 것을 가리킨다】를 대적할 수 있겠습니까. 그렇다면 사람은 무엇을 인하여 선해집니까? 마음과 본성의 선함이 하나로 합쳐져야 성선의 뜻이 더욱 밝아지니, 어찌 마음에 선과 악이 있은 뒤에야 하늘이 명해 준 본성이 유용한 물건이 된다고 할 수 있겠습니까?[105]

마음과 본성은 밀접하게 결합되어 있다. 둘 사이는 구분되어야 하지만 또한 분리될 수 없다. 낙학의 마음에 대한 강조는 결코 본성을 마음으로 대체하여 본성을 지워버리는 논리가 아니라는 것이다.

3) 임성주 비판

임성주는 학맥상 낙학에 속했고 이간 이래의 '심성일치, 이기동실'이라는 명제에 공감했지만, 또한 그것의 논리적 의미를 추연하는 과정에서 호론의 인물성이론의 손을 들어준 바 있다. 홍직필은 이러한 지점을 지적하면서 결국 호론에 동조한 것이라 하여 한원진과 나란히 언급하면서 비판했다.

"마음과 본성은 한 이치요, 리와 기는 실제가 같다"라는 것은 바로 녹문의 정확한 말씀입니다. 그런데 (녹문이) 또 "본성은 크고 마음은 작다면, (마음이) 어떻게 본성을 담겠는가?"라고 하신 것은 사람을 극히 당혹스럽게 합니다. 만약 그 크고 작음을 말한다면 본성이 과연 형체가 있는 물건이며 마음이 과연 혈육을 지닌 마음이란 말입니까? 그 귀결을 요약하면 이는 남당의 설을 가지고 남당을 공격하는 것이니, 어찌 올바른 견해의 누(累)가 되지 않겠습니까? 지난번에 하신 이기(理氣)·체용(體用)·동정(動靜)에 관한 말씀과 이번에 하신 본말에 관한 의논은 유추하여 찾아보면 가는 곳마다 통하지 않음이 없습니다. 만약 지하에 계신 분이 다시 일어날 수 있다면, 회암(晦庵)과 율곡(栗谷) 두 현자께서도 분명 빙그레 웃으실 것이니, 남당과 녹문 두 분께 보여드리지 못하는 것이 애석합니다.106

홍직필은 우리가 앞에서 살펴본 오희상의 이기론 곧 이기유본말론에 동감을 표하면서 오희상의 낙론적 견해가 주자와 이이의 정통을 계승한 것이라 하고, 한원진과 임성주에게 보여서 그들의 잘못을 바로잡고 싶다는 소회를 피력하고 있다. 임성주는 낙학에서 "인간과 동물의 본성은 동일하지만, 그것을 실현하는 마음에서는 다름이 있다"고 주장한 것에 대해, 그것은 곧 '성대심소(性大心小)'의 주장과 다를 바가 없다고 비판한 바 있다.107 본성이 같으면 마음도 같고, 마음이 다르면 본성도 다르다고 해야 한다는 것이다. 임성주는 그것이 심성일치에 부합하는 결론이라고 보았으며, 따라서 마음의 다름을 주장하려면 본성의 다름을 또한 주장하여야 한다고 보았다. 하지만 홍직필은 본성과 마음의 대소를 논하는 것 자체가 결국 마음과 본성을 형기 혹은 기질과의 관련성 속에서 보는 것으로서, 낙학의 견해를 제대로 대변한 것이 아니며 오히려 한원진의 견해에 가까워지는 것이라 지적했다. 임성주가 결국 본성의 문제에서는 한원진과 다름없는 견해로 귀착되고 말았다는 것이다.

외암과 남당 두 현자는 각각 주자의 이론을 원용하여 자신과 의견이 다른 사람들을 배척했는데, 저는 일찍이 이것은 주자를 이용하여 주자를 공격하는 것이라고 생각했습니다. 녹문도 일찍이 외암과 남당이 아직 도를 듣지 못했다고 비난했으나 본인이 본성을 말할 때는 다시 남당의 설을 인습했으니, 저는 이 또한 남당을 이용하여 남당을 공격하는 것이라고 생각합니다.108

홍직필은 임성주의 이러한 견해는 결국 기를 지나치게 강조한 결과임을 지적한다. 그는 다음과 같이 말한다.

> 삼가 생각건대, 천지 사이에는 리가 있고 기가 있는데 이들은 진실로 서로 떨어질 수 없으며 또한 서로 섞일 수 없습니다. 그러나 리는 약하고 기는 강하기 때문에 기가 항상 리를 가리고 리가 기를 이기지 못하니, 사람으로 말하면 선한 자가 적고 악한 자가 많으며, 세상으로 말하면 다스려지는 날이 적고 혼란한 날이 많습니다. 이 때문에 위의 선현들로부터 모두 약한 리를 붙들고 강한 기를 억제하여, 천 마디 만 마디 말씀이 다만 "리가 기의 주인이 된다[理爲氣主]"라는 네 글자로 함축되니, 맹자가 성선을 말씀하신 것이 이 때문에 만대(萬代)에 오랫동안 힘을 갖는 것입니다.
>
> 녹문은 학문에 전일하여 문리밀찰(文理密察)한 분이니 어찌 이러한 명리(名理)를 모르시겠습니까? 그러나 장자(張子: 장재)의 '담일한 것이 기의 근본'이라는 논리를 따라 '기' 자를 지나치게 주장하여 거의 적실함을 결여하고 수많은 변론(辯論)에서 오로지 기를 위주로 했습니다. 그리하여 참되고 바르고 순수하여 삼재(三才)의 체(體)가 되고 만물의 근본을 내는 것이 기에 가려지게 해서 빈주(賓主)와 내외를 뒤바꿔 놓았으니, 어찌 마음을 본성으로 인식하고 기를 리로 인식한 것이 아니겠습니까? 녹문옹의 의논이 바로 그렇다는 것이 아니라 쉽게 말류에 이르는 폐단이 바로 이와 같은 것이니, 염려하지 않을 수 없습니다.[109]

홍직필은 먼저 '리는 약하고 기는 강한' 이약기강(理弱氣强)의 현실을 기초로 하여 성현들이 주리적 견해를 제출했음을 지적한다. 그런데 임성주는 기 위주의 논리를 전개함으로써, 자신의 본래 의도와는 관계없이 '인기위리(認氣爲理)'에 빠지고 말았다는 것이다. 결국 낙학의 명제 '리기동실, 심성일치'가 리와 기, 본성과 마음을 분별하지 않는 '인기위리(認氣爲理)',

'인심위성(認心爲性)'의 논리가 되고 말았다고 하겠다. 이는 한원진 등 호학 측에서 낙학의 논리의 귀결이라고 비판한 문제점이기도 하다.

4) 리에 대한 강조

임성주의 주기적 경향에 대한 비판은 곧 리에 대한 강조로 이어진다.[110] 위의 임성주에 대한 비판에 이어서 홍직필은 다음과 같이 말한다.

> 이 노인이 말하기를 "율곡은 오직 기의 근본은 하나라는 부분에 있어서는 아마도 다 밝게 알지 못한 듯하다"라고 했는데, 이는 나정암(羅整庵: 나흠순)이 주자가 리와 기를 두 개의 물건으로 인식한 것을 하자로 여겼던 것과 같습니다. 주자가 어찌 리와 기의 근원이 하나인 것을 모르셨겠습니까? 주자는 늘 강한 기가 항상 약한 리를 이기고 약한 리가 항상 강한 기에 지는 것을 염려했습니다. 이 때문에 리와 기 두 가지를 분석할 적에 약한 리를 붙들고 강한 기를 억제했던 것입니다. 율옹(栗翁)도 성리(性理)를 천명(闡明)하는 것을 중요하게 여겨서 그런 것이지 기의 근본이 하나임을 몰랐던 것이 아닙니다.[111]

홍직필은 녹문이 이이의 기에 대한 견해, 곧 담일청허한 기 위에 리를 설정한 것에 대해 비판한 것은 나정암이 이기일물설을 주장하면서 리와 기를 분별한 주자를 비판한 것과 마찬가지라고 말한다. 그리고 주자가 굳이 그 구별을 말한 것은 그것이 리와 기가 하나의 근원임을 몰라서 그런 것이 아니라 리약기강의 현실에서 리를 부축하고 기를 억제하고자 한 의도가 있었던 것이며, 이이의 경우도 마찬가지라고 한다. 그는 또한 다음과 같이 말한다.

> 성인은 리를 주장하고 석씨는 기를 주장했으니, 비단 석씨뿐만 아니라 모든 이

단(異端)과 백가(百家)의 부류가 모두 기를 주장하여 기를 리로 인식했다. 그러므로 그 유폐가 혹세무민하여 인의(仁義)를 가로막는 데에까지 이른 것이다. 기의 근본이 어찌 악하겠는가? 다만 뒤섞이고 가지런하지 못한 대로 내버려 두어서 기준으로 삼는 바가 없기 때문에 갈수록 악하게 된다.[112]

홍직필은 낙학 내부에서 임성주의 견해가 주기적으로 흘러가는 데 대해 염려를 표명하고 있다. 이러한 측면은 이재 이래 호학에서 기를 지나치게 강조하는 것에 대해 경계했던 낙학의 경향을 계승한 것이라고 할 수 있지만 또한 그 내부 사정은 조금 다를 수 있다. 즉, 마음에 대한 강조에서 리에 대한 강조로 전환이 일어난 것이라 할 수 있다. 그리고 이것은 19세기 조선 유학에서의 주리적 경향 곧, 도덕적 이상주의의 압도와 궤를 같이 한다.[113] 19세기 중반에 이르러 17, 18세기 낙학이 취한 낙관적 이상주의를 더 이상 취하기 어려운 현실적 상황에서, 현실에 대한 정면 응시와 돌파보다는 도덕의식의 강화를 통해 현실을 비판하고 개척하려는 비관적이고 비판적인 이상주의로 나아가는 상황을 보여주는 것이라고 할 수 있다는 것이다.[114] 이러한 경향은 노사 기정진으로 이어진다.

7

노사 기정진

노사(蘆沙) 기정진(奇正鎭, 1798~1879)은 자신의 글 「납량사의(納涼私議)」(1843)에서 호락논쟁에 대한 총괄적 비평을 시도했다. 그 비평의 핵심적인 관점은 전래의 이일분수(理一分殊) 명제를 철저하게 관철해야 한다는 것이다.

1) 이일분수론: 이통의 이해 문제

이이는 주자학의 이일분수(理一分殊)에 대한 대응 명제로서 이통기국(理通氣局)을 제시한 바 있다. 리가 보편적으로 편재하여 구체적인 현실 세계를 관통하는 동일성의 원리라고 한다면, 기는 구체적 현실 세계를 구성하는 계기로서 차별성의 원리이다. 이일분수는 이일(理一)이 이통(理通)에, 분수(分殊)가 기국(氣局)에 대략 해당한다고 볼 수도 있으나, 실제로는 이일과 분수 모두가 이통의 내용을 지시한 것이라고 보는 것이 더 적절하다.

바로 그러한 지점에서 기정진은 이통에 대한 좀 더 자세한 분석을 시도하여, 이통이 초월적 보편성과 함께 내재적 구체성을 주장하는 명제임을 밝혔다. 그는 권우인(權宇仁)의 이통에 대한 견해를 비판하면서 다음과 같이 말한다.

> 다만 신원(信元: 권우인)이 말한 '통(通)'은 선현이 말한 이통의 본뜻이 아닌 듯하다. … 대저 사물은 움직임과 고요함[動靜]이 있지만 리는 움직임과 고요함

이 없고, 사물은 많고 적음[多寡]이 있지만 리는 많고 적음이 없으며, 사물은 삶과 죽음[生死]이 있지만 리는 삶과 죽음이 없으니, 움직임과 고요함, 많고 적음, 삶과 죽음이 있는 것을 국(局)이라고 하고, 움직임과 고요함, 많고 적음, 삶과 죽음이 없는 것을 통(通)이라고 한다. 이처럼 범범하게 논할 때는 신원의 견해도 나와 큰 차이가 없는 듯하다. 다만 위에서 '없다[無]'는 여러 글자가 특별히 그 일[事]이 없음을 말한 것인지, 아니면 그 묘용[妙]이 없음을 말한 것인지 모르겠다. 만일 그 일이 없다고 하여 마침내 그 묘용까지 없다고 한다면, 천하에 어찌 수원 없는 지류가 있고 뿌리 없는 가지가 있으며 본체 없는 작용이 있겠는가. 그렇다면 삼라만상은 예전처럼 그대로 있을 것이니, 어디에 리의 통함이 있는가? 아, 내가 말하는 참다운 이통이 바로 이곳에 있으니, 신원이 말한 통(通)과는 같지 않다.115

기정진은 이이의 이통이 리의 보편적 편재와 함께 리의 무위(無爲)를 주장한 것이기는 하지만 그것이 곧 리에 용(用)이 없음을 말한 것은 아니라고 강조한다. 리의 체(體)의 초월적 보편성과 함께, 혹은 그보다 더욱 리의 내재적 구체성, 현상을 관통하는 리의 용의 측면이 있다는 것이다. 이통에 관한 권우인과의 관점의 차이에 대해 그는 좀 더 자세한 설명을 덧붙였다.

신원이 이통으로 여기는 것은 이것과 다르다. 그가 설명하기를 "리만 말하면 하나의 리가 있고 만 가지 리가 없다. 그러므로 만물의 리는 모두 본래 그렇게 완전하게 갖추어진 것이 아니니, 반드시 기로써 맛을 더하고 재료를 보태야 한다. 이른바 리가 기를 타고 변화한 뒤에 바야흐로 만 가지 리를 이루게 된다. 하나의 사물이 생겨나면 하나의 리가 비로소 생겨나고, 하나의 사물이 소멸하면 하나의 리가 따라서 소멸한다"라고 했다. 참으로 신원의 말과 같다면, 움직임과 고요함은 서로 시기하고 만 가지와 하나는 서로 질투하며 삶과 죽음은 서로 해칠 것이니, 그 통하지 않음이 심하다. 특히 '리가 능히 기를 타고 변화하여 막힘없이 두루 통하는 것을 통(通)이라고 한다'라고 한 말은 그 근본이 추하게 어긋났는데, 혀가 닳도록 말해주어도 듣지 않으니 버려두고 다시는 언급하지 말자.[116]

기정진에 의하면 권우인은 이통은 이는 리의 단일성을 지시하며, 기국의 단계에서 리의 다수성을 말할 수 있다는 입장이다. 리는 오직 기를 통해 자기를 실현하는데, 그 과정에서 리의 다양성이 비로소 발생한다는 것이다. 하지만 이것은 결국 리의 단일성과 다수성을 함께 말하는 이일분수 명제에 위배된다. 그는 그에 대해 다음과 같이 비판한다.

우선 일의 형세와 말의 맥락으로 말하면, 본체의 통하지 않음이 이와 같은데 어떻게 발용(發用)에 두루 통할 수 있겠는가? 가령 두루 통한다 하더라도 그 위 절반의 두루 통하지 않는 부분을 보상할 수 없는데, 이를 뭉뚱그려 '이통'이라고 명명한다면 명실상부하지 못하게 된다. 더구나 리에 이미 본래 그러하여 바꿀 수 없는 묘용이 없어서 기가 있으면 함께 있고 기가 없으면 함께 없는 것에 불과하다면, 이른바 변화라는 것은 곧 기가 변화하면 리도 함께 변화하게 되고, 이른바 두루 통한다[圓通]는 것은 곧 기가 두루 통하면 리도 함께 두루 통하게 되니, 이는 곧 기가 통하는 것이지 리가 통하는 것은 아니다. 통(通)을 빼앗아 리에 돌려주고 국(局)으로 기를 명명하니, 기의 입장에서 또한 원통하지 않겠는가?[117]

기정진은 리의 내재적 구체성이 기의 계기를 도입하지 않고 리 자체에서 성립 가능하다고 주장한다. 기가 리를 제한하여 리의 국한이 결정되는 것은 아니라는 것이다. 결국 기정진은 이통에서 리의 동일성과 차이, 곧 이일과 분수를 모두 말할 수 있다고 보는 것이요, 그렇게 볼 때 이통은 명실상부하게 된다는 것이다. 그에 따라 기 역시 리의 체용에 부응하여 체용을 가지는 것으로 이해될 수 있다. 리가 두루 통함은 기의 두루 통함을 수반하며, 기의 국한은 리의 국한을 수반한다.

바로 그런 점에서 기정진의 이일분수에 대한 이해는 임성주의 기일분수론과 서로 통한다고 할 수 있다. 양자 모두 호락논쟁의 쟁점을 나름대로 해소하려는 노력 가운데 그러한 관점에 이르렀다는 점이 흥미롭다. 기정진 자신이 그러한 점을 인지하고 있었다. 그는 자신의 「납량사의」 발문에서 다음과 같이 말하고 있다.

> 찢긴 종이 가운데서 녹문(鹿門) 임씨(任氏)의 의론 한 단락을 얻었는데, "다름을 말하면 본성이 다를 뿐 아니라 명(命)도 다르고, 같음을 말하면 본성이 같을 뿐 아니라 도(道)도 같다"라고 했다. 이 말은 얼핏 겉만 보면 사슴 곁에 있는 것이 노루이고 노루 곁에 있는 것이 사슴이라는 것 같지만, 실제로는 도리의 근원을 물 샐 틈 없이 설명한 것이다. 이천(伊川: 정이)의 '이일분수(理一分殊)' 넉 자가 녹문에 힘입어서 한 맥이 동방에서 떨어지지 않은 것이다! 그의 전서(全書)를 얻어서 살펴보지 못한 것이 한스럽다.[118]

2) 리 주재의 강조

하지만 이일분수에 대한 이러한 이해는 곧 현실 세계에서의 리 주재(主宰)에 대한 강조로 이어진다. 그는 이이의 명제인 "기자이(機自爾)"에 대해 의문을 표시하면서 다음과 같이 말한다.

> 양이 움직이고 음이 고요한[陽動陰靜] 것을 겉모습만 언뜻 보면 과연 스스로 가고 스스로 멈추는 듯하나, 그 실상을 깊이 궁구해보면 한결같이 천명이 그렇게 시킨 것이다. 천명이 그러한 까닭에 그렇게 하지 않을 수 없는데 이것을 소이연(所以然)이라고 하니, 천명 밖에 따로 소이연이 있는 것이 아니다. 이제 "기

틀이 저절로 그러할 뿐이다[機自爾]"라고 말하고 … 또 거듭하여 "시키는 것이 있지 않다[非有使之者]"라고 말하니, … 참으로 음양은 말미암는 바가 없이 스스로 가고 스스로 멈추는 듯하다. 다만 이 두 구절은 나의 옅은 식견으로는 이해할 수 없다.119

천명이 모든 사물의 본령이건만 이제 스스로 가고 스스로 멈추어 천명을 말미암지 않는다면 천명 밖에 또 하나의 본령이 있게 된다. 두 개의 본령이 각자 추뉴(樞紐)가 된다면 조화에는 반드시 이런 일이 없을 것이다. 또 리는 약하고 기는 강하게 될 것이니, 기가 리의 자리를 빼앗을까 두렵다.120

이는 이이의 견해에 대한 비판이다. 하지만 그것이 곧 그가 리가 기 없이 스스로 운동한다는 것을 주장한 것은 아니었다. 리는 반드시 기기 혹은 기의 운동을 통해 움직이지만 리는 그 운동의 주재자로서 기의 운동에 수반하여 운동한다고 해야 한다는 것이요, 그 운동의 근원 혹은 더 나아가 궁극적 의미에서 그 운동의 주체는 결국 리라고 말할 수밖에 없다는 것이다. 그는 다음과 같이 말한다.

기가 리를 따라 발현하는 것이 기발(氣發) 곧 이발(理發)이요, 리를 좇아 운행하는 것이 기행(氣行) 곧 이행(理行)이다. 리는 조작하여 스스로 준동하지 못하므로 그 발현과 운행은 분명히 기의 작용인데도 이발·이행이라고 하는 것은 무엇 때문일까? 기의 발현과 운행은 실제로는 리에게서 명령을 받은 것이니, 명령하는 것은 주인이 되고 명령을 받는 것은 종이 된다. 종이 그 노역을 담당하고 주인이 그 공로를 차지하는 것은 천지간에 변치 않는 질서이다.121

결국 기정진의 입장에서 모든 운동은 기발인 동시에 리발이다. 그 둘은 구분되지 않는다. 이발을 부정하고 기발만 말해서도 안 되고 그렇다고 리발을 기발과 분리해서 보아도 안 된다. 그러한 균형 가운데 그는 리의 주재를 더욱 강조했다. 그는 당시 학자들이 기를 강조하면서 리의 주재를 망각하는 점을 특히 문제시했다.

리와 기를 대거(對擧)하여 이기(理氣)라 부른 것은 언제 시작되었는가? 나는 이것은 결코 성인의 말이 아니라고 생각한다. 어째서 그렇게 말하는가? 리는 존귀하여 상대할 것이 없으니, 기가 어찌 리와 짝이 될 수 있겠는가? 리는 광활하여 상대가 없으니 기 또한 리 가운데의 일이요, 곧 리가 유행하는 데 손과 발이 된다. 그것은 리에 대해 본래 대적(對敵)이 되지 않아 짝도 아니요 적도 아닌데 대거하는 이유는 무엇인가? … 지금 사람들은 '도리(道理)' 두 글자를 아득하여 생각도 논의도 할 수 없는 곳으로 몰아내고, 조금만 발현하고 환히 드러난 것이 있으면 한결같이 기에 속하게 한다. 이러한 사람은 이기를 안다고 하고, 이렇지 않은 사람은 이기를 모른다고 하니, 헛된 이름과 과거의 말로 도를 말하고 리를 말하지만, 그 실상은 기가 리의 자리를 빼앗아 모든 사물의 본령으로 삼을 뿐이다. 가만히 생각건대 전현의 의론이 혹 지나치게 명쾌하여 말단의 폐해가 여기에 이를 줄을 세심히 생각지 못했던 것 같다. 전현이 아직 살아 있다면 참으로 질정을 드리고 싶지만 이미 그렇게 할 수 없으니, 질문할 만한 사람은 후현(後賢)뿐이다. 질문해서 내가 의심한 바가 망령된 것이라면 다행이지만, 혹 망령된 것이 아니라면 동방의 이기를 어찌할 것인가?[122]

전현(前賢)은 곧 이이를 가리킨다. 기정진은 조심스럽게 이이가 취한 '리무위(理無爲), 기유위(氣有爲)'의 강조가 후대에 리를 무력하거나 신비한 것으로 만드는 문제점을 발생시키는 발단이 되었음을 지적한다. 기정진은 그에 대응하여 기에 대해 리를 극히 높이는 입장을 취한다. 어떤 점에서는 리는 신적 지위로까지 높여졌다고 할 수 있다. 리는 곧 천명이다. 현실 세계를 관통하는 리의 주재의 측면을 극도로 강조한 것이다. 이는 곧 리를 어두운 현실에서 소망을 가질 수 있는 희망의 지표로 확고히 정립하고자 한 것이었다고 해석할 수 있다.

3) 호락논쟁에 대한 비평

(1) 인물성론에 대한 비평

기정진은 이일분수에 대한 자신의 이해를 기초로 하여 「납량사의」에서 호락논쟁의 쟁점들에 관해 양시양비(兩是兩非)의 입장에서 비판적인 견해를 피력했다. 그는 다음과 같이 말한다.

> 여러 학자들이 인·물(人物)의 본성을 논한 것이 그 귀착점은 비록 다르지만, 생각건대 그 가려진 바는 하나이다. 어째서 가려진 바가 하나라고 하는가? 가려진 바는 리(理)와 분(分)이 서로 분리된 데 있다. 여러 학자들의 뜻을 자세히 보면 하나같이 모두 리를 분이 없는 것으로 여기고, 분을 기에 인(因)하여 있게 된 것으로 여기며, 이일(理一)을 형기(形氣)에서 분리된 곳에 한정하고 분수(分殊)를 형기에 떨어진 후로 국한한다. 이에 리는 그대로 리이고 기는 그대로 기여서 본성과 명(命)이 단절되는 것이다. 본성과 명이 단절되니 본성을 논하는 것이 비로소 천하에서 분열했다.[123]

호락논쟁 중 인물성동이 논변에서 호학의 이론(異論)과 낙학의 동론(同論)은 모두 리(理)와 분(分), 곧 이일과 분수를 분리하는 잘못을 범했다는 것이다. 즉, 그들은 동일하게 분수를 리일에 내재한 것으로 보지 않고, 기 혹은 형기에 의해 비로소 생성된 것으로 보았다는 것이다. '리를 분이 없는 것으로 여긴' 것은 리를 동일성의 원리로만 이해하는 낙학의 문제인 동시에 초형기의 리를 주장한 호학의 문제라고 할 수 있고, '분을 기에 인하여 있게 된 것으로 여긴' 것은 인기질의 본성을 주장한 호학의 문제인 동

시에 기만을 차별성의 원리로 이해하는 낙학의 문제이기도 하다. 그는 좀
더 구체적으로 다음과 같이 말한다.

> 뜻밖에 근세의 현명한 유학자들이 본성을 논한 것 또한 이에 가까웠다. 대개
> 이미 분(分)이 없는 것을 일(一)로 여겼으니, 본연(本然)의 위에다 따로 한 층
> 의 본연을 세워 만물의 일원(一原)이라고 한 것도 괴이할 게 없고【남당은 형
> 기(形氣)를 범하지 않고 단지 그 리를 가리킨 것으로 제1층의 본연을 삼았다】
> 인의예지를 기로 인하여 각각 가리키는 본성으로 여겨 인간과 사물의 성(性)이
> 다르다고 논한 것도 괴이할 게 없다【남당이 말하기를 "천명은 형기를 초월하
> 여 말한 것이고, 오상(五常)은 기품으로 인하여 이름을 붙였다"라고 했다】.124

한원진의 초형기(超形氣)의 본연지성은 본성에서 리를 단지(單指)한 것으
로서, 리를 일체의 분수적 전개를 넘어선 추상적 동일성으로 보는 잘못을
범했고, 인기질의 본연지성은 리 자체가 아니라 형기를 개입한 것으로서,
분수를 형기에 의해 규정된 것이라고 여기는 잘못을 범했다는 것이다. 기
정진은 이런 문제는 낙학 측에서도 크게 다르지 않다고 말한다.

> 이미 분(分)을 기(氣)로 인하여 생긴 것이라고 여겼으니, 인간과 사물이 동일하
> 게 오상을 지닌 것을 본연지성(本然之性)이라 하고 편전(偏全)의 본성은 본연
> 이 아니라고 하여 인간과 사물의 성(性)이 같다고 논한 것도 괴이할 게 없다
> 【한천의 시에 "듣자 하니 마음과 본성 사이에서/기의 분계를 지나치게 잡아/편전을
> 본연이라 하고/기질을 심체에 해당시켰네"라고 했다】.125

낙학 측에서는 리의 일원에서는 본연지성을, 기품에서 기질지성이 나
뉜다는 입장을 취하여, 인간과 동물의 다른 본성은 기질지성이지 본연지
성이 아니라고 본다. 이것은 곧 역시 분수를 기에 의해 생기는 것으로 보

는 것으로서, 이 점에서는 한원진과 다름이 없다. 이재가 한원진의 본성에 대해 "편전을 본연으로 보았다"라고 한 것은 곧 편전과 본연을 분리시킨 것으로 리와 분을 분리한 것에 해당한다는 것이다. 그는 계속해서 양자를 비판하여 다음과 같이 말한다.

> 아, "본성이 다르다"라고 한 것을 내가 옳지 않다고 말하는 것은 아니지만, 다르다는 곳이 바로 오상이 기를 띠 두르는 데에 있다고 한다면 대본(大本)에 밝지 못한 바가 있다. 어쩔 수 없이 따로 일원(一原)을 세운다면 이것은 리 바깥에 분(分)을 두는 것이다. 결국 다른 것을 주로 삼아 같은 것을 폐해버리니, "본성이 곧 리다[性卽理也]"라는 한 구절은 헛된 말이 된다. "본성이 같다"라고 한 것을 내가 그렇지 않다고 말하는 것은 아니지만, 편전의 성을 본연이 아니라고 한다면 이것은 분 바깥에 리를 두는 것이다. 결국 같은 것을 주로 삼아 다른 것을 폐해버리니, 본성은 체(體)만 있고 용(用)이 없는 쓸데없는 물건이 된다.[126]

호학 측에서 인간과 동물의 본연지성은 다르다고 주장한 것은 분수의 리의 관점에서 타당성이 있다. 하지만 그 다름이 리 자체, 리의 분수에서가 아니라 기에 구속된 데 원인이 있다고 주장한다면, 그리고 일원의 리를 기를 넘어선 곳에 세운다면, 그것은 대본(大本)을 제대로 알지 못한 것이다. 그것은 리의 동일성을 공허하게 만드는 것이요, '성즉리(性卽理)'를 현실 세계의 기초가 없는 공허한 추상적인 명제로 만들 위험성이 있다.

반면 낙학 측에서 인간과 동물의 본연지성의 동일성을 주장한 것 역시 일원의 리의 관점에서 타당성이 있다. 하지만 편전의 본성이 또한 본연지성이 아니라고 한다면 그것은 분수의 바깥에 본연지성 곧 리를 두는 것으로서, 본연지성은 체에서만 그 현실성이 인정되고 용에서는 인정하기 어렵게 되는 문제가 있다.

낙학에서는 인물성동론을 주장하면서 그 본연지성의 보편적 동일성을 이통 혹은 이일에 기초하여 주장했다고 한다면, 호학에서는 인물성이론을 주장하면서 그 본연지성에서의 차이를 기국 혹은 분수에 기초하여 주장했다고 할 수 있다. 그런데 낙론은 인간과 동물 사이에 차이가 나는 본성을 기질지성으로 봄으로써, 그것 역시 리에 의한 것임을 포착하지 못했다고 할 수 있다. 즉 인간과 동물 사이의 본성상의 차이 역시 단지 기질지성인 것이 아니라 본연지성임을 알지 못한 것이라고 할 수 있다. 그것은 분수 역시 리임을 알지 못한 것이요, 이일에 분수가 내재함을 알지 못한 것이다. 또한 호학의 경우도 그 리의 차이 곧 본연지성의 차이를 기질의 차이에 근거하여[因氣質] 설명하고 있다는 점에서 역시 분수가 리일에 함축되어 있음을 적절하게 포착하지 못했으며, 이일의 본연지성을 기의 맥락을 초월한 것[超形氣]으로 보았다는 점에서 이일에 대해서도 제대로 규정하지 못한 것이라고 할 수 있다.

낙학은 본연지성의 동일성과 기질지성의 다름을 말함으로써, 다름의 원인을 기에 돌리는 잘못이 있으며, 호학은 인기(因氣)의 본연지성으로 말함으로써, 역시 다름의 원인을 기에 두고 있다는 점에서 동일한 오류를 범하고 있다는 것이다. 기정진의 요지는 다름은 이일(理一) 자체에 이미 내재되어 있다는 것이다. 이것은 한편으로 낙학의 주리적 경향을 강화한 것이라고 볼 수 있는 측면이 있지만, 오히려 호학의 극단화로 볼 수도 있다. 리를 동일성의 원리가 아니라 차이, 차별성의 원리로 이해한다는 것은 현상의 차이를 절대적으로 고정한다는 문제가 있을 수 있는 것이다. 그만큼 분별 의식이 강화된다고 할 수 있다.

(2) 심설에 대한 비평

기정진은 호락논쟁의 또 하나의 쟁점은 "성인과 일반인의 마음이 같은가? 곧 미발 심체에서 선악 혹은 기질지성을 말할 수 있는가?" 하는 문제였다. 그에 관해서도 그는 이일분수에 대한 자신의 견해에 입각하여 자신의 입장을 분명히 밝혔다.

① 성범심동이 문제

마음을 논하는 것도 또한 그러하다. 마음은 기의 성분을 지닌 것이지만 갖춘 바는 곧 본성이다. 마음이 본성을 갖추고 있음은 나의 마음과 성인의 마음이 같지만, 마음이 본성을 다하지 못하면 나의 마음과 성인의 마음이 다르게 된다. 그 같음과 다름은 모두 그 중한 바가 본성에 있다. 대저 그 체단(體段)은 같은데 작용(作用)이 다른 것은 본래 기품(氣稟)의 미악(美惡)이 그 사이에 위세를 부리기 때문이다. 그러나 성인은 이에 대하여 항상 그 같은 것을 위주로 하고 그 다른 것을 배제하여 기품을 큰일로 보지 않는다. 그래서 "어리석더라도 반드시 밝아지며 유약하더라도 반드시 강해진다"라고 말했고, "광인도 사념을 이기면 성인이 된다"라고 말했다.[127]

인물성론에서와는 달리, 심설과 관련해서는 기정진은 명확하게 낙론의 입장에 선다. 그는 성인과 일반인의 마음의 동일성을 강조한다. 다만 그가 동일성의 근거를 마음의 기의 본체에서 찾기보다는 마음에 갖추어진 본성의 동일성에서 찾고 있다는 점에서 이간이나 김원행보다도 이재에 가까운 입장을 취한 것이라고 할 수 있다. 성인과 일반인의 마음이 달라지는 것은 그 본성의 실현, 곧 마음의 실천에서이지 마음 자체에서가 아니다. 마음의 실천에서 기품의 미악이 작용하여 성인과 일반인 사이에 차이가 생긴다. 성인은 그러한 실천 혹은 현실에서의 차이보다는 마음의 동일성을 강조했으니, 거기에 바로 수양을 통한 회복의 근거가 있기 때문이다. 한원진이 마음의 다름을 주장하는 것은 곧 그러한 수양을 통한 회복의 근거를 위협하는 것이 된다.

남당은 곧 그 같은 것을 망각하고 그 다른 것을 주장하여 "성인과 범인의 마음이 다르다[聖凡異心]"는 설을 법문(法門)으로 삼았으니, 그 또한 성인의 뜻에 모순이 된다. 남당과 논변한 사람(이간)도 그 중한 바가 있는 곳은 말하지 않고, 구구하게 그 광명(光明)의 분수(分數)를 비교하여 이로써 "성인과 범인의 마음이 같다[同聖凡之心]"고 하려 하니, 병통을 찌르지 못한 것이다. 또한 혹 "천지의 묘용(妙用)과 양능(良能)이 사람에게 내려 마음이 된 것이지, 사람이 태어나 기질(氣質)이 한 번 정해진 뒤에 비로소 모여 마음이 된 것이 아니다"라고 말하니【역천(櫟泉: 송명흠)의 설이다】, 더욱 우원(迂遠)하다.[128]

한원진이 성인과 일반인의 마음이 다르다고 주장한 것은 그러한 성인의 취지에 반한 것이다. 하지만 호학 내에서 그에 대립한 이간 역시 마음의 기의 성격에 집중함으로써 핵심을 찌르지 못했다고 한다. 내재한 본성 곧 리에 성인과 일반인의 마음의 동일성의 근거가 있다는 것이 기정진의 입장이다.

이는 현실 세계 속에서 리의 동일성이 관철되고 있다는 것이고 결국 기정진의 이일분수에 대한 이해가 여기에서도 작동되고 있다고 해야 하겠다. 즉, 앞의 이일분수의 관점에서 우리는 우리 마음의 구체적 현실성 속에 작동하고 있는 리 곧 본성에 대해 이해할 수 있으며, 그 지점에서 성인과 일반인의 마음은 같다고 해야 한다는 것이다.

기정진은 바로 그런 입장에서 같은 낙학 진영에 속한 이재의 문인 역천(櫟泉) 송명흠(宋明欽, 1705~1768)의 설 역시 정곡을 찌르지 못했다고 지적한다. 송명흠은 기질과 구별된 마음을 말하지만, 그 구별을 마음의 본성-리의 측면에서 포착한 것이 아니라, 천지의 묘용과 양능이라는—비록 본체적 수준에서이지만— 역시 기의 수준에서 구하고 있기 때문이다.[129] 그것은 핵심적인 지점을 지적하지 못하고 멀리 돌아간 것이라고 할 수밖에 없다는 것이다.

② 심본선의 문제

당시 호학 측에서 낙학 비판의 핵심은 심순선(心純善) 혹은 심본선(心本善)의 주장에 있었다. 그것은 곧 육왕학이나 선불교에서 마음을 리로 보거나 마음을 본성으로 보는 것과 다를 바가 없다는 것이다. 그에 대해 낙학 측에서는 호학 특히 한원진이 미발에서 기질 곧 선악의 종자가 잠재하고 있다고 주장함으로써 대본(大本)을 훼손하여 성선이라는 대명제를 위태롭게 했다고 비판했다.

그와 관련하여 기정진은 낙학의 심본선설(心本善說)에 찬동을 표하고, 미발의 마음에 선악의 종자가 있다고 주장한 한원진의 설을 다음과 같이 비판했다.

> "마음은 본래 선하다[心本善]"는 설과 같은 경우, "담일(湛一)은 기의 본체이다"라는 말과 "희로애락이 발하지 않았을 때 어찌 불선한 적이 있겠는가"라는 말 등으로 판단하면 곧 자체로 참된 말이다. 다만 남당이 반드시 선악의 종자가 발하지 않았을 때 내장된 것을, 발한 뒤의 근저(根柢)로 삼으려고 하니, 또한 어찌할 도리가 없다.[130]

한원진이 미발(未發)에 선악의 종자가 있다고 주장하는 주요한 이유 중 하나는 그것이 이발(已發) 후의 선과 악을 잘 설명할 수 있기 때문이었다. 미발에 이미 종자가 없다면 이발에서의 악은 어디서 생겨났단 말인가? 그에 대해 기정진은 낙론의 입장을 옹호하여 다음과 같이 말한다.

> 천하에는 두 가지 종자가 있을 수 없으니, 악이라 할지라도 또한 선에 뿌리를 두고 생겨난 것이다. 이는 하나의 이삭 사이에서 빈 쭉정이와 절반쯤 여문 곡식을 얻는 것과 같으니, 어찌 따로 종자가 있어서 그러한 것이겠는가? 기품의 좋고 나쁨은 종자를 심은 땅의 힘이 고르지 않아서이다. 땅의 힘이 모인 곳에

종자가 참으로 곧게 이루어지지 못하는 경우가 있지만, 종자는 도리어 처음의 그 종자이다. 그러므로 단지 미발을 중(中)이라 하니 중은 바로 지극한 선이다. 이제 이르기를 "발하지 않았을 때 선악의 종자가 있다"라고 하고, 다시 "발하지 않았을 때의 중을 말한 것이 아니다"라고 하니, 이는 두 가지 미발이 있다는 것인가.[131]

기정진은 마음에 심긴 종자는 선한 종자 하나라고 말한다. 이발의 악도 그 종자로부터 여문 것이지만 그것을 심은 땅의 문제로 제대로 여물지 못한 것일 뿐이지 별도의 나쁜 종자가 있는 것은 아니다. 심긴 땅의 미악은 기품의 미악에 해당한다. 종자는 곧 '미발 곧 중'에 해당하는 것으로 그 자체는 선하다고 해야 한다. 기정진은 미발에서도 기질지성을 말해야 한다는 호학의 입장에 대해서 또한 다음과 같이 말한다.

"기질의 본성은 태어나면서부터 함께 태어나는 것이지 때에 따라 있기도 하고 없기도 하는 것이 아니다"라고 말한 것도【수암(遂菴)의 설이다】전반적으로 논하면 그렇지 않다고 할 수는 없다. 다만 이른바 본연이라는 것을 어디에서 볼 수 있는가? 기질이 법도를 따라 어지럽지 않은 것이 그곳이다. 그렇다면 중인(衆人)의 기질이 좋지 않은 것은 바로 "어둡거나 어지러워 맑은 미발의 때가 없는" 데에서 보게 된다. 만일 미발의 때가 있다면 이는 곧 기질이 우연히 법도를 따른 것이니, 본연이 아니고 무엇이겠는가? 이미 본연인데 다시 좋지 못한 종자가 한쪽에 잠복해 있다고 하면, 천하에는 끝내 대본이 없어질 것이다.[132]

기질지성과 본연지성은 별개의 것이 아니며, 기질지성이 법도에 맞는 것이 본연지성이다. 그런데, 미발에서의 기질지성은 곧 본연지성의 상태이므로 본연지성이라고 해야 한다. 그때 굳이 기질지성을 말할 필요는 없으며, 기질이 여전히 잠복하고 있다고 말하는 것은 대본을 훼손하는 것이 된다. 일반인에게는 미발의 때가 드물게 있다고 말할 수 있지만, 절대로 그런 때가 없는 것은 아니며 간혹 있는 미발의 때는 곧 본연지성의 때이며 그때 기질의 잠복을 이야기할 수는 없다.

4) 호락논쟁과 기정진

기정진은 리에 대한 인식 곧 이일분수에 대한 이해에 미숙함이 있었기에 호락논쟁이 발생했다고 보았다. 동일성과 차이의 문제는 리 내재적으로 해명될 수 있는 것인데, 그것을 기와 관련하여 해명하고자 함으로써 문제가 발생했다는 것이다. 호론과 낙론을 막론하고 리를 보편적 동일성의 원리로 이해하고 차이는 모두 기의 편차로 설명하고자 함으로써, 리를 추상화, 초월화하여 현실 세계에 대한 리의 내재적 적극적 관련성을 약화시키는 문제를 초래했다는 것이다.

리에 대한 이러한 강조는 분명 당시의 시대적 요청에 응답한 것이었지만, 외견적으로는 현실 세계에 대한 설명 원리, 그리고 실천의 출발점으로서의 기의 역할에 초점을 두었던 율곡학파의 전통에 대한 근원적 도전이라고 보여질 수 있었다. 홍직필, 임원회로 이어지는 같은 낙학계에 속한 간재(艮齋) 전우(田愚, 1841~1922)가 그에 대해 비판하는 글을 남긴 것은 당연했다. 그는 기정진 사후, 「외필변(猥筆辨)」, 「납량상의의목(納凉私議疑目) 【壬寅】」(1902) 등을 지어 그를 비판했고, 그에 대해 화서(華西) 이항로(李恒老, 1792~1868)의 제자 의암(毅菴) 유인석(柳麟錫, 1842~1915)은 「납량상의의목강변(納凉私議疑目講辨)」(1904)을 지어 기정진의 입장을 변호했다.[133]

호락논쟁의 쟁점 중 인물성동이 문제와 관련해서 기정진은 비록 양시양비의 주장을 펼쳤지만, 심설에서 볼 수 있는 바와 같이 기본적으로 낙학의 정신을 계승하고 있음을 확인할 수 있다. 이는 사실 그의 이일분수론 자체가 현실 세계에서의 리의 역동적 자기실현을 주장하는 이론이라는 점에서 충분히 예견할 수 있는 것이었다. 기정진의 이일분수론은 그 자신이 인정하는 바와 같이 임성주의 기일분수론과 그 정신을 같이 하는 것으로서 하나의 동전의 양면과 같다고 할 수 있다. 그런 점에서 임성주 역시 인물성론에서 이론(異論)에 동조하는 모습을 보이지만 분명히 낙학의 정신을 계승했다고 말할 수 있다. 다만 임성주가 기의 체용과 기의 본체에 집중했다고 한다면, 기정진은 리의 체용과 리의 화용에 초점을 둔 차이가 있다고 할 수 있다. 그것은 각각 김원행과 이재에 대응하는 것으로서 낙학 내부의 분기와 그 전개를 보여주는 것이라고 평가할 수 있다.

　기정진이 리에 대해 이렇게 강조하는 것은 한편으로는 당시의 국난의 상황 가운데 보수적인 도덕적 이상주의의 길을 취하여간 그의 선택과 깊은 관련이 있는 것이라고 하겠다. 그것은 양란(兩亂) 후의 상황과는 또 다른 상황이었다. 양란 후의 상황에서 낙학이 다소 낙관적 낭만적 이상주의의 면모를 보여주고 있었다면 호학은 다소 비관적 현실적 이상주의의 면모를 지니고 있었다. 낙학의 정신이 마음이 기질의 한계를 초월하여 본성-리와의 관계 속에 그에 일치하여 갈 수 있는 내적 역량을 충분히 갖추고 있음을 낙관적으로 확신하고 있었다고 한다면, 호학의 정신은 그와 동시에 현실 세계의 분열과 제약, 그리고 본성-리를 실천하는 마음의 기질적 한계에 대해 철저히 인식하고 그를 극복하기 위한 철저학 분투를 요청했다. 이 시기에 이르러 리에 대한 강조가 다시 부각된 것은 오히려 역설적으로 현실 세계의 분열과 제약이 극심한 가운데 낙관적 희망에 대한 요청에 응답한 것이었다고 할 수 있다. 희망의 원리로서 리가 다시 호명되었다. 하지만 그것은 또한 임박한 현실의 엄중함을 돌파하기에는 연약한 것이었다. 기정진이 현실 개혁에 무관심한 것은 아니었다. 그는 누구보다 당시 조선의 현실, 외세의 침략에 대해 진지한 문제의식을 가지고 있었다. 다만 개혁의 근본적인 동력을 도덕적 이상주의에 곧 리에 대한 궁극적 신뢰에 두었다고 할 수 있을 것이다.

기정진의 철학은 17, 18세기 마음의 철학이 이제 세계관적 철학으로 변모하여 가는 모습을 보여준다. 17, 18세기 조선 성리학이 사대부의 자기 인식과 해명을 핵심적인 과제라고 삼았다고 한다면 기정진의 철학은 19세기 조선 성리학이 이른바 문명의 전환 시기에 세계관적 도전에 대해 대응하는 것이 그들의 시대적 과제였다고 할 수 있다. 호락논쟁에서 개발된 논제들은 바로 그러한 과제에 의해 새롭게 재구성되었다고 할 수 있을 것이다.

8장 주석

1   이 두 사건의 내용과 의의에 대해서는 다음 참조. 권오영, 『조선후기 유림의 사상과 활동』(돌베개, 2003), 55-74쪽.
2   한국사상사연구회 편, 『인성물성론』(한길사, 1994)에서 이들의 성취에 대한 기본적인 정보와 분석을 얻을 수 있다. 오희상과 홍직필의 낙론 이해에 대한 최근의 성과로서 신상후, 『조선조 洛學의 未發心論 연구』(이화여자대학교 박사학위논문, 2018)가 있다. 이철영은 일제 강점기를 산 유학자이자 항일 독립운동가로서, 호락논쟁의 제 주제를 다룬 『泗上講說』을 남겼다. 『사상강설』은 최근 번역되었다. 정성희 역, 『사상강설(泗上講說): 호락논쟁의 통합론』(문사철, 2012). 성암 이철영에 대해서는 다음 참조. 이상익, 『醒菴 李喆榮 評傳』(심산, 2019).
3   김원행, 『미호집(渼湖集)』 卷14:6a, 「明德說疑問」. 번역은 기본적으로 한국고전번역원의 번역을 참조했다.
4   김원행, 『미호집』 권14:6b, 「明德說疑問」.
5   김원행, 『미호집』 권14:6b, 「明德說疑問」.
6   김원행, 『미호집』 권14, 「明德說疑問」.
7   김원행, 『미호집』 권14:6b-7a, 「明德說疑問」.
8   김원행, 『미호집』 권14:7a, 「明德說疑問」. 주자의 글은 『주자어류(朱子語類)』 4:73에 보인다.
9   김원행, 『미호집』 권14:7a-b, 「明德說疑問」.
10 이 문제는 위에서 양응수가 마음의 기에서 本然之氣와 血氣精英을 구분한 이유 중의 하나였다. 김원행이 이 글을 쓴 시점은 아직 양응수가 心有二氣說을 제기하기 전이었다.
11 김원행, 『미호집』 권14:7b, 「明德說疑問」.
12 김원행, 『미호집』 권14:7b-8a, 「明德說疑問」.
13 강정환, 『전암집(典庵集)』 권7:8a, 「渼湖先生語錄」.
14 강정환, 『전암집』 권7:7b-8a, 「渼湖先生語錄」.
15 이것은 그가 『중용』의 鬼神에 대해 이해한 것과 유사하다. 그는 귀신을 氣의 靈과 良能으로서, 분명히 理가 아니고 氣이지만, 단순히 기가 아니라 리와 합일하여 틈이 없는 것으로 보았다. 김원행, 『미호집』 권14:28a, 「中庸鬼神說」, "斯義也, 『章句』中已自明言之, 無他. 只求之靈與良能足矣. 靈與良能, 是氣機之至妙而與理合一, 泯然無間者也."
16 김원행, 『미호집』 권14, 「心性氣質說【示李敏哲】」.

17　강정환, 『전암집』 권7:8a-b, 「渼湖先生語錄」.
18　강정환, 『전암집』 권7:8b, 「渼湖先生語錄」.
19　강정환, 『전암집』 권7:8b-9a, 「渼湖先生語錄」.
20　강정환, 『전암집』 권7:9b, 「渼湖先生語錄」.
21　강정환, 『전암집』 권7:10a-b, 「渼湖先生語錄」.
22　한원진, 『남당집』 권28:29a, 「李公擧上師門書辨」.
23　강정환, 『전암집』 권7:10a, 「渼湖先生語錄」.
24　강정환, 『전암집』 권7:14b, 「渼湖先生語錄」, "鼎煥問曾見寒泉贈崔祏詩." 이하의 내용 참조.
25　이것은 송유원에게 1722년에 보낸 편지(「與宋務觀」)로 추정된다. 현재 이간, 『외암유고(巍巖遺稿)』 권10:32b-에 실려 있다.
26　최삼룡 외, 『이재 황윤석: 영·정시대의 호남실학』(민음사, 1994); 강신항 외, 『이재난고로 보는 조선 지식인의 생활사』(한국학중앙연구원, 2007); 하우봉 외, 『이재 황윤석 연구』(학자원, 2023).
27　황윤석, 『이재난고(頤齋亂藁)』 권9, 1768년 3월 21일조. 마지막 小註에 高攀龍의 『遺書』를 검토한 것과 관련해서는 다음 참조. 권오영, 「황윤석의 학문생활과 사상 경향」, 『이재난고로 보는 조선 지식인의 생활사』(한국학중앙연구원, 2007), 216-222쪽.
28　황윤석, 『이재유고(頤齋遺藁)』 권12:16a, 「題崔叔固【祏】俟百錄後」, "戊辰余年二十, 在月東塯舘也. 丁丈震爌歸自懷德, 得南塘所作「陶庵詩跋」及「遂庵行狀總論」見示曰: '願聞高論.' 余率爾應之曰: '本然亦有二層乎? 犬牛人不同, 果非氣質乎? 此則恐南塘未安. 栗尤最著之云, 則沙溪子孫攻之亦未安耳.'"
29　황윤석, 『이재유고』 권12:16a-b, 「題崔叔固【祏】俟百錄後」. 이 글은 그 내용("然自是近三十年")에 따라 1777년 혹은 1778년에 작성된 것으로 추정할 수 있다. 이것은 「記湖洛二學始末」을 지은 것과 비슷한 시기이다.
30　황윤석, 『이재난고』 권15, 庚寅年(1770) 9월 18일 辛酉.
31　황윤석의 「記湖洛二學始末」은 『이재난고』 권26, 戊戌年(1778) 7월 27일조에 실려 있다. 또한 『頤齋全書』(景仁文化社)에 포함되어 있는 『頤齋續稿』 권7:2b-에도 실려 있다. 둘 사이에는 약간의 출입이 있다. 이하 원문 인용 표시는 편의상 『이재속고』의 것을 기준으로 하고, 『이재난고』의 것을 함께 참고했으며, 차이가 있을 때는 따로 언급했다.
32　황윤석, 『이재속고(頤齋續稿)』 권7:3a, 「記湖洛二學始末」. 『이재속고』에는 "儼乎若佛氏之南北二宗俱出於達摩也"라고 한 부분이 刪節되어 있다. 불교에 빗댄 내용이 公的으로 출간하는 데에는 부담을 준 것일 수 있다. 하지만 그러한 서술은 洛學을 南宗에 湖學을 北宗에 견준 것으로 보인다는 점에서, 한편으로 정통성의 계승 문제와 관련해서 그리고 다른 한편으로는 頓悟와 漸修로 나뉘는 각 종파의 정신 지향의 차이

와 관련하여 흥미롭게 음미해볼 지점이 있다. 해당 부분을 『이재난고』에 의해 보충하여 번역했다.

33 황윤석, 『이재속고』 권7:3a, 「記湖洛二學始末」.
34 황윤석, 『이재속고』 권7:3a, 「記湖洛二學始末」.
35 황윤석, 『이재속고』 권7:3a-ba, 「記湖洛二學始末」.
36 황윤석, 『이재속고』 권7:3a-b, 「記湖洛二學始末」, "遂庵之門, 爰有李巍巖柬, 韓南塘元震, 李華庵頤根, 尹屛溪鳳九, 玄洗馬尙璧諸人, 總稱黃江十學士, 盛矣. 而其中見理之明, 持論之正, 則巍巖及玄氏最焉, 俱不幸早世, 不克大彰. 韓氏, 壽與位, 頗遠過之, 而自尊太甚, 務軼前人, 其同時者, 則有不論也. 乃至僭補『中庸』首章『章句』, 朱子所引程子說, 以訓性字者曰, 性卽在氣之理也, 以爲必加三字然後, 乃始明備. 其不尊信程朱如此, 又何有於陶菴諸公乎? 屛溪, 則年八耋官正卿, 又非韓氏比者, 而所論心性理氣, 與有出入大約五十百步耳. 華庵(*李頤根)嘗稱'尹瑞膺早歲科文, 中年吏役, 不能專心此學, 以致所見終不能精透', 斯言也, 豈無以哉?"
37 황윤석, 『이재속고』 권7:3b-4a, 「記湖洛二學始末」.
38 두 번째 문제와 네 번째 문제는 동일한 문제이므로 결국 쟁점은 세 가지라고 할 수 있다.
39 또한 그 사이에 김창흡을 넣을 수 있다. 황윤석, 『이재속고』 권7:3b, 「記湖洛二學始末」, "농암은 본래 靜觀齋(李端相) 선생에게 배웠으며, 또한 尤庵 선생을 스승으로 모셨다. 三淵 金昌翕, 圃陰 金昌緝은 친형제였으며, 서로 친구도 되고 스승도 되었다. 문하로 말하면 일이 다 적을 수 없다[若農巖本師靜觀, 兼宗尤翁而, 一室則三淵圃陰, 自相爲師友, 及門則無可記焉]."
40 황윤석, 『이재속고』 권7:3b, 「記湖洛二學始末」.
41 황윤석, 『이재속고』 권7:3b, 「記湖洛二學始末」.
42 이 글은 현재 전하는 『典庵集』에는 수록되어 있지 않고, 『不易言』 天, 「尊聞錄」에 수록되어 있다.
43 따라서 이 자료는 시기적으로는 제4기에 해당하나 내용상으로는 호락논쟁 제3기에 해당하는 것으로 볼 수 있다.
44 『불역언(不易言)』 天, 「尊聞錄」, 「書南塘寒泉先生詩跋後【癸亥南至日, 晉山姜鼎煥】」, "陶菴先生所論心性之說, 一遵朱子言也. 衆人之心, 何嘗與聖人不同哉? 只在存不存之間矣. 是故朱子答何叔敬書曰, '聖人不操而常存, 衆人操而存之, 方其存時, 亦是如此云云.' 亦是如此者, 操而存之, 則與聖人之常存者, 不異之意也. … 南塘所謂聖人之心與衆人不同者, 抑何見而發耶? … 南塘之言, 不獨沮衆人希聖賢之心, 而又啓後世人主自劃, 而不以堯舜心相期也. 人臣告君之辭, 以堯舜之心啓沃, 然後天下可得而治矣. … 南塘詩跋所引, 不可謂不識心矣, 其曰 '方寸之間, 虛靈洞徹, 萬理咸備, 則不操而常存者, 聖人之心也, 操則存者, 衆人之心也.' 南塘非不知存不存之分, 而務勝立異, 與泉門背馳, 嗚呼惜哉."

45 역시 김원행의 문인인 趙有善(1731~1809)은 湖論에 대해 다음과 같이 비슷한 지적을 했다. "인간과 동물의 본성에 대해서는 비록 같지 않다고 말해도 이치에는 어떠한지 모르겠지만 사람에게 심하게 해가 되지는 않는다. 마음에 分數가 있다는 설에 이르러서는 배우는 자에게 해됨이 많다. 사람이 主宰하고 運用하고 保存하고 살피고 이기고 복귀하는 것에서 聖人이 되고 賢人이 되는 데 이르기까지 모두 마음에 달려 있으니 만약 여기에 많고 적음의 分數가 있다고 한다면 이것은 기질의 청탁과 다를 것이 없으니, 언제 어리석음을 지혜로 변화시키고 못남을 현명함으로 변화시키겠는가? 혹자는 '본성이 이미 純善하니 마음이 고르지 않다고 해서 학문 공부에 무슨 방해가 되겠는가?'라고 말하는데, 이것은 그렇지 않다. 마음은 본성을 검속할 수 있지만 본성은 마음을 검속할 수 없으니, 聖人이 되는 공부를 함에 이 마음을 버리고 무엇을 가지고 하겠는가?" 조유선, 『나산집(蘿山集)』 권4:25b-26a, 「答李生箕樂別紙【癸亥】(1803)」.
46 이 글은 강정환 문집인 『典庵集』 권7:38a-에 수록되어 있다.
47 이 부분은 '본성만 논하고 기를 논하지 않으면 갖추어지지 않은 것[論性不論氣, 不備]'을 잘못 쓴 것이거나, 혹은 '기만 논하고 본성을 논하지 않으면 밝지 않은 것[論氣不論性, 不明]'을 잘못 쓴 것으로 추정된다.
48 강정환, 『전암집』 권7:38a-39a, 「性理後說」.
49 강정환, 『전암집』 권7:40a-b, 「性理後說」.
50 강정환, 『전암집』 권4:39b-40a, 「與南漢朝」.
51 임성주, 『녹문집(鹿門集)』 권5:5b-6a, 「答李伯訥」. 보낸 연월은 문집의 편성 순서에 의해 추론한 것이다. 이하 본문의 번역은 대체로 한국고전번역원에 탑재된 번역본을 참조했으나 일부 변경했다.
52 손흥철은 이러한 측면을 정당하게 강조했다. 孫興徹, 『鹿門 任聖周의 삶과 哲學』(지식산업사, 2004).
53 임성주, 『녹문집』 권5:6a-b, 「答李伯訥」.
54 임성주, 『녹문집』 권19:24b, 「鹿廬雜識」.
55 임성주, 『녹문집』 권19:4a, 「鹿廬雜識」.
56 임성주, 『녹문집』 권19:5a, 「鹿廬雜識」.
57 이러한 견해는 앞에서 양응수가 이재가 사용한 天地 本然之氣 개념에 대해 적극적으로 해석한 것에서 그 선례를 확인할 수 있었다. 다만 양응수의 천지 본연지기가 현실의 혈기 혹은 형기의 세계와 맺는 관계 방식이 다소 이원적이었다고 한다면 임성주는 일원적인 것으로 판단된다. 단적으로 양응수가 氣通氣局의 입장이라면 임성주는 氣一分殊의 입장이라고 할 수 있을 것이다. 둘 사이의 상호 관계에 대해서는 좀 더 진전된 연구가 필요하다.
58 임성주, 『녹문집』 권19:1a, 「鹿廬雜識」.
59 임성주, 『녹문집』 권19:3b-4a, 「鹿廬雜識」.

60　이것은 기정진이 理一分殊의 입장에서 洛論을 비판한 논지와 같다. 아래(717~725쪽 서술) 참조.
61　임성주, 『녹문집』 권19:7b, 「鹿廬雜識」.
62　임성주, 『녹문집』 권19:6b-7a, 「鹿廬雜識」.
63　하지만 임성주는 같은 글에서 또한 이이의 理通氣局說도 그 본래 취지에서는 결국 理氣同實과 다른 것이 아니라고 주장한다. "栗翁이 제시한 理通氣局에 대해서 내가 마음속으로 항상 의심해 왔다. 그러나 다시 생각해 보니, 이 설은 理와 氣를 나누어 두 개의 물건으로 여긴 것이 아니라, 하나는 一原에 소속시키고 하나는 분수에 소속시킨 것이었다. 이 一原處는 理를 위주로 하여 말했기 때문에 理通이라고 했지만 氣가 그 안에 들어 있고, 分殊處는 氣를 위주로 하여 말했기 때문에 氣局이라고 했지만 理가 또한 그 안에 들어 있으니, 栗翁이 '氣가 一本인 것은 理가 通하기 때문이요, 理가 萬殊인 것은 氣가 局하기 때문이다. 운운'이라고 말을 살펴보면 그 본의를 알 수 있다【朱子가 '理는 같고 氣는 다르다'라고 말한 것도 그러하다】. 栗翁이 '湛一淸虛한 氣가 존재하지 않는 곳이 많이 있다'라고 말한 것도, 단지 程子가 '三이 출현하면 一과 二는 없어진다'라고 말한 경우와 같은 것일 뿐이요 氣 밖에 따로 物이 있다는 말은 아닌데, 다만 句語 사이에 표현이 잘못된 것이 없지도 않으니, 독자는 이를 상세히 살펴서 융통성 있게 보아야 할 것이다." 임성주, 『녹문집』 권19:24a-b, 「鹿廬雜識」.
64　임성주, 『녹문집』 권19:3b, 「鹿廬雜識」.
65　趙南浩, 『羅欽順의 철학과 조선학자들의 논변』(서울대학교 박사학위논문, 1999). 이 논문은 조선 성리학 전반에 걸쳐 나흠순 철학이 미친 영향을 살펴보고 있으며, 거기에는 김창협과 임성주도 포함된다.
66　나흠순 철학의 이러한 측면과 그 세부적 내용에 대한 세밀한 독해로서 다음 참조. 최진덕, 『朱子學을 위한 변명』(청계, 2000).
67　임성주, 『녹문집』 권19:25b-26a, 「鹿廬雜識」.
68　그것은 또한 湖學의 沖漠無朕論이 도달한 바이기도 하다. 그에 대해서는 5장 2절 참조.
69　임성주, 『녹문집』 권19:15b-16a, 「鹿廬雜識」.
70　하지만 그것은 分別을 강화하고자 한 애초의 현실적 문제의식의 망각이기도 하다.
71　임성주, 『녹문집』 권19:17b, 「鹿廬雜識」.
72　이러한 지점 역시 기정진과 통하는 점이라고 할 수 있다.
73　임성주, 『녹문집』 권19:20a, 「鹿廬雜識」.
74　임성주, 『녹문집』 권6:12b, 「答金伯高【癸未冬】」(1763).
75　임성주, 『녹문집』 권3:36b, 「答金幼道【砥行○辛巳七月】」(1761).
76　程顥의 논의라고 하는 것은 아마 다음을 가리키는 듯하다. 『이정유서(二程遺書)』 권2상-110, "告子云 '生之謂性'則可. 凡天地所生之物, 須是謂之性. 皆謂之性則可, 於中却須分別牛之性馬之性. 是他便只道一般, 如釋氏說蠢動含靈, 皆有佛性, 如此則

不可. '天命之謂性, 率性之謂道'者, 天降是於下, 萬物流行, 各正性命者, 是所謂性也. 循其性【一作各正性命】而不失, 是所謂道也. 此亦通人物而言. 循性者, 馬則爲馬之性, 又不做牛底性; 牛則爲牛之性, 又不爲馬底性. 此所謂率性也. 人在天地之間, 與萬物同流, 天幾時分別出是人是物? '修道之謂敎', 此則專在人事, 以失其本性, 故修而求復之, 則入於學. 若元不失, 則何修之有? 是由仁義行也. 則是性已失, 故修之. '成性存存, 道義之門', 亦是萬物各有成性存存, 亦是生生不已之意. 天只是以生爲道."

77 김현은 "도암이 심의 순선성을 주장한 근거는 '심은 기뿐 아니라 리를 함께 가리킨다'는 것과 '기의 본체는 담일하다'는 것이었다. 녹문은 도암이 제시한 이 두 가지 심선의 근거 중에서 두 번째 것만을 취했다"라고 주장했다. 김현, 「녹문 임성주의 인물성론」, 『인성물성론』(한길사, 1994), 334쪽.

78 물론 그러한 대립 구도를 벗어날 수 없는 딜레마로 규정하면서 그러한 이론적인 틀을 깨고 새로운 이론을 구성하려고 하는 시도도 있을 수 있을 것이다.

79 김형찬은 조선 후기 성리학에서의 이기론의 일원화 흐름에서 임성주의 기일원론과 기정진의 이일원론을 다루었다. 金炯瓚, 『理氣論의 一元論化 연구: 鹿門 任聖周와 蘆沙 奇正鎭을 중심으로』(고려대학교 박사학위논문, 1996). 거기에서 그는 임성주가 낙학의 입장에서 통합적 이론으로서 기일원론을 제시한 것이라고 한다면, 기정진은 호학의 이론에 기반하여 통합적 이론으로서 이일원론을 제시한 것이라고 주장했다.

80 오희상의 생애와 강학에 대해서는 다음 참조. 신영주, 「老洲 吳熙常의 講學 활동과 독서론」, 『한문고전연구』 38(한국한문고전학회, 2019).

81 홍직필, 『매산집(梅山集)』 권5:31a-b, 「答老洲吳丈<戊寅九月廿五日】」(1818), "向者理氣體用動靜之說, 今玆本末之論, 推類而求之, 則無往不通. 九京可作, 晦·栗二賢, 亦應莞爾, 惜不令塘·鹿兩公見之也." 오희상과 호락논쟁의 관계에 대해서는 다음 참조. 朴鶴來, 「老洲 吳熙常의 性理說 연구: 19세기 전반기의 호락논쟁에 유의하여」, 『동양고전연구』 54(동양고전학회, 2014); 신상후, 『조선조 洛學의 未發心論 연구』(이화여자대학교 박사학위논문, 2018).

82 오희상, 『노주집(老洲集)』 권9:35b, 「答成順之」.

83 오희상, 『노주집』 권22:7b, 「讀書劄記 大學」.

84 오희상, 『노주집』 권22:7b-8a, 「讀書劄記 大學」.

85 이것은 이이 이래로 강조된 理氣不相離의 원칙을 고수한 것이기도 하다. 朴鶴來, 「老洲 吳熙常의 性理說 연구: 19세기 전반기의 호락논쟁에 유의하여」, 『동양고전연구』 54(동양고전학회, 2014).

86 신상후는 오희상의 形氣神에 대한 견해가 황간의 形氣神理說을 수용한 것이라고 보았다. 신상후, 『조선조 洛學의 未發心論 연구』(이화여자대학교 박사학위논문, 2018), 119-122쪽. 당연히 김원행이 마음의 靈覺과 神明을 강조했던 사실, 그리고 양응수의

神氣論 등도 상기할 필요가 있다.
87 오희상, 『노주집』 권24:8a, 「雜識 二」.
88 이미 김원행이 이러한 측면에서 形質과 氣質을 구분한 바 있다. 앞의 김원행 서술 부분(650쪽) 참조.
89 오희상, 『노주집』 권21:8b-9a, 「籤論沈天老心氣質說」.
90 김창협이 순자의 性惡說을 비판하면서, 마음의 이러한 능력의 측면은 곧 心善 더 나아가 性善을 실제적으로 함축하다고 비판했던 것을 상기해보라. 앞의 서술(225쪽) 참조.
91 오희상, 『노주집』 권21:9a, 「籤論沈天老心氣質說」.
92 오희상, 『노주집』 권21:9a-b, 「籤論沈天老心氣質說」.
93 오희상, 『노주집』 권26:1a, 「雜識 四」.
94 오희상, 『노주집』 권26:2b-3a, 「雜識 四」.
95 오희상, 『노주집』 권26:3a-b, 「雜識 四」.
96 이는 또한 임성주 견해이기도 하다. 임성주, 『녹문집』 권6:12b, 「答金伯高【癸未冬】」(1763), "以理一則心亦同性亦同, 以分殊則心亦異性亦異. 此正所謂'心性同實, 理氣一致'者." 앞의 임성주 서술(677~678쪽) 참조.
97 洛學의 心論의 이러한 특징에 대해서는 다음 참조. 신상후, 『조선조 洛學의 未發心論 연구』(이화여자대학교 박사학위논문, 2018).
98 박학래, 「매산(梅山) 홍직필(洪直弼)의 성리설(性理說) 연구: 19세기 전반기 호락논쟁(湖洛論爭)의 추이(推移)에 유의하여」, 『국학연구』 26(한국국학진흥원, 2015); 신상후, 「梅山 洪直弼의 心說 연구: 心體本善說과 明德說을 중심으로」, 『한문고전연구』 34(한국한문고전학회, 2017).
99 홍직필, 『매산집』 권13:4a-b, 「與李龜巖【元培○壬戌五月】」(1802).
100 마음의 未發에도 氣質之性이 있어 氣質이 잠재하여 있다는 것이 湖論의 주장이며, 心體에 善惡이 있다는 것은 그 귀결에 대해 낙론 측의 해석일 뿐이다. 또한 明德에도 分數가 있다는 것도 湖論 측에서 적극 주장된 것은 아니며 마찬가지로 그 귀결에 대한 낙론 측의 해석일 뿐이라고 할 수 있다.
101 홍직필, 『매산집』 권5:30b, 「答老洲吳丈【戊寅九月廿五日】」(1818), "俯示理氣本末之論, 玲瓏透脫, 讀之灑落, 人皆知孟子之有大功於聖門, 以其言性善, 而不知養氣之論, 其功亦大. 須合性善浩氣而觀之, 其義乃備. 盛敎益無間然矣." 홍직필이 오희상의 氣有本末說, 形氣神理說 등을 수용한 사실에 대해서는 다음 참조. 신상후, 『조선조 洛學의 未發心論 연구』(이화여자대학교 박사학위논문, 2018), 128-132쪽.
102 홍직필, 『매산집』 권5:30b, 「答老洲吳丈【戊寅九月廿五日】」(1818).
103 홍직필, 『매산집』 권5:31a, 「答老洲吳丈【戊寅九月廿五日】」(1818).
104 홍직필, 『매산집』 권5:29b, 「與老洲吳丈【戊寅九月少望】」.
105 홍직필, 『매산집』 권5:29b-30a, 「與老洲吳丈【戊寅九月少望】」.

106 홍직필, 『매산집』 권5:31a-b, 「答老洲吳丈【戊寅九月廿五日】」(1818).
107 임성주, 『녹문집』 권19:20a, 「鹿廬雜識【理氣心性○己卯庚辰】」, "마음과 본성은 하나이니, 마음을 제외하고서는 본성이 없고, 본성을 제외하고서는 다시 마음이 없다. 그래서 程子가 일찍이 橫渠의 '마음은 작고 본성은 크다'라는 주장을 배척한 것이었다【횡거의 설은 舊說인 것 같다】. 그런데 지금 사람들은 오히려 '인간과 금수가 다른 것은 마음이고 같은 것은 본성이다'라고 하는데, 그렇다면 마음 자체는 치우친 것[偏]이고 본성 자체는 완전한 것[全]이라는 말이 된다."
108 홍직필, 『매산집』 권5:21b, 「與老洲吳丈【丁丑六月少晦】」(1817).
109 홍직필, 『매산집』 권5:20b-21a, 「與老洲吳丈【丁丑六月少晦】」(1817).
110 그렇다고 해서 洛學이 主理的인 반면 湖學은 主氣的이라고 보아서는 안 된다. 둘 다 모두 氣를 중시하는 이이의 전통 속에 있다. 하지만 또한 이이에 있어서도 리의 독자적 중요성이 간과된 것은 결코 아니었다. 호학 측에서는 낙학 측이 본성의 선함을 기의 선함에 기초 지우는 主氣的 이론이라고 공격한다. 한원진의 제자 강규환과 심조는 각각 다음과 같이 말한 바 있다. 강규환, 『분수재집(賁需齋集)』 권10:48b, 「雜識內篇」, "吾儒主理, 異端主氣, 此特毫釐之差耳. 可不懼哉?"; 심조, 『정좌와집(靜坐窩集)』 권14, 「雜識 外篇」, "正學一途, 異端多歧者何? 陽一而陰二也. 只正學主理, 理一也, 故只有一途; 異端主氣, 氣萬殊也, 故多歧."
111 홍직필, 『매산집』 권5:21a-21b, 「與老洲吳丈【丁丑六月少晦】」(1877).
112 홍직필, 『매산집』 권52:1b-2a, 「雜錄」.
113 이진상, 『한주집(寒洲集)』 부록 권3, 「行狀」(郭鍾錫), "辨別異端主氣之非, 而歸宿於聖賢主理之旨."라고 한 부분에서도 같은 지향이 확인된다.
114 홍직필은 王陽明과 湛若水의 학문이 흥왕한 것이 명이 멸망한 원인이 되었고, 그 반면에 朱子學을 尊信한 것이 청 왕조 유지의 비결이 되고 있다고 지적한 바 있다. 홍직필, 『매산집』 권52:3b-4a, 「雜錄」, "學術之偏正, 關世敎之汙隆, 皇明中葉以還, 王守仁湛若水輩爲邪說之嚆矢. 喙喙爭鳴, 猖狂恣睢, 以致夷狄之亂, 是所謂凶國禍家也. 淸人入主中國, 以尊信朱子, 爲治法之第一義諦, 用此爲賺得英雄之術, 以毛奇齡之工詞朱子, 罪其人而毀其書, 厥享國數百年, 卽是崇獎正學之功也."
115 기정진, 『노사집(蘆沙集)』 권16:1a-b, 「理通說」(1853). 번역은 한국고전번역원의 한국고전DB에 실려있는 번역본을 참고했다.
116 기정진, 『노사집』 권16:2a-b, 「理通說」(1853).
117 기정진, 『노사집』 권16:2b, 「理通說」(1853).
118 기정진, 『노사집』 권16:21b, 「納凉私議」.
119 기정진, 『노사집』 권16:24b, 「猥筆」(1878).
120 기정진, 『노사집』 권16:25a, 「猥筆」(1878).
121 기정진, 『노사집』 권16:26a, 「猥筆」(1878).

122 기정진, 『노사집』 권16:27b-29a, 「猥筆」(1878).
123 기정진, 『노사집』 권16:4b-5a, 「納涼私議」.
124 기정진, 『노사집』 권16:8b, 「納涼私議」.
125 기정진, 『노사집』 권16:8b, 「納涼私議」.
126 기정진, 『노사집』 권16:8b-9a, 「納涼私議」.
127 기정진, 『노사집』 권16:19b-20a, 「納涼私議」.
128 기정진, 『노사집』 권16:19b-20b, 「納涼私議」.
129 송명흠, 『역천집(櫟泉集)』 권8:28a-b, 「答李壽而【奎恒】」, "盖天地之妙用良能, 降於人而爲心, 卽所謂神明是也. 非人生氣質一定之後始聚而爲心也. 朱子曰 '氣之精英者爲神', 又曰 '比性微有跡, 比氣自然又靈', 則其神明活化, 湛一虛明, 不囿於氣質之淸濁美惡可知. 今或謂淸氣聚而虛靈, 濁氣聚而虛靈, 則雖强名之曰虛靈, 而苟究其實, 則終不免有分數矣." 性-理를 직접 지적하지 않고 神明이나 湛一을 거쳐서 말하는 것이기에 우원하다고 한 것인 듯하다.
130 기정진, 『노사집』 권16:20b, 「納涼私議」.
131 기정진, 『노사집』 권16:20b, 「納涼私議」.
132 기정진, 『노사집』 권16:20b-21a, 「納涼私議」.
133 이에 대한 자세한 논구는 추후의 과제로 남길 수밖에 없다.

9장

결론

논쟁의 정리와 의의

1
주자학: 위기의 시대, 희망의 철학

 호락논쟁의 시대는 조선의 주자학자들에게 위기의 시대였다. 만주족 청을 중심으로 한 새로운 국제질서는 그들에게는 보편적 도덕 질서의 붕괴, 하강 국면을 의미했다. 애초에 주자학을 감싸고 있던 말세 의식은 더욱 강화되었다. 하지만 조선은 아직 건재했고, 사대부 양반들은 여전히 집권 세력이었다. 따라서 주자학의 유효성은 아직 사라지지 않았다.

 다소 허구적으로 보일 수 있지만 소중화(小中華) 논리는 곧 조선으로 도통(道統)이 확실하게 옮겨졌다는 자부심을 드러낸 것이요, 그것은 어느 정도는 실제적이었다고 할 수 있다. 만동묘(萬東廟)와 대보단(大報壇)은 단적으로 정치적 정통성과 학술적 정통성, 곧 명실상부한 도통이 조선에 있음을 상징적으로 표현하는 것이었다.

 그것은 조선이 처한 국제적 현실에서는 허위의식으로 가득 찬 기묘하고 모순된 의식의 표출이라고 할 수도 있겠지만 또 그만큼 비장한 자기 결심과 열정을 담고 있는 것이기도 했다. 그러한 당시 조선의 자기 인식의 핵심에 송시열이 있었다. 호락논쟁은 바로 송시열을 잇는 두 그룹의 학자들 사이에 일어난 논쟁이었으며, 호락논쟁 과정에서 보여준 그들의 치열성은 그러한 자기 인식에 기초한 결심 혹은 의지와 열정을 반영한 것이다.

 송시열은 매우 다양한 가능성을 담지한 열정적인 사상가요 정치가였으며 실천가였다. 그는 주자학의 현창이야말로 당대의 시대 의식을 표출하고 또 인도해줄 지침을 줄 수 있는 '진리'임을 확신했다. 그것은 주자학이 '현실' 속에 빛나는 '리(理)'에 대한 이상을 견지하는 사상이었기 때문일 것이다. '현실'은 늘 우리를 배반하며 악(惡) 혹은 악의 가능성으로 가득 차 있다. 하지만 그 현실을 우리는 결코 떠날 수 없으며, 선을 실현해야 할 장소이자 선이 실현되고 있는 장소로서 떠나서는 안 되는 곳이기도 하다.

바로 그러한 처지에 있는 사람에게 주자학은 희망의 철학이었다. 빛과 어두움이 교차하는 현실 세계에서 우리를 인도하는 희망의 빛 곧 '리'가, 잘 보이지 않는다고 하더라도, 우리 내부에 그리고 세계 속에 확실하게 있음을 확인할 수 있으며 우리가 적절한 노력을 기울인다면 끝내 그것을 철저하고 완전하게 인식할 수 있고 실현할 수 있다는 확고한 믿음을 가진 것이 주자학이었기 때문이다.

조선의 사대부들에게는 국제적 현실과 그에 따른 위기의식과 함께 그러한 믿음과 희망을 가지기에 충분한 국내적 현실이 있었다. 분명 아직은 그랬다고 할 수 있다. 설혹 조선의 민중이 처한 현실은 그것과 달랐고 조만간 그것마저 상실되고 말 냉혹한 현실이 다가오고 있었다고 할지라도 그들에게는 실천의 공간이 아직 남아 있었다. 호락논쟁은 단지 한가한 지적 유희 혹은 인식에 대한 순수한 열정의 분출이었던 것이 아니라 바로 그러한 실천의 공간에서 이루어진 그들의 사상적 분투의 기록이라고 평가할 수 있다.

2
사대부의 철학

성리학 그리고 그 한 총결로서의 주자학은 사대부의 세계관을 구성한 사대부의 철학이었다.[1] 사대부의 자기 인식과 세계 이해를 그 중심 내용으로 한다. 주자학에서 리(理)는 세계에 내재해 있는 자연적이고 도덕적인 질서를 의미한다. 그것은 세계가 우리가 이해할 수 없는 방식으로 전개되지 않고 우리가 예측하고 인정할 수 있는 방식으로 형성되고 전개된다고 하는 믿음을 표현한다. 하지만 특히 우리 인간의 정치적이고 사회적인 현실은 꼭 그렇게 합리적이지 않다는 것이 우리의 경험이다. 바로 그렇기 때문에 리는 우리의 현실에 대한 기술(記述)인 동시에 소망 혹은 당위가 된다. 세계는 마땅히 그렇게 있고 또 그렇게 있어야 한다. 이른바 소당연(所當然)이라는 말에는 그러한 복합적인 의미가 담겨 있다.

현실이 험난할수록 소당연의 리는 더욱 힘을 발휘한다. 악한 세대일수록 도덕을 외치는 목소리는 더욱 커진다. 하지만 그만큼 의심도 커진다. 주자학은 낙관적 세계에서 태어난 것이 아니라 위기와 의심과 비관과 탄식 속에서 태어났다. 그것은 곧 호락논쟁 시대의 조선의 상태와 유사하다. 송시열을 비롯해 조선의 유자들은 자신의 시대를 주자의 시대와 동일시했다.

하지만 리는 단지 그렇게 삼엄하고 비장하게 도덕적 당위로 외쳐지는 것으로 그치는 것은 아니다. 리는 희망의 근거로서 인간 사회를 넘어 우주를 형성하는 힘[主宰]으로 주장되었으며 더 나아가 고백되었다. 주자학에서 리는 태극 본체로서 모든 존재의 근원에 있는, 그리고 모든 존재를 자기로 이끄는 궁극적 목적이고 의미였다. 그런 의미에서 그것은 소이연(所以然)이었다. 그것은 단순한 규율이나 법칙이 아니라, 자기를 실현하는 선(善)한 의지로서 자연을 형성하고 자연을 규율한다.

주자학은 단순히 리의 철학이 아니라, 리와 기의 철학이었다. 한껏 형이상의 세계로 올라갔던 그들은 다시 현실의 세계, 형이하의 세계에 발을 딛는다. 아니 그들은 자신이 한 번도 현실의 세계에서 형이하의 세계에서 떠난 적이 없었다고 말한다. 그들은 다시 돌아오기 위하여 상승했을 뿐이다. 형이상이든 형이하든 그 모든 것은 도덕과 정치의 세계를 구성하고 있는 요소들일 뿐이다. 그 도덕과 정치의 세계야말로 사대부의 세계인 것이다.

3
도덕적 우주론

주자학은 경학(經學)의 방법을 통해 스스로 유학(儒學)의 범위 안에 머물렀다. 사대부는 유학을 배우는 자요 유학은 일상의 인륜 세계에서 선(善)을 찾고 실현하는 학문이다. 유학자는 이른바 수기치인(修己治人), 내성외왕(內聖外王)의 삶의 방식을 지향하는 자들이다. 그들은 인(仁)과 의(義)를 추구하며 성인(聖人)을 지향한다. 성인은 곧 덕(德)의 완성자요, 덕은 도덕적이고 정치적인 실천을 함축한다. 그들은 자신의 성취를 통해 자신들 상호 간에 그리고 다른 사회의 구성원들 곧 왕과 일반 서민들의 인정을 받는 자이며, 자신의 이상의 실천을 위해 그러한 인정을 요구하지만 그것을 넘어서서 자신의 길을 가는 자이기도 했다. 위인지학(爲人之學)이 아니라 위기지학(爲己之學)이 그들이 추구한 이상이었다.

유학은 자연주의가 편만하던 전국(戰國) 시대에 이르러, 한편으로는 그러한 자연주의를 받아들이는 동시에 자신들의 인문적이고 도덕적인 이상을 견지하고자 하는 시도를 했다. 순자가 자연을 넘어선 인간적 유위(有爲)의 중요성을 강조하면서 도덕의 위상을 확보하고자 했다면, 맹자는 인간의 도덕을 자연의 일부로 이해하면서 자연 개념을 확장했다. 그의 기획에서 핵심은 본성론이었다. 성선(性善)은 곧 인간의 자연적 생명이 도덕적 지향을 가지고 있다는 선언이었다. 도덕은 바로 그러한 자연적 생명의 확장을 의미하는 것으로 주장되었다.

맹자가 도덕을 자연화했다면 즉 도덕의 근원에 자연을 두었다면, 성리학 특히 주자학에 이르러 역으로 도덕을 자연의 근원에 둠으로써 자연 자체가 도덕화되었다. 주자학은 유학의 인(仁)을 인간 세상의 소당연을 넘어서 세계의 소이연으로 높였다. 성선의 의미는 인간의 한계를 넘어 더욱 깊어지고 넓어졌다. 본성은 세계를 구성하는 도덕적 본체로서 이해되었으며, 도덕 실천은 세계의 본체적 근원, 곧 모든 존재의 근원에 있으면서 동시에 모든 현실 존재를 관통하는 동일 근원으로서의 인-태극으로부터 그 의미를 새롭게 부여받았다.

이른바 '도덕적 우주론' 속에서 자연은 도덕의 바깥에 있으면서 단지 인간의 도덕 실천과 관련하여 그 의미를 부여받는 것이 아니라, 그 자체가 인-태극의 자기실현으로서 도덕의 현상이자 어떤 면에서는 그에 자연적 자발성으로 동참하는 도덕의 주체로 이해되었다. 또한 인간은 그러한 도덕적 우주 속에서 자연의 일부로서 태극의 자기실현에 소극적으로 자신을 개방하는 자연적 자발성의 주체인 동시에 자각적이고 능동적으로 그에 참여하는 자각적 자발성 곧 자율적인 도덕 주체로서, 자연의 최상위에 자리 잡았다. 이른바 천인합일(天人合一)의 이상은 주자학에서는 바로 그러한 이중적 의미에서 이해된 것이었다. 주자학의 시대에 그러한 이상을 실현할 수 있는 실제적인 주체는 곧 사대부였으며, 그것은 곧 사대부의 자기규정이었다고 할 수 있다.

주자학에서 본성[性]은 우리 마음속에 자리 잡은 도덕 본체인[性卽理] 동시에 바로 그러한 자연적 자발성의 주체를 표상하는 것이었으며, 마음[心]은 한편으로 그러한 본성 자체인 동시에 그것을 자신의 규범으로 자각하고 외부 세계와의 관계 속에서 의지적으로 실천하는 자각적 자발성 혹은 자율성의 주체를 표상하는 것이었다. 인간의 도덕 현상은 한편으로 도덕 본체인 본성의 자연적 실현으로서[性發爲情], 그리고 다른 한편으로는 마음의 인지적이고 의지적인 실천으로서 설명되었다[心發爲意]. 마음은 한편으로는 그러한 본성의 자연적 실현이 일어나는 장소로서, 또 다른 한편으로는 그러한 본성의 자기실현을 대상화하고 그것을 관할하고 주재하면서 인지적이고 의지적인 방식으로 실천하는 주체로서 이해되고 묘사되었다. 그것이 바로 심통성정(心統性情)의 의미였다.

심통성정의 관점에서, 마음은 본성을 곧 본성의 자기실현을 포괄하지만, 본성은 마음의 그러한 자기 실천을 포괄하지 못한다. 하지만 성발위정(性發爲情)의 관점에서, 그러한 마음의 전 과정은 본성의 자기실현 과정 가운데 포괄된다. 주자학은 본성과 마음의 동일성과 함께 본성에 대한 마음의 독자성을 함께 고려함으로써 우리 마음에서 일어나는 도덕 현상을 온전히 설명할 수 있으며, 온전하고 전면적으로 도덕적 실천을 완수할 수 있다고 보았다. 그러한 마음과 본성의 관계에 대한 주자학의 관점은 조선의 호락논쟁 과정에서 세밀하게 논의되었다.

4
이상과 현실: 리와 기

도덕 주체로서의 사대부는 단지 관념의 공간에서 움직이는 자들이 아니었다. 그들은 정부의 행정적 역할을 담당하는 관료 혹은 관료 지원자였으며, 공치(共治)의 이념을 가지고 왕과 함께 국정의 방향을 논하고 정책을 수립하며 통치에 참여하는 정치가였다. 그들은 사회 속에서, 정치적 세계 속에서 곧 욕망의 세계 속에서 자신의 길을 찾아가야만 하는 사람들이었다. 도덕의 세계는 정치의 세계 안에 있으며, 정치의 세계는 자연의 세계 안에 있다. 곧 당위는 자연적 욕망 위에 세워져야 하며, 정치적 실천을 관통하지 않으면 안 된다. 도통은 정통과 분리되어 있지 않다. 그것은 자연 세계와도 통일되어 있다. 자연 세계의 질서는 도덕 질서 및 정치 질서와 통합되어 있는 하나의 질서 원리인 리(理)-태극(太極)을 통해 통합된다.

리-본체의 단일성 혹은 동일성에 대비했을 때, 그를 구현하고 있는 현실 세계의 특징은 다양성이다. 세계는 리-본체의 자기실현으로서 통일되어 있으나, 리는 기를 통해 자기를 실현하지 않을 수 없으므로 기의 다양성에 제한을 받는다. 그 다양성을 설명하는 원리는 기본적으로 기(氣)였다. 이이의 이통기국(理通氣局) 명제는 바로 그것을 지시한다. 하지만 기가 가져오는 다양성 곧 기국(氣局: 기의 제한, 기의 규정)은 다소 복합적이다. 현실 세계 혹은 우리 현존재의 다양성은 한편으로 단지 동일성 속의 다름으로서 근원적 동일성에 통합될 수 있는 분수적(分殊的) 다양성이 있는가 하면, 근원적 동일성에 통합될 수 없는 분열적(分裂的) 다양성도 있다.

기는 한편으로 분수적 다양성의 계기를 만들어주는 소극적이고 수동적인 역할을 하지만, 또 한편으로는 분열적 다양성을 만들어 내는 적극적이고 능동적인 역할을 한다. 도덕적 우주론에서 분수적 다양성은 각 개체가 구현해야 하거나 용인될 수 있는 것이라고 한다면, 분열적 다양성은 극복되거나 폐기되어야 할 대상이다.

정이천(程伊川)의 이일분수(理一分殊)에서 분수는 곧 근원적 동일성에 통합될 수 있는 분수적 다양성을 의미하는 것이라고 한다면, 이이의 이통기국에서 기국(氣局)은 그와 함께 분열적 다양성을 함께 포함하고 있다고 할 수 있다. 현실 세계를 분수적 다양성으로 보는 관점은 현실 세계가 본체를 실현하는 세계라는 점을 강조함으로써, 현실 세계를 초월하고 부정하는 방식의 이원론적 세계관에 대응하는 유교 세계관의 특성을 명확히 보여주는 것이라 할 수 있다. 그러나 현실 세계의 다양성에 대한 해명으로서의 그것은 현실 세계의 분열적 다양성 곧 차이(差異)를 포용하기는 어렵다는 문제가 있다. 그런데 사실 도덕이 빛을 발하는 것은 바로 그 지점에 있다. 곧 도덕은 차이의 심판과 교정에서 혹은 차이의 포용과 사랑에서, 그리고 자연을 넘어선 인간적 탁월성의 발휘에서 자신의 힘을 발휘한다. 이통기국(理通氣局)은 이일분수에 비해 분열적 다양성을 진지하게 다루었다는 점에 그 실천 이론적 의의가 있다.

5
호락논쟁의 주제: 인간, 그 마음과 본성

호락논쟁에서 인간과 동물의 본성, 그리고 성인과 일반인의 마음 사이의 같고 다름에 대해 치열하게 논변한 것은 인간 본질에 대한 물음에 대한 답변을 모색한 것임과 동시에 바로 그러한 기(氣)에 의한 분수적 다양성과 분열적 다양성에 대해 진지하게 고민한 결과였다. 그것은 곧 공통의 유산이었던 이통기국의 명제를 기본으로 하여, 기국(氣局)의 구체적 내용에 대한 사유를 심화해간 것이라고 할 수도 있다.

주자학에서 본성은 단적으로 리와 동일시[性卽理]되고, 마음은 그에 대해 기와 동일시[心卽氣]된다. 하지만 본성은 리 자체는 아니고 기의 맥락 아래서의 리[氣中之理]이며, 마음은 그 자체로 본다면 본성과 지각(知覺)의 합이요, 리와 기의 합[理氣之合]으로 이해된다. 따라서 본성과 마음은 바로 그러한 기국(氣局)의 사유를 펼쳐갈 좋은 공간을 제공했다.

본성은 기 속의 리로서, 현실 세계 속에서 리-본체가 자기실현을 하고 있음을 보여주는 실증이다. 그런데 우리는 본성에서, 리-본체의 자기실현에 초점을 맞추어 볼 수도 있고, 현실 세계 곧 기의 맥락을 중시하여 볼 수도 있다. 주자학에서는 리-본체의 자기실현에 초점을 맞추었을 때 그것을 본연지성이라고 하고, 기의 맥락에 초점을 맞추었을 때 그것을 기질지성이라고 했다. 호락논쟁 중 낙론에서는 바로 그러한 기본적 용법에 충실했다.

하지만 호론에서는 그러한 구분만으로는 부족하다고 보았다. 인간과 동물의 본성, 소와 말의 본성은 각기 다르며 그 다름을 결정하는 것이 기와 관련이 있다고 하더라도, 그것은 지양되어야 할 기질지성이 아니라 추구해야 할 당위로서의 본연지성의 위상을 가진 것으로 보아야 하지 않을까? 즉, 인간과 동물의 본성에서의 차이는 분수적 다양성에 해당하는 것이지 분열적 다양성에 해당하는 것으로 볼 수 없지 않은가 하는 것이다. 본성은 도덕적 우주의 근거에 존재하는 리-본체의 차원과 그것이 현실 세계 속에서 펼쳐져 유행하면서 분수적 다양성을 형성하는 차원과 분열적 다양성의 차원이라고 하는 세 가지 차원을 함께 고려할 때 온전히 이해될 수 있다는 것이다. 한원진은 그것을 각각 초형기(超形氣)의 본연지성과 인기질(因氣質)의 본연지성, 그리고 기질지성에 대응하여 성삼층설(性三層說)을 제시했다. 본성에 대한 이러한 견해는 주자학 내부에서 중요한 이론적 진전을 이루어낸 것으로 평가할 수 있다.

그것은 세계 인식에서 기질의 중요성을 포착하고 강조한 것으로 이해할 수 있으며, 격물궁리(格物窮理)의 방법에서 물리(物理) 혹은 물(物)의 본성에 대한 실제적이고 경험적인 탐구의 측면이 포착되고 강조될 수 있는 가능성을 담지하고 있었다. 그런데 그것은 곧 본연지성에 대한 논의의 중심을 인기질의 단계로 옮기고 초형기의 차원을 형식화함으로써 도덕적 우주론의 기초를 위협할 수 있었다. 낙론 측에서는 그에 대해, 본성을 논하면서 기질을 강조하는 것은 결국 본성의 본체적 성격을 위축시킬 것이라 비판한 것, 즉, 호론의 본성론은 본성을 기-자연에 종속시킴으로서, 리-본체를 파편화하고 결국 성악설(性惡說)이나 성선악혼설(性善惡混說)로 이끌 우려가 있다고 비판한 것은 일리가 있는 것이었다.

하지만 주자학의 이론 내부에서 호론의 본성에 대한 이러한 이해는 실제로는 리-본체의 자기실현[流行]에서 기가 그것을 구체적으로 규정하는 측면에 초점을 둔 것이었다. 기는 본성의 구체성을 규정하여 실제적인 규범의 내용을 확정하는 기초를 제공하는 역할을 한다. 분수적 다양성을 설명하는 데 장점이 있는 것으로서 주자학적 규범의 엄격화와 공고화에 기여하는 것이었다. 호론에서는 그러한 지점을 제대로 고려하지 않는 낙론의 입장을 공허하게 본성을 말하는 것이라 하여 '현공설성(懸空說性)'이라 비판했다.

호론에서는 마음[心]에 대해서도 기의 맥락을 강조하는 입장을 견지했다. 애초에 마음은 기에 속한 것이므로, 그것은 또한 자연스러운 것이었다. 문제는 그들이 마음의 본체가 현시되는 미발의 상태에서도 마음 속의 기질의 편차 곧 청탁수박(淸濁粹駁)의 편차는 사라지지 않고 종자(種子)처럼 남아 있다고 주장한 데 있었다. 물론 그들이 미발의 중(中) 혹은 선(善)을 부정한 것은 아니었다. 다만 그들은 그때 기가 잠재하는 가운데 적극적으로 용사(用事)하지는 않으므로 혹은 일시적으로 활화(活化)하므로 선한 상태에 있다고 설명함으로써, 미발의 중이 가지는 적극적인 본체의 자기 현시의 측면, 마음과 본성의 일치의 측면은 소극적으로 다루었으며 현실의 마음 자체에 선과 악의 가능성이 함께 있음을 강조했다. 그만큼 그들은 현실 세계의 분열 상황을 예리하게 응시하고 심각하게 받아들였다고 해야 할 것이다.[2]

그들은 가장 심층에서 본체의 유행과 그를 통한 현실 존재의 통일을 말하는 한편으로, 본성과 마음의 수준에서는 기질에 의한 현실 존재들의 다양성과 차이에 주목한다. 본성 문제에서는 분수적 다양성을 결정하는 데 기가 역할을 했다면 마음의 이해에서는 분열적 다양성을 가져오는 측면이 강조된 것이라고 할 수 있다. 기질의 양 측면이 각각의 상황에서 부각된 것이라고 할 수 있겠다. 기질은 본성에서는 리-본체의 실현에서 마땅히 추구하여야 할 소당연의 규범을 확정하는 역할을 했다면, 마음에서는 리-본체의 실현을 제약하는 기질적 요소로서 그에 대한 극복에의 의지의 발휘와 분투 곧 수양 공부를 요청하는 역할을 했다.

호론이 심성에 대한 이해와 관련하여 형기 혹은 기질의 개념과 역할에 초점을 두어 리-본체와 현실 세계의 관계 문제 곧 기국 문제에 접근했다면 낙론은 마음 혹은 심기(心氣)에 초점을 두고 그에 접근했다. 낙론의 주된 관심은 인간에게 있었다. 인간과 동물에서 본성의 차이 문제는 그들에게 그다지 실천적 중요성을 지니지 못한 다소 이론적인 문제로 여겨졌다. 그들이 주로 관심을 가진 것은 도덕 본체가 현현하는 현장이자, 도덕 본체를 실현하는 능동적 주체로서의 인간의 마음이었다.

물론 낙론이라고 해서 현실의 분열적 다양성을 단순히 무시해버린 것은 아니었다. 그들은 분열의 현실에 주목하기보다는 차라리 그 분열된 다양성을 통합하는 우리 마음[心]의 역동성에 기대를 걸었던 것이라고 할 수 있다. 마음의 역동성은 곧 본체-리의 역동성으로 말미암은 것이다. 인간의 마음은 그러한 본체-리의 순수성과 그 역동성에 조응하는 역량을 가진 것으로 이해되었다.

호론이 동물과 구별되는 인간의 본질적 특성을 인기질의 구체적 '본성'에서 구하였으며 마음을 그러한 본성을 실현하는 현실적 매개로 이해하였다고 한다면, 낙론에서는 인간의 본질적 특성을 보편적 리 곧 본성을 인식하고 실천하는 '마음'에서 구하였으며, 마음을 그러한 본성에 조응하는 절대적 주체로서 이해한 것이라고 할 수 있다. 그들은 지각 논변을 통해 본성과 구별된 마음의 독자적 영역과 그 의미를 명확히 드러내고자 하였고, 미발(未發) 논변을 통해 본체를 드러내는 처소로서의 마음을 포착하고, 그리고 그와 관련된 미발 공부의 중요성과 그 구체적인 방법 등에 대한 이해의 깊이를 더해갔다고 할 수 있다.

마음의 미발은 곧 형기(形氣)와 구별되지만, 우리에게 주어진 또 하나의 현실이다. 그것은 여전히 기이지만 편차가 있을 수밖에 없는 형기와는 구별된다. 그것은 본체-리가 생생하게 드러나는 장소이다. 본체-리는 호학에서처럼 기질과 구별되어 본체 상에서 이일분수의 논리를 통해 현실과 통합되는 것이 아니라, 생생한 현실 곧 우리의 심리적 현실에서 그 통합이 직관(直觀)된다. 미발에서의 지각이 바로 그것이다. 본체는 현실화하기 위해서, 즉 그 총체성을 이루기 위해 우리 마음의 활동을 필요로 한다. 즉 우리의 마음이 본체를 직관하고 그를 현실화하는 매개 역할을 감당해야 한다. 그런데 마음의 매개 역할은 본체 자신의 역동성, 곧 통합하고자 하는 힘에 근거한 것이기도 하다. 그들에서 궁리(窮理), 체인(體認), 함양(涵養) 등의 공부는 모두 그러한 본체-리의 역동성에 의지하여 그를 자기화하는 것을 지향하고 있다고 할 수 있다. 낙론에서 애초의 본체의 운동과 마음의 매개 작용은 긴밀하게 결합해 있는 것이라 할 수 있다.

낙론에서는 마음의 본체를 허령불매(虛靈不昧)라고 하는 인지적이고 실천적인 능력이면서 온갖 리를 갖춘 명덕(明德)으로 이해했다. 그것은 자연 세계 속에 존재하는 기로 구성되어 있지만, 리-본체를 수용하고 조응(照應)할 수 있는 탁월성을 갖춘 정상(精爽)한 기로서, 신체를 구성하는 형기 곧 청탁수박의 기질(氣質)과는 다르다. 호론에서 형기와 기질이 리-본체를 규정하고 제약하는 역할에 초점이 있었다면, 낙론에서 심기는 리-본체를 구현하고 실현하는 역할에 초점을 두었다.

호론에서는 마음의 기가 비록 정상하다고 해도 기질의 편차에서 완전히 자유롭지는 않은 것으로 보았다. 이와 관련하여 낙론의 일부에서는 이러한 지점을 고려하여 마음의 기를 본연지기(本然之氣)와 혈기정영(血氣精英)으로 나누고 전자에서는 보편적 동일성을 후자에서는 차이를 용인할 수 있다는 입장이 제기되기도 했다. 하지만 역시 낙론의 특징은 마음의 기 곧 심기(心氣)의 보편적 성격 곧, 리-본체 혹은 성체(性體)에 조응하여 그것과 구별되는 동시에 그것을 구현하고 실현하는 마음의 독자적인 본체의 성격, 곧 심체(心體)의 독자성을 강조하는 것이었다.

논쟁의 제3기, 낙학의 전개 과정에서 낙론 내부에 그러한 마음의 본체를 순수하게 기의 한계 속에서 담일청허(湛一淸虛)한 신적(神的)인 어떤 것으로 설명하고자 하는 경향과, 리와 기의 결합의 측면을 강조하면서 리 자체는 아니지만 그에 근접한 어떤 것 본성적인 어떤 것으로 설명하려는 경향의 분기가 포착되었다. 전자는 주로 김원행과 그의 제자들에게서, 그리고 후자는 주로 이재와 그의 제자들에게서 발견되는 경향성이다.

그러한 분기는 마음을 구성하는 기에 대한 이해의 차이에 기인하는 것으로서, 호학 내부의 낙론자라고 할 수 있는 이간에 대한 평가에서의 차이와도 관련되어 있다. 즉 이재 측이 한원진과 이간 모두와 구별되는 혹은 그 모두를 포괄하는 측면에서의 낙학의 독자성을 제시하여 호학 측이 마음을 기를 중심으로 보는 데 대해 리와 기를 합한 측면을 강조하고, 마음의 기에 대해 형기적 제한의 측면과 그것을 넘어서는 보편적인 성격 모두를 인정하였다고 한다면, 김원행 측은 한원진과 구별되는 측면을 강조하여 마음을 구성하는 기의 보편적 성격을 강조하고 거기에서 마음의 특징을 찾았다. 전자가 절충적이고 그래서 호론 측의 견해를 수용할 수 있는 과도적인 것이었다고 한다면, 후자는 자신의 성격을 분명히 드러낸 것이었다.

어느 쪽이든 낙론에서 마음의 본체에서 기질적인 것과 구별되는 지점을 포착한 것은 도덕적 주체성의 인식에서 중요한 진전이었다고 평가할 수 있다. 즉, 자연을 넘어선 인간과 도덕의 독자성과 탁월성에 대한 인식에서의 발전으로 평가할 수 있다는 것이다. 그것은 향후 이익과 그의 제자들에서, 그리고 좀 더 본격적으로는 정약용의 마음에 관한 견해에서 확인할 수 있는 바와 통하는 것으로서, 전래의 도덕적 우주론을 넘어선 지평을 가진 것이었다. 호론이 그 본성에 대한 이해에서 주자학 전통의 도덕적 우주론의 기초를 흔드는 측면을 가지고 있었다고 한다면, 낙론은 그 마음에 대한 이해에서 도덕적 우주론을 넘어서는 지평을 보여주고 있었다고 할 수 있다.

낙론에서는 마음의 본체에 대한 그러한 인식 위에서 인간과 동물의 차이는 본연지성을 온전히 갖추고 있느냐 아니냐가 아니라, 마음에서 그 본성을 얼마나 온전히 실현할 수 있는가 하는 데 있다고 주장했다. 또한 마음의 미발 상태는 바로 그러한 마음의 본체가 온전히 본연지성을 구현하고 있는 상태로 이해하여, 미발 상태에 기질을 논할 수 없으며 어떠한 악의 잠재나 흔적도 있을 수 없다고 주장했다. 마음의 본체 곧 미발의 상태 혹은 명덕은 리 곧 본성의 순선에 조응한 것으로서, 그러한 지점에서 마음은 본성과 서로 밀접하게 조응한다고 보았다. '이기동실(理氣同實), 심성일치(心性一致)'는 이간이 제시한 명제였지만 낙론 전체의 정신을 표현하는 것이기도 했다.

낙론에서는 그러한 관점에서 호론에서 미발에 기질의 편차가 잠재하고 있다고 주장하는 것, 곧 미발에서의 본성이 기질지성이라고 보는 것은 마음의 현실적 상태와 본성을 분리하여 보는 것으로서 결국 리를 기 혹은 그것을 실현하는 마음의 본체적 현실에서 유리하여 추상적으로 공허하게 논하는 것[懸空說理]이라 비판한다. 현실의 마음은 본체의 실체가 확정되는 곳이고 그 드러남을 확인할 수 있는 장소이다. 우리는 그러한 실증을 통해 본체-리에 대한 확신을 가질 수 있으며 그것을 계속적으로 그리고 좀 더 온전한 수준으로 실천해갈 수 있는 동기를 얻을 수 있다.

하지만 호론은 낙론에서 이렇게 마음의 현실에서 본체-리의 확증을 추구하는 것은 본체-리를 마음의 현실 곧 기의 현실에 의존하도록 하는 것으로서 결국 리를 기에 의존시키는 주기적(主氣的) 논리이며, 성선(性善)을 심선(心善)으로 바꾼 것이라고 비판했다. 그를 통해서는 도덕적 우주론의 핵심인 성선 또한 흔들릴 수 있으며, 본성과 마음을 구별하지 않는 선불교의 마음 이해에 가까워진다는 것이다.

낙학 측에서 볼 때 호학은 기의 형기적 특성을 지나치게 강조하여 본체의 현실성과 역동성을 매우 제약하는 것으로 보였다. 또한 호학 측에서 보기에 낙학 측의 견해는 심기를 부당하게 형기로부터 구별하고, 본체-리를 심기의 순수성에 의존토록 함으로써 규범의 객관적 엄밀성을 해치는 결과를 초래하는 것으로 보였다. 그러나 낙학은 심기의 허령성(虛靈性)과 명덕(明德)의 보편성을 강조하면서 주체 속에 내재한 본체의 역동성을 순수하게 보존하고 함양하며 발휘할 것을 강조하는 방향으로 나아간 것이라고 평가할 수 있다. 그것은 곧 도덕 실천에서 우리 마음의 능동적 자발성을 강조한 것이었다. 반면 호학은 형기의 기질적 특성을 강조하면서 그것을 넘어선 본체-리의 객관성 그리고 그에 기초한 규범의 객관적 엄밀성을 부각하고 그에 대한 주체의 적응 곧 한편으로는 규범을 이성적으로 인식하고 실천하며 최종적으로는 기질의 항구적 변화에 이를 것을 강조하는 방향으로 나아간 것이라고 이해할 수 있다.

6
호학과 낙학의 정신

 18세기 조선 성리학은 진지한 철학적 성찰로 충만했다. 주자학에 집대성된 중국의 성리학 전통은 조선의 성리학자들에 의해 하나하나 치열하고 주의 깊게 검토되었다. 퇴계학파와 율곡학파의 분립과 각 학파의 내부의 분열상은 그러한 치열한 분투의 결과라는 각도에서 또한 음미될 수 있을 것이다. 물론 그것은 단순히 철학적 사변에 대한 욕구에 의해 추동되었던 것은 결코 아니었다. 그들은 늘 현실 세계에 집중했다. 그들이 관심을 가졌던 것은 태극 논변을 비롯한 제 논변에서 알 수 있듯이 생동하는 현실 세계의 맥락에서 본체의 구현을 이론적 실천적으로 확보해내는 것이었다.

 이 시기 그들의 학문적 과제는 그 리를 인식하고 실천하는 주체이자 리의 내면적 처소로서의 마음[心]과, 리의 존재론적 처소이자 리에 대한 인식을 위해 현실적으로 우리가 잡아 들어갈 수밖에 없는 물(物), 더 나아가 마음과 물의 구성 요소 혹은 그 둘을 현실적으로 규정하는 존재로서의 기(氣)에 대해 적절하게 해명해내는 데 있었다. 그것은 곧 인간 존재의 내적 성찰로서의 심성학(心性學)과 자연과 사회 세계에 대한 모든 지식의 탐구로서의 박물학(博物學), 그리고 그 둘을 기초 짓는 존재론으로서의 기학(氣學)으로의 전개를 전망하게 하는 것이었다.

 본체 자체가 아니라, 마음과 물 그리고 기라고 하는 현실 세계를 구성하는 개념으로의 시각 전환은 이론적 요청임과 함께, 당 시대 지식인들의 현실 세계에 관한 관심을 반영하는 것이었다. 당시 사대부에게는 두 차례의 혹독한 외침(外侵)과 만주족 청(淸)이 중원을 차지한 국제질서의 현실을 극복하고 유교 이념에 확고히 기초한 유교 공동체의 성격을 재건하고 강화해 나갈 책무가 주어져 있었다. 그것은 그러한 유교 사회의 주체로서 사대부의 자기 정체성을 분명히 할 것에 대한 요청이기도 했다. 그들은 외적으로 자신이 처한 세계를 유교적 이념을 충실하게 구현하여 유교적 사회로 재건하며, 동시에 내적으로 자기의식을 투철히 하여 자신을 그 유교적 사회의 주체로서 정립해내고자 했다. 호학과 낙학은 각자의 방식으로 자신의 존재를 입증해 갔으며, 그들이 각기 걸어간 길의 차이는 그러한 문제를 풀어가는 각각의 방식의 차이를 보여준다.

낙학 혹은 낙론의 정신은 본체-리로 향하고 있었다. 단지 경전, 주석 상의 이동을 세세하게 따지는 번쇄한 스콜라적 태도와는 달리, 근원적 동일성으로 향하려는 철학적 형이상학적 의지, 그리고 그와 연관된 자아의 주체적 체험에의 욕구를 표출했다. 그들의 형이상학은 번쇄한 추상적인 이론적 논의로 나아가지 않았다. 그들은 근원적 실재에 대해, 이론적 탐색으로 접근하기보다는 강력하고 생생한 주체적 체험에의 열망을 가지고 접근했다. 그들은 마음속에 일어나는 내재적 본체의 자연스러운 발현을 주체적으로 체험하고자 했다.

낙론에서 본체는 결코 시간적 계기를 배제하지 않았다. 즉, 우리가 그 미발 논변과 명덕에 대한 그들의 이해에서 확인했듯이, 시공(時空) 속에서의 본체의 현실적 발현을 중시했으며 본체가 현시되는 장소로서 그리고 그에 접근할 수 있는 통로로서 마음을 포착했으며, 그것을 리-본체에 조응하는 마음의 본체로 삼았다. 마음은 그 본체를 자신의 일부로서 곧 본성으로서 갖추고 있으며 그것이 실제로 현실의 마음 상에서 구현되고 있음을 체험할 뿐 아니라 그러한 본체를 포착할 수 있는 허령불매한 인지적 능력을 보유하고 있으면서 그러한 본성의 자기실현을 자신으로부터 자각적인 방식으로 수행하는 능동적인 실천자로서의 성격을 가진다.[3] 본성의 자기실현과 구별되는 마음의 그러한 측면을 우리는 그들의 지각 논변에서 확인했다. 이른바 그들이 말한 본연지심(本然之心)은 바로 그러한 두 가지 의미를 포함한 것이었다. 그것은 바로 주자학에서 주체로서의 마음이 가진 두 가지 측면, 자연적 자발성과 자각적 자발성을 자신의 방식으로 구현해 낸 것이었다.

곧 자연성 자발성을 자각적 주체성의 수준에서 실현하고자 한다. 그들의 주체적 체험은 마음과 본성의 즉자적 통일을 구현하고자 하는 것이 아니라, 지각에 대한 그들의 이해에서 확인한 바와 같이 본성의 실현을 자각하며 매개하는 능동적 주체의 리에 대한 인식 과정과 통합된 것이었다. 미발에서의 본체의 자각은 그들 공부의 최종적 지점 혹은 단계가 아니라 궁극적 실현을 위한 내적 동기와 공부의 출발점으로서 이미 주어진 것의 의미를 지닌 것이었다. 근원 체험적 인식은 최종적인 총체적 인식이 가능한 근거로서, 공부의 최종점이 아니라 출발점의 의미를 지닌 것이었다.[4]

그것은 낙학적 방식으로 사대부의 주체, 사대부 자아를 확립한 것을 의미한다. 사대부로서 그들은 근원적인 본체를 현실 세계 속에서 실천하는 주체적인 자아로서 자기를 정립하고자 했다. 그들의 본체에 대한 접근은 곧 사대부 자신들의 본체 체험에 대한 강한 자부심을 드러낸 것이다. 태극은, 초월해 있는 것으로 우리 전체를 상대화하고 우리가 그에 즉자적으로 반성 없이 통합될 것을 요구하는 어떤 권력이 아니라, 우리 마음의 현실 속에서 체험해 내는 대상이 된다. 사대부는 그 체험을 통해, 모든 존재의 통합의 중심에 있던 왕을 주체적으로 소화하고, 그 자리에 자신을 세운 것이다. 그것은 곧 낙학적 방식의 사대부 자아 정립이다.

한편 본체에 대한 낙학의 그러한 인식은 그들의 미학적 입장과 밀접한 관련을 지닌 것이었다.[5] 그들은 본체에 대한 일종의 미학적이고 직각적인 체험과 자연적인 감수성의 확장을 통해 현실 세계 속에 진실(眞實)과 진정(眞情), 이성과 감성이 통일된 진(眞)의 세계를 구축하고자 했다.[6] 현실 세계는 곧 자연적 진정성과 이성적 진리에 대한 통찰이 결합된 진이 구현되어 있고, 또 구현해가야 할 처소인 것이다.

　낙학의 그러한 정신은 주자학의 성리학 이론을 배경으로 한 것이지만 동시에 호학 혹은 호론이라는 상대와의 대화와 대결을 통해 논쟁적으로 형성한 것이었으며, 조선 성리학의 이론적, 실천적 상황 속에서 주체적으로 정립한 것이었다. 낙학에 대립한 호학의 정신은 본체를 실천하는 주체로서의 마음에 관한 관심보다는 현실 세계 속에서 현실 세계를 규율하는 원리, 규범에 대해 더욱 집중했다. 이는 곧 '본성[性]'에 대한 깊은 관심으로 표현되었다. 그들에게 절박했던 것은 규범의 현실성이며, 확실성, 객관성이었다. 본체는 현실 세계를 객관적, 합법적으로 강제하는 규범의 근저로서 주관적 체험의 밖에 존재한다. 그들은 현실 세계의 존재들에 대한 냉철한 관찰을 근저에 깔고 있었다. 그들은 냉철하고 합리적인 이성으로, 본체의 단순한 동일성에 열광함 없이 인간과 사물의 본성에 대해 일정한 거리를 두고 엄격하게 인식하여 가는 방식을 취하고 있었다. 그 거리는 곧 마음을 포함한, 인간의 기질 밖에 놓여 있는 본체의 냉정함으로부터 오는 것이었다.

　호학에서 본체는 기 혹은 기질의 시간적 계기에 즉하되, 그것을 넘어서 그 리-본체를 단지(單指)한 것으로 이해되었다. 즉, 마음의 본체는 마음의 기에 즉(卽)하되 그 기를 포함하지 않는 것으로서, 미발의 중이나 명덕의 경우 모두에서 그러한 형식을 취하고 있다. 그런 점에서 본체의 보편적 동일성은 낙학에 비해 비록 추상적인 것이 되었지만 그만큼 더욱 선명한 것이었다고 할 수 있었다. 낙학의 경우 본체는 현실의 마음과의 관계 속에서 마음의, 본체-리를 현시하고 인식하며 실천하는 작용을 통해 역동적으로 운동하는 것으로 이해되었다면, 호학에서 그것은 기를 넘어선 본체로서, 현실의 인지-실천적 마음의 실천 대상이 되는 정적이고 추상적인 수준의 것으로서 이일분수의 방식으로 통합되어 있다. 본체는 기질 밖에서, 곧 마음과 신체 모두를 포함한 기질 밖에서 기질에 부가된 명령이었다. 본체는 마음의 체험 속에서 체험되면서 외부 현실 세계로 범람하여 가는 것이 아니라 철저한 객관적 인식의 축적 가운데 최종적으로 도달하게 되는 것이다. 그런 점에서 호학에서 강조된 것은 근원 체험적 인식이라기보다는 개별적인 본성 곧 소당연에 대한 인식과 그의 최종적 통합으로서의 총체적 인식에 있었다고 할 수 있다.

호학의 정신은 기질의 현실 세계 곧, 생산 계층인 농민들의 우연적이고 다양한 욕망의 세계를 객관 규범을 통해 제어하고 질서화하며, 또 한편으로는 왕권마저도 규범의 제약 아래에 두려 한다는 점에서 역시 사대부 자아의 정립과 관련이 깊다. 호학에서의 객관 규범에 대한 강조는 태극(太極)을 왕권을 포함한 일체의 기의 세계 너머에 두고, 왕권마저 그의 제약을 받아야 한다는 의미를 함축하고 있다. 태극은 모든 기를 넘어서 있는 것이다.

어쨌든 이렇게 이들 각각은 논쟁의 과정 가운데 각각의 정신을 수립했다. 이러한 정신은 주자학에 내재한 두 정신의 정당한 발현이었다. 주자학은 이성의 철학이자 생명과 감성의 철학이었다.[7] 진리 인식에서 근원 체험적인 인식과 총체적 인식의 종합이 추구되었다. 공부 방법에서 도덕 생명의 함양과 외적 규범의 합리적 인식이 동시에 추구되었다. 합리적인 정신과 함께 종교적 경건의 정신이 함께 추구되었다. 인간의 도덕 정신은 그러한 양 측면을 포괄적으로 수용하고 적용하여갈 때 온전히 발휘될 수 있다. 그러한 종합적이고 전면적인 성격이야말로 주자가 성리학의 집대성자로 지칭되는 이유일 것이다.

호학과 낙학의 대립과 논변을 통해 그러한 두 정신 혹은 지향은 극도로 발휘되고 점검된 것이라고 할 수 있다. 그것은 이제 독자적으로 그리고 교차하면서 전개해나갈 참이었다. 낙학과 호학은 이후 정치 당파적인 대립으로 변질되는 듯한 양상을 보이지만 애초의 그들의 논변은 그런 당파적인 맥락과는 관계없이 성립된 실천적이고 학술적인 논변이었으며—물론 그러한 전개는 결국 필연적인 것이었을 수도 있었다―그들이 세워놓은 정신은 그것대로 이어져갈 것이었다. 그것은 19세기 조선 성리학의 전개를 전망한다. 우리는 그러한 두 가지 정신이 19세기 조선 성리학에서 어떻게 교차하고 종합되며 또 새로운 가능성을 만들어내는지를 규명해야 할 과제를 안게 되었다.

7
호락논쟁의 의의: 18세기의 지평에서

 호락논쟁이 발생했던 시대 곧 18세기 동아시아는 새로운 국제질서 속에서 정치적으로 안정된 시기였으며 지역적으로 번영한 시대였다. 하지만 많은 자연재해로 고통받는 시기였고 서학(西學)이 영향을 주던 시기이기도 하다. 실로 불안정성과 불안 속에서 변화가 모색된 시대였다. 이른바 실학(實學)의 시대이기도 했다. 그것은 곧 그만큼 유학이 그 실효성 있는 학문으로서의 성격을 상실하고 있음을 반증하는 것이었다. 당시는 각 지역에서 유학의 재성찰이 이루어진 시대였다. 청의 문화 정책 속에서 고증학이 번성하여 고전 학술의 최고점에 도달하여 간 시대였다. 청조(淸朝)는 유학의 이념을 표방했으나 실천 철학으로서의 유학은 그 현실적 힘과 맥락을 상실하고 있었다. 일본의 경우 유학은 나름의 담론을 형성했지만 역시 실제성 혹은 실효성을 획득하기에는 그 정치적이고 사회적인 기반이 매우 취약했다.[8] 그러한 가운데 주자학의 세부적인 이론적 문제들을 놓고 치열한 논쟁을 거듭한 조선의 상황은 매우 특이한 것이었다. 그것은 어떤 현실적 적합을 가진 것일까?

 그와 관련하여 그간 학계에서는 호론과 낙론 그 각각에서 전통 성리학으로부터의 일종의 변화 혹은 진보를 읽어내면서 실학과의 관련성이 논의되기도 했다.[9] 최근 근대의 시각에서 전통을 읽어 내는 독법의 문제점을 지적하고 전통을 전통의 문맥에서 이해해야 한다는 학계의 요구가 주류를 이루어가고 있으며—그것은 최근 30여 년의 호락논쟁 연구열을 이끈 배경이었다고 생각되기도 한다— 그 지적은 그대로 유효하다고 하더라도, 결국 우리는 오늘의 시점에서 과거를 독해할 수밖에 없으며, 그것은 하나의 정당성 요구이기도 하다. 오늘의 시점은 여전히 근대와의 연속선상에 놓여 있다. 따라서 '실학' 자체는 무엇으로 환원되거나 소멸될 개념 혹은 관점이 아니라, 전통 사회에서 근대 사회로의 변화에 대응한 전통 학문의 모색의 총체로서 유의미하게 사용될 수 있다. 그런 점에서, 조선 후기 성리학의 전개에서 실학적 지향과의 관련성을 진지하게 따져보는 것은 의미 있는 작업이다.

하지만 당시 조선의 경우, 주자학의 이론적 발전은 나름의 적실성을 가진 것이었다고 평가할 수 있을 것이다. 그것은 조선 사대부의 자기 인식을 확고히 한 것이었으며, 시대적 실천 이념으로서의 적합성을 두고 치열하게 싸운 것이었다. 그것을 완전히 허구적인 것이라 비판하는 것은 이후의 전개의 관점에서 결과론적으로 평가한 것이라고 할 수 있을 것이다.

호락논쟁은 분명 주자학의 이기 심성론을 둘러싸고 전개된 학술 논쟁이었다. 그러나 그것이 순수하게 논제에 관한 대상적 진리 인식을 놓고 싸운 학술 논쟁은 아니었다. 물론 유교 경전, 주자의 논설, 그리고 자신들의 경험과의 일치 혹은 적합성과 정합성을 따지는 그러한 의미에서 그것은 사실적 진리의 다툼의 측면이 전혀 배제된 것은 아니었다. 하지만 그러한 권위적 증거가 그다지 중요하지 않게 된 오늘날의 관점에서 본다면 차라리 그것은 그 실천적 지향과 관련하여 각자의 이론의 유효성 혹은 실천성을 놓고서 상대적 우위를 주장하는 성격을 지니고 있는 것으로 보인다. 각자의 이론이 함축하고 있는 이론적이고 실천적인 문제점, 곧 그 실천의 결과 도래할 수 있는 문제점을 지적하고 그러한 우려를 불식하는 데서의 자설의 우위성을 입증하고 설득하고자 한 것이다. 거기에서 우리가 발견하게 되는 것은 마음과 본성에 대한 어떤 사실적 진리의 심화나 논점이 아니라 각자의 주장과 이해가 인간 이해와 도덕 실천에서 차지하는 적실성 혹은 유효성의 문제이며, 결국 각 이론의 '의미'라고 할 수 있다.

주자학에서 성선이 도덕적 우주론의 지표라고 할 때 호학과 낙학 양측에서 상대의 이론이 성선을 위협하고 위태롭게 할 수 있다고 공격한 것은 단지 상대를 매도하는 매카시즘적 저주라고 볼 수도 있겠지만 기본적으로 당시가 그러한 도덕적 우주론의 위기 상황이었음을 배경으로 하고 있다. 당시의 국제질서는 그러한 도덕적 우주론의 위기를 의미할 수 있었다. 도덕의 위기는 곧 도덕적 우주론의 위기였고 동시에 도덕적 주체성의 위기였다. 호락논쟁은 바로 그러한 위기를 각자의 방식으로 표출하고 있었으며 그것은 새로운 도덕 이론으로의 전개 가능성을 함축한 것이었다.

하지만 또한 주자학의 도덕적 우주론은 그렇게 낙관적이거나 낭만적 수준에서 제시된 관념이 아니라 현실의 분열적 상황을 진지하게 고려한 가운데 주장된 것이었다. 즉, 주자학의 도덕적 우주론은 그에 대항하는 현실의 분열을 수용하고 해명할 수 있는 나름의 장치를 가지고 있었다. 호락논쟁 가운데 기의 의미에 대해 좀 더 구체적으로는 기국의 의미에 대해 진지한 토론이 전개된 것은 주자학의 이론 자체의 심화 과정에서 필요했던 것일 뿐 아니라 그러한 현실 상황과 관계가 있었다고 할 수 있다. 그것은 당대의 이론적 요청에 응답한 것이었다.

8
동아시아 전통 주자학의 최종적 성취

　조선 성리학은 조선 후기에 이르러 동아시아 성리학 내에서 주자학의—이론적이고 실천적인 측면 모두에서—전개로서는 최종점이자 최고점에 이르렀다고 할 수 있다. 따라서 그것은 어떤 보편적 성취의 면모를 지니며, 우리는 바로 그러한 성취의 관점에서, 즉 성리학적 사유의 보편성 위에서 조선 성리학 그리고 '호락논쟁'의 의미를 발견하고 서술하기 위해 계속해서 노력할 필요가 있다.
　호락논쟁에서의 성취는 사단칠정 논쟁 이래 조선 성리학의 온축된 문제의식이 최고 수준에서 발현된 것으로서, 동아시아 성리학 혹은 주자학의 역사에서 학술적 성취, 특히 철학적 성찰의 측면에서 반드시 기억되고 평가되어야 할 소중한 유산이라고 할 수 있다. 중국 성리학의 전개상에서 제기된 성리학 내부의 사상적, 철학적 문제들이 호락논쟁의 과정에서 세밀하고 철저하게 검토되고 음미되었다.
　그것은 내용적으로나 시기적으로나 전통 주자학의 정점에 도달한 것으로서, 단지 그에 머물러 있는 것만이 아니라 그 자체에 전통 주자학을 넘어서 전개해갈 이론적 가능성을 내부에 풍부하게 함축하고 있었다. 따라서 오늘날 우리가 동아시아 주자학 혹은 전통 성리학 이론을 음미하며 이해하고 평가하는 데서뿐만 아니라, 그것을 창조적으로 해석하고 새롭게 전개하여 가기 위해서도 중요한 자원을 우리에게 제공하고 있다고 할 수 있다.

9장 주석

1 중국 송대에 사대부들이 어떻게 자신의 정체성을 확보하여 갔으며 거기에 道學이 어떤 역할을 했는가에 대해서는 다음 참조. 피터 K. 볼, 『중국 지식인들과 정체성』(북스토리, 2008). 전통 중국에서 大夫, 庶人과 구별되는 士의 특징에 대해서는 다음 참조. 余英時, 「二. 道統與政統之間: 中國知識分子的原始形態」, 『士與中國文化』(上海人民出版社, 1987).

2 이는 주희 이래의 전통이다. 唐君毅, 『中國哲學原論 導論篇』(臺北: 臺灣學生書局, 1984), 358쪽 이하.

3 이런 양 측면이 지닌 도덕 철학적 의미에 대해서는 다음 참조. 문석윤, 「朝鮮 湖洛論辨에서 知覺論의 의의」, 『세계와 인간에 대한 동양인의 사유』(천지, 2003).

4 근원 체험적 인식과 총체적 인식의 통일이야말로 성리학적 혹은 주자학적 사유의 특색이기도 한 것이다. 그와 관련해서는 다음 참조. 문석윤, 『湖洛論爭 성립과 전개』(동과서, 2006), 48-52쪽.

5 이는 문학 이론에서는 天機論으로 나타난다. 천기론에 대해서는 다음 참조. 고연희, 『조선후기 산수기행예술 연구: 鄭敾과 農淵 그룹을 중심으로』(일지사, 2001), 159-181쪽; 조성산, 『조선 후기 낙론계 학풍의 형성과 전개』(지식산업사, 2007), 234-260쪽 등. 조성산의 책 해당 부분에는 천기론과 관련된 기존의 연구 성과가 잘 정리되어 있다. 최근의 연구로서 다음 참조. 李焄, 「天機論의 史的 變異와 農巖의 '天眞' 개념 再論」, 『漢文古典研究』 28(한국한문고전학회, 2014); 김형술, 「조선후기 천기론의 사상적 토대에 관한 고찰: 백악시단의 천기론을 중심으로」, 『한문학논집』 41(근역한문학회, 2015).

6 이른바 '眞景山水'가 단지 사실주의적 화풍으로 이해된다면 그것은 그 배경이 되는 철학적 배경에 대해 제대로 이해하지 못한 것이다. 조남호, 「김창협학파와 진경산수화」, 『철학연구』 71(철학연구회, 2005).
眞景에서 眞이 무엇을 의미하는지에 대해 진전된 성찰이 필요하다. 眞의 의미에 대해서는 다음 참조. 고연희, 『조선후기 산수기행예술 연구: 鄭敾과 農淵 그룹을 중심으로』(일지사, 2001), 181-190쪽; 李知洋, 『震溟 權攇의 '眞' 추구와 社會詩: 長篇古詩를 중심으로』(성균관대학교 박사학위논문, 2000); 신향림, 「農巖 金昌協과 燕巖 朴趾源의 거리: 문학론에서 眞 개념의 운용추이를 중심으로」, 『한국한문학연구』 49(한국한문학회, 2012) 등.

7 友枝龍太郞, 『朱子の思想形成』(東京: 春秋社, 1969). 전편에 걸쳐 주자학을 이성의 철학과 생명의 철학의 결합으로 규정했다. 주자학의 이러한 측면에 대해서는 다음 참

조. 문석윤, 「朱熹에서의 理性과 歷史」, 『태동고전연구』 16(한림대학교 태동고전연구소, 1999); 문석윤, 「朱子에서 도덕 실천과 감정, 그리고 수양의 문제」, 『동양철학』 46(한국동양철학회, 2016).

8 이봉규, 「명청교체기 사상변동(思想變動)으로부터 본 다산학의 성격」, 『다산학』 25(다산학술문화재단, 2014).

9 洛學을 절충파로 규정하는 경우, 낙학에서 北學으로의 연결에서 그러한 절충적 성격이 주자학의 절대화에서 벗어나 개방적인 학풍을 취하는 데 도움을 주었을 것으로 추정하는 일반적인 입장이 있는가 하면, 오히려 호학 쪽에서 새로운 진전의 가능성을 읽어 내는 연구자들도 있었다. 낙학과 북학의 연결에 대해서는 유봉학을 시작으로 해서 학계에서 검토된 바 있다. 앞의 1장 서론 주석 72 참조. 호학과 실학의 연결 가능성에 대해서는 예를 들어, 배종호는 호학을 主氣派로 보고 그의 唯名論的, 經驗主義的 성격에 주목했으며, 이남영 역시 호론(호학)의 경험주의적 성격이 실학사상과 연결될 수도 있다는 진단을 한 바 있다. 배종호, 『韓國儒學의 哲學的 展開』下(연세대학교 출판부, 1985); 李楠永, 「湖洛論爭의 哲學史的 意義」, 『第2會 東洋文化國制學術會議 論文集』(成均館大 大同文化硏究院, 1980).

1. 사료

1) 관찬 사서

『경서(經書)』, 景仁文化社 영인본(成均館大).

『성호전집(星湖全集)』, 驪江文化社 영인본.

『이정집(二程集)』, 北京 中華書局 標點本.

李恒老 編, 『주자대전차의집보(朱子大全箚疑輯輔)』, 아름출판사 영인본.

『정본 퇴계전서(定本 退溪全書)』 退溪先生文集 1-15, 退溪學研究院, 2022.

『주자대전(朱子大全)』, 保景文化社 영인본.

『주자어류(朱子語類)』, 北京 中華書局 標點本.

『주자전서(朱子全書)』 1-27, 上海古籍出版社·安徽教育出版社, 2002.

2) 문집류

권상하, 『한수재집(寒水齋集)』, 韓國文集叢刊本 150-151. (年譜 수록).

기정진, 『노사선생문집(蘆沙先生文集)』, 韓國文集叢刊本 310. (年譜 수록).

김간, 『후재집(厚齋集)』, 韓國文集叢刊本 155-156. (年譜 수록).

김매순, 『대산집(臺山集)』, 韓國文集叢刊本 294.

김운주 외, 『호락사실(湖洛事實)』, 한국학중앙연구원 디지털장서각 아카이브.

김원행, 『미호집(渼湖集)』, 韓國文集叢刊本 220.

김정묵 外, 『십이변(十二辨)』, 서울대 규장각 소장 필사본(古1360-10-v.1-2).

김창협, 『농암집(農巖集)』, 韓國文集叢刊本 161-162. (年譜 수록).

김창흡, 『삼연선생년보(三淵先生年譜)』. (韓國歷代文集叢書 253-257에 수록).

김창흡, 『삼연집(三淵集)』, 韓國文集叢刊本 165-167.

박성양, 『운창선생문집(芸窓先生文集)』, 韓國文集叢刊本 續129.

박성원 외, 『불역언(不易言)』, 서울대 규장각 소장 필사본(古1360-53, v.1-3).

박세채, 『남계박세채문집(南溪朴世采文集)』, 民族文化社 영인본 1-4.

박필주, 『여호선생연보(黎湖先生年譜)』, 서울대 규장각 소장 필사본(奎1726-v.1-2.), 국립중앙도서관 이미지.

박필주, 『여호집(黎湖集)』, 韓國文集叢刊本 196-197.

서경덕, 『화담집(花潭集)』, 韓國文集叢刊本 24.

송능상, 『운평집(雲坪集)』, 韓國文集叢刊本 225.

송덕상, 『과암선생문집(果菴先生文集)』, 韓國文集叢刊本 229. (年譜 수록).

송명흠, 『역천집(櫟泉集)』, 韓國文集叢刊本 221. (年譜 수록).

송병선, 『연재집(淵齋集)』, 韓國文集叢刊本 329-330. (年譜 수록).

송시열, 『송자대전(宋子大全)』, 韓國文集叢刊本 108-116. (年譜 수록).

송치규, 『과재유고(過齋遺稿)』, 韓國文集叢刊本 255.

양응수, 『백수집(白水集)』, 韓國文集叢刊本 續77-78. (年譜 수록).

어유봉, 『기원집(杞園集)』, 韓國文集叢刊本 183-184. (年譜 수록).

오희상, 『노주집(老洲集)』, 韓國文集叢刊本 280. (年譜 수록).

윤기, 『무명자집(無名子集)』, 韓國文集叢刊本 256.

윤봉구, 『병계집(屛溪集)』, 韓國文集叢刊本 203-205.

이간, 「가장(家狀)」(韓南大 忠淸文化硏究所 영인본에 수록).

이간, 『외암유고(巍巖遺稿)』, 韓國文集叢刊本 190.

이승연, 『호락문답(湖洛問答)』, 서울대 규장각 소장 필사본(古1360-12, v.1-2).

이이, 『율곡전서(栗谷全書)』, 韓國文集叢刊本 44-45.

李栽, 『밀암선생문집(密菴先生文集)』, 韓國歷代文集叢書 159-162.

李縡, 『밀암선생연보(陶菴先生年譜)』, 서울대 규장각 소장 필사본(古4655-7-v.1-2.)(保景文化史, 『陶菴全集』 제3책 수록).

李縡, 『도암집(陶菴集)』, 韓國文集叢刊本 194-195.

이재형, 『송암집(松菴集)』, 韓國文集叢刊本 179.

이진상, 『한천집(寒洲集)』, 韓國文集叢刊本 317-318. (年譜 수록).

이항로, 『화서집(華西集)』, 韓國文集叢刊本 304-305. (年譜 수록).

이현익, 『정암집(正菴集)』, 韓國文集叢刊本 續60.

이황, 『퇴계집(退溪集)』, 韓國文集叢刊本 29-31.

이희조, 『지촌집(芝村集)』, 韓國文集叢刊本 170.

전우, 『간재집(艮齋集)』, 韓國文集叢刊本 332-336. (여러 年譜가 남아 있음).

조성기, 『졸수재집(拙修齋集)』, 韓國文集叢刊本 147.

채지홍, 『봉암집(鳳菴集)』, 韓國文集叢刊本 205. (年譜 수록).

최석, 『천문사백록(泉門俟百錄)』, 한국학중앙연구원 디지털장서각 아카이브.

한원진, 『남당선생연보(南塘先生年譜)』, 서울대 규장각 소장 필사본(가람古921.951-N15v.1-2), 국립중앙도서관 이미지.

한원진, 『남당집(南塘集)』, 韓國文集叢刊本 201-202.

한원진, 『장자변해(莊子辨解)』, 서울대학교 규장각 소장 필사본(奎1648).

한원진, 『주자언론동이고(朱子言論同異攷)』, 서울대학교 규장각한국학연구원, 2016.

현상벽, 『관봉유고(冠峯遺稿)』, 韓國文集叢刊本 191.

홍직필, 『매산집(梅山集)』, 韓國文集叢刊本 295-296. (年譜 수록).

황윤석, 『이재난고(頤齋亂藁)』1-9, 韓國精神文化研究院 영인본, 1995.

황윤석, 『이재전서(頤齋全書)』, 景仁文化社 영인본.

2. 저서

1) 한국어

강경현, 『퇴계 이황의 리(理) 철학: 지선(至善) 실현과 자기완성』(혜안, 2022).

강신항 외, 『이재난고로 보는 조선 지식인의 생활사』(한국학중앙연구원, 2007).

강지은 지음, 이혜인 역, 『새로 쓰는 조선 유학사』(푸른역사, 2017).

계승범, 『정지된 시간: 조선의 대보단과 근대의 문턱』(서강대학교출판부, 2011).

고연희, 『조선후기 산수기행예술 연구: 鄭敾과 農淵 그룹을 중심으로』(일지사, 2001).

고지마 쯔요시 저, 신현승 역, 『송학의 형성과 전개』(논형, 2004).

곽신환, 『1583년의 율곡 이이』(서광사, 2019).

곽신환, 『우암 송시열』(서광사, 2012).

구스모토 마사쓰구 저, 김병화·이혜경 역, 『송명유학사상사』(예문서원, 2005).

권오영, 『조선 성리학의 형성과 심화』(문현, 2018).

권오영, 『조선후기 유림의 사상과 활동』(돌베개, 2003).

금장태, 『한국유학의 心說』(서울대학교 출판부, 2002).

김교빈 편저, 『하곡 정제두』(예문서원, 2005).

김병진 외, 『동아시아의 주류지식과 비판적 지식』(보고사, 2024).

김석중·안황권 편저, 『존재 위백규의 사상과 철학』(삼보아트, 2001).

金容傑, 『星湖 李瀷의 哲學思想研究』(성균관대학교, 1989).

김용섭, 『增補版 朝鮮後期農業史研究II: 農業과 農業論의 變動』(一潮閣, 1990).

김용흠, 『조선후기 실학과 다산 정약용』(혜안, 2020).

김우형, 『주희철학의 인식론: 지각(知覺)론의 형성과정과 체계』(심산, 2005).

金駿錫, 『朝鮮後期 政治思想史 研究: 國家再造論의 擡頭와 展開』(지식산업사, 2003).

김필동, 『차별과 연대: 조선 사회의 신분과 조직』(문학과 지성사, 1999).

다카하시 도오루(高橋亨) 저, 조남호 역, 『조선의 유학』(조합공동체 소나무, 1999).

데이비드 S. 니비슨 저, 김민철 역, 『유학의 갈림길』(철학과 현실사, 2006).

마루야마 마사오 저, 김석근 역, 『日本政治思想史硏究』(통나무, 1995).
마르티나 도이힐러 저, 이훈상 역, 『한국 사회의 유교적 변환』(아카넷, 2003).
마크 피터슨 저, 김혜정 역, 『유교사회의 창출: 조선 중기 입양제와 상속제의 변화』(일조각, 1999).
막스 베버 저, 이상률 역, 『儒敎와 道敎』(文藝出版社, 1990).
牟宗三 저, 김병채 외 역, 『모종삼 교수의 중국철학 강의』(예문서원, 2011).
모종삼 저, 김기주 외 역, 『심체와 성체』 1-7(소명출판, 2012).
문석윤, 『湖洛論爭 성립과 전개』(동과서, 2006).
문석윤, 『동양적 마음의 탄생』(글항아리, 2013).
민족과사상 연구회 편, 『四端七情論』(서광사, 1992).
裵宗鎬, 『韓國儒學史』(延世大學校 出版部, 1974).
裵宗鎬, 『韓國儒學의 哲學的 展開』下(연세대학교 출판부, 1985).
서울대학교 철학사상연구소 엮음, 『마음과 철학 유학편: 공자에서 최한기까지』(서울대학교 출판문화원, 2013).
성교진, 『한국유학의 철학사상』(이문출판사, 1989).
小野澤精一 외 편, 全敬進 역, 『氣의 思想』(圓光大學校 出版局, 1993).
손영식, 『이성과 현실: 송대 신유학에서 철학적 쟁점의 연구』(울산대학교 출판부, 1999).
孫禎睦, 『朝鮮時代都市社會硏究』(一志社, 1977).
孫興徹, 『鹿門 任聖周의 삶과 哲學』(지식산업사, 2004).
신병주, 『남명학파와 화담학파의 연구』(일지사, 2000).
심경호 외, 『북한강유역의 유학사상』(한림대학교 아시아문화연구소, 1998).
안대회, 『18세기 한국한시사 연구』(소명출판, 1999).
앤거스 그래이엄 저, 나성 역, 『도의 논쟁자들: 중국 고대 철학논쟁』(새물결, 2001).
야스다 지로(安田二郎) 저, 이원석 역, 『주자와 양명의 철학』(논형, 2012).
오하마 아키라(大濱晧) 저, 이형성 역, 『범주로 보는 주자학』(예문서원, 1997).
외암사상연구소 엮음, 『외암 이간의 학문세계』(지영사, 2009).
위잉스(余英時), 『주희의 역사세계』 상·하 (글항아리, 2015).
劉明鍾, 『朝鮮後期性理學』(以文出版社, 1985).
유명종, 『한국유학연구』(이문출판사, 1988).
유봉학, 『燕巖一派 북학사상연구』(일지사, 1995).
유봉학, 『조선후기 학계와 지식인』(신구문화사, 1998).
尹南漢, 『朝鮮時代의 陽明學 硏究』(集文堂, 1982).
이경구, 『조선, 철학의 왕국: 호락논쟁 이야기』(푸른역사, 2018).

李丙燾,『韓國儒學史』(亞細亞文化社, 1987).

李相坤,『한원진』(성균관대학교 출판부, 2009).

이상돈,『주자의 수양론』(문사철, 2013).

이상익,『醒菴 李喆榮 評傳』(심산, 2019).

이선열,『17세기 조선, 마음의 철학』(글항아리, 2015).

李成茂・鄭萬祚 외,『朝鮮後期 黨爭의 綜合的 檢討』(한국정신문화연구원, 1992).

李勝洙,『三淵 金昌翕 硏究』(安東金氏三淵公派宗中, 1998).

李愛熙,『朝鮮後期 人性・物性 論爭의 硏究』(高麗大學校 民族文化硏究院, 2004).

李佑成,『韓國의 歷史像』(창작과 비평사, 1982).

이종우,『19・20세기 한국 성리학의 심성논쟁: 한주・면우계열과 간재계열의 논쟁을 중심으로』
(심산, 2005).

이천승,『농암 김창협의 철학사상연구』(한국학술정보, 2006).

이철영(李喆榮) 지음, 정성희 역,『사상강설(泗上講說): 호락논쟁의 통합론』(문사철, 2012).

李泰鎭,『韓國社會史硏究』(지식산업사, 1986).

李泰鎭,『증보판 한국사회사연구』(지식산업사, 2008).

이태호,『조선후기 회화의 사실정신』(학고재, 1996).

李憲昶,『韓國經濟通史』(해남, 2021 제9판).

張志淵 저, 柳正東 역.『朝鮮儒敎淵源』中篇(三星美術文化財團, 1979).

정옥자,『조선후기 조선중화사상 연구』(일지사, 1998).

정우진,『感應의 哲學』(소나무, 2016).

정홍준,『조선 중기 정치권력구조 연구』(고려대학교 민족문화연구소, 1996).

조성산,『조선 후기 낙론계 학풍의 형성과 전개』(지식산업사, 2007).

존 B. 던컨 저, 김범 역,『조선 왕조의 기원』(너머북스, 2013).

池敎憲 외,『韓國思想家의 새로운 發見 4: 巍巖 李柬 硏究』(한국정신문화연구원, 1998).

陳來 저, 안재호 역,『송명 성리학』(예문서원, 1997).

陳來 저, 이종란 외 역,『주희의 철학』(예문서원, 2002).

최삼룡 외,『이재 황윤석: 영정시대의 호남실학』(민음사, 1994).

최성환,『영・정조대 탕평정치와 군신의리』(신구문화사, 2020).

崔英成,『韓國儒學思想史』IV(아세아문화사, 1995).

최완수 외,『진경시대』1・2(돌베개, 1998).

최진덕,『朱子學을 위한 변명』(청계, 2000).

피터 K. 볼 저, 심의용 역,『중국 지식인들과 정체성』(북스토리, 2008).

Peter K. Bol 저, 김영민 역, 『역사 속의 성리학』(예문서원, 2010).

하우봉 외, 『이재 황윤석 연구』(학자원, 2023).

한국국학진흥원 편, 『韓國儒學思想大系』 II·III(한국국학진흥원, 2005).

한국사상사연구회 편, 『인성물성론』(한길사, 1994).

한국사상연구소 편, 『자료와 해설 한국의 철학사상』(예문서원, 2001).

한국철학사상연구회 편, 『강좌 한국철학』(예문서원, 1995).

한국철학사상연구회 편, 『논쟁으로 보는 한국철학』(예문서원, 1995).

한국철학회, 『韓國哲學硏究』 中(동명사, 1978).

한국학연구소 편, 『18세기 조선지식인의 문화의식』(한양대학교 출판부, 2001).

韓永愚, 『朝鮮時代 身分史硏究』(集文堂, 1997).

韓永愚, 『다시찾는 우리역사』 제2권 조선시대(경세원, 1998).

한형조, 『조선 유학의 거장들』(문학동네, 2008).

허버트 핑가레트 저, 송영배 역, 『공자의 철학』(서광사, 1991).

허태용, 『조선후기 중화론과 역사인식』(아카넷, 2009).

玄相允, 『朝鮮儒學史』(玄音社, 1982); 이형성 교주, 『(현상윤의) 조선유학사』(삼산출판사, 2010).

호이트 틸만(Hoyt C. Tillman) 저, 김병환 역, 『주희의 사유세계: 주자학의 패권』(교육과학사, 2010).

홍성민, 『감정과 도덕: 성리학의 도덕 감정론』(소명출판, 2016).

홍정근, 『호락논쟁의 본질과 임성주의 철학사상』(한국연구원, 2007).

홍정근, 『호락논변의 전개와 현대적 가치』(學古房, 2020).

황경식, 『덕윤리의 현대적 의의』(아카넷, 2012).

황광욱, 『화담 서경덕의 철학사상』(심산, 2003).

2) 중국어

金春峰, 『朱熹哲學思想』(臺北: 東大圖書股份有限公司, 1998).

唐君毅, 『中國哲學原論 原性篇』(臺北: 臺灣學生書局, 1984).

唐君毅, 『中國哲學原論 導論篇』(臺北: 臺灣學生書局, 1984).

牟宗三, 『心體與性體』(全三冊)(臺北: 正中書局, 1969).

傅斯年, 『性命古訓辨證』(上海: 上海三聯書店, 2018).

徐復觀, 『中國人性論史』(臺北: 臺灣商務印書館, 1969).

楊祖漢, 『儒家的心學傳統』(臺北: 文津出版社, 1992).

呂政倚, 『人性·物性同異之辨: 中韓儒學與當代「內在超越」說之爭議』(臺北: 新文豐出版公司, 2020).

李明輝, 『四端與七情: 關於道德情感的比較哲學探討』(臺北: 臺灣大學出版中心, 2005).

錢穆, 『朱子新學案』(全五冊)(臺北: 臺灣三民書局, 1971).

趙峰, 『朱熹的終極關懷』(上海: 華東師範大學出版社, 2004).

陳來, 『朱熹哲學研究』(北京: 中國社會科學出版社, 1987).

陳繪宇, 『朝鮮儒學的「心說論爭」研究: 朝鮮性理學的後期發展與朱子學的當代詮釋』(臺北: 新文豐出版公司, 2023).

3) 일본어

友枝龍太郎, 『朱子の思想形成』(東京: 春秋社, 1969).

友枝龍太郎, 『李退溪: その生涯と思想』(서울: 退溪學研究院, 1985).

中樞院 編, 『朝鮮人名辭書』上・下(景仁文化社 영인본).

垣內景子, 『「心」と「理」をめぐる朱熹思想構造の研究』(東京: 汲古書院, 2005).

4) 영어

Angle, Stephan C., *Sagehood: The Contemporary Significance of Neo-Confusion Philosophy* (Oxford University Press, Inc., 2009).

Chan, Wing-tsit ed., *Chu Hsi and Neo-Confucianism* (University of Hawaii Press, 1986).

Cua, A.S., *Dimensions of Moral Creativity* (The Pennsylvania State University Press, 1978).

Liu, JeeLoo, *Neo-Confucianism: Metaphysics, Mind, and Morality* (John Wiley & Sons, Inc., 2018).

Munro, Donald ed., *Individualism and Holism: Studies in Confucian and Taoist Values* (The University of Michigan, 1985).

Munro, Donald J., *Images of Human Nature: A Sung Portrait* (Princeton University Press, 1988).

Wm. Theodore de Bary, *The Liberal Tradition in China* (Columbia University Press, 1983).

3. 논문

1) 한국어

강경현, 「『宋季元明理學通錄』의 구성과 의의」, 『한국학연구』 32(인하대학교 한국학연구소, 2014).

길희성, 「비교사상 관점에서 본 지눌의 선사상」, 『보조사상』 31(보조사상연구원, 2009).

김근호, 「명덕설에 나타난 철학적 문제의식의 변화」, 『공자학』 28(한국공자학회, 2015).

김문식, 「북학론의 사상적 특징」, 『韓國儒學思想大系』 III(한국국학진흥원, 2005).

김선희, 「신체성, 일상성, 실천성, 공공성: 성호 이익의 심학(心學)」, 『한국실학연구』 28(한국실학학회, 2014).

김수길, 『이정의 경설과 도학체계에 대한 연구』(서울대학교 박사학위논문, 2022).

김수진, 「이인상(李麟祥)·김근행(金謹行)의 호사강학(湖社講學)에 대한 연구」, 『한국문화』 61(서울대학교 규장각한국학연구원, 2013).

金映印, 「17세기 후반 趙聖期의 '事功' 중심 사유와 經世思想」(서울대학교 석사학위논문, 2008).

김용헌, 「농암 김창협의 인물성론과 낙학」, 『인성물성론』(한길사, 1994).

김윤정, 「謙齋 朴聖源의 禮學과 『禮疑類輯』의 성격」, 『한국문화』 61(서울대학교 규장각한국학연구원, 2013).

김인규, 「수암(遂庵) 권상하(權尙夏)의 학문관과 춘추정신」, 『포은학연구』 25(포은학회, 2020).

金駿錫, 「朝鮮後期 國家再造論의 擡頭와 그 展開」(연세대학교 박사학위논문, 1990).

金志恩, 「農巖 金昌協의 심성론 연구: 老論의 주자학적 정통성 확보를 중심으로」(고려대학교 박사학위논문, 2022).

金珍敬, 「寒水齋 權尙夏의 漢詩 硏究」(단국대학교 석사학위논문, 2008).

김창훈, 「李縡 門人의 心性論爭과 사상적 분기」(한국학중앙연구원 석사학위논문, 2022).

金太年, 「洛論系의 知覺論 硏究」(고려대학교 석사학위논문, 1993).

金太年, 『南塘 韓元震의 正學 形成에 대한 硏究』(고려대학교 박사학위논문, 2006).

金漢相, 「朱熹의 太極論」(서울대학교 석사학위논문, 1996).

金漢相, 『朱熹의 理 우위 철학이 갖는 형이상학적 특색에 관한 연구』(서울대학교 박사학위논문, 2009).

김현, 『鹿門 任聖周의 철학사상』(고려대학교 박사학위논문, 1992).

김현, 「녹문 임성주의 인물성론」, 『인성물성론』(한길사, 1994).

김현, 「조선후기 未發心論의 心學的 전개: 종교성의 강화에 의한 조선 성리학의 이론 변화」, 『민족문화연구』 37(고려대학교 민족문화연구원, 2002).

김형술, 「조선후기 천기론의 사상적 토대에 관한 고찰: 백악시단의 천기론을 중심으로」, 『한문학논집』 41(근역한문학회, 2015).

金炯瓚, 『理氣論의 一元論化 연구: 鹿門 任聖周와 蘆沙 奇正鎭을 중심으로』(고려대학교 박사학위논문, 1996).

羅鍾賢, 『栗谷學派 性理說의 展開와 湖論 思想의 形成』(서울대학교 박사학위논문, 2019).

羅鍾賢, 「巍巖 李柬의 정치적 입장과 호락논쟁」, 『온지논총』 60(온지학회, 2019).

羅鍾賢, 「도암 이재와 호락논쟁: 성리설과 정치사상을 중심으로」, 『동양학』 79(단국대학교 동양학연구원, 2020).

노관범, 「19세기 후반 湖西山林의 位相과 '正學'運動」, 『한국사론』 38(서울대학교 국사학과, 1997).

문석윤, 「南塘 韓元震의 莊子哲學 비판: 『莊子辨解』를 중심으로」, 『철학논구』 21(서울대학교 철학과, 1993).

문석윤, 「南塘과 巍巖의 未發論辨」, 『태동고전연구』 11(한림대학교 태동고전연구소, 1995).

문석윤, 『朝鮮後期 湖洛論辨의 成立史研究』(서울대학교 박사학위논문, 1995).

문석윤, 「朱熹에서의 理性과 歷史」, 『태동고전연구』 16(한림대학교 태동고전연구소, 1999).

문석윤, 「巍巖 李柬과 南塘 韓元震의 人物性同異論辨에 관한 연구」, 『東方學志』 118(연세대학교 국학연구원, 2002).

문석윤, 「退溪의 '未發'論」, 『退溪學報』 114(퇴계학연구원, 2003).

문석윤, 「朝鮮 湖洛論辨에서 知覺論의 의의」, 『세계와 인간에 대한 동양인의 사유』(천지, 2003).

문석윤, 「선진(先秦) 유학(儒學)에서 지(知)와 인식(認識)의 문제」, 『철학』 76(한국철학회, 2003).

문석윤, 「다산 정약용의 새로운 도덕 이론: 마음에 대한 새로운 이해」, 『철학연구』 90(철학연구회, 2004).

문석윤, 「조선 후기의 주요 논쟁과 쟁점」, 『韓國儒學思想大系』 III(한국국학진흥원, 2005).

문석윤, 「湖洛論爭 形成期 未發論辨의 樣相과 巍巖 '未發論'의 특징」, 『韓國思想史學』 31(한국사상사학회, 2008).

문석윤, 「조선 후기 성리학에서 『맹자(孟子)』 '호연장(浩然章)' 논란과 그 의의: 송시열(宋時烈)의 「호연장질의(浩然章質疑)」를 중심으로」, 『한국문화』 47(서울대학교 규장각한국학연구원, 2009).

문석윤, 「星湖 李瀷의 心說에 관하여: 畏庵 李栻의 「堂室銘」에 대한 비판을 중심으로」, 『철학연구』 86(철학연구회, 2009).

문석윤, 「『맹자』의 성(性), 심(心), 성인(聖人)의 도덕론」, 『인간·환경·미래』 5(인간환경미래연구원, 2010).

문석윤, 「湛軒의 哲學思想」, 『담헌 홍대용 연구』(사람의 무늬, 2012).

문석윤, 「농암 김창협의 사단칠정설에 대하여」, 『국학연구』 23(한국국학진흥원, 2013).

문석윤, 「順菴 安鼎福의 性理說: 「擬文」의 내용을 중심으로」, 『한국실학연구』 25(한국실학학회, 2013).

문석윤, 「소재(穌齋) 노수신(盧守愼)의 「숙흥야매잠해(夙興夜寐箴解)」에 관한 연구」, 『韓國思想史學』 51(한국사상사학회, 2015).

문석윤, 「朱子에서 도덕 실천과 감정, 그리고 수양의 문제」, 『동양철학』 46(한국동양철학회, 2016).

문석윤, 「동아시아 전통에서의 공동체론: 맹자(孟子)의 양묵(楊墨) 비판과 인륜공동체론(人倫共同體論)」, 『공동체 없는 공동체』(알렙, 2020).

문석윤, 「南塘 韓元震의 「題寒泉詩後」에 대한 泉門의 대응 (1): 崔祏의 『泉門俟百錄』을 중심으로」, 『한국문화』 96(서울대학교 규장각한국학연구원, 2021).

문석윤, 「南塘 韓元震의 「題寒泉詩後」에 대한 泉門의 대응 (2): 朴聖源의 「韓南塘詩跋辨說」을 중심으로」, 『한국문화』 100(서울대학교 규장각한국학연구원, 2022).

박기완, 「주희(朱熹)의 「재거감흥시(齋居感興詩)」 중 "추월조한수(秋月照寒水)" 구절 해석을 통해 본 조선시대 성리학의 일면」, 『인문과학』 93(성균관대학교 인문학연구원, 2024).

朴鶴來, 「老洲 吳熙常의 性理說 연구: 19세기 전반기의 호락논쟁에 유의하여」, 『동양고전연구』 54(동양고전학회, 2014).

朴鶴來, 「매산(梅山) 홍직필(洪直弼)의 성리설(性理說) 연구: 19세기 전반기 호락논쟁(湖洛論爭)의 추이(推移)에 유의하여」, 『국학연구』 26(한국국학진흥원, 2015).

朴鶴來, 「渼湖 金元行의 性理說 硏究: 18세기 중반 洛論의 심성론에 유의하여」, 『민족문화연구』 71(고려대학교 민족문화연구원, 2016).

裵帝晟, 『巍巖 李柬과 南塘 韓元震의 心性論辨 연구: 本然之性의 재규정과 그 의미』(성균관대학교 박사학위논문, 2020).

裵宗鎬, 「湖洛學派의 人物性 同異論」, 『韓國哲學硏究』 中卷(東明社, 1978).

裵宗鎬, 「栗谷의 未發之中」, 『東方學志』 19(연세대학교 국학연구원, 1978).

小川晴久, 「氣의 哲學과 實學-洪大容의 경우」, 『碧史李佑成敎授停年退職紀念論叢 民族史의 展開와 그 文化』 하권(창작과 비평사, 1990).

小川晴久, 「實心實學 개념의 역사적 사명」, 『한국실학연구』 18(한국실학학회, 2009).

손영식, 「주희와 이황의 미발(未發) 이론에 대한 논쟁: 이승환 선생의 미발 개념 비판」, 『동양철학』 31(한국동양철학회, 2009).

宋榮培, 「楊朱학파의 개인주의와 생명존중론」, 『외국문학』 13(열음사, 1987).

宋鍾和, 「한수재 권상하의 심성론 연구」(성균관대학교 석사학위논문, 2000).

宋恒龍, 「남당 한원진의 장자연구와 도가철학사상」, 『대동문화연구』 14(성균관대학교 대동문화연구원, 1981).

신상후, 「梅山 洪直弼의 心說 연구: 心體本善說과 明德說을 중심으로」, 『한문고전연구』 34(한국한문고전학회, 2017).

신상후, 『조선조 洛學의 未發心論 연구』(이화여자대학교 박사학위논문, 2018).

신상후, 「조선후기 호론(湖論)과 낙론(洛論)의 논쟁과 교유」, 『한국학』 46-1(170)(한국학중앙연구원, 2023).

신영주, 「老洲 吳熙常의 講學 활동과 독서론」, 『한문고전연구』 38(한문고전연구, 2019).

安永翔, 「巍巖 李柬의 철학사상 연구」(고려대학교 석사학위논문, 1991).

安永翔, 『星湖 李瀷의 性理說 硏究』(고려대학교 박사학위논문, 1998).

안은수, 「屛溪 尹鳳九 心論의 특징과 그 의미」, 『韓國思想史學』 32(한국사상사학회, 2009).

梁熙圭, 「德의 윤리학과 義務의 윤리학의 관계 연구」(서울대학교 석사학위논문, 1986).

오항녕, 「석실서원의 渼湖 金元行과 그의 사상」, 『북한강 유역의 유학 사상』(한림대학교 아시아문화연구소, 1998).

유봉학, 「北學思想의 形成과 그 性格: 湛軒 洪大容과 燕巖 朴趾源을 중심으로」, 『한국사론』 8(서울대학교 국사학과, 1982).

유봉학, 「18,9세기 老論學界와 山林」, 『한신논문집』 3(한신대학교, 1986).

유봉학, 「18-9세기 京-鄕學界의 分岐와 京華士族」, 『국사관논총』 22(국사편찬위원회, 1991).

유봉학, 『18-19세기 燕巖派 北學思想의 研究』(서울대학교 박사학위논문, 1991).

유지웅, 「18세기 중반 기호 낙론계 심론: 심기에 대한 논의를 중심으로」, 『유학연구』 55(충남대학교 유학연구소, 2021).

유지웅, 「백수(白水) 양응수(楊應秀)의 성리설과 18세기 낙론계에서의 반향(反響)」, 『유학연구』 63(충남대학교 유학연구소, 2023).

柳好宣, 『17C후반~18C 京華士族의 佛敎受容과 그 詩的形象化』(고려대학교 박사학위, 2002).

柳初夏, 「조선후기 성리학의 사회관(1): 한원진(1682-1751)의 경우」, 『민족문화연구』 17(고려대학교 민족문화연구원, 1983).

尹絲淳, 「人性 物性의 同異논변에 대한 연구」, 『철학』 18(한국철학회, 1982).

윤천근, 「조성기의 사단칠정론」, 『四端七情論』(서광사, 1992).

李坰丘, 「金昌翕의 學風과 湖洛論爭」(서울대학교 석사학위논문, 1995).

李坰丘, 「金昌翕의 學風과 湖洛論爭」, 『한국사론』 36(서울대학교 국사학과, 1996).

李坰丘, 「영조~순조 연간 湖洛論爭의 展開」, 『한국학보』 93(일지사, 1998).

李坰丘, 「金元行의 實心 강조와 石室書院에서의 교육 활동」, 『진단학보』 88(진단학회, 1999).

李光虎, 『李退溪 學問論의 體用的 構造에 관한 研究』(서울대학교 박사학위논문, 1993).

李君善, 「靜坐窩 沈潮의 生涯와 「幽居述懷」」, 『동방한문학』 61(동방한문학회, 2014).

李楠永, 「宋代 新儒家 思想의 天人觀」, 『철학』 5(한국철학회, 1971).

李楠永, 「湖洛論爭의 哲學史的 意義」, 『第2會 東洋文化國際學術會議論文集』(成均館大 大東文化研究院, 1980).

李楠永, 「쟁점으로 본 한국 성리학의 심층」, 『한국사상의 심층연구』(宇石, 1982).

李楠永, 「서경덕의 철학사상」, 『한국철학사』 중(동명사, 1987).

李東俊, 『十六世紀 韓國性理學派의 歷史意識에 關한 研究』(성균관대학교 박사학위논문, 1975).

이동희, 「조선조 주자학의 인물성동이론의 종교적 의미 탐구」, 『儒敎思想研究』 45(한국유교학회, 2011).

李俸珪,「조선 성리학의 전통에서 본 송시열의 성리학 사상」,『한국문화』13(서울대학교 규장각 한국학연구원, 1992).

李俸珪,『宋時烈의 性理學說 硏究』(서울대학교 박사학위논문, 1996).

李俸珪,「性理學에서 未發의 철학적 문제와 17세기 畿湖學派의 견해」,『韓國思想史學』13(한국사상사학회, 1999).

李俸珪,「유교적 질서 재생산으로서 실학: 반계와 성호의 경우」,『철학』65(한국철학회, 2000).

李俸珪,「『延平答問』논의를 통해 본 퇴계학의 지평: 동아시아 유학사의 맥락과 연관하여」,『東方學志』144(연세대학교 국학연구원, 2008).

李俸珪,「인륜: 쟁탈성 해소를 위한 유교적 구성」,『태동고전연구』31(한림대학교 태동고전연구소, 2013).

이봉규,「명청교체기 사상변동(思想變動)으로부터 본 다산학의 성격」,『다산학』25(다산학술문화재단, 2014).

李俸珪,「실학 연구 회고와 전망: 90년대 이후의 변화를 중심으로」,『한국학연구』47(인하대학교 한국학연구소, 2017).

李相坤,『南塘 韓元震의 氣質性理學 연구』(원광대학교 박사학위논문, 1990).

李相殷,「朴文鎬의「人物性考」」(1955);「호산 박문호의「인물성고」」,『인성물성론』(한길사, 1994) 재수록.

李相益,『湖洛論辨의 根本問題 硏究』(성균관대학교 석사학위논문, 1986).

李相益,「洛學에서 北學으로의 思想的 發展」,『철학』46(한국철학회, 1996).

李相益,「農巖 金昌協 學脈의 退栗折衷論과 그 의의」,『율곡학연구』23(율곡학회, 2011).

李相夏,『寒洲 李震相 性理說의 입론 근거 연구』(고려대학교 박사학위논문, 2003).

李相昊,「주자의 <중화설> 변천에 대한 고찰」,『儒敎思想硏究』4·5(한국유교학회, 1992).

李松熙,『老論-洛論系 倫理主體의 形成과 展開』(고려대학교 박사학위논문, 2021).

李承煥,「退溪 未發說 釐淸」,『退溪學報』116(퇴계학연구원, 2004).

李承煥,「朱子 수양론에서 未發의 의미: 심리철학적 과정과 도덕심리학적 의미」,『退溪學報』119(퇴계학연구원, 2006).

李承煥,「남당(南塘)의 승반론(乘伴論)과 수설(垂說): 외암(巍巖)의 '횡설'과 비교하여」,『철학연구』45(고려대학교 철학연구소, 2012).

李愛熙,『조선후기 人性과 物性에 대한 논쟁의 연구』(고려대학교 박사학위논문, 1990).

李永春,『巍巖 李柬의 哲學思想 硏究: 人物性具同論과 未發心體本善論을 중심으로』(건국대학교 박사학위논문, 1990).

李完栽,「晦齋의 曺忘機堂과 太極論辨에 關하여」,『대구사학』12·13(대구사학회, 1977).

李佑成, 「實學硏究序說」, 『韓國의 歷史像』(창작과 비평사, 1982).

李佑成, 「18세기 서울의 都市的 樣相」, 『韓國의 歷史像』(창작과 비평사, 1982).

李佑成, 「李朝後期 近畿學派에 있어서의 正統論의 展開」, 『韓國의 歷史像』(창작과 비평사, 1982).

이종우, 「『정조실록』에서 호락의 미발논쟁 연구: 김창흡·이재 대 한원진·심조의 논쟁 및 이간과 비교를 중심으로」, 『율곡학연구』 42(율곡연구원, 2020).

李知洋, 『震溟 權攄의 '眞' 추구와 社會詩: 長篇古詩를 중심으로』(성균관대학교 박사학위논문, 2000).

이천승, 「渼湖 金元行의 '心'에 관한 연구」, 『한국철학논집』 11(한국철학사연구회, 2002).

이천승, 『農巖 金昌協의 心性論에 대한 硏究』(성균관대학교 박사학위논문, 2003).

李泰鎭, 「朝鮮後期 兩班社會의 變化」, 『한국사회발전사론』(일조각, 1992).

李泰鎭, 「朝鮮王朝의 儒敎政治와 王權」, 『東亞史上의 王權』(한울, 1993).

이해임, 『한원진의 심성론 연구』(서울대학교 박사학위논문, 2016).

李向俊, 『南塘 韓元震의 性論 硏究』(전남대학교 박사학위논문, 2002).

이현선, 『장재(張載)와 이정(二程)의 철학: 이정의 장재 비판을 중심으로』(서울대학교 박사학위논문, 2009).

李焄, 「天機論의 史的 變異와 農巖의 '天眞' 개념 再論」, 『한문고전연구』 28(한국한문고전학회, 2014).

任元彬, 『南塘 韓元震 哲學의 理에 관한 硏究』(연세대학교 박사학위논문, 1994).

임헌규, 「孟子-告子의 인성론 논쟁에 대한 재고찰」, 『범한철학』 39(범한철학회, 2005).

임형택, 「비판담론으로서의 실학」, 『한국실학연구』 31(한국실학학회, 2016).

임홍태, 「閔以升 사상을 통해 본 조선후기 智.와 知覺의 同異論爭」, 『한국철학논집』 23(한국철학사연구회, 2008).

장승구, 「수암의 학맥·학풍과 황강서원」, 『충북학』 4(충북연구원, 2002).

장승구, 「남당 한원진의 퇴계관」, 『退溪學報』 113(퇴계학연구원, 2003).

張元泰, 「孟子, 荀子의 心論과 莊子의 心論의 대비 연구」(서울대학교 석사학위논문, 1998).

全仁植, 「李柬과 韓元震의 未發·五常論辨 硏究」(한국정신문화연구원 박사학위논문, 1999).

鄭相峯, 「朱子形而上學의 深層構造: 太極에 대한 理解」, 『한국철학논집』 33(한국철학사연구회, 2012).

정연우, 「巍巖 李柬의 心性一致論 硏究」, 『韓國思想史學』 27(한국사상사학회, 2006).

丁垣在, 「徐敬德과 그 학파의 先天학설」(서울대학교 석사학위논문, 1990).

丁垣在, 『지각설에 입각한 이이 철학의 해석』(서울대학교 박사학위논문, 2001).

趙南浩, 「金昌協 學派의 陽明學 비판」, 『철학』 39(한국철학회, 1993).

趙南浩, 『羅欽順의 철학과 조선학자들의 논변』(서울대학교 박사학위논문, 1999).

趙南浩, 「김창협학파와 진경산수화」, 『철학연구』 71(철학연구회, 2005).

趙東一, 「조선후기 人性論과 문학사상」, 『한국문화』 11(서울대학교 규장각한국학연구원, 1990).

趙成山, 「18세기 湖洛論爭과 老論 思想界의 分化」, 『韓國思想史學』 8(한국사상사학회, 1996).
趙成山, 『朝鮮後期 洛論系 學風의 形成과 經世論 硏究』(고려대학교 박사학위논문, 2003).
趙成山, 「18세기 노론 지식인 楊應秀의 花潭學 인식」, 『민족문화연구』 77(고려대학교 민족문화연구원, 2017).
曹昊鉉, 「농암 김창협과 숙함 김재해의 사상적 대립 연구: 지각론과 미발론을 중심으로」(서울대학교 석사학위논문, 2000).
趙峻皓, 『朝鮮 肅宗~英祖代 近畿地域 老論學脈 硏究』(국민대학교 박사학위논문, 2004).
채가화, 「대만 학계의 한국유학 연구동향 및 평가」, 『退溪學報』 143(퇴계학연구원, 2018).
崔誠煥, 「朝鮮後期 李縡의 學問과 寒泉精舍의 門人敎育」, 『역사교육』 77(역사교육연구회, 2001).
최영진, 「南塘/巍巖 未發論辨의 재검토」, 『동양철학』 29(한국동양철학회, 2008).
최영진 외, 「湖洛論爭에 관한 硏究成果 분석 및 전망」, 『儒敎思想硏究』 19(한국유교학회, 2003).
崔英攢, 「南塘 韓元震의 儒學思想과 近代精神」, 『유학연구』 1(충남대학교 유학연구소, 1993).
한영우, 「李睟光의 學問과 思想」, 『한국문화』 13(서울대학교 규장각한국학연구원, 1992).
한자경, 「주희 철학에서 미발시 지각의 의미」, 『철학사상』 21(서울대학교 철학사상연구소, 2005).
한자경, 「미발지각(未發知覺)이란 무엇인가?: 현대 한국에서의 미발 논쟁에 관한 고찰을 겸함」, 『철학』 123(한국철학회, 2015).
許南進, 「栗谷 성리학의 형성과정과 기본구조」(서울대학교 석사학위논문, 1981).
許南進, 「朝鮮後期 氣哲學의 성격」, 『한국문화』 11(서울대학교 규장각한국학연구원, 1990).
許南進, 『朝鮮後期 氣哲學 硏究』(서울대학교 박사학위논문, 1994).
홍정근, 『호락논쟁에 관한 임성주의 비판적 지향연구』(성균관대학교 박사학위논문, 2002).
홍정근, 「南塘 未發心性論 고찰」, 『儒敎思想硏究』 19(한국유교학회, 2003).
홍정근, 「호락논변의 연구성과와 전망」, 『儒敎思想硏究』 44(한국유교학회, 2011).
황경식, 「東西倫理觀 비교연구 서설」, 『哲學·宗敎思想의 諸問題』 V(한국정신문화연구원, 1990).

2) 중국어

景海峰, 「中國哲学体用论的源与流」, 『深圳大学学报: 人文社科版』 1991.1(CNKI, 1991).
楊祖漢, 「朱子的「明德注」新詮」, 『태동고전연구』 42(한림대학교 태동고전연구소, 2019).
王文亮, 「圣人观念考论」, 『孔子研究』(济南) 1992.1(CNKI, 1992).
林月惠, 「臺灣李退溪研究的特點」, 『退溪學論集』 21(영남퇴계학연구원, 2017).
鄭相峰, 「朱子心論研究」(臺北: 臺灣大學哲學研究所博士論文, 1994).
朱漢民, 「論胡宏的哲學思想: 湖湘學派學術思想發微」, 『求索』(長沙) 1991.3(CNKI, 1991).
陳來, 「儒學傳統中的神秘主義」, 『北京大學百年國學文粹: 哲學卷』(北京: 北京大學出版社, 1998).

陳來, 「論朱子學"未發之前氣不用事"的思想」, 『哲學研究』 2022.1(CNKI, 2022).

3) 일본어

市來津由彥, 「程頤の未發已發論: 蘇季明問答をめぐって」, 金谷治 編, 『中國における人間性の探究』(東京: 創文社, 1983).

佐野公治, 「宋明時代のいわゆる'心學'について」, 『山下龍二教授退官記念 中國學論集』(東京: 研文社, 1990).

中 純夫, 「朱子の工夫論について: 未發已發の問題をめぐって」, 『中國思想史研究』 7(京都: 京都大中國哲學史研究室, 1985).

中 純夫, 「韓元震と湖洛論爭: 人物性同異論を中心に」, 『韓國朝鮮文化研究: 研究紀要』(東京: 東京大學大學院人文社會系研究科韓國朝鮮文化研究室, 2018).

4) 영어

Moon, Suk-yoon and Kim, Hansang A., "Discussions of the Uniqueness of the Sage's Mind-and-Heart in the Horak Debate," *Korea Journal* Vol.51, No.2 (The Academy of Korean Studies, 2011).

Tu, Wei-ming, "The 'moral nniverse' from the perspectives of East Asian thought," *Philosophy East and West*, Vol.31, No.3 (University of Hawai'i Press, 1981).

Wm. Theodore de Bary, "Neo-Confucian Individualism and Holism," in Donald Munro ed., *Individualism and Holism: Studies in Confucian and Taoist Values* (The University of Michigan, 1985).

Yao, Xinzhong, "Self-construction and identity: the Confucian self in relation to some Western perceptions," *Asian Philosophy*, Vol.6, No.3 (Taylor & Francis, 1996).

Yu Yamanoi, "The Great Ultimate and Heaven in Chu Hsi's Philosophy," in Wing-tsit Chan ed., *Chu Hsi and Neo-Confucianism* (University of Hawaii Press, 1986).

찾아보기

ㄱ

가능 근거 257
각구(各具) 205, 538
각구일태극(各具一太極) 538
각구태극(各具太極) 155, 206
각구태극론(各具太極論) 529
각득(各得) 205, 456, 458
각일기성(各一其性) 367, 538
간서잡록(看書雜錄) 251, 511, 517
감각적 지각 287
감응(感應) 164, 212, 381
강문팔사변(江門八士辨) 40
강문팔학사(江門八學士) 13, 37, 73
강정환(姜鼎煥) 22, 646, 670
개별적 본성 320, 329
개체성[私] 328
건괘(乾卦) 566
건순(健順) 455, 602
건순오상(健順五常) 150, 151, 299, 322
격물궁리(格物窮理) 748
격물치지(格物致知) 330
견(犬)·우(牛)·인(人) 부동(不同)의 본성 511, 517, 557, 587, 653, 689
겸지(兼指) 25, 373, 375, 399, 487, 495
경(敬) 104
경(京) 55
경물중생(輕物重生) 145
경의 공부 238
경향(京鄕) 99

경험(론) 312, 331
계구(戒懼) 359
계사전(繫辭傳) 503
계신(戒愼) 236
계신공구(戒愼恐懼) 170, 237, 238, 390
고염무(顧炎武) 32
고자(告子) 146, 511
고자상(告子上) 454, 528, 554, 671
공구(恐懼) 236
공동체 417
공손추상(公孫丑上) 546
공적(公的) 국가 93, 94
공치(共治) 95, 745
구방심재명(求放心齋銘) 563
구체성 216
군자(君子) 176
궁리(窮理) 751
권상유(權尙游) 198, 204
권상하(權尙夏) 12, 37, 73, 338, 363, 452, 486, 509, 578, 657, 664
권우인(權宇仁) 711
권진응(權震應) 39, 589
권집(權潗) 549
궐여산필(闕餘散筆) 45
귀신(설) 697
균열 201
극지(極至) 130
근원 체험적 인식 757
근원적 동일성 745

금수오상설(禽獸五常說) 328
기(氣)　108, 133, 212, 231, 300, 397, 423,
　　641, 699, 755
기(器)　212, 256
기국(氣局)　207, 208, 328, 355, 375, 392,
　　680, 711, 747
기대승(奇大升)　102, 172, 230
기동(氣同)　135
기동리이(氣同理異)　135
기미포락사(己未浦洛事)　23, 33
기발(氣發)　715
기발이승(氣發理乘)　203, 232
기발이승일도설(氣發理乘一途說)　106
기불용사(氣不用事)　347, 348, 367, 372
기선(氣善)　385
기수(氣殊)　684
기수지명(氣數之命)　423
기순선(氣純善)　376
기유본말론(氣有本末論)　691
기유위(氣有爲)　106
기유형(氣有形)　106
기의 체용　726
기이(氣二)　570
기일도설(氣一途說)　231
기일분수(氣一分殊)　681, 678
기일원론(氣一元論)　109, 505
기일원론적 세계관　212
기자이(機自爾)　344, 714
기정진(奇正鎭)　76, 711
기질(氣質)　81, 276, 318, 350, 366, 368, 394,
　　452, 508, 643, 650, 673, 693, 694, 695, 749
기질변화(氣質變化)　181, 403, 656

기질유수지심(氣質有數之心)　517
기질의 맥락　366, 370, 371
기질지성(氣質之性)　81, 155, 205, 214, 224,
　　291, 309, 334, 368, 375, 462, 487, 494, 511,
　　517, 673, 718, 747
기질지심(氣質之心)　399, 484, 494, 497, 517,
　　551, 608
기질편전지성(氣質偏全之性)　516
기질혼화설(氣質渾化說)　348
기축지오(己丑之悟)　168
기통기국(氣通氣局)　644
기틀　344
기품(氣稟)　383, 399, 410, 414, 477, 550,
　　608, 643, 718, 721
기학(氣學)　103, 755
기행(氣行)　715
기호락이학시말(記湖洛二學始末)　19, 75, 77,
　　583, 658, 662
김근행(金謹行)　589
김매순(金邁淳)　23, 26, 45
김시민(金時敏)　325
김시좌(金時佐)　230, 262, 335
김양순(金養淳)　587
김양행(金亮行)　40, 321, 588
김용겸(金用謙)　661
김운주(金雲柱)　23
김원행(金元行)　27, 38, 74, 561, 566, 573,
　　584, 588, 611, 640, 668, 670
김유(金楺)　253
김이실(金履實)　24
김이안(金履安)　39
김이양(金履陽)　41

김이영(金履永) 24
김인순(金麟淳) 24, 27
김인후(金麟厚) 102
김장생(金長生) 12, 40, 107, 663
김정묵(金正默) 19, 40
김지행(金砥行) 611, 688
김창업(金昌業) 321
김창즙(金昌緝) 663
김창협(金昌協) 12, 38, 73, 222, 253, 273, 322, 338, 454, 456, 468
김창협의 초기 미정설 228
김창흡(金昌翕) 39, 73, 199, 262, 283, 326, 353, 356, 459, 464, 468, 485, 579, 663
김창흡의 연보 327
김한록(金漢祿) 668

ㄴ

나흠순(羅欽順) 683, 709
낙당(洛黨) 30, 669
낙중(洛中) 26, 45
낙하(洛下) 43
낙학의 본체론 324
낙학의 정신 230, 235, 355, 608
낙학의 종지(宗旨) 229, 240, 268, 279, 322, 503
남당집차변(南塘集箚辨) 19
남언경(南彦經) 110
남한조(南漢朝) 674
납량사의(納涼私議) 711
낭만적 이상주의 726
내성외왕(內聖外王) 177
내성외왕(內聖外王)의 삶 742

내외일치(內外一致) 139
내재성 201
내재적 구체성 711
내재적 초월 308
노력(努力) 180
노력자(努力者) 422
노론(老論) 91, 99, 579
노수신(盧守愼) 105
노심(勞心) 180
노심자(勞心者) 422
녹려잡지(鹿廬雜識) 679
논어(論語) 176
논어혹문(論語或問) 256
논지자설(論智字說) 262, 464
농암사칠지각설변(農巖四七知覺說辨) 589
능동인 267
능동적 자발성 754
능동적 주체 173
능지각(能知覺) 170
능지능각(能知能覺) 164, 282, 289, 340

ㄷ

다양성 201, 207, 320, 745
단언(單言) 490, 593, 598
단지(單指) 25, 226, 355, 373, 375, 399, 407, 487, 491, 494, 530, 562, 572, 601, 718
담연(湛然) 407
담연순일(湛然純一) 403, 491, 506, 531, 562, 571
담연순일지기(湛然純一之氣) 545
담연허명(湛然虛明) 388, 400, 533, 563, 594, 607

담일(湛一) 497, 567, 592, 691, 723
담일성(湛一性) 679, 680
담일청허(湛一淸虛) 109, 136
담일허명(湛一虛明) 481, 503,
담일허정(湛一虛靜) 213
답반겸지(答潘謙之) 257, 271
답반겸지서(答潘謙之書) 252, 273, 283, 342, 466, 472
답석자중서(答石子重書) 472
답오회숙서(答吳晦叔書) 252
답임덕구(答林德久) 271
당연(當然) 126
대본(大本) 389, 401, 534, 719, 723
대본지성(大本之性) 382, 399
대우모(大禹謨) 249
대전적(大全的) 130
대학(大學) 162, 394, 472, 498
대학강설(大學講說) 561
대학장구(大學章句) 399, 414, 563
대학장구서(大學章句序) 253
대학혹문(大學或問) 414, 473, 513, 518
덕(德) 176, 395
도(道) 212, 219, 256
도가적 자연주의 145
도교 197
도기(道器) 335, 468
도남학(道南學) 362
도덕 본체 294, 743
도덕 생명 148
도덕의 자연화 151, 294, 417
도덕적 본성 320
도덕적 세속주의 197
도덕적 우주론 131, 158, 294, 416, 418, 743, 763
도덕적 이상주의 726
도덕적 주체 610, 743
도덕 형이상학 197
도심(道心) 165, 249, 557, 565, 576, 607
도통(道統) 179
도학(道學) 138, 179
돈오(頓悟) 536
동(動) 213, 280, 282, 593
동구태극(同具太極) 538
동득(同得) 456, 458
동락자(東洛子) 30
동시(動時) 359
동일성(同一性) 130, 198, 201, 229, 408, 412, 495, 529, 570, 580, 609, 641, 711, 745
동일성의 원리 717
동적(動的) 210, 240
동정(動靜) 275, 342
동중정(動中靜) 218

ㄹ

리(理) 104, 126, 370, 423, 641, 699, 726
리무위(理無爲) 106
리무형(理無形) 106
리의 발현 234
리의 체용 726
리학(理學) 102, 104

ㅁ

마음[心] 81, 158, 231, 250, 255, 384, 416, 640, 694, 750, 755, 756

마음[心]의 역동성 750
만동묘비(萬東廟碑) 668
매개 작용 335
매체 344
맹아(萌芽) 462
맹자(孟子) 145, 171, 177, 224, 251, 294, 299, 404, 422, 457, 511, 513, 518, 528, 540, 546, 551, 587, 688
맹자집주 414, 603
명각(明覺) 264, 266, 287
명덕(明德) 12, 82, 162, 287, 352, 390, 394, 405, 414, 418, 472, 474, 551, 567, 608, 640, 751
명덕 강설(講說) 552
명덕 분수설 595, 696
명덕설의문(明德說疑問) 640
명덕 유분수 487, 498
명도(明道) 688
명(命) 259, 310
명(明) 395
목적론 329, 331
목적론적 세계상 130
목적론적 질서 331
목적인 267
몸[身] 158
무(無) 197
무짐(無朕) 216
무형(無形) 216
문재연(文在淵) 662
물리(物理) 748
물(物) 54, 110, 212, 755
물성(物性) 54, 81, 204, 111, 292, 298, 324, 512, 516, 527, 543, 602
미발(未發) 12, 81, 167, 214, 234, 276, 359, 375, 387, 391, 394, 452, 462, 487, 750
미발 공부 360, 470
미발 논변 333, 750
미발 심체 720
미발에서 기질 346, 371, 453, 470, 534
미발에서의 공부 81, 237, 337, 346, 356, 357
미발에서의 지각 346, 363, 470
미발을 가져오는 공부 360
미발의 중(中) 234, 333, 336, 360, 379, 384, 394, 572, 655, 749, 758
미발 지각 논변(未發知覺 論辨) 271
미벽(未闢) 504
미호선생어록(渼湖先生語錄) 646
민감성 161
민우수(閔遇洙) 38, 664
민유중(閔維重) 75
민이승(閔以升) 230, 253

ㅂ

박광일(朴光一) 269, 343, 363
박문호(朴文鎬) 50
박물학(博物學) 110, 755
박성양(朴性陽) 34
박성원(朴聖源) 20, 74, 408, 526, 561, 570, 662, 667
박세당(朴世堂) 235
박세채(朴世采) 204
박윤원(朴胤源) 40, 702
박필주(朴弼周) 38, 74, 356, 500, 501
배종호(裵宗鎬) 50

병연(炳然) 266, 464, 467
보편성 609, 642, 753
보편적 동일성 419
복괘(復卦) 109, 153, 277
본래적 동일성 155
본명(本明)의 체(體) 407
본색(本色) 275, 477
본선(本善) 536, 596, 705
본성[性] 127, 145, 224, 231, 255, 260, 276, 291, 292, 384, 416, 640, 743, 747, 758
본심(本心) 154, 167, 383, 397, 416, 485, 499, 551, 576, 607
본연(本然) 157, 314, 318, 368, 508, 512, 520, 529, 537, 550, 556, 685, 718
본연의 기 397
본연이층론(本然二層論) 520, 538
본연지기(本然之氣) 532, 545, 557, 560, 561, 565, 568, 580, 581, 700, 751
본연지리(本然之理) 532, 539, 557, 580
본연지묘(本然之妙) 539
본연지성(本然之性) 12, 155, 205, 214, 224, 291, 301, 308, 309, 368, 375, 463, 487, 494, 511, 517, 673, 685, 718, 748
본연지심(本然之心) 399, 484, 494, 497, 499, 517, 551, 607, 757
본원(本原) 137, 155, 345
본체(本體) 200, 255, 276, 356, 594
본체-리의 역동성 750
본체에 대한 체험 392
본체 일원의 관점 320
본체적 기 136
본체적 심학 104, 108

본품(本稟) 403, 405, 487, 591, 592
부중(不中)의 미발 382, 389
부중저미발(不中底未發) 398
북벌론(北伐論) 90, 91
분수(分殊) 209, 711
분수(分數) 82, 395, 409, 414, 474, 569, 596, 696
분수리(分殊理) 140, 207, 329
분수적(分殊的) 다양성 745
분언(分言) 538
분열(分裂) 237, 763
분열적 다양성 745
불교 197, 202, 258, 486, 488, 514, 535, 553, 645
불교의 본심(本心) 414, 476, 504
불상리(不相離) 136, 217, 200, 231, 386, 677, 683
불상잡(不相雜) 136, 200, 231, 683
불성(佛性) 535
불역언(不易言) 22
불평등 422
비(費) 218

ㅅ

사단(四端) 152, 224, 229, 231, 279, 280, 380, 600, 607, 673
사단칠정(四端七情) 111
사단칠정 논변(논쟁) 16, 77, 172, 416
사단칠정론(설) 203, 230, 338
사대부 90, 93, 96, 179, 738, 740
사대부 자아 757
사대부의 자기 이해(인식) 92, 98, 111, 124,

150, 727, 762
사대부적 자율성 97, 99
사려미맹(思慮未萌) 168, 334
사변론(思辨錄) 235
사상채(謝上蔡) 251
사서대전(四書大全) 253
사재(渣滓) 350
삼연(森然) 684
삼연집차변(三淵集箚卞) 452
상관적 우주론 133
상산학(象山學) 34, 105
상우재중용의의문목(上尤齋中庸疑義問目) 222, 227
생명의 철학 102
생생(生生) 678
생생순일(生生純一) 676
생의(生意) 681
서경(書經) 165, 249
서경덕(徐敬德) 103, 549, 582
서남당한천선생시발후(書南塘寒泉先生詩跋後) 670
서양(西洋) 26
서원빙(徐元聘) 45
서원빙(徐元聘)에게 답한 편지 523
서자융(徐子融)에게 답한 편지 456
서학(西學) 761
서호락심성변후(書湖洛心性辨後) 29, 524
서호빈(西湖賓) 30
석실서원(石室書院) 584
석씨(釋氏) 513, 645, 705, 709
선불교(禪佛敎) 287, 415, 477, 536, 597, 678
선악의 종자(種子) 81, 572

선악혼(善惡混) 481, 598
성(聖) 177
성대심소(性大心小) 707
성동심이(性同心異) 491, 699
성리대전(性理大全) 566, 659
성리학 90, 94, 99, 101, 124, 203, 294, 328, 331, 424, 740, 759
성만징(成晩徵) 41
성발(性發) 174
성발위정(性發爲情) 174, 250, 743
성범심동이 논변(聖凡心同異論辨) 394
성삼층설(性三層說) 156, 292, 748
성삼품설(性三品說) 415
성선(性善) 82, 127, 377, 385, 463, 483, 488, 493, 494, 502, 534, 540, 598, 599, 604, 649, 678, 723, 742, 753, 763
성선설(性善設) 481, 704
성선악(性善惡) 598
성선악혼설(性善惡混說) 481, 678, 748
성심개동(性心皆同) 491
성악(性惡) 415
성악 논변(性惡論辨) 222, 224
성악설(性惡說) 223, 377, 598, 748
성유선악(性有善惡) 377
성인(聖人) 81, 176, 180, 238, 329, 390, 420, 490, 641
성즉기중지리(性卽氣中之理) 155
성즉리(性卽理) 154, 159, 293, 313, 665, 743
성지(性知) 251
성찰 593
성체(性體) 166, 172, 250, 286, 345, 679, 751
성학(聖學) 180

성학집요(聖學輯要) 518
성호학파 158
성혼(成渾) 333
소극적 일치 338
소당연(所當然) 207, 252, 392, 740
소당연지칙(所當然之則) 126
소병(蘇昞) 109
소이연(所以然) 128, 207, 218, 252, 741
소이연지고(所以然之故) 128
소중화(小中華) 90, 738
소지각(所知覺) 170
소지소각(所知所覺) 164
송계원명이학통록(宋季元明理學通錄) 104
송능상(宋能相) 39, 74
송덕상(宋德相) 74
송명흠(宋明欽) 28, 39, 74, 722
송시열(宋時烈) 12, 72, 91, 107, 251, 270, 333, 509, 511, 517, 555, 663, 738
송준길(宋浚吉) 39
송치규(宋穉圭) 21
송환경(宋煥經) 668
송환기(宋煥箕) 39
수기치인(修己治人) 177, 742
수동적 주체 173
수렴(收斂) 362
수양 333, 402, 404, 535, 551
수양론 333
수용성 161
수장 235
순선(純善) 81, 285, 363, 350, 371, 391, 414, 462, 553, 597, 601, 650, 705
순일(純一) 407

순일부잡(純一不雜) 560
순자(荀子) 223, 258
시비지심(是非之心) 256
신(神) 218, 531, 551, 552, 563, 570, 574, 576, 589, 648, 695, 699
신기(神氣) 563, 581
신령[靈] 312, 411, 647, 659
신명(神明) 160, 261, 337, 472, 546, 576, 589, 647
신명관(申命觀) 461
신비적 체험 170
신비주의적 체험 103
신이의(愼爾儀) 22
신체[軀殼] 490
신체적 조건 209
실사(實事) 387, 587
실심(實心) 253
실학(實學) 99, 112, 761
심경부주(心經附註) 102
심귀보(沈貴珤) 254
심기(心氣) 81, 136, 234, 259, 346, 360, 365, 366, 379, 419, 460, 492, 532, 545, 562, 601, 643, 694, 749
심기리편(心氣理篇) 105
심기설변(心氣說辨) 561, 566
심리적 운동 234
심리적 현실 217
심발(心發) 174
심법(心法) 104, 250
심본선(心本善) 477, 493, 592, 604, 723
심상기(心上氣) 375
심선(心善) 483, 494, 649, 678, 753

심설 논변 489, 490, 570, 700
심성이용설(心性二用說) 469, 470
심성일치(心性一致) 139, 381, 387, 398, 505, 599, 677, 753
심성학(心性學) 108, 112, 124, 755
심순선(心純善) 82, 415, 479, 485, 554, 704, 723
심유이기설(心有二氣說) 548, 559, 581, 700
심장(心臟) 159
심조(沈潮) 74, 452, 479, 586
심지(心知) 251, 252, 269
심체(心體) 81, 163, 166, 172, 250, 286, 345, 401, 408, 419, 460, 475, 491, 508, 533, 574, 580, 581, 645, 679, 751
심통성정(心統性情) 154, 174, 587, 744
심학(心學) 102, 104, 112, 491
십이변(十二辨) 19

ㅇ

악의 종자 561, 654, 655
알다[知] 266
알아차리다[覺] 266
야기(夜氣) 404
양명학 102, 103, 287
양명학적 심학 110, 112, 276
양본(兩本) 599
양심(良心) 607
양웅(揚雄) 225, 258, 486
양응수(楊應秀) 22, 74, 526, 548, 581, 652, 662, 700
양주(楊朱) 145
양지(良知) 253

어유봉(魚有鳳) 74, 273, 322, 325, 338, 351, 460, 461
여대림(呂大臨) 109
여자약(呂子約: 呂祖儉) 361
역행(力行) 345
연평답문(延平答問) 333
영(靈) 648, 697
영각(靈覺) 411, 567, 647, 705
영소(靈昭) 493
영소불매(靈昭不昧) 597
예기(禮記) 171
예운(禮運) 171
예학(禮學) 93
오상(五常) 81, 155, 228, 294, 298, 300, 302, 304, 309, 316, 365, 452, 455, 611, 718
오성(五性) 228, 281, 611
오윤상(吳允常) 691
오행(五行) 133, 538
오희상(吳熙常) 76, 691
옥산강의(玉山講義) 256
왕도(王道) 94
왕양명(王陽明) 101
왕정(王政) 94
용(用) 220, 257, 719
용유부재(容有不齊) 530, 545, 565
우변설(又辨說) 544
우서(又書) 510, 587
원교주인(圓嶠主人) 30
위기지학(爲己之學) 176, 742
유교와 불교의 구별 535
유기(游氣) 563
유명론(唯名論) 370

유명종(劉明鍾) 51
유언집(兪彦鏶) 22
유인석(柳麟錫) 725
유적(類的) 292
유적 본성 685
유적 본질 329
유행(流行) 103, 137, 150, 200, 203, 317, 329, 344
유행의 관점 320
육왕학(陸王學) 704
윤기(尹愭) 29, 524
윤봉구(尹鳳九) 40, 74, 367, 409, 413, 416, 479, 480, 490, 500, 507, 573, 587, 590, 604, 611, 657
윤증(尹拯) 235
윤혼(尹焜) 277, 380
율곡학파 16, 100, 107, 110, 172
은(隱) 218
음양오행(陰陽五行) 151, 299
이간(李柬) 12, 37, 73, 216, 273, 279, 296, 371, 391, 397, 408, 475, 480, 484, 541, 578, 644, 653, 657, 688
이간(離看) 522
이기동실(理氣同實) 139, 387, 398, 505, 599, 677, 753
이기일물설(理氣一物說) 709
이기호발설(理氣互發說) 381
이단상(李端相) 339, 663
이동(理同) 135, 541
이동기이(理同氣異) 135, 523
이발(理發) 231, 234, 715, 462
이발(已發) 168, 214, 387

이벽(已闢) 504
이병도(李丙燾) 48
이본(二本) 521
이상은(李相殷) 50
이상정(李象靖) 674
이성의 철학 102
이성적 지각 287
이수(理殊) 684
이승(理乘) 231
이승연(李承淵) 30, 80
이심이기론(二心二氣論) 405
이심이성론(二心二性論) 484
이약기강(理弱氣强) 708
이언적(李彦迪) 197
이연평(李延平) 102
이원배(李元培) 702
이원순(李源順) 40
이위기주(理爲氣主) 500, 708
이의철(李宜哲) 75
이이(李珥) 12, 101, 106, 231, 333, 392, 509, 539, 551, 557, 587, 663, 673, 680, 682, 709, 715, 745
이이(理異) 541, 550
이이근(李頤根) 40
이익(李瀷) 752
이일(理一) 140, 711
이일기이(理一氣二) 559
이일본(理一本) 597
이일분수(理一分殊) 139, 207, 209, 681, 711, 746
이일분수적 세계관 212
이재(李縡) 14, 38, 74, 402, 408, 416, 480,

485, 490, 507, 579, 652, 657, 667, 676
이재형(李載亨) 326, 454
이절부동(理絶不同) 325, 328
이정인(李廷仁) 662
이지각설(二知覺說) 275
이지수(李趾秀) 34
이진상(李震相) 76
이채(李采) 27
이철영(李喆榮) 76, 78
이철하(李徹夏) 559
이체(異體) 308, 310, 512, 520, 537, 556, 602, 653
이통(理通) 207, 231, 237, 324, 355, 711
이통기국(理通氣局) 141, 208, 323, 374, 745
이통기국론(설) 106, 392, 529, 680, 682
이하곤(李夏坤) 338
이항로(李恒老) 76, 725
이행(理行) 715
이현익(李顯益) 14, 32, 73, 296, 321, 322, 325, 349, 356, 460, 461, 470
이황(李滉) 101, 104, 131, 172, 230, 233, 333, 587
이황중(李黃中) 325
이희조(李喜朝) 271, 339
인간중심주의 294
인기위리(認氣爲理) 534, 708
인기위성(認氣爲性) 511
인기질(因氣質) 143, 156, 293, 302, 314, 374, 520
인륜(人倫) 94, 126, 742
인물성동이(人物性同異) 291
인물성동이 논변 296

인성(人性) 81, 111, 204, 292, 298, 324, 512, 516, 527, 543, 602
인심(人心) 165, 249, 557, 565, 576
인심도심(人心道心) 111
인심도심설(人心道心說) 233
인심위성(認心爲性) 709
인지-실천의 주체 158, 173
인지심(認知心) 166
인지적 능력 412
일본(一本) 598, 599, 600
일용(日用) 일상(日常) 중시의 세계관 597
일원(一原) 308, 310, 318, 512, 520, 537, 556, 603, 653, 718
일원이체론(一原異體論) 316, 520, 603
임성주(任聖周) 40, 75, 676, 726
임영(林泳) 339
임원회(任憲晦) 725

ㅈ

자각적 자발성 743, 757
자연(自然) 126
자연의 도덕화 151, 152, 294, 417
자연적 본성 155, 294, 320
자연적 자발성 743, 757
자연주의 416, 417, 742
자연주의적 세계관 133, 134
자율적인 주체 175
잡기질(雜氣質) 156, 293, 303, 374
장소[場] 173, 174, 608, 750
장자(張子) 403, 598
장재(張載) 109, 224
장지연(張志淵) 42

찾아보기 793

장횡거(張橫渠) 483
적석암(積石庵) 325
전덕(全德) 302
전언(專言) 490
전우(田愚) 76, 725
전체(全體) 205, 302, 317, 382
전체성 혹은 공동체성[公] 328
전체성[萬物一體] 329
절충(折衷) 50, 54
정(情) 171
정(靜) 213, 216, 218, 278, 282, 354, 359, 388, 593
정(靜)과 미발 358
정도전(鄭道傳) 105
정리(定理) 264
정명도(程明道) 683
정민정(程敏政) 35, 102
정상(精爽) 135, 160, 203, 267, 350, 383, 395, 402, 408, 411, 460, 476, 483, 491, 500, 519, 532, 575, 588, 596, 605, 644, 693, 751
정시(靜時) 359
정씨유서(程氏遺書) 211
정암사(淨巖寺) 296
정약용(丁若鏞) 158752,
정영(精英) 490, 532, 575, 696
정이천(程伊川) 129, 139, 294, 746
정자(程子) 252, 551, 598
정자의 심본선론(心本善論) 519
정적(靜的) 210, 240, 379
정제두(鄭齊斗) 112, 253
정주학(程朱學) 34
정진혁(丁震爀) 658

정체(定體) 265
정치-도덕의 주체 111, 124
정통(政統) 179
정통편색(正通偏塞) 323
정호(程顥) 677, 689
제한천시발(題寒泉詩跋) 22
제한천시후(題寒泉詩後) 18, 508, 587, 671
조선 성리학 16, 101, 110, 112, 162, 172, 416
조선유교연원(朝鮮儒敎淵源) 42
조선유학사(朝鮮儒學史) 45
조선후기성리학(朝鮮後期性理學) 51
조성기(趙聖期) 110, 199
조익(趙瀷) 24
조정강(趙正綱) 338
조한보(曺漢輔) 197
존문록(尊聞錄) 22
존양(存養) 170, 357
종자(種子) 461, 462, 655, 724, 749
종자설 674
주기(主氣) 49, 50, 54, 506, 753
주기론(主氣論) 677
주기지론(主氣之論) 547
주렴계(周濂溪) 134, 151, 197, 231, 252
주리(主理) 49, 50, 54, 547
주리론(主理論) 677
주역(周易) 109, 129, 153, 358, 502, 503, 566
주의(主意)주의 102
주자대전(朱子大全) 252, 273
주자어류(朱子語類) 25, 361, 455, 483, 563, 603, 659
주자학 유일주의 107

주자학(朱子學) 34, 90, 93, 102, 106, 107, 125, 180, 249, 299, 331, 345, 416, 417, 424, 738, 759

주자학적 심학 102, 110

주재(主宰) 106, 130, 144, 158, 163, 173, 233, 236, 276, 699, 714, 740

주지(主知) 102

주체 175

주체적 능동성 276

주체적 체험 756

주체적 활동 330

주희(朱熹, 주자) 179, 197, 403, 550, 590, 595, 605, 653

죽음 170

준칙 257

중(中) 167, 354, 359, 386, 396, 419, 534

중의 미발 382

중용(中庸) 148, 235, 294, 358, 457, 697

중용 수장(首章) 227, 238, 315, 326, 455, 496, 654

중용문목(中庸問目) 236, 260, 323, 454

중용장구(中庸章句) 455, 601

중용장구서 249

중용혹문(中庸或問) 336, 414

중인무미발설(衆人無未發說) 612

중저미발(中底未發) 398

중절(中節) 388, 401

중화구설(中和舊說) 168, 238

중화신설(中和新說) 168, 213

지각(知覺) 12, 81, 163, 202, 250, 287, 380, 453, 563

지각 논변(知覺論辨) 203, 249, 750, 756

지각불매(知覺不昧) 81, 168, 334, 342

지각형연불매(知覺炯然不昧) 276

지정(至靜) 277, 336, 354, 388

지지(智知) 252, 269

지해(知解) 345

진백사(陳白沙) 101

진순(陳淳) 531, 552, 559

진심(眞心) 233, 234

진체(眞體) 388

질료인(質料因) 267

ㅊ

차별 198

차별성 201, 207, 711

차별성의 원리 718

차별적 다양성 208

차이 320, 413, 571, 580

찰식(察識) 359

채지홍(蔡之洪) 271, 365

천(天) 95, 149, 261, 294

천리 237

천명 302, 304, 309, 316, 324, 715, 718

천명도(天命圖) 131, 326

천명지성(天命之性) 602

천문(泉門) 513, 561, 562, 586, 671

천문사백록(泉門俟百錄) 18, 516, 579, 592, 604, 660

천인상응(天人相應) 133

천인합일(天人合一) 105, 128, 133, 743

천지본연(天地本然) 531, 545, 562

천지지기(天地之氣) 693

청기(淸氣) 234

청탁수박(淸濁粹駁) 135, 347, 375, 408, 497, 532, 647, 680, 749
체(體) 220, 257, 340, 719
체단(體段) 201, 409, 411, 473, 477, 591, 594, 721
체용(體用) 275, 335, 340, 481, 713
체용불이(體用不二) 138, 685
체용일원(體用一原) 685, 206
체인(體認) 362, 751
초년 미정설 454
초월적 보편성 711
초월적 세계 370
초월화(超越化) 354
초형기(超形氣) 156, 208, 293, 302, 304, 314, 355, 374, 520, 718
총체성 216
총체적 인식 757
최석(崔祏) 18, 507, 516, 544, 561, 578, 590, 592, 611, 644, 660
최징후(崔徵厚) 213, 296, 374
추상적 동일성 718
충막무짐(沖漠無朕) 206, 211, 259, 334
치중화(致中和) 333
치지(致知) 345
칠정(七情) 231

ㅌ

태극(太極) 82, 129, 138, 197, 218, 368, 369, 538, 740, 759
태극도(太極圖) 131, 134, 151, 200
태극도설(太極圖說) 132, 134, 151, 231, 294, 368

태극도설해(太極圖說解) 151, 204
태극설(太極說) 206
통일성 201, 208, 210
통체(統體) 205, 538, 602
통체일태극(統體一太極) 538
통체태극(統體太極) 155, 206
퇴계학파 16, 100, 112, 172

ㅍ

판연(判然) 267, 464, 467
편전(偏全) 508
편전통색(偏全通塞) 135, 160
평등 294, 425
포월(包越) 103
포중(浦中) 328
품부(稟賦) 137, 329
필연(必然) 127

ㅎ

하숙경(何叔敬)에게 답한 편지 670
한국유학사(韓國儒學史) 48, 50
한남당시발변설(韓南塘詩跋辨說) 20, 526, 579
한남당제도암시발변(韓南塘題陶庵詩跋辨) 548, 581
한벽(寒碧) 271
한산기행시(寒山記行詩) 297
한산사(寒山寺) 297
한원진(韓元震) 12, 37, 73, 91, 213, 225, 280, 283, 296, 371, 391, 416, 452, 507, 538, 556, 578, 603, 654, 655, 657, 688
한원진 연보(年譜) 296

한유(韓愈) 225
한천시(寒泉詩) 18, 507, 587, 671
한천시발(寒泉詩跋) 586, 589
한홍조(韓弘祚) 220, 298, 374
함양(涵養) 345, 359, 362, 593, 751
합간(合看) 513, 523, 541
합언(合言) 538
향(鄕) 55
허령(虛靈) 82, 160, 163, 250, 278, 287, 344, 395, 409, 410, 472, 474, 594, 693
허령 분수설 595, 696
허령불매(虛靈不昧) 383, 472, 493, 751
허령성(虛靈性) 753
허령지각(虛靈知覺) 342, 380, 400, 644
허명(虛明) 160, 411, 567
허명통철(虛明洞澈) 383
허무(虛無) 319
현공설리(懸空說理) 262, 331, 355, 384, 392, 684, 753
현공설성(懸空說性) 156, 261, 330, 378, 384, 392, 749
현미무간(顯微無間) 138
현상벽(玄尙璧) 14, 37, 657
현상윤(玄相允) 45
현실적 이상주의 726
혈기 490, 494, 532, 546, 567
혈기정영(血氣精英) 531, 545, 560, 561, 562, 565, 569, 581, 700, 751
혈육의 기 407
혈육형질(血肉形質) 383
형기(形氣) 81, 136, 259, 317, 346, 360, 365, 366, 370, 375, 379, 419, 532, 545, 574, 692, 694, 695, 749, 750
형기의 맥락 371
형상인 267
형이상(形而上) 212, 216, 250, 259, 263, 491, 588, 741
형이상학 124, 756
형이하(形而下) 212, 250, 259, 263, 491, 588, 697, 741
형질(形質) 650
호남학(湖南學) 238
호당(湖黨) 30, 669
호락논쟁(湖洛論爭) 12, 72
호락문답(湖洛問答) 30, 80
호락사실(湖洛事實) 33
호락원류총목서(湖洛源流總目序) 34
호발설(互發說) 231, 233
호병문(胡炳文) 253, 263
호서(湖西) 43
호연지기 475, 600, 704
호우(湖右) 559, 560, 581
호유소발(湖儒疏跋) 26
호좌(湖左) 559, 561, 581
호중(湖中) 43, 45, 211, 227, 364, 461, 499, 544
호학변대요(湖學辨大要) 29
호학의 본체론 324
호학의 종지 240
혼륜(渾淪) 129
혼연(渾然) 684
혼화(渾化) 348
홍계능(洪啓能) 669
홍계희(洪啓禧) 75

홍상한(洪象漢) 325
홍양해(洪量海) 668
홍인우(洪仁佑) 110
홍직필(洪直弼) 76, 691, 702
화담학파 109, 110
화양서원묘정비명(華陽書院廟庭碑銘) 27, 583, 669
화이론(華夷論) 89, 91, 199
화해휘편(華海彙編) 40
확장된 인간중심주의 294
확장된 자연주의 133, 148
활물(活物) 168

활화(活化) 403, 493, 591, 749
활화론(설) 402, 594
활화부국(活化不局) 591
황간(黃幹) 25, 354
황강(黃江) 270
황상백(黃商伯)에게 답한 편지 603
황윤석(黃胤錫) 19, 75, 77, 583, 658
횡거(橫渠) 481, 687
횡거어록(橫渠語錄) 274
희망의 원리 726
희망의 철학 739

사유의 한국사는 한국 사상가의 발자취와
철학적 개념을 탐구하는 여정입니다.
이로써 우리 안에 있는 사유와 문화의 근원을 이해합니다.

**사유의 한국사(한국사상사대계)
편찬위원회**

위원장

채웅석 | 가톨릭대학교 명예교수

위원(가나다순)

강호선 | 성신여자대학교 교수
고영진 | 광주대학교 교수
권오영 | 한국학중앙연구원 교수
김용태 | 동국대학교 교수
김천학 | 동국대학교 교수
신상후 | 한국학중앙연구원 교수
심재우 | 한국학중앙연구원 교수
옥영정 | 한국학중앙연구원 교수
이창일 | 한국학중앙연구원 책임연구원
장승구 | 세명대학교 교수
장　신 | 한국학중앙연구원 교수
전경목 | 한국학중앙연구원 명예교수
정헌목 | 한국학중앙연구원 교수
조원희 | 연세대학교 교수
함영대 | 경상국립대학교 교수

지은이 | 문석윤 文錫胤

1963년생으로, 1985년 2월 서울대학교 철학과를 졸업하고, 같은 학교에서 1987년 2월 석사학위(「韓非子의 法思想」), 1995년 8월 박사학위(「朝鮮 後期 湖洛論辨의 成立史 硏究」)를 받았다. 1995년 9월부터 2006년 8월까지 명지대학교 철학과에 재직하였으며, 2006년 9월부터 현재까지 경희대학교 철학과에 재직 중이다.

사유의
한국사

호락논쟁 湖洛論爭

지은이 문석윤 | **제1판 1쇄 발행일** 2024년 12월 30일
발행인 김낙년 | **발행처** 한국학중앙연구원 출판부
등록번호 제1979-000002호(1979년 3월 31일)
주소 경기도 성남시 분당구 하오개로 323 | **전화번호** 031-730-8773 | **팩스** 031-730-8775
이메일 akspress@aks.ac.kr | **홈페이지** www.aks.ac.kr

ⓒ 한국학중앙연구원 2024

ISBN 979-11-5866-796-2 94150
　　　979-11-5866-748-1 (세트)

- 이 책의 출판권 및 저작권은 한국학중앙연구원에 있습니다.
- 이 책 내용의 전부 또는 일부를 재사용하려면 반드시 서면 동의를 받아야 합니다.
- 값은 뒤표지에 있습니다. 잘못된 책은 바꿔드립니다.
- 이 책은 2020년 한국학중앙연구원 신집현전사업의 지원을 받아 집필·발간했습니다.

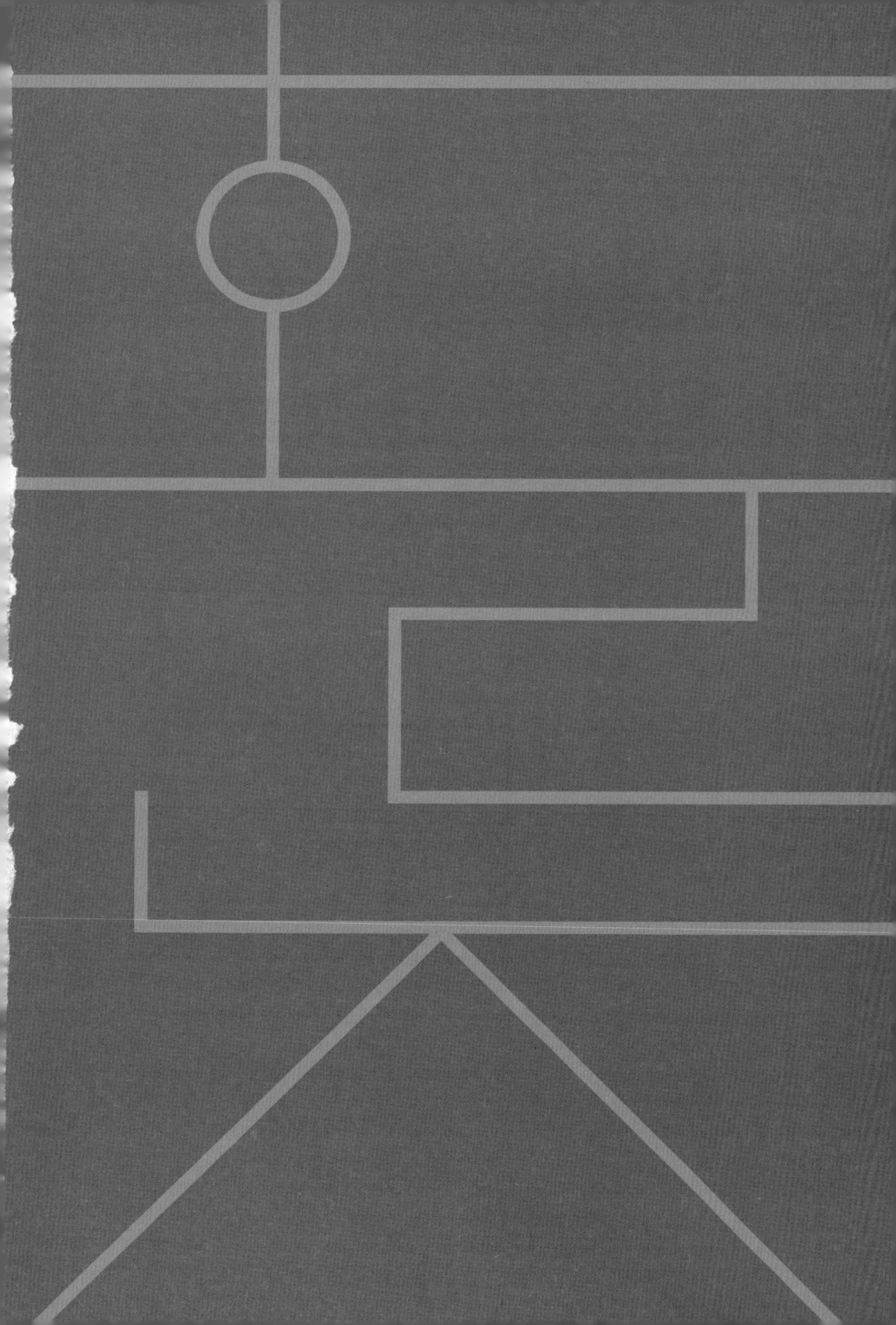